번역·주해 **윤성덕**

학과와 예루살렘 히브리대학교
리지에서 박사학위를 받았다.
연구소 연구교수로 재직하면서
고 등의 과목을 가르치고 있다.
회지 편집위원장을 맡고 있다.
주요 (공)저서로 『예레미야 애가』『법으로 보는 이슬람과 중동』
『평화교육』이 있다. 고대 슈메르의 문학작품을 소개하는
『슈메르 사람들의 이야기』가 출간될 예정이며,
쐐기문자로 기록된 문학작품에 관한 책을 집필 중이다.
(공)역서로는 『고대 근동과 이스라엘 정치』『고대근동문학선집』
『구약 성경문학 탐구』가 있다.
주요 논문으로 「유대교 정결법이 상상하는 공간」
「미쉬나 본문에 나타난 사마리아인에 대한 태도」
「고대 서아시아 지혜문학의 분류법」 등이 있다.

인 류 의 위 대 한 지 적 유 산

HANGIL
GREAT BOOKS
192

# 미쉬나

## 토호롯
## 정결한 것들

6

윤성덕
번역·주해

한길사

# משנה
סדר טהרות

***MISHNAH*: Seder Tohorot**

Translated & Commentary by Yun Sungduk

Published by Hangilsa Publishing Co., Ltd., Korea, 2024

# 유대 전통문헌 『미쉬나』 번역 · 주해서를 펴내며

2017년 9월에 이 사업을 시작하여 2021년 여름까지 꼬박 만 4년의 세월이 흐르는 동안 연구에 참여한 아홉 명의 연구원들은 혼연일체가 되어 혼신의 노력 끝에 '유대 전통문헌 『미쉬나』 번역 · 주해서'를 탈고했다. 우리나라 최초의 일이자, 동아시아 전체에서도 처음 있는 일이다.

『미쉬나』(משנה, *Mishnah*)는 『구약성서』 『탈무드』와 함께 히브리-유대학의 3대 고전으로 불린다. 고전학으로서 히브리-유대학의 범주는 『히브리 성서』(*Hebrew Bible*)를 비롯하여 고전 랍비 문헌(ספרות חז"ל, Classical Rabbinic Literature)을 포함한다. 『히브리 성서』가 대략 기원전 10세기부터 3세기까지 생산된 문헌이라면, 랍비 문헌은 기원전 3세기 초부터 6세기 말까지 생산된 『미쉬나』와 『탈무드』 두 권을 주로 가리킨다. 특히 『미쉬나』는 기원후 200년 랍비 예후다 한나씨(Rabbi Judah ha-Nassi)가 편집하여 집대성한 유대 랍비 전통의 문헌을 일컫는다. 『미쉬나』는 성문토라(모세법)를 기초로 삼고 새 시대에 맞는 계율을 보충하여 더 명료하게 체계화한 구전토라(Oral Torah) 모음집이자 『탈무드』의 모체(母體)다.

오래전부터 우리가 『미쉬나』를 번역해보자는 데 의기투합한 까닭은 '현실'과 '이상' 사이의 괴리 때문이었다. '현실'이란 우리나라에 소개된 수백 종의 『탈무드』 관련 서적들이 거의 예외 없이 흥미 위주의 번역서이고, 실제로는 방대한 『탈무드』 또는 그 뿌리인 『미쉬나』와 전혀 맥락을 같이하고 있지 않다는 것이다. '이상'이란 이스라엘에서 유학을 하거나 히브리-유대학을 전공한 사람들이 있으니 본격적으로 일을 벌여도 좋지 않을까 하는 막연한 희망을 말한다. 우리의 지식 시장이 이렇게 혼탁해진 이유가 어느 정도 전공자들의 수수방관 때문이라는 도의적 책임감도 느끼면서, 뜻을 함께하는 사람들이 모이게 되었다.

넘치는 의욕은 우리에게 엄청난 중압감으로 다가왔다. 나름 히브리어에 일가견이 있다는 연구자들로 팀을 구성했고, 사업 착수 초기부터 매주 모여(코로나-19 이후에는 영상으로) 각자 맡은 본문을 한 줄씩 읽어나가면서 토론하고 의견을 교환했다. 하지만 『미쉬나』가 매우 '불친절한' 텍스트인 것을 깨닫는 데는 그리 오랜 시간이 걸리지 않았다. 끊임없이 등장하는 생소한 어휘가 우리를 한 걸음도 앞으로 나아갈 수 없게 가로막았으며, 1,800년의 시간 간격 때문에 맥락을 알 수 없는 내용이 우리를 미궁으로 빠뜨렸다.

'번역 없이는 사상의 교류도 없다'는 우리의 신념은 맥을 추지 못했다. 원문의 뜻을 분명하게 파악한 후에 그것을 어법에 맞게 표현하는 것은 번역의 기본 원칙이다. 하지만 우리 스스로 뜻을 파악할 수 없다면 번역해놓아도 소용이 없는 일이다. 시행착오를 거쳐 조금씩 미로를 빠져나오는 데 오랜 시간이 걸렸다. 하지만 여전히 '원문을 읽는 번역자'와 '번역문을 읽는 독자' 사이에 이해의 간극을 없애기란 결코 쉬운 일이 아니다.

'유대 전통문헌 『미쉬나』 번역 · 주해서' 발간사업을 진행하면서 이미 『히브리 성서』에 나오는 고유명사(인명과 지명)의 경우 독자들이 어느 정도 익숙해진 용어이므로 그대로 따랐다. 『미쉬나』만의 개념을 담은 어휘는 우리말로 번역하는 대신 히브리어 음가를 그대로 차용했으며, 전문용어 색인에 따로 정리해서 덧붙였다. 각 마쎄켓에 등장하는 같은 낱말의 번역어 통일에도 힘썼다. 번역체는 역자의 주체성을 존중하여 직역이나 의역 모두 수용했다. 주해는 히브리어 뜻풀이를 충실히 하면서 본문의 이해를 돕는 데 역점을 두었고, 많은 주석가들의 해석 차이는 최소한으로 제한했다. 이는 후속 연구자들의 과제가 되어야 한다고 판단했기 때문이다.

아무쪼록 한국어로 최초 발간되는 '유대 전통문헌 『미쉬나』 번역 · 주해서'를 초역(抄譯)으로 여겨주기 바란다. 완역(完譯)으로 가기 위한 길라잡이랄까. 앞으로 후속 세대의 비판과 질정, 해석과 재해석이 교차하면서 명실공히 우리 사회에서 고전 랍비 문헌의 연구가 활발해지는 계기가 되기를 희망한다. 원문 대조본을 고집한 이유이기도 하다.

이 책이 나오기까지 지원해준 한국연구재단과 어려운 시기에 출판을 맡아준 한길사 김언호 대표님께 진심으로 감사드린다. 누구보다도 부족한 사람을 따라 끝까지 책임감 있게 참여해준 연구원 모두에게 사의(謝意)를 표한다.

최창모*

'유대 전통문헌 『미쉬나』 번역 · 주해서' 연구책임자

* 건국대학교 중동연구소 소장으로 '『미쉬나』 번역 · 주해서' 출판 작업을 준비하던 최창모 교수는 2022년 초 갑작스러운 병환으로 타계했다.

# 미쉬나 ❻ 토호롯(정결한 것들)

## 미쉬나 ❶ 제라임(농경)



## 미쉬나 ❷ 모에드(절기)

## 미쉬나 ❸ 나쉼(여성들)

## 미쉬나 ❹ 네지킨(손해)



## 미쉬나 ❺ 코다쉼(거룩한 것들)

## 미쉬나 길라잡이

## 일러두기

1. 이 책을 번역하고 주해하는 데 다음과 같은 자료를 참고했다. 예루살렘 탈무드(Jerusalem Talmud), 바벨 탈무드(The Babylonian Talmud, Soncino Press), 주석가들인 라브(Rav)·라쉬(Rash)·람밤(Rambam) 등의 주석은 물론 하녹 알벡(Hanokh Albeck)의 비평판 주해서, 허버트 댄비(Herbert Danby), 필립 블랙먼(Philip Blackman), 제이콥 뉴스너(Jacob Neusner) 등의 미쉬나 번역서를 참고했으며, 야드 아브라함(Yad Abraham), 옥스퍼드 미쉬나 주해(The Oxford Annotated Mishnah), 조슈아 컬프(Joshua Kulp)의 해설서도 보조자료로 사용했다. 번역에 사용한 본문은 하녹 알벡판을 참조했다.

2. 기본적으로 본문을 직역하면서 주해로 보충설명하는 원칙을 따랐다. 하지만 미쉬나 본문은 축약과 생략이 많아서 그대로 직역하면 비문이 되거나 뜻을 이해하기가 매우 어렵기 때문에 때로 의역이 불가피했다. 이에 문장의 흐름과 이해를 돕기 위해 본문에 생략되어 있다고 추정되는 내용을 대괄호〔〕에 넣었다. 소괄호( )는 본문 속에서 문법적으로나 구문론적으로 꼭 필요하지는 않으나 주해자의 판단에 따라 도움이 될 말을 첨가한 것이다.

3. 미쉬나 본문에는 시제가 불분명한 경우가 적지 않으며, 과거와 현재 시제를 하나의 미쉬나에서 혼용하기도 한다. 이에 가능한 한 우리말로 자연스럽게 읽히면서 원문이 훼손되지 않게 번역했다. 히브리어 동사에는 성(性)과 수(數)가 이미 포함되어 있기에 주어가 따로 표기되지 않는 일이 빈번하다. 역자는 가독성을 위해 이 생략된 주어를 문맥에 따라 내용을 해치지 않는 선에서 집어넣기도 했다. 반면 경우에 따라 소유격 인칭대명사는 굳이 번역하지 않고 생략했다. 유럽어 문법의 이식 과정에서 생겨난 3인칭 대명사 '그녀'의 사용을 최대한 피하되, 필요하면 소괄호( )를 사용해 지시대상을 보충설명했다. 미쉬나 문체에서 계속 등장하는 הרי(하레이: 영어 번역본에서는 hereby로 번역되거나 생략됨)는 극히 일부 경우를 제외하고는 가독성을 위해 굳이 번역하지 않았다.

4. 미쉬나는 방대한 하나의 책으로 상위 범주인 '쎄데르'와 하위 범주인 '마쎄켓'으로 구성된다. 쎄데르(סדר, Seder)는 '질서' '절차'를 뜻하며 미쉬나의 6개 큰 주제(큰 책)를 가리키고, 마쎄켓(מסכת, Masekhet)은 '묶음'을 뜻하며 미쉬나의 63개 작은 주제(작은 책)를 가리킨다. 두 용어에 해당하는 정확한 우리말은 없지만 이번 번역·주해서에서는 편집 체계상 일반 책과 같이 '권'(卷)과 '부'(部)의 개념을 적절히 사용했다.

5. 이 번역·주해서는 6개 '쎄데르'를 각 권으로 편집해 전 6권으로 구성했다. 1. 제라임(농경), 2. 모에드(절기), 3. 나쉼(여성들), 4. 네지킨(손해), 5. 코다쉼(거룩한 것들), 6. 토호롯(정결한 것들)이다. 각 쎄데르는 6~12개의 마쎄켓(부)으로, 그 아래 다시 '장'(페렉)과 '미쉬나'로 구성된다. 따라서 미쉬나는 하나의 책이며 동시에 가르침의 최소 단위를 의미한다.

6. 미쉬나의 구성과 체계를 명확히 구분하고 드러내기 위해 쎄데르는 겹낫표『 』, 마쎄켓은 홑낫표「 」로 표시한다. 특히 미쉬나는 세부적인 주제인 마쎄켓 이름이 더 중요하고 그것으로 통용되므로 출처는 마쎄켓 이름에 장과 미쉬나의 숫자로 표시한다. 예를 들어 「브라홋」 1, 2는 "마쎄켓 브라홋 1장의 두 번째 미쉬나"라는 의미다. 많고 복잡한 마쎄켓들을 쉽게 파악할 수 있게 '『제라임』「브라홋」 1, 2'처럼 쎄데르(권) 이름을 같이 제시하기도 했다.

7. 본문의 이해를 돕기 위해 각 마쎄켓(부), 장, 미쉬나에 들어가기에 앞서 다룰 내용과 주제를 간략하게 소개하는 개요문이나 짧은 요약문을 제시했다.

8. 미쉬나에 나오는 주요 화폐와 도량형 환산표(무게, 거리, 부피, 넓이), 성경과 미쉬나 관련 구절 찾아보기, 번역·주해서 전 6권에서 정리한 주제·용어 찾아보기는 『미쉬나 길라잡이』 부록에 수록했다.

9. 주해와 각주 설명에서 미쉬나, 성경, (예루살렘/바벨) 탈무드, 토쎕타, 랍비문학서, 주석(서) 등의 출처를 소괄호( )로 병기했다. 이는 관련된 내용과 구절, 주장으로 그 자료를 참조하라는 표시다. 특히, 탈무드(게마라)를 인용할 때 a는 앞면(오른쪽), b는 뒷면(왼쪽)을 나타낸다.

10. 미쉬나에 나오는 히브리어 낱말의 풀이는 주로 마르쿠스 야스트로(Marcus Jastrow) 사전을 참조했다.

11. 본문에서 미쉬나, 성경, (예루살렘/바벨) 탈무드, 토쎕타, 랍비문학서, 주석서 등은 별도의 책 표시를 하지 않았다.

12. 인명·용어 등 히브리어 표기는 다음 면에 실은 히브리어 한글음역 원칙에 따랐다.

## 히브리어 한글음역 원칙

1. 이 음역 원칙은 히브리어 문법을 설명하기 위한 것이 아니고, 미쉬나 본문을 한글로 번역하기 위한 방법이다. 히브리어 자모를 완벽하게 한글로 표기하는 것이 목적이 아니며, 미쉬나 히브리어 낱말을 가장 히브리어답게 모사하는 것이 목적이다.
2. 미쉬나 본문은 유대인들의 전통이므로 성서 히브리어를 표기하는 목적으로 고안된 영미권 학자들의 발음이 아니라 서아시아 문화권의 특징을 반영하는 유대인들의 발음을 기준으로 음역한다(바브나 셰바의 문제).
3. 문교부(1986.1.7)의 외래어 표기 원칙은 가능한 한 존중하되 히브리어 자음을 표기하는 데 꼭 필요한 된소리도 사용했다.
4. 음역법의 방향
   1) 일반론
      - 묵음이 아니더라도 발음이 되지 않는 경우 표기하지 않는다.
      - 음절 단위로 쓰는 한글의 특성을 살려서 히브리어의 음절 구분을 살린다.
      - 서로 다른 히브리어 자음은 음역도 달리한다.

   2) 모음
      - 모음의 장단은 따로 표시하지 않는다.
      - 유성 셰바는 'ㅔ'나 'ㅡ'로 표기한다.
      - 무성 셰바는 표기하지 않는 것을 원칙으로 하되, 종성의 자음가를 표기하기 위해 'ㅡ'를 붙여 적는 것을 허용한다.

   3) 자음
      - z은 'ㅈ', ṣ는 'ㅉ', k와 q는 'ㅋ', t와 ṭ는 'ㅌ', p는 'ㅍ'으로 음역하고, š은 '샤, 셰, 쉬, 쇼, 슈'로 음역한다.
      - 연강점이 없는 v, g, d, k, f, t는 구별하여 적지 않는다.
      - 자모의 위치에 따른 음역을 고려한다.
5. 그 외 세목은 박동현의 안을 따른다(박동현, 「개역한글판 히브리어 고유명사 한글 음역 방식과 히브리어 한글 음역 시안」, 『성경원문연구』(8), 2001, 106-157쪽).

| 히브리어 | 라틴음역 | 한글: 초성 | 한글: 음절 종성 | 한글: 낱말 종성 |
|---|---|---|---|---|
| א | ’ | ㅇ | – | – |
| ב | b/v | ㅂ | ㅂ/브 | ㅂ |
| ג | g | ㄱ | ㄱ/그 | ㄱ |
| ד | d | ㄷ | ㅅ/드 | ㅅ |
| ה | h | ㅎ | 흐 | – |
| ו | w | ㅂ | 브 | 브 |
| ז | z | ㅈ | 즈 | 즈 |
| ח | ḥ | ㅎ | 흐/크 | 흐/크 |
| ט | ṭ | ㅌ | ㅅ/ㅌ | ㅅ/ㅌ |
| י | y | 이(+모음) | – | 이 |
| כ | k | ㅋ | 크/ㄱ | ㄱ |
| ל | l | ㄹ/ㄹ-ㄹ | ㄹ/ㄹ-르 | ㄹ |
| מ | m | ㅁ | ㅁ/므 | ㅁ |
| נ | n | ㄴ | ㄴ/느 | ㄴ |
| ס | s | ㅆ | ㅅ/쓰 | ㅅ/쓰 |
| ע | ‘ | ㅇ | – | – |
| פ | p/f | ㅍ | 프/ㅂ | ㅂ |
| צ | ṣ | ㅉ | 쯔 | 쯔 |
| ק | q | ㅋ | ㄱ/ㅋ | ㄱ |
| ר | r | ㄹ | 르 | 르 |
| שׂ | ś | ㅅ | 스 | 스 |
| שׁ | š | 시(+ 모음) | 쉬 | 쉬 |
| ת | t | ㅌ | ㅅ/트 | ㅅ/트 |

אבות הטמאות השרץ ושכבת זרע וטמא מת והמצרע בימי ספרו ומי חט את שאין בהם כדי הזיה הרי אלו מטמאין אדם וכלים במגע וכלי חרש באויר ואינם מטמאין במשא למעלה מהן

# 미쉬나

## 토호롯
## 정결한 것들

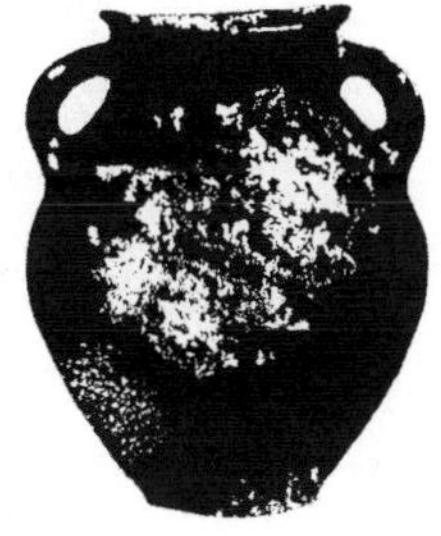


**윤성덕**
번역·주해

# '정결함'과 '부정함'으로 세상 이해하기

**• 들어가며**

윤성덕 연세대학교 한국기독교문화연구소 연구교수

쎄데르 『토호롯』은 '정결함'과 '부정함'을 구분하고 그에 따라 적절히 대처하는 방법을 다루고 있으니 주제가 '정결법'이라고 말할 수 있다. 그래서 제목도 '정결한 것들'(토호롯)이라고 지었다. 유대 공동체 구성원들에게 정결법이 어떤 기능을 했는지 연구하는 현대 학자들은 고대인이 세상을 구분하고 이해하는 하나의 방법이 정결법이었다고 설명한다.

## 1. 부정의 정도

'부정'(טמאה, 툼아)은 사람이나 도구, 옷, 음식, 음료수 등에 영향을 미치지만 겉으로 드러나지 않는 제의적인 오염을 가리킨다. 여기서 부정은 특정한 통로를 통해서 다른 사람이나 물체에 그 영향을 전이시킬 수 있는데, 이렇게 다른 대상을 오염시키는 존재를 '부정의 아버지'(אב הטמאה, 아브 핫툼아)라고 불렀다. 부정해졌지만 다른 대상에게 부정을 전이시키지 않는 존재는 '부정의 자식'(ולד הטמאה, 발라드 핫툼아)라고 부르며, 오염 정도에 따라 제1차에서 제4차까지 구별한다. 이렇게 부정의 요인이 되는 존재들을 정도의 차이대로 나열하면 다음과 같으며, 부정이 다른 대상에게 전이되면서 한 단계 낮은 상태가 되는 것이 원칙이다.

| | | |
|---|---|---|
| 1 | 부정의 아버지(아브 핫툼아) | 부정의 아버지의 아버지(아비 아봇 핫툼아) |
| 2 | | 부정의 아버지(아브 핫툼아) |
| 3 | 부정의 자식(발라드 핫툼아) | 1차 감염자(리숀 레툼아) |
| 4 | | 2차 감염자(쉐니 레툼아) |
| 5 | | 3차 감염자(쉘리쉬 레툼아) |
| 6 | | 4차 감염자(레비이 레툼아) |

## 2. 부정을 전이시키는 요인들

『토호롯』에서 다루는 주제들 중에서 다른 사람이나 사물을 부정하게 만드는 가장 중요한 부정의 요인들은 다음과 같다.

### 1) 시체(מת, 메트)

인간의 시체는 부정의 아버지의 아버지다. 시체와 접촉한 사람은 부정의 아버지가 된다. 이런 상태를 시체의 부정(טמא מת, 트메 메트)이라고 부르기도 한다.

점토 그릇이나 도구, 음식, 음료수가 시체와 접촉해도 부정의 자식(제1차 감염자)이 된다. 이런 물건들은 그자체로 부정의 아버지가 될 수 없기 때문이다(바벨 탈무드 「에루빈」 104b; 「훌린」 121a).

시체의 부정이 전이되면 사람은 부정의 아버지이므로 이레 동안 부정하며, 물건은 부정의 자식이므로 해질녘까지 부정하다.

### 2) 기는 것(שרץ, 쉐레츠)

땅에 붙어서 기거나 기는 것처럼 보이는 동물이나 곤충들, 다리가 없거나 없는 것처럼 보이는 파충류, 설치류, 양서류, 연체동물 등을 '기는 것'이라고 부른다.

이런 동물 자체가 부정을 전이시키지는 않지만 기는 것들의 사체는 부정을 전이시킨다.

레위기에서 언급하는 기는 것 여덟 가지는 두더지(족제비), 쥐, 큰 도마뱀 종류(두꺼비), 도마뱀붙이(고슴도치), 육지 악어(특정한 도마뱀 종류), 도마뱀, 사막 도마뱀(달팽이), 카멜레온(두더지)이며, 부정하여 먹을 수 없고 그 사체를 만지면 저녁까지 부정하다(레 11:29-31). 현재 기는 것들을 부르는 고대 히브리어 낱말을 정확하게 이해할 수 없기 때문에 몇 가지 다른 해석 가능성이 있다.

기는 것의 사체는 접촉을 통해 사람과 그릇과 음식과 음료수에 부정을 전이시키지만 옮기는 것만으로는 부정해지지 않는다.

### 3) 죽은 채 발견된 것(נבלה, 네벨라)

죽은 동물의 사체를 가리키는 말로 그 동물이 가축이거나 짐승이거나 가리지 않고 정결한 동물이거나 부정한 동물이라 해도 차이가 없다. 정결법에 따라 도살하지 않은 모든 동물의 사체도 여기에 해당한다.

죽은 채 발견된 것은 부정의 아버지이며, 직접 접촉하거나 옮기기만 해도 부정이 전이된다.

### 4) 속죄의 물(מי חטאת, 메 하타앗)

붉은 암소를 태운 재로 만든 물을 가리키며(민 19:1-10) 시체의 부정에 감염된 사람이 정결례를 시행할 때 이 '속죄의 물'을 뿌린다.

이 물은 부정한 사람을 정결하게 하지만 이 물을 만드는 과정에 참여한 사람은 부정하며 적절한 정결례를 시행해야 한다.

### 5) 붉은 암소와 아사셀의 염소

정결하게 하는 속죄의 물을 만들기 위해서 붉은 암소를 도살하고 태우는 사람은 부정해진다(민 19:6, 8).

속죄일에 바친 제물 중 아사셀의 염소를 끌고 광야로 나가는 자는 부정해진다(레 16:8-10, 21-22, 26).

그 외에도 정결제물로 드린 소나 염소를 진영 밖에서 태워 드리는 자는 부정해진다(레 16:27-28).

### 6) 정액(שכבת זרע, 쉬크밧 제라)

9세 이상인 유대인 남자가 유출시킨 정액은 직접 접촉하는 사람과 그릇, 음식, 음료수를 부정하게 만든다(레 15:16-18; 22:4).

설정한 사람(בעל קרי, 바알 케리)은 부정의 아버지가 아니며 제1차 감염자로 분류된다.

### 7) 유출병자(זב, 자브)

비정상적으로 체액이 유출되는 상태를 경험한 사람을 '유출병자'라고 부르는데(레 15:1-18), 랍비들은 주로 생식기에 병이 들어서 유출되는 체액을 언급한다. 일회적으로 체액이 유출되면 그 사람은 제1차 감염자로 취급되며, 유출액은 직접 접촉했을 때만 부정을 전이시킨다. 그러나 유출이 반복되면 유출병자(자브)가 되며, 세 번 이상 반복되면 '완전한 유출병자'로 확정된다(זב גמור, 자브 가무르).

유출병자는 부정의 아버지이며 직접 접촉하는 사람과 그릇, 음식을 부정하게 하고, 그를 들어 옮기는 사람과 그가 드는 사람이나 물건에게 부정을 전이시킨다. 유출병자 때문에 부정해진 대상은 제1차 감염자가 된다.

유출병자가 앉거나 누웠던 자리도 부정해지는데, 이때 부정해진 대상은 부정의 아버지가 된다. 유출액 자체도 부정의 아버지이며 접촉하거나 옮기면 감염될 수 있다. 유출병 환자의 침이나 가래도 부정의 아버지다.

이레 동안 유출이 없으면 정결례를 행하고 정결해진다(레 15:13).

정상적인 월경 기간인 이레가 지나서도 유출이 있는 여성은 역시 유출병자(זבה, 자바)가 된다. 열하루를 지나서 계속 유출이 있는지 조사해 없으면 정결하지만 다시 유출이 있으면 '작은 유출병자'(זבה קטנה, 자바 케타나)가 된다. 그 후에도 사흘 동안 계속 유출이 있으면 '큰 유출병자'(זבה גדולה, 자바 그돌라)가 된다. 큰 유출병자는 다시 이레의 유출 기간을 지내고, 다시 검사를 받는다.

### 8) 월경하는 여성(נדה, 닛다)

월경하는 여성은 이레 동안 부정하다(레 15:19-24). 월경하는 여성은 부정의 아버지이며 유출병 환자와 마찬가지로 직접 접촉, 옮기기, 들리기, 앉거나 눕기를 통해 부정을 전이시킨다. 월경의 피도 부정의 아버지이며 직접 접촉하거나 옮기면 부정을 전이시킨다.

월경하는 여성과 성관계를 가질 수 없으며, 모르고 죄를 저지르면 정결제물을 바쳐야 한다(레 18:19, 20:18). 월경하는 여성과 성관계를 한 남성은 부정의 아버지이며 월경하는 여성과 마찬가지 방법으로 부정을 전이시킨다.

월경하는 기간 이레가 지나고 더 이상 유출이 없으면 정결례장에서 씻고 정결해진다.

### 9) 산모(יולדת, 욜레뎃)

아이를 낳은 여성은 아들을 낳았으면 이레 딸을 낳았으면 두 이레 동안 부정하며(레 12:1-8), 월경하는 여성과 같은 상태가 된다. 부정한 기간이 지나면 정결례장에서 씻고 정결해진다.

아이를 낳은 후 아들이면 33일, 딸이면 66일 안에 유출이 있어도 그 여성은 부정하지 않다(יושבת על דם טהור, 요쉐벳 알 담 타호르).

### 10) 악성피부병자(מצורע, 메쪼라)

피부색깔이 변하는 악성피부병(צרעת, 짜라앗)에 걸린 사람은 부정하며(레 13:1-46), 부정의 아버지가 된다. 피부병 진단은 제사장이 내리며, 피부병 확진을 받으면 확정된 피부병자(מצרע מוחלט, 메쪼라 묵흘랏)가 되어 격리해야 한다(מצרע מוסגר, 메쪼라 무스가르).

피부병자는 다른 사람과 그릇과 음식과 음료수에 직접 접촉하거나 옮기기, 앉거나 눕기를 통해 부정을 전이시킨다. 피부병자와 같은 공간에 있는 사람이나 그릇도 부정하다.

피부병에서 회복하면 머리를 깎고 제물을 바쳐야 한다(레 14:1-20). 정결례 과정에 있는 피부병자를 '날을 세는 피부병자'(מצורע בימי ספרו, 메쪼라 비메 싸프로)라고 부르며, 그는 아직 부정의 아버지이며 직접 접촉을 통해 부정을 전이시킨다.

피부병은 의류나 가죽 제품에도 발생할 수 있으며(레 13:47-59), 제사장은 짙은 녹색이나 짙은 붉은색 점이 곡식 반쪽 크기 이상으로 나타나면 그 물건을 이레 동안 따로 격리시켜야 한다. 그 후 이 부분을 긁어내거나 잘라서 태워야 하며, 이런 방법으로 해결되지 않으면 옷 자체를 태워야 한다. 피부병으로 확진된 의류는 부정의 아버지이며, 다른 사람과 그릇에 직접 접촉하거나 옮기거나, 같은 공간에 노출되면 부정을 전이시킨다.

피부병은 집에도 발생할 수 있으며(레 14:33-53), 제사장은 짙은 녹색이나 짙은 붉은색 점이 곡식 한쪽 크기 이상으로 나타나면 그 집을 부정하다고 확정한다. 시일을 두고 관찰하며 색점이 나타난 부분을 긁어내거나 그 부분의 벽돌을 빼내고 다시 색점이 나타나는지 관찰하기를 반복한다. 피부병 때문에 부정한 집에 들어가거나 그 집의 벽을 만진 사람은 부정에 감염된다.

## 3. 부정을 전이하는 방법

### 1) 접촉(מגע, 마가아)

사람이나 그릇, 도구, 음식, 음료수가 위에서 언급한 부정의 아버지와 접촉하면 부정이 전이되며 제1차 감염자가 된다(접촉의 부정/טמאת מגע, 툼앗 마가아). 이때 부정의 아버지와 직접 육체적으로 접촉해야 하며, 중간에 아무런 사람이나 물체가 끼어들어서는 안 된다.

### 2) 옮기기(משא, 마싸)

정결한 사람이 부정한 사람이나 물건을 들어 옮기거나 다른 방법으로 이동시킬 때 부정이 전이된다(운반의 부정). 이 부정은 부정의 요인과 직접적인 접촉이 없어도 성립된다.

자연스럽게 운반의 부정은 사람에게만 적용된다. 랍비들은 막대기로 밀거나 수레를 차서 짐이 움직여도 운반의 부정이 전이된다고 주장한다.

### 3) 들리기(היסט, 헤쎗)

유출병 환자가 정결한 사람이나 물건의 무게를 지탱하거나 움직이게 하면 직접적인 접촉이 없어도 부정을 전이시킨다.

#### 4) 얹기(מדרס, 미드라쓰), 앉기(מושב, 모샤브), 눕기(משכב, 미쉬카브), 올라타기(מרכב, 미르카브)

이 방법은 유출병자와 관련되어 있는데, 원래 앉을 수 있도록 만든 도구나 가구 위에 유출병자가 몸무게를 실어서 앉거나 눕거나 올라타면 부정이 전이된다. 직접 접촉이 없어도 성립한다.

유출병자가 이런 방법으로 부정을 전이시키면 일반적인 원칙과 달리 감염된 대상이 부정의 아버지가 된다. 그리고 감염된 대상은 접촉과 옮기기를 통해 다른 사람과 물건에 부정을 전이시킬 수 있다.

#### 5) 들어오기(ביאה, 비아)

피부병자와 같은 공간에 머무는 사람이나 물건은 직접적인 접촉이 없어도 부정이 전이된다. 피부병이 발견된 옷가지나 집도 마찬가지다. 그 공간에 머물지 않고 지나가기만 하면 부정이 전이되지 않는다.

#### 6) 덮기(אהל, 오헬)

어떤 공간의 길이가 1테팍에 너비 1테팍 높이 1테팍 이상이며, 그 공간에 인간의 시체와 함께 머물면 부정이 전이된다.

덮기 부정에는 세 가지가 있는데, (1) 시체가 다른 사람이나 물건을 덮는 경우, (2) 사람이나 물건이 시체를 덮을 경우, 그리고 (3) 시체가 다른 사람이나 물건과 같은 공간에 노출되었을 경우다.

### 4. 부정에 감염되는 대상들

부정이 전이되어 감염되는 대상으로는 사람과 물건(כלים, 켈림), 음식, 음료수가 있다. 히브리 성서에 따르면 사람과 물건은 부정의 아버지의 아버지와 부정의 아버지에 의해서 부정해질 수 있지만, 부정의 자식으로부터 영향을 받지 않는다. 오직 음식과 음료수만 부정의 자식 때문에 부정해질 수 있다. 그러나 랍비들은 좀 더 엄격한 규정을 적용해서 새로운 주장을 한다.

### 1) 사람(אדם, 아담)

미쉬나에서 사람을 말할 때는 유대인을 가리키며, 외국인은 부정에 영향을 받지 않는다. 후대 랍비들은 모든 외국인은 유출병자와 같다고 주장했다(탈무드 「아보다 자라」 36b-37a).

### 2) 물건(כלים, 켈림)

부정에 감염될 수 있는 물건에는 모두 일곱 가지가 있다. 나무로 만든 도구(레 11:32), 가죽으로 만든 그릇이나 도구(상동), 염소 털로 만든 자루(상동), 뼈로 만든 도구들(탈무드 「훌린」 25b), 토기(레 11:33-35), 금속 그릇이나 도구(민 31:32), 옷(레 11:32)이다. 히브리 성서에 언급되지 않았지만 랍비들이 정결법과 관련해서 추가하여 논의하는 물건으로는 유리 그릇이 있다.

물건은 다음과 같은 부정에 감염되면 부정의 아버지가 된다. (1) 시체의 부정 때문에 부정해진 사람과 접촉한 물건은 부정해진다. (2) 금속 그릇이나 도구와 토기를 제외한 물건이 시체와 접촉하면 부정해진다. (3) 유출병자가 앉거나 누운 의자나 침대는 부정해진다. (4) 피부병에 감염된 옷이나 천은 부정해진다.

부정해진 물건이 부서지면 제 기능을 상실하면서 감염되었던 부정도 소멸되고 정결해진다. 금속이 아닌 다른 재료로 만든 그릇은 부서진 조각들을 수선하여 다시 그릇으로 만들어도 원래 부정의 영향을 받지 않지만, 금속 그릇은 다시 그릇으로 만들면 원래 부정한 상태를 유지한다.

토기를 제외한 모든 물건은 정결례장 또는 물웅덩이(מקוה, 미크베)에서 물에 담그면 정결해진다.

토기를 제외한 모든 물건은 부정의 아버지와 접촉하면 바깥 면과 안쪽 면의 구별없이 부정해진다. 토기는 부정의 아버지가 안쪽 면에 떨어져야 전체가 부정해지며, 토기의 바깥 면에만 접촉했다면 안쪽 면은 계속해서 정결하다. 부정의 아버지가 토기의 안쪽 면에 직접 접촉하지 않더라도 그 그릇 안쪽 공간에 있으면 그릇 전체가 부정해진다.

### 3) 음식(אוכלין, 오클린)

음식에는 모두 세 가지가 있다. (1) 성별하지 않은 일상적인 음식(חולין, 훌린), (2) 성별했으나 거룩하지 않은 거제(תרומה, 테루마), (3) 성별했고 거룩한 음식(קדש, 코데쉬). 음식은 사람이나 물건과 달리 부정의 자식과 접촉해도 부정해진다. 이때 음식은 제2차부터 제4차 감염자가 된다.

부정에 감염된 음식은 다음과 같이 정도의 차이가 생긴다. (1) 성별하지 않은 일상적인 음식은 부정에 감염되면 제2차 감염자가 되지만 그 이하 제3-4차 감염자는 될 수 없다. 다시 말해서 제2차 감염자와 접촉해도 부정해지지 않으며 정결을 유지한다. (2) 성별했으나 거룩하지 않은 거제는 부정에 감염되면 제3차 감염자까지 될 수 있지만 그 이하 제4차 감염자는 될 수 없다. 제3차 감염자와 접촉해도 부정해지지 않으며 정결을 유지한다. (3) 거룩한 음식은 제4차 감염자가 되는 유일한 음식이다. 제4차 감염자와 접촉해도 부정해지지 않으며 정결을 유지한다.

제3차 감염자가 된 성별한 거제와 제4차 감염자가 된 거룩한 음식은 원래 목적으로 사용할 수 없지만 다른 음식에 부정을 전이하지 않으며, 이런 음식은 무효(פסול, 파쑬)가 되었다고 부른다.

음식은 특정한 음료수 일곱 가지로 젖은 이후에만 부정에 감염될 수 있다(준비과정/ הכשר, 헤크쉐르).

#### 4) 음료수(משקין, 마쉬킨)

정결법과 관련된 음료수는 어떤 것인가에 관해 랍비들 사이에 이견이 있다. 그러나 기본적인 음료수 일곱 가지에 관해서는 모든 랍비들이 동의한다. 즉 포도주, 꿀, 기름, 젖(우유), 이슬, 피, 물이다.

그 외 과일에서 나오는 과일즙도 포함되는지 여부에 관해서는 이견이 있다. 음료수는 준비과정(헤크쉐르)도 필요 없고 최소한의 용량도 상관없이 부정의 영향을 받는다.

### 5. 랍비들이 제정한 규칙들

히브리 성경에서 언급하지 않았으나 랍비들이 필요하다고 생각하여 새로 제정한 정결법 규정들이 있다.

#### 1) 부정의 아버지의 아버지

외국 땅과 무덤이 있는 밭을 실수로 갈아서 유골이 흩어진 곳은 부정의 아버지의 아버지다.

#### 2) 부정의 아버지

외국인은 정결법에 관해서는 유출병자(자브)와 같다. 이 규정은 유대인 후손들이 외국인과 가까이하며 결혼하는 일을 막기 위해서 마련한 것으로 보인다. 공부하지 않아서 정결법을 모르는 유대인도 마찬가지다.

### 3) 부정의 자식들

부정한 음식을 먹거나 음료수를 마신 사람은 제2차 감염자가 된다. 이 사람이 성별한 음식(테루마)을 만지면 무효가 된다.

정결례장에서 몸을 담근 후에 떠놓은 다른 물로 씻는 사람은 제2차 감염자가 된다. 이때 다른 물이란 샘물이나 빗물을 받아 놓은 정결례장의 물 외에 그릇을 사용해서 떠놓은 물을 가리킨다.

히브리 성서 두루마리는 성별한 음식을 무효로 만든다. 미쉬나 시대 이전에는 성전 창고에 성서 두루마리와 제물을 함께 넣어 보관하는 일도 있었고, 이때 쥐나 곤충이 꼬여서 두루마리가 상하는 경우가 있었던 것으로 보인다. 이런 폐해를 막기 위해서 마련한 규정이다.

히브리 성서에 규정이 없어서 사람 자체는 정결하지만 손만 제의적으로 부정해질 수 있다. 이때 그 사람의 손은 제2차 감염자이며, 성별된 음식이나 지극히 거룩한 음식에 영향을 미치지만 속된 음식에는 영향을 미치지 않는다. 예를 들어 (1) 제1차 감염자가 된 음식을 만지면 그 사람의 손은 제2차 감염자가 된다. (2) 히브리 성서 두루마리를 맨손으로 만지면 그 사람의 손은 제2차 감염자가 된다. (3) 부정한 손은 물로 씻거나(נטילת ידיים, 네틸랏 야다임) 정결례장에서 물에 담그면 정결해진다. (4) 같은 원리로 물로 씻지 않은 손은 모두 제2차 감염자 상태라고 규정하고 있다(סתם ידיים, 스탐 야다임). 사람이 일상생활을 하면서 정확하게 무엇을 만졌는지 알 수 없기 때문이다.

제1차 또는 제2차 감염자와 접촉한 음료수는 제1차 감염자가 된다. 이 규정은 부정의 아버지와 접촉한 음료수가 부정하다는 성서의 규정을 더 엄격하게 강조한 경우다.

히브리 성서의 규정에 따르면 제1차 감염자이자 부정의 자식인 음료수는 도구를 감염시킬 수 없다. 그러나 랍비들은 제1차 감염자인 음료수가 도구에 접촉하면 부정이 전이되며 제2차 감염자가 된다고 주장한다.

## 6. 부정을 씻는 정결례

제의적인 부정은 일반적으로 정결례장(מקוה, 미크베)에서 물에 담그면 소멸된다.

시체의 부정 때문에 부정해진 사람이나 그릇(도구)은 정해진 시기에 속죄의 물을 뿌리고 정결례장에서 물에 담가야 한다(민 19:19).

피부병자가 회복되면 일주일에 걸친 정결례를 행한다(민 14). 이 정결례는 새를 제물로 드리는 제사와 털 깎기와 정결례장에서 물에 담그기로 시작해서, 이레가 지난 후 다시 털을 깎고 정결례장에서 물에 담그는 것으로 끝난다.

정결례를 마치고 해질녘(הערב שמש, 헤에레브 쉐메쉬)이 되면 완전히 정결해지는데, 정결례를 마쳤어도 아직 저녁이 되기를 기다리는 사람은 완벽하게 정결하지 않다. 이런 사람을 '낮에 씻은 사람'(טבול יום, 테불 욤)이라고 부른다. 낮에 씻은 사람은 일상적인 음식에는 아무런 영향을 미치지 않고 둘째 십일조를 먹을 수 있지만, 성별한 거제나 지극히 거룩한 음식에 접촉하면 부정을 전이시키며 제3차 감염자로 만든다. 낮에 씻은 사람은 성전에서 '여인들의 뜰'보다 더 안으로 들어갈 수 없다.

일반적인 정결례를 시행하고도 성전에 제물까지 바쳐야 정결해지는 사람들도 있다. 유출병에 걸린 남자와 여자, 피부병자, 그리고 아이를 낳은 여자들이다. 이들은 정결례를 마치고 그다음 날 제물을 바쳐야 하며, 제사가 끝날 때까지는 완벽하게 정결하지 않다(מחוסרי

כפורים, 메후쓰레 킵푸림). 이들은 제사가 끝날 때까지 성전에 출입할 수 없으며 거룩한 음식을 먹을 수 없다.

## 7. 정결법과 관련된 사후처리

부정한 사람이 성전에 들어오면 이스라엘 공동체에서 끊어지는 벌(כרת, 카렛)을 받으며, 신께 버림받고 죽게 된다(레 19:20).

부정한 물건을 성전에 들여오면 채찍질로 벌을 받는다.

성별한 거제나 거룩한 음식이 부정해지면 제물로 바칠 자격이 무효가 되며 불로 태워야 한다(레 7:19). 더 정확히 말하면, 거룩한 음식과 둘째 십일조가 부정해지면 불에 태워야 한다. 그러나 성별한 거제가 부정해지면 제물로는 쓸 수 없지만 불쏘시개나 등잔 기름으로 사용할 수 있다.

부정한 사람은 성별한 거제나 지극히 거룩한 음식을 먹을 수 없다.

## 8. 판단이 불분명한 부정

어떤 사람이나 그릇(도구)이 부정하게 만드는 요인에 노출되었는지 불분명한 경우에는 의심이 드는 한 엄격하게 판단해야 한다(ספק אסור לחמרא, 싸펙 이쑤르 레후므라). 이러한 경우 의심이 드는 상황이 개인적인 영역에서 나타났다면 부정하고 공공 영역에서 나타났다면 정결하다고 간주한다.

부정하다는 의심은 상황을 묻고 대답을 들을 수 있을 만큼 지성이 있는 사람일 때만 성립된다.

쎄데르 『토호롯』에는 모두 12개의 마쎄켓이 있다.

| 마쎄켓(부) | 제목 | 의미 | 장 수 | 주요 내용 |
|---|---|---|---|---|
| 1 | 켈림 (כלים) | 그릇 도구 | 30 | 다양한 그릇과 도구의 정결함과 부정함에 관련된 규칙들을 다룬다. |
| 2 | 오홀롯 (אהלות) | 덮기 부정 | 18 | 시체가 사람과 물건을 부정하게 만드는 현상에 관해 논의하는데, 특히 시체가 다른 사람이나 물건을 덮어서 가리거나 그 반대인 경우 부정이 전이되는 일을 다룬다. |
| 3 | 네가임 (נגעים) | 피부병 | 14 | 피부병 관련 규정에 관해 논의한다. |
| 4 | 파라 (פרה) | 붉은 암소 | 12 | 붉은 암소를 태워서 정결례에 사용하는 재를 만드는 일을 다룬다. |
| 5 | 토호롯 (טהרות) | 정결한 음식 | 10 | 다양한 정결법 규정들을 논의하는데, 특히 음식 관련 정결법을 다룬다. |
| 6 | 미크바옷 (מקואות) | 정결 례장 | 10 | 정결례장과 관련된 규정을 논의한다. |
| 7 | 닛다 (נידה) | 월경 | 10 | 월경 중이거나 출산한 여인들에 관련된 규정을 다룬다. |
| 8 | 마크쉬린 (מכשירין) | 음료수 | 6 | 음식을 부정하게 만드는 음료수에 관련된 규정을 논의한다. |
| 9 | 자빔 (זבים) | 유출 병자 | 5 | 체액 유출이 있는 자에 관련된 규정을 다룬다. |
| 10 | 테불 욤 (טבול יום) | 낮에 씻은 사람 | 4 | 어떤 사람이 정결례장에서 몸을 물에 담그고 씻었지만 해가 지기 전까지 부정한 경우들을 논의한다. |
| 11 | 야다임 (ידיים) | 손 | 4 | 손과 관련된 정결함과 부정함을 다룬다. |
| 12 | 우크찜 (עוקצים) | 열매 줄기 | 3 | 음식 특히 열매와 그 열매가 달린 줄기와 관련된 정결법을 논의한다. |

### 참고문헌

Albeck, Hanokh. 2015. *The Mishnah, Seder Teharot*. Jerusalem: The Bialik Institute amd Devir.(Published in Hebrew).

Blackman, Philip. 1964. *Mishnayoth*. 7vols. New York: Judaica Press.

Danby, Herbert. 2011. *The Mishnah: Translated from the Hebrew with Introduction and Brief Explanatory Notes*. Peabody, Mass: Hendrickson.

Jastrow, Marcus. 1950. *A Dictionary of the Targumim, the Talmud Babli and Yerushalmi, and the Midrashic Literature*. Reprint, New York: Pardes Publishing House.

Koehler, Ludwig and Walter Baumgartner. 1999. *The Hebrew and Aramaic Lexicon of the Old Testament*(=HALOT). Leiden: Brill.

Neusner, Jacob. 1988. *The Mishnah: A New Translation*. New Haven: Yale University Press.

Segal, M. H. 1927. *A Grammar of Mishnaic Hebrew*. Oxford: Clarendon.

Weiner, Michoel and others eds. 2010. *The Mishnah, Seder Tohoros*. 16vols. Brooklin, New York: Mesorah Publications.

윤성덕. 2019. 「미쉬나 제6권 '토호롯': 하나님께서 창조하신 인간은 어떤 권위를 가질까」. 『기독교 사상』 727호. 대한기독교서회.

# כלים

# 1

# 켈림

## 그릇·도구

나무 그릇, 가죽 그릇, 뼈 그릇, 그리고 유리 그릇의 경우 평평한 것들은 정결하지만, 오목한 것들은 부정해진다. 이것들이 부서지면 정결해진다. 부서진 조각으로 다시 그릇을 만들면, 그 이후부터 부정해질 수 있다. 점토 그릇과 명반으로 만든 그릇은 같은 방법으로 부정해진다. 이것들은 공기를 통해서 부정해지고 또 부정하게 만든다. 이것들은 오목한 바닥 부분 때문에 부정하게 되지만, 바깥 부분으로는 부정해지지 않는다. 그리고 부서지면 정결해진다. _「켈림」 2, 1

# 개요

쎄데르 『토호롯』 전체가 정결법을 다루고 있는데, 그중에 마쎄켓 「켈림」은 그릇과 도구, 옷, 가구 등 인간이 일상생활에서 사용하는 여러 가지 물품이 어떤 경우에 정결하고 부정한지 설명한다(켈림은 그릇, 도구, 옷가지, 무기 등을 가리키는 '켈리'라는 말의 복수형이다). 어떤 대상이 부정해질 수 있는지 여부와 어떤 경우에 부정해질 수 있는지 그리고 어떻게 정결함과 부정함이 전이되는지 등을 다룬다. 논의의 기초에는 물론 관련되는 히브리 성경 본문들이 있는데, 주로 이런 그릇을 만든 재료가 무엇인지가 판단기준이 된다.

랍비들은 이런 본문을 주제별로 정리하여 다음과 같이 이해했다.

### 점토로 만든 그릇

(1) 점토로 구워 만든 그릇은 부정의 요인이 그 내부 공간에 떨어졌을 때 부정해진다. 부정의 요인이 그릇의 외벽을 접촉하는 것만으로는 부정해지지 않는다. 그러나 부정의 요인이 어떤 그릇의 내부 공간에 걸려 있기만 해도 부정이 전이될 수 있다. 결과적으로 점토로 구워

만든 그릇이 정결한지 부정한지 판단할 때는 컵이나 병이나 통처럼 무엇을 담을 수 있는 내부 공간이 있는지 여부가 중요하다.

(2) 점토로 구워 만든 그릇에 입구와 꼭 맞는 뚜껑이 있다면 부정이 전이되는 것을 막을 수 있다.

(3) 점토로 구워 만든 그릇이 부정할 때 그 안에 들어 있는 음식이나 음료수에 부정을 전이시킬 수 있으며, 이때 직접적인 접촉이 일어나지 않아도 마찬가지다.

(4) 점토로 구워 만든 그릇이 부정하다고 해도 다른 그릇에 부정을 전이시키지는 않는다.

### 나무나 가죽 또는 뼈로 만든 그릇

(1) 나무나 가죽 또는 뼈로 만든 그릇은 부정의 요인과 접촉할 때 부정해진다. 그러므로 이런 그릇은 무언가를 담을 수 있는 공간이 없어도 부정해질 수 있다. 그러나 부정의 요인이 이런 그릇의 내부 공간에 걸려 있다고 해도 부정해지지 않는다.

(2) 나무나 가죽 또는 뼈로 만든 그릇은 사람이 사용할 때와 물건과 함께 쓸 수 있을 때 부정해진다. 예를 들어 나무 탁자는 사람이 앉을 수도 있고 다른 물건을 올려놓을 수 있기 때문에 부정해질 수 있으나, 나무 사다리는 사람만 사용하기 때문에 부정해지지 않는다.

(3) 나무나 가죽 또는 뼈로 만든 그릇은 들어 옮길 수 있는 정도의 크기일 때 부정해진다. 그러므로 너무 무겁거나 커서 옮길 수 없는 그릇은 정결하다.

(4) 이런 그릇도 내부에 음식이나 음료수가 있다면 부정을 전이시킬 수 있다.

**그 외 다른 그릇**

(1) 돌이나 흙 또는 가축의 똥으로 만든 그릇은 부정해지지도 않고 부정을 전이시키지도 않는다. 유리 그릇이 부정해질 수 있는지 여부에 관해서 토라와 랍비들의 의견이 엇갈린다.

마쎄켓 「켈림」에는 수많은 그릇과 도구의 이름들이 나오는데, 정확하게 어떤 그릇이고 어떻게 생겼는지 잘 모르는 경우가 많다.

- **관련 성경구절 | 레위기 11:29-38, 15:1-12, 15:19-27; 민수기 19:14-15, 31:19-24**

## 제1장

「켈림」은 제일 먼저 부정한 것을 10단계로 그리고 거룩한 것들도 10단계로 나누어 소개하면서 시작한다. 그러니까 유대 정결법은 부정한 것과 정결한 것 그리고 속된 것과 거룩한 것을 구분할 뿐만 아니라 부정한 정도와 거룩한 정도를 정확하게 파악해서 그 상호관계를 밝히려고 한다. 부정과 거룩함의 단계는 다음과 같다.

| | 부정의 요인 | 거룩한 것 |
|---|---|---|
| 10 | 부정의 아버지: 땅에 기는 것, 정액, 시체의 부정, 〔회복기의〕 날을 세는 피부병자, 그리고 뿌리는 데 쓰지 못할 속죄의 물 | 이스라엘 땅 |
| 9 | 죽은 채로 발견된 것, 뿌리는 데 쓸 수 있는 속죄의 물 | 성벽으로 둘러싸인 마을 |
| 8 | 월경 중인 여자와 관계하는 자 | 예루살렘 성벽 내부 |
| 7 | 유출병자의 체액, 침, 정액, 소변, 월경하는 피 | 성전 산 |
| 6 | 올라타기 부정 | 내성 |
| 5 | 눕기 부정 | 여인의 뜰 |
| 4 | 유출병자(남) | 이스라엘의 뜰 |
| 3 | 유출병자(여) | 제사장들의 뜰 |
| 2 | 피부병자 | 주랑과 제단 사이 |
| 1 | 보리쌀 크기만 한 뼈 | 성소 |
| 0 | 부정의 아버지의 아버지: 시체 | 지성소 |

1, 1

「켈림」은 다른 대상을 부정하게 만드는 주요 요인들에 관해 논의하면서 시작한다. 특히 '부정하게 만드는 아버지'라는 용어를 사용하여 다섯 가지 부정에 관해 설명한다.

---

אֲבוֹת הַטֻּמְאוֹת, הַשֶּׁרֶץ, וְשִׁכְבַת זֶרַע, וּטְמֵא מֵת, וְהַמְּצֹרָע בִּימֵי סָפְרוֹ, וּמֵי חַטָּאת שֶׁאֵין בָּהֶם כְּדֵי הַזָּיָה, הֲרֵי אֵלּוּ מְטַמְּאִין אָדָם וְכֵלִים בְּמַגָּע, וּכְלֵי חֶרֶשׂ בַּאֲוִיר, וְאֵינָם מְטַמְּאִין בְּמַשָּׂא:

---

부정의 아버지들로[1] 땅에 기는 것, 정액, 시체의 부정, 〔회복기의〕 날을 세는[2] 피부병자, 그리고 뿌리는 데 쓰지 못할 속죄의 물이 있다. 이런 것들이 사람이나 그릇에 접촉했을 때, 토기들의 〔내부〕 공기에 〔노출되었을〕 때 부정해진다. 그러나 이것들을 옮기는 행위만으로는 부정해지지 않는다.

- 이 미쉬나가 나열하는 부정의 아버지들은 모두 다섯 가지다.
  1) 땅에 기는 것은 모두 여덟 가지이며, "두더지와 쥐와 큰 도마뱀 종류와 도마뱀붙이와 육지 악어와 도마뱀과 사막 도마뱀과 카멜레온"이다(레 11:29-30).
  2) 정액과 정액에 접촉한 사람이나 물건은 부정하다(레 15:16-18).
  3) 시체와 접촉하거나 같은 장막에 있었던 사람이나 그릇은 부정하다(민 19:11, 14-15).
  4) 피부병자는 악성피부병에서 회복되었다고 확진받기 위해서 정

---

1) 원문에서 '부정의 아버지들'이라는 표현을 사용하고 있는데(댄비; 뉴스너), 의역하여 '부정의 기원'으로 번역하기도 한다(Sefaria).

2) "세던 때부터"(בימי ספרו)는 직역하면 '그의 세던 날들부터'라고 번역할 수 있는데, 피부병이 걸렸다가 그 환처가 더 이상 퍼지지 않으면 격리되어 이레를 기다려야 한다(레 13:4-5, 21, 26-27, 31-32, 50, 54; 14:8, 38-39).

확한 날수를 세어 정결례를 행해야 한다(레 14:2, 8). 그러므로 본문은 피부병자로 회복기에 있으나 아직 완전히 회복하지 않은 자를 가리킨다.

5) '속죄의 물'은 붉은 송아지를 태운 재로 만들고(민 19:9) 다양한 정결례에 사용한다. 시체로 인해 부정해졌을 때(19:12)나 레위인을 구별할 때(8:7), 정결이 필요한 사람에게 뿌린다. 그런데 이 물을 뿌린 자도 부정해진다(19:21). 제의를 시행할 수 있는 속죄의 물의 최소량은 마쎄켓 「파라」를 참조하라.

- 부정함이 전이되는 방법으로 접촉과 공기 중에 노출하기(덮기), 그리고 옮기기가 있다고 말한다.

1) 토기의 경우 직접 접촉하거나 무언가를 담을 수 있는 오목한 부분이 있어서 그 내부 공기에 노출되면 부정이 전이된다고 판단한다.

2) 옮기기라는 방법을 통해서도 전이되는 부정이 있는데, 직접 접촉하지 않고 다른 도구를 사용해서 옮겨도 부정이 전이되기도 한다. 그러나 이 미쉬나에서 열거한 부정의 아버지들은 옮기기를 통해서는 부정해지지 않는다.

## 1, 2

---

לְמַעְלָה מֵהֶם, נְבֵלָה, וּמֵי חַטָּאת שֶׁיֵּשׁ בָּהֶם כְּדֵי הַזָּיָה, שֶׁהֵם מְטַמְּאִין אֶת הָאָדָם בְּמַשָּׂא לְטַמֵּא בְגָדִים בְּמַגָּע, וַחֲשׂוּכֵי בְגָדִים בְּמַגָּע:

---

이보다 더 〔부정한〕 것들로 죽은 채로 발견된 것과 뿌리는 데 쓸 수 있는 속죄의 물이 있다. 이것들은 옮기기를 통해 사람을 부정하게 만들고, 접촉을 통해 그의 옷도 부정하게 만든다. 그러나 옷이 〔이런 것들과〕 접촉하는 것만으로는 부정해지지 않는다.[3)]

- "죽은 채로 발견된 것"은 자연사한 동물 또는 제의적 도살이 아닌 다른 이유로 죽은 동물의 시체가 발견된 경우이며, 부정하고 식용으로 사용할 수 없다(신 14:21).[4] 이런 고기를 접촉한 사람의 정결례에 관한 규정도 있으며(레 11:39-40), 이런 고기를 먹은 사람이 행해야 할 정결례도 있다(레 17:15-16).
- "그의 옷도 부정하게 만든다"는 문장에서 사본에 따라 "접촉을 통해"라는 말이 포함된 경우와 그렇지 않은 경우가 있다. 어떤 사람이 부정한 것을 옮기면서 자기 옷으로 접촉한 경우와 그냥 입은 옷이 부정해지는 두 가지 경우를 생각해볼 수 있다.
- 마지막 문장은 설명하기 어렵다. 주석가들은 어떤 사람이 죽은 채로 발견된 고기나 속죄의 물을 옮기지 않고 접촉만 하면 그의 옷까지 부정하게 만들지는 않는다고 설명한다.

## 1, 3

לְמַעְלָה מֵהֶן, בּוֹעֵל נִדָּה, שֶׁהוּא מְטַמֵּא מִשְׁכָּב תַּחְתּוֹן כָּעֶלְיוֹן. לְמַעְלָה מֵהֶן, זוֹבוֹ שֶׁל זָב וְרֻקּוֹ וְשִׁכְבַת זַרְעוֹ וּמֵימֵי רַגְלָיו, וְדַם הַנִּדָּה, שֶׁהֵן מְטַמְּאִין בְּמַגָּע וּבְמַשָּׂא. לְמַעְלָה מֵהֶן, מֶרְכָּב, שֶׁהוּא מְטַמֵּא תַּחַת אֶבֶן מְסָמָא. לְמַעְלָה מִן הַמֶּרְכָּב, מִשְׁכָּב, שֶׁשָּׁוֶה מַגָּעוֹ לְמַשָּׂאוֹ. לְמַעְלָה מִן הַמִּשְׁכָּב, הַזָּב, שֶׁהַזָּב עוֹשֶׂה מִשְׁכָּב, וְאֵין מִשְׁכָּב עוֹשֶׂה מִשְׁכָּב:

이보다 더 〔부정한〕 것으로 월경 중인 여자와 관계하는 자가 있으니, 그는 밑에 있는 것도 위에 있는 것과 마찬가지로 부정하게 만든다. 이보다 더 〔부정한〕 것은 유출병자의 체액이나 침이나 정액이나 소변이나 월경하는 피다. 왜냐하면 이런 경우에는 접촉하거나 옮기기

3) 이 문장을 직역하면 "[그것들은] 옷을 어둡게 하는 자들을 접촉을 통해 [부정하게 만든다]"가 된다.

4) 개역개정판은 '스스로 죽은 고기'라고 번역했다.

만 해도 부정해지기 때문이다.

이보다 더 〔부정한〕 것은 올라타기 부정이니,[5] 이런 것은 무거운 돌 밑에 깔려 있어도 부정하게 만든다.

올라타기 부정보다 더 〔부정한〕 것은 눕기 부정이니,[6] 이것은 그것을 옮기는 것도 접촉하는 것과 마찬가지로 부정하게 만든다.

눕기 부정보다 더 부정한 것은 유출병자이니, 유출하는 자는 눕는 자리를 부정하게 만들지만, 그 눕는 자리가 다른 눕는 자리를 부정하게 만들지 않기 때문이다.

- 월경 중인 여자는 부정하고 그런 여자와 동침한 남자도 부정하다(레 15:19-24). 그 남자가 몇 겹의 천을 깔고 앉거나 눕더라도 가장 위에 있는 것이나 가장 밑에 있는 것이 모두 동일하게 1차 감염자가 된다.[7]
- 유출병자의 신체에서 유출된 체액은 접촉과 옮기기를 통해 부정을 전이시키며 옷도 부정하게 만든다(레 15:1-18). 그러나 이 미쉬나가 열거하는 체액들이 모두 그런 영향이 있느냐에 관해서는 이견이 있다.[8]
- 올라타기를 통한 부정이 전이되기도 하는데(레 23:2), 물건을 받칠 때 쓰는 커다란 돌을 얹어서 정결한 물건과 그 위에 앉은 유출병자

---

5) 이 말은 '안장'으로 번역하기도 한다(뉴스너; Sefaria).

6) 이 말은 '긴 의자'로 번역하기도 한다(뉴스너).

7) 월경과 관련하여 미쉬나는 마쎄켓 「닛다」(נידה)를 할애하고 있다. 부정한 유출(2-5장), 나이에 따라 달라지는 정결법(5-6장), 부정한 유출을 의심해야 하는 경우(6-9장), 그리고 샴마이 학파의 이견(9-10) 등이 남아 있다.

8) 유출병자에 대한 자세한 규정은 마쎄켓 「자빔」(זבים)에 자세히 나온다. 유출이 있는 자(1-2장), 유출로 인한 부정이 전이되는 경우(2-5장), 누르면 전이되는 경우(2-4장) 등이다.

사이를 막아도 부정은 여전히 전이된다.

## 1, 4

לְמַעְלָה מִן הַזָּב, זָבָה, שֶׁהִיא מְטַמְּאָה אֶת בּוֹעֲלָהּ. לְמַעְלָה מִן הַזָּבָה, מְצֹרָע, שֶׁהוּא מְטַמֵּא בְּבִיאָה. לְמַעְלָה מִן הַמְּצֹרָע, עֶצֶם כַּשְּׂעֹרָה, שֶׁהוּא מְטַמֵּא טֻמְאַת שִׁבְעָה. חָמוּר מִכֻּלָּם, הַמֵּת, שֶׁהוּא מְטַמֵּא בְאֹהֶל, מַה שֶּׁאֵין כֻּלָּם מְטַמְּאִין:

유출하는 남자보다 더 〔부정한 것은〕 유출하는 여자이니, 그녀는 그녀와 관계를 가지는 남자를 부정하게 만든다. 유출하는 여자보다 더 〔부정한 것은〕 피부병 걸린 자이니, 〔그 집에〕 들어가기만 해도 부정하게 만들기 때문이다. 피부병 걸린 자보다 더 〔부정한 것은〕 보리쌀 〔크기만 한〕 뼈이니, 이는 이레 동안 부정하게 만들기 때문이다. 이 모든 것보다 더 심각하게 〔부정한 것은〕 시체다. 이것은 덮기를 통해 부정하게 만드니,[9] 어떤 것도 이런 방식으로 부정하게 만들지 않는다.

- 들어가기 부정은 직접적인 접촉이 없어도 전이되기 때문에 정도가 심한 부정으로 간주되었다(「네가임」 13, 7 이하).
- 오경의 정결법은 뼈와 관련해서 특별한 규정이 없으나, 사람의 뼈는 부정의 전이와 관련해서 여러 번 언급된다(왕하 23:14, 18; 렘 8:1; 겔 39:15; 암 5:1). 보리쌀 크기만 한 뼛조각은 직접 접촉하거나 옮기는 사람을 이레 동안 부정하게 만든다.
- 시체에 관련된 정결법은 민수기에 언급되어 있으며(민 19:11-19),

9) 원문은 '덮기'(באהל)로도 부정하게 만들 수 있다고 말한다. 그 말은 어떤 물체가 시체 위에 그림자를 드리우거나 아니면 시체가 어떤 물체 위에 그림자를 드리우는 상황을 가리키는 것으로 해석한다.

부정의 아버지의 아버지다.

- 시체는 덮기를 통해 부정을 전이하는데 부정을 전이시키는 방법 중 가장 폭넓은 형태를 보여준다. 덮기 부정을 다음과 같이 세 가지로 구분한다. (1) 어떤 물체가 시체를 덮었을 때, (2) 시체가 어떤 물체를 덮었을 때, (3) 어떤 물체가 다른 물체를 덮었는데 같은 물체가 시체도 덮고 있을 때라고 한다.

## 1, 5

עֶשֶׂר טֻמְאוֹת פּוֹרְשׁוֹת מִן הָאָדָם. מְחֻסַּר כִּפּוּרִים, אָסוּר בַּקֹּדֶשׁ וּמֻתָּר בַּתְּרוּמָה וּבַמַּעֲשֵׂר. חָזַר לִהְיוֹת טְבוּל יוֹם, אָסוּר בַּקֹּדֶשׁ וּבַתְּרוּמָה וּמֻתָּר בַּמַּעֲשֵׂר. חָזַר לִהְיוֹת בַּעַל קֶרִי, אָסוּר בִּשְׁלָשְׁתָּן. חָזַר לִהְיוֹת בּוֹעֵל נִדָּה, מְטַמֵּא מִשְׁכָּב תַּחְתּוֹן כָּעֶלְיוֹן. חָזַר לִהְיוֹת זָב שֶׁרָאָה שְׁתֵּי רְאִיּוֹת, מְטַמֵּא מִשְׁכָּב וּמוֹשָׁב, וְצָרִיךְ בִּיאַת מַיִם חַיִּים, וּפָטוּר מִן הַקָּרְבָּן. רָאָה שָׁלֹשׁ, חַיָּב בַּקָּרְבָּן. חָזַר לִהְיוֹת מְצֹרָע מֻסְגָּר, מְטַמֵּא בְּבִיאָה, וּפָטוּר מִן הַפְּרִיעָה וּמִן הַפְּרִימָה וּמִן הַתִּגְלַחַת וּמִן הַצִּפֳּרִים. וְאִם הָיָה מֻחְלָט, חַיָּב בְּכֻלָּן. פֵּרַשׁ מִמֶּנּוּ אֵבָר שֶׁאֵין עָלָיו בָּשָׂר כָּרָאוּי, מְטַמֵּא בְמַגָּע וּבְמַשָּׂא, וְאֵינוֹ מְטַמֵּא בְאֹהֶל. וְאִם יֵשׁ עָלָיו בָּשָׂר כָּרָאוּי, מְטַמֵּא בְמַגָּע וּבְמַשָּׂא וּבְאֹהֶל. שִׁעוּר בָּשָׂר כָּרָאוּי, כְּדֵי לְהַעֲלוֹת אֲרוּכָה. רַבִּי יְהוּדָה אוֹמֵר, אִם יֵשׁ בְּמָקוֹם אֶחָד כְּדֵי לְהַקִּיפוֹ בְחוּט עֵרֶב, יֶשׁ בּוֹ לְהַעֲלוֹת אֲרוּכָה:

사람과 관련해서 열 가지 서로 정도가 다른 부정이 있다. 속죄가 부족한 자는 거룩한 음식을 〔먹는 것이〕 금지되지만, 거제와 십일조[10]를 〔먹는 것은〕 허용된다. 그날 다시 〔물에 자기 몸을〕 담근 자는 거룩한 음식과 거제를 〔먹는 것이〕 금지되지만, 십일조를 〔먹는 것은〕 허용된다. 다시 〔설정하는 일이〕 일어난 자는[11] 세 가지가 모두 금지된다.

---

10) 둘째 십일조를 가리킨다(신 14:22-27 이하).

11) 이 표현을 직역하면 어떤 상태를 가리키는지 분명하지 않다. 다시 부정에 감염되었으나 (정결례를 행하지 않은) 사람(댄비), 이미 부정해진 사람 때문에 그 부정에 감염된 사람(뉴스너)이라고 해석할 수 있다. 그러나 일반적으로 밤에

월경을 하는 여자와 다시 관계한 자는 밑에 누운 자도 위에 누운 자와 마찬가지로 부정하게 만든다.

유출하는 자가 〔유출을〕 두 번 보았다면, 그는 눕는 것과 앉는 것을 모두 부정하게 만들기 때문에, 흐르는 물에 들어가야 하지만 희생제사는 면제받는다. 그가 〔유출을〕 세 번 〔보았다면〕 그는 희생제물을 바쳐야 한다.

피부병 때문에 다시 격리된 자는 그의 집에 들어오는 자를 부정하게 만들지만, 〔머리를〕 풀어헤치는 것과 옷을 찢는 것과 털을 깎는 것과 〔제물로〕 새를 바치는 것을 면제받는다. 그러나 그가 〔피부병자라고〕 결정되었다면,[12] 그는 모든 의무를 져야 한다.

신체 일부가 없고 살이 적정하게 붙어있지 않다면 〔그와〕 접촉하거나 옮기는 자는 부정해지나, 덮기를 통해서는 부정해지지 않는다. 만약 살이 적정하게 붙어 있다면 〔그와〕 접촉하거나 옮기는 자와 덮기에 의해 부정해진다.

〔이때〕 살의 양은 새살이 생길 수 있는지 여부로 판단한다.[13] 예후다 랍비가 말했다. 만약 살이 있는 부분이 〔그 신체기관을〕 직물의 실과 〔같은 두께로〕 에워쌀 수 있다면, 이것은 새살이 생길 수 있는 양이다.

• 1) "속죄가 부족한 자"는 정결례를 행했지만 아직 제물을 바치지 않

---

설정한 사람(Sefaria; 알벡)이라고 해석한다.

12) 원문은 "그리고 만약 그것이 결정되었다면"이라고 불분명하게 표현하고 있다. 그래서 일정한 관찰기간을 거쳐서 피부병이 아니라고 결정되었다(댄비)고 번역할 수도 있고, 반대로 피부병자라고 확진되었다(뉴스너; Sefaria)고 번역할 수도 있다. 문맥에 따라 후자를 따른다.

13) 신체기관은 절단되었지만 적정한 살이 있어서 회복 가능성이 있다는 것이다(댄비; 뉴스너).

은 사람으로, 예를 들어 피부병자는 이레 동안 격리시키고 환부를 진찰해야 하고(레 13:4), 완치되면 제물을 바쳐야 한다(「크리톳」 2, 1).

- 2) 정결례를 행하고 저녁까지 기다리던 중 다시 부정에 감염되어 바로 그날 다시 물에 자기 몸을 담그고 저녁이 되지 않은 상태에 있는 자
- 3) 설정하고 정결례를 행했으나 아직 저녁까지 기다려야 하는 자는 세 가지, 즉 성물과 거제물과 둘째 십일조를 먹을 수 없다.
- 5) 유출병자가 하루에 유출을 두 번 경험하거나 하루에 한 번씩 이틀 동안 연거푸 경험했을 때 정결례를 행해야 한다. 세 번이라면 제물을 바쳐야 한다(레 15:13-14).
- 7) 피부병자는 옷을 찢고 머리를 풀고 윗입술을 가리고 부정하다고 외쳐야 하며(레 13:45), 격리시키고 시일을 두고 살펴보아야 하며(13:4), 회복된 환자는 정결한 새 두 마리와 백향목과 홍색 실과 우슬초를 바쳐야 한다(14:4). 자세한 미쉬나는 「네가임」 8, 8을 참조하라.
- 9) 부정을 전이시키는 살점의 최소 양과 관련해서 「우크찜」 2, 2를 참조하라.

## 1, 6

---

עֶשֶׂר קְדֻשּׁוֹת הֵן, אֶרֶץ יִשְׂרָאֵל מְקֻדֶּשֶׁת מִכָּל הָאֲרָצוֹת. וּמַה הִיא קְדֻשָּׁתָהּ, שֶׁמְּבִיאִים מִמֶּנָּה הָעֹמֶר וְהַבִּכּוּרִים וּשְׁתֵּי הַלֶּחֶם, מַה שֶּׁאֵין מְבִיאִים כֵּן מִכָּל הָאֲרָצוֹת:

---

열 가지 서로 다른 정도의 거룩함도 있다. 이스라엘 땅은 다른 모든 땅보다 거룩하다. 〔이 땅이〕 거룩한 이유는 무엇인가? 〔이 땅에서〕 곡식단과 첫 열매와 빵 두 〔덩이를 성전에〕 가져오기 때문이니, 다른 땅에서는 어디서든지 〔이런 것들을〕 가져오지 않는다.

- 곡식을 추수할 때 첫 이삭 한 단을 바쳐야 한다(레 23:9-14; 「메나홋」 8, 1).
- 처음 익은 열매의 첫 수확을 바쳐야 한다(출 23:16, 19; 레 2:14; 민 18:13; 28:26).
- 칠칠절이 되어 두 번째 곡식을 거두었을 때 빵 두 덩이를 만들어 바쳐야 한다(레 23:17).

## 1, 7

עֲיָרוֹת הַמֻּקָּפוֹת חוֹמָה מְקֻדָּשׁוֹת מִמֶּנָּה, שֶׁמְּשַׁלְּחִים מִתּוֹכָן אֶת הַמְּצֹרָעִים, וּמְסַבְּבִין לְתוֹכָן מֵת עַד שֶׁיִּרְצוּ. יָצָא, אֵין מַחֲזִירִין אוֹתוֹ:

성벽으로 둘러싸인 마을들은 그보다 더 거룩하다. 피부병에 걸린 사람들은 그곳에서 내보내야 하기 때문이다. 시체는 필요에 따라 그 안에서 옮길 수 있으나, 일단 거기서 나오면 다시 들여갈 수 없다.

- 성벽으로 둘러싸인 마을의 정의는 「아라킨」 9, 6을 참조하라.

## 1, 8

לִפְנִים מִן הַחוֹמָה מְקֻדָּשׁ מֵהֶם, שֶׁאוֹכְלִים שָׁם קָדָשִׁים קַלִּים וּמַעֲשֵׂר שֵׁנִי. הַר הַבַּיִת מְקֻדָּשׁ מִמֶּנּוּ, שֶׁאֵין זָבִים וְזָבוֹת, נִדּוֹת וְיוֹלְדוֹת נִכְנָסִים לְשָׁם. הַחֵיל מְקֻדָּשׁ מִמֶּנּוּ, שֶׁאֵין גּוֹיִם וּטְמֵא מֵת נִכְנָסִים לְשָׁם. עֶזְרַת נָשִׁים מְקֻדֶּשֶׁת מִמֶּנּוּ, שֶׁאֵין טְבוּל יוֹם נִכְנָס לְשָׁם, וְאֵין חַיָּבִים עָלֶיהָ חַטָּאת. עֶזְרַת יִשְׂרָאֵל מְקֻדֶּשֶׁת מִמֶּנָּה, שֶׁאֵין מְחֻסַּר כִּפּוּרִים נִכְנָס לְשָׁם, וְחַיָּבִין עָלֶיהָ חַטָּאת. עֶזְרַת הַכֹּהֲנִים מְקֻדֶּשֶׁת מִמֶּנָּה, שֶׁאֵין יִשְׂרָאֵל נִכְנָסִים לְשָׁם אֶלָּא בִשְׁעַת צָרְכֵיהֶם, לִסְמִיכָה לִשְׁחִיטָה וְלִתְנוּפָה:

성벽 내부는[14] 그보다 더욱 거룩하다. 그곳에서 덜 거룩한 〔제물과〕 둘째 십일조를 먹기 때문이다.

성전산은 그보다 더 거룩하다. 유출이 있는 남자나 여자, 월경 중인 여자, 산모는 그곳에 들어올 수 없기 때문이다.

내성은 그보다 더 거룩하다. 외국인과 부정한 시체는 그곳에 들어올 수 없기 때문이다.

여인의 뜰은 그보다 더욱 거룩하다. 〔부정해졌다가〕 그날 물에 〔몸을〕 담근 사람은 들어올 수 없기 때문이다. 그러나 그렇게 했다고 해도 정결제물을 바칠 필요는 없다.

이스라엘의 뜰은 그보다 더욱 거룩하다. 속죄가 부족한 자는 그곳에 들어올 수 없으니, 그들은 정결제물을 바쳐야 한다.

제사장들의 뜰은 그보다 더욱 거룩하다. 〔제물에 손을〕 얹는 예식, 〔제의적〕 도살, 그리고 요제를 바칠 때를 제외하고는 이스라엘도 그곳에 들어올 수 없다.

- 제사로 드리는 성물들 중 일부는 지극히 거룩한 제물(קדשי קדשים, 코드쉐 코다쉼)에 비해서 덜 거룩하다고 간주된다. 유월절 제물, 가축의 십일조, 정결한 짐승의 첫 새끼, 개인이 드리는 화목제, 감사하여 드리는 제물이 여기에 속한다(「제바힘」 5, 14; 「마콧」 3, 3).
- 성전산의 크기와 구조에 관련해서 「미돗」 2, 1을 참조하라. 아이를 낳은 산모가 성소에 들어가지 못한다는 규칙은 레위기 12:4을 참조하라.
- 내성은 성전을 둘러싸며 지은 안쪽 벽을 가리키는데, 성전 구내를

14) 원문은 지명을 정확하게 밝히지 않으나 번역자들은 문맥에 따라 예루살렘 성벽을 가리킨다고 본다(댄비; 뉴스너; Sefaria).

구성하는 경계선 역할을 한다(「미돗」 2, 3).

- 여인의 뜰은 내성 안쪽 동쪽에 있다(「미돗」 2, 5-6).
- 희생제물을 바치기 전에 제물을 바치는 자는 가축의 머리 위에 손을 얹는 예식을 거행한다(레 3:2; 「메나홋」 9, 8). 제의적인 도살에 관해서는 「제바힘」 3, 1을 참조하라.
- 제사장을 거룩하게 구분할 때 무교병과 기름 바른 과자와 전병을 여호와 앞에 흔들어 요제(搖祭)로 드린다(출 29:24). 그리고 화목제물의 기름과 가슴도 여호와 앞에 흔들어 요제를 바친다(레 7:30; 「메나홋」 5, 6-7).

## 1, 9

---

בֵּין הָאוּלָם וְלַמִּזְבֵּחַ מְקֻדָּשׁ מִמֶּנָּה, שֶׁאֵין בַּעֲלֵי מוּמִין וּפְרוּעֵי רֹאשׁ נִכְנָסִים לְשָׁם. הַהֵיכָל מְקֻדָּשׁ מִמֶּנּוּ, שֶׁאֵין נִכְנָס לְשָׁם שֶׁלֹּא רְחוּץ יָדַיִם וְרַגְלַיִם. קֹדֶשׁ הַקֳּדָשִׁים מְקֻדָּשׁ מֵהֶם, שֶׁאֵין נִכְנָס לְשָׁם אֶלָּא כֹהֵן גָּדוֹל בְּיוֹם הַכִּפּוּרִים בִּשְׁעַת הָעֲבוֹדָה. אָמַר רַבִּי יוֹסֵי, בַּחֲמִשָּׁה דְבָרִים בֵּין הָאוּלָם וְלַמִּזְבֵּחַ שָׁוֶה לַהֵיכָל, שֶׁאֵין בַּעֲלֵי מוּמִין, וּפְרוּעֵי רֹאשׁ, וּשְׁתוּיֵי יַיִן, וְשֶׁלֹּא רְחוּץ יָדַיִם וְרַגְלַיִם נִכְנָסִים לְשָׁם, וּפוֹרְשִׁין מִבֵּין הָאוּלָם וְלַמִּזְבֵּחַ בִּשְׁעַת הַקְטָרָה:

---

주랑과 제단 사이가 그보다 더욱 거룩하다. 〔몸에〕 흠이 있거나 머리를 풀어헤친 자는 그곳에 들어올 수 없다.

성소는 그보다 더욱 거룩하다. 손과 발을 씻지 않은 자는 그곳에 들어올 수 없다.

지성소는 그보다 더욱 거룩하다. 대제사장이 속죄일에 맡은 일을 하러 들어오는 것 외에는 누구도 들어올 수 없기 때문이다.

요쎄 랍비가 말했다. 다섯 가지 경우에 성소와 제단 사이는 성전과 동일한 규칙이 적용된다. 〔몸에〕 흠이 있는 자, 머리를 풀어 헤친 자, 포도주에 취한 자, 손과 발을 씻지 않은 자는 그곳에 들어갈 수 없으니, 분향할 때에 성소와 제단 사이에서 멀리 떨어져야 한다.

- 주랑과 제단 사이의 거리에 관해서는 「미돗」 3, 6; 5, 1을 참조하라. 성전에 관해서는 「미돗」 5, 1을 참조하라. 분향하는 제의에 관해서는 「타미드」 6, 3을 참조하라.

## 제2장

점토로 만든 그릇이나 도구는 무엇을 담을 수 있는 오목한 부분이 있을 때 부정해지고, 부서져서 이 부분이 사라지면 다시 정결한 상태로 돌아간다. 그리고 그릇이나 도구가 부정해질 수 있는 지위를 얻는 시점은 생산공정이 모두 끝날 때다.

### 2, 1

오목한 부분이 있는 그릇이 온전하면 부정해질 수 있고 부서지면 정결해진다는 원칙을 설명한다.

---

כְּלֵי עֵץ, וּכְלֵי עוֹר, וּכְלֵי עֶצֶם, וּכְלֵי זְכוּכִית, פְּשׁוּטֵיהֶן טְהוֹרִים, וּמְקַבְּלֵיהֶן
טְמֵאִים. נִשְׁבְּרוּ, טָהֲרוּ. חָזַר וְעָשָׂה מֵהֶם כֵּלִים, מְקַבְּלִין טֻמְאָה מִכָּאן
וּלְהַבָּא. כְּלֵי חֶרֶס וּכְלֵי נֶתֶר, טֻמְאָתָן שָׁוָה. מִטַּמְּאִין וּמְטַמְּאִין בַּאֲוִיר,
וּמִטַּמְּאִין מֵאֲחוֹרֵיהֶן, וְאֵינָן מִטַּמְּאִין מִגַּבֵּיהֶן, וּשְׁבִירָתָן הִיא טָהֳרָתָן:

---

나무 그릇, 가죽 그릇, 뼈 그릇, 그리고 유리 그릇의 경우 평평한 것들은 정결하지만, 오목한 것들은 부정해진다. 이것들이 부서지면 정결해진다. [부서진 조각으로] 다시 그릇을 만들면, 그 이후부터 부정해질 수 있다.

점토 그릇과 명반으로 만든 그릇은 같은 방법으로 부정해진다. 이것들은 공기를 통해서 부정해지고 또 부정하게 만든다. 이것들은 [오목한] 바닥 부분 때문에 부정하게 되지만, 바깥 부분으로는 부정해지지 않는다. 그리고 부서지면 정결해진다.

- 이 미쉬나는 '그릇 · 도구'와 관련해서 정결하고 부정한 상태를 판단하는 기준들을 제시하고 있다.
  - 무엇인가를 담을 수 있는 공간이 있는지 여부: 어떤 물건이나 액체를 담을 수 있는 오목한 부분이 있다면, 그 도구 또는 그릇은 부정해질 가능성이 있다(레 11:32; 민 31:20). 그러나 그런 부분이 없는 도구는 항상 정결하다(「켈림」 15, 5).
  - 부서졌는지 여부: 온전한 도구나 그릇이었을 때 부정해졌다 하더라도 일단 부서지면 다시 정결해졌다고 간주한다. 그 도구나 그릇이 부서지면서 무엇인가를 담을 수 있는 공간이 사라지기 때문이다.
- 이 미쉬나는 부정이 전이되는 방법에 관해서도 설명한다.
  - 공기를 통해서 부정 전이: 오목한 부분이 있는 도구나 그릇은 어떤 부정한 물체나 인물과 같은 공간에 노출될 때 직접 접촉하지 않아도 공기를 통해서 부정해질 수 있다(「켈림」 1, 1; 레 11:32).
  - 접촉을 통한 부정 전이: 이 글에서 언급하지 않지만, 원래 부정한 물체나 인물과 접촉할 때 부정이 전이된다(레 11:32-33).
  - 토기의 안쪽 부분이 부정해지면 그 안에 담겨 있는 음식이나 음료수도 부정해지지만, 토기 바깥쪽이 부정해지면 그 안에 담겨 있는 음식이나 음료수는 정결하다.
- 부정해진 도구나 그릇을 다시 정결하게 만드는 방법이 있다.
  - 나무, 천, 가죽으로 만든 도구나 그릇은 물로 씻어 정결해진다.
  - 점토나 흙으로 만든 질그릇은 정결하게 만들 수 없으며 깨뜨려야 한다(레 6:21, 11:32, 15:12).

## 2, 2

부서진 그릇에 관해 상세한 규정을 설명한다.

---

הַדַּקִּין שֶׁבִּכְלֵי חֶרֶס, וְקַרְקְרוֹתֵיהֶן, וְדָפְנוֹתֵיהֶן יוֹשְׁבִין שֶׁלֹּא מְסֻמָּכִין, שִׁעוּרָן, מִכְּדֵי סִיכַת קָטָן וְעַד לֹג. מִלֹּג וְעַד סְאָה, בִּרְבִיעִית. מִסְּאָה וְעַד סָאתַיִם, בַּחֲצִי לֹג. מִסָּאתַיִם וְעַד שָׁלֹשׁ וְעַד חָמֵשׁ סְאִין, בְּלֹג, דִּבְרֵי רַבִּי יִשְׁמָעֵאל. רַבִּי עֲקִיבָא אוֹמֵר, אֲנִי אֵינִי נוֹתֵן בָּהֶן מִדָּה, אֶלָּא, הַדַּקִּין שֶׁבִּכְלֵי חֶרֶס, וְקַרְקְרוֹתֵיהֶן, וְדָפְנוֹתֵיהֶן יוֹשְׁבִין שֶׁלֹּא מְסֻמָּכִין, שִׁעוּרָן מִכְּדֵי סִיכַת קָטָן וְעַד קְדֵרוֹת הַדַּקּוֹת. מֵהַקְּדֵרוֹת הַדַּקּוֹת וְעַד חָבִיּוֹת לוּדִּיּוֹת, בִּרְבִיעִית. מִלּוּדִּיּוֹת וְעַד לַחְמִיּוֹת, בַּחֲצִי לֹג. מִלַּחְמִיּוֹת וְעַד חֲצָבִים גְּדוֹלִים, בְּלֹג. רַבָּן יוֹחָנָן בֶּן זַכַּאי אוֹמֵר, חֲצָבִים גְּדוֹלִים, שִׁעוּרָן בִּשְׁנֵי לֻגִּין. הַפַּכִּים הַגְּלִילִים וְהֶחָבְיוֹנוֹת, שִׁעוּר קַרְקְרוֹתֵיהֶן כָּל שֶׁהֵן, וְאֵין לָהֶם דְּפָנוֹת:

---

점토 그릇들 중 작은 것이 〔부정해지는 경우는 깨지고 남은〕 바닥과 벽이 〔다른 곳에〕 기대지 않고 바로 앉을 때이며, 그 크기가 새끼손가락이 잠길 정도부터[15] 1로그가 되는 경우까지다. 〔원래 크기가〕 1로그부터 1쎄아에 이르는 〔그릇은 남은 부분의 크기가〕 1/4로그가 되는 경우까지다.[16] 〔원래 크기가〕 1쎄아부터 2쎄아에 이르는 〔그릇은〕 1/2로그까지다. 〔원래 크기가〕 2쎄아부터 3쎄아 또는 5쎄아에 이르는 〔그릇은〕 1로그까지라고 이쉬마엘 랍비가 말했다.

아키바 랍비는 이런 그릇의 크기를 정하지 않겠다고 말했다. 점토 그릇들 중 작은 것이 〔부정해지는 경우는 깨지고 남은〕 바닥과 벽이 〔다른 곳에〕 기대지 않고 바로 앉아 있을 때이며, 크기가 새끼손가락이 잠길 정도부터 작은 냄비가 되는 경우까지다. 작은 냄비부터 로드

---

15) 히브리어 원문은 "מכדי סיכת קטן"로 그 의미가 분명하지 않다. 이 말을 (아이의) 새끼손가락이 잠길 만큼이라고 번역할 수도 있고(댄비; 뉴스너; 「샤밧」 8, 1) 그냥 작은 아이가 잠길 만큼이라고 번역할 수도 있다(Sefaria; 알벡). 그러나 이 분량은 '로그'보다 적어야 하기 때문에 전자를 택하여 번역한다.

16) 「샤밧」 8, 7를 참조하라.

의 병에 이르는 〔그릇은〕 1/4로그까지다. 로드의 병부터 베들레헴 병에 해당하는 〔그릇은〕 1/2로그까지다. 베들레헴 병부터 큰 항아리[17]에 이르는 〔그릇은〕 1로그까지다.

요하난 벤 자카이 라반은 큰 항아리가 〔부정해지는 경우는 깨지고 남은 부분의〕 크기가 2로그라고 말했다. 갈릴리의 단지와 작은 병들은 그 바닥의 크기와 상관없고 옆면도 상관없다.

- 위에서 논의한 정결법을 더 자세히 나누어 설명하고 있으며, 부서진 그릇이라도 일정한 용량의 물체나 액체를 담을 수 있다면 아직도 부정해질 가능성이 있다고 주장한다.
- '로그'는 액체를 계량하는 가장 작은 부피 단위로(300-600밀리리터) 가난한 자가 피부병과 관련된 정결례를 드리는 문맥에서 언급되었다(레 14:21).
- '쎄아'는 7.2-14.3리터 정도의 부피다(약 6카브이며, 1카브는 4로그다).

## 2, 3
그릇 이외의 도구들도 오목한 부분이 있으면 부정해질 수 있다.

---

הַטְּהוֹרִין שֶׁבִּכְלֵי חֶרֶס, טַבְלָה שֶׁאֵין לָהּ לִזְבֵּז, וּמַחְתָּה פְרוּצָה, וְאַבּוּב שֶׁל קְלָאִין, וְסִילוֹנוֹת, אַף עַל פִּי כְפוּפִין אַף עַל פִּי מְקַבְּלִין, וְכַבְכָּב שֶׁעֲשָׂאוֹ לְסַל הַפַּת, וּטְפִי שֶׁהִתְקִינוֹ לַעֲנָבִים, וְחָבִית שֶׁל שַׁיָּטִין, וְחָבִית דְּפוּנָה בְשׁוּלֵי הַמַּחַץ, וְהַמִּטָּה, וְהַכִּסֵּא, וְהַסַּפְסָל, וְהַשֻּׁלְחָן, וְהַסְּפִינָה, וְהַמְּנוֹרָה שֶׁל חֶרֶס, הֲרֵי אֵלּוּ טְהוֹרִים. זֶה הַכְּלָל, כֹּל שֶׁאֵין לוֹ תוֹךְ בִּכְלֵי חֶרֶס, אֵין לוֹ אֲחוֹרָיִם:

---

점토 그릇들 중 정결한 것으로는 가장자리가 없는 쟁반, 끝이 갈라

17) 「켈림」 9, 8을 참조하라.

진 부삽,[18] 굽는 데 쓰는 관,[19] 주둥이가 구부러지거나 주둥이에 담는 부분이 달린 홈통,[20] 빵 바구니로 쓰는 덮개, 포도를 덮는 데 쓰는 물병,[21] 선원들이[22] 쓰는 병, 국자 테두리에 있는 벽, 침대, 의자, 긴 의자, 탁자, 배,[23] 점토로 만든 등잔[24]이 있으니,[25] 이런 것들이 정결하고 〔부정해지지 않는다〕.

보편적인 규칙은 이렇다. 점토 기구들 중에서 〔부정이 전이될〕 내부 공간이 없는 것은 〔부정이 전이될〕 외부도 없다.

- 이 미쉬나에 열거하는 점토 그릇이나 도구는 항상 정결하며 부정이 전이되지 않는데, 내용물을 담을 수 있는 오목한 공간이 없기 때문이다. 이런 도구는 내부가 부정해져서 적용할 규정이 없는 것처럼 외부가 부정해질 때 적용할 규정도 없다.

## 2, 4

---

פַּנָּס שֶׁיֶּשׁ בּוֹ בֵּית קִבּוּל שֶׁמֶן, טָמֵא. וְשֶׁאֵין בּוֹ, טָהוֹר. מְגוּפַת הַיּוֹצְרִין שֶׁהוּא פוֹתֵחַ בָּהּ, טְהוֹרָה. וְשֶׁהוּא גוֹמֵר בָּהּ, טְמֵאָה. מַשְׁפֵּךְ שֶׁל בַּעֲלֵי בָתִּים, טָהוֹר. וְשֶׁל רוֹכְלִין, טָמֵא, מִפְּנֵי שֶׁהוּא שֶׁל מִדָּה, דִּבְרֵי רַבִּי יְהוּדָה בֶּן בְּתֵירָא. רַבִּי עֲקִיבָא אוֹמֵר, מִפְּנֵי שֶׁהוּא מַטֵּהוּ עַל צִדּוֹ וּמֵרִיחַ בּוֹ לַלּוֹקֵחַ:

---

18) 일곱째 미쉬나를 참조하라.

19) 원문은 '굽다'는 어원에서 나온 말로 번역자들은 옥수수를 굽는 관(댄비; 뉴스너)이나 굽는 사람의 선반(Sefaria)으로 번역했다. 「메나홋」 10, 4를 참조하라.

20) 「미크바옷」 4, 3을 참조하라.

21) 이 낱말(טפי)은 사본에 따라 다른 철자법으로 쓴 곳도 있다(טפית).

22) 이 낱말을 수영하는 자로 번역하거나(댄비; 뉴스너), 선원들이 이런 병을 사용하여 수영한다고 설명하기도 한다(알벡).

23) 「샤밧」 9, 2를 참조하라.

24) 「켈림」 11, 7을 참조하라.

25) 등잔에 관련해서 다음 셋째 미쉬나를 참조하라.

기름을 담는 용기가 달린 〔점토〕 등잔은 부정해질 수 있다. 〔그런 용기가〕 없는 것은 정결하다. 도공이 일을 시작할 때 쓰는 거푸집은 정결하다. 그가 일을 마칠 때 쓰는 거푸집은 부정해질 수 있다. 〔개인〕 집주인이 〔쓰는〕 깔때기는 정결하다. 그러나 행상인의 깔때기는 부정해질 수 있으니, 그가 〔무엇을〕 재는 데 사용할 수 있다고 예후다 벤 베테라 랍비가 말했다. 아키바 랍비는 그가 이 기구를 옆으로 기울여서 손님이 냄새를 맡을 수 있게 할 수도 있기 때문이라고 설명했다.

- 이 미쉬나는 점토로 만든 등잔, 거푸집, 깔때기를 모두 어떤 물체나 액체를 담을 오목한 부분이 있는지 여부로 나누어 설명하고 있다. 등잔은 이 두 가지 경우를 잘 구분해서 설명하고 있다. 거푸집과 깔때기는 표현이 불분명한데, 아마도 당시에 사용하던 거푸집이나 깔때기가 경우에 따라 다른 모양으로 생겼을 것으로 추정할 수 있다.

## 2, 5

그릇을 덮는 덮개나 뚜껑에 관해 논의한다.

---

כִּסּוּי כַּדֵּי יַיִן וְכַדֵּי שֶׁמֶן, וְכִסּוּי חָבִיּוֹת נֵירוֹת, טְהוֹרִין. וְאִם הִתְקִינוֹ לְתַשְׁמִישׁ, טְמֵאִים. כִּסּוּי הַלְּפָס, בִּזְמַן שֶׁהוּא נָקוּב וְיֶשׁ לוֹ חִדּוּד, טָהוֹר. אִם אֵינוֹ נָקוּב וְאֵין לוֹ חִדּוּד, טָמֵא, מִפְּנֵי שֶׁהִיא מְסַנֶּנֶת לְתוֹכוֹ אֶת הַיָּרָק. רַבִּי אֱלִיעֶזֶר בַּר צָדוֹק אוֹמֵר, מִפְּנֵי שֶׁהִיא הוֹפֶכֶת עָלָיו אֶת הָרוּנְקִי:

---

포도주병과 기름병의 덮개와 종이 병[26]을 덮는 덮개는 정결하다. 그러나 다른 용도로 쓰기 위해 사용하면 부정해질 수 있다.

구멍이 뚫려 있고 뾰족한 부분이 있는 냄비 뚜껑은 정결하다. 구멍

---

26) 이 낱말(נירות)은 지명으로 이해하고 누르의 항아리(Nurean barrels)라고 번역하기도 한다(Sefaria; 알벡 25).

이 없거나 뾰족한 부분이 없다면 부정해질 수 있으니, 여인이 채소를 씻을 수도 있기 때문이다. 엘리에제르 바르 짜독 랍비는 여인이 그 위에 내용물을 뒤집어 담을 수 있기 때문이라고 설명했다.[27)]

• 병을 덮는 덮개와 뚜껑도 무엇을 담을 수 있는 오목한 부분이 있는지 여부로 판단한다.

## 2, 6

גִּסְטְרָא שֶׁנִּמְצֵאת בַּכִּבְשָׁן, עַד שֶׁלֹּא נִגְמְרָה מְלַאכְתָּהּ, טְהוֹרָה. מִשֶּׁנִּגְמְרָה מְלַאכְתָּהּ, טְמֵאָה. טִיטְרוֹס, רַבִּי אֱלִיעֶזֶר בַּר צָדוֹק מְטַהֵר. רַבִּי יוֹסֵי מְטַמֵּא, מִפְּנֵי שֶׁהוּא כְמוֹצִיא פְרוּטוֹת:

가마 안에 있는 부서진 그릇은 〔수선〕 작업을 마칠 때까지 정결하다. 작업을 마친 후부터 부정해질 수 있다.

물 뿌리는 병[28)]에 관하여 엘리에제르 바르 짜독 랍비는 이것이 정결하다고 주장했다. 요쎄 랍비는 이것이 부정해질 수 있다고 말했는데, 여기서 〔음료수가〕 조금씩만 흘러내리기 때문이다.[29)]

• 그릇이나 도구는 작업을 마친 후 즉 의도했던 공정이 다 마무리되어

27) 냄비를 뒤집어 내용물을 비운다(הרונקי)는 말은 다른 사본에서 다른 철자로(הרוקני) 남아 있다.

28) 이 낱말(טיטרוס)은 문맥에서 구멍이 뚫려 있어서 소량의 액체가 떨어지도록 사용할 수 있는 그릇을 가리키고 있으나 정확하게 무엇을 가리키는지는 알 수 없다. 람밤은 몸통은 넓고 목은 좁고 긴 질그릇이라고 설명했다. 밑바닥에 작은 구멍들이 뚫려 있는데, 물을 채운 후 병 입구를 손가락으로 막으면 물이 흐르지 않고 조금씩 열면서 물방울들이 떨어지도록 뿌릴 수 있다고 한다.

29) 마지막 낱말(פרוטות)을 부사가 아니라 목적어로 번역하면 이 그릇이 작은 동전들을 흘릴 수 있다고 번역할 수도 있다(뉴스너).

사용이 가능한 시점부터 부정해질 수 있다. 그러므로 가마에서 굽기 전에 이미 부서진 그릇(「켈림」 4, 3)은 그릇이 아니기 때문에 부정해지지 않지만, 구운 후에 부서지면 굽는 공정이 끝나는 순간부터 부정해질 수 있다. 부서진 뒤에도 오목한 부분이 있으면 부정해질 수 있는 상태가 지속된다.

- 그릇 밑에 구멍이 있어서 물을 뿌리는 데 쓴다면, 그 구멍을 막기 전에는 부정해지지 않는다(「켈림」 3, 1).

## 2, 7

그릇이나 도구가 여러 부분으로 구성되어 있는 경우를 설명한다.

---

הַטְמֵאִין שֶׁבִּכְלֵי חֶרֶס, טַבְלָה שֶׁיֶּשׁ לָהּ לִזְבֵּז, וּמַחְתָּה שְׁלֵמָה, וְטַבְלָה שֶׁהִיא מְלֵאָה קְעָרוֹת. נִטְמֵאת אַחַת מֵהֶם בְּשֶׁרֶץ, לֹא נִטְמְאוּ כֻלָּם. אִם יֶשׁ לָהּ לִזְבֵּז עוֹדֵף, נִטְמְאָה אַחַת מֵהֶם, נִטְמְאוּ כֻלָּן. וְכֵן בֵּית תְּבָלִין שֶׁל חֶרֶס, וְקַלְמָרִים הַמְּתֹאָמוֹת. וּבֵית תְּבָלִין שֶׁל עֵץ, שֶׁנִּטְמָא אֶחָד בְּמַשְׁקֶה, לֹא נִטְמָא חֲבֵרוֹ. רַבִּי יוֹחָנָן בֶּן נוּרִי אוֹמֵר, חוֹלְקִין אֶת עָבְיוֹ. הַמְשַׁמֵּשׁ לַטָּמֵא, טָמֵא. הַמְשַׁמֵּשׁ לַטָּהוֹר, טָהוֹר. אִם יֶשׁ לוֹ לִזְבֵּז עוֹדֵף, נִטְמָא אַחַד מֵהֶם, נִטְמָא חֲבֵרוֹ:

---

점토 기구들 중 부정해질 수 있는 것으로 가장자리가 있는 쟁반, 끝이 온전한 부삽, 사발들이 가득 〔붙어 있는〕 쟁반이 있다. 이런 기구들 중 하나가 기는 것 때문에 부정해졌을 때, 기구 전체가 부정해지지는 않는다. 만약 가장자리를 덧붙였다면, 이들 중 하나가 부정해졌을 때 기구 전체가 부정해진다.

점토로 만든 향료통과 〔잉크 용기가〕 두 개인 필통도 마찬가지다. 나무로 만든 향료통이 음료수 때문에 용기 하나만 부정해졌을 때,[30] 그 옆 용기까지 부정하게 만들지 않는다.

---

30) 액체 즉 음료수의 부정에 관해서는 「켈림」 25, 6을 참조하라.

요하난 벤 누리 랍비는 〔그 용기 벽의〕 두께를 나누어 생각해야 한다고 주장한다. 부정한 것을 담았던 부분은 부정하고, 정결한 것을 담았던 부분은 정결하다. 만약 테두리를 덧붙였을 때 한 용기가 부정해졌다면, 그 옆 용기도 부정해진다.

- 쟁반, 부삽 등 오목한 부분이 없는 기구들은 부정해지지 않는다. 그러나 가장자리에 테두리를 붙이면 오목한 부분이 생기기 때문에 부정해진다.
- 그릇 안쪽이 여러 구역으로 나뉘어 있다면, 각각 오목한 부분 하나가 독립된 그릇과 같은 역할을 한다. 가운데 벽은 반으로 나누어 정결한 쪽은 정결하고 부정한 쪽은 부정하다.

## 2, 8

---

הַלַּפִּיד, טָמֵא. וּבֵית שִׁקְעוֹ שֶׁל נֵר, מִטַּמֵּא בַאֲוִיר. הַמַּסְרֵק שֶׁל צַרְצוּר, רַבִּי אֱלִיעֶזֶר מְטַהֵר, וַחֲכָמִים מְטַמְּאִין:

---

횃불도 부정해질 수 있다. 등잔이 오목하게 파인 부분은 공기를 통해 부정해질 수 있다. 어떤 병에 달린 여과기[31]에 관하여 엘리에제르 랍비는 정결하다고 했으나, 현인들은 부정해질 수 있다고 말했다.

- 점토로 만든 횃불이나 등잔에 기름을 담을 수 있는 용기가 달려 있다면 역시 같은 요령으로 정결과 부정을 판단할 수 있다.

---

31) 「미크바옷」 3, 3을 참조하라.

## 제3장

점토 그릇이 부정해질 수 없는 상태, 즉 정결한 상태를 유지하는 기준과 구멍이 나거나 금이 간 부분에 회칠하거나 수리하는 경우를 설명하면서 그릇이라는 '이름'이 갖는 법적 지위에 관해 논의한다.

### 3, 1

구멍이 나서 부정해질 수 없는 그릇에 관해 논의한다.

---

שִׁעוּר כְּלִי חֶרֶס לְטַהֵר, הֶעָשׂוּי לָאֳכָלִין, שִׁעוּרוֹ בְזֵיתִים. הֶעָשׂוּי לְמַשְׁקִין,
שִׁעוּרוֹ בְמַשְׁקִין. הֶעָשׂוּי לְכָךְ וּלְכָךְ, מַטִּילִין אוֹתוֹ לְחֻמְרוֹ בְזֵיתִים:

---

점토 그릇을 정결하게 유지하려면 〔그 구멍의〕 크기가 다음과 같아야 한다. 음식을 담는 그릇의 경우 〔구멍이〕 올리브 열매 〔크기와 같아야〕 하며, 음료수를 담는 그릇의 경우 〔구멍이〕 음료수가 〔흐를 수 있는〕 크기여야 한다. 이런저런 용도로 모두 사용하는 그릇은 〔규칙을〕 좀 더 엄정하게 적용하여 올리브 열매 크기여야 한다.

- 구멍이 있어서 물건이나 음료수를 담을 수 없는 그릇은 부정해질 수 없다는 원리를 좀 더 구체적으로 정의하고 있다(「켈림」 8, 2; 9, 8).

### 3, 2

---

חָבִית, שִׁעוּרָהּ בִּגְרוֹגָרוֹת, דִּבְרֵי רַבִּי שִׁמְעוֹן. רַבִּי יְהוּדָה אוֹמֵר, בֶּאֱגוֹזִים.
רַבִּי מֵאִיר אוֹמֵר, בְּזֵיתִים. הַלְּפָס וְהַקְּדֵרָה, שִׁעוּרָן בְּזֵיתִים. הַפַּךְ וְהַטְּפִי,
שִׁעוּרָן בְּשָׁמֶן. וְהַצַּרְצוּר, שִׁעוּרוֹ בְמָיִם. רַבִּי שִׁמְעוֹן אוֹמֵר, שְׁלָשְׁתָּן בְּזֵרְעוֹנִין.
נֵר, שִׁעוּרוֹ בְשָׁמֶן. רַבִּי אֱלִיעֶזֶר אוֹמֵר, בִּפְרוּטָה קְטַנָּה. נֵר שֶׁנִּטַּל פִּיו, טָהוֹר.
וְשֶׁל אֲדָמָה שֶׁהֻסַּק פִּיו בַּפְּתִילָה, טָהוֹר:

---

어떤 병[32]을 정결하게 유지하려면 〔그 구멍의〕 크기가 마른 무화과 정도여야 한다고 쉼온 랍비가 말했다. 예후다 랍비는 호두 크기여야 한다고 말했다. 메이르 랍비는 올리브 열매 크기여야 한다고 말했다.

〔뚜껑이 달린〕 냄비와 〔넓은〕 냄비[33]라면 그 크기가 올리브 열매 정도여야 한다. 〔기름〕 단지와 〔목이 좁은 기름〕 병[34]이라면 그 크기가 기름〔이 흐를 수 있는 정도〕여야 한다. 〔물〕 병[35]이라면 그 크기가 물〔이 흐를 수 있는 정도〕여야 한다. 쉼온 랍비는 이런 세 가지 그릇의 경우 씨앗 크기 정도여야 한다고 말했다. 등잔인 경우 그 크기가 기름〔이 흐를 수 있는 정도〕여야 한다. 엘리에제르 랍비는 작은 동전[36] 정도여야 한다고 말했다. 〔심지가 든〕 주둥이가 부러진 등잔은 정결하다. 흙[37]으로 만든 〔굽지 않은〕 등잔인데 심지 때문에 주둥이가 탄 경우에도 정결하다.[38]

## 3, 3

구멍을 수리하는 상황에 관해 논의한다.

---

חָבִית שֶׁנִּקְּבָה וַעֲשָׂאָהּ בְּזֶפֶת, וְנִשְׁבְּרָה, אִם יֵשׁ בִּמְקוֹם הַזֶּפֶת מַחֲזִיק
רְבִיעִית, טְמֵאָה, מִפְּנֵי שֶׁלֹּא בָטַל שֵׁם כְּלִי מֵעָלֶיהָ. חֶרֶס שֶׁנִּקַּב וַעֲשָׂאוֹ

---

32) 또는 항아리라고 번역할 수 있다(Sefaria).

33) 그릇의 종류를 부르는 두 낱말 중 전자(לפס)는 '(잘 닫히는) 냄비나 국냄비'이며(야스트로 715), 후자(קדרה)는 '냄비나 접시'를 가리킨다(야스트로 131).

34) 역시 그릇의 종류를 부르는 이 두 낱말 중 야스트로를 따르면 타피(טפי)는 목이 좁은 병이다(야스트로 546; 「켈림」 2, 3).

35) 이 낱말(צרצור)은 번역이 다양한데, 공통적으로 구멍이 있는 그릇이다(「켈림」 2, 8).

36) 이 낱말(פרוטה, 페루타)을 번역하지 않고 음역하기도 한다(뉴스너; Sefaria).

37) 이 낱말(אדמה)은 'unbaked clay'라고 번역하기도 한다(댄비; 뉴스너).

38) 주둥이가 탔다고 해도 가마에서 구운 것과 같은 지위라고 볼 수 없다(「켈림」 4, 4).

בְּזֶפֶת, אַף עַל פִּי מַחֲזִיק רְבִיעִית, טָהוֹר, מִפְּנֵי שֶׁבָּטַל שֵׁם כְּלִי מֵעָלָיו:

어떤 병에 구멍이 나서 역청으로 수리를 했는데 〔그 후에〕 깨졌을 때, 역청으로 〔수리한〕 부분에 1/4〔로그〕를 담을 수 있는 〔공간이〕 있으면 부정해질 수 있다. 왜냐하면 〔아직〕 그릇이라고 부를 수 있기 때문이다. 어떤 점토 조각에 구멍이 나서 역청으로 수리했다면, 1/4〔로그〕를 담을 수 있다 하더라도 정결하다. 왜냐하면 〔더 이상〕 그릇이라고 부를 수 없기 때문이다.

- 구멍이 나면 그릇으로 사용할 수 없고 정결해지지만, 구멍을 막고 수리를 하면 부정해질 수 있다. 그 후에 그 그릇이 다시 깨지는 경우, 수리한 부분에 오목한 공간이 조금만 있어도 계속해서 부정해질 수 있다(「켈림」 2, 2; 「미크바옷」 4, 2). 그 이유는 구멍이 난 그릇을 수리하면서 '그릇'이라는 지위를 인위적으로 지속시켰고, 이 지위는 다른 부분이 부서져도 사라지지 않기 때문이다.
- 반대로 이미 부서져서 점토 조각이 되어 '그릇'이라는 지위가 사라진 것을 역청으로 수리해서 오목한 공간이 생겼다 하더라도 부정해지지 않는다. 한번 사라진 '그릇'이라는 지위가 수리한다고 다시 생기지 않기 때문이다(「켈림」 4, 1).

## 3, 4

חָבִית שֶׁנִּתְרוֹעֲעָה וּטְפָלָהּ בִּגְלָלִים, אַף עַל פִּי שֶׁהוּא נוֹטֵל אֶת הַגְּלָלִים וְהַחֲרָסִים נוֹפְלִים, טְמֵאָה, מִפְּנֵי שֶׁלֹּא בָטַל שֵׁם כְּלִי מֵעָלֶיהָ. נִשְׁבְּרָה וְדִבֵּק מִמֶּנָּה חֲרָסִית, אוֹ שֶׁהֵבִיא חֲרָסִית מִמָּקוֹם אַחֵר וּטְפָלָן בִּגְלָלִים, אַף עַל פִּי שֶׁהוּא נוֹטֵל הַגְּלָלִים וְהַחֲרָסִין עוֹמְדִים, טְהוֹרָה, מִפְּנֵי שֶׁבָּטַל שֵׁם כְּלִי מֵעָלֶיהָ. הָיָה בָהּ חֶרֶס מַחֲזִיק רְבִיעִית, כֻּלָּהּ מִטַּמְּאָה בְמַגָּע, וּכְנֶגְדּוֹ מִטַּמֵּא בָאֲוִיר:

어떤 병이 금이 가서 똥[39]을 발라 때웠다면, 그 똥을 제거하고 그 병이 부서졌다고 해도 부정해질 수 있다. 왜냐하면 그릇이라는 이름이 취소된 적이 없기 때문이다. 만약 〔어떤 병이〕 부서졌고 그 토기 조각들을 다시 붙였다면, 또는 토기 조각들을 다른 장소에서 가져와서 똥을 발라 때웠다면, 그 똥을 제거하고 그 병이 〔부서지지 않고〕 서 있다 하더라도 정결하다. 왜냐하면 그릇이라는 이름이 취소되었기 때문이다.

부서진 〔병의〕 조각 하나가 1/4〔로그〕를 담을 수 있는 〔크기〕라면, 접촉을 통해 〔연결된 조각들이〕 모두 부정해질 수 있다. 그러나 그 맞은편에 있는 조각은[40] 공기를 통해서 부정해진다.

## 3, 5

점토 그릇 외부에 회를 바르는 경우를 설명한다.

---

הַטּוֹפֵל כְּלִי חֶרֶס הַבָּרִיא, רַבִּי מֵאִיר וְרַבִּי שִׁמְעוֹן מְטַמְּאִים. וַחֲכָמִים אוֹמְרִים, הַטּוֹפֵל אֶת הַבָּרִיא, טָהוֹר. וְאֶת הָרָעוּעַ, טָמֵא. וְכֵן בְּחִדּוּק הַקֵּרוּיָה:

---

만약 어떤 사람이 온전한 점토 그릇에 〔회를〕 발랐다면, 메이르 랍비와 쉼온 랍비는 부정해진다고 말했다. 그러나 〔다른〕 현인들은 그 사람이 온전한 점토 그릇에 발랐다면 정결하다고 말했다. 그러나 금이 간 그릇이라면 부정해진다고 말했다. 이와 마찬가지로 바가지에 〔점토를 발라〕 보수한 경우도 그러하다.

39) 이 낱말(גללים)이 똥을 가리키는 것은 의심할 여지가 없지만, 인분이 아니라 가축의 똥에 흙을 섞어서 빚은 그릇을 가리킨다.

40) 이 낱말(כנגדו)은 직역하면 '그 맞은편' 또는 '그 반대편'이라는 뜻이지만, 'the part adjacent'라고 의역하기도 한다(댄비).

- 온전한 점토 그릇 외부에 회를 발랐는데 그 내부가 부정해졌을 때, 메이르와 쉼온 랍비는 바른 회도 부정해진다고 했다. 그러나 다른 랍비들은 회가 그릇과 연결되었다고 보지 않으며, 정결하다고 했다. 그러나 그릇이 온전하지 못해서 회를 바른 경우라면 그릇과 회는 밀접하게 연결된 것이며, 바른 회도 부정해진다.
- 우물에서 물을 긷는 바가지에 점토를 발라 든든하게 만든 경우도 마찬가지다(「샤밧」 17, 6).

## 3, 6

---

יַבְלִית שֶׁטּוֹפְלִין בָּהּ הַפִּטָּסִין, הַנּוֹגֵעַ בָּהּ, טָמֵא. מְגוּפַת חָבִית, אֵינָהּ חִבּוּר. הַנּוֹגֵעַ בְּטִפּוּלוֹ שֶׁל תַּנּוּר, טָמֵא:

---

만약 어떤 사람이 개밀[41)]을 큰 항아리에[42)] 발라 때웠고 〔항아리가 부정해졌다면〕, 그것을 접촉한 자는 부정해진다. 어떤 병의 마개는[43)] 〔그 병과〕 연결된 것으로 간주하지 않는다. 화덕에 바른 것과 접촉한 자는 부정해진다.

- 큰 항아리에 바른 개밀은 연결된 것, 병마개와 병은 연결되지 않은 것, 화덕과 그 외부에 바른 것은 연결된 것으로 간주하고 정결한지 부정한지 판단한다.

---

41) 이 낱말(יבלית)은 'scrutchgrass'나(댄비; 뉴스너) 'pulp'로(Sefaria) 번역하는 벼과(科) 갯보리속(屬)에 속하는 여러해살이 풀이다.

42) 이 낱말(טפסין)은 가장 큰 저장용 항아리로 'pithos'나(댄비) 'the largest jars'나(뉴스너) 'large jars'라고(Sefaria) 번역한다.

43) 이때 병마개를 점토로 만들었다고 설명한다(댄비; 뉴스너).

## 3, 7

מֵחַם שֶׁטְּפָלוֹ בְחֹמֶר וּבְחַרְסִית, הַנּוֹגֵעַ בַּחֹמֶר, טָמֵא. וּבַחַרְסִית, טָהוֹר. קוּמְקוּם שֶׁנִּקַּב וַעֲשָׂאוֹ בְזֶפֶת, רַבִּי יוֹסֵי מְטַהֵר, שֶׁאֵינוֹ יָכוֹל לְקַבֵּל אֶת הַחַמִּין כְּצוֹנֵן. וְכֵן הָיָה אוֹמֵר בִּכְלֵי זֶפֶת. כְּלֵי נְחֹשֶׁת שֶׁזְּפָתָן, טְהוֹרִין. וְאִם לְיַיִן, טְמֵאִין:

만약 어떤 사람이 큰 주전자에[44] 회반죽이나 점토를 발라 때웠고 〔주전자가 부정해졌다면〕, 그 회반죽을 접촉한 자는 부정해진다. 그러나 점토를 접촉한 자는 정결하다. 〔작은〕 주전자에[45] 구멍이 나서 역청으로 수선하였다면, 요쎄 랍비는 정결하다고 했다. 왜냐하면 더운물과 찬물을 모두 담을 수 없기 때문이다. 그는 역청을 〔바른〕 그릇에[46] 관해서도 같은 말을 하곤 했다. 만약 어떤 사람이 구리 그릇에 역청을 〔발라 때웠다면〕 이 그릇은 정결하다. 만약 〔이 그릇에〕 포도주를 〔담는 데 쓴다면〕 부정해진다.

- 주전자에 회를 두껍게 바르면 든든히 연결되지만, 도공들이 사용하는 점토는 그릇 표면에 단단히 붙지 못하므로 연결된 것이 아니며, 그릇이 부정해도 그 부정이 전달되지 않는다.
- 작은 주전자를 역청으로 수선한 뒤 뜨거운 물을 끓이면, 역청이 녹아내리기 때문에 연결되지 않은 것으로 간주하고, 부정이 전이되지 않는다. 다른 그릇이나 구리 그릇도 마찬가지다. 그러나 포도주처럼 뜨겁지 않은 음료수를 담는다면 부정해질 수 있다.

---

44) 이 낱말(מחם)을 직역하면 '물을 데우는 (그릇)'이라고 번역할 수 있는데, 'kettle'로 번역하기도 한다(댄비; 뉴스너).

45) 이 낱말(קומקום)은 'cauldron'이나(댄비) 'pot'이나(뉴스너) 'kettle'로(Sefaria) 다양한 번역이 존재한다. 문맥을 따라 큰 주전자와 작은 주전자로 번역한다.

46) 이 표현(כלי זפת)은 사실 '역청이 발라진 그릇'인지 '역청을 담는 그릇'인지 가리키는 바가 분명하지 않다. 문맥을 따라 전자로 번역한다.

## 3, 8

חָבִית שֶׁנִּקְּבָה וַעֲשָׂאָהּ בְּזֶפֶת יָתֵר מִצָּרְכָּהּ, הַנּוֹגֵעַ בְּצָרְכָּהּ, טָמֵא. יָתֵר מִצָּרְכָּהּ, טָהוֹר. זֶפֶת שֶׁנָּטְפָה עַל הֶחָבִית, הַנּוֹגֵעַ בָּהּ, טָהוֹר. מַשְׁפֵּךְ שֶׁל עֵץ וְשֶׁל חֶרֶס שֶׁפְּקָקוֹ בְזֶפֶת, רַבִּי אֶלְעָזָר בֶּן עֲזַרְיָה מְטַמֵּא. רַבִּי עֲקִיבָא מְטַמֵּא בְשֶׁל עֵץ, וּמְטַהֵר בְּשֶׁל חֶרֶס. רַבִּי יוֹסֵי מְטַהֵר בִּשְׁנֵיהֶם:

만약 어떤 병에 구멍이 났는데 필요한 양보다 더 많은 역청으로 때웠다면, 필요했던 만큼의 〔역청을〕 접촉한 사람은 부정하다. 그 이상의 〔역청을〕 접촉한 사람은 정결하다. 만약 〔남은〕 역청이 병 위에 흘러 떨어졌다면, 그것을 접촉하는 자는 정결하다.

나무나 점토로 만든 주둥이를 역청으로 막았다면, 아자리야의 아들 엘아자르 랍비는 부정하다고 했다. 아키바 랍비는 나무 주둥이는 부정하고 점토로 만든 주둥이는 정결하다고 주장했다. 요쎄 랍비는 둘 다 정결하다고 했다.

- 이 미쉬나는 그릇을 역청으로 수리하는 상황을 논의하는데, 구멍을 수선하는 데 필요한 양을 사용했는지 그 이상을 사용했는지에 따라 연결되었는지 여부를 판단한다는 새로운 기준을 제시한다.
- 아키바 랍비가 나무와 점토를 구분하는 이유는 역청이 나무와 비슷한 성격의 물질이라고 간주했기 때문이다.

## 제4장

점토 그릇이 아직 제 역할을 할 수 있는지 판단하는 또 다른 기준으로 혼자 서 있을 수 있는지 여부를 고려할 수 있다. 또한 부서진 그릇은 떨어져나가고 남은 부분에 무엇인가 담을 수 있는지 또는 기울어져 있는지 여부를 보고 판단한다. 그 외에도 그릇의 주둥이, 손잡이, 테두리 등과 관련된 다양한 상황들에 관해 논의한다.

## 4, 1

부서진 토기 조각이 부정해질 수 없는 상황에 관한 추가규정을 설명한다.

---

הַחֶרֶס שֶׁאֵינוֹ יָכוֹל לַעֲמֹד מִפְּנֵי אָזְנוֹ, אוֹ שֶׁהָיָה בוֹ חִדּוּד וְהַחִדּוּד מַכְרִיעוֹ, טָהוֹר. נִטְּלָה הָאֹזֶן, נִשְׁבַּר הַחִדּוּד, טָהוֹר. רַבִּי יְהוּדָה מְטַמֵּא. חָבִית שֶׁנִּפְחֲתָה, וְהִיא מְקַבֶּלֶת עַל דָּפְנוֹתֶיהָ, אוֹ שֶׁנֶּחְלְקָה כְמִין שְׁתֵּי עֲרֵבוֹת, רַבִּי יְהוּדָה מְטַהֵר, וַחֲכָמִים מְטַמְּאִין:

---

어떤 토기 〔조각이 혼자〕 서 있을 수 없다면, 그것이 손잡이[47] 때문이든 아니면 바닥이 뾰족하여 〔한쪽으로〕 기울기 때문이든 정결하다. 그 손잡이가 부러지거나 그 뾰족한 부분이 부서져도 〔여전히〕 정결하다. 그러나 예후다 랍비는 〔이것이〕 부정하다고 규정했다.

어떤 병이 부서졌지만 그 옆부분에 무엇을 담을 수 있다면, 갈라졌지만 통 두 개처럼 〔사용할 수 있다면〕 예후다 랍비는 정결하다고 했고 현인들은 부정하다고 했다.

- 그릇이 부서져서 토기 조각이 되어도 일정한 분량의 음료수를 담을 수 있으면 부정해질 수 있는데(「켈림」 2, 2), 어떤 이유로 기울어져서 혼자 설 수 없는 상태라면 부정해지지 않는다. 이런 상태에서 그 조각을 기울게 만들던 손잡이 등이 부서져도 다시 부정해질 수 있는 지위를 얻지 못한다(「켈림」 3, 3).

---

47) 이 낱말(אזנו)은 대부분 '손잡이'로 번역했으나 'ear'로 번역한 경우도 있다(뉴스너).

- 어떤 부서진 조각을 뉘어서 무엇인가 담을 수 있다면 부정해질 수 있다는 의견도 있지만, 원래 '병'으로 가졌던 지위가 상실되었기 때문에 부정해질 수 없다.

## 4, 2

חָבִית שֶׁנִּתְרוֹעֲעָה וְאֵינָהּ יְכוֹלָה לְהִטַּלְטֵל בַּחֲצִי קַב גְּרוֹגָרוֹת, טְהוֹרָה.
גִּסְטְרָא שֶׁנִּתְרוֹעֲעָה וְאֵינָהּ מְקַבֶּלֶת מַשְׁקִין, אַף עַל פִּי שֶׁהִיא מְקַבֶּלֶת אֳכָלִין,
טְהוֹרָה שֶׁאֵין שִׁירַיִן לְשִׁירַיִן:

어떤 병이 손상되어 마른 무화과 1/2카브도 담아서 옮길 수 없다면 〔이 병은〕 정결하다. 부서진 그릇이 〔더〕 손상되어 음료수도 담을 수 없다면, 그 그릇에 음식을 담을 수 있더라도 정결하다. 왜냐하면 남은 것에 〔더〕 남은 것은 없기 때문이다.

- 어떤 병이 손상되어 더 이상 그릇으로 사용할 수 없으면 부정해지지 않는데, 그 기준은 마른 무화과 1/2카브, 약 1리터 정도도 담지 못할 때다.
- 여기서 "남은 것에 (더) 남은 것"이라는 표현은 정결법이 온전한 그릇과 부서진 그릇을 구별하지만, 이미 부서지고 남은 조각과 더 부서진 조각을 구별하여 적용하는 규정은 없다는 뜻이다.

## 4, 3

אֵיזוֹ הִיא גִסְטְרָא, כֹּל שֶׁנִּטְּלוּ אָזְנֶיהָ. הָיוּ בָהּ חִדּוּדִין יוֹצְאִין, כֹּל הַמְקַבֵּל
עִמָּהּ בְּזֵיתִים, מִטַּמֵּא בְמַגָּע וּכְנֶגְדּוֹ מִטַּמֵּא בַאֲוִיר. וְכֹל שֶׁאֵינוֹ מְקַבֵּל עִמָּהּ
בְּזֵיתִים, מִטַּמֵּא בְמַגָּע וְאֵין כְּנֶגְדּוֹ מִטַּמֵּא בַאֲוִיר. הָיְתָה מֻטָּה עַל צִדָּהּ כְּמִין
קַתֶּדְרָה, כֹּל הַמְקַבֵּל עִמָּהּ בְּזֵיתִים, מִטַּמֵּא בְמַגָּע וּכְנֶגְדּוֹ מִטַּמֵּא בַאֲוִיר. וְכֹל
שֶׁאֵינוֹ מְקַבֵּל עִמָּהּ בְּזֵיתִים, מִטַּמֵּא בְמַגָּע וְאֵין כְּנֶגְדּוֹ מִטַּמֵּא בַאֲוִיר. שׁוּלֵי
קוּרְפִיּוֹת וְשׁוּלֵי קוּסִים הַצִּידוֹנִיִּים, אַף עַל פִּי שֶׁאֵינָם יְכוֹלִים לֵישֵׁב שֶׁלֹּא

מְסֻכָּבִין, טְמֵאִין, שֶׁלְּכָךְ נַעֲשׂוּ מִתְּחִלָּתָן:

부서진 토기 그릇이란 어떤 것인가? 그 손잡이가 떨어져나간 모든 그릇이다. 그 그릇에 뾰족한 부분이 밖으로 튀어나와 있을 때, 그곳에 올리브 열매를 담을 수 있는 모든 그릇은 접촉을 통해 부정해지고, 그 반대쪽 부분은 공기를 통해 부정해진다. 그곳에 올리브 열매를 담을 수 없는 모든 그릇은 접촉을 통해 부정해지지만, 그 반대쪽 부분은 공기를 통해 부정해지지 않는다.

그 [그릇이] 카테드라 의자처럼 한쪽으로 기울었다면, 그곳에 올리브 열매를 담을 수 있는 모든 그릇은 접촉을 통해 부정해지고, 그 반대쪽 부분은 공기를 통해 부정해진다. 그곳에 올리브 열매를 담을 수 없는 모든 그릇은 접촉을 통해 부정해지지만, 그 반대쪽 부분은 공기를 통해 부정해지지 않는다. 쿠르피옷 그릇의 테두리와 시돈풍 잔의 테두리는 지지대가 없이는 고정되지 않는다 할지라도 부정해질 수 있으니 처음부터 그렇게 만들었기 때문이다.

- 토기 그릇은 몸통은 온전하고 손잡이만 떨어져나가도 부서진 그릇으로 간주한다.
- 만약 손잡이 부분이 깨지면서 밖으로 뾰족하게 튀어나온 부분에 올리브 열매를 담을 수 있는 공간이 있다면, 부정의 요인이 그 안쪽과 접촉했을 때 부정해지고 깨진 그릇 전체도 부정해진다. 뾰족한 부분의 반대편, 즉 맞은편에 있는 내용물은 덮기 부정에 의해 부정해진다. 올리브 열매를 담을 수 없을 때는 부정의 요인이 접촉하면 부정해지지만, 덮기 부정을 통해서 부정해지지 않는다. 한쪽 부분이 부서져서 올리브 열매도 담지 못한다면, 그 그릇의 '안쪽'이 없기 때문에 덮기 부정이 적용되지 않는다.
- 카테드라(Cátedra)는 헬라어에서 파생된 낱말로 거의 누울 수 있게

만든 의자를 가리키는데, 좌석이 넓고 목받침이 튀어나와 있다(「켈림」 22, 3). 부서진 그릇의 한 면이 완전히 떨어져나가서 이런 의자 모양이 되면 그 남은 부분 쪽으로 기울여서 올리브 열매를 담을 수 있는지 살펴야 한다.

- 쿠르피옷 그릇과 시돈풍 잔은 원래 기울어지게 만든 제품이며, 깨진 것이 아니라는 말이다.

## 4, 4

כְּלִי חֶרֶשׂ שֶׁיֶּשׁ לוֹ שָׁלֹשׁ שְׂפָיוֹת, הַפְּנִימִית עוֹדֶפֶת, הַכֹּל טָהוֹר. הַחִיצוֹנָה עוֹדֶפֶת, הַכֹּל טָמֵא. הָאֶמְצָעִית עוֹדֶפֶת, מִמֶּנָּה וְלִפְנִים, טָמֵא. מִמֶּנָּה וְלַחוּץ, טָהוֹר. הָיוּ שָׁווֹת, רַבִּי יְהוּדָה אוֹמֵר, חוֹלְקִין הָאֶמְצָעִית. וַחֲכָמִים אוֹמְרִים, הַכֹּל טָהוֹר. כְּלֵי חֶרֶס, מֵאֵימָתַי מְקַבְּלִין טֻמְאָה, מִשֶּׁיִּצָּרְפוּ בַכִּבְשָׁן, וְהִיא גְמַר מְלַאכְתָּן:

어떤 점토 그릇에 〔서로 분리된〕 테두리 세 개가 있고, 안쪽에 있는 〔테두리가〕 더 높다면, 〔그 바깥쪽은〕 모두 정결하다. 바깥쪽에 있는 〔테두리가〕 더 높다면 모두 부정해진다. 가운데 있는 〔테두리가〕 더 높다면, 그 테두리부터 안쪽은 부정해지고 바깥쪽은 정결하다.

모든 〔테두리가〕 동일한 크기라면, 예후다 랍비는 가운데 것을 나누어 〔구분해야〕 한다고 주장했다. 그러나 현인들은 모두 정결하다고 주장했다.

점토 그릇은 언제부터 부정해질 가능성이 있는가? 가마에서 불로 굽는 일이 끝나는 순간부터다.

- 어떤 그릇 입구에 테두리가 삼중으로 되어 있고 그중 가장 안쪽에 있는 테두리가 다른 것들보다 높이 솟아 있다면, 그 테두리 바깥쪽은 그릇의 외부로 간주하며, 내부의 부정과 상관없이 정결을 유지한

다. 가장 바깥쪽 테두리가 더 높다면 그 안쪽으로는 모두 그릇의 내부로 간주하고, 가운데 테두리가 더 높다면 그 부분부터 안쪽과 바깥쪽을 가른다. 테두리의 높이가 모두 동일하면, 가운데 테두리 벽을 기준으로 반씩 나누어 안팎을 가르거나, 가장 안쪽 테두리 바깥을 외부로 간주한다.

- 그릇이 부정해질 수 있는 가능성을 얻는 순간을 다시 한 번 정의한다.

## 제5장

점토로 만든 화덕·화로·쌍화로가 부정해질 수 있는 지위를 얻는 시점에 대해 논의한다. 그리고 손잡이, 화구 테두리, 벽, 덧붙인 부분 등이 정결법과 관련해서 화덕이나 화로와 연결된 것인지 여부를 논의한다. 화덕과 관련된 추가 규정들도 소개한다.

### 5, 1
점토로 지은 화덕에 관해 논의한다.

תַּנּוּר, תְּחִלָּתוֹ אַרְבָּעָה, וּשְׁיָרָיו אַרְבָּעָה, דִּבְרֵי רַבִּי מֵאִיר. וַחֲכָמִים אוֹמְרִים, בַּמֶּה דְבָרִים אֲמוּרִים, בְּגָדוֹל. אֲבָל בְּקָטָן, תְּחִלָּתוֹ כָּל שֶׁהוּא, וּשְׁיָרָיו רֻבּוֹ, מִשֶּׁתִּגָּמֵר מְלַאכְתּוֹ. אֵיזֶהוּ גְּמַר מְלַאכְתּוֹ, מִשֶּׁיַּסִּיקֶנּוּ כְּדֵי לֶאֱפוֹת בּוֹ סֻפְגָּנִין. רַבִּי יְהוּדָה אוֹמֵר, מִשֶּׁיַּסִּיק אֶת הֶחָדָשׁ, כְּדֵי לֶאֱפוֹת בַּיָּשָׁן סֻפְגָּנִין:

화덕[48]이 〔부정해질 수 있는 경우는〕 그것이 원래 4〔테팍만큼 높거나, 그 부서지고〕 남은 부분이 4〔테팍만큼 높을 때다〕. 랍비 메이르의

48) 화덕(תנור)은 진흙이나 토기 조각을 섞어 위는 좁고 밑은 넓은 모양으로 만드는데, 밑부분에는 바닥을 따로 만들지 않고 땅에 고정한다(「켈림」 5, 7).

말이다. 현인들은 이 가르침이 무슨 말인지 물었고, 커다란 화덕에 관해 가르친다고 말했다. 그러나 작은 화덕은 원래 〔높이가〕 얼마였든지 상관없고, 〔부서지고〕 남은 부분이 〔원래 크기의〕 대부분이 남은 경우다. 그 작업이 마무리되는 순간부터 〔부정해질 수 있다〕.

작업이 마무리되는 것은 언제인가? 부드러운 빵을 구울 수 있을 만큼 불을 땠을 때부터다. 랍비 예후다는 새로 지은 화덕에 불을 지펴서 오래된 화덕에서 부드러운 빵을 구울 수 있을 때부터라고 말했다.

- 화덕을 정결하고 부정하다고 판단하는 규정은 레위기 11:35에 기록되어 있다.
- 테팍은 손바닥 너비 정도를 가리키는 말로 길이를 재는 단위다. 약 8-10센티미터로 추정하므로 손바닥 너비 4테팍은 약 32-40센티미터를 가리킨다.
- 부드러운 빵은 한 그릇에서 다른 그릇에 쏟아 부을 수 있을 만큼 부드러운 반죽으로 만들기 때문에 불을 그렇게 세게 지피지 않아도 구울 수 있다.

## 5, 2
쌍화로가 부정해질 수 있는 조건과 시점을 설명한다.

---

כִּירָה, תְּחִלָּתָהּ שָׁלֹשׁ, וּשְׁיָרֶיהָ שָׁלֹשׁ, מִשֶּׁתִּגָּמֵר מְלַאכְתָּהּ. אֵיזֶהוּ גְּמַר
מְלַאכְתָּהּ, מִשֶּׁיַּסִּיקֶנָּה, כְּדֵי לְבַשֵּׁל עָלֶיהָ בֵּיצָה קַלָּה שֶׁבַּבֵּיצִים, טְרוּפָה
וּנְתוּנָה בְאִלְפָּס. הַכֻּפָּח, עֲשָׂאוֹ לַאֲפִיָּה, שִׁעוּרוֹ כַּתַּנּוּר. עֲשָׂאוֹ לְבִשּׁוּל, שִׁעוּרוֹ
כַּכִּירָה. הָאֶבֶן הַיּוֹצֵא מִן הַתַּנּוּר טֶפַח, וּמִן הַכִּירָה שָׁלֹשׁ אֶצְבָּעוֹת, חִבּוּר.
הַיּוֹצֵא מִן הַכֻּפָּח, עֲשָׂאוֹ לַאֲפִיָּה, שִׁעוּרוֹ כַּתַּנּוּר. עֲשָׂאוֹ לְבִשּׁוּל, שִׁעוּרוֹ
כַּכִּירָה. אָמַר רַבִּי יְהוּדָה, לֹא אָמְרוּ טֶפַח, אֶלָּא בֵין הַתַּנּוּר וְלַכֹּתֶל. הָיוּ שְׁנֵי
תַנּוּרִין סְמוּכִים זֶה לָזֶה, נוֹתֵן לָזֶה טֶפַח וְלָזֶה טֶפַח, וְהַשְּׁאָר טָהוֹר:

---

쌍화로[49]가 〔부정해질 수 있는 경우는〕 그것이 원래 3〔손가락 너비만큼 높거나, 그 부서지고〕 남은 부분이 3〔손가락 너비만큼 높을 때다〕. 그 작업이 마무리되는 순간부터 〔부정해질 수 있다〕. 작업이 마무리되는 것은 언제인가? 달걀들 중에 가장 가벼운 것을 냄비[50] 위에 깨어 넣고 그 위에서 요리할 수 있도록 불을 지필 때부터다.

빵을 굽기 위한 화로[51]가 〔부정해질 수 있는 경우는〕 그 크기가 화덕과 같아야 하며, 요리를 하기 위한 화로는 그 크기가 쌍화로와 같아야 한다.

화덕에서 튀어나온 돌이 1테팍 〔길이가〕 되거나 쌍화로에서 〔튀어나온 돌이〕 3손가락 너비가 되면, 이것은 연결된 것이다. 빵을 굽기 위한 화로에서 튀어나온 돌은 그 크기를 화덕의 경우에 따르고, 요리를 하기 위한 화로에서 튀어나온 돌은 쌍화로의 경우를 따른다.

예후다 랍비는 1테팍이라고 말한 것은 화덕과 벽 사이의 공간을 가리키는 것이라고 설명했다. 만약 화덕 두 개가 서로 가깝게 설치되었고, 한쪽에서 1테팍 다른 한쪽에서 1테팍만큼 튀어나오게 만들었다면, 다른 것은 모두 정결하다.

- 화덕에 비해 크기가 작은 조리도구인 점토로 만든 쌍화로가 있다. 부정해질 수 있는 그것의 최소 크기 규정은 손가락 너비로 3개 이상 되어야 한다. 작은 달걀을 요리할 수 있을 정도의 세기로 불을 지피면 그 시점부터 부정해질 수 있다(「샤밧」 8, 5).

---

49) 쌍화로(כירה)는 불을 때서 음식을 데우거나 요리하는 도구이며, 대개 화구가 두 개 있어서 쌍수(כיריים)로 표기한다(레 11:35).

50) 냄비(אלפס)는 요리할 때 쓰는 작고 깊지 않은 그릇이다.

51) 화로(כופח) 역시 불을 때서 음식을 데우거나 요리하는 시설이나, 화구가 하나 뿐이다.

- 쌍화로보다 조금 큰 화로는 화덕과 쌍화로 사이에서 중간적인 입장을 가지며, 기능에 따라 다른 기준을 적용한다.
- 화덕이나 쌍화로에서 튀어나온 돌은 일종의 손잡이 역할을 하며, 정결법과 관련하여 화덕이나 쌍화로에 연결된 것으로 보고 함께 부정해진다.
- 화덕 두 개를 가깝게 설치했고 손잡이를 만들었다면 돌들이 커서 서로 닿았을 가능성이 높으며, 이로써 부정해지는 길이를 초과하여 정결을 유지한다.

## 5, 3

עֲטֶרֶת כִּירָה, טְהוֹרָה. טִירַת הַתַּנּוּר, בִּזְמַן שֶׁהִיא גְבוֹהָה אַרְבָּעָה טְפָחִים, מְטַמְּאָה בְמַגָּע וּבַאֲוִיר. פְּחוּתָה מִכָּאן, טְהוֹרָה. אִם חִבְּרָהּ לוֹ, אֲפִלּוּ עַל שָׁלֹשׁ אֲבָנִים טְמֵאָה. בֵּית הַפַּךְ וּבֵית הַתְּבָלִין וּבֵית הַנֵּר שֶׁבַּכִּירָה, מְטַמְּאִין בְּמַגָּע וְאֵינָן מְטַמְּאִין בַּאֲוִיר, דִּבְרֵי רַבִּי מֵאִיר. רַבִּי יִשְׁמָעֵאל מְטַהֵר:

쌍화로의 〔화구〕 테두리[52]는 정결하다. 화덕을 〔두르는〕 벽[53]은 4 테팍만큼 높다면 접촉이나 공기를 통해 부정해질 수 있다. 그것보다 낮으면 정결하다. 만약 〔이 벽이〕 그 〔화덕과〕 연결되어 있다면, 돌 세 개만 연결되었다 해도 부정해질 수 있다.

쌍화로 위에 기름병 걸개, 향료 걸개, 등잔 걸개가 있다면 접촉에 의해 부정해질 수 있으나, 공기로는 부정해지지 않는다. 메이르 랍비의 말이다. 이쉬마엘 랍비는 〔항상〕 정결하다고 말했다.

---

52) 히브리어 낱말 '아테렛'(עטרת)은 왕관을 가리킨다. 여기서는 화로에 있는 화구를 감싸기 위해 관과 비슷한 테두리를 만들어 덮은 것으로 생각하고 번역했다.

53) 히브리어 낱말 '티랏 핫타누르'(טירת התנור)는 '화덕의 요새/산성'이라고 직역할 수 있다. 아마도 화덕 주위에 담을 쌓아서 보호하는 벽을 만들었던 것으로 보인다.

- 화로와 화구의 테두리는 연결되지 않았기 때문에 부정이 전이되지 않는다.
- 화덕을 두른 벽은 음식이나 물건을 올려놓거나 심지어 빵을 굽기도 하므로, 일정한 높이가 되면 부정해질 수 있다. 연결되어 있다면 화덕과 동일하게 정결법을 적용한다. 쌍화로 위에 설치한 걸개에 대해서는 이견이 있다.

## 5, 4

---

תַּנּוּר שֶׁהֻסַּק מֵאֲחוֹרָיו, אוֹ שֶׁהֻסַּק שֶׁלֹּא לְדַעְתּוֹ, אוֹ שֶׁהֻסַּק בְּבֵית הָאֻמָּן, טָמֵא. מַעֲשֶׂה שֶׁנָּפְלָה דְלֵקָה בְתַנּוּרֵי כְפַר סִגְנָה, וּבָא מַעֲשֶׂה לְיַבְנֶה, וְטִמְּאָן רַבָּן גַּמְלִיאֵל:

---

만일 화덕 밖에서 불을 땠거나, 〔주인이〕 알지도 못하는 사이에 데워졌거나, 장인의 작업장에서 〔이미〕 불을 때고 나왔다면 부정해질 수 있다.

크파르 씨그나[54]에서 화덕들 사이에 불이 붙은 일이 있어서 야브네[55]에 사람을 보내 물었을 때 감리엘 라반이 그 〔화덕들을〕 부정해진다고 결정한 적이 있다.

- 화덕은 다 만들고 나서 불을 때는 순간부터 부정해질 수 있다(첫째 미쉬나). 그러나 안쪽이 아니라 바깥쪽이나 다른 상황에서 열기를 받아도 마찬가지다.

---

54) 크파르 씨그나(כפר סגנה)는 갈릴리 남부에 있는 마을로 찌포리와 가깝다(「메나홋」 8, 6).

55) 야브네(יבנה)는 중앙 해안평야 지역의 남부도시로 야포에서 남쪽으로 20킬로미터 아스돗에서 북쪽으로 15킬로미터 지점에 있다.

## 5, 5

מוּסַף הַתַּנּוּר שֶׁל בַּעֲלֵי בָתִּים, טָהוֹר. וְשֶׁל נַחְתּוֹמִין, טָמֵא, מִפְּנֵי שֶׁהוּא סוֹמֵךְ עָלָיו אֶת הַשַּׁפּוּד. רַבִּי יוֹחָנָן הַסַּנְדְּלָר אוֹמֵר, מִפְּנֵי שֶׁהוּא אוֹפֶה בוֹ כְּשֶׁהוּא נִדְחָק. כַּיּוֹצֵא בוֹ, מוּסַף הַיּוֹרָה שֶׁל שׁוֹלְקֵי זֵיתִים, טָמֵא. וְשֶׁל צַבָּעִים, טָהוֹר:

개인 집에 있는 화덕에 덧붙인 부분[56]은 정결하다. 그러나 빵집에 있는 시설은 부정해질 수 있으니, 그 위에 꼬챙이를 설치할 수 있기 때문이다. 제화공이었던 요하난 랍비는 그가 〔반죽을 꼬챙이에 끼워〕 밀어 넣어 구울 수 있기 때문이라고 설명했다. 또한 올리브 열매를 삶는 가마솥에 덧붙인 부분은 부정해질 수 있다. 그러나 염색업자의 시설은 정결하다.

- 화덕에 덧붙여 사용하는 굴뚝에 꼬챙이를 끼어두면 화덕이 가득 차서 더 이상 무언가를 구울 자리가 없을 때 그 꼬챙이에 반죽이나 고기를 끼워 구울 수 있다.
- 가마솥에 덧붙인 부분은 솥에서 끓는 물이 넘지 않도록 입구에 점토로 만들어 붙인 테두리를 가리키며, 이 부분이 가마솥과 함께 더워지므로 올리브 열매를 삶는 데 사용할 수 있다. 그러나 그런 부분을 사용하지 않는 자에게는 정결하다.

## 5, 6

תַּנּוּר שֶׁנָּתַן בּוֹ עָפָר עַד חֶצְיוֹ, מֵעָפָר וּלְמַטָּן, מְטַמֵּא בְמַגָּע. מֵעָפָר וּלְמַעְלָן, מְטַמֵּא בַאֲוִיר. נְתָנוֹ עַל פִּי הַבּוֹר אוֹ עַל פִּי הַדּוּת, וְנָתַן שָׁם אֶבֶן, רַבִּי יְהוּדָה

56) 히브리어 낱말 '모쌉 핫타누르'(מוסף התנור)는 '화덕에 덧붙인 부분'이라고 생각할 수 있는데, 처음부터 화덕의 일부는 아니지만 연결하여 굴뚝 역할을 하게 만든 부분으로 보인다. 영어 번역본에서는 아예 chimney-peiece(댄비; 뉴스너)라고 썼다.

אוֹמֵר, אִם מַסִּיק מִלְּמַטָּן, וְהוּא נִסּוֹק מִלְּמַעְלָן, טָמֵא. וַחֲכָמִים אוֹמְרִים, הוֹאִיל וְהֻסַּק מִכָּל מָקוֹם, טָמֵא:

---

화덕 안에 흙이 반 정도 쌓여 있다면, 쌓인 흙과 그 아랫부분은 접촉을 통해서 부정해지고, 쌓인 흙부터 윗부분은 공기를 통해 부정해진다.

만약 화덕을 구덩이나 지하 저장고 입구에 설치하고 돌을 놓았을 때, 예후다 랍비는 〔구덩이〕 아래서 불을 때더라도 위까지 불을 땐 것과 같으면 부정하다고 말했다. 그러나 현인들은 어느 장소에서든 불을 땠다면 부정해질 수 있다고 설명했다.

- 화덕 안에 흙이 반 너머 쌓여 있다면 부정한 물건이 묻혀 있어도 화덕 벽에 닿지 않는 경우가 생길 수 있고, 접촉이 발생하지 않았다면 부정해지지 않는다는 말이다. 그러나 쌓인 흙 위에 부정한 물건이 놓여 있으면 공기를 통해 부정해진다.
- 화덕을 구덩이나 지하 저장고 입구에 설치하고 돌을 놓았다는 것은 화덕이 굴러 떨어지지 말라고 받쳐놓은 것이다. 예후다 랍비는 구덩이 밑에 불을 피워서 입구까지 열기가 전달된다면 화덕이 구덩이에 연결된 것이며, 부정해질 수 있다고 보았다. 다른 랍비들은 화덕 안에 불을 지필 때 부정해진다고 말했다.

## 5, 7

부정해진 화덕을 정결하게 만드는 방법에 관해 논의한다.

---

תַּנּוּר שֶׁנִּטְמָא, כֵּיצַד מְטַהֲרִין אוֹתוֹ. חוֹלְקוֹ לִשְׁלֹשָׁה, וְגוֹרֵר אֶת הַטְּפֵלָה עַד שֶׁיְּהֵא בָאָרֶץ. רַבִּי מֵאִיר אוֹמֵר, אֵינוֹ צָרִיךְ לִגְרֹר אֶת הַטְּפֵלָה, וְלֹא עַד שֶׁיְּהֵא בָאָרֶץ, אֶלָּא מְמַעֲטוֹ מִבִּפְנִים אַרְבָּעָה טְפָחִים. רַבִּי שִׁמְעוֹן אוֹמֵר, וְצָרִיךְ לְהַסִּיעוֹ. חִלְּקוֹ לִשְׁנַיִם, אֶחָד גָּדוֹל וְאֶחָד קָטָן, הַגָּדוֹל טָמֵא וְהַקָּטָן טָהוֹר.

חֲלָקוֹ לִשְׁלֹשָׁה, אֶחָד גָּדוֹל כִּשְׁנַיִם, הַגָּדוֹל טָמֵא, וּשְׁנַיִם הַקְּטַנִּים טְהוֹרִין:

부정해진 화덕을 어떻게 정화하는가? 〔화덕을〕 셋으로 나누어 〔그 조각들이〕 땅에 닿을 때까지 회를 긁어낸다. 메이르 랍비는 회를 긁어낼 필요도 없고 〔화덕이〕 땅에 닿을 필요도 없다고 말했다. 〔그러나〕 안쪽 면 높이가 4테팍이 될 때까지 줄여야 한다. 쉼온 랍비는 그것을 〔원래 자리에서〕 옮겨야 한다고 말했다.

둘로 나누었는데 하나는 크고 하나는 작다면, 큰 부분은 부정하고 작은 부분은 정결하다. 셋으로 나누었는데 하나는 크고 나머지 둘이 작다면, 큰 부분은 부정하고 작은 두 부분은 정결하다.

- 토라에 규정이 따로 없지만 랍비들이 화덕을 분해해서 더 이상 '그릇'이라는 자격이 없는 상태로 만드는 방법을 몇 가지 제시한다. 분해한 조각의 높이를 판단하는 기준이 4테팍인 이유는 화덕의 최소 크기 규정이기 때문이다(첫째 미쉬나).

## 5, 8

חֲתָכוֹ חֻלְיוֹת לְרָחְבּוֹ, פָּחוֹת מֵאַרְבָּעָה טְפָחִים, טָהוֹר. מֵרְחוֹ בְטִיט, מְקַבֵּל טֻמְאָה מִשֶּׁיַּסִּיקֶנּוּ כְּדֵי לֶאֱפוֹת בּוֹ סֻפְגָּנִין. הִרְחִיק מִמֶּנּוּ אֶת הַטְּפֵלָה וְנָתַן חֹל אוֹ צְרוֹר בֵּינְתַיִם, בָּזֶה אָמְרוּ, הַנִּדָּה וְהַטְּהוֹרָה אוֹפוֹת בּוֹ וְהוּא טָהוֹר:

만약 〔화덕을〕 옆으로 잘라서 고리 모양으로 만들었고 고리의 높이가 4테팍을 넘지 않는다면, 정결하다. 점토를 발라 〔이 고리들을 다시 조립하면〕, 부드러운 빵을 구울 수 있을 정도의 불을 때는 순간부터 부정해질 수 있다.

만약 모래와 자갈을 한 겹 두르고 그 위에 회를 발라서 〔화덕에서〕 떨어져 있다면, 이런 경우에 관해 '월경 중인 여인이나 정결한 여자가 거기서 〔빵을〕 구워도 그것은 정결하다'고 말한 것과 같다.

- 처음부터 화덕을 고리 모양으로 만들면, 일정한 크기 이상으로 조립하고 회를 발라 불을 지피는 시점부터 부정해질 수 있다. 화덕과 회칠이 직접 닿지 않으면 연결된 것이 아니므로 부정해지지 않는다.

## 5, 9

תַּנּוּר שֶׁבָּא מְחֻתָּךְ מִבֵּית הָאֻמָּן, וְעָשָׂה בוֹ לִמּוּדִין, וְנוֹתְנָן עָלָיו וְהוּא טָהוֹר, נִטְמָא. וְסִלֵּק אֶת לִמּוּדָיו, טָהוֹר. הֶחֱזִירָן לוֹ, טָהוֹר. מֵרְחוֹ בְטִיט, מְקַבֵּל טֻמְאָה, וְאֵינוֹ צָרִיךְ לְהַסִּיקֶנּוּ, שֶׁכְּבָר הֻסָּק:

장인의 집에서 화덕을 여러 조각으로 만들고 테를 만들어 조립했고, 〔원래〕 정결했는데 부정해졌다.[57] 그 테를 제거했을 때 〔다시〕 정결해지며, 테를 둘러도 정결하다. 만약 여기에 회를 바르면 부정해질 수 있으며, 이미 불을 때며 썼기 때문에 다시 불을 땔 필요가 없다.

## 5, 10

חֲתָכוֹ חֻלְיוֹת וְנָתַן חֹל בֵּין חֻלְיָא לְחֻלְיָא, רַבִּי אֱלִיעֶזֶר מְטַהֵר, וַחֲכָמִים מְטַמְּאִין. זֶה תַּנּוּרוֹ שֶׁל עַכְנָאי. יוֹרוֹת הָעַרְבִיִּין שֶׁהוּא חוֹפֵר בָּאָרֶץ וְטָח בְּטִיט, אִם יָכוֹל הַטִּיחַ לַעֲמוֹד בִּפְנֵי עַצְמוֹ, טָמֵא. וְאִם לָאו, טָהוֹר. וְזֶה תַּנּוּרוֹ שֶׁל בֶּן דִּינָאי:

〔화덕을〕 잘라서 고리 모양으로 만들었고 테들 사이에 모래를 채워 넣었다면, 엘리에제르 랍비는 정결하다고 말했으나 현인들은 부정해질 수 있다고 주장했다. 이것은 '아크나이'의 화덕이다.

땅에 구덩이를 파고 회를 바른 아랍인들의 가마솥은 회가 스스로 서 있을 수 있으면 부정해질 수 있지만, 그렇지 않으면 정결하다. 이

57) 이 문장은 사본에 문제가 있는 것으로 보인다. 처음부터 조립할 수 있는 조각으로 화덕을 만들고 테로 고정하면 부정해질 수 있다. 물론 테로 고정한 것은 정결하고 회를 발라야 부정해질 수 있다고 주장할 수도 있다(토쎕타 4, 12).

것은 '벤 디나이'의 화덕이다.

- '아크나이'는 원래 아람어로 '뱀'이라는 뜻인데, 이 문단에서 화덕의 구조를 빗대어 표현한 것으로 보인다(여덟째 미쉬나). 이 뱀은 꼬리를 입에 넣어 고리 모양을 만드는 경향이 있다고 한다. 후대에 탈무드에서 쉽게 끝나지 않는 논쟁을 부르는 말로 굳어지는데, 엘리에제르 랍비와 현인들의 주장이 서로 반대되면서 그들 사이의 논란이 서로가 서로를 먹는 것과 같은 상황을 표현했다(탈무드 「바바 메찌아」 59).
- 분명하지 않으나 '벤 디나이의 화덕'은 인명이라고 이해하거나(「쏘타」 9, 9) '재판'과 관련된 어떤 사람이 만든 화덕으로 이해하며, 어떤 경우이든 특정한 구조로 만든 화덕을 가리킨다.

## 5, 11

---

תַּנּוּר שֶׁל אֶבֶן וְשֶׁל מַתֶּכֶת, טָהוֹר, וְטָמֵא מִשּׁוּם כְּלֵי מַתָּכוֹת. נִקַּב, נִפְגַּם, נִסְדַּק, עָשָׂה לוֹ טְפֵלָה, אוֹ מוּסָף שֶׁל טִיט, טָמֵא. כַּמָּה יְהֵא בַנֶּקֶב, כְּדֵי שֶׁיֵּצֵא בוֹ הָאוּר. וְכֵן בְּכִירָה. כִּירָה שֶׁל אֶבֶן וְשֶׁל מַתֶּכֶת טְהוֹרָה, וּטְמֵאָה מִשּׁוּם כְּלֵי מַתָּכוֹת, נִקְּבָה, נִפְגְּמָה, נִסְדְּקָה, עָשָׂה לָהּ פִּטְפּוּטִין, טְמֵאָה. מֵרְחָהּ בְּטִיט בֵּין מִבִּפְנִים בֵּין מִבַּחוּץ, טְהוֹרָה. רַבִּי יְהוּדָה אוֹמֵר, מִבִּפְנִים טְמֵאָה, וּמִבַּחוּץ טְהוֹרָה:

---

돌이나 금속으로 만든 화덕은 정결하다. 그러나 〔화덕을〕 금속 그릇으로 본다면 부정해질 수 있다. 구멍이 나거나 상했거나 깨져서 회를 발랐거나 점토를 발라서 수리했다면, 부정해진다. 구멍의 크기는 얼마나 커야 하는가? 불꽃이 밖으로 비칠 정도다. 쌍화로도 〔같은 규칙이 적용된다〕.

돌이나 금속으로 만든 쌍화로는 정결하다. 그러나 〔쌍화로를〕 금속 그릇으로 본다면 부정해질 수 있다. 구멍이 나거나 상했거나 깨져서

지지대를 만들어 세웠다면 부정하다. 점토를 안쪽 면이나 바깥쪽 면에 발랐다면 정결하다. 예후다 랍비는 안쪽 면에 〔발랐을 경우〕 부정하다고 했고, 바깥쪽 면에 〔발랐을 경우〕 정결하다고 말했다.

- 제5장에서 논의하는 화덕 관련 규정들은 점토로 만든 것에 적용하며, 금속이나 돌로 만든 화덕은 이 규정들 때문에 부정해지지 않는다. 물론 금속으로 만들고 땅에 고정하지 않은 금속 화덕은 금속 그릇과 같으므로 접촉을 통해 부정해질 수 있지만, 돌로 만든 것은 부정해지지 않는다(「켈림」 10, 1). 그러나 회나 점토를 발라서 금이나 구멍을 막았다면, 점토 화덕과 같은 지위를 가진다(다섯째 미쉬나).
- 쌍화로도 같은 원칙에 따라 판단한다(「켈림」 6, 1; 7, 4).
- 점토 쌍화로 위에 삼발이와 같은 지지대를 만들어 세우면 화로와 연결된 것으로 보고 접촉이나 공기를 통해 부정해질 수 있다(「켈림」 7, 4).

## 제6장

「켈림」 제6장은 돌을 세워서 간이로 만든 화로 · 쌍화로 · 화덕에 관하여 논의한다.

### 6, 1
간이로 만든 화로에 관해 논의한다.

---

הָעוֹשֶׂה שְׁלֹשָׁה פִּטְפּוּטִים בָּאָרֶץ וְחִבְּרָן בְּטִיט לִהְיוֹת שׁוֹפֵת עֲלֵיהֶן אֶת
הַקְּדֵרָה, טְמֵאָה. קָבַע שְׁלֹשָׁה מַסְמְרִין בָּאָרֶץ לִהְיוֹת שׁוֹפֵת עֲלֵיהֶן הַקְּדֵרָה,
אַף עַל פִּי שֶׁעָשָׂה בְרֹאשׁוֹ מָקוֹם שֶׁתְּהֵא הַקְּדֵרָה יוֹשֶׁבֶת, טְהוֹרָה. הָעוֹשֶׂה

שְׁתֵּי אֲבָנִים כִּירָה וְחִבְּרָם בְּטִיט, טְמֵאָה. רַבִּי יְהוּדָה מְטַהֵר, עַד שֶׁיַּעֲשֶׂה שְׁלִישִׁית, אוֹ עַד שֶׁיִּסְמֹךְ לַכֹּתֶל. אַחַת בְּטִיט וְאַחַת שֶׁלֹּא בְטִיט, טְהוֹרָה:

[만약] 어떤 사람이 [점토로] 지지대 세 개를 만들어 땅에 세우고, 그 위에 냄비를 얹을 수 있도록 점토를 사용해서 연결했다면, 이것은 부정해질 수 있다. 그가 [금속] 말뚝 세 개를 땅에 박고 그 위에 냄비를 얹을 수 있도록 만들었다면, 그 위에 냄비를 놓을 수 있는 공간이 있다고 하더라도 정결하다.

만약 어떤 사람이 돌 두 개로 쌍화로를 만들고 점토를 발라서 연결했다면, 이것은 부정해질 수 있다. 예후다 랍비는 돌 세 개를 사용하지 않았다면 또는 벽에 기대도록 만들었다면 정결하다고 주장했다. [돌] 하나는 점토로 연결했고 다른 하나는 점토로 연결하지 않았다면 정결하다.

- 어떤 사람이 정식으로 화로를 만들지 않고 다리 세 개를 만들어 땅 위에 세우고 마지막에 넘어지지 않도록 점토로 연결했다면, 이것은 점토 연결부분이 있고 실제 화로로 사용할 수 있으므로 쌍화로로 간주하며 부정해질 수 있다. 그러나 금속으로 다리를 만들었다면 부정해지지 않는다(「켈림」 5, 11).

## 6, 2

הָאֶבֶן שֶׁהָיָה שׁוֹפֵת עָלֶיהָ וְעַל הַתַּנּוּר, עָלֶיהָ וְעַל הַכִּירָה, עָלֶיהָ וְעַל הַכֻּפָּח, טְמֵאָה. עָלֶיהָ וְעַל הָאֶבֶן, עָלֶיהָ וְעַל הַסֶּלַע, עָלֶיהָ וְעַל הַכֹּתֶל, טְהוֹרָה. וְזוֹ הָיְתָה כִּירַת הַנְּזִירִים שֶׁבִּירוּשָׁלַיִם, שֶׁכְּנֶגֶד הַסָּלַע. כִּירַת הַטַּבָּחִים, בִּזְמַן שֶׁהוּא נוֹתֵן אֶבֶן בְּצַד אֶבֶן, נִטְמֵאת אַחַת מֵהֶן, לֹא נִטְמְאוּ כֻלָּן:

그 위에 [냄비를] 올려놓을 수 있는 돌로 그 위와 화덕 위에, 그 위와 쌍화로 위에, 그 위와 화로 위에 [냄비를 올려놓을 수 있다면, 이 돌은] 부정해질 수 있다. 그 위와 다른 돌 위에, 그 위와 다른 바위 위에, 그 위와 다른 벽에 [냄비를 올려놓을 수 있다면, 이 돌은] 정결하다. 이렇게 바위에 걸쳐놓은 형태는 예루살렘에 [거주하던] 나실인들의 쌍화로였다. 돌 옆에 돌을 놓은 형태는 도살업자들의 쌍화로였으며, 그중 하나가 부정해져도 다른 하나는 부정해지지 않았다.

- 점토로 땅에 연결한 돌이 있고, 그 옆에 화덕이나 쌍화로나 화로가 있어서 그 위에 냄비를 올려놓을 수 있다면, 이 돌은 화덕이나 쌍화로나 화로에 연결된 것으로 간주하며, 부정해질 수 있다. 그러나 그 돌 옆에 있는 것이 다른 돌이나 바위나 벽이라면, 점토로 만든 쌍화로라고 볼 수 없으니 정결하다.
- 이 미쉬나는 당시의 관행 두 가지를 소개하고 있는데, 먼저 나실인들이 사용했던 간이 화로는 위의 규정에 따라 부정해지지 않는다. 가축을 잡아 팔기 위해서 도살업자들도 이런 간이 화로를 만들어 사용했는데, 이들은 돌을 쌓고 점토로 대충 연결한 형태의 쌍화로였다. 도살업자들의 화로는 요리를 하기 위한 정식 화로가 아니기 때문에 하나가 부정해져도 다른 것까지 전이되지 않는다.

## 6, 3

שָׁלֹשׁ אֲבָנִים שֶׁעֲשָׂאָן שְׁתֵּי כִירַיִם, נִטְמֵאת אַחַת מִן הַחִיצוֹנָה, הָאֶמְצָעִית הַמְשַׁמֶּשֶׁת אֶת הַטְּמֵאָה, טְמֵאָה. הַמְשַׁמֶּשֶׁת הַטְּהוֹרָה, טְהוֹרָה. נִטְּלָה הַטְּהוֹרָה, הֶחְלְטָה הָאֶמְצָעִית לְטֻמְאָה. נִטְּלָה הַטְּמֵאָה, הֶחְלְטָה הָאֶמְצָעִית לְטָהֳרָה. נִטְמְאוּ שְׁתַּיִם הַחִיצוֹנוֹת, אִם הָיְתָה הָאֶמְצָעִית גְּדוֹלָה, נוֹתֵן לָזוֹ כְּדֵי שְׁפִיתָה מִכָּאן וְלָזוֹ כְּדֵי שְׁפִיתָה מִכָּאן, וְהַשְּׁאָר טָהוֹר. וְאִם הָיְתָה קְטַנָּה, הַכֹּל טָמֵא. נִטְּלָה הָאֶמְצָעִית, אִם יָכוֹל לִשְׁפֹּת עָלֶיהָ יוֹרָה גְדוֹלָה, טְמֵאָה. הֶחֱזִירָהּ, טְהוֹרָה. מֵרְחָהּ בְּטִיט, מְקַבֶּלֶת טֻמְאָה מִשֶּׁיַּסִּיקֶנָּה כְּדֵי לְבַשֵּׁל עָלֶיהָ אֶת הַבֵּיצָה:

돌 세 개로 쌍화로 두 개를 만들었는데, 바깥쪽에 있는 돌 하나가 부정해졌다면, 가운데 있는 〔돌은〕 부정한 〔쌍화로로〕 사용하는 쪽은 부정하고, 정결한 〔쌍화로로〕 사용하는 쪽은 정결하다. 정결한 〔쌍화로를〕 들어냈다면 그 가운데 돌은 부정하다고 결정하고, 부정한 〔쌍화로를〕 들어냈다면 그 가운데 돌은 정결하다고 결정한다.

바깥쪽에 있는 〔돌〕 두 개가 부정해졌는데, 가운데 있는 〔돌이〕 커서 그 위에 한쪽으로 〔냄비를〕 놓거나 다른 쪽으로 놓을 수 있다면, 그 남은 부분은 정결하다. 만약 〔가운데 돌이〕 작다면 전부 다 부정하다.

가운데 〔돌을〕 들어내고 〔남은 돌 두 개 위에〕 커다란 가마솥을 놓을 수 있다면 부정해질 수 있다. 〔가운데 돌을〕 다시 돌려놓는다면 정결해진다. 〔그 돌 위에〕 점토를 발랐다면 그 위에서 달걀을 요리할 수 있는 정도로 불을 땠을 때부터 부정해질 수 있다.

- 둘째 미쉬나 문맥에 이어 돌을 세워 간이 화로를 만들어 사용하는 예를 설명하고 있는데, 주로 가운데 있는 돌을 조건에 따라 어떻게 처리할지 논의한다.
- 양쪽 바깥에 있는 돌 말고 가운데 돌을 들어내면 큰 화로 하나가 형성되어 부정해질 수 있다. 그런데 가운데 돌을 다시 돌려놓는다면 첫째 화로의 지위가 취소되며 새 화로가 형성된 것으로 간주하고 아직 부정해질 수 없다고 본다. 그러나 점토를 바르고 불을 때서 사용하기 시작하면 새 화로가 완성되며, 부정해질 수 있는 지위를 얻는다.

## 6, 4

שְׁתֵּי אֲבָנִים שֶׁעֲשָׂאָם כִּירָה וְנִטְמְאוּ, סָמַךְ לָזוֹ אֶבֶן אַחַת מִכָּאן, וְלָזוֹ אֶבֶן אַחַת מִכָּאן, חֶצְיָהּ שֶׁל זוֹ טְמֵאָה וְחֶצְיָהּ טְהוֹרָה, וְחֶצְיָהּ שֶׁל זוֹ טְמֵאָה וְחֶצְיָהּ טְהוֹרָה. נִטְּלוּ טְהוֹרוֹת, חָזְרוּ אֵלּוּ לְטֻמְאָתָן:

돌 두 개로 쌍화로를 만들어 〔쓰다가〕 부정해졌는데, 〔다른〕 돌 하나를 〔가져와서〕 한쪽에 그리고 〔또 다른〕 돌 하나를 다른 쪽에 세웠다면, 〔안쪽〕 돌의 반은 부정하고 〔다른 쪽〕 반은 정결하다. 〔다른 안쪽〕 돌의 반은 부정하며 〔다른 쪽〕 반은 정결하다. 정결한 〔바깥쪽 돌들을〕 들어내면 〔남은〕 돌들은 다시 부정해진다.

- 간이로 만든 쌍화로 양쪽 옆으로 다른 돌들을 가져다 세워서 전부 세 개가 생긴 상황이다. 원래 부정했던 안쪽에 있는 돌들이 중간적인 지위를 가진 것으로 보고 반으로 나누어 판단한다.

## 제7장

질동이를 화로로 사용하는 경우, 점토로 만든 선반 위에 쌍화로를 설치하는 경우, 쌍화로 위에 삼발이와 같은 지지대를 설치하는 경우를 설명한다.

### 7, 1

질동이를 화로처럼 사용하는 경우를 설명한다.

---

הַקַּלָּתוֹת שֶׁל בַּעֲלֵי בָתִּים שֶׁנִּפְחֲתָה פָחוֹת מִשְּׁלֹשָׁה טְפָחִים, טְמֵאָה, שֶׁהוּא מַסִּיק מִלְּמַטָּן וּקְדֵרָה בְשֵׁלָה מִלְמַעְלָן. יָתֵר מִכָּאן, טְהוֹרָה. נָתַן אֶבֶן אוֹ צְרוֹר, טְהוֹרָה. מֵרְחָהּ בְּטִיט, מְקַבֶּלֶת טֻמְאָה מִכָּאן וּלְהַבָּא. זוֹ הָיְתָה תְּשׁוּבַת רַבִּי יְהוּדָה בְּתַנּוּר שֶׁנְּתָנוֹ עַל פִּי הַבּוֹר אוֹ עַל פִּי הַדּוּת:

---

개인 집에서 쓰는 질동이의[58] 〔벽이〕 손상되었고, 〔바닥에서 입구

58) 이 낱말(קלת)은 점토로 만든 동이로 바닥이 두꺼워서 불과 재를 담아 나르는

까지〕 3테팍에 이르지 않는다면, 부정해질 수 있다. 이것을 이용해서 밑에서 불을 때면 위에 〔얹은〕 냄비를 끓일 수 있기 때문이다. 그러나 이보다 더 크면 정결하다.

돌이나 자갈을 〔안에〕 넣었다면, 정결하다. 표면에 점토를 발랐다면, 그때부터 부정해질 수 있다. 이것은 예후다 랍비가 물저장고나 지하 저장고 입구에 설치한 화덕에 관해 대답한 말과 같다.

- 질동이는 벽의 높이가 3테팍에 미치지 못하면 밑에서 불을 피우고 냄비를 끓일 수 있지만, 이보다 더 크면 화로로 쓸 수 없고 정결하다.
- 훼손된 부분을 막기 위해서 돌이나 자갈을 넣었다면, 연결되지 않았으므로 부정해지지 않는다. 같은 이유로 점토를 발랐다면 부정해질 수 있다. 이 원리는 물저장고나 지하 저장고 입구에 설치한 화덕의 예와 같다(「켈림」 5, 6).

7, 2

선반 위에 화로를 설치하는 상황에 관해 논의한다.

---

דָּכוֹן שֶׁיֶּשׁ בּוֹ בֵית קִבּוּל קְדֵרוֹת, טָהוֹר מִשּׁוּם כִּירָה, וְטָמֵא מִשּׁוּם כְּלִי קִבּוּל. הַצְּדָדִין שֶׁלּוֹ, הַנּוֹגֵעַ בָּהֶם אֵינוֹ טָמֵא מִשּׁוּם כִּירָה. הָרַחַב שֶׁלּוֹ, רַבִּי מֵאִיר מְטַהֵר, וְרַבִּי יְהוּדָה מְטַמֵּא. וְכֵן הַכּוֹפֶה אֶת הַסַּל וְעוֹשֶׂה עַל גַּבָּיו כִּירָה:

---

냄비를 놓을 만한 공간이 있는 선반은 쌍화로 때문에 〔부정해지지 않고〕 정결하지만, 그릇으로 〔보는 경우에는〕 부정해질 수 있다. 〔쌍화로가〕 닿아 있는 지점 〔좌우〕 옆면들은 쌍화로 때문에 부정해지지 않는다. 〔쌍화로를 설치한 앞뒤〕 넓은 면에 관하여, 메이르 랍비는 정

---

데 사용했다고 한다. 윗부분은 열려 있어서 입구 크기에 맞는 냄비를 올려놓으면 화로로 사용할 수도 있었다.

결하다고 말했고, 예후다 랍비는 부정해질 수 있다고 주장했다. 바구니를 뒤집어놓고 그 위에 쌍화로를 설치했을 때도 마찬가지다.

- 점토로 만든 선반을 벽에 못을 박아 고정하고 그 위에 쌍화로를 설치했다. 이것은 화로와 연결되지 않았고 그 위에 있는 쌍화로가 부정해졌다고 해도 부정해지지 않는다. 그러나 그 선반 자체를 그릇으로 사용했다면 부정해질 수 있다.
- 쌍화로를 설치하고 남은 면에 관해서는 랍비들 사이에 이견이 있다(셋째 미쉬나). 바구니를 뒤집어놓고 화로를 설치한 경우도 마찬가지 원리를 따른다.

### 7, 3

쌍화로를 나누는 경우와 벽이 있는 공간에 설치하는 경우를 논의한다.

---

כִּירָה שֶׁנֶּחְלְקָה לְאָרְכָּהּ, טְהוֹרָה. וּלְרָחְבָּהּ, טְמֵאָה. כֻּפָּח שֶׁנֶּחְלַק בֵּין לְאָרְכּוֹ בֵּין לְרָחְבּוֹ, טָהוֹר. חֲצַר הַכִּירָה, בִּזְמַן שֶׁהִיא גְבוֹהָה שָׁלֹשׁ אֶצְבָּעוֹת, מִטַּמְּאָה בְמַגָּע וּבַאֲוִיר. פְּחוּתָה מִכָּאן, מִטַּמְּאָה בְמַגָּע וְאֵינָהּ מִטַּמְּאָה בַאֲוִיר. כֵּיצַד מְשַׁעֲרִין אוֹתָהּ. רַבִּי יִשְׁמָעֵאל אוֹמֵר, נוֹתֵן אֶת הַשַּׁפּוּד מִלְמַעְלָן לְמַטָּן וּכְנֶגְדּוֹ מִטַּמְּאָה בַאֲוִיר. רַבִּי אֱלִיעֶזֶר בֶּן יַעֲקֹב אוֹמֵר, נִטְמְאָה הַכִּירָה, נִטְמֵאת הֶחָצֵר. נִטְמְאָה הֶחָצֵר, לֹא נִטְמֵאת הַכִּירָה:

---

만약 쌍화로를 길이에 따라 나누었다면 이는 정결하고, 넓이에 따라 [나누었다면] 부정해질 수 있다. 화로를 나누었다면 길이나 넓이 방향과 상관없이 정결하다.[59]

59) 댄비 번역본은 이 부분을 "If a single stove is divided into two lengthwise or breadthwise it becomes unclean"이라고 반대로 번역하는 실수를 범하고 있다(613쪽).

쌍화로를 〔설치한〕 공간의[60] 〔벽이〕 손가락 세 개 높이 이상이라면, 이것은 접촉이나 공기를 통해 부정해질 수 있다. 그보다 낮으면 접촉을 통해 부정해지지만 공기를 통해 부정해지지 않는다. 이 〔규칙을〕 어떻게 계산하는가? 이쉬마엘 랍비는 꼬챙이를 위에서 아래로 또는 밑에서 위로 세웠을 때 그 맞은편에 있는 부분은 공기를 통해 부정해질 수 있다고 말했다.

엘리에제르 벤 야아콥 랍비는 쌍화로가 부정해지면 〔설치된〕 공간도 부정해지는데, 그 공간이 부정해져도 쌍화로는 부정해지지 않는다고 말했다.

- 점토로 만든 쌍화로를 좌우 길이에 따라 나 누면 더 이상 그릇을 올릴 수 없고 정결해지지만, 앞뒤로 화구 두 개 사이만 나누었다면 계속해서 그릇을 올려 사용할 수 있고 부정해질 수도 있다. 화구가 하나인 화로는 방향과 상관없이 정결해진다.
- 쌍화로를 일종의 벽이 있는 넓은 점토판 위에 설치한 경우 그 벽의 높이가 손가락 세 개 이상이라면, 쌍화로와 그 점토판 중 하나가 접촉이나 공기로 인해 부정해졌을 때 다른 것도 부정해진다. 서로 연결되었기 때문이다(「켈림」 5, 2; 5, 5).
- 공기를 통한 부정과 관련하여 꼬챙이를 점토판 벽 아래에서 쌍화로 벽 위로 비스듬하게 세우고, 그 아랫부분이 쌍화로를 설치한 점토판의 공기라고 간주한다.
- 엘리에제르 벤 야아콥 랍비는 점토판이 쌍화로에 부속되어 있는 장치라고 보고, 한쪽 방향으로만 부정이 전이된다고 주장한다.

60) 이 표현(חצר הכירה)을 직역하면 '쌍화로의 마당'이며, 벽으로 둘러싸인 공간을 가리킨다.

## 7, 4

쌍화로 위에 지지대를 설치하는 경우를 설명한다.

הָיְתָה מֻפְרֶשֶׁת מִן הַכִּירָה, בִּזְמַן שֶׁהִיא גְבוֹהָה שָׁלֹשׁ אֶצְבָּעוֹת, מִטַּמָּא בְמַגָּע וּבַאֲוִיר. פְּחוּתָה מִכָּאן אוֹ שֶׁהָיְתָה חֲלָקָה, טְהוֹרָה. פִּטְפּוּטֵי כִירָה, שְׁלֹשָׁה, שֶׁל שָׁלֹשׁ אֶצְבָּעוֹת, מִטַּמְּאִים בְּמַגָּע וּבַאֲוִיר. פָּחוֹת מִכָּאן, כָּל שֶׁכֵּן הֵן טְמֵאִים, וַאֲפִלּוּ הֵן אַרְבָּעָה:

쌍화로와 〔그 벽이〕 분리되어 있고 손가락 세 개 높이가 된다면 접촉이나 공기를 통해서 부정해질 수 있다. 〔그 벽이〕 그보다 낮거나 밋밋하다면, 정결하다.

쌍화로에 손가락 세 개 〔높이인〕 지지대 세 개를 만들어 세웠다면 접촉이나 공기를 통해서 부정해질 수 있다. 그보다 낮아도 역시 부정해질 수 있으며, 〔지지대가〕 네 개라고 해도 마찬가지다.

- 미쉬나 앞부분은 셋째 미쉬나에서 논의한 내용을 정리한다.
- 쌍화로 위에 삼발이와 같이 지지대 세 개를 만들어 세웠을 때, 이것이 일정한 크기 이상이면 화로와 연결된 것으로 간주하며, 접촉과 공기를 통해서 부정해질 수 있다. 그 크기에 미치지 못해도 위에 올린 냄비와 불 사이의 거리가 가까워지므로 일반 화로와 같고, 결국 부정해질 수 있다(「켈림」 5, 11).

## 7, 5

נִטַּל אַחַד מֵהֶן, מִטַּמְּאִין בְּמַגָּע וְאֵינָם מִטַּמְּאִים בַּאֲוִיר, דִּבְרֵי רַבִּי מֵאִיר. רַבִּי שִׁמְעוֹן מְטַהֵר. עָשָׂה שְׁנַיִם, זֶה כְּנֶגֶד זֶה, מִטַּמְּאִין בְּמַגָּע וּבַאֲוִיר, דִּבְרֵי רַבִּי מֵאִיר. רַבִּי שִׁמְעוֹן מְטַהֵר. הָיוּ גְבוֹהִין מִשָּׁלֹשׁ אֶצְבָּעוֹת, מִשָּׁלֹשׁ וּלְמַטָּן מִטַּמְּאִים בְּמַגָּע וּבַאֲוִיר, מִשָּׁלֹשׁ וּלְמַעְלָן מִטַּמְּאִין בְּמַגָּע וְאֵינָן מִטַּמְּאִין בַּאֲוִיר, דִּבְרֵי רַבִּי מֵאִיר. רַבִּי שִׁמְעוֹן מְטַהֵר. הָיוּ מְשׁוּכִים מִן הַשָּׂפָה, בְּתוֹךְ שָׁלֹשׁ

אֶצְבָּעוֹת, מְטַמְּאִים בְּמַגָּע וּבַאֲוִיר, חוּץ מִשָּׁלֹשׁ אֶצְבָּעוֹת מְטַמְּאִים בְּמַגָּע וְאֵינָם מְטַמְּאִים בַּאֲוִיר, דִּבְרֵי רַבִּי מֵאִיר. רַבִּי שִׁמְעוֹן מְטַהֵר:

---

〔지지대〕 하나를 제거했다면 접촉을 통해 부정해질 수 있지만, 공기를 통해서는 부정해지지 않는다고 메이르 랍비가 말했다. 그러나 쉼온 랍비는 정결하다고 주장했다. 〔지지대〕 두 개를 서로 마주 보도록 설치했다면, 접촉이나 공기를 통해서 부정해질 수 있다고 메이르 랍비가 말했다. 그러나 쉼온 랍비는 정결하다고 주장했다.

〔지지대 높이가〕 손가락 세 개보다 높다면 손가락 세 개 지점부터 그 밑으로는 접촉과 공기를 통해 부정해질 수 있고, 손가락 세 개 지점부터 그 위로는 접촉을 통해서는 부정해지지만 공기를 통해서는 부정해지지 않는다고 메이르 랍비가 말했다. 그러나 쉼온 랍비는 정결하다고 주장했다.

〔지지대를 화로의〕 테두리보다 확장시켰다면[61] 손가락 세 개 높이까지는 접촉이나 공기를 통해 부정해질 수 있다. 손가락 세 개 너머는 접촉을 통해 부정해지지만 공기를 통해서는 부정해지지 않는다고 메이르 랍비가 말했다. 그러나 쉼온 랍비는 정결하다고 주장했다.

- 화로 위에 삼발이처럼 설치한 지지대에 관한 추가 규정들이다. 지지대 다리가 처음부터 두 개인 경우는 돌 두 개를 붙여서 화로를 만든 경우와 유사하다(「켈림」 6, 1). 메이르와 쉼온 랍비가 계속해서 대립하고 있다.

---

61) 이 낱말(משוכין)은 '당기다'는 뜻의 동사(משך)에서 왔다고 보고 '확장하다'라고 번역했다.

7, 6

כֵּיצַד מְשַׁעֲרִין אוֹתָן. רַבָּן שִׁמְעוֹן בֶּן גַּמְלִיאֵל אוֹמֵר, נוֹתֵן אֶת הַכַּנָּה בֵּינֵיהֶן, מִן הַכַּנָּה וְלַחוּץ טָהוֹר, מִן הַכַּנָּה וְלִפְנִים, וּמְקוֹם הַכַּנָּה טָמֵא:

그것을 어떻게 계산하는가? 쉼온 벤 감리엘 라반이 말했다. 자 막대를 그 사이에 놓고, 자 막대 바깥쪽은 정결하며, 자 막대 안쪽과 자 막대를 놓은 부분은 부정해질 수 있다.

- 지지대의 높이를 재는 것은 어렵지 않지만 그 지지대에 속하는 공기는 어떻게 재는지 묻고, 지지대 다리와 다리 사이에 자로 쓰는 막대를 놓고 그자와 화구 사이에 생긴 삼각형 공간이 지지대에 속한 공기라고 규정한다.

## 제8장

점토로 만든 화덕을 널빤지나 천막, 망, 점토 병으로 막는 경우와 부서진 벌집을 짚으로 막는 경우를 설명한다. 점토 그릇 안에 들어 있는 점토 그릇의 독립적인 자격도 언급한다. 그 외에 부정의 요인이 생물체의 몸 안에 있는 경우도 언급한다.

8, 1
점토 화덕 안에 설치한 칸막이가 퍼지는 부정을 막을 수 있는지 여부를 설명한다.

הַתַּנּוּר שֶׁחֲצָצוֹ בִנְסָרִים אוֹ בִירִיעוֹת, נִמְצָא שֶׁרֶץ בְּמָקוֹם אֶחָד, הַכֹּל טָמֵא. כַּוֶּרֶת פְּחוּתָה וּפְקוּקָה בְקַשׁ וּמְשֻׁלְשֶׁלֶת לַאֲוִיר הַתַּנּוּר, הַשֶּׁרֶץ בְּתוֹכָהּ,

הַתַּנּוּר טָמֵא. הַשֶּׁרֶץ בַּתַּנּוּר, אֳכָלִין שֶׁבְּתוֹכָהּ טְמֵאִין. וְרַבִּי אֱלִיעֶזֶר מְטַהֵר. אָמַר רַבִּי אֱלִיעֶזֶר, אִם הִצִּילָה בְמֵת הֶחָמוּר, לֹא תַצִּיל בִּכְלִי חֶרֶס הַקַּל. אָמְרוּ לוֹ, אִם הִצִּילָה בְמֵת הֶחָמוּר, שֶׁכֵּן חוֹלְקִים אֹהָלִים, תַּצִּיל בִּכְלִי חֶרֶס הַקַּל, שֶׁאֵין חוֹלְקִים כְּלִי חָרֶס:

---

널빤지나 천막으로 화덕을 나누어 놓았는데, 기는 것이 그중 한 부분에서 발견되었다면, 〔화덕〕 전체가 부정하다.

벌집이 부서져서 짚으로 막아 화덕이 있는 〔같은〕 공간에 매달아 놓았는데, 기는 것이 그 안에 있었다면, 화덕 전체가 부정하다. 기는 것이 화덕 안에 있었다면, 벌집 안에 있는 음식도 부정하다. 그러나 엘리에제르 랍비는 정결하다고 주장했다.

엘리에제르 랍비는 만약 〔벌집이〕 훨씬 더 심각한 시체의 〔부정을〕 막을 수 있다면, 그보다 가벼운 점토 그릇의 〔부정을〕 막을 수 없겠느냐고 말했다. 그들은 만약 그것이 훨씬 더 심각한 시체의 〔부정을〕 막을 수 있다면, 이것은 천막을 나눌 수 있기 때문이라고 했다. 그러나 이것은 점토 그릇을 나누지 않는데, 점토 그릇의 〔부정이〕 더 가볍다고 막을 수 있겠느냐고 대답했다.

- 점토로 만든 화덕을 널빤지나 천으로 막아놓았다 하더라도 부정의 전이를 막지 못한다.
- 벌집의 일부가 부서져 나가서 더 이상 '그릇'으로 볼 수 없는데 부서진 부분을 짚으로 막았다면, 정결법과 관련해서 짚으로 벌집을 수선했다고 볼 수 없으며 부정의 전이를 막지 못한다.
- 부서진 곳을 짚으로 막은 벌집이 시체가 있는 천막 안에 있을 때 덮기 부정의 전이를 막는다(「오홀롯」 9, 3; 9, 7). 그래서 엘리에제르 랍비는 시체의 부정은 그릇과 관련된 부정보다 훨씬 더 심각하기 때문에 그릇의 부정도 막을 수 있다고 주장한다. 다른 랍비들은 덮기 부

정은 일정한 크기의 천막을 형성할 수 있다면 막을 수 있기 때문이라고 하면서(「오홀롯」 15, 4), 벌집은 점토로 만든 화덕을 나눌 수 없는데 그릇의 부정이 더 가볍다고 그 전이를 막을 수 있겠느냐고 되묻는다.

## 8, 2

הָיְתָה שְׁלֵמָה, וְכֵן הַקֻּפָּה, וְכֵן הַחֵמֶת, הַשֶּׁרֶץ בְּתוֹכָהּ, הַתַּנּוּר טָהוֹר. הַשֶּׁרֶץ בַּתַּנּוּר, אֳכָלִין שֶׁבְּתוֹכָהּ טְהוֹרִין. נִקְּבוּ, הֶעָשׂוּי לָאֳכָלִין, שִׁעוּרָן בְּזֵיתִים. הֶעָשׂוּי לְמַשְׁקִין, שִׁעוּרָן בְּמַשְׁקִים. הֶעָשׂוּי לְכָךְ וּלְכָךְ, מַטִּילִים אוֹתוֹ לְחֻמְרוֹ, בְּכוֹנֵס מַשְׁקֶה:

〔벌집이 부서지지 않고〕 온전하고 기는 것이 그 안에서 발견되었다면, 그 화덕은 정결하다. 이는 〔버드나무〕 바구니나 가죽부대도[62] 마찬가지다.

기는 것이 화덕 안에서 발견되었다면, 〔벌집〕 안에 있는 음식은 정결하다. 그곳에[63] 구멍이 있고 음식을 담는 데 썼다면, 〔부정해질 수 있는 구멍의〕 크기는 올리브 열매가 〔떨어질 수 있을〕 정도다. 음료수를 담는 데 썼다면, 〔부정해질 수 있는 구멍의〕 크기는 물이 흐를 수 있는 정도다. 두 가지 용도로 모두 사용했다면, 더 엄정한 기준을 적용해야 하며, 음료수가 통과할 수 있는 정도다.

- 독립된 '그릇'인 화덕 안에 역시 '그릇'인 벌통이나 바구니나 가죽부대가 있었다면 각각 독립된 지위를 가지므로 부정이 전이되지 않는다. 기는 것이 든 그릇은 부정해지지만(레 11:33), 그릇 안에 그릇

62) 이 낱말(חמת)은 가죽이 상하지 않게 벗겨서 주머니로 사용하는 염소 가죽부대를 가리킨다(야스트로 480).

63) 즉 벌집이나 바구니나 바가지를 가리킨다.

이 있었다면 부정의 요인이 없는 그릇은 정결하다.

- 구멍이 생기면 '그릇'이라는 지위가 취소되고 부정해지지 않는데, 구멍의 크기는 용도에 따라 다르게 규정한다.

## 8, 3

화덕 입구에 있는 망이나 점토 병에 관한 설명이다.

---

סְרֵידָה שֶׁהִיא נְתוּנָה עַל פִּי הַתַּנּוּר וְשׁוֹקַעַת לְתוֹכוֹ וְאֵין לָהּ גַּפַּיִם, הַשֶּׁרֶץ בְּתוֹכָהּ, הַתַּנּוּר טָמֵא. הַשֶּׁרֶץ בַּתַּנּוּר, אֳכָלִים שֶׁבְּתוֹכָהּ, טְמֵאִין, שֶׁאֵין מַצִּילִין מִיַּד כְּלִי חֶרֶס אֶלָּא כֵלִים. חָבִית שֶׁהִיא מְלֵאָה מַשְׁקִין טְהוֹרִין, וּנְתוּנָה לְמַטָּה מִנְּחֻשְׁתּוֹ שֶׁל תַּנּוּר, הַשֶּׁרֶץ בַּתַּנּוּר, הֶחָבִית וְהַמַּשְׁקִין טְהוֹרִין. הָיְתָה כְּפוּיָה וּפִיהָ לַאֲוִיר הַתַּנּוּר, הַשֶּׁרֶץ בַּתַּנּוּר, מַשְׁקֶה טוֹפֵחַ שֶׁבְּשׁוּלֵי הֶחָבִית טָהוֹר:

---

화덕 입구에 〔점토로 만든〕 망[64]을 설치했는데, 〔이 망이〕 조금 안쪽으로 기울어져 있고 테두리가 없다면, 기는 것이 그 안에서 발견되었을 때 화덕은 부정하다. 기는 것이 화덕 안에서 발견되었다면, 그 〔망 위에〕 있던 음식은 부정하니, 그릇이 아니라면 점토 그릇의 〔부정으로부터〕 보호하지 못하기 때문이다.

정결한 음료수가 가득 든 병이 화덕 바닥보다 낮은 곳에 있었고, 기는 것이 화덕 안에서 발견되었을 때, 그 병과 음료수는 정결하다. 〔그 병이〕 기울어져서 그 입구가 화덕과 〔같은 공간에서〕 공기에 노출되었고, 기는 것이 화덕 안에서 노출되었을 때, 병 테두리에서 흘러 내리는 음료수는 정결하다.

- 점토로 만든 화덕 입구에 역시 점토로 만든 망을 설치하고 음식을

---

64) 이 기구(סרידה)는 구멍들을 많이 뚫어놓은 점토로 만든 판이거나, 또는 반죽할 때 받치는 작은 점토판을 가리킨다(야스트로 1026).

올려놓았는데, 기는 것이 화덕 안에 있다면 점토 그릇인 화덕은 모두 부정해지고 그 입구에 있는 음식도 부정해진다. 이 음식은 화덕 속이 아니라 망 위에 있었지만, 구멍이 많은 망은 '그릇'이 아니며 부정의 전이를 막을 수 없다(「켈림」 4, 3).

- 점토로 만든 병은 독립된 '그릇'이며 부정한 화덕이 화덕보다 낮은 곳에 있어도 점토 그릇의 공기 때문에 부정이 전이되지 않는다. 병이 기울어져서 화덕을 향하고 있다 하더라도 화덕의 공기 안에 들어가지 않았다면, 그 병에서 흘러내리는 음료수는 정결하다.

## 8, 4

화덕 안에 있는 점토 냄비에 관해 논의한다.

---

קְדֵרָה שֶׁהִיא נְתוּנָה בַתַּנּוּר, הַשֶּׁרֶץ בַּתַּנּוּר, הַקְּדֵרָה טְהוֹרָה, שֶׁאֵין כְּלִי חֶרֶס מְטַמֵּא כֵלִים. הָיָה בָהּ מַשְׁקֶה טוֹפֵחַ, נִטְמָא וְטִמְּאָהּ. הֲרֵי זֶה אוֹמֵר, מְטַמְּאֶיךָ לֹא טִמְּאוּנִי וְאַתָּה טִמֵּאתָנִי:

---

냄비가 화덕 안에 있는데 기는 것이 화덕 안에서 발견되었다면, 그 냄비는 정결하다. 점토로 만든 그릇은 점토로 만든 다른 그릇에 부정을 옮길 수 없기 때문이다. 그 안에 있는 음료수가 흘러내리고 있었다면, 〔그 음료수가〕 부정하고 〔냄비도〕 부정하게 만든다. 그래서 〔그 냄비가〕 "너를 부정하게 만든 것이 나를 부정하게 만들지 않았으나, 네가 나를 부정하게 만들었구나"라고 말했다.

- 화덕 안에 점토 냄비와 기는 것이 모두 들어 있다면, 그 기는 것은 화덕 안에 있는 음식이나 음료수를 부정하게 만들지만 다른 '그릇'을 부정하게 만들지 못한다.
- 그러나 그 냄비에서 음료수가 흘러내리고 있었다면, 그 음료수는 화

덕 공기에 노출되면서 부정해지고, 그 음료수가 냄비를 부정하게 만든다. 마지막에 이런 관계를 의인법으로 표현한 인용문은 다른 곳에도 나온다(「파라」 8, 2-7).

## 8, 5

생물체 안에 든 부정의 요인에 관해 설명하고, 부정의 정도에 관해 분석한다.

---

תַּרְנְגוֹל שֶׁבָּלַע אֶת הַשֶּׁרֶץ וְנָפַל לַאֲוִיר הַתַּנּוּר, טָהוֹר. וְאִם מֵת, טָמֵא. הַשֶּׁרֶץ שֶׁנִּמְצָא בַתַּנּוּר, הַפַּת שֶׁבְּתוֹכוֹ, שְׁנִיָּה, שֶׁהַתַּנּוּר תְּחִלָּה:

---

닭이 기는 것을 삼키고 화덕이 〔설치된〕 공간에 들어갔다면, 그 화덕은 정결하다. 그러나 〔닭이〕 거기서 죽었다면, 부정해진다. 기는 것이 화덕 안에서 발견되면, 그 안에 있던 빵은 2차 〔감염자가 되고〕, 화덕은 1차 〔감염자다〕.

- 동물 몸 안에 있는 이 부정의 요인은 부정을 전이하지 못한다.
- 기는 것의 사체는 '부정의 아버지'이고, 그릇 역할을 하는 화덕은 부정이 전이된 '제1차 감염자'이며, 그 안에 있던 음식은 '제2차 감염자'가 된다.

## 8, 6

점토 그릇 안에 다른 점토 그릇이 있는 경우를 논의한다.

---

בֵּית שְׁאֹר מֻקָּף צָמִיד פָּתִיל וְנָתוּן לְתוֹךְ הַתַּנּוּר, הַשְּׁאֹר וְהַשֶּׁרֶץ בְּתוֹכוֹ וְהַקֶּרֶץ בֵּינְתַיִם, הַתַּנּוּר טָמֵא וְהַשְּׁאֹר טָהוֹר. וְאִם הָיָה כַזַּיִת מִן הַמֵּת, הַתַּנּוּר וְהַבַּיִת טָמֵא, וְהַשְּׁאֹר טָהוֹר. אִם יֵשׁ שָׁם פּוֹתֵחַ טֶפַח, הַכֹּל טָמֵא:

---

딱 맞는 뚜껑으로 닫은 발효용 통[65]을 화덕 안에 넣었고, 그 안에 효모와 기는 것 사이에 칸막이가 있었다면, 그 화덕은 부정하지만 효모는 정결하다.

만약 그 사체가 올리브 열매 같은 크기라면, 그 화덕과 통이 모두 부정하지만, 효모는 정결하다. 만약 그곳에 1테팍 〔높이의〕 구멍이 있다면, 전부 부정하다.

- 시체가 있는 천막 안에 있어도 딱 맞는 뚜껑으로 닫아놓은 그릇은 그 내용물이 부정해지지 않는다(민 19:15; 「켈림」 10, 1). 그런데 딱 맞는 뚜껑으로 닫아놓은 반죽 통 내부가 둘로 나뉘어 있었고, 하나는 효모를 하나는 기는 것을 담고 있었다면, 효모는 뚜껑이 닫힌 그릇 안에 들어 있으므로 공기를 통해 부정해지지 않는다. 그러나 뚜껑을 닫아놓는다 하더라도 부정이 나가는 것을 막을 수는 없으며, 화덕이 부정해진다.
- 만약 기는 것의 사체가 올리브 열매 크기 이상이면 '부정의 아버지'이므로 반죽 통 자체가 모두 부정해지고, 그것이 들어 있는 화덕도 부정해진다. 그러나 다른 그릇 안에 들어 있는 것과 같은 효모는 영향을 받지 않는다. 물론 일정한 크기의 구멍이 생기면 효모도 부정해진다(「오홀롯」 3, 6).

## 8, 7

화덕이나 쌍화로의 배출구에 관해 설명한다.

65) 여기서 "딱 맞는 뚜껑으로 닫은 발효용 통"이라고 옮긴 말은 정확하게 어떤 모양을 가리키는지 불분명하지만 어떤 용도로 쓰는지는 확실하다.

הַשֶּׁרֶץ שֶׁנִּמְצָא בְעַיִן שֶׁל תַּנּוּר, בְּעַיִן שֶׁל כִּירָה, בְּעַיִן שֶׁל כֻּפָּח, מִן הַשָּׂפָה הַפְּנִימִית וְלַחוּץ, טָהוֹר. וְאִם הָיָה בָאֲוִיר, אֲפִלּוּ כַזַּיִת מִן הַמֵּת, טָהוֹר. וְאִם יֵשׁ שָׁם פּוֹתֵחַ טֶפַח, הַכֹּל טָמֵא:

기는 것이 화덕이나 쌍화로나 화로의 배출구[66]에서 발견되었고, 이것이 내부 테두리보다 바깥쪽에 있다면, [이것은] 정결하다. 만약 이것이 열린 공간에 설치되어 있다면 그 사체가 올리브 열매 같은 크기일지라도 정결하다. 만약 그 구멍의 [높이가] 1테팍이라면, 전부 부정하다.

- 화덕에 배출구를 만들어서 공기가 주입되도록 만들었는데, 기는 것의 사체가 배출구의 내부 테두리 바깥에 있다면, 배출구는 화덕의 내부공간이 아니기 때문에 화덕은 정결을 유지한다.
- 화덕이 집 밖에 설치되어 있다면, 배출구에 있는 사체의 부정이 내부로 이동하지 않고 바깥으로 나가며 화덕이 정결을 유지한다. 그러나 배출구의 높이와 너비가 1테팍 이상이라면 독립적인 '천막'을 형성하며, 화덕으로 덮기 부정을 전이할 수 있다(여섯째 미쉬나).

8, 8
쌍화로의 장작 넣는 곳에 관해 논의한다.

נִמְצָא מְקוֹם הַנָּחַת הָעֵצִים, רַבִּי יְהוּדָה אוֹמֵר, מִן הַשָּׂפָה הַחִיצוֹנָה וְלִפְנִים, טָמֵא. וַחֲכָמִים אוֹמְרִים, מִשָּׂפָה הַפְּנִימִית וְלַחוּץ, טָהוֹר. רַבִּי יוֹסֵי אוֹמֵר, מִכְּנֶגֶד שְׁפִיתַת הַקְּדֵרָה וְלִפְנִים, טָמֵא. מִכְּנֶגֶד שְׁפִיתַת הַקְּדֵרָה וְלַחוּץ, טָהוֹר. נִמְצָא מְקוֹם יְשִׁיבַת הַבַּלָּן, מְקוֹם יְשִׁיבַת הַצַּבָּע, מְקוֹם יְשִׁיבַת שֶׁל שׁוֹלְקֵי זֵיתִים, טָהוֹר. אֵין טָמֵא אֶלָּא מִן הַסְּתִימָה וְלִפְנִים:

66) 배출구라고 번역한 이 낱말은 '눈-구멍'(עין)이라고 직역할 수 있는데, 연기가 나가거나 공기가 들어오도록 만든 구멍으로 추정한다.

〔기는 것이〕 장작을 넣는 부분에서 발견되었다면, 예후다 랍비는 외부 테두리보다 안쪽에서 〔발견되었다면〕 부정하다고 말했다. 현인들은 내부 테두리보다 바깥쪽에서 〔발견되었다면〕 정결하다고 말했다. 요쎄 랍비는 냄비를 내려놓는 곳보다 안쪽에서 〔발견되었다면〕 부정하고, 냄비를 내려놓는 곳보다 바깥쪽에서 〔발견되었다면〕 정결하다고 했다.

〔기는 것이〕 목욕탕지기나 염색공이나, 올리브 열매 삶는 자가 앉는 곳에서 발견되었다면 〔그 화덕은〕 정결하다. 〔기는 것이〕 막혀 있는 〔화덕의〕 내부에서 발견되는 경우를 제외하고는 부정해지지 않는다.

- 쌍화로에 장작을 넣는 장소에서 기는 것의 사체가 발견된 경우 장작 넣는 부분이 쌍화로의 내부인지 여부를 놓고 다른 의견이 있다.
- 목욕탕지기나 염색공이나 올리브 열매 삶는 자의 화덕은 기는 것이 화덕 내부에서 발견되었을 때만 부정해진다.

### 8, 9
가마와 용광로 그리고 대형 화덕의 경우를 설명한다.

---

כּוּר שֶׁיֶּשׁ בּוֹ בֵּית שְׁפִיתָה, טָמֵא. וְשֶׁל עוֹשֵׂי זְכוּכִית, אִם יֶשׁ בּוֹ בֵּית שְׁפִיתָה, טָמֵא. כִּבְשָׁן שֶׁל סַיָּדִין וְשֶׁל זַגָּגִין וְשֶׁל יוֹצְרִים, טְהוֹרָה. פּוּרְנָה, אִם יֶשׁ לָהּ לִזְבֵּז, טְמֵאָה. רַבִּי יְהוּדָה אוֹמֵר, אִם יֶשׁ לָהּ אִסְטְגִיּוֹת. רַבָּן גַּמְלִיאֵל אוֹמֵר, אִם יֶשׁ לָהּ שְׁפָיוֹת:

---

〔냄비를〕 내려놓을 수 있는 공간이 있는 가마[67)]는 부정해질 수 있

67) 이 낱말(כור)은 일반적으로 가마나 용광로를 가리킨다. 영어 번역본에는 earth-oven(댄비)으로 번역하거나 다른 낱말(בור)로 표기하면서 a pit [smelting furnace]라고 풀기도 했다(Sefaria).

다. 유리 제조공의 〔가마가 냄비를〕 내려놓을 수 있는 공간이 있다면 부정해질 수 있다. 석회공이나 유리 제조공이나 도공의 용광로는 정결하다.

대형 화덕에 가장자리가 있다면 부정해질 수 있다. 예후다 랍비는 〔이것이〕 덮여 있다면 〔그렇다고〕 말했고, 감리엘 라반은 테두리가 있다면 〔그렇다고〕 말했다.

- 점토로 만들어 땅에 세운 가마는 냄비를 걸 수도 있으니 화덕이나 쌍화로와 같은 규정을 적용하지만, 빵을 굽거나 요리를 할 수 없는 용광로는 적용하지 않는다.
- 일반 화덕과 달리 문이 옆에 달리고 음식을 바닥에 놓고 데우는 대형 화덕은 냄비를 걸 수 있는 가장자리가 있을 때만 부정해진다. 랍비에 따라 덮는 부분이나 테두리가 있어야 부정해진다고 주장하기도 한다.[68]

## 8, 10

이 미쉬나는 사람의 입 속에 든 음식이나 음료수에 관해 논의한다.

---

מַגַּע טְמֵא מֵת, שֶׁהָיוּ אֳכָלִין וּמַשְׁקִין לְתוֹךְ פִּיו, הִכְנִיס רֹאשׁוֹ לַאֲוִיר הַתַּנּוּר טָהוֹר, טִמְּאוּהוּ. וְטָהוֹר שֶׁהָיוּ אֳכָלִין וּמַשְׁקִין לְתוֹךְ פִּיו וְהִכְנִיס רֹאשׁוֹ לַאֲוִיר הַתַּנּוּר טָמֵא, נִטְמָאוּ. הָיָה אוֹכֵל דְּבֵלָה בְּיָדַיִם מְסֹאָבוֹת, הִכְנִיס יָדוֹ לְתוֹךְ פִּיו לִטֹּל אֶת הַצְּרוֹר, רַבִּי מֵאִיר מְטַמֵּא, רַבִּי יְהוּדָה מְטַהֵר. רַבִּי יוֹסֵי אוֹמֵר, אִם הָפַךְ, טָמֵא. אִם לֹא הָפַךְ, טָהוֹר. הָיָה פֻּנְדְּיוֹן לְתוֹךְ פִּיו, רַבִּי יוֹסֵי אוֹמֵר, אִם לִצְמָאוֹ, טָמֵא:

---

68) 혹자는 이 문단에서 언급하는 테두리와 지붕과 가장자리가 모두 같은 부분을 일컫는 다른 용어라고 주장하기도 한다(Moshe Bar-Asher, *Studies in Classical Hebrew*, Walter de Gruyter, 2014, p. 276).

〔어떤 사람이〕 시체 때문에 부정해진 〔사람과〕 접촉하고 자기 입에 음식이나[69] 음료수를 문 채로 정결한 화덕 안에 머리를 들이밀었다면, 그는 그것을 부정하게 만든다. 정결한 사람이 자기 입에 음식이나 음료수를 문 채로 부정한 화덕 안에 머리를 들이밀었다면, 그는 부정해질 것이다.

어떤 사람이 손을 씻지 않고 말린 무화과 과자를 먹다가 자기 손을 입 속에 집어넣어 작은 돌을 꺼냈다면, 메이르 랍비는 〔과자를〕 부정하게 만든다고 주장했고, 예후다 랍비는 정결하다고 말했다. 요쎄 랍비는 만약 그가 〔과자를 잡아〕 뒤집었다면 부정하고, 뒤집지 않았다면 정결하다고 말한다. 그가 자기 입 속에 푼디온 동전을[70] 물었다면, 요쎄 랍비는 목이 말라서 그랬을 경우에 부정하다고 말했다.

- 어떤 사람이 시체 때문에 부정해져서 1차 감염자가 되었는데, 1차 감염자는 그릇에 부정을 전이하지 않으므로 화덕 안에 자기 머리를 넣어도 화덕이 부정해지지 않는다(넷째 미쉬나). 그러나 그가 물었던 음료수가 화덕 안에 들어갔다면, 음료수는 점토 그릇을 부정하게 만들기 때문에 화덕이 부정해진다. 반대로 정결한 자가 음식이나 음료수를 물고 부정한 화덕 안에 머리를 넣는다면, 그 음식이나 음료수가 화덕의 공기 중에 노출되어 부정해진다.
- 손을 씻지 않고 마른 무화과 과자를 먹다가 손을 입 안에 넣었을 때, 메이르 랍비는 부정한 손이 침을 부정하게 만들고, 부정한 침이 마른 무화과를 부정하게 만든다고 주장한다(「파라」 5, 7). 예후다 랍비는 사람의 침이 일곱 가지 음료수 중 하나가 아니기 때문에 무화과

69) 이 본문에서 음식이라는 말은 실수로 포함된 것이다. 가장 심하게 오염된 음식도 1차 감염자에 불과하며, 점토 그릇을 부정하게 만들지 않는다.
70) 푼디온은 작은 동전으로 12푼디온이 1디나르에 해당한다.

과자가 부정해지지 않는다고 생각한다. 요쎄 랍비는 입에 든 무화과 과자를 손으로 뒤집으면 침이 원래 자리에서 분리되며 부정해질 수 있다고 말한다. 같은 경우로 어떤 사람이 목이 말라서 침이 많이 나오게 하려고 푼디온 동전을 입에 문 경우, 침이 제자리에서 분리되면서 부정해질 수 있다고 했다.

## 8, 11

הָאִשָּׁה שֶׁנָּטַף חָלָב מִדַּדֶּיהָ וְנָפַל לַאֲוִיר הַתַּנּוּר, טָמֵא, שֶׁהַמַּשְׁקֶה מְטַמֵּא לְרָצוֹן וְשֶׁלֹּא לְרָצוֹן. הָיְתָה גוֹרַפְתּוֹ וְהִכַּתָּהּ הַקּוֹץ וְיָצָא מִמֶּנָּה דָם, אוֹ שֶׁנִּכְוֵת וְנָתְנָה אֶצְבָּעָהּ לְתוֹךְ פִּיהָ, נִטְמָא:

여성의 유방에서 나온 젖이 화덕이 있는 공간 〔바닥에〕 떨어졌다면, 〔그 화덕은〕 부정해진다. 그녀가 만족하든 만족하지 않든 음료수는 부정하게 만들기 때문이다.

어떤 여성이 〔화덕을〕 쓸다가 가시에 찔려 피가 나왔거나, 〔손을〕 데어서 손가락을 입에 넣었다면, 〔그 화덕은〕 부정해진다.

- 부정한 여성이 화덕에 젖을 한 방울 흘렸다면, 그녀가 의도적으로 한 행동이든지 아니면 실수로 했든지 상관없이 화덕을 부정하게 만든다. 젖은 일곱 가지 음료수 중 하나이며, 주인의 의도와 상관없이 부정을 전이시킨다(「마크쉬린」 1, 1). 그녀가 피나 침을 흘렸을 경우도 마찬가지다.

# 제9장

화덕 외부에 바른 회반죽 속에 또는 점토 병 뚜껑이나 벽면에 금속으로 만든 물건이 들어 있는 경우, 나무나 점토로 만든 물건 안에 금속 물건이 든 경우, 입구를 딱 맞는 뚜껑으로 닫은 정결한 화덕에 금속으로 만든 부품이 삽입되어 있는 경우 등을 논의한다.

## 9, 1

화덕과 관련해서 바늘이나 반지 등 금속으로 만든 도구가 정결하거나 부정하게 만드는 영향을 논하고 있다.

---

מַחַט אוֹ טַבַּעַת שֶׁנִּמְצְאוּ בִנְחֶשְׁתּוֹ שֶׁל תַּנּוּר, נִרְאִין אֲבָל לֹא יוֹצְאִים, אִם אוֹפֶה אֶת הַבָּצֵק וְהוּא נוֹגֵעַ בָּהֶן, טָמֵא. בְּאֵיזֶה בָצֵק אָמְרוּ, בְּבָצֵק הַבֵּינוֹנִי. נִמְצְאוּ בְטְפֵלַת הַתַּנּוּר מֻקָּף צָמִיד פָּתִיל, אִם בְּטָמֵא, טְמֵאִין. וְאִם בְּטָהוֹר, טְהוֹרִים. נִמְצְאוּ בִמְגוּפַת הֶחָבִית, מִצִּדֶּיהָ, טְמֵאִים, מִכְּנֶגֶד פִּיהָ, טְהוֹרִים. נִרְאִין בְּתוֹכָהּ אֲבָל לֹא לַאֲוִירָהּ, טְהוֹרִין. שׁוֹקְעִים בְּתוֹכָהּ וְתַחְתֵּיהֶם כִּקְלִפַּת הַשּׁוּם, טְהוֹרִין:

---

바늘이나 반지가 화덕 바닥에 있었고 〔눈에〕 보이기는 하지만 밖으로 튀어나오지 않았는데, 어떤 사람이 반죽을 구울 때 그것들과 접촉했다면 〔그 화덕은〕 부정하다. 어떤 반죽을 말하는가? 중간 반죽[71]을 가리킨다.

〔그것들이〕 테두리에 딱 맞는 〔뚜껑이 있는〕 화덕의 회칠한 부분에서 발견되었는데, 부정한 〔화덕〕에 있었다면 부정하게 할 수 있으며, 정결한 〔화덕〕에 있었다면 정결하다.

---

71) 이 낱말(בבצק הבינוני)은 직역하면 '중간 반죽'인데, 반죽이 너무 부드러워서 바닥의 모든 요철에 스며들지도 않고, 너무 딱딱해서 전혀 들어가지 않는 반죽도 아닌 상태를 가리킨다.

〔그것들이〕 항아리 뚜껑에서 발견되었는데, 그 〔뚜껑의〕 옆면에 있었다면 부정하게 할 수 있으며, 입구 맞은편에 있다면 정결하다.

〔그것들이〕 그 안에 〔있는 것이〕 보였는데 그 안쪽 공간에 들어가지 않았다면 정결하다. 〔그것들이〕 그 안에 들어 있고[72] 그 바닥에 〔회가〕 마늘 껍질 〔두께로 싸고 있다면, 그것들은〕 정결하다.

- 음식을 조리하는데 혹시 부정할지도 모르는 금속 물체가 화덕 안에서 발견되면 정확하게 어떤 상황에서 어떻게 처리해야 할지에 관해 설명한다(「토호롯」 4, 5). 이 물체가 화덕 내부 공간으로 튀어나와 있지 않다면 화덕의 일부가 아니기 때문에 화덕이 아무런 영향을 받지 않는다. 그러나 반죽을 넣어서 이 물체와 접촉이 일어나면 영향을 받게 된다.
- 테두리에 딱 맞는 뚜껑이 있는 화덕이 시체가 있는 천막 안에 있고(민 19:14-15), 금속 물체는 화덕 겉에 바른 회반죽에 들어 있다. 딱 맞는 뚜껑이 부정을 막는 것은 점토 그릇뿐이며, 부정한 화덕은 이에 해당하지 않는다. 그러므로 부정한 화덕은 그 벽에 들어 있는 금속 물질이 부정해지는 것을 막을 수 없다. 그러나 정결한 화덕이라면 화덕 내부와 회칠 안에 든 금속 물질 모두 부정으로부터 막을 수 있으니, 회칠도 화덕의 일부이기 때문이다.
- 점토로 만든 항아리 뚜껑에 금속 물질이 들어 있고, 그 항아리는 시체가 있는 천막 안에 놓여 있다. 뚜껑의 옆면은 항아리에 꼭 필요하지 않고 항아리의 일부가 아니기 때문에 그 금속 물질이 뚜껑의 옆면에 있었다면 부정해진다. 그러나 항아리 입구 맞은편에 있는 뚜껑

72) 이 낱말(שוקעין)은 직역하면 '가라앉다'인데 항아리 내부에 깊이 들어 있다는 뜻으로 해석했다.

은 항아리에 필수적이므로 항아리의 일부이고 금속 물질이 부정해지는 것을 막는다.

- 바늘이나 반지가 뚜껑 안에 박혀 있는 것이 보이지만 뚜껑의 공간, 즉 항아리의 공간 안에 노출되지 않았다면, 그것은 뚜껑의 일부이며 딱 맞는 뚜껑 때문에 바깥에 있는 시체의 부정으로부터 보호를 받아 정결을 유지한다. 그것들이 뚜껑 안에 박혀 있고 보이지 않고 흙이나 회를 얇게 발랐다면, 역시 그것들은 뚜껑의 일부이며 정결을 유지한다.

## 9, 2

---

חָבִית שֶׁהִיא מְלֵאָה מַשְׁקִין טְהוֹרִין וּמְנִיקֶת בְּתוֹכָהּ, מֻקֶּפֶת צָמִיד פָּתִיל וּנְתוּנָה בְּאֹהֶל הַמֵּת, בֵּית שַׁמַּאי אוֹמְרִים, הֶחָבִית וְהַמַּשְׁקִין טְהוֹרִין, וּמְנִיקֶת טְמֵאָה. וּבֵית הִלֵּל אוֹמְרִין, אַף מְנִיקֶת טְהוֹרָה. חָזְרוּ בֵּית הִלֵּל לְהוֹרוֹת כְּדִבְרֵי בֵית שַׁמָּאי:

---

정결한 음료수가 가득 차 있고 그 안에 관을 꽂아 놓았으며 돌아가며 테두리에 딱 맞는 〔뚜껑이 있는〕 항아리가 시체가 있는 천막 안에 있었다면, 샴마이 학파는 그 항아리와 음료수가 모두 정결하지만 그 관은 부정하다고 말했다. 힐렐 학파는 그 관도 정결하다고 말했다. 〔그 후〕 힐렐 학파가 태도를 바꾸어 샴마이 학파의 주장을 따라 결정했다.

- 점토로 만든 그릇은 딱 맞는 뚜껑으로 닫아놓으면 부정해지지 않지만, 관은 금속으로 만들었기 때문에 점토 그릇이 그 부정을 막을 수 없다(「켈림」 10, 1).[73)]

---

73) 힐렐 학파가 샴마이 학파와 이견을 보이다가 주장을 철회하는 경우는 미쉬나

## 9, 3

הַשֶּׁרֶץ שֶׁנִּמְצָא לְמַטָּה מִנְּחֻשְׁתּוֹ שֶׁל תַּנּוּר, טָהוֹר, שֶׁאֲנִי אוֹמֵר, חַי נָפַל וְעַכְשָׁיו מֵת. מַחַט אוֹ טַבַּעַת שֶׁנִּמְצְאוּ לְמַטָּה מִנְּחֻשְׁתּוֹ שֶׁל תַּנּוּר, טָהוֹר, שֶׁאֲנִי אוֹמֵר, שָׁם הָיוּ עַד שֶׁלֹּא בָא הַתַּנּוּר. נִמְצְאוּ בְאֵפֶר מִקְלֶה, טָמֵא, שֶׁאֵין לוֹ בַמֶּה יִתְלֶה:

기는 것이 화덕 바닥 밑에서 발견되었다면 〔그 화덕은〕 정결하다. 나는 〔그 기는 것이〕 살아서 떨어졌다가 이제 죽었다고 생각하기 때문이다. 바늘이나 반지가 화덕 바닥 밑에서 발견되었다면 〔그 화덕은〕 정결하다. 나는 〔그것들이〕 화덕을 설치하기 전에 이미 거기에 있었다고 생각하기 때문이다.

〔그것들이〕 나무를 〔태운〕 재 속에서 발견되었다면 〔그 화덕은〕 부정하다. 왜냐하면 〔정결하다고〕 주장할 아무런 근거가 없기 때문이다.

- 화덕을 땅 위에 직접 설치한 것이 아니라 화덕과 땅 사이에 공간이 있고, 기는 것은 살아서 화덕 안으로 들어왔을 때는 정결하다. 그러나 죽으면 부정한데, 화덕 바닥 밑은 화덕의 내부 공간이 아니기 때문에 그 기는 것이 화덕을 부정하게 만들지 않는다. 바늘이나 반지도 같은 원칙에 따라 판단하면 된다.
- 그러나 부정하게 만드는 요인이 화덕 밑 나무를 태운 재 속에서 발견되었다면, 이 요인은 재와 함께 화덕에서 나왔을 가능성이 있으므로 그 화덕은 부정하다.

---

「에두욧」1, 12-14;「오홀롯」5, 3-4;「기틴」4, 5;「켈림」9, 2를 보라.

## 9, 4

סְפוֹג שֶׁבָּלַע מַשְׁקִין טְמֵאִין וְנָגוּב מִבַּחוּץ וְנָפַל לַאֲוִיר הַתַּנּוּר, טָמֵא, שֶׁסּוֹף מַשְׁקֶה לָצֵאת. וְכֵן חֲתִיכָה שֶׁל לֶפֶת וְשֶׁל גֶּמִי. רַבִּי שִׁמְעוֹן מְטַהֵר בִּשְׁנֵי אֵלּוּ:

부정한 음료수를 빨아들였지만 겉표면은 마른 해면이 화덕 내부 공간에 떨어졌다면 〔그 화덕은〕 부정하다. 나중에 그 음료수가 흘러나오기 때문이다. 순무나 갈대 뭉치도 마찬가지다. 쉼온 랍비는 이 두 가지는 정결하다고 말했다.

- 부정한 음료수는 점토 그릇을 부정하게 만들 수 있다. 그러므로 당장은 흘러나오지 않아도 결국 음료수가 흘러나올 수 있는 해면, 순무, 갈대 뭉치 등은 화덕이 부정해지지 않도록 막지 못한다.

## 9, 5

חֲרָסִין שֶׁנִּשְׁתַּמֵּשׁ בָּהֶן מַשְׁקִין טְמֵאִין וְנָפְלוּ לַאֲוִיר הַתַּנּוּר, הֶסֵּק הַתַּנּוּר, טָמֵא, שֶׁסּוֹף מַשְׁקֶה לָצֵאת. וְכֵן בְּגֶפֶת חֲדָשָׁה, אֲבָל בִּישָׁנָה, טָהוֹר. וְאִם יָדוּעַ שֶׁיּוֹצֵא מֵהֶן מַשְׁקִין, אֲפִלּוּ לְאַחַר שָׁלֹשׁ שָׁנִים, נִטְמָא:

부정한 음료수를 담는 데 썼던 토기 조각이 화덕 내부 공간에 떨어졌고 〔그 화덕에〕 불을 땠다면, 그 화덕은 부정하다. 나중에 그 음료수가 흘러나오기 때문이다.

새로 나온 올리브 찌꺼기도 마찬가지다. 그러나 오래된 것은 정결하다.[74] 그러나 만약 음료수가 흘러나온다는 것이 분명하다면 3년이 〔지난〕 뒤라도 〔그 화덕이〕 부정해진다.

74) 토쎕타는 12개월이 지난 것이 오래된 것이라고 설명한다(6, 18).

## 9, 6

הַגֶּפֶת וְהַזַּגִּין שֶׁנַּעֲשׂוּ בְטָהֳרָה וְהָלְכוּ עֲלֵיהֶם טְמֵאִים, וְאַחַר כָּךְ יָצְאוּ מֵהֶן מַשְׁקִין, טְהוֹרִין, שֶׁמִּתְּחִלָּתָן נַעֲשׂוּ בְטָהֳרָה. כּוּשׁ שֶׁבָּלַע אֶת הַצִּנּוֹרָא, מַלְמָד שֶׁבָּלַע אֶת הַדָּרְבָן, לְבֵנָה שֶׁבָּלְעָה אֶת הַטַּבַּעַת, וְהֵן טְהוֹרִים, נִכְנְסוּ לְאֹהֶל הַמֵּת, נִטְמָאוּ. הֱסִיטָן הַזָּב, נִטְמָאוּ. נָפְלוּ לַאֲוִיר הַתַּנּוּר טָהוֹר, טִמְּאוּהוּ. נָגַע בָּהֶן כִּכָּר שֶׁל תְּרוּמָה, טָהוֹר:

정결하게 작업한 올리브나 포도 찌꺼기를 부정한 사람들이 밟고 지나갔고 거기서 음료수가 흘러나왔다면, [그 액체는] 정결하다. 왜냐하면 처음부터 정결하게 작업했기 때문이다.

[물레의] 가락[75] 안에 들어간 고리나, 소 [치는] 막대기 안에 들어간 쇠 꼭지,[76] 벽돌 안에 들어간 반지가 모두 정결했고, 시체가 있는 천막 안에 들어갔다면, [그것들은] 부정해진다.

유출이 있는 사람이 그것들을 만지면 [그것들은] 부정해진다. [그것들이] 화덕 내부 공간에 떨어지면, 그것을 부정하게 만든다. 거제로 바칠 [빵] 덩이와 접촉하면, [그것들은] 정결하다.

- 정결하게 짠 올리브나 포도 찌꺼기를 부정한 사람이 밟아서 기름이나 포도즙이 흘러나왔다 하더라도, 밟는 사람이 의도하지 않았고 만족하지 않기 때문에 부정을 전이하지 않는다(「마크쉬린」 6, 8).
- 물레가락 속에 들어간 고리, 소 치는 막대기 안에 들어간 꼭지, 벽돌 안에 들어간 반지는 모두 다른 물체 속에 들어갔고 덮여 있으며 물건을 담을 오목한 공간도 없지만, 시체가 있는 천막에 들어가면 부정해진다.
- 다른 물건 안에 들어 있는 부정한 물건이 화덕 내부 공간에 떨어지

75) 잠언 31:19 참조.

76) 사사기 3:31; 사무엘상 13:21 참조.

면, 그 화덕이 부정해진다(「켈림」 8, 5).[77] 거제 제물로 바칠 빵이 다른 물건 안에 들어 있는 것들과 접촉해도 정결한 이유는 그 안에 들어간 부정한 물건이 아니라 겉표면만 접촉하기 때문이다.

### 9, 7

점토 용기와 그 내용물을 부정하게 만드는 요인이 공기 중에 노출되어 있어도 그 용기에 뚜껑을 잘 덮었는데 작은 구멍이 나거나 갈라진 틈이 생긴 경우다.

---

סְרֵידָה שֶׁהִיא נְתוּנָה עַל פִּי הַתַּנּוּר מֻקָּף צָמִיד פָּתִיל, נִסְדַּק מִן הַתַּנּוּר לַסְּרֵידָה, שִׁעוּרוֹ מְלֹא פִּי מַרְדֵּעַ שֶׁלֹּא נִכְנָס. רַבִּי יְהוּדָה אוֹמֵר, נִכְנָס. נִסְדְּקָה סְרֵידָה, שִׁעוּרוֹ כִּמְלֹא פִּי מַרְדֵּעַ נִכְנָס. רַבִּי יְהוּדָה אוֹמֵר, שֶׁלֹּא נִכְנָס. הָיָה עָגֹל, אֵין רוֹאִין אוֹתוֹ אָרֹךְ, אֶלָּא שִׁעוּרוֹ כִּמְלֹא פִּי מַרְדֵּעַ נִכְנָס:

---

화덕 입구에 〔점토〕 망을 설치하여 테두리가 딱 맞는 〔뚜껑과 같은 상태〕였는데 화덕과 망 사이에 갈라진 틈이 생겼다면, 〔부정이 스며들기에〕 충분한 크기는 〔전체가〕 들어가지는 않는 소 치는 막대기 꼭지의 둘레와 같다. 예후다 랍비는 〔전체가〕 들어가는 〔막대기 크기와 같다고〕 말했다.

그 망이 갈라져서 틈이 생겼다면, 〔부정이 스며들기에〕 충분한 크기는 〔전체가〕 들어가는 소 치는 막대기의 둘레와 같다. 예후다 랍비는 〔전체가〕 들어가지 않는 〔막대기 둘레와 같다고〕 말했다. 〔그 틈이〕 원형이고 그 길이를 잴 수 없다고 할지라도, 〔부정이 스며들기에〕 충분한 크기는 〔전체가〕 들어가는 소 치는 막대기 둘레와 같다.

- 점토로 만든 망을 화덕 입구에 잘 맞추어 설치했고, 화덕이 시체가

---

77) 이와 다른 경우는 동물 몸 속에 있는 물건이다(「미크바옷」 10, 8).

있는 천막 안에 있을 때 부정이 전이되는 것을 막을 수 있다. 어떠한 이유로 망과 화덕 사이에 갈라진 틈이 생기거나 점토 망이 깨져서 틈이 생기면 더 이상 부정을 막는 역할을 할 수 없다. 그 틈이 얼마나 커야 하느냐에 관해서 랍비들 사이에 이견이 있다.

## 9, 8

화덕에 난 구멍에 관해 계속해서 설명한다.

---

תַּנּוּר שֶׁנִּקַּב מֵעֵינוֹ, שִׁעוּרוֹ מְלֹא כוּשׁ נִכְנָס וְיוֹצֵא דוֹלֵק. רַבִּי יְהוּדָה אוֹמֵר,
שֶׁלֹּא דוֹלֵק. נִקַּב מִצִּדּוֹ, שִׁעוּרוֹ כִּמְלֹא כוּשׁ נִכְנָס וְיוֹצֵא שֶׁלֹּא דוֹלֵק. רַבִּי
יְהוּדָה אוֹמֵר, דוֹלֵק. רַבִּי שִׁמְעוֹן אוֹמֵר, מִן הָאֶמְצַע, נִכְנָס. מִן הַצַּד, אֵינוֹ
נִכְנָס. וְכֵן הָיָה אוֹמֵר בִּמְגוּפַת הֶחָבִית שֶׁנִּקְּבָה, שִׁעוּרָהּ מְלֹא מִיצָה שְׁנִיָּה
שֶׁל שִׁיפוֹן. מִן הָאֶמְצַע, נִכְנָס. מִן הַצַּד, אֵינוֹ נִכְנָס. וְכֵן הָיָה אוֹמֵר בַּחֲצָבִים
גְּדוֹלִים שֶׁנִּקְּבוּ, שִׁעוּרָם מְלֹא מִיצָה שְׁנִיָּה שֶׁל קָנֶה. מִן הָאֶמְצַע, נִכְנָס. מִן
הַצַּד, אֵינוֹ נִכְנָס. בַּמֶּה דְבָרִים אֲמוּרִים, בִּזְמַן שֶׁנַּעֲשׂוּ לְיַיִן, אֲבָל אִם נַעֲשׂוּ
לִשְׁאָר מַשְׁקִין, אֲפִלּוּ כָל שֶׁהוּא, טְמֵאִים. בַּמֶּה דְבָרִים אֲמוּרִים, בִּזְמַן שֶׁלֹּא
נַעֲשׂוּ בִידֵי אָדָם. אֲבָל אִם נַעֲשׂוּ בִידֵי אָדָם, אֲפִלּוּ כָל שֶׁהוּא, טְמֵאִים. נִקְּבוּ,
הֶעָשׂוּי לָאֳכָלִים, שִׁעוּרָן בְּזֵיתִים. הֶעָשׂוּי לְמַשְׁקִים, שִׁעוּרָן בְּמַשְׁקִים. הֶעָשׂוּי
לְכָךְ וּלְכָךְ, מַטִּילִים אוֹתוֹ לְחֻמְרוֹ, בִּצְמִיד פָּתִיל וּבְכוֹנֵס מַשְׁקֶה:

---

화덕 배출구에[78] 구멍이 생겼는데 [부정을 막기 위해서는] 그 크기가 물레가락이 들어갔다가 불이 붙어서 나올 정도까지다. 예후다 랍비는 [그 물레가락에] 불이 붙지 않는다고 해도 [그렇다고] 말했다. [화덕] 옆면에 구멍이 생겼는데 [부정을 막기 위해서는] 그 크기가 물레가락이 들어갔다가 불이 붙지 않은 채 나올 정도까지다. 예후다 랍비는 [그 물레가락에] 불이 붙더라도 [그렇다고] 말했다. 쉼온 랍비는 [그 구멍이] 가운데 있다면 [그 크기가 물레가락이] 들어갈 수 있는

---

78) '배출구'라고 옮긴 낱말(מעינו)을 직역하면 "그 눈에"라는 뜻인데 공기가 드나들고 연기가 빠지도록 만든 입구다(「켈림」 8, 7).

〔정도이며,〕 옆면에 있다면 〔그것이〕 들어가지 않는 정도여도 〔그러하다고〕 말했다.

그는 어떤 병뚜껑에 구멍이 난 경우도 마찬가지라고 설명했는데, 그 크기가 호밀대의 둘째 마디 정도까지라고 말했다. 〔그 구멍이〕 가운데 있다면 〔그 크기가 호밀대가〕 들어갈 수 있는 〔정도이며,〕 옆면에 있다면 〔그것이〕 들어가지 않는 정도여도 〔그러하다〕. 그는 큰 〔저장용〕 항아리에 구멍이 난 경우도 마찬가지라고 설명했는데, 그 크기가 갈대 줄기의 둘째 마디 정도까지라고 말했다. 〔그 구멍이〕 가운데 있다면 〔그 크기가 갈대 줄기가〕 들어갈 수 있는 〔정도이며,〕 옆면에 있다면 〔그것이〕 들어가지 않는 정도여도 〔그러하다〕.

이 설명은 무슨 뜻인가? 포도주를 담기 위해서 이런 용기들을 만들었을 때를 말하며, 그 외 다른 음료수를 담기 위해서라면 어떤 구멍이든지 〔담긴 음료수가〕 부정해질 수 있다. 이 설명은 무슨 뜻인가? 사람의 손으로 만든 구멍이 아닐 때를 말하며, 〔사람이 만들었다면〕 어떤 구멍이든지 〔담긴 음료수가〕 부정해질 수 있다.

〔꼭 맞는 뚜껑으로 닫은 용기에〕 구멍이 났고 음식을 담는 데 쓴다면 〔그 구멍의〕 크기는 올리브 열매가 〔굴러떨어질 수 있는〕 정도까지이며, 음료수를 담는 데 쓴다면 〔그 구멍의〕 크기는 액체가 〔흘러나올 수 있는〕 정도까지다. 두 가지 용도로 모두 사용하는 〔용기라면〕 더 엄격한 원칙을 적용하게 되는데, 뚜껑을 꼭 맞게 닫았을 때와 〔같으며〕 음료수가 스며들 수 있는 정도까지다.

- 화덕에 꼭 맞는 뚜껑이 있어서 시체가 있는 천막 안에서도 부정의 전이를 막을 수 있는데, 구멍이 나거나 틈이 생기면 막을 수 없다. 화덕 밑에 바람이 들어가고 재가 빠지는 배출구에 틈이 생겼을 때 물레가락이 들어가는지 여부로 판단한다(「켈림」 8, 7; 9, 6). 화덕의 옆

면과 가운데도 그렇다. 이때 막대기가 어떤 방향으로 들어가야 하는지에 관해서는 랍비들 사이에 이견이 있다(일곱째 미쉬나; 씨프레 주타).

- 병에 구멍이 나서 꼭 맞는 뚜껑으로 닫았다는 지위를 잃는 상황은 호밀대나 갈대 줄기로 판단한다.
- 포도주를 담는 용기는 구멍을 내는 경우가 많으므로 이런 규정을 적용하지만 다른 액체를 담는 병은 해당되지 않는다는 후대 전통이 삽입되어 있다(바벨 탈무드 「아보다 자라」 66b, 69b).
- 병에 난 구멍은 저절로 생긴 것만 이 규정을 적용하며, 사람이 일부러 구멍을 냈다면 크기와 상관없이 부정해질 수 있다는 것도 후대 전통이다(「켈림」 17, 12).

## 제10장

시체의 부정을 막을 수 있는 적당한 뚜껑은 어떤 재료로 만들어야 하는지 그리고 뚜껑이 손상되면 어떻게 되는지 논의한다. 화덕 내부에 구획을 지어놓은 경우 또는 그릇 안에 다른 그릇이 겹쳐 있는 경우 시체의 부정이 전이되는지 설명한다.

### 10, 1

꼭 맞는 뚜껑이 덮여 있어서 부정해지지 않는 그릇들에 관해 논하고 있다.

---

אֵלּוּ כֵלִים מַצִּילִין בְּצָמִיד פָּתִיל, כְּלֵי גְלָלִים, כְּלֵי אֲבָנִים, כְּלֵי אֲדָמָה, כְּלֵי חֶרֶס, וּכְלֵי נֶתֶר, עַצְמוֹת הַדָּג וְעוֹרוֹ, עַצְמוֹת חַיָּה שֶׁבַּיָּם וְעוֹרָהּ, וּכְלֵי עֵץ הַטְּהוֹרִים. מַצִּילִים בֵּין מִפִּיהֶם בֵּין מִצִּדֵּיהֶן, בֵּין יוֹשְׁבִין עַל שׁוּלֵיהֶן בֵּין מֻטִּין

עַל צְדֵיהֶן. הָיוּ כְפוּיִים עַל פִּיהֶן, מַצִּילִים כֹּל שֶׁתַּחְתֵּיהֶן עַד הַתְּהוֹם. רַבִּי אֱלִיעֶזֶר מְטַמֵּא. עַל הַכֹּל מַצִּילִין, חוּץ מִכְּלֵי חֶרֶס, שֶׁאֵינוֹ מַצִּיל אֶלָּא עַל הָאֳכָלִים וְעַל הַמַּשְׁקִין וְעַל כְּלֵי חָרֶס:

---

다음과 같은 그릇들은 꼭 맞는 뚜껑이 덮여 있을 때 〔부정으로부터 그 그릇과 내용물을〕 보호할 수 있다. 〔가축의〕 똥으로 만든 그릇,[79) ] 돌로 만든 그릇, 흙으로 만든 그릇, 점토로 만든 그릇,[80)] 그리고 명반[81)]으로 만든 그릇, 물고기 뼈나 껍질로 〔만든 그릇〕, 바다 동물의 뼈나 껍질로 〔만든 그릇〕, 그리고 정결한 나무로 만든 그릇이다. 〔이것들은 뚜껑이〕 주둥이에 〔있건〕 옆면에 〔있건〕, 바닥면 위에 서 있건 옆으로 누워 있건 〔상관없이 부정으로부터〕 보호할 수 있다.

〔이것들의〕 주둥이를 〔밑으로 향하게 하여〕 뒤집으면 그 깊은 곳에 〔있는 것들을 포함하여〕 밑에 있는 모든 것을 〔부정으로부터〕 보호할 수 있다. 엘리에제르 랍비는 부정하다고 주장했다. 〔이것들은〕 모든 것으로부터 보호할 수 있지만, 점토로 만든 그릇은 음식과 음료수와 〔다른〕 점토 그릇만 보호할 수 있다.

- 이 미쉬나에 언급된 그릇들은 꼭 맞는 뚜껑으로 덮으면, 시체가 있는 천막 안에 있어도 그 내용물이 부정해지지 않도록 보호할 수 있다(민 19:14-15). 그중 동물의 똥, 돌, 굽지 않은 흙, 물고기나 바다 동물의 뼈와 껍질로 만든 그릇은 이런 조건 아래서 부정해지지 않는다(「켈림」 2, 1; 17, 13).[82)] 정결한 나무로 만든 그릇은 이런 조건에

---

79) 가축의 똥에 진흙을 섞어서 만드는 그릇이다(「켈림」 3, 4; 11, 4).

80) 흙으로 만든 그릇(כלי אדמה)은 화덕에서 굽지 않은 그릇이며, 점토로 만든 그릇(כלי חרס)은 구워낸 것이다.

81) 이 낱말(נתר)은 명반을 가리키며(야스트로 946), 이런 재료로 만든 그릇은 부정이 전이되지 않는다.

82) 이 규정은 토라에도 나오지 않고 고대 서기들도 그렇게 가르친 적이 없다. 상

서 부정해지지 않는다(「켈림」 15, 1). 점토로 만들어 구운 그릇과 명반으로 만든 그릇은 부정의 원인이 되는 물체와 같은 공간에 노출되면 부정해지지만 접촉을 통해서는 그 내용물이 부정해지지 않는다.

- 그릇을 뒤집어서 땅에 세웠을 때 부정해지지 않는 이유는 땅이 꼭 맞는 뚜껑 역할을 하기 때문이다. 엘리에제르 랍비는 땅바닥이 뚜껑이 될 수 없다고 생각한다.
- 이런 그릇들은 그 안에 든 내용물을 부정으로부터 보호하며, 금속 그릇도 그러하다. 점토로 만들어 구운 그릇은 물로 씻어 정결하게 만들 수 없는 물건들만 보호할 수 있다(「오홀롯」 5, 2).

### 10, 2

부정을 막기 위해서 점토 그릇에 꼭 맞는 뚜껑으로 사용할 수 있는 것은 무엇인지 논의하고 있다.

---

בַּמֶּה מַקִּיפִים. בְּסִיד וּבְגִפְּסִיס, בְּזֶפֶת וּבְשַׁעֲוָה, בְּטִיט וּבְצוֹאָה, בְּחֹמֶר וּבַחַרְסִית, וּבְכָל דָּבָר הַמִּתְמָרֵחַ. אֵין מַקִּיפִים לֹא בְּבַעַץ וְלֹא בְעוֹפֶרֶת, מִפְּנֵי שֶׁהוּא פָּתִיל וְאֵינוֹ צָמִיד. אֵין מַקִּיפִין לֹא בִדְבֵלָה שְׁמֵנָה, וְלֹא בְּבָצֵק שֶׁנִּלּוֹשׁ בְּמֵי פֵרוֹת, שֶׁלֹּא יְבִיאֶנּוּ לִידֵי פְסוּל. וְאִם הִקִּיף, הִצִּיל:

---

무엇으로 꼭 맞게 막을 수 있는가? 석회, 석고, 역청, 그리고 밀랍, 회, 그리고 배설물, 거친 찰흙, 그리고 점토, 그리고 회처럼 바를 수 있는 모든 것으로 [막을 수 있다].

주석이나 납으로는 꼭 맞게 막을 수 없으니, 이것들로 막을 수는 있지만 꼭 맞지 않기 때문이다. 부푼 무화과 빵이나 과일즙을 첨가한 반죽[83]으로 꼭 맞게 막을 수 없으니, 이것을 부정한 곳에 가져가지 말

대적으로 후대의 전통이 굳어진 결과가 미쉬나에 흔적을 남기고 있다.

83) 물이 아니라 과일즙으로 만든 반죽은 음식의 부정과 관련해서 준비되지 않은

것이다. 그러나 만약 〔이것들이〕 꼭 맞는다면 〔부정으로부터〕 보호할 수 있다.

- 점토 그릇의 입구에 꼭 맞는 뚜껑을 만들 수 있는 재료 목록이다.
- 주석이나 납으로 꼭 맞는 뚜껑을 만들 수 없는 이유는 이런 금속이 너무 물러서 변형될 수 있기 때문이다. 무화과 빵이나 반죽도 마찬가지이지만 일시적으로는 뚜껑으로 사용할 수 있다. 말라서 형태가 변형되면 더 이상 뚜껑으로 사용할 수 없다.

## 10, 3

---

מְגוּפַת הֶחָבִית הַמְחֻלְחֶלֶת וְאֵינָהּ נִשְׁמֶטֶת, רַבִּי יְהוּדָה אוֹמֵר, מַצֶּלֶת. וַחֲכָמִים אוֹמְרִים, אֵינָהּ מַצֶּלֶת. הָיָה בֵית אֶצְבַּע שֶׁלָּהּ שׁוֹקֵעַ בְּתוֹכָהּ, הַשֶּׁרֶץ בְּתוֹכָהּ, הֶחָבִית טְמֵאָה. הַשֶּׁרֶץ בֶּחָבִית, אֳכָלִין שֶׁבְּתוֹכָהּ טְמֵאִים:

---

어떤 병 뚜껑이 헐렁해졌지만 떨어져나가지 않았다면, 예후다 랍비는 〔이것이 부정으로부터〕 보호할 수 있다고 말했다. 그러나 현인들은 보호할 수 없다고 말했다.

〔뚜껑의〕 손가락 넣는 부분이 〔병〕 안쪽으로 밀려 들어갔고 기는 것이 그 속에 있었다면, 그 병은 부정하다. 기는 것이 병 속에 있다면 그 안에 든 음식도 부정하다.

- 어떤 이유로 헐거워졌지만 완전히 떨어지지 않은 뚜껑에 관해서는 이견이 있다.
- 손가락 넣는 부분이란 뚜껑을 열고 닫을 때 잡을 수 있게 파낸 홈을 가리키는 것으로 보인다. 뚜껑의 일부가 테두리 밑, 즉 병 내부 공간

---

상태이며(「할라」 2, 2), 부정해지지 않는다.

으로 밀려 들어가 있고 홈 속에 죽은 벌레의 시체가 있다면, 부정의 요인이 병의 공기 중에 노출된 것으로 간주하며, 병 안에 담아놓은 음식은 부정해진다(「켈림」 8, 3).

## 10, 4

הַכַּדּוּר וְהַפְּקַעַת שֶׁל גֶּמִי שֶׁנְּתָנָן עַל פִּי הֶחָבִית, אִם מֵרַח מִן הַצְּדָדִין, לֹא הִצִּיל, עַד שֶׁיְּמָרַח מִלְמַעְלָן וּמִלְּמַטָּן. וְכֵן בִּמְטְלִית שֶׁל בֶּגֶד. הָיְתָה שֶׁל נְיָר אוֹ שֶׁל עוֹר, וּקְשָׁרָהּ בִּמְשִׁיחָה, אִם מֵרַח מִן הַצְּדָדִין, הִצִּיל:

공처럼 〔생긴〕 갈대 뭉치나 감아놓은 것으로 병 입구를 막았고 옆면만을 회로 덮었다면, 〔이것이 부정으로부터〕 보호할 수 없으며, 〔마개를〕 위에서 아래까지 모두 회로 덮기 전에는 〔보호할 수 없다〕. 천 조각[84]도 같은 〔경우에 속한다〕.

종이나 가죽으로 〔병 입구를 막았고〕 끈으로 묶어놓았으며 옆면을 회로 덮었다면, 〔이것은 부정으로부터〕 보호할 수 있다.

- 갈대나 천 조각을 뭉쳐서 뚜껑을 만들고 회를 옆면만 바르면 홈이나 틈을 완벽하게 메울 수 없기 때문에 부정을 막을 수 없지만, 종이나 가죽은 그렇지 않아서 옆면만 회칠해도 적절한 뚜껑으로 인정할 수 있다.

## 10, 5

חָבִית שֶׁנִּתְקַלְּפָה וְהַזֶּפֶת שֶׁלָּהּ עוֹמֶדֶת, וְכֵן קְבוֹסִים שֶׁל מֶרֶיס שֶׁגְּפָתָן עִם הַשָּׂפָה, רַבִּי יְהוּדָה אוֹמֵר, אֵינָם מַצִּילִין. וַחֲכָמִים אוֹמְרִים, מַצִּילִין:

84) 천 조각(מטלית שלבגד)이란 너무 작아서 부정해지지 않는 크기의 천을 말한다(「켈림」 27, 2).

어떤 병의 〔표면이〕 벗겨져 나갔으나 〔그 내부에〕 역청으로 바른 〔층이〕 남아 있다면, 〔같은 형식으로 만든〕 생선 절인 소금물을 담는 냄비를 입구 높이에서 석고로 막아놓았다면, 예후다 랍비는 〔부정으로부터〕 보호하지 못한다고 말했다. 그러나 현인들은 보호할 수 있다고 말했다.

- 표면이 벗겨져 나갔어도 내부 벽이 남아 있는 경우와 생선 절인 소금물을 담는 냄비는 모두 입구의 테두리보다 뚜껑이 밑에 있는 경우를 논의하고 있다. 이런 뚜껑이 부정을 막지 못한다는 예후다 랍비의 의견은 민수기 19:15을 문자적으로 해석한 경우이며,[85] 다른 유대 현인들은 좀 더 융통성 있게 법을 해석하고 있다.

## 10, 6

---

חָבִית שֶׁנִּקְּבָה וּסְתָמוּהָ שְׁמָרִים, הִצִּילוּהָ. פְּקָקָהּ בִּזְמוֹרָה, עַד שֶׁיְּמָרַח מִן הַצְּדָדִים. הָיוּ שְׁתַּיִם, עַד שֶׁיְּמָרַח מִן הַצְּדָדִין וּבֵין זְמוֹרָה לַחֲבֶרְתָּהּ. נֶסֶר שֶׁהוּא נָתוּן עַל פִּי הַתַּנּוּר, אִם מֵרַח מִן הַצְּדָדִין, הִצִּיל. הָיוּ שְׁנַיִם, עַד שֶׁיְּמָרַח מִן הַצְּדָדִין וּבֵין נֶסֶר לַחֲבֵרוֹ. עֲשָׂאָן בִּסִינִין אוֹ בְשִׁגְמִין, אֵינוֹ צָרִיךְ לְמָרֵחַ מִן הָאֶמְצָע:

---

어떤 병에 구멍이 났는데 술찌꺼기가 〔구멍을〕 막았다면, 〔이것이 부정으로부터〕 보호할 수 있다. 〔구멍을〕 포도나무 가지로 막았다면, 옆면을 회로 바르기 전까지는 〔부정으로부터 보호할 수 없다. 구멍을 막은 포도나무 가지가〕 두 개였다면, 옆면을 회로 바르고, 포도나무 가지 하나와 또 다른 하나 사이도 〔바르기〕 전에는 〔부정으로부터 보

85) 토라는 "그 위에 꼭 맞는 뚜껑이 없이 열려 있는 모든 그릇은 부정하다"고 했고(민 19:15), 이 문장은 뚜껑의 위치가 병의 입구 위에 있어야 한다고 말하는 것으로 해석된다.

호할 수 없다].

어떤 화덕 입구에 널빤지를 놓았고 그 옆면을 회로 발랐다면, [이것이 부정으로부터] 보호할 수 있다. [입구를 막은 널빤지가] 두 개였다면, 옆면을 회로 바르고 널빤지 하나와 또 다른 하나 사이도 [바르기] 전에는 [부정으로부터 보호할 수 없다]. 못이나 [마디가 있는] 대나무 가지로 고정시켰다면, 그 사이를 회로 바를 필요가 없다.

- 널빤지는 나무로 만들어서 부정해지지 않는다.

10, 7

화덕 안에 또 다른 화덕이 설치된 상황에 관해서 논의한다. 이 화덕들은 모두 시체가 있는 천막 안에 설치되어 있다.

---

תַּנּוּר יָשָׁן בְּתוֹךְ הֶחָדָשׁ וּסְרִידָה עַל פִּי הַיָּשָׁן, נִטַּל הַיָּשָׁן וּסְרִידָה נוֹפֶלֶת,
הַכֹּל טָמֵא. וְאִם לָאו, הַכֹּל טָהוֹר. חָדָשׁ בְּתוֹךְ הַיָּשָׁן וּסְרִידָה עַל פִּי הַיָּשָׁן,
אִם אֵין בֵּין חָדָשׁ לַסְּרִידָה פּוֹתֵחַ טֶפַח, כֹּל שֶׁבֶּחָדָשׁ טָהוֹר:

---

오래된 화덕이 새 화덕 안에 있고 오래된 화덕 입구에 망을 설치했는데, 오래된 화덕을 제거하려 할 때 그 망이 떨어졌다면, 모든 [내용물이] 부정해질 수 있다. 그렇지 않다면, 모든 것이 정결하다.

새 화덕이 오래된 화덕 안에 있고 오래된 화덕 입구에 망을 설치했는데, 새 화덕과 망 사이에 손바닥 하나 넓이만 한 공간이 없다면, 새 화덕 안에 들어 있는 모든 것이 정결하다.

- 화덕은 도공이 제작한 후 처음으로 불을 때는 순간부터 부정해질 수 있다(「켈림」 5, 1). 새 화덕은 아직 불을 때지 않은 화덕이며, 그러므로 부정해질 수 없다.

- 오래된 화덕이 새 화덕 안에 있어서 그릇이 천막 안에 있는 것과 같은 상황이 된다. 오래된 화덕 입구에 망을 설치하여 꼭 맞는 뚜껑으로 덮은 상태다(「켈림」 9, 7).[86] 오래된 화덕을 제거하려 할 때 그 망이 떨어졌다면 모든 것이 부정해지는데, 새 화덕은 아직 '그릇'이 아니기 때문에 '천막'도 될 수 없고, 오래된 화덕은 '그릇'이지만 꼭 맞는 뚜껑이 없기 때문이다(「오홀롯」 12, 1). 같은 경우에 망이 떨어지지 않았다면 이것은 꼭 맞는 뚜껑이라고 간주할 수 있으며, 결국 화덕 안의 내용물을 부정으로부터 보호할 수 있다.
- 새 화덕이 오래된 화덕 안에 있고 오래된 화덕 입구에 망을 설치했다면 일단 오래된 화덕은 천막이므로 부정해질 수 있다. 그러나 새 화덕이 오래된 화덕의 망과 가깝게 붙어 있다면 이것은 꼭 맞는 뚜껑으로 간주할 수 있으며 새 화덕 안에 들어 있는 내용물을 부정으로부터 보호할 수 있다.

## 10, 8

---

לְפָסִין זוֹ בְתוֹךְ זוֹ וְשִׂפְתוֹתֵיהֶן שָׁוֹות, הַשֶּׁרֶץ בָּעֶלְיוֹנָה אוֹ בַתַּחְתּוֹנָה, הִיא טְמֵאָה וְכֻלָּן טְהוֹרוֹת. הָיוּ בְכוֹנֵס מַשְׁקֶה, הַשֶּׁרֶץ בָּעֶלְיוֹנָה, כֻּלָּן טְמֵאוֹת. בַּתַּחְתּוֹנָה, הִיא טְמֵאָה וְכֻלָּן טְהוֹרוֹת. הַשֶּׁרֶץ בָּעֶלְיוֹנָה, וְהַתַּחְתּוֹנָה עוֹדֶפֶת, הִיא וְהַתַּחְתּוֹנָה טְמֵאָה. בָּעֶלְיוֹנָה, וְהַתַּחְתּוֹנָה עוֹדֶפֶת, כֹּל שֶׁיֵּשׁ בָּהּ מַשְׁקֶה טוֹפֵחַ, טְמֵאָה:

---

〔점토로 만든 얕은〕 냄비 하나를 다른 하나 안에 놓았고 그 테두리의 〔높이가〕 같았는데, 기는 것이 위나 아래 냄비에서 발견되었다면, 그 냄비는 부정하지만 〔다른〕 모든 것은 정결하다.

---

86) 히브리어 본문은 '오래된 화덕 입구에' 망을 설치했다고 기록하고 있으나, 문맥에 따라 '새 화덕 입구에' 망을 설치했다고 이해해야 한다고 주장하는 학자들도 있다(알벡 52).

그것들이 〔구멍이 있어서〕 음료수가 흘러나올 수 있는 냄비들이었고 기는 것이 위에 있었다면 모두 다 부정하다. 〔기는 것이〕 아래에 있었다면, 그 냄비는 부정하지만 〔다른〕 모든 것은 정결하다.

기는 것이 위에 있었고 아래 〔냄비 테두리가〕 더 높이 올라가 있다면, 위와 아래 냄비가 모두 부정하다. 〔기는 것이〕 위에 있었고 아래 〔냄비 테두리가〕 더 높이 올라가 있다면, 흐르는 음료수가 들어 있는 모든 것은 부정하다.

- 점토로 만든 냄비 두 개를 겹쳐서 놓았는데 그 테두리의 높이가 같았다면, 안에 있는 냄비가 밖에 있는 냄비 '속'에 있다고 말할 수 없으며 서로 독립된 공간으로 간주하고 부정이 전이되지 않는다(「켈림」 8, 2; 8, 4).
- 점토로 만든 그릇에 구멍이 있다면 그 크기가 올리브 열매가 떨어질 정도 되었을 때부터 '그릇'의 지위를 잃으므로(「켈림」 3, 2), 액체만 흐를 때는 아직 그릇으로 보아야 한다. 그러나 이 상태에서 그릇 '속'에 있는 부정의 요인을 가두는 기능은 상실한다. 그래서 위의 그릇에 기는 것이 있으면, 위와 아래의 냄비와 내용물이 모두 부정해진다. 기는 것이 아래 냄비에 있다면 위에 있는 냄비는 부정해지지 않으니, 그 냄비는 아래 냄비 '속'에 있지 않기 때문이다.
- 아래 냄비 테두리가 위 냄비 테두리보다 높이 솟아 있다면 위 냄비도 아래 냄비와 같은 공간에 속하게 되므로 기는 것이 어디 있든 모든 냄비가 다 부정하다. 마지막 문장은 냄비가 말랐을 때와 젖어 있을 때를 구분하여 젖어 있을 때만 부정하다고 말하는데(「켈림」 8, 4), 아마도 후대의 삽입인 것으로 보인다.

## 제11장

제11-14장은 금속 용기와 관련된 정결법을 논의한다. 금속으로 만든 그릇은 내용물을 담을 수 있는 오목한 부분이 없어도 부정해질 수 있는데, 부서지면 정결해지지만 이것을 다시 그릇으로 만들면 원래의 상태로 돌아간다.

### 11, 1

---

כְּלֵי מַתָּכוֹת, פְּשׁוּטֵיהֶן וּמְקַבְּלֵיהֶן טְמֵאִין. נִשְׁבְּרוּ, טָהֲרוּ. חָזַר וְעָשָׂה מֵהֶן כְּלִי, חָזְרוּ לְטֻמְאָתָן הַיְשָׁנָה. רַבָּן שִׁמְעוֹן בֶּן גַּמְלִיאֵל אוֹמֵר, לֹא לְכָל טֻמְאָה, אֶלָּא לְטֻמְאַת הַנָּפֶשׁ:

---

금속 용기는 〔내용물을 담을 수 없는〕 단순한 것이든지 담을 수 있는 것이든지 부정해질 수 있다. 〔그릇이〕 부서지면 정결해진다. 다시 그릇으로 제작하면 원래 부정했던 상태로 돌아간다. 쉼온 벤 감리엘 라반은 모든 종류의 부정이 다 이런 것은 아니고 시체와 관련된 부정만 그렇다고 말했다.

- 금속 그릇은 내용물을 담을 수 없는 단순한 것도 부정해질 수 있어서 다른 재료로 만든 그릇과 대조된다(「켈림」 2, 1; 15, 1).
- 대개 어떤 그릇을 부수면 부정이 사라지는데(「켈림」 2, 1) 금속 용기는 부서진 조각들을 다시 그릇으로 만들었을 때 원래의 상태로 되돌아간다. 이 규정은 히브리 성서의 율법과 다른데, 탈무드는 쉼온 벤 쉐탁 랍비가 이 규칙을 정했다고 보도한다(바벨 탈무드 「샤밧」 16b).

## 11, 2

כָּל כְּלֵי מַתָּכוֹת שֶׁיֵּשׁ לוֹ שֵׁם בִּפְנֵי עַצְמוֹ, טָמֵא, חוּץ מִן הַדֶּלֶת, וּמִן הַנֶּגֶר, וּמִן הַמַּנְעוּל, וְהַפּוֹתָה שֶׁתַּחַת הַצִּיר, וְהַצִּיר, וְהַקּוֹרָה, וְהַצִּנּוֹר, שֶׁנַּעֲשׂוּ לַקַּרְקַע:

자기 이름이 따로 있는 모든 금속 도구는 부정해질 수 있는데, 문, 빗장, 자물쇠, 경첩의 구멍, 경첩, 추, 문 기둥 밑에 있는 구멍은 제외된다. [이것들은] 지표면에 붙어 있기 때문이다.

- 금속으로 만들었지만 부정해지지 않는 것들은 주로 문에 달린 부속품들이며, 그 이유는 이런 것들이 지표면에 붙어 있기 때문이다(「켈림」 8, 9).

## 11, 3

הָעוֹשֶׂה כֵלִים מִן הָעֶשֶׁת, וּמִן הַחֲרָרָה, וּמִן הַסּוֹבֵב שֶׁל גַּלְגַּל, וּמִן הַטַּסִּין, וּמִן הַצִּפּוּיִין, מִכַּנֵּי כֵלִים, וּמֵאֹגְנֵי כֵלִים, מֵאָזְנֵי כֵלִים, מִן הַשְּׁחוֹלֶת, וּמִן הַגְּרוּדוֹת, טְהוֹרִין. רַבִּי יוֹחָנָן בֶּן נוּרִי אוֹמֵר, אַף מִן הַקְּצוּצוֹת. מִשִּׁבְרֵי כֵלִים, מִן הַגְּרוּטִים, וּמִן הַמַּסְמְרוֹת, שֶׁיָּדוּעַ שֶׁנַּעֲשׂוּ מִכְּלִי, טְמֵאִין. מִן הַמַּסְמְרוֹת, בֵּית שַׁמַּאי מְטַמְּאִין, וּבֵית הִלֵּל מְטַהֲרִין:

어떤 사람이 철광석이나 제련한 철이나 바퀴의 테두리나 [철을] 얇게 편 것이나 도금했던 것이나 어떤 그릇의 바닥이나 테두리나 손잡이나 철 조각이나 줄밥으로 다른 그릇을 만들면 [이것들은] 정결하다. 요하난 벤 누리 랍비는 어떤 그릇을 자른 조각들로 [만들어도 정결하다고] 말했다. 어떤 그릇이 부서진 조각들이나 긁어낸 것, 원래 그릇이었던 쇠로 만든 못은 부정해질 수 있다. 보통 못으로 만든 그릇의 경우, 샴마이 학파는 부정해질 수 있다고 했고 힐렐 학파는 정결하다고 했다.

- 이 미쉬나에서 열거하고 있는 품목들은 원래 '그릇'이 아니었고 따라서 그전에 부정했던 적이 없는 재료들이다. 그러므로 이런 재료로 만든 그릇은 정결하다.
- 그릇이 부서진 조각들이나 그 표면을 긁어낸 것으로 다른 그릇을 만들면 원래 그릇의 부정이 그대로 유지된다.
- 원재료가 무엇인지 모르는 못으로 그릇을 만들었을 때 어떻게 처리해야 하느냐를 놓고 샴마이 학파와 힐렐 학파는 서로 다른 견해를 내어놓고 있다.

## 11, 4

---

בַּרְזֶל טָמֵא שֶׁבְּלָלוֹ עִם בַּרְזֶל טָהוֹר, אִם רֹב מִן הַטָּמֵא, טָמֵא. וְאִם רֹב מִן הַטָּהוֹר, טָהוֹר. מֶחֱצָה לְמֶחֱצָה, טָמֵא. וְכֵן מִן הַחֲלָמָא וּמִן הַגְּלָלִים. קְלוֹסְטְרָא, טְמֵאָה. וּמְצֻפָּה, טְהוֹרָה. הַפִּין, וְהַפּוּרְנָה, טְמֵאִין. וְהַקְּלוֹסְטְרָא, רַבִּי יְהוֹשֻׁעַ אוֹמֵר, שׁוֹמְטָהּ מִפֶּתַח זֶה וְתוֹלָהּ בַּחֲבֵרוֹ בְּשַׁבָּת. רַבִּי טַרְפוֹן אוֹמֵר, הֲרֵי הִיא לוֹ כְּכָל הַכֵּלִים, וּמִטַּלְטֶלֶת בֶּחָצֵר:

---

부정한 철을 정결한 철과 함께 〔녹여〕 섞었고, 부정한 〔철이〕 더 많았다면 부정하다. 정결한 〔철이〕 더 많았다면 정결하다. 반과 반의 〔비율로 섞었다면〕 부정하다. 시멘트와 〔가축의〕 똥도 같은 원리를 적용한다.

문빗장은 부정해질 수 있으나, 도금한 것은 정결하다. 걸이나 가로대는 부정해질 수 있다.

문빗장에 관해 예호슈아 랍비는 안식일에 문에서 빼내어 다른 문에 걸어도 좋다고 말했다. 타르폰 랍비는 〔이것은〕 다른 모든 그릇과 같다고 말하며, 마당을 건너 옮겨도 좋다고 주장했다.

- 부정한 그릇을 녹여서 생긴 철과 정결한 철이 섞이면 각자의 함량에

따라 결정한다.

- 시멘트는 흙으로 부정해질 수 있는 물질이지만 가축의 똥은 부정해질 수 없으므로, 이 두 재료를 섞어서 그릇을 만든다면 섞인 함량에 따라 정결함과 부정함을 가린다.
- 문빗장은 보통 금속으로 만들기 때문에 부정해질 수 있으나, 나무로 만들고 도금만 했다면 부정해지지 않는다.
- 주제에서 벗어나지만 문빗장을 안식일에 들어 옮겨도 좋은지에 관한 논의가 삽입되어 있다. 예호슈아 랍비는 문빗장을 문에서 빼어 다른 문까지 끌고가도 좋다고 했는데, 문빗장은 그릇이 아니기 때문에 들어 옮기는 것은 금지되어 있다. 그러나 타르폰 랍비는 문빗장도 그릇이라고 주장하며 반대 의견을 피력하고 있다.

11, 5

עַקְרָב שֶׁל פְּרַמְבְּיָא, טְמֵאָה. וּלְחָיַיִם, טְהוֹרִים. רַבִּי אֱלִיעֶזֶר מְטַמֵּא בַלְּחָיַיִם. וַחֲכָמִים אוֹמְרִים, אֵין טָמֵא אֶלָּא עַקְרָב. וּבִשְׁעַת חִבּוּרָן, הַכֹּל טָמֵא:

전갈 모양의 굴레는 부정해질 수 있다. 그러나 빰 부분은 정결하다. 엘리에제르 랍비는 빰 부분도 부정해질 수 있다고 말한다. 그러나 현인들은 전갈 〔모양의 굴레가〕 부정해진다고 말했다. 이것들을 다 조립하면 모두 부정해질 수 있다.

- 가축을 부리는 데 사용하는 이런 도구들은 독립된 이름이 있는지 여부로 '그릇'인지를 판단한다. 전갈 모양의 굴레는 이름이 있고, 빰 부분은 이름이 없다. 그러므로 전자는 부정하고 후자는 정결하다.

## 11, 6

פִּיקָה שֶׁל מַתֶּכֶת, רַבִּי עֲקִיבָא מְטַמֵּא, וַחֲכָמִים מְטַהֲרִין. וּמְצֻפָּה, טְהוֹרָה. הַכּוּשׁ, וְהָאִימָּה, וְהַמַּקֵּל, וְסִמְפּוֹנְיָה, וְחָלִיל שֶׁל מַתֶּכֶת, טְמֵאִין. וּמְצֻפִּין, טְהוֹרִים. סִמְפּוֹנְיָה, אִם יֵשׁ בָּהּ בֵּית קִבּוּל כְּנָפַיִם, בֵּין כָּךְ וּבֵין כָּךְ טְמֵאָה:

금속으로 만든 가락바퀴의 경우, 아키바 랍비는 부정할 수 있다고 말했고 현인들은 정결하다고 했다. 그러나 도금한 것은 정결하다.

금속으로 만든 굴대, 실패, 막대기, 쌍피리와 피리는 부정해질 수 있다. 그러나 도금한 것은 정결하다. 쌍피리에 날개를 위한 움푹한 공간이 있다면 어떤 경우이든 부정해질 수 있다.

- 금속으로 만든 도구들은 독립된 이름이 있는지 여부에 따라 정결과 부정을 판단한다는 원리를 다시 적용하고 있다.
- 나무로 만들고 도금만 한 경우라고 하더라도 무엇을 담을 수 있는 움푹한 공간이 있으면 부정해질 수 있다.

## 11, 7

קֶרֶן עֲגֻלָּה, טְמֵאָה. וּפְשׁוּטָה, טְהוֹרָה. אִם הָיְתָה מְצֻפִּית שֶׁלָּהּ שֶׁל מַתֶּכֶת, טְמֵאָה. הַקַּב שֶׁלָּהּ, רַבִּי טַרְפוֹן מְטַמֵּא, וַחֲכָמִים מְטַהֲרִין. וּבִשְׁעַת חִבּוּרָן, הַכֹּל טָמֵא. כַּיּוֹצֵא בוֹ, קְנֵי מְנוֹרָה, טְהוֹרִין. הַפֶּרַח וְהַבָּסִיס, טְמֵאִים. וּבִשְׁעַת חִבּוּרָן, הַכֹּל טָמֵא:

굽은 뿔은 부정해질 수 있다. 그러나 곧은 뿔은 정결하다. 입 대는 부분을 도금했다면, 부정해질 수 있다. 그 넓은 면을 〔도금했다면〕 타르폰 랍비는 부정해질 수 있다고 말했고, 현인들은 정결하다고 했다. 이것들을 다 조립하면 모두 부정해질 수 있다.

이와 같이 등잔대 기둥은 정결하다. 그러나 〔기름〕 잔과 받침대는 부정해질 수 있다. 이것들을 다 조립하면 모두 부정해질 수 있다.

• 뼈나 나무로 만든 그릇은 부정해지지 않으나(「켈림」 2, 1; 15, 1) 뿔이 굽어서 내용물을 담을 수 있는 경우에는 부정해질 수 있다는 주장이다. 뿔에 도금을 했을 경우는(「로쉬 하샤나」 3, 3-4) 도금한 부위에 따라 또 랍비들에 따라 다르게 결정한다.

## 11, 8
무기와 장신구에 관련된 정결법을 논의하고 있다.

---

קַסְדָּא, טְמֵאָה. וּלְחָיַיִם, טְהוֹרִים. אִם יֵשׁ בָּהֶן בֵּית קִבּוּל מַיִם, טְמֵאִים. כָּל כְּלֵי הַמִּלְחָמָה, טְמֵאִים. הַכִּידוֹן, הַנִּיקוֹן, וְהַמַּגָּפַיִן, וְהַשִּׁרְיוֹן, טְמֵאִין. כָּל תַּכְשִׁיטֵי נָשִׁים, טְמֵאִים. עִיר שֶׁל זָהָב, קַטְלָיוֹת, נְזָמִים וְטַבָּעוֹת, וְטַבַּעַת, בֵּין שֶׁיֵּשׁ לָהּ חוֹתָם וּבֵין שֶׁאֵין לָהּ חוֹתָם, נִזְמֵי הָאָף. קַטְלָה שֶׁחֻלְיוֹת שֶׁלָּהּ שֶׁל מַתָּכוֹת בְּחוּט שֶׁל פִּשְׁתָּן אוֹ שֶׁל צֶמֶר, נִפְסַק הַחוּט, הַחֻלְיוֹת טְמֵאוֹת, שֶׁכָּל אַחַת וְאַחַת כְּלִי בִפְנֵי עַצְמָהּ. חוּט שֶׁל מַתָּכוֹת, וְחֻלְיוֹת שֶׁל אֲבָנִים טוֹבוֹת וּמַרְגָּלִיּוֹת, וְשֶׁל זְכוּכִית, נִשְׁתַּבְּרוּ הַחֻלְיוֹת, הַחוּט בִּפְנֵי עַצְמוֹ קַיָּם, טָמֵא. שְׁיָרֵי קַטְלָא, כִּמְלֹא צַוַּאר קְטַנָּה. רַבִּי אֱלִיעֶזֶר אוֹמֵר, אֲפִלּוּ טַבַּעַת אַחַת, טְמֵאָה, שֶׁכֵּן תּוֹלִין בַּצַּוָּאר:

---

투구는 부정해질 수 있다. 그러나 뺨 부분은 정결하다. 그러나 거기에 물을 담을 수 있는 움푹 파인 부분이 있다면 부정해질 수 있다. 모든 전쟁 무기들은 부정해질 수 있다. 투창, 창머리, 〔금속〕 신발, 갑옷은 부정해질 수 있다.

여성들이 사용하는 장신구는 모두 부정해질 수 있다. 황금 도시[87], 목걸이, 귀걸이, 반지, 도장이 달렸거나 도장이 달려 있지 않은 반지, 코걸이가 〔그러하다〕.

아마나 양모 실에 금속 고리를 끼운 목걸이가 끊어졌다면, 그 고리는 부정해질 수 있다. 고리는 그것 자체로 그릇이기 때문이다.

---

87) 황금 도시(עיר של זהב)는 머리에 쓰는 관의 일종이다(「샤밧」 6, 1).

금속으로 만든 줄에 보석이나 진주나 유리로 만든 고리를 끼운 목걸이가 고리는 부서지고 줄만 남았다면, 이것은 부정해질 수 있다.

남은 목걸이가 어린 소녀의 목에 맞을 정도로 길다면 〔부정해질 수 있다〕. 엘리에제르 랍비는 〔금속 줄의〕 고리가 하나만 남아 있다 해도 부정해질 수 있다고 말했으니, 아직 목에 걸 수 있기 때문이다.

- 금속으로 만든 무기와 장신구들은 모두 부정해질 수 있다.

## 11, 9

---

נֶזֶם שֶׁהוּא עָשׂוּי כִּקְדֵרָה מִלְּמַטָּן וְכַעֲדָשָׁה מִלְמַעְלָן, וְנִפְרַק, כִּקְדֵרָה טָמֵא מִשּׁוּם כְּלִי בֵית קִבּוּל, וְכַעֲדָשָׁה טָמֵא בִפְנֵי עַצְמוֹ. צִנּוֹרָא, טְהוֹרָה. הֶעָשׂוּי כְּמִין אֶשְׁכּוֹל, וְנִפְרַק, טָהוֹר:

---

어떤 귀걸이가 밑부분은 냄비처럼 생기고 윗부분은 콩처럼 생겼는데 부러졌다면, 냄비처럼 생긴 부분은 부정해질 수 있으니, 〔내용물을〕 담을 수 있는 그릇과 같기 때문이다. 콩처럼 생긴 부분도 부정해질 수 있으니 이 부분은 그자체가 그러하다.

〔귀걸이의〕 고리는 정결하다. 이것이 포도송이처럼 생겼는데 부러졌다면, 이것은 정결하다.

- 밑부분은 냄비처럼 생기고 윗부분은 콩처럼 생긴 귀걸이가 부러졌다면, 밑부분은 그릇처럼 생겼으므로 부정해질 수 있다. 윗부분은 아직 몸에 착용할 수 있는 고리에 연결되어 있으므로 장신구라는 이유로 부정해질 수 있다.
- 포도송이 모양으로 생긴 귀걸이가 부러지면 부러져 나온 부분은 정결한데, 이 부분은 더 이상 장신구도 아니고 어떤 내용물을 담을 수 있는 그릇도 아니기 때문이다.

## 제12장

사람이 장식품으로 사용하는 금속 제품이나 일상생활에서 실제로 사용하는 용도가 분명한 금속제품은 부정해지지만, 그렇지 않은 것은 부정해지지 않는다.

### 12, 1

금속 고리 종류의 물품을 다룬다.

---

טַבַּעַת אָדָם, טְמֵאָה. טַבַּעַת בְּהֵמָה וְכֵלִים וּשְׁאָר כָּל הַטַּבָּעוֹת, טְהוֹרוֹת. קוֹרַת הַחִצִּים, טְמֵאָה. וְשֶׁל אֲסִירִין, טְהוֹרָה. הַקּוֹלָר, טְמֵאָה. שַׁלְשֶׁלֶת שֶׁיֵּשׁ בָּהּ בֵּית נְעִילָה, טְמֵאָה. הָעֲשׂוּיָה לִכְפִיתָה, טְהוֹרָה. שַׁלְשֶׁלֶת שֶׁל סִיטוֹנוֹת, טְמֵאָה, שֶׁל בַּעֲלֵי בָתִּים טְהוֹרָה. אָמַר רַבִּי יוֹסֵי, אֵימָתַי, בִּזְמַן שֶׁהוּא מַפְתֵּחַ אֶחָד, אֲבָל אִם הָיוּ שְׁנַיִם, אוֹ שֶׁקָּשַׁר חִלָּזוֹן בְּרֹאשָׁהּ, טְמֵאָה:

---

사람이 끼는 반지는 부정해질 수 있다. 가축이나 그릇에 사용하는 고리나 그 외 모든 고리들은 정결하다. 활쏘기에 사용하는 〔금속〕 막대기는 부정해질 수 있으나, 재소자들에게 쓰는 것은 정결하다. 〔죄수의〕 목걸이는 부정해질 수 있다.

잠금 장치가 있는 사슬은 부정해질 수 있으나, 〔가축을〕 묶는 데 쓰는 것은 정결하다.

도매업자가 사용하는 사슬은 부정해질 수 있으나, 〔개인〕 집주인이 쓰는 것은 정결하다.

요쎄 랍비가 언제 그렇게 되는지 물었다. 그것을 문 하나에 걸었을 때다. 만약 그것을 문 두 개에 걸었거나, 달팽이 모양의 장치를 끝에 달았다면, 부정해질 수 있다.

- 장신구로 사용하는 반지는 부정해질 수 있다(「켈림」 11, 8). 그러나 장식품이 아니라면 '그릇'이 아니기 때문에 부정해지지 않는다(「켈림」 11, 2).
- 금속을 입혀서 활쏘기 표적으로 사용하는 막대기는 '그릇'이며 부정해질 수 있지만, 죄수를 가두는 데 쓰는 금속 막대기는 '그릇'이 아니어서 부정해지지 않는다.
- 죄수 여러 명의 목에 씌워서 고정하는 목걸이는 부정해질 수 있다.
- 잠금 장치가 있는 사슬은 부정해질 수 있으나 가축을 묶는 데만 쓴다면 부정해지지 않는다.
- 도매업자가 사용하는 사슬은 실제로 무엇인가를 창고에 넣고 잠그는 역할을 하지만 개인이 자기 집에 사용하는 사슬은 장식용이다. 요쎄 랍비는 언제 즉 어떤 상황에서 이런 판단을 내릴 수 있는지 묻는다. 대답은 문 하나만 사슬로 걸었을 때 장식용이며, 둘 이상을 잠글 때는 부정해질 수 있다. 사슬에 달팽이 모양의 장치가 달렸다면 물론 사슬이 부정해질 수 있다.

## 12, 2
갖가지 갈고리 모양의 물품들을 다룬다.

---

קְנֵה מֹאזְנַיִם שֶׁל סָרוֹקוֹת, טָמֵא, מִפְּנֵי אֻנְקְלָיוֹת. וְשֶׁל בַּעֲלֵי בָתִּים, אִם יֵשׁ בּוֹ אֻנְקְלָיוֹת, טָמֵא. אֻנְקְלִין שֶׁל כַּתָּפִין, טְהוֹרָה. וְשֶׁל רוֹכְלִים, טְמֵאָה. רַבִּי יְהוּדָה אוֹמֵר, שֶׁל רוֹכְלִים, שֶׁלְּפָנָיו טְמֵאָה, וְשֶׁלְּאַחֲרָיו טְהוֹרָה. אֻנְקְלִי דַרְגָּשׁ, טְמֵאָה. וְשֶׁל נַקְלִיטִין, טְהוֹרָה. שֶׁל שִׁדָּה, טְמֵאָה. וְשֶׁל אָקוֹן, טְהוֹרָה. שֶׁל שֻׁלְחָן, טָמֵא. שֶׁל מְנוֹרַת הָעֵץ, טָהוֹר. זֶה הַכְּלָל, כָּל הַמְחֻבָּר לַטָּמֵא, טָמֵא. וְהַמְחֻבָּר לַטָּהוֹר, טָהוֹר. וְכֻלָּן, אַחַת אַחַת בִּפְנֵי עַצְמָן, טְהוֹרוֹת:

---

어떤 사람이 양모 장수의 〔나무〕 저울을 샀다면 부정해질 수 있으니, 갈고리들[88] 때문이다. 〔개인〕 집주인의 것이어도 거기 갈고리들

이 달렸다면 부정해질 수 있다. 배달부들의 갈고리들은 정결하지만, 행상인들의 것은 부정해질 수 있다. 예후다 랍비는 행상인들의 〔갈고리〕도 그의 앞에 있는 것은 부정하고 그의 뒤에 있는 것은 정결하다고 했다. 〔침대〕 틀[89]에 달린 갈고리들은 부정해질 수 있지만, 침대기둥에 달린 것들은 정결하다. 궤짝에 달린 〔갈고리들은〕 부정해질 수 있지만, 갈대 바구니[90]에 달린 것들은 정결하다. 탁자에 달린 〔갈고리들은〕 부정해질 수 있지만, 나무 등잔에 달린 것들은 정결하다. 원칙은 이러하다. 부정해질 수 있는 것에 달린 〔갈고리들은〕 부정해질 수 있으며, 정결한 것에 달린 것들은 정결하다. 그러나 각각의 〔갈고리들〕 자체로는 정결하다.

- 양모를 매달거나 그 무게를 재는 데 쓰는 갈고리들은 '그릇'이며 부정해질 수 있다. 그 갈고리들이 달린 저울도 같은 원칙에 따라 판단한다. 개인 집주인들의 저울에 같은 용도로 쓸 수 있는 갈고리가 달렸다면 역시 부정해질 수 있다.
- 물건을 어깨로 져서 나르는 배달부들은 갈고리가 달렸고 나무로 만든 지게를 쓰는 데, 이런 경우 나무로 만든 지게가 주요 부품이므로 정결하다. 반대로 행상인들은 판매용 물품을 달아 전시하는 갈고리를 사용하는데, 이것은 부정해질 수 있다. 예후다 랍비는 행상인들 앞에 있는 갈고리만 이런 용도로 사용하기 때문에 그것들만 부정해질 수 있다고 설명한다.

---

88) 어떤 사본에는 갈고리라는 말을 אונקיות이라고 적고 있다.

89) 이 낱말(דרגש)은 높은 침대나 그 침대 앞에 있는 걸상을 가리킨다(야스트로 321).

90) 이 낱말(אקון)은 물고기를 잡은 뒤 넣어두는 갈대 바구니를 가리킨다(야스트로 112).

- 다양한 기구에 달린 갈고리들이 부정해질 수 있는지 여부는 그 기구가 부정해질 수 있는지에 달려 있다. 갈고리 자체는 정결하다고 주장하는데, 그 이유는 각각의 갈고리가 따로 부르는 이름이 없기 때문이거나 아니면 갈고리만 가지고 '그릇'으로 사용할 수 없기 때문으로 짐작할 수 있다.

## 12, 3

---

כִּסּוּי טֶנִי שֶׁל מַתֶּכֶת, שֶׁל בַּעֲלֵי בָתִּים, רַבָּן גַּמְלִיאֵל מְטַמֵּא, וַחֲכָמִים מְטַהֲרִין. וְשֶׁל רוֹפְאִים, טָמֵא. הַדֶּלֶת שֶׁבַּמִּגְדָּל, שֶׁל בַּעֲלֵי בָתִּים, טְהוֹרָה. וְשֶׁל רוֹפְאִים, טְמֵאָה. הַיַּתּוּכִין, טְמֵאִים. וְהַפְּרָכִין, טְהוֹרִין. עַקְרַב בֵּית הַבַּד, טְמֵאָה. וְאַנְקְלִי שֶׁבַּכְּתָלִים, טְהוֹרָה:

---

〔개인〕 집주인이 사용하는 바구니[91]의 금속 덮개에 관해 감리엘 라반은 부정해질 수 있다고 말했고, 현인들은 정결하다고 말했다. 의사들의 것은 부정해질 수 있다. 〔개인〕 집주인이 사용하는 찬장의 〔금속〕 문은 정결하지만, 의사들의 것은 부정해질 수 있다. 〔대장장이의 금속〕 집게는 부정해질 수 있지만, 불화살은 정결하다. 올리브 압착기의 전갈 〔모양 갈고리는〕 부정해질 수 있지만, 〔압착기〕 벽에 달린 갈고리들은 정결하다.

- 감리엘 라반은 바구니 덮개 자체가 '그릇'이라고 생각했기 때문에 부정해질 수 있다고 주장했고, 다른 현인들은 그 의견에 반대했다. 또 의사들은 이 덮개를 '그릇'으로 쓸 수도 있기 때문에 부정해질 가능성이 있다고 보았다.
- 찬장은 부정해질 수 없기 때문에 거기에 달린 문도 부정해질 수 없

---

91) 이 낱말(טני)은 대부분 '바구니'라고 옮겼으나 상자일 수도 있다(「켈림」 15, 7).

지만, 의사들은 그 문도 '그릇'으로 쓸 수 있다고 보았다. 붕대 같은 것을 걸어놓을 수 있다고 설명하기도 한다.

- 대장장이들이 사용하는 집게는 뜨거운 그릇을 집어 올리거나 그 내용물을 다른 그릇에 부을 때 쓰기 때문에 부정해질 수 있으나, 불살은 지면에 고정되어 있으므로 정결하다.
- 전갈 모양의 갈고리는 올리브 압착기 가로대에 달려 있어서 부정해질 수 있으나, 압착기 벽에 달린 갈고리는 정결하다.

12, 4

다양한 '못' 형태의 물건이 정결하고 부정한 상태를 논하고 있다.

---

מַסְמֵר הַגָּרָע, טָמֵא. וְשֶׁל אֶבֶן הַשָּׁעוֹת, טָהוֹר. רַבִּי צָדוֹק מְטַמֵּא. מַסְמֵר הַגַּרְדִּי, טָמֵא. וְאָרוֹן שֶׁל גְּרוֹסוֹת, רַבִּי צָדוֹק מְטַמֵּא, וַחֲכָמִים מְטַהֲרִין. הָיְתָה עֲגָלָה שֶׁלָּהּ שֶׁל מַתֶּכֶת, טְמֵאָה:

---

〔피를 내는 데 쓰는〕 못은 부정해질 수 있다. 해시계의 침은 정결하다. 짜독 랍비는 부정해질 수 있다고 주장했다. 베 짜는 사람의 못은 부정해질 수 있다.

찧은 곡식 상자에 관해 짜독 랍비는 부정해질 수 있고 다른 현인들은 정결하다고 했다. 그 수레를 금속으로 만들었다면 그것도 부정해질 수 있다.

- 못이라는 말을 사용했지만 피를 내는 데 쓰는 작은 칼을 가리키며, 이런 도구는 '그릇'이기 때문에 부정해질 수 있다.
- 해시계의 침은 돌로 만든 시계에 고정되어 있어서 지표면에 붙어 있는 것과 같다. 지표면에 붙어 있는 것은 정결하다.
- 베 짜는 사람은 베틀에 걸린 실을 곧게 펴기 위해서 못처럼 생긴 도

구를 사용하며, 이것은 '그릇'이기 때문에 부정해질 수 있다.

- 찧은 곡식을 담는 상자는 못이 아닌데 왜 이 문단에서 논의하는지 분명하지 않다. 혹시 제분소에서 사용하는 상자를 고정하는 못을 가리키는지 고려해볼 수 있다. 이 상자를 실어 나르는 수레를 금속으로 만들었다면 부정해질 수 있다.

## 12, 5

מַסְמֵר שֶׁהִתְקִינוֹ לִהְיוֹת פּוֹתֵחַ וְנוֹעֵל בּוֹ, טָמֵא. הֶעָשׂוּי לִשְׁמִירָה, טָהוֹר. מַסְמֵר שֶׁהִתְקִינוֹ לִהְיוֹת פּוֹתֵחַ בּוֹ אֶת הֶחָבִית, רַבִּי עֲקִיבָא מְטַמֵּא. וַחֲכָמִים מְטַהֲרִין, עַד שֶׁיִּצְרְפֶנּוּ. מַסְמֵר שֶׁל שֻׁלְחָנִי, טָהוֹר. וְרַבִּי צָדוֹק מְטַמֵּא. שְׁלֹשָׁה דְבָרִים רַבִּי צָדוֹק מְטַמֵּא, וַחֲכָמִים מְטַהֲרִין. מַסְמֵר שֶׁל שֻׁלְחָנִי, וְאָרוֹן שֶׁל גָּרוֹסוֹת, וּמַסְמֵר שֶׁל אֶבֶן הַשָּׁעוֹת, רַבִּי צָדוֹק מְטַמֵּא, וַחֲכָמִים מְטַהֲרִין:

[열쇠처럼] 열고 닫기 위해 설치한 못은 부정해질 수 있다. 보관하기 위해서 만든 [못은] 정결하다. 병을 열기 위해서 설치한 못에 관해 아키바 랍비는 부정해질 수 있다고 주장했고, 다른 현인들은 [그 못을 일부러] 버리지 않았다면 정결하다고 주장했다. 환전상의 못은 정결하다. 짜독 랍비는 부정해질 수 있다고 주장했다. 짜독 랍비가 부정해질 수 있다고 주장했으나 다른 현인들은 정결하다고 말한 것이 세 가지 있다. 환전상의 못, 찧은 곡식 상자, 그리고 해시계의 침이다. 짜독 랍비는 부정해질 수 있다고 주장했고 다른 현인들은 정결하다고 했다.

- 자물쇠를 열고 닫을 수 있도록 특별한 모양으로 제작한 못은 '그릇'이며 부정해질 수 있다. 그러나 단순히 문에 꽂아 넣어 보관한 물품을 지키는 못은 정결하다.
- 아키바 랍비를 따르면 병뚜껑을 열기 위해서 특별한 모양으로 제작

한 못은 '그릇'이며 부정해질 수 있다. 그러나 다른 현인들이 생각하기에 일부러 화로에 넣어 병따개로 제작한 것이 아니라 단순히 구부리기만 했다면 정결하다고 주장했다.

- 환전상은 자기가 쓰는 저울을 고정시키는 데 못을 사용한다는 설명과(람밤) 환전상의 탁자를 세우기 위해 못을 사용한다는 설명이 있다. 짜독 랍비와 다른 현인들은 이 경우에 대해서도 이견을 보인다.
- 마지막 문장은 「에두욧」 3, 8를 인용하고 있다. 보다시피 켈림은 주제에 따라 논의를 진행하지만 「에두욧」은 인물에 따라 논의를 진행하기 때문에 여기서 서술형식이 바뀌는 것을 볼 수 있다.

## 12, 6

이 미쉬나는 에두욧 3, 9 본문과 동일하며, 다섯째 미쉬나와 같은 주제를 다루고 있기 때문에 이 곳에 옮겨온 것으로 짐작한다.

---

אַרְבָּעָה דְּבָרִים רַבָּן גַּמְלִיאֵל מְטַמֵּא, וַחֲכָמִים מְטַהֲרִין. כִּסּוּי טֶנִי שֶׁל מַתֶּכֶת שֶׁל בַּעֲלֵי בָתִּים, וּתְלוּי הַמַּגְרֵדוֹת, וְגָלְמֵי כְלֵי מַתָּכוֹת, וְטַבְלָה שֶׁנֶּחְלְקָה לִשְׁנָיִם. וּמוֹדִים חֲכָמִים לְרַבָּן גַּמְלִיאֵל בְּטַבְלָה שֶׁנֶּחְלְקָה לִשְׁנַיִם, אֶחָד גָּדוֹל וְאֶחָד קָטָן, שֶׁהַגָּדוֹל טָמֵא וְהַקָּטָן טָהוֹר:

---

감리엘 라반이 부정해질 수 있다고 주장했으나 다른 현인들은 정결하다고 한 것이 네 가지가 있다. 집을 소유한 〔개인의〕 금속으로 만든 바구니 덮개, 등 긁는 도구의 구부러진 손잡이, 다 완성하지 않은 금속 도구, 〔같은 크기로〕 둘로 잘라놓은 금속판이다.

현인들이 감리엘 라반의 의견에 동의한 것도 있는데, 둘로 잘라놓은 금속판 중 하나는 크고 하나는 작다면 큰 쪽은 부정하지만 작은 쪽은 정결하다고 주장했다.

- 등 긁는 도구는 목욕할 때 때를 벗기는 데 썼다. 이 도구가 부정해질 수 있다는 점에 관해서는 이견이 없었으나, 이 도구를 걸기 위해서 특별한 모양으로 만든 손잡이에 관해서는 감리엘 라반과 랍비들이 서로 다른 주장을 폈다.
- 원래 완성되지 않은 도구는 아직 '그릇'이 아니며, 부정해질 수 없다. 그러나 금속으로 만드는 경우 다른 공정을 마치고 광택만 내지 않은 상태일 수 있다. 이런 경우에 감리엘 라반은 부정해질 수 있다고 보았고, 다른 랍비들은 정결하다고 했다.
- 부서진 '그릇'은 부정해질 수 없다는 원칙이 있다. 그러나 금속판을 둘로 잘라 놓았다면 다른 용도로 쓸 가능성이 있기 때문에 부정해질 가능성이 있다는 것이 감리엘의 주장이고, 다른 현인들은 그중 하나가 커서 뭔가 다른 용도로 쓸 수 있다면 큰 조각은 부정해질 수 있다고 양보한다.

## 12, 7

동전을 가지고 다른 도구를 만드는 경우를 논의한다.

---

דִּינָר שֶׁנִּפְסַל וְהִתְקִינוֹ לִתְלוֹתוֹ בְּצַוַּאר קְטַנָּה, טָמֵא. וְכֵן סֶלַע שֶׁנִּפְסְלָה וְהִתְקִינָהּ לִהְיוֹת שׁוֹקֵל בָּהּ, טְמֵאָה. עַד כַּמָּה תִפָּסֵל וִיהֵא רַשַּׁאי לְקַיְּמָהּ, עַד שְׁנֵי דִינָרִין. פָּחוֹת מִכָּאן, יָקֹץ:

---

더 이상 사용할 수 없는 디나르로 어린 소녀의 목에 걸 수 있도록 만들었다면, [그것은] 부정해질 수 있다. 더 이상 사용할 수 없는 쎌라를 무게추로 만들었을 때도, [그것은] 부정해질 수 있다. 더 이상 사용할 수 없는 [동전을] 몇 개까지 [소지할 수 있으며] 또 [다른 용도로] 사용할 수 있는가? 디나르 두 개까지다.[92] 이보다 적으면 잘라야 한다.

- 동전은 부정해질 수 없다. 그러나 더 이상 사용할 수 없게 되어 어린 소녀의 목걸이로 만들었다면, 이는 장신구이며 부정해질 수 있다.
- 쎌라는 디나르 네 개와 같다.
- 더 이상 사용할 수 없는 동전을 지니고 있는 행위는 금지되어 있다. 남을 속여서 그것을 온전한 동전으로 바꾸고 싶은 마음이 들기 때문이다. 그러므로 다른 용도로 쓴다는 핑계로 디나르 두 개 이상을 소지하면 안 된다.

## 12, 8

---

הָאוֹלָר, וְהַקֻּלְמוֹס, וְהַמְּטוּטֶלֶת, וְהַמִּשְׁקָלוֹת, וְהַכּוֹרִים, וְהַכַּן, וְהַכַּנָּא, טְמֵאִים. וְכָל גָּלְמֵי כְלֵי עֵץ, טְמֵאִים, חוּץ מִשֶּׁל אֶשְׁכְּרוֹעַ. רַבִּי יְהוּדָה אוֹמֵר, אַף גְּרוֹפִית שֶׁל זַיִת, טְהוֹרָה, עַד שֶׁתִּשָּׁלֵק:

---

작은 주머니칼, 펜, 다림줄, 다림추,[93] 〔올리브를〕 누르는 판, 자, 저울 받침은 부정해질 수 있다. 아직 완성되지 않은 나무 도구는 회양목[94]으로 만든 것을 제외하고는 모두 부정해질 수 있다. 예후다 랍비는 올리브 새 가지로 만들었다고 해도 가열하기 전까지는 정결하다고 주장했다.

- 금속으로 만든 도구들은 모두 '그릇'이며 부정해질 수 있다.
- 나무로 만드는 도구들은 다 완성되지 않았어도 사용이 가능하기 때문에 부정해질 수 있다. 회양목은 나무껍질이 단단하여 완성되기 전에는 '그릇'으로 사용할 수 없다.

---

92) 1쎌라가 4디나르이므로, 2디나르라는 기준은 1/2쎌라라는 뜻이다.
93) 다림줄은 아모스 7:7, 다림추는 열왕기하 21:13과 「켈림」 29, 3을 참조하라.
94) 이 나무(אשכרוע)는 회양목이나 흑단을 가리킨다(야스트로 128). 아마도 히브리어 '테아슈르'(תאשור)에 해당하는 낱말로 보인다(사 41:19; 60:13).

• 올리브나무 가지로 만든 도구는 먼저 열을 가해서 습기를 제거한 후에 '그릇'으로 사용할 수 있다. 그러므로 그 공정이 끝나기 전에는 정결하다.

## 제13장

금속으로 만든 도구가 부서진 경우와 여러 재료로 만든 도구들이 부정해질 수 있는지 여부를 판단한다. 그리고 정결법을 후대 랍비들이 해석해서 토라의 계명과 다른 규칙이 생산되었음을 지적하며, 이런 경향에 우려를 표하는 증언이 남아 있다(13, 7).

### 13, 1

---

הַסַּיִף, וְהַסַּכִּין, וְהַפִּגְיוֹן, וְהָרֹמַח, מַגַּל יָד וּמַגַּל קָצִיר, וְהַשְּׁחוֹר וְזוּג שֶׁל סַפָּרִים, שֶׁנֶּחֱלְקוּ, הֲרֵי אֵלּוּ טְמֵאִין. רַבִּי יוֹסֵי אוֹמֵר, הַסָּמוּךְ לַיָּד, טָמֵא. וְהַסָּמוּךְ לָרֹאשׁ, טָהוֹר. מִסְפֶּרֶת שֶׁנֶּחְלְקָה לִשְׁנַיִם, רַבִּי יְהוּדָה מְטַמֵּא, וַחֲכָמִים מְטַהֲרִין:

---

검, 칼, 단검, 창, 손, 낫, 추수용 낫, 머리 집게, 이발사들이 쓰는 분리되는 가위 같은 것들은 부정해질 수 있다. 요쎄 랍비는 손과 가까운 쪽은 부정해질 수 있고 머리와 가까운 쪽은 정결하다고 말했다. 둘로 분리되는 가위에 관해서 예후다 랍비는 부정해질 수 있다고 주장했고, 다른 현인들은 정결하다고 했다.

• 이런 금속의 도구들은 모두 부정해질 수 있으며, 가위처럼 둘로 분리되는 것도 마찬가지이니 한쪽만으로도 자를 수 있기 때문이다.
• 어떤 도구를 몇 조각으로 분리할 수 있을 때 손에 쥘 수 있는 부분은

부정해지고 그렇지 않은 부분은 정결하다. 손에 쥘 수 있는 금속 도구만 부정해진다.

- 가위를 둘로 분리하면 원래 용도대로 사용하여 도구의 기능을 하는지 여부를 놓고 이견이 있다. 예후다 랍비는 분리한 뒤에도 쓸 수 있다고 보았고, 다른 랍비들은 쓸 수 없다고 생각했다.

13, 2
두 가지 용도로 쓸 수 있는 도구들을 논하고 있다.

---

קִלְגְּרִיפוֹן שֶׁנִּטְּלָה כַפָּהּ, טְמֵאָה מִפְּנֵי שִׁנָּהּ. נִטְּלָה שִׁנָּהּ, טְמֵאָה מִפְּנֵי כַפָּהּ. מִכְחוֹל שֶׁנִּטַּל הַכַּף, טָמֵא מִפְּנֵי הַזָּכָר. נִטַּל הַזָּכָר, טָמֵא מִפְּנֵי הַכָּף. מַכְתֵּב שֶׁנִּטַּל הַכּוֹתֵב, טָמֵא מִפְּנֵי הַמּוֹחֵק. נִטַּל הַמּוֹחֵק, טָמֵא מִפְּנֵי הַכּוֹתֵב. זוֹמָא לִסְטְרָא שֶׁנִּטְּלָה כַפָּהּ, טְמֵאָה מִפְּנֵי הַמַּזְלֵג. נִטַּל הַמַּזְלֵג, טְמֵאָה מִפְּנֵי כַפָּהּ. וְכֵן הַשֵּׁן שֶׁל מַעְדֵּר. שִׁעוּר כֻּלָּן, כְּדֵי לַעֲשׂוֹת מְלַאכְתָּן:

---

콜리그리폰에서 삽처럼 생긴 부분이 부서져나갔어도 〔갈퀴〕 살 때문에 부정해질 수 있다. 〔갈퀴〕 살이 부서져나갔어도 삽처럼 생긴 부분 때문에 부정해질 수 있다. 믹홀에서 숟가락처럼 생긴 부분이 부서져나갔어도 뾰족한 부분 때문에 부정해질 수 있다. 뾰족한 부분이 부서져나갔어도 숟가락처럼 생긴 부분 때문에 부정해질 수 있다. 첨필에서 기록하는 부분이 부서져나갔어도 지우는 부분 때문에 부정해질 수 있다. 지우는 부분이 떨어져 나갔어도 기록하는 부분 때문에 부정해질 수 있다. 조마-리스트라는 국자가 부서져나갔어도 갈퀴 때문에 부정해질 수 있다. 갈퀴 부분이 부서져나갔어도 국자 때문에 부정해질 수 있다. 곡괭이 날도 마찬가지다. 모든 〔도구들이 부정해질 수 있는〕 크기는 〔그것으로〕 일을 할 수 있는지 여부로 〔결정한다〕.

- 콜리그리폰은 한쪽에는 화덕에 빵을 넣고 꺼낼 수 있는 삽 모양의 부속이 달렸고 다른 쪽은 석탄을 긁어낼 수 있도록 갈퀴 모양의 부속이 달린 도구다.
- 믹홀은 한쪽에는 귓속을 청소할 수 있는 숟가락 모양의 부속이 달렸고 다른 쪽은 눈화장을 할 수 있는 뾰족한 부분이 있다.
- 조마-리스트라는 한쪽에는 국자가 달렸고 다른 쪽은 갈퀴 모양의 부속이 달린 도구다(「켈림」 18, 7).
- 곡괭이는 한쪽에 땅을 파는 날이 달렸고 다른 쪽에 갈퀴 모양의 부속이 달린 경우가 많다.

## 13, 3

חַרְחוּר שֶׁנִּפְגַּם, טָמֵא, עַד שֶׁיִּנָּטֵל רֻבּוֹ. נִשְׁבַּר מְקוֹפוֹ, טָהוֹר. קֻרְדֹּם שֶׁנִּטַּל עֻשְׁפּוֹ, טָמֵא מִפְּנֵי בֵית בִּקּוּעוֹ. נִטַּל בֵּית בִּקּוּעוֹ, טָמֵא מִפְּנֵי עֻשְׁפּוֹ. נִשְׁבַּר מְקוֹפוֹ, טָהוֹר:

〔쟁기의〕 훍털이가 상했다면 큰 부분이 떨어져나가기 전까지는 부정해질 수 있다.[95] 그러나 자루 구멍이 부서졌다면 〔그것이〕 정결하다. 손도끼의 자르는 날이 부러져나갔다면 그 부수는 부분 때문에 부정해질 수 있다. 부수는 부분이 부러져나갔다면 자르는 날 때문에 부정해질 수 있다. 그러나 자루 구멍이 부서졌다면 〔그것이〕 정결하다.

## 13, 4

מַגְרֵפָה שֶׁנִּטְּלָה כַפָּהּ, טְמֵאָה מִפְּנֵי שֶׁהִיא כְקֻרְנָס, דִּבְרֵי רַבִּי מֵאִיר. וַחֲכָמִים מְטַהֲרִין. מְגֵרָה שֶׁנִּטְּלוּ שִׁנֶּיהָ אַחַת מִבֵּינְתַיִם, טְהוֹרָה. נִשְׁתַּיֵּר בָּהּ מְלֹא הַסִּיט בְּמָקוֹם אֶחָד, טְמֵאָה. הַמַּעֲצָד וְהָאִזְמֵל וְהַמַּפְסֶלֶת וְהַמַּקְדֵּחַ, שֶׁנִּפְגְּמוּ, טְמֵאִים. נִטַּל חִסּוּמָן, טְהוֹרִין. וְכֻלָּן שֶׁנֶּחְלְקוּ לִשְׁנַיִם, טְמֵאִים, חוּץ מִן

95) 「켈림」 9, 7; 「오홀롯」 17, 2 참조.

הַמַּקְדֵּחַ. וְהָרוּקְנִי בִּפְנֵי עַצְמָהּ, טְהוֹרָה:

[재를 푸는] 갈퀴의 날 부분이 떨어져나가도 부정해질 수 있는데, 이것이 아직 망치와 비슷하기 때문이다. 메이르 랍비의 말이다. 그러나 다른 현인들은 정결하다고 주장했다. 톱날의 이가 둘 중 하나가 빠졌다면 정결하다. 그러나 톱니가 어떤 한 부분에 하씻[96] 하나 [길이] 만큼 [계속해서] 남아 있다면 부정해질 수 있다.

자귀, [작은] 칼, 대패, 송곳은 손상된 상태로도 부정해질 수 있다. 금속으로 만든 부속이 없어지면 정결하다. 이런 모든 도구들이 둘로 갈라지면 [두 쪽이 모두] 부정해질 수 있으나, 송곳은 예외다. [대패의] 틀 자체는 정결하다.

- 어떤 도구가 손상되어 원래 기능을 수행하지 못하게 되었다면 부정해지지 않으나, 그 상태에서 다른 기능으로 쓸 수 있다면 부정해질 수 있다.

## 13, 5

מַחַט שֶׁנִּטַּל חֲרִירָהּ אוֹ עֻקְצָהּ, טְהוֹרָה. אִם הִתְקִינָהּ לְמִתּוּחַ, טְמֵאָה. שֶׁל סַקָּיִין שֶׁנִּטַּל חֲרִירָהּ, טְמֵאָה, מִפְּנֵי שֶׁהוּא כוֹתֵב בָּהּ. נִטַּל עֻקְצָהּ, טְהוֹרָה. שֶׁל מִתּוּחַ, בֵּין כָּךְ וּבֵין כָּךְ טְמֵאָה. מַחַט שֶׁהֶעֶלְתָה חֲלֻדָּה, אִם מְעַכֶּבֶת אֶת הַתְּפִירָה, טְהוֹרָה. וְאִם לָאו, טְמֵאָה. צִנּוֹרָא שֶׁפְּשָׁטָהּ, טְהוֹרָה. כְּפָפָהּ, חָזְרָה לְטֻמְאָתָהּ:

바늘에서 귀 부분이나 침 부분이 떨어져나갔다면 정결하다. 그러나 만약 [옷]핀으로 만들었다면 부정해질 수 있다. [포장용] 돗바늘에서

96) '하씻'(הסיט)이라는 말은 길이를 재는 도량형으로 엄지와 검지를 쭉 편만큼의 길이다. 혹자는 검지와 중지 사이 또는 엄지 네 개 정도의 길이라고 설명하기도 한다. 여덟째 미쉬나를 참조하라.

귀 부분이 떨어져나가도 부정해질 수 있다. 왜냐하면 그것으로 〔글을〕 쓸 수 있기 때문이다. 침 부분이 떨어져나갔다면 정결하다. 〔옷〕 핀은 이런 경우든 저런 경우든 부정해질 수 있다.

바늘에 녹이 슬었고 바느질을 하는 데 방해가 된다면 〔이 바늘은〕 정결하다. 그러나 만약 그렇지 않다면, 부정해질 수 있다. 갈고리를 곧게 폈다면 정결하다. 〔이것을 다시〕 굽혔다면 부정에 관한 〔원래의 상태로〕 되돌아간다.

- 포장용 돗바늘은 매우 크기 때문에 밀랍을 바른 서판에 글을 쓰는 첨필로 사용할 수 있다(둘째 미쉬나). 그러나 뾰족한 침 부분이 손상되었다면 다른 기능으로 사용할 수 없으므로 정결하다.
- 금속 도구는 외형이 손상되어도 원상태로 돌아갈 수 있기 때문에 그런 경우에는 다시 부정해질 수 있는 상태가 된다(「켈림」 11, 1).

## 13, 6
어떤 도구를 만든 재료가 하나 이상일 경우를 논의하고 있다.

---

עֵץ הַמְשַׁמֵּשׁ אֶת הַמַּתֶּכֶת, טָמֵא. וְהַמַּתֶּכֶת הַמְשַׁמֵּשׁ אֶת הָעֵץ, טְהוֹרָה. כֵּיצַד, פּוֹתַחַת שֶׁל עֵץ וְהַפִּין שֶׁלָּהּ שֶׁל מַתֶּכֶת, אֲפִלּוּ אַחַת, טְמֵאָה. פּוֹתַחַת שֶׁל מַתֶּכֶת וְהַפִּין שֶׁלָּהּ שֶׁל עֵץ, טְהוֹרָה. טַבַּעַת שֶׁל מַתֶּכֶת וְחוֹתָם שֶׁלָּהּ שֶׁל אַלְמוֹג, טְמֵאָה. טַבַּעַת שֶׁל אַלְמוֹג וְחוֹתָם שֶׁלָּהּ שֶׁל מַתֶּכֶת, טְהוֹרָה. הַשֵּׁן שֶׁבַּטַּס, שֶׁבַּפּוֹתַחַת, וְשֶׁבַּמַּפְתֵּחַ, טְמֵאָה בִּפְנֵי עַצְמָהּ:

---

금속 그릇에 달린 나무 부속은 부정해질 수 있으나, 나무 그릇에 달린 금속 부속은 정결하다. 왜 그러한가? 만약 자물쇠를 나무로 만들었고 잠그는 부분만 금속으로 만들었다면 〔이빨〕 하나만 그렇다 해도 부정해질 수 있다. 자물쇠를 금속으로 만들었고 잠그는 부분만 나무로 만들었다면 정결하다.

어떤 반지를 금속으로 만들었고 산호로 도장을 만들어 〔달았다면〕 부정해질 수 있다. 반지를 산호로 만들고 금속으로 도장을 만들어 〔달았다면〕 정결하다.

자물쇠나 열쇠의 판 부분에 있는 이는 그자체로 부정해질 수 있다.

- 어떤 도구를 만든 재료가 서로 다르다면 그 도구의 정결함과 부정함을 결정하는 기준은 그 도구의 주요 기능을 담당하는 부분의 재료에 달려 있다.
- 반지의 주요 기능은 손에 끼는 고리에 있으며, 고리의 재료에 따라 정결함과 부정함을 결정한다. 산호는 부정해질 수 없다.

13, 7

어떤 도구의 일부는 나무로 일부는 금속으로 만든 경우를 설명한다.

---

הַכַּדּוּמִין הָאַשְׁקְלוֹנִין שֶׁנִּשְׁבְּרוּ וְהָאֻנְקְלִי שֶׁלָּהֶן קַיֶּמֶת, הֲרֵי אֵלוּ טְמֵאִין. הַמַּעְבֵּר, וְהַמַּזְרֶה, וְהַמַּגּוֹב, וְכֵן מַסְרֵק שֶׁל רֹאשׁ שֶׁנִּטְּלָה אַחַת מִשִּׁנֶּיהָ, וַעֲשָׂאָן שֶׁל מַתֶּכֶת, הֲרֵי אֵלוּ טְמֵאִין. וְעַל כֻּלָּן אָמַר רַבִּי יְהוֹשֻׁעַ, דָּבָר חִדּוּשׁ חִדְּשׁוּ סוֹפְרִים, וְאֵין לִי מָה אָשִׁיב:

---

아쉬켈론〔식 물방아의〕 지렛대가 부서졌으나 갈고리들이 남아 있다면 그것들은 부정해질 수 있다. 거릿대, 풍구, 갈퀴, 그리고 머리빗의 이가 하나 부러졌고 금속으로 만들어 넣었다면 그것들은 부정해질 수 있다.

이 모든 것들에 대해 예호슈아 랍비는 서기들이 새로운 내용을 첨가했으니 본인은 대답할 말이 없다고 했다.

- 물방아의 지렛대에서 주요 기능을 하는 부분은 갈고리이므로 그 부분이 남아 있다면 부정해질 수 있다.

- 거릿대(쇠스랑), 풍구, 갈퀴, 머리빗은 나무로 만든 도구들이다.
- 예호슈아 랍비(약 80-100)는 이런 논의가 정결함과 부정함을 결정하는 원칙을 넘어선다고 본다. 이 미쉬나가 논의의 대상으로 삼은 도구들은 나무로 만들었고 내용물을 담을 오목한 공간도 없기 때문에 부정해질 수 없으나(「켈림」 12, 2), 도구의 일부분만 금속으로 만들었다고 해도 전체가 부정해질 수 있다고 한다면 이것은 새로운 주장이라고 지적하고 있다(「테불 욤」 4, 6).

### 13, 8

당시에 사용하던 다양한 빗들을 논의하고 있다.

---

מַסְרֵק שֶׁל פִּשְׁתָּן שֶׁנִּטְּלוּ שִׁנָּיו וְנִשְׁתַּיֵּר בּוֹ שְׁתַּיִם, טָמֵא. וְאַחַת, טָהוֹר. וְכֻלָּן, אַחַת אַחַת בִּפְנֵי עַצְמָן, טְמֵאוֹת. וְשֶׁל צֶמֶר שֶׁנִּטְּלוּ שִׁנָּיו אַחַת מִבֵּינְתַיִם, טָהוֹר. נִשְׁתַּיֵּר בּוֹ שָׁלֹשׁ בְּמָקוֹם אֶחָד, טָמֵא. הָיְתָה הַחִיצוֹנָה אַחַת מֵהֶן, טָהוֹר. נִטְּלוּ מִמֶּנּוּ שְׁתַּיִם וַעֲשָׂאָן לְמַלְקֶטֶת, טְמֵאוֹת. אַחַת וְהִתְקִינָהּ לְנֵר אוֹ לְמִתּוּחַ, טְמֵאָה:

---

아마-빗이 이가 부서지고 둘만 남았다면 부정해질 수 있다. 〔이가〕 하나만 남았다면 정결하다. 〔이들은〕 하나하나가 모두 부정해질 수 있다. 양모-빗이 이가 둘 중 하나가 빠졌다면 정결하다. 어느 한 부분에 이 세 개가 〔계속해서〕 남았다면 부정해질 수 있다. 그중 하나가 가장 바깥쪽이라면 정결하다.

빗에서 이 두 개를 떼어서 족집게를 만들었다면 부정해질 수 있다. 이 하나만 떼어서 등잔이나 〔옷〕핀으로 사용한다면 부정해질 수 있다.

- 아마-빗은 이가 둘만 남아도 어느 정도 기능을 유지할 수 있기 때문에 부정해질 수 있다. 그러나 하나만 남았다면 제 기능을 유지할 수

없다. 그러나 반대 의견도 있었는데 아마-빗은 이 하나만 남아도 다른 용도로 쓸 수 있기 때문에(예를 들어 글쓰기) 부정해질 수 있다는 의견이다(다섯째 미쉬나).

- 양모-빗은 사용하는 방법이 다르기 때문에 좀 다른 규정이 적용된다. 이 세 개가 한 부분에 몰려서 남아 있으면 원래 기능대로 사용이 가능하고 부정해질 수 있으나(넷째 미쉬나), 그중 하나가 가장 바깥쪽이라면 다른 이보다 넓어서 양모를 빗는 데 직접적으로 사용하지 못하므로 이 경우에 해당하지 않으며 부정해지지 않는다.

## 제14장

금속 그릇을 그 기능 또는 그릇이라는 이름에 따라 판단한다는 원리를 설명하고, 부정해진 금속 그릇이나 도구는 속죄의 물을 뿌려서 정결하게 만든다고 안내한다.

### 14, 1

금속 그릇이 부서져도 아직 부정해질 수 있는 경우 또는 원래의 부정한 상태를 유지하게 되는 경우를 논의한다.

---

כְּלֵי מַתָּכוֹת, כַּמָּה הוּא שִׁעוּרָן. הַדְּלִי, כְּדֵי לְמַלֹּאת בּוֹ. קֻמְקוּם, כְּדֵי לֵיחֵם בּוֹ. מֵחַם, כְּדֵי לְקַבֵּל סְלָעִים. הַלֶּפֶס, כְּדֵי לְקַבֵּל קִיתוֹנוֹת. קִיתוֹנוֹת, כְּדֵי לְקַבֵּל פְּרוּטוֹת. מִדּוֹת יַיִן, בְּיַיִן. וּמִדּוֹת שֶׁמֶן, בְּשֶׁמֶן. רַבִּי אֱלִיעֶזֶר אוֹמֵר, כֻּלָּן בִּפְרוּטוֹת. רַבִּי עֲקִיבָא אוֹמֵר, הַמְחֻסָּר חֲטִיפָה, טָמֵא. וְהַמְחֻסָּר לְטִישָׁה, טָהוֹר:

---

금속으로 만든 그릇이 〔부서져도 부정해질 수 있는〕 크기는 어느 정도 되는가? 양동이는 그것으로 〔물을〕 길을 수 있는 정도다. 주전

자는 그것으로 〔물을〕 데울 수 있는 정도다. 〔물 끓이는〕 그릇[97]은 쎌라-동전들을 담을 수 있는 정도다. 가마솥은 항아리를 담을 수 있는 정도다. 항아리는 페루톳-동전을 담을 수 있는 정도다. 포도주 계량기는 포도주를 〔담을 수 있는 정도며〕 기름 계량기는 기름을 〔담을 수 있는 정도다〕.

엘리에제르 랍비는 이 모든 경우에 페루톳-동전을 〔담을 수 있는 정도〕라고 말했다.

아키바 랍비는 〔그릇〕 테두리가 없는 경우라면 부정해질 수 있고, 연마하지 않은 경우라면 정결하다고 말했다.

- 일반적으로 그릇이 깨졌어도 어느 정도 원래 용도대로 쓸 수 있다면 부정해질 수 있다(「켈림」 3, 1-2). 엘리에제르 랍비는 규칙을 좀 더 엄격하게 적용해야 한다고 주장했다.
- 아키바 랍비는 테두리가 깨져서 없어져도 아직 그릇이기 때문에 부정해질 수 있다고 말했으나, 금속 그릇을 연마하지 않으면 사용할 수 없으므로 제 기능을 할 수 없고 따라서 정결하다고 주장했다.

### 14, 2

금속 그릇에 나무 부속이 연결되어 있는 경우를 논의한다.

---

מַקֵּל שֶׁעָשָׂה בְרֹאשׁוֹ מַסְמֵר כְּמִין חַזְיָנָא, טָמֵא. סִמְּרוֹ, טָמֵא. רַבִּי שִׁמְעוֹן אוֹמֵר, עַד שֶׁיַּעֲשֶׂה בוֹ שְׁלֹשָׁה סְדָרִים. וְכֻלָּן שֶׁעֲשָׂאָן לְנוֹי, טְהוֹרִין. עָשָׂה בְרֹאשׁוֹ מְנִיקֶת, וְכֵן בַּדֶּלֶת, טְהוֹרָה. הָיְתָה כְלִי וְחִבְּרָהּ לוֹ, טְמֵאָה. מֵאֵימָתַי הִיא טָהֳרָתָהּ, בֵּית שַׁמַּאי אוֹמְרִים, מִשֶּׁיְּחַבֵּל. בֵּית הִלֵּל אוֹמְרִים, מִשֶּׁיְּחַבֵּר:

---

97) 이 낱말(메함)은 물 끓이는 그릇으로 뜨거운 돌을 집어 넣어서 물 데우는 데 쓰는 그릇을 가리킨다.

나무 막대기 끝에 못을 달아 자귀처럼 만들면 부정해질 수 있다. 〔그 막대기에〕 못을 박아서 〔어떤 도구로〕 만들면 부정해질 수 있다. 쉼온 랍비는 〔못을〕 세 줄로 박기 전까지는 〔부정해지지 않는다고〕 말했다. 모든 경우에 〔못을〕 장식용으로 박았다면 정결하다.

그 〔막대기〕 끝에 관을 만들었거나 문에 만들었다면 〔그것은〕 정결하다. 원래 〔독립된〕 그릇이었으나 이것을 막대기에 연결했다면, 〔그것은〕 부정해질 수 있다. 이것은 언제 정결해지는가? 샴마이 학파는 그것이 부서질 때에, 힐렐 학파는 그것을 연결할 때 〔정결해진다고〕 말했다.

- 나무 막대기 끝에 어떤 방식으로든 못을 박아서 독립적인 기능을 가진 도구로 만들면 부정해질 수 있다. 그러나 금속 부속이 장식용에 불과하며 별다른 기능이 없다면 정결하다(「켈림」 12, 1). 정결법과 관련해서 매우 기능적인 태도를 보여준다.
- 나무 막대기나 나무 문에 금속관을 달아서 장식하는 경우 정결하다(「켈림」 9, 6; 13, 6).

## 14, 3

---

הַקַּנְטָר שֶׁל בַּנַּאי, וְהַדָּקוֹר שֶׁל חָרָשׁ, הֲרֵי אֵלּוּ טְמֵאִין. יִתְדוֹת אֹהָלִים וְיִתְדוֹת הַמָּשׁוֹחוֹת, טְמֵאוֹת. שַׁלְשֶׁלֶת שֶׁל מָשׁוֹחוֹת, טְמֵאָה. הָעֲשׂוּיָה לָעֵצִים, טְהוֹרָה. שַׁלְשֶׁלֶת דְּלִי גָדוֹל, אַרְבָּעָה טְפָחִים. וְשֶׁל קָטָן, עֲשָׂרָה. חֲמוֹר שֶׁל נַפָּחִין, טָמֵא. מְגֵרָה שֶׁעָשָׂה שִׁנֶּיהָ בְתוֹךְ הַחוֹר, טְמֵאָה. עֲשָׂאָהּ מִלְּמַטָּן לְמַעְלָן, טְהוֹרָה. וְכָל הַכְּסוּיִן טְהוֹרִים, חוּץ מִשֶּׁל מֵחָם:

---

건축가의 막대기와 목수의 도끼는 부정해질 수 있다. 천막의 말뚝과 측량사의 말뚝은 부정해질 수 있다. 측량사의 사슬은 부정해질 수 있다. 〔그러나〕 나무를 〔묶는 데〕 사용하는 것은 정결하다.

큰 양동이에 달린 사슬은 4테팍 〔길이가 되면 부정해질 수 있고,〕 작은 〔양동이에〕 달린 〔사슬은〕 10테팍 〔길이가 되면 부정해질 수 있다〕. 대장장이의 모루는 부정해질 수 있다. 톱니가 구멍 안에 들어 있는 톱은 부정해질 수 있다. 그것을 아래서 위로 향하도록 만들면 정결하다. 전부 덮여 있으면 정결하지만, 〔물 끓이는〕 그릇은 제외된다.

- 측량사가 목재를 묶는 데 쓰는 사슬은 독립된 도구로 간주하지 않으며 부정해지지 않는다.
- 큰 양동이보다 작은 양동이를 사용하는 데 더 긴 사슬이 필요하다. 그러므로 작은 양동이에 달린 사슬이 부정해지는 데 좀 더 긴 기준을 적용한다(「미크바옷」 10, 5).
- 여기서 말하는 톱은 일정한 간격으로 구멍을 낸 나무틀에 금속 톱니를 넣는 방식으로 만드는 것으로 보인다. 톱니의 방향이 반대가 되면 도구로 사용할 수 없으므로 정결하다.
- 도구를 전부 덮는 덮개는 독립된 '그릇'이 아니므로 정결하지만 물 끓이는 그릇은 덮개만 사용할 수도 있으므로 부정해질 수 있다(「켈림」 11, 2).

### 14, 4

이 미쉬나와 그다음은 소가 끄는 수레에 관해 논의한다.

---

הַטְּמֵאִין שֶׁבָּעֲגָלָה, הָעֹל שֶׁל מַתֶּכֶת, וְהַקַּטְרָב, וְהַכְּנָפַיִם הַמְקַבְּלוֹת אֶת הָרְצוּעוֹת, וְהַבַּרְזֶל שֶׁתַּחַת צַוְּארֵי בְהֵמָה, הַסּוֹמֵךְ, וְהַמַּחְגֵּר, וְהַתַּמְחוּיוֹת, הָעִנְבָּל, וְהַצִּנּוֹרָה, וּמַסְמֵר הַמְחַבֵּר אֶת כֻּלָּן:

---

수레 〔관련 부속들 중〕 부정해질 수 있는 것으로는 금속〔으로 만든〕 멍에와 가로대와 줄을 묶는 측면 부속과 짐승 목 밑에 대는 쇠〔로

만든] 대와 지지대와 뱃대끈과 판들과 추와 고리 그리고 이런 모든 것들을 연결하는 못이 있다.

- 수레를 운영하는 데 꼭 필요하고 독립적인 기능이 있는 부속들은 각각 부정해질 수 있는 가능성이 있다(「켈림」 21, 2; 「나지르」 6, 2).

## 14, 5

הַטְּהוֹרִין שֶׁבָּעֲגָלָה, הָעֹל הַמְּצֻפֶּה, כְּנָפַיִם הָעֲשׂוּיוֹת לְנוֹי, וּשְׁפוֹפָרוֹת הַמַּשְׁמִיעוֹת אֶת הַקּוֹל, וְהָאֵבָר שֶׁבְּצַד צַוְּארֵי בְהֵמָה, הַסּוֹבֵב שֶׁל גַּלְגַּל, הַטַּסִּים, וְהַצִּפּוּיִים, וּשְׁאָר כָּל הַמַּסְמְרוֹת, טְהוֹרִין. סַנְדְּלֵי בְהֵמָה שֶׁל מַתָּכוֹת, טְמֵאִין. שֶׁל שַׁעַם, טְהוֹרִין. הַסַּיִף מֵאֵימָתַי מְקַבֵּל טֻמְאָה, מִשֶּׁיְּשׁוּפֶנּוּ. וְהַסַּכִּין, מִשֶּׁיַּשְׁחִיזֶנָּה:

수레 [관련 부속들 중] 정결한 것으로는 [금속으로] 도금한 멍에와 장식하기 위해 붙인 측면 부속과 소리를 내는 관들과 짐승의 목 옆에 [다는] 납 부속과 바퀴 테두리와 판들과 덮는 것들과 그 외 모든 못들이 정결하다. 짐승의 금속 편자는 부정해질 수 있지만 코르크로 만든 것은 정결하다.

검은 언제부터 부정해질 수 있는가? 광을 냈을 때부터다. 그러나 칼은 갈았을 때부터다.

- 나무로 만들고 금속을 입힌 멍에는 나무 '그릇'이며 금속은 돕는 부속일 뿐이다(「켈림」 11, 6). 그러므로 정결과 부정은 주요 재료인 나무를 따라 정한다. 그 외에 특별한 기능이 없는 장식품들은 부정해지지 않는다(「켈림」 11, 3).
- 검과 칼은 비슷한 기능을 수행하지만 가공하는 공정이 달라서 검은 광을 냈을 때 그리고 칼은 연마를 했을 때 독립적인 도구가 된다. 그

러므로 부정해질 가능성이 있는 시점이 조금 다르다.

## 14, 6

כְּסוּי טָנִי שֶׁל מַתֶּכֶת שֶׁעֲשָׂה בוֹ מַרְאָה, רַבִּי יְהוּדָה מְטַהֵר, וַחֲכָמִים מְטַמְּאִין. מַרְאָה שֶׁנִּשְׁבְּרָה, אִם אֵינָהּ מַרְאָה אֶת רֹב הַפָּנִים, טְהוֹרָה:

금속으로 만든 바구니 덮개로 거울을 만들었을 때, 예후다 랍비는 정결하다고 했으나, 다른 현인들은 부정해질 수 있다고 주장했다. 거울이 부서졌을 때, 만약 얼굴의 대부분이 보이지 않는다면 정결하다.

- 바구니 덮개는 나무로 만든 그릇에 부속처럼 사용하기 때문에 부정해질 수 없다(「켈림」 12, 6). 그러나 이 덮개를 광을 내서 거울로 사용한다면, 독립적인 기능을 얻은 '그릇'이 되므로 부정해질 수 있다. 예후다 랍비는 다른 의견을 피력한다.

## 14, 7

부정한 금속 그릇은 속죄의 물을 뿌리거나 부서지면 정결해진다.

כְּלֵי מַתָּכוֹת מְטַמְּאִין וּמְטַהֲרִין שְׁבוּרִין, דִּבְרֵי רַבִּי אֱלִיעֶזֶר. רַבִּי יְהוֹשֻׁעַ אוֹמֵר, אֵינָן מְטַהֲרִין אֶלָּא שְׁלֵמִין. כֵּיצַד, הִזָּה עֲלֵיהֶן, נִשְׁבְּרוּ בוֹ בַיּוֹם, הִתִּיכָן וְחָזַר וְהִזָּה עֲלֵיהֶן שֵׁנִית בּוֹ בַיּוֹם, הֲרֵי אֵלּוּ טְהוֹרִין, דִּבְרֵי רַבִּי אֱלִיעֶזֶר. רַבִּי יְהוֹשֻׁעַ אוֹמֵר, אֵין הַזָּיָה פְּחוֹת מִשְּׁלִישִׁי וּשְׁבִיעִי:

금속 그릇이 부정해졌다가 부서지면 정결해진다고 엘리에제르 랍비가 말했다. 예호슈아 랍비는 그것을 다시 온전하게 만들지 않는다면 정결해지지 않는다고 말했다. 어떻게 그렇게 되는가? 그 위에 [속죄의 물을] 뿌렸는데 바로 그날 부서졌고, [그것을] 고친 다음 다시 바로 그날 두 번째로 [속죄의 물을] 뿌렸다면 그것은 정결하다고 엘리에제르 랍비가 말했다. 예호슈아 랍비는 셋째 날과 일곱째 날이 되기 전에는 〔속죄의 물을〕 뿌릴 수 없다고 말했다.

- 엘리에제르 랍비와 예호슈아 랍비는 금속으로 만든 그릇이 시체와 같은 공간에 노출되면 부정해지는데 속죄의 물을 뿌리면 정결해진다고 생각한다. 그러나 부서진 이 그릇이 천막 안에 있을 때는 어떻게 되는지에 관해서는 서로 다른 의견을 보여준다. 엘리에제르 랍비는 그릇이 부서지면 정결해진다고 보지만, 예호슈아 랍비는 부서진 그릇을 고쳐서 온전하게 만든 후 속죄의 물을 뿌려야 한다고 주장한다. 예로 든 상황은 표현이 분명하지 않다.

## 14, 8

열쇠와 관련된 규정이다.

---

מַפְתֵּחַ שֶׁל אַרְכֻּבָּה שֶׁנִּשְׁבַּר מִתּוֹךְ אַרְכֻּבָּתוֹ, טָהוֹר, רַבִּי יְהוּדָה מְטַמֵּא, מִפְּנֵי שֶׁהוּא פוֹתֵחַ בּוֹ מִבִּפְנִים. וְשֶׁל גַּם שֶׁנִּשְׁבַּר מִתּוֹךְ גַּמּוֹ, טָהוֹר. הָיוּ בוֹ חָפִין וּנְקָבִין, טָמֵא. נִטְּלוּ חָפִין, טָמֵא מִפְּנֵי נְקָבִין. נִסְתַּתְּמוּ נְקָבִין, טָמֵא מִפְּנֵי חָפִין. נִטְּלוּ חָפִין וְנִסְתַּתְּמוּ נְקָבִין, אוֹ שֶׁפָּרְצוּ זֶה לְתוֹךְ זֶה, טָהוֹר. מְסַנֶּנֶת שֶׁל חַרְדָּל שֶׁנִּפְרְצוּ בָהּ שְׁלֹשָׁה נְקָבִים מִלְּמַטָּן זֶה לְתוֹךְ זֶה, טְהוֹרָה. וְהָאֲפַרְכֵּס שֶׁל מַתָּכוֹת, טְמֵאָה:

---

무릎 모양으로 생긴 열쇠의 무릎 부분이 부서졌다면 정결하다. 예후다 랍비는 부정해질 수 있다고 했는데, 안쪽에서는 그것으로도 〔문을〕 열 수 있기 때문이다. 감마 모양으로 생긴 〔열쇠의〕 감마 부분이 부서졌다면 정결하다.

〔열쇠에〕 이와 홈이 있다면 부정해질 수 있다. 이가 빠졌어도 부정해질 수 있으니, 홈이 있기 때문이다. 홈을 메웠어도 부정하니 이가 있기 때문이다. 이가 빠졌고 홈을 메웠다면, 또는 〔구멍〕 둘이 서로 합쳐

졌다면, 정결하다.

겨자 체 바닥에 있는 구멍 세 개가 서로 합쳐져서 〔하나가 되었다면〕 정결하다. 금속으로 만든 방앗간 깔때기는 부정해질 수 있다.

- 열쇠는 어떤 기능을 담당할 수 있는지 여부를 통해 정결함과 부정함을 판단한다. 열쇠가 작동하기 위해서는 솟아오른 이와 파인 홈이 있어야 하는데(「켈림」 13, 6) 둘 중 하나만 있어도 어느 정도 기능을 가질 수 있어서 부정해질 수 있다. 이와 홈이 모두 못쓰게 되면 정결하다.
- 겨자를 거르기 위한 체가 깨져서 구멍들이 하나로 합쳐졌다면 더 이상 제 역할을 할 수 없고 부정해질 수 없다.
- 곡식을 붓는 데 쓰는 깔때기도 독립된 그릇으로 인정하며 부정해질 수 있다.

## 제15장

나무, 가죽, 뼈, 유리로 만든 그릇은 무엇을 담을 수 있는 공간이 있는지 여부를 가지고 정결한지 판단한다. 부서지면 정결해지고 다시 고치면 그 순간부터 부정해질 수 있다. 또 무게나 모양을 기준으로, 사용하는 사람이 누구냐에 따라 판단하기도 한다.

### 15, 1

---

כְּלֵי עֵץ, כְּלֵי עוֹר, כְּלֵי עֶצֶם, כְּלֵי זְכוּכִית, פְּשׁוּטֵיהֶן טְהוֹרִין, וּמְקַבְּלֵיהֶן טְמֵאִים. נִשְׁבְּרוּ, טָהֲרוּ. חָזַר וְעָשָׂה מֵהֶן כֵּלִים, מְקַבְּלִין טֻמְאָה מִכָּאן וּלְהַבָּא. הַשִּׁדָּה, וְהַתֵּבָה, וְהַמִּגְדָּל, כַּוֶּרֶת הַקַּשׁ, וְכַוֶּרֶת הַקָּנִים, וּבוֹר סְפִינָה אֲלֶכְּסַנְדְּרִית, שֶׁיֵּשׁ לָהֶם שׁוּלַיִם, וְהֵן מַחֲזִיקִין אַרְבָּעִים סְאָה בְלַח,

שֶׁהֵם כּוֹרִים בְּיָבֵשׁ, הֲרֵי אֵלּוּ טְהוֹרִין. וּשְׁאָר כָּל הַכֵּלִים, בֵּין מְקַבְּלִין, בֵּין אֵינָם מְקַבְּלִין, טְמֵאִין, דִּבְרֵי רַבִּי מֵאִיר. רַבִּי יְהוּדָה אוֹמֵר, דַּרְדּוּר עֲגָלָה, וְקֻסְטוֹת הַמְּלָכִים, וַעֲרֵבַת הָעַבְּדָנִין, וּבוֹר סְפִינָה קְטַנָּה, וְהָאָרוֹן, אַף עַל פִּי שֶׁמְּקַבְּלִין, טְמֵאִין, שֶׁאֵינָן עֲשׂוּיִן לְטַלְטֵל אֶלָּא בְמַה שֶּׁבְּתוֹכָן. וּשְׁאָר כָּל הַכֵּלִים, הַמְקַבְּלִים, טְהוֹרִין, וְשֶׁאֵינָן מְקַבְּלִין, טְמֵאִין. אֵין בֵּין דִּבְרֵי רַבִּי מֵאִיר לְדִבְרֵי רַבִּי יְהוּדָה אֶלָּא עֲרֵבַת בַּעַל הַבָּיִת:

---

나무나 가죽, 뼈 또는 유리로 만든 그릇 중에서 평평한 그릇은 정결하며 담는 부분이 있는 그릇은 부정해질 수 있다. 부서지면 정결해지며 다시 그릇으로 만들면 그 시점부터 부정해질 수 있다.

궤짝, 상자, 찬장, 짚 바구니, 갈대 바구니 또는 알렉산드리아 배에 〔싣는〕 수조로 바닥이 있고 액체를 40쎄아[98]까지 담을 수 있고, 마른 물건 2코르를 담을 수 있다면, 이것들은 정결하다. 그 외 다른 모든 그릇들은 〔40쎄아를〕 담을 수 있거나 담을 수 없는지 여부와 상관없이 부정해질 수 있다는 것이 메이르 랍비의 말이다.

예후다 랍비는 수레에 있는 큰 통, 왕의 음식 상자, 무두장이의 통, 작은 배의 수조, 그리고 궤짝은 비록 그들이 〔40쎄아를〕 담을 수 있다고 해도 부정해질 수 있다고 말한다. 왜냐하면 그것들 자체를 옮기기 위해서가 아니라 그 내용물을 〔가득 채워서 옮기기〕 때문이라고 말했다. 다른 모든 그릇들은 〔40쎄아를〕 담을 수 있는 것들은 정결하고 그것을 담을 수 없는 것들은 부정해질 수 있다. 메이르 랍비와 예후다 랍비 사이에는 아무런 차이가 없으나, 〔개인〕 집주인이 소유한 통만 예외다.

- 나무나 가죽, 뼈, 유리로 만든 그릇은 무엇인가를 담을 수 있는 부분이 있는지 여부를 가지고 정결한지 부정한지 판단한다(「켈림」 2, 1).

98) 약 480리터다.

부서져서 담는 부분이 없어지면 정결해지며, 다시 그릇으로 만들면 원래 상태로 돌아가는 것이 아니라 그 순간부터 부정해질 수 있는 상태가 된다.

- 그릇이나 가구가 너무 커서 들어 옮길 수 없으면 정결하다는 고대 랍비들의 전통(레위기 씨프라 11:32)에 관해 메이르 랍비와 예후다 랍비 사이에 이견이 존재한다. 메이르 랍비는 전통에 따라 정결한 것은 정결하지만, 그 외에 다른 것들은 부정해질 수 있다고 주장한다. 예후다 랍비는 이 전통에 따라 부정한 것은 부정하지만, 그 외에 다른 것들은 원칙에 따라 다시 판단해야 한다는 태도를 보여준다.

## 15, 2

제빵사가 쓰는 여러 도구들에 관해 논의한다.

---

אֲרוּבוֹת שֶׁל נַחְתּוֹמִים, טְמֵאוֹת. וְשֶׁל בַּעֲלֵי בָתִּים, טְהוֹרוֹת. סֵרְקָן אוֹ כִרְכְּמָן, טְמֵאוֹת. דַּף שֶׁל נַחְתּוֹמִין שֶׁקְּבָעוֹ בַכֹּתֶל, רַבִּי אֱלִיעֶזֶר מְטַהֵר, וַחֲכָמִים מְטַמְּאִים. סְרוֹד שֶׁל נַחְתּוֹמִין, טָמֵא. וְשֶׁל בַּעֲלֵי בָתִּים, טָהוֹר. גִּפְּפוֹ מֵאַרְבַּע רוּחוֹתָיו, טָמֵא. נִפְרַץ מֵרוּחַ אַחַת, טָהוֹר. רַבִּי שִׁמְעוֹן אוֹמֵר, אִם הִתְקִינוֹ לִהְיוֹת קוֹרֵץ עָלָיו, טָמֵא. וְכֵן הַמַּעֲרוֹךְ, טָמֵא:

---

제빵사가 쓰는 판자는 부정해질 수 있다. 그러나 〔개인〕 집주인의 판자는 정결하다. 붉은색이나 노란색[99]으로 물들였으면 부정해질 수 있다. 제빵사가 쓰는 선반이 벽에 고정되어 있다면, 엘리에제르 랍비는 정결하다고 했고 다른 현인들은 부정하다고 주장했다. 제빵사의 틀은 부정해질 수 있다. 그러나 〔개인〕 집주인의 틀은 정결하다. 그가 사방에 테두리를 만들어 세웠으면 부정해질 수 있으나, 한쪽이 뚫려 있다면 정결하다. 쉼온 랍비는 그 위에서 〔반죽을〕 자를 수 있도록 설

---

99) 이 낱말(כרכם)은 사프란(saffran) 꽃으로 만든 노란색을 가리킨다.

치했다면 부정해질 수 있다고 말했다.

마찬가지로 밀방망이는 부정해질 수 있다.

- 제빵사가 쓰는 판자는 그 위에 반죽을 놓고 모양을 잡을 수 있도록 사용하기 때문에 부정해질 수 있다(「에두욧」 7, 7). 그러나 개인이 아무 판자나 가져와서 이런 용도로 쓴다면 그것은 정결하다. 칠을 하면 제빵용 판자로 구별하여 만든 것이니 독립된 '그릇'이 되며 부정해질 수 있다.
- 제빵사가 쓰는 선반은 반죽이 발효되는 동안 얹어놓는 곳이다. 엘리에제르 랍비는 벽에 고정시키면 지면에 고정한 그릇과 같은 경우이므로 정결하다고 했지만(「켈림」 11, 2), 다른 랍비들은 독립된 '그릇'으로 보고 부정해질 수 있다고 주장했다(「켈림」 20, 4). 선반에 테두리를 만들어 세우거나 반죽을 자르는 데 쓸 수 있도록 해도 독립된 '도구'로 쓸 수 있으므로 부정해질 수 있다.
- 밀방망이가 부정해질 수 있는 이유는 반죽이나 빵을 들어 옮기는 데 쓸 수 있기 때문이다.

## 15, 3

---

יַם נָפָה שֶׁל סַלָּתִין, טָמֵא. וְשֶׁל בַּעֲלֵי בָתִּים, טָהוֹר. רַבִּי יְהוּדָה אוֹמֵר, אַף שֶׁל גּוֹדֶלֶת טָמֵא מוֹשָׁב, מִפְּנֵי שֶׁהַבָּנוֹת יוֹשְׁבוֹת בְּתוֹכוֹ וְגוֹדְלוֹת:

---

밀가루 체치는 자의 용기는 부정해질 수 있다. 그러나 〔개인〕 집주인의 용기는 정결하다.

예후다 랍비는 머리 땋는 자의 용기에 앉았을 때 부정해질 수 있다고 말했다. 여자아이들이 그 안에 앉아서 머리를 땋기 때문이다.

- 정확하지 않으나 밀가루를 체로 칠 때 옆으로 떨어지는 밀가루를 받기 위해서 특정한 용기를 다는 경우가 있다는 설명이다.
- 머리 땋는 자의 용기는 의자로 사용할 수 있기 때문에 유출병자 같은 부정한 사람이 앉았을 때 '앉기 부정'의 영향을 받을 수 있다(여섯째 미쉬나).

## 15, 4

어떤 그릇이나 도구에 달린 고리에 관해 설명한다.

---

כָּל הַתְּלוּיִים, טְמֵאִין, חוּץ מִתְּלוּי נָפָה וּכְבָרָה שֶׁל בַּעַל הַבַּיִת, דִּבְרֵי רַבִּי מֵאִיר. וַחֲכָמִים אוֹמְרִים, כֻּלָּן טְהוֹרִין, חוּץ מִתְּלוּי נָפָה שֶׁל סַלָּתִין, וּתְלוּי כְּבָרַת גְּרָנוֹת, וּתְלוּי מַגַּל יָד, וּתְלוּי מַקֵּל הַבַּלָּשִׁין, מִפְּנֵי שֶׁהֵן מְסַיְּעִין בִּשְׁעַת הַמְּלָאכָה. זֶה הַכְּלָל, הֶעָשׂוּי לְסַיֵּעַ בִּשְׁעַת מְלָאכָה, טָמֵא. הֶעָשׂוּי לִתְלוּי, טָהוֹר:

---

매다는 데 쓰는 고리는 모두 부정해질 수 있지만, 〔개인〕 집주인이 쓰는 작은 체의 고리나 큰 체는 예외라는 것이 메이르 랍비의 말이다. 그러나 다른 현인들은 전부 다 정결하다고 말하며, 밀가루 체의 고리, 타작마당에서 쓰는 체의 고리, 손 낫의 고리, 감독관의 지팡이 고리는 예외라고 했다. 왜냐하면 각 도구를 사용할 때 도움을 주기 때문이다.

이것이 원칙이다. 일을 할 때 도움이 되는 〔고리는〕 부정해질 수 있지만, 단순히 매다는 데 쓰는 고리는 정결하다.

- 메이르 랍비는 고리는 대개 어떤 '그릇'에 붙어 있기 때문에 부정해질 수 있으나(「켈림」 12, 6), 개인이 집에서 사용하는 경우는 예외라고 주장한다. 이런 경우 도구에서 분리가 가능하기 때문이라는 설명도 있다.
- 다른 랍비들은 그냥 매다는 데 쓰는 고리는 부정해지지 않으며 또

다른 기능을 수행할 때만 부정해진다고 주장한다.

### 15, 5

삽이 독립된 '그릇'인지 여부는 무엇을 담을 수 있는지 여부로 판단한다.

---

רַחַת שֶׁל גְּרוֹסוֹת, טְמֵאָה. שֶׁל אוֹצָרוֹת, טְהוֹרָה. שֶׁל גִּתּוֹת, טְמֵאָה. שֶׁל גְּרָנוֹת, טְהוֹרָה. זֶה הַכְּלָל, הֶעָשׂוּי לְקַבָּלָה, טָמֵא. לְכִנּוּס, טָהוֹר:

---

찧은 곡식 장수의 삽은 부정해질 수 있다. 창고에서 쓰는 〔삽은〕 정결하다. 양조장에서 쓰는 〔삽은〕 부정하다. 타작마당에서 쓰는 〔삽은〕 정결하다. 이것이 원칙이다. 〔무엇인가를〕 담기 위해서 쓰는 〔삽은〕 부정하고, 단지 모으기만 하는 〔삽은〕 정결하다.

### 15, 6

---

נִבְלֵי הַשָּׁרָה, טְמֵאִין. וְנִבְלֵי בְנֵי לֵוִי, טְהוֹרִין. כָּל הַמַּשְׁקִין, טְמֵאִין. וּמַשְׁקֵה בֵית מַטְבְּחַיָּא, טְהוֹרִין. כָּל הַסְּפָרִים מְטַמְּאִין אֶת הַיָּדַיִם, חוּץ מִסֵּפֶר הָעֲזָרָה. הַמַּרְכּוֹף, טָהוֹר. הַבַּטְנוֹן, וְהַנִּקְטְמוֹן, וְהָאֵרוּס, הֲרֵי אֵלּוּ טְמֵאִים. רַבִּי יְהוּדָה אוֹמֵר, הָאֵרוּס טָמֵא מוֹשָׁב, מִפְּנֵי שֶׁהָאַלְיָת יוֹשֶׁבֶת עָלָיו. מְצֻדַּת הַחֻלְדָּה, טְמֵאָה. וְשֶׁל הָעַכְבָּרִין, טְהוֹרָה:

---

노래하는 자의 하프는 부정해질 수 있으나, 레위인의 하프는 정결하다. 모든 음료수는 부정해질 수 있으나, 〔성전의〕 도살장에서 〔나오는〕 액체는 정결하다. 모든 책들은 손을 부정하게 만들 수 있으나, 〔성전〕 뜰 안에 〔보관한〕 책은 예외다.

나무로 만든 말 인형[100)]은 정결하다. 배에 〔대고 연주하는〕 현악기,

---

100) 이 낱말(מרכוף)은 광대들의 목마이거나 삼나무로 만든 악기라고 주장하는 의견도 있다(「켈림」16, 7).

당나귀 모양의 악기, 에루스[101] 악기는 부정해질 수 있다. 예후다 랍비는 에루스 악기에 앉으면 부정해질 수 있다고 주장하는데, 곡하는 여자가 그 위에 앉을 수 있기 때문이다. 들쥐 덫은 부정해질 수 있으나, 생쥐 덫은 정결하다.

- 하프가 부정해지는 이유는 분명하지 않으나 전문 음악가들이 동전을 모으는데 하프 몸체를 사용했을 가능성이 있다. 물론 레위인들은 동전을 받을 필요가 없기 때문에 부정해질 수 없다(「켈림」 25, 14).
- 유대 정결법에서 다루는 음료수는 모두 일곱 가지가 있다(물, 포도주, 기름, 꿀, 우유, 피, 그리고 이슬). 이런 액체는 부정해질 수 있으며, 다른 음식물에 접촉했을 때 부정하게 만든다(「마크쉬린」 6, 4). 그러나 성전 안에 있는 액체가 부정해지지 않는 이유는 분명하지 않다(「에두욧」 8, 4). 액체의 부정에 관련된 규정 자체가 토라에 기록되어 있지 않고 랍비들이 추론해낸 전통이기 때문에 성전을 정결하게 묘사하려는 의도가 반영된 것으로 추정한다.
- 토라와 예언서와 성문서를 기록한 두루마리는 손을 부정하게 만든다(「야다임」 3, 5). 그러나 성전에 보관해놓은 두루마리는 예외다(「모에드 카탄」 3, 4).
- 본문에서 논의하는 악기나 덫들은 아마도 무엇인가를 담을 수 있는 공간이 있었던 것으로 보인다. 아니면 그 위에 앉을 수 있어서 유출병자 같은 부정한 사람이 앉으면 부정해진다(「켈림」 27, 1).

101) 이 낱말(אירוס)은 결혼식이나 장례식에서 연주하는 종 모양의 악기로 추정한다(「쏘타」 9, 14).

## 제16장

나무 도구나 그릇, 각종 재료로 만든 바구니, 가죽으로 만든 도구나 그릇, 그 외 무기와 악기가 부정해지는 시점이 언제인지 설명한다.

### 16, 1

---

כָּל כְּלֵי עֵץ שֶׁנֶּחֱלַק לִשְׁנַיִם, טָהוֹר, חוּץ מִשֻּׁלְחָן הַכָּפוּל, וְתַמְחוּי הַמִּזְנוֹן, וְהָאֶפִּיפוֹרִין שֶׁל בַּעֲלֵי הַבָּיִת. רַבִּי יְהוּדָה אוֹמֵר, אַף הַמָּגֵס, וְקוֹד הַבַּבְלִי כַּיּוֹצֵא בָהֶן. כְּלֵי עֵץ, מֵאֵימָתַי מְקַבְּלִין טֻמְאָה. הַמִּטָּה וְהָעֲרִיסָה, מִשֶּׁיְּשׁוּפֵם בְּעוֹר הַדָּג. גָּמַר שֶׁלֹּא לָשׁוּף, טְמֵאָה. רַבִּי מֵאִיר אוֹמֵר, הַמִּטָּה, מִשֶּׁיְּסָרֵג בָּהּ שְׁלֹשָׁה בָתִּים:

---

두 조각으로 부서진 나무 도구는 정결하다. 접을 수 있는 탁자와 〔서로 다른〕 음식을 〔담을 수 있는〕 공간이 있는 접시와 〔개인〕 집주인의 발등상은 예외다. 예후다 랍비는 이중 접시와 바벨풍 술잔도 같은 경우라고 말했다.

나무 도구는 언제부터 부정해질 수 있는가? 침대와 아기 침대는 생선껍질로 〔표면을〕 갈아낸 다음부터 그러하다. 〔표면을〕 갈지 않고 〔일을〕 마쳤다고 〔간주하면〕, 부정해질 수 있다. 메이르 랍비는 줄을 세 번[102] 이상 얽어 넣을 때부터 〔부정해질 수 있다고〕 말했다.

- 원래 부정했던 나무 그릇은 부서지면서 정결해진다(「켈림」 2, 1). 그리고 부서진 조각들은 더 이상 부정해질 수 없다. 예외에 속하는 그릇이나 도구들은 둘로 나눈 이후에도 사용이 가능한 것들이다. 이 미쉬나는 그런 도구들을 열거하고 있다.

---

102) 본문에는 밧줄을 세 '바팀'(בתים)으로 얽어 넣었다고 특별한 용어를 써서 표현하고 있다.

- 나무 그릇이 언제부터 부정해질 수 있느냐는 질문은 토기나 금속 용기에 관해서도 제기했던 원리에 대한 질문이다. 침대의 경우 표면을 부드럽게 갈아낸 다음부터 부정해지는데(12, 8), 주인이 표면처리를 하지 않겠다고 정했다면 그 전에라도 부정해질 수 있다고 대답한다.
- 침대는 나무로 틀을 짜고 밧줄을 가로와 세로로 튼튼히 엮어서 사람의 몸무게를 지탱할 수 있도록 만든다. 그러므로 메이르 랍비는 줄을 세 번 이상 얽어 넣을 때부터 부정해질 수 있다고 주장한다(19, 1).

16, 2

바구니를 만드는 공정을 주로 다룬다.

---

הַסַּלִּים שֶׁל עֵץ, מִשֶּׁיַּחְסֹם וִיקַנֵּב. וְשֶׁל תְּמָרָה, אַף עַל פִּי שֶׁלֹּא קִנֵּב מִבִּפְנִים, טָמֵא, שֶׁכֵּן מְקַיְּמִין. כַּלְכָּלָה, מִשֶּׁיַּחְסֹם וִיקַנֵּב וְיִגְמֹר אֶת הַתְּלוֹיָה. בֵּית הַלְּגִינִין, וּבֵית הַכּוֹסוֹת, אַף עַל פִּי שֶׁלֹּא קִנֵּב מִבִּפְנִים, טָמֵא, שֶׁכֵּן מְקַיְּמִין:

---

나무로 만든 바구니는 그 테두리를 굽히고 거친 끝을 다듬는 순간부터 〔부정해질 수 있다〕.

대추야자나무 가지로 만든 것은 거친 끝을 안쪽 면에서 다듬지 않았다고 해도 부정해질 수 있는데, 그냥 그렇게 유지될 수 있기 때문이다.

갈대로 만든 바구니는 그 테두리를 굽히고 거친 끝을 다듬고 거는 고리를 완성하는 순간부터 〔부정해질 수 있다〕. 병과 잔을 담는 버들가지 바구니는 거친 끝을 안쪽 면에서 다듬지 않았더라도 부정해질 수 있는데, 그냥 그렇게 유지될 수 있기 때문이다.

- 바구니를 만드는 재료가 무엇인지에 따라 바구니를 사용할 수 있는 시점이 달라지며, 결과적으로 부정해질 수 있는 가능성도 다른 시점

에 시작한다. 여기서 전제하고 있는 원칙은 그릇이나 도구는 사람이 특별한 기능으로 사용할 수 있는 순간부터 부정해질 수 있다는 것이다.

## 16, 3

הַקְּנוֹנִין הַקְּטַנִּים, וְהַקְּלָתוֹת, מִשֶּׁיַּחְסֹם וִיקַנֵּב. הַקְּנוֹנִים הַגְּדוֹלִים, וְהַסּוּגִין הַגְּדוֹלִים, מִשֶּׁיַּעֲשֶׂה שְׁנֵי דוּרִים לָרֹחַב שֶׁלָּהֶם. יָם נָפָה, וּכְבָרָה, וְכַף שֶׁל מֹאזְנַיִם, מִשֶּׁיַּעֲשֶׂה דוּר אֶחָד לָרֹחַב שֶׁלָּהֶן. הַקֻּפָּה, מִשֶּׁיַּעֲשֶׂה שְׁתֵּי צְפִירוֹת לָרֹחַב שֶׁלָּהּ. וְהֶעָרָק, מִשֶּׁיַּעֲשֶׂה בּוֹ צְפִירָה אֶחָת:

작은 갈대 바구니와 〔다른〕 바구니들은 그 테두리를 굽히고 거친 끝을 안쪽 면에서 다듬는 순간부터 〔부정해질 수 있다〕. 큰 갈대 바구니와 광주리들은 넓은 쪽으로 두 줄을 만들었을 때부터 〔부정해질 수 있다〕. 체 치는 자의 용기나 체나 저울접시는 넓은 쪽으로 한 줄을 만들었을 때부터 〔부정해질 수 있다〕. 버드나무 바구니는 넓은 쪽으로 매듭 두 개를 지었을 때부터 〔부정해질 수 있다〕. 골풀로 만들어 체로 쓰는 바구니는 〔넓은 쪽으로〕 매듭 한 개를 지었을 때부터 〔부정해질 수 있다〕.

- 바구니를 만들 때 넓은 쪽은 아마도 바닥을 가리키는 것으로 보인다. 바구니 벽은 그리 높지 않으므로 바닥을 완성하면서 독립적인 '그릇'이 된다고 간주했을 것이다.
- 미쉬나 본문은 바구니를 만들 때 줄을 만들거나 매듭을 짓는다고 말하여 재료가 무엇인지에 따라 바구니를 만드는 방법이 다르다는 사실을 간접적으로 보여준다.

## 16, 4

가죽으로 만든 도구에 대한 논의다.

---

כְּלֵי עוֹר, מֵאֵימָתַי מְקַבְּלִין טֻמְאָה. הַתּוּרְמֵל, מִשֶּׁיַּחְסֹם וִיקַנֵּב וְיַעֲשֶׂה קִיחוֹתָיו. רַבִּי יְהוּדָה אוֹמֵר, מִשֶּׁיַּעֲשֶׂה אֶת אָזְנָיו. סְקָרְטְיָא, מִשֶּׁיַּחְסֹם וִיקַנֵּב וְיַעֲשֶׂה אֶת צִיצָתָהּ. רַבִּי יְהוּדָה אוֹמֵר, מִשֶּׁיַּעֲשֶׂה אֶת טַבְּעוֹתֶיהָ. קָטָבוֹלְיָא, מִשֶּׁיַּחְסֹם וִיקַנֵּב. רַבִּי יְהוּדָה אוֹמֵר, מִשֶּׁיַּעֲשֶׂה אֶת קִיחוֹתֶיהָ. הַכַּר וְהַכֶּסֶת שֶׁל עוֹר, מִשֶּׁיַּחְסֹם וִיקַנֵּב. רַבִּי יְהוּדָה אוֹמֵר, מִשֶּׁיִּתְפְּרֵם וִישַׁיֵּר בָּהֶם פָּחוֹת מֵחֲמִשָּׁה טְפָחִים:

---

가죽으로 만든 도구들은 언제부터 부정해질 수 있는가? 가죽 주머니는 단을 꿰매고 거친 끝부분을 다듬고 끈[103]을 만들어 달 때부터 〔부정해질 수 있다〕. 예후다 랍비는 그 귀를 만들었을 때부터 〔부정해질 수 있다고〕 말했다.

가죽 앞치마는 단을 꿰매고 거친 끝부분을 다듬고 줄을 만들어 달 때부터 〔부정해질 수 있다〕. 예후다 랍비는 그 고리들을 만들었을 때부터 〔부정해질 수 있다고〕 말했다.

베개와 가죽 베개 덮개는 단을 꿰매고 거친 끝부분을 다듬었을 때부터 〔부정해질 수 있다〕. 예후다 랍비는 그 띠를 만들었을 때부터 〔부정해질 수 있다고〕 말했다.

가죽 등받침과 매트리스는 단을 꿰매고 거친 끝부분을 다듬었을 때부터 〔부정해질 수 있다〕. 예후다 랍비는 그것을 바느질하여 〔입구가〕 5테팍보다 적게 남았을 때부터 〔부정해질 수 있다고〕 말했다.

- 가죽으로 만든 각종 도구들이 완성되는 시점이 곧 부정해질 수 있는

---

103) 이 낱말(קיחותיו)은 가죽 주머니를 묶어서 닫는 끈을 가리키는데, 철자법을 고쳐야 한다(קיהותיו).

순간이기 때문에 이런 물품들을 만드는 공정을 논의하고 있다. 예후다 랍비는 일반적인 견해보다 한 단계 이후를 완성 시점으로 지시하고 있으며, 그러므로 좀 더 관대한 태도를 보여준다.

- 침대 덮개나 등받침이나 매트리스는 다른 무엇인가를 담을 수 있는 공간이 없는데도 불구하고 완성 시점부터 부정해질 수 있다고 규정하고 있다(「미크바옷」 10, 2). 어떤 도구 위에 앉거나 누울 수 있어도 독립된 도구로 부정해질 수 있다고 주장하는 것이다.

## 16, 5

---

פְּטִילְיָה, טְמֵאָה. וַחֲסִינָה, טְהוֹרָה. סִגְנִיּוֹת שֶׁל עָלִין, טְהוֹרוֹת. שֶׁל נְצָרִין, טְמֵאוֹת. חוֹתָל שֶׁהוּא נוֹתֵן לְתוֹכוֹ וְנוֹטֵל מִתּוֹכוֹ, טָמֵא. וְאִם אֵינוֹ יָכוֹל עַד שֶׁיִּקְרָעֶנּוּ אוֹ עַד שֶׁיַּתִּירֶנּוּ, טָהוֹר:

---

〔무화과를 담는〕 바구니는 부정해질 수 있으나, 〔밀을 담는〕 바구니는 정결하다.

나뭇잎으로 만든 작은 바구니는 정결하나, 가지로 만든 바구니는 부정해질 수 있다.

〔대추야자를〕 그 안에 쉽게 넣을 수 있고 또 쉽게 꺼낼 수 있는 대추야자 나무 바구니는 부정해질 수 있다. 그러나 만약 그것을 찢거나 매듭을 풀기 전에는 〔넣고 꺼낼〕 수 없다면, 정결하다.

- 무화과를 담는 바구니는 들고 다니며 쓸 수 있는 도구이며 부정해질 수 있지만, 밀을 담는 바구니는 이동시킬 수 없기 때문에 부정해지지 않는다.
- 나뭇잎으로 만든 바구니는 일시적으로 사용하고 버리는 소모품이며 부정해지지 않지만, 나뭇가지로 만든 바구니는 계속 사용할 수 있는 도구이며 부정해질 수 있다.

- 대추야자 나무는 열매가 잘 익을 수 있도록 나뭇잎을 바구니처럼 만들어 씌운다. 만약 이 도구가 쉽게 열매를 넣고 꺼낼 수 있도록 만들었다면 독립된 도구이며 부정해질 수 있지만, 그렇지 않다면 도구가 아니므로 정결하다.

## 16, 6

קְסָיָה שֶׁל זוֹרֵי גְרָנוֹת, שֶׁל הוֹלְכֵי דְרָכִים, שֶׁל עוֹשֵׂי פִשְׁתָּן, טְמֵאָה. אֲבָל שֶׁל צַבָּעִין וְשֶׁל נַפָּחִין, טְהוֹרָה. רַבִּי יוֹסֵי אוֹמֵר, אַף שֶׁל גָּרוֹסוֹת כַּיּוֹצֵא בָהֶן. זֶה הַכְּלָל, הֶעָשׂוּי לְקַבָּלָה, טָמֵא. מִפְּנֵי הַזֵּעָה, טָהוֹר:

타작마당에서 키질하는 자와 여행자와 아마 가공자의 가죽 장갑[104]은 부정해질 수 있다. 염색업자와 대장장이의 〔가죽 장갑은〕 정결하다. 요쎄 랍비는 곡식 제분업자의 〔가죽 장갑도〕 같은 규정을 적용한다.

이것이 원칙이다. 무엇인가를 잡기 위해서 사용하는 〔가죽 장갑은〕 부정해질 수 있으나, 땀 흘리는 것 때문에 〔사용하는 가죽 장갑은〕 정결하다.

- 가죽 장갑은 뾰족하거나 날카로운 것을 잡을 때 손을 보호하기 위해서 사용하면 독립된 도구이며 부정해질 수 있다(「켈림」 15, 5). 그러나 땀이 나서 미끄러지는 것을 막기 위해서 사용한다면 독립된 도구가 아니며 부정해질 수 없다.

## 16, 7

הַמַּלְקוֹט שֶׁל בָּקָר, וְהֶחָסִים שֶׁלּוֹ, וְהַמַּדָּף שֶׁל דְּבוֹרִים, וְהַמְנָפָה, הֲרֵי אֵלּוּ טְהוֹרִין. כְּסוּי שֶׁל קֻפְסָא, טָמֵא. כְּסוּי קַמְטְרָא, טָהוֹר. כְּסוּי תֵּבָה, כְּסוּי

104) 이 낱말(קסיה)은 원래 '카씨야'(כסיה)에서 나온 말로 보인다(야스트로 1396).

טֵנִי, וְהַמַּכְבֵּשׁ שֶׁל חָרָשׁ, וְהַכֶּסֶת שֶׁתַּחַת הַתֵּבָה, וְהַקִּמְרוֹן שֶׁלָּהּ, וְאַנְגְּלִין שֶׁל סֵפֶר, בֵּית הַנֶּגֶר, בֵּית הַמַּנְעוּל, וּבֵית הַמְּזוּזָה, וְתִיק נְבָלִין, וְתִיק כִּנּוֹרֶת, וְהָאֵמוּם שֶׁל גּוֹדְלֵי מִצְנָפוֹת, וְהַמַּרְכּוֹף שֶׁל זַמָּר, וּרְבִיעִית שֶׁל אַלְיָת, וּגְנוֹגְנִית הֶעָנִי, וְסָמוֹכוֹת הַמִּטָּה, וּטְפוּס שֶׁל תְּפִלָּה, וְאֵמוּם שֶׁל עוֹשֵׂה סוּתוֹת, הֲרֵי אֵלּוּ טְהוֹרִים. זֶה הַכְּלָל, אָמַר רַבִּי יוֹסֵי, כָּל מְשַׁמְּשֵׁי מְשַׁמְּשָׁיו שֶׁל אָדָם בִּשְׁעַת מְלָאכָה וְשֶׁלֹּא בִשְׁעַת מְלָאכָה, טָמֵא. וְכֹל שֶׁאֵינוֹ אֶלָּא בִשְׁעַת מְלָאכָה, טָהוֹר:

---

쇠똥 주머니와 입마개, 벌 선반, 부채, 이런 것들은 정결하다. 작은 상자 뚜껑은 부정해지지만, 옷 상자 뚜껑은 정결하다. 상자 뚜껑, 바구니 뚜껑, 장인의 조임틀, 상자 밑에 〔받치는〕 받침, 그것을 덮는 아치형 덮개, 책상,[105] 빗장을 끼우는 구멍, 자물쇠를 끼우는 구멍, 메주자[106] 상자, 수금 통, 다른 현악기[107] 통, 터번 만드는 자가 〔모양을 만드는 데〕 쓰는 틀, 가수들의 〔고정된〕 악기, 곡하는 여인들이 두들겨 소리를 내는 도구, 가난한 자의 차양, 침대 기둥들, 테필린 〔모양을 만드는 데〕 쓰는 틀, 밧줄 만드는 자가 쓰는 틀, 이런 것들은 정결하다.

이것이 원칙이다. 요쎄 랍비는 어떤 사람이 일을 할 때와 그렇지 않을 때 모두 사용하는 도구에 〔관련된 또 다른〕 도구는 부정해질 수 있다고 말했다. 그러나 일을 할 때만 사용하는 것들은 정결하다.

- 이 미쉬나에 언급된 다양한 물건들은 독립적인 도구인지 여부에 따라 부정해질 수 있는지 여부를 결정하고 있다.

---

105) 이 낱말(ואנגלין)은 헬라어에서 온 말로 '바날긴'(ואנלגין)이 옳다.

106) 원래 현관 기둥을 부르는 말이었으나(출 12:7, 22, 23; 삿 16:3; 왕상 6:31, 33; 7:5; 잠 8:34; 사 57:8; 겔 41:21, 43:8) 나중에 그 기둥에 붙이는 성구함을 부르는 말로 의미가 확장되었다.

107) 이 미쉬나에 두 가지 현악기 이름이 나오는데, '네벨'(נבל)은 수금에 가깝고 '키노르'(כנור)는 바이올린에 가까운 현악기로 추측한다.

• 요쎄 랍비의 원칙은 어떤 사람이 자기 직업과 관련해서 일을 할 때나 쉴 때 항상 사용하는 그릇이나 도구가 있다면, 그것은 독립적인 그릇이나 도구이며 부정해질 수 있다고 말한다. 그러나 일을 할 때만 일시적으로 사용한다면 독립적인 도구가 아니며 정결하다는 것이다. 그러나 목록에 포함된 모든 도구들이 이 원칙에 잘 들어맞는 것은 아니기 때문에 주석가들 간에 이견이 존재한다.

## 16, 8

무기와 악기와 관련된 규정들을 논의한다.

---

תִּיק הַסַּיִף וְהַסַּכִּין וְהַפִּגְיוֹן, תִּיק מִסְפֶּרֶת וּמִסְפָּרַיִם וְהַתַּעַר, תִּיק מִכְחוֹל,
וּבֵית הַכּוֹחַל, תִּיק מַכְתֵּב, וּתְרוּנְתֵּק, תִּיק טַבְלָא וּסְקָרְטְיָא, בֵּית הַחִצִּים,
בֵּית הַפָּגוֹשׁוֹת, הֲרֵי אֵלּוּ טְמֵאִים. תִּיק סִמְפּוֹנְיָא, בִּזְמַן שֶׁהוּא נוֹתֵן מִלְמַעְלָה,
טָמֵא. מִצִּדּוֹ, טָהוֹר. תִּיק חֲלִילִין, רַבִּי יְהוּדָה מְטַהֵר, מִפְּנֵי שֶׁהוּא נוֹתְנוֹ מִצִּדּוֹ.
חִפּוּי הָאַלָּה, הַקֶּשֶׁת, וְהָרֹמַח, הֲרֵי אֵלּוּ טְהוֹרִין. זֶה הַכְּלָל, הֶעָשׂוּי לְתִיק,
טָמֵא. לְחִפּוּי, טָהוֹר:

---

검과 칼과 단검 집, 가위와 전지가위와 예리한 칼 집, 파란 화장막대기[108) 통과 파란 화장품 상자, 첨필 통, 나침반 통, 토판과 가죽 앞치마 통, 화살 통, 투창 통, 이것들은 부정해질 수 있다. 쌍피리 통은 위에서 넣도록 만들었을 때 부정해질 수 있으나, 옆에서 넣을 때는 정결하다. 피리 통에 관해 예후다 랍비는 정결하다고 주장했는데, 옆에서 넣기 때문이다. 곤봉과 활과 단창 덮개는 정결하다. 이것이 원칙이다. [보관하기 위한] 통으로 만들었으면 부정해질 수 있고, 덮개로 [만들었으면] 정결하다.

108) 이 낱말(מכחול)은 짙은 푸른색 눈화장품을 바르는 막대기다(야스트로 782).

## 제17장

나무, 가죽, 뼈로 만든 그릇에 구멍이 나서 더 이상 사용할 수 없으면 정결해지는데, 그 구멍의 크기는 그릇에 따라 다르다. 그 외에 도량형으로 쓰는 그릇, 바다 생물로 만든 그릇 등에 관해 논의한다.

### 17, 1

---

כָּל כְּלֵי בַעֲלֵי בָתִּים, שִׁעוּרָן בְּרִמּוֹנִים. רַבִּי אֱלִיעֶזֶר אוֹמֵר, בְּמַה שֶּׁהֵן.
קֻפּוֹת הַגַּנָּנִים, שִׁעוּרָן בַּאֲגֻדּוֹת שֶׁל יָרָק. שֶׁל בַּעֲלֵי בָתִּים, בְּתֶבֶן. שֶׁל בַּלָּנִין,
בִּגְבָבָה. רַבִּי יְהוֹשֻׁעַ אוֹמֵר, כֻּלָּן בְּרִמּוֹנִים:

---

〔개인〕 집주인이 쓰는 모든 〔나무, 가죽, 뼈로 만든〕 그릇들은 석류만한 크기로 〔구멍이 났을 때 정결해진다〕. 엘리에제르 랍비는 〔구멍의 크기는〕 이곳에 무엇을 담느냐에 달렸다고 말했다. 정원사의 바구니는 〔구멍이〕 채소 묶음 크기일 때, 〔개인〕 집주인의 〔바구니는 구멍이〕 짚단 〔묶음 크기일 때〕, 욕조 관리인의 〔바구니는 구멍이〕 왕겨 〔묶음 크기일 때 정결해진다〕. 예호슈아 랍비는 모든 경우에 〔구멍이〕 석류만 한 〔크기일 때 정결해진다고〕 말했다.

- 그릇에 구멍이 나서 더 이상 그 기능을 수행할 수 없을 때, 그것이 정결해지며 더 이상 부정해지지 않는다(「켈림」 3, 1; 14, 1).
- 미쉬나 첫머리에는 개인 집주인이 사용하는 그릇을 언급하고 있는데, 엘리에제르 랍비가 예로 드는 그릇들은 전문 직업인과 개인 집주인이 모두 섞여 있어서 문맥이 어지럽다. 예호슈아 랍비는 이런 문제를 의식했는지 간단하게 규정을 정리하고 있다.

## 17, 2

הַחֵמֶת, שִׁעוּרָהּ בִּפְקָעִיּוֹת שֶׁל שְׁתִי. אִם אֵינָהּ מְקַבֶּלֶת שֶׁל שְׁתִי, אַף עַל פִּי שֶׁמְּקַבֶּלֶת שֶׁל עֵרֶב, טְמֵאָה. בֵּית קְעָרוֹת שֶׁאֵינוֹ מְקַבֵּל קְעָרוֹת, אַף עַל פִּי שֶׁמְּקַבֵּל אֶת הַתַּמְחוּיִין, טָמֵא. בֵּית הָרְעִי שֶׁאֵינוֹ מְקַבֵּל מַשְׁקִין, אַף עַל פִּי שֶׁמְּקַבֵּל אֶת הָרְעִי, טָמֵא. רַבָּן גַּמְלִיאֵל מְטַהֵר, מִפְּנֵי שֶׁאֵין מְקַיְּמִין אוֹתוֹ:

가죽으로 만든 부대에 날줄 집게가 〔떨어질 만한〕 크기로 구멍이 났다면 〔정결하다〕. 만약 〔구멍 때문에〕 날줄 집게는 들어 있을 수 없지만, 씨줄 집게는 들어있을 수 있다면, 〔그 병은〕 부정해질 수 있다. 접시 통에 〔구멍이 나서〕 접시를 담을 수 없지만 아직 쟁반을 넣어둘 수 있다면, 이것은 부정해질 수 있다. 요강에 〔구멍이 나서〕 액체를 담아둘 수 없지만 아직 대변을 담아둘 수 있다면, 이것은 부정해질 수 있다. 감리엘 라반은 정결하다고 주장했는데, 사람들이 이런 방식으로 이 도구들을 사용하지 않기 때문이다.

- 날줄 집게와 씨줄 집게는 크기가 서로 달랐던 것으로 보인다. 작은 쪽이 떨어지고 큰 쪽이 아직 주머니 안에 들어 있다면, 어느 정도 기능을 하는 것으로 보고 부정해질 수 있다고 규정했다. 접시 통이나 요강도 마찬가지다.
- 감리엘 라반은 앞에서 다른 랍비들이 주장하던 것과 달리 이런 경우 사람들이 대부분이 가죽 통이나 병을 버린다고 지적하고, 그렇다면 구멍 난 통이나 병은 더 이상 독립된 도구가 아니므로 정결하다고 주장했다(「켈림」 16, 2).

## 17, 3

הַסַּלִּין שֶׁל פַּת, שִׁעוּרָן בְּכִכָּרוֹת שֶׁל פַּת. אֲפִיפְיָרוֹת שֶׁעָשָׂה לָהֶן קָנִים מִלְּמַטָּן לְמַעְלָה לְחִזּוּק, טְהוֹרָה. עָשָׂה לָהּ גַּפַּיִם כָּל שֶׁהֵן, טְמֵאָה. רַבִּי שִׁמְעוֹן אוֹמֵר, אִם אֵינָהּ יְכוֹלָה לְהִנָּטֵל בְּגַפַּיִם, טְהוֹרָה:

빵 바구니는 빵 한 덩이가 〔떨어질 만한〕 크기로 〔구멍이 났다면 정결하다〕. 파피루스로 만든 지지대를 강화하기 위하여 갈대를 밑으로부터 위로 넣어 만들었다면, 정결하다. 거기에 벽을 만들어 세웠다면 부정해질 수 있다. 쉼온 랍비는 〔이것을 벽에서 떼어〕 들 수 없다면 정결하다고 말했다.

- 빵 바구니는 파피루스로 지지대를 만들고 갈대를 끼워서 강화시켰다고 해도 무거운 것을 담을 수 없기 때문에 정결하다. 그러나 벽까지 만들어 세웠다면 독립적인 도구로 인정되며(「켈림」 8, 3), 부정해질 수 있다.
- 쉼온 랍비는 벽도 지지대 없이 혼자 튼튼하게 서 있을 수 있을 때에만 부정해질 수 있으며, 그렇지 않다면 정결하다고 주장했다.

17, 4
첫째 미쉬나에서 언급한 구멍의 크기를 추가로 설명한다.

---

הָרִמּוֹנִים שֶׁאָמְרוּ, שְׁלֹשָׁה, אֲחוּזִין זֶה בָזֶה. רַבָּן שִׁמְעוֹן בֶּן גַּמְלִיאֵל אוֹמֵר, בְּנָפָה וּבִכְבָרָה, כְּדֵי שֶׁיִּטֹּל וִיהַלֵּךְ, וּבְקֻפָּה, כְּדֵי שֶׁיַּפְשִׁיל לַאֲחוֹרָיו. וּשְׁאָר כָּל הַכֵּלִים שֶׁאֵינָן יְכוֹלִין לְקַבֵּל רִמּוֹנִים, כְּגוֹן הָרֹבַע, וַחֲצִי הָרֹבַע, הַקְּנוֹנִים הַקְּטַנִּים, שִׁעוּרָן בְּרֻבָּן, דִּבְרֵי רַבִּי מֵאִיר. רַבִּי שִׁמְעוֹן אוֹמֵר, בְּזֵיתִים. נִפְרְצוּ, שִׁעוּרָן בְּזֵיתִים. נִגְמְמוּ, שִׁעוּרָן בְּמַה שֶּׁהֵן:

---

그들이 말했던 석류는 세 개가 서로 붙어 있는 것이었다. 쉼온 벤 감리엘은 작은 체와 체는 이것을 집어 들고 걸어갈 때 〔구멍으로 석류가 빠질 때〕, 버드나무 바구니는 뒤로 흔들어서 〔석류가 빠질 때 정결하다고〕 말했다. 그 외 다른 그릇들이 석류를 담을 수 없는 상태라면, 예를 들어 1/4〔카브〕, 1/8〔카브〕, 작은 바구니들은 〔그 구멍의〕 크기가 〔그릇의〕 대부분을 차지할 때 〔정결해진다〕. 메이르 랍비의 말이다.

쉼온 랍비는 〔그 구멍이〕 올리브가 〔떨어질 만한 크기라면 정결하다고〕 말했다. 〔그 벽이〕 뚫렸다면 〔그 구멍이〕 올리브가 〔떨어질 만한〕 크기라면 〔정결하다고 말했다〕. 〔그 그릇이〕 닳았다면 〔그 구멍이 원래〕 그곳에 담던 것이 〔떨어질 만한〕 크기라면 〔정결하다〕.[109)]

- 이 미쉬나 첫머리에는 앞서 언급한 미쉬나들의 문맥을 따라 구멍이 나서 어떤 그릇이나 도구가 그 기능을 잃었다고 판단할 때 석류가 기준이 되는데 그 크기는 어느 정도가 적당한지 묻는다. 그리고 그 구멍은 석류 세 개가 붙은 한 송이가 떨어질 수 있을 만큼 구멍이 클 때에만 적용된다고 주장한다.
- 너무 작아서 석류를 담을 수 없는 그릇이나 도구는 또 다른 규정을 적용한다.

17, 5
구멍의 크기를 재는 과일의 크기를 규정한다.

---

הָרִמּוֹן שֶׁאָמְרוּ, לֹא קָטָן וְלֹא גָדוֹל אֶלָּא בֵינוֹנִי. וּלְמָה הֻזְכְּרוּ רִמּוֹנֵי בָדָאן, שֶׁיְּהוּ מְקַדְּשִׁין כָּל שֶׁהֵן, דִּבְרֵי רַבִּי מֵאִיר. רַבִּי יוֹחָנָן בֶּן נוּרִי אוֹמֵר, לְשַׁעֵר בָּהֶן אֶת הַכֵּלִים. רַבִּי עֲקִיבָא אוֹמֵר, לְכָךְ וּלְכָךְ הֻזְכְּרוּ, לְשַׁעֵר בָּהֶן אֶת הַכֵּלִים, וְיִהְיוּ מְקַדְּשִׁין כָּל שֶׁהֵן. אָמַר רַבִּי יוֹסֵי, לֹא הֻזְכְּרוּ רִמּוֹנֵי בָדָאן וַחֲצִירֵי גֶבַע, אֶלָּא שֶׁיְּהוּ מִתְעַשְּׂרִין וַדַּאי בְּכָל מָקוֹם:

---

그들이 말했던 석류는 작은 것도 아니고 큰 것도 아니고 중간 것이다. 그런데 그들은 왜 바단 석류를 언급했는가? 〔그 석류들은〕 어떤 것이든지 거룩하게 만들기 때문이라는 것이 메이르 랍비의 말이다.

---

109) 이 마지막 문장은 그 의미가 분명하지 않다. 최소한의 분량을 담을 수 있는 상태를 가리킨다고 설명하기도 한다(알벡).

요하난 벤 누리 랍비는 그것으로 그릇 크기를 측정하기 때문이라고 말했다. 아키바 랍비는 그 이유는 물론 저 이유를 위해서 언급했다고 하면서, 그것으로 그릇 크기를 측정하기도 하고, 그것이 어떤 것이든지 거룩하게 만들기 때문이기도 하다고 말했다. 요쎄 랍비는 바단 석류와 게바의 리크가 언급된 이유는 어떤 경우이든지 십일조를 내야 하기 때문이라고 말했다.

- '바단'은 이스라엘 북부 사마리아 지역에 있는 장소다. 이 미쉬나는 어떤 법적 논쟁에서 바단에서 난 석류를 언급했다고 했는데, 이것은 미쉬나보다 더 오래된 법적 전통을 가리킨다.
- 메이르 랍비는 농산물과 관련된 '오를라' 법규와 관련이 있다고 설명한다. 과수를 심고 첫 3년 동안 열린 열매는 먹는 것이 금지되어 있는데, 바단 석류는 아무리 적은 양이라 하더라도 다른 열매와 섞이면 그 모든 열매를 먹지 못하는 금지 품목으로 만든다고 했다. 이런 규정은 일반적인 법률전통과 비교할 때 지나치게 엄정한 기준을 말하고 있다(「오를라」 3, 7).
- 요하난 벤 누리 랍비는 바단 석류가 중간 크기이기 때문에 그릇에 구멍이 난 경우에 부정함과 정결함을 판단하는 기준이 될 수 있다고 주장한다.
- 아키바 랍비는 양측의 주장이 모두 옳다고 말하며 중재를 시도한다.
- 요쎄 랍비는 바단 석류와 관련된 다른 법전통을 언급한다. 바단과 게바는 사마리아 사람들의 지역이고, 이 지역에서 생산된 농산물들은 절차를 따라 십일조를 바치지 않고 유통되었을 가능성이 높다고 주장한다. 그렇다면 이런 농산물을 구입했을 때 법을 어기지 않기 위해서 일단 십일조를 구별하고 사용해야 한다(「드마이」 5, 9).
- 이 미쉬나는 전체적으로 원래 문맥과 잘 들어맞지 않으며, 요하난

벤 누리 랍비가 주장했던 내용이 유일한 연결 고리다. 아마도 바단 석류에 관한 독립적인 문단을 이곳에 삽입한 것으로 추정한다.

17, 6

---

כַּבֵּיצָה שֶׁאָמְרוּ, לֹא גְדוֹלָה וְלֹא קְטַנָּה אֶלָּא בֵינוֹנִית. רַבִּי יְהוּדָה אוֹמֵר, מֵבִיא גְדוֹלָה שֶׁבַּגְּדוֹלוֹת וּקְטַנָּה שֶׁבַּקְּטַנּוֹת, וְנוֹתֵן לְתוֹךְ הַמַּיִם, וְחוֹלֵק אֶת הַמָּיִם. אָמַר רַבִּי יוֹסֵי, וְכִי מִי מוֹדִיעֵנִי אֵיזוֹהִי גְדוֹלָה וְאֵיזוֹהִי קְטַנָּה, אֶלָּא הַכֹּל לְפִי דַעְתּוֹ שֶׁל רוֹאֶה:

---

그들이 말했던 달걀과 같으니, 큰 것도 아니고 작은 것도 아니고 중간 것이다. 예후다 랍비는 큰 것들 중 〔가장〕 큰 것과 작은 것들 중 〔가장〕 작은 것을 가져와서 물 속에 넣고 물을 가르라고 말했다. 요쎄 랍비는 누가 나에게 어떤 것이 크고 어떤 것이 작은지 알려줄 수 있는가? 모든 것이 보는 자의 생각에 달려 있다고 말했다.

- 유대 법전통에서 달걀이 크기의 기준이 되는 경우가 많은데(「오홀롯」 13, 5), 이때 사용하는 달걀은 중간 크기라고 규정한다.
- 예후다 랍비는 달걀들을 물에 넣어 큰 것과 작은 것을 가리라고 조언했는데, 아마도 넘치는 물의 양을 보고 판단하라는 것으로 추정할 수 있다.
- 요쎄 랍비는 그 방법도 정확하지 않다고 지적하며 결국 관찰자의 관점에 따라 달라질 수 있다고 한탄한다.

17, 7

---

כַּגְּרוֹגֶרֶת שֶׁאָמְרוּ, לֹא גְדוֹלָה וְלֹא קְטַנָּה אֶלָּא בֵינוֹנִית. רַבִּי יְהוּדָה אוֹמֵר, הַגְּדוֹלָה שֶׁבְּאֶרֶץ יִשְׂרָאֵל הִיא הַבֵּינוֹנִית שֶׁבַּמְּדִינוֹת:

---

그들이 말했던 마른 무화과는 큰 것도 아니고 작은 것도 아니고 중

간 것이다.

예후다 랍비는 이스라엘 땅에서 〔생산한〕 큰 것이 〔다른〕 지역에서 〔생산한〕 중간 것과 〔같다〕고 말했다.

- 유대전통에서 마른 무화과가 판단의 기준이 되는 경우도 많은데 (「샤밧」 7, 4; 「켈림」 3, 2; 4, 2), 이때 무화과는 중간 크기여야 한다.
- 예후다 랍비는 지역에 따라 무화과 크기를 구별하는 기준도 달라질 수 있다고 지적했다.

## 17, 8

כַּזַּיִת שֶׁאָמְרוּ, לֹא גָדוֹל וְלֹא קָטָן אֶלָּא בֵינוֹנִי, זֶה אֵגוּרִי. כַּשְּׂעֹרָה שֶׁאָמְרוּ, לֹא גְדוֹלָה וְלֹא קְטַנָּה אֶלָּא בֵינוֹנִית, זוֹ מִדְבָּרִית. כָּעֲדָשָׁה שֶׁאָמְרוּ, לֹא גְדוֹלָה וְלֹא קְטַנָּה אֶלָּא בֵינוֹנִית, זוֹ מִצְרִית. כָּל הַמִּטַּלְטְלִין מְבִיאִין אֶת הַטֻּמְאָה בְּעֳבִי הַמַּרְדֵּעַ, לֹא גָדוֹל וְלֹא קָטָן אֶלָּא בֵינוֹנִי. אֵיזֶה הוּא בֵינוֹנִי, כֹּל שֶׁהֶקֵּפוֹ טֶפַח:

그들이 말했던 올리브 열매는 큰 것도 아니고 작은 것도 아니고 중간 것이니, 이는 에고리-올리브다. 그들이 말했던 보리는 큰 것도 아니고 작은 것도 아니고 중간 것이니, 이는 미드바릿-보리다. 그들이 말했던 편두는 큰 것도 아니고 작은 것도 아니고 중간 것이니, 이는 이집트 편두다.

들어 옮길 수 있는 모든 것들이 〔사체나 다른 물건 위에 천막처럼 그늘을 드리워서〕 부정을 전이시키는 것은 그 너비가 목동의 지팡이 정도 〔되어야 하며〕, 큰 것도 아니고 작은 것도 아니고 중간 것이다. 〔여기서〕 중간은 어느 정도를 말하는가? 그 둘레가 1테팍 정도를 말한다.

- 유대전통에서 크기를 판단하는 기준으로 사용하는 올리브와 보리와 편두에 관련된 규정을 모아놓았다. 올리브 열매는 음식의 최소량이나 그릇에 난 구멍을 측정할 때(「켈림」 3, 1), 보리는 부정을 전이시킬 수 있는 뼛조각을 논의할 때(1, 4), 편두는 역시 부정을 전이시키는 기는 것과 피부병 관련된 규정에 나온다(「오홀롯」 1, 7; 「네가임」 4, 6).
- 중간 크기의 물건들 중에서 정결법과 관련된 규정이 또 하나 언급되었는데, 이 규정은 사실 바로 다음 마쎄켓에 나온다(「오홀롯」 16, 1). 시체나 시체의 일부가 정결한 그릇과 같은 '천막'에 있었다면 부정이 전이되는데, 이때 천막 역할을 하는 물체는 중간 크기 지팡이 너비에 1테팍 정도의 둘레가 되는 것은 무엇이든 해당된다.

## 17, 9

הָאַמָּה שֶׁאָמְרוּ, בָּאַמָּה הַבֵּינוֹנִית. וּשְׁתֵּי אַמּוֹת הָיָה בְשׁוּשַׁן הַבִּירָה, אַחַת עַל קֶרֶן מִזְרָחִית צְפוֹנִית וְאַחַת עַל קֶרֶן מִזְרָחִית דְּרוֹמִית. שֶׁעַל קֶרֶן מִזְרָחִית צְפוֹנִית הָיְתָה יְתֵרָה עַל שֶׁל מֹשֶׁה חֲצִי אֶצְבַּע. שֶׁעַל קֶרֶן מִזְרָחִית דְּרוֹמִית הָיְתָה יְתֵרָה עָלֶיהָ חֲצִי אֶצְבַּע, נִמְצֵאת יְתֵרָה עַל שֶׁל מֹשֶׁה אֶצְבָּע. וְלָמָּה אָמְרוּ אַחַת גְּדוֹלָה וְאַחַת קְטַנָּה, אֶלָּא שֶׁהָאֻמָּנִין נוֹטְלִין בִּקְטַנָּה וּמַחֲזִירִין בִּגְדוֹלָה, כְּדֵי שֶׁלֹּא יָבֹאוּ לִידֵי מְעִילָה:

그들이 말했던 아마[110]는 중간 크기의 아마였다. 그런데 슈샨 합비라[111]에는 아마가 두 가지가 있었다. 하나는 동북쪽 모퉁이에 다른

110) 아마는 길이를 재는 단위로 손가락 끝에서 팔꿈치까지를 말하며 약 45-57센티미터 정도에 해당한다.

111) 이 낱말(שושן הבירה, 슈샨 합비라)은 '슈샨의 요새/왕궁/수도'를 의미하는 말인데, 미쉬나에서는 예루살렘 성전산에 있는 동쪽 문을 부르는 말로 사용되었다(「미돗」 1, 3). 랍비들은 성전산 동문 위에 '슈샨 합비라'를 그린 그림이 붙어 있다고 주장했다(עליו שושן הבירה צורה).

하나는 동남쪽 모퉁이에 〔있었다〕. 동북쪽 모퉁이에 있었던 것은 모세의 것보다 손가락 반 개 정도 더 컸다. 동남쪽 모퉁이에 있었던 것은 그것보다 손가락 반 개 정도 더 컸고, 모세의 것보다 손가락 하나 정도 더 컸다. 그런데 왜 하나는 크고 하나는 작다고 했는가? 장인들이 가져갈 때는 작은 것을 쓰고 돌려줄 때는 큰 것을 써서 전용하는 죄를[112] 범하지 않도록 하기 위함이다.

- 유대 법전통에서 길이를 재는 도량형으로 '아마'를 많이 사용하는데(「샤밧」 11, 3; 「에루빈」 4, 1; 4, 3), 이 아마는 중간 것이어야 한다고 말한다(1아마=6테팍).
- 이와 관련하여 예루살렘 성전에서 사용하는 '아마'에 관련된 일화를 소개한다. 성전산 동쪽 문(문 위에 슈샨 그림이 있었다고 함, 「미돗」 1, 3)에는 '아마'의 길이를 결정하는 막대기 두 개가 보관되어 있는데, 하나는 크고 하나는 적다. 장인들이 성전에서 작업할 재료를 받아갈 때는 작은 아마로 받아가고, 일을 마치고 완제품을 가져올 때는 큰 아마로 가져온다. 이런 방법을 통해 성전에 헌물로 바쳐서 거룩한 물품이 다른 용도로 사용되는 것을 막는 것이다.

## 17, 10

---

רַבִּי מֵאִיר אוֹמֵר, כָּל הָאַמּוֹת הָיוּ בֵינוֹנִיּוֹת, חוּץ מִמִּזְבַּח הַזָּהָב וְהַקֶּרֶן וְהַסּוֹבֵב וְהַיְסוֹד. רַבִּי יְהוּדָה אוֹמֵר, אַמַּת הַבִּנְיָן שִׁשָּׁה טְפָחִים, וְשֶׁל כֵּלִים חֲמִשָּׁה:

---

메이르 랍비는 모든 아마가 다 중간 크기이며, 황금 제단, 그 뿔, 그 주위와 그 기초만 예외라고 말했다. 예후다 랍비는 건물에 적용하는

112) 전용(מעילה, 메일라)은 자격이 없는 사람이 성물을 불법적으로 사용하는 죄를 일컫는 말이다.

아마는 6테팍이며, 그릇에 적용하는 [아마는] 5[테팍이라고] 말했다.

- 성전에서 사용하는 도량형 '아마'의 길이에 관해 중간 크기인지(6테팍) 아니면 작은 크기인지(5테팍) 서로 다른 의견을 개진하고 있다(출 30:2; 겔 43:13).

## 17, 11

위에서 말한 내용에서 벗어나는 예외 규정들을 설명한다.

---

וְיֵשׁ שֶׁאָמְרוּ בְּמִדָּה דַקָּה, מִדּוֹת הַלַּח וְהַיָּבֵשׁ שִׁעוּרָן בְּאִיטַלְקִי, זוֹ מִדְבָּרִית. וְיֵשׁ שֶׁאָמְרוּ, הַכֹּל לְפִי מַה שֶּׁהוּא אָדָם, הַקּוֹמֵץ אֶת הַמִּנְחָה, וְהַחוֹפֵן אֶת הַקְּטֹרֶת, וְהַשּׁוֹתֶה כִמְלֹא לֻגְמָיו בְּיוֹם הַכִּפּוּרִים, וְכִמְזוֹן שְׁתֵּי סְעֻדּוֹת לָעֵרוּב, מְזוֹנוֹ לְחֹל אֲבָל לֹא לְשַׁבָּת, דִּבְרֵי רַבִּי מֵאִיר. רַבִּי יְהוּדָה אוֹמֵר, לְשַׁבָּת אֲבָל לֹא לְחֹל. אֵלּוּ וָאֵלּוּ מִתְכַּוְּנִין לְהָקֵל. רַבִּי שִׁמְעוֹן אוֹמֵר, מִשְּׁתֵּי יָדוֹת לְכִכָּר, מִשָּׁלֹשׁ לְקָב. רַבִּי יוֹחָנָן בֶּן בְּרוֹקָא אוֹמֵר, מִכִּכָּר בְּפֻנְדְּיוֹן, מֵאַרְבַּע סְאִין בְּסָלַע:

---

때에 따라 그들이 작은 크기의 도량형을 말하기도 했는데, 젖은 것과 마른 것을 [재는] 도량형은 이탈리아의 크기이며, 그것이 광야에서 [쓰던 도량형과] 같다.

때에 따라 그들이 사람의 [신체에] 따라 모두 다른 [도량형을] 말하기도 했는데, 곡식 제물에서 한 움큼을 잡는 자와, 향에서 한 줌을 쥐는 자와, 속죄일에 한 모금을 마시는 자와, 에루브[113]에 두 끼를 [준비하는] 자가 그러하다.

평일에 [먹는] 식사량은 안식일에 [먹는 양이] 아니라는 것이 메이르 랍비의 말이다. 예후다 랍비는 안식일에 [먹는 식사량이] 평일에

---

113) 에루브(עירוב)는 안식일에 자유롭게 물건을 옮기기 위해서 정해놓은 제의적인 마을 경계다.

는 그렇지 않다고 말했다. 이렇든 저렇든 〔규정을〕 관대하게 적용하려는 것이다. 쉼온 랍비는 두 끼가 빵 한 덩이의 2/3이며, 세 덩이가 1카브라고 말했다. 요하난 벤 베로카 랍비는 1푼디온[114]에 〔구매한〕 빵 한 덩이 이상이며, 〔가격이〕 4쎄아에 1쎌라일 때라고 말했다.

- 성전에서 마른 것과 젖은 것을 재는 도량형은 이탈리아의 기준을 따른다고 했으니 로마제국의 표준 도량형을 가리키는 듯하다.
- 유대 법전통에서 도량형과 관련이 있는 규정들 중 융통성이 있게 사람에 따라 다른 양을 잡을 수 있도록 허가한 예는 곡식제물(레 2:2)과 향(레 16:12)이 있으며, 토라에는 없지만 속죄일에 무엇을 마시는 최소량과 에루브를 위해 미리 준비하는 식사가 있다(「요마」 8, 2; 「에루빈」 8, 2).
- 다음 문단은 문맥에서 벗어나서 에루브를 맞으며 준비해야 할 식사에 관련된 규정들을 논하는데, 메이르 랍비와 예후다 랍비의 주장이 모두 규정을 관대하게 적용하고 있다고 말한다. 메이르 랍비는 안식일에 서로 다른 다양한 음식과 빵을 먹으므로 평일보다 더 많은 양을 먹고, 에루브를 위한 최소량의 음식은 평일에 먹는 양을 따른다고 설명한 것이다. 반면 예후다 랍비는 안식일에 다양한 음식을 준비하므로 빵을 평일보다 덜 먹게 되고, 에루브를 위한 최소량의 음식은 안식일에 먹는 양을 따른다고 주장한 것이다.
- 쉼온 랍비는 또 다른 방법으로 에루브를 위한 두 끼 식사량을 규정하는데 빵 한 덩이의 1/3이 한 끼 식사량이라고 규정한다. 요하난 벤 베로카 랍비는 또 다른 방법으로 당시의 화폐 가치에 따라 1푼디온으로 구매한 빵의 양이 한 끼 식사량이라고 주장한다.

---

114) 푼디온(פנדיון)은 로마의 구리 동전(dupondius)이며, 약 349밀리그램이다.

17, 12

וְיֵשׁ שֶׁאָמְרוּ בְמִדָּה גַסָּה, מְלֹא תַרְוָד רָקָב, כִּמְלֹא תַרְוָד גָּדוֹל שֶׁל רוֹפְאִים. וּגְרִיס נְגָעִים, כַּגְּרִיס הַקִּלְקִי. הָאוֹכֵל בְּיוֹם הַכִּפּוּרִים כַּכּוֹתֶבֶת הַגַּסָּה, כָּמוֹהָ וּכְגַרְעִינָתָהּ. וְנוֹדוֹת יַיִן וָשֶׁמֶן, שִׁעוּרָן כְּפִיקָה גְדוֹלָה שֶׁלָּהֶן. וּמָאוֹר שֶׁלֹּא נַעֲשָׂה בִידֵי אָדָם, שִׁעוּרוֹ כִמְלֹא אֶגְרוֹף גָּדוֹל, זֶה הוּא אֶגְרוֹפוֹ שֶׁל בֶּן בָּטִיחַ. אָמַר רַבִּי יוֹסֵי, יֶשְׁנוֹ כְרֹאשׁ גָּדוֹל שֶׁל אָדָם. וְשֶׁנַּעֲשָׂה בִידֵי אָדָם, שִׁעוּרוֹ כִמְלֹא מַקְדֵּחַ גָּדוֹל שֶׁל לִשְׁכָּה, שֶׁהוּא כְפֻנְדְּיוֹן הָאִיטַלְקִי, וּכְסֶלַע הַנֵּירוֹנִית, וְכִמְלֹא נֶקֶב שֶׁבָּעֹל:

때에 따라 그들이 큰 도량형을 말하기도 했는데, 썩은 〔시체가 섞인 흙이〕 큰 숟가락으로 하나 가득이라고 말할 때 의사들이 쓰는 큰 숟가락을 가리킨다. 피부병과 관련해서 곡식 조각만큼이라는 것은 킬리키아 곡식을 가리킨다. 속죄일에 큰 대추 열매를 먹는 자는 그 열매와 씨방 부분을 〔모두〕 가리킨다. 포도주나 기름을 담는 부대에 〔난 구멍은〕 큰 가락바퀴 〔정도의 크기를〕 가리킨다. 사람이 만들지 않은 빛이 〔들어오는 구멍은〕 큰 주먹 〔정도의 크기를〕 가리키며, 이것은 벤 바티악의 주먹을 말한다. 요쎄 랍비는 〔그 크기가〕 사람의 큰 머리 정도라고 말했다. 사람이 만든 것이라면 〔그 구멍은〕 성전 부속실에 있는 큰 송곳과 같으니, 이는 이탈리아의 푼디온과 같고, 네로의 쎌라와 같으며, 멍에에 있는 구멍과 같다.

- 시체나 시체가 썩으며 생기는 액체와 같은 공간에 있으면 부정이 전이되는데, 이때 부정을 전이하는 썩은 것의 최소량은 의사들이 쓰는 큰 국자 하나만큼이다(「오홀롯」 2, 1).
- 부정을 전이시키는 피부병은 환부가 곡식 조각 하나보다 커야 하는데, 이때 기준이 되는 킬리키아 곡식을 가리킨다(「네가임」 6, 1).
- 속죄일에는 금식을 해야 하며 음식을 먹는 자는 백성 중에서 끊어지는 벌(카렛)을 받는다. 벌을 면하는 식사 최소량은 대추 열매 하나인

데, 이때 과육과 씨를 모두 포함한 양을 가리킨다(「요마」 8, 2).

- 포도주나 기름을 담는 부대에 구멍이 나면 제 기능을 하지 못하고 부정해질 수 없다. 이때 그 구멍의 크기는 큰 가락바퀴의 너비 정도여야 한다.
- 시체와 같은 '천막'에 있는 그릇은 부정해지는데, 구멍이 있으면 옆방에 있는 그릇까지 부정해진다. 만약 사람이 의도적으로 만들지 않았다면 부정을 전이시키는 구멍의 크기는 큰 주먹만 해야 한다(「오홀롯」 13, 1). 여기서 주먹이 큰 것으로 유명했던 벤 바티악이라는 인물의 일화를 소개한다.
- 만약 사람이 의도적으로 만들었다면 부정을 전이시키는 구멍의 크기는 좀 더 작아서, 로마 시대 동전이나 멍에에 있는 구멍 정도만 되어도 영향을 미친다고 설명한다(「켈림」 9, 8; 「오홀롯」 2, 3).

17, 13
바다의 생물과 정결법의 상관관계를 설명한다.

---

כֹּל שֶׁבַּיָּם טָהוֹר, חוּץ מִכֶּלֶב הַמַּיִם, מִפְּנֵי שֶׁהוּא בוֹרֵחַ לַיַּבָּשָׁה, דִּבְרֵי רַבִּי עֲקִיבָא. הָעוֹשֶׂה כֵלִים מִן הַגָּדֵל בַּיָּם וְחִבֵּר לָהֶם מִן הַגָּדֵל בָּאָרֶץ, אֲפִלּוּ חוּט, אֲפִלּוּ מְשִׁיחָה, דָּבָר שֶׁהוּא מְקַבֵּל טֻמְאָה, טָמֵא:

---

바다에 사는 것은 정결하지만, 물개는 예외이니, 그것은 육지로 도망하기 때문이라는 것이 아키바 랍비의 말이다. 어떤 사람이 바다에서 자라는 것으로 그릇을 만들고 땅에서 자라는 것을 그것과 연결하면, 실이나 줄이라 할지라도 그것이 부정해질 수 있는 것이라면, [그릇 전체가] 부정해질 수 있다.

- 바다에 사는 생물들, 그 생물의 껍질이나 뼈로 만든 그릇이나 도구

가 모두 정결하다는 규정은 토라의 정결법에 대한 새로운 해석을 보여준다.

- 바다 생물의 뼈나 껍질로 만들어서 정결한 그릇이나 도구도 육지에서 난 물건을 연결시키면 그 물건의 성격에 따라 부정해질 수 있다(「네가임」 11, 1).

## 17, 14

창조 순서와 정결법을 비교해서 설명한다.

---

וְיֵשׁ בְּמָה שֶׁנִּבְרָא בַיּוֹם הָרִאשׁוֹן טֻמְאָה, בַּשֵּׁנִי אֵין בּוֹ טֻמְאָה, בַּשְּׁלִישִׁי יֶשׁ בּוֹ טֻמְאָה, בָּרְבִיעִי וּבַחֲמִישִׁי אֵין בָּהֶם טֻמְאָה, חוּץ מִכְּנַף הָעוֹז וּבֵיצַת נַעֲמִית הַמְצֻפָּה. אָמַר רַבִּי יוֹחָנָן בֶּן נוּרִי, מַה נִּשְׁתַּנָּה כְנַף הָעוֹז מִכָּל הַכְּנָפָיִם. וְכֹל שֶׁנִּבְרָא בַיּוֹם הַשִּׁשִּׁי, טָמֵא:

---

첫째 날에 창조된 것은 부정해질 수 있다. 둘째 〔날에 창조된 것은〕 부정해질 수 없다. 셋째 〔날에 창조된 것은〕 부정해질 수 있다. 넷째와 다섯째 〔날에 창조된 것은〕 부정해질 수 없으나, 독수리의 날개와 도금한 타조의 알은 예외다. 요하난 벤 누리 랍비는 독수리의 날개는 다른 날개들과 무엇이 다르냐고 말했다. 여섯째 날에 창조된 모든 것은 부정해질 수 있다.

- 신께서 세상을 창조하시던 첫째 날에 땅을 만드셨다. 그런데 흙으로 만든 그릇은 부정해질 수 있다.[115] 그러므로 첫째 날에 창조된 것들 중 부정해질 수 있는 것이 있다고 설명한다.
- 둘째 날에는 하늘을 만드셨고, 하늘은 부정해질 수 없다.

---

115) 그러나 땅에서 나온 돌로 만든 그릇과 흙으로 빚었지만 굽지 않은 그릇은 부정해지지 않는다(「켈림」 10, 1).

- 셋째 날에는 나무를 만드셨고, 나무로 만든 그릇이나 도구는 부정해질 수 있다.
- 넷째 날에는 별과 달과 해를 만드셨고, 다섯째 날에는 새와 물고기를 만드셨다. 새나 물고기의 껍질이나 뼈로 그릇이나 도구를 만들면 대체로 정결하지만(열셋째 미쉬나), 독수리 날개로 오랫동안 쓸 수 있는 그릇을 만들거나 타조 알을 금속으로 도금하면 부정해질 수 있다. 그 이유는 이런 경우 다른 그릇들과 마찬가지로 사용할 수 있기 때문이다. 요하난 벤 누리 랍비는 여기에 이의를 제기하며 다른 날개들도 오랫동안 쓸 수 있는 그릇을 만들었다면 마찬가지로 부정해질 수 있다고 주장한다.
- 여섯째 날에는 육지 동물과 사람을 만드셨고, 이런 존재들과 그 일부를 이용해서 만든 그릇이나 도구는 모두 부정해질 수 있다.

## 17, 15

הָעוֹשֶׂה כְלִי קִבּוּל, מִכָּל מָקוֹם, טָמֵא. הָעוֹשֶׂה מִשְׁכָּב וּמוֹשָׁב, מִכָּל מָקוֹם,
טָמֵא. הָעוֹשֶׂה כִיס מֵעוֹר הַמַּצָּה, מִן הַנְּיָר, טָמֵא. הָרִמּוֹן, הָאַלּוֹן, וְהָאֱגוֹז,
שֶׁחֲקָקוּם הַתִּינוֹקוֹת לָמֹד בָּהֶם אֶת הֶעָפָר אוֹ שֶׁהִתְקִינוּם לְכַף מֹאזְנַיִם,
טָמֵא, שֶׁיֶּשׁ לָהֶם מַעֲשֶׂה וְאֵין לָהֶם מַחֲשָׁבָה:

어떤 사람이 〔무엇을〕 담을 수 있는 그릇을 만들었다면 어떤 것이든지[116] 부정해질 수 있다. 어떤 사람이 눕거나 앉을 수 있는 가구를 만들었다면 어떤 것이든지 부정해질 수 있다. 어떤 사람이 무두질하지 않은 가죽이나 파피루스로 지갑을 만들었다면 부정해질 수 있다. 어린이가 석류, 도토리, 견과를 나누어 흙을 재는 데 쓰거나 저울접시

116) 여기서 사용한 히브리어 표현(מכל מקום)은 뜻이 명확하지 않아 번역자들이 in any wise(댄비) 또는 whatever its size(Sefaria) 그리고 whatever it is made of 등 다양하게 설명하고 있다.

로 설치했다면 부정해질 수 있으니, 그들은 이런 행위를 하면서도 특별한 의도가 없기 때문이다.

- 무엇을 담을 수 있는 공간이 있는 그릇이나 도구는 부정해질 수 있다. 사람이 눕거나 앉는 가구 역시 마찬가지다.
- 지갑을 만들 때는 무두질한 가죽을 쓰는 것이 관례인데, 무두질하지 않은 가죽이나 파피루스로 지갑을 만들면 품질이 좋지 않은 제품이 생산된다. 그러나 이런 지갑도 사용하는 데는 문제가 없기 때문에 부정해질 수 있다.
- 어른은 어떤 물건을 그릇으로 사용하려고 생각만 해도 그것이 부정해질 수 있다. 생각하는 것은 사용한 것으로 간주된다. 그러나 어린이는 실제로 그 물건을 부정해지는 방법으로 사용해야만 그런 결과가 나온다. 그래서 어린이가 과일이나 견과류를 가져와서 그릇으로 만들면 부정해질 수 있다. 그러나 어린이가 이런 식으로 사용하려고 생각만 했다면 그것은 부정해지지 않는다.

17, 16

---

קְנֵה מאֹזְנַיִם וְהַמָּחוֹק שֶׁיֵּשׁ בָּהֶן בֵּית קִבּוּל מַתָּכוֹת, וְהָאֵסֶל שֶׁיֵּשׁ בּוֹ בֵּית קִבּוּל מָעוֹת, וְקָנֶה שֶׁל עָנִי שֶׁיֵּשׁ בּוֹ בֵּית קִבּוּל מַיִם, וּמַקֵּל שֶׁיֵּשׁ בּוֹ בֵּית קִבּוּל מְזוּזָה וּמַרְגָּלִיּוֹת, הֲרֵי אֵלּוּ טְמֵאִין. וְעַל כֻּלָּן אָמַר רַבִּי יוֹחָנָן בֶּן זַכַּאי, אוֹי לִי אִם אֹמַר, אוֹי לִי אִם לֹא אֹמַר:

---

금속을 담는 용기가 있는 저울 기둥이나 저울대, 동전을 담는 용기가 있는 멍에, 물을 담는 용기가 달린 가난한 자의 지팡이, 메주자나 진주를 담는 용기가 있는 막대기, 이런 것들은 부정해질 수 있다. 이런 모든 물건들에 관해 요하난 벤 자카이 랍비는 내가 말하는 것도 유감이고 말하지 않는 것도 유감이라고 말했다.

- 이 미쉬나가 나열하는 모든 도구들은 무엇을 담을 수 있는 용기가 달린 막대기 종류이며 그러므로 부정해질 수 있다. 현인들은 이런 도구들은 남을 속이는 데 쓸 수 있기 때문에 그렇다고 설명하기도 한다(바벨 탈무드 「바바 바트라」 89b;「네다림」 25a).
- 요하난 벤 자카이는 이런 도구들을 적절한 용도로 사용할 수도 있는데 부정한 용도를 쓸 수 있다는 이유로 부정하다고 가르쳐야 한다는 사실을 언급하며 한탄하고 있다.

## 17, 17

תַּחְתִּית הַצּוֹרְפִים, טְמֵאָה. וְשֶׁל נַפָּחִין, טְהוֹרָה. מַשְׁחֶזֶת שֶׁיֶּשׁ בָּהּ בֵּית קִבּוּל שֶׁמֶן, טְמֵאָה. וְשֶׁאֵין בָּהּ, טְהוֹרָה. פִּנְקָס שֶׁיֶּשׁ בָּהּ בֵּית קִבּוּל שַׁעֲוָה, טְמֵאָה. וְשֶׁאֵין בָּהּ, טְהוֹרָה. מַחֲצֶלֶת הַקַּשׁ וּשְׁפוֹפֶרֶת הַקַּשׁ, רַבִּי עֲקִיבָא מְטַמֵּא, וְרַבִּי יוֹחָנָן בֶּן נוּרִי מְטַהֵר. רַבִּי שִׁמְעוֹן אוֹמֵר, אַף שֶׁל פַּקּוּעוֹת כַּיּוֹצֵא בָהֶן. מַחֲצֶלֶת קָנִים וְשֶׁל חֵלֶף, טְהוֹרָה. שְׁפוֹפֶרֶת הַקָּנֶה שֶׁחֲתָכָהּ לְקַבָּלָה, טְהוֹרָה, עַד שֶׁיּוֹצִיא אֶת כָּל הַכָּכָי:

금세공인의 모루 받침은 부정해질 수 있다. 그러나 대장장이의 것은 정결하다. 기름을 담는 용기가 달린 연마용 판은 부정해질 수 있다. 그러나 〔그것이〕 달리지 않는 것은 정결하다. 밀납을 담는 용기가 달린 필기장은 부정해질 수 있다. 그러나 〔그것이〕 달리지 않은 것은 정결하다. 짚으로 만든 깔개와 대롱에 관하여 아키바 랍비는 부정해질 수 있다고 주장했고 요하난 벤 누리 랍비는 정결하다고 주장했다. 쉼온 랍비는 콜로신스의 속이 빈 줄기도 같은 규정을 적용한다고 말했다. 갈대나 골풀로 만든 깔개는 정결하다. 어떤 사람이 무엇을 담으려고 갈대로 만든 대롱을 잘랐더라도 중과피까지 제거하기 전까지는 정결하다.

- 금세공인의 모루에는 작은 금조각들을 담는 용기가 있기 때문에 부정해질 수 있으며, 대장장이의 모루에는 그런 용기가 없어서 정결하다.
- 칼을 가는 연마용 판에 기름을 담는 용기가 달려 있다면 부정해질 수 있다.
- 나무로 만든 판에 밀랍을 발라서 쓰는 필기장(서판)에 밀랍을 담는 용기가 있다면 부정해질 수 있다(「켈림」 24, 7).
- 짚으로 만든 깔개나 대롱은 독립된 도구로 오랫동안 사용할 수 있는지 여부를 기준으로 판단하는데, 아키바 랍비는 독립된 도구로 보고 부정해질 수 있다고 주장했다. 요하난 벤 누리 랍비는 반대했다.
- 쉼온 랍비는 콜로신스 줄기는 짚처럼 속이 비어 있기 때문에 아키바와 요하난 벤 누리의 논의가 그대로 적용된다고 덧붙였다.
- 갈대나 골풀로 만든 깔개나 대롱은 간이 천막으로 쓰고 그 위에 앉거나 누울 수 없다(「켈림」 20, 7). 그러므로 부정해지지 않는다.
- 갈대 대롱을 독립된 도구로 사용하려면 속에 들어 있는 중과피까지 제거해야 한다. 그렇지 않으면 정결하다.

## 제18장

정결법과 관련해서 판단의 기준이 되는 '상자'의 부피를 재는 법과 상자와 직접 연결되는 부분과 그렇지 않은 부분을 규정한다. 그리고 침대나 테필린 관련 규정들도 설명한다.

### 18, 1

나무 궤짝의 부피를 재는 방법에 관해 논의한다.

הַשָּׂדֶה, בֵּית שַׁמַּאי אוֹמְרִים, נִמְדֶּדֶת מִבִּפְנִים. וּבֵית הִלֵּל אוֹמְרִים, נִמְדֶּדֶת מִבַּחוּץ. מוֹדִים אֵלּוּ וָאֵלּוּ שֶׁאֵין עֳבִי הָרַגְלַיִם וְעֳבִי לִזְבְּזִין נִמְדָּד. רַבִּי יוֹסֵי אוֹמֵר, מוֹדִים שֶׁעֳבִי הָרַגְלַיִם וְעֳבִי לִזְבְּזִין נִמְדָּד, וּבֵינֵיהֶם אֵינוֹ נִמְדָּד. רַבִּי שִׁמְעוֹן שְׁזוּרִי אוֹמֵר, אִם הָיוּ הָרַגְלַיִם גְּבוֹהוֹת טֶפַח, אֵין בֵּינֵיהֶם נִמְדָּד. וְאִם לָאו, בֵּינֵיהֶן נִמְדָּד:

샴마이 학파는 궤짝은 〔그 부피를 계산하기 위한〕 안에서 재야 한다고 말했고, 힐렐 학파는 바깥에서 재야 한다고 말했다. 그러나 이들이나 저들이나 다리와 테두리의 두께는 재지 않는다는 점에 동의한다. 요쎄 랍비는 그들이 다리와 테두리의 두께를 재는 것에 동의하지만 그 둘 사이의 거리는 재지 않는다고 말했다. 쉼온 쉐주리 랍비는 만약 다리가 1테팍 이상이면 둘 사이 거리를 재지 않고, 그렇지 못하면 잰다고 말했다.

- 너무 커서 옮길 수 없는 상자는 그릇으로 볼 수 없으므로 부정해질 수 없으며, 그 기준은 40쎄아이다(「켈림」 15, 1).[117] 그렇다면 이 부피를 어떻게 재야 하는지 그 방법이 이 미쉬나의 주제다.
- 샴마이 학파는 궤짝 안에 들어가는 양 자체가 40쎄아가 되어야 한다고 주장하고, 힐렐 학파는 겉에서 재어 궤짝의 벽도 계산에 넣으므로 내용물 자체는 40쎄아에 못 미쳐도 좋다고 말한다. 힐렐 학파는 정결법을 관대하게 적용하고 있다.
- 다리와 테두리 두께까지 포함시킨다면 실제 내용물의 부피는 더 적어질 것이므로, 정결법이 더욱 관대하게 적용하게 된다. 그래서 이 주제에 관해서는 세 가지 다른 의견이 제시되어 있다.

117) 이 부피를 담으려면 가로와 세로가 1아마이고 높이가 3아마라는 규정도 있다(토쎕타 「켈림」; 「바바 메찌아」 5, 1).

מוּכְנִי שֶׁלָּהּ, בִּזְמַן שֶׁהִיא נִשְׁמֶטֶת, אֵינָהּ חִבּוּר לָהּ, וְאֵינָהּ נִמְדֶּדֶת עִמָּהּ, וְאֵינָהּ מַצֶּלֶת עִמָּהּ בְּאֹהֶל הַמֵּת, וְאֵין גּוֹרְרִין אוֹתָהּ בְּשַׁבָּת בִּזְמַן שֶׁיֵּשׁ בְּתוֹכָהּ מָעוֹת. וְאִם אֵינָהּ נִשְׁמֶטֶת, חִבּוּר לָהּ, וְנִמְדֶּדֶת עִמָּהּ, וּמַצֶּלֶת עִמָּהּ בְּאֹהֶל הַמֵּת, וְגוֹרְרִין אוֹתָהּ בְּשַׁבָּת אַף עַל פִּי שֶׁיֵּשׁ בְּתוֹכָהּ מָעוֹת. הַקְּמְרוֹן שֶׁלָּהּ, בִּזְמַן שֶׁהוּא קָבוּעַ, חִבּוּר לָהּ וְנִמְדָּד עִמָּהּ. וְאִם אֵינוֹ קָבוּעַ, אֵינוֹ חִבּוּר לָהּ וְאֵינוֹ נִמְדָּד עִמָּהּ. כֵּיצַד מוֹדְדִין אוֹתוֹ, רֹאשׁ תּוֹר. רַבִּי יְהוּדָה אוֹמֵר, אִם אֵינָהּ יְכוֹלָה לַעֲמֹד בִּפְנֵי עַצְמָהּ, טְהוֹרָה:

그것(궤짝)을 실은 마차[118] 위에서 그것이 미끌어진다면, 서로 연결되지 않은 것이며, 그것과 함께 재지 않고, 시체가 있는 천막에서 그것과 함께 〔부정으로부터〕 보호받지 못하며, 안식일에 그 안에 동전이 들어 있는 상태에서 끌어서 옮기지 못한다. 만약 그것이 미끌어지지 않는다면, 서로 연결된 것이며, 그것과 함께 재야 하고, 시체가 있는 천막에서 그것과 함께 〔부정으로부터〕 보호받으며, 안식일에 그 안에 동전이 들어 있는 상태에서 끌어 옮길 수 있다.

그것(궤짝)의 둥근 뚜껑이 꼭 맞는다면, 서로 연결된 것이며, 그것과 함께 잰다. 만약 그것이 꼭 맞지 않는다면, 서로 연결되지 않는 것이며, 그것과 함께 재지 않는다. 그것을 어떻게 재는가? 소의 머리[119] 처럼 〔잰다〕. 예후다 랍비는 그것이 스스로 서 있을 수 없다면 정결하다고 말했다.

- 궤짝과 마차는 얼마나 서로 잘 연결되어 있느냐에 따라 정결법이나 안식일법을 적용할 때 독립적인 도구 두 가지로 또는 도구 하나로

118) 이 낱말(מכני)은 헬라어 '메카네'(μηχανή)의 음역이며 '도구'나 '기계'를 가리키는데, 여기서는 작은 바퀴가 달린 마차를 가리키는 것으로 보인다. 궤짝에 달린 바퀴나 궤짝 바닥이라고 설명하는 사람도 있다.

119) 소의 머리(ראש תור)라는 말은 삼각형 모양을 가리킨다(야스트로 1437).

판단한다. 동전은 안식일에 사용할 수 없는 물건인데, 만약 궤짝과 마차가 분리된 상태라면 이것을 끌어서 옮길 수 없다(「샤밧」 21, 2).

- 궤짝에 아치형 뚜껑이 있을 때 단단히 고정하여 꼭 맞을 때만 궤짝과 같은 도구로 인정한다.
- '소 머리' 계산법은 예각이 있는 삼각형을 이용한 측량법으로, 반원 안에 이 삼각형을 넣고 삼각형 안에 들어가는 부분이 상자의 부피라고 인정한다.

## 18, 3

앞에서 논의하던 궤짝과 관련된 규정을 마무리하면서 침대와 관련된 규정을 다루기 시작한다.

---

הַשִּׁדָּה וְהַתֵּבָה וְהַמִּגְדָּל שֶׁנִּטְּלָה אַחַת מֵרַגְלֵיהֶן, אַף עַל פִּי שֶׁמְּקַבְּלִין, טְהוֹרִין. וְשֶׁאֵינָן מְקַבְּלִין כְּדַרְכָּן, רַבִּי יוֹסֵי מְטַמֵּא. וְנַקְלִיטֵי הַמִּטָּה וַחֲמוֹר וְחִפּוּי, טְהוֹרִין. אֵין טָמֵא אֶלָּא מִטָּה וּמַלְבֵּן. וּמַלְבְּנֵי בְנֵי לֵוִי, טְהוֹרִין:

---

다리 하나가 떨어져나간 궤짝과 상자와 찬장은 아직 〔무엇인가를〕 넣을 수 있다 하더라도 정결하다. 원래 〔넣을 수 있는 만큼〕 넣을 수는 없기 때문이다. 요쎄 랍비는 부정해질 수 있다고 주장했다.

침대의 기둥과 바닥과 덮개는 정결하다. 오직 침대와 침대 틀을 제외하고는 부정해질 수 없다. 레위인들의 침대 틀은 정결하다.

- 다리 하나가 떨어져나간 궤짝과 상자와 찬장을 독립된 기능을 하는 도구로 볼 것이냐를 놓고 랍비들과 요쎄 랍비 사이에 이견이 있다.
- 침대의 기둥과 바닥과 덮개는 침대를 사용하는 데 직접적인 기능을 하지 않기 때문에 부정해지지 않으며, 침대와 침대 틀은 실제로 눕는 부분이기 때문에 부정해질 수 있다.

• 레위인들의 침대 틀이 부정해지지 않는 이유는 안식일에 침대 틀을 들고 예루살렘에 들어가서 일을 하고 거기서 자기 때문인데, 이 틀은 실제 침대가 아니기 때문에 부정해지지 않는다.

## 18, 4

מַלְבֵּן שֶׁנְּתָנוֹ עַל לְשׁוֹנוֹת, רַבִּי מֵאִיר וְרַבִּי יְהוּדָה מְטַמְּאִין, רַבִּי יוֹסֵי וְרַבִּי שִׁמְעוֹן מְטַהֲרִין. אָמַר רַבִּי יוֹסֵי, מַה שָּׁנָה זֶה מִמַּלְבְּנֵי בְנֵי לֵוִי, שֶׁמַּלְבְּנֵי בְנֵי לֵוִי טְהוֹרִין:

받침목 위에 세워놓은 침대 틀에 관해 메이르 랍비와 예후다 랍비는 부정하다고 주장했고, 요쎄 랍비와 쉼온 랍비는 정결하다고 주장했다. 요쎄 랍비는 이것이 레위 자손의 침대 틀과 다른 점이 무엇이기에 그것은 정결하냐고 물었다.

• 침대 틀을 침대에 설치하지 않고 받침목 위에 간이로 설치하여 지표면에서 떼어놓았다면 그것은 부정해질 수 있는지 논란이 있다. 요쎄 랍비의 논증이 뒤따른다. 이 논쟁이 어떻게 끝났는지 알 수 없는데, 다음 미쉬나에서 관련된 언급이 나오기는 한다.

## 18, 5

침대가 부서져서 더 이상 부정해질 수 없는 시점이 언제인지 설명한다.

מִטָּה שֶׁהָיְתָה טְמֵאָה מִדְרָס, נִטְּלָה קְצָרָה וּשְׁתֵּי כְרָעַיִם, טְמֵאָה. אֲרֻכָּה וּשְׁתֵּי כְרָעַיִם, טְהוֹרָה. רַבִּי נְחֶמְיָה מְטַמֵּא. גָּדַד שְׁתֵּי לְשׁוֹנוֹת לוֹכְסָן, גָּדַד שְׁתֵּי כְרָעַיִם (טֶפַח עַל טֶפַח) לוֹכְסָן, אוֹ שֶׁמִּעֲטָהּ פָּחוֹת מִטֶּפַח, טְהוֹרָה:

얹기[120] 부정이 전이된 침대에 관해, 짧은 쪽 〔판자와〕 두 다리가 떨어졌다면 부정해질 수 있다. 긴 쪽과 두 다리가 떨어졌다면 정결하다. 네헤미야 랍비는 부정하다고 주장했다. 마주 보는 구석에 있는 받침목 두 개를 잘랐거나, 마주 보는 구석에 있는 다리 두 개를 잘랐거나, 〔침대 높이를〕 1테팍 이하로 줄였으면 정결하다.

- 침대의 머리나 발 놓는 부분과 그 밑에 달린 다리 두 개가 떨어지면 어느 정도 침대로서 기능을 계속할 수 있고 부정해질 수 있으나, 긴 쪽과 그 밑에 달린 다리 두 개가 떨어지면 사람이 누울 수 없어서 침대로 쓸 수 없기 때문에 정결하다(「켈림」 19, 6). 네헤미야 랍비는 이 침대를 벽이나 다른 침대에 붙여놓고 사용할 수 있다고 보아 좀 더 엄격한 규정을 적용하고자 한다.
- 마주 보는 구석에 있는 받침목이나 다리를 짧게 잘라도 침대로 쓸 수 없으며, 침대의 높이가 1테팍이 안 되면 가구라고 볼 수 없다는 설명이다.

## 18, 6

침대와 관련된 얹기 부정과 그 전이에 관해 논의한다.

---

מִטָּה שֶׁהָיְתָה טְמֵאָה מִדְרָס, נִשְׁבְּרָה אֲרֻכָּה וְתִקְּנָהּ, טְמֵאָה מִדְרָס. נִשְׁבְּרָה שְׁנִיָּה וְתִקְּנָהּ, טְהוֹרָה מִן הַמִּדְרָס, אֲבָל טְמֵאָה מַגַּע מִדְרָס. לֹא הִסְפִּיק לְתַקֵּן אֶת הָרִאשׁוֹנָה עַד שֶׁנִּשְׁבְּרָה שְׁנִיָּה, טְהוֹרָה:

---

120) 부정이 전이되는 방법들 중 '얹기'(מדרס) 부정은 부정의 아버지인 사람(유출병자)이 무게를 실어 기댈 때 전이되며, 직접적인 접촉이 없어도 영향을 미친다(「자빔」 2, 4).

얹기 부정이 전이된 침대에 관련해서 긴 쪽이 부서져서 수선했다면 얹기 부정이 유지된다. 다른 〔긴〕 쪽이 부서져서 수선했다면, 얹기 부정으로부터 정결하지만, 얹기 부정에 접촉했으므로 부정하다. 먼저 〔부서진〕 쪽을 수선하기 전에 다른 쪽마저 부서졌다면, 〔그 침대는〕 정결하다.

- 침대의 긴 쪽이 부서져서 수선하면 원래 침대와 같은 가구로 보고 원래 있던 부정함도 유지된다. 긴 쪽으로 양쪽이 모두 부서져서 수선했다면 새로 만든 다른 가구로 보기 때문에 얹기 부정 자체는 사라진다(부정의 아버지). 그러나 후자의 경우에도 새로 만든 부분이 얹기 부정에 오염되었던 부분과 맞닿아 있어서 '접촉'이 일어나서 부정이 전이되며, 침대는 부정의 자식이며 1차 감염자다.
- 양쪽이 모두 부서지면 수선한 부분이 부정한 부분과 접촉하지 못하기 때문에 정결해진다(「켈림」 26, 4).

18, 7
부정한 침대다리를 정결한 침대에 연결한 경우를 설명한다.

---

כֶּרַע שֶׁהָיְתָה טְמֵאָה מִדְרָס, וְחִבְּרָהּ לַמִּטָּה, כֻּלָּהּ טְמֵאָה מִדְרָס. פֵּרְשָׁה, הִיא טְמֵאָה מִדְרָס, וְהַמִּטָּה מַגַּע מִדְרָס. הָיְתָה טְמֵאָה טֻמְאַת שִׁבְעָה וְחִבְּרָהּ לַמִּטָּה, כֻּלָּהּ טְמֵאָה טֻמְאַת שִׁבְעָה. פֵּרְשָׁה, הִיא טְמֵאָה טֻמְאַת שִׁבְעָה, וְהַמִּטָּה טְמֵאָה טֻמְאַת עֶרֶב. הָיְתָה טְמֵאָה טֻמְאַת עֶרֶב וְחִבְּרָהּ לַמִּטָּה, כֻּלָּהּ טְמֵאָה טֻמְאַת עֶרֶב. פֵּרְשָׁה, הִיא טְמֵאָה טֻמְאַת עֶרֶב, וְהַמִּטָּה טְהוֹרָה. וְכֵן הַשֵּׁן שֶׁל מַעְדֵּר:

---

얹기 부정이 전이된 다리 하나를 침대에 연결했다면 〔침대〕 전체에 얹기 부정이 전이된다. 〔이 다리를〕 제거하면 그것은 〔계속해서〕 얹기 부정을 유지하며, 침대는 얹기 부정에 접촉한 상태가 된다.

〔이 다리가〕 이레 동안 부정한 상태였는데 그것을 침대에 연결했다면, 〔침대〕 전체가 이레 동안 부정하다. 〔이 다리를〕 제거하면 그것은 〔계속해서〕 이레 동안 부정하며, 그 침대는 그날 저녁까지만 부정하다. 〔이 다리가〕 저녁까지 부정한 상태였는데 그것을 침대와 연결했다면, 〔침대〕 전체가 저녁까지 부정하다. 〔이 다리를〕 떼어내면 그것은 〔계속해서〕 저녁까지 부정하며, 그 침대는 정결하다. 갈퀴의 살에도 같은 〔규정이〕 적용된다.

- 특정한 정도의 부정으로 감염된 다리를 정결한 침대에 설치하면, 두 물건이 침대 하나가 되어 같은 정도로 부정하다. 그 다리를 제거하면 다리는 원래 정도의 부정을 유지하며, 침대는 부정과 접촉한 것으로 보고 한 단계 낮은 상태로 전환된다(「켈림」 19, 5).
- 이레 동안 부정해지는 이유는 사체와 접촉하여 부정의 아버지가 되었기 때문이다.
- 저녁까지 부정한 상태는 1차 감염자를 말하며, 다른 사람이나 물건에 부정을 전이시키지 않는다(「오홀롯」 1, 2).
- 갈퀴에 살을 붙이거나 떼는 경우에도 같은 규정을 적용할 수 있다(「켈림」 13, 2).

### 18, 8

성구를 써서 팔이나 머리에 매다는 테필린 상자에 관련된 논의다.

---

תְּפִלָּה, אַרְבָּעָה כֵלִים. הִתִּיר קְצִיצָה הָרִאשׁוֹנָה וְתִקְּנָהּ, טְמֵאָה טְמֵא מֵת, וְכֵן שְׁנִיָּה, וְכֵן שְׁלִישִׁית. הִתִּיר אֶת הָרְבִיעִית, טְהוֹרָה מִטְּמֵא מֵת, אֲבָל טְמֵאָה מַגַּע טְמֵא מֵת. חָזַר לָרִאשׁוֹנָה וְהִתִּירָהּ וְתִקְּנָהּ, טְמֵאָה בְמַגָּע, וְכֵן שְׁנִיָּה. הִתִּיר אֶת הַשְּׁלִישִׁית, טְהוֹרָה, שֶׁהָרְבִיעִית בְּמַגָּע, וְאֵין מַגָּע עוֹשֶׂה מַגָּע:

---

테필린[121]에는 칸이 네 개가 있다. 첫째 칸이 헐거워져서 수선했다면 시체의 부정이 계속 유지된다. 둘째도 그렇고 셋째도 마찬가지다. 넷째 칸까지 헐거워져서 〔수선했다면〕 시체의 부정으로부터 정결하지만, 시체의 부정에 〔오염된 물체와〕 접촉한 부정은 남는다.

다시 첫째 칸을 제거하고 수선하였다면, 〔시체의 부정에 오염된 물체와〕 접촉한 부정은 남으며, 둘째 칸도 마찬가지다. 〔그 후〕 셋째 칸을 제거했다면, 이것은 정결한데, 넷째 칸은 접촉에 의해 부정한 상태이며, 접촉에 의해 부정해진 물체는 〔다시〕 접촉으로 〔부정을〕 전이하지 않기 때문이다.

- 이 미쉬나는 테필린 성구함이 이미 시체의 부정에 오염된 상태를 전제하고 내부에 성구 두루마리를 넣는 칸 네 개 중 하나를 제거했다가 새 칸을 넣는 경우를 논의하고 있다. 네 개 중에 하나만 제거한다고 해서 원래 부정이 사라지지는 않는다.
- 만약에 세 개를 이미 바꾼 상태에서 넷째 칸까지 교체한다면 새로 만든 테필린으로 볼 수 있으며, 이때는 시체의 부정에 직접 노출된 상태에서 벗어난다. 그러나 시체의 부정에 노출된 물체와 접촉한 1차 감염자 상태는 계속 유지된다.
- 이 상태에서 첫째와 둘째 칸을 다시 교체하더라도 1차 감염자 상태는 계속 유지된다. 왜냐하면 1차 감염자 상태인 칸이 아직 반 이상이기 때문이다.
- 그러나 셋째 칸까지 다시 교체하면 1차 감염자 상태에 있던 칸들이 모두 사라지므로 정결해진다. 넷째 칸은 1차 감염자이지만 부정의

121) 현재 '테필린'이라고 아람어 남성복수형으로 부르는 이 도구는 본문에서 '트필라'(תפלה)라고 여성단수형으로 부르고 있다.

자식이기 때문에 새로 교체한 세 칸에 부정을 전이하지 않으며, 전체 테필린 중 세 칸이 정결하기 때문에 테필린 자체가 정결하다는 것이다.

## 18, 9

מִטָּה שֶׁנִּגְנַב חֶצְיָהּ, אוֹ אָבַד חֶצְיָהּ, אוֹ חֲלָקוּהָ אַחִין, אוֹ שֻׁתָּפִין, טְהוֹרָה. הֶחֱזִירוּהָ, מְקַבֶּלֶת טֻמְאָה מִכָּאן וּלְהַבָּא. מִטָּה מִטַּמְּאָה חֲבִילָה, וּמִטַּהֶרֶת חֲבִילָה, דִּבְרֵי רַבִּי אֱלִיעֶזֶר. וַחֲכָמִים אוֹמְרִים, מִטַּמְּאָה אֵבָרִים, וּמִטַּהֶרֶת אֵבָרִים:

어떤 침대의 반을 도난당했거나 분실했거나 형제나 동거인과 나누었다면, [이 침대는] 정결하다. [침대 주인에게] 돌려주었다면 그 순간부터 부정해질 수 있다.

침대는 [모든 부분을] 연결했을 때 부정해질 수 있으며, [모든 부분을] 연결했을 때 정결해질 수 있다는 것이 엘리에제르 랍비의 말이다. 그러나 다른 현인들은 각 부분이 부정해질 수 있고 각 부분이 정결해질 수 있다고 말했다.

- 침대의 반을 사용할 수 없다면 정결해진다(다섯째 미쉬나).
- 엘리에제르 랍비는 침대의 일부분이 부정해지면 이것을 설치한 침대 전체가 부정해진다고 보았고, 역시 침대 전체를 정결례를 행하는 물 속에 넣어야 정결해진다고 했다. 그러나 현인들은 여기에 반대하면서 부정해진 부분만 따로 해결할 수 있다고 주장한다.

## 제19장

침대에 감는 밧줄이나 천으로 만든 띠가 침대의 일부인지 여부, 이미 부정한 침대에 천으로 만든 띠를 감거나 그것을 푸는 경우, 그리고 입구가 위 또는 옆에 있는 상자가 시체의 부정과 얹기 부정에 영향을 받는 경우와 그렇지 않은 경우를 설명한다.

### 19, 1

---

הַמְפָרֵק אֶת הַמִּטָּה לְהַטְבִּילָהּ, וְהַנּוֹגֵעַ בַּחֲבָלִין, טָהוֹר. הַחֶבֶל מֵאֵימָתַי הוּא חִבּוּר לַמִּטָּה, מִשֶּׁיְּסָרֵג בָּהּ שְׁלֹשָׁה בָתִּים. וְהַנּוֹגֵעַ מִן הַקֶּשֶׁר וְלִפְנִים, טָמֵא. מִן הַקֶּשֶׁר וְלַחוּץ, טָהוֹר. נִימֵי הַקֶּשֶׁר, הַנּוֹגֵעַ בְּצָרְכּוֹ, טָמֵא. וְכַמָּה הוּא צָרְכּוֹ, רַבִּי יְהוּדָה אוֹמֵר, שָׁלֹשׁ אֶצְבָּעוֹת:

---

침대를 〔물에〕 담그기 위해서 분해하던 자가 밧줄을 만졌다면, 정결하다. 그 밧줄은 언제부터 침대에 연결된 상태인가? 그것을 세 번[122] 둘러 맬 때부터다. 여기에 〔연결된 다른 밧줄을〕 만졌는데, 그 매듭부터 안쪽이면 부정하며, 그 매듭부터 바깥쪽이면 정결하다.

매듭의 너스래미에 관련해서, 〔매듭에〕 필요한 부분을 만졌다면, 부정하다. 〔매듭에〕 필요한 부분은 얼마 만큼인가? 예후다 랍비는 손가락 너비 세 개만큼이라고 말했다.

- 미쉬나 시대에 침대 틀에 밧줄을 감아서 침대를 만들었다. 정결례를 시행하기 위해서 침대를 분해하면서 남아서 늘어진 밧줄을 만진 사람은 부정해지지 않는데, 이 밧줄이 침대의 일부로 간주하지 않기 때문이다. 밧줄을 세 번 이상 침대 틀에 둘러 감았다면 이 순간부터

---

122) 본문에는 밧줄을 침대틀에 감았을 때 밧줄과 밧줄 사이에 생기는 공간을 '바잇'(בית, 복수는 바팀בתים)이라고 부른다(「켈림」16, 1).

밧줄은 침대와 연결된 것으로 보고 침대와 동일한 상태로 간주한다.

- 매듭을 짓고 빠져나온 너스래미는 손가락 너비 세 개까지는 매듭을 매는 데 꼭 필요한 부분이기 때문에 부정해질 수 있고, 그 길이를 넘으면 정결하다.

## 19, 2

הַחֶבֶל הַיּוֹצֵא מִן הַמִּטָּה, עַד חֲמִשָּׁה טְפָחִים, טָהוֹר. מֵחֲמִשָּׁה וְעַד עֲשָׂרָה, טָמֵא. מֵעֲשָׂרָה וְלַחוּץ, טָהוֹר, שֶׁבּוֹ קוֹשְׁרִין אֶת הַפְּסָחִים, וּמְשַׁלְשְׁלִין אֶת הַמִּטּוֹת:

침대에 매달려 있는 줄은 5테팍까지 정결하다. 5부터 10테팍까지는 부정하다. 10테팍 이상은 정결하다. 왜냐하면 거기에 유월절 양을 묶기도 하고, 또 침대를 달아 내리는 데 쓰기 때문이다.

- 침대에 달려 있는 밧줄이 너무 짧아서 5테팍 이하라면 다른 용도로 사용할 수 없고, 그러므로 정결하다.
- 그 길이가 5-10테팍이라면 매우 유용한데, (1) 유월절 양을 거기에 매어둘 수 있다. 왜 유월절 양을 침대에 묶어두는지 분명하지 않지만, 니싼월 10일에 유월절 양을 구별한 후 다른 양들과 섞이지 않게 하려고 그랬을 것이다. (2) 침대를 달아 내리는 데 쓸 수도 있는데, 지붕 위에서 잘 때 쓰다가 지상층으로 내리거나 정결례장에서 물 속에 달아 내릴 때 쓸 수 있다(마 9:1-8; 막 2:1-12; 누 5:17-26).
- 10테팍이 넘는 밧줄은 남는 부분일 뿐 특별한 기능이 없으므로 정결하다.

## 19, 3

מִזְרָן הַיּוֹצֵא מִן הַמִּטָּה, כָּל שֶׁהוּא, דִּבְרֵי רַבִּי מֵאִיר. רַבִּי יוֹסֵי אוֹמֵר, עַד עֲשָׂרָה טְפָחִים. שְׁיָרֵי מִזְרָן, שִׁבְעָה טְפָחִים, כְּדֵי לַעֲשׂוֹתוֹ חֶבֶק לַחֲמוֹר:

침대에서 〔늘어진〕 띠에[123] 관하여, 어떤 〔길이〕이든 〔부정하다는 것이〕 메이르 랍비의 말이다. 요쎄 랍비는 10테팍까지는 〔부정하다고〕 말했다. 나머지 〔침대〕 띠가 7테팍에 이르고 당나귀 덕적을 만들 수 있으면 〔부정해질 수 있다〕.

- 미쉬나 시대에는 침대 틀 위에 두터운 모직 천이나 옷가지로 매트리스처럼 덮은 두꺼운 옷을 묶어서 고정했다. 그런데 그 천이나 띠가 침대 밖으로 빠져서 늘어져 있어도 길이와 상관없이 침대와 같이 부정하다는 것이 메이르 랍비의 의견이다. 요쎄 랍비는 10테팍까지만 부정하고 그 이상이 되면 정결한데(둘째 미쉬나), 너무 길면 독립적인 다른 기능을 수행할 수 있기 때문이라고 설명했다. 예를 들어 당나귀를 덮는 덕적을 만들 정도가 그러하다.

## 19, 4

נִשָּׂא הַזָּב עַל הַמִּטָּה וְעַל הַמִּזְרָן, מְטַמֵּא שְׁנַיִם וּפוֹסֵל אֶחָד, דִּבְרֵי רַבִּי מֵאִיר. רַבִּי יוֹסֵי אוֹמֵר, נִשָּׂא הַזָּב עַל הַמִּטָּה וְעַל הַמִּזְרָן, עֲשָׂרָה טְפָחִים, מְטַמֵּא שְׁנַיִם וּפוֹסֵל אֶחָד. מֵעֲשָׂרָה וְלַחוּץ, מְטַמֵּא אֶחָד וּפוֹסֵל אֶחָד. נִשָּׂא עַל הַמִּזְרָן, מֵעֲשָׂרָה וְלִפְנִים, טָמֵא. מֵעֲשָׂרָה וְלַחוּץ, טָהוֹר:

유출병 환자가 침대 위와 띠 위에 올랐다면, 〔그 침대와 띠는 다른 대상〕 둘을 부정하게 만들며 하나를 무효로 만든다는 것이 메이르 랍

123) 이 낱말(מזרן)은 침대 둘레를 묶기 위해서 사용하는 천으로 만든 띠를 가리킨다(야스트로 756).

비의 말이다. 요쎄 랍비는 침대나 띠 위에 유출병 환자가 오르고 〔늘어진 띠의 길이가〕 10테팍에 〔이르면〕 둘을 부정하게 만들고 하나를 무효로 만든다고 말했다. 〔그 길이가〕 10테팍 이상이면 하나를 부정하게 만들며 하나를 무효로 만든다. 그가 띠 위에만 오르고 10테팍 이하이면 부정해진다. 10테팍 이상이면 정결하다.

- 유출병 환자가 침대나 띠 위에 앉거나 누우면 침대는 부정의 아버지가 된다. 그리고 사람이나 물건이 그 침대나 매트리스와 접촉하면 1차 감염자가 되고, 그것이 음식에 접촉하면 2차 감염자가 된다. 그리고 이런 사람이나 대상과 접촉한 음식은 거제로 드릴 수 없는 '무효' 상태가 된다(3차 감염자, 「자빔」, 5, 2).
- 요쎄 랍비는 침대 띠가 빠져 늘어진 부분의 길이가 10테팍일 때까지 이 원칙을 적용하고(셋째 미쉬나) 그 이상일 때는 침대와 연결되지 않은 것으로 간주한다. 이 경우 긴 띠는 부정의 아버지와 접촉한 1차 감염자가 되므로, 다른 대상을 2차 감염자와 무효로 만들 수 있다.
- 유출병 환자가 침대에 직접 앉거나 눕지 않고 빠져 늘어진 띠 위에만 올랐다면, 역시 길이에 따라 다르게 판단한다. 침대에서 분리된 띠는 얹기 부정에 영향을 받지 않으므로 10테팍 이상이면 정결하다.

## 19, 5

---

מִטָּה שֶׁהָיְתָה טְמֵאָה מִדְרָס, וְכָרַךְ לָהּ מִזְרָן, כֻּלָּהּ טְמֵאָה מִדְרָס. פֵּרְשָׁה, הִיא טְמֵאָה מִדְרָס, וְהַמִּזְרָן מַגַּע מִדְרָס. הָיְתָה טְמֵאָה טֻמְאַת שִׁבְעָה, וְכָרַךְ לָהּ מִזְרָן, כֻּלָּהּ טְמֵאָה טֻמְאַת שִׁבְעָה. פֵּרְשָׁה, הִיא טְמֵאָה טֻמְאַת שִׁבְעָה, וְהַמִּזְרָן טָמֵא טֻמְאַת עֶרֶב. הָיְתָה טְמֵאָה טֻמְאַת עֶרֶב, וְכָרַךְ לָהּ מִזְרָן, כֻּלָּהּ טְמֵאָה טֻמְאַת עֶרֶב. פֵּרְשָׁה, הִיא טְמֵאָה טֻמְאַת עֶרֶב, וְהַמִּזְרָן טָהוֹר:

---

얹기 부정에 감염된 침대에 띠를 감았다면, 전체가 얹기 부정에 감

염된다. 〔이것을〕 제거하면 〔침대는〕 계속 얹기 부정이 있지만 띠는 얹기에 접촉한 부정만 있다.

이레 동안 부정한 〔침대에〕 띠를 감았다면, 전체가 이레 동안 부정해진다. 〔이것을〕 제거하면 〔침대는〕 계속해서 이레 동안 부정하지만, 띠는 저녁까지만 부정하다. 저녁까지 부정한 〔침대에〕 띠를 감았다면, 전체가 저녁까지 부정해진다. 〔이것을〕 제거하면 〔침대는〕 계속 저녁까지 부정하지만 띠는 정결하다.

- 침대에 모직 천이나 옷가지로 만든 띠를 감으면 침대의 일부가 되며, 원래 침대의 부정이 그대로 유지된다. 그러나 그 띠를 다시 제거하면 그 부정에서 벗어나는데, 일단 부정한 침대와 접촉했기 때문에 한 단계 낮은 부정의 상태가 된다(「켈림」 18, 7).
- 얹기 부정과 이레 부정(시체의 부정)은 부정의 아버지이며 다른 물건에 부정을 전이하지만, 저녁까지 부정한 상태는 1차 감염자이기 때문에 부정을 전이할 수 없어서 띠를 침대에서 제거하면 완전히 정결해진다.

## 19, 6

---

מִטָּה שֶׁכָּרַךְ לָהּ מִזְרָן, וְנָגַע בָּהֶן הַמֵּת, טְמֵאִין טֻמְאַת שִׁבְעָה. פֵּרְשׁוּ, טְמֵאִין טֻמְאַת שִׁבְעָה. נָגַע בָּהֶן הַשֶּׁרֶץ, טְמֵאִין טֻמְאַת עֶרֶב. פֵּרְשׁוּ, טְמֵאִין טֻמְאַת עֶרֶב. מִטָּה שֶׁנִּטְּלוּ שְׁתֵּי אֲרֻכּוֹת שֶׁלָּהּ וְעָשָׂה לָהּ חֲדָשׁוֹת, וְלֹא שִׁנָּה אֶת הַנְּקָבִים, נִשְׁתַּבְּרוּ חֲדָשׁוֹת, טְמֵאָה. וִישָׁנוֹת, טְהוֹרָה, שֶׁהַכֹּל הוֹלֵךְ אַחַר הַיְשָׁנוֹת:

---

침대에 띠를 감은 상태에서 시체와 접촉하면 이레 동안 부정하다. 〔띠를〕 제거해도 역시 이레 동안 부정하다. 〔그것이〕 기는 것과 접촉하면 저녁까지 부정하다. 〔띠를〕 제거해도 저녁까지 부정하다.

〔부정한〕 침대의 긴 쪽 두 부분이 부서져서 새로운 부분을 설치했는데 〔연결하는〕 구멍을 교체하지 않았다면, 그 새로운 부분이 부서졌다 해도 〔침대는〕 계속 부정하다. 그러나 오래된 부분이 부서졌다면 정결한데, 모든 것이 오래된 부분에 달려 있기 때문이다.

- 이 경우에는 이미 시체의 부정이 감염된 침대에 띠를 감은 것이 아니라(넷째와 다섯째 미쉬나), 띠가 설치되어 있는 침대 전체가 시체와 접촉한 것이다. 그러므로 시체의 부정에 감염된 띠는 침대에서 제거해도 여전히 이레 동안 부정하다. 기는 것과 접촉한 경우도 마찬가지다.
- 침대가 부서지고 수선하는 상황에서 오래된 부속이 남아 있는 한 원래의 부정한 상태가 유지된다(「켈림」 18, 5, 9). 오래된 부속이 모두 부서지거나 망가져서 원래 침대를 되살려낼 수 없는 상태가 되어야 원래의 부정한 상태도 소멸된다.

## 19, 7

---

תֵּבָה שֶׁפִּתְחָהּ מִלְמַעְלָה, טְמֵאָה טְמֵא מֵת. נִפְחֲתָה מִלְמַעְלָה, טְמֵאָה טְמֵא מֵת. נִפְחֲתָה מִלְּמַטָּה, טְהוֹרָה. מְגוּרוֹת שֶׁבָּהּ, טְמֵאוֹת, וְאֵינָם חִבּוּר לָהּ:

---

윗부분에 입구가 있는 상자는 시체의 부정 때문에 부정해질 수 있다. 윗부분이 손상되었어도 시체의 부정 때문에 부정해질 수 있다. 아랫부분이 손상되었다면 정결하다. 그 〔상자 안에 있는〕 칸들은 부정해질 수 있으며, 〔상자에〕 연결된 것으로 간주하지 않는다.

- 일반적으로 꼭 맞는 뚜껑이 없이 윗부분이 열려 있는 상자는 여러 가지 부정에 노출될 수 있으며,[124] 윗부분이 좀 손상되어도 물건을 담는 데 사용할 수 있기 때문에 기본적인 성격이 변하지 않는다. 밑

부분이 손상되면 상자로 쓸 수 없기 때문에 정결하다. 상자 안에 독립된 칸을 만들어 두었다면 밑부분이 일부 손상되어도 사용할 수 있기 때문에 여전히 부정해질 수 있다. 그러나 칸은 상자 전체의 상태와 별개로 판단해야 한다.

## 19, 8

הַתּוּרְמֵל שֶׁנִּפְחֲתָה כִּיס שֶׁבְּתוֹכוֹ, טָמֵא, וְאֵינוֹ חִבּוּר לוֹ. הַחֵמֶת שֶׁבֵּיצִים שֶׁלָּהּ מְקַבְּלוֹת עִמָּהּ, וְנִפְחֲתוּ, טְהוֹרוֹת, שֶׁאֵינָם מְקַבְּלוֹת כְּדַרְכָּן:

〔목동의 가죽〕 가방이 손상되었는데 그 속에 있던 주머니는 〔계속〕 부정해질 수 있으며, 그것은 〔가방과〕 연결되어 있지 않다고 간주된다. 가죽 부대의 불알 부분을 〔무엇인가〕 담는 데 쓰다가 손상되었다면 정결하니, 원래 기능대로 〔무엇인가를〕 담을 수 없기 때문이다.

- 가죽으로 만든 가방이 손상되어 제 기능을 할 수 없으면 정결해지지만, 그 안에 만들어놓은 주머니는 계속 사용할 수 있으므로 부정해질 수 있다.
- 동물의 가죽을 통째로 이용해서 포도주 등 액체를 담는 부대를 만들었을 때 불알 부분을 주머니처럼 만들어서 사용할 수 있으며, 손상되어 제 기능을 상실하면 정결해진다(「켈림」 18, 3).

## 19, 9

תֵּבָה שֶׁפִּתְחָהּ מִצִּדָּהּ, טְמֵאָה מִדְרָס וּטְמֵא מֵת. אָמַר רַבִּי יוֹסֵי, אֵימָתַי, בִּזְמַן שֶׁאֵינָהּ גְּבוֹהָה עֲשָׂרָה טְפָחִים, אוֹ שֶׁאֵין לָהּ לִזְבֵּז טֶפַח. נִפְחֲתָה מִלְמַעְלָן, טְמֵאָה טְמֵא מֵת. נִפְחֲתָה מִלְּמַטָּן, רַבִּי מֵאִיר מְטַמֵּא. וַחֲכָמִים

124) 위에 입구가 있는 상자는 시체의 부정이 전이될 수 있으나, 얹기 부정은 전이되지 않는다(「켈림」 20, 4).

מְטַהֲרִין, מִפְּנֵי שֶׁבָּטַל הָעִקָּר, בָּטְלָה הַטְּפֵלָה:

옆부분에 입구가 있는 상자는 얹기와 시체의 부정 때문에 부정해질 수 있다. 요쎄 랍비가 〔이 규정은〕 언제 〔적용되느냐고〕 물었다. 〔이 상자가〕 10테팍 이하일 때 또는 1테팍 높이의 테두리가 없을 때다.

윗부분이 손상되었다면 시체의 부정 때문에 부정해질 수 있다. 아랫부분이 손상되었다면, 메이르 랍비는 부정하다고 주장했고 다른 현인들은 정결하다고 했다. 〔이 상자의〕 주요 기능이 취소되면 이차적인 기능도 취소되기 때문이다.

- 이 상자는 입구가 옆에 있기 때문에 위에 앉을 수도 있어서 얹기 부정이, 입구가 있기 때문에 시체의 부정이 전이될 수 있다(일곱째 미쉬나). 요쎄 랍비는 앉기에 적당한 조건들을 좀 더 자세하게 규정한다. 상자가 너무 높거나 위에 높은 테두리가 있다면 앉을 수 없다.
- 이 상자의 윗부분이 손상되면 앉을 수 없기 때문에 시체의 부정만 영향을 미칠 수 있다. 밑부분이 손상되었을 경우 앉을 수는 있고 무엇을 담는 상자라는 기능은 상실된다. 메이르 랍비는 아직 얹기 부정에 영향을 받을 수 있다고 보았고(「닛다」 6, 3), 다른 랍비들은 이미 상자가 상자로서 기능할 수 없다면 그릇이 아니기 때문에 부정해질 수 없다고 보았다.

## 19, 10

מִשְׁפֶּלֶת שֶׁנִּפְחֲתָה מִלְּקַבֵּל רִמּוֹנִים, רַבִּי מֵאִיר מְטַמֵּא. וַחֲכָמִים מְטַהֲרִים, מִפְּנֵי שֶׁבָּטַל הָעִקָּר, בָּטְלָה הַטְּפֵלָה:

똥바구니가 손상되어 석류도 담지 못할 〔상황〕이라면, 메이르 랍비는 부정하다고 주장했다. 다른 현인들은 정결하다고 했는데, 그 주요 기능이 취소되면 이차적인 기능도 취소되기 때문이다.

- 똥을 담아 나르는 바구니는 아마도 비료를 만들 때 사용했던 것으로 보이는데, 이것이 손상되어 석류를 담았을 때 굴러떨어질 상황이 되었다. 메이르 랍비는 이 바구니가 부정해질 수 있다고 주장했는데, 그 위에 앉을 수 있다고 보고 얹기 부정이 전이될 수 있다고 본 것 같다. 다른 랍비들은 정결하다고 했는데, 제 기능을 상실한 바구니는 그릇이 아니기 때문에 이차적인 기능이 있어도 부정해지지 않는다고 설명했다(「켈림」 17, 1).

## 제20장

어떤 물체를 넣는 부분이 손상된 가구나 그릇의 경우에 관해 논의하고, 여러 부속을 조립하여 본체 하나로 연결되는 도구의 경우, 침대보를 휘장으로 만드는 경우 등을 설명한다.

### 20, 1

הַכָּרִים וְהַכְּסָתוֹת וְהַשַּׂקִּין וְהַמַּרְצוּפִין שֶׁנִּפְחֲתוּ, הֲרֵי אֵלּוּ טְמֵאִים מִדְרָס. הַקְּלוּסְטָר, אַרְבָּעָה קַבִּין, הַתּוּרְמֵל חֲמֵשֶׁת קַבִּין, הַכְּרֵיתִית סְאָה. הַחֵמֶת שֶׁל שִׁבְעַת קַבִּין, רַבִּי יְהוּדָה אוֹמֵר, אַף הָרִבְצָל וְהַמִּזְוָדָה כָּל שֶׁהֵן, הֲרֵי אֵלּוּ טְמֵאִין מִדְרָס. וְכֻלָּם שֶׁנִּפְחֲתוּ, טְהוֹרִים, מִפְּנֵי שֶׁבָּטַל הָעִקָּר, וּבָטְלָה הַטְּפֵלָה:

〔가죽〕 베개, 〔가죽〕 베개 덮개, 자루, 포장용 상자는 손상되어도 얹기 부정 때문에 부정해질 수 있다. 4카브가 들어가는 사료 가방, 5카브가 들어가는 목동의 가방, 1쎄아가 들어가는 여행용 가방, 7카브가 들어가는 물부대도 〔그러하다〕. 예후다 랍비는 향신료 가방이나 여러

가지 음식 가방들도 얹기 부정 때문에 부정해질 수 있다고 말했다. 이런 모든 것들이 〔완전히〕 손상되면 정결한데, 주요 기능이 없어지면 이차적인 기능도 사라지기 때문이다.

- 이 미쉬나에 나열된 물품들은 무언가를 넣어서 사용하는 원래 기능이 있는데, 손상되어 제 기능을 수행할 수 없더라도, 아직 앉거나 깔 수 있다면 얹기 부정에 취약하다.
- 비슷한 물품들이지만 특정한 용량을 담을 수 있는 크기가 되어야 독립적인 기능을 수행할 수 있고, 그에 따라 부정해질 수 있다. 역시 이런 물품들은 깔고 앉을 수 있기 때문에 손상되어도 얹기 부정 때문에 부정해질 수 있다.
- 가방들은 원래 기능과 이차적인 기능이 구별되기 때문에 손상되면 주요 기능이 사라지고 완전히 정결해진다는 의견도 남아 있다.

## 20, 2

---

חֵמֶת חֲלִילִין, טְהוֹרָה מִן הַמִּדְרָס. עֲרֵבַת פִּיסוֹנוֹת, בֵּית שַׁמַּאי אוֹמְרִים,
מִדְרָס. וּבֵית הִלֵּל אוֹמְרִים, טְמֵא מֵת. עֲרֵבָה מִשְּׁנֵי לֹג וְעַד תִּשְׁעָה קַבִּין
שֶׁנִּסְדְּקָה, טְמֵאָה מִדְרָס. הִנִּיחָהּ בַּגְּשָׁמִים וְנִתְפְּחָה, טְמֵאָה טְמֵא מֵת.
בַּקָּדִים וְנִסְדְּקָה, מְקַבֶּלֶת מִדְרָס. זֶה חֹמֶר בִּשְׁיָרֵי כְלֵי עֵץ מִבִּתְחִלָּתָן.
וְחֹמֶר בִּשְׁיָרֵי כְלֵי נְצָרִים מִבִּתְחִלָּתָן, שֶׁמִּתְּחִלָּתָן אֵינָם מְקַבְּלִים טֻמְאָה עַד
שֶׁיִּתְחַסֵּמוּ. נִתְחַסְּמוּ, אַף עַל פִּי שֶׁנִּשְׁרוּ שִׂפְתוֹתֵיהֶן כָּל שֶׁהֵן, טְמֵאִין:

---

주머니 피리는 얹기 부정으로부터 정결하다. 회반죽을 섞는 통에 관하여, 샴마이 학파는 얹기 부정으로도 〔부정해진다고〕 말했고, 힐렐 학파는 시체의 부정으로만 〔부정해진다고〕 말했다.

2로그부터 9카브까지 들어가는 통에 금이 갔다면,[125] 얹기 부정 때

---

125) 1카브는 4로그다.

문에 부정해진다. 〔이것을〕 비가 올 때 내놓았다가 손상되면 시체의 부정 때문에 부정해질 수 있다. 〔이것을〕 동풍이 불 때 내놓았다가 금이 갔다면, 얹기 부정에 〔취약해진다〕.

나무로 만든 그릇이 처음 만들었던 상태와 달리 일정 부분만 남았을 때와 고리버들로 만든 그릇이 처음 만들었던 상태와 달리 일정 부분만 남았을 때 더 엄격한 〔규정을 적용한다〕. 처음에 〔이런 그릇을 만들 때〕 테두리를 완성할 때까지는 부정해지지 않지만, 테두리를 완성한 이후에 가장자리가 부서져나가도 남은 것들은 부정해질 수 있기 때문이다.

- 가죽 부대에 피리를 연결한 백파이프는 그 위에 앉는 용도로 쓸 수 없다는 것이 분명하지만(「켈림」 11, 5), 회반죽을 섞는 통에 앉을 수 있는지에 관해서는 학파마다 생각이 다르다.
- 일정한 크기 이상이 되는 통은 금이 가서 손상되어 액체를 담을 수 없지만(「켈림」 24, 3), 앉을 때 쓸 수 있다(넷째 미쉬나; 「야다임」 4, 1). 이런 통이 비를 맞으면 재질이 부풀면서 손상되었던 곳이 없어지고 다시 제 용도대로 쓸 수 있으며, 이런 상태에서 앉을 수는 없으므로 시체의 부정에만 영향을 받는다. 메마른 동풍이 불 때 밖에 내놓으면 바짝 말라서 다시 금이 나타나고 제 용도로 사용할 수 없으나 앉을 수 있게 되므로 얹기 부정에 영향을 받는다.
- 원칙을 도출해보자면 나무나 고리버들로 만든 그릇은 손상된 이후 새로운 종류의 부정에 영향을 받을 수 있으므로 더 엄격한 규정을 적용하게 되는 꼴이다.

## 20, 3

מַקֵּל שֶׁעֲשָׂאוֹ בֵּית יָד לְקַרְדֹּם, חִבּוּר לַטֻּמְאָה בִּשְׁעַת מְלָאכָה. הַדְּיוֹסְטָר, חִבּוּר לַטֻּמְאָה בִּשְׁעַת מְלָאכָה. קְבָעוֹ בִכְלוֹנָס, טָמֵא, וְאֵינוֹ חִבּוּר לָהּ. עָשָׂה לוֹ דְיוֹסְטָר, אֵין טָמֵא אֶלָּא צָרְכּוֹ. כִּסֵּא שֶׁקְּבָעוֹ בִכְלוֹנָס, טָמֵא, וְאֵינוֹ חִבּוּר לוֹ. עָשָׂה בוֹ כִסֵּא, אֵין טָמֵא אֶלָּא מְקוֹמוֹ. קְבָעוֹ בְקוֹרַת בֵּית הַבַּד, טָמֵא, וְאֵינוֹ חִבּוּר לָהּ. עָשָׂה בְרֹאשָׁהּ כִּסֵּא, טָהוֹר, מִפְּנֵי שֶׁאוֹמְרִין לוֹ, עֲמֹד וְנַעֲשֶׂה אֶת מְלַאכְתֵּנוּ:

막대기로 손도끼 손잡이를 만들었다면 작업할 때 부정과 관련하여 〔손도끼와〕 연결된 것으로 간주한다. 실 감는 장치를 〔만들었다면〕 작업할 때 부정과 관련하여 연결된 것으로 간주한다. 이것을 기둥에 고정하면 부정해질 수 있으나, 〔기둥에〕 연결된 것은 아니다. 〔기둥을〕 실 감는 장치로 만들었다면, 〔그 장치로〕 사용하는 부분만 부정해질 수 있다. 기둥에 고정한 의자는 부정하지만, 〔기둥에〕 연결된 것은 아니다. 〔기둥을〕 의자로 만들었다면, 그 앉는 자리만 부정해질 수 있다. 올리브 압착기 기둥에 〔의자를〕 고정시켰다면 부정해질 수 있으나 연결된 것은 아니다. 〔기둥〕 머리를 의자로 만들었다면 정결한데, 왜냐하면 서서 일을 하라고 말하기 때문이다.

- 서로 다른 부분을 조립하여 '연결' 상태에 이르면, 부정이 함께 전이될 수 있다.
- 특정한 작업을 하도록 만든 도구나 장치는 부정해질 수 있다. 이것을 어떤 기둥에 고정한다고 해도 특별한 기능을 하지 않는 기둥은 정결하며 그 도구나 장치만 부정해질 수 있다(「켈림」 19, 7-8). 기둥 자체를 도구나 장치로 만든다면, 역시 그 기능을 하는 부분만 부정해질 수 있다.
- 올리브 압착기 기둥머리를 의자로 만들어도 정결법과 관련하여 압착기와 관련이 없는데, 그 이유는 일할 때는 꼭 서서 일하기 때문이다.

## 20, 4

עֲרֵבָה גְדוֹלָה שֶׁנִּפְחֲתָה מִלְּקַבֵּל רִמּוֹנִים, וְהִתְקִינָהּ לִישִׁיבָה, רַבִּי עֲקִיבָא מְטַמֵּא. וַחֲכָמִים מְטַהֲרִין, עַד שֶׁיְּקַצֵּעַ. עֲשָׂאָהּ אֵבוּס לַבְּהֵמָה, אַף עַל פִּי שֶׁקְּבָעָהּ בַּכֹּתֶל, טְמֵאָה:

[원래] 큰 통이었으나 손상되어 석류도 담을 수 없는 상태였는데, 이것을 수선하여 앉을 수 있게 만들었다면, 아키바 랍비는 부정해질 수 있다고 주장했다. 다른 현인들은 [앉을 수 있도록] 다듬기 전까지는 정결하다고 했다. [손상된 통을 수선하여] 가축의 여물통을 만들었다면, 벽에 고정했다 하더라도 부정해질 수 있다.

- 용량이 9카브를 담을 수 있는 큰 통에 구멍이 나서 석류를 담을 수 없는 정도라면 부정해질 수 없다(둘째 미쉬나; 「켈림」 17, 1). 이 통에 앉을 수 있도록 만들어서 다시 부정해질 수 있는 상태가 되는 조건에 관해 이견이 있다(「켈림」 27, 5).
- 지면에 고정된 그릇은 부정해질 수 없지만, 가축 여물통은 예외다(「켈림」 15, 2).

## 20, 5

כֻּפַּת שֶׁקְּבָעוֹ בְנִדְבָּךְ, קְבָעוֹ וְלֹא בָנָה עָלָיו, בָּנָה עָלָיו וְלֹא קְבָעוֹ, טָמֵא. קְבָעוֹ וּבָנָה עָלָיו, טָהוֹר. מַפָּץ שֶׁנְּתָנוֹ עַל גַּבֵּי הַקּוֹרוֹת, קְבָעוֹ וְלֹא נָתַן עָלָיו אֶת הַמַּעֲזִיבָה, נָתַן עָלָיו אֶת הַמַּעֲזִיבָה וְלֹא קְבָעוֹ, טָמֵא. קְבָעוֹ וְנָתַן עָלָיו אֶת הַמַּעֲזִיבָה, טָהוֹר. קְעָרָה שֶׁקְּבָעָהּ בְּשִׁדָּה תֵּבָה וּמִגְדָּל, כְּדֶרֶךְ קַבָּלָתָהּ, טְמֵאָה. שֶׁלֹּא כְדֶרֶךְ קַבָּלָתָהּ, טְהוֹרָה:

나무 토막을 벽[126]에 고정은 했지만 그 위에 [벽을 더] 짓지 않았거나, 그 위에 [벽을 더] 지었으나 고정하지 않았다면 부정해질 수 있

126) 이 낱말(נדבך)은 벽을 지을 때 바깥에 세우는 비계라는 설명도 있다(람밤).

다. 그것을 고정하고 그 위에 〔벽을 더〕 지었다면 정결하다.

깔개를 지붕 들보 위에 폈는데, 이것을 고정했으나 그 위에 회반죽을 바르지 않았거나, 회반죽을 발랐지만 고정하지 않았으면 부정해질 수 있다. 그것을 고정하고 그 위에 회반죽을 발랐다면 정결하다.

대접을 궤짝이나 상자나 찬장에 고정했고 〔이 대접이〕 원래대로 〔무엇을〕 담을 수 있다면 부정해질 수 있다. 〔이 대접이〕 원래대로 〔무엇을〕 담을 수 없다면 정결하다.

- 집을 짓는 건축업자가 벽을 지으며 두꺼운 나무토막을 함께 넣고 회반죽으로 고정하고 그 위로 계속 벽을 쌓았다면, 이 나무토막은 건축물의 일부이며 부정해질 수 없다. 그러나 고정하지 않았거나 그 위로 벽을 더 쌓지 않았다면, 이 나무토막은 건축물의 일부가 아니며 부정해질 수 있다.
- 건축업자가 지붕 들보 위에 깔개를 펴고 고정한 후 회반죽을 바르면, 그 깔개는 건축물의 일부이며 부정해질 수 없다. 그러나 그렇지 않으면 부정해질 수 있다.
- 궤짝이나 상자나 찬장에 대접을 고정하여 무엇을 담을 수 있게 했다면 이것은 부정해질 수 있다. 그렇지 않다면 부정해질 수 없다.

## 20, 6

סָדִין שֶׁהוּא טְמֵא מִדְרָס וַעֲשָׂאוֹ וִילוֹן, טָהוֹר מִן הַמִּדְרָס, אֲבָל טָמֵא טְמֵא מֵת. מֵאֵימָתַי הִיא טָהֳרָתוֹ. בֵּית שַׁמַּאי אוֹמְרִים, מִשֶּׁיִּתָּבֵר. בֵּית הִלֵּל אוֹמְרִים, מִשֶּׁיִּקָּשֵׁר. רַבִּי עֲקִיבָא אוֹמֵר, מִשֶּׁיִּקָּבֵעַ:

〔원래〕 얹기 부정에 영향을 받을 수 있는 침대보로 휘장을 만들었다면, 얹기 부정으로부터 정결하지만 시체의 부정 때문에 부정해질 수는 있다. 언제부터 이것이 〔얹기 부정으로부터〕 정결한가? 샴마이

학파는 이것을 〔고리를〕 달[127] 때부터라고 말했고, 힐렐 학파는 이것을 묶을 때부터라고 말했으며, 아키바 랍비는 이것을 고정할 때부터라고 말했다.

- 침대보가 휘장이 되면 얹기 부정으로부터 자유롭다는 것에는 이견이 없다(「켈림」 24, 13; 27, 9). 그러나 어느 순간부터 휘장이 되느냐에 관해서는 세 가지 다른 의견이 있다.

## 20, 7

갈대와 짚을 엮어서 짠 깔개에 관해 논의한다.

---

מַחֲצֶלֶת שֶׁעָשָׂה לָהּ קָנִים לְאָרְכָּהּ, טְהוֹרָה. וַחֲכָמִים אוֹמְרִים, עַד שֶׁיַּעֲשֶׂה כְּמִין כִּי. עֲשָׂאָם לְרָחְבָּהּ וְאֵין בֵּין קָנֶה לַחֲבֵרוֹ אַרְבָּעָה טְפָחִים, טָהוֹר. נֶחְלְקָה לְרָחְבָּהּ, רַבִּי יְהוּדָה מְטַהֵר. וְכֵן הַמַּתִּיר רָאשֵׁי הַמַּעֲדַנִּין, טְהוֹרָה. נֶחְלְקָה לְאָרְכָּהּ וְנִשְׁתַּיְּרוּ בָהּ שְׁלשָׁה מַעֲדַנִּים שֶׁל שִׁשָּׁה טְפָחִים, טְמֵאָה. מַחֲצֶלֶת, מֵאֵימָתַי מְקַבֶּלֶת טֻמְאָה. מִשֶּׁתִּקָּנֵב, וְהִיא גְּמַר מְלַאכְתָּהּ:

---

갈대를 길이로 엮어 만든 깔개는 정결하다. 현인들은 그것이 〔헬라어 글자〕 '키'처럼 생겼을 때만 그렇다고 말했다. 〔갈대를〕 너비로 엮어 만들고 갈대 사이에 4테팍을 떼지 않았다면 정결하다.

이것이 너비 방향으로 찢어졌다면, 예후다 랍비는 정결하다고 주장했다. 또한 〔그 깔개〕 가장자리 매듭이 풀렸다면 정결하다. 이것이 길이 방향으로 찢어졌고, 6테팍 〔길이의〕 가장자리 매듭 세 개만 남아 있다면, 부정해질 수 있다. 깔개는 언제부터 부정해질 수 있는가? 그 끝을 다듬고 작업을 마칠 때부터다.

---

127) 이 낱말(משיתבר)은 '고리'(תברות)라는 말에서 나온 동사로 번역했다(「켈림」 25, 1).

- 깔개를 만들 때는 갈대를 적당한 간격으로 벌여놓고 길이 방향으로 짚과 같은 부드러운 재료를 엮어서 만든다. 갈대 줄기는 딱딱하기 때문에 사람이 앉거나 누울 때는 갈대가 없는 부분을 이용한다. 그런데 갈대를 길이 방향으로 엮은 깔개는 사람이 눕기에 너무 딱딱하고 따라서 부정해질 수 없다(「켈림」 17, 17; 「쑤카」 1, 11). 다른 현인들은 이런 깔개 위에도 사람이 누울 수 있다고 주장하며, 가위표 모양(헬라어 글자 '키')으로 갈대를 얽어놓으면 그야말로 사람이 사용할 수 없고 부정해질 수 없다고 말한다.
- 갈대를 너비로 엮어 넣을 때도 4테팍 이상 떼어야 사람이 누울 수 있기 때문에, 이 조건을 만족시키지 않는 깔개는 부정해질 수 없다.
- 깔개가 너비 방향으로 찢어지면 짚들이 다 빠져서 흩어지기 때문에 제 기능을 할 수 없고 결국 부정해질 수도 없다. 가장자리 매듭이 풀려도 깔개를 쓸 수 없기 때문에 마찬가지다.
- 깔개가 길이 방향으로 찢어지고 가장자리 매듭도 남아 있다면 어느 정도 제 기능을 발휘할 수 있기에 부정해질 수 있다(「켈림」 27, 2).
- 깔개는 가장자리를 부드럽게 다듬고 제작 과정을 마치는 순간부터 부정해질 수 있다.

## 제21장

베틀이나 쟁기 등 복잡한 농기구들과 직접 연결된 부분과 그렇지 않은 부분에 관해 논의한다.

**21, 1**
베틀 위에 완성되었으나 부정한 천이 놓여 있는데, 이 천이나 베틀의 어느 부분을 만지면 부정해지는지 논의한다.

---

הַנּוֹגֵעַ בַּכֹּבֶד הָעֶלְיוֹן, בַּכֹּבֶד הַתַּחְתּוֹן, בַּנִּירִים, וּבַקֵּירוֹס, וּבְחוּט שֶׁהֶעֱבִירוֹ עַל גַּבֵּי אַרְגָּמָן, וּבְעִירָה שֶׁאֵינוֹ עָתִיד לְהַחֲזִירָהּ, טָהוֹר. בְּנֶפֶשׁ הַמַּסֶּכֶת, וּבַשְּׁתִי הָעוֹמֵד, וּבְכָפוּל שֶׁהֶעֱבִירוֹ עַל גַּבֵּי הָאַרְגָּמָן, וּבְעִירָה שֶׁהִיא עֲתִידָה לְהַחֲזִירָהּ, טָמֵא. הַנּוֹגֵעַ בַּצֶּמֶר שֶׁעַל הָאִימָה, בָּאַשְׁוָיָה, טָהוֹר. הַנּוֹגֵעַ בַּפִּיקָה, עַד שֶׁלֹּא פֵּרְעָהּ, טָמֵא. מִשֶּׁפֵּרְעָהּ, טָהוֹר:

---

〔베틀의〕 용두머리, 가로대, 잉아, 바디, 보라색 천 위로 지나가는 실, 〔다시〕 지나가지 않아도 되는 북에 〔접촉하면〕 정결하다. 씨실, 서 있는 날실, 보라색 천 위로 지나가는 이중 실, 지나가야 할 북을 만지면 부정해진다. 실패나 얼레에 감아놓은 양모를 만지는 자는 정결하다. 〔물레의〕 가락바퀴를 만지는 자는 그것이 드러나기 전이라면 부정하고, 드러난 후에는 정결하다.

- 베틀에는 날실을 위아래로 움직일 때 버티어주는 윗기둥(용두머리)과 아랫기둥(가로대)이 있다. 잉아는 날실을 한 칸씩 걸어서 끌어 올리는 부속이고(「샤밧」 13, 2), 바디는 가늘고 얇은 대를 참빗살같이 세워 날실을 고르며 북이 지나갈 통로를 만들어준다. 그 외 보라색 천을 만들 때 천 위로 지나가게 하는 실과 일이 끝나서 다시 지나갈 필요가 없는 북은 작업 결과물인 천과 직접 연결되었다고 보지 않으며, 그러므로 정결하다.
- 천에 들어가는 씨실이나 아래위로 벌려놓은 날실은 최종 결과물과 연결되어 있다. 보라색 천 위로 지나가는 실이 이중이면 다시 제거하지 않으며, 역시 천과 연결된다. 다시 지나갈 북도 마찬가지다. 이런 물건들을 만지는 자는 부정해진다.
- 실패나 얼레에 감아놓은 실까지는 부정하다고 보지 않는다(「켈림」 11, 6).

• 물레가락에 감아놓았던 실을 제거하여 가락바퀴가 드러나기 전에 그것을 만졌다면 부정하고, 이미 실을 제거하여 가락바퀴가 드러났을 때 만지면 정결하다.

21, 2
쟁기와 관련된 도구들을 언급한다.

---

הַנּוֹגֵעַ בָּעֹל, וּבַקַּטְרָב, בָּעַיִן, וּבָעֲבוֹת, אֲפִלּוּ בִשְׁעַת מְלָאכָה, טָהוֹר. בַּחֶרֶב, וּבַבֹּרֶךְ, וּבַיָּצוּל, טָמֵא. בָּעַיִן שֶׁל מַתֶּכֶת, בַּלְּחָיַיִן, וּבָעֲרָיִין, טָמֵא. רַבִּי יְהוּדָה מְטַהֵר בַּלְּחָיַיִם, שֶׁאֵינָם עֲשׂוּיִן אֶלָּא לְרַבּוֹת אֶת הֶעָפָר:

---

멍에, 가로대, 목을 끼우는 부분, 두꺼운 봇줄은 일을 하는 동안에 만져도 정결하다. 보습, 무릎 기둥, 손잡이를 〔만지면〕 부정해진다. 금속 고리, 유도장치, 볏을 〔만지면〕 부정해진다. 예후다 랍비는 유도장치를 만지는 자는 정결하다고 주장했는데, 이것은 흙을 모으기 위해서 만들었기 때문이다.

• 쟁기를 끌 때 사용하는 멍에와 가로대, 동물의 목을 끼우는 부분, 봇줄은 쟁기와 직접 연결된 것으로 간주하지 않으며(「켈림」 14, 4), 쟁기가 부정하다 해도 이런 부분만 접촉한 사람은 부정해지지 않는다.
• 보습과 무릎 기둥과 손잡이는 모두 쟁기의 몸통 부분이며, 이런 부분에 접촉한 사람은 부정해진다. 금속 고리와 볏도 마찬가지다.
• 유도장치는 흙을 더 많이 끌어와서 보습으로 갈기 위한 장치이며, 이 장치가 쟁기에 연결되었는지 여부에 관해서 예후다 랍비와 다른 랍비들 사이에 이견이 있다.

## 21, 3

הַנּוֹגֵעַ בְּיַד מְגֵרָה, מִכָּאן וּמִכָּאן, טָמֵא. בַּחוּט, וּבַמְּשִׁיחָה, בָּאַמָּה, וּבַסְּנִיפִין,
בַּמַּכְבֵּשׁ שֶׁל חָרָשׁ, וּבַקַּשְׁטָנִית, טָהוֹר. רַבִּי יְהוּדָה אוֹמֵר, אַף הַנּוֹגֵעַ בַּמַּלְבֵּן
שֶׁל מַסָּר הַגָּדוֹל, טָהוֹר. הַנּוֹגֵעַ בַּיֶּתֶר וּבַקֶּשֶׁת, אַף עַל פִּי שֶׁהִיא מְתוּחָה,
טָהוֹר. מְצֻדַּת הָאֵישׁוּת, טְהוֹרָה. רַבִּי יְהוּדָה אוֹמֵר, כָּל זְמַן שֶׁהִיא מְתוּחָה,
חִבּוּר:

〔부정한〕 톱 손잡이를 이쪽이나 저쪽에서 만진 사람은 부정해질 수 있다. 그 〔톱의〕 줄, 끈, 가로대, 측면, 장인의 조임틀, 활비비 손잡이를 만지는 사람은 정결하다. 예후다 랍비는 큰 톱의 틀을 만지는 사람도 정결하다고 말했다.

활줄이나 활을 만지는 사람은 이미 팽팽하게 당겨진 상태여도 정결하다. 두더지 덫을 〔만지는 사람은〕 정결하다. 예후다 랍비는 이것을 팽팽하게 당겨놓았을 때는 〔모든 부속들이〕 연결된 것으로 보아야 한다고 말했다.

- 손잡이가 양쪽으로 두 개 달린 톱의 손잡이는 모두 연결되어 있는 것으로 간주하며, 이것에 접촉하면 부정이 전이될 수 있다. 그러나 톱에 연결된 줄이나 가로대나 측면은 그렇지 않다.
- 장인 특히 목수들이 사용하는 조임틀, 활비비 손잡이, 큰 톱의 틀은 접촉을 통해서 부정을 전이시키지 않는다. 어떤 방식으로든 도구의 주요 부분과 직접 연결되지 않은 것들이다.
- 활과 활줄과 화살은 서로 연결되지 않은 독립된 도구로 본다. 활줄을 당겨 사용하는 상태라고 해도 서로 부정을 전이하지 않는다.
- 두더지 덫도 마찬가지로 부속들이 서로 연결되었다고 간주하지 않는다(「모에드 카탄」 1, 4). 예후다 랍비는 다른 의견을 개진하는데, 덫을 설치하면서 팽팽하게 당겨놓았을 때는 서로 연결된 것으로 보아야 하며 부정해질 수 있다고 주장했다(「켈림」 15, 6).

## 제22장

가구나 도구가 손상되어 아무 기능도 수행할 수 없다면 정결해지지만, 남은 부분이 일부 기능을 수행할 수 있으면 부정해질 수 있다.

### 22, 1

הַשֻּׁלְחָן וְהַדֻּלְפְּקִי שֶׁנִּפְחֲתוּ, אוֹ שֶׁחִפָּן בְּשַׁיִשׁ וְשִׁיֵּר בָּהֶם מְקוֹם הַנָּחַת הַכּוֹסוֹת, טְמֵאִים. רַבִּי יְהוּדָה אוֹמֵר, מְקוֹם הַנָּחַת חֲתִיכוֹת:

식탁과 보조 탁자[128)]가 손상되었거나 그것을 대리석으로 덮어서 컵을 내려놓는 장소로 남겨놓았다면 부정해질 수 있다. 예후다 랍비는 〔음식〕 조각들을 내려놓는 장소도 그렇다고 말했다.

- 손상된 식탁이나 보조 탁자 위를 대리석으로 덮어놓았을 때 아직도 무엇인가를 내려놓을 수 있는 장소로 쓸 수 있다면 어느 정도 제 기능을 수행하는 것으로 간주하고 부정해질 수 있다고 판단한다. 이 미쉬나는 나무로 만들고 철로 도금하면 부정해지지 않는다는 원칙과 대립된다(「켈림」 11, 4).
- 예후다 랍비는 음식 조각들만 놓을 수 있어도 부정해질 수 있다고 주장한다.

### 22, 2

הַשֻּׁלְחָן שֶׁנִּטְּלָה אַחַת מֵרַגְלָיו, טָהוֹר. נִטְּלָה שְׁנִיָּה, טָהוֹר. נִטְּלָה הַשְּׁלִישִׁית, טָמֵא כְּשֶׁיַּחְשֹׁב עָלָיו. רַבִּי יוֹסֵי אוֹמֵר, אֵין צָרִיךְ מַחֲשָׁבָה. וְכֵן הַדֻּלְפְּקִי:

128) 이 낱말(דלפקי)은 다리가 세 개인 간이 탁자를 가리키며, 화장대나 주방에서 상에 나갈 음식을 얹어두고 서랍에 칼과 포크를 넣어두는데 쓴다(「아보다 자라」 5, 5; 야스트로 311).

다리 하나가 떨어져나간 식탁은 정결하다. 두 번째 다리가 떨어져나가도 정결하다. 세 번째 다리가 떨어져나가면 부정해질 수 있으니, 그것을 〔어딘가에 쓰려고〕 생각했기 때문이다. 요쎄 랍비는 생각이 필요하지도 않다고 말했다. 같은 〔규정을〕 보조 탁자에도 〔적용할 수 있다〕.

- 다리가 세 개인 식탁에서 다리가 한두 개 떨어져나가면 제 기능대로 쓸 수 없기에 부정해지지 않는다. 그러나 세 번째 다리까지 떨어져나가면 그 식탁 주인이 다리를 다 떼고 남는 판자를 다른 용도로 쓰려는 것으로 볼 수 있고, 그렇다면 부정해질 수 있다고 설명한다.
- 요쎄 랍비는 주인의 의도가 분명하지 않아도 부정해질 수 있다고 말했다.

## 22, 3

סַפְסָל שֶׁנִּטַּל אַחַד מֵרָאשָׁיו, טָהוֹר. נִטַּל הַשֵּׁנִי, טָהוֹר. אִם יֶשׁ בּוֹ גֹּבַהּ טֶפַח, טָמֵא. שְׁרַפְרַף שֶׁנִּטַּל אַחַד מֵרָאשָׁיו, טָמֵא. וְכֵן הַכִּסֵּא שֶׁלִּפְנֵי קַתֶּדְרָא:

다리 하나가 떨어져나간 긴 의자는 정결하다. 두 번째 다리가 떨어져나가면 〔아직〕 정결하다. 만약 이 높이가 1테팍이라면 부정해질 수 있다.

다리 하나가 떨어져나간 발 받침은 부정해질 수 있다. 카테드라[129] 앞에 있는 의자도 동일한 〔규정을〕 적용한다.

129) 이 낱말은 (1) '의자'를 뜻하는 것과 함께 (2) 왕이나 높은 관료가 사용하는 '보좌'라는 뜻이 있다(「켈림」 4, 3). 여기서 파생되어 이런 의자에 앉는 사람의 (3) '직임'을 가리키기도 한다.

- 다리가 두 개인 긴 의자는 다리가 떨어져나갔을 때 제 기능을 수행할 수 없고 따라서 부정해지지 않는다. 다만 남아 있는 좌석 판이 1테팍 이상 높다면 사람이 앉을 수도 있기 때문에 부정해질 수 있다.
- 발받침은 사람이 그 위에 앉지 않고 발만 올려놓기 때문에 다리가 하나 떨어져나가도 계속해서 사용 가능하다. 카테드라 앞에 있는 발받침도 마찬가지다.

22, 4

이 미쉬나부터 샴마이 학파와 힐렐 학파의 논쟁이 주요 주제다.

---

כִּסֵּא שֶׁל כַּלָּה שֶׁנִּטְּלוּ חִפּוּיָו, בֵּית שַׁמַּאי מְטַמְּאִין, וּבֵית הִלֵּל מְטַהֲרִין. שַׁמַּאי אוֹמֵר, אַף מַלְבֵּן שֶׁל כִּסֵּא, טָמֵא. כִּסֵּא שֶׁקְּבָעוֹ בַעֲרֵבָה, בֵּית שַׁמַּאי מְטַמְּאִין, וּבֵית הִלֵּל מְטַהֲרִין. שַׁמַּאי אוֹמֵר, אַף הֶעָשׂוּי בָּהּ:

---

덮개가 벗겨진 신부용 의자에 관하여, 샴마이 학파는 부정해질 수 있다고 했고, 힐렐 학파는 정결하다고 주장했다. 샴마이는 그 의자의 틀만 있어도 부정해질 수 있다고 설명했다.

반죽용 통에 고정시킨 의자에 관하여, 샴마이 학파는 부정해질 수 있다고 했고, 힐렐 학파는 정결하다고 주장했다. 샴마이는 〔원래〕 이렇게 만든 것도 부정해질 수 있다고 설명했다.

- 신부용 의자는 의자 틀에 좌석용 판을 덮고 덮개를 덮어서 만든다. 이 의자의 덮개가 벗겨져나갔을 경우 의자로 쓸 수 있을지 여부에 대하여 샴마이 학파와 힐렐 학파는 서로 다르게 판단한다. 마지막에 샴마이 랍비 본인의 말이 첨가되어 있는데, 가장 엄격한 원칙을 주장하고 있다. 샴마이와 샴마이 학파의 의견이 정확하게 일치하지 않는다는 점은 사상의 역사적 변화를 보여준다.

• 반죽용 통은 사람이 앉기 위해서 만든 그릇이 아니기 때문에 얹기 부정으로부터 정결하다. 그런데 의자를 만들어 반죽용 통에 고정시키면 반죽용 통과 하나의 '그릇'이 되어 정결해지는지 아니면 원래 의자의 성격대로 부정해지는지 묻고 있다(「켈림」 20, 5).

## 22, 5

כִּסֵּא שֶׁלֹּא הָיוּ חִפּוּיָו יוֹצְאִין, וּנְטָלוֹ, טָמֵא, שֶׁכֵּן דַּרְכּוֹ לִהְיוֹת מַטֵּהוּ עַל צִדּוֹ וְיוֹשֵׁב עָלָיו:

덮개가 밖으로 튀어나오지 않도록 만든 의자의 덮개가 벗겨졌다면, 이것은 부정해질 수 있다. 이것을 옆으로 돌려서 그 위에 앉는 것이 상례이기 때문이다.

• 덮개를 덮은 좌석 판이 의자 틀보다 넓어서 바깥으로 튀어나오지 않은 의자는 그 판이 손상되었을 때 의자를 옆으로 돌려 뉘어놓고 앉을 수도 있다는 점을 지적하고 있다.

## 22, 6

כִּסֵּא שֶׁנִּטַּל חִפּוּיוֹ הָאֶמְצָעִי וְהַחִיצוֹנִים קַיָּמִים, טָמֵא. נִטְּלוּ הַחִיצוֹנִים וְהָאֶמְצָעִי קַיָּם, טָמֵא. רַבִּי שִׁמְעוֹן אוֹמֵר, אִם הָיָה רָחָב טֶפַח:

어떤 의자의 덮개 가운데 부분이 벗겨지고 바깥 부분은 남아 있다면 부정해질 수 있다. 바깥 부분이 벗겨지고 가운데 부분이 남아 있어도 부정해질 수 있다. 쉼온 랍비는 〔이때 의자의〕 너비가 1테팍 이상 되어야 한다고 말했다.

• 덮개를 덮은 좌석 판이 세 조각 이상으로 나뉘어 있고 그중 일부가 손상되었을 경우에도 어떻게든 앉을 수 있으며, 부정해질 수 있다.

## 22, 7

כִּסֵּא שֶׁנִּטְּלוּ שְׁנַיִם מֵחִפּוּיָו זֶה בְּצַד זֶה, רַבִּי עֲקִיבָא מְטַמֵּא, וַחֲכָמִים מְטַהֲרִין. אָמַר רַבִּי יְהוּדָה, אַף כִּסֵּא שֶׁל כַּלָּה שֶׁנִּטְּלוּ חִפּוּיָו וְנִשְׁתַּיֵּר בּוֹ בֵּית קִבֻּלָּה, טָהוֹר, מִפְּנֵי שֶׁבָּטֵל הָעִקָּר וּבָטְלָה הַטְּפֵלָה:

서로 연결되어 있는 덮개 두 부분이 벗겨져나간 의자에 관해서, 아키바 랍비는 부정하다고 했고, 다른 현인들은 정결하다고 주장했다. 예후다 랍비는 덮개가 벗겨졌지만 아직 〔물건을〕 넣을 자리가 남아있는 신부용 의자도 정결하다고 말했다. 주요 기능이 없어지면 이차적인 기능도 사라지기 때문이다.

- 좌석 판 세 조각을 덮은 의자에서 서로 맞붙어 있는 판 두 개가 손상된 경우 실제로 앉기가 어려운데 아키바 랍비가 부정하다고 말하는 이유는 아마도 '의자'라는 이름이 취소되지 않았기 때문이라고 짐작한다.
- 예후다 랍비는 위의 「켈림」 22, 4에서 언급한 신부용 의자에 관해 의견을 피력하면서 힐렐 학파를 지지하고 있다(「켈림」 20, 1). 여기서 예후다 랍비는 탄나임 4세대(135-170년 활동)일 수도 있지만 팔레스타인 아모라임 4세대(320-350년 활동)나 5세대(350-375년 활동)일 수도 있다. 만약 후자라면 유대 법전통이 시간이 지날수록 힐렐 학파 쪽으로 기울어지고 있음을 볼 수 있다.

## 22, 8

שִׁדָּה שֶׁנִּטַּל הָעֶלְיוֹן, טְמֵאָה מִפְּנֵי הַתַּחְתּוֹן. נִטַּל הַתַּחְתּוֹן, טְמֵאָה מִפְּנֵי הָעֶלְיוֹן. נִטַּל הָעֶלְיוֹן וְהַתַּחְתּוֹן, רַבִּי יְהוּדָה מְטַמֵּא מִפְּנֵי הַדַּפִּין, וַחֲכָמִים מְטַהֲרִין. יְשִׁיבַת הַסַּתָּת, טָמֵא מִדְרָס:

윗부분이 손상된 궤짝은 아직 바닥 부분이 〔남아 있기〕 때문에 부정해질 수 있다. 바닥 부분이 손상되어도 아직 윗부분이 〔남아 있기〕 때문에 부정해질 수 있다. 윗부분과 바닥 부분이 〔모두〕 손상되었을 경우, 예후다 랍비는 아직 옆부분이 〔남아 있기〕 때문에 부정해질 수 있다고 했고, 다른 현인들은 정결하다고 주장했다. 석수들이 앉는 자리는 얹기 부정 때문에 부정해질 수 있다.

- 상자는 앉을 수 있는 부분이 있는 한 부정해질 수 있다.
- 석수들이 일을 하면서 임시로 만들어 앉는 자리도 얹기 부정에서 자유롭지 않다.

22, 9

---

כֻּפָּת שֶׁסֵּרְקוֹ, וְכִרְכְּמוֹ, וַעֲשָׂאוֹ פָּנִים, רַבִּי עֲקִיבָא מְטַמֵּא. וַחֲכָמִים מְטַהֲרִין, עַד שֶׁיָּחֹק בּוֹ. הַסַּל וְהַכַּלְכָּלָה שֶׁמִּלְאָן תֶּבֶן אוֹ מוֹכִין, הִתְקִינָן לִישִׁיבָה, טְהוֹרִין. סֵרְגָן בְּגֶמִי אוֹ בִמְשִׁיחָה, טְמֵאִין:

---

붉은색이나 노란색[130]으로 칠하고 광을 낸 〔나무〕토막에 관해 아키바 랍비는 부정해질 수 있다고 했고, 다른 현인들은 〔의자 모양으로〕 깎을 때까지는 정결하다고 주장했다.

짚이나 다른 부드러운 물건을 담는 작은 바구니와 큰 바구니는 앉을 수 있도록 설치했다고 해도 정결하다. 그러나 갈대나 끈을 그 위에 엮어 넣었다면 부정해질 수 있다.

- 의자를 만들기 위해 준비작업만 마친 나무토막이 부정해질 수 있는지를 논의하고 있다.

---

130) 키르콤 나무로 만들거나 그 재료로 노랗게 염색한 경우를 말한다(「켈림」15, 2).

- 바구니에 부드러운 물건을 넣고 뒤집어서 의자로 사용하는 관습을 다루고 있는데, 바구니를 뒤집으면 안에 채워 넣은 물건이 빠지기 때문에 의자가 될 수 없고 얹기 부정으로부터 정결하며, 갈대나 끈을 엮어서 빠지지 않게 만들었다면 충분히 의자로 쓸 수 있으므로 부정해질 수 있다.

22, 10

---

הָאַסְלָה, טְמֵאָה מִדְרָס וּטְמֵא מֵת. פֵּרְשָׁה, הָעוֹר טָמֵא מִדְרָס, וְהַבַּרְזֶל טָמֵא טְמֵא מֵת. הַטְּרַסְקָל שֶׁחִפּוּיוֹ שֶׁל עוֹר, טָמֵא מִדְרָס וּטְמֵא מֵת. פֵּרְשָׁה, הָעוֹר טָמֵא מִדְרָס, וְהַטְּרַסְקָל טָהוֹר מִכְּלוּם. סַפְסָלִין שֶׁבַּמֶּרְחָץ וּשְׁתֵּי רַגְלָיו שֶׁל עֵץ, טָמֵא. אַחַת שֶׁל עֵץ וְאַחַת שֶׁל אֶבֶן, טָהוֹר. הַנְּסָרִין שֶׁבַּמֶּרְחָץ שֶׁשִּׁגְּמָן, רַבִּי עֲקִיבָא מְטַמֵּא וַחֲכָמִים מְטַהֲרִין, שֶׁאֵינָם עֲשׂוּיִן אֶלָּא שֶׁיִּהְיוּ הַמַּיִם מְהַלְּכִין תַּחְתֵּיהֶן. קַנְקֵילִין שֶׁיֵּשׁ בָּהּ בֵּית קַבָּלַת כְּסוּת, טְמֵאָה. וְהָעֲשׂוּיָה כְּכַוֶּרֶת, טְהוֹרָה:

---

변기는 얹기와 시체의 부정 때문에 부정해질 수 있다. 이것을 분해하면, 가죽 부분은 얹기 부정 때문에 부정해질 수 있고, 쇠로 〔만든〕 부분은 시체의 부정 때문에 부정해질 수 있다. 가죽 덮개가 벗겨진 접는 의자는 얹기와 시체의 부정 때문에 부정해질 수 있다. 이것을 분해하면, 가죽 부분은 얹기 부정 때문에 부정해질 수 있지만, 접는 의자는 모든 것으로부터 정결하다.

목욕탕에 있고 나무 다리가 두 개 달린 긴 의자는 부정해질 수 있다. 다리 하나는 나무로 〔만들었고〕 다른 다리는 돌로 〔만들었다면〕, 정결하다. 목욕탕에 있고 서로 연결시켜놓은 판들에 관하여, 아키바 랍비는 부정해질 수 있다고 했고, 다른 현인들은 정결하다고 주장했는데, 그 밑으로 물이 흐를 수 있도록 만들었기 때문이다. 옷을 담는 공간이 마련된 한증탕은 부정해질 수 있지만, 벌집처럼 만든 것은 정결하다.

- 쇠틀에 가죽 좌석을 얹은 변기는 의자 역할을 하기 때문에 얹기 부정에 취약하고 무언가를 담을 수 있기 때문에 '그릇'으로 시체의 부정에도 취약하다. 두 부분 중 하나가 손상되었다고 해도 남은 부분은 계속해서 부정해질 수 있다.
- 접는 의자는 앉는 좌석을 제거했을 때 의자로 사용할 수 없기 때문에 의자 틀은 정결하다.
- 목욕탕에 있는 의자는 돌로 만들어서 부정해질 수 없지만(「닛다」 9, 3), 만약 다리 두 개를 모두 나무로 만들었다면 부정해질 수 있다. 하나만 나무로 만들었다면 부정해질 수 없다는 것이 랍비들의 의견이다.
- 목욕탕에서 이미 사용한 물을 빼는 수로를 나무판자로 덮어놓았는데(「켈림」 10, 6), 이것을 의자로 간주할 수 있느냐에 관해 이견이 있다.
- 한증탕에는 옷을 넣어 훈증하는 부분이 있었는데, 벌집 모양으로 만들면 구멍이 많아서 물건을 넣을 수 있는 공간이 없다고 간주한다.

## 제23장

주머니 형태로 만든 도구들과 앉을 수 있는 도구에 관해 설명한다.

### 23, 1

---

הַכַּדּוּר וְהָאִמּוּם וְהַקָּמֵעַ וְהַתְּפִלִּין שֶׁנִּקְרְעוּ, הַנּוֹגֵעַ בָּהֶן, טָמֵא. וּבְמַה שֶּׁבְּתוֹכָן, טָהוֹר. הָאֻכָּף שֶׁנִּקְרַע, הַנּוֹגֵעַ בְּמַה שֶּׁבְּתוֹכוֹ, טָמֵא, מִפְּנֵי שֶׁהַתֶּפֶר מְחַבְּרוֹ:

---

찢어진 공과 화형과 부적과 테필린을 만지는 사람은 부정해질 수 있다. 그러나 그 안에 있는 것을 만진 사람은 정결하다. 찢어진 안장 안에 있는 것을 만지는 사람은 부정해질 수 있는데, 바느질을 해서 연결했기 때문이다.

- 이 미쉬나에서 열거한 물품들은 안에 무엇인가 다른 내용물을 채워 넣은 상태이며 일종의 '그릇'으로 간주한다. 미쉬나 시대에 공은 가죽 주머니에 부드러운 물건을 채워 넣었고, 구두를 만들 때 쓰는 화형(靴型)도 비슷하게 만들었으며(「켈림」 16, 7), 부적과 테필린 안에는 성구를 적은 양피지가 들어 있다. 이런 물품들이 찢어졌어도 아직 내용물을 담을 수 있는 상태이기 때문에 부정해질 수 있으나, 그 내용물 자체는 그릇과 연결되지 않았으므로 부정하지 않다.
- 안장은 바느질로 안감을 고정했으므로 연결된 상태다.

### 23, 2

올라 앉는 행위를 통해 부정이 전이되는 '올라타기(메르카브) 부정'에 관해 논의하고 있다.

---

אֵלּוּ טְמֵאִין מִשּׁוּם מֶרְכָּב, זָרֵיז הָאַשְׁקְלוֹנִי, וּמְדוֹכָה הַמָּדִית, וְעָבִיט שֶׁל גָּמָל, וְטַפֵּיטָן שֶׁל סוּס. רַבִּי יוֹסֵי אוֹמֵר, אַף טַפֵּיטָן שֶׁל סוּס טָמֵא מִשּׁוּם מוֹשָׁב, מִפְּנֵי שֶׁעוֹמְדִין עָלָיו בַּקֻּמְפּוֹן. אֲבָל אֻכָּף שֶׁל נָאקָה, טָמֵא:

---

다음 물건에 올라타면 부정해질 수 있다. 아쉬켈론 안장, 메대 안장, 낙타의 언치[131], 말 옷이 [그러하다]. 요쎄 랍비는 말 옷도 앉기 부정 때문에 부정해질 수 있는데, 경기장[132]에서 사람들이 그 위에 일

131) 창세기 31:34 참조.

132) 이 낱말(קומפון)은 헬라어에서 유래했으며(campon, campus), 경기장을 가리

어서기도 하기 때문이라고 말했다. 그러나[133] 암낙타 안장도 부정해질 수 있다.

23, 3

부정이 전이되는 방법들 사이의 상호관계를 추상적으로 설명한다.

---

מַה בֵּין מֶרְכָּב לְמוֹשָׁב. מֶרְכָּב חָלַק מַגָּעוֹ מִמַּשָּׂאוֹ, וּמוֹשָׁב לֹא חָלַק מַגָּעוֹ מִמַּשָּׂאוֹ. תְּפִית שֶׁל חֲמוֹר שֶׁהוּא יוֹשֵׁב עָלֶיהָ, טָהוֹר. שִׁנָּה בָהּ אֶת הַנְּקָבִין, אוֹ שֶׁפֵּרְצָן זֶה לְתוֹךְ זֶה, טְמֵאָה:

---

올라타기 부정과 앉기 부정 사이에 〔차이점은〕 무엇인가? 올라타기 부정은 접촉과 옮기기 사이가 갈라지지만, 앉기 부정은 접촉과 옮기기 사이가 갈라지지 않는다.

당나귀의 짐 운반용 옷에 앉았다면 이것은 정결하지만, 이 옷의 크기를 바꾸거나 잘라서 한 부분이 다른 부분 속으로 들어갔다면 부정해질 수 있다.

- 유출병 환자가 올라탔던 물건(메르카브)을 들어 옮기는(마싸) 사람의 옷은 부정해지지만 그냥 만지기(접촉)만 한 사람의 옷은 정결하다(「켈림」 1, 3). 유출병 환자가 앉았던 물건(모샤브)을 들어 옮기거나 만지는 사람의 옷은 부정해진다.

23, 4

---

שָׁלֹשׁ תֵּבוֹת הֵן. תֵּבָה שֶׁפִּתְחָהּ מִצִּדָּהּ, טְמֵאָה מִדְרָס. מִלְמַעְלָן, טְמֵאָה טְמֵא מֵת. וְהַבָּאָה בַמִּדָּה, טְהוֹרָה מִכְּלוּם:

---

킨다(「켈림」 24, 1).

133) 이 문장은 앞 문맥과 대조를 이루기보다는 비슷한 문맥을 확장해서 서술하고 있는데, 접속사는 '그러나'(אבל, 아발)를 사용하고 있다.

죽은 사람의 침대와 매트리스와 베개 덮개는 얹기 부정 때문에 부정해질 수 있다. 신부용 의자와 산파가 〔가져오는〕 의자, 세탁자가 옷들을 쌓아놓기도 하는 의자에 관하여, 요쎄 랍비는 이런 것들은 앉기 부정에 영향을 받지 않는다고 말했다.

- 죽은 사람을 뉘어놓았던 침대와 매트리스와 베개는 이미 시체의 부정 때문에 부정한데, 얹기 부정도 적용되는지를 질문하고 있다. 이런 물품들은 앉기 위해서 만든 것은 아니지만, 곡을 하러 온 여자들이 앉을 수도 있기 때문에 얹기 부정에도 취약하다는 것이 그 대답이다.
- 의자의 주요 기능은 서 있는 불편을 해소하기 위해서 앉을 자리를 제공하는 것이다. 그러나 신부가 결혼식에서 이동할 때 쓰는 의자(「켈림」 22, 4)와 산모가 출산할 때 쓰는 의자와 세탁자가 빨래하며 옷을 쌓아놓는 의자는 편히 앉아 있기 위해서 만든 것이 아니라 오히려 더 힘든 일을 하기 위해서 만든 것이므로, 부정에 영향을 받지 않는다.

## 23, 5

הַחֵרֶם, טָמֵא מִפְּנֵי הַזּוּטוֹ. הָרְשָׁתוֹת, וְהַמִּכְמָרוֹת, וְהַמַּדָּף, וְהַפְּלָצוּר, וּמְצֻדּוֹת הַסְּכָרִין, טְמֵאִין. וְהָאָקוֹן, וְהָרְטוֹב, וְהַכְּלוּב, טְהוֹרִין:

물고기 잡는 그물은 주머니가 달려 있기 때문에 부정해질 수 있다.[134] 그물과 올가미와 새 덫과 물매와 어부의 타래는 부정해질 수 있다. 통발과 새 바구니와 새장은 정결하다.

134) 하박국 1:15; 「네다림」 2, 5 참조.

## 제24장

켈림 24장에 들어 있는 미쉬나는 모두 같은 구조로 기록했는데, 어떤 물건이 정결한지 부정한지 판단하는 문제에 있어서 세 가지 종류로 나누어 생각할 수 있다고 말하고 있다.

### 24, 1

이 미쉬나는 방패의 종류에 관해 논의한다.

---

שְׁלֹשָׁה תְרִיסִין הֵם. תְּרִיס הַכָּפוּף, טָמֵא מִדְרָס. וְשֶׁמְּשַׂחֲקִין בּוֹ בַּקֻּנְפּוֹן, טָמֵא טְמֵא מֵת. וְדִיצַת הָעַרְבִיִּין, טְהוֹרָה מִכְּלוּם:

---

방패에는 세 가지 종류가 있다. 〔둥글게〕 굽은 방패는 얹기 부정 때문에 부정해질 수 있다. 경기장에서 사용하는 방패는 시체의 부정 때문에 부정해질 수 있다. 아라비아의 장난감 방패는 이런 모든 것들로부터 정결하다.

- 둥글게 굽은 방패는 다른 부정들은 물론 얹기(미드라스) 부정에도 취약한데, 그 위에 앉거나 누울 수 있기 때문이다(「닛다」 6, 3). 다른 모든 방패들은 시체의 부정 때문에 부정해질 수 있다.
- 아라비아의 장난감 방패는 몸을 보호하는 기능이 없으므로 이런 부정으로부터 정결하다.

### 24, 2

---

שָׁלֹשׁ עֲגָלוֹת הֵן. הָעֲשׂוּיָה כְקַתֶּדְרָא, טְמֵאָה מִדְרָס. כְּמִטָּה, טְמֵאָה טְמֵא מֵת. וְשֶׁל אֲבָנִים, טְהוֹרָה מִכְּלוּם:

---

수레에는 세 가지 종류가 있다. 카테드라처럼 만든 〔수레는〕 얹기 부정 때문에 부정해질 수 있다. 침대처럼 만든 〔수레는〕 시체의 부정 때문에 부정해질 수 있다. 돌을 〔옮기는 수레는〕 이런 모든 것들로부터 정결하다.

- 수레를 카테드라 즉 보좌처럼 만들었다면(「켈림」 22, 3) 의자로 간주할 수 있고 얹기 부정 때문에 부정해질 수 있다.
- 수레를 침대처럼 만들었더라도 이것은 물건을 실어 옮기는 용도로 제작한 것이지 사람이 앉거나 눕지 않는다. 그러므로 시체의 부정에만 취약하다.
- 큰 돌을 옮기는 수레는 나무판자를 길이와 너비로 대고 가운데 돌을 고정시키기 위해 빈 공간을 남겨놓기 때문에 석류 하나도 담을 수 없다. 그러므로 모든 부정들로부터 정결하다(「켈림」 17, 1).

## 24, 3

שָׁלֹשׁ עֲרֵבוֹת הֵן. עֲרֵבָה מִשְּׁנֵי לֹג וְעַד תִּשְׁעָה קַבִּין שֶׁנִּסְדְּקָה, טְמֵאָה מִדְרָס. שְׁלֵמָה, טְמֵאָה טְמֵא מֵת. וְהַבָּאָה בַמִּדָּה, טְהוֹרָה מִכְּלוּם:

통에는 세 가지 종류가 있다. 2로그부터 9카브까지 담을 수 있는 통에 금이 갔다면 얹기 부정 때문에 부정해질 수 있다. 〔금이 가지 않고〕 온전한 〔통은〕 시체의 부정 때문에 부정해질 수 있다. 그다음 치수에 〔해당하는 큰 통은〕 이런 모든 것들로부터 정결하다.

- 일정한 크기가 되고 금이 가서 액체를 담을 수 없는 상태가 된 통도 의자로 쓸 수 있기 때문에 얹기 부정에 취약하다(「켈림」 20, 2). 그러나 손상되지 않고 온전한 통은 액체를 담아놓기 때문에 의자로 쓸 수 없고 따라서 얹기 부정에 영향을 받지 않으며 시체의 부정에만

취약하다.

- 다음 치수는 40쎄아 이상을 담을 수 있는 큰 통을 가리키며, 이 통은 부정해지지 않는다(「켈림」 15, 1).

## 24, 4

שָׁלֹשׁ תֵּבוֹת הֵן. תֵּבָה שֶׁפִּתְחָהּ מִצִּדָּהּ, טְמֵאָה מִדְרָס. מִלְמַעְלָן, טְמֵאָה טְמֵא מֵת. וְהַבָּאָה בַמִּדָּה, טְהוֹרָה מִכְּלוּם:

상자에는 세 가지 종류가 있다. 입구가 옆에 있는 상자는 얹기 부정 때문에 부정해질 수 있다. [입구가] 위에 있는 [상자는] 시체의 부정 때문에 부정해질 수 있다. 그다음 치수에 [해당하는 큰 상자는] 이런 모든 것들로부터 정결하다.

- 위의 「켈림」 19, 7과 19, 9를 참조하라.

## 24, 5

שְׁלֹשָׁה תַרְבּוּסִין הֵן. שֶׁל סַפָּרִין, טָמֵא מִדְרָס. שֶׁאוֹכְלִין עָלָיו, טָמֵא טְמֵא מֵת. וְשֶׁל זֵיתִים, טָהוֹר מִכְּלוּם:

가죽 덮개[135]에는 세 가지 종류가 있다. 이발사들의 [가죽 덮개는] 얹기 부정 때문에 부정해질 수 있다. 그 위에 [음식을 차려놓고] 먹는 [가죽 덮개는] 시체의 부정 때문에 부정해질 수 있다. 그리고 올리브 열매를 [펼쳐놓는 덮개는] 이런 모든 것들로부터 정결하다.

135) 어떤 사본은 이 낱말(תרבוסין)을 다른 철자법으로 기록한다(תַרְבְּוֹסִין).

## 24, 6

שָׁלֹשׁ בְּסָסִיּוֹת הֵן. שֶׁלִּפְנֵי הַמִּטָּה וְשֶׁלִּפְנֵי סוֹפְרִים, טְמֵאָה מִדְרָס. וְשֶׁל דֶּלְפְּקִי, טְמֵאָה טְמֵא מֵת. וְשֶׁל מִגְדָּל, טְהוֹרָה מִכְּלוּם:

받침에는 세 가지 종류가 있다. 침대 앞이나 서기들이 사용하는 〔받침은〕 얹기 부정 때문에 부정해질 수 있다. 보조 탁자 〔받침은〕 시체의 부정 때문에 부정해질 수 있다. 찬장 〔받침은〕 이런 모든 것들로부터 정결하다.

## 24, 7

שָׁלֹשׁ פִּנְקָסִיּוֹת הֵן. הָאֶפִּיפוֹרִין, טְמֵאָה מִדְרָס. וְשֶׁיֵּשׁ בָּהּ בֵּית קִבּוּל שַׁעֲוָה, טְמֵאָה טְמֵא מֵת. וַחֲלָקָה, טְהוֹרָה מִכְּלוּם:

필기장에는 세 가지 종류가 있다. 아피포린[136] 〔필기장은〕 얹기 부정 때문에 부정해질 수 있다. 밀랍을 담는 공간이 있는 〔필기장은〕 시체의 부정 때문에 부정해질 수 있다. 평평한 〔필기장은〕 이런 모든 것들로부터 정결하다.

- 필기장은 나무판자로 만든 서판으로 밀랍을 발라서 일시적으로 글을 썼다가 나중에 양피지나 파피루스에 옮긴 후 지운다. 이때 서판을 오목하게 파내어 밀랍을 담을 공간을 만들었는지 여부는 정결과 부정을 판단하는 데 중요한 기준이 된다(「켈림」 17, 17).

136) 크기가 큰 서판으로 접을 수 있으며 의자로 사용할 수도 있다. 이 낱말을 '파피루스'라고 번역하기도 한다(「켈림」 17, 3).

## 24, 8

שָׁלֹשׁ מִטּוֹת הֵן. הָעֲשׂוּיָה לִשְׁכִיבָה, טְמֵאָה מִדְרָס. שֶׁל זַגָּגִין, טְמֵאָה טְמֵא מֵת. וְשֶׁל סָרָגִין, טְהוֹרָה מִכְּלוּם:

침대에는 세 가지 종류가 있다. 사람이 누울 수 있게 만든 〔침대는〕 얹기 부정 때문에 부정해질 수 있다. 유리 제조인이 쓰는 〔침대는〕 시체의 부정 때문에 부정해질 수 있다. 방직공이 쓰는 〔침대는〕 이런 모든 것들로부터 정결하다.

- 일반적인 침대는 얹기 부정 때문에 부정해질 수 있지만, 유리 제조인이 완성된 제품을 올려놓는 침대는 오목한 부분이 있어서 시체의 부정에 취약하다. 방직공이 쓰는 침대가 어떤 가구인지 확실히 알 수 없는데, 아마도 사람이 눕지 않고 천을 올려놓기만 하는 가구였으리라 짐작한다.

## 24, 9

שָׁלֹשׁ מַשְׁפֵּלוֹת הֵן. שֶׁל זֶבֶל, טְמֵאָה מִדְרָס. שֶׁל תֶּבֶן, טְמֵאָה טְמֵא מֵת. וְהַפִּחְלָץ שֶׁל גְּמַלִּים, טָהוֹר מִכְּלוּם:

바구니에는 세 가지 종류가 있다. 비료를 담는 〔바구니는〕 얹기 부정 때문에 부정해질 수 있다. 짚을 담는 〔바구니는〕 시체의 부정 때문에 부정해질 수 있다. 낙타의 밧줄[137] 〔바구니는〕 이런 모든 것들로부터 정결하다.

137) 어떤 사본에는 이 낱말(פחלץ)을 다른 철자법으로 쓰고 있다(פחלין). 이 바구니는 매우 헐겁게 짜서 석류 하나도 담을 수 없다.

## 24, 10

שְׁלֹשָׁה מַפָּצִים הֵן. הָעֲשׂוּיָה לִישִׁיבָה, טְמֵאָה מִדְרָס. שֶׁל צַבָּעִין, טָמֵא טְמֵא מֵת. וְשֶׁל גִּתּוֹת, טָהוֹר מִכְּלוּם:

깔개에는 세 가지 종류가 있다. 사람이 앉을 수 있도록 만든 〔깔개는〕 얹기 부정 때문에 부정해질 수 있다. 염색업자의 〔깔개는〕 시체의 부정 때문에 부정해질 수 있다. 포도주 압착기 〔깔개는〕 이런 모든 것들로부터 정결하다.

## 24, 11

שָׁלֹשׁ חֲמָתוֹת וְשָׁלֹשׁ תּוּרְמְלִין הֵן. הַמְקַבְּלִים כַּשִּׁעוּר, טְמֵאִין מִדְרָס. וְשֶׁאֵינָן מְקַבְּלִין כַּשִּׁעוּר, טְמֵאִים טְמֵא מֵת. וְשֶׁל עוֹר הַדָּג, טָהוֹר מִכְּלוּם:

물부대에 세 가지 그리고 가죽 주머니에 세 가지 종류가 있다. 정해진 용량을 담을 수 있는 것들은 얹기 부정 때문에 부정해질 수 있다. 정해진 용량을 담을 수 없는 것들은 시체의 부정 때문에 부정해질 수 있다. 물고기 껍질로 만든 것들은 이런 모든 것들로부터 정결하다.

- 물부대는 정해진 용량이 7카브, 가죽 주머니는 5카브다(「켈림」 20, 1).
- 물고기 껍질로 만든 물건은 부정해질 수 없다(「켈림」 10, 1).

## 24, 12

שְׁלֹשָׁה עוֹרוֹת הֵן. הֶעָשׂוּי לְשָׁטִיחַ, טָמֵא מִדְרָס. לְתַכְרִיךְ הַכֵּלִים, טָמֵא טְמֵא מֵת. וְשֶׁל רְצוּעוֹת וְשֶׁל סַנְדָּלִים, טְהוֹרָה מִכְּלוּם:

가죽에는 세 가지 종류가 있다. 깔개를 만드는 〔가죽은〕 얹기 부정 때문에 부정해질 수 있다.[138] 그릇 싸개를 만드는 〔가죽은〕 시체의 부정 때문에 부정해질 수 있다. 띠나 샌들을 만드는 〔가죽은〕 이런 모든

것들로부터 정결하다.[139]

## 24, 13

שְׁלֹשָׁה סְדִינִין הֵן. הֶעָשׂוּי לִשְׁכִיבָה, טָמֵא מִדְרָס. לְוִילוֹן, טָמֵא טְמֵא מֵת.
וְשֶׁל צוּרוֹת, טָהוֹר מִכְּלוּם:

침대보에는 세 가지 종류가 있다. 사람이 눕는 데 쓰려고 만든 것은 얹기 부정 때문에 부정해질 수 있다. 휘장으로 [쓰려고 만든 것은] 시체의 부정 때문에 부정해질 수 있다. [특정한] 모양으로 만든 것들은 이런 모든 것들로부터 정결하다.

- 천으로 만든 침대보를 휘장으로 쓰거나(「켈림」 20, 6) 특정한 모양으로 만들어 벽을 장식하는 관습이 있었던 것으로 보인다.

## 24, 14

שָׁלֹשׁ מִטְפָּחוֹת הֵן. שֶׁל יָדַיִם, טָמֵא מִדְרָס. שֶׁל סְפָרִין, טְמֵאָה טְמֵא מֵת,
וְשֶׁל תַּכְרִיךְ וְשֶׁל נִבְלֵי בְנֵי לֵוִי, טְהוֹרָה מִכְּלוּם:

수건에는 세 가지 종류가 있다. 손수건은 얹기 부정 때문에 부정해질 수 있다.[140] 책들을 [싸는 데 쓰는 수건은] 시체의 부정 때문에 부정해질 수 있다.[141] 조각을 낸 싸개나 레위 자손의 수금을 [덮는 수건은] 이런 모든 것들로부터 정결하다.[142]

138) 「켈림」 26, 5 참조.
139) 「켈림」 26, 9 참조.
140) 예루살렘 탈무드 「킬아임」 9, 3 참조.
141) 「켈림」 28, 4 참조.
142) 「켈림」 16, 7 참조.

## 24, 15

שְׁלֹשָׁה פְרַקְלִינִין הֵן. שֶׁל צַדֵּי חַיָּה וָעוֹף, טָמֵא מִדְרָס. שֶׁל חֲגָבִין, טָמֵא טְמֵא מֵת. וְשֶׁל קַיָּצִין, טָהוֹר מִכְּלוּם:

각반[143]에는 세 가지 종류가 있다. 짐승과 새 사냥꾼들이 사용하는 〔각반은〕 얹기 부정 때문에 부정해질 수 있다. 메뚜기 〔사냥꾼들이〕 쓰는 〔각반은〕 시체의 부정 때문에 부정해질 수 있다. 무화과 말리는 사람이 쓰는 〔각반은〕 이런 모든 것들로부터 정결하다.

## 24, 16

שָׁלֹשׁ סְבָכוֹת הֵן. שֶׁל יַלְדָּה, טְמֵאָה טֻמְאַת מִדְרָס. שֶׁל זְקֵנָה, טְמֵאָה טְמֵא מֵת. וְשֶׁל יוֹצֵאת לַחוּץ, טְהוֹרָה מִכְּלוּם:

머리에 쓰는 망에는 세 가지가 있다. 어린 소녀들이 쓰는 〔망은〕 얹기 부정 때문에 부정해질 수 있다. 나이 먹은 여인들이 쓰는 〔망은〕 시체의 부정 때문에 부정해질 수 있다. 밖에 나가는 여인들이 쓰는 〔망은〕 이런 모든 것들로부터 정결하다.

- 여성들이 머리에 쓰는 망은 누가 쓰느냐에 따라 다르게 생겼던 것으로 보인다. 특정한 모양으로 만든 머리망은 그 위에 앉을 수 있었던 것 같다(「켈림」 28, 9).
- "밖에 나가는 여인들"이 누구인지 정확하게 알 수 없다. (1) 어떤 사람들은 여성들이 잠깐 마당에 나갈 때 임시로 쓰는 머리망이라고 설명하고, (2) 다른 사람들은 매춘부들이 쓰는 머리망으로 머리를 많이 가리지 않기 때문에 '그릇'으로 간주하지 않는다고 말한다(「켈

143) 이 낱말(פרקלינין)은 각반(야스트로 1241), 엉덩이까지 올라오는 긴 장화(알벡), 또는 손 덮개를 가리킨다.

림」28, 9-10).

### 24, 17
서로 연결된 바구니들에 관해 논의한다.

---

שָׁלֹשׁ קֻפּוֹת הֵן. מְהוּהָה שֶׁטְּלָיָהּ עַל הַבְּרִיָּה, הוֹלְכִין אַחַר הַבְּרִיָּה. קְטַנָּה עַל הַגְּדוֹלָה, הוֹלְכִין אַחַר הַגְּדוֹלָה. הָיוּ שָׁווֹת, הוֹלְכִין אַחַר הַפְּנִימִית. רַבִּי שִׁמְעוֹן אוֹמֵר, כַּף מֹאזְנַיִם שֶׁטְּלָיָהּ עַל שׁוּלֵי הַמֵּחַם, מִבִּפְנִים, טָמֵא. מִבַּחוּץ, טָהוֹר. טְלָיָהּ עַל צִדָּהּ, בֵּין מִבִּפְנִים בֵּין מִבַּחוּץ, טָהוֹר:

---

버드나무 바구니에는 세 가지 종류가 있다. 닳아서 〔낡은 바구니를〕 손상되지 않은 〔바구니에〕 붙였다면, 〔부정한지 여부는〕 손상되지 않은 〔바구니를〕 따른다. 작은 것을 큰 것에 〔붙였다면〕 큰 것을 따른다. 〔두 바구니의 크기가〕 같다면, 안에 있는 것을 따른다.

쉼온 랍비는 저울접시를 보일러 안쪽 가장자리에 붙였다면 부정해질 수 있다고 주장했다. 바깥쪽에 〔붙였다면〕 정결하다. 안쪽과 바깥쪽 사이 옆면에 붙였다면 정결하다.

- 이 미쉬나는 24장에 있는 다른 미쉬나들처럼 시작하고 있지만 내부 구조는 다르다. 버드나무 바구니 두 개를 붙여서 사용할 때 정결한지 부정한지 판단하는 기준에 관해서 논의하고 있다.
- 쉼온 랍비는 한 걸음 더 나가서 이미 부정해진 저울접시를 물 끓이는 보일러에 붙여서 사용하는 경우에 관한 규정을 덧붙였다.

## 제25장

부정한 액체가 점토 그릇 또는 다른 그릇의 바깥 면 또는 안쪽 면과 접촉한 경우를 논의한다.

### 25, 1

바깥 면과 안쪽 면을 구별해야 하는 그릇이나 도구가 무엇인지 설명한다.

---

כָּל הַכֵּלִים יֵשׁ לָהֶם אֲחוֹרַיִם וָתוֹךְ, כְּגוֹן הַכָּרִים וְהַכְּסָתוֹת וְהַשַּׂקִּין וְהַמַּרְצוּפִין, דִּבְרֵי רַבִּי יְהוּדָה. רַבִּי מֵאִיר אוֹמֵר, כֹּל שֶׁיֶּשׁ לוֹ תוֹבְרוֹת, יֶשׁ לוֹ אֲחוֹרַיִם וָתוֹךְ. וְכֹל שֶׁאֵין לוֹ תוֹבְרוֹת, אֵין לוֹ אֲחוֹרַיִם וָתוֹךְ. הַשֻּׁלְחָן וְהַדֻּלְפְּקִי, יֵשׁ לָהֶם אֲחוֹרַיִם וָתוֹךְ, דִּבְרֵי רַבִּי יְהוּדָה. רַבִּי מֵאִיר אוֹמֵר, אֵין לָהֶם אֲחוֹרָיִם. וְכֵן טַבְלָא שֶׁאֵין לָהּ לִזְבֵּז:

---

모든 그릇이나 도구는 바깥 면과 안쪽 면이 있으니, 예를 들어 매트리스와 베개 덮개들, 자루들, 포장용 가방들이 〔그러하다는 것이〕 예후다 랍비의 말이다. 메이르 랍비는 고리가 있는 모든 것들은 바깥 면과 안쪽 면이 있다고 말했다. 그러나 고리가 없는 모든 것들은 바깥 면과 안쪽 면이 없다.

식탁과 보조 식탁도 바깥 면과 안쪽 면이 있다는 것이 예후다 랍비의 말이다. 메이르 랍비는 그것들은 바깥 면이 없다고 말했다. 테두리가 따로 없는 판자도 마찬가지다.

- 어떤 그릇이나 도구가 정결한지 부정한지 판단할 때, 부정한 액체가 안쪽 면에 접촉하면 바깥쪽도 부정해지지만, 바깥 면과 접촉했을 때는 안쪽 면이 정결을 유지한다(여섯째 미쉬나). 예후다 랍비는 방석이나 이불, 자루, 가방에도 이 원칙을 적용할 수 있다고 말했고, 메이

르 랍비는 고리가 있어서 실이나 끈이나 줄을 맬 수 있어도 이 원칙을 적용할 수 있다고 강조했다(「켈림」 20, 6). 이런 원칙을 적용할 수 없는 경우에는 바깥 면과 안쪽 면이 구별되지 않으므로 부정의 요인과 접촉했을 때 전체가 부정해진다.

- 예후다 랍비는 식탁과 보조 식탁 중에서 주로 많이 사용하는 쪽이 안쪽이고 그렇지 않은 쪽이 바깥쪽이라고 판단했지만, 메이르 랍비는 반대했다.

## 25, 2

הַמַּרְדֵּעַ יֶשׁ לוֹ אֲחוֹרַיִם וָתוֹךְ, מִשִּׁבְעָה לַחַרְחוּר, מֵאַרְבָּעָה לַדָּרְבָן, דִּבְרֵי רַבִּי יְהוּדָה. רַבִּי מֵאִיר אוֹמֵר, אֵין לָהֶם, לֹא הֻזְכְּרוּ אַרְבָּעָה וְשִׁבְעָה אֶלָּא לַשְּׁיָרַיִם:

〔목동의〕 막대기에는 바깥 면과 안쪽 면이 있으니, 〔바깥 면은〕 넓은 날부분까지 7〔테팍이고 막대기의〕 끝까지 4〔테팍이라는〕 것이 예후다 랍비의 말이다. 메이르 랍비는 그것은 〔바깥 면과 안쪽 면이〕 없으며, 4나 7〔테팍은〕 남은 부분과 관련하여 언급되었다고 말했다.

- 가축을 몰 때 사용하는 막대기는 한쪽 끝이 못처럼 뾰족하고 다른 쪽 끝은 쇠로 만든 날이 달려서 땅을 파는 데 사용할 수 있다. 뾰족한 끝부터 4테팍, 넓은 날부터 7테팍에 해당하는 부분은 바깥 면이고, 그 두 점 사이는 안쪽 면이라는 것이 예후다 랍비의 주장이다.
- 메이르 랍비는 목동의 막대기에 관해서 고대 랍비들이 4나 7테팍을 언급한 이유는 바깥 면과 안쪽 면을 구분하기 위해서가 아니라, 막대기가 독립된 도구로 제 기능을 하기 위한 최소한의 길이를 말한 것이라고 주장한다(「켈림」 29, 7-8).

25, 3

מִדּוֹת יַיִן וָשֶׁמֶן, וְזוֹמָא לִסְטְרָא, וּמְסַנֶּנֶת שֶׁל חַרְדָּל, וּמְשַׁמֶּרֶת שֶׁל יַיִן, יֵשׁ לָהֶן אֲחוֹרַיִם וְתוֹךְ, דִּבְרֵי רַבִּי מֵאִיר. רַבִּי יְהוּדָה אוֹמֵר, אֵין לָהֶם. רַבִּי שִׁמְעוֹן אוֹמֵר, יֵשׁ לָהֶם. נִטְמְאוּ מֵאֲחוֹרֵיהֶן, מַה שֶּׁבְּתוֹכָן טָהוֹר, וְצָרִיךְ לְהַטְבִּיל:

포도주나 기름을 계량하는 [그릇들], 갈퀴가 달린 국자, 겨자 체, 포도주 여과기, 이런 것들은 바깥 면과 안쪽 면이 있다는 것이 메이르 랍비의 말이다. 예후다 랍비는 그것들은 [바깥 면과 안쪽 면이] 없다고 말했다. 쉼온 랍비는 그것들이 [바깥 면과 안쪽 면이] 있는데, 바깥 면이 부정해져도 그 안에 있는 것은 정결하며, [그것을 물에] 담가야 한다고 말했다.

- 양쪽이 서로 다르게 생긴 그릇이나 도구가 정결한지 부정한지 판단할 때 바깥 면과 안쪽 면을 다르게 취급해야 하며, 바깥 면이 부정의 원인과 접촉하여 부정해졌다 해도 그 안에 있는 내용물은 정결하다는 의견이 있고(메이르 랍비) 그 반대의견도 있다(예후다 랍비). 쉼온 랍비는 바깥 면과 안쪽 면을 구별하지만 그릇이나 도구 전체를 물에 담가 정결례를 실행해야 한다고 말하며 중재한다.

25, 4

두 가지 단위를 계량할 수 있도록 만든 그릇에 관해 설명한다.

הָרֹבַע וַחֲצִי הָרֹבַע, נִטְמָא הָרֹבַע, לֹא נִטְמָא חֲצִי הָרֹבַע. נִטְמָא חֲצִי הָרֹבַע, לֹא נִטְמָא הָרֹבַע. אָמְרוּ לִפְנֵי רַבִּי עֲקִיבָא, הוֹאִיל וַחֲצִי הָרֹבַע אֲחוֹרַיִם לָרֹבַע, כְּלִי שֶׁנִּטְמָא תוֹכוֹ לֹא נִטְמְאוּ אֲחוֹרָיו. אָמַר לָהֶן, שֶׁל כַּת קוֹדְמִין הִיא, אוֹ שֶׁמָּא הָרֹבַע אֲחוֹרַיִם לַחֲצִי הָרֹבַע, כְּלִי שֶׁנִּטְמְאוּ אֲחוֹרָיו, לֹא נִטְמָא תוֹכוֹ:

로바[144]가 〔들어가는 칸과〕 반-로바가 〔들어가는 칸이 있는 그릇이 있는데〕 로바 칸이 부정해졌다면 반-로바 칸은 부정해지지 않는다. 반-로바 칸이 부정해졌다면 로바 칸은 부정해지지 않는다.

아키바 랍비 앞에서 〔공부하던 자들이〕 반-로바 칸은 로바 칸의 바깥 면이기 때문에 안쪽 면이 부정해진 그릇은 바깥 면도 부정해져야 하지 않느냐고 물었다. 그는 〔오히려〕 그들에게 이것이 앞에서 〔논의했던 것들과〕 같은 경우에 속하느냐고 물었다.[145] 〔그리고〕 로바 칸이 반-로바 칸의 바깥 면일 수도 있고, 〔또〕 바깥쪽이 부정해진 그릇의 안쪽 면은 부정해지지 않는다고 말했다.

- 액체의 부피를 재는 그릇에 '로바'(카브의 1/4)가 들어가는 칸과 그 반이 들어가는 칸이 있다. 이 두 칸은 서로 분리되어 있고 독립적이기 때문에 한쪽이 부정해졌다고 해서 다른 쪽에 영향을 미치지 않는다는 것이 첫째 의견이다.
- 그러나 아키바 랍비의 제자들은 여기에 바깥 면과 안쪽 면의 관계를 대입할 수 있다고 주장하며, 로바 칸이 안쪽이고 반-로바 칸이 바깥쪽이라고 보면, 안쪽이 부정해졌을 때 바깥쪽도 부정해진다고 말했다. 아키바 랍비는 그 반대 경우일 수도 있다고 지적하면서, 바깥쪽이 부정해졌을 때 안쪽은 부정해지지 않는다고 말했다. 즉 의심할 여지가 있어서 한 가지로 결론을 지을 수 없다고 말한 것이다.

---

144) 액체의 부피를 재는 단위로 카브(קב)의 1/4을 가리킨다. 카브는 전통적으로 달걀 24개를 가리키므로, 로바는 달걀 6개 정도라고 설명하는데(라쉬), 현대 도량형으로 350-600밀리리터 정도일 것으로 추정한다.

145) 이 표현(של כת)은 원래 다른 철자법으로 썼을 것으로 짐작되는데(של בת), 그 뜻은 변함이 없다.

## 25, 5

נִטְמָא הָרֹבַע, הָרֹבַע וַאֲחוֹרָיו טְמֵאִין, חֲצִי הָרֹבַע וַאֲחוֹרָיו טְהוֹרִין. נִטְמָא חֲצִי הָרֹבַע, חֲצִי הָרֹבַע וַאֲחוֹרָיו טְמֵאִין, הָרֹבַע וַאֲחוֹרָיו טְהוֹרִין. נִטְמְאוּ אֲחוֹרֵי הָרֹבַע, אֲחוֹרֵי חֲצִי הָרֹבַע טְהוֹרִין, דִּבְרֵי רַבִּי מֵאִיר. וַחֲכָמִים אוֹמְרִים, אֵין חוֹלְקִין אֶת הַגַּבַּיִן. וּכְשֶׁהוּא מַטְבִּיל, מַטְבִּיל אֶת כֻּלּוֹ:

로바 칸이 부정해졌다면 로바 칸 〔안쪽 면과〕 바깥 면이 모두 부정해지며, 반-로바 칸과 그 바깥 면은 정결하다. 반-로바 칸이 부정해졌다면 반-로바 칸 〔안쪽 면과〕 그 바깥 면이 모두 부정해지며, 로바 칸과 그 바깥 면은 정결하다.

로바 칸 바깥 면이 부정해졌다면, 반-로바 칸의 바깥 면은 정결하다는 것이 메이르 랍비의 말이다. 그러나 다른 현인들은 〔그릇의〕 바깥 면을 나누어 생각할 수는 없고, 그것을 물에 담글 때 〔그릇〕 전체를 담가야 한다고 말했다.

- 넷째 미쉬나에 이어서 로바 칸과 반-로바 칸이 있는 그릇에 관해 논의하는데, 안쪽 면이 부정에 노출되었을 경우 두 칸은 서로 영향을 미치지 않는다고 말한다.
- 바깥 면이 부정에 노출되었을 경우 로바 칸의 바깥 면과 반-로바 칸의 바깥 면은 사실 연결되어 있기 때문에 판단하기가 어렵다. 메이르 랍비는 그래도 서로 독립적인 그릇으로 나누어 생각해야 한다는 입장이고, 다른 랍비들은 거기에 반대한다.

## 25, 6

כַּנֵּי כֵלִים, וְאֻגְנֵיהֶם, וְאָזְנֵיהֶם, וִידוֹת הַכֵּלִים הַמְקַבְּלִים, שֶׁנָּפְלוּ עֲלֵיהֶן מַשְׁקִין, מְנַגְּבָן וְהֵם טְהוֹרִים. וּשְׁאָר כָּל הַכֵּלִים שֶׁאֵינָם יְכוֹלִין לְקַבֵּל רִמּוֹנִים, שֶׁאֵין לָהֶם אֲחוֹרַיִם וָתוֹךְ, שֶׁנָּפְלוּ מַשְׁקִין עַל מִקְצָתוֹ, כֻּלּוֹ טָמֵא. כְּלִי

שֶׁנִּטְמְאוּ אֲחוֹרָיו בְּמַשְׁקִין, אֲחוֹרָיו טְמֵאִים, תּוֹכוֹ וְאֹגְנוֹ וְאָזְנוֹ וְיָדָיו טְהוֹרִין. נִטְמָא תוֹכוֹ, כֻּלּוֹ טָמֵא:

---

그릇의 받침과 가장자리와 걸이와 그릇의 손잡이에 관하여, [그 그릇이 무엇을] 담을 수 있는데, 그런 곳에 [부정한] 음료수가 떨어졌다면, 그것을 훔쳐내면 정결해진다. 그러나 나머지 석류를 담을 수 없는 크기의 그릇들, [특히] 그 바깥 면과 안쪽 면을 [구별할 수] 없는 것들은,146) [부정한] 음료수가 한 부분에 떨어졌다면 그릇 전체가 부정해진다.

[부정한] 음료수 때문에 바깥 면이 부정해진 그릇은 그 바깥 면 [전체가] 부정하며, 그 안쪽 면과 가장자리와 걸이와 손잡이는 정결하다. 그 안쪽 면이 부정해졌다면 그 그릇 전체가 부정하다.

- 그릇을 무엇인가 담을 수 있는 주요 부분과 받침이나 가장자리나 걸이나 손잡이처럼 부차적인 부분으로 나누고, 부차적인 부분에 부정한 액체가 떨어지면 정결례 없이 훔쳐서 말리면 정결해진다고 설명한다.
- 석류를 담아도 굴러떨어질 만큼 무엇인가를 담을 수 없는 그릇이거나 바깥 면과 안쪽 면을 구별할 수 없는 그릇은 부정한 액체가 어딘가에 떨어지면 그릇 전체가 부정해진다.
- 이 미쉬나 마지막 부분은 제25장에 기록한 미쉬나들 전체 내용을 요약하며 원칙을 제시한다. 그릇의 바깥 면이 부정해지면 안쪽 면은 정결하다. 그러나 안쪽 면이 부정해지면 바깥 면도 부정해진다.

---

146) 어떤 사본은 "석류를 담을 수 없는 크기의" 그릇이라고 기록했고, 다른 사본은 "바깥 면과 안쪽 면이 없는" 그릇이라고 썼다.

25, 7
'오목한 부분'이 있는 그릇에 관해 서로 상반된 의견들을 소개한다.

---

כָּל הַכֵּלִים יֵשׁ לָהֶן אֲחוֹרַיִם וְתוֹךְ, וְיֵשׁ לָהֶם בֵּית צְבִיעָה. רַבִּי טַרְפוֹן אוֹמֵר, לַעֲרֵבָה גְדוֹלָה שֶׁל עֵץ. רַבִּי עֲקִיבָא אוֹמֵר, לְכוֹסוֹת. רַבִּי מֵאִיר אוֹמֵר, לְיָדַיִם הַטְּמֵאוֹת וְהַטְּהוֹרוֹת. אָמַר רַבִּי יוֹסֵי, לֹא אָמְרוּ אֶלָּא לְיָדַיִם הַטְּהוֹרוֹת בִּלְבָד:

---

모든 그릇은 바깥 면과 안쪽 면이 있고 또 오목한 부분[147]이 있다. 타르폰 랍비는 [이 규정을] 나무로 만든 큰 통에만 [적용한다고] 말했다. 아키바 랍비는 [이 규정을] 컵들에 [적용한다고] 말했다. 메이르 랍비는 [이 규정을] 부정하거나 정결한 손에 [적용한다고] 말했다. 요쎄 랍비는 [이 규정을] 정결한 손에만 [적용한다고] 말했다.

- 오목한 부분은 그릇 바깥 부분에 만들지만 그 오목한 부분은 사실 안쪽 공간까지 들어가 있어서 정결법과 관련하여 중간적인 위치를 가진다. 만약 부정한 액체가 오목한 부분에 접촉하면, 바깥과 안쪽 면이 모두 정결하다. 만약 바깥 면이 부정해지면, 안쪽과 오목한 부분이 정결하다. 물론 안쪽 면이 부정해지면 그릇 전체가 부정하므로, 오목한 부분도 부정해진다.
- 타르폰 랍비는 이 관대한 규칙을 나무로 만든 큰 반죽 통에만 적용할 수 있다고 주장했고, 부정한 액체가 통 바깥 면에 접촉했다 해도 목 부분을 잡고 반죽을 하면 정결한 빵을 만들 수 있다고 해석했다. 아키바 랍비는 작은 컵에도 같은 원칙을 적용할 수 있다고 했다.
- 메이르 랍비는 부정한 손으로 그릇을 만져도 오목한 부분을 잡으면

147) 이 낱말(בית צביעה, 벳 쩨비아)은 그릇의 손잡이는 아니지만 움푹하게 파인 공간이 있어서 그릇을 다룰 때 손으로 잡을 수 있는 부분을 가리킨다. 여기서는 '오목한 부분'이라고 번역한다.

그릇이나 내용물이 부정해지는 것을 막을 수 있다고 주장했다. 요쎄 랍비는 정결한 손에만 적용된다고 말했다. 이 논쟁은 다음 미쉬나에서 계속된다.

## 25, 8

כֵּיצַד. הָיוּ יָדָיו טְהוֹרוֹת וַאֲחוֹרֵי הַכּוֹס טְמֵאִים, אֲחָזוֹ בְּבֵית צְבִיעָתוֹ, אֵינוֹ חוֹשֵׁשׁ שֶׁמָּא נִטְמְאוּ יָדָיו בַּאֲחוֹרֵי הַכּוֹס. הָיָה שׁוֹתֶה בְכוֹס שֶׁאֲחוֹרָיו טְמֵאִים, אֵינוֹ חוֹשֵׁשׁ שֶׁמָּא נִטְמָא הַמַּשְׁקֶה שֶׁבְּפִיו בַּאֲחוֹרֵי הַכּוֹס וְחָזַר וְטִמֵּא הַכּוֹס. קֻמְקוּם שֶׁהוּא מַרְתִּיחַ, אֵינוֹ חוֹשֵׁשׁ שֶׁמָּא יָצְאוּ מַשְׁקִין מִתּוֹכוֹ וְנָגְעוּ בַאֲחוֹרָיו וְחָזְרוּ לְתוֹכוֹ:

어떤 〔경우에〕 그러한가? 어떤 사람의 손은 정결하고 어떤 컵의 바깥 면이 부정한데 그것의 오목한 부분으로 〔그 컵을〕 잡으면, 그 컵의 바깥 면 때문에 자기 손이 부정해질까 봐 걱정할 필요가 없다.

어떤 사람이 그 바깥 면이 부정한 컵으로 마신다면, 자기 입에 있는 음료수가 컵 바깥 면 때문에 부정해지고 다시 그 컵 〔안쪽 면까지〕 부정하게 할까 봐 걱정할 필요가 없다.

어떤 사람이 〔그 바깥 면이 부정한〕 주전자를 끓였다면 그 안쪽 면에서 음료수가 나와서 그 바깥 면과 접촉하고 다시 안쪽 면으로 돌아가서 〔부정하게 만들까 봐〕 걱정할 필요가 없다.

- 일곱째 미쉬나에서 언급했던 오목한 부분에 관해서 직접적인 예를 들어가며 설명하고 있다. 정결한 손으로 바깥 면이 부정한 컵을 만질 때[148] 그리고 그 컵에 들어 있는 음료수를 마실 때 오목한 부분을 사용해서 잡으면 부정해질까 봐 걱정할 필요가 없다.

148) 토쎕타는 정결한 손에 음료수가 조금 묻어 있었고, 이 음료수를 통해 손이 부정해지는 경우라고 설명했다.

• 미쉬나 뒷부분은 오목한 부분과는 상관이 없으며 '걱정할 필요가 없다'는 말이 공통적으로 들어가기 때문에 여기에 삽입한 듯하다.

## 25, 9

כְּלֵי הַקֹּדֶשׁ אֵין לָהֶם אֲחוֹרַיִם וָתוֹךְ, וְאֵין לָהֶם בֵּית צְבִיעָה. וְאֵין מַטְבִּילִים כֵּלִים בְּתוֹךְ כֵּלִים לְקֹדֶשׁ. כָּל הַכֵּלִים יוֹרְדִין לִידֵי טֻמְאָתָן בְּמַחֲשָׁבָה, וְאֵינָן עוֹלִים מִידֵי טֻמְאָתָן אֶלָּא בְשִׁנּוּי מַעֲשֶׂה, שֶׁהַמַּעֲשֶׂה מְבַטֵּל מִיַּד הַמַּעֲשֶׂה וּמִיַּד מַחֲשָׁבָה, וּמַחֲשָׁבָה אֵינָהּ מְבַטֶּלֶת לֹא מִיַּד מַעֲשֶׂה וְלֹא מִיַּד מַחֲשָׁבָה:

거룩한 그릇들은 바깥 면과 안쪽 면이 없으며, 오목한 부분도 없다. 그릇들을 거룩한 그릇들과 함께 〔물에〕 담그면 안 된다.

모든 그릇은 생각에 의해서 부정한 상태가 되지만, 〔상태를〕 변화시키는 행위가 아니면 부정한 상태에서 벗어날 수 없으니, 행위는 〔다른〕 행위의 영향과 생각의 영향을 취소시킬 수 있지만, 생각은 행위의 영향과 〔다른〕 생각의 영향을 취소시킬 수 없다.

• 거룩한 그릇과 관련해서는 정결함과 부정함을 판단할 때 바깥 면과 안쪽 면과 목 부분을 구별해서 생각할 수 없으니(「하기가」 3, 1), 정결법 규칙을 훨씬 더 엄정하게 적용하는 셈이다. 물에 담가 정결례를 시행할 때도 한꺼번에 거룩한 그릇 여러 개를 물에 담그면 안 되고, 하나씩 따로 담가 씻어야 한다.
• 일반적으로 그릇은 제작과정이 완성된 순간부터 부정해질 수 있다. 그러나 어떤 사람이 그릇의 제작과정을 마치지 않은 채 그대로 사용한다면 그 그릇은 부정해질 수 있으니, 그릇을 만들려고 했던 생각만으로도 부정해질 수 있다는 것이다(「켈림」 22, 2; 26, 5; 26, 7). 그러나 그릇의 형태를 바꾸어 다른 정결법 규정이 적용되는 그릇을 만들려고 계획했다면 그 계획을 실행하여 그릇의 형태가 바뀐 다음부터 새

규정을 적용할 수 있으니(「켈림」 20, 6; 26, 9), 행위가 완성될 때 생각이나 그 이전 행위의 영향에서부터 자유로워지는 것이다. 부정해지는 과정은 개인의 생각만으로 시작되지만, 정결해지는 과정에서는 생각만으로 실제로 존재하는 행위의 결과를 취소시킬 수는 없다.

## 제26장

「켈림」 26-28장은 가죽이나 천으로 만든 그릇이나 도구에 관해 논의하는데, 부정해질 수 있는지 판단하는 기장 기본적인 원칙은 물론 무엇을 담을 수 있는 공간이 있는지 여부다. 가죽으로 만든 도구들을 앉거나 눕는 자리로 쓸 수 있기 때문에 얹기 부정에 취약하다.

### 26, 1

정결함과 부정함을 논의하는 기본 원칙은 무엇을 담을 수 있는 공간이 있는지 여부다.

---

סַנְדָּל עִמְקִי, וְכִיס שֶׁל שְׁנָצוֹת, רַבִּי יְהוּדָה אוֹמֵר, אַף כְּפִיפָה מִצְרִית, רַבָּן שִׁמְעוֹן בֶּן גַּמְלִיאֵל אוֹמֵר, אַף סַנְדָּל לָדִיקִי כַּיּוֹצֵא בָהֶן, הֲרֵי אֵלּוּ מְטַמְּאִין וּמְטַהֲרִין שֶׁלֹּא בְאֻמָּן. אָמַר רַבִּי יוֹסֵי, וַהֲלֹא כָל הַכֵּלִים מְטַמְּאִין וּמְטַהֲרִין שֶׁלֹּא בְאֻמָּן. אֲבָל אֵלּוּ, אַף עַל פִּי שֶׁהֵן מֻתָּרִין, טְמֵאִין, שֶׁהַהֶדְיוֹט יָכוֹל לְהַחֲזִירָם. לֹא אָמְרוּ אֶלָּא בִכְפִיפָה מִצְרִית, שֶׁאַף הָאֻמָּן אֵינוֹ יָכוֹל לְהַחֲזִירָהּ:

---

임키 샌들[149]과 졸라매는 끈이 달린 주머니가 〔그러하며〕, 예후다 랍비는 이집트풍 바구니[150]를 말했고, 쉼온 벤 감리엘 라반은 라디키

149) 임키 샌들(סנדל עמקי)은 임키라는 지역에서 만드는 샌들로 그 이름이 원래 계곡(עמק)이라는 뜻에서 나왔으므로 특정한 계곡지역일 것으로 추정할 수 있다(바벨 탈무드 「타아닛」 21a). 가죽 바닥에 끈들을 붙여서 만드는 신발이다.

샌들[151]도 그러한 종류에 속한다고 말했는데, 이것들은 장인의 〔도움이〕 없어도 부정하게 만들었다가 정결하게 만들 수 있다.

요쎄 랍비는 사실 모든 그릇 또는 도구가 장인의 〔도움이〕 없어도 부정하게 만들었다가 정결하게 만들 수 있지 않느냐고 말했다. 그러나 이런 것들은 줄이 다 풀려 있어도 부정해질 수 있으니, 일반인도 그것들을 〔원상태로〕 되돌릴 수 있기 때문이다. 그들은 이집트풍 바구니에 관해 말했으니, 장인도 쉽게 〔원상태로〕 되돌릴 수 없기 때문이다.

- 이 미쉬나에서 언급하는 샌들과 바구니들은 특별한 기술이 없는 사람이 완성시켜서 독립적인 기능을 하는 도구로 만들 수 있다. 그래서 누구나 이것을 부정하게 만들 수 있고 또 줄을 풀어서 쓸 수 없는 정결한 상태로 만들 수 있다.
- 요쎄 랍비는 일반인이 기술이 없어도 어떤 그릇이나 도구를 개조할 수 있다는 원칙을 모든 그릇이나 도구에 다 적용할 수 있다고 이견을 제기한다. 그의 주장은 거절당했는데, 어떤 물건들은 줄이 풀려 있어도 부정해질 수 있으니 일반인들이 쉽게 줄을 다시 묶어서 도구로 사용할 수 있기 때문이다.
- 한편 이집트풍 바구니는 줄이 풀리면 정결한데, 이 바구니는 장인도 쉽게 수선할 수 없기 때문이라고 설명한다.

## 26, 2

כִּיס שֶׁל שְׁנָצוֹת שֶׁנִּטְּלוּ שְׁנָצָיו, טָמֵא. נִפְשַׁט, טָהוֹר. טָלָה עָלָיו אֶת הַמַּטְלֵת מִלְּמַטָּן, טָמֵא. כִּיס לְתוֹךְ כִּיס, שֶׁנִּטְמָא אַחַד מֵהֶן בְּמַשְׁקֶה, לֹא נִטְמָא

150) 이집트 바구니(כְּפִיפָה מִצְרִית)는 대추야자나무 가지로 짠 바구니다(야스트로 659). 매우 비슷하지만 철자법이 다른 낱말이 「테불 욤」 4, 2에 나온다.

151) 라디키 샌들(סנדל לדיקי)은 시리아의 루드키아(Ludkia) 지역에서 만든다.

חֲבֵרוֹ. צְרוֹר הַמַּרְגָּלִית, טָמֵא. צְרוֹר הַמָּעוֹת, רַבִּי אֱלִיעֶזֶר מְטַמֵּא, וַחֲכָמִים מְטַהֲרִים:

졸라매는 끈이 달린 주머니의 끈이 떨어져나가도 부정해질 수 있다. 〔이 주머니를〕 평평하게 펴면 정결하다. 그 밑에다 천을 덧대면 부정해질 수 있다. 주머니 안에 주머니가 〔하나 더〕 있고, 그중 하나가 〔부정한〕 음료수 때문에 부정해졌다면, 다른 하나는 부정해지지 않는다. 진주를 〔담는〕 꾸러미는 부정해질 수 있다. 동전을 〔담는〕 꾸러미에 관하여 엘리에제르 랍비는 부정해질 수 있다고 했고, 다른 현인들은 정결하다고 했다.

- 이 미쉬나의 앞부분은 첫째 미쉬나에서 언급했던 내용을 더 자세히 설명하고 있으며, 끈 달린 주머니를 펴서 더 이상 무엇을 담을 수 없을 때만 정결하다고 규정한다.
- 여기에 다시 천을 덧대어 꿰매면 독립적인 주머니가 되어 부정해질 수 있지만(「켈림」 27, 6), 주머니 안의 주머니 하나가 부정했다고 해서 다른 주머니까지 부정해지는 것은 아니라고 말한다(「켈림」 2, 7).
- 꾸러미는 주머니는 아니지만 진주나 동전을 담을 수 있으므로 부정해질 수 있다. 그러나 쉽게 풀어서 담는 부분이 없어질 수 있으므로 정결하다고 주장하는 랍비들도 있다.

## 26, 3

농부들이 천으로 만들어 쓰는 다양한 도구에 관해 논의한다.

כַּף לוֹקְטֵי קוֹצִים, טְהוֹרָה. הַזּוֹן וְהַבִּרְכַּיָה, טְמֵאִין. וְהַשַּׂרְווּלִים, טְמֵאִין. וְהַפְּרַקְלִימִין, טְהוֹרִין. וְכָל בֵּית אֶצְבָּעוֹת, טְהוֹרוֹת, חוּץ מִשֶּׁל קַיָּצִין, מִפְּנֵי שֶׁהִיא מְקַבֶּלֶת אֶת הָאוֹג. נִקְרְעָה, אִם אֵינָהּ מְקַבֶּלֶת אֶת רֹב הָאוֹג, טְהוֹרָה:

가시 따는 사람들의 손 싸개는 정결하다. [가죽] 허리띠와 무릎 보호대는 부정해질 수 있다. 팔토시는 부정해질 수 있다. 손 덮개는 정결하다. 손가락 덮개는 모두 정결하지만, 여름 과일 수확자들이 쓰는 것은 옻나무 열매를 담을 수 있기 때문에 예외다. 찢어져서 더 이상 옻나무 열매를 담을 수 없다면 정결하다.

- 농업에 종사하면서 몸을 보호하기 위해서 착용하는 다양한 도구들이 등장하고 있는데(「켈림」 24, 15; 「네다림」 8, 4), 무엇인가를 담을 수 있는지 여부와 독립된 기능을 가진 '그릇'으로 간주할 수 있는지 여부를 기준으로 부정해질 수 있는지 판단한다.

## 26, 4

가죽 제품의 얹기 부정에 관해 설명한다.

---

סַנְדָּל שֶׁנִּפְסְקָה אַחַת מֵאָזְנָיו וְתִקְּנָהּ, טָמֵא מִדְרָס. נִפְסְקָה שְׁנִיָּה וְתִקְּנָהּ, טָהוֹר מִן הַמִּדְרָס אֲבָל טָמֵא מַגַּע מִדְרָס. לֹא הִסְפִּיק לְתַקֵּן אֶת הָרִאשׁוֹנָה עַד שֶׁנִּפְסְקָה שְׁנִיָּה, טְהוֹרָה. נִפְסַק עֲקֵבוֹ, נִטַּל חוֹטְמוֹ, אוֹ שֶׁנֶּחֱלַק לִשְׁנַיִם, טָהוֹר. סוֹלְיָם שֶׁנִּפְסַק מִכָּל מָקוֹם, טָהוֹר. מִנְעָל שֶׁנִּפְחַת, אִם אֵינוֹ מְקַבֵּל אֶת רֹב הָרֶגֶל, טָהוֹר. מִנְעָל שֶׁעַל הָאֵמוּם, רַבִּי אֱלִיעֶזֶר מְטַהֵר, וַחֲכָמִים מְטַמְּאִים. כָּל חֲמָתוֹת צְרוּרוֹת, טְהוֹרוֹת, חוּץ מִשֶּׁל עַרְבִיִּין. רַבִּי מֵאִיר אוֹמֵר, צְרוֹר שָׁעָה, טְהוֹרוֹת. צְרוֹר עוֹלָם, טְמֵאוֹת. רַבִּי יוֹסֵי אוֹמֵר, כָּל חֲמָתוֹת צְרוּרוֹת, טְהוֹרוֹת:

---

줄 거는 구멍 하나가 터진 샌들을 고쳤다면 얹기 부정 때문에 부정해질 수 있다. 또 다른 구멍도 터졌을 때 고쳤다면 얹기 부정으로부터 정결하지만 얹기 부정과 접촉한 부정 때문에 부정해질 수는 있다. 아직 첫째 구멍을 고치지 못했는데 다른 구멍이 또 터졌다면, 정결하다. [샌들의] 뒤꿈치가 터졌거나, 발가락 부분이 떨어져나가거나, 둘로

갈라졌다면, 정결하다. 뒤꿈치가 없는 〔샌들이〕[152] 어느 부분이든지 터지면, 정결하다.

신발이 손상되어 발의 대부분을 넣을 수 없다면, 정결하다. 〔아직〕 틀 위에 있는 신발에 관해서, 엘리에제르 랍비는 정결하다고 했고, 다른 랍비들은 부정해질 수 있다고 주장했다.

꿰어놓은 부대들은 정결하지만, 아라비아 〔부대는〕 예외이다. 메이르 랍비는 이것들이 일시적으로 꿰어놓았다면 정결하다고 했다. 영구적으로 꿰어놓았다면 부정해질 수 있다. 요쎄 랍비는 꿰어놓은 모든 부대들은 정결하다고 말했다.

- 줄 거는 구멍 하나가 터져버린 샌들을 수선해서 고쳐서 원래 상태로 복귀하며, 수선 이전에 얹기 부정에 감염된 상태라면 그 부정이 유지된다(「켈림」 18, 6). 그러나 줄 거는 구멍이 두 개째 터진 후 수선했다면, 원래 그 샌들에 있는 줄 거는 구멍이 모두 새 것으로 교체되는 셈이고, 샌들은 원래 상태로 복귀하지 않는다. 물론 완전히 정결해지는 것은 아니며, 얹기 부정에 감염된 부분(밑창)과 접촉하여 1차 감염자가 된다.
- 신발이 완성되는 순간부터 부정해질 수 있다는 의견에 대해서는 이견이 존재한다.
- 포도주나 물을 담는 가죽부대는 바느질을 해서 완성한 후부터 부정해질 수 있는데, 바느질을 하지 않고 그냥 묶어서 꿰어놓았다면 독립적인 그릇으로 인정할 수 있는지 논의하고 있다. 어떻게든 독립적인 기능을 할 수 있다면 부정해질 수 있다는 것이 랍비들의 의견인데, 요쎄 랍비는 여기에 반대한다.

---

152) 이 낱말(סולים)을 다른 철자법으로 기록한 사본도 있다.

## 26, 5

אֵלּוּ עוֹרוֹת טְמֵאִין מִדְרָס, עוֹר שֶׁחִשַּׁב עָלָיו לְשָׁטִיחַ, עוֹר סְקֹרְטְיָא, עוֹר קָטָבֹלְיָא, עוֹר הַחַמָּר, עוֹר הַכַּתָּן, עוֹר הַכַּתָּף, עוֹר הָרוֹפֵא, עוֹר הָעֲרִיסָה, עוֹר הַלֵּב שֶׁל קָטָן, עוֹר הַכַּר, עוֹר הַכֶּסֶת, מִדְרָס. עוֹר הַסָּרוֹק, עוֹר הַסּוֹרֵק, רַבִּי אֱלִיעֶזֶר אוֹמֵר, מִדְרָס. וַחֲכָמִים אוֹמְרִים, טְמֵא מֵת:

가죽은 다음과 같은 경우에 얹기 부정 때문에 부정해질 수 있다. 깔개로 쓰려고 생각했던 가죽, 앞치마로 쓰는 가죽, 침대 덮개로 쓰는 가죽, 당나귀 타는 자가 쓰는 가죽, 아마 재배자가 쓰는 가죽, 〔도공이〕 어깨에 대는 가죽, 의사가 쓰는 가죽, 요람에 쓰는 가죽, 어린이 가슴에 대는 가죽, 매트리스에 쓰는 가죽, 베개 덮개로 쓰는 가죽, 〔이런 것들은〕 얹기 부정 때문에 〔부정해질 수 있다〕.

빗질한 양모를 싸는 가죽과 양모를 빗질하는 사람이 쓰는 가죽에 관하여, 엘리에제르 랍비는 얹기 부정 때문에 〔부정해질 수 있다고〕 말했고, 다른 현인들은 시체의 부정 때문에 〔부정해질 수 있다고〕 말했다.

- 얹기 부정은 부정의 아버지가 앉거나 눕거나 기댈 수 있는 물품에 적용한다. 이 미쉬나가 열거한 가죽들은 원래 기능이 따로 있지만 때에 따라 그 위에 앉거나 눕거나 기댈 수 있으므로 얹기 부정에 감염되어 부정해질 수 있다.
- 빗질한 양모를 싸는 가죽과 양모를 빗질하는 사람들이 사용하는 가죽에 관해서는 서로 대조되는 의견이 존재하며, 얹기와 시체의 부정 모두가 영향을 미칠 수 있다는 엘리에제르 랍비와 달리 시체의 부정만 영향을 미칠 수 있다는 랍비들이 더 많다.

## 26, 6

עַב כְּסוּת, וְתַכְרִיךְ כְּסוּת, מִדְרָס. עַב אַרְגָּמָן, וְתַכְרִיךְ אַרְגָּמָן, בֵּית שַׁמַּאי אוֹמְרִים, מִדְרָס. וּבֵית הִלֵּל אוֹמְרִים, טְמֵא מֵת. עוֹר שֶׁעֲשָׂאוֹ חִפּוּי לִכְלִי, טָהוֹר. לְמִשְׁקָלוֹת, טָמֵא. רַבִּי יוֹסֵי מְטַהֵר מִשּׁוּם אָבִיו:

옷 덮개와 옷 싸개는 얹기 부정 때문에 〔부정해질 수 있다〕. 보라색 〔옷〕 덮개와 보라색 〔옷〕 싸개에 관해서는, 샴마이 학파는 얹기 부정 때문에 〔부정해질 수 있다고〕 말했고, 힐렐 학파는 시체의 부정 때문에 〔부정해질 수 있다고〕 말했다. 그릇 덮개로 만든 가죽은 정결하다. 무게추 〔덮개로 만든 가죽은〕 부정해질 수 있다. 요쎄 랍비는 자기 아버지의 이름으로 정결하다고 주장했다.

- 옷을 덮거나 싸는 가죽도 제 기능은 따로 있지만 앉거나 눕거나 기댈 수 있기 때문에 얹기 부정에 영향을 받을 가능성도 있다. 한편 보통 옷이 아니라 비싸게 염색한 천으로 만든 옷의 덮개나 싸개는 웬만해서는 앉거나 눕지 않기 때문에 얹기 부정은 관련이 없고 시체의 부정만 영향을 미칠 수 있다는 것이 힐렐 학파의 의견이지만, 샴마이 학파는 일반 덮개와 싸개와 다를 바 없다고 주장한다.
- 그릇을 덮어놓는 가죽조각은 무엇을 담는 부분이 없으나, 무게추를 덮는 가죽에는 주머니가 있어서 부정해질 수 있다. 요쎄 랍비의 아버지는 할랍타 랍비인데, 부친의 이름을 걸고 무게추 덮개도 정결하다고 항변한다.

## 26, 7

가죽으로 만든 도구에 관해 논의하던 중 잠깐 행위와 의도적인 생각의 상관관계에 관해 논의한다(「켈림」 25, 9).

כָּל מָקוֹם שֶׁאֵין חֶסְרוֹן מְלָאכָה, מַחֲשָׁבָה מְטַמֵּאתָן. וְכָל מָקוֹם שֶׁיֵּשׁ חֶסְרוֹן מְלָאכָה, אֵין מַחֲשָׁבָה מְטַמֵּאתָן, אֶלָּא הָעַצְבָּה:

행위가 결핍되지 않을 때에는 언제나 〔의도적인〕 생각이 그것들을 부정하게 할 수 있다. 행위가 결핍될 때에는 언제나 〔의도적인〕 생각이 그것들을 부정하게 할 수 없다. 〔양모〕 덮개는 예외다.

- 어떤 그릇이나 도구를 실제로 만들기 시작했고, 제작자는 이것을 사용할 의도가 충분했다면, 제작과정이 완전히 마무리되지 않았다고 해도 부정해질 수 있다. 그러나 제작자가 아무리 그것을 사용할 의도가 있었다 해도 제작과정이 시작되지 않고 마음만 먹었다면 부정해질 물체가 없는 셈이다.
- 안장 위에 덮는 양모로 만든 덮개는 특별한 제작과정이 없어도 사용할 수 있으므로 예외로 간주한다.

## 26, 8

עוֹרוֹת בַּעַל הַבַּיִת, מַחֲשָׁבָה מְטַמֵּאתָן. וְשֶׁל עַבְּדָן, אֵין מַחֲשָׁבָה מְטַמֵּאתָן. וְשֶׁל גַּנָּב, מַחֲשָׁבָה מְטַמֵּאתָן. וְשֶׁל גַּזְלָן, אֵין מַחֲשָׁבָה מְטַמֵּאתָן. רַבִּי שִׁמְעוֹן אוֹמֵר, חִלּוּף הַדְּבָרִים, שֶׁל גַּזְלָן, מַחֲשָׁבָה מְטַמֵּאתָן. וְשֶׁל גַּנָּב, אֵין מַחֲשָׁבָה מְטַמֵּאתָן, מִפְּנֵי שֶׁלֹּא נִתְיָאֲשׁוּ הַבְּעָלִים:

〔개인〕 집주인의 가죽은 〔의도적인〕 생각이 부정하게 만들 수 있지만, 무두장이의 〔가죽은 의도적인〕 생각이 부정하게 만들 수 없다. 도둑이 가져간 〔가죽은 의도적인〕 생각이 부정하게 만들 수 있지만, 강도가 가져간 〔가죽은 의도적인〕 생각이 부정하게 만들 수 없다.

쉼온 랍비는 그 말을 바꾸어야 한다고 말했다. 강도가 가져간 〔가죽은 의도적인〕 생각이 부정하게 만들 수 있으나, 도둑이 가져간 〔가죽은 의도적인〕 생각이 부정하게 만들 수 없으니, 〔후자의 경우〕 주인들이 지치지 않았기 때문이다.

- 개인 집주인은 가죽으로 어떤 그릇이나 도구를 만들어 쓰려는 생각이 들면 완벽하게 제작과정을 마무리하지 않은 상태에서도 그것을 사용할 수 있다. 그러므로 생각만 있어도 그것이 부정해질 수 있다. 이와 달리 전문 직업인인 무두장이는 어떤 그릇이나 도구를 만들어 쓰려는 생각이 들면 완벽하게 제작과정을 마무리할 가능성이 높다. 좋은 물건을 만들어야 판매할 수도 있기 때문이다. 그러므로 완성하지 않은 그릇이나 도구를 사용할 가능성도 적으며, 생각만 한 상태에서 그것이 부정해질 가능성도 적다.
- 도둑이 가죽을 훔쳐가면 누가 가져갔는지 모르기 때문에 주인은 그 물건을 돌려받기 어렵고, 결국 도둑이 품었던 의도적인 생각 때문에 주인이 그 물건을 사용할 수 있는 가능성이 사라지며 부정해질 수 있는 가능성도 달라진다. 강도가 가죽을 탈취해가면 누가 가져갔는지 알기 때문에 주인은 그 물건을 돌려받을 가능성이 있고 결국 강도의 생각은 그 물건을 부정하게 만들 수 없다.
- 쉼온 랍비는 반대 의견을 개진한다. 도둑이 가죽을 훔쳐가면 누가 가져갔는지 밝히면 돌려받을 수 있기 때문에 주인들이 계속해서 희망을 품을 수 있다. 그러나 강도가 가죽을 탈취해가면 이미 강도가 누구인지 알아도 빼앗겼기 때문에 다시 되찾을 가능성이 적다. 그러므로 도둑이 품었던 의도적인 생각은 주인의 물건을 부정하게 만들 수 없으나, 강도가 품었던 생각은 그 물건을 부정하게 만든다.

26, 9

---

עוֹר שֶׁהוּא טָמֵא מִדְרָס, וְחִשַּׁב עָלָיו לִרְצוּעוֹת וּלְסַנְדָּלִין, כֵּיוָן שֶׁנָּתַן בּוֹ אֶת הָאִזְמֵל, טָהוֹר, דִּבְרֵי רַבִּי יְהוּדָה. וַחֲכָמִים אוֹמְרִים, עַד שֶׁיְּמַעֲטֶנּוּ פָּחוֹת

מֵחֲמִשָּׁה טְפָחִים. רַבִּי אֱלְעָזָר בַּר רַבִּי צָדוֹק אוֹמֵר, אַף הָעוֹשֶׂה מִטְפַּחַת מִן הָעוֹר, טְמֵאָה. וּמִן הַכֶּסֶת, טְהוֹרָה:

---

얹기 부정 때문에 부정한 가죽을 끈이나 샌들로 쓰려고 생각하고 칼을 대는 순간 〔이것은〕 정결해진다는 것이 예후다 랍비의 말이다. 다른 현인들은 5테팍 이하로 자르기 전까지는 〔정결해지지 않는다고〕 말했다. 엘리에제르 바르 짜독 랍비는 어떤 사람이 그 가죽으로 수건을 만들어도 부정해질 수 있지만, 베개 덮개로 만들면 정결하다고 말했다.

- 특정한 기능을 염두에 두고 만든 가죽 제품이 얹기 부정 때문에 부정해졌는데, 이것을 자르면 더 이상 원래 기능을 수행할 수 없으므로 부정이 소멸된다(「켈림」 24, 12). 예후다 랍비는 가죽에 칼을 대는 순간부터 정결하다고 주장하고(25, 9), 다른 랍비들은 가죽을 잘라서 5테팍 이하 너비로 잘랐을 때부터 정결하다고 주장한다(27, 2).
- 바닥 깔개로 쓰던 가죽을 잘라서 작은 수건 크기로 만들어도 원래 부정한 상태는 소멸되지 않으니(24, 12; 24, 14), 단순히 크기를 줄인다고 해도 비슷한 용도로 사용하는 물건은 계속해서 부정하다. 그러나 이불처럼 쓰던 가죽을 잘라서 수건을 만들면 기능의 성격이 변하기 때문에 원래 기능이 폐기되면서 부정도 소멸된다(28, 5). 물론 새로 제작한 수건은 다른 종류의 부정 때문에 부정해질 수 있다.

## 제27장

천, 가죽, 나무, 점토로 만든 그릇이나 도구와 관련된 규정들, 부정해지기 위한 최소한의 크기, 크기를 재는 방법에 관해서도 설명한다.

27, 1

천, 가죽, 나무, 점토로 만든 그릇·도구에 관한 정결법을 정리한다.

---

הַבֶּגֶד מִטַּמֵּא מִשּׁוּם חֲמִשָּׁה שֵׁמוֹת. הַשַּׂק, מִשּׁוּם אַרְבָּעָה. הָעוֹר, מִשּׁוּם שְׁלֹשָׁה. הָעֵץ, מִשּׁוּם שְׁנַיִם. וּכְלִי חֶרֶס, מִשּׁוּם אֶחָד. כְּלִי חֶרֶס מִטַּמֵּא מִשּׁוּם כְּלִי קִבּוּל. כֹּל שֶׁאֵין לוֹ תוֹךְ בִּכְלֵי חֶרֶס, אֵין לוֹ אֲחוֹרַיִם. מוּסָף עָלָיו הָעֵץ, שֶׁהוּא מִטַּמֵּא מִשּׁוּם מוֹשָׁב. וְכֵן טַבְלָא שֶׁאֵין לָהּ לִזְבֵז, בִּכְלֵי עֵץ, טְמֵאָה, וּבִכְלֵי חֶרֶס, טְהוֹרָה. מוּסָף עָלָיו הָעוֹר, שֶׁהוּא מִטַּמֵּא מִשּׁוּם אֹהָלִים. מוּסָף עָלָיו הַשַּׂק, שֶׁהוּא מִטַּמֵּא מִשּׁוּם אָרִיג. מוּסָף עָלָיו הַבֶּגֶד, שֶׁהוּא מִטַּמֵּא מִשּׁוּם שָׁלֹשׁ עַל שָׁלֹשׁ:

---

천은 다섯 가지 이유 때문에 부정해질 수 있으며, 모직은 네 가지 이유 때문에, 가죽은 세 가지 이유 때문에, 나무는 두 가지 이유 때문에, 토기는 한 가지 이유 때문에 〔부정해질 수 있다〕.

토기는 〔무엇을〕 담을 수 있는 그릇일 때 부정해질 수 있다. 안쪽 면이 없는 토기는 바깥 면도 없다. 한편 나무는 앉기 부정 때문에 부정해질 수 있다. 마찬가지로 테두리가 없는 판자가 나무 그릇이라면 부정해질 수 있다. 이것이 토기라면 정결하다. 한편 가죽은 덮기 부정 때문에 부정해질 수 있다. 또 모직은 엮어 짠 천 때문에 부정해질 수 있다. 또 천은 3〔테팍에〕 3〔테팍 이상일 때〕 부정해질 수 있다.

- 천이 부정해질 수 있는 경우는 (1) 무엇을 담을 수 있는 공간이 있을 때, (2) 그 위에 앉거나 누웠을 때(3테팍 이상의 크기), (3) 무언가를 덮어서 '천막' 역할을 할 때, (4) 엮어서 짠 천으로 지었을 때, 그리고 (5) 크기가 3×3에쯔바 이상일 때다.
- 모직은 이 중에 네 가지 이유(1-4) 때문에, 가죽은 이 중에 세 가지 이유(1-3) 때문에 부정해질 수 있다. 나무는 이 중에 두 가지 이유(1-2) 때문에 부정해질 수 있는데(「샤밧」 2, 3), 테두리가 없는 나무

판자가 둘째 이유에 해당한다(「켈림」 25, 1). 토판은 테두리가 없어도 정결하다. 토기는 이 중에 한 가지 이유(1) 때문에 부정해질 수 있는데, 이때 무엇을 담을 수 있는 안쪽 면이 있어야 바깥 면도 생긴다(「켈림」 2, 3).

## 27, 2
부정이 전이될 수 있는 최소한의 크기는 무엇인지 논의하고 있다.

---

הַבֶּגֶד מְטַמֵּא מִשּׁוּם שְׁלשָׁה עַל שְׁלשָׁה, לְמִדְרָס, וּמִשּׁוּם שָׁלשׁ עַל שָׁלשׁ לְטְמֵא מֵת. הַשַּׂק אַרְבָּעָה עַל אַרְבָּעָה, הָעוֹר חֲמִשָּׁה עַל חֲמִשָּׁה, מַפָּץ שִׁשָּׁה עַל שִׁשָּׁה, שָׁוִין לְמִדְרָס וְלִטְמֵא מֵת. רַבִּי מֵאִיר אוֹמֵר, הַשַּׂק שְׁיָרָיו אַרְבָּעָה, וּתְחִלָּתוֹ מִשֶּׁיִּגָּמֵר:

---

천은 3〔테팍에〕 3〔테팍 이상일 때〕 얹기 부정 때문에 부정해진다. 그리고 3〔에쯔바에〕 3〔에쯔바 이상일 때〕 시체의 부정 때문에 〔부정해진다〕.

모직은 4〔테팍에〕 4〔테팍 이상일 때〕, 가죽은 5〔테팍에〕 5〔테팍 이상일 때〕, 깔개는 6〔테팍에〕 6〔테팍 이상일 때〕, 똑같이 얹기 부정과 시체의 부정 때문에 〔부정해질 수 있다〕.

메이르 랍비는 모직은 그 크기가 4〔테팍일 때부터〕이지만, 작업이 끝났을 때부터 〔부정해질 수 있다〕고 말했다.

- 천은 얹기 부정 때문에 부정해지는 최소 크기와 시체의 부정 때문에 부정해지는 최소 크기가 다르다. 이 규정대로라면 미쉬나 시대 사람들은 6센티미터 길이와 6센티미터 너비의 천도 버리지 않고 사용했음을 알 수 있다.
- 모직과 가죽과 갈대로 짠 깔개는 두 경우에 차이가 없이 일정한 크기가 되면 부정해질 수 있다.

- 메이르 랍비는 모직에 관한 규정에 동의하지만, 이미 제작공정이 끝나고 천을 나누어 쓰다가 남은 조각이 4테팍일 때 부정해질 수 있는 것이지 아직 공정이 끝나지 않고 천을 짜기 시작하면서 4테팍일 때는 부정해질 수 없다고 부연설명을 한다.
- 각 재료가 부정해질 수 있는 최소 크기가 순서대로 달라지면서 가장 엄격한 규정이 적용되는 재료부터 가장 가벼운 규정이 적용되는 재료까지 일종의 계층이 생긴다.

## 27, 3

הָעוֹשֶׂה שְׁנַיִם מִן הַבֶּגֶד וְאֶחָד מִן הַשַּׂק, שְׁלָשְׁתָּן מִן הַשַּׂק וְאֶחָד מִן הָעוֹר, אַרְבָּעָה מִן הָעוֹר וְאֶחָד מִן הַמַּפָּץ, טָהוֹר. חֲמִשָּׁה מִן הַמַּפָּץ וְאֶחָד מִן הָעוֹר, אַרְבָּעָה מִן הָעוֹר וְאֶחָד מִן הַשַּׂק, שְׁלֹשָׁה מִן הַשַּׂק וְאֶחָד מִן הַבֶּגֶד, טָמֵא. זֶה הַכְּלָל, כֹּל שֶׁחִבֵּר לוֹ מִן הֶחָמוּר מִמֶּנּוּ, טָמֵא. מִן הַקַּל מִמֶּנּוּ, טָהוֹר:

천 2〔테팍과〕 모직 1〔테팍을 붙이거나〕, 모직 3〔테팍과〕 가죽 1〔테팍을 붙이거나〕, 가죽 4〔테팍과〕 깔개 1〔테팍을 붙여서 무엇을〕 만들었다면, 정결하다.

깔개 5〔테팍과〕 가죽 1〔테팍을 붙이거나〕, 가죽 4〔테팍과〕 삼베 1〔테팍을 붙이거나〕, 삼베 3〔테팍과〕 천 1〔테팍을 붙여서 무엇을 만들었다면〕, 부정해질 수 있다.

이것이 원칙이다. 어떤 사람이 더 엄격한 〔규정이 적용되는 재료를〕 붙이면 부정해질 수 있다. 더 가벼운 〔규정이 적용되는 재료를 붙이면〕 정결하다.

- 천은 최소한 3테팍이 되어야 부정해질 수 있는데, 천 2테팍에 삼베 1테팍을 붙여서 무언가를 만들었다면, 서로 연결되지 않아 부정해

질 수 있는 최소 요건을 만족시키지 못하여 정결하다. 이렇게 더 엄격한 규정이 적용되는 재료에 더 가벼운 규정이 적용되는 재료를 붙이면 정결하다.

- 반대로 깔개는 6테팍이 되어야 부정해질 수 있는데, 깔개 5테팍에 가죽 1테팍을 붙여서 무언가를 만들었다면 부정해질 수 있는 최소 요건을 넘어서며 부정해질 수 있다. 이렇게 더 가벼운 규정이 적용되는 재료에 더 엄격한 규정이 적용되는 재료를 붙이면 부정해질 수 있다(「메일라」 4, 6).

### 27, 4

둘째 미쉬나에 나온 재료들을 1테팍에 1테팍 크기로 잘라서 앉을 자리를 만든 경우에 관해 논의한다.

---

הַמְקַצֵּעַ מִכֻּלָּם טֶפַח עַל טֶפַח, טָמֵא. מִשּׁוּלֵי הַקֻּפָּה טֶפַח עַל טֶפַח, טָמֵא. מִצְּדָדֵי הַקֻּפָּה, רַבִּי שִׁמְעוֹן מְטַהֵר. וַחֲכָמִים אוֹמְרִים, הַמְקַצֵּעַ טֶפַח עַל טֶפַח בְּכָל מָקוֹם, טָמֵא:

---

이런 모든 것들로부터 1〔테팍에〕 1〔테팍을〕 잘라내어 〔무엇을 만들었다면〕, 부정해질 수 있다. 버드나무 바구니 〔바닥의〕 가장자리에서 1〔테팍에〕 1〔테팍을 잘라냈다면〕 부정하다. 버드나무 바구니 측면에서 〔잘라내었다면〕, 쉼온 랍비는 정결하다고 주장했다. 그러나 다른 현인들은 어디서 1〔테팍에〕 1〔테팍을〕 잘라냈건 부정해질 수 있다고 말했다.

- 둘째 미쉬나에서 언급한 재료에서 1테팍에 1테팍 넓이가 되도록 한 조각을 잘라내어 앉는 데 사용한다면, 얹기 부정 때문에 부정해진다. 후대 랍비들은 둘째 미쉬나에서 언급한 최소 크기 규정은 얹기 부정 이외의 경우를 설명한 것이라고 본다.

• 바구니에서 한 조각을 잘라내어 앉는 데 사용한다면 같은 판단을 내릴 수 있다. 그러나 바구니 측면을 잘라냈을 때 쉽온 랍비는 정결하다고 했는데, 그 이유는 아마 곡선으로 생겨서 앉기에 부적합하기 때문이 아닌가 짐작된다.

## 27, 5

בְּלוֹיֵי נָפָה וּכְבָרָה שֶׁהִתְקִינָן לִישִׁיבָה, רַבִּי עֲקִיבָא מְטַמֵּא, וַחֲכָמִים מְטַהֲרִין עַד שֶׁיְּקַצֵּעַ. כִּסֵּא שֶׁל קָטָן שֶׁיֶּשׁ לוֹ רַגְלַיִם, אַף עַל פִּי שֶׁאֵין בּוֹ גָבֹהַּ טֶפַח, טָמֵא. חָלוּק שֶׁל קָטָן, רַבִּי אֱלִיעֶזֶר אוֹמֵר, כָּל שֶׁהוּא. וַחֲכָמִים אוֹמְרִים, עַד שֶׁיִּהְיֶה בוֹ כַשִּׁעוּר, וְנִמְדָּד כָּפוּל:

작은 체와 체가 〔닳아서 떨어진〕 조각을 앉는 자리에 설치했다면, 아키바 랍비는 부정하다고 했으나, 다른 현인들은 〔거친 부분을〕 다듬기 전까지는 정결하다고 주장했다.

어린이용 의자에 다리가 있는데 그 높이가 1테팍 이하라고 해도 부정해질 수 있다. 어린이의 긴 옷에 관하여, 엘리에제르 랍비는 어떤 것이든 〔부정해질 수 있다고〕 말했다. 그러나 다른 현인들은 이 옷이 〔특정한〕 크기가 되기 전에는 〔정결하며〕, 두 번 재야 한다고 말했다.

• 체의 일부를 자리로 삼아 앉는 경우에 관해 아키바 랍비와 다른 랍비들 사이에 이견이 있다(「켈림」 20, 4).
• 어린이용 의자는 1테팍에 이르지 않더라도 부정해질 수 있다는 데 이견이 없다. 그러나 어린이가 입는 긴 옷에 대해서 엘리에제르 랍비는 크기와 상관없이 부정해질 수 있다고 했고, 다른 현인들은 둘째 미쉬나에서 언급한 최소 크기가 되어야 부정해질 수 있다고 말했다. 그리고 옷의 크기를 잴 때, 앞이 3테팍, 뒤가 3테팍, 너비가 3테팍 이상이어야 한다.

27, 6

다섯째 미쉬나에 크기 잴 때 앞뒤로 두 번 재는 방법을 언급했는데, 그 규정을 부연설명한다.

---

אֵלּוּ נִמְדָּדִין כְּפוּלִין. אַמְפַּלְיָא, וּפִמּוֹלִינְיָא, וּמִכְנָסַיִם, וְכוֹבַע, וְכִיס שֶׁל פֻּנְדְּיָא. וּמַטְלִית שֶׁטְּלָיָהּ עַל הַשָּׂפָה, אִם פְּשׁוּטָה, נִמְדֶּדֶת פְּשׁוּטָה, וְאִם כְּפוּלָה, נִמְדֶּדֶת כְּפוּלָה:

---

이러한 것들은 두 번 재야 하니, 〔천으로 만든〕 신발과, 반바지와, 바지와, 모자와, 〔허리〕 주머니가 〔그러하다〕. 천 조각을 옷깃에 달았을 때, 평범하게 펴서 〔달았다면〕 평범하게 재야 한다. 접어서 〔달았다면〕 두 번 재야 한다.

27, 7

---

הַבֶּגֶד שֶׁאָרַג בּוֹ שְׁלֹשָׁה עַל שְׁלֹשָׁה, וְנִטְמָא מִדְרָס, וְהִשְׁלִים עָלָיו אֶת כָּל הַבֶּגֶד, וְאַחַר כָּךְ נָטַל חוּט אֶחָד מִתְּחִלָּתוֹ, טָהוֹר מִן הַמִּדְרָס, אֲבָל טָמֵא מַגַּע מִדְרָס. נָטַל חוּט אֶחָד מִתְּחִלָּתוֹ, וְאַחַר כָּךְ הִשְׁלִים עָלָיו אֶת כָּל הַבֶּגֶד, טָמֵא מַגַּע מִדְרָס:

---

어떤 사람이 3〔테팍에〕 3〔테팍이 되도록〕 짜서 만든 천이 얹기 부정 때문에 부정해졌는데, 〔계속해서 그 천〕 전체를 완성했고, 그 후 처음 부분에서 실 한 올을 빼냈다면 얹기 부정에서 부터 정결하지만, 얹기와 접촉한 부정 때문에 부정하다. 그가 처음 부분에서 실 한 올을 빼어낸 후에 그 천 전체를 완성했다면, 얹기와 접촉한 부정 때문에 부정하다.

- 천이 부정해질 수 있는 최소 크기가 넘었는데 얹기 부정에 노출되었고(둘째 미쉬나), 그럼에도 계속 천을 짜서 완성했다면 천 전체가 얹기 부정 때문에 부정하다. 그런데 그 사람이 처음에 최소 크기로 짰

던 부분에서 실 한 올을 뺀다면, 그 부분은 최소 크기 조건에 미치지 못하므로 얹기 부정으로부터 정결해진다. 그러나 원래 얹기 부정에 감염되어 있던 부분과 접촉했던 부분이 그대로 존재하므로, 얹기와 접촉했던 부정은 그대로 남는다(「켈림」 19, 5).

- 천이 부정해질 수 있는 최소 크기가 넘었고 얹기 부정에 노출되었는데 거기서 실 한 올을 제거했다면, 크기 조건에 부합하지 못하여 얹기 부정이 소멸된다. 그러고 나서 다시 천을 짜서 천 전체를 완성했다면 얹기 부정은 소멸되지만, 스스로 접촉했다고 보고 얹기에 접촉했던 부정은 남는다(여덟째, 열째 미쉬나). 산술적으로 옳은 계산은 아니지만 일단 부정해진 물품은 조건이 변해도 흔적을 남긴다는 엄격한 태도를 엿볼 수 있다.

## 27, 8

וְכֵן בֶּגֶד שֶׁאָרַג בּוֹ שָׁלֹשׁ עַל שָׁלֹשׁ, וְנִטְמָא טְמֵא מֵת, וְהִשְׁלִים עָלָיו אֶת כָּל
הַבֶּגֶד, וְאַחַר כָּךְ נָטַל חוּט אֶחָד מִתְּחִלָּתוֹ, טָהוֹר מִטְּמֵא מֵת, אֲבָל טָמֵא מַגַּע
טְמֵא מֵת. נָטַל חוּט אֶחָד מִתְּחִלָּתוֹ, וְאַחַר כָּךְ הִשְׁלִים עָלָיו אֶת כָּל הַבֶּגֶד,
טָהוֹר, מִפְּנֵי שֶׁאָמְרוּ, שָׁלֹשׁ עַל שָׁלֹשׁ שֶׁנִּתְמַעֵט, טָהוֹר. אֲבָל שְׁלֹשָׁה עַל
שְׁלֹשָׁה שֶׁנִּתְמַעֵט, אַף עַל פִּי שֶׁטָּהוֹר מִמִּדְרָס, טָמֵא בְּכָל הַטֻּמְאוֹת:

그리고 이와 같이 3〔에쯔바에〕 3〔에쯔바가 되도록〕 짜서 만든 천이 시체의 부정 때문에 부정해졌는데, 〔계속해서 그 천〕 전체를 완성했고, 그 후 처음 부분에서 실 한 올을 빼냈다면 시체의 부정에서 부터 정결하지만, 시체의 부정과 접촉한 부정 때문에 부정하다.

그가 처음 부분에서 실 한 올을 빼어낸 후에 그 천 전체를 완성했다면, 정결하다. 왜냐하면 3〔에쯔바에〕 3〔에쯔바〕 크기에 미치지 못하는 〔천은〕 정결하다고 〔고대 랍비들이〕 말했기 때문이다. 3〔테팍에〕 3〔테팍〕 크기에 미치지 못하는 〔천은〕 얹기 부정으로부터 정결하지만, [다른] 모든 부정들 때문에 부정해질 수는 있다.

- 역시 천이 부정해질 수 있는 최소 크기를 넘었는데 시체의 부정 때문에 부정해진 경우를 논의하고 있으며(둘째 미쉬나), 원리는 여덟째 미쉬나와 같다. 그러나 그 천이 최소 크기 조건에 미치지 못한다면 시체의 부정으로부터 완전히 정결해진다는 점은 다르다.

27, 9

סָדִין שֶׁהוּא טָמֵא מִדְרָס, וַעֲשָׂאוֹ וִילוֹן, טָהוֹר מִן הַמִּדְרָס, אֲבָל טָמֵא מַגַּע מִדְרָס. אָמַר רַבִּי יוֹסֵי, וְכִי בְאֵיזֶה מִדְרָס נָגַע זֶה. אֶלָּא אִם כֵּן נָגַע בּוֹ הַזָּב, טָמֵא בְמַגַּע הַזָּב:

얹기 부정 때문에 부정해진 침대보로 휘장을 만들었다면, 이것은 얹기 부정으로부터 정결하지만, 얹기 부정에 접촉한 부정 때문에 부정하다. 요쎄 랍비는 어떤 얹기 부정이 접촉한 것이냐고 물었고, 유출병 환자가 접촉한 것이라면 유출병 환자와 접촉한 부정 때문에 부정해진 것이라고 말했다.

- 이미 얹기 부정 때문에 부정해진 침대보를 휘장으로 쓴다면 주요 기능이 바뀌면서 더 이상 앉거나 누울 수 없기 때문에 얹기 부정이 소멸되지만(「켈림」 20, 6) 스스로의 얹기 부정과 접촉했던 부정은 남는다는 것이 첫째 의견이다.
- 요쎄 랍비는 이 의견을 좀 더 정확하게 묘사하기 위해서 유출병 환자를 예로 든다. 침대보가 유출병 환자 때문에 부정해졌다면 얹기 부정과 유출병에 접촉한 부정이 전이된다. 이 침대보를 휘장으로 만들었다면 얹기 부정은 소멸되지만 유출병과 접촉한 부정은 그대로 남게 된다고 설명한다.

27, 10

שְׁלֹשָׁה עַל שְׁלֹשָׁה שֶׁנֶּחֱלַק, טָהוֹר מִן הַמִּדְרָס, אֲבָל טָמֵא מַגַּע מִדְרָס. אָמַר רַבִּי יוֹסֵי, וְכִי בְאֵיזֶה מִדְרָס נָגַע זֶה. אֶלָּא אִם כֵּן נָגַע בּוֹ הַזָּב, טָמֵא מַגַּע הַזָּב:

〔크기가〕 3〔테팍에〕 3〔테팍인 부정한 천을〕 나누었다면, 얹기 부정으로부터 정결하지만, 얹기 부정과 접촉한 부정 때문에 부정해질 수 있다. 요쎄 랍비는 어떤 얹기 부정과 접촉한 것이냐고 물었고, 유출병 환자가 접촉했다면 유출병 환자와 접촉한 부정 때문에 부정한 것이라고 말했다.

- 최소 크기 규정을 넘는 천이 부정해졌는데 이것을 반으로 나누었다면, 얹기 부정은 소멸되지만 두 조각이 서로 접촉했었기 때문에 얹기 부정과 접촉했던 부정은 남는다는 것이 첫째 의견이다.
- 요쎄 랍비는 아홉째 미쉬나와 같은 원리를 여기서도 적용하고 있다.

27, 11

천 조각이 부정해지려면 얼마나 튼튼해야 하는지 설명한다.

שְׁלֹשָׁה עַל שְׁלֹשָׁה, בָּאַשְׁפּוֹת, בָּרִיא וְצוֹרֵר מֶלַח. בַּבַּיִת, אוֹ בָרִיא אוֹ צוֹרֵר מֶלַח. כַּמָּה מֶלַח יְהֵא צוֹרֵר, רֹבַע. רַבִּי יְהוּדָה אוֹמֵר, בְּדַקָּה. וַחֲכָמִים אוֹמְרִים, בְּגַסָּה. אֵלּוּ וָאֵלּוּ מִתְכַּוְּנִים לְהָקֵל. רַבִּי שִׁמְעוֹן אוֹמֵר, שָׁוִים שְׁלֹשָׁה עַל שְׁלֹשָׁה בָּאַשְׁפּוֹת לְשָׁלֹשׁ עַל שָׁלֹשׁ בַּבָּיִת:

〔크기가〕 3〔테팍에〕 3〔테팍인 천이〕 쓰레기 더미에 있었는데, 그것이 온전하여 소금을 쌀 수 있었다면 〔부정해질 수 있다〕. 집 안에 있었는데, 그것이 온전하거나 소금을 쌀 수 있을 때 〔부정해질 수 있다〕.

소금을 얼마나 쌀 수 있어야 하는가? 1로바다. 예후다 랍비는 〔이 규정은〕 고운 소금을 가리킨다고 말했고, 다른 현인들은 거친 소금을 가리킨다고 말했다. 이들이나 저들이 모두 〔규정을〕 가볍게 만들려고 한 것이다.

쉼온 랍비는 쓰레기 더미에 있던 3〔테팍에〕 3〔테팍인 천은〕 집 안에 있던 3〔에쯔바에〕 3〔에쯔바인 천과〕 같다.

- 쓰레기 더미에서 발견한 천이 부정해지려면 (1) 최소 크기 규정을 넘어야 하며, (2) 찢어진 곳이 없이 온전해야 하고, (3) 구멍이 없어서 소금을 싸도 새어 나가지 않아야 한다. 집 안에서 발견한 천은 이보다 더 쉽게 부정해질 수 있는데, 최소 크기 규정을 넘어야 하고, 더불어 온전하거나 소금을 쌀 수 있는 상태 중 하나만 충족시키면 된다(1+2 또는 1+3). 천이 아직 집 안에 있다면 제 기능을 잃지 않았을 가능성이 더 높기 때문이다.
- 랍비들은 이때 소금 1로바, 즉 1/4카브를 쌀 수 있어야 한다고 규정한다. 어떤 소금을 판단의 기준으로 삼아야 하는지에 관해 서로 의견이 다른데, 예후다 랍비는 고운 소금을 쌀 수 있을 만큼 전혀 구멍이 없어야 한다고 주장한다. 그러나 이런 조건을 따진다는 것 자체가 규정을 완화하려는 시도라고 볼 수 있다. 다른 랍비들은 거친 소금을 싸서 저장해도 천이 상하지 않을 만큼 강한 경우가 아니라면 정결하다고 인정한다.
- 쉼온 랍비는 집 안에 있던 3에쯔바 크기의 천이 얹기 부정으로부터 정결하고 다른 부정에 취약한 것과 마찬가지로 쓰레기 더미에 있던 3테팍 크기의 천도 얹기 부정으로부터 정결하고 다른 부정에만 취약하다고 주장한다. 역시 정결법 규정을 가볍게 적용하고 있다.

27, 12

שְׁלֹשָׁה עַל שְׁלֹשָׁה שֶׁנִּקְרַע, אִם נְתָנוֹ עַל הַכִּסֵּא וּבְשָׂרוֹ נוֹגֵעַ בַּכִּסֵּא, טָהוֹר, וְאִם לָאו, טָמֵא. שָׁלֹשׁ עַל שָׁלֹשׁ שֶׁנִּמְהָה מִמֶּנָּה חוּט אֶחָד, אוֹ שֶׁנִּמְצָא בוֹ קֶשֶׁר, אוֹ שְׁנֵי חוּטִין מַתְאִימִין, טְהוֹרָה. שָׁלֹשׁ עַל שָׁלֹשׁ שֶׁהִשְׁלִיכָהּ בָּאַשְׁפּוֹת, טְהוֹרָה. הֶחֱזִירָהּ, טְמֵאָה. לְעוֹלָם הַשְׁלָכָתָהּ מְטַהַרְתָּה, וַחֲזָרָתָהּ מְטַמֵּאתָהּ, חוּץ מִשֶּׁל אַרְגָּמָן וְשֶׁל זְהוֹרִית טוֹבָה. רַבִּי אֱלִיעֶזֶר אוֹמֵר, אַף מַטְלִית חֲדָשָׁה כַּיּוֹצֵא בָהֶן. רַבִּי שִׁמְעוֹן אוֹמֵר, כֻּלָּן טְהוֹרִין, לֹא הֻזְכְּרוּ אֶלָּא מִפְּנֵי הֲשָׁבַת אֲבֵדָה:

〔크기가〕 3〔테팍에〕 3〔테팍인 천이〕 찢어졌는데 그것을 의자 위에 놓고 〔앉을 때〕 살갗이 의자에 닿는다면 정결하다. 그러나 그렇지 않다면 부정해질 수 있다. 〔크기가〕 3〔에쯔바에〕 3〔에쯔바인 천의〕 실 한 올이 닳아서 떨어졌거나, 매듭이 생겼거나, 실 두 줄이 〔풀려서〕 늘어졌다면, 정결하다.

〔크기가〕 3〔에쯔바에〕 3〔에쯔바인 천을〕 쓰레기 더미에 던졌다면 정결하다. 다시 가져오면 부정해질 수 있다. 언제든지 그것을 내버리면 정결해지고, 다시 가져오면 부정해지는데, 보라색 천과 고운 진홍색 천은 예외다. 엘리에제르 랍비는 같은 〔규정을〕 새 수건에도 적용할 수 있다고 말했다. 쉼온 랍비는 〔위에 언급한〕 모든 것들은 정결하다고 주장했는데, 잃어버린 것을 다시 가져온 것 말고는 언급된 적이 없다고 말했다.

- 찢어졌지만 아직 둘로 나뉘지 않은 천이 제 기능을 할 수 있는지, 그래서 얹기 부정 때문에 부정해질 수 있는지 판단하기 위해서 실제 생활에서 만날 수 있는 상황을 예로 들면서 설명한다(열째 미쉬나).
- 작은 천 조각을 내버리면 정결해지고 도로 가져오면 부정해질 수 있는데, 값이 비싼 천 조각들은 예외라고 말한다. 엘리에제르 랍비는 새 수건도 귀하기 때문에 예외로 간주해야 한다고 주장한다. 쉼온

랍비는 일단 버린 천은 모두 정결하다고 주장하며, 고대 랍비들이 특별한 예외규정을 가르친 전통은 없다고 주장한다.

## 제28장

천이 부정해질 수 있는 최소 크기를 설명하고, 최소 크기 규정에 미치지 못해도 특정한 용도로 사용한다면 부정해질 수 있다고 한다. 그리고 천이나 가죽으로 만든 옷이나 도구를 다른 용도로 사용하는 경우, 천을 다른 옷이나 바구니에 덧대는 경우, 그물이나 머리에 쓰는 망에 대한 규정도 논의한다.

### 28, 1

---

שָׁלֹשׁ עַל שָׁלֹשׁ שֶׁנְּתָנָהּ בְּכַדּוּר, אוֹ שֶׁעֲשָׂאָהּ כַּדּוּר בִּפְנֵי עַצְמָהּ, טְהוֹרָה. אֲבָל שְׁלֹשָׁה עַל שְׁלֹשָׁה שֶׁנְּתָנוֹ בְכַדּוּר, טָמֵא. עֲשָׂאוֹ כַדּוּר בִּפְנֵי עַצְמוֹ, טָהוֹר, מִפְּנֵי שֶׁהַתֶּפֶר מְמַעֲטוֹ:

---

〔크기가〕 3〔에쯔바에〕 3〔에쯔바인 천을〕 공에 넣었거나 이것만으로 공을 만들었다면 정결하다. 그러나 〔크기가〕 3〔테팍에〕 3〔테팍인 천을〕 공에 넣었다면 부정해질 수 있다. 이것만으로 공을 만들었다면 정결한데, 바느질을 하면서 〔크기가〕 줄어들었기 때문이다.

- 최소 크기 규정보다 작은 천 조각을 공 안에 넣거나 공 겉면을 만들면 모든 부정으로부터 정결하다. 그러나 그 크기가 규정 이상인 경우에는 공 안에 넣었다고 해도 원래 부정하거나 정결했던 상태가 그대로 유지된다. 그러나 이 천으로 공을 만들면 바느질을 하면서 크기가 줄어들기 때문에 더 이상 부정해지지 않는다.

## 28, 2

פָּחוֹת מִשְּׁלשָׁה עַל שְׁלשָׁה שֶׁהִתְקִינוֹ לָפוּק בּוֹ אֶת הַמֶּרְחָץ, לְנַעֵר בּוֹ אֶת הַקְּדֵרָה, לְקַנֵּחַ בּוֹ אֶת הָרֵחַיִם, בֵּין מוּכָן בֵּין שֶׁאֵינוֹ מוּכָן, טָמֵא, דִּבְרֵי רַבִּי אֱלִיעֶזֶר. רַבִּי יְהוֹשֻׁעַ אוֹמֵר, בֵּין מִן הַמּוּכָן, בֵּין שֶׁאֵינוֹ מִן הַמּוּכָן, טָהוֹר. רַבִּי עֲקִיבָא אוֹמֵר, מִן הַמּוּכָן, טָמֵא. שֶׁאֵינוֹ מִן הַמּוּכָן, טָהוֹר:

〔크기가〕 3〔테팍에〕 3〔테팍〕 미만인 〔천을〕 욕조 마개로 쓰거나, 냄비를 비우는 데 쓰거나, 맷돌을 닦는 데 쓴다면, 이것을 〔그 용도로 쓰려고〕 준비했는지 아니면 준비하지 않았는지 상관없이 부정하다는 것이 엘리에제르 랍비의 말이다. 예호슈아 랍비는 이것을 미리 준비했는지 준비하지 않았는지 상관없이 정결하다고 말했다. 아키바 랍비는 미리 준비했다면 부정하고, 준비하지 않았다면 정결하다고 말했다.

- 어떤 천이 최소 크기 규정에 미치지 못하고 또 원래 기능을 상실했다고 해도, 버리지 않고 특정한 용도로 사용한다면 부정해질 수 있다는 것이 엘리에제르 랍비의 말이다(「켈림」 27, 12). 예호슈아 랍비는 최소 크기 규정에 맞지도 않고 구멍을 막거나 허드렛일을 하는 데 쓴다면 원래 기능대로 사용하는 것이 아니기 때문에 정결하다고 주장한다.
- 아키바 랍비는 두 랍비 사이에서 중재안을 제시하고 있는데, 작은 천 조각이라도 특정한 기능으로 사용하려고 미리 준비했다면 부정해질 수 있다고 주장한다. 이 제안은 사용자의 의도를 판단 기준으로 삼고 있다(「켈림」 27, 12).

## 28, 3

הָעוֹשֶׂה אִסְפְּלָנִית, בֵּין בְּבֶגֶד בֵּין בְּעוֹר, טְהוֹרָה. רַבִּי יוֹסֵי אוֹמֵר, עַל הָעוֹר, טָהוֹר. מְלוּגְמָא, בְּבֶגֶד, טְהוֹרָה, וּבְעוֹר, טְמֵאָה. רַבָּן שִׁמְעוֹן בֶּן גַּמְלִיאֵל אוֹמֵר, אַף בְּבֶגֶד, טְמֵאָה, מִפְּנֵי שֶׁהִיא נִנְעֶרֶת:

천이나 가죽으로 붕대를 만들었다면 정결하다. 요쎄 랍비는 가죽으로 만들었다면 정결하다고 말했다. 찜질약을 천에 싼 것은 정결하지만, 가죽에 싼 것은 부정해질 수 있다. 쉼온 벤 감리엘 라반은 천에 싼 것도 부정해질 수 있다고 말했는데, 이것을 떼고 [천을 다른 곳에 쓸 수 있기] 때문이다.

- 붕대로 썼던 천이나 가죽은 다른 용도로 전용될 가능성이 적어서 정결하다. 랍비 요쎄의 말은 문맥에 잘 어울리지 않으며, 모든 미쉬나 필사본에 다 등장하지도 않는다.
- 붕대에 찜질약을 싸서 사용했을 경우, 찜질약을 떼어내고 천이나 가죽을 다시 사용할 수 있는지 여부에 따라 부정한지를 판단하고 있으며, 감리엘 라반은 좀 더 엄정한 규정을 주장하고 있다.

## 28, 4

מִטְפְּחוֹת סְפָרִים, בֵּין מְצֻיָּרוֹת בֵּין שֶׁאֵינָן מְצֻיָּרוֹת, טְמֵאוֹת, כְּדִבְרֵי בֵית שַׁמַּאי. בֵּית הִלֵּל אוֹמְרִים, מְצֻיָּרוֹת, טְהוֹרוֹת, וְשֶׁאֵינָם מְצֻיָּרוֹת, טְמֵאוֹת. רַבָּן גַּמְלִיאֵל אוֹמֵר, אֵלּוּ וָאֵלּוּ טְהוֹרוֹת:

책들을 싸는 덮개는 수를 놓았건 수를 놓지 않았건 부정해질 수 있다는 것이 샴마이 학파의 말이다. 힐렐 학파는 수를 놓은 것은 정결하지만, 수를 놓지 않은 것은 부정해질 수 있다고 말했다. 감리엘 라반은 이런 것이나 저런 것이 모두 정결하다고 말했다.

- 토라 두루마리를 싸기 위해 천으로 만든 덮개는 수를 놓아 장식할 수도 있고 그렇지 않을 수도 있는데, 이것을 벗겨서 다른 용도로 사용할 수 있는지 여부에 따라 부정해질 수 있는지를 판단한다(「켈림」 24, 14).
- 수를 놓은 것은 장식일 뿐 다른 용도로 사용하지 않기 때문에 정결하다 여기기도 하고, 토라 두루마리를 쌌던 천을 다른 용도로 사용하지 않으리라고 주장하는 등 랍비들 간에 이견이 존재한다.

## 28, 5

천으로 만든 물건을 개조하여 다른 용도로 쓴다면 정결함과 부정함을 판단하는 기준이 어떻게 달라지는지 논의하고 있다.

---

כִּפָּה שֶׁהוּא טָמֵא מִדְרָס, וּנְתָנוֹ עַל הַסֵּפֶר, טָהוֹר מִן הַמִּדְרָס, אֲבָל טָמֵא טְמֵא מֵת. חֵמֶת שֶׁעֲשָׂאָהּ שָׁטִיחַ, וְשָׁטִיחַ שֶׁעֲשָׂאוֹ חֵמֶת, טָהוֹר. חֵמֶת שֶׁעֲשָׂאָהּ תּוּרְמֵל וְתוּרְמֵל שֶׁעֲשָׂאוֹ חֵמֶת, כַּר שֶׁעֲשָׂאוֹ סָדִין וְסָדִין שֶׁעֲשָׂאוֹ כַּר, כֶּסֶת שֶׁעֲשָׂאָהּ מִטְפַּחַת וּמִטְפַּחַת שֶׁעֲשָׂאָהּ כֶּסֶת, טָמֵא. זֶה הַכְּלָל, כֹּל שֶׁשִּׁנָּהוּ לִשְׁמוֹ, טָמֵא. לְשֵׁם אַחֵר, טָהוֹר:

---

얹기 부정 때문에 부정한 머리쓰개를 책 덮개로 만들었다면, 얹기 부정으로부터 정결하지만, 시체의 부정 때문에 부정해질 수 있다. 가죽 부대를 깔개로 만들었거나, 깔개를 부대로 만들었으면 정결하다. 부대를 가죽 주머니로 만들거나, 가죽 주머니를 부대로 만들었을 때, 매트리스를 침대보로 만들거나, 침대보를 매트리스로 만들었을 때, 베개 덮개를 수건으로 만들거나, 수건을 베개 덮개로 만들었다면 부정해질 수 있다. 이것이 원칙이다. 어떤 물건을 〔다른 용도로 사용하지만〕 같은 이름을 쓴다면 부정하다. 다른 이름을 쓴다면 정결하다.

- 머리쓰개를 책 덮개로 바꾸어 쓴다면 더 이상 원래 기능을 수행할

수 없으며 따라서 부정함과 정결함을 판단하는 기준이 바뀐다. 얹기 부정은 더 이상 영향을 미칠 수 없지만, 시체의 부정 때문에 부정해질 수 있다(「켈림」 20, 6).

- 포도주나 물을 담는 부대를 깔개로 만들거나 그 반대 상황일 때 용도가 완전히 바뀌기 때문에 원래 기능을 수행할 때 감염되었던 부정으로부터 정결해진다. 물론 다른 그릇이나 도구로 완성되면서 부정해질 수 있는 다른 조건이 생긴다.
- 그러나 부대와 가죽 주머니, 베개와 침대보, 이불과 수건은 서로 같은 범주에 속하는 그릇이나 도구들이다. 그러므로 원래 부정이 유지된다.
- 언급했던 규정들을 정리하면 어떤 물건을 다른 용도로 바꾸더라도 크게 볼 때 같은 범주에 속하면(이름이 같으면) 계속해서 같은 조건하에서 부정해질 수 있다. 그러나 완전히 다른 용도로 사용하여 다른 범주로 들어가면(이름을 바꾸면) 원래의 부정의 조건으로부터 정결하다.

## 28, 6

---

מַטְלִית שֶׁטְּלָיָהּ עַל הַקֻּפָּה, מְטַמְּאָה אֶחָד וּפוֹסֶלֶת אֶחָד. הִפְרִישָׁהּ מִן הַקֻּפָּה, הַקֻּפָּה מְטַמָּא אֶחָד וּפוֹסֶלֶת אֶחָד, וְהַמַּטְלִית טְהוֹרָה. טְלָיָהּ עַל הַבֶּגֶד, מְטַמָּא שְׁנַיִם וּפוֹסֶלֶת אֶחָד. הִפְרִישָׁהּ מִן הַבֶּגֶד, הַבֶּגֶד מְטַמֵּא אֶחָד וּפוֹסֵל אֶחָד, וְהַמַּטְלִית מְטַמְּאָה שְׁנַיִם וּפוֹסֶלֶת אֶחָד. וְכֵן הַטּוֹלֶה עַל הַשַּׂק אוֹ עַל הָעוֹר, דִּבְרֵי רַבִּי מֵאִיר. רַבִּי שִׁמְעוֹן מְטַהֵר. רַבִּי יוֹסֵי אוֹמֵר, עַל הָעוֹר, טָהוֹר. עַל הַשַּׂק, טָמֵא, מִפְּנֵי שֶׁהוּא אָרִיג:

---

버드나무 바구니에 덧댄 천 조각은 물건 하나를 부정하게 만들 수 있고 또 [다른] 물건 하나를 무효로 만든다. [그 천을] 바구니에서 떼어내면, 바구니는 [다른] 물건 하나를 부정하게 만들 수 있고 또 [다른] 물건 하나를 무효로 만든다. 그리고 수건은 정결하다.

그것을 옷에 덧대면, 물건 두 개를 부정하게 만들 수 있고 물건 하나를 무효로 만든다. 그것을 옷에서 떼어내면, 그 옷은 물건 하나를 부정하게 만들고 또 〔다른〕 물건 하나를 무효로 만든다. 그 천은 물건 두 개를 부정하게 만들고 또 〔다른〕 물건 하나를 무효로 만든다.

모직이나 가죽에 〔천을〕 덧댔을 경우에 같은 〔규정을 적용할 수 있다는〕 것이 메이르 랍비의 말이다. 쉼온 랍비는 정결하다고 주장했다. 요쎄 랍비는 가죽에 〔달았을 때는〕 정결하고, 모직에 〔달았을 때는〕 부정해질 수 있는데, 그것은 짜서 만들었기 때문이라고 말했다.

- 이미 얹기 부정 때문에 부정해진 천 조각을 버드나무 바구니에 덧댄다면, 이 천 조각과 바구니에 앉거나 누울 수 없기 때문에(다른 이름) 얹기 부정의 영향을 받을 수 없지만, 얹기 부정 때문에 부정해진 물건과 접촉한 1차 감염자가 된다. 그러므로 이 바구니와 접촉하는 음식이 부정해져서 2차 감염자가 된다. 또한 거제가 2차 감염자와 접촉하면 제물로 바칠 수 없게 무효가 된다(「켈림」 19, 4). 이 천을 바구니에서 떼어내면 바구니는 그 부정한 상태를 유지하지만, 덧댔던 천은 이미 얹기 부정이 소멸했으므로 정결하다(18, 8).
- 얹기 부정 때문에 부정한 천을 옷에 덧대면, 그 옷과 천 위에 여전히 앉거나 누울 수 있으므로(같은 이름) 계속해서 얹기 부정 때문에 부정하다. 얹기 부정은 부정의 아버지이기 때문에 이 옷과 접촉하는 사람이나 물건은 1차 감염자가 되고, 그다음 접촉으로 인해 2차 감염자까지 생길 수 있다. 거제물이 접촉하면 역시 무효가 된다. 덧댄 천을 떼어내면 옷은 얹기 부정과 접촉했던 부정에 영향을 받는다. 떼어낸 천은 계속해서 얹기 부정 때문에 부정하다.
- 메이르 랍비는 모직이나 가죽이 천과 같은 범주에 속한다고 보고 위와 동일한 규칙을 적용할 수 있다고 주장했다. 쉼온 랍비는 모직이나

가죽은 옷을 만들기에 적당하지 않고, 그러므로 바구니처럼 천을 제거했을 때 정결해진다고 주장했다. 요세 랍비는 모직은 짜서 만들었기 때문에 옷처럼 부정해지고(「켈림」 27, 1), 가죽은 다른 재료이기 때문에 정결하다고 주장했다.

## 28, 7
작은 천을 옷에 덧대는 상황을 더 자세하게 설명한다.

---

שָׁלֹשׁ עַל שָׁלֹשׁ שֶׁאָמְרוּ, חוּץ מִן הַמְּלָל, דִּבְרֵי רַבִּי שִׁמְעוֹן. וַחֲכָמִים אוֹמְרִים, שָׁלֹשׁ עַל שָׁלֹשׁ מְכֻוָּנֶת. טְלָיָהּ עַל הַבֶּגֶד, מֵרוּחַ אַחַת, אֵינוֹ חִבּוּר. מִשְּׁתֵּי רוּחוֹת זוֹ כְּנֶגֶד זוֹ, חִבּוּר. עֲשָׂאוֹ כְּמִין גַּאם, רַבִּי עֲקִיבָא מְטַמֵּא, וַחֲכָמִים מְטַהֲרִין. אָמַר רַבִּי יְהוּדָה, בַּמֶּה דְבָרִים אֲמוּרִים, בְּטַלִּית. אֲבָל בְּחָלוּק, מִלְמַעְלָן, חִבּוּר. וּמִלְּמַטָּן, אֵינוֹ חִבּוּר:

---

그들이 말했던 3[에쯔바에] 3[에쯔바인 천은] 옷깃을 포함하지 않는다는 것이 쉼온 랍비의 말이다. 그러나 다른 현인들은 [정확히] 3[에쯔바에] 3[에쯔바를] 가리킨 것이라고 말했다.

이것을 옷에 덧대며 한쪽만 [고정했다면] 연결된 것이 아니다. 서로 마주 보는 두 쪽을 [고정했다면] 연결된 것이다. 마치 감마처럼 덧대면, 아키바 랍비는 부정하다고 했으나 다른 현인들은 정결하다고 주장했다. 예후다 랍비가 이것은 무엇에 관한 말이냐고 [묻고], 외투에 관한 것이라고 말했다. 그러나 긴 옷의 경우에는 [옷] 위에다 덧대면 연결된 것이고 밑에다 덧대면 연결된 것이 아니다.

- 작은 천을 옷깃에 바느질해서 덧댈 때 바느질한 부분이 부정해질 수 있는 최소 크기 규정(「켈림」 27, 2)에 포함되는지, 바느질로 접힌 부분을 제외하고 규정을 적용하는지 여부를 놓고 이견이 있다.
- 작은 천 조각을 옷에 덧댈 때 한쪽 면만 바느질한 상태라면 옷과 완

전히 연결된 것이 아니고, 정결함과 부정함을 판단할 때 옷과 직접적인 관련이 없다. 그러나 천 조각의 마주 보는 두 쪽을 바느질로 고정했다면, 그 옷과 천 조각은 하나가 되어 정결법과 관련된 판단을 공유한다.

- 천 조각을 돌아가며 바느질하지 않고 헬라어 글자 감마 모양으로 대강 꿰매어 붙인 경우 아키바 랍비와 다른 랍비들 사이에 이견이 있다.
- 예후다 랍비는 그 옷 위에 천 조각을 한쪽만 고정할 때도 그 옷이 무엇이냐에 따라 판단이 다르다고 주장한다. 외투에 한쪽만 바느질해서 덧대면 떨어지기 쉬우므로 정결하지만, 안에 입는 긴 옷은 다르다고 말한다. 옷의 상체 부분에 덧대면 그대로 붙어 있지만 밑에 달면 떨어지기 쉽기 때문이다.

## 28, 8

---

בִּגְדֵי עֲנִיִּים, אַף עַל פִּי שֶׁאֵין בָּהֶם שָׁלֹשׁ עַל שָׁלֹשׁ, הֲרֵי אֵלּוּ טְמֵאִין מִדְרָס.
טַלִּית שֶׁהִתְחִיל בָּהּ לְקָרְעָהּ, כֵּיוָן שֶׁנִּקְרַע רֻבָּהּ, אֵינוֹ חִבּוּר. הֶעָבִים וְהָרַכִּים,
אֵין בָּהֶם מִשּׁוּם שָׁלֹשׁ עַל שָׁלֹשׁ:

---

가난한 사람들의 옷은 〔크기가〕 3〔에쯔바에〕 3〔에쯔바〕 미만이라 하더라도, 얹기 부정 때문에 부정해질 수 있다. 찢어지기 시작한 외투는 그 〔옷의〕 대부분이 찢어졌을 때, 서로 연결된 것이 아니다. 〔옷감의 재질이〕 두껍거나 부드러운 것은 〔크기가〕 3〔에쯔바에〕 3〔에쯔바라는 규정과〕 아무런 관련이 없다.

- 가난한 사람이 입는 옷은 최소 크기 규정에 미달하더라도 얹기 부정 때문에 부정해질 수 있다. 왜냐하면 가난한 사람들은 그런 작은 천 조각도 앉거나 눕는 데 쓸지 모르기 때문이다.
- 외투가 상하거나 해져서 찢겨나간 부분이 외투의 대부분을 차지한

다면, 정결함과 부정함을 판단할 때 서로 연결되지 않은 것으로 간주한다.

- 재질이 너무 두껍거나 너무 부드러운 천은 옷으로 사용하기 어렵기 때문에, 최소 크기 규정을 적용하지 않는다.

## 28, 9

כֶּסֶת הַסַּבָּלִין, טְמֵאָה מִדְרָס. מְשַׁמֶּרֶת שֶׁל יַיִן, אֵין בָּהּ מִשּׁוּם מוֹשָׁב. סְבָכָה שֶׁל זְקֵנָה, טְמֵאָה מִשּׁוּם מוֹשָׁב. חָלוּק שֶׁל יוֹצֵאת הַחוּץ הֶעָשׂוּי כִּסְבָכָה, טָהוֹר. הָעוֹשֶׂה בֶגֶד מִן הַחֵרֶם, טָהוֹר. וּמִזּוּטוֹ, טָמֵא. רַבִּי אֱלִיעֶזֶר בֶּן יַעֲקֹב אוֹמֵר, אַף הָעוֹשֶׂה בֶגֶד מִן הַחֵרֶם וּכְפָלוֹ, טָמֵא:

짐꾼의 〔가죽〕 덮개는 얹기 부정 때문에 부정해질 수 있다. 포도주 여과기는 앉기 부정과 상관이 없다. 나이 든 여성의 머리망은 앉기 부정 때문에 부정해질 수 있다. 밖에 나가는 여성의 긴 옷은 망처럼 만들었기 때문에 정결하다. 〔어업용〕 그물로 옷을 만들면 정결하다. 〔촘촘하게 짠〕 그물로 〔옷을 만들면〕 부정해질 수 있다. 엘리에제르 벤 야아콥 랍비는 〔어업용〕 그물로 옷을 만들더라도 두 겹으로 만들면 부정해질 수 있다고 말했다.

- 짐꾼은 가죽 덮개를 어깨에 대고 짐을 나르고 때에 따라 그 위에 앉아서 쉬기도 하기 때문에 얹기 부정에 취약하다(「켈림」 26, 5).
- 천으로 만든 포도주 여과기는 앉거나 눕는 데 사용할 수 없다.
- 나이 든 여성은 머리 망을 벗어 앉기도 하기 때문에 부정해질 수 있다. 이 미쉬나는 「켈림」 24, 16과 반대 의견을 제시하고 있다.
- 밖으로 나가는 여성의 긴 옷이 망처럼 만들었다는 말은 노출이 심하다는 뜻으로 해석할 수 있으며,[153] 이런 옷은 부정해지지 않는다.
- 어업용으로 만든 성긴 그물로 옷을 만들면 같은 이유로 정결하고

(「켈림」 23, 5), 촘촘히 짠 그물로 만들면 부정해질 수 있다. 엘리에제르 랍비는 성긴 그물로 옷을 만들더라도 두 겹으로 덧대어 만들면 부정해질 수 있다고 주장한다.

### 28, 10

머리에 쓰는 망에 관해 논의한다.

---

סְבָכָה שֶׁהִתְחִיל בָּהּ מִפִּיהָ, טְהוֹרָה, עַד שֶׁיִּגְמֹר אֶת קוּרְקוּרְתָּהּ. הִתְחִיל בָּהּ מִקּוּרְקוּרְתָּהּ, טְהוֹרָה, עַד שֶׁיִּגְמֹר אֶת פִּיהָ. שָׁבִיס שֶׁלָּהּ, טָמֵא בִּפְנֵי עַצְמוֹ. הַחוּטִין שֶׁלָּהּ, טְמֵאִין מִשּׁוּם חִבּוּר. סְבָכָה שֶׁנִּקְרְעָה, אִם אֵינָהּ מְקַבֶּלֶת אֶת רֹב הַשֵּׂעָר, טְהוֹרָה:

---

머리망을 입구부터 〔짜기〕 시작해서 그 밑부분을 완성할 때까지 〔이것은〕 정결하다. 이것을 밑부분부터 〔짜기〕 시작해서 그 입구를 완성할 때까지도 정결하다. 〔머리망에 달린〕 띠는 그것만으로도 부정해질 수 있다. 〔머리망에 달린〕 끈은 연결되어 있기 때문에 부정해질 수 있다. 머리망이 찢어져서 머리의 대부분을 넣을 수 없다면 정결하다.

- 머리망을 짜서 완성된 이후에만 부정해질 수 있으며, 어느 방향으로 짜는지 여부는 상관이 없다.
- 머리띠는 그자체만으로 무엇을 담을 수 있는 독립된 도구로 간주하며 머리 망과 상관없이 부정해질 수 있고(사 3:18), 정결법에 있어서 머리망과 연결되지 않은 것으로 본다. 그러나 머리끈은 머리망과 연결되어 있다.
- 머리망이 찢어져서 머리털을 대부분 가릴 수 없게 되면 제 기능을 잃으며 부정해지지 않는다.

---

153) 직접 언급하지는 않지만 창녀를 가리키는 조항으로 해석하기도 한다.

## 제29장

옷이나 도구에 달린 끈 또는 여러 부품을 조립하여 사용하는 도구에 관해 설명한다.

### 29, 1

어떤 옷이나 물품에 달려 있는 줄이나 끈이 정결법에 따라 연결되어 있는지 여부를 논의하고 있다.

---

נוֹמֵי הַסָּדִין וְהַסּוּדָרִין וְהַטַּרְטִין וְהַפִּלְיוֹן שֶׁל רֹאשׁ, שֵׁשׁ אֶצְבָּעוֹת. שֶׁל אַפִּקַרְסִין, עֶשֶׂר. נִימֵי סָגוֹס, וְהָרְדִיד, וְהֶחָלוּק, וְהַטַּלִּית, שָׁלֹשׁ אֶצְבָּעוֹת. נִימֵי כִפָּה שֶׁל זְקֵנָה, וְהַגּוּמְדִין שֶׁל עַרְבִיִּין, וְהַקִּלְקִין, וְהַפֻּנְדָּא, וְהַמַּעֲפֹרֶת, וְהַפַּרְגּוֹד, נִימֵיהֶן כָּל שֶׁהֵן:

---

침대보와 목도리와 모자와 머리에 쓰는 두건에 〔달린〕 끈은 6에쯔바〔까지 연결된 것〕이다. 속옷[154]에 〔달린 끈은〕 10〔에쯔바까지〕이다. 두꺼운 모직 외투[155]와 면사포와 긴 옷과 외투에 〔달린〕 끈은 3 에쯔바까지다. 나이 든 여성의 머리쓰개와 아랍식 면사포, 킬리키아식 염소가죽 옷, 〔허리〕 주머니, 터번, 휘장에 〔달린〕 끈은 얼마나 길든 〔상관없다〕.

- 옷이나 물품에 달려 있는 줄이나 끈은 어느 정도 길이까지는 서로 연결된 것으로 간주하며, 정결법과 관련해서 그 옷이나 물품과 같은 영향을 받는다. 그러나 정해진 길이 이상으로 길어지면 다른 기능이 있을 수 있으므로 연결된 것으로 보지 않는다.

---

154) 「미크바옷」 10, 4 참조.

155) 아가 5:7; 이사야 3:23 참조.

- 특정한 옷이나 기구에 달린 끈은 사용방법이 달라서 길이와 상관없이 연결된 것으로 간주한다.

## 29, 2

שָׁלֹשׁ כְּסָתוֹת שֶׁל צֶמֶר, שֵׁשׁ שֶׁל פִּשְׁתָּן, שְׁלֹשָׁה סְדִינִין, שְׁתֵּים עֶשְׂרֵה מִטְפָּחוֹת, שְׁנֵי סוּבְרִיקִין, חָלוּק אֶחָד, טַלִּית אֶחָד, קְלִבְקָרִין אֶחָד, חִבּוּר לַטֻּמְאָה וְלַהֲזָיָה. יָתֵר מִכָּאן, חִבּוּר לַטֻּמְאָה, וְאֵין חִבּוּר לַהֲזָיָה. רַבִּי יוֹסֵי אוֹמֵר, אַף לֹא לַטֻּמְאָה:

〔서로 연결된〕 모직 베개 덮개 세 개, 면 〔베개 덮개〕 여섯 개, 침대보 세 개, 수건 열두 개, 각반 두 개, 긴 옷 한 개, 외투 한 개, 두꺼운 모직 외투 한 개는 부정함과 물뿌리기 제의에 관련하여 서로 연결되어 있는 것으로 간주한다. 이보다 더 많으면, 부정함과 관련해서는 연결되어 있지만 물뿌리기 제의와 관련해서는 연결되어 있지 않다. 요쎄 랍비는 부정함에 관련해서도 〔연결되지〕 않은 것이라고 말했다.

- 이 미쉬나는 바느질을 하거나 얽어 엮으면 정결법과 관련해서 연결된 것으로 간주하는 물품들을 나열하고 있다.
- 물뿌리기라는 말은 붉은 황소를 태워서 만든 정결의 물을 뿌려서 물품의 부정을 씻는 정결례를 가리킨다(「파라」 12, 8-10). 서로 연결되지 않은 물품은 따로 정결례를 실시해야 한다.

## 29, 3

חוּט הַמִּשְׁקֹלֶת, שְׁנֵים עָשָׂר. שֶׁל חָרָשִׁין, שְׁמֹנָה עָשָׂר. שֶׁל בַּנַּיִן, חֲמִשִּׁים אַמָּה. יָתֵר מִכָּאן, אִם רָצָה לְקַיֵּם, טָהוֹר. שֶׁל סַיָּדִין וְשֶׁל צַיָּרִין, כָּל שֶׁהֵן:

다림줄은 12〔테팍까지 연결된 것으로 간주한다〕. 목수의 〔다림줄은〕 18〔테팍까지〕, 건축자의 〔다림줄은〕 50아마까지. 이보다 더 길면

〔연결된 것으로〕 유지하고자 해도 정결하다. 미장이와 〔벽화〕 화가의 〔다림줄은〕 어떤 것이든지 〔연결된 것으로 간주한다〕.

- 다림줄은 용도가 무엇이냐에 따라 무게추와 연결된 것인지 여부를 판단한다(「켈림」 12, 8). 너무 길면 정결법과 관련해서 연결되지 않은 것으로 간주한다.
- 미장이와 벽화를 그리는 화가는 다양한 길이의 다림줄들을 사용하기 때문에 그 길이와 상관없이 모두 연결된 것으로 간주한다.

## 29, 4

---

חוּט מֹאזְנַיִם שֶׁל זֶהָבִים וְשֶׁל שׁוֹקְלֵי אַרְגָּמָן טוֹב, שָׁלֹשׁ אֶצְבָּעוֹת. יַד הַקֻּרְדֹּם מֵאַחֲרָיו, שָׁלֹשׁ אֶצְבָּעוֹת. רַבִּי יוֹסֵי אוֹמֵר, טֶפַח, טָהוֹר:

---

금세공인과 고운 보라색 천을 다는 사람의 저울 끈은 3에쯔바까지 〔연결된 것으로 간주한다〕. 도끼 손잡이는 그 뒤로 3에쯔바까지 〔연결된 것으로 간주한다〕. 요쎄 랍비는 〔1〕테팍까지라고 말하며, 〔그것을 넘으면〕 정결하다고 말했다.

- 저울을 들어 옮기기 위해서 달려 있는 짧은 끈은 3에쯔바까지 연결된 것으로 간주한다.
- 도끼날에 끼운 자루는 구멍부터 3에쯔바 또는 1테팍까지 연결된 것으로 간주한다.

## 29, 5

---

חוּט מֹאזְנַיִם שֶׁל חֶנְוָנִים, שֶׁל בַּעֲלֵי בָתִּים טֶפַח. יַד הַקֻּרְדֹּם מִלְּפָנָיו, טֶפַח. שְׁיָרֵי יַד הַפַּרְגּוֹל, טֶפַח. יַד מַקֶּבֶת שֶׁל יָד שֶׁל מְפַתְּחֵי אֲבָנִים, טֶפַח:

---

점원과 〔개인〕 집주인의 저울 끈은 〔1〕테팍까지 〔연결된 것으로 간주한다〕. 도끼 손잡이는 그 앞으로 〔1〕테팍까지다. 컴퍼스 다리의 남은 부분은 〔1〕테팍까지 이다. 석조공[156]이 쓰는 끌의 손잡이는 〔1〕테팍까지다.

- 장인들과 비교할 때(넷째 미쉬나) 점원과 개인 집주인이 사용하는 저울에는 좀 더 관대한 규칙을 적용한다.

## 29, 6

חוּט מֹאזְנַיִם שֶׁל צַמָּרִים, וְשֶׁל שׁוֹקְלֵי זְכוּכִית, טְפָחַיִם. יַד הַמַּקּוֹר, טְפָחַיִם.
יַד הַמַּעֲצָד שֶׁל לִגְיוֹנוֹת, טְפָחַיִם. יַד הַקֻּרְנָס שֶׁל זֶהָבִים, טְפָחַיִם. וְשֶׁל
חָרָשִׁין, שְׁלֹשָׁה טְפָחִים:

양모업자와 유리를 재는 자가 쓰는 저울 끈은 2테팍까지 〔연결된 것으로 간주한다〕. 맷돌 가는 끌의 손잡이는 2테팍까지다. 군대에서 쓰는 도끼의 손잡이는 2테팍까지다. 금세공인이 쓰는 망치 손잡이는 2테팍까지다. 그리고 목수의 〔망치는〕 3테팍까지다.

- 앞에 나온 미쉬나의 문맥에 이어 어떤 도구에 연결된 부분에 관해 논의하고 있다.

## 29, 7

שְׁיָרֵי הַדָּרְבָן מִלְמַעְלָן, אַרְבָּעָה. יַד הַבָּדִיד, אַרְבָּעָה. יַד הַקֻּרְדּוֹם שֶׁל נִכּוּשׁ,
חֲמִשָּׁה. יַד בֶּן הַפַּטִּישׁ, חֲמִשָּׁה. וְשֶׁל הַפַּטִּישׁ, שִׁשָּׁה. יַד הַקֻּרְדּוֹם שֶׁל בִּקּוּעַ
וְשֶׁל עֲדִיר, שִׁשָּׁה. וְיַד מַקֶּבֶת שֶׁל סַתָּתִין, שִׁשָּׁה:

156) 출애굽기 28:11; 「켈림」 29, 7 참조.

〔목동의〕 막대기[157] 남은 부분은 위로 4〔테팍까지 연결된 것으로 간주한다〕. 삽 손잡이는 4〔테팍까지다〕. 가지치기를 하는 도끼의 손잡이는 5〔테팍까지다〕. 작은 망치의 손잡이는 5〔테팍까지〕, 망치의 〔손잡이는〕 6〔테팍까지다〕. 〔장작을〕 쪼개는 도끼나 괭이[158]의 손잡이는 6〔테팍까지다〕. 그리고 석공들이 쓰는 대형 망치 손잡이는 6〔테팍까지다〕.

## 29, 8

---

שְׁיָרֵי חַרְחוּר מִלְּמַטָּן, שִׁבְעָה. יַד מַגְרֵפָה שֶׁל בַּעֲלֵי בָתִּים, בֵּית שַׁמַּאי אוֹמְרִים, שִׁבְעָה. בֵּית הִלֵּל אוֹמְרִים, שְׁמֹנָה. שֶׁל סַיָּדִין, בֵּית שַׁמַּאי אוֹמְרִים, תִּשְׁעָה. בֵּית הִלֵּל אוֹמְרִים, עֲשָׂרָה. יָתֵר מִכָּאן, אִם רָצָה לְקַיֵּם, טָמֵא. וְיַד מְשַׁמְּשֵׁי הָאוּר, כָּל שֶׁהוּא:

---

〔보습에 달린〕 풀 베는 날의 남은 부분은 밑으로 7〔테팍까지다〕. 〔개인〕 집주인이 쓰는 〔화덕용〕 갈퀴 손잡이에 관해서, 샴마이 학파는 7〔테팍까지라고〕 말했고, 힐렐 학파는 8〔테팍까지라고〕 말했다. 미장이가 쓰는 〔갈퀴 손잡이에 관해서〕, 샴마이 학파는 9〔테팍까지라고〕 말했고, 힐렐 학파는 10〔테팍까지라고〕 말했다. 이보다 더 길면 〔연결된 것으로〕 유지하고자 해도 부정해질 수 있다. 불을 피우는 도구의 손잡이는 어떤 크기이든지 〔연결된 것으로 간주한다〕.

- 다양한 도구의 손잡이가 연결된 것으로 볼 수 있는 최대 길이를 규정하고 있다.
- 최대 길이라는 것은 어떻게 보면 대부분의 사람들이 이런 도구를 만드는 방법을 반영하고 있는데, 굳이 이 길이보다 길게 만들어서 쓰

---

157) 「켈림」 25, 2 참조.
158) 「켈림」 18, 7 참조.

고자 하는 자가 있다면, 그 손잡이는 길이와 상관없이 부정해질 수 있다고 말한다. 즉 일반적인 관계보다 인간 개인의 의도에 따라 규정을 바꿀 수 있다는 태도다.

## 제30장

마쎄켓 「켈림」의 마지막 장은 유리 그릇에 관하여 논의하는데, 토라에는 전혀 언급되지 않은 재료다. 유리 그릇이나 도구에 무언가를 담을 공간이 있으면 부정해지고, 부서지면 정결하며, 다시 수선하거나 어떤 용도로 사용하기 위하여 가공하면 다시 부정해질 수 있다.

### 30, 1

유리 그릇에 관련된 정결법을 대략적으로 요약하고 있다.

---

כְּלֵי זְכוּכִית, פְּשׁוּטֵיהֶן טְהוֹרִין, וּמְקַבְּלֵיהֶן טְמֵאִים. נִשְׁבְּרוּ, טָהֲרוּ. חָזַר וְעָשָׂה מֵהֶן כֵּלִים, מְקַבְּלִין טֻמְאָה מִכָּאן וּלְהַבָּא. הַטַּבְלָא וְהָאִסְקוּטְלָא שֶׁל זְכוּכִית, טְהוֹרִין. אִם יֶשׁ לָהֶן לִזְבֵּז, טְמֵאִים. שׁוּלֵי קְעָרָה וְשׁוּלֵי אִסְקוּטְלָא שֶׁל זְכוּכִית שֶׁהִתְקִינָן לְתַשְׁמִישׁ, טְהוֹרִין. קִרְטְסָן אוֹ שָׁפָן בְּשׁוּפִין, טְמֵאִין:

---

유리 그릇은 평평한 것은 정결하고 〔무엇을〕 담을 수 있으면 부정해질 수 있다. 〔그릇이〕 부서지면 정결하다. 그것들로 다시 그릇을 만들면 그 순간부터 부정해질 수 있다. 유리 쟁반이나 평평한 접시는 정결하다. 만약 그것에 테두리가 있었다면 부정해질 수 있다. 〔부서진〕 유리 대접의 가장자리와 접시의 가장자리가 〔남아 있는데, 이를 어떤 용도로〕 사용하기 위해서 설치해도 정결하다. 그것을 광을 내거나 다듬는 도구로 갈았다면, 부정해질 수 있다.

- 토라에는 적용할 규정이 없는 유리 그릇도 다른 그릇에 적용하던 일반적인 규칙들을 적용한다(「켈림」 15, 1). 부서진 유리 그릇을 수선해도 원래의 부정을 회복하지 않으며, 새 그릇이 완성된 순간부터 다시 부정해질 수 있다. 평평한 그릇들은 정결하고(「켈림」 27, 1), 테두리를 만들어 무엇을 담을 수 있으면 부정해진다.
- 부서진 유리그릇 밑부분에 가장자리가 좀 남아 있어도 부서진 그대로 사용하면 정결하며, 광을 내거나 다듬어 사용하면 부정해질 수 있다.

## 30, 2

אַסְפַּקְלַרְיָא, טְהוֹרָה. וְתַמְחוּי שֶׁעֲשָׂאוֹ אַסְפַּקְלַרְיָא, טָמֵא. וְאִם מִתְּחִלָּה עֲשָׂאוֹ לְשֵׁם אַסְפַּקְלַרְיָא, טָהוֹר. תַּרְוָד שֶׁהוּא נוֹתְנוֹ עַל הַשֻּׁלְחָן, אִם מְקַבֵּל כָּל שֶׁהוּא, טָמֵא. וְאִם לָאו, רַבִּי עֲקִיבָא מְטַמֵּא, רַבִּי יוֹחָנָן בֶּן נוּרִי מְטַהֵר:

거울은 정결하다. 〔유리〕 접시를 거울로 만들었다면 부정해질 수 있다. 그러나 만약 처음부터 거울로 쓰기 위해서 〔그런 모양으로〕 만들었다면 정결하다. 식탁 위에 내는 큰 유리 숟가락은 무엇이든 담을 수 있다면 부정해질 수 있다. 그렇지 않다면, 아키바 랍비는 부정하다고 했고, 요하난 벤 누리 랍비는 정결하다고 주장했다.

- 유리판에 금속을 대어 거울을 만드는 관례는 기원후 1세기부터 시작했다. 일반 금속은 물론 납이나 금을 사용한 예도 있다. 거울에는 무언가를 담을 수 있는 공간이 없으므로 부정해지지 않는다.

## 30, 3

כּוֹס שֶׁנִּפְגַּם רֻבּוֹ, טָהוֹר. נִפְגַּם בּוֹ שָׁלֹשׁ בְּרֻבּוֹ, טָהוֹר. רַבִּי שִׁמְעוֹן אוֹמֵר, אִם מְפַזֵּר הוּא אֶת רֹב הַמַּיִם, טָהוֹר. נִקַּב, וַעֲשָׂאוֹ בֵּין בְּבַעַץ בֵּין בִּזֶפֶת, טָהוֹר.

רַבִּי יוֹסֵי אוֹמֵר, בְּבַעַץ, טָמֵא, וּבְזֶפֶת, טָהוֹר:

표면의 대부분이 파손된 〔유리〕잔은 정결하다. 세 곳이 파손되어 표면의 대부분을 〔차지했다면〕 정결하다. 쉼온 랍비는 만약 〔담은〕 물 대부분을 흘린다면 정결하다고 말했다. 〔이 잔에〕 구멍이 났는데 주석이나 역청으로 막았다면 정결하다. 요쎄 랍비는 주석으로 〔막았다면〕 부정해질 수 있고, 역청으로 〔막았다면〕 정결하다고 말했다.

- 유리잔은 금이 가거나 깨져서 표면의 대부분이 부서지면 제 기능을 잃고 더 이상 부정해질 수 없다. 또 물을 부어서 그 대부분이 다시 흘러나온다면 정결하다.
- 유리잔에 구멍이 났는데 주석이나 역청으로 막아도 정결한 이유는 아마도 이런 재료로 유리잔을 제대로 수선할 수 없기 때문일 것이다. 요쎄 랍비는 그나마 주석으로 구멍을 막으면 어느 정도는 수선이 가능하다고 보았다(「켈림」 10, 2; 3, 7-8).

## 30, 4

마지막 미쉬나는 다양한 유리병에 관해 논의한다.

צְלוֹחִית קְטַנָּה שֶׁנִּטַּל פִּיהָ, טְמֵאָה. וּגְדוֹלָה שֶׁנִּטַּל פִּיהָ, טְהוֹרָה. שֶׁל פַּלְיָטוֹן שֶׁנִּטַּל פִּיהָ, טְהוֹרָה, מִפְּנֵי שֶׁהִיא סוֹרַחַת אֶת הַיָּד. לְגִינִין גְּדוֹלִים שֶׁנִּטַּל פִּיהֶן, טְמֵאִין, מִפְּנֵי שֶׁהוּא מְתַקְּנָן לִכְבָשִׁין. וְהָאֲפַרְכֵּס שֶׁל זְכוּכִית, טְהוֹרָה. אָמַר רַבִּי יוֹסֵי, אַשְׁרַיִךְ כֵּלִים, שֶׁנִּכְנַסְתְּ בְּטֻמְאָה,

작은 〔유리〕 쩰로힛-병[159]의 목이 떨어져나가도 부정해질 수 있다. 큰 〔유리 쩰로힛-병의〕 목이 떨어져나가면 정결하다. 나르드 향수를

159) 이 낱말(צלחית, 쩰로힛)은 유리로 만든 작은 병(flask)을 가리키며, 바닥이 넓고 목이 좁은 모양이다.

〔담는 유리병의〕 목이 떨어져나가면 정결하니, 이것이 손을 상하게 하기 때문이다. 큰 〔유리〕 라긴-병[160]의 목이 떨어져나가면 부정한데, 장아찌를 담는 데 쓰기 때문이다. 유리 깔때기는 정결하다. 요쎄 랍비는 "켈림아, 너는 행복하다. 부정함으로 들어왔다가 정결함으로 나갔구나!"라고 말했다.

- 작은 유리병의 목이 떨어져나가도 아직 사용할 수 있기 때문에 부정해질 수 있지만, 큰 유리병은 기름이나 포도주를 담고 무거워서 목이 떨어져나가면 들어 옮길 수 없기 때문에 정결하다. 향유를 담는 병은 손가락을 넣어서 향수를 찍어서 몸에 바르는데, 목이 떨어져나가면 손가락을 다치기 쉽고 제 기능을 수행할 수 없기 때문에 정결하다.
- 큰 유리병은 목이 떨어져나가도 장아찌를 보관하는 데 쓸 수 있기 때문에 부정해질 수 있다. 유리 깔때기는 무엇이든 담을 수 없으므로 정결하다.
- 마쎄켓 「켈림」을 마무리하며 요쎄 랍비는 켈림을 부르면서 행복하다고 선포한다. 「켈림」 1, 1은 부정의 아버지를 언급하며 시작했는데 「켈림」 30, 4는 정결한 유리 깔때기를 언급하며 끝나기 때문이다. 이렇게 볼 때 요쎄 랍비는 마쎄켓 「켈림」의 최종 형태를 완성하는 편집 과정에 간여했을 가능성이 있다.

---

160) 이 낱말(לגין)은 유리로 만든 큰 병(flagon)을 가리키며, 항아리보다 작고 잔보다 큰 크기다(야스트로 692).

# אהלות

2

# 오홀롯
## 덮기 부정

어떤 통을 열린 공간에서 바닥 위에 세워놓았고, 올리브 열매 크기만 한 시체의 일부분이 그 바닥 바로 밑에 또는 그 안에 있다면, 부정은 뚫고 올라가거나 뚫고 내려가고, 그 통은 부정해진다. 부정한 것이 그 벽 아래 바깥쪽에 있다면, 부정은 뚫고 올라가거나 뚫고 내려가지만, 그 통은 정결하다.
_「오홀롯」9, 16

# 개요

마쎄켓 「오홀롯」은 사체의 부정을 주제로 삼고 있으며, 모든 논의는 민수기 19장에 기록된 본문을 기초로 하고 있다. 사체의 부정은 접촉 이외에도 '덮기'(אוהל, 오헬, '천막')라는 특별한 방법으로도 부정을 전이시킬 수 있다(「켈림」 1, 4). 이 마쎄켓의 제목은 바로 이 이름에서 비롯된 것이다.

## 부정의 요인과 정도

(1) 부정을 전이시키는 요인들 중 가장 강력한 것은 '부정의 아버지의 아버지'라고 부르며, 인간의 시체가 여기에 해당한다.

(2) 그 아래 단계로 '부정의 아버지'가 있으며, 인간의 시체를 만진 사람이나 죽은 채 발견된 것, 기는 것, 유출병자, 월경하는 여인, 악성피부병자, 출산한 여인이 있다.

(3) 부정의 아버지 때문에 부정이 전이된 사람이나 물건은 '제1차 감염자'가 되며, 더 이상 다른 사람이나 물건에 부정을 전이시키지 않는다. 음식의 경우에는 다른 원리가 적용되는데, 제1차 감염자 때문에 부정해진 음식은 '제2차 감염자'가 되고, 일반적인 음식은 더 이상 부

정해지지 않는다.

(4) 그러나 제물로 바친 음식물에는 더 엄격한 규정을 적용하며, 제2차 감염자에 접촉한 '거제'는 '제3차 감염자'가 되고, 제3차 감염자와 접촉한 '성물'은 '제4차 감염자'가 된다.

### 부정해지는 대상

위에서 언급한 부정의 요인 때문에 부정이 전이되는 대상은 다음과 같다.

(1) 사람(אדם, 아담)

(2) 그릇(כלים, 켈림, '그릇·도구·옷')

(3) 음식(אוכלין, 오클린)

(4) 음료수(משקין , 마쉬킨)

### 부정을 전이시키는 시체와 시체의 부분

(1) 사람이 죽은 시체 전체는 물론 살·피·뼈, 그리고 시체가 썩어서 생긴 결과물도 사체의 부정을 전이시킬 수 있다.

(2) 각 부분에 따라 부정을 전이시키기 위한 최소 크기 규정이 있다.

### 사체의 부정이 전이되는 방법

#### 1) 접촉

민수기 19:1에 따라 시체와 직접적인 접촉이 일어나면 부정이 전이된다.

#### 2) 옮기기

(1) 토라에 적시되지 않은 방법으로 직접적인 접촉이 없어도 들어 옮기는 행위만을 통해서도 부정이 전이된다.

(2) 죽은 채 발견된 것은 덮기 부정은 물론 옮기기 부정을 통해서

부정을 전이시킬 수 있다. 그렇다면 덮기 부정을 통해서 부정을 전이시키는 사체 역시 옮기기 부정을 통해서 부정을 전이시킬 수 있다고 추론할 수 있다(민수기 씨프레 19:16).

3) 덮기

(1) 민수기 19:14에 따라 시체와 같은 '천막' 아래 있는 사람이나 물건은 부정해진다. 천막이 얼마나 넓은지 그 천막 아래 얼마나 많은 사람이 있는지는 중요하지 않다.

(2) 덮기 부정에서 말하는 '천막'이란 길이와 너비가 1테팍이고 높이가 1테팍 이상인 공간을 가리킨다(「오홀롯」 3, 7; 12, 6-7). 벽이 똑바로 서 있지 못하고 경사져 있어도 마찬가지다(「오홀롯」 9; 12, 1).

(3) 덮기 부정 때문에 부정해진 사람은 '부정의 아버지'가 되는데, 이것은 시체를 직접 만진 것과 같은 경우로 간주하기 때문이다. 음식과 토기는 부정의 아버지가 될 수 없기 때문에 '제1차 감염자'가 된다.

(4) 덮기 부정은 같은 천막 안에 있을 때, 부정의 요인 바로 위를 덮을 때, 부정의 요인 바로 밑에 있어서 덮힐 때 전이된다.

### 부정의 아버지의 아버지

(1) 이 용어는 미쉬나나 탈무드에 등장하지 않으며, 라쉬나 그 후대 랍비들의 저술에 주로 등장한다(람밤은 이 용어를 사용하지 않는다). 그러나 토라에 기록되어 있는 부정의 요인들 중 이레 동안 부정하게 만드는 심각한 경우가 있다는 것은 분명한 사실이며, 저녁까지 부정해지는 경우와 확실히 구분할 수 있다.

(2) 시체나 시체의 일부분은 모두 사체의 부정을 전이시키지만, 전이 방법은 부위에 따라 서로 다를 수 있다.

(3) 시체와 접촉한 그릇을 사람이나 그릇이 다시 접촉했을 때 '부정의 아버지'가 되며, 직접 시체를 접촉하였을 때와 같은 결과가 나타난

다. 이것은 후대 랍비들의 규정으로(라쉬, 페싸힘 14b) 오직 금속 그릇에만 적용된다. 람밤은 다른 그릇에도 적용할 수 있다고 주장했다.

**부정을 막는 천막(חציצת האהל, 하찌짯 하오헬)**

(1) 천막은 사체의 부정을 전이시키는 통로이지만 동시에 외부에 있는 사체의 부정이 침입하는 것을 막는 보호막 역할을 하기도 한다.

(2) 이 규정도 토라에 명확하게 기록되어 있지 않다. 그러나 민수기 19:14을 기초로 랍비들이 새로운 규칙을 생산한 것이다(민수기 씨프레 19:14).

**막힌 부정(טמאה רצוצה, 툼아 레쭈짜)**

(1) 만약 천막이 최소 크기 규정인 1테팍에 미치지 못할 경우 그 천막 안에 있는 사람이나 그릇이나 음식에 부정을 전이시키지 못한다. 그 천막은 부정이 위나 아래로 전이되는 것으로부터 보호하지 못한다. 그래서 사체의 부정이 위로 하늘까지 아래로 깊은 곳까지 뚫고 나가 전이된다.

(2) 이 용어는 미쉬나에 나타나지 않으나, 탈무드에는 나온다(「훌린」 71a, 125b).

**한 천막에서 다른 천막으로 이동하는 사체의 부정**

(1) 한 천막 안에 사체 부정의 요인이 되는 시체나 시체의 일부분이 있는데, 그 천막에 있는 문이나 창문이 모두 잘 닫혀 있다면, 사체의 부정이 전이되지 않는다. 그러나 그 천막과 다른 천막 사이에 길이와 너비가 각 1테팍인 문이나 창문이 있다면 사체의 부정이 전이된다.

(2) 최소 크기 규정에 미치지 못해도 특별한 기능이 있는 구멍이나 출입구가 있다면 역시 부정이 전이된다.

**정결예식**

사체의 부정 때문에 부정해진 사람은 붉은 암소를 태운 재로 만든 속죄의 물을 뿌리고(민 19:19) 웅덩이나 정결례장에서 몸을 물에 담가야 한다.

• **관련 성경구절 | 민수기 19:11-19**

# 제1장

사체의 부정이 전이되면서 한 단계씩 정도가 낮아지는 원리를 설명한다. 그리고 사람은 완전히 목숨이 끊어지기 전까지 정결한 존재이며 한 명의 독립된 개인으로 법적인 결정을 내릴 권리가 유지된다는 점과 사람이나 동물의 신체기관은 최소 크기 규정이 없이 어떤 상태이든지 시체의 부정을 전이시킬 수 있다는 점도 논의한다.

## 1, 1

시체의 부정이 정도에 따라 얼마나 많은 사람이나 물건으로 전이될 수 있는지 논의한다.

---

שְׁנַיִם טְמֵאִים בְּמֵת, אֶחָד טָמֵא טֻמְאַת שִׁבְעָה וְאֶחָד טָמֵא טֻמְאַת עֶרֶב. שְׁלֹשָׁה טְמֵאִין בְּמֵת, שְׁנַיִם טְמֵאִין טֻמְאַת שִׁבְעָה וְאֶחָד טָמֵא טֻמְאַת עֶרֶב. אַרְבָּעָה טְמֵאִין בְּמֵת, שְׁלֹשָׁה טְמֵאִין טֻמְאַת שִׁבְעָה וְאֶחָד טָמֵא טֻמְאַת עֶרֶב. כֵּיצַד שְׁנַיִם. אָדָם הַנּוֹגֵעַ בְּמֵת, טָמֵא טֻמְאַת שִׁבְעָה. וְאָדָם הַנּוֹגֵעַ בּוֹ, טָמֵא טֻמְאַת עֶרֶב:

---

시체의 부정 때문에 둘이[1] 부정해졌다면, 하나는 이레 동안 부정하고 하나는 저녁까지 부정하다. 시체의 부정 때문에 셋이 부정해졌다면, 둘은 이레 동안 부정하고, 하나는 저녁까지 부정하다. 사체의 부정 때문에 넷이 부정해졌다면, 셋은 이레 동안 부정하고 하나는 저녁까지 부정하다.

어떻게 두 사람이 [부정해지는가]? 시체와 접촉한 사람은 이레 동안 부정해진다. 그와 접촉한 사람은 저녁까지 부정하다.

---

1) 히브리어 본문은 숫자로 '둘'이라고만 말하여 두 사람을 가리키는지 두 물건을 가리키는지 알 수 없다. 다음에 나올 미쉬나들을 참고하면 사람과 물건을 한꺼번에 부르기 때문에 그대로 수사로 번역한다.

- 이 미쉬나 앞부분은 둘째와 셋째 미쉬나에서 자세하게 다룰 주제들을 차례로 언급하고 있다. 사체의 부정이 경우에 따라 둘에서 넷까지 전이될 수 있다.
- 시체의 부정 때문에 두 사람이 부정해지는 경우는 시체를 직접 접촉하여 부정의 아버지가 된 사람과(민 19:11) 그렇게 부정해진 사람과 접촉하여 1차 감염자가 된 다른 사람이다(민 19:22).

## 1, 2

כֵּיצַד שְׁלשָׁה. כֵּלִים הַנּוֹגְעִים בְּמֵת, וְכֵלִים בְּכֵלִים, טְמֵאִין טֻמְאַת שִׁבְעָה. הַשְּׁלִישִׁי, בֵּין אָדָם וּבֵין כֵּלִים, טְמֵאִין טֻמְאַת עָרֶב:

어떻게 셋이 〔부정해질 수 있는가〕? 시체와 접촉한 그릇과 그 그릇과 접촉한 그릇은 이레 동안 부정하다. 그 셋째는 그것이 사람이든 그릇이든 〔둘째 그릇과 접촉했다면〕 저녁까지 부정하다.

- 시체의 부정 때문에 세 사람 또는 물건이 부정해지는 경우는 시체와 직접 접촉한 그릇과 그렇게 부정해진 그릇과 접촉한 또 다른 그릇이며, 이것들은 모두 부정의 아버지가 되어 이레 동안 부정하다. 즉 그릇이나 도구는 사체의 부정과 직접 접촉하지 않고 한 다리를 거쳐서 접촉해도 부정의 아버지가 된다는 것이다.[2] 둘째로 부정해진 그릇과 접촉한 사람이나 그릇은 부정의 자식(1차 감염자)이 되며 저녁까

2) 또는 시체가 '부정의 아버지의 아버지'이기 때문에 첫째로 감염된 그릇은 동일한 정도로 '부정의 아버지의 아버지'가 되고, 둘째로 감염된 그릇은 '부정의 아버지'가 되며, 셋째로 감염된 사람이나 그릇은 '1차 감염자'가 된다는 설명도 있다(알벡). 둘째로 감염된 그릇이 아직 첫째와 접촉하고 있는 상태에서 사람이나 그릇이 둘째 감염자와 접촉하면 셋째 감염도 발생한다고 설명하는 사람도 있다(댄비).

지만 부정하다.

## 1, 3

כֵּיצַד אַרְבָּעָה. כֵּלִים נוֹגְעִין בְּמֵת, וְאָדָם בְּכֵלִים, וְכֵלִים בְּאָדָם, טְמֵאִין טֻמְאַת שִׁבְעָה. הָרְבִיעִי, בֵּין אָדָם בֵּין כֵּלִים, טָמֵא טֻמְאַת עָרֶב. אָמַר רַבִּי עֲקִיבָא, יֵשׁ לִי חֲמִישִׁי, הַשַּׁפּוּד הַתָּחוּב בָּאֹהֶל, הָאֹהֶל וְהַשַּׁפּוּד וְאָדָם הַנּוֹגֵעַ בַּשַּׁפּוּד וְכֵלִים בְּאָדָם, טְמֵאִין טֻמְאַת שִׁבְעָה. הַחֲמִישִׁי, בֵּין אָדָם בֵּין כֵּלִים, טָמֵא טֻמְאַת עָרֶב. אָמְרוּ לוֹ, אֵין הָאֹהֶל מִתְחַשֵּׁב:

어떻게 넷이 〔부정해질 수 있는가〕? 시체와 접촉한 그릇, 그 그릇과 〔접촉한〕 사람, 그리고 그 사람과 〔접촉한〕 그릇은 이레 동안 부정하다. 그 넷째는 그것이 사람이든 그릇이든 〔셋째 그릇과 접촉했다면〕 저녁까지 부정하다.

아키바 랍비는 자기가 다섯째까지 〔부정해지는 경우를〕 알고 있다고 말했다. 〔사체가 들어 있는〕 천막에 박았던 말뚝, 그 천막과 그 말뚝과, 그 말뚝에 접촉한 사람, 그 사람과 〔접촉한〕 그릇은 이레 동안 부정하다. 그 다섯째는 그것이 사람이든 그릇이든 〔그릇과 접촉했다면〕 저녁까지 부정하다. 그들이 그에게 천막은 해당하지 않는다고 말했다.

- 시체의 부정에 그릇과 사람과 그릇의 순서로 접촉하면 이 세 존재는 모두 부정의 아버지가 되며 이레 동안 부정하다. 그러나 셋째 그릇에 접촉하는 사람이나 그릇은 부정의 자식(1차 감염자)이 되어 저녁까지만 부정하다.
- 여기서 부정이 전이되는 과정과 관련된 원칙이 드러난다. 그릇은 시체나 시체와 접촉하여 부정해진 존재와 접촉할 때 동일한 정도의 부정에 감염된다. 그러나 부정에 감염된 그릇에 이차적으로 접촉하는 그릇은 한 단계 낮은 부정에 감염된다.

- 아키바 랍비는 천막에 연결되지 않고 천막이 덮지도 않은 말뚝을 천막과 구별된 독립된 '도구'로 보고 논의를 전개한다. 천막이 그 말뚝을 '덮으면' 부정해지며 부정의 아버지의 아버지가 된다. 그래서 시체가 들어 있는 천막, 그 말뚝, 사람, 그릇이 순서대로 접촉하면 모두 부정의 아버지가 되어 이레 동안 부정하고, 넷째 그릇에 접촉한 사람이나 그릇은 부정의 자식이 되어 저녁까지 부정하다고 주장했다. 그러나 다른 랍비들은 시체가 들어 있는 천막은 계산에 넣을 수 없다고 반대했다.

## 1, 4

---

אָדָם וְכֵלִים מִטַּמְּאִין בְּמֵת. חֹמֶר בְּאָדָם מִבַּכֵּלִים וְכֵלִים מִבְּאָדָם. שֶׁהַכֵּלִים שְׁלֹשָׁה וְהָאָדָם שְׁנָיִם. חֹמֶר בְּאָדָם, שֶׁכָּל זְמַן שֶׁהוּא בְּאֶמְצַע, הֵן אַרְבָּעָה. וְשֶׁאֵינוֹ בְּאֶמְצַע, הֵן שְׁלֹשָׁה:

---

사람과 그릇이 〔모두〕 시체의 부정 때문에 부정해진다. 〔그 부정은〕 그릇보다 사람에게 더 심하게 나타나기도 하고, 또 사람보다 그릇에 〔더 심하게 나타나기도 한다〕. 그릇이 〔사체의 부정에 접촉하면〕 셋이 〔부정해지고〕, 사람이 〔사체의 부정에 접촉하면〕 둘이 〔부정해진다. 그 부정이〕 그릇보다 사람에게 더 심하게 나타나는 것은 그가 중간에 〔끼어든 경우이며〕, 이때 넷이 〔부정해진다〕. 그러나 그가 중간에 〔끼어든 경우가〕 아니라면, 셋만 〔부정해진다〕.

- 시체의 부정과 접촉한 그릇 때문에 셋이 부정해지는 경우는 위에서 설명한 둘째 미쉬나 내용이며, 사체의 부정과 접촉한 사람 때문에 둘이 부정해지는 경우는 첫째 미쉬나 내용이다.
- 부정이 전이되는 과정 중간에 사람이 끼어들어 넷이 부정해지는 경우는 셋째 미쉬나 내용이다. 그러나 사람이 중간에 끼어들지 않으면

둘째 미쉬나와 같은 경우가 된다.

### 1, 5

유출병자와 관련된 사항을 논하고 있기 때문에 문맥에 어울리는 것 같지 않으나, 부정의 요인이 전이 대상에 따라 그 파급력이 달라진다는 주제는 위의 넷째 미쉬나에 나왔기 때문에 비슷한 법규정을 모아 놓은 것으로 보인다.

---

אָדָם וּבְגָדִים מְטַמְּאִים בְּזָב. חֹמֶר בָּאָדָם מִבַּבְּגָדִים, וּבַבְּגָדִים מִבָּאָדָם.
שֶׁהָאָדָם הַנּוֹגֵעַ בְּזָב מְטַמֵּא בְגָדִים, וְאֵין בְּגָדִים הַנּוֹגְעִין בְּזָב מְטַמְּאִין בְּגָדִים.
חֹמֶר בַּבְּגָדִים, שֶׁהַבְּגָדִים הַנּוֹשְׂאִין אֶת הַזָּב מְטַמְּאִין אָדָם, וְאֵין אָדָם הַנּוֹשֵׂא
אֶת הַזָּב מְטַמֵּא אָדָם:

---

사람과 옷은 유출병자 때문에 부정해진다. 〔그 부정은〕 옷보다 사람에게 더 심하게 나타나기도 하고, 또 사람보다 옷에 〔더 심하게 나타나기도 한다〕. 유출병자와 접촉한 사람은 옷을 부정하게 만들지만, 유출병자와 접촉한 옷은 〔다른〕 옷을 부정하게 만들지 않는다. 옷에 더 심하게 나타나는 경우는, 유출병자를 옮긴 옷은 사람을 부정하게 만들지만, 유출병자를 옮긴 사람은 〔다른〕 사람을 부정하게 만들지 않는다.

- 유출병자와 접촉한 사람은 접촉을 통해 옷을 부정하게 만든다(레 15:7). 그러나 유출병자와 접촉한 옷은 1차 감염자가 되며, 다른 옷과 접촉해도 부정을 전이하지 않는다. 그릇이나 도구나 옷은 부정의 아버지와 접촉해야 부정이 전이된다.
- 유출병자는 직접 접촉하지 않아도 사람이나 물건 위에 앉거나 눕거나 기댈 때 부정이 전이된다(레 15:5). 여기에 옷도 포함되며, 이 옷은 사람을 부정하게 만든다. 그러나 유출병자를 옮기는 사람은 다른 사람을 부정하게 만들지 않는다(「자빔」 5, 1).

## 1, 6

אָדָם אֵינוֹ מְטַמֵּא, עַד שֶׁתֵּצֵא נַפְשׁוֹ. וַאֲפִלּוּ מְגֻיָּד, וַאֲפִלּוּ גוֹסֵס. זוֹקֵק לַיִּבּוּם וּפוֹטֵר מִן הַיִּבּוּם, מַאֲכִיל בַּתְּרוּמָה וּפוֹסֵל בַּתְּרוּמָה. וְכֵן בְּהֵמָה וְחַיָּה אֵינָן מְטַמְּאִין, עַד שֶׁתֵּצֵא נַפְשָׁם. הֻתְּזוּ רָאשֵׁיהֶם, אַף עַל פִּי שֶׁמְּפַרְכְּסִים, טְמֵאִים, כְּגוֹן זָנָב שֶׁל לְטָאָה שֶׁהִיא מְפַרְכֶּסֶת:

사람은 그의 목숨이 떠날 때까지 〔시체의 부정으로〕 부정하게 만들지 않는다. 그가 힘줄이 끊어졌거나 위독한 상태에 있어도, 〔죽은 형제의 아내를〕 역연혼으로 묶거나 역연혼으로부터 풀어줄 수 있고, 〔어떤 여자가〕 거제를 먹도록 허락하거나 거제를 먹는 자격을 무효화시킬 수 있다.

그리고 가축이나 짐승도 그들의 목숨이 떠날 때까지 〔시체의 부정으로〕 부정하게 만들지 않는다. 그들의 머리를 잘랐다면 〔아직 몸이〕 꿈틀거린다 해도 부정하니, 도마뱀의 꼬리가 〔잘린 후에도 아직〕 꿈틀거리는 경우와 같다.

- 사람은 완전히 목숨이 끊어지기 전까지는 정결한 존재이며, 한 명의 독립된 개인으로 법적인 결정을 내릴 권리가 유지된다.
  - 만약 그의 형제가 자식 없이 죽었다면 그가 살아 있는 동안 그 형제의 아내는 역연혼에 묶여서 다른 사람과 결혼할 수 없다(신 25:5).
  - 만약 그의 아버지가 죽었다면, 그가 살아 있는 동안 아버지의 처는 역연혼을 치르지 않아도 된다.
  - 그가 제사장이고 그의 어머니는 원래 제사장이었던 남편이 죽은 상태라면, 그가 살아 있는 동안 그녀는 거제 제물을 먹을 수 있다(「예바못」 9, 5).
  - 그의 어머니가 원래 제사장의 딸이고 일반인인 남편이 죽은 상태

라면, 그가 살아 있는 동안 그녀는 거제 제물을 먹을 수 없다(레 22:13; 「예바못」 9, 6).

- 가축이나 짐승이 목숨이 끊어지기 전까지는 '죽은 채 발견된 것'이나 '기는 것'의 부정으로 다른 사람이나 물건을 부정하게 만들지 않는다.
- 가축이나 짐승이 도살되어 머리가 잘려도 경련을 일으키며 꿈틀거리는 경우가 있다. 그러나 몸이 움직인다고 해도 그 동물이 다시 살아날 수는 없으므로 죽은 것으로 간주한다.

## 1, 7

---

הָאֵבָרִין אֵין לָהֶן שִׁעוּר, אֲפִלּוּ פָּחוֹת מִכַּזַּיִת מִן הַמֵּת, וּפָחוֹת מִכַּזַּיִת מִן הַנְּבֵלָה, וּפָחוֹת מִכָּעֲדָשָׁה מִן הַשֶּׁרֶץ, מְטַמְּאִין טֻמְאָתָן:

---

신체기관에는 〔특정한〕 크기가 없다. 시체의 일부가 올리브보다 작거나, 죽은 채 발견된 것이 올리브보다 작거나, 기는 것이 편두보다 작다고 해도, 이것들은 자기 부정에 따라 부정하게 만들 수 있다.

- 부정의 요인들은 그 부정을 전이할 수 있는 최소 크기에 관한 규정이 따로 있는 법인데, 사람이나 동물의 신체기관과 관련해서는 최소 크기 규정이 필요 없다고 설명한다(「에두욧」 6, 2-3).
- 시체는 접촉과 옮기기와 덮기를 통해, 죽은 채 발견된 것은 접촉과 옮기기를 통해, 기는 것은 접촉을 통해 부정을 전이하기 때문에 각각 성격이 다르다(「켈림」 1, 1-2; 1, 4).

## 1, 8

인간의 몸에서 '신체기관'이라고 부를 수 있는 것이 무엇인지 논의하고 있다.

מָאתַיִם וְאַרְבָּעִים וּשְׁמֹנָה אֵבָרִים בָּאָדָם, שְׁלֹשִׁים בְּפִסַּת הָרֶגֶל, שִׁשָּׁה בְכָל אֶצְבַּע, עֲשָׂרָה בַקֻּרְסָל, שְׁנַיִם בַּשּׁוֹק, חֲמִשָּׁה בָאַרְכֻּבָּה, אֶחָד בַּיָּרֵךְ, שְׁלֹשָׁה בַקָּטְלִית, אַחַת עֶשְׂרֵה צְלָעוֹת, שְׁלֹשִׁים בְּפִסַּת הַיָּד, שִׁשָּׁה בְכָל אֶצְבַּע, שְׁנַיִם בַּקָּנֶה, וּשְׁנַיִם בַּמַּרְפֵּק, אֶחָד בַּזְּרוֹעַ, וְאַרְבָּעָה בַכָּתֵף. מֵאָה וְאֶחָד מִזֶּה וּמֵאָה וְאֶחָד מִזֶּה. וּשְׁמֹנָה עֶשְׂרֵה חֻלְיוֹת בַּשִּׁדְרָה, תִּשְׁעָה בָרֹאשׁ, שְׁמֹנָה בַצַּוָּאר, שִׁשָּׁה בַמַּפְתֵּחַ שֶׁל לֵב, וַחֲמִשָּׁה בִנְקָבָיו. כָּל אֶחָד וְאֶחָד מְטַמֵּא בְמַגָּע וּבְמַשָּׂא וּבְאֹהֶל. אֵימָתַי, בִּזְמַן שֶׁיֵּשׁ עֲלֵיהֶן בָּשָׂר כָּרָאוּי. אֲבָל אִם אֵין עֲלֵיהֶן בָּשָׂר כָּרָאוּי, מְטַמְּאִין בְּמַגָּע וּבְמַשָּׂא, וְאֵין מְטַמְּאִין בְּאֹהֶל:

사람은 신체기관이 248개가 있다. 발에 30개, 발가락마다 6개, 발목에 10개, 종아리에 2개, 무릎에 5개, 허벅지에 1개, 엉덩이에 3개, 갈비뼈가 11개, 손에 30개, 손가락마다 6개, 팔뚝[3]에 2개, 팔꿈치에 2개, 상완에 1개, 어깨에 4개이다. 〔그래서 몸의〕 한쪽에 101개요, 〔다른〕 한쪽에 101개다. 척추에 고리가 18개, 머리에 9개, 목에 8 , 가슴[4]에 6개, 그 구멍들에 5개이다.

각각의 〔신체기관이〕 접촉과 옮기기와 덮기를 통해 부정하게 만들 수 있다. 언제 그러한가? 이것들 위에 적정한 살이 붙어 있을 때이며, 적정한 살이 붙어 있지 않다면 접촉과 옮기기를 통해 부정하게 만들 수 있지만, 덮기를 통해 부정하게 만들 수는 없다.

- 랍비들이 '신체기관'이라고 세는 것은 주로 뼈와 근육과 힘줄이며, 인간의 몸에는 모두 248개의 기관이 있다고 주장한다. 이 숫자는 나중에 율법 613개를 설명하는 데 사용된다.

3) 이 낱말은 히브리 성경에 나온다. "내 팔이 어깨뼈에서 떨어지고 내 팔뼈가 그 자리에서 부스러지기를 바라노라"(욥 31:22).

4) 이 낱말은 '심장의 출구'(מפתח שללב)라고 직역할 수 있는데, 가슴 부위를 가리키는 것으로 보인다(Sefaria; 알벡). 역시 가슴이라고 이해했으나 '심장의 열쇠'라고 설명하기도 한다(댄비)

- 신체기관은 살이 적정하게 붙어 있는 경우(「켈림」 1, 5) 세 가지 방법을 통해서 부정을 전이하며, 그렇지 않을 경우에는 두 가지 방법만 해당된다.

## 제2장

덮기를 통해 부정을 전이하는 시체의 일부분이 무엇이고 그 크기는 최소한 어느 정도 되어야 하는지 정확하게 정의한다. 그 외에 동굴에 만든 무덤을 덮는 돌과 받치는 돌 관련규정과 다른 시체에서 나온 신체부분들이 연결되는지 여부도 논의한다.

### 2, 1

덮기 부정을 통해서 다른 사람이나 물건에 부정을 전이시킬 수 있는 부정의 요인들을 열거하고 있다.[5)]

---

אֵלּוּ מְטַמְּאִין בְּאֹהֶל. הַמֵּת, וְכַזַּיִת מִן הַמֵּת, וְכַזַּיִת נֶצֶל, וּמְלֹא תַרְוָד רָקָב, הַשִּׁדְרָה, וְהַגֻּלְגֹּלֶת, אֵבָר מִן הַמֵּת וְאֵבָר מִן הַחַי שֶׁיֵּשׁ עֲלֵיהֶן בָּשָׂר כָּרָאוּי, רֹבַע עֲצָמוֹת מֵרֹב הַבִּנְיָן אוֹ מֵרֹב הַמִּנְיָן. וְרֹב בִּנְיָנוֹ וְרֹב מִנְיָנוֹ שֶׁל מֵת, אַף עַל פִּי שֶׁאֵין בָּהֶם רֹבַע, טְמֵאִין. כַּמָּה הוּא רֹב מִנְיָנוֹ, מֵאָה וְעֶשְׂרִים וַחֲמִשָּׁה:

---

이런 것들은 덮기 부정을 통해 부정하게 만들 수 있다. 시체와, 올리브 한 알만한 시체의 〔일부분〕과, 올리브 한 알만한 〔엉겨 굳은 시체〕 물[6)]과, 큰 숟가락 한 가득이 되는 썩은 〔시체가 섞인 흙〕과,[7)] 척

---

5) 주제는 다르지만 매우 유사한 목록이 「나지르」 7, 2에도 나온다.

6) 이 낱말(נצל)은 시체에서 체액이 흘러나와서 굳어버린 상태를 가리킨다.

7) 이 낱말(רקב)은 시체를 묻어서 부패가 진행된 후 그 일부가 섞여 있는 흙을 가리킨다.

추와, 두개골과, 시체에서 〔잘려나간〕 신체기관과, 살아 있는 자로부터 〔잘려나갔고〕 적정한 살이 붙어 있는 신체기관과, 전체 구조를 〔이루는〕 뼈들 또는 전체 〔뼈〕 숫자의 로바,[8] 시체 전체 구조의 대부분과 전체 〔뼈〕 숫자의 대부분은 로바에 미치지 못한다 하더라도 부정하다. 전체 〔뼈〕 숫자의 대부분은 몇 개인가? 125개다.

- 시체의 전체 구조를 이루는 뼈들은 아마도 크기가 큰 다리뼈나 갈비뼈나 척추를 가리키는 것으로 보인다(토쎕타). 시체의 신체기관 숫자는 모두 248개로 정해져 있다(「오홀롯」 1, 8). 그러므로 이 미쉬나가 전체 구조를 이루는 뼈와 뼈 숫자를 동시에 언급하는 이유는 덮기 부정으로 부정을 전이하는 시체의 크기를 부피로 보거나 숫자로 보거나 엄격하게 규정하려고 시도하는 것이다(「에두욧」 1, 7). 뼈의 개수가 많지는 않더라도 큰 뼈들이 있다거나, 큰 뼈는 없어도 작은 뼈들이 많이 있다면 덮기 부정의 영향을 받을 수 있다.

## 2, 2

덮기 부정을 통해 부정을 전이하는 요인들을 계속해서 논의한다.

---

רְבִיעִית דָּם, וּרְבִיעִית דַּם תְּבוּסָה מִמֵּת אֶחָד. רַבִּי עֲקִיבָא אוֹמֵר, מִשְּׁנֵי מֵתִים. דַּם קָטָן שֶׁיָּצָא כֻלּוֹ, רַבִּי עֲקִיבָא אוֹמֵר, כָּל שֶׁהוּא. וַחֲכָמִים אוֹמְרִים, רְבִיעִית. כַּזַּיִת רִמָּה, בֵּין חַיָּה בֵּין מֵתָה, רַבִּי אֱלִיעֶזֶר מְטַמֵּא כִבְשָׂרוֹ, וַחֲכָמִים מְטַהֲרִים. אֵפֶר שְׂרוּפִים, רַבִּי אֱלִיעֶזֶר אוֹמֵר, שִׁעוּרוֹ בְּרֹבַע, וַחֲכָמִים מְטַהֲרִין. מְלֹא תַרְוָד וְעוֹד עֲפַר קְבָרוֹת, טָמֵא, רַבִּי שִׁמְעוֹן מְטַהֵר. מְלֹא תַרְוָד רָקָב שֶׁגְּבָלוֹ בְּמַיִם, אֵינוֹ חִבּוּר לְטֻמְאָה:

---

8) 로바(רבע)는 마른 물건의 부피를 계산하는 도량형으로 1/4카브(קב)이며 로그(לג)와 같다. 약 0.5리터에 해당한다.

〔시체에서 흘러나온〕 피 1/4〔로그〕와 시체 하나에서 〔나온〕 섞인 피 1/4〔로그〕는 〔덮기 부정을 통해 부정하게 만들 수 있다〕. 아키바 랍비는 시체 두 구에서 〔흘러나온 피도 그러하다고〕 말했다. 어린아이의 피 전부가 흘러나왔을 때도 〔그러하다〕. 아키바 랍비는 양이 얼마이든지 〔항상 그러하다고〕 말했다. 그러나 현인들은 1/4〔로그〕부터라고 말했다.

엘리에제르 랍비는 올리브 한 알만한 구더기는 살았든지 죽었든지 〔시체의〕 살과 마찬가지로 부정하게 할 수 있다고 주장했으나, 랍비들은 정결하다고 했다. 엘리에제르 랍비는 〔시체를〕 태운 재의 부피가 로바일 때부터 부정하다고 했고, 현인들은 정결하다고 했다.

큰 숟가락 한 술 이상이 되는 묘지의 흙은 부정한데, 쉼온 랍비는 정결하다고 했다. 썩은 〔시체가 섞인 흙〕을 큰 숟가락으로 한 술 가득 물에 섞었을 때, 이들의 〔관계는〕 부정을 〔전이하는〕 연결이 아니다.

- 시체 하나에서 흘러나온 섞인 피라는 말은 어떤 사람이 아직 살아있을 때 흘러나온 피(부정의 요인이 아님)와 죽은 다음에 흘러나온 피(부정의 요인)가 섞인 상태를 가리킨다(「오홀롯」 3, 5).
- 어린아이의 시체에서 흘러나온 피에 관해 논의하는 이유는 시체가 작아서 피가 전부 흘러나와도 양이 적기 때문이다. 그래서 아키바 랍비는 그 양과 상관없이 부정을 전이한다고 말했고, 다른 랍비들은 기본 규정을 그대로 적용해야 한다고 주장했다.
- 시체에서 나온 구더기들은(욥 21:26) 살았든지 죽었든지 시체를 먹은 상태이므로 일정한 크기 이상이 되면 부정하다는 것이 엘리에제르 랍비의 의견이라면, 다른 현인들은 구더기는 시체와 독립적인 존재이며 부정한 음식을 먹었다고 해서 부정의 아버지가 되지는 않으므로 정결하다고 말했다.

- 시체를 태운 재도 같은 논리가 적용되며, 시체에서 나온 재는 부정하다는 것이 엘리에제르 랍비의 의견이라면, 다른 현인들은 불로 태운 시체는 이미 시체가 아니므로 정결하다고 말했다.
- 묘지의 흙이 큰 숟가락 한 술 이상이 되면 부정한 이유는 그 안에 시체의 일부가 큰 숟가락 한 술 정도 들어 있을 수 있기 때문이다(「오홀롯」 2, 1).
- 어떤 물건이 '연결'되었는지 여부는 부정을 전이할 수 있는 자격을 판단할 때 중요하다. 시체가 썩어서 흙에 섞이면 서로 연결되었다고 볼 수 없는데, 이것을 물에 이기면 연결이 되는지를 논의하고 있다. 이런 경우 연결이 이루어지지 않았다고 보고 접촉을 통해서는 부정이 전이되지는 않으나, 덮기와 옮기기를 통해서는 전이된다.

## 2, 3

시체와 관련되어 있으나 덮기를 통해서는 부정이 전이되지 않는 좀 덜 심각한 부정의 요인들에 관해 논의하고 있다.

---

אֵלּוּ מְטַמְּאִין בְּמַגָּע וּבְמַשָּׂא וְאֵינָן מְטַמְּאִין בְּאֹהֶל. עֶצֶם כַּשְּׂעֹרָה, וְאֶרֶץ הָעַמִּים, וּבֵית הַפְּרָס, אֵבֶר מִן הַמֵּת, וְאֵבָר מִן הַחַי שֶׁאֵין עֲלֵיהֶן בָּשָׂר כָּרָאוּי, הַשִּׁדְרָה וְהַגֻּלְגֹּלֶת שֶׁחָסְרוּ. כַּמָּה הוּא חֶסְרוֹן בַּשִּׁדְרָה, בֵּית שַׁמַּאי אוֹמְרִים, שְׁתֵּי חֻלְיוֹת. וּבֵית הִלֵּל אוֹמְרִים, אֲפִלּוּ חֻלְיָה אֶחָת. וּבַגֻּלְגֹּלֶת, בֵּית שַׁמַּאי אוֹמְרִים, כִּמְלֹא מַקְדֵּחַ. וּבֵית הִלֵּל אוֹמְרִים, כְּדֵי שֶׁיִּנָּטֵל מִן הַחַי וְיָמוּת. בְּאֵיזֶה מַקְדֵּחַ אָמְרוּ, בַּקָּטָן שֶׁל רוֹפְאִים, דִּבְרֵי רַבִּי מֵאִיר. וַחֲכָמִים אוֹמְרִים, בַּגָּדוֹל שֶׁל לִשְׁכָּה:

---

이런 것들은 접촉과 옮기기를 통해서 부정하게 만들 수 있지만, 덮기를 통해서는 부정하게 만들 수 없다. 보리쌀 크기의 뼈, 〔다른〕 민족들의 땅, 무덤을 깨뜨린 밭,[9] 적정한 양의 살이 붙어 있지 않은 시체의 신체기관이나 살아 있는 자의 신체기관, 〔어떤 부분이 떨어져나

가) 모자라는 척추와 두개골이 그러하다.

척추에서 얼마나 〔떨어져나가야〕 모자라게 되는가? 샴마이 학파는 등골뼈 두 개라고 말했고, 힐렐 학파는 등골뼈 하나만 〔모자라도 덮기를 통해서 부정하게 만들지 않는다고〕 말했다. 두개골에서는 〔얼마나 모자라야 하는가〕? 샴마이 학파는 송곳으로 〔파낸〕 정도라고 말했고, 힐렐 학파는 살아 있는 사람에게서 떼어내면 죽을 정도라고 말했다.

〔여기서 말하는〕 송곳은 어떤 것을 말하는가? 의사들이 쓰는 작은 도구라는 것이 메이르 랍비의 말이다. 그러나 현인들은 〔성전〕 사무실에서 쓰는 큰 것이라고 말했다.

- 다른 민족들의 땅이 부정의 요인이 된다는 주장은 제2 성전시대 쩨레다 출신 요쎄 벤 요에제르와 예루살렘 출신 요쎄 벤 요하난 랍비가 처음 주장했다고 하는데(바벨 탈무드 「오홀롯」 15a; 예루살렘 탈무드 「오홀롯」 1, 4), 비유대인들은 적절한 규칙을 따라 시체를 매장하고 표시하지 않기 때문에 이스라엘 땅에서 벗어나 다른 민족들의 땅으로 들어가면 어디든지 묘지를 밟는 것과 같다고 생각했기 때문이다. 이것은 부정이 전이될 수 있다는 '의심'에 기초한 규정이므로 덮기 부정에는 해당되지 않고 접촉과 옮기기 부정만 적용된다는 것이다.
- 적정한 양의 살이 붙어있지 않은 신체기관에 관해서는 「오홀롯」 1, 8을 참조하라.
- 척추와 두개골이 떨어져나간 부분 없이 온전하다면 접촉과 옮기기는 물론 덮기 부정을 통해서도 부정을 전이시킬 수 있다. 전체에서

9) 이 낱말(בית הפרס, 벳 합페라스)은 무덤이 있는 땅을 갈아서 밭을 만든 경우를 가리킨다(「오홀롯」 17, 1).

모자라는 부분이 있다면 부정을 전이시키는 힘이 감소된다.

- 성전 부속실에서 쓰는 송곳이나 드릴이 얼마나 큰지는 「켈림」 17, 12를 참조하라.

## 2, 4

동굴 무덤을 덮는 돌에 관해 설명한다.

---

הַגּוֹלֵל וְהַדּוֹפֵק מְטַמְּאִין בְּמַגָּע וּבְאֹהֶל, וְאֵינָן מְטַמְּאִין בְּמַשָּׂא. רַבִּי אֱלִיעֶזֶר אוֹמֵר, מְטַמְּאִין בְּמַשָּׂא. רַבִּי יְהוֹשֻׁעַ אוֹמֵר, אִם יֵשׁ תַּחְתֵּיהֶן עֲפַר קְבָרוֹת, מְטַמְּאִין בְּמַשָּׂא. וְאִם לָאו, אֵינָן מְטַמְּאִין בְּמַשָּׂא. אֵיזֶהוּ הַדּוֹפֵק, אֶת שֶׁהַגּוֹלֵל נִשְׁעָן עָלָיו. אֲבָל דּוֹפֵק דּוֹפְקִין, טָהוֹר:

---

〔무덤을〕 덮는 돌[10)]과 받치는 돌[11)]은 접촉과 덮기를 통해 부정하게 만들 수 있지만, 옮기기를 통해서는 부정하게 만들지 않는다. 엘리에제르 랍비는 옮기기를 통해서도 부정하게 만든다고 말했다. 예호슈아 랍비는 바닥에 묘지의 흙이 있다면 옮기기만 해도 부정하게 만들 수 있으며, 그렇지 않다면 옮기기를 통해 부정하게 만들 수 없다고 말했다. 〔무덤을〕 받치는 돌이란 무엇인가? 그것은 〔무덤을〕 덮는 돌을 받치고 있는 돌이다. 그러나 그 받치는 돌을 〔또〕 받치고 있는 돌은 정결하다.

- 미쉬나 시대에는 아직 동굴에 시신을 안치하는 경우가 많았으며, 큰

---

10) 이 낱말(גולל, 골렐)은 직역하면 '굴려온 것'이며, 둥근 돌을 굴려다가 무덤으로 쓰는 동굴 입구를 덮은 것으로 보인다(「에루빈」 1, 7; 「나지르」 7, 3; 「오홀롯」 15, 9). 그 외에도 동굴 안에 있는 묘실 덮개나 그냥 땅을 파서 만든 무덤을 막은 덮개도 같은 말로 부르는 것으로 보인다.

11) 이 낱말(דופק, 도펙)은 직역하면 '두드리는/치는 것'이며, 둥근 돌이 굴러가다가 이 돌에 부딪쳐 더 이상 움직이지 않도록 받치는 역할을 한다.

돌을 굴려다가 입구를 덮고, 이 돌이 움직이지 못하도록 다른 돌로 받치는 방법을 사용했다. 이런 돌들이 접촉과 덮기를 통해 부정을 전이하지만 옮기기만 해서는 부정하게 만들지 않는 이유는 아마 이런 돌들을 들어 옮길 상황이 별로 없기 때문이라고 생각된다. 엘리에제르 랍비는 그 의견에 반대했고, 예호슈아 랍비는 다른 조건을 제시하면서 규정을 완성한다.

- 받치는 돌은 굴려다 놓은 큰 돌이 움직이지 않도록 고정해야 하기 때문에 양쪽에 두 개가 필요하다는 의견도 있다. 받치는 돌도 덮는 돌과 같은 규정에 따라 부정을 전이하지만, 받치는 돌을 다시 받치는 돌은 부정하게 만들지 않는다고 본다.

## 2, 5

시체의 부정을 전이하기 위한 최소 크기 규정에 관해 논의한다.

---

אֵלּוּ שֶׁאִם חָסְרוּ טְהוֹרִין. כַּזַּיִת מִן הַמֵּת, וְכַזַּיִת נֶצֶל, וּמְלֹא תַרְוָד רָקָב, וּרְבִיעִית דָּם, וְעֶצֶם כַּשְּׂעֹרָה, וְאֵבָר מִן הַחַי שֶׁחָסַר עַצְמוֹ:

---

이런 것들은 〔특정한 크기에〕 미치지 못하면 정결하다. 올리브 한 알만한 시체의 〔일부분〕과, 올리브 한 알만한 〔엉겨 굳은 시체〕 물과, 큰 숟가락 한 가득이 되는 썩은 〔시체가 섞인 흙〕과, 피 1/4〔로그〕와, 보리쌀 크기만 한 뼈와, 살아 있는 사람의 신체기관에서 뼈가 빠진 경우가 그러하다.

- 위에서 설명한 첫째와 셋째 미쉬나를 참조하라.
- 살아 있는 사람의 몸에서 분리된 신체기관은 살이 일부 떨어져나가도 부정하지만 뼈가 아예 없는 경우에는 정결하다. 신체기관은 뼈와 근육 위주로 판단하기 때문에 뼈가 없다면 독립된 기관이라고 보지

않기 때문이다. 시체의 신체기관을 판단할 때는 다른 기준이 적용된다(「에두욧」6, 3).

## 2, 6

시체 두 구에서 나온 신체기관들이 연결되는지 여부를 다룬다.

---

הַשִּׁדְרָה וְהַגֻּלְגֹּלֶת מִשְּׁנֵי מֵתִים, וּרְבִיעִית דָּם מִשְּׁנֵי מֵתִים, וְרֹבַע עֲצָמוֹת מִשְּׁנֵי מֵתִים, וְאֵבָר מִן הַמֵּת מִשְּׁנֵי מֵתִים, וְאֵבָר מִן הַחַי מִשְּׁנֵי אֲנָשִׁים, רַבִּי עֲקִיבָא מְטַמֵּא, וַחֲכָמִים מְטַהֲרִין:

---

시체 두 구에서 나온 척추와 두개골과, 시체 두 구에서 나온 피 1/4〔로그〕와, 시체 두 구에서 나온 뼈 로바와, 시체 두 구에서 나온 죽은 자의 신체기관과, 두 사람에게서 나온 살아 있는 자의 신체기관에 관하여, 아키바 랍비는 부정하다고 주장했고 다른 현인들은 정결하다고 했다.

- 시체의 뼈나 피나 신체기관은 부정을 전이하는 최소 크기 규정이 있다. 그런데 이런 요인들이 시체 두 구에서 나왔다면 산술적으로 최소 크기 규정에 미치지 못한다고 볼 수 있지 않느냐는 것이 질문이다. 아키바 랍비는 이런 경우에도 서로 연결되어 일반적인 시체와 마찬가지로 부정을 전이시킬 수 있다고 보았으나, 다른 랍비들은 반대 의견을 표시했다. 접촉과 옮기기를 통해서 부정을 전이시키지만, 덮기를 통해서는 부정하게 만들 수 없다는 것이다(「오홀롯」2, 3).

## 2, 7

---

עֶצֶם כַּשְּׂעֹרָה שֶׁנֶּחֱלַק לִשְׁנַיִם, רַבִּי עֲקִיבָא מְטַמֵּא, וְרַבִּי יוֹחָנָן בֶּן נוּרִי מְטַהֵר. אָמַר רַבִּי יוֹחָנָן בֶּן נוּרִי, לֹא אָמְרוּ עֲצָמוֹת כַּשְּׂעֹרָה, אֶלָּא עֶצֶם כַּשְּׂעֹרָה. רֹבַע

עֲצָמוֹת שֶׁנִּדַּקְדְּקוּ וְאֵין בְּכָל אֶחָד וְאֶחָד עֶצֶם כַּשְּׂעֹרָה, רַבִּי שִׁמְעוֹן מְטַהֵר, וַחֲכָמִים מְטַמְּאִין. אֵבֶר מִן הַחַי שֶׁנֶּחֱלַק לִשְׁנַיִם, טָהוֹר. רַבִּי יוֹסֵי מְטַמֵּא. וּמוֹדֶה שֶׁאִם נִטַּל חֲצָאִים שֶׁהוּא טָהוֹר:

---

보리쌀 크기만 한 뼈가 둘로 나뉘었다면, 아키바 랍비는 부정하다고 주장했으나, 요하난 벤 누리 랍비는 정결하다고 했다. 요하난 벤 누리 랍비가 보리쌀 크기만 한 뼈들이 아니라 보리쌀 크기만 한 뼈라 했다고 말했다.

로바가 되는 뼈를 잘게 빻아서 각각 보리쌀 크기만 한 뼛조각이 없다면, 쉼온 랍비는 정결하다고 주장했고, 다른 현인들은 부정하다고 했다.

살아 있는 자의 신체기관이 둘로 나뉘었다면, 정결하다. 요쎄 랍비는 부정하게 할 수 있다고 주장했는데, 만약 반씩 갈라놓으면 그때는 정결하다고 인정했다.

- 보리쌀 크기만 한 뼈는 접촉과 옮기기를 통해서 부정을 전이하지만, 덮기를 통해서는 부정하게 만들지 않는다(「오홀롯」 2, 3). 그런데 뼛조각 하나로는 그 규정에 미치지 못하지만 둘을 합치면 그 크기가 되는 경우, 아키바 랍비는 부정을 전이시킬 수 있다고 주장한다. 그러나 요하난 벤 누리 랍비는 규정에 복수인 '뼈들'이 아니라 단수인 '뼈'라고 기록되었기 때문에 둘로 나뉜 뼈를 합산하면 안 된다고 주장한다.
- 뼈를 갈아서 가루를 만들거나 신체기관이 나뉘었을 경우도 유사한 상황을 논의하고 있다.

## 제3장

최소 크기 규정에 맞지 않는 부정의 요인들이 서로 연결되는 조건과, 시체나 시체의 일부를 집 바깥으로 꺼낼 때 시체의 부정이 다른 방으로 전이되는 현상을 설명한다. 덮기 부정을 유발하는 '천막'의 크기와 부정이 전이하는 방향을 논의한다.

### 3, 1

이 미쉬나는 부정의 요인이 될 수 있는 최소 크기 규정에 미치지 못하는 물건이 두 개가 있다면 이것들이 결합하여 규정에 맞는 물건 하나처럼 기능할 수 있는지를 묻고 있다.

---

כָּל הַמְטַמְּאִין בְּאֹהֶל שֶׁנֶּחְלְקוּ וְהִכְנִיסָן לְתוֹךְ הַבַּיִת, רַבִּי דוֹסָא בֶן הַרְכִּינַס מְטַהֵר, וַחֲכָמִים מְטַמְּאִים. כֵּיצַד. הַנּוֹגֵעַ בִּכְשְׁנֵי חֲצָיֵי זֵיתִים מִן הַנְּבֵלָה אוֹ נוֹשְׂאָן. וּבַמֵּת, הַנּוֹגֵעַ בְּכַחֲצִי זַיִת וּמַאֲהִיל עַל כַּחֲצִי זַיִת, אוֹ נוֹגֵעַ בְּכַחֲצִי זַיִת וְכַחֲצִי זַיִת מַאֲהִיל עָלָיו, מַאֲהִיל עַל כִּשְׁנֵי חֲצָיֵי זֵיתִים, מַאֲהִיל עַל כַּחֲצִי זַיִת וְכַחֲצִי זַיִת מַאֲהִיל עָלָיו, רַבִּי דוֹסָא בֶן הַרְכִּינַס מְטַהֵר, וַחֲכָמִים מְטַמְּאִין. אֲבָל הַנּוֹגֵעַ בְּכַחֲצִי זַיִת וְדָבָר אַחֵר מַאֲהִיל עָלָיו וְעַל כַּחֲצִי זַיִת, אוֹ מַאֲהִיל עַל כַּחֲצִי זַיִת וְדָבָר אַחֵר מַאֲהִיל עָלָיו וְעַל כַּחֲצִי זַיִת, טָהוֹר. אָמַר רַבִּי מֵאִיר, אַף בָּזֶה רַבִּי דוֹסָא בֶן הַרְכִּינַס מְטַהֵר, וַחֲכָמִים מְטַמְּאִין. הַכֹּל טָמֵא, חוּץ מִן הַמַּגָּע עִם הַמַּשָּׂא, וְהַמַּשָּׂא עִם הָאֹהֶל. זֶה הַכְּלָל, כֹּל שֶׁהוּא מִשֵּׁם אֶחָד, טָמֵא. מִשְּׁנֵי שֵׁמוֹת, טָהוֹר:

---

원래 덮기를 통해서 부정하게 만드는 모든 것들을 나누어서 집 안으로 가지고 들어왔을 때, 도싸 벤 하르키나스 랍비는 정결하다고 주장했고, 다른 현인들은 부정하게 만든다고 했다. 어떻게 〔그렇게 되는가〕? 올리브 반쪽 크기의 죽은 채 발견된 것 두 개를 접촉하거나 옮기면 〔그렇게 된다〕.

사체의 경우에는 그가 올리브 반쪽 크기의 〔사체를〕 접촉하고 〔다른〕 올리브 반쪽 크기의 〔사체를〕 덮었을 때이며, 또는 그가 올리브 반쪽 크기의 〔사체를〕 접촉하고 〔다른〕 올리브 반쪽 크기의 〔사체가〕 그의 위를 덮었을 경우다. 〔또〕 그가 올리브 반쪽 크기의 〔사체 부분〕 두 개를 덮었을 경우이며, 그가 올리브 반쪽 크기의 〔사체를〕 덮고 다른 올리브 반쪽 크기의 〔사체가〕 그의 위를 덮었을 경우다. 도싸 벤 하르키나스 랍비는 정결하다고 주장했고, 다른 현인들은 부정하게 만든다고 했다.

그러나 올리브 반쪽 크기의 〔사체를〕 접촉하고 다른 물건이 그와 올리브 반쪽 크기의 〔사체〕 위를 덮었거나, 또는 그가 올리브 반쪽 크기의 〔사체를〕 덮었고 다른 물건이 그와 올리브 반쪽 크기의 〔사체를〕 덮었다면, 정결하다. 메이르 랍비를 따르면 여기서도 도싸 벤 하르키나스 랍비는 정결하다고 말했고, 다른 현인들은 부정하게 만든다고 말했다. 접촉과 옮기기가 〔함께 일어나거나〕 옮기기와 덮기가 〔함께 일어나는 경우를〕 제외하면 모든 경우가 부정하게 만들 수 있다.

이것이 원칙이다. 모든 것들이 〔부정 전이방법의〕 이름 하나에 속한다면 부정해질 수 있고, 〔부정 전이방법의〕 이름 두 개에 속한다면 정결하다.

- 덮기를 통해 부정을 전이시키는 경우는 「오홀롯」 2, 1에서 논의했다. 도싸 벤 하르키나스 랍비는 '죽은 채 발견된 것'이나 '사체'가 최소 크기 규정에 미치지 못하는데, 작은 조각 두 개가 합하여 하나의 기능을 한다는 주장에 반대하여 정결하다고 주장한다. 다른 현인들은 가능하다는 입장이다.
- 최소 크기 규정에 미치지 못하는 부정의 요인들이 같은 부정 전이방법에 속한다면 그 영향력이 결합되어 규정에 맞는 요인 하나로 간주할 수 있지만, 서로 다른 부정 전이방법에 속한다면 그 영향력이 결

합될 수 없으며 규정에 맞는 부정의 요인으로 간주될 수 없고 결국 정결하다.

- 어떤 사람이 올리브 반쪽 크기의 시체와 접촉하고 다른 올리브 반쪽 크기의 시체를 덮었을 때, 또는 그가 올리브 반쪽 크기의 시체와 접촉하고 다른 올리브 반쪽 크기의 시체가 그의 위를 덮었을 경우에도 부정이 전이될 수 있는 이유는 한 천막 안에 있다면 부정은 위로 올라가거나 내려올 수 있어서 접촉과 덮기라는 부정 전이방법이 같은 방법으로 간주되기 때문이라고 설명한다.
- 메이르 랍비는 도싸 벤 하르키나스와 다른 현인들 사이에 있었던 논쟁이 더 광범위하게 영향을 미쳤다고 주장한다. 현인들의 태도는 거의 접촉과 덮기가 하나의 부정 전이방법으로 간주될 수 있고 옮기기만 구별되는 것처럼 보인다.

## 3, 2

מְלֹא תַרְוָד רָקָב שֶׁנִּתְפַּזֵּר בְּתוֹךְ הַבַּיִת, הַבַּיִת טָמֵא. וְרַבִּי שִׁמְעוֹן מְטַהֵר. רְבִיעִית דָּם שֶׁנִּבְלְעָה בְתוֹךְ הַבַּיִת, הַבַּיִת טָהוֹר. נִבְלְעָה בִכְסוּת, אִם מִתְכַּבֶּסֶת וְיוֹצֵא מִמֶּנָּה רְבִיעִית דָּם, טְמֵאָה. וְאִם לָאו, טְהוֹרָה, שֶׁכֹּל הַבָּלוּעַ שֶׁאֵינוֹ יָכוֹל לָצֵאת, טָהוֹר:

큰 숟가락 한 가득이 되는 썩은 〔시체가 섞인 흙〕을 집 안에 뿌렸다면, 그 집은 부정하다. 그러나 쉼온 랍비는 정결하다고 주장했다.

피 1/4〔로그〕가 집 안 바닥에 흡수되었다면, 그 집은 정결하다. 〔그 피가〕 옷에 흡수되었을 때, 만약 〔그 옷을〕 빨아서 피 1/4〔로그〕가 나온다면, 부정하다. 그러나 만약 그렇지 않다면, 정결하다. 〔어딘가에〕 흡수되어 다시 나올 수 없는 상태라면 정결하다.

- 썩은 시체가 섞인 흙은 덮기를 통해 부정을 전이할 수 있는데(「오홀

롯」 2, 1), 이것을 집 안에 뿌려서 바닥에 있는 흙과 먼지와 섞이면 계속해서 부정하게 만들 수 있는지를 논의하고 있으며, 이에 관하여 이견이 존재한다.

- 피의 양이 1/4로그 이상이면 부정을 전이할 수 있는데(「오홀롯」 2, 2), 피가 집 안 바닥에 있는 흙과 먼지와 섞이거나 옷에 흡수되면 계속해서 부정하게 만들 수 있는지를 논의하고 있으며, 이때 완전히 흡수되어 다시 분리될 수 없다면 정결하고, 분리가 가능하면 부정하다. 여기서 옷이 정결하다는 말은 피를 흡수한 옷이 집 안에 들어갔을 때 덮기 부정을 통해 다른 물건에 부정을 전이하지 않는다는 뜻이다. 피와 접촉한 옷은 당연히 부정하다.

### 3, 3

피가 쏟아졌고 다른 사람이나 물건이 그 위를 덮는 경우를 다룬다.

---

נִשְׁפַּךְ בָּאֲוִיר, אִם הָיָה מְקוֹמוֹ קְטַפְרֵס וְהֶאֱהִיל עַל מִקְצָתוֹ, טָהוֹר. הָיָה אַשְׁבֹּרֶן, אוֹ שֶׁקָּרַשׁ, טָמֵא. נִשְׁפַּךְ עַל הָאַסְקֻפָּה וְהִיא קְטַפְרֵס, בֵּין מִבִּפְנִים בֵּין מִבַּחוּץ, וְהַבַּיִת מַאֲהִיל עָלָיו, טָהוֹר. הָיָה אַשְׁבֹּרֶן אוֹ שֶׁקָּרַשׁ, טָמֵא. כֹּל שֶׁבַּמֵּת, טָמֵא, חוּץ מִן הַשִּׁנַּיִם וְהַשֵּׂעָר וְהַצִּפֹּרֶן. וּבִשְׁעַת חִבּוּרוֹ, הַכֹּל טָמֵא:

---

〔피 1/4로그가〕 개방된 장소에 쏟아진 경우, 만약 경사면에 떨어져서 〔어떤 사람이나 물건이〕 그 일부를 덮었다면, 정결하다. 〔만약〕 움푹 파인 곳에 떨어졌거나 〔그 피가〕 굳었다면, 부정하다. 〔그 피가〕 문지방에 떨어졌고 안쪽이나 바깥쪽으로 경사가 졌으며 그 집이 그 위를 덮고 있다면, 〔그 집 안에 있는 사람이나 물건은〕 정결하다. 그러나 〔문지방에〕 움푹 파인 곳이 있거나 〔그 피가〕 굳었다면, 〔그 집 안에 있는 사람이나 물건은〕 부정하다.

시체와 관련된 모든 것들은 부정하지만, 이와 머리카락과 손톱은 예외다. 그러나 이것들이 〔시체에〕 붙어 있다면, 모든 것들이 부정하다.

- 피가 개방된 장소에 쏟아졌다는 말은 원래 공기 중에 쏟아졌다고 기록되었다(집 안에 쏟아진 피에 관해서는 앞에 나오는 둘째 미쉬나를 참조하라). 그런데 경사면에 떨어지면 고여 있지 않고 흐르게 되므로 어떤 사람이나 물건이 피 1/4로그 전체를 덮을 수 없다. 그러므로 정결하다(흐르는 액체의 부정에 관해 「토호롯」 8, 9). 그러나 쏟아진 피가 움푹 파인 곳에 고여 있거나 굳어 있는 상태라면 상황은 달라진다.
- 집 안과 밖을 구분하는 문지방에 피가 쏟아졌는데 역시 경사면이 있어서 흘렀다면, 집 안에 있는 사람이나 물건은 같은 원리에 의해 정결하다. 그러나 피가 집 안에 고여 있거나 굳어 있는 상태라면 다른 물건들이 부정해진다.
- 살이나 피가 아닌 치아와 머리카락과 손톱은 부정의 요인이 아니다. 그러나 시체에 붙어 있다면 시체와 연결된 부분으로 간주한다.

## 3, 4

כֵּיצַד. הַמֵּת מִבַּחוּץ וּשְׂעָרוֹ בִפְנִים, הַבַּיִת טָמֵא. עֶצֶם שֶׁיֵּשׁ עָלָיו כַּזַּיִת בָּשָׂר, הִכְנִיס מִקְצָתוֹ מִבִּפְנִים וְהַבַּיִת מַאֲהִיל עָלָיו, טָמֵא. שְׁנֵי עֲצָמוֹת וַעֲלֵיהֶן כִּשְׁנֵי חֲצָאֵי זֵיתִים בָּשָׂר, הִכְנִיס מִקְצָתָם מִבִּפְנִים וְהַבַּיִת מַאֲהִיל עֲלֵיהֶם, טָמֵא. הָיוּ תְחוּבִים בִּידֵי אָדָם, טָהוֹר, שֶׁאֵין חִבּוּרֵי אָדָם חִבּוּר:

어떻게 〔그렇게 되는가〕? 시체는 바깥에 있지만 그 머리카락이 안에 있다면, 그 집은 부정하다.

올리브 크기만 한 살이 붙어 있는 뼈의 일부가 〔집〕 안에 있고, 그 집이 그 위를 덮었다면, 부정하다. 올리브 반쪽만 한 살점이 두 개 붙어 있는 뼛조각 두 개의 일부가 〔집〕 안에 있고, 그 집이 그것들 위를 덮었다면, 부정하다. 〔그 살점을〕 어떤 사람이 〔일부러〕 붙인 것이라면, 정결하다. 사람이 연결시킨 것은 〔정결법과 관련된〕 연결이 아니기 때문이다.

- 위의 셋째 미쉬나에서 언급한 바와 같이 시체와 붙어 있는 머리카락은 시체와 마찬가지로 부정의 원인이 되며, 덮기 부정을 통해 그 집과 내용물을 부정하게 만든다.
- 적정한 양의 살이 붙어 있는 뼈는 서로 연결된 것으로 간주하며, 전체의 일부분 곧 뼈만 집 안에 들어가도 덮기 부정을 통해 그 집과 내용물을 부정하게 만든다.
- 적정한 양에 미치지 못하는 양의 살점이 뼛조각 두 개에 나뉘어 붙어 있다 하더라도 이런 것들은 모두 연결된 것으로 간주하며, 그 일부분만 집 안에 들어가도 덮기 부정을 통해 그 집과 내용물을 부정하게 만든다.
- 그러나 시체와 연결된 부분은 원래부터 자연스럽게 연결된 것들만 인정한다. 인위적인 행위의 결과는 연결된 것으로 볼 수 없다.

### 3, 5

'섞인 피'가 어떤 것인지 논의하고 있다.

---

אֵיזֶהוּ דַם תְּבוּסָה. הַמֵּת שֶׁיָּצָא מִמֶּנּוּ שְׁמִינִית בְּחַיָּיו וּשְׁמִינִית בְּמוֹתוֹ, דִּבְרֵי רַבִּי עֲקִיבָא. רַבִּי יִשְׁמָעֵאל אוֹמֵר, רְבִיעִית בְּחַיָּיו וּרְבִיעִית בְּמוֹתוֹ, נֹטֵל מִזֶּה וּמִזֶּה רְבִיעִית. רַבִּי אֶלְעָזָר בְּרַבִּי יְהוּדָה אוֹמֵר, זֶה וָזֶה כַּמָּיִם. אֵיזֶהוּ דַם תְּבוּסָה. צָלוּב שֶׁדָּמוֹ שׁוֹתֵת וְנִמְצָא תַחְתָּיו רְבִיעִית דָּם, טָמֵא. אֲבָל הַמֵּת שֶׁדָּמוֹ מְנַטֵּף וְנִמְצָא תַחְתָּיו רְבִיעִית דָּם, טָהוֹר. רַבִּי יְהוּדָה אוֹמֵר, לֹא כִי, אֶלָּא הַשּׁוֹתֵת, טָהוֹר. וְהַמְנַטֵּף, טָמֵא:

---

섞인 피란 무엇인가? 어떤 사람이 살아 있을 때 피 1/8[로그]가 나오고, 죽은 후에 1/8[로그]가 [나온 것이라고] 아키바 랍비가 말했다. 이쉬마엘 랍비는 그가 살아 있을 때 1/4[로그가 나오고] 그가 죽었을

때 1/4〔로그가 나온 것이라고〕 말하고, 1/4〔로그〕를 이쪽과 저쪽에서 취한 것이라 했다. 엘아자르 바르 예후다 랍비는 이것이든 저것이든 모두 물과 같다고 말했다.

섞인 피란 무엇인가? 어떤 사람이 십자가에 달렸고 그의 피가 솟아나와서 그 밑에 피 1/4〔로그〕가 고였다면, 부정하다. 그러나 그의 피가 방울져 떨어져서 그 밑에 피 1/4〔로그〕가 고였다면 정결하다. 예후다 랍비는 그렇지 않다고 말하며, 솟아나왔다면 정결하고, 방울져 떨어지면 부정하다고 주장했다.

- 섞인 피는 어떤 사람이 살아 있을 때 흘린 피와 죽은 후에 흘러나온 피가 섞인 경우를 가리키며(위의 둘째 미쉬나), 아키바 랍비와 이쉬마엘 랍비도 그 점에는 이견이 없다. 부정을 전이시키는 피의 최소량은 1/4로그인데, 아키바 랍비는 그중 반이 살아 있을 때 반은 죽은 후에 흘러나왔어도 부정하게 만든다고 주장했다. 이쉬마엘 랍비는 살아 있을 때 1/4로그 죽은 후에 1/4로그가 나와서 섞인 피이며, 그 중에서 1/4로그만 취한다 하더라도 원래 부정한 피가 들어 있으므로 부정하게 만든다고 주장한다.
- 엘아자르 바르 예후다 랍비는 이쉬마엘 랍비의 주장에 반대하면서, 섞인 피 1/4로그는 물처럼 정결하다고 주장했다. 이유를 설명하지는 않았는데, 죽은 후에 흐르는 피도 살아 있는 동안에 흐르는 피처럼 '생기'를 포함한다고 생각하는 것으로 보인다.
- 예를 들어 어떤 사람이 십자가에 달리면 살아서도 피를 흘리지만 죽은 후에도 피가 흘러나온다. 그렇다면 어떤 경우에 부정을 전이시키는 섞인 피가 되는가가 질문이다. 랍비들은 피를 많이 흘리면 죽음에 이르기 때문에 피가 흐르는 것은 일종의 '생기'가 빠져나가는 것으로 설명한다. 멈추지 않고 솟아나온 피를 통해서 생기가 빠져나가

기 때문에 이것은 부정을 전이시키는 피의 최소량에 포함되며, 따라서 부정하다. 방울져 떨어지는 피는 그렇지 않기 때문에 최소량에 포함되지 않으며, 따라서 정결하다. 반대 의견도 있는데, 실제로 사람을 죽이는 피는 마지막에 방울져 흐르는 피라고 생각한 것으로 추정된다. 그 외에도 방울져 흐르는 피는 떨어지는 순간 최소량 규정에 미치지 못한다는 사실을 지적하는 의견도 있다.

## 3, 6

집 안에 시체나 시체의 일부가 있다면 온 집이 부정해진다. 이 미쉬나는 시체를 밖으로 가지고 나가는 과정에 관하여 좀 더 자세히 규정한다.

---

כַּזַּיִת מִן הַמֵּת, פִּתְחוֹ בְטֶפַח, וְהַמֵּת, פִּתְחוֹ בְּאַרְבָּעָה טְפָחִים, לְהַצִּיל הַטֻּמְאָה עַל הַפְּתָחִים. אֲבָל לְהוֹצִיא הַטֻּמְאָה, בְּפוֹתֵחַ טֶפַח. גָּדוֹל מִכַּזַּיִת, כַּמֵּת. רַבִּי יוֹסֵי אוֹמֵר, הַשִּׁדְרָה וְהַגֻּלְגֹּלֶת, כַּמֵּת:

---

다른 문들로 부정이 〔전이되는 것을〕 막으려면, 올리브 크기만 한 시체 〔일부분에〕 그 문이 1테팍이어야 하고, 시체 〔전체〕라면 그 문이 4테팍이어야 한다. 그러나 1테팍이 되는 문을 열어놓고 그 부정의 〔요인을〕 꺼내면 〔부정이 전이되는 것을 막을 수 없다. 시체의 일부분이〕 올리브 크기보다 크다면, 시체와 같다. 요쎄 랍비는 척추와 두개골은 시체와 같다고 말했다.

- 집 안에 시체의 일부분이 올리브 크기만큼 들어 있었는데, 다른 방에 부정을 전이시키지 않고 안전하게 집 밖으로 꺼내려면 문의 높이와 너비가 각각 1테팍 이상이 되어야 한다. 시체를 꺼내는 행위 때문에 그 문은 부정해지지만, 닫아놓은 다른 문들은 정결을 유지할 수 있

다. 시체 전체를 꺼내려면 그 문의 높이와 너비가 각각 4테팍 이상이 되어야 한다(「오홀롯」 7, 3).

- 높이와 넓이가 1테팍이 되는 문들이 열려 있어서 다른 방과 연결된 상태에서 시체를 꺼내면 다른 방까지 전부 부정이 전이된다.
- 시체의 일부분이 올리브 한 알보다 크거나, 크기와 상관없이 척추나 두개골의 일부였다면 무조건 시체 전체로 간주한다.

## 3, 7

이 미쉬나는 덮기 부정을 유발하는 '천막'이 무엇인지 논의한다.

---

טֶפַח עַל טֶפַח עַל רוּם טֶפַח, מְרֻבָּע, מֵבִיא אֶת הַטֻּמְאָה, וְחוֹצֵץ בִּפְנֵי הַטֻּמְאָה. כֵּיצַד. בִּיב שֶׁהוּא קָמוּר תַּחַת הַבַּיִת, יֶשׁ בּוֹ פוֹתֵחַ טֶפַח וְיֵשׁ בִּיצִיאָתוֹ פוֹתֵחַ טֶפַח, טֻמְאָה בְתוֹכוֹ, הַבַּיִת טָהוֹר. טֻמְאָה בַבַּיִת, מַה שֶּׁבְּתוֹכוֹ טָהוֹר, שֶׁדֶּרֶךְ הַטֻּמְאָה לָצֵאת וְאֵין דַּרְכָּהּ לְהִכָּנֵס. יֶשׁ בּוֹ פוֹתֵחַ טֶפַח וְאֵין בִּיצִיאָתוֹ פוֹתֵחַ טֶפַח, הַטֻּמְאָה בְתוֹכוֹ, הַבַּיִת טָמֵא. טֻמְאָה בַבַּיִת, מַה שֶּׁבְּתוֹכוֹ טָהוֹר, שֶׁדֶּרֶךְ הַטֻּמְאָה לָצֵאת וְאֵין דַּרְכָּהּ לְהִכָּנֵס. אֵין בּוֹ פוֹתֵחַ טֶפַח וְאֵין בִּיצִיאָתוֹ פוֹתֵחַ טֶפַח, טֻמְאָה בְתוֹכוֹ, הַבַּיִת טָמֵא. טֻמְאָה בַבַּיִת, מַה שֶּׁבְּתוֹכוֹ טָמֵא. אֶחָד חוֹר שֶׁחֲרָרוּהוּ מַיִם אוֹ שְׁרָצִים, אוֹ שֶׁאֲכָלַתּוּ מַלַּחַת, וְכֵן מִרְבָּךְ שֶׁל אֲבָנִים, וְכֵן סְוָאר שֶׁל קוֹרוֹת. רַבִּי יְהוּדָה אוֹמֵר, כָּל אֹהֶל שֶׁאֵינוֹ עָשׂוּי בִּידֵי אָדָם, אֵינוֹ אֹהֶל. וּמוֹדֶה בִשְׁקִיפִים וּבִסְלָעִים:

---

〔어떤 물건이〕 1테팍에 1테팍이고 높이도 1테팍인 정육면체라면 부정을 전이시킬 수도 있고 부정을 막을[12] 수도 있다.

어떻게 〔그렇게 되는가〕? 집 밑에 가려진 배수관이 있는데, 〔그 부피가〕 1테팍인 열린 공간이 있고, 〔그 부피가 1테팍인〕 배출구가 있는데, 부정의 〔요인이〕 그 안에 있다면, 그 집은 정결하다. 부정의 〔요인이〕

---

12) 이 동사(חצץ, 하짜쯔)는 원래 '자르다, 나누다'는 뜻인데(야스트로 496), 여기서는 부정의 영향을 잘라서 전이를 막는다는 문맥으로 사용했다.

집에 있다면, 그 〔배수관〕 안에 있는 것은 정결하다. 부정의 길은 바깥쪽으로 나갈 수 있지만, 그 길이 안쪽으로 들어올 수는 없기 때문이다.

그 〔배수관에 부피가〕 테팍인 열린 공간이 있지만, 배출구에 〔그 부피가〕 테팍인 공간이 없는데, 부정의 〔요인이〕 그 안에 있다면, 그 집은 부정하다. 부정의 〔요인이〕 집에 있다면, 그 〔배수관〕 안에 있는 것은 정결하다. 부정의 길은 바깥쪽으로 나갈 수 있지만, 그 길이 안쪽으로 들어올 수는 없기 때문이다.

그 〔배수관에 부피가〕 테팍인 공간이 없고 그 배출구에도 〔부피가〕 테팍인 공간이 없는데, 부정의 〔요인이〕 그 안에 있다면, 그 집은 부정하다. 부정의 〔요인이〕 집에 있다면, 그 〔배수관〕 안에 있는 것도 부정하다.

〔규칙〕 하나가 물에 침식된 구멍이나 기는 것이 〔판 구멍〕이나 염화작용으로 부식된 경우에 〔모두 적용되며〕, 또한 돌로 쌓았거나 목제로 쌓은 경우에도 〔해당된다〕.

예후다 랍비는 사람 손으로 지은 '천막'이 아니면 '천막'이 아니라고 말했으나, 〔바위가〕 갈라진 틈과 〔덮는〕 바위들은 〔천막이라고〕 인정했다.

- 덮기 부정이 적용되는 최소 크기 규정은 길이 1테팍에 너비 1테팍에 높이도 1테팍인 정육면체 공간이다. 예를 들어 어느 집 바닥에 이 크기 규정에 맞는 배수관[13]이 묻혀 있다면, 집과 구별된 '천막'으로 인정한다. 배수관 안에 부정의 요인이 있더라도 역시 1테팍 크기의 배출구가 있다면 부정은 바깥쪽으로 영향을 미치기 때문에 그 집은 정결하다. 부정의 요인이 집에 있다고 해도 배수관은 독립적인 '천막'

13) 배수관에 관련해서 「에루빈」 8, 10을 참조하라.

이기 때문에 정결하며, 이로써 부정의 영향을 막는다.

- 만약 배수관에 1테팍 크기의 배출구가 없다면, 부정이 빠져나갈 수 없으므로, 부정의 요인이 배수관 안에 있다면 집도 부정해진다. 부정의 요인이 집에 있다면, 역시 '천막'이 아닌 배수관에 막히고 배수관과 그 내용물은 정결하다.
- 배수관과 배출구가 최소 크기 규정에 미치지 못한다면 독립적인 '천막'이 될 수 없으며, 집과 배수관은 서로 부정의 영향을 받는다.
- 독립적인 '천막'이 될 수 있는 공간은 어떤 방식으로 생겼든지 어떤 재료로 만들었든지 상관없이 이 규정이 적용된다고 했다. 예후다 랍비는 사람이 의도적으로 만든 구조물만 '천막'이 될 수 있다고 주장했으나, 바위가 갈라져서 동굴이 되거나 지붕처럼 덮는 바위들도 '천막'으로 간주할 수 있다고 덧붙였다(바벨 탈무드 「쑤카」 21a).
- 여기서 반복해서 등장하는 원리는 '부정의 길은 바깥쪽으로 나갈 수 있지만, 그 길이 안쪽으로 들어올 수는 없다'는 것으로 부정이 좁은 곳에서 넓은 곳으로 빠져 나갈 수 있으나, 그 반대 방향으로는 전이될 수 없다고 주장한다. 이 원칙은 다음 미쉬나들도 깊이 다루고 있다(「오홀롯」 4, 1-3; 9, 9-10).

## 제4장

덮기 부정은 안에서 바깥으로 나가고 최소 크기규정에 맞는 공간이 있는지 여부에 따라 전이되거나 막힌다.

## 4, 1

מִגְדָּל שֶׁהוּא עוֹמֵד בָּאֲוִיר, טֻמְאָה בְתוֹכוֹ, כֵּלִים שֶׁבְּעָבְיוֹ טְהוֹרִים. טֻמְאָה בְעָבְיוֹ, כֵּלִים שֶׁבְּתוֹכוֹ טְהוֹרִים. רַבִּי יוֹסֵי אוֹמֵר, מֶחֱצָה לְמֶחֱצָה. הָיָה עוֹמֵד בְּתוֹךְ הַבַּיִת, טֻמְאָה בְתוֹכוֹ, הַבַּיִת טָמֵא. טֻמְאָה בַבַּיִת, מַה שֶּׁבְּתוֹכוֹ טָהוֹר, שֶׁדֶּרֶךְ הַטֻּמְאָה לָצֵאת וְאֵין דַּרְכָּהּ לְהִכָּנֵס. כֵּלִים שֶׁבֵּינוֹ לְבֵין הָאָרֶץ, שֶׁבֵּינוֹ לְבֵין הַכֹּתֶל, שֶׁבֵּינוֹ לְבֵין הַקּוֹרוֹת, אִם יֵשׁ שָׁם פּוֹתֵחַ טֶפַח, טְמֵאִין. וְאִם לָאו, טְהוֹרִין. טֻמְאָה שָׁם, הַבַּיִת טָמֵא:

찬장을 개방된 장소에 세워놓았는데, 부정한 것이 그 안에 들었다면, 그 깊은 〔벽〕 안에 있는 그릇들은 정결하다. 부정한 것이 그 깊은 〔벽〕 안에 있다면, 그 〔찬장〕 안에 있는 그릇들은 정결하다. 요쎄 랍비는 〔그 깊은 벽을 안쪽〕 반과 〔바깥쪽〕 반으로 〔나누어야 한다고〕 말했다.

〔찬장을〕 집 안에 세워놓았는데, 부정한 것이 그 안에 들었다면, 그 집은 부정하다. 부정한 것이 그 집 안에 있었다면, 그 〔찬장〕 안에 있는 것들은 정결하다. 부정의 길은 바깥쪽으로 나갈 수 있지만, 그 길이 안쪽으로 들어올 수는 없기 때문이다.

그릇들이 그 〔찬장〕과 땅바닥 사이에 있거나, 그 〔찬장〕과 벽 사이에 있거나, 그 〔찬장〕과 지붕보 사이에 있는데, 만약 〔부피가〕 1테팍인 공간이 있다면, 부정하다. 그러나 만약 그렇지 않다면, 정결하다. 부정한 것이 그곳에 있었다면, 그 집은 부정하다.

- 이 미쉬나에 나오는 찬장은 '탑'이라고 부를 만큼 크고 벽이 두꺼워서 정결법상 '그릇'으로 볼 수 없고 그자체로 부정해지지 않지만, '천막'으로 간주되어 덮기 부정과 관련된다. 이 찬장은 내부 저장 공간 외에도 두꺼운 벽에 벽감과 같이 파인 공간에 그릇을 놓을 수 있도록 만들었다. 이때 찬장 내부 공간과 이 벽감은 서로 독립된 '천막'으로 기능하며, 한쪽에 부정한 것이 있어도 다른 쪽 공간에 부정이

전이되지 않는다. 요쎄 랍비는 생각이 달랐으며, 벽감 공간도 반으로 나누어 안쪽과 바깥쪽을 구별해야 한다고 주장했다.

- 이 찬장을 집 안에 설치했을 경우 '덮기' 부정과 관련하여 큰 공간과 작은 공간이라는 특별한 관계를 형성한다. 그리고 이전 미쉬나에서 언급했던 '부정의 길'이라는 논리가 적용된다. 상대적으로 작은 공간인 찬장 안에 부정한 것이 있었다면, 부정한 것은 바깥으로 나가서 큰 공간인 집을 오염시킨다. 그러나 큰 공간에 있는 부정의 요인은 상대적으로 작은 공간인 찬장 안으로 들어가지 않기 때문에(문이 닫혀 있다는 조건), 찬장 안에 있는 그릇들은 정결하다(「오홀롯」 3, 7).
- 찬장과 그 집의 바닥, 벽, 지붕 사이에 어떤 공간이 있고 그 길이가 1테팍 너비가 1테팍 높이가 1테팍이면, 독립적인 '천막'이 형성되며 덮기 부정이 영향을 미칠 수 있다. 그러나 최소 크기 규정에 미치지 못한다면 부정이 들어갈 수 없으며, 그 공간에 있는 그릇들은 정결하다. 부정의 요인이 최소 크기 규정에 미치지 못하는 공간에 있다면 이 공간은 집에 소속되기 때문에 전체 집 공간이 부정해진다.

## 4, 2

---

תֵּבַת הַמִּגְדָּל, יֶשׁ בָּהּ פּוֹתֵחַ טֶפַח וְאֵין בִּיצִיאָתָהּ פּוֹתֵחַ טֶפַח, טֻמְאָה בְתוֹכָהּ, הַבַּיִת טָמֵא. טֻמְאָה בַבַּיִת, מַה שֶּׁבְּתוֹכָהּ טָהוֹר, שֶׁדֶּרֶךְ הַטֻּמְאָה לָצֵאת וְאֵין דַּרְכָּהּ לְהִכָּנֵס. רַבִּי יוֹסֵי מְטַהֵר, מִפְּנֵי שֶׁהוּא יָכוֹל לְהוֹצִיאָהּ לַחֲצָאִים אוֹ לְשָׂרְפָהּ בִּמְקוֹמָהּ:

---

찬장 속에 상자가 있는데, [부피가] 1테팍이 되는 공간이 있으나, 그 배출구는 [부피가] 1테팍이 되는 공간이 없는데, 그 안에 부정한 것이 있다면, 그 집은 부정하다. 부정한 것이 그 집 안에 있다면, 그 [상자] 안에 있는 것들은 정결한데, 부정의 길은 밖으로 나갈 수 있지만 그 길이 안으로 들어올 수는 없기 때문이다. 요쎄 랍비는 [그 집이] 정결

하다고 말했는데, 왜냐하면 그것을 반씩 나누어서 밖으로 가지고 나갈 수 있고 또 그자리에서 태울 수도 있기 때문이다.

- 찬장 속에 서랍이 있고 상자 모양이다. 그 부피가 최소 크기 규정에 맞아서 독립적인 '천막'이 되었고 규정에 맞게 부정을 배출할 통로가 없는데 그 안에 부정의 요인이 있다면, 작은 공간에서 큰 공간으로 부정이 전이되어(「오홀롯」 3, 7) 집 전체가 부정해진다. 그러나 부정의 요인이 큰 공간인 집에 있다면 이 상자 안으로는 부정이 전이되지 않고, 상자 안에 있는 물건들은 정결하다.
- 요쎄 랍비는 상자 안에 부정이 있어도 집으로 전이되지 않는 경우가 있으며, 그런 경우에 집은 정결하다고 말했다. 이 상자 모양의 서랍에는 부정이 배출될 출구가 없기 때문이고, 또 부정의 요인을 최소 크기 규정보다 작게 나누어 제거하거나, 그자리에서 태울 수도 있기 때문이다.

## 4, 3

---

הָיָה עוֹמֵד בְּתוֹךְ הַפֶּתַח וְנִפְתַּח לַחוּץ, טֻמְאָה בְתוֹכוֹ, הַבַּיִת טָהוֹר. טֻמְאָה בַבַּיִת, מַה שֶּׁבְּתוֹכוֹ טָמֵא, שֶׁדֶּרֶךְ הַטֻּמְאָה לָצֵאת וְאֵין דַּרְכָּהּ לְהִכָּנֵס. הָיְתָה מוּכְנִי שֶׁלּוֹ מְשׁוּכָה לַאֲחוֹרָיו שָׁלֹשׁ אֶצְבָּעוֹת, טֻמְאָה שָׁם כְּנֶגֶד הַקּוֹרוֹת, הַבַּיִת טָהוֹר. בַּמֶּה דְבָרִים אֲמוּרִים, בִּזְמַן שֶׁיֵּשׁ שָׁם פּוֹתֵחַ טֶפַח, וְאֵינָהּ יוֹצְאָה, וְהַמִּגְדָּל בָּא בְמִדָּה:

---

〔찬장이〕 현관 안에 서 있고 바깥쪽으로 열려 있는데 부정한 것이 그 안에 있다면, 그 집은 정결하다. 부정한 것이 집에 있다면, 그 〔찬장〕 안에 있는 것들은 부정하다. 왜냐하면 부정의 길은 밖으로 나갈 수 있어도, 그 길이 안으로 들어올 수는 없기 때문이다.

〔찬장 밑에 어떤〕 기구가 뒤쪽으로 손가락 3개 너비만큼 나와 있고

부정한 것이 지붕보 아래로 있었다면, 그 집은 정결하다. 이 말은 무슨 뜻인가? 그 〔기구〕에 〔부피가〕 테팍인 공간이 있고, 이것이 〔찬장에서〕 빠지지 않으며, 그 찬장이 〔적정한〕 크기에 맞는 경우에 그러하다.

- 찬장을 바깥으로 나가는 현관에 설치했고 그 입구가 바깥쪽을 향하고 있는데 찬장 안에 부정한 것이 있다면, 부정의 영향은 문을 통해 밖으로 나가며 그 집 안쪽으로 들어가지 않으므로, 그 집은 정결하다. 그러나 부정의 요인이 집 안에 있다면 덮기 부정에 의해서 찬장 안에 있는 것들도 부정해지거나, 찬장과 문을 통해 밖으로 나가면서 찬장의 내용물을 부정하게 만든다.
- 찬장 밑에 상자 모양의 통에 바퀴가 달린 기구를 받쳤고, 그 기구가 찬장의 뒷쪽 곧 집 안쪽으로 손가락 3개 길이 만큼 뻗어 있고, 부피가 길이 1 테팍 너비 1 테팍 높이 1 테팍인 공간이 있으며, 찬장과 쉽게 분리되지 않도록 연결되어 있고, 찬장이 적정한 크기에 맞는 경우, 그 집은 정결하다. 왜냐하면 그 기구가 1 테팍 길이만큼 뒤로 나와 있지 못하고 손가락 3개 길이만큼만 나와있기 때문이거나, 그 기구의 부피가 규정에 맞으므로 부정을 막기 때문이다.
- 찬장은 젖은 물건 40쎄아 또는 마른 물건 60쎄아 이상 들어갈 때 더 이상 부정의 영향을 받지 않는다(「켈림」 15, 1; 「오홀롯」 8, 1).

## 제5장

시체의 부정이 굴뚝이 바깥으로 난 화덕 또는 아래층과 위층을 연결하는 통로에서 덮기를 통해 전이되는 과정과 그런 통로를 막는 방법을 설명한다.

## 5, 1

תַּנּוּר שֶׁהוּא עוֹמֵד בְּתוֹךְ הַבַּיִת וְעֵינוֹ קְמוּרָה לַחוּץ, וְהֶאֱהִילוּ עָלָיו קוֹבְרֵי הַמֵּת, בֵּית שַׁמַּאי אוֹמְרִים, הַכֹּל טָמֵא. וּבֵית הִלֵּל אוֹמְרִים, הַתַּנּוּר טָמֵא וְהַבַּיִת טָהוֹר. רַבִּי עֲקִיבָא אוֹמֵר, אַף הַתַּנּוּר טָהוֹר:

화덕이 집 안에 서 있고, 아치형 배출구가 〔집〕 바깥으로 나 있는데, 시체를 묻는 자들이 그 위를 덮으며 〔지나갔다면〕, 샴마이 학파는 모든 것들이 부정하다고 말했으나, 힐렐 학파는 화덕만 부정하고 그 집은 정결하다고 말했다. 아키바 랍비는 그 화덕도 정결하다고 말했다.

- 집 안에 설치한 화덕 아랫부분에 연기가 빠지고 공기가 들어가는 배출구를 설치했고 이 관이 집 바깥으로 연결되어 있는데, 시체를 묻는 자들이 시체를 맨 채로 그 위를 덮으며 지나가서 '천막'을 형성했다면 덮기 부정이 어디까지 이동하는가가 질문이다. 샴마이 학파에서 힐렐 학파로 그리고 아키바 랍비에게 가면서 갈수록 관대한 결정이 나오고 있다(「켈림」 8, 7).

## 5, 2

אֲרֻבָּה שֶׁבֵּין הַבַּיִת לָעֲלִיָּה, וּקְדֵרָה נְתוּנָה עָלֶיהָ וּנְקוּבָה בְּכוֹנֵס מַשְׁקֶה, בֵּית שַׁמַּאי אוֹמְרִים, הַכֹּל טָמֵא. וּבֵית הִלֵּל אוֹמְרִים, הַקְּדֵרָה טְמֵאָה, וְהָעֲלִיָּה טְהוֹרָה. רַבִּי עֲקִיבָא אוֹמֵר, אַף הַקְּדֵרָה טְהוֹרָה:

어떤 집과 그 위층 사이에 통로가 있고, 〔그 통로〕 위에 점토 냄비를 놓아 〔막아두었는데〕, 음료수가 흘러나올 만한 구멍이 있다면, 샴마이 학파는 모든 것이 부정하다고 말했고, 힐렐 학파는 그 냄비는 부정하지만 위층은 정결하다고 말했으며, 아키바 랍비는 그 냄비도 정결하다고 말했다.

- 시체가 놓인 집에 아래층과 위층이 있는데, 두 층 사이를 오가는 통로를 점토 냄비로 막아놓았다. 이 그릇은 외부에 있는 부정이 내용물에 영향을 미치지 못하게 보호할 수 있다. 그런데 그 냄비가 온전하지 못하고 액체가 흘러나올 수 있는 구멍이 있다면 덮기 부정이 전이되는지를 묻고 있다.
- 샴마이 학파는 구멍이 있는 점토 냄비는 부정을 막을 수 없다는 의견이고, 부정이 위층까지 전이된다고 설명했다. 힐렐 학파는 덮기 부정이 전이되려면 통로의 부피가 테팍 이상이 되어야 하기에 냄비는 부정해져도 그 부정이 위층까지는 전이되지 않는다는 생각이다. 아키바 랍비는 이 냄비는 아래층에 속하지 않고 위층에 속하여 독립된 다른 '천막'에 있는 것과 같으니 냄비까지 정결하다고 말했다.

## 5, 3

הָיְתָה שְׁלֵמָה, בֵּית הִלֵּל אוֹמְרִים, מַצֶּלֶת עַל הַכֹּל. בֵּית שַׁמַּאי אוֹמְרִים, אֵינָהּ מַצֶּלֶת אֶלָּא עַל הָאֳכָלִים וְעַל הַמַּשְׁקִים וְעַל כְּלֵי חָרֶס. חָזְרוּ בֵּית הִלֵּל לְהוֹרוֹת כְּדִבְרֵי בֵּית שַׁמָּאי:

〔그 점토 냄비가〕 온전하다면, 힐렐 학파는 〔그 냄비가〕 모든 것을 〔부정으로부터〕 보호한다고 말했다. 샴마이 학파는 〔그 냄비가〕 음식과 음료수와 점토 그릇만 보호한다고 말했다. 힐렐 학파가 〔자기들 의견을〕 철회하고 샴마이 학파의 결정을 따라 가르쳤다.

- 둘째 미쉬나와 같은 상황에서 그 점토 냄비에 구멍이 없고 온전하다면, 힐렐 학파는 이 냄비가 부정을 막아주기 때문에 위층에 있는 모든 물건들은 정결하다고 주장했다.
- 샴마이 학파는 반대하면서 그 냄비가 위층에 있는 물건들을 부정으로부터 보호할 수 없다고 말했고, 음식과 음료수와 다른 점토 그릇들

만 예외라고 설명했다. 이런 규정은 덮기 부정과 관련해서 정결례장에서 물로 씻을 수 있는지 여부를 판단의 기준으로 삼고 있다. 이런 주장은 미쉬나, 「에두욧」 1, 14에 기록되어 있는데, 그 외에도 이 냄비를 만지는 사람이 누구인지 여부와 이미 부정해진 '그릇'은 다른 부정을 막을 수 없다는 논리를 설명하고 있다.

## 5, 4

לָגִין שֶׁהוּא מָלֵא מַשְׁקִין טְהוֹרִין, הַלָּגִין טָמֵא טֻמְאַת שִׁבְעָה, וְהַמַּשְׁקִין טְהוֹרִין. וְאִם פִּנָּן בִּכְלִי אַחֵר, טְמֵאִין. הָאִשָּׁה שֶׁהִיא לָשָׁה בָעֲרֵבָה, הָאִשָּׁה וְהָעֲרֵבָה טְמֵאִים טֻמְאַת שִׁבְעָה, וְהַבָּצֵק טָהוֹר. וְאִם פִּנַּתּוּ לִכְלִי אַחֵר, טָמֵא. חָזְרוּ בֵית הִלֵּל לְהוֹרוֹת כְּדִבְרֵי בֵית שַׁמָּאי:

〔위층에〕 정결한 음료수가 가득 들어 있는 〔큰〕 병[14)]이 있다면, 그 큰 병은 이레 동안 부정하지만 음료수는 정결하다. 그러나 만약 뒤집어 〔그 음료수를〕 다른 그릇에 쏟아내면, 그것도 부정해진다.

한 여자가 〔위층에서 반죽용〕 통에다 반죽을 한다면, 그 여자와 통이 이레 동안 부정하지만, 그 반죽은 정결하다. 그러나 만약 뒤집어 〔그 반죽을〕 다른 그릇에 옮기면, 그것도 부정해진다. 힐렐 학파가 〔자기들 의견을〕 철회하고 샴마이 학파의 결정을 따라 가르쳤다.

- 사체의 부정을 전이시키는 요인이 아래층에 있고 점토 냄비로 막아 놓은 위층에 점토로 만들지 않은 병이 있는데 정결한 음료수가 들어 있다. 샴마이 학파의 설명에 따라 이 병은 부정해지지만, 그 안에 들어 있는 음료수는 정결하다. 다만 이 음료수를 부정해진 다른 그릇에 옮기면 음료수까지 부정해진다.

14) 이 낱말(לגין, 라긴)은 항아리보다 작지만 크기가 크고 손잡이가 달린 병으로 나무나 금속이나 유리로 만든 그릇이다.

- 같은 환경에서 어떤 여자가 반죽통에서 반죽을 한다면, 여자와 반죽통이 모두 부정하지만, 반죽은 정결하다. 그러나 이 반죽을 다른 그릇에 옮기면 역시 부정해진다.
- 덮기 부정과 관련해서 부정이 전이되는지 판단할 때 정결례장에서 물로 씻을 수 있는지 여부를 기준으로 설명하기도 한다. 병이나 반죽용 통은 씻을 수 있기 때문에 부정해지지만 음료수나 반죽은 씻을 수 없기 때문에 부정해지지 않는다는 것이다.

## 5, 5

הָיוּ כְלֵי גְלָלִים, כְּלֵי אֲבָנִים, כְּלֵי אֲדָמָה, הַכֹּל טָהוֹר. הָיָה כְלִי טָהוֹר לַקֹּדֶשׁ
וְלַחַטָּאת, הַכֹּל טָהוֹר, שֶׁהַכֹּל נֶאֱמָנִין עַל הַחַטָּאת, מִפְּנֵי שֶׁהַכֵּלִים טְהוֹרִין
וּכְלֵי חֶרֶס טְהוֹרִין וּמַצִּילִין עִם דָּפְנוֹת אֹהָלִים:

〔위층으로 연결된 통로에〕 똥으로 만든 그릇, 돌로 만든 그릇, 흙으로 빚어 〔굽지 않은〕 그릇이 있었다면, 〔위층에 있는〕 모든 것들은 정결하다. 성물과 속죄의 〔물〕을 〔담는 데 쓰는〕 정결한 그릇이 있었다면, 〔위층에 있는〕 모든 것들은 정결하니, 속죄의 〔물〕과 관련해서는 모든 사람들을 믿을 수 있기 때문이다. 〔이런〕 그릇들은 정결하며, 점토 그릇도 정결하여, '천막'의 벽과 함께 〔부정으로부터〕 보호할 수 있다.

- 배설물과 돌과 흙으로 만든 그릇은 부정해질 수 없으므로, 아래층에 있는 부정의 요인으로부터 위층에 있는 물건들을 보호해준다(「켈림」 10, 1).
- 성물이나 속죄의 물을 담는 그릇은 정결하기 때문에 부정을 보호할 수 있으며, 이런 문제와 관련해서는 정결법을 유의해서 지키지 않는 사람들의 말도 신뢰할 수 있다.
- 마지막 문장은 그 표현이 분명하지 않다. 똥, 돌, 굽지 않은 흙으로 빚

은 그릇이 정결하고, 또 점토를 빚어 구웠지만 성물을 담는 데 쓴다면 정결한 것처럼, 모든 정결한 그릇은 '천막'으로 간주할 수 있는 구조물의 벽과 함께 덮기 부정이 전이되는 것을 막고 부정으로부터 물건을 보호한다.

### 5, 6
다섯째 미쉬나에 기록된 규정을 부연설명한다.

---

כֵּיצַד. הַבּוֹר וְהַדּוּת שֶׁבַּבַּיִת, וּכְפִישָׁה נְתוּנָה עָלָיו, טָהוֹר. אִם הָיְתָה בְאֵר חֲלָקָה, אוֹ כַוֶּרֶת פְּחוּתָה, וּכְפִישָׁה נְתוּנָה עָלֶיהָ, טָמֵא. אִם הָיָה נֶסֶר חָלָק, אוֹ סְרִידָה שֶׁאֵין לָהּ גִּפַּיִם, טָהוֹר, שֶׁאֵין הַכֵּלִים מַצִּילִים עִם דָּפְנוֹת אֹהָלִים עַד שֶׁיְּהֵא לָהֶן דְּפָנוֹת. וְכַמָּה תְהֵא הַדֹּפֶן, טֶפַח. הָיָה לָהּ חֲצִי טֶפַח מִכָּאן וַחֲצִי טֶפַח מִכָּאן, אֵינָהּ דֹּפֶן, עַד שֶׁיְּהֵא לָהּ טֶפַח מִמָּקוֹם אֶחָד:

---

어떻게 〔그렇게 되는가〕? 어느 집에 우물이나 지하실[15)]이 있는데, 그 〔입구〕에 큰 바구니를 올려놓았다면, 〔그 내용물은〕 정결하다. 만약 그 우물이 〔지표면과 같은 높이로〕 훼손되었거나 손상된 벌통에 그 큰 바구니를 올려놓았다면, 〔그 내용물은〕 부정하다. 만약 판판한 판자나 테두리가 없는 망을 올려놓았다면, 정결하다. 그릇이 '천막'의 벽과 함께 〔부정으로부터〕 보호하려면 자기에게도 벽이 있어야 하기 때문이다.

그렇다면 그 벽은 얼마나 〔높아야〕 하는가? 1테팍이다. 그 〔벽이〕 한쪽은 반 테팍이고 다른 쪽도 반 테팍이라면, 그것은 벽이 아니며, 〔최소한〕 한쪽 벽이 1테팍이어야 한다.

- 독립적인 '천막'이 되는 구조물의 벽과 정결한 그릇이 부정이 전이

15) 이 낱말은 사본에 따라 הדות 또는 החדות 로 다르게 기록되어 있다.

되는 것을 막기 위해서는 그 그릇도 일종의 벽이 있어야 한다는 것이 원칙이다. 벽이 있는 우물이나 지하실 입구를 벽이 있는 정결한 바구니로 막았다면 덮기 부정을 막을 수 있다.

- 우물 벽이 훼손되어 지표면과 같은 높이라면 '천막'의 벽이 없는 경우이며, 일부분이 떨어져나가 손상된 벌통은 '천막'이 아니라 '그릇'이기 때문에 모두 조건에 부합하지 않는다.[16)]
- 판자나 테두리가 없는 망은 다른 내용물을 담을 수 없으므로 '그릇'이 아니고 부정해지지 않는다(「켈림」 8, 3). 그러므로 이런 것으로 우물이나 지하실 입구를 막으면 부정으로부터 보호할 수 있다.
- '천막' 벽도 최소 크기 규정이 있으며, 그 높이가 1테팍이어야 한다.

## 5, 7

כְּשֵׁם שֶׁמַּצִּילִין מִבִּפְנִים, כָּךְ מַצִּילִין מִבַּחוּץ. כֵּיצַד, כְּפִישָׁה שֶׁהִיא נְתוּנָה עַל הַיְתֵדוֹת מִבַּחוּץ, טֻמְאָה תַחְתֶּיהָ, כֵּלִים שֶׁבַּכְּפִישָׁה טְהוֹרִים. אִם הָיָה כֹתֶל חָצֵר אוֹ כֹתֶל גִּנָּה, אֵינוֹ מַצִּיל. קוֹרָה שֶׁהָיְתָה נְתוּנָה מִכֹּתֶל לְכֹתֶל וּקְדֵרָה תְלוּיָה בָהּ, טֻמְאָה תַחְתֶּיהָ, כֵּלִים שֶׁבַּקְּדֵרָה, רַבִּי עֲקִיבָא מְטַהֵר, וַחֲכָמִים מְטַמְּאִין:

이런 것들이 〔천막〕 안에서 〔부정으로부터〕 보호한 것처럼, 바깥에서도 보호할 수 있다. 어떻게 〔그렇게 될 수 있는가〕? 바깥에 있는 천막 말뚝 위에 큰 바구니를 놓았고 부정한 것이 그 밑에 있었다면, 그 바구니 안에 있던 그릇들은 정결하다. 만약 마당을 〔두른〕 벽이나 정원 벽 〔위에 놓았다면〕 이것이 〔그 안에 있는 그릇들을〕 보호하지 못한다.

어떤 목재 기둥이 한쪽 벽에서 다른 벽으로 〔뻗어 있고〕 점토 냄비를

16) 어떤 사본에는 כורת פתוחה(벌집이 열려 있다)라고 기록되었는데, 이런 경우 벌집은 부정해지지 않는다(「오홀롯」 9, 1).

거기에 매달았는데 부정한 것이 그 밑에 있었고, 냄비 안에 들어 있는 그릇들이 있었다면, 아키바 랍비는 정결하다고 주장했고, 다른 현인들은 부정하다고 했다.

- 정결한 그릇은 '천막'으로 간주되는 구조물의 벽과 결합하여 덮기 부정이 전이되는 것을 막을 수 있었는데, 천장이 있는 실내에서뿐만 아니라 바깥에서도 비슷한 기능을 할 수 있다. 예를 들어 천막을 고정하는 데 쓴 말뚝 위에 큰 바구니를 천막 벽에 기대어놓았고 그 밑에 부정의 요인이 있었다면, 정결한 바구니는 그 안에 들어 있는 내용물을 덮기 부정으로부터 보호한다(이때 말뚝의 높이가 1테팍 이상이 되어야 한다는 주장이 토쎕타에 남아 있다). 그러나 천막이나 천막에 상당하는 구조물과 연결되지 않은 마당이나 정원 벽에는 이런 규정이 적용되지 않는다(「오홀롯」 6, 1).
- 한쪽 벽에서 다른 벽으로 가로지르는 기둥에 냄비를 매달았을 경우에 아키바 랍비는 정결하다고 주장했는데, 토쎕타를 따르면 그 냄비가 기둥으로부터 1테팍 이상 떨어지지 않았다면 뚜껑처럼 냄비를 막은 것으로 간주한 것으로 보인다.

## 제6장

덮기 부정을 전이하거나 막을 수 있는 매개체로 사람과 그릇, 부정이 전이되지 않는 재료로 잘 닫아놓은 공간, 집의 벽 등을 논의한다. 덮기 부정은 규정에 맞는 공간이 있는지 여부에 따라 좌우로 또는 아래나 위로 전이된다.

## 6, 1

אָדָם וְכֵלִים נַעֲשִׂין אֹהָלִין לְטַמֵּא, אֲבָל לֹא לְטַהֵר. כֵּיצַד. אַרְבָּעָה נוֹשְׂאִין אֶת הַנִּדְבָּךְ, טֻמְאָה תַחְתָּיו, כֵּלִים שֶׁעַל גַּבָּיו טְמֵאִין. טֻמְאָה עַל גַּבָּיו, כֵּלִים שֶׁתַּחְתָּיו טְמֵאִים. רַבִּי אֱלִיעֶזֶר מְטַהֵר. נָתוּן עַל אַרְבָּעָה כֵלִים, אֲפִלּוּ כְלֵי גְלָלִים, כְּלֵי אֲבָנִים, כְּלֵי אֲדָמָה, טֻמְאָה תַחְתָּיו, כֵּלִים שֶׁעַל גַּבָּיו טְמֵאִים. טֻמְאָה עַל גַּבָּיו, כֵּלִים שֶׁתַּחְתָּיו טְמֵאִים. נָתוּן עַל אַרְבָּעָה אֲבָנִים, אוֹ עַל דָּבָר שֶׁיֵּשׁ בּוֹ רוּחַ חַיִּים, טֻמְאָה תַחְתָּיו, כֵּלִים שֶׁעַל גַּבָּיו טְהוֹרִין. טֻמְאָה עַל גַּבָּיו, כֵּלִים שֶׁתַּחְתָּיו טְהוֹרִין:

사람과 그릇은 부정을 전이하는 '천막' 역할을 할 수 있지만, 〔부정으로부터〕 정결하게 〔막지는〕 못한다. 어떻게 〔그렇게 되는가〕? 네 사람이 큰 장[17]을 지고 가는데, 부정한 것이 그 밑에 있었다면, 그 〔장〕 위에 있었던 그릇들은 부정해진다. 부정한 것이 그 〔장〕 위에 있었다면, 그 아래 있었던 그릇들은 부정하다. 엘리에제르 랍비는 정결하다고 주장했다.

이것을 그릇 네 개 위에 놓았는데, 〔그 그릇이〕 똥으로 만든 그릇이건, 돌로 만든 그릇이건, 흙으로 만든 〔굽지 않은〕 그릇이건, 부정한 것이 그 밑에 있었다면, 그 위에 있던 그릇들은 부정해진다. 부정한 것이 그 위에 있었다면, 그 아래에 있던 그릇들은 부정해진다.

이것을 돌 네 개 위에 놓았거나 살아 있는 생물 위에 놓았는데, 부정한 것이 그 밑에 있었다면, 그 위에 있던 그릇은 정결하다. 부정한 것이 그 위에 있었다면, 그 밑에 있던 그릇은 정결하다.

- 사람이나 그릇이 '천막' 역할을 하면서 시체의 부정이 전이되는 매

17) 이 낱말(נדבך)은 벽을 쌓는 데 넣는 '돌'이나 다른 마감재료를 가리키는데, 아마도 필사 과정 중에 실수가 개입된 것으로 보인다. 아마도 이것은 נרב\ווד 였던 것으로 추정하는데, 막대기나 기둥을 들것처럼 만들어 그 위에 세운 상자 형태의 가구다.

개체가 될 수는 있지만, 독립적인 '천막'이 되어 시체의 부정이 전이되는 것을 막을 수는 없다는 것이 원칙이다.

- 첫째 예는 네 사람이 큰 장을 어깨에 메고 옮기는데 사체의 부정을 전이시키는 시체나 뼈나 신체기관이 아래 또는 위에 있을 경우, 이 돌과 그것을 옮기는 사람으로 '천막'을 구성할 수는 없으며 부정의 전이도 막지 못한다. 엘리에제르 랍비는 반대의견을 말한다.
- 같은 장이 사람이 아니라 다른 그릇 네 개 위에 놓여 있더라도, 이 돌과 그것을 받치는 그릇들이 '천막'을 구성할 수는 없으며 부정의 요인이 부정을 전이시키는 것도 막지 못한다. 부정해지지 않는 그릇이라고 해도(「오홀롯」 5, 5), 결과는 달라지지 않는다.
- 그러나 그 장이 돌이나 생물 위에 놓여 있다면 독립적인 '천막'이 되어 부정의 전이를 막을 수 있다. 돌이나 생물은 '그릇'이 아니라는 특징이 있다.

## 6, 2

קוֹבְרֵי הַמֵּת שֶׁהָיוּ עוֹבְרִים בְּאַכְסַדְרָה, וְהֵגִיף אַחַד מֵהֶן אֶת הַדֶּלֶת וּסְמָכוֹ בְּמַפְתֵּחַ, אִם יָכוֹל הַדֶּלֶת לַעֲמֹד בִּפְנֵי עַצְמוֹ, טָהוֹר. וְאִם לָאו, טָמֵא. וְכֵן חָבִית שֶׁל גְּרוֹגָרוֹת אוֹ קֻפָּה שֶׁל תֶּבֶן שֶׁהֵן נְתוּנוֹת בְּחַלּוֹן, אִם יְכוֹלִין הַגְּרוֹגָרוֹת וְהַתֶּבֶן לַעֲמֹד בִּפְנֵי עַצְמָן, טְהוֹרִין. וְאִם לָאו, טְמֵאִין. בַּיִת שֶׁחֲצָצוֹ בְּקַנְקַנִּים וְטָח בְּטִיחַ, אִם יָכוֹל הַטִּיחַ לַעֲמֹד בִּפְנֵי עַצְמוֹ, טָהוֹר. וְאִם לָאו, טָמֵא:

시체를 묻는 자들이 〔지붕이 있는〕 현관을 지나가는데, 그들 중 한 명이 문을 닫았고 열쇠로 잠갔을 때, 만약 그 문이 혼자 설 수 있는 상태라면, 〔집 안에 있는 것들은〕 정결하다. 그러나 만약 그렇지 못하다면, 〔그것들은〕 부정해진다.

그리고 말린 무화과 병이나 짚을 담는 바구니를 창문 위에 놓았을 때, 만약 그 말린 무화과나 짚이 그렇게 남아 있을 수 있다면, 〔그 방

안에 있는 것들은] 정결하다. 그러나 그렇지 못하다면, [그것들은] 부정해진다.

집 안에 단지들을 [세워 칸을] 나누고 회칠을 했을 때, 그 회칠한 [부분이] 혼자 설 수 있는 상태라면, [칸막이 안쪽에 있는 것들은] 정결하다. 만약 그렇지 못하다면 [그것들은] 부정해진다.

- 시체를 묻는 자들이 시체를 메고 어느 집 앞을 지나가는데, 그 집에는 기둥을 세워 지붕을 얹은 현관이 있다(즉 '천막'으로 간주할 수 있는 공간). 먼저 누군가가 현관문을 닫고 잠근 후에 시체를 들고 그 현관을 지나가면 그 집 안에 있는 사람이나 물건은 덮기 부정으로부터 정결하다. 다만 그 문은 열쇠로 잠그기 전에 다른 사람이나 물건에 기대지 않아도 혼자 설 수 있는 상태여야 한다는 조건이 있다.
- 같은 원리로 창문을 병이나 바구니로 막아 덮기 부정으로부터 보호할 수 있느냐가 질문인데, 사실 병이나 바구니는 부정에 감염될 수 있기 때문에 그럴 힘이 없다. 그러나 말린 무화과나 짚은 부정해지지 않아서(「오홀롯」 8, 1) 부정을 막을 수 있는데, 이때도 스스로 설 수 있어야 한다는 조건이 따라온다.
- 역시 병만을 세워서는 부정으로부터 보호할 수 없는데 회칠을 하면 가능하다. 다만 병이 없어도 발라놓은 석회나 점토가 혼자 서 있을 수 있어야 한다는 조건을 만족시켜야 한다.

## 6, 3

이 미쉬나는 벽 하나를 반으로 나누어 안쪽과 바깥쪽을 따라 구분하여 다룰 수 있는지 여부를 논의하고 있다.

---

כֹּתֶל הַמְשַׁמֵּשׁ אֶת הַבַּיִת, יִדּוֹן מֶחֱצָה לְמֶחֱצָה. כֵּיצַד. כֹּתֶל שֶׁהוּא לָאֲוִיר
וְהַטֻּמְאָה בְתוֹכוֹ, מֵחֶצְיוֹ וְלִפְנִים, הַבַּיִת טָמֵא, וְהָעוֹמֵד מִלְמַעְלָן טָהוֹר. מֵחֶצְיוֹ

וְלַחוּץ, הַבַּיִת טָהוֹר, וְהָעוֹמֵד מִלְמַעְלָן טָמֵא. מֶחֱצָה לְמֶחֱצָה, הַבַּיִת טָמֵא. וְהָעוֹמֵד מִלְמַעְלָן, רַבִּי מֵאִיר מְטַמֵּא, וַחֲכָמִים מְטַהֲרִין. רַבִּי יְהוּדָה אוֹמֵר, כָּל הַכֹּתֶל לַבָּיִת:

---

어떤 집의 일부분인 벽은 반으로 나누어서 논의해야 한다. 어떻게 〔그렇게 되는가〕? 어떤 벽이 바깥쪽을 향하고 있고 부정한 것이 그 〔벽〕 안에 있다면, 그 〔벽〕의 중간부터 안쪽으로 그 집이 부정하나, 그 위에 있는 것들은 정결하다. 〔만약 부정한 것이〕 그 〔벽〕의 중간부터 바깥쪽에 있으면 그 집은 정결하나, 그 위에 있는 것들은 부정하다.

〔만약 부정한 것이〕 그 벽의 가운데 부분에 있었다면, 그 집은 부정하다. 그리고 그 위에 있는 것들에 관해서 메이르 랍비는 부정하다고 주장했고, 다른 현인들은 정결하다고 했다.

예후다 랍비는 어떤 벽의 전체가 그 집에 속한 것이라고 말했다.

- 어떤 집에 벽이 있는데 이 벽이 다른 집과 이어지지 않고 바깥을 향하고 있다면, 벽의 안쪽 부분은 집의 일부로 간주하고 바깥 부분은 그렇지 않다는 주장이 있다. 부정한 것이 그 벽 안에 있을 때 이런 주장을 적용할 수 있는데, 이것은 벽 중간부터 안쪽으로 그리고 집 전체를 부정하게 만든다. 벽 너머에 있거나 위층에 서 있는 사람이나 물건은 '천막' 바깥에 속하며 정결하다는 주장이다.
- 부정한 것이 벽 바깥쪽에 있다면, 그 집 안에 있는 사람이나 물건은 정결하다. 덮기 부정은 부피가 1테팍이 되는 공간을 두어 막기 전에는 위나 아래로 이동하므로 그 벽 위에 있는 것들은 부정해진다.
- 부정한 것이 벽 안쪽과 바깥쪽 사이 중간에 있다면, 엄격한 기준을 적용하며 그 집이 부정한 것으로 간주한다. 그 벽 위에 있는 것들에 관해서는 이견이 존재한다.
- 예후다 랍비는 이런 논의 자체에 반대하며 벽은 그 전체를 하나로 보

고 논의해야 한다고 주장했다.

## 6, 4

כֹּתֶל שֶׁבֵּין שְׁנֵי בָתִּים וְהַטֻּמְאָה בְתוֹכוֹ, בַּיִת הַקָּרוֹב לַטֻּמְאָה, טָמֵא. וְהַקָּרוֹב לַטָּהֳרָה, טָהוֹר. מֶחֱצָה לְמֶחֱצָה, שְׁנֵיהֶם טְמֵאִין. טֻמְאָה בְאַחַד מֵהֶן וְכֵלִים בַּכֹּתֶל, מֵחֶצְיוֹ וּכְלַפֵּי טֻמְאָה, טְמֵאִין. מֵחֶצְיוֹ וּכְלַפֵּי טָהֳרָה, טְהוֹרִין. מֶחֱצָה לְמֶחֱצָה, הֲרֵי הֵן טְמֵאִין. מַעֲזִיבָה שֶׁבֵּין הַבַּיִת לָעֲלִיָּה, טֻמְאָה בְתוֹכָהּ, מֵחֶצְיָהּ וּלְמַטָּן, הַבַּיִת טָמֵא וַעֲלִיָּה טְהוֹרָה. מֵחֶצְיָהּ וּלְמַעְלָן, הָעֲלִיָּה טְמֵאָה וְהַבַּיִת טָהוֹר. מֶחֱצָה לְמֶחֱצָה, שְׁנֵיהֶן טְמֵאִין. טֻמְאָה בְאַחַד מֵהֶן וְכֵלִים בַּמַּעֲזִיבָה, מֵחֶצְיָהּ וּכְלַפֵּי טֻמְאָה, טְמֵאִין. מֵחֶצְיָהּ וּכְלַפֵּי טָהֳרָה, טְהוֹרִין. מֶחֱצָה לְמֶחֱצָה, הֲרֵי הֵן טְמֵאִין. רַבִּי יְהוּדָה אוֹמֵר, כָּל הַמַּעֲזִיבָה לָעֲלִיָּה:

어떤 벽이 두 집 사이에 있고, 부정한 것이 그 〔벽〕 안에 있다면, 그 부정한 것과 가까운 집은 부정하고, 정결한쪽에 가까운 〔집은〕 정결하다. 〔부정한 것이 그 벽의〕 가운데 부분에 있다면, 두 집이 모두 부정하다. 부정한 것이 그 〔집들〕 중 하나 속에 있고, 그 벽에 그릇들이 있다면, 그 〔벽의〕 중간부터 부정한쪽으로는 부정하며, 그 〔벽의〕 중간부터 정결한쪽으로는 정결하다. 〔그릇들이 벽의〕 가운데 부분에 있다면, 그것들은 부정하다.

어떤 집과 그 위층 사이에 〔돌과 섞은〕 회를 발랐고, 그 안에 부정한 것이 있을 때, 〔부정한 것이〕 그중간부터 아래쪽에 있다면, 그 집은 부정하며 위층은 정결하다. 〔부정한 것이〕 그중간부터 위에 있다면, 위층이 부정하며 그 집은 정결하다. 〔부정한 것이〕 가운데 부분에 있다면, 양쪽이 모두 부정하다. 부정한 것이 그 〔집들〕 중 하나에 있고 〔발라놓은〕 회칠 속에 그릇들이 있다면, 그중간 부분부터 부정한쪽으로는 부정하며, 그중간 부분부터 정결한쪽으로는 정결하다. 〔그릇들이〕 그 가운데 부분에 있다면, 그것들은 부정하다. 예후다 랍비는 회칠한 부분은 위층에 속한다고 말했다.

- 벽 하나를 가운데 두고 두 집이 붙어 있고 벽 속에 부정한 것이 있을 경우, 부정한 것과 가까운 쪽 벽과 그 집이 부정해지고 반대쪽은 정결하다. 벽 한가운데 부정한 것이 있다면 양쪽 집이 모두 부정하다.
- 부정한 것이 두 집들 중 하나에 있고 벽 속에 그릇이 있을 경우, 역시 부정한 것과 가까운 쪽 그릇과 그 집이 부정해지고 반대쪽은 정결하다. 벽 한가운데 있는 그릇은 부정하다.
- 어떤 집의 들보 위에 흙이나 돌을 섞은 회를 바르고 위층을 지었고, 그 속에 부정한 것이 들어 있을 때, 부정한 것이 중간부터 아랫부분에 있다면 지상층 집이 부정해지고 위층은 정결하다. 반대 경우라면 위층이 부정해지고 집은 정결해진다. 가운데 부분에 있다면 양자가 다 부정하다. 회반죽과 함께 그릇들을 넣었다면 위와 같이 판단한다.
- 예후다 랍비는 벽을 반씩 나누어 생각하는 데 반대했던 것처럼 회칠 자체가 모두 위층에 속한다고 보았다.

6, 5

회칠한 부분 위에 지붕보가 있고 그 지붕보들 사이에 부정한 것이 있다면 집 내부 공간과 어떤 관련이 있는지를 논의한다.

---

טֻמְאָה בֵּין הַקּוֹרוֹת וְתַחְתֶּיהָ כִּקְלִפַּת הַשּׁוּם, אִם יֵשׁ שָׁם פּוֹתֵחַ טֶפַח, הַכֹּל טָמֵא. אִם אֵין שָׁם פּוֹתֵחַ טֶפַח, רוֹאִין אֶת הַטֻּמְאָה כְּאִלּוּ הִיא אֹטֶם. הָיְתָה נִרְאֵית בְּתוֹךְ הַבַּיִת, בֵּין כָּךְ וּבֵין כָּךְ, הַבַּיִת טָמֵא:

---

부정한 것이 지붕보들 사이에 있고 그 밑에 〔바른 회가〕 마늘 껍질과 같을 때, 만약 거기에 〔부피가〕 1테팍이 되는 공간이 있다면 모든 것이 부정하다. 만약 거기에 〔부피가〕 1테팍이 되는 공간이 없다면 부정이 갇혀 있다고 본다. 집 안에서 〔부정한 것을〕 볼 수 있다면, 어떤 경우든지, 그 집은 부정하다.

- 만약 부정한 것이 최소 크기 규정에 맞는 배출구가 있는 공간에 있었다면 덮기 부정이 퍼져 나가서 아래나 위로 영향을 미칠 수 있지만, 그 공간이 배출구가 없이 폐쇄되었다면 쉽게 다른 공간을 감염시키지 못한다.
- 부정의 요인이 있는 곳에 길이와 너비와 높이가 각각 1테팍이 되는 공간이 있다면 그 집과 위층이 모두 부정해진다(「오홀롯」 7, 1). 이런 공간이 없다면, 위층은 이 부분 위에 지어서 위층에 속하기 때문에 부정해진다.
- 발라놓은 회칠이 마늘 껍질 두께에도 이르지 못하여 집에서 부정의 요인을 볼 수 있다면, 다른 조건과 상관없이 그 집이 부정해진다.

6, 6

이 미쉬나에서 언급하는 벽은 집을 짓기 위해서 따로 쌓은 것이 아니라 원래 존재하던 큰 바위나 흙더미를 벽으로 사용한 경우다.

---

בַּיִת הַמְשַׁמֵּשׁ אֶת הַכֹּתֶל, יִדּוֹן כִּקְלִפַּת הַשּׁוּם. כֵּיצַד. כֹּתֶל שֶׁבֵּין שְׁנֵי כוּכִין, אוֹ בֵין שְׁתֵּי מְעָרוֹת, טֻמְאָה בַבָּתִּים וְכֵלִים בַּכֹּתֶל וַעֲלֵיהֶם כִּקְלִפַּת הַשּׁוּם, טְהוֹרִין. טֻמְאָה בַכֹּתֶל וְכֵלִים בַּבָּתִּים וְעָלֶיהָ כִקְלִפַּת הַשּׁוּם, טְהוֹרִין. טֻמְאָה תַּחַת הָעַמּוּד, טֻמְאָה בוֹקַעַת וְעוֹלָה, בּוֹקַעַת וְיוֹרֶדֶת:

---

어떤 집이 벽의 〔일부를〕 구성하고 있다면, 마늘 껍질과 같은 〔규칙을〕 적용한다. 어떻게 〔그렇게 되는가〕? 그 벽이 묘실 두 개 사이나 동굴 두 개 사이에 있고, 부정한 것이 집들 안에 있으며, 벽 안에 그릇들이 있고, 그 위에 마늘 껍질 정도 〔두께의 칸막이가 있다면〕 그것들은 정결하다. 부정한 것이 벽 속에 있고, 그릇들은 그 집들 안에 있으며, 그 위에 마늘 껍질 정도 〔두께의 칸막이가 있어도〕 그것들은 정결하다. 부정한 것이 기둥 밑에 있다면, 그 부정은 뚫고 올라가거나 뚫고 내려간다.

- 벽이 묘실이나 동굴을 이루고 있는(「바바 바트라」 6, 8) 큰 바위나 흙덩이로 먼저 존재하고 있던 상태에서 집을 기대어 지었다면, 이 벽은 집의 일부로 보기 어렵다. 만약 마늘 껍질 정도의 두께로 회를 발랐다면 덮기 부정이 전이되지 않는다. 부정한 것이 집 안에 있으면, 벽 속에 있는 그릇들은 정결하다. 부정한 것이 벽 속에 있으면, 집 안에 있는 그릇들은 정결하다.
- 부정한 것이 집 안의 기둥 밑에 있으면 부정이 기둥을 타고 전이되는데, 기둥 위나 아래로 전이되지만, 그 옆에 있는 공간으로 전이되지는 않는다(「오홀롯」 7, 1).

## 6, 7

כֵּלִים שֶׁתַּחַת הַפֶּרַח, טְהוֹרִים. רַבִּי יוֹחָנָן בֶּן נוּרִי מְטַמֵּא. הַטֻּמְאָה וְהַכֵּלִים שֶׁתַּחַת הַפֶּרַח, אִם יֵשׁ שָׁם פּוֹתֵחַ טֶפַח, טְמֵאִין. וְאִם לָאו, טְהוֹרִין. שְׁנֵי פַרְדַּסְקִים זֶה בְצַד זֶה, אוֹ זֶה עַל גַּב זֶה, נִפְתַּח אַחַד מֵהֶן, הוּא וְהַבַּיִת טָמֵא, וַחֲבֵרוֹ טָהוֹר. וְרוֹאִין אֶת הַפַּרְדַּסְקִין כְּאִלּוּ הוּא אֹטֶם, יָדוֹן מֶחֱצָה לְמֶחֱצָה לְהָבִיא אֶת הַטֻּמְאָה לַבָּיִת:

〔부정한 것이 기둥 밑에 묻혀 있고〕 그릇들이 꽃 〔모양 장식〕 밑에 있다면, 그것들은 정결하다. 요하난 벤 누리 랍비는 부정하다고 주장했다. 그 부정한 것과 그릇들이 〔모두〕 꽃 〔모양 장식〕 밑에 있고, 만약 거기에 〔부피가〕 1테팍이 되는 공간이 있다면 그것들은 부정하나, 만약 그렇지 않다면 정결하다.

〔벽 속에 설치한〕 보관함 두 개가 나란히 옆에 붙어 있거나 하나가 다른 것 위에 있는데, 그중 하나가 열려 있다면, 그 〔보관함〕과 그 집은 부정하고, 또 다른 〔보관함은〕 정결하다. 〔벽 속에 설치한〕 보관함들은 갇혀 있는 것으로 보며, 집으로 부정이 전이되는 〔문제와 관련해서〕 반과 반으로 나누는 〔규칙을〕 적용한다.

- 여섯째 미쉬나에서 논의한 바와 같이 덮기 부정은 기둥을 따라 위나 아래로 전이될 수 있지만, 옆에 있는 공간으로 넘어가지는 않는다. 기둥 머리를 꽃 모양으로 장식하면 자연스럽게 옆 공간으로 퍼지게 되고 그 아래 그릇들이 있다고 해도 부정이 전이되지 않는다. 요하난 벤 누리 랍비는 반대했는데, 꽃 모양 장식도 기둥의 일부로 보고 그 밑에 있는 그릇이 부정해진다고 보았다.
- 부정의 요인과 그릇들이 기둥머리의 꽃 모양 장식 밑에서 최소 크기 규정에 맞는 공간 안에 들어 있다면 그 그릇들은 부정해진다(위의 다섯째 미쉬나; 「오홀롯」 7, 1). 그렇지 않다면 '천막'이 형성되지 않으며, 덮기 부정이 전이되지 않는다.
- 벽 속에 설치한 보관함 두 개 중 하나에 부정한 것이 있고 그 문이 열려 있으면 그 보관함과 집이 모두 덮기 부정 때문에 부정해지지만, 문이 닫혀 있는 보관함은 최소 크기 규정에 맞을 때 독립된 '천막'이 되어 부정의 영향을 막으며 그 내용물은 정결을 유지한다.
- 벽 속에 설치한 보관함과 관련된 또 다른 원칙으로는 이 보관함이 갇힌 공간이고 집의 일부로 계산해야 한다는 것이다(위의 다섯째 미쉬나). 그 부피와 벽의 두께를 합산한 후 안쪽 부분 반과 바깥쪽 부분 반을 나누어 부정한지 여부를 결정해야 한다는 것이다.

## 제7장

벽 속에 부정의 요인이 들어 있는데 그 벽에 최소 크기 규정에 맞는 공간이 있을 경우와 없을 경우, 덮기 부정 때문에 부정해진 천막의 벽과 접촉하는 경우에 부정이 전이되는 방향 및 범위를 규정한다. 그 외에 집 안에 있는 시체를 밖으로 옮기는 방법도 설명한다.

## 7, 1

시체의 부정이 위와 아래로, 또는 옆으로 전이되는 상황에 관해 논의한다.

---

הַטֻּמְאָה בַכֹּתֶל, וּמְקוֹמָהּ טֶפַח עַל טֶפַח עַל רוּם טֶפַח, כָּל הָעֲלִיּוֹת שֶׁעַל גַּבָּהּ, אֲפִלּוּ הֵן עֶשֶׂר, טְמֵאוֹת. הָיְתָה עֲלִיָּה אַחַת עַל גַּבֵּי שְׁנֵי בָתִּים, הִיא טְמֵאָה, וְכָל הָעֲלִיּוֹת שֶׁעַל גַּבָּהּ, טְהוֹרוֹת. כֹּתֶל שָׁנִית, טֻמְאָה בוֹקַעַת וְעוֹלָה, בּוֹקַעַת וְיוֹרֶדֶת. נֶפֶשׁ אֲטוּמָה, הַנּוֹגֵעַ בָּהּ מִן הַצְּדָדִין, טָהוֹר, מִפְּנֵי שֶׁטֻּמְאָה בוֹקַעַת וְעוֹלָה, בּוֹקַעַת וְיוֹרֶדֶת. אִם הָיָה מְקוֹם הַטֻּמְאָה טֶפַח עַל טֶפַח עַל רוּם טֶפַח, הַנּוֹגֵעַ בָּהּ מִכָּל מָקוֹם, טָמֵא, מִפְּנֵי שֶׁהִיא כְקֶבֶר סָתוּם. סָמַךְ לָהּ סְכּוֹת, טְמֵאוֹת. רַבִּי יְהוּדָה מְטַהֵר:

---

부정한 것이 벽 속에 있고, 그 공간이 1테팍에 1테팍이고 높이도 1테팍일 경우, 그 위에 지은 모든 위층들은 심지어 10층이라 해도 부정해진다. 위층 건물 하나를 그 두 집 위에 지었을 경우, 그 〔위층 건물은〕 부정하지만, 그 〔위층 건물〕 위에 있는 모든 다른 위층 건물들은 정결하다.

둘째 벽[18] 〔속에 부정한 것이 있었다면〕 부정이 뚫고 나와 올라가거나 내려간다. 단단한 비석을 옆면에서 접촉한 사람은 정결하니, 부정은 뚫고 나와 올라가거나 내려가기 때문이다. 만약 부정한 것이 있는 공간이 1테팍에 1테팍이고 높이도 1테팍이라면, 어느 부분을 접촉하든지 그 사람은 부정해지니, 이것은 닫아놓은 무덤과 같기 때문이다. 이런 벽에 기대어 천막을 세우면 부정하다. 예후다 랍비는 정결하다고 주장했다.

---

18) 이 표현(כתל שנית)은 사본에 따라 다르게 기록되어 있으며(כתל שונית), 무슨 뜻인지 분명하지 않다. 바닷가에 파도에 밀려온 모래와 부유물로 벽이 생기고 그 안에 부정한 것이 들어 있는 경우라고 설명하는 사람도 있고, 원래 있던 벽에 다른 벽을 첨가하여 짓는 경우라고 설명하기도 한다.

- 사체의 부정을 전이하는 물체가 벽 속에 있는데, 최소 크기 규정에 따라 길이 1테팍 너비 1테팍 높이 1테팍인 공간 안에 들어 있다면, 이 부정의 요인은 그 집으로 부정을 전이시키며, 다른 통로를 통해 위층으로 전이도 가능하다. 그 벽 위로 10층이 더 있다고 해도 모든 공간이 부정해진다. 부정한 것이 있는 공간은 봉인된 무덤과 같기 때문이다. 그 공간이 최소 크기 규정에 미치지 못하면 부정한 것이 벽의 어느 쪽에 있는가를 따져서 결정해야 하며(「오홀롯」 6, 3-4), 바로 위에 있는 것과 아래 있는 것에만 부정을 전이한다.
- 서로 독립된 두 집 사이에 부정한 것이 들어 있는 벽이 있고, 그 벽 위에 하나로 연결된 2층이 있을 경우, 부정은 바로 2층까지만 전이되며 더 위에 있는 층들은 부정해지지 않는다. 2층 지붕이 독립된 공간을 형성하며 덮기 부정의 전이를 막기 때문이다.
- 어느 벽을 강화하기 위해서 둘째 벽(כותל שנית)을 딱 붙여서 쌓았거나, 바닷가에 파도에 밀려온 모래와 부유물로 생긴 벽(כותל שונית)을 이용하여 집을 지었을 경우(「오홀롯」 18, 6), 이런 벽 속에는 최소 크기 규정에 해당하는 공간이 없으므로 부정은 위와 아래로만 전이된다.
- 봉인한 무덤 위에 세우는 단단한 비석도 마찬가지이며, 어떤 사람이 그 옆면을 접촉한다 해도 사체의 부정이 전이되지 않는다. 그러나 비석 안에 최소 크기 규정에 해당하는 공간이 있다면 이것은 봉인한 무덤과 마찬가지며, 이런 경우 어느 부분을 접촉하든지 사체의 부정이 전이된다(민 19:16).
- 최소 크기 규정에 맞는 공간이 있고 그 안에 부정한 것이 있는 비석을 이용해서 천막을 세웠다면, 이 천막은 덮기 부정을 전이시킬 수 있다. 예후다 랍비는 비석의 옆면은 부정을 전이시키지 않는다는 이유로 이런 천막이 정결하다고 주장했다.

## 7, 2

כָּל שִׁפּוּעֵי אֹהָלִין, כְּאֹהָלִין. אֹהֶל שֶׁהוּא שׁוֹפֵעַ וְיוֹרֵד, וְכָלֶה עַד כְּאֶצְבַּע, טֻמְאָה בָאֹהֶל, כֵּלִים שֶׁתַּחַת הַשִּׁפּוּעַ, טְמֵאִים. טֻמְאָה תַחַת הַשִּׁפּוּעַ, כֵּלִים שֶׁבָּאֹהֶל, טְמֵאִין. טֻמְאָה מִתּוֹכוֹ, הַנּוֹגֵעַ בּוֹ מִתּוֹכוֹ, טָמֵא טֻמְאַת שִׁבְעָה. וּמֵאֲחוֹרָיו, טָמֵא טֻמְאַת עֶרֶב. טֻמְאָה מֵאֲחוֹרָיו, הַנּוֹגֵעַ בּוֹ מֵאֲחוֹרָיו, טָמֵא טֻמְאַת שִׁבְעָה. מִתּוֹכוֹ, טָמֵא טֻמְאַת עֶרֶב. כַּחֲצִי זַיִת מִתּוֹכוֹ וְכַחֲצִי זַיִת מֵאֲחוֹרָיו, הַנּוֹגֵעַ בּוֹ, בֵּין מִתּוֹכוֹ בֵּין מֵאֲחוֹרָיו, טָמֵא טֻמְאַת עֶרֶב. מִקְצָתוֹ מְרֻדָּד עַל הָאָרֶץ, טֻמְאָה תַחְתָּיו אוֹ עַל גַּבָּיו, טֻמְאָה בוֹקַעַת וְעוֹלָה, בּוֹקַעַת וְיוֹרֶדֶת. אֹהֶל שֶׁהוּא נָטוּי בָּעֲלִיָּה, מִקְצָתוֹ מְרֻדָּד עַל הָאֲרֻבָּה שֶׁבֵּין בַּיִת לָעֲלִיָּה, רַבִּי יוֹסֵי אוֹמֵר, מַצִּיל. רַבִּי שִׁמְעוֹן אוֹמֵר, אֵינוֹ מַצִּיל, עַד שֶׁיְּהֵא נָטוּי כִּנְטִיַּת הָאֹהֶל:

모든 경사진 천막들도 '천막'으로 간주한다. 경사진 천막이 내려와서 〔지표면과〕 1에쯔바 거리가 되는 곳에서 끝났는데, 그 천막 안에 부정한 것이 있다면, 경사진 면 밑에 있는 그릇들은 부정하다. 부정한 것이 경사진 면 밑에 있다면, 천막 안에 있는 그릇들은 부정하다.

부정한 것이 그 〔천막〕 속에 있고 어떤 사람이 그것을 안쪽에서 접촉했다면, 이레 동안 부정해진다. 〔그 사람이 그것을〕 바깥쪽에서 접촉했다면, 저녁까지 부정해진다. 부정한 것이 바깥쪽에 있었고 〔어떤 사람이〕 그것을 바깥쪽에서 접촉했다면, 이레 동안 부정해진다. 〔그 사람이 그것을〕 안쪽에서 접촉했다면, 저녁까지 부정해진다.

올리브 열매 〔크기만 한 부정한 것의〕 반쪽이 안쪽에 있고 〔다른〕 반쪽이 바깥쪽에 있는데, 어떤 사람이 그것을 접촉했다면, 안쪽이든 바깥쪽이든 상관없이 저녁까지 부정해진다.

어떤 〔천막의〕 일부를 땅 위에 평평하게 폈는데 부정한 것이 그 아래 또는 그 위에 있었다면, 부정은 뚫고 올라가거나 내려간다. 천막을 위층에 폈고, 그 일부가 그 집과 위층 사이에 있는 통로 위에 평평하게 펴졌다면, 요쎄 랍비는 〔이것이 부정으로부터〕 보호한다고 말했다. 쉼온 랍비는 이것을 천막을 펴는 것처럼 펴기 전까지는 보호하지 못한다고 말했다.

- 덮기 부정에 관련해서 평가할 때 천막의 경사진 벽에도 바로 선 벽과 같은 원리를 적용한다. 그러므로 덮기 부정의 원인이 평평한 지붕 아래에 있건 경사진 면 아래에 있건 상관없이 천막 안에 있는 그릇들은 부정해진다.
- 덮기 부정에 전이된 천막 벽을 부정한 것이 있는 쪽에서 접촉하면 덮기 부정이 전이된 그릇과 접촉하는 것과 마찬가지므로 이레 동안 부정하다. 그러나 부정한 것이 있는 쪽과 반대쪽에서 접촉했다면 저녁까지만 부정하다.
- 사체의 부정이 전이되기 위한 최소 크기 규정은 올리브 열매 크기다. 이 규정에 미치지 못하는 부정의 요인이 천막 안쪽과 바깥쪽으로 나뉘어 있다면, 이와 접촉하는 사람은 저녁까지 부정하다.
- 천막의 일부가 늘어져서 땅 위에 평평하게 펴졌고 그 위나 아래에 부정한 것이 있다면 부정은 위나 아래로 전이되기 때문에 옆에 있는 천막 내부로 부정이 전이되지 않는다. 어떤 집 위층에 천막을 쳤고 그 일부가 늘어져서 아래층으로 통하는 통로를 덮었다면, 이것이 부정의 전이를 막을 수 있는지에 관해 이견이 존재한다. 천막을 제대로 쳤고 덮기 부정을 막을 공간이 있다면 부정의 전이를 막을 수 있다.

7, 3
어떤 사람이 집 안에서 죽었는데 그 시체를 가지고 나갈 때 출입구가 부정해지는 과정을 자세히 논의하고 있다.

הַמֵּת בַּבַּיִת וּבוֹ פְתָחִין הַרְבֵּה, כֻּלָּן טְמֵאִין. נִפְתַּח אַחַד מֵהֶן, הוּא טָמֵא וְכֻלָּן טְהוֹרִים. חָשַׁב לְהוֹצִיאוֹ בְאַחַד מֵהֶן, אוֹ בְחַלּוֹן שֶׁהוּא אַרְבָּעָה עַל אַרְבָּעָה טְפָחִים, הִצִּיל עַל כָּל הַפְּתָחִים. בֵּית שַׁמַּאי אוֹמְרִים, יַחְשֹׁב עַד שֶׁלֹּא יָמוּת הַמֵּת. בֵּית הִלֵּל אוֹמְרִים, אַף מִשֶּׁמֵּת. הָיָה סָתוּם וְנִמְלַךְ לְפָתְחוֹ, בֵּית שַׁמַּאי אוֹמְרִים, כְּשֶׁיִּפְתַּח אַרְבָּעָה טְפָחִים. וּבֵית הִלֵּל אוֹמְרִים, כְּשֶׁיַּתְחִיל. וּמוֹדִים בְּפוֹתֵחַ בַּתְּחִלָּה, שֶׁיִּפְתַּח אַרְבָּעָה טְפָחִים:

시체가 집 안에 있고 출입구가 여러 개 있을 때 모든 〔출입구가〕 부정해진다. 그중 하나만 열려 있다면 그것이 부정하고 다른 모든 〔출입구들은〕 정결하다. 그중 한 〔출입구나〕 4테팍에 4테팍 이상이 되는 창문으로 〔시체를〕 가지고 나갈 생각을 했다면, 모든 다른 출입구들을 〔부정으로부터〕 보호할 수 있다. 샴마이 학파는 그 사람이 죽기 전에 그런 생각을 해야 한다고 말했다. 힐렐 학파는 죽은 후에 〔생각해도 상관없다고〕 말했다.

〔그 문이〕 봉인되어 있었는데 열기로 결정했을 때, 샴마이 학파는 그가 4테팍 정도 열었을 때부터 〔부정으로부터 보호할 수 있다고〕 말했고, 힐렐 학파는 그가 그 〔출입구를 열기〕 시작했을 때부터 〔부정으로부터 보호할 수 있다고〕 말했다. 그리고 그들은 처음으로 〔출입구를〕 열려고 할 때 4테팍 이상 열어야 한다는 데 동의했다.

- 집 안에 시체가 있고 출입구들이 여럿 있는데 모두 닫혀 있다면 그 집과 출입구들과 그 지붕 아래 있는 모든 것들이 덮기 부정 때문에 부정해진다. 그러나 어느 문으로 시체를 가지고 나갈지 결정했다면, 닫혀 있는 모든 다른 문들은 정결하다(「오홀롯」 3, 6). 이때 시체를 옮길 계획만 가지고 있어도 부정으로부터 보호하기에 유효한데, 계획을 세우는 시점에 관해서는 샴마이 학파와 힐렐 학파 사이에 이견이 있다.

- 돌이나 다른 재료로 봉인해놓은 출입구를 열어서 시체를 가져 나가기로 결정했다면, 실제로 최소 크기 규정에 맞게 열었을 때 또는 그 출입구를 여는 작업을 시작했을 때부터 다른 출입구들을 부정으로부터 보호할 수 있다. 없던 출입구를 새로 만들기로 작정했다면 최소 크기 규정에 맞게 지어야 한다.

## 7, 4

사산아와 덮기 부정의 상관관계를 다룬다.

---

הָאִשָּׁה שֶׁהִיא מַקְשָׁה לֵילֵד וְהוֹצִיאוּהָ מִבַּיִת לְבַיִת, הָרִאשׁוֹן טָמֵא בְסָפֵק, וְהַשֵּׁנִי בְוַדַּאי. אָמַר רַבִּי יְהוּדָה, אֵימָתַי, בִּזְמַן שֶׁהִיא נִטֶּלֶת בַּגַּפַּיִם. אֲבָל אִם הָיְתָה מְהַלֶּכֶת, הָרִאשׁוֹן טָהוֹר, שֶׁמִּשֶּׁנִּפְתַּח הַקֶּבֶר אֵין פְּנַאי לְהַלֵּךְ. אֵין לַנְּפָלִים פְּתִיחַת הַקֶּבֶר, עַד שֶׁיַּעְגִּילוּ רֹאשׁ כְּפִיקָה:

---

어떤 여인이 난산이었고 〔사산아를 출산했는데〕 그녀를 그 집에서 데리고 나와서 다른 집으로 옮겼다면, 첫째 집은 의심 때문에 부정하며, 둘째 집은 당연히 〔부정하다〕. 예후다 랍비는 언제부터 그러하냐고 물었다. 그녀가 팔로 부축을 받았을 때부터다. 그러나 그녀가 〔혼자〕 걸어갔다면, 첫째 집은 정결하니, 그 '무덤'이 열린 자는 쉽게 걸을 수 없기 때문이다. 사산아가 그 머리를 〔지팡이 머리의〕 공처럼 둥글게 내밀기 전에는 그 '무덤'을 열었다고 볼 수 없다.

- 어떤 여인이 아이를 낳았는데 죽은 채 태어났다면 그 시체 때문에 집이 부정해진다. 사산아를 출산하는 과정에서 산모를 한 집에서 데리고 나와서 다른 집으로 옮겼다면, 정확하게 어느 순간에 아이가 나왔는지 불분명하다. 그러나 첫째 집에 있을 때 아이가 나오기 시작했을 가능성이 있기 때문에 첫째와 둘째 집이 모두 부정하다.
- 예후다 랍비는 산모가 혼자 걸을 수 있었는지 여부를 보고 아이가

나온 시점을 판단할 수 있다고 주장한다. 미쉬나 본문은 산모의 태를 '무덤'이라고 부르고 있는데, 죽은 아이가 들어 있는 공간이라는 점을 강조하는 표현으로 보인다.

### 7, 5

쌍둥이가 태어날 경우에 관해 논의한다.

---

יָצָא הָרִאשׁוֹן מֵת וְהַשֵּׁנִי חַי, טָהוֹר. הָרִאשׁוֹן חַי וְהַשֵּׁנִי מֵת, טָמֵא. רַבִּי מֵאִיר אוֹמֵר, בְּשָׁפִיר אֶחָד, טָמֵא. בִּשְׁנֵי שְׁפִירִים, טָהוֹר:

---

〔쌍둥이가 태어났는데〕 첫째가 죽었고 둘째는 살아 있다면, 〔둘째 아이는〕 정결하다. 첫째가 살아 있고 둘째가 죽었다면, 〔첫째 아이는〕 부정하다. 메이르 랍비는 〔쌍둥이가〕 같은 양막에 있었다면 부정하다고 말했다. 〔그러나 서로 다른〕 두 양막에 있었다면 정결하다.

- 쌍둥이가 태어났는데 첫째가 죽어서 나왔어도 아직 태어나지 않은 둘째는 정결하다. 산모의 태 속에서 부정이 전이되지는 않기 때문이다(「훌린」 4, 3). 사산아를 미리 집 밖으로 꺼내고 둘째가 건강하게 태어났다면 그 아이는 정결하다. 사산아가 그대로 집 안에 있었다면 둘째도 덮기 부정 때문에 부정해졌을 것이다.
- 만약 첫째는 살아서 태어났는데 둘째가 사산아였다면, 첫째 아이는 부정하다. 왜냐하면 둘째가 태어나면서 집 안에 있는 모든 것들을 부정하게 만들기 때문이다(「오홀롯」 7, 4). 또는 죽은 시체가 나오기로 계획된 출입구는 이미 부정하기 때문에 그곳에서 태어난 첫째도 부정해진다고 설명할 수도 있다.
- 메이르 랍비는 규정을 좀 더 자세하게 수정하는데, 쌍둥이가 같은 양막 속에 있었는지 여부에 따라 다르게 판단할 수 있다는 것이다.

7, 6

이 미쉬나도 난산인 경우를 다룬다.

---

הָאִשָּׁה שֶׁהִיא מַקְשָׁה לֵילֵד, מְחַתְּכִין אֶת הַוָּלָד בְּמֵעֶיהָ וּמוֹצִיאִין אוֹתוֹ אֵבָרִים אֵבָרִים, מִפְּנֵי שֶׁחַיֶּיהָ קוֹדְמִין לְחַיָּיו. יָצָא רֻבּוֹ, אֵין נוֹגְעִין בּוֹ, שֶׁאֵין דּוֹחִין נֶפֶשׁ מִפְּנֵי נָפֶשׁ:

---

어떤 여자가 아이를 낳을 때 난산이라면, 그녀의 배 속에서 태아를 잘라서 각 부분을 꺼내야 한다. 왜냐하면 그녀의 생명이 태아의 생명보다 우선하기 때문이다. [태아의 몸] 대부분이 이미 나왔다면 그에게 손을 댈 수 없으니, 한 생명 때문에 다른 생명을 무시할 수 없기 때문이다.

- 이 미쉬나에 따르면 아직 태어나지 않은 태아는 독립적인 '생명'으로 볼 수 없다. 그러므로 산모의 생명이 태아의 생명보다 우선하며, 난산일 때는 아이를 포기하고 산모를 구해야 한다. 그러나 이미 태아의 몸 대부분이 산모의 몸 밖으로 나온 상태라면(「닛다」 3, 5) 그 아이는 독립적인 '생명'으로 간주한다. 그러므로 그 아이에게 아무런 해를 입혀서는 안 된다. 왜냐하면 한 생명을 구하기 위해서 다른 생명을 죽일 수는 없기 때문이다.

## 제8장

덮기 부정과 관련된 '천막'들을 네 범주로 나누어 설명한다.

## 8, 1

「오홀롯」 제8장 전체의 주제를 요약하고 있다. 덮기 부정과 관련해서 부정을 전이시키는 '천막'은 어떤 것들이 있고, 또 그 부정을 막는 장애물 역할을 하는 것은 무엇인지 논의한다.

---

יֵשׁ מְבִיאִין אֶת הַטֻּמְאָה וְחוֹצְצִין, מְבִיאִין אֶת הַטֻּמְאָה וְלֹא חוֹצְצִין, חוֹצְצִין וְלֹא מְבִיאִין, לֹא מְבִיאִין וְלֹא חוֹצְצִין. אֵלּוּ מְבִיאִין וְחוֹצְצִין, הַשִּׁדָּה וְהַתֵּבָה וְהַמִּגְדָּל, כַּוֶּרֶת הַקַּשׁ, כַּוֶּרֶת הַקָּנִים, וּבוֹר סְפִינָה אֲלֶכְּסַנְדְּרִית, שֶׁיֵּשׁ לָהֶן שׁוּלַיִם וְהֵן מַחֲזִיקִים אַרְבָּעִים סְאָה בְלַח, שֶׁהֵם כּוֹרַיִם בְּיָבֵשׁ. וִירִיעָה, וּסְקוֹרְטְיָא, וּקְטָבֹלְיָא, וְסָדִין, וּמַפָּץ, וּמַחֲצֶלֶת, שֶׁהֵן עֲשׂוּיִין אֹהָלִים, וְעֵדֶר בְּהֵמָה טְמֵאָה וּטְהוֹרָה, וּמְכוֹנוֹת חַיָּה וָעוֹף, וְהָעוֹף שֶׁשָּׁכַן, וְהָעוֹשֶׂה מָקוֹם לְבֵנָה בַּשִּׁבֳּלִים, הָאֵירוּס וְהַקִּסּוֹם, וְיַרְקוֹת חֲמוֹר, וּדְלַעַת יְוָנִית, וְאֳכָלִים טְהוֹרִים. רַבִּי יוֹחָנָן בֶּן נוּרִי לֹא הָיָה מוֹדֶה בָּאֳכָלִים טְהוֹרִין, חוּץ מִן הָעִגּוּל שֶׁל דְּבֵלָה:

---

부정을 전이시키기도 하고 막기도 하는 것들이 있고, 부정을 전이시키지만 막지 못하는 것들이 있고, [부정을] 막지만 전이시키지 못하는 것들이 있고, [부정을] 전이시키지도 못하고 막지도 못하는 것들이 있다.

이러한 것들은 [부정을] 전이시키기도 하고 막기도 하는 것들이니, 궤짝, 상자, 찬장, 짚 바구니, 갈대 바구니 또는 알렉산드리아 배에 [싣는] 수조로 바닥이 있고 액체를 40쎄아[19]까지 마른 물건 2코르까지 담을 수 있는 것이다. 그리고 장막, 가죽 앞치마, 가죽 침대 덮개, 침대보, 깔개나 양탄자로 천막으로 쓸 수 있는 것들이다. 그리고 부정하거나 정결한 가축 떼, 짐승이나 새 도살장[20], [둥지에] 앉아 있는 새,

---

19) 약 480리터에 해당한다.

20) 이 낱말(מכונה)은 짐승을 도살하기 전에 가두어 두는 장소 또는 마구간이나 우리를 가리키는 말이다(야스트로 1926, 781). 앞 낱말의 문맥에 이어서 짐승이나 새 '떼'라고 번역하기도 한다(알벡; 댄비).

그리고 곡식 이삭이 핀 곳에 자기 아들을 위해 만들어준 자리[21], 붓꽃, 담쟁이덩굴, 오이, 그리스 박, 그리고 정결한 음식물들이다. 요하난 벤 누리 랍비는 정결한 음식물에 관해 동의하지 않았고, 마른 무화과로 만든 원형 과자만 예외라고 주장했다.

- 이 미쉬나는 앞으로 나올 미쉬나들을 요약하고, 먼저 부정을 전이시키기도 하고 막기도 하는 것들을 나열하는데, 부피가 규정 이상으로 크면 부정해지지 않는 통들을 언급하고 있다(「켈림」 15, 1). 이런 상자나 찬장이나 통 안에 사체의 일부가 들어 있다면 그 안에 있는 다른 그릇들도 부정해진다. 그러나 사체의 일부가 밖에 있다면, 이런 통들 안에 있는 그릇으로 부정이 전이되지 않는다.
- 다음으로 공중에 매달아서 천막처럼 사용할 수 있는 물건들을 나열하는데(「오홀롯」 7, 2), 그 그늘 밑에 사체의 일부와 정결한 그릇이 함께 놓여 있었다면 덮기 부정 때문에 부정이 전이된다. 그러나 그 영역 밖은 정결하다.
- 가축이나 짐승의 떼도 서로 밀착해서 서 있다면 비슷한 방법으로 천막 역할을 할 수 있으며, 밭 가장자리에 아이를 위해 만들어놓은 그늘도 마찬가지다. 그리고 잎이 넓은 화초나 채소가 드리우는 그늘도 같은 방식으로 기능한다.
- 정결한 음식이란 액체와 접촉해서 부정해질 수 있는 상태가 아닌 음식을 가리킨다. 요하난 벤 누리 랍비는 마른 무화과로 만든 원형 과자(토쎕타 「오홀롯」 13, 5)는 관례적으로 위에 올려놓고 그 밑에 앉는 경우가 있지만 다른 음식물은 '천막'으로 사용하는 경우가 없다

21) 밭에서 일하던 여인이 추수한 곡식 이삭이 흩어지지 말라고 벽돌(לבנה)을 올려놓는 것이라고 이해할 수도 있다.

고 지적한다.

## 8, 2

첫째 미쉬나의 문맥을 이어 부정을 전이하기도 하고 막을 수도 있는 천막들 중 다른 물건들을 열거한다.

---

הַזִּיזִין, וְהַגְּזְרִיּוֹת, וְהַשּׁוֹבָכוֹת, וְהַשְּׁקִיפִים, וְהַסְּלָעִים, וְהַגְּהָרִים, וְהַשְּׁנָנִים,
וְהַסְּכָכוֹת, וְהַפְּרָעוֹת, שֶׁהֵן יְכוֹלִים לְקַבֵּל מַעֲזִיבָה רַכָּה, דִּבְרֵי רַבִּי מֵאִיר.
וַחֲכָמִים אוֹמְרִים, מַעֲזִיבָה בֵינוֹנִית. אֵלּוּ הֵן הַסְּכָכוֹת, אִילָן שֶׁהוּא מֵסֵךְ עַל
הָאָרֶץ. וְהַפְּרָעוֹת, הַיּוֹצְאוֹת מִן הַגָּדֵר:

---

선반들, 발코니[22], 비둘기장, 내려다 보는 바위[23], 〔넓은〕 바위들, 밑이 파인 바위[24], 날카로운 절벽, 엮어서 만든 덮개, 튀어나온 돌들로 가벼운 회를 받칠 수 있는 것도 〔그러하다는 것이〕 메이르 랍비의 말이다. 그러나 다른 현인들은 중간 〔두께의〕 회를 〔받칠 수 있어야 한다고〕 말했다. 엮어서 만든 덮개는 어떤 것인가? 땅 위에 〔그림자를〕 드리운 나무를 가리킨다. 그리고 튀어나온 돌이란 〔무엇인가?〕 울타리 표면에 튀어나온 것을 가리킨다.

- 이 미쉬나는 자연적으로 튀어나와서 '천막' 역할을 할 수 있는 것이나 그와 비슷하게 만든 물건들을 열거하고 있다.
- 엮어서 만든 덮개는 빈틈이 크지 않고 조밀하게 만들었고 튀어나온

---

22) 이 낱말(גזרה)은 울타리나 담을 친 장소 내부나 발코니를 가리킨다(야스트로 1929, 232; 「오홀롯」 14, 1).

23) 바위에 난 구멍이라는 설명도 있다(알벡).

24) 이 낱말(גהר 또는 גחר)은 밖으로 튀어나온 바위가 있고 그 밑이 파여서 동굴처럼 된 장소를 말하는데, 채광창으로 쓰는 작은 창문을 가리킨다고 설명하기도 한다(sefaria).

돌은 어느 정도 넓이가 있어서 가볍고 묽은 회칠을 발라도 흘러내리지 않아야 한다. 또는 이런 덮개나 돌이 튼튼해서 회칠의 무게를 지탱할 수 있어야 한다고 해석할 수도 있다.

- 다른 랍비들은 중간 밀도의 회칠을 유지할 수 있으면 된다고 주장했다. 또는 중간 두께의 회칠이 더 무거워도 이를 지탱할 수 있어야 한다고 주장했다.

## 8, 3
부정을 전이시키지만 막지는 못하는 물품들을 설명한다.

---

אֵלּוּ מְבִיאִין וְלֹא חוֹצְצִין. הַשִּׁדָּה, וְהַתֵּבָה, וְהַמִּגְדָּל, כַּוֶּרֶת הַקַּשׁ, כַּוֶּרֶת הַקָּנִים, וּבוֹר סְפִינָה אֲלֶכְּסַנְדְּרִית, שֶׁאֵין לָהֶם שׁוּלַיִם וְאֵינָן מַחֲזִיקִים אַרְבָּעִים סְאָה בְלַח, שֶׁהֵם כּוֹרַיִם בְּיָבֵשׁ. וִירִיעָה, וּסְקוֹרְטְיָא, וּקְטָבְלְיָא, וְסָדִין, וּמַפָּץ, וּמַחֲצֶלֶת, שֶׁאֵין עֲשׂוּיִין אֹהָלִים, וּבְהֵמָה וְחַיָּה שֶׁמֵּתוּ, וַאֲכָלִים טְמֵאִים. מוּסָף עֲלֵיהֶם, הָרֵחַיִם שֶׁל אָדָם:

---

이러한 것들은 〔부정을〕 전이시키지만 막지는 못한다. 궤짝, 상자, 찬장, 짚 바구니, 갈대 바구니 또는 알렉산드리아 배에 〔싣는〕 수조로 바닥이 없고 액체를 40쎄아 이하로 마른 물건 2코르 이하까지만 담을 수 있을 것이다. 그리고 장막, 가죽 앞치마, 가죽 침대 덮개, 침대보, 깔개나 양탄자로 천막으로 쓰지 않는 것들이다. 그리고 죽은 가축이나 짐승, 그리고 부정한 음식물들이다. 이에 더하여 사람이 〔돌리는〕 맷돌도 〔그러하다〕.

- 여기 열거한 물건들은 첫째 미쉬나와 종류는 같지만 크기가 다르다. 일정한 크기에 미치지 못하는 상자나 찬장이나 통들은 부정해질 수 있으며, 이런 물건들은 덮기 부정의 전이를 막을 수 없다.
- 천이나 가죽을 천막으로 사용하려고 똑바로 세우지 않고 땅에 늘어

뜨리기만 해도 덮기 부정을 전이시킬 수 있다(「오홀롯」 7, 2). 그러나 이런 것들이 부정을 막지는 못한다.

- 죽은 동물이나 부정한 음식은 이미 부정하기에 부정을 막을 수 없다.
- 사람이 돌리는 맷돌은 한 자리에서 다른 곳으로 들고 옮길 수 있으므로 부정해질 수 있고, 덮기 부정을 막는 데 쓸 수 없다. 굉장히 커서 동물이 돌리는 맷돌이라면 부정을 막을 수도 있을 것이다(「자빔」 3, 2; 4, 2).

## 8, 4

부정을 전이시키지 않지만 부정을 막아주는 천막을 설명한다.

---

אֵלּוּ חוֹצְצִים וְלֹא מְבִיאִין. מַסֶּכֶת פְּרוּסָה, וַחֲבִילֵי הַמִּטָּה, וְהַמִּשְׁפְּלוֹת וְהַסְּרִיגוֹת שֶׁבַּחֲלוֹנוֹת:

---

이러한 것들은 〔부정을〕 막아주지만 전이시키지는 않는다. 〔베틀 위에〕 펴놓은 그물[25], 침대에 〔달린〕 밧줄, 바구니, 그리고 창문에 설치한 격자무늬 빗장이다.

- 이 미쉬나에 열거한 물품들은 덮기 부정이 전이되는 것을 막아준다. 그러므로 위층과 아래층 사이에 있는 통로를 이런 물품들로 막으면 부정이 전이되지 않는다. 그러나 이런 물품들이 독립적인 '천막'이 되어 덮기 부정을 전이시키지는 않는다.
- 베틀 위에 펴놓은 그물이란 아직 완성되지 않는 엉성한 천을 가리킨다(알벡). 침대 틀에 밧줄을 돌려 감아서 누울 수 있는 공간을 만든다. 바구니(「켈림」 24, 9)나 격자무늬 빗장(「오홀롯」 13, 1)은 모두

---

25) 이 낱말(מסכת)은 베틀 위에 펴놓은 '그물'이나 '망'을 가리킨다(야스트로 1929, 808). 번역자에 따라 warp-threads(댄비; 뉴스너)라고 번역하기도 한다.

구멍이 나서 천막이 될 수 없다.

## 8, 5

마지막 범주로 부정을 전이시키지도 않고 막아주지도 않는 물품들을 열거한다.

---

אֵלּוּ לֹא מְבִיאִין וְלֹא חוֹצְצִין. הַזְּרָעִים וְהַיְּרָקוֹת הַמְחֻבָּרִים לַקַּרְקַע, חוּץ מִן הַיְּרָקוֹת שֶׁמָּנוּ, וְכִפַּת הַבָּרָד, וְהַשֶּׁלֶג, וְהַכְּפוֹר, וְהַגְּלִיד, וְהַמֶּלַח, וְהַדּוֹלֵג מִמָּקוֹם לְמָקוֹם, וְהַקּוֹפֵץ מִמָּקוֹם לְמָקוֹם, וְהָעוֹף הַפּוֹרֵחַ, וְטַלִּית הַמְנַפְנֶפֶת, וּסְפִינָה שֶׁהִיא שָׁטָה עַל פְּנֵי הַמָּיִם. קָשַׁר אֶת הַסְּפִינָה בְּדָבָר שֶׁהוּא יָכוֹל לְהַעֲמִידָהּ, כָּבַשׁ אֶת הָאֶבֶן עַל גַּבֵּי הַטַּלִּית, מְבִיאָה אֶת הַטֻּמְאָה. רַבִּי יוֹסֵי אוֹמֵר, הַבַּיִת שֶׁבַּסְּפִינָה אֵינוֹ מֵבִיא אֶת הַטֻּמְאָה:

---

이러한 것들은 〔부정을〕 전이시키지도 않고 막아주지도 않는다. 땅에 심겨 있는 씨앗이나 채소, 위에서 언급한 채소는 제외하고,[26) ]우박[27)], 눈, 서리[28)], 얼음, 소금, 한 장소에서 다른 장소로 뛰는 〔동물〕, 한 장소에서 다른 장소로 뛰어넘는 〔동물〕,[29)] 나는 새, 펄럭이는 겉옷, 수면을 항해하는 배가 그러하다. 배를 묶어서 세워두었거나, 겉옷을 돌로 눌러놓았다면, 부정을 전이시킨다. 요쎄 랍비는 배 위에 있는 집은 부정을 전이시키지 않는다고 말했다.

- 나무가 아니라 화초나 채소가 아직 땅에 심겨져 있다면 '천막' 역할을 하지 않는다. 잎이 풍성하여 그늘을 드리우는 것들(「오홀롯」 8, 1)

---

26) 「오홀롯」 8, 1에서 언급한 채소를 말한다.

27) 「미크바옷」 7, 1 참조하라.

28) 출애굽기 16:14 참조하라.

29) 이 본문에서 뛰는(הדולג) 것과 뛰어넘는(הקופץ) 것의 차이는 한 발씩 뛰느냐 두 발로 함께 뛰느냐의 차이라고 설명하기도 한다(알벡).

은 예외다. 우박이나 눈, 서리, 얼음, 소금은 녹아 없어지기 때문에 '천막'이 될 수 없다(알벡). 뛰거나 뛰어넘는 동물은 '천막'이 될 수 없으니, '천막'이 되려면 한 장소에 고정되어 있어야 한다. 겉옷이나 배도 같은 원리로 '천막'이 될 수 없다.

- 그러나 배를 부두에 매어 고정시켰고 더 이상 움직이지 않는다면, 겉옷을 돌로 눌러서 더 이상 펄럭이지 않는다면, '천막' 역할을 할 수도 있고 덮기 부정을 전이시킬 수 있다. 배 위에 지은 집은 움직이기 때문에 '천막'이 될 수 없다(예루살렘 탈무드 「에루빈」1, 7).

## 8, 6

---

שְׁתֵּי חָבִיּוֹת וּבָהֶן כִּשְׁנֵי חֲצָיֵי זֵיתִים, מֻקָּפוֹת צָמִיד פָּתִיל וּמֻנָּחוֹת בְּתוֹךְ הַבַּיִת, הֵן טְהוֹרוֹת, וְהַבַּיִת טָמֵא. נִפְתְּחָה אַחַת מֵהֶן, הִיא וְהַבַּיִת טְמֵאִים וַחֲבֶרְתָּהּ טְהוֹרָה. וְכֵן שְׁנֵי חֲדָרִים שֶׁהֵן פְּתוּחִין לַבָּיִת:

---

병이 두 개 있고 올리브 열매 반쪽만 한 〔시체의 일부〕 두 개가 〔각각〕 그것들 안에 들어 있는데, 〔입구에〕 꼭 맞는 뚜껑을 닫아서 어떤 집 안에 두었다면, 그 〔병들은〕 정결하지만, 그 집은 부정하다.

그 〔병들〕 중에 하나가 열려 있다면, 그 〔병과〕 그 집이 부정하며, 다른 〔병은〕 정결하다. 이것은 출입구가 집 안으로 열려 있는 방 두 개도 마찬가지다.

- 부정의 요인이 올리브 열매 반쪽만 하다면 사체의 부정을 전이시키는 최소 크기 규정에 미치지 못한다. 이런 부정의 요인이 병 안에 들어 있다면 그 병은 정결하다. 그러나 이런 병이 두 개가 있고 이 병이 어떤 집 안에 들어 있었다면, 그 병 입구에 꼭 맞는 뚜껑을 덮었어도 부정의 요인 두 개는 하나로 결합하여 그 집을 오염시킨다. 그러나 그 뚜껑 때문에 그 집의 덮기 부정은 병 내부로 침입할 수 없으며, 병

두 개는 모두 정결한 상태를 유지한다. 병 뚜껑이 열려 있다면 물론 덮기 부정이 전이되어 부정해진다. 같은 원리가 방 안에 들어 있는 올리브 열매 반쪽만 한 부정의 요인에도 똑같이 적용된다.

## 제9장

구멍이 많아서 그릇이 될 수 없는 벌통이나 관과 상자가 덮기 부정과 어떻게 관련되는지 논의한다.

### 9, 1

「오홀롯」 제9장은 벌집이나 벌집처럼 생긴 물건이 어떤 조건하에서 부정해지는지 논의한다.

---

כַּוֶּרֶת שֶׁהִיא בְתוֹךְ הַפֶּתַח וּפִיהָ לַחוּץ, כַּזַּיִת מִן הַמֵּת נָתוּן תַּחְתֶּיהָ אוֹ עַל גַּבָּהּ מִבַּחוּץ, כֹּל שֶׁהוּא כְנֶגֶד הַזַּיִת, תַּחְתֶּיהָ וְגַבָּהּ טָמֵא. וְכֹל שֶׁאֵינוֹ כְנֶגֶד הַזַּיִת, תּוֹכָהּ, וְהַבַּיִת, טָהוֹר. בַּבַּיִת, אֵין טָמֵא אֶלָּא הַבַּיִת. בְּתוֹכָהּ, הַכֹּל טָמֵא:

---

어떤 벌통이 〔어떤 집〕 현관 안에 있고 그 입이 바깥쪽을 향하고 있을 때, 올리브 열매 〔크기〕만 한 시체의 〔일부가〕 그 〔벌통〕 밑이나 그 위 〔그리고 집〕 바깥에 놓여 있다면, 그 올리브 열매 〔크기만 한 시체의 일부의〕 맞은편에 있는 모든 것, 즉 그 아래 있거나 위에 있으면 부정해진다. 그 올리브 열매 〔크기만 한 시체의 일부의〕 맞은편에 있지 않은 모든 것, 즉 그 안에 있거나 그 집 〔자체는〕 정결하다.

〔부정한 것이〕 그 집 안에 있으면 그 집만 부정해진다. 〔부정한 것이〕 그 〔벌통〕 안에 있으면 모든 것이 부정해진다.

- 벌집처럼 구멍이 많은 구조로 생긴 벌통이 어떤 집 현관에 놓여 있는데, 그 입이 바깥쪽으로 향하게 옆으로 누워 있다. 벌집이나 벌집처럼 생긴 물건은 기본적으로 부정해지지 않지만, 예외적인 경우 세 가지를 들어 논의한다.
- 올리브 열매 크기만 한 시체의 일부가 옆으로 누워 있는 벌통 아래나 위에 놓여 있다면, 덮기 부정은 원래 옆으로 전이되지 않지만 그 벌통은 부정을 막지 못하므로 바로 윗부분이나 아랫부분에 있던 물건에 덮기 부정이 전이된다(「오홀롯」 6, 1). 그러나 그 벌통 바로 위나 아래에 있지 않는 모든 다른 물건들은 부정이 전이되지 않으니, 정결함을 유지한다. 심지어 그 바구니 안에 있는 물건들도 정결하며, 그 집 안에 있는 다른 그릇이나 물건들도 정결하다.
- 집 안에 부정의 요인이 있다면 그 집이 부정해지는 것은 당연한데, 벌통의 입구가 바깥을 향하고 있기 때문에 벌통 안에 있는 그릇이나 물건은 정결하다.
- 부정의 요인이 벌통 안에 있다면, 그 벌통 위와 아래 있는 것들이 부정해지고, 그 집 안쪽에 있는 것들도 부정해진다. 벌통은 덮기 부정을 전이시키지만 막지는 못하는 셈이다(「오홀롯」 8, 3).

## 9, 2

---

הָיְתָה גְבוֹהָה מִן הָאָרֶץ טֶפַח, טֻמְאָה תַחְתֶּיהָ אוֹ בַבַּיִת אוֹ עַל גַּבָּהּ, הַכֹּל טָמֵא, אֶלָּא תוֹכָהּ. בְּתוֹכָהּ, הַכֹּל טָמֵא:

---

〔벌통이〕 땅에서 1테팍 높이로 떨어져 있을 때, 부정한 것이 그 밑에 또는 집 안에 또는 그 위에 있다면, 모든 것이 부정하지만 그 〔벌통〕 안에 있는 것들은 그렇지 않다. 〔부정한 것이〕 그 안에 있다면, 모든 것이 부정하다.

- 벌통을 땅에서 1테팍 높이로 떼어서 설치하면 벌통 밑으로 '천막'의 최소 크기 규정에 맞는 공간이 형성된다. 이 공간에 부정한 것이 있다면 덮기 부정 때문에 그 집 전체에 부정이 전이된다. 그러나 벌통은 부정을 받아들일 수 없으므로 그 안에 있는 것들은 정결하다.
- 부정의 요인이 벌통 안에 있다면, 모든 것이 부정해진다.

## 9, 3

בַּמֶּה דְבָרִים אֲמוּרִים, בִּזְמַן שֶׁהִיא כְלִי מְחֻלְחָלֶת. הָיְתָה פְחוּתָה וּפְקוּקָה בְקַשׁ אוֹ אֲפוּצָה, אֵיזוֹ הִיא אֲפוּצָה, כֹּל שֶׁאֵין לָהּ טֶפַח מִמָּקוֹם אֶחָד, כַּזַּיִת מִן הַמֵּת נָתוּן תַּחְתֶּיהָ, כְּנֶגְדּוֹ עַד הַתְּהוֹם טָמֵא. עַל גַּבָּהּ, כְּנֶגְדּוֹ עַד הָרָקִיעַ טָמֵא. בַּבַּיִת, אֵין טָמֵא אֶלָּא הַבַּיִת. בְּתוֹכָהּ, אֵין טָמֵא אֶלָּא תוֹכָהּ:

이것은 무슨 말인가? 〔그 벌통이 온전하고〕 헐겁게 〔고정한〕 그릇일 때 〔그렇다는〕 말이다. 그것이 부서졌거나 짚으로 막혔거나 붙어 있을 때는 〔그렇지 않다〕. 붙어 있다는 것은 무슨 말인가? 다른 장소에 〔붙어서〕 1테팍 〔크기의 공간도〕 없는 경우를 말한다. 올리브 열매 〔크기만 한〕 시체의 일부분이 그 아래 놓여 있다면, 바로 밑으로 깊은 곳[30]까지 부정해진다. 〔부정한 것이〕 그 위에 있다면, 바로 위로 궁창[31]에 이르기까지 부정해진다. 〔부정한 것이〕 집 안에 있다면 그 집만 부정해진다. 〔부정한 것이〕 그 〔벌통〕 안에 있다면 그 안쪽만 부정해진다.

---

30) 이 낱말(תהום, 테홈)은 '깊은 곳'이라고 번역했는데, 고대 서아시아 세계관에 따라 사람들이 사는 지표면 밑에 지하세계를 가리킨다.

31) 이 낱말(רקיע, 라키아)은 '궁창'이라고 번역했는데, 고대 서아시아 세계관에 따라 하늘 위에 있는 물을 가두는 투명하고 딱딱한 덮개를 가리킨다. 궁창에 달린 창문을 열면 비가 내린다.

- 위의 첫째와 둘째 미쉬나에서 논의한 바는 벌통이 온전하고 상하지 않았을 때 그리고 이것을 현관에 단단히 고정하지 않아서 움직일 수 있도록 설치했을 때 적용할 수 있다(「켈림」 10, 3).
- 벌통의 일부가 부서져서 떨어져나가고 더 이상 '그릇'이 아니라면, 짚으로 막아서 부정이 침투할 수 없다면, 그리고 현관 벽에 가깝게 (1테팍 미만) 붙어 있는 경우에(「오홀롯」 5, 5) 부정한 것이 밑에 있으면 땅 끝까지, 위에 있으면 하늘 끝까지 이른다. 반대쪽은 정결하게 유지된다.
- 부정한 것이 집 안에 있다면 그 집이 부정해지는 것은 첫째 미쉬나와 같다. 부정한 것이 그 벌통 안에 있다면 벌통 내부는 부정해지고, 그 아래나 위 그리고 집 안은 정결하다. 결국 벌통은 부정을 전이시키기도 하고 막기도 한다.

## 9, 4

손상되었거나 현관에 고정된 벌통에 대해 부연설명을 한다.

---

הָיְתָה גְבוֹהָה מִן הָאָרֶץ טֶפַח, טְמְאָה תַחְתֶּיהָ אוֹ בַבַּיִת, תַּחְתֶּיהָ וְהַבַּיִת טָמֵא, תּוֹכָהּ וְגַבָּהּ טָהוֹר. בְּתוֹכָהּ, אֵין טָמֵא אֶלָּא תוֹכָהּ. עַל גַּבָּהּ, כְּנֶגְדּוֹ עַד הָרָקִיעַ טָמֵא:

---

〔손상되거나 막히거나 붙어 있는 벌통이〕 땅에서 1테팍 높이로 떨어져 있을 때, 부정한 것이 그 〔벌통〕 밑에 또는 그 집 안에 있다면, 그 밑부분과 그 집은 부정해지지만, 그 속과 위쪽은 정결하다. 〔부정한 것이〕 그 속에 있다면 그 내부 공간만 부정해진다. 〔부정한 것이〕 그 위에 있다면 바로 위로 궁창까지 부정해진다.

- 손상된 벌통 밑에 '천막'의 최소 크기 규정에 맞는 공간이 있으므로,

그 밑에 있는 것들과 집에 덮기 부정을 전이시킨다. 그러나 그 집 바깥이면서 벌통 위가 되는 부분은 정결하다. 벌통 윗부분이지만 집 안에 있다면 부정하다.

9, 5

이 미쉬나부터 여덟째 미쉬나까지는 위에서 언급한 것과 동일한 상황들을 다루는데 벌통의 위치만 바뀌었다.

---

בַּמֶּה דְבָרִים אֲמוּרִים, בִּזְמַן שֶׁפִּיהָ לַחוּץ. הָיָה פִיהָ לִפְנִים, וְכַזַּיִת מִן הַמֵּת נָתוּן תַּחְתֶּיהָ אוֹ עַל גַּבָּהּ מִבַּחוּץ, כֹּל שֶׁהוּא כְנֶגֶד הַזַּיִת, תַּחְתֶּיהָ וְגַבָּהּ וְתוֹכָהּ טָמֵא. וְכֹל שֶׁאֵינוֹ כְנֶגֶד הַזַּיִת, תּוֹכָהּ וְהַבַּיִת טָהוֹר. בְּתוֹכָהּ אוֹ בַבַּיִת, הַכֹּל טָמֵא:

---

이것은 무슨 말인가? 그 〔벌통의〕 입이 바깥쪽을 향하고 있을 때 〔그러하다는〕 말이다. 그 입이 안쪽을 향하고 있었고, 올리브 열매 〔크기만 한〕 사체의 〔일부가〕 그 아래나 그 위 바깥 면에 있었다면, 그 올리브 열매 〔크기만 한 사체의 일부〕 맞은편에 있는 모든 것들은 그 아래나 위 그리고 그 안에 있어도[32] 부정해진다. 그 올리브 열매 〔크기만 한 사체의 일부〕 맞은편에 있지 않은 모든 것은 그 안에 있거나 그 집도 정결하다. 〔부정한 것이 그 벌통〕 안에 또는 그 집 안에 있었다면, 모든 것이 부정해진다.

- 입구가 집 안쪽을 향하고 있는 벌통 아래나 위에 최소 크기 규정에 맞는 부정한 것이 있다면, 이 부정의 요인은 '천막' 안에 들어 있지 않으므로 부정이 직접적으로 관련되어 있는 위와 아래쪽으로만 전이된다. 부정이 옆으로는 전이되지 않으므로 그 집과 집에 들어 있

32) 이 문장에서 '그 안에'(ותוכה)라는 말이 빠져 있는 판본도 있다(댄비).

는 사람이나 물품은 정결하며, 또 벌통 자체는 부정해지지 않으므로 그 내부에 들어 있는 물품들도 정결하다.

- 부정의 요인이 벌통 안에 있다면 부정이 내부와 아래와 위는 물론 바깥으로 전이되므로 집 전체가 부정해진다. 부정의 요인이 집 안에 있어도 모든 것이 부정해지는데, 벌통 안에 있는 물품들도 부정해진다는 말로 첫째 미쉬나와 다르다. 왜냐하면 벌통의 입구가 집 안쪽을 향하고 있기 때문이다.

## 9, 6

הָיְתָה גְבוֹהָה מִן הָאָרֶץ טֶפַח, טֻמְאָה תַחְתֶּיהָ אוֹ בַבַּיִת אוֹ בְתוֹכָהּ אוֹ עַל גַּבָּהּ, הַכֹּל טָמֵא:

〔그 벌통이〕 땅에서 1테팍 높이로 떨어져 있을 때, 부정한 것이 그 아래나 그 집 안이나 그 안이나 그 위에 있었다면, 모든 것이 부정하다.

- 이런 경우 모든 것이 부정하며 벌통 안에 들어 있는 물품도 부정해져서 둘째 미쉬나와 다르다. 그 이유는 물론 벌통의 입구가 집 안쪽을 향하고 있기 때문이다.

## 9, 7

בַּמֶּה דְבָרִים אֲמוּרִים, בִּזְמַן שֶׁהִיא כְלִי מְחֻלְחָלֶת. הָיְתָה פְחוּתָה וּפְקוּקָה בְקַשׁ אוֹ אֲפוּצָה, אֵיזוֹהִי אֲפוּצָה, כֹּל שֶׁאֵין לָהּ טֶפַח מִמָּקוֹם אֶחָד, כַּזַּיִת מִן הַמֵּת נָתוּן תַּחְתֶּיהָ, כְּנֶגְדּוֹ עַד הַתְּהוֹם טָמֵא. עַל גַּבָּהּ, כְּנֶגְדּוֹ עַד הָרָקִיעַ טָמֵא. בְּתוֹכָהּ אוֹ בַבַּיִת, תּוֹכָהּ וְהַבַּיִת טְמֵאִים:

이것은 무슨 말인가? 〔그 벌통이 온전하고〕 헐겁게 〔고정한〕 그릇일 때 〔그렇다는〕 말이다. 그것이 부서졌거나 짚으로 막혔거나 붙어 있을 때는 〔그렇지 않다〕. 붙어 있다는 것은 무슨 말인가? 다른 장소에 〔붙여서〕 1테팍 〔크기의 공간도〕 없는 경우를 말한다. 올리브 열매 〔크기〕만 한 시체의 〔일부분이〕 그 아래 놓여 있다면 바로 밑으로 깊은 곳까지 부정해진다. 〔부정한 것이〕 위에 있었다면, 바로 위로 궁창까지 부정해진다. 〔부정한 것이〕 그 안이나 그 집 안에 있었다면, 그 안쪽과 그 집이 부정해진다.

- 손상되거나 막히거나 벽이나 현관에 꼭 붙어 있는 벌통 밑에 부정의 요인이 있다면, 아래로 깊은 곳에 이르기까지 부정이 전이된다. 그렇지만 위로는 전이되지 않는다. 부정한 것이 위에 있다면, 위로 궁창까지 부정이 되지만, 아래로는 전이되지 않는다.
- 부정한 것이 벌통 안이나 집 안에 있다면 벌통의 입구가 안쪽을 향하고 있기 때문에 벌집과 집은 서로를 부정하게 만든다. 셋째 미쉬나와 달라지는 지점이다.

## 9, 8

---

הָיְתָה גְבוֹהָה מִן הָאָרֶץ טֶפַח, טֻמְאָה תַחְתֶּיהָ אוֹ בַבַּיִת אוֹ בְתוֹכָהּ, הַכֹּל טָמֵא, אֶלָּא גַבָּהּ. עַל גַּבָּהּ, כְּנֶגְדּוֹ עַד הָרָקִיעַ טָמֵא:

---

〔이런 벌통이〕 땅에서 1테팍 높이로 떨어져 있을 때, 부정한 것이 그 아래나 그 집 안이나 그 안에 있다면, 모든 것이 부정해지지만 그 위는 〔부정해지지 않는다〕. 〔부정한 것이〕 그 위에 있다면, 바로 위로 궁창까지 부정해진다.

- 벌통의 입구가 집 안쪽을 향하므로 부정한 것이 벌통 안에 있어도 부정이 집 안으로 전이된다는 점이 넷째 미쉬나와 다른 점이다.

## 9, 9

벌통이 집 안에 가득 차 있는 경우를 논의한다.

הָיְתָה מְמַלְּאָה אֶת כָּל הַבַּיִת וְאֵין בֵּינָהּ לְבֵין הַקּוֹרוֹת פּוֹתֵחַ טֶפַח, טֻמְאָה בְתוֹכָהּ, הַבַּיִת טָמֵא. טֻמְאָה בַבַּיִת, מַה שֶּׁבְּתוֹכָהּ טָהוֹר, שֶׁדֶּרֶךְ טֻמְאָה לָצֵאת וְאֵין דַּרְכָּהּ לְהִכָּנֵס, בֵּין עוֹמֶדֶת בֵּין מֻטָּה עַל צִדָּהּ, בֵּין אַחַת בֵּין שְׁתָּיִם:

〔벌통을〕 집 전체에 가득 채웠고 〔벌통과〕 지붕보 사이에 1테팍이 되는 공간이 없을 때, 부정한 것이 그 안에 있다면, 그 집은 부정해진다. 부정한 것이 집 안에 있다면, 그 〔벌통〕 안에 있는 것은 정결한데, 부정의 길은 〔바깥으로〕 나가고 들어오지 않기 때문이다. 〔벌통이〕 똑바로 서 있거나 옆으로 누워 있어도 〔상관없으며〕, 하나이거나 둘이어도 〔상관없다〕.

- 벌통을 지붕에 닿을 정도로 집 안에 가득 채웠고, 부정한 것이 벌통 안에 있다면, 부정이 밖으로 전이되어 집 전체가 부정해진다. 그러나 부정이 집 안에 있고 벌통 안에 있지 않다면, 부정은 더 좁은 공간 안으로 들어오지 않고 바깥으로 나가려는 성향이 있으므로(「오홀롯」 4, 1), 벌통 안에 있는 물품들은 정결을 유지한다. 이런 규칙은 벌통이 설치된 방향이나 숫자와 관계없이 적용된다.
- 위에서 논의한 것처럼 부정이 아래에 있거나 위에 있는지 구별하지 않아도 되는 이유는 벌통이 현관이 아니라 완전히 집 안에 들어와 있기 때문이다.

## 9, 10

הָיְתָה עוֹמֶדֶת בְּתוֹךְ הַפֶּתַח וְאֵין בֵּינָהּ לְבֵין הַמַּשְׁקוֹף פּוֹתֵחַ טֶפַח, טֻמְאָה בְתוֹכָהּ, הַבַּיִת טָהוֹר. טֻמְאָה בַבַּיִת, מַה שֶּׁבְּתוֹכָהּ טָמֵא, שֶׁדֶּרֶךְ הַטֻּמְאָה

לָצֵאת וְאֵין דַּרְכָּהּ לְהִכָּנֵס:

[벌통이] 현관 안에 서 있고 그 [벌통과] 문턱 사이에 1테팍 되는 공간이 없을 때, 부정한 것이 그 안에 있다면 그 집은 정결하다. 부정한 것이 그 집 안에 있다면 그 [벌통] 안에 있는 것은 부정해지니, 부정의 길은 [바깥으로] 나가고 들어오지 않기 때문이다.

- 이 미쉬나에서 벌통은 현관에 최소 거리 규정에 미치지 못할 만큼 가깝게 서 있고 입이 위를 향하고 있다. 부정의 요인이 벌통 안에 있다면, '천막'이 형성되지 않으므로 집 안으로 부정이 전이되지 않는다(셋째 미쉬나). 부정의 요인이 집 안에 있다면, 부정이 집 안에서 현관을 통해 밖으로 전이된다. 그러므로 현관에 가깝게 붙어 서 있는 벌통의 내용물은 밖으로 나가는 부정의 영향을 받아 부정해진다(「오홀롯」 4, 3).

### 9, 11

벌통이 집 바깥에 있는 상황을 논의한다.

הָיְתָה מֻטָּה עַל צִדָּהּ בָּאֲוִיר וְכַזַּיִת מִן הַמֵּת נָתוּן תַּחְתֶּיהָ אוֹ עַל גַּבָּהּ, כֹּל שֶׁהוּא כְנֶגֶד הַזַּיִת, תַּחְתֶּיהָ וְגַבָּהּ, טָמֵא. וְכֹל שֶׁאֵינוֹ כְנֶגֶד הַזַּיִת, תּוֹכָהּ, טָהוֹר. בְּתוֹכָהּ, הַכֹּל טָמֵא:

[벌통이] 열린 공간에 옆으로 누워 있을 때 올리브 열매 [크기]만 한 시체의 [일부분이] 그 아래나 위에 있다면, 올리브 열매 [크기만 한 시체의 일부분] 맞은편에 있는 것은 그 아래에 있든 위에 있든 부정해진다. 올리브 열매 [크기만 한 시체의 일부분] 맞은편에 있지 않은 것은 그 안에 있어도 정결하다. [부정한 것이] 그 안에 있다면 모든 것이 부정해진다.

• 벌통이 집 밖에 열린 공간에 있고 입구가 옆으로 열려 있을 때 부정의 요인이 그 벌통 아래나 위에 있다면, 위와 같은 규정이 전이되며, 부정은 아래나 위로 전이되고 옆으로는 전이되지 않는다. 독립적인 '천막'이 형성되지 않기 때문이다. 그러나 부정의 요인이 벌통 안에 있다면, 일단 벌통 안에 부정이 전이되고, 벌집은 '천막'이 아니기 때문에 아래와 위와 옆으로 부정이 전이된다.

9, 12
벌통이 집 바깥에 있는 상황을 계속 논의한다.

---

הָיְתָה גְבוֹהָה מִן הָאָרֶץ טֶפַח, טֻמְאָה תַחְתֶּיהָ אוֹ עַל גַּבָּהּ, הַכֹּל טָמֵא, אֶלָּא תוֹכָהּ. בְּתוֹכָהּ, הַכֹּל טָמֵא. בַּמֶּה דְבָרִים אֲמוּרִים, בִּזְמַן שֶׁהִיא כֶלִי. הָיְתָה פְחוּתָה וּפְקוּקָה בְקַשׁ, אוֹ מַחֲזֶקֶת אַרְבָּעִים סְאָה, כְּדִבְרֵי חֲכָמִים, כַּזַּיִת מִן הַמֵּת נָתוּן תַּחְתֶּיהָ, כְּנֶגְדּוֹ עַד הַתְּהוֹם טָמֵא. עַל גַּבָּהּ, כְּנֶגְדּוֹ עַד הָרָקִיעַ, טָמֵא. בְּתוֹכָהּ, אֵין טָמֵא אֶלָּא תוֹכָהּ. הָיְתָה גְבוֹהָה מִן הָאָרֶץ טֶפַח, טֻמְאָה תַחְתֶּיהָ, טָמֵא. בְּתוֹכָהּ, תּוֹכָהּ טָמֵא. עַל גַּבָּהּ, כְּנֶגְדּוֹ עַד הָרָקִיעַ טָמֵא:

---

〔그 벌통이〕 땅에서 1테팍 높이로 떨어져 있고, 부정한 것이 그 아래나 그 위에 있다면, 모든 것이 부정해지지만, 그 안에 있는 것은 〔그렇지 않다. 부정한 것이〕 그 안에 있다면, 모든 것이 부정해진다. 이것은 무슨 말인가? 그것이 '그릇'일 경우에 〔그러하다〕.

그것이 손상되었거나 짚으로 막혀 있거나 40쎄아를 담을 수 있다면, 현인들의 의견에 따르면, 올리브 열매 〔크기〕만 한 시체의 〔일부분이〕 그 밑에 있을 때 바로 밑으로 깊은 곳까지 부정해진다. 〔부정한 것이〕 위에 있을 때 바로 위로 궁창까지 부정해진다. 〔부정한 것이〕 그 안에 있을 때는 그 안에 있는 것들만 부정해진다.

〔그 벌통이〕 땅에서 1테팍 높이로 떨어져 있을 때 부정한 것이 그 아래 있다면, 〔그 벌통 아래 있는 것들이〕 부정해진다. 그 안에 있다면

그 안에 있는 것들이 부정해진다. 그 위에 있다면 그 위로 궁창까지 부정해진다.

- 열린 공간에 옆으로 누워 있는 벌통이 땅에서 최소 크기 규정에 맞는 공간 위로 떨어져 있을 때, 일종의 '천막' 역할을 하게 되며, 부정한 것이 그 아래나 그 위에 있다면 모든 것이 부정해진다. 그러나 벌통 자체는 부정해질 수 없으므로, 벌통 내부에 있는 물품들은 정결하게 유지된다. 부정한 것이 벌통 안에 있다면 예외 없이 모든 것이 부정해진다. 이때 벌통은 일종의 '그릇' 역할을 하고 있다.
- 만약 그 벌통이 손상되었거나 짚으로 막혀 있어서 '그릇'이 될 수 없거나 40쎄아 이상 들어가는 벌통이라서 부정으로부터 보호할 수 있는 '천막'이 되는데(「오홀롯」 8, 1), 부정의 요인이 벌통 아래 있다면 바로 밑으로 깊은 곳에 이르기까지 모든 것이 부정해진다. 부정의 요인이 벌통 위에 있다면 바로 위로 궁창까지 부정해진다. 부정의 요인이 벌통 안에 있다면 벌통 내부만 부정이 전이되고 나머지는 정결하다.
- 만약 '그릇'이 될 수 없는 벌통이 땅에서 1테팍 높이가 되도록 떨어져 있어서 '천막' 역할을 할 때, 부정의 요인이 그 아래 있다면, 그 밑에 있는 것들만 부정해진다. 그 벌통 안에 있다면, 벌통 내부만 부정해진다. 그 벌통 위에 있다면 '천막'이 없기 때문에 위로 궁창까지 부정해진다.

## 9, 13

---

הָיְתָה יוֹשֶׁבֶת עַל שׁוּלֶיהָ וְהִיא כְלִי, טְמֵאָה תַחְתֶּיהָ, בְּתוֹכָהּ, אוֹ עַל גַּבָּהּ,
טְמֵאָה בוֹקַעַת וְעוֹלָה, בוֹקַעַת וְיוֹרֶדֶת. הָיְתָה גְבוֹהָה מִן הָאָרֶץ טֶפַח, אוֹ
מְכֻסָּה, אוֹ כְפוּיָה עַל פִּיהָ, טְמֵאָה תַחְתֶּיהָ, בְּתוֹכָהּ, אוֹ עַל גַּבָּהּ, הַכֹּל טָמֵא:

---

〔벌통이〕 그 바닥을 깔고 똑바로 앉아 있다면 이것은 '그릇'이며, 부정한 것이 그 아래, 그 속에, 또는 그 위에 있을 때, 부정이 뚫고 올라가거나 뚫고 내려간다. 그것이 땅에서 1테팍 정도 높이로 떨어져 있거나, 그 입구를 덮었거나, 뒤집어놓았고, 부정한 것이 그 아래, 그 속에, 또는 그 위에 있을 때, 모든 것이 부정하다.

- 벌통을 집 밖에 똑바로 세워서 입구가 위를 향하도록 놓았고 손상된 부분이 없고 땅에 고정되지 않아서 '그릇' 역할을 할 수 있는데, 부정한 것이 그 아래나 내부나 그 위에 있다면, 부정은 위와 아래 방향으로 전이된다. 벌통의 입구가 열려 있고 또 다른 천막 역할을 하는 지붕이 없으므로 제한을 받지 않는다.
- 그 벌통이 땅에서 최소 크기 규정에 맞는 공간만큼 떨어져 있거나, 입구를 덮기는 했는데 꼭 맞는 뚜껑이 없거나(「오홀롯」 5, 6), 뒤집어놓아서 입구가 땅을 향하고 있을 때, 부정한 것이 그 아래나 내부나 그 위에 있다면, 부정이 최소 규정에 맞는 공간으로 전이되면서 위나 아래 방향은 물론 옆으로도 전이된다.

## 9, 14

בַּמֶּה דְבָרִים אֲמוּרִים, בִּזְמַן שֶׁהִיא כֶלִי. הָיְתָה פְחוּתָה וּפְקוּקָה בְקַשׁ, אוֹ
מַחֲזֶקֶת אַרְבָּעִים סְאָה כְּדִבְרֵי חֲכָמִים, טְמְאָה תַחְתֶּיהָ, בְּתוֹכָהּ, אוֹ עַל גַּבָּהּ,
טֻמְאָה בוֹקַעַת וְעוֹלָה, בּוֹקַעַת וְיוֹרֶדֶת. רַבִּי אֱלִיעֶזֶר וְרַבִּי שִׁמְעוֹן אוֹמְרִים,
אֵין טֻמְאָה עוֹלָה לָהּ, אַף לֹא יוֹרֶדֶת מִמֶּנָּה. הָיְתָה גְבוֹהָה מִן הָאָרֶץ טֶפַח,
טֻמְאָה תַחְתֶּיהָ, תַּחְתֶּיהָ טָמֵא. בְּתוֹכָהּ, אוֹ עַל גַּבָּהּ, כְּנֶגְדּוֹ עַד הָרָקִיעַ טָמֵא:

이것은 무슨 말인가? 〔그 벌통이〕 '그릇'일 때 〔그렇다는〕 말이다. 〔그 벌통이〕 손상되었거나 짚으로 막아놓았거나, 또는 다른 현인들의 〔규정에〕 따라 40쎄아 정도를 담을 수 있을 때, 부정한 것이 그 아래,

그 속에, 또는 그 위에 있었다면, 부정은 뚫고 올라가거나 뚫고 내려간다. 엘리에제르 랍비와 쉼온 랍비는 〔이런 경우에〕 부정이 위로 올라가지 않고 아래로 내려가지도 않는다고 말했다. 〔그 벌통이〕 땅에서 1테팍 높이 정도 떨어져 있을 때, 부정한 것이 그 아래 있다면, 그 아랫부분이 부정해진다. 〔부정한 것이〕 그 속에 또는 그 위에 있다면, 바로 위쪽으로 궁창까지 부정해진다.

- 지금까지 언급한 규정들은 모두 벌통이 '그릇'의 조건에 맞고 '천막'의 조건에 맞지 않을 경우에 적용한다. 그런데 벌통이 '그릇'이 될 수 없는 경우, 즉 손상되었거나, 짚으로 막아놓았거나, 40쎄아 정도를 담을 수 있을 만큼 커서 옮길 수 없을 때, 이 벌통은 독립된 '그릇'도 아니고 '천막'도 아니며, 사체의 부정은 바로 위나 아래 방향으로만 전이된다. 이것은 사실 그릇일 경우와 동일하며(열셋째 미쉬나), 벌통은 부정의 전이를 막지 못한다.
- 엘리에제르 랍비와 쉼온 랍비는 반대 의견을 제기하는데, 이 벌통은 열린 '천막'이지만 부정의 전이를 막는다고 주장한다. 부정한 것이 아래 있다면 더 이상 위로 올라갈 수 없고, 부정한 것이 위에 있다면 벌통 밑부분은 정결하다.
- '그릇'이 될 수 없는 벌통이 최소 크기 규정에 맞는 공간보다 위에 설치되어 있고, 부정한 것이 그 아래 있다면, 밑부분이 부정해지며 더 이상 전이되는 것을 막는다. 부정한 것이 벌통 안이나 위에 있다면, 밑부분은 정결하며, 부정은 위로 전이되고 하늘 끝까지 이른다.

### 9, 15

시체를 넣는 관에 대해 논의한다.

אָרוֹן שֶׁהִיא רְחָבָה מִלְּמַטָּן וְצָרָה מִלְּמַעְלָן וְהַמֵּת בְּתוֹכָהּ, הַנּוֹגֵעַ בָּהּ מִלְּמַטָּן, טָהוֹר. וּמִלְּמַעְלָן, טָמֵא. רְחָבָה מִלְּמַעְלָן וְצָרָה מִלְּמַטָּן, הַנּוֹגֵעַ בָּהּ מִכָּל מָקוֹם, טָמֵא. הָיְתָה שָׁוָה, הַנּוֹגֵעַ בָּהּ מִכָּל מָקוֹם, טָמֵא, דִּבְרֵי רַבִּי אֱלִיעֶזֶר. וְרַבִּי יְהוֹשֻׁעַ אוֹמֵר, מִטֶּפַח וּלְמַטָּן, טָהוֹר. מִטֶּפַח וּלְמַעְלָן, טָמֵא. הָעֲשׂוּיָה כְּמִין קַמְטְרָא, הַנּוֹגֵעַ בָּהּ מִכָּל מָקוֹם, טָמֵא. כְּמִין גְּלוֹסְקוֹס, הַנּוֹגֵעַ בָּהּ מִכָּל מָקוֹם, טָהוֹר, חוּץ מִמְּקוֹם פְּתִיחָתָהּ:

아랫부분이 넓고 윗부분이 좁은 관에 시체가 들어 있다면, 아랫부분을 접촉한 자는 정결하다. 그러나 윗부분을 〔접촉한 자는〕 부정해진다. 윗부분이 넓고 아랫부분이 좁은 관에 〔시체가 들어 있다면〕, 어느 부분을 접촉하든지 그 사람은 부정해진다. 위와 아래가 같다면, 어느 부분을 접촉하든지 그 사람은 부정하다는 것이 엘리에제르 랍비의 말이다. 예호슈아 랍비는 1테팍에서 아랫부분을 〔접촉하면〕 정결하고, 1테팍에서 윗부분을 〔접촉하면〕 부정하다고 말했다.

〔그 관을〕 캄테라[33]처럼 만들었다면 어느 부분을 접촉하든지 그 사람은 부정해진다. 〔그 관을〕 마치 겔루스콤[34]처럼 만들었다면, 어느 부분을 접촉하든지 그 사람은 정결하며, 그 입구 부분만 예외에 속한다.

- 관은 상자 형태이며 벽들이 있고 그 위에 뚜껑을 덮는 형식인데, 랍비들은 관 뚜껑을 접촉하면 부정해진다고 주장했다. 이 미쉬나 첫머리에서 언급한 관은 관 뚜껑과 직접 연결된 윗부분은 좁고 아랫부분은 넓어서 관 뚜껑과 직접 관련된 공간이라고 볼 수 없다. 그러므로 아랫부분과 접촉한 자는 정결하지만 윗부분과 접촉한 자는 부정해

33) 캄테라(קמטרא)는 옷가지를 담는 상자이며 위에 덮는 뚜껑이 있는 구조다.
34) 겔루스콤(גלסקום)도 일종의 상자이지만, 뚜껑이 없고 벽에 입구가 있는 구조다.

진다.

- 반대로 관 뚜껑과 직접 연결된 윗부분이 넓고 아랫부분이 상대적으로 좁다면, 관의 모든 벽들이 뚜껑과 직접적으로 관련된 부분으로 볼 수 있다. 그러므로 어느 부분과 접촉하든지 부정해진다.
- 관 벽이 똑바로 서 있어서 위와 아래 너비가 같을 때, 엘리에제르 랍비는 역시 벽들이 모두 뚜껑 바로 밑에 있다고 보고, 어느 부분과 접촉하든지 부정해진다고 주장했다. 그러나 예호슈아 랍비는 시체가 관 바닥에서 1테팍 되는 곳에 위치하고 있으므로(「오홀롯」 12, 8), 그 지점을 기준으로 아랫부분은 정결하고 윗부분은 부정하다고 주장한다.
- 관을 캄테라라고 부르는 옷상자처럼 만들면 위에 넓은 뚜껑이 있기 때문에, 상자의 어느 부분을 접촉하든지 그 사람은 부정해진다. 그러나 관을 겔루스콤이라고 부르는 상자처럼 만들었다면 위에 뚜껑이 없고 입구가 옆면 벽에 있기 때문에, 그 입구가 있는 부분을 만지는 자를 제외하고는 부정해지지 않는다.

## 9, 16

통에 관해 논의한다.

---

חָבִית שֶׁהִיא יוֹשֶׁבֶת עַל שׁוּלֶיהָ בָאֲוִיר וְכַזַּיִת מִן הַמֵּת נָתוּן תַּחְתֶּיהָ אוֹ בְתוֹכָהּ כְּנֶגֶד קוּרְקוּרְתָהּ, טְמֵאָה בוֹקַעַת וְעוֹלָה, בּוֹקַעַת וְיוֹרֶדֶת, וְהֶחָבִית טְמֵאָה. תַּחַת דָּפְנָהּ מִבַּחוּץ, טְמֵאָה בוֹקַעַת וְעוֹלָה, בּוֹקַעַת וְיוֹרֶדֶת, וְהֶחָבִית טְהוֹרָה. בְּתוֹכָהּ וְתַחַת דָּפְנָהּ, אִם יֵשׁ בַּדְּפָנוֹת פּוֹתֵחַ טֶפַח, הַכֹּל טָמֵא, וּכְנֶגֶד פִּיהָ, טָהוֹר. וְאִם לָאו, טֻמְאָה בוֹקַעַת וְעוֹלָה, בּוֹקַעַת וְיוֹרֶדֶת. בַּמֶּה דְבָרִים אֲמוּרִים, בִּטְהוֹרָה. אֲבָל אִם הָיְתָה טְמֵאָה אוֹ גְבוֹהָה מִן הָאָרֶץ טֶפַח אוֹ מֻכֶּסֶּה אוֹ כְפוּיָה עַל פִּיהָ, טֻמְאָה תַחְתֶּיהָ, בְּתוֹכָהּ אוֹ עַל גַּבָּהּ, הַכֹּל טָמֵא:

---

어떤 통을 열린 공간에서 바닥 위에 세워놓았고, 올리브 열매 〔크기〕만 한 시체의 〔일부분이〕 그 바닥 바로 밑에 또는 그 안에 있다면, 부정은 뚫고 올라가거나 뚫고 내려가고, 그 통은 부정해진다. 〔부정한 것이〕 그 벽 아래 바깥쪽에 있다면, 부정은 뚫고 올라가거나 뚫고 내려가지만, 그 통은 정결하다.

〔부정한 것이〕 그 통 안쪽 벽 아래에 있는데, 그 벽에 1테팍 〔부피가〕 되는 공간이 있다면, 모든 것이 부정해지지만, 그 입구 맞은편은 정결하다. 그렇지 않다면, 부정은 뚫고 올라가거나 뚫고 내려간다. 이것은 무슨 말인가? 〔그 통이〕 정결할 때 〔그렇다는〕 말이다. 그러나 〔그 통이〕 부정하거나, 땅에서 1테팍 높이만큼 떨어져 있거나, 덮여 있거나, 입구를 밑으로 뒤집혀 있을 때, 부정한 것이 그 아래나 그 안에 또는 그 위에 있다면, 모든 것이 부정해진다.

- 그릇의 외벽이 부정의 요인에 노출되어도 내용물에 부정이 전이되지 않는 점토로 만든 통을 집 바깥 열린 공간에 똑바로 세워놓았고, '천막' 역할을 할 천장이나 지붕이 없는 상태다. 이때 이 통은 옆면이 부풀어서 바닥보다 바깥으로 튀어나와 있는 형태다. 만약 시체의 일부분이 이 통 바닥 바로 밑에 있고 바깥으로 튀어나와 있는 부분 밑에 있는 상태가 아니라면, 부정은 위와 아래 방향으로 전이되며 옆으로는 전이되지 않는다. 통 내부와 내용물도 부정해지는 이유는 점토 그릇은 공기를 통해 부정이 전이되기 때문이다(열셋째 미쉬나).
- 부정의 요인이 통 바닥에서 벗어나 있으나 바깥쪽으로 튀어나와 있는 벽 밑에 있다면, 막힌 부정은 위와 아래로 전이되는데, 점토 그릇 내부까지는 영향을 미치지 못한다. 그러므로 통 내부는 정결하다.
- 부정의 요인이 통 내부에 있는데 통의 입구 바로 밑이 아니라 바깥쪽으로 튀어나와 있는 벽 밑에 있을 때, 튀어나와 있는 벽이 최소 크기

규정에 맞는 공간을 만들고 있다면 이것은 '천막'에 해당하므로, 그 공간 내부는 물론 위와 아래로 부정이 전이된다. 그 통도 당연히 부정해진다. 그러나 열린 입구 바로 아래 있는 내용물은 위를 덮는 '천막'이 없으므로 부정이 전이되지 않으며 정결하다(「켈림」8, 4). 바깥쪽으로 튀어나와 있는 공간이 최소 크기 규정에 미치지 못한다면, 부정은 위와 아래로만 전이된다. 그 통은 당연히 부정하다.

- 이러한 규정들은 모두 그 통이 정결할 때 적용한다. 만약 그 통이 이미 부정한 상태라면, 그 통은 부정이 내부로 들어오는 것을 막지도 못하고, 바깥쪽으로 튀어나와 있는 벽 밑에 있는 부정의 요인도 마치 내부에 있는 부정과 같은 결과를 가져온다. 그 통이 땅에서 1테팍 높이만큼 떨어져 있다면, 위의 열셋째 미쉬나와 마찬가지 규정을 적용할 수 있다. 그 입구를 헐겁게 덮었다거나 입구가 밑을 향하게 뒤집혀 있다면, 이 통은 '천막'이 되며 어느 벽 밑에 있는지 상관없이 그 밑에 덮여 있는 모든 것이 부정해진다.

## 제10장

단층집에 지붕으로 올라가는 통로가 있는 경우, 한 건물에 여러 층이 있는 집이 있고 천장에 위로 뚫은 통로가 있는 경우, 그런 통로를 어떤 물건으로 막은 경우들을 설명한다.

### 10, 1

지붕 위로 뚫은 통로가 있을 때 덮기 부정이 전이되는 과정을 설명한다.

אֲרֻבָּה שֶׁהִיא בְתוֹךְ הַבַּיִת וְיֵשׁ בָּהּ פּוֹתֵחַ טֶפַח, טֻמְאָה בַבַּיִת, כְּנֶגֶד אֲרֻבָּה טָהוֹר. טֻמְאָה כְנֶגֶד אֲרֻבָּה, הַבַּיִת טָהוֹר. הַטֻּמְאָה בֵּין בַּבַּיִת וּבֵין כְּנֶגֶד אֲרֻבָּה, נָתַן אֶת רַגְלוֹ מִלְמַעְלָן, עֵרֵב אֶת הַטֻּמְאָה. מִקְצָת טֻמְאָה בַבַּיִת וּמִקְצָתָהּ כְּנֶגֶד אֲרֻבָּה, הַבַּיִת טָמֵא, וּכְנֶגֶד הַטֻּמְאָה טָמֵא:

어느 집에 통로가 있고 그 안에 크기가 1테팍이 되는 공간이 있을 때, 부정한 것이 그 집 안에 있다면, 그 통로 맞은편에 있는 것들은 정결하다. 부정한 것이 통로 바로 맞은편에 있다면, 그 집은 정결하다.

부정한 것이 그 집 안에 있거나 통로 맞은편에 있을 때, 누군가가 위에서 발을 늘어뜨리고 있다면, 그는 부정을 섞게 된다. 부정한 것의 일부는 집 안에 있고 그 다른 일부는 출입구 맞은편에 있다면, 그 집은 부정해지고, 부정한 것 맞은편에 있는 것들도 부정해진다.

- 단층집에서 지붕으로 올라가는 통로가 있어서 집 바깥으로 열려 있고 '천막' 역할을 할 수 있는 덮개가 없는데, 그 통로가 최소 1테팍 길이에 1테팍 너비가 되는 크기일 때, 부정의 요인이 통로가 아닌 집 안에 있다면, 집 안에 있는 모든 내용물들이 부정해진다. 그러나 통로 때문에 위로 뚫려 있어서 '천막'에 덮이지 않는 부분은 정결하게 남는다고 규정한다. 반대로 부정한 것이 통로 바로 밑에 있다면, 그 부정은 위로 하늘까지 뚫고 올라가지만, 집 안에 있는 사람이나 다른 물건들은 정결하다(둘째 미쉬나).
- 같은 상황에서 어떤 사람이 통로에 앉아 아래로 발을 늘어뜨리고 있다면, 그 통로는 최소 크기 규정에 미치지 못하는 작은 구멍으로 변하여 지붕 전체가 하나의 '천막'이 되기 때문에, 부정한 것이 어느 부분에 있건 집 안에 있는 모든 사람과 물품들이 부정해진다(「오홀롯」 3, 3).
- 부정의 요인이 일부는 집 안에 일부는 통로 밑에 있다면, 먼저 그 집

은 최소 크기 규정에 맞는 부정의 요인이 모두 집 안에 있을 때와 마찬가지로 덮기 부정 때문에 그 집이 부정해진다. 그리고 부정의 요인이 통로 바로 밑에 있을 때 통로 바로 위와 아래 있는 사람이나 물건들이 부정해진다(셋째 미쉬나).

## 10, 2

אֵין בָּאֲרֻבָּה פּוֹתֵחַ טֶפַח, טֻמְאָה בַבַּיִת, כְּנֶגֶד אֲרֻבָּה טָהוֹר. טֻמְאָה כְּנֶגֶד אֲרֻבָּה, הַבַּיִת טָהוֹר. הַטֻּמְאָה בַבַּיִת, נָתַן אֶת רַגְלוֹ מִלְמַעְלָן, טָהוֹר. הַטֻּמְאָה כְּנֶגֶד אֲרֻבָּה, נָתַן אֶת רַגְלוֹ מִלְמַעְלָן, רַבִּי מֵאִיר מְטַמֵּא. וַחֲכָמִים אוֹמְרִים, אִם טֻמְאָה קָדְמָה אֶת רַגְלוֹ, טָמֵא. אִם רַגְלוֹ קָדְמָה אֶת הַטֻּמְאָה, טָהוֹר. רַבִּי שִׁמְעוֹן אוֹמֵר, שְׁתֵּי רַגְלַיִם, זוֹ עַל גַּב זוֹ, שֶׁקָּדְמוּ אֶת הַטֻּמְאָה, מָשַׁךְ הָרִאשׁוֹן אֶת רַגְלוֹ וְנִמְצָא רַגְלוֹ שֶׁל שֵׁנִי שָׁם, טָהוֹר, מִפְּנֵי שֶׁקָּדְמָה רַגְלוֹ שֶׁל רִאשׁוֹן אֶת הַטֻּמְאָה:

그 통로에 1테팍 크기의 공간이 없고, 부정한 것이 집 안에 있다면, 그 통로 바로 아래 있는 것은 정결하다. 부정한 것이 통로 바로 아래 있다면 그 집은 정결하다. 부정한 것이 집 안에 있고 누군가가 위에서 발을 늘어뜨리고 있다면, [그 사람은] 정결하다. 부정한 것이 통로 바로 밑에 있고 누군가가 위에서 발을 늘어뜨리고 있다면, 메이르 랍비는 부정해진다고 주장했다. 그러나 현인들은 만약 부정한 것이 그가 발을 [늘어뜨리기] 전부터 거기 있었다면 그는 부정해진다고 말했다. 만약 부정한 것보다 그가 발을 먼저 [늘어뜨리고] 있었다면 그는 정결하다. 쉼온 랍비가 말하기를, 두 [사람이] 발을 [늘어뜨리며] 한 발 위에 다른 발이 있었고, 부정한 것보다 [그들이] 먼저 [거기] 있었는데, 첫째 사람이 자기 발을 치워서 둘째 사람의 발만 거기 있었다면, [둘째 사람의 발은] 정결한데, 부정한 것보다 첫째 사람의 발이 먼저 [거기] 있었기 때문이다.

- 통로가 최소 크기 규정에 미치지 못하는 좁은 공간일 경우에도 집 전체가 하나의 '천막'으로 볼 수는 없으며, 첫째 미쉬나와 같은 규정이 적용된다.
- 그러나 부정의 요인이 집 안 다른 곳에 있고 어떤 사람이 그 좁은 통로에 앉아 발을 늘어뜨리고 있다면, 덮기 부정은 최소 크기 규정에 미치지 못하는 통로를 통해 나갈 수 없으므로 부정을 그 집 안에 가두는 결과를 가져오고(「오홀롯」3, 6), 집 안에 있는 물건은 '천막' 하나 밑에 덮이므로 모두 부정해진다. 지붕 위에 있는 그 사람은 정결하다. 부정의 요인이 통로 바로 밑에 있을 경우, 발을 늘어뜨린 사람이 그 부정의 요인 위에서 '천막' 역할을 하므로 그 사람은 부정해진다는 것이 메이르 랍비의 의견이다. 다른 랍비들은 부정의 요인과 그 사람 중 누가 먼저 도착했느냐에 따라 달라진다고 주장한다. 만약 부정의 요인이 먼저 통로 밑에 있었다면 바로 그 위에 있는 사람이나 물건에 덮기 부정을 전이시키기 때문에, 나중에 그 사람이 와서 발을 늘어뜨릴 때 그 사람은 부정해진다. 반대로 그 사람이 먼저 와서 그 좁은 출입구에 앉았다면 집 전체가 하나의 '천막'으로 변한 것이 먼저이므로, 나중에 그곳에 나타난 부정의 요인은 집 안에 가둠을 당하고 그 사람은 정결하다.
- 어떤 사람이 그런 좁은 통로에 발을 늘어뜨렸고, 부정한 것이 그 밑에 나타났고, 정결한 첫째 사람이 발을 빼서 자리를 떠난 후 둘째 사람이 발을 늘어뜨렸다면, 부정한 것보다 나중에 발을 늘어뜨린 둘째 사람은 어떻게 되는가? 둘째 사람의 발은 정결한데, 첫째 사람의 발이 먼저 집을 '천막' 하나로 만든 후에 같은 자리에 와서 앉았기 에 이미 '천막' 안에 가두어진 부정이 둘째 사람에게 전이되지 않는다.

## 10, 3

מִקְצָת טֻמְאָה בַבַּיִת וּמִקְצָתָהּ כְּנֶגֶד אֲרֻבָּה, הַבַּיִת טָמֵא, וּכְנֶגֶד הַטֻּמְאָה טָמֵא, דִּבְרֵי רַבִּי מֵאִיר. רַבִּי יְהוּדָה אוֹמֵר, הַבַּיִת טָמֵא, כְּנֶגֶד הַטֻּמְאָה טָהוֹר. רַבִּי יוֹסֵי אוֹמֵר, אִם יֵשׁ בַּטֻּמְאָה כְדֵי שֶׁתֵּחָלֵק וּתְטַמֵּא אֶת הַבַּיִת וּתְטַמֵּא כְנֶגֶד הַטֻּמְאָה, טָמֵא. וְאִם לָאו, הַבַּיִת טָמֵא, כְּנֶגֶד הַטֻּמְאָה טָהוֹר:

부정한 것의 일부는 그 집 안에 있고 〔다른〕 일부는 통로 바로 밑에 있다면, 그 집은 부정해지고 그 부정한 것 바로 맞은편에 있는 것도 부정해진다는 것이 메이르 랍비의 말이다. 예후다 랍비는 그 집은 부정해지지만 부정한 것 맞은편에 있는 것은 정결하다고 말했다. 요쎄 랍비는 만약 그 부정한 것을 나누어도 그 집을 부정하게 만들고 부정한 것 맞은편에 있는 것도 부정하게 만들만 하다면, 〔모든 것이〕 부정해진다고 했다. 그러나 만약 그렇지 못하다면, 그 집은 부정해지고, 부정한 것 맞은편에 있는 것들은 정결하다.

- 둘째 미쉬나와 마찬가지로 최소 크기 규정에 미치지 못하는 통로가 있는 집 안에, 부정의 요인 일부는 집 안에 일부는 통로 바로 밑에 있는 경우, 메이르 랍비는 그 집이 부정해지고 부정의 요인 바로 위에 있는 것들이 부정해진다고 주장했다. 이 주장 이면에는 집 안에 있는 부정한 것의 일부와 통로 밑에 있는 부정한 것의 일부가 그 위치가 다름에도 불구하고 하나의 온전한 부정의 요인으로 작용한다는 논리가 전제되어 있다. 그러나 예후다 랍비는 집 안에 있는 부정의 요인은 출입구 밑에 있는 부정의 요인과 연결될 수 없다는 입장이며, 그래서 부정한 것 바로 위에 있는 것이 정결하다고 주장했다.
- 요쎄 랍비는 양자 사이를 중재하려는 의도로 부정의 요인이 충분히 큰 경우(예를 들어 올리브 열매 두 개 크기 이상)와 그렇지 않은 경우를 나누어 설명했다.

## 10, 4

אֲרֻבּוֹת זוֹ עַל גַּב זוֹ, וְיֵשׁ בָּהֶן פּוֹתֵחַ טֶפַח, טֻמְאָה בַבַּיִת, כְּנֶגֶד אֲרֻבּוֹת טָהוֹר. טֻמְאָה כְנֶגֶד אֲרֻבּוֹת, הַבַּיִת טָהוֹר. הַטֻּמְאָה בֵּין בַּבַּיִת בֵּין כְּנֶגֶד אֲרֻבּוֹת, נָתַן דָּבָר שֶׁהוּא מְקַבֵּל טֻמְאָה, בֵּין מִלְמַעְלָן בֵּין מִלְּמַטָּן, הַכֹּל טָמֵא. וְדָבָר שֶׁאֵינוֹ מְקַבֵּל טֻמְאָה, מִמֶּנּוּ וּלְמַטָּן, טָמֵא. מִמֶּנּוּ וּלְמַעְלָן, טָהוֹר:

통로 하나 위에 다른 하나가 있고, 모두 1테팍 되는 공간이 있을 때, 부정한 것이 집 안에 있다면, 그 통로들 바로 맞은편에 있는 것들은 정결하다. 부정한 것이 통로 바로 맞은편에 있다면 그 집이 정결하다. 부정한 것이 집 안에 있거나 통로 맞은편에 있을 때 부정해질 수 있는 물건을 그 위에 또는 그 아래 놓았다면, 모든 것이 부정해진다. 그러나 부정해지지 않는 물건을 〔놓았다면〕, 그 물건부터 아래쪽은 부정해진다. 그 물건부터 위쪽으로는 정결하다.

- 이 미쉬나는 여러 층이 있는 건물에 통로가 하나 위에 다른 하나가 있으며, 출입구 크기가 최소 크기 규정에 맞는 경우를 다루고 있다. 부정의 요인이 집 안에 있다면 그 집은 부정해지지만, 통로 바로 밑은 정결을 유지한다. 반대로 부정의 요인이 통로 바로 밑에 있다면 그 집에 부정이 전이되지 않는다.
- 만약 통로 입구를 무언가로 막았는데, 그 물건에 부정이 전이될 수 있는 것이었다면, 일단 통로가 막힌 층 전체가 '천막'이 되며 그 층이 부정해진다. 그리고 통로를 막은 물건도 부정해지면서 부정의 전이를 막는 기능을 수행하지 못하고, 최소 크기 규정에 맞는 통로를 통해 위와 아래로 뚫고 오르고 내리며 모든 층이 부정해진다. 그러나 그 물건이 부정이 전이될 수 없는 것이라면, 막힌 통로부터 밑으로 하나의 '천막'이 형성되며 부정을 전이시키고, 부정이 더 이상 위로 전이되지 않도록 보호한다.

## 10, 5

אֵין בָּאֲרֻבּוֹת פּוֹתֵחַ טֶפַח, טֻמְאָה בַבַּיִת, כְּנֶגֶד אֲרֻבּוֹת טָהוֹר. טֻמְאָה כְּנֶגֶד אֲרֻבּוֹת, הַבַּיִת טָהוֹר. הַטֻּמְאָה בַבַּיִת, נָתַן בֵּין דָּבָר שֶׁהוּא מְקַבֵּל טֻמְאָה, בֵּין דָּבָר שֶׁאֵינוֹ מְקַבֵּל טֻמְאָה, בֵּין מִלְמַעְלָן בֵּין מִלְּמַטָּן, אֵין טָמֵא אֶלָּא הַתַּחְתּוֹן. הַטֻּמְאָה כְּנֶגֶד אֲרֻבּוֹת, נָתַן דָּבָר שֶׁהוּא מְקַבֵּל טֻמְאָה, בֵּין מִלְמַעְלָן בֵּין מִלְּמַטָּן, הַכֹּל טָמֵא. וְדָבָר שֶׁאֵינוֹ מְקַבֵּל טֻמְאָה, בֵּין מִלְמַעְלָן בֵּין מִלְּמַטָּן, אֵין טָמֵא אֶלָּא תַחְתּוֹן:

그 통로에 1테팍 〔크기의〕 공간이 없을 때, 부정한 것이 집 안에 있다면, 통로들 바로 맞은편에 있는 것은 정결하다. 부정한 것이 통로들 바로 맞은편에 있다면, 그 집은 정결하다. 부정한 것이 집 안에 있는데, 부정해질 수 있는 물건이나 부정해지지 않는 물건을 〔통로〕 위쪽에 또는 아래쪽에 놓았다면, 아랫부분만 부정해진다. 부정한 것이 통로 맞은편에 있는데, 부정해질 수 있는 물건을 〔통로〕 위쪽이나 아래쪽에 놓았다면, 모든 것이 부정해진다. 부정해지지 않는 물건을 〔통로〕 위쪽이나 아래쪽에 놓았다면, 아랫부분만 부정해진다.

- 여러 층이 있는 건물에 통로들이 하나 위에 다른 하나가 있는 구조인데, 통로 크기가 최소 크기 규정에 미치지 못하는 경우다. 부정의 요인이 집 안에 있다면 그 집은 부정해지지만, 통로 바로 밑은 정결하다. 반대로 부정의 요인이 통로 바로 밑에 있다면, 부정이 집 안으로 전이되지 않는다. 이 경우 건물이 복층이 되어도 단층 건물과 같은 규정을 적용하는 것을 볼 수 있다.
- 부정의 요인이 집 안에 있었다면 통로를 무슨 물건으로 덮는지 상관없이 아래층만 부정해지는데, 출입구가 최소 크기 규정에 미치지 못하여 부정이 위층으로 전이될 수 없기 때문이다. 그러나 부정의 요인이 통로 바로 밑에 있는데, 부정해질 수 있는 물건으로 통로를 덮었다면, 이 물건은 부정을 막을 수 없으므로 위층으로 부정을 전이시키

며, 결국 모든 것이 부정해진다(넷째 미쉬나). 부정해지지 않는 물건으로 통로를 덮었다면, 이런 물건은 부정의 전이를 막으므로 아래층만 부정해진다.

10, 6
통로 밑에 냄비를 설치한 경우에 관해 논의한다.

---

אֲרֻבָּה שֶׁהִיא בְתוֹךְ הַבַּיִת וּקְדֵרָה נְתוּנָה תַחְתֶּיהָ, שֶׁאִם תַּעֲלֶה, אֵין שִׂפְתוֹתֶיהָ נוֹגְעוֹת בָּאֲרֻבָּה, טֻמְאָה תַחְתֶּיהָ, בְּתוֹכָהּ אוֹ עַל גַּבָּהּ, טֻמְאָה בוֹקַעַת וְעוֹלָה, בּוֹקַעַת וְיוֹרֶדֶת. הָיְתָה גְבוֹהָה מִן הָאָרֶץ טֶפַח, טֻמְאָה תַחְתֶּיהָ, אוֹ בַבַּיִת, תַּחְתֶּיהָ וְהַבַּיִת, טָמֵא. תּוֹכָהּ וְגַבָּהּ, טָהוֹר. בְּתוֹכָהּ אוֹ עַל גַּבָּהּ, הַכֹּל טָמֵא:

---

통로가 집 안에 있고 그 밑에 냄비를 놓았으며, 그것을 들어 올려도 〔냄비〕 테두리가 통로에 닿지 않을 때, 부정한 것이 그 밑에 그 안에 또는 그 위에 있다면, 부정은 위로 뚫고 올라가고 아래로 뚫고 내려간다. 〔그 냄비가〕 땅에서 1테팍 높이로 떨어져 있는데, 부정한 것이 그 아래 또는 그 집에 있다면, 그 밑부분과 그 집은 부정해진다. 그 속과 윗부분은 정결하다. 〔부정한 것이〕 그 속에 또는 그 위에 있다면, 모든 것이 부정해진다.

- 통로 밑에 냄비를 설치했는데 냄비가 크지 않아서 들어 올려도 냄비 입구의 테두리가 통로를 완전히 막지 못하는 경우, 부정의 요인이 냄비 밑에 있다면 최소 크기 규정에 맞는 '천막'이 형성되지 못하므로, 부정은 위나 아래 방향으로 전이된다(「오홀롯」 9, 13). 냄비가 작기 때문에 부정의 요인이 냄비 안에 있어도 마찬가지 결과가 초래되며, 냄비 위에 있다면 통로 바로 밑이므로 역시 같은 결과가 나온다.
- 만약 그 냄비가 땅에서 1테팍 높이로 떨어져 있어서 최소 크기 규정

에 맞는 '천막'이 형성되고, 결과적으로 집이라는 '천막'과 연결되며, 부정의 요인이 집 안이나 냄비 밑에 있을 때 옆으로 전이되면서 그 집과 그 냄비 밑부분이 부정해진다. 그러나 냄비 속에 있는 내용물이나 그 윗부분은 정결을 유지한다. 이런 경우 통로 위에 그릇을 놓는 경우와 비슷한 결과가 나온다(「오홀롯」 5, 5).

- 같은 경우에 부정의 요인이 그 냄비 속에 있다면 내부는 물론 그 냄비가 부정해지며, 부정한 냄비는 부정의 전이를 막지 못하여 집 전체가 부정해진다. 부정의 요인이 그 위에 있다면 당연히 집 전체로 부정이 전이된다.

## 10, 7

---

הָיְתָה נְתוּנָה בְצַד הָאַסְקֻפָּה שֶׁאִם תַּעֲלֶה הִיא נוֹגַעַת בַּמַּשְׁקוֹף פּוֹתֵחַ טֶפַח, טֻמְאָה תַחְתֶּיהָ, בְּתוֹכָהּ אוֹ עַל גַּבָּהּ, טֻמְאָה בוֹקַעַת וְעוֹלָה, בּוֹקַעַת וְיוֹרֶדֶת. הָיְתָה גְבוֹהָה מִן הָאָרֶץ טֶפַח, טֻמְאָה תַחְתֶּיהָ אוֹ בַבַּיִת, תַּחְתֶּיהָ וְהַבַּיִת טָמֵא, תּוֹכָהּ וְגַבָּהּ טָהוֹר. בְּתוֹכָהּ אוֹ עַל גַּבָּהּ, הַכֹּל טָמֵא. שֶׁאִם תַּעֲלֶה אֵינָהּ נוֹגַעַת בַּשְּׁקוֹף פּוֹתֵחַ טֶפַח, אוֹ מְדֻבֶּקֶת בַּשְּׁקוֹף, טֻמְאָה תַחְתֶּיהָ, אֵין טָמֵא אֶלָּא תַחְתֶּיהָ:

---

〔그 냄비를〕 문지방 옆에 놓았고 그것을 들어 올리면 상인방에 닿아 1테팍 〔크기의〕 공간이 생길 때, 부정한 것이 그 밑에 그 속에 또는 그 위에 있다면, 부정은 위로 뚫고 올라가거나 아래로 뚫고 내려간다. 〔그 냄비가〕 땅에서 1테팍 높이로 떨어져 있고, 부정한 것이 그 밑에 또는 집 안에 있다면, 그 밑부분과 그 집이 부정해지만, 그 속과 그 위는 정결하다. 〔부정한 것이〕 그 속에 또는 그 위에 있다면, 모든 것이 부정해진다. 만약 그것을 들어 올려도 상인방에 닿아 1테팍 〔크기의〕 공간이 생기지 않을 때, 또는 상인방에 붙어버릴 때, 부정한 것이 그 밑에 있다면, 밑부분만 부정해진다.

- 냄비를 집 밖 문지방에 놓았는데, 그대로 들어 올리면 상인방에 닿아 1테팍 크기의 공간이 생기는 경우를 논의한다. 부정의 요인이 냄비 밑에 그 속이나 위에 있을 때(막힌 부정) 부정은 위나 아래 방향으로 전이되며, 집은 정결하게 유지된다(여섯째 미쉬나).
- 냄비가 땅에서 1테팍 높이로 떨어져 있는 경우 '천막'이 형성되며, 집이라는 '천막'과 연결되어, 부정한 것이 냄비 밑에 있건 집 안에 있건 서로 부정이 전이되고, 결국 냄비 밑부분과 집 안이 모두 부정해진다. 그러나 냄비는 집 벽과 연결되고 부정으로부터 보호하는 힘이 생겨서 냄비 속과 그 위는 정결하다. 부정한 것이 냄비 속에 또는 그 위에 있다면 부정을 막을 수 있는 '천막'이 없으므로 모든 것이 부정해진다.
- 냄비가 땅에서 1테팍 높이로 떨어져 있고, 들어 올려도 상인방과 닿는 공간이 최소 크기 규정에 미치지 못할 때, 또는 아예 상인방에 붙어버렸을 때, 냄비는 상인방에 연결되는 '천막'을 형성하지 못하므로, 냄비 밑은 부정해지지만 그 집은 정결을 유지한다. 냄비 속과 그 위도 정결하다.

## 제11장

집이나 주랑이 있는 현관이 어떤 이유로 갈라졌을 때, 사람이 집 밖으로 몸을 내밀었을 때, 부정한 것을 먹고 죽은 개가 현관에 누워 있을 때, 그리고 지하실 통로를 바구니로 덮어놓았을 때 덮기 부정이 전이되는지 여부를 논의한다.

## 11, 1

הַבַּיִת שֶׁנִּסְדַּק, טֻמְאָה בַחוּץ, כֵּלִים שֶׁבִּפְנִים טְהוֹרִין. טֻמְאָה בִפְנִים, כֵּלִים שֶׁבַּחוּץ, בֵּית שַׁמַּאי אוֹמְרִים, עַד שֶׁיְּהֵא בַסֶּדֶק אַרְבָּעָה טְפָחִים. בֵּית הִלֵּל אוֹמְרִים, כָּל שֶׁהוּא. רַבִּי יוֹסֵי אוֹמֵר מִשּׁוּם בֵּית הִלֵּל, פּוֹתֵחַ טֶפַח:

어떤 집이 갈라졌는데 부정한 것이 바깥쪽에 있다면, 안쪽에 있는 그릇들은 정결하다. 부정한 것이 안쪽에 있을 때, 바깥쪽에 있는 그릇들에 관하여 샴마이 학파는 그 〔갈라진〕 틈이 4테팍이 될 때 〔정결하다고〕 말했다. 힐렐 학파는 〔그 금의〕 어떠하든지 〔정결하다고〕 말했다. 요쎄 랍비는 힐렐 학파를 따라 〔그 금이〕 1테팍 〔크기의〕 공간이면 된다고 말했다.

- 어떤 집 지붕이 완전히 둘로 갈라져서 안쪽과 바깥쪽을 구분할 수 있을 때, 문 쪽에 가까운 바깥쪽에 부정의 요인이 있었다면, 부정이 안쪽으로 전이되지 않으며, 안쪽에 있는 그릇들은 정결하다. 덮기 부정은 바깥 방향으로 나가고 안쪽으로 들어오지는 않기 때문이다(「오홀롯」 3, 7).
- 만약 부정한 것이 안쪽에 있는 경우 샴마이 학파와 힐렐 학파 사이에 이견이 있다. 샴마이 학파는 바깥쪽에 있는 그릇들이 정결을 유지하기 위해서 갈라진 틈이 4테팍이 되어야 한다고 주장하는데, 그 정도 크기라면 안쪽에 있는 부정이 외부로 유출된다는 주장이다. 힐렐 학파는 금의 크기와 상관없이 부정이 외부로 유출된다고 말했다. 요쎄 랍비는 힐렐 학파의 이름으로 말한다고 하면서 그들의 주장을 상세하게 설명하는데, 그 금이 최소 크기 규정인 1테팍 이상이어야 한다는 것이다.

11, 2

אַכְסַדְרָה שֶׁנִּסְדְּקָה, טֻמְאָה בְצַד זֶה, כֵּלִים שֶׁבְּצַד הַשֵּׁנִי טְהוֹרִים. נָתַן אֶת רַגְלוֹ אוֹ קָנֶה מִלְמַעְלָן, עֵרֵב אֶת הַטֻּמְאָה. נָתַן אֶת הַקָּנֶה בָּאָרֶץ, אֵינוֹ מֵבִיא אֶת הַטֻּמְאָה, עַד שֶׁיִּהְיֶה גָבֹהַּ מִן הָאָרֶץ פּוֹתֵחַ טֶפַח:

주랑 현관이 갈라졌는데 부정한 것이 한쪽에 있다면, 다른 쪽에 있는 그릇들은 정결하다. 누군가가 자기 발이나 갈대를 그 위에 놓았다면, 그는 부정을 섞은 것이다. 〔만약〕 갈대를 땅에 놓았을 때, 그것이 땅 위에 1테팍 높이로 떨어져 있지 않다면, 그것은 부정을 가지고 들어오지 않는다.

- 어떤 집 현관에 기둥으로 받치고 지붕을 덮은 공간이 있는데, 이 주랑 현관 지붕이 갈라졌고 부정한 것이 어느 한쪽에 있다면, 덮기 부정이 다른 한쪽으로 전이되지 않는다. 주랑 현관은 세 방향으로 열려 있기 때문에 안과 밖을 나눌 수 없다.
- 누군가가 갈라진 지붕의 틈 위에 발이나 갈대를 올려놓으면, 주랑 현관은 하나의 '천막'으로 회복되므로, 한쪽에 있는 부정의 요인이 다른 한쪽까지 전이된다(첫째 미쉬나와 같은 규정). 갈대를 바닥에 놓는 것으로는 '천막'이 형성되지 않으므로 부정이 전이되지 않으며, 갈대를 들어서 1테팍 높이의 공간을 만든다면 '천막'이 형성되므로 부정이 전이된다(「오홀롯」 10, 6).

11, 3

둘째 미쉬나에서 논의한 상황에 대해 계속 설명한다.

סָגוֹס עָבֶה וְכִפֶּת עָבֶה אֵינָן מְבִיאִין אֶת הַטֻּמְאָה עַד שֶׁיִּהְיוּ גְבוֹהִים מִן הָאָרֶץ פּוֹתֵחַ טֶפַח. קְפוּלִים, זוֹ עַל גַּבֵּי זוֹ, אֵינָן מְבִיאוֹת אֶת הַטֻּמְאָה עַד שֶׁתְּהֵא

הָעֶלְיוֹנָה גְבוֹהָה מִן הָאָרֶץ פּוֹתֵחַ טֶפַח. הָיָה אָדָם נָתוּן שָׁם, בֵּית שַׁמַּאי אוֹמְרִים, אֵינוֹ מֵבִיא אֶת הַטֻּמְאָה. וּבֵית הִלֵּל אוֹמְרִים, אָדָם חָלוּל הוּא, וְהַצַּד הָעֶלְיוֹן מֵבִיא אֶת הַטֻּמְאָה:

두꺼운 양모 외투[35]나 두꺼운 나무 조각도 그것들이 땅 위에 1테팍 높이로 떨어져 있지 않다면 부정을 가지고 들어오지 않는다. 옷가지를 접어서 하나를 다른 하나 위에 〔쌓아도 가장〕 위에 있는 것이 땅 위에 1테팍 높이로 떨어져 있지 않다면 부정을 가지고 들어오지 않는다. 그곳에 사람을 놓아두었을 때, 샴마이 학파는 그가 부정을 가지고 들어오지 않는다고 말했다. 그러나 힐렐 학파는 사람이 텅 비어 있기 때문에 그의 윗부분이 부정을 가지고 들어온다고 말했다.

- 두꺼운 양모 외투나 두꺼운 나무 조각은 그자체로 높이가 1테팍에 이를 수도 있지만 땅에 붙어 있다면 부정을 전이시키지 않으며, 땅에서 1테팍 높이로 떼어서 빈 공간이 있어야 부정을 전이시킨다. 독립된 '천막'을 형성하려면 지붕 밑에 빈 공간이 있어야 한다.
- 옷가지를 접어서 차곡차곡 쌓았을 때 가장 위에 있는 옷의 밑부분이 땅 위에서 1테팍 높이로 떨어져 있다면, 부정이 전이된다.
- 만약 지붕의 갈라진 금 아래 사람이 누워 있다면, 샴마이 학파는 사람의 몸이 '천막'을 구성하지 않으므로 부정이 전이되지 않는다고 말했다. 그러나 힐렐 학파는 사람의 배 속은 비어 있으므로 '천막'이 형성된다고 보았고, 부정이 전이될 수 있다고 주장했다.

35) 이 낱말(סגוס)은 야스트로를 따르면 거칠고 두꺼운 양모 담요다(야스트로 953). 그러나 「네가임」 11, 11에 따르면 두꺼운 양모 외투로 사용되고 있다. 여기서 번역은 후자를 따른다.

## 11, 4

사람의 몸이 덮기 부정을 전이하는지 더 자세히 설명한다.

---

הָיָה מַשְׁקִיף בְּעַד הַחַלּוֹן וְהֶאֱהִיל עַל קוֹבְרֵי הַמֵּת, בֵּית שַׁמַּאי אוֹמְרִים, אֵינוֹ מֵבִיא אֶת הַטֻּמְאָה. וּבֵית הִלֵּל אוֹמְרִים, מֵבִיא אֶת הַטֻּמְאָה. וּמוֹדִים, שֶׁאִם הָיָה לָבוּשׁ בְּכֵלָיו, אוֹ שֶׁהָיוּ שְׁנַיִם זֶה עַל גַּבֵּי זֶה, שֶׁהֵם מְבִיאִין אֶת הַטֻּמְאָה:

---

어떤 사람이 창문으로 〔바깥을〕 내다보고 있는데, 시체를 묻는 사람들 위를 가리며 덮었다면, 샴마이 학파는 그가 부정을 가지고 들어오지 않는다고 말했다. 그러나 힐렐 학파는 그가 부정을 가지고 들어온다고 말했다. 그리고 그들은 만약 그가 그의 옷을 입고 있었다면, 또는 두 사람이 한 사람 위에 다른 사람 위에 있었다면, 그들은 부정을 가지고 들어온다는데 동의했다.

- 위의 셋째 미쉬나에서 언급한 바와 같이 샴마이와 힐렐 학파는 사람의 몸이 '천막'을 구성할 수 있는지 여부에 관해서 서로 다른 의견을 가지고 있다. 그래서 어떤 사람이 창문으로 밖을 내다보다가 시체 위를 가리며 덮었을 때(「오홀롯」 6, 2), 샴마이 학파는 부정이 전이되지 않는다고 말했고 힐렐 학파는 전이된다고 말했다. 사람의 몸이 천막이 되어 덮기 부정이 전이된다면, 그를 통해 집 안으로 부정이 전이될 것이다.
- 그러나 그 사람이 옷을 입고 있거나 두 사람이 한 사람 위에 다른 사람 위에 있었다면 빈 공간이 생기면서 '천막'이 형성된다. 그러므로 부정이 전이된다.

## 11, 5

הָיָה מֻטָּל עַל הָאַסְקֻפָּה וְהֶאֱהִילוּ עָלָיו קוֹבְרֵי הַמֵּת, בֵּית שַׁמַּאי אוֹמְרִים, אֵינוֹ מֵבִיא אֶת הַטֻּמְאָה. וּבֵית הִלֵּל אוֹמְרִים, מֵבִיא אֶת הַטֻּמְאָה:

어떤 사람이 문지방 위에 누워 있는데, 시체를 묻는 사람들이 그 위를 가리며 덮었다면, 샴마이 학파는 그가 부정을 가지고 들어오지 않는다고 말했다. 그러나 힐렐 학파는 그가 부정을 가지고 들어온다고 말했다.

- 위의 넷째 미쉬나와 같은 원리로 샴마이와 힐렐 학파가 서로 다른 의견을 피력한다. 어떤 사람이 문지방에 누워 있고 그의 몸 일부는 집 안에 있지만 일부는 밖에 있어서, 시체를 묻는 사람들이 지나가다가 그의 몸 위를 가리며 덮었다면, 샴마이 학파는 그의 몸을 통해서 부정이 전이되지 않는다고 했고, 힐렐 학파는 전이된다고 했다.

## 11, 6

הַטֻּמְאָה בַּבַּיִת וְהֶאֱהִילוּ עָלָיו טְהוֹרִין, בֵּית שַׁמַּאי מְטַהֲרִין, וּבֵית הִלֵּל מְטַמְּאִין:

부정한 것이 집 안에 있고 정결한 사람들이 그 위를 가리며 덮었다면, 샴마이 학파는 정결하다고 주장했고, 힐렐 학파는 부정해진다고 주장했다.

- 다섯째 미쉬나와 같이 어떤 사람이 문지방에 누워 있는데, 부정의 요인이 집 안에 있고, 정결한 사람들이 지나가다가 집 밖에 있는 그의 몸 일부를 가리며 덮었다면, 샴마이 학파는 그가 부정을 전이시키지 않는다고 말했고, 힐렐 학파는 그가 집 안에 있는 부정을 지나가는

사람들에게 전이시킨다고 말했다.

## 11, 7

사체를 먹고 죽은 개가 문지방에 누워 있다면 집도 부정해지는지에 관해 논의한다.

---

כֶּלֶב שֶׁאָכַל בְּשַׂר הַמֵּת וּמֵת הַכֶּלֶב וּמֻטָּל עַל הָאַסְקֻפָּה, רַבִּי מֵאִיר אוֹמֵר, אִם יֵשׁ בְּצַוָּארוֹ פּוֹתֵחַ טֶפַח, מֵבִיא אֶת הַטֻּמְאָה. וְאִם לָאו, אֵינוֹ מֵבִיא אֶת הַטֻּמְאָה. רַבִּי יוֹסֵי אוֹמֵר, רוֹאִין אֶת הַטֻּמְאָה, מִכְּנֶגֶד הַמַּשְׁקוֹף וְלִפְנִים, הַבַּיִת טָמֵא. מִכְּנֶגֶד הַמַּשְׁקוֹף וְלַחוּץ, הַבַּיִת טָהוֹר. רַבִּי אֱלִיעֶזֶר אוֹמֵר, פִּיו לִפְנִים, הַבַּיִת טָהוֹר. פִּיו לַחוּץ, הַבַּיִת טָמֵא, שֶׁהַטֻּמְאָה יוֹצְאת דֶּרֶךְ שׁוּלָיו. רַבִּי יְהוּדָה בֶּן בְּתֵירָא אוֹמֵר, בֵּין כָּךְ וּבֵין כָּךְ, הַבַּיִת טָמֵא. כַּמָּה תִשְׁהֶה בְמֵעָיו. שְׁלֹשָׁה יָמִים מֵעֵת לְעֵת. בְּעוֹפוֹת וּבְדָגִים, כְּדֵי שֶׁתִּפֹּל לָאוּר וְתִשָּׂרֵף, דִּבְרֵי רַבִּי שִׁמְעוֹן. רַבִּי יְהוּדָה בֶּן בְּתֵירָא אוֹמֵר, בְּעוֹפוֹת וּבְדָגִים, מֵעֵת לְעֵת:

---

어떤 개가 사체의 고기를 먹었고 그 개가 죽었으며 문지방 위에 쓰러져 있을 때, 메이르 랍비는 만약 그 목에 1테팍 〔크기의〕 공간이 있으면 부정을 가지고 들어온다고 말했다. 그러나 만약 그렇지 않다면 부정을 가지고 들어오지 않는다. 요쎄 랍비는 부정한 것이 〔어디〕 있는지 봐야 한다고 말한다. 상인방 맞은편에서 안쪽에 있다면 그 집은 부정하다. 상인방 맞은편에서 바깥쪽에 있다면 그 집은 정결하다. 엘아자르 랍비는 그 입이 안쪽을 향하고 있다면 그 집이 정결하다고 말했다. 그 입이 바깥쪽을 향하고 있다면 그 집은 부정해지는데, 부정이 그 하체를 통해 나가기 때문이다. 예후다 벤 베테라 랍비는 이런 경우든 저런 경우든 그 집은 부정해진다고 말했다. 〔부정한 것이〕 그 배 속에 얼마나 머물러 있는가? 〔사체의 고기를 먹은〕 때부터 〔부정이 지속되는〕 때까지 사흘이다. 새들이나 물고기 〔배 속에 부정한 것이 있다면〕 불에 떨어져서 타는 때까지라는 것이 쉼온 랍비의 말이다. 예후

다 벤 베테라 랍비는 새들이나 물고기 〔배 속에 부정한 것이 있다면, 사체의 고기를 먹은〕 때부터 〔부정이 지속되는〕 때까지 하루라고 말했다.

- 사체의 고기 즉 부정의 요인을 먹고 죽어서[36] 어느 집 문지방에 누워 있는 개가 있다면 그 배 속에 있는 부정의 요인이 집 안까지 부정을 전이시킬 수 있는지 논의하고 있다. 메이르 랍비는 그 개의 목에 덮기 부정과 관련된 최소 크기 규정, 즉 길이와 넓이와 높이가 1테팍인 공간이 있다면 '천막'이 형성되므로 부정이 전이될 수 있다는 입장이다. 문맥에 따라 개 주둥이가 집 안을 향하고 있고, 꼬리는 바깥에 있는 상태일 것이다.
- 요쎄 랍비는 개의 배 속에 있는 부정의 요인이 상인방 바로 밑을 기준으로 집 안쪽인지 바깥쪽인지를 보고 결정해야 한다고 주장했다.
- 엘아자르 랍비는 부정이 개의 입으로 들어와서 하체를 통해 나간다고 주장하며, 개의 입이 집 안쪽을 향하고 있다면 그 집이 정결하고, 개의 하체가 집 안쪽을 향하고 있다면 그 집이 부정해진다고 말했다. 예후다 랍비는 어떤 경우든 그 집이 부정해진다고 주장했는데, 부정이 개의 입을 통해서도 전이될 수 있다고 생각한 듯하다.
- 고기가 완전히 소화되어 밖으로 나오는데 걸리는 시간은 사흘이라고 규정했다(「자빔」 2, 3). 그러나 새나 물고기는 몸이 훨씬 작으므로 더 짧은 시간이 걸리며, 예후다 랍비는 가축과 마찬가지로 하루가 걸린다고 말한다(「파라」 9, 5).

36) 사체의 고기를 먹었더라도 개가 죽지 않았다면 부정을 전이시키지 않는다.

הֶחָדוּת שֶׁבַּבַּיִת וּמְנוֹרָה בְתוֹכוֹ, וְהַפֶּרַח שֶׁלָּהּ יוֹצֵא וּכְפִישָׁה נְתוּנָה עָלָיו, שֶׁאִם תִּנָּטֵל הַמְּנוֹרָה וּכְפִישָׁה עוֹמֶדֶת עַל פִּי הֶחָדוּת, בֵּית שַׁמַּאי אוֹמְרִים, הֶחָדוּת טָהוֹר, וּמְנוֹרָה טְמֵאָה. בֵּית הִלֵּל אוֹמְרִים, אַף הַמְּנוֹרָה טְהוֹרָה. וּמוֹדִים, שֶׁאִם תִּנָּטֵל הַמְּנוֹרָה וּכְפִישָׁה נוֹפֶלֶת, הַכֹּל טָמֵא:

어떤 집에 지하실이 있고 그 안에 등잔대[37]가 있는데, 그 꽃 모양 장식이 튀어나와 있고 그 위에 바구니를 놓았고, 만약 그 등잔대를 꺼내도 그 바구니가 지하실 입구 위에 서 있을 수 있다면, 샴마이 학파는 그 지하실은 정결하지만 그 등잔대는 부정해진다고 말했다. 힐렐 학파는 그 등잔대도 정결하다고 말했다. 그들은 만약 등잔대를 꺼내면 그 바구니가 떨어지는 경우 모든 것이 부정해진다는 데 동의한다.

- 부정의 요인이 집 안에 있고 그 집 바닥 밑으로 판 지하실이 있는데, 그 지하실에 등잔대를 설치했다. 이때 꽃 모양으로 장식한 등잔대의 등잔 부분이 지하실 입구까지 올라와서 마치 지하실 문처럼 그 위에 바구니를 덮어두었다. 그런데 그 등잔대를 치워도 바구니가 떨어지지 않을 만큼 지하실 입구에 딱 맞는 크기라면, 지하실로 부정이 전이되지 않으며 정결을 유지한다. 바구니가 지하실 벽과 연결되며 부정으로부터 보호하는 기능을 하며(「오홀롯」 5, 6), 집 안에 있는 부정이 지하실로 전이되는 것을 막는다. 그러나 등잔대가 지하실 입구보다 더 높이 튀어나와 있어서 집 안에 있는 부정이 전이되는 것까지는 막을 수 없다는 것이 샴마이 학파의 주장이다.
- 힐렐 학파는 등잔대가 높이 올라와 있다고 해도 바구니로 보호하는

37) 이 낱말(מנורה, 메노라)은 받침에서 올라온 가지 여러 개의 끝에 기름을 담을 수 있는 작은 통들이 달려 있고, 심지에 불을 붙여 밝히는 등잔대를 가리킨다(출 25:31-40). 등잔 통과 가지는 꽃 모양으로 장식한다.

지하실 공간에 있다고 간주하고 모두 정결하다고 주장했다.

- 그러나 등잔대를 치우면 바구니가 지하실 입구에서 바닥으로 떨어질 경우, 등장대로 받쳐놓아야 서 있는 바구니는 '그릇'이며 부정이 전이되는 것을 막지 못한다는 것에 이견이 없다(「오홀롯」 6, 1-2).

## 11, 9

כֵּלִים שֶׁבֵּין שִׂפְתֵי כְפִישָׁה לְבֵין שִׂפְתֵי הֶחָדוּת, אֲפִלּוּ עַד הַתְּהוֹם, טְהוֹרִים. טֻמְאָה שָׁם, הַבַּיִת טָמֵא. טֻמְאָה בַבַּיִת, כֵּלִים שֶׁבְּכָתְלֵי הֶחָדוּת, אִם יֵשׁ בִּמְקוֹמָן טֶפַח עַל טֶפַח עַל רוּם טֶפַח, טְהוֹרִים. וְאִם לָאו, טְמֵאִים. אִם הָיוּ כָתְלֵי הֶחָדוּת רְחָבִים מִשֶּׁל בַּיִת, בֵּין כָּךְ וּבֵין כָּךְ טְהוֹרִים:

그 바구니의 테두리와 지하실의 테두리 사이에 있는 그릇들은, 깊은 곳까지라도, 정결하다. 그곳에 부정한 것이 있다면, 그 집은 부정해진다. 부정한 것이 집 안에 있고, 지하실 벽 안에 그릇들이 있는데, 그곳에 1테팍에 1테팍이며 높이도 1테팍인 공간이 있다면, 그것들은 정결하다. 그러나 그렇지 않다면, 그것들은 부정해진다. 만약 지하실 벽들이 그 집보다 더 두껍다면, 이런 경우든 저런 경우든 그것들이 정결하다.

- 여덟째 미쉬나와 같이 지하실 바닥에 떨어지지 않는 바구니를 덮은 상황에서, 바구니 테두리와 지하실의 테두리 사이에 그릇이 있다면, 그 그릇은 바구니 밑에 있다고 간주하여 집 안에 있는 부정의 요인으로부터 보호를 받는다. 지하실이 깊어서 지하세계까지 미친다고 해도 정결을 계속 유지한다.
- 부정의 요인이 지하실 안에 있다면 그 집은 부정해지는데, 왜냐하면 결국 부정의 요인을 제거하려면 집과 집 현관을 통해 밖으로 가지고 나와야 하기 때문이다(「오홀롯」 3, 7).

- 지하실 입구에 규정에 맞는 바구니를 덮지 않았는데, 지하실 벽에 독립적인 '천막'을 구성하는 최소 크기 규정에 맞는 공간이 있어서, 그 안에 그릇들을 보관했다면, 집 안에 있는 부정이 그릇에 전이되지 않는다. 그 그릇들은 다른 천막 안에 들어 있기 때문이다. 그러나 벽 안의 공간이 최소 크기 규정에 맞지 않는다면 부정이 전이된다.
- 지하실 벽이 집 벽보다 두꺼울 경우 그 그릇들은 그 집 안에 있다고 말할 수 없으므로 최소 크기 규정과 상관없이 정결을 유지한다.

## 제12장

화덕에 판자나 망을 설치했을 경우, 창문 밑에 턱이 있을 경우, 위층에서 바닥에 구멍을 내어 아래층 천장까지 관통했을 경우 덮기 부정이 이동하는 과정을 설명한다. 그리고 집을 지으면서 각 층 천장에 들보를 얹었지만 아직 회를 발라 막지 않은 경우, 집 안과 밖을 나누는 문에 부정의 요인이 있는 경우 등을 논의한다.

### 12, 1

נֶסֶר שֶׁהוּא נָתוּן עַל פִּי תַנּוּר חָדָשׁ וְעוֹדֵף מִכָּל צְדָדָיו בְּפוֹתֵחַ טֶפַח, טֻמְאָה תַחְתָּיו, כֵּלִים שֶׁעַל גַּבָּיו טְהוֹרִים. טֻמְאָה עַל גַּבָּיו, כֵּלִים שֶׁתַּחְתָּיו טְהוֹרִים. וּבְיָשָׁן, טָמֵא. רַבִּי יוֹחָנָן בֶּן נוּרִי מְטַהֵר. נָתוּן עַל פִּי שְׁנֵי תַנּוּרִים, טֻמְאָה בֵינֵיהֶם, הֵם טְמֵאִים. רַבִּי יוֹחָנָן בֶּן נוּרִי מְטַהֵר:

새 화덕 입구에 판자를 설치했는데 모든 방향으로 튀어나와서 1테팍 〔크기의〕 공간이 있을 때, 부정한 것이 그 밑에 있다면, 그 위에 있는 그릇들은 정결하다. 부정한 것이 그 위에 있다면, 그 밑에 있는 그릇들은 정결하다. 그러나 오래된 〔화덕에 설치했다면〕 부정해진다. 요하난 벤 누리 랍비는 정결하다고 주장했다. 〔판자를〕 화덕 두 개의 입구에 설치했는데, 부정한 것이 그들 사이에 있다면, 그것들은 부정해진다. 요하난 벤 누리 랍비는 정결하다고 주장했다.

- 점토로 빚어서 모양은 만들었으나 아직 불로 굽지 않아서 생산과정이 완전히 끝나지 않은 새 화덕은 부정이 전이되지 않는다(「켈림」 5, 1). 이런 새 화덕 위에 판자를 놓았는데, 판자가 매우 넓어서 화덕 바깥으로 튀어나왔고 그 밑에 각 방향으로 1테팍 부피의 공간이 조성되었다면, 일종의 '천막'을 형성한 셈이다. 이때 부정의 요인이 판자 밑에 있다면 밑부분은 부정해지지만 위는 정결하게 유지되며, 부정의 요인이 판자 위에 있다면, 위쪽 방향으로는 부정해지지만 밑부분은 정결하다. 화덕도 정결하다.
- 그러나 화덕을 만들어 사용했고 이미 부정해질 수 있는 상태에서 판자 위에 부정의 요인이 있다면, 모든 것이 부정해진다. 그 판자 밑에 있는 그릇들은 물론, 그 화덕도 부정해지는데, 왜냐하면 판자는 '그릇'으로 간주할 수 있는 화덕으로 받치고 있는 상황이며, 이런 경우 부정을 막을 수 없기 때문이다(「오홀롯」 6, 1). 요하난 벤 누리 랍비는 토셉타에서 그 화덕은 정결하다고 주장했는데, 그 화덕이 덮여 있어서 부정이 그 안으로 전이되지 않는다고 설명했다. 그러나 그 그릇들은 부정하다고 말했다.
- 만약 화덕 두 개 위에 판자를 설치한다면 화덕의 벽은 내용물을 부정하게 만들 수 없는 화덕의 외벽이 아니라 부정을 전이할 수 있는 '천막'의 벽이므로, 부정의 요인이 그들 사이에 있다면, 화덕들은 부정해진다. 요하난 벤 누리 랍비는 화덕의 벽이 기존의 화덕 외벽 기능을 그대로 수행한다고 이해하고 화덕이 정결을 유지한다고 주장했다.

## 12, 2

סְרֵידָה שֶׁהִיא נְתוּנָה עַל פִּי הַתַּנּוּר מֻקָּף צָמִיד פָּתִיל, טֻמְאָה תַחְתֶּיהָ אוֹ עַל גַּבָּיו, הַכֹּל טָמֵא. כְּנֶגֶד אֲוִירוֹ שֶׁל תַּנּוּר, טָהוֹר. טֻמְאָה כְּנֶגֶד אֲוִירוֹ שֶׁל תַּנּוּר, כְּנֶגְדּוֹ עַד הָרָקִיעַ טָמֵא:

화덕 입구에 꼭 맞게 밀봉할 수 있는 망을 설치했는데, 부정한 것이 그 밑에 또는 그 위에 있었다면, 모든 것이 부정해진다. 그러나 화덕 〔내부〕 공간 맞은편에 있는 것은 정결하다. 부정한 것이 화덕 〔내부〕 공간 맞은편에 있다면, 그 맞은편은 궁창까지 부정해진다.

- 화덕 입구에 꼭 맞는 망을 설치하는 경우 부정이 그 안으로 침투할 수 없다(「켈림」 9, 7). 여기서 미쉬나 본문은 상황을 잘 설명하지 않고 있는데, 주해자들은 이 화덕 위에 크기가 더 큰 망을 올려놓아 밑부분에 '천막'이 형성된 것으로 보고 있다. 그리고 그 망 밑에 또는 그 위에 부정한 것이 있으면 모든 것이 부정해진다고 주장한다. 그러나 화덕 내부 공간은 정결하게 유지하게 된다.
- 그러나 첫째 미쉬나의 상황이 계속 이어진다고 보면, 입구에 꼭 맞는 망을 설치한 화덕 위에 판자를 올려놓았고, 부정한 것이 그 밑에 또는 그 위에 있었다면, 그 위에 또는 그 밑에 있던 그릇들은 모두 부정해진다고 해석할 수도 있다.
- 부정의 요인이 화덕 내부 공간 바로 위에 있다면, 부정은 위로 뚫고 올라가 궁창까지 이른다. 그러나 화덕 밑이나 화덕을 덮은 망/판자에 붙은 부분은 정결하니, 꼭 맞는 뚜껑을 덮은 화덕 바로 위에 있는 부정은 화덕 안으로 들어가지도 않고, 그것을 덮는 '천막'이 없기 때문에 옆으로 퍼지지도 않기 때문이다.

12, 3

נֶסֶר שֶׁהוּא נָתוּן עַל פִּי תַנּוּר יָשָׁן, יוֹצֵא מִזֶּה וּמִזֶּה טֶפַח אֲבָל לֹא מִן הַצְּדָדִים, טֻמְאָה בְצַד זֶה, כֵּלִים שֶׁבַּצַּד הַשֵּׁנִי טְהוֹרִים. רַבִּי יוֹסֵי מְטַמֵּא. הַבְּטַח אֵינוֹ מֵבִיא אֶת הַטֻּמְאָה. הָיָה בוֹ זִיז, רַבִּי אֱלִיעֶזֶר אוֹמֵר, אֵינוֹ מֵבִיא אֶת הַטֻּמְאָה. רַבִּי יְהוֹשֻׁעַ אוֹמֵר, רוֹאִים אֶת הַבְּטַח כְּאִלּוּ אֵינוֹ, וְהַזִּיז הָעֶלְיוֹן מֵבִיא אֶת הַטֻּמְאָה:

오래된 화덕 입구에 판자를 설치했고, 이것이 이쪽이나 저쪽으로 1테팍 〔길이로〕 튀어나왔지만 〔모든〕 방향으로 그렇지는 않았는데, 부정한 것이 한쪽에 있었다면, 그 반대쪽에 있는 그릇들은 정결하다. 요쎄 랍비는 〔그 그릇들도〕 부정하다고 주장한다.

창문턱[38]은 부정을 가지고 들어오지 않는다. 그곳에 처마가 있다면, 엘리에제르 랍비는 그것이 부정을 가지고 들어오지 않는다고 말한다. 예호슈아 랍비는 창문턱이 없는 것으로 간주하고 위에 있는 처마가 부정을 가지고 들어온다고 본다고 말한다.

- 화덕 위에 있는 판자가 사방으로 모두 1테팍 길이로 튀어나온 것이 아니라 북남 방향이나 동서 방향으로 튀어나와 있을 때, 부정의 요인이 판자의 한쪽에 형성된 '천막'에 있었다면, 그 부정은 반대쪽에 있는 그릇까지 부정을 전이할 수 없다. 판자로 형성된 '천막'도 중간이 끊어져 있고, 화덕은 점토로 만들어서 외부의 부정이 내부까지 영향을 미칠 수 없으므로 통과할 수도 없기 때문이다. 요쎄 랍비는 반대 의견을 피력하고 있는데, 오래된 화덕이기 때문에 부정이 화덕에 전

38) 이 낱말(הבטח, 합브탁)은 사본상 철자법에 문제가 있는 것으로 보이며, 비슷한 낱말인 '압브탁'(אבטח)인 것으로 이해하고 번역했다(알벡). 야스트로 사전도 비슷하게 분류했는데(야스트로 156), 낱말 뜻은 빗물을 모으는 길쭉한 통이라고 설명했다.

이된다고 생각한 것으로 보인다.

- 창문 밑에 벽 안쪽과 바깥쪽으로 튀어나온 턱이 있다면, 턱 자체는 하나의 물품이지만 가운데 벽이 있기 때문에 안팎으로 부정을 전이시킬 수 없다. 그런데 이런 창문턱 위에 또 다른 처마가 있어서 바깥쪽으로 튀어나와 있을 때, 엘리에제르 랍비는 그래도 부정을 전이시킬 수 없다고 말했는데, 창문턱이 부정의 전이를 막기 때문이다. 예호슈아 랍비는 이 처마가 창문턱 위에 설치되었기 때문에 이런 경우 창문턱이 없는 것으로 보아야 한다며, 부정이 전이된다고 주장했다(「오홀롯」 14, 5).

## 12, 4

סַנְדָּל שֶׁל עֲרִיסָה שֶׁפְּחָתוֹ בְתוֹךְ הַבַּיִת, אִם יֶשׁ בּוֹ פּוֹתֵחַ טֶפַח, הַכֹּל טָמֵא.
וְאִם לָאו, מוֹנִין בּוֹ כְדֶרֶךְ שֶׁמּוֹנִין בְּמֵת:

요람 다리 받침[39] 때문에 〔아래층〕 집 속으로 구멍이 생겼는데, 만약 그 안에 1테팍 〔크기의〕 공간이 있다면 모든 것이 부정해진다. 그러나 만약 그렇지 않다면, 그 경우는 사체의 부정을 판단하는 것과 마찬가지로 판단한다.

- 이 미쉬나는 복층 건물 위층에 요람을 설치하는데, 바닥을 파서 다리를 고정하는 관행을 언급하고 있다. 그렇게 공사를 하다가 아래층으로 구멍이 나서 그 다리 받침이 보이는 상황이다. 부정의 요인이 아래층 집에 있는데, 그 구멍이 1테팍 크기의 공간을 형성한다면, 당연히 부정이 전이되어 위층에 있는 사람과 물건이 부정해진다.

---

39) 이 낱말(סנדל, 싼달)은 원래 '신발, 샌들'이라는 뜻이지만, 여기서는 다리 밑에 받치는 어떤 부속인 것으로 보인다.

- 그 구멍이 1테팍 크기에 미치지 못하는 경우, 부정의 요인 위를 가리며 덮는 그 다리 받침은 사체에 접촉한 것과 마찬가지로 간주하며 '부정의 아버지'가 되고, 이 요람과 접촉하는 아기나 다른 물건은 '1차 감염자'가 된다(「오홀롯」 1, 2).

## 12, 5

이 미쉬나는 아직 완성되지 않은 건물에 관해 논의하고 있는데, 각 층 지붕에 들보는 얹었지만 아직 회를 발라 막지 않은 상태다.

---

קוֹרוֹת הַבַּיִת וְהָעֲלִיָּה שֶׁאֵין עֲלֵיהֶן מַעֲזִיבָה וְהֵן מְכֻוָּנוֹת, טֻמְאָה תַּחַת אַחַת מֵהֶן, תַּחְתֶּיהָ טָמֵא. בֵּין הַתַּחְתּוֹנָה לָעֶלְיוֹנָה, בֵּינֵיהֶן טָמֵא. עַל גַּבֵּי הָעֶלְיוֹנָה, כְּנֶגְדּוֹ עַד הָרָקִיעַ טָמֵא. הָיוּ הָעֶלְיוֹנוֹת כְּבֵין הַתַּחְתּוֹנוֹת, טֻמְאָה תַּחַת אַחַת מֵהֶן, תַּחַת כֻּלָּם טָמֵא. עַל גַּבֵּיהֶן, כְּנֶגְדּוֹ עַד הָרָקִיעַ טָמֵא:

---

어떤 집과 그 위층의 들보들이 〔아직〕 회를 바르지 않았고 나란히 놓여 있는데, 부정한 것이 그것들 중 하나 밑에 있다면, 그 아랫부분이 부정해진다. 〔부정한 것이〕 아래층 〔들보와〕 위층 〔들보〕 사이에 있다면, 그것들 사이가 부정해진다. 〔부정한 것이〕 위층 〔들보〕 위에 있다면, 그 맞은편으로 궁창까지 부정해진다.

위층 〔들보들이〕 아래층 〔들보들〕 사이에 있었고, 부정한 것이 그것들 중 하나 밑에 있다면, 모든 〔들보들〕 밑부분이 부정해진다. 〔부정한 것이〕 그것들 위에 있다면, 맞은편으로 궁창까지 부정해진다.

- 집을 지으면서 아래층 천장의 들보와 위층 들보를 서로 마주 보도록 나란히 설치했을 때, 부정의 요인이 아래층 들보들 중 하나 밑에 있다면, 들보 밑에 형성된 '천막' 공간이 부정해진다. 나무로 만든 들보는 천막을 형성하여 덮기 부정을 전이시키지만, 그 천막 밖으로 부정이 퍼져 나가는 것을 막는다. 같은 원리로 부정의 요인이 아래층

들보 위 위층 들보 아래에 있다면, 그 두 들보 사이만 부정해진다. 부정의 요인이 위층 들보 위에 있다면, 이것을 덮는 천막이 없으므로 위로 뚫고 올라가 궁창까지 이른다.

- 아래층 천장의 들보와 위층 들보를 서로 엇갈리게 설치하여 위층 들보가 아래층 들보들 사이의 빈 공간 위에 있는데, 부정의 요인이 들보들 중 하나 밑에 있다면, 들보들 밑에 형성된 다른 '천막'으로 부정이 전이되고, 아래층과 위층 모든 부분이 한 천막 아래 있는 것처럼 부정해진다. 부정의 요인이 들보 위에 있다면 덮는 천막이 없으므로 위로 뚫고 올라가 궁창까지 이른다.

## 12, 6

다섯째 미쉬나에 이어서 덮기 부정과 관련해서 의미가 있는 들보가 어떤 것인지 부연설명을 한다.

---

קוֹרָה שֶׁהִיא נְתוּנָה מִכֹּתֶל לְכֹתֶל וְטֻמְאָה תַחְתֶּיהָ, אִם יֶשׁ בָּהּ פּוֹתֵחַ טֶפַח, מְבִיאָה אֶת הַטֻּמְאָה תַחַת כֻּלָּהּ. וְאִם לָאו, טֻמְאָה בוֹקַעַת וְעוֹלָה, בּוֹקַעַת וְיוֹרֶדֶת. כַּמָּה יְהְיֶה בְהֶקֵּפָהּ וִיהֵא בָהּ פּוֹתֵחַ טֶפַח. בִּזְמַן שֶׁהִיא עֲגֻלָּה, הֶקֵּפָהּ שְׁלֹשָׁה טְפָחִים. בִּזְמַן שֶׁהִיא מְרֻבַּעַת, אַרְבָּעָה, שֶׁהַמְרֻבָּע יָתֵר עַל הֶעָגוֹל רְבִיעַ:

---

들보를 한 벽에서 〔다른〕 벽으로 걸쳐놓았고 그 밑에 부정한 것이 있을 때, 만약 그곳에 1테팍 〔크기의〕 공간이 있다면, 〔그 들보는〕 밑 부분 전체에 부정을 가지고 들어온다. 그러나 만약 그렇지 않다면, 부정은 위로 뚫고 올라가거나 아래로 뚫고 내려간다.

〔그 들보가〕 1테팍 〔크기의〕 공간이 되기 위해서는 둘레가 얼마나 되어야 하는가? 〔그 들보가〕 둥글 때에는 둘레가 3테팍이 되어야 한다. 〔그 들보가〕 네모 모양일 때에는 〔둘레가〕 4테팍이 되어야 하니, 네모는 원보다 1/4이 더 크기 때문이다.

- 어떤 집의 한 벽에서 다른 벽까지 걸쳐놓은 들보가 있는데, 이 들보가 길이와 너비와 높이가 모두 1테팍 이상으로 최소 크기 규정에 맞는다면, 그 밑으로 '천막'을 형성하며 아랫부분 전체에 부정을 전이한다. 그러나 최소 크기 규정에 맞지 않으면 '천막'이 형성되지 않으며, 이때 덮기 부정은 위로 올라가거나 아래로 내려간다.
- 들보가 최소 크기 규정에 맞는지 판단하기 위해서 그 나무 기둥의 둘레를 이용한다. 들보가 원기둥 모양으로 둥글게 생겼으면 지름이 1테팍이 되어야 한다고 보고, 둘레가 3테팍이 되어야 한다고 규정했다(「에루빈」 1, 5). 정확한 원주율은 아니지만 비슷한 수치를 알고 있었던 것으로 보인다. 들보가 사각기둥 모양으로 네모라면, 물론 각 변의 길이가 1테팍이므로 둘레는 4테팍이다. 네모가 원보다 1/4이 더 크다는 말은 이런 배경에서 이해해야 한다.

12, 7
나무 기둥이 바깥에 놓여 있는 경우에 관해 논의한다.

---

עַמּוּד שֶׁהוּא מֻטָּל לָאֲוִיר, אִם יֵשׁ בְּהֶקֵּפוֹ עֶשְׂרִים וְאַרְבָּעָה טְפָחִים, מֵבִיא אֶת הַטֻּמְאָה תַּחַת דָּפְנוֹ. וְאִם לָאו, טֻמְאָה בוֹקַעַת וְעוֹלָה, בּוֹקַעַת וְיוֹרֶדֶת:

---

기둥이 열린 공간에 누워 있고, 그 〔기둥의〕 둘레가 24테팍이라면, 〔이 기둥은〕 그 벽 밑으로 부정을 가지고 들어올 수 있다. 만약 그렇지 않다면, 부정은 위로 뚫고 올라가거나 아래로 뚫고 내려간다.

- 큰 기둥이 바깥 열린 공간에 누워 있고, 기둥 모양이 둥글기 때문에 양쪽으로 기둥 벽이 가려서 덮는 공간이 생기는 경우를 논의하고 있다. 이 공간이 독립적인 '천막'이 되려면 최소 크기 규정에 맞아야 하기 때문에 둥근 기둥의 둘레가 얼마가 되어야 하는지 계산하여 알려

주고 있다. 기둥의 둘레가 24테팍이라면 랍비들의 논리에 따라 지름은 8테팍이 된다. 원 주위에 한 변의 길이가 8테팍인 정사각형을 그리면, 그 대각선의 길이는 8+16/5이다(랍비들의 계산에 따르면 삼각형의 변 1테팍은 대각선 11/5테팍에 해당한다). 그렇다면 이 정사각형 안에는 대각선을 따라 원 바깥에 대각선이 8/5테팍인 사각형이 두 개가 생긴다. 이 공간은 보다시피 한 변의 길이가 1테팍을 넘기 때문에 최소 크기 규정에 맞는 '천막'이 될 수 있다.

- 기둥이 이보다 작으면 천막이 형성되지 않고 부정은 위와 아래로 뚫고 올라가거나 내려간다.

## 12, 8

집 안과 밖을 나누는 문과 관련된 상황들을 논의한다.

---

כַּזַּיִת מִן הַמֵּת מְדֻבָּק לָאַסְקֻפָּה, רַבִּי אֱלִיעֶזֶר מְטַמֵּא אֶת הַבָּיִת. רַבִּי יְהוֹשֻׁעַ מְטַהֵר. הָיָה נָתוּן תַּחַת הָאַסְקֻפָּה, יִדּוֹן מֶחֱצָה לְמֶחֱצָה. מְדֻבָּק לַמַּשְׁקוֹף, הַבַּיִת טָמֵא. רַבִּי יוֹסֵי מְטַהֵר. הָיָה נָתוּן בְּתוֹךְ הַבַּיִת, הַנּוֹגֵעַ בַּמַּשְׁקוֹף, טָמֵא. הַנּוֹגֵעַ בָּאַסְקֻפָּה, רַבִּי אֱלִיעֶזֶר מְטַמֵּא. רַבִּי יְהוֹשֻׁעַ אוֹמֵר, מִטֶּפַח וּלְמַטָּן, טָהוֹר. מִטֶּפַח וּלְמַעְלָן, טָמֵא:

---

올리브 열매 〔크기〕만 한 사체의 〔일부분이〕 문지방에 붙어 있을 때, 엘리에제르 랍비는 그것이 집을 부정하게 만든다고 주장한다. 예호슈아 랍비는 정결하다고 주장한다. 〔그 부정한 것이〕 문지방 밑에 있다면, 반과 반으로 〔나뉘어 있는 규정에 따라〕 결정한다. 〔부정한 것이〕 상인방에 붙어 있다면, 그 집은 부정해진다. 요쎄 랍비는 정결하다고 주장한다.

〔부정한 것이〕 집 안에 있을 때, 상인방과 접촉한 사람은 부정해진다. 문지방과 접촉한 사람에 관해서는, 엘리에제르 랍비는 부정해진다고 주장했다. 예호슈아 랍비는 1테팍 되는 〔지점보다〕 아래를 〔만졌다

면〕 정결하고, 1테팍 되는 〔지점보다〕 위를 〔만졌다면〕 부정해진다고 말했다.

- 엘리에제르 랍비는 문지방이 집의 일부라고 간주했고, 부정의 요인이 문지방에 붙어 있으면 그 집이 부정해진다고 주장한다. 예호슈아 랍비는 문지방이 집 밖에 있다고 보고, 집이 부정해지지 않는다고 주장한다.
- 부정의 요인이 문지방 밑에 있다면, 그 위치가 집 안쪽인지 바깥쪽인지를 따져서 결정해야 한다.
- 일반적으로 상인방은 집의 일부라고 간주했고, 부정의 요인이 상인방에 붙어 있으면 그 집이 부정해진다고 보았다. 그러나 요쎄 랍비는 상인방이 집 밖에 있다고 보고, 집이 부정해지지 않는다고 주장한다. 부정의 요인이 집 안에 있고, 누군가가 상인방을 만지면 부정해지는 것과 같은 이유다.
- 엘리에제르 랍비는 일관성 있게 문지방은 집의 일부라고 주장했고, 부정의 요인이 집 안에 있는데 문지방을 밖에서 만져도 부정해진다고 주장했다. 예호슈아 랍비는 반대의견을 내면서 문지방도 1테팍이 되는 지점보다 위쪽을 만지면 부정하고 아랫부분을 만지면 정결하다고 주장한다(「오홀롯」 9, 15). 문지방은 집의 일부가 아니더라도 집 안에 있는 덮기 부정이 문을 통해 나가면서 문지방의 일부에 부정을 전이시킨다고 생각한 것으로 보인다.

## 제13장

'천막'에 해당하는 집 벽에 채광창이나 통기공과 같은 구멍이 있는 경우, 문에 구멍이 있는 경우, 벽에 어떤 물건을 넣기 위해 구멍을 낸 경우 덮기 부정이 전이되는 현상을 자세히 설명한다.

### 13, 1

어떤 집 벽에 구멍을 내어 채광창을 만드는 일에 관해 논의한다.

---

הָעוֹשֶׂה מָאוֹר בַּתְּחִלָּה, שִׁעוּרוֹ מְלֹא מַקְדֵּחַ גָּדוֹל שֶׁל לִשְׁכָּה. שְׁיָרֵי הַמָּאוֹר, רוּם אֶצְבָּעַיִם עַל רֹחַב הַגּוּדָל. אֵלּוּ הֵן שְׁיָרֵי הַמָּאוֹר, חַלּוֹן שֶׁסְּתָמָהּ וְלֹא הִסְפִּיק לְגָמְרָהּ. חֲרָרוּהוּ מַיִם אוֹ שְׁרָצִים אוֹ שֶׁאֲכָלַתּוּ מַלַּחַת, שִׁעוּרוֹ מְלֹא אֶגְרוֹף. חָשַׁב עָלָיו לְתַשְׁמִישׁ, שִׁעוּרוֹ פּוֹתֵחַ טֶפַח. לְמָאוֹר, שִׁעוּרוֹ מְלֹא מַקְדֵּחַ. הַסְּרִיגוֹת וְהָרְפָפוֹת מִצְטָרְפוֹת כִּמְלֹא מַקְדֵּחַ, כְּדִבְרֵי בֵית שַׁמַּאי. בֵּית הִלֵּל אוֹמְרִים, עַד שֶׁיְּהֵא בְמָקוֹם אֶחָד מְלֹא מַקְדֵּחַ. לְהָבִיא הַטֻּמְאָה וּלְהוֹצִיא הַטֻּמְאָה. רַבִּי שִׁמְעוֹן אוֹמֵר, לְהָבִיא הַטֻּמְאָה, אֲבָל לְהוֹצִיא אֶת הַטֻּמְאָה בְּפוֹתֵחַ טָפַח:

---

어떤 사람이 채광창을 새로 만들 때 〔부정이 전이되는〕 크기는 〔성전〕 부속실에서 〔쓰는〕 큰 송곳 〔두께와〕 같다. 그 채광창의 남은 부분은 높이가 손가락 두 개 너비가 엄지 하나다. 채광창의 남은 부분이란 창문을 닫았는데 완전히 닫을 수 없는 부분이다. 물이나 벌레가 〔구멍을 더〕 팠거나, 염화작용으로 부식되었다면 그 크기가 주먹 하나다. 이것을 〔다른 용도로〕 쓰려고 생각했다면 그 크기가 1테팍인 공간이고, 채광창만으로 〔쓴다면〕 그 크기가 송곳 〔구멍과〕 같다.

격자와 창살도 함께 송곳 〔구멍〕 크기에 포함된다는 것이 샴마이 학파의 말이다. 힐렐 학파는 〔채광창이〕 한 장소에 있을 때 〔그 하나가〕 송곳 〔구멍〕 크기라고 말했다. 〔이런 크기에 맞으면〕 부정을 가지고 들어오고 또 부정이 나가게 할 수 있다. 쉼온 랍비는 〔이런 크기로〕 부정을 가지고 들어올 수는 있지만, 부정을 나가게 하려면 1테팍 〔크기의〕 공간이 있어야 한다고 말했다.

- 어떤 사람이 집 벽에 채광창을 새로 만들 때 성전 부속실에서 쓰는 큰 송곳으로 낸 구멍과 같은 크기로 만들면(「오홀롯」 2, 3; 「켈림」 17, 12), 그 채광창을 통해 부정이 전이될 수 있다.
- 채광창의 '남은 부분'이란 창문을 닫아도 완전히 닫히지 않는 부분으로, 빛을 집 안으로 들이는 채광창 역할을 할 수 있다. 이때는 높이가 손가락 두 개 너비가 엄지 하나 정도 되어야 한다고 주장한다.
- 비가 와서 흐르는 물 때문에 또는 벌레가 파서 자연스럽게 생긴 구멍이나 염화작용 때문에 부식되어 생긴 구멍이라면(「오홀롯」 3, 7) 주먹 하나 크기는 되어야 한다(「켈림」 17, 12). 그런데 집주인이 그 구멍에 그릇을 놓는 등 특별한 용도로 쓰려고 마음을 먹었다면 그 길이와 너비와 높이가 1테팍이 되어야 한다. 그냥 채광창으로만 쓴다면 송곳 구멍과 같은 크기다.
- 샴마이 학파는 창고 창문의 격자나 개인 집 창문의 창살을 설치하며 생긴 구멍들을 다 합쳐서 정해진 구멍 크기가 되면 부정이 전이된다고 주장했다. 힐렐 학파는 격자나 창살에 있는 구멍 하나가 규정에 맞으면 부정이 전이된다고 주장했다.
- 위에서 논의한 규정은 특정한 크기에 이르면 부정이 바깥에서 집 안으로 들어오기도 하고 집 안에 있는 부정이 바깥으로 나가기에 충분하다는 주장이다. 쉼온 랍비는 채광창으로 부정이 들어올 때는 이런 규정이 타당하지만, 나갈 때는 1테팍 크기의 공간이 있어야 한다고 주장하며(「오홀롯」 3, 6) 다른 규정들과 조화를 시도했다.

13, 2

חַלּוֹן שֶׁהִיא לָאֲוִיר, שִׁעוּרָהּ מְלֹא מַקְדֵּחַ. בָּנָה בַיִת חוּצָה לָהּ, שִׁעוּרָהּ בְּפוֹתֵחַ טֶפַח. נָתַן אֶת הַתִּקְרָה בְּאֶמְצַע הַחַלּוֹן, הַתַּחְתּוֹן בְּפוֹתֵחַ טֶפַח, וְהָעֶלְיוֹן מְלֹא מַקְדֵּחַ:

공기가 〔통하게 만든〕 창문은 〔부정이 전이되는〕 크기가 송곳 〔구멍〕 크기와 같다. 그 바깥쪽에 집을 지었다면, 그 〔창문의〕 크기는 1테팍 〔크기의〕 공간이 되어야 한다. 창문 중간에 지붕을 지었다면 그 밑으로 1테팍 〔크기의〕 공간이 있어야 하며, 그 위로는 송곳 〔구멍〕 크기가 되어야 한다.

- 공기가 통하도록 벽에 통기공을 만들었을 때 부정이 들어오거나 나가는 최소 크기는 송곳으로 낸 구멍 크기와 같다.
- 만약 그 집 벽 바깥쪽으로 연결해서 다른 집을 지었다면, 통기공 크기가 1테팍 크기가 되어야 부정이 전이된다. 집 바깥의 열린 공간과 연결된 통기공이 아니라면 공기가 드나드는 것이 주요 기능이 아니므로 일반적인 '천막'의 최소 크기 규정이 적용된 것이다.
- 그 집 벽 바깥쪽으로 다른 집을 지었고 그 집 지붕이 통기공 중간까지 온다면, 그 지붕을 기준으로 통기공이 두 개 있는 것과 같은 경우이며, 옆 집으로 연결되는 밑부분은 1테팍 크기의 공간이 있어야 하고 바깥으로 통하는 윗부분은 송곳 구멍 크기가 되어야 한다.

13, 3

문에 있는 구멍에 관해 논의한다.

הַחוֹר שֶׁבַּדֶּלֶת, שִׁעוּרוֹ מְלֹא אֶגְרוֹף, דִּבְרֵי רַבִּי עֲקִיבָא. רַבִּי טַרְפוֹן אוֹמֵר, בְּפוֹתֵחַ טֶפַח. שִׁיֵּר בָּהּ הֶחָרָשׁ מִלְּמַטָּן אוֹ מִלְּמַעְלָן, הֱגִיפָהּ וְלֹא מֵרְקָהּ, אוֹ שֶׁפְּתָחַתּוּ הָרוּחַ, שִׁעוּרוֹ מְלֹא אֶגְרוֹף:

문에 있는 구멍은 〔부정이 전이되는〕 크기가 주먹 하나 크기와 같다는 것이 아키바 랍비의 말이다. 타르폰 랍비는 1테팍 〔크기의〕 공간이 있어야 한다고 말했다. 목수가 그 〔구멍을〕 아래 또는 윗부분에 남겨 놓았다면, 그가 구멍을 뚫었지만 깨끗이 완성하지 않았다면, 또는 바람 때문에 열렸다면, 그 〔구멍의〕 크기는 주먹 하나 크기와 같다.

- 아키바 랍비는 문에 구멍이 나서 부정이 전이되려면 그 크기가 주먹 하나 정도는 되어야 한다고 말했다. 첫째 미쉬나와 같은 문맥이라면 집주인이 의도적으로 만든 구멍이 아니라 문이 낡아서 자연스럽게 생긴 구멍으로 간주한 것으로 보인다. 그러나 타르폰 랍비는 의도적으로 만든 구멍으로 보고 1테팍 크기의 공간이 확보되어야 한다고 말했다.
- 목수가 현관 크기보다 문을 작게 만들어서 아래 또는 위로 구멍이 생겼거나, 구멍을 만들었어도 깨끗이 완성되지 않았거나, 바람이 불어서 문이 열린다면, 특정한 기능을 위해서 의도적으로 만든 구멍이 아니며, 부정이 전이되는 최소 크기 규정은 주먹 하나 크기다.

### 13, 4

הָעוֹשֶׂה מָקוֹם לְקָנֶה, וּלְאִסְפָּתִי, וּלְנֵר, שִׁעוּרוֹ כָּל שֶׁהוּא, כְּדִבְרֵי בֵית שַׁמַּאי. בֵּית הִלֵּל אוֹמְרִים, בְּפוֹתֵחַ טֶפַח. לָזוּן אֶת עֵינָיו, וּלְדַבֵּר עִם חֲבֵרוֹ, וּלְתַשְׁמִישׁ, בְּפוֹתֵחַ טָפַח:

막대기나 〔날이 넓은〕 칼[40]이나 등잔을 〔놓을〕 장소를 만든다면 〔부정이 전이되는〕 크기는 어떤 크기든 상관없다는 것이 샴마이 학파

40) 이 낱말(אספתי, 아스페티)은 헬라어에서 파생되었고, 폭이 넓고 짧은 칼을 가리킨다(야스트로 97). 번역자들은 spike(Sefaria) 또는 tongs 등으로 번역했다.

의 말이다. 힐렐 학파는 1테팍 〔크기의〕 공간이 있어야 한다고 말한다.

자기 눈으로 내다보기 위해서, 자기 친구와 말하기 위해서, 〔그 외 다른〕 용도로 쓰려고 〔만들었다면, 부정이 전이되는〕 크기는 1테팍 〔크기의〕 공간 정도다.

- 삼마이 학파는 어떤 사람이 벽에 구멍을 내어 직조공이 실을 감는 막대기나(「샤밧」 13, 2) 직조공이 쓰는 날이 넓고 짧은 칼이나(「켈림」 12, 4) 등잔을 놓으려고 계획을 했다면, 그 장소의 크기가 어떠하든지 상관없이 부정이 들어가고 나올 수 있다고 주장했다. 힐렐 학파는 일반적인 최소 크기 규정을 적용하면 된다는 입장이다.
- 밖을 내다보기 위해서, 친구와 대화하기 위해서, 또는 그와 같은 다른 용도로 쓰기 위해서 의도적으로 만든 구멍은 물론 최소 크기 규정에 맞으면 부정이 전이된다.

### 13, 5

다시 창문이라는 주제로 돌아가는데, 창문이 부정을 전이하는 최소 크기 규정에 맞지 않게 줄어드는 경우에 관해 논의한다.

---

אֵלוּ מְמַעֲטִין אֶת הַטֶּפַח. פָּחוֹת מִכַּזַּיִת בָּשָׂר מְמַעֵט עַל יְדֵי רֹבַע עֲצָמוֹת,
וּפָחוֹת מֵעֶצֶם כַּשְּׂעֹרָה מְמַעֵט עַל יְדֵי כַזַּיִת בָּשָׂר. פָּחוֹת מִכַּזַּיִת מִן הַמֵּת,
פָּחוֹת מִכַּזַּיִת מִן הַנְּבֵלָה, פָּחוֹת מִכָּעֲדָשָׁה מִן הַשֶּׁרֶץ, פָּחוֹת מִכַּבֵּיצָה
אֳכָלִים, הַתְּבוּאָה שֶׁבַּחַלּוֹן, וְכָכֵי שֶׁיֶּשׁ בָּהּ מַמָּשׁ, וְנִבְלַת הָעוֹף הַטָּהוֹר שֶׁלֹּא
חִשַּׁב עָלֶיהָ, וְנִבְלַת עוֹף הַטָּמֵא שֶׁחִשַּׁב עָלֶיהָ וְלֹא הִכְשִׁירָהּ, אוֹ הִכְשִׁירָהּ
וְלֹא חִשַּׁב עָלֶיהָ:

---

이러한 것들은 〔창문을〕 1테팍이라는 〔규정에 미치지 못하게〕 줄인다. 올리브 열매보다 작은 살점은 뼈 로바[41]와 함께 줄이고, 보리 알보다 작은 뼈는 올리브 열매만 한 살점과 함께 줄인다.

올리브 열매보다 작은 시체의 일부분, 올리브 열매보다 작은 죽은 채 발견된 것, 콩보다 작은 기는 것, 달걀보다 작은 음식, 창문까지 〔자란〕 곡식, 그리고 어떤 물체가 달린 거미줄, 그리고 〔먹을〕 생각이 없고 죽은 채 발견된 정결한 새, 〔먹을〕 생각이 있지만 준비하지[42] 않은, 또는 준비했지만 〔먹을〕 생각이 없는 죽은 채 발견된 부정한 새가 〔그러하다〕.

- 사체의 부정은 살점이 올리브 열매 크기만 할 때 뼈가 1/4카브 크기일 때 덮기 부정을 전이시키기 시작한다. 그런데 어떤 방에 1/4카브 크기의 뼈가 있어서, 길이와 너비가 각각 1테팍이 되는 창문을 통해 옆방으로 전이될 수 있는 상황에서, 올리브 열매 크기에 미치지 못하는 살점이 창문턱에 있었다면, 이 살점이 창문 크기가 최소 크기 규정에 미치지 못하도록 줄이는 효과를 가져온다. 그러므로 덮기 부정이 창문을 통해 전이되지 않는다. 이런 효과는 부정의 요인은 뼈이고 창문턱에 있는 것은 살점이기 때문에 가능하며, 서로 같은 물체였다면 성립하지 않는다.
- 같은 원리로 방 안에 올리브 열매만 한 살점이 있고, 창문턱에 보리알보다 작은 뼈가 있을 때(「오홀롯」 2, 5), 살점 때문에 발생한 덮기 부정이 창문을 통해 옆 방으로 전이되지 않는다.
- 역시 덮기 부정을 발생시킬 수 없고 창문의 크기를 줄이는 효과를 발휘할 수 있는 물건들로 최소 크기 규정에 미치지 못하는 시체의 일부분, 죽은 채 발견된 것, 기는 것, 음식(「토호롯」 2, 1)을 열거한다.

---

41) 이 낱말(רבע, 로바)은 1/4카브(קב)를 가리킨다. 1카브는 1.2-2.4리터 정도 된다.

42) 이 낱말(הכשיר, 히크쉬르)은 어떤 음식이 음식규정에 맞아서 먹기에 '적합하다고 선포하다' 또는 그 외 다른 사람이나 물건을 특정한 기능에 '접합하게 만들다'는 뜻이다.

그 외에도 집 밖 창문 가까이에서 자라 올라 창문을 가린 곡식과 어떤 물건이 걸려 있는 거미줄이 있다. 정결한 새의 시체는 먹을 의도가 없을 때 부정을 전이시키지 않으므로 이 목록에 포함되었다(1, 1). 부정한 새는 먹을 의도가 있고, 물과 접촉하여 부정해질 수 있는 상태로 준비되었을 때 부정을 전이시킨다(1, 3). 그러므로 먹을 생각은 있지만 준비를 하지 않았거나, 준비는 했지만 먹을 생각이 없을 경우에는 역시 부정을 전이시키지 않으며 창문 크기를 줄일 수 있다.

## 13, 6

אֵלּוּ שֶׁאֵינָן מְמַעֲטִים. אֵין הָעֶצֶם מְמַעֵט עַל יְדֵי עֲצָמוֹת, וְלֹא בָשָׂר עַל יְדֵי בָשָׂר, וְלֹא כַזַּיִת מִן הַמֵּת, וְלֹא כַזַּיִת מִן הַנְּבֵלָה, וְלֹא כָעֲדָשָׁה מִן הַשֶּׁרֶץ, וְלֹא כַבֵּיצָה אֳכָלִים, וְלֹא תְבוּאָה שֶׁבַּחַלּוֹנוֹת, וְלֹא כָכַי שֶׁאֵין בָּהּ מַמָּשׁ, וְלֹא נִבְלַת הָעוֹף הַטָּהוֹר שֶׁחִשַּׁב עָלֶיהָ, וְלֹא נִבְלַת עוֹף הַטָּמֵא שֶׁחִשַּׁב עָלֶיהָ וְהִכְשִׁירָהּ, וְלֹא הַשְּׁתִי וְהָעֵרֶב הַמְנֻגָּעִים, וְלֹא לְבֵנָה מִבֵּית הַפְּרָס, דִּבְרֵי רַבִּי מֵאִיר. וַחֲכָמִים אוֹמְרִים, הַלְּבֵנָה מְמַעֶטֶת, מִפְּנֵי שֶׁעֲפָרָהּ טָהוֹר. זֶה הַכְּלָל, הַטָּהוֹר מְמַעֵט, וְהַטָּמֵא אֵינוֹ מְמַעֵט:

이러한 것들은 〔창문을 규정에 미치지 못하게〕 줄이지 않는다. 뼈는 뼈와 함께 줄이지 않고, 살점은 살점과 함께 〔줄이지〕 않으며, 올리브 열매만 한 시체의 〔일부분도 줄이지〕 않고, 올리브 열매만 한 죽은 채 발견된 것도 〔줄이지〕 않으며, 콩만 한 기는 것도 〔줄이지〕 않고, 달걀만 한 음식도 〔줄이지〕 않으며, 창문까지 〔자라 오른〕 곡식도 〔줄이지〕 않고, 어떤 물체가 달리지 않은 거미줄도 〔줄이지〕 않으며, 〔먹을〕 생각이 있고 죽은 채 발견된 정결한 새도 〔줄이지〕 않고, 〔먹을〕 생각이 있고 준비했고 죽은 채 발견된 부정한 새도 〔줄이지〕 않으며, 점이 생긴 날실과 씨실도 〔줄이지〕 않고, 무덤을 깨뜨린 밭[43]에서 나

43) 이 낱말(בית הפרס, 벳 합페라스)은 실수로 무덤이 있는 땅을 갈아서 파헤친 밭

온 벽돌도 〔줄이지〕 않는다는 것이 메이르 랍비의 말이다. 다른 현인들은 그 벽돌이 줄인다고 말했는데, 왜냐하면 그 흙이 정결하기 때문이다. 이것이 원칙이다. 정결한 것은 줄이고, 부정한 것은 줄이지 않는다.

- 이 미쉬나는 다섯째 미쉬나와 반대로 덮기 부정이 전이될 수 있는 최소 크기 규정에 맞는 창문을 가려서 그 크기를 줄이는 효과를 가져올 수 없는 물품들을 열거하고 있으며, 대부분 다섯째 미쉬나에 나온 물품들을 조금 다른 조건으로 다시 언급한다.
- 먼저 부정의 요인과 창문턱에 놓인 물건이 같을 경우에는 두 가지가 결합하게 되므로 부정의 요인이 커지고 창문을 줄이지 않는다. 시체, 죽은 채 발견된 것, 기는 것, 음식이 최소 크기 규정에 맞는 경우 모두 부정해질 수 있으며, 창문의 크기를 줄이지 않는다. 창문들 바로 밖에서 자란 곡식과 아무런 물체도 달리지 않은 거미줄도 창문의 크기를 줄이지 않는다. 부정해질 수 있는 조건이 충족된 정결한 또는 부정한 새의 사체도 창문의 크기를 줄일 수 없다. 씨줄이나 날줄에 부정한 점이 생긴 경우도 창문의 크기를 줄일 수 없다. 실수로 무덤이 있던 지역을 파헤친 밭에서 나온 벽돌은 부정하므로(「오홀롯」 17, 1) 창문을 줄일 수 없다는 것이 메이르 랍비의 의견이다. 그런데 다른 랍비들은 벽돌을 만든 흙은 무덤을 깨뜨린 밭의 흙을 취소하므로 정결하다고 했다.
- 다섯째와 여섯째 미쉬나를 한마디로 요약하면, 정결한 것은 창문의 크기를 줄이지만, 부정한 것은 줄이지 않는다.

---

을 가리킨다.

## 제14장

「오홀롯」 14장은 집 현관 위로 튀어나온 다양한 물체들이 '천막'이 될 수 있는지 논의한다.

**14, 1**
처마와 발코니가 '천막'이 되는 경우를 정의한다.

---

הַזִּיז מֵבִיא אֶת הַטֻּמְאָה כָּל שֶׁהוּא. הַגִּזְרָה וְהַגַּבְלִית, בְּפוֹתֵחַ טֶפַח. אֵיזֶהוּ הַזִּיז, שֶׁפָּנָיו לְמַטָּה. וְהַגִּזְרָה, שֶׁפָּנֶיהָ לְמַעְלָה. וּבַמָּה אָמְרוּ הַזִּיז מֵבִיא אֶת הַטֻּמְאָה כָּל שֶׁהוּא, בְּזִיז שֶׁהוּא גָּבוֹהַּ מִן הַפֶּתַח שְׁלֹשָׁה נִדְבָּכִין, שֶׁהֵם שְׁנֵים עָשָׂר טֶפַח. יָתֵר מִכָּאן, מֵבִיא אֶת הַטֻּמְאָה בְּפוֹתֵחַ טֶפַח. הָעֲטָרוֹת וְהַפִּתּוּחִים מְבִיאִין אֶת הַטֻּמְאָה בְּפוֹתֵחַ טֶפַח:

---

처마는 어떤 것이든 부정을 가지고 들어오는데, 발코니와 경사진 발코니는 1테팍 〔크기의〕 공간이 있을 때 〔부정을 가지고 들어온다〕. 어떤 처마를 말하는가? 그 표면이 밑을 향하는 것이다. 그리고 〔어떤〕 발코니를 말하는가? 그 표면이 위를 향하는 것이다.

처마는 어떤 것이든 부정을 가지고 들어온다는 것은 무슨 말인가? 현관보다 흙벽돌 세 줄은 높아서, 12테팍이 되는 경우를 말한다. 이보다 더 높은 것은 1테팍 〔크기의〕 공간이 있을 때 부정을 가지고 들어온다. 왕관 장식과 조각들도 1테팍 〔크기의〕 공간이 있을 때 부정을 가지고 들어온다.

- 현관 문 위에 설치한 처마는 밑으로 경사지게 만들어서 햇볕과 비를 가리는 역할을 했던 것으로 보인다(「오홀롯」 8, 2). 그 길이나 크기에 상관없이 언제나 부정을 집 안으로 가지고 들어온다는 주장은 이 처마가 현관과 하나로 결합되어 '천막' 하나가 되었다고 간주하고 있

는 것이다.

- 발코니나 경사진 발코니는 위로 경사지게 만들어서 아래층 집이 아니라 위층 거주자의 용도에 맞게 설치한 공간이기 때문에 현관과 결합하지 않으며, 최소 크기 규정에 맞는 '천막'을 형성할 때만 부정을 전이시킬 수 있다.
- 처마를 통해서 집 안으로 부정이 전이되는 구조는 처마가 현관 위로 12테팍(돌이나 흙벽돌 세 줄)일 경우이며, 그보다 더 높이 있으면 1테팍 〔크기의〕 공간이 될 때에 부정을 전이시킬 수 있다.
- 특별한 기능이 없는 왕관 장식이나 조각들은 처마와 달리 무조건 부정을 전이시키지 않으며, 1테팍 〔크기의〕 공간이 형성될 때만 '천막'이 된다.

## 14, 2

---

זִיז שֶׁעַל גַּבֵּי הַפֶּתַח, מֵבִיא אֶת הַטֻּמְאָה בְּפוֹתֵחַ טֶפַח. שֶׁעַל גַּבֵּי הַחַלּוֹן, רוּם אֶצְבָּעַיִם, שֶׁעַל גַּבֵּי מְלֹא מַקְדֵּחַ, כָּל שֶׁהוּא. רַבִּי יוֹסֵי אוֹמֵר, מְלֹאוֹ:

---

현관 위에 있는 처마는 1테팍 〔크기의〕 공간이 있을 때 부정을 가지고 들어온다.

창문 위에 있는 〔처마는〕 손가락 두 개 높이 또는 송곳 크기만큼 〔높을 때〕 어떤 공간이든 〔부정을 가지고 들어온다〕. 요쎄 랍비는 〔그것이 창문〕 크기만 한 공간에 〔부정을 가지고 들어온다고〕 말했다.

- 이 미쉬나는 첫째 미쉬나와 달리 현관 위에 설치한 처마도 1테팍 크기의 공간이 있을 때만 집 안으로 부정을 가지고 들어올 수 있다고 주장한다.
- 처마가 창문 위에 있는 경우라면 높이가 손가락 두 개 너비가 엄지손가락 정도 되어야 하며 또는 송곳 크기만큼 높이 있을 때 부정을

가지고 들어올 수 있는데, 이것은 채광창에 관한 규정과 동일하다(「오홀롯」 13, 1). 요쎄 랍비는 처마가 창문과 비슷한 크기가 되어야 부정을 가지고 들어올 수 있다고 주장했다.

## 14, 3

קָנֶה שֶׁעַל גַּבֵּי הַפֶּתַח, אֲפִלּוּ גָבֹהַּ מֵאָה אַמָּה, מֵבִיא אֶת הַטֻּמְאָה כָּל שֶׁהוּא, דִּבְרֵי רַבִּי יְהוֹשֻׁעַ. רַבִּי יוֹחָנָן בֶּן נוּרִי אוֹמֵר, אַל יַחְמוֹר זֶה מִן הַזִּיז:

현관 위에 있는 막대기는 100아마 높이에 있다고 해도 어떤 크기이든 부정을 가지고 들어온다는 것이 예호슈아 랍비의 말이다. 요하난 벤 누리 랍비는 이것을 처마보다 더 엄격하게 규정하지 말라고 말한다.

- 메이르 랍비가 막대기를 현관 위에 설치한 경우 처마와 달리 얼마나 높이 있든지 부정을 전이시킬 수 있다고 말했다. 그 이유는 필요에 따라 막대기를 매달 수도 있고 또 아래로 내릴 수도 있으며 제거할 수 있기 때문이다. 요하난 벤 누리 랍비는 막대기도 처마와 같은 규정을 적용해야 한다고 주장한다.

## 14, 4

זִיז שֶׁהוּא סוֹבֵב אֶת כָּל הַבַּיִת וְאוֹכֵל בַּפֶּתַח שָׁלֹשׁ אֶצְבָּעוֹת, טֻמְאָה בַבַּיִת, כֵּלִים שֶׁתַּחְתָּיו טְמֵאִים. טֻמְאָה תַחְתָּיו, רַבִּי אֱלִיעֶזֶר מְטַמֵּא אֶת הַבַּיִת, וְרַבִּי יְהוֹשֻׁעַ מְטַהֵר. וְכֵן בְּחָצֵר שֶׁהִיא מֻקֶּפֶת אַכְסַדְרָה:

어떤 집 전체를 돌아가며 처마가 있고 현관으로 손가락 세 개 정도 들어가 있을 때, 집 안에 부정한 것이 있다면, 그 [처마] 밑에 있는 그릇들은 부정해진다. 부정한 것이 그 [처마] 밑에 있는 경우, 엘리에제르 랍비는 그 집이 부정해진다고 주장했고, 예호슈아 랍비는 정결하다고 주장했다. 뜰을 돌아가며 지붕으로 덮었을 경우에도 같은 〔규정을 적용한다〕.

- 이 미쉬나는 집 전체를 처마로 둘렀을 경우 다른 규칙을 적용해야 한다고 주장하는데, 일반적인 최소 크기 규정(1테팍은 손가락 4개)보다 좁은 손가락 세 개 정도만 되어도 집 안에 있는 부정이 처마 밑으로 전이된다고 말한다(「오홀롯」 3, 7).
- 부정의 요인이 처마 밑에 있을 때는 이견이 있는데, 엘리에제르 랍비는 처마가 최소 크기 규정에 미달한다고 해도 집의 일부로 보고 부정이 집 안으로 전이된다고 주장했다. 예호슈아 랍비는 처마가 최소 크기 규정에 맞지 않으면 전이되지 않는다고 주장하며, 기존의 법전통을 고수하려 했다.
- 뜰을 돌아가며 기둥들을 세우고 지붕으로 덮었을 경우, 집 전체를 두른 처마와 마찬가지 규정을 적용할 수 있다.

### 14, 5
현관이나 창문 위로 처마 두 개가 있는 경우를 논의한다.

---

שְׁנֵי זִיזִין זֶה עַל גַּבֵּי זֶה וְיֵשׁ בָּהֶן פּוֹתֵחַ טֶפַח וּבֵינֵיהֶן פּוֹתֵחַ טֶפַח, טֻמְאָה תַחְתֵּיהֶן, תַּחְתֵּיהֶן טָמֵא. בֵּינֵיהֶם, בֵּינֵיהֶן טָמֵא. עַל גַּבֵּיהֶן, כְּנֶגְדּוֹ עַד לָרָקִיעַ טָמֵא. הָיָה הָעֶלְיוֹן עוֹדֵף עַל הַתַּחְתּוֹן פּוֹתֵחַ טֶפַח, טֻמְאָה תַחְתֵּיהֶן אוֹ בֵינֵיהֶן, תַּחְתֵּיהֶן וּבֵינֵיהֶן טָמֵא. עַל גַּבֵּיהֶן, כְּנֶגְדּוֹ עַד לָרָקִיעַ טָמֵא. הָיָה הָעֶלְיוֹן עוֹדֵף עַל הַתַּחְתּוֹן פָּחוּת מִטֶּפַח, טֻמְאָה תַחְתֵּיהֶן, תַּחְתֵּיהֶן וּבֵינֵיהֶן טָמֵא. בֵּינֵיהֶן אוֹ תַחַת הַמּוּתָר, רַבִּי אֱלִיעֶזֶר אוֹמֵר, תַּחְתֵּיהֶן וּבֵינֵיהֶן טָמֵא. רַבִּי יְהוֹשֻׁעַ אוֹמֵר, בֵּינֵיהֶן וְתַחַת הַמּוּתָר, טָמֵא, וְתַחְתֵּיהֶן, טָהוֹר:

---

처마 두 개가 하나 위에 〔다른〕 하나가 있어서 1테팍 〔크기의〕 공간이 있고 그 둘 사이에도 1테팍 〔크기의〕 공간이 있을 때, 부정한 것이

그것들 아래 있다면 그 아랫부분이 부정해진다. 〔부정한 것이〕 그것들 사이에 있다면, 그 사이가 부정해진다. 〔부정한 것이〕 그것들 위에 있다면, 바로 맞은편으로 궁창까지 부정해진다.

그 위 〔처마가〕 아래 〔처마보다〕 1테팍 정도 더 튀어나와 있고, 부정한 것이 그것들 아래나 사이에 있다면, 그 아래나 사이 부분이 〔모두〕 부정해진다. 〔부정한 것이〕 그것들 위에 있다면 바로 맞은편으로 궁창까지 부정해진다.

그 위 〔처마가〕 아래 〔처마보다〕 1테팍에 못 미치게 튀어나와 있고, 부정한 것이 그것들 아래 있다면, 그 아래와 사이 부분이 부정해진다. 〔부정한 것이〕 그것들 사이나 더 튀어나온 부분 밑에 있을 때, 엘리에제르 랍비는 그것들 아래와 사이 부분이 부정해진다고 말했다. 예호슈아 랍비는 그것들 사이와 더 튀어나온 부분 아래가 부정해지지만, 그것들 아랫부분은 정결하다고 말했다.

- 처마 두 개가 나란히 있어서 각각 그 밑에 1테팍 크기의 공간을 만들고 있으며, 위 처마와 아래 처마 사이에 1테팍 크기의 공간이 있다면, 처마 두 개가 모두 독립적인 '천막'을 형성한다. 부정의 요인이 아래 처마 밑에 있다면, 그 공간은 부정해지지만, 아래 처마가 부정의 전이로부터 보호하기 때문에 부정은 위로 전이되지는 않는다. 부정의 요인이 위 처마 아래와 아래 처마 위에 있다고 해도 그 공간은 부정해지지만, 처마들이 보호하기 때문에 부정이 위나 아래로 전이되지 않는다. 부정의 요인이 위에 있다면 천막을 형성하고 있는 아래 방향으로 내려갈 수 없으며, 위 방향으로만 전이된다.
- 만약 위 처마가 아래 처마보다 1테팍 정도 더 튀어나와 있다면, 그만큼 더 큰 천막이 형성되는 셈이다. 부정의 요인이 아래나 위 처마 밑에 있다면 부정이 서로 전이되며 아랫부분과 사이 부분이 모두 부

정해진다. 부정의 요인이 위에 있다면, 위 방향으로만 전이된다.

- 위 처마가 아래 처마보다 더 튀어나오긴 했지만 그 크기가 1테팍에 미치지 못할 때, 부정의 요인이 아래 처마 밑에 있다면 역시 부정이 서로 전이되며 아랫부분과 사이 부분이 모두 부정해진다. 그러나 부정의 요인이 더 튀어나온 위 처마 밑에 있다면 이견이 발생한다. 엘리에제르 랍비 역시 부정이 서로 전이된다고 말했으나, 예호슈아 랍비는 1테팍에 미치지 못하는 공간은 부정을 전이시키지 못한다는 원칙에 따라 아래 처마 밑부분이 정결하게 유지된다고 말했다.

## 14, 6

---

יֵשׁ בָּהֶן פּוֹתֵחַ טֶפַח וְאֵין בֵּינֵיהֶן פּוֹתֵחַ טֶפַח, טֻמְאָה תַחְתֵּיהֶן, תַּחְתֵּיהֶן טָמֵא. בֵּינֵיהֶן אוֹ עַל גַּבֵּיהֶן, כְּנֶגְדּוֹ עַד הָרָקִיעַ טָמֵא:

---

그 〔처마들이〕 1테팍 〔크기의〕 공간이 있으나 그것들 사이에는 1테팍 〔크기의〕 공간이 없는데, 부정한 것이 그것들 아래 있다면, 그 아랫부분이 부정해진다. 〔부정한 것이〕 그것들 사이 또는 그 위에 있다면, 바로 맞은편 궁창까지 부정해진다.

- 처마들은 '천막'을 만들 만큼 충분히 크고 아래 천막 밑으로도 1테팍 크기의 공간이 있는데, 위 처마와 아래 처마 사이에 형성된 공간이 최소 크기 규정에 미치지 못한다면, 그 사이 부분은 독립적인 '천막'을 구성할 수 없다. 부정의 요인이 아래 처마 밑에 있다면 그 공간이 부정해지지만, 위로 전이되지 않아서 다섯째 미쉬나와 같다. 그러나 부정의 요인이 두 처마 사이에 있다면, 이것을 덮는 천막이 없으므로 위로 궁창까지 부정이 전이된다.

## 14, 7

אֵין בָּהֶן פּוֹתֵחַ טֶפַח, בֵּין שֶׁיֵּשׁ בֵּינֵיהֶן פּוֹתֵחַ טֶפַח בֵּין שֶׁאֵין בֵּינֵיהֶן פּוֹתֵחַ טֶפַח, טֻמְאָה תַחְתֵּיהֶן, בֵּינֵיהֶן אוֹ עַל גַּבֵּיהֶן, טֻמְאָה בוֹקַעַת וְעוֹלָה, בּוֹקַעַת וְיוֹרֶדֶת. וְכֵן שְׁתֵּי יְרִיעוֹת שֶׁהֵן גְּבוֹהוֹת מִן הָאָרֶץ פּוֹתֵחַ טָפַח:

그 〔처마들이〕 1테팍 〔크기의〕 공간이 없는 경우, 그것들 사이에 1테팍 〔크기의〕 공간이 있건 그것들 사이에 1테팍 〔크기의〕 공간이 없건, 부정한 것이 그것들 아래, 그것들 사이에, 또는 그것들 위에 있다면, 부정이 위로 뚫고 올라가고 아래로 뚫고 내려간다.

땅에서 1테팍 〔크기의〕 공간 높이고 〔떨어지게 펴놓은〕 휘장도 마찬가지다.

- 처마가 어디 있든 1테팍에 미치지 못한다면 '천막'을 형성할 수 없으며, 부정의 요인이 어디 있는지 상관없이 위와 아래 방향으로 전이된다.
- 마지막 문장은 아마도 다섯째에서 일곱째 미쉬나에서 논의한 규정을 최소 크기 규정에 맞게 펴놓은 휘장에도 적용할 수 있다고 말하는 것으로 보인다.

# 제15장

외투나 나무판이 땅 위에서 1테팍 높이로 떨어져 있지 않았을 때, 점토로 빚은 병이 서거나 누워 있을 때와 다른 병과 맞붙어 있을 때, 방 하나에 휘장이나 나무판을 쳐서 둘로 나누었을 때, 집 안에 물건이 가득 차 있을 때, 동굴 형식으로 지은 무덤의 뜰과 무덤을 덮는 돌이나 들보, 뚜껑을 닫은 병에 관해 논의한다.

15, 1

'천막' 역할을 할 수 없는 경우들을 논의하는데, 앞부분은 이미 「오홀롯」 11, 3에 기록되어 있다.

---

סָגוֹס עָבֶה וְכֹפֶת עָבָה, אֵינָן מְבִיאִין אֶת הַטֻּמְאָה, עַד שֶׁיְּהוּ גְבוֹהִין מִן הָאָרֶץ פּוֹתֵחַ טֶפַח. קְפוּלִין זוֹ עַל גַּבֵּי זוֹ, אֵינָן מְבִיאוֹת אֶת הַטֻּמְאָה, עַד שֶׁתְּהֵא הָעֶלְיוֹנָה גְבוֹהָה מִן הָאָרֶץ פּוֹתֵחַ טֶפַח. טַבְלָיוֹת שֶׁל עֵץ זוֹ עַל גַּב זוֹ אֵינָן מְבִיאוֹת אֶת הַטֻּמְאָה, עַד שֶׁתְּהֵא הָעֶלְיוֹנָה גְבוֹהָה מִן הָאָרֶץ פּוֹתֵחַ טֶפַח. וְאִם הָיוּ שֶׁל שַׁיִשׁ, טֻמְאָה בוֹקַעַת וְעוֹלָה, בּוֹקַעַת וְיוֹרֶדֶת:

---

두꺼운 양모 외투나 두꺼운 나뭇조각도 그것들이 땅 위에 1테팍 높이로 떨어져 있지 않다면 부정을 가지고 들어오지 않는다. 옷가지를 접어서 하나를 다른 하나 위에 〔쌓아도 가장〕 위에 있는 것이 땅 위에 1테팍 높이로 떨어져 있지 않다면 부정을 가지고 들어오지 않는다.

나무로 〔만든〕 판들 하나를 다른 하나 위에 〔쌓았고 가장〕 위에 있는 것이 땅 위에 1테팍 높이로 떨어져 있지 않다면 부정을 가져오지 않는다. 대리석으로 〔만든 판들〕이었다면, 부정이 위로 뚫고 올라가고 밑으로 뚫고 내려간다.

- 두꺼운 양모 외투나 두꺼운 나무 조각 그리고 옷가지를 접어서 차곡차곡 쌓았을 때에 관해서 「오홀롯」 11장 셋째 미쉬나를 보라.
- 대리석으로 만든 판들을 차곡차곡 쌓았다면, 나무 판들과 달리 쌓여 있는 대리석판 전체를 하나의 돌덩어리로 간주한다. 그러므로 가장 위에 있는 대리석판이 규정에 맞는 높이에 있어도 가장 밑에 있는 대리석판은 1테팍 높이 규정에 맞지 않는 경우가 되며, 결국 천막이 형성되지 않는다. 결국 막힌 부정으로 위와 아래로 전이된다.

15, 2

טַבְלָיוֹת שֶׁל עֵץ שֶׁהֵן נוֹגְעוֹת זוֹ בָזוֹ בְּקַרְנוֹתֵיהֶם וְהֵן גְּבוֹהוֹת מִן הָאָרֶץ פּוֹתֵחַ טֶפַח, טֻמְאָה תַחַת אַחַת מֵהֶן, הַנּוֹגֵעַ בַּשְּׁנִיָּה, טָמֵא טֻמְאַת שִׁבְעָה, כֵּלִים שֶׁתַּחַת הָרִאשׁוֹנָה טְמֵאִים, וְשֶׁתַּחַת הַשְּׁנִיָּה טְהוֹרִין. הַשֻּׁלְחָן אֵינוֹ מֵבִיא אֶת הַטֻּמְאָה, עַד שֶׁיְּהֵא בוֹ רִבּוּעַ בְּפוֹתֵחַ טָפַח:

나무로 만든 판들이 서로 그 모서리가 맞닿아 있고 땅에서 1테팍 높이로 떨어져 있는데, 부정한 것이 그것들 중 하나 밑에 있다면, 다른 〔나무판과〕 접촉하는 사람은 이레 동안 부정해지고, 〔부정한 것이 그 밑에 있는 나무판〕 밑에 있는 그릇들도 부정해지며, 다른 〔나무판〕 밑에 있는 그릇들은 정결하다. 탁자는 1테팍 〔크기의〕 공간이 되는 사각형 부분이 있기 전에는 부정을 가져오지 않는다.

- 이 미쉬나는 나무로 만든 판들이 최소 크기 규정에 맞는 높이로 땅에서 떨어져 있기는 한데, 서로 모서리만 맞닿아 있는 상황을 가정한다. 이때 부정의 요인이 둘 중 하나 밑에 있다면, 그 나무판은 덮기 부정을 통해 부정해지며, 그 밑에 있는 그릇들도 덮기 부정을 통해 부정해진다. 이 나무판과 닿아 있는 다른 나무판은 접촉을 통해 부정해지며, 둘째 나무판과 접촉하는 사람은 이레 동안 부정해진다. 그러나 첫째 나무판 밑에 조성된 '천막'은 둘째 나무판 밑에 조성된 '천막'과 연결되어 있지 않으므로, 부정을 전이시킬 수 없다.
- 탁자에 다른 나무판을 대어 평소보다 많은 사람이 앉아 식사를 할 수 있게 만들었다면, 그 길이와 너비가 각각 1테팍이 되어야 '천막'을 형성할 수 있다. 그 크기에 미치지 못하면 부정을 전이시키지 않는다(「오홀롯」 8, 5).

## 15, 3

חָבִיּוֹת שֶׁהֵן יוֹשְׁבוֹת עַל שׁוּלֵיהֶן אוֹ מֻטּוֹת עַל צִדֵּיהֶן, בָּאֲוִיר, וְהֵן נוֹגְעוֹת זוֹ בָזוֹ בְּפוֹתֵחַ טֶפַח, טֻמְאָה תַּחַת אַחַת מֵהֶן, טֻמְאָה בוֹקַעַת וְעוֹלָה, בּוֹקַעַת וְיוֹרֶדֶת. בַּמֶּה דְבָרִים אֲמוּרִים, בִּטְהוֹרוֹת. אֲבָל אִם הָיוּ טְמֵאוֹת אוֹ גְבוֹהוֹת מִן הָאָרֶץ פּוֹתֵחַ טֶפַח, טֻמְאָה תַּחַת אַחַת מֵהֶן, תַּחַת כֻּלָּם טָמֵא:

어떤 병이 바닥을 〔땅에 대고〕 앉아 있거나 옆면을 〔땅에 대고〕 누워 있으며, 열린 공간에서 서로 1테팍 〔크기의〕 공간이 되도록 서로 맞닿아 있을 때, 부정한 것이 그것들 중 하나 밑에 있다면, 부정은 위로 뚫고 올라가거나 밑으로 뚫고 내려간다.

이것은 무슨 말인가? 그 〔병들이〕 정결할 때 그러하다는 말이다. 그러나 만약 그것들이 부정하거나 땅에서 1테팍 높이로 떨어져 있을 때, 부정한 것이 그것들 중 하나 밑에 있다면, 그 〔두 병〕 모두의 밑부분이 부정해진다.

- 점토로 만든 병은 외벽이 부정의 요인과 접촉해도 내부에 든 내용물이 부정해지지 않으며, 뚜껑을 덮어놓지 않았을 경우 덮기 부정을 통해서만 내용물이 부정해진다. 이 미쉬나는 어떤 병이 열린 외부 공간에 서로 맞닿은 채 서거나 누워 있다고 했는데, 이런 경우 최소 크기 규정에 맞는 공간이 없기 때문에 '천막'을 형성하지 않으며, 덮기 부정이 전이되지 않는다. 특히 이런 병 위를 덮는 큰 '천막'도 없는 상태이기 때문에 막힌 부정은 위나 아래 방향으로만 전이된다. 병은 바로 서 있는 경우만 부정해진다(「오홀롯」 9, 16).
- 만약 이 병들이 원래 부정했다면, 부정한 점토 병은 내용물을 부정으로부터 보호할 수 없으며, 병 내부로 부정이 전이된다. 한 병의 내부가 부정해지면, 1테팍 정도의 공간이 되도록 서로 맞닿아 있는 다른 병으로도 부정이 전이된다.

- 이 병들이 땅에서 1테팍 높이로 떨어져 있으면 독립적인 '천막'을 형성하므로, 그 병 밑이 부정해지고, 또 1테팍 정도의 공간이 되도록 서로 맞닿아 있는 다른 병 밑으로도 부정이 전이된다.

## 15, 4

집을 나무판이나 휘장으로 나누는 경우를 설명한다.

---

בַּיִת שֶׁחֲצָצוֹ בִנְסָרִים אוֹ בִירִיעוֹת, מִן הַצְּדָדִים אוֹ מִן הַקּוֹרוֹת, טֻמְאָה בַבַּיִת, כֵּלִים שֶׁבַּחֲצָץ טְהוֹרִים. טֻמְאָה בַחֲצָץ, כֵּלִים שֶׁבַּבַּיִת טְמֵאִין. כֵּלִים שֶׁבַּחֲצָץ, אִם יֵשׁ שָׁם פּוֹתֵחַ טֶפַח, טְמֵאִים. וְאִם לָאו, טְהוֹרִים:

---

어떤 집 〔안에〕 판자나 휘장을 벽 쪽이나 들보 쪽으로부터 〔가려서 방을〕 나누었는데, 부정한 것이 그 집 안에 있다면, 나누어놓은 〔장소〕 안에 있는 그릇들은 정결하다. 부정한 것이 나누어놓은 〔장소〕 안에 있다면, 그 집 안에 있는 그릇들은 부정해진다. 나누어놓은 〔장소〕 안에 있는 그릇들은, 만약 1테팍 〔크기의〕 공간이 있다면, 부정해진다. 그러나 그렇지 않다면, 정결하다.

- 원래 집 전체가 방 하나였는데 판자나 휘장을 한쪽 벽에 쳐서 공간을 구분하거나 들보로부터 내려서 다락을 만들고, 방 두 개로 나누었다. 이때 부정의 요인이 집 안에 있었다면, 부정이 따로 나누어놓은 방 안쪽으로 전이되지 않으며, 그 안쪽 방에 있는 그릇들은 정결을 유지한다. 부정한 것이 나누어놓은 방 안에 있었다면, 덮기 부정이 전이되면서 그 집 안에 있는 그릇들은 부정해진다. 덮기 부정은 안쪽으로 들어가지 않고 바깥쪽으로 나가기 때문이다(「오홀롯」 3, 7).
- 만약 나누어놓은 장소가 최소 크기 규정에 맞는 공간이라면 '천막'을 형성하므로, 부정의 요인이 있을 때 그 공간에 있던 그릇들이 부

정해진다. 그러나 이 장소가 규정에 미치지 못한다면 '천막'이 없는 셈이므로, 막힌 부정이 되어 옆에 있는 그릇으로 부정이 전이되지 않는다.

## 15, 5

חֲצָצוֹ מֵאַרְצוֹ, טֻמְאָה בַּחֲצָץ, כֵּלִים שֶׁבַּבַּיִת טְמֵאִים. טֻמְאָה בַּבַּיִת, כֵּלִים שֶׁבַּחֲצָץ, אִם יֵשׁ בִּמְקוֹמָן טֶפַח עַל טֶפַח עַל רוּם טֶפַח, טְהוֹרִים. וְאִם לָאו, טְמֵאִין, שֶׁאַרְצוֹ שֶׁל בַּיִת כָּמוֹהוּ עַד הַתְּהוֹם:

〔어떤 집의 방을〕 바닥 쪽으로부터 나누었고, 부정한 것이 나누어놓은 〔공간〕 안에 있다면, 그 집 안에 있는 그릇들은 부정하다. 부정한 것이 그 집 안에 있을 경우, 나누어놓은 〔공간이〕 1테팍에 1테팍이고 높이도 1테팍이면, 그 안에 있는 그릇들은 정결하다. 그러나 그렇지 않다면 부정하니, 그 집의 바닥은 마치 깊은 곳까지 〔내려가는 것과〕 마찬가지기 때문이다.

- 집 안에 판자나 휘장을 바닥에 가깝게 설치하여 바닥을 이중으로 만들어서 독립된 공간이 생겼는데, 부정의 요인이 그 판자나 휘장과 바닥 사이에 있었다면, 집 안에 있는 그릇들이 부정해진다. 이 경우는 바닥 밑에 설치한 배수구와 같은 규정을 적용할 수 있는데(「오홀롯」 3, 7), 부정이 바깥 방향으로 나간다는 원리에 기초한다.
- 부정의 요인이 집 안에 있을 때 최소 크기 규정에 맞는 공간 안에 들어 있는 그릇들은 정결을 유지한다. 독립적인 '천막'이 되면서 덮기 부정으로부터 보호하는 역할을 하기 때문이다. 그러나 판자나 휘장 밑부분이 규정에 미치지 못하는 경우, 그 공간은 집 바닥과 연결된 것으로 간주하며 집의 일부가 되기 때문에, 그 그릇들은 부정하다.

## 15, 6

집에 물건이 가득 차 있는 경우에 관해 논의한다.

---

בַּיִת שֶׁהוּא מָלֵא תֶבֶן וְאֵין בֵּינוֹ לְבֵין הַקּוֹרוֹת פּוֹתֵחַ טֶפַח, טֻמְאָה בִפְנִים, כֵּלִים שֶׁכְּנֶגֶד יְצִיאָה טְמֵאִים. טֻמְאָה בַחוּץ, כֵּלִים שֶׁבִּפְנִים, אִם יֵשׁ בִּמְקוֹמָם טֶפַח עַל טֶפַח עַל רוּם טֶפַח, טְהוֹרִים. וְאִם לָאו, טְמֵאִים. אִם יֵשׁ בֵּין תֶּבֶן לַקּוֹרוֹת פּוֹתֵחַ טֶפַח, בֵּין כָּךְ וּבֵין כָּךְ טְמֵאִים:

---

어떤 집에 짚을 가득 채워서 들보와 〔짚더미〕 사이에 1테팍 〔크기의〕 공간이 없을 때, 부정한 것이 그 〔짚더미〕 안에 있다면, 입구 맞은편에 있는 그릇들은 부정해진다. 부정한 것이 〔짚더미〕 밖에 있고, 그릇들이 그 안에 있는데, 1테팍에 1테팍이고 높이도 1테팍인 공간이 거기 있다면, 〔그 그릇들은〕 정결하다. 그러나 그렇지 않다면, 그것들이 부정해진다.

짚과 들보들 사이에 1테팍 〔크기의〕 공간이 있다면, 이렇든 저렇든 그것들이 부정해진다.

- 어떤 건물 안에 짚을 가득 채워서 그 집 지붕과 짚더미 사이에 최소 크기 규정에 맞는 공간이 없다면, 바닥 위에 판자가 휘장을 덮은 경우를 논의한 다섯째 미쉬나와 같은 규정을 적용할 수 있다. 부정의 요인이 그 짚더미 안에 있는데, 건물 입구에 그릇들이 있었다면, 덮기 부정이 나가는 길목에 있으므로 부정이 전이된다.
- 반대로 부정의 요인이 짚더미 바깥에 입구 근처에 있고, 그릇들은 짚더미 안에 최소 크기 규정에 맞는 공간에 있었다면, 독립된 '천막' 안에 있으므로 정결을 유지한다. 그러나 최소 크기 규정에 미치지 못하는 공간이었다면 부정이 전이된다.
- 그 집 지붕과 짚더미 사이에 최소 크기 규정에 맞는 공간이 있다면,

짚이 부정의 전이를 막는 역할을 할 수 없으므로 전체가 '천막' 하나가 되며, 어떤 경우든 그 건물 안에 있는 그릇들이 부정해진다.

## 15, 7

בַּיִת שֶׁמִּלְאוֹ עָפָר אוֹ צְרוֹרוֹת, וּבִטְּלוֹ, וְכֵן כְּרִי שֶׁל תְּבוּאָה, אוֹ גַל שֶׁל צְרוֹרוֹת, אֲפִלּוּ כְגַלּוֹ שֶׁל עָכָן, וַאֲפִלּוּ טֻמְאָה בְּצַד הַכֵּלִים, טֻמְאָה בוֹקַעַת וְעוֹלָה, בּוֹקַעַת וְיוֹרֶדֶת:

어떤 집에 흙이나 자갈을 가득 채우고 버려두었을 때, 마찬가지로 곡식 단이나 자갈 더미를 마치 아간의 돌무더기처럼 〔쌓아놓았다면〕, 심지어 부정한 것이 그릇들 〔바로〕 옆에 있다고 해도, 부정은 위로 뚫고 올라가거나 아래로 뚫고 내려간다.

- 어떤 건물에 흙이나 자갈을 가득 채운 후 다시 치울 생각이 없이 버려두었을 때, 흙이나 자갈은 땅과 같은 물질이므로 '천막'을 형성하지 않는다. 부정한 것이 그릇과 매우 가까운 거리에 있어도 접촉하지 않았다면 부정이 전이되지 않으며, 막힌 부정이 된다. 열린 공간에 쌓아놓은 곡식 단이나 자갈 더미는 성서에 나오는 아간의 무덤처럼 높게 쌓여 있어도(수 7:26) '천막'을 형성할 수 없으며, 부정의 요인은 막힌 부정이 된다.

## 15, 8

무덤과 관련된 덮기 부정에 관해 논의한다.

חֲצַר הַקֶּבֶר, הָעוֹמֵד בְּתוֹכָהּ טָהוֹר, עַד שֶׁיְּהֵא בָהּ אַרְבַּע אַמּוֹת, כְּדִבְרֵי בֵית שַׁמַּאי. בֵּית הִלֵּל אוֹמְרִים, אַרְבָּעָה טְפָחִים. קוֹרָה שֶׁעֲשָׂאָהּ גּוֹלֵל לְקֶבֶר, בֵּין עוֹמֶדֶת בֵּין מֻטָּה עַל צִדָּהּ, אֵין טָמֵא אֶלָּא כְנֶגֶד הַפֶּתַח. עָשָׂה רֹאשָׁהּ גּוֹלֵל לְקֶבֶר, אֵין טָמֵא אֶלָּא עַד אַרְבָּעָה טְפָחִים. וּבִזְמַן שֶׁהוּא עָתִיד לָגֹד, רַבִּי

어떤 사람이 무덤 뜰 가운데 서 있다면, 그것이 4아마[44]일 때까지는 정결하다는 것이 샴마이 학파의 말이다. 힐렐 학파는 4테팍까지라고 말했다.

무덤 덮개로 만든 들보는 그것이 서 있건 옆으로 누워있건 그 입구 바로 맞은편에 있지만 않다면 부정해지지 않는다. 그 머리만 무덤 덮개로 만들었다면 4테팍까지만 제외하고는 부정해지지 않는다. 그것을 나중에 잘라낼 예정일 때 〔그러하다〕. 예후다 랍비는 전체가 연결된 것이라고 말했다.

- 동굴 형식으로 생긴 무덤이 그 입구가 앞에 있는 뜰로 열려 있지만 무덤에 포함되지 않으므로, 그 장소에 서 있는 사람이 부정해지지 않는다. 샴마이 학파는 그 뜰이 4×4는 되어야 독립된 뜰로 볼 수 있고, 그곳에 서 있는 사람이 부정해지지 않는다고 주장했는데, 힐렐 학파는 4×4만 되어도 충분하다고 말했다.
- 동굴 형식으로 생긴 무덤을 덮는 데 보통 돌을 사용하지만(「오홀롯」 2, 4) 들보로 막았을 경우, 입구 바로 맞은편 부분을 만진 사람은 부정해지지만 다른 부분들은 부정해지지 않는다. 들보의 머리 부분만 무덤 덮개로 사용되는 상황이라면, 부정해지는 부분은 4테팍까지다. 이런 규정들은 모두 무덤 입구를 덮는 데 필요한 부분만 남기고 잘라낼 때 그러하다는 것이다.
- 예후다 랍비는 들보는 전체가 연결되어 있으므로, 아직 자르지 않은 들보로 무덤 입구를 막았을 때 그 전체가 부정해진다고 주장했다.

44) 1아마(אמה)는 두 뼘 정도 되는 거리를 가리킨다.

## 15, 9

חָבִית שֶׁהִיא מְלֵאָה מַשְׁקִים טְהוֹרִים וּמֻקֶּפֶת צָמִיד פָּתִיל, וַעֲשָׂאָהּ גּוֹלֵל לְקֶבֶר, הַנּוֹגֵעַ בָּהּ, טָמֵא טֻמְאַת שִׁבְעָה, וְהֶחָבִית וְהַמַּשְׁקִין טְהוֹרִין. בְּהֵמָה שֶׁעֲשָׂאָהּ גּוֹלֵל לְקֶבֶר, הַנּוֹגֵעַ בָּהּ, טָמֵא טֻמְאַת שִׁבְעָה. רַבִּי מֵאִיר אוֹמֵר, כֹּל שֶׁיֶּשׁ בּוֹ רוּחַ חַיִּים אֵינוֹ מְטַמֵּא מִשּׁוּם גּוֹלֵל:

정결한 음료수가 가득 들어 있고 꼭 맞는 뚜껑이 달린 통을 무덤 덮개로 만들었을 때, 그것을 접촉한 자는 이레 동안 부정하고, 그 통과 그 음료수는 정결하다. 무덤 덮개로 만든 가축을 접촉한 자는 이레 동안 부정하다. 메이르 랍비는 살아 있는 것은 무엇이든 〔무덤〕 덮개로 〔만들어도〕 부정해지지 않는다고 말했다.

- 꼭 맞는 뚜껑을 닫은 점토로 만든 통을 무덤 덮개로 사용했다면, 그것을 접촉한 자는 일반적인 규정에 따라 이레 동안 부정해지지만, 점토 그릇은 외부 벽이 부정의 요인에 노출되어도 내용물을 부정으로부터 보호할 수 있기 때문에(「켈림」 9, 2) 그 통과 음료수 자체는 정결을 유지한다.
- 살아 있는 가축을 임시로 무덤 덮개로 사용했다면, 그 가축과 접촉하는 자는 이레 동안 부정하지만, 그 가축 자체는 부정해지지 않는다(「에루빈」 1, 7). 메이르 랍비는 이견을 제기한다.

## 15, 10

הַנּוֹגֵעַ בְּמֵת וְהַנּוֹגֵעַ בְּכֵלִים, הַמַּאֲהִיל עַל הַמֵּת וְהַנּוֹגֵעַ בְּכֵלִים, טְמֵאִין. מַאֲהִיל עַל הַמֵּת וּמַאֲהִיל עַל הַכֵּלִים, הַנּוֹגֵעַ בְּמֵת וּמַאֲהִיל עַל הַכֵּלִים, טְהוֹרִים. אִם יֵשׁ בְּיָדוֹ פּוֹתֵחַ טֶפַח, טְמֵאִין. שְׁנֵי בָתִּים וּבָהֶן כִּשְׁנֵי חֲצָאֵי זֵיתִים, פָּשַׁט אֶת שְׁתֵּי יָדָיו לָהֶן, אִם יֵשׁ בְּיָדָיו פּוֹתֵחַ טֶפַח, מֵבִיא אֶת הַטֻּמְאָה. וְאִם לָאו, אֵינוֹ מֵבִיא אֶת הַטֻּמְאָה:

시체와 접촉하고 그릇들을 접촉하거나, 시체 위를 덮고 그릇들을 접촉하면, 〔그릇들이〕 부정해진다. 시체 위를 덮고 그릇들 위를 덮거나, 시체와 접촉하고 그릇들 위를 덮으면, 〔그릇들은〕 정결하다. 그의 손들이[45] 〔모두〕 1테팍 〔크기의〕 공간이 있다면 〔그릇들이〕 부정해진다.

집이 두 채 있고 그 안에 올리브 열매 반쪽만 한 〔시체의 일부분이〕 두 개가 있을 때, 어떤 사람이 두 팔을 그 〔집들로〕 뻗은 경우, 그의 손에 1테팍 〔크기의〕 공간이 있다면, 그는 부정을 가져온다. 그러나 만약 그렇지 않다면, 그는 부정을 가져오지 않는다.

- 어떤 사람이 시체와의 접촉이나 덮기 부정으로 부정해졌을 때 그릇을 만지면 부정이 전이된다(「오홀롯」 1, 1-4). 그러나 그 사람이 그릇을 덮기만 해서는 부정을 전이시키지 않는다.
- 어떤 사람의 두 손이 각각 1제곱테팍 넓이가 되고, 한 손으로 시체와 접촉하거나 덮고 동시에 다른 손으로 그릇들 위를 덮는 경우, 그 사람의 손들은 최소 크기 규정에 맞아 '천막'을 형성하기 때문에 시체와 관련된 손은 그릇들만 있는 손과 연결되며 하나의 '천막'을 형성하며, 결국 그릇들이 부정해진다.
- 가까운 거리에 지어놓은 집이 두 채가 있고, 집 하나마다 올리브 열매 반쪽만 한 부정의 요인이 있다면, 최소 크기 규정에 미치지 못하기 때문에 집과 그 내용물이 부정해지지 않는다. 그러나 손이 1테팍 이상인 사람이 두 손을 뻗어서 각 집에 하나씩 넣었다면, 각 '천막'이 연결되면서 부정의 요인도 최소 크기 규정에 맞는 상황이 된다. 그렇다면 그 집들 안에 있는 모든 사람이나 그릇이 부정해진다.

---

45) 사본에 따라 이 낱말이 단수로 나온 경우도 있고 복수로 나온 경우도 있다(알벡, 177쪽). 카우프만 사본은 복수로 기록하고 있다.

## 제16장

들어 옮길 수 있는 물건이나 막대기, 기둥, 바구니, 언덕이 시체의 부정을 전이하는 경우를 설명한다. 또한 땅을 파다가 시체를 발견할 때 대처하는 방법을 자세히 설명한다.

### 16, 1

사체의 부정을 옮길 수 있는 도구의 크기에 관해 논의한다.

---

כָּל הַמִּטַּלְטְלִין מְבִיאִין אֶת הַטֻּמְאָה כָּעֳבִי הַמַּרְדֵּעַ. אָמַר רַבִּי טַרְפוֹן, אֲקַפַּח אֶת בָּנַי שֶׁזּוֹ הֲלָכָה מְקֻפַּחַת, שֶׁשָּׁמַע הַשּׁוֹמֵעַ, וְטָעָה, שֶׁהָאִכָּר עוֹבֵר וְהַמַּרְדֵּעַ עַל כְּתֵפוֹ, וְהֶאֱהִיל צִדּוֹ אֶחָד עַל הַקֶּבֶר, וְטִמְּאוּהוּ מִשּׁוּם כֵּלִים הַמַּאֲהִילִים עַל הַמֵּת. אָמַר רַבִּי עֲקִיבָא, אֲנִי אֲתַקֵּן שֶׁיְּהוּ דִבְרֵי חֲכָמִים קַיָּמִין, שֶׁיְּהוּ כָל הַמִּטַּלְטְלִין מְבִיאִין אֶת הַטֻּמְאָה עַל אָדָם הַנּוֹשְׂאָן בָּעֳבִי הַמַּרְדֵּעַ, וְעַל עַצְמָן בְּכָל שֶׁהֵן, וְעַל שְׁאָר אָדָם וְכֵלִים בְּפוֹתֵחַ טָפַח:

---

들어 옮길 수 있는 모든 것들 중 〔덮기 부정을 통해서〕 부정을 전이시키는 것은 그 너비가 목동의 지팡이 정도 〔되어야〕 한다. 타르폰 랍비는 〔만약〕 이것이 왜곡된 규정[46]이 〔아니라면〕 내가 내 아들들을 때리겠다고 말했는데, 사람들이 〔이 말을〕 듣고 실수하기 때문이다. 어떤 농부가 지팡이를 어깨에 얹고 지나가다가, 그 일부분이 무덤 위를 덮어서 가렸다면 그를 부정하다고 주장했는데, 그 도구로 시체 위를 덮어서 가렸기 때문이다.

아키바 랍비는 내가 〔그 규정을〕 고쳐서 현인들의 말이 〔영원히〕 지속되도록 만들겠다고 말했다. 들어 옮길 수 있는 모든 것들이 그 너비

---

46) 이 낱말(הלכה)는 '관습, 공인된 의견, 규칙'을 가리키는데, 랍비 유대교의 법 규정이나 법에 관한 해석을 가리키는 전문용어다.

가 목동의 지팡이 정도 되는 것을 얹어 옮기는 사람에게 부정을 가져오는데, 그 도구 자체에 관련해서는 모든 크기가 〔해당되고〕 다른 사람과 도구들에 관련해서는 1테팍 〔크기의〕 공간이 〔있어야 한다〕.

- 들어 옮길 수 있는 물건은 목동의 지팡이와 비슷한 두께라면 덮기 부정을 전이시키는 '천막' 역할을 할 수 있다. 이때 그 지팡이는 둘레가 1테팍이며, 일반적인 '천막'의 최소 크기 규정에 미치지 못하지만 부정을 전이시킨다(「켈림」 17, 8).
- 타르폰 랍비는 자기 자식들을 두고 맹세하는 표현을 써가면서, 이 법규정이 잘못 전달되었으며 이 규정을 듣는 사람이 오해하게 만든다고 지적했다. 그는 어떤 농부가 목동의 지팡이를 어깨에 얹고 지나가다가, 그 지팡이의 일부분이 무덤 위를 덮어서 가렸는데, 어떤 현인들이 그 농부가 부정해졌다고 선포했다는 이야기를 인용한다. 이 사건의 논리는 무덤 위를 덮어서 가린 지팡이는 1테팍 크기의 공간이 없어도 덮기 부정 때문에 스스로 부정해진 것은 맞지만, 그 사람도 지팡이 밑에서 있기 때문에 덮기 부정에 감염되었다고 말할 수 없는데, 지팡이가 '천막'을 형성하는 최소 크기 규정에 맞지 않기 때문이다. 그 사람은 부정해진 지팡이와 접촉을 통해서 부정해진 것이다(「오홀롯」 1, 3).
- 아키바 랍비는 전승된 법규정을 수정하지 않고 문제를 해결할 방법을 찾는다. 들어 옮길 수 있는 물건이 목동의 지팡이와 같은 두께이며 시체를 덮어 가렸을 때, 그 물건을 옮기는 사람은 직접 접촉하지 않아도 부정이 전이되며 저녁까지 부정하다. 이것은 시체 때문에 부정해진 그릇과 접촉한 그릇을 만진 사람과 같은 예다(「오홀롯」 1, 2). 현인들은 이 물건이 사람에게 덮기 부정을 전이시키며 이레 동안 부정해진다고 주장했지만, 이것은 잘못된 해석이다.

• 아키바 랍비는 들어 옮길 수 있는 물건은 크기와 상관없이 부정해지며, 다른 사람이나 다른 물건에 덮기 부정을 전이시키기 위해서는 최소 크기 규정에 맞아야 할 것이라고 부연해서 설명한다.

16, 2

벽에 박혀 있는 굴대, 어깨에 지고 가는 바구니, 그리고 언덕에 관해 논의한다.

---

כֵּיצַד. כּוּשׁ שֶׁהוּא תָחוּב בַּכֹּתֶל, כַּחֲצִי זַיִת מִתַּחְתָּיו וְכַחֲצִי זַיִת מֵעַל גַּבָּיו, אַף עַל פִּי שֶׁאֵינָן מְכֻוָּנִין, טָמֵא. נִמְצָא מֵבִיא אֶת הַטֻּמְאָה לְעַצְמוֹ בְּכָל שֶׁהוּא. הַקַּדָּר שֶׁהוּא עוֹבֵר וְהַסַּל עַל כְּתֵפוֹ וְהֶאֱהִיל צִדּוֹ אַחַת עַל הַקֶּבֶר, הַכֵּלִים שֶׁבַּצַּד הַשֵּׁנִי טְהוֹרִין. אִם יֵשׁ בַּסַּל פּוֹתֵחַ טֶפַח, טְמֵאִים. הַתְּלוּלִיּוֹת הַקְּרוֹבוֹת בֵּין לָעִיר בֵּין לַדֶּרֶךְ, אֶחָד חֲדָשׁוֹת וְאֶחָד יְשָׁנוֹת, טְמֵאוֹת. הָרְחוֹקוֹת, חֲדָשׁוֹת טְהוֹרוֹת וִישָׁנוֹת טְמֵאוֹת. אֵיזוֹ הִיא קְרוֹבָה, חֲמִשִּׁים אַמָּה. וִישָׁנָה, שִׁשִּׁים שָׁנָה, דִּבְרֵי רַבִּי מֵאִיר. רַבִּי יְהוּדָה אוֹמֵר, קְרוֹבָה, שֶׁאֵין קְרוֹבָה מִמֶּנָּה. וִישָׁנָה, שֶׁאֵין אָדָם זוֹכְרָהּ:

---

어떤 경우에 [그러한가]? 어떤 굴대가 벽에 박혀 있는데, 올리브 열매 반쪽만 한 [시체의 일부분이] 그 밑에 있고 또 올리브 열매 반쪽만 한 [시체의 일부분이] 그 위에 있다면, 그것들이 나란히 마주 보지 않는다 하더라도, [그 굴대는] 부정해진다. [그렇다면] 이것은 그 [크기가] 어떠하든지 상관없이 부정을 자기 자신에게 가져온다는 사실이 밝혀졌다.

어떤 도공이 바구니[47]를 어깨에 지고 지나가는데, 그 [바구니] 한쪽이 무덤 위를 덮어서 가렸다면, 다른 한쪽에 있는 그릇들은 정결하

47) 이 낱말(סל)은 '바구니'라는 뜻인데, 굴대에 관해 논의하던 첫 머리와 문맥이 연결되지 않는다. 알벡은 어떤 사본에는 '아쎌'(אסל)로 나온다고 언급했는데, 이 낱말은 '막대기'라는 뜻이다.

다. 만약 그 바구니에 1테팍 〔크기의〕 공간이 있다면, 〔그릇들이〕 부정해진다.

언덕들이 도시나 길에 가까이 있고 하나는 새 것이고 하나는 오래된 것일 때, 〔두 언덕이 모두〕 부정하다. 멀리 있는 언덕들은, 새것은 정결하지만 오래된 것은 부정하다. 어떤 것이 가까이 있는 것인가? 50아마〔까지다. 어떤 것이〕 오래된 것인가? 60년부터라는 것이 메이르 랍비의 말이다. 예후다 랍비는 가까이 있다는 말은 그 〔언덕보다〕 더 가까운 〔언덕이〕 없다는 것이고, 오래되었다는 말은 아무도 그것이 〔생긴 때를〕 기억하지 못하는 것이라고 했다.

- 이 미쉬나의 첫 부분은 첫째 미쉬나에서 논의한 내용에 해당하는 다른 예를 들어 설명한다. 분명히 최소 크기 규정에 맞지 않는 굴대가 벽에 박혀 있고(「켈림」 9, 6), 그 아래와 위에 역시 최소 크기 규정에 맞지 않는 올리브 열매 반쪽만 한 부정의 요인들이 있다면, 그 부정의 요인들이 서로 마주 보지 않는다 하더라도, 그 굴대는 올리브 열매 반쪽만 한 부정의 요인을 덮고 또 다른 부정의 요인이 굴대를 덮으면서 부정이 연결되어 굴대가 부정해진다(「오홀롯」 3, 1).
- 도공이 바구니에 그릇들을 넣어, 또는 막대기에 냄비들을 꿰어 어깨에 지고 지나가다가 바구니 한쪽이 무덤 위를 덮어서 가렸다면, 최소 크기 규정에 맞지 않아 덮기 부정은 전이되지 않으며, 다른 쪽에 있는 그릇들은 정결하다. 그러나 최소 크기 규정에 맞는 공간이 있다면, 그 안에 들어 있는 그릇들이 모두 부정해진다.
- 어떤 도시나 길에 가까운 곳에 언덕들이 있다면, 이런 언덕들은 시체나 시체의 일부를 묻는 장소로 사용되었을 가능성이 있기 때문에 부정하다(토셉타 「닛다」 7, 4). 이런 상황을 판단하기 위해서 거리가 얼마나 가까운지 그리고 그 언덕이 생긴 후 시간이 얼마나 흘렀는지를

고려해야 한다. 도시나 길에서 가까울수록 그리고 언덕이 생긴 지 오래되었을수록 부정할 가능성이 높다. 거리와 시간이라는 조건을 판단하는 기준은 메이르 랍비와 예후다 랍비 사이에 이견이 있다.

### 16, 3

땅 속에서 시체를 발견했을 때 대처하는 방법을 논의한다.

---

הַמּוֹצֵא מֵת בַּתְּחִלָּה מֻשְׁכָּב כְּדַרְכּוֹ, נוֹטְלוֹ וְאֶת תְּבוּסָתוֹ. מָצָא שְׁנַיִם, נוֹטְלָן וְאֶת תְּבוּסָתָן. מָצָא שְׁלֹשָׁה, אִם יֵשׁ בֵּין זֶה לָזֶה מֵאַרְבַּע אַמּוֹת וְעַד שְׁמֹנֶה כִּמְלֹא מִטָּה וְקוֹבְרֶיהָ, הֲרֵי זוֹ שְׁכוּנַת קְבָרוֹת. בּוֹדֵק מִמֶּנּוּ וּלְהַלָּן עֶשְׂרִים אַמָּה. מָצָא אֶחָד בְּסוֹף עֶשְׂרִים אַמָּה, בּוֹדֵק מִמֶּנּוּ וּלְהַלָּן עֶשְׂרִים אַמָּה, שֶׁרַגְלַיִם לַדָּבָר. שֶׁאִלּוּ מִתְּחִלָּה מְצָאוֹ, נוֹטְלוֹ וְאֶת תְּבוּסָתוֹ:

---

어떤 사람이 처음에 관습대로 매장한 시체를 발견했다면, 그것과 그 〔피가 스며든〕 흙[48]을 취하여 〔다른 곳에 매장할 수 있다〕. 그가 시체 두 구를 발견했다면, 그것과 그 〔피가 스며든〕 흙을 취하여 〔다른 곳에 매장할 수 있다〕. 그가 시체 세 구를 발견했고, 들것과 무덤 파는 사람들이 모두 〔들어설 수 있도록〕 서로 4-8아마 거리를 두고 떨어져 있으면, 이것은 묘지[49]이다. 그것으로부터 20아마를 조사해야 한다. 20아마 끝에서 〔또 다른 시체〕 하나를 찾았다면, 〔다시〕 그것으로부터 20아마를 조사해야 하는데, 이런 일이 또 생길 수도 있기 때문이다.[50] 만약 처음에 그 〔시체만〕 찾았다면, 그가 그것과 그 주위 흙을 취하여 〔옮긴다〕.

---

48) 이 낱말(תבוסתו)은 시체의 피가 흘러서 스며든 흙을 가리킨다(겔 16:6). 어떤 사본에는 조금 다른 표현이 남아 있는데(תפושתו), 이 말은 시체가 점유하고 있는 흙을 가리키며, 문맥은 크게 변하지 않는다.

49) 여기서 묘지라고 번역한 말(שכונת קברות , 쉐쿠낫 케바롯)'은 무덤들의 마을이라고 직역할 수 있다.

- 어떤 사람이 땅을 파다가 예상치 못하던 곳에서 시체를 발견했다면, 그 시체는 절차에 따라 장례를 치르기 전에 임시로 그자리에 묻힌 것으로 간주하며, 그 시체를 묘지로 이장할 수 있다. 이때 시체에서 흘러나온 피가 스며들었을 그 주위 흙도 함께 옮겨야 부정이 전이되는 것을 막을 수 있다. 시체 두 구를 발견했을 때도 같은 방법으로 이장한다.
- 그러나 시체 세 구가 적당한 거리를 두고 묻혀 있는 것을 발견했다면, 이것은 적절한 절차에 따라 장례를 치른 묘지로 간주하며, 시체를 옮길 수 없다.
- 묘지를 발견했다면 그 사람은 발견된 시체로부터 20아마 거리에 있는 지역을 두루 조사해야 하며, 또 다른 시체를 발견하면 그 장소를 기준으로 20아마를 더 조사해야 한다.

## 16, 4

---

הַבּוֹדֵק, בּוֹדֵק אַמָּה עַל אַמָּה וּמַנִּיחַ אַמָּה, עַד שֶׁהוּא מַגִּיעַ לְסֶלַע אוֹ לִבְתוּלָה. הַמּוֹצִיא אֶת הֶעָפָר מִמְּקוֹם טֻמְאָה, אוֹכֵל בִּדְמָעוֹ. הַמְפַקֵּחַ בַּגַּל, אֵינוֹ אוֹכֵל בִּדְמָעוֹ:

---

조사하는 자는 1아마에 1아마가 되는 지역을 조사하고 1아마를 남겨둔다. 그는 바위나 새 흙이 나올 때까지 〔조사한다〕.

부정한 장소에서 그 흙을 파내는 사람은 드마이 제물[51]을 먹을 수 있다. 돌무더기를 치운 사람은 제사장의 몫을 먹을 수 없다.

---

50) 이 문장(שרגלים לדבר)을 직역하면 '이 일에 다리들이 있기 때문이다'라고 번역할 수 있다.

51) 이 낱말(דמע, 드마이)은 제물 중 제사장의 몫인 거제의 한 종류다(「드마이」). 거제에는 '레쉿'(ראשית)과 '테루마'(תרומה)와 함께 '데마'가 있으며, 성물이 속된 음식과 섞인 상태를 가리킨다. 어원은 눈물이 흐르는 모습과 관련이 있기 때문에, 성물이 흘러넘쳐서 속된 음식과 섞인다는 의미다(출 22:28).

- 알려지지 않았던 묘지를 발견하고 20아마가 되는 지역을 조사할 때, 그 지역을 모두 파헤쳐야 하는 것은 아니다. 길이가 1아마 너비가 1아마가 되는 땅을 파서 조사했다면, 바로 옆에 있는 땅 1아마는 파지 않아도 된다. 묘지에 시체를 묻을 때 어느 정도 거리를 두고 묻기 때문이다. 조사 작업은 기반암이나 새 흙이 발견되는 깊이까지 해야 한다(「닛다」 9, 5).
- 만약 묘지를 조사하여 흙을 파내는 사람이 제사장 집안에 속한 경우, 그 사람은 제사장의 몫인 거제 중에서 성물이 거룩하지 않은 속된 음식과 섞인 '데마'(드마이)를 먹을 수 있다. 그가 파서 옮긴 흙이 모두 부정한 것은 아니며, 데마는 온전히 거룩한 음식이 아니기 때문에 부정한지 여부를 판단할 때 의심할 가능성이 있다.
- 역시 제사장 집안의 일원이 돌무더기 밑에서 시체를 발견했고 그 돌무더기를 치웠다면, 그는 제사장의 몫인 데마를 먹을 수 없다. 돌은 흙과 달리 그 사람을 죽였을 가능성이 있기 때문에, 부정한지 여부를 판단할 때 의심의 여지가 적다.

## 16, 5

הָיָה בוֹדֵק, הִגִּיעַ לְנַחַל אוֹ לְשְׁלוּלִית, אוֹ לְדֶרֶךְ הָרַבִּים, מַפְסִיק. שָׂדֶה שֶׁנֶּהֶרְגוּ בָהּ הֲרוּגִים, מְלַקֵּט עֶצֶם עֶצֶם וְהַכֹּל טָהוֹר. הַמְפַנֶּה קִבְרוֹ מִתּוֹךְ שָׂדֵהוּ, מְלַקֵּט עֶצֶם עֶצֶם וְהַכֹּל טָהוֹר. בּוֹר שֶׁמַּטִּילִים לְתוֹכוֹ נְפָלִים אוֹ הֲרוּגִים, מְלַקֵּט עֶצֶם עֶצֶם וְהַכֹּל טָהוֹר. רַבִּי שִׁמְעוֹן אוֹמֵר, אִם הִתְקִינוֹ לְקֶבֶר מִתְּחִלָּה, יֵשׁ לוֹ תְבוּסָה:

〔그가〕 조사를 하는 도중에 개울이나 연못 또는 많은 사람이 〔다니는〕 도로[52]를 만났다면 〔조사를〕 멈춘다.

52) 많은 사람들이 다니는 큰 길은 그 너비가 16아마 이상이어야 한다(「바바 바트라」 6, 7).

사람들이 살해를 당했던 들은 〔모든〕 뼈들을 모아서 치우면 그 전체가 정결해진다. 자기 밭에서 무덤을 옮기는 자는 〔모든〕 뼈들을 모아서 치우면 그 전체가 정결해진다. 사산아나 시체를 그 안에 던져 넣었던 구덩이는 〔모든〕 뼈들을 모아서 치우면 그 전체가 정결해진다. 쉼온 랍비는 이 〔구덩이를〕 처음부터 무덤으로 사용했다면, 그 안에 〔피가 스며든〕 흙이 있을 것이라고 말했다.

- 알려지지 않았던 묘지를 조사하는 사람이 개울이나 연못 또는 큰 길을 만났다면, 거기서 조사를 멈추어도 좋다. 이러한 장소에 묘지를 세웠을 가능성이 적기 때문이다.
- 다음에 열거된 경우는 시체 중 남은 뼈들만 모아서 치우면 되고 피가 스며든 주위 흙을 함께 제거하지 않아도 되는 상황을 논의하고 있다. 이미 시체가 묻혀 있다는 사실이 잘 알려진 땅이라는 공통점이 있으며, 이런 경우 뼈만 치우면 땅이 정결해진다. 쉼온 랍비는 피가 스며든 흙도 치워야 한다고 주장한다.

## 제17장

쟁기로 땅을 갈다가 무덤까지 갈아엎었다면, 그 무덤에 묻혀 있던 시체의 일부분 특히 뼛조각들이 밭에 퍼지게 되고, 그곳은 무덤을 깨뜨린 밭(벳 페라스)이 된다. 제17장은 무덤을 깨뜨린 밭을 정의하고, 그런 일이 벌어졌을 때 대처하는 방법을 설명한다.

### 17, 1
무덤을 갈아서 밭을 만든 경우를 논의한다.

הַחוֹרֵשׁ אֶת הַקֶּבֶר, הֲרֵי זֶה עוֹשֶׂה בֵּית הַפְּרָס. עַד כַּמָּה הוּא עוֹשֶׂה. מְלֹא מַעֲנָה מֵאָה אַמָּה, בֵּית אַרְבַּעַת סְאִים. רַבִּי יוֹסֵי אוֹמֵר, בֵּית חָמֵשׁ, בְּמוֹרָד. וּבְמַעֲלֶה, נוֹתֵן רֹבַע כַּרְשִׁינִים עַל בֹּרֶךְ הַמַּחֲרֵשָׁה, עַד מְקוֹם שֶׁיִּצְמְחוּ שְׁלֹשָׁה כַּרְשִׁינִין זוֹ בְצַד זוֹ, עַד שָׁם הוּא עוֹשֶׂה בֵּית הַפְּרָס. רַבִּי יוֹסֵי אוֹמֵר, בְּמוֹרָד וְלֹא בְמַעֲלֶה:

어떤 사람이 무덤을 갈아엎었다면 이것은 〔무덤을〕 깨뜨린 밭이 된다.

그는 어디까지 〔무덤을 깨뜨린 밭을〕 만들었는가? 고랑 끝까지 100아마이며 〔씨앗〕 4쎄아를 〔뿌릴 수 있는〕 면적이다. 요쎄 랍비는 5〔쎄아를 뿌릴 수 있는〕 면적이라고 말했다. 내리막이나 오르막에서는, 살갈퀴 〔씨앗을〕 로바 정도 쟁기의 무릎 기둥에 놓고 〔갈았을 때〕, 살갈퀴 싹이 세 줄기가 서로 붙어서 나는 곳까지가 그가 〔무덤을〕 깨뜨린 밭을 만든 장소이다. 요쎄 랍비는 내리막에는 〔그렇게 해야 하지만〕 오르막은 그렇지 않다고 말했다.

- 쟁기로 땅을 갈다가 무덤까지 갈아엎었다면, 그 무덤에 묻혀 있던 시체의 일부분 특히 뼛조각들이 밭에 퍼지게 되고, 그 밭은 무덤을 깨뜨린 밭 즉 '벳 페라스'가 된다(「오홀롯」 18, 2).
- 무덤을 깨뜨린 밭이 형성되었을 때 그 면적은 쟁기가 시체의 일부분을 옮긴 부분을 가정하여 길이가 100아마에 너비가 100아마 정도 된다고 주장한다(「에루빈」 2, 3). 또 다른 방법으로 그 면적을 추산하자면 4쎄아 부피의 씨앗을 뿌릴 수 있는 밭이라고 설명한다. 요쎄 랍비는 다른 의견을 제시한다.
- 만약 밭이 내리막이나 오르막에 있다면 무덤을 깨뜨린 밭의 면적을 다른 방법으로 조사한다. 쟁기의 무릎 기둥(「켈림」 21, 2)에 살갈퀴 씨앗을 로바(1/4카브=0.5리터) 놓고 밭을 갈았을 때 처음에는 씨앗

이 많이 떨어지다가 쟁기가 멀리 갈수록 적게 떨어지게 된다. 시체의 일부분도 같은 방법으로 뿌려졌으리라는 전제 아래 살갈퀴 싹이 세 줄기 정도 나는 곳까지가 무덤을 깨뜨린 밭의 경계가 된다. 요쎄 랍비는 또 다른 의견을 제시하는데, 내리막에서는 그런 실험을 할 수 있지만, 오르막에서는 그럴 필요가 없다고 한다. 중력 때문에 시체의 일부분을 위로 끌고 올라가기는 어렵기 때문에 무덤을 깨뜨린 밭이 생기지 않는다는 말이다(토쎕타).

## 17, 2

הָיָה חוֹרֵשׁ וְהִטִּיחַ בְּסֶלַע אוֹ בְגָדֵר אוֹ שֶׁנִּעֵר הַמַּחֲרֵשָׁה, עַד שָׁם הוּא עוֹשֶׂה בֵּית הַפְּרָס. רַבִּי אֱלְעָזָר אוֹמֵר, בֵּית פְּרָס עוֹשֶׂה בֵית פְּרָס. רַבִּי יְהוֹשֻׁעַ אוֹמֵר, פְּעָמִים עוֹשֶׂה, פְּעָמִים אֵינוֹ עוֹשֶׂה. כֵּיצַד. חָרַשׁ חֲצִי מַעֲנָה, וְחָזַר וְחָרַשׁ חֶצְיָהּ, וְכֵן הַצְּדָדִין, הֲרֵי זֶה עוֹשֶׂה בֵית פְּרָס. חָרַשׁ מְלֹא מַעֲנָה, חָזַר וְחָרַשׁ מִמֶּנָּה וְלַחוּץ, אֵינוֹ עוֹשֶׂה בֵית פְּרָס:

그가 밭을 갈다가 바위나 울타리에 부딪쳤다면, 또는 그가 쟁기를 흔들었다면 그는 그곳까지 〔무덤을〕 깨뜨린 밭을 만든 것이다.

엘아자르 랍비는 〔무덤을〕 깨뜨린 밭은 〔무덤을〕 깨뜨린 밭을 만든다고 말한다. 예호슈아 랍비는 어떤 때는 만들고 어떤 때는 만들지 않는다고 말한다. 어떻게 〔그렇게 되는가〕? 그가 고랑의 반을 갈고, 그러고 나서 〔나머지〕 반을 갈았으며, 그리고 〔양〕 옆쪽도 그렇게 했다면, 이것은 〔무덤을〕 깨뜨린 밭을 만든 것이다. 그가 고랑 전체를 갈았고, 그러고 나서 바깥쪽으로 〔더〕 갈았다면, 이것은 〔무덤을〕 깨뜨린 밭을 만든 것이 아니다.

- 첫째 미쉬나와 같은 문맥에서 어떤 사람이 쟁기질을 하다가 무덤을 깨뜨린 밭을 만들었는데, 쟁기가 바위나 울타리에 부딪쳤다면 쟁기

날에 붙어 있던 시체의 일부분이 그곳에 떨어졌을 것이다. 같은 원리로 그가 쟁기를 흔들어도 시체의 일부분이 떨어졌을 것이다. 그러므로 무덤을 깨뜨린 밭의 경계는 그 장소까지다.

- 엘아자르 랍비는 어떤 사람이 무덤을 갈아서 밭 하나를 무덤을 깨뜨린 밭으로 만든 후 멈추지 않고 계속해서 다른 밭까지 쟁기질을 하면, 둘째 밭도 무덤을 깨뜨린 밭이 된다고 주장한다.
- 예호슈아 랍비는 반대 의견을 개진하면서, 상황에 따라 다르다고 말했다. 그 사람이 고랑의 반 즉 50아마를 쟁기로 갈고 나중에 나머지 50아마를 갈았으며, 마찬가지로 양쪽 옆으로 50아마를 또 갈았다면, 그가 무덤을 깨뜨린 밭을 만든 것이다.
- 한편 그가 100아마를 갈고 그 지점을 넘어서 더 갈았다면, 그 지역은 무덤을 깨뜨린 밭을 만든 것이 아니다.

### 17, 3

무덤을 깨뜨린 밭이 생기지 않는 경우들을 나열한다.

---

הַחוֹרֵשׁ מְלָטַמְיָא, מִצְּבִירַת הָעֲצָמוֹת, מִשָּׂדֶה שֶׁאָבַד הַקֶּבֶר בְּתוֹכָהּ, אוֹ שֶׁנִּמְצָא בָהּ קֶבֶר, הַחוֹרֵשׁ אֶת שֶׁאֵינוֹ שֶׁלּוֹ, וְכֵן נָכְרִי שֶׁחָרַשׁ, אֵינוֹ עוֹשֶׂה אוֹתָהּ בֵּית פְּרָס, שֶׁאֵין בֵּית פְּרָס לַכּוּתִיִּים:

---

어떤 사람이 〔부정한〕 뼈로 가득한 구덩이나 뼈 무더기, 무덤이 그 안에 있는지 잊혔던 밭, 또는 〔밭을 간 후에〕 무덤이 그 안에서 발견된 밭으로부터 〔다음 밭까지〕 갈았거나, 자기 소유가 아닌 밭을 갈았거나, 〔밭을〕 외부인[53]이 갈았다면, 이것은 〔무덤을〕 깨뜨린 밭을 만

---

53) 이 낱말(נכרי, 노크리)은 유대인이 아닌 모든 사람을 가리키며, 유대법 전통 안에서 유대인 성인 남자와 다른 법적 지위를 가지는 사람들을 의미한다. 여기서는 '외부인'이라고 옮겼다.

들지 않으니, 쿠타인[54]과 관련해서는 〔무덤을〕 깨뜨린 밭이 생기지 않기 때문이다.

- 이 미쉬나는 무덤을 깨뜨린 밭이 형성되지 않는 조건들을 열거하고 있다. 뼈들이 들어 있는 구덩이나 뼈 무더기가 있는 밭을 갈았다면 무덤을 깨뜨린 밭이 생기지 않는다고 본다. 왜냐하면 이런 구덩이나 무더기를 보고도 계속해서 밭을 갈 사람은 없기 때문이다.
- 무덤이 정확하게 어디 있는지 잊힌 장소를 갈아서 밭을 만든 상황은 두 배로 의심스럽다. 농부가 실제로 무덤을 갈았는지 의심스럽고, 그가 뼈를 여기저기에 흩었는지도 의심스럽다. 이런 경우는 무덤을 깨뜨린 밭이 생기지 않는다고 결정한다(「오홀롯」 18, 3).
- 자기 소유의 밭이 아닌 경우에도 무덤을 깨뜨린 밭을 만든 책임이 없다.
- 무덤을 깨뜨린 밭은 유대인에게만 문제되기 때문에 유대인이 아닌 사람이 쟁기질했다면 문제되지 않는다. 쿠타인(사마리아인)도 무덤을 깨뜨린 밭과 관련된 법전통을 지키지 않는다고 알려져 있다.

## 17, 4

שְׂדֵה בֵית הַפְּרָס עַל גַּבֵּי טְהוֹרָה, שֶׁשָּׁטְפוּ גְשָׁמִים מִבֵּית פְּרָס לַטְּהוֹרָה, אֲפִלּוּ אֲדֻמָּה וְהִלְבִּינוּהָ אוֹ לְבָנָה וְהֶאְדִּימוּהָ, אֵין עוֹשִׂין אוֹתָהּ בֵּית הַפְּרָס:

〔무덤을〕 깨뜨린 밭이 정결한 〔밭보다〕 위에 있고, 비가 〔무덤을〕 깨뜨린 밭에서 정결한 〔밭으로 흙을〕 씻어내렸을 때, 붉은 〔흙이〕 하얗

54) 이 낱말(כותיים, 쿠티임)은 말 그대로 '쿠타 사람들'을 말하는데, 관례적으로 유대교로 개종했으나 우상숭배를 그만두지 않았다고 간주하는 사마리아 사람들을 일컫는 말이다.

게 변하거나 하얀 〔흙이〕 붉게 변했다 하더라도, 그것이 〔무덤을〕 깨뜨린 밭을 만들지 않는다.

- 경사진 곳에 설치한 경작지에서 무덤을 깨뜨린 밭이 정결한 밭보다 위에 있고, 비가 심하게 와서 위에 있는 밭의 흙이 밑으로 씻겨 내려왔다 하더라도, 정결한 밭이 무덤을 깨뜨린 밭이 되지는 않는다.

## 17, 5

שָׂדֶה שֶׁאָבַד קֶבֶר בְּתוֹכָהּ, וּבָנָה בָהּ בַּיִת וַעֲלִיָּה עַל גַּבָּיו, אִם הָיְתָה פִּתְחָהּ שֶׁל עֲלִיָּה מְכֻוָּן כְּנֶגֶד פִּתְחוֹ שֶׁל בַּיִת, עֲלִיָּה טְהוֹרָה. וְאִם לָאו, עֲלִיָּה טְמֵאָה. עֲפַר בֵּית הַפְּרָס וַעֲפַר חוּצָה לָאָרֶץ שֶׁבָּא בְיָרָק, מִצְטָרְפִין כְּחוֹתַם הַמַּרְצוּפִים, דִּבְרֵי רַבִּי אֱלִיעֶזֶר. וַחֲכָמִים אוֹמְרִים, עַד שֶׁיְּהֵא בְמָקוֹם אֶחָד כְּחוֹתַם הַמַּרְצוּפִין. אָמַר רַבִּי יְהוּדָה, מַעֲשֶׂה שֶׁהָיוּ אִגְּרוֹת בָּאוֹת מִמְּדִינַת הַיָּם לִבְנֵי כֹהֲנִים גְּדוֹלִים, וְהָיוּ בָהֶם כִּסְאָה וּכְסָאתַיִם חוֹתָמוֹת, וְלֹא חָשׁוּ לָהֶם חֲכָמִים מִשּׁוּם טֻמְאָה:

무덤이 그 안에 있는지 잊혔던 밭에 위층이 있는 집을 지었고, 위층의 현관이 〔아래층〕 집의 현관과 나란히 있었다면, 위층은 정결하다. 그러나 그렇지 않다면, 위층이 부정해진다.

〔무덤을〕 깨뜨린 밭의 흙과 이 땅 바깥 지역의 흙이 채소에 〔붙어서〕 들어온 경우 연결되어 가죽 부대에 붙이는 봉인 〔크기가 되면 부정해진다는〕 것이 엘리에제르 랍비의 말이다. 그러나 다른 현인들은 그것이 한 장소에서 연결되어 가죽 부대의 봉인 〔크기가 될〕 때만 〔부정해진다고〕 말했다. 예후다 랍비는 바다 건너 나라에서 대제사장 자손들에게 편지들이 왔고 그 위에 쎄아 또는 2 쎄아 〔부피가〕 되는 봉인들이 있었지만 그 현인들은 그것들이 부정하다고 처리하지 않은 적이 있다고 말했다.

- 무덤이 어디 있는지 잊힌 밭은 무덤을 깨뜨린 밭이며 그 전체가 부정한데(「오홀롯」 18, 3), 그 위에 이층집을 지었고 위층 현관과 아래층 현관이 아래 위로 나란히 설치했다면, 아래층은 부정해지지만 위층은 정결하다. 무덤이 아래층 집 바닥에 있을 때 이 집은 독립된 '천막'을 형성하므로 부정이 위로 전이되지 않도록 보호한다. 무덤이 벽 밑에 있다면, 반으로 나누어 판단한다(「오홀롯」 6, 3). 무덤이 현관 문지방 밑에 있다면, 부정의 전이를 막는다.
- 그러나 위층과 아래층 현관을 나란히 짓지 않았다면, 위층이 부정해진다. 위층의 문지방은 아래층 문지방과 다른 위치에 있어서 부정을 가져오기 때문이다.
- 무덤을 깨뜨린 밭과 이스라엘 땅 바깥 지역의 흙은 접촉과 옮기기를 통해서 부정을 전이시킬 수 있다(「오홀롯」 2, 3). 엘리에제르 랍비는 이런 흙이 채소 뿌리에 엉켜 붙어서 들어온 경우 그런 흙을 모두 합해서 가죽 부대의 봉인과 같은 크기가 된다면 부정을 전이시킬 수 있다고 말했다. 다른 현인들은 한 장소에 있는 흙만 서로 연결시킬 수 있다고 제한했다. 예후다 랍비는 현인들이 주장과 다른 행동을 한 적이 있다고 폭로하고 있다.

## 제18장

무덤을 깨뜨린 밭과 관련된 다른 규정들을 소개한다.

### 18, 1

무덤을 깨뜨린 밭에서 기른 포도를 수확하는 방법을 논의한다.

כֵּיצַד בּוֹצְרִים בֵּית הַפְּרָס. מַזִּים עַל הָאָדָם וְעַל הַכֵּלִים, וְשׁוֹנִים וּבוֹצְרִים וּמוֹצִיאִים חוּץ לְבֵית הַפְּרָס, וַאֲחֵרִים מְקַבְּלִים מֵהֶם וּמוֹלִיכִים לַגַּת. אִם נָגְעוּ אֵלּוּ בְאֵלּוּ, טְמֵאִים, כְּדִבְרֵי בֵית הִלֵּל. בֵּית שַׁמַּאי אוֹמְרִים, אוֹחֵז אֶת הַמַּגָּל בְּסִיב, אוֹ בוֹצֵר בְּצוֹר וְנוֹתֵן לְתוֹךְ הַכְּפִישָׁה וּמוֹלִיךְ לַגַּת. אָמַר רַבִּי יוֹסֵי, בַּמֶּה דְבָרִים אֲמוּרִים, בְּכֶרֶם הַנַּעֲשָׂה בֵית הַפְּרָס. אֲבָל נוֹטֵעַ בֵּית הַפְּרָס, יִמָּכֵר לַשּׁוּק:

〔무덤을〕 깨뜨린 밭에서 어떻게 포도를 수확하는가? 〔수확하는〕 사람과 도구 위에 〔정결하게 하는〕 물을 뿌리고, 다시 반복해서 〔물을 뿌리고〕 수확한 다음, 〔무덤을〕 깨뜨린 밭 바깥으로 가지고 나오면, 다른 사람들이 그들에게서 〔포도를〕 받아서 포도즙 짜는 기구로 가져간다. 〔일하는〕 사람들이 서로 접촉했다면 부정해진다는 것이 힐렐 학파의 말이다. 샴마이 학파는 낫을 대추야자나무 껍질로 싸서 잡거나, 돌칼로 수확하고 바구니 속에 떨어지도록 〔받아서〕 포도즙 짜는 기구로 가져가야 한다고 말했다.

요쎄 랍비는 이 말이 무슨 뜻이냐고 물으며, 〔원래 있던〕 포도원이 〔무덤을〕 깨뜨린 밭이 되었을 경우라고 말했다. 그러나 〔처음부터 무덤을〕 깨뜨린 밭에 〔포도를〕 심었다면, 그것은 시장에 내다 팔아야 한다.

- 무덤을 깨뜨린 밭에서 기른 포도를 수확해서 포도주 짜는 기구로 가져갈 때 부정해지지 않도록 일하는 방법을 논의하고 있는데, 땅과 연결된 농산물은 부정해지지 않기 때문이다. 힐렐 학파는 정결하게 하는 물을 뿌리고 수확하라고 말한다. 붉은 암송아지를 태운 재로 만든 이 물을(민 19:1-10) 셋째 날과 일곱째 날에 뿌리면 사체의 부정 때문에 부정해진 사람이 정결해진다. 포도를 수확하는 사람들은 이렇게 정결하게 하는 물을 뿌리고 수확하며, 무덤을 깨뜨린 밭에 들어오지 않은 다른 사람들에게 수확물을 넘겨서 포도주 틀로 가져가

게 한다. 이 사람들이 수확자들과 접촉하면 그들도 부정해진다.

- 샴마이 학파는 부정해지지 않는 도구들을 사용하는 방법을 제안하는데, 부정해지지 않는 대추야자나무 껍질로 낫 손잡이를 싸서 직접 낫을 잡지 않거나, 부정해지지 않는 돌칼을 사용해 수확하고 포도는 부정해지지 않는 바구니(「오홀롯」 5, 6) 안에 떨어지도록 받으면 된다는 것이다.
- 요쎄 랍비는 원래 포도원에서 포도를 기르고 있었는데 나중에 쟁기질하다가 무덤을 깨뜨린 밭이 된 경우에만 이런 법규정들을 적용할 수 있다고 주장했다. 만약 어떤 사람이 처음부터 무덤을 깨뜨린 밭에 포도를 심었다면, 그 포도로 정결한 포도주를 만들 수 없다. 채소나 과일은 부정해지지 않으므로 시장에 내다 파는 수밖에 없다.

## 18, 2

무덤을 깨뜨린 밭을 세 가지로 나누고, 그중 무덤을 갈아엎은 밭에 관해 논의한다.

---

שְׁלֹשָׁה בֵית פְּרָסוֹת הֵן, הַחוֹרֵשׁ אֶת הַקֶּבֶר, נִטַּעַת כָּל נֶטַע, וְאֵינָהּ נִזְרַעַת כָּל זֶרַע, חוּץ מִזֶּרַע הַנִּקְצָר. וְאִם עֲקָרוֹ, צוֹבֵר אֶת גָּרְנוֹ לְתוֹכוֹ וְכוֹבְרוֹ בִשְׁתֵּי כְבָרוֹת, דִּבְרֵי רַבִּי מֵאִיר. וַחֲכָמִים אוֹמְרִים, הַתְּבוּאָה בִּשְׁתֵּי כְבָרוֹת, וְהַקִּטְנִיּוֹת בְּשָׁלֹשׁ כְּבָרוֹת. וְשׂוֹרֵף אֶת הַקַּשׁ וְאֶת הֶעָצָה, וּמְטַמֵּא בְמַגָּע וּבְמַשָּׂא, וְאֵינוֹ מְטַמֵּא בְאֹהֶל:

---

〔무덤을〕 깨뜨린 밭에는 세 가지 종류가 있다. 어떤 사람이 무덤을 갈아엎었다면, 나무는 어떤 것이든 심을 수 있으나, 이삭을 자르는 〔식물〕 외에 〔다른〕 씨앗을 뿌릴 수 없다. 만약 그가 그 〔식물을〕 뿌리째 뽑았다면, 그 타작마당을 그 안에 만들어 쌓고 체 두 개로 체질해야 한다는 것이 메이르 랍비의 말이다. 그러나 다른 현인들은 곡식은 체 두 개로 〔체질하지만〕 콩은 체 세 개로 〔체질해야 한다고〕 말했다. 그리고 그는 짚과 콩줄기를 태워야 하는데, 이것은 접촉이나 옮기기를

통해 부정하게 만들지만 덮기 부정으로는 부정하게 만들지 않는다.

- 무덤을 깨뜨린 밭에는 세 가지 종류가 있다. 첫째, 무덤을 갈아엎은 밭(「오홀롯」 17, 1), 둘째, 무덤이 있는 장소가 잊힌 밭(아래 셋째 미쉬나), 그리고 셋째, 우는 자의 밭이 있다(넷째 미쉬나). 각각 적용해야 할 규정이 다르다.
- 무덤을 갈아엎은 밭에 나무를 심어서 열매를 수확할 수 있다. 아마도 열매를 수확할 때 땅을 뒤집지 않아도 되기 때문일 텐데, 첫째 미쉬나에서 포도나무 열매가 포도주를 만들 수 없는 상태가 된다는 요쎄 랍비의 의견과 상충된다.
- 곡식을 심었다면 줄기를 뽑지 않고 이삭을 자르는 식물일 경우에만 기를 수 있다.
- 수확할 때 줄기와 뿌리를 함께 뽑아야 하는 작물을 심었다면, 그 밭 안에서 타작하고, 일반 곡식은 두 번 콩은 세 번에 걸쳐서 체질해야 한다. 남은 짚과 콩줄기는 태워야 한다. 이렇게 해서 흙에 섞여 있을지도 모르는 시체의 일부분이 집이나 헛간에 들어오지 않도록 처리해야 한다.
- 무덤을 깨뜨린 밭의 흙은 접촉이나 옮기기를 통해 부정을 전이하지만, 최소 크기 규정에 맞지 않으므로 덮기 부정은 전이시키지 않는다(「오홀롯」 2, 3).

### 18, 3

무덤이 있는 장소가 잊힌 밭에 관해 설명한다.

---

שָׂדֶה שֶׁאָבַד קֶבֶר בְּתוֹכָהּ, נִזְרַעַת כָּל זֶרַע, וְאֵינָהּ נִטַּעַת כָּל נֶטַע. וְאֵין מְקַיְּמִין בָּהּ אִילָנוֹת, חוּץ מֵאִילַן סְרָק שֶׁאֵינוֹ עוֹשֶׂה פֵּרוֹת. וּמְטַמֵּא בְמַגָּע וּבְמַשָּׂא וּבְאֹהֶל:

---

무덤이 있는 장소가 잊힌 밭에는 어떤 씨앗이든 심을 수 있으나, 나무는 어떤 것이든 심을 수 없다. 그 〔밭〕에는 열매를 맺지 않는 부실하고 무익한 나무 외에는 다른 나무들이 자라게 〔놓아둘〕 수 없다. 이것은 접촉과 옮기기와 덮기를 통해 부정하게 만든다.

- 무덤이 있다는 사실은 알고 있지만 정확하게 어느 장소에 있는지 모르는 밭에는 어떤 씨앗이든 뿌리고 재배할 수 있다. 쟁기질해서 무덤을 갈아엎은 밭과(둘째 미쉬나) 다른 이유는 시신이 깊이 묻혀 있어서 곡식 뿌리가 그 깊이까지 내려가지 않기 때문이다.
- 그러나 나무 뿌리는 땅속 깊이까지 내려가기 때문에 심을 수 없다. 이런 밭에 나무를 심는다면, 열매가 맺히지 않는 종류를 골라서 그늘을 드리우는 용도로만 사용할 수 있다.
- 무덤이 있는 장소를 모르고 쟁기질도 하지 않았지만 접촉과 옮기기와 덮기를 통해 부정을 전이시킬 수 있다.

18, 4
우는 자들의 밭에 관해 논의한다.

---

שְׂדֵה בוֹכִין, לֹא נִטַּעַת, וְלֹא נִזְרַעַת, וַעֲפָרָהּ טָהוֹר, וְעוֹשִׂין מִמֶּנָּה תַנּוּרִים לַקֹּדֶשׁ. וּמוֹדִים בֵּית שַׁמַּאי וּבֵית הִלֵּל שֶׁבּוֹדְקִים לְעוֹשֶׂה פֶסַח, וְאֵין בּוֹדְקִין לִתְרוּמָה. וּלְנָזִיר, בֵּית שַׁמַּאי אוֹמְרִים, בּוֹדְקִין. וּבֵית הִלֵּל אוֹמְרִים, אֵין בּוֹדְקִין. כֵּיצַד הוּא בוֹדֵק. מֵבִיא אֶת הֶעָפָר שֶׁהוּא יָכוֹל לַהֲסִיטוֹ וְנוֹתֵן לְתוֹךְ כְּבָרָה שֶׁנְּקָבֶיהָ דַקִּים, וּמְמַחֶה, אִם נִמְצָא שָׁם עֶצֶם כַּשְּׂעֹרָה, טָמֵא:

---

우는 자들의 밭[55]에는 나무도 심지 않고 씨앗도 뿌리지 않으나, 그 흙은 정결하여 거룩한 음식을 위한 화덕을 만들 수 있다. 그리고 샴마

55) 어떤 사본에는 '구멍들이 [있는] 밭'(כוכין)이라고 기록된 곳도 있다.

이 학파는 힐렐 학파와 동의하며, 유월절 제물을 드리는 자는 [그 흙을] 검사해야 하지만 거제를 [먹는 자는] 검사하지 않는다고 말한다. 그러나 나실인에 관련해서 샴마이 학파는 검사해야 한다고 했고, 힐렐 학파는 검사하지 않는다고 말한다. 어떻게 검사를 해야 하는가? 그는 옮길 수 있는 흙을 가져와서 구멍이 가는 체에 넣고 [흙을] 부순다. 만약 거기서 보리쌀 [크기]만 한 뼈가 발견된다면, 이것은 부정하다.

- 시체를 가져와서 내려놓고 장례식을 치르는 장소는 모르는 사이에 시체의 일부분이 떨어졌을 가능성이 있기 때문에 무덤을 깨뜨린 밭과 같은 범주에 넣고 논의한다. 이 장소는 여러 사람이 장례를 치르는 목적으로 사용하는 곳이므로 나무나 곡식을 심어서 기르는 밭으로 사용할 수 없다. 이런 장소는 혹시 부정의 요인이 떨어졌거나 알려지지 않은 무덤이 있을 가능성이 있으므로, 이곳에 들어오는 사람은 부정해진다. 그러나 이 장소의 흙 자체는 부정하지 않으며, 거룩한 제물을 굽고 요리하는 화덕을 만드는 데 사용해도 좋다.
- 어떤 사람이 유월절 제물을 드리러 가야 하는데 무덤을 깨뜨린 밭을 지나갔다면, 아래 나온 방법으로 그 밭의 흙을 검사해야 한다. 검사를 통해 부정의 요인이 발견되면, 그 사람은 부정하므로 제물을 드릴 수 없다. 검사를 했는데 부정의 요인이 발견되지 않으면, 그는 규정대로 제물을 드릴 수 있다.
- 제사장 집안의 일원이 무덤을 깨뜨린 밭을 지나갔다 해도 거제를 먹기 전에 검사하지 않는다. 검사하는 방법에 이견이 있다.
- 나실인은 부정이 전이되면 정결례를 시행하고 제물을 드려야 한다(민 6:9-12). 나실인이 무덤을 깨뜨린 밭을 지나갔을 때 샴마이 학파는 그 흙을 검사해야 한다고 말했는데, 부정의 요인이 발견되지 않

는다면 정결하다고 간주한다. 힐렐 학파는 검사하지 않는다고 말했는데, 검사와 상관없이 무조건 부정해지기 때문이다(「나지르」 7, 3). 그는 규정대로 나실인이 되는 기간을 다시 시작해야 한다.

- 검사하는 방법은 단단히 고정되지 않아서 퍼서 옮길 수 있는 흙을 가져와서 체에 넣고 곱게 부수어 뼛조각이 나오는지 검사한다. 뼛조각이 발견된다면, 그 사람이 이 뼈 때문에 부정해졌을 가능성이 있으며, 이런 의심 때문에 부정해진다.

## 18, 5

무덤을 깨뜨린 밭을 정결하게 만드는 방법을 설명한다.

---

כֵּיצַד מְטַהֲרִין בֵּית הַפְּרָס. נוֹטְלִין מִמֶּנּוּ שְׁלֹשָׁה טְפָחִים, אוֹ נוֹתֵן עַל גַּבָּיו שְׁלֹשָׁה טְפָחִים. אִם נָטַל מֵחֶצְיוֹ אֶחָד שְׁלֹשָׁה טְפָחִים, וְנָתַן עַל גַּבֵּי חֶצְיוֹ אַחֵר שְׁלֹשָׁה טְפָחִים, טָהוֹר. רַבִּי שִׁמְעוֹן אוֹמֵר, אֲפִלּוּ נָטַל מִמֶּנּוּ טֶפַח וּמֶחֱצָה, וְנָתַן עָלָיו טֶפַח וּמֶחֱצָה מִמָּקוֹם אַחֵר, טָהוֹר. הָרוֹצֵף בֵּית הַפְּרָס בַּאֲבָנִים שֶׁאֵינוֹ יָכוֹל לַהֲסִיטָן, טָהוֹר. רַבִּי שִׁמְעוֹן אוֹמֵר, אַף הָעוֹזֵק בֵּית הַפְּרָס, טָהוֹר:

---

어떻게 〔무덤을〕 깨뜨린 밭을 정결하게 만드는가? 그곳에서 〔흙을〕 3테팍만큼 파내거나 또는 그 위에 〔흙을〕 3테팍 더한다. 만약 그 밭의 반에서 〔흙을〕 3테팍만큼 파내고 다른 반 위에 〔흙을〕 3테팍 더했다면, 〔그 밭은〕 정결하다. 쉼온 랍비는 그곳에서 1테팍과 반을 파내고 다른 부분에 1테팍과 반을 더했다 해도 〔그 밭은〕 정결하다고 말했다. 〔무덤을〕 깨뜨린 밭에 움직일 수 없는 돌들로 포장을 하면 〔그 밭은〕 정결하다. 쉼온 랍비는 〔무덤을〕 깨뜨린 밭을 파서 돌을 골라내면[56]

---

56) 이 낱말(העוזק)은 땅을 '파다'는 말인데, 돌을 골라낸다는 뜻으로 이사야서 5:2에 등장한다.

정결하다고 말했다.

- 무덤을 깨뜨린 밭을 다시 정결하게 만들기 위해서는 지표면에 있는 흙을 3테팍 깊이만큼 걷어내거나 정결한 새 흙을 3테팍 두께로 덮어야 하는데, 쟁기가 들어가는 깊이가 3테팍이기 때문이다(「바바 바트라」 2, 12). 이 두 가지 방법을 밭에 반반씩 적용해도 효과가 있는 것으로 인정한다.
- 쉼온 랍비는 무덤을 깨뜨린 밭의 흙 1테팍과 반을 걷어 내고 새 흙 1테팍과 반을 덮어도 정결해진다고 주장한다. 산술적으로 보았을 때 1.5테팍과 1.5테팍을 더하면 3테팍이 되어 규정에 맞는 것 같지만, 실제로 이 작업이 끝나고 쟁기질을 하면 쟁기날이 오래된 지층을 갈아엎게 된다.
- 무덤을 깨뜨린 밭에 쉽게 이동시킬 수 없는 돌로 포장을 하면 그 밑에 있는 흙을 뒤적일 가능성이 적으며, 정결한 것으로 인정한다.
- 쉼온 랍비는 무덤을 깨뜨린 밭을 두루 파서 돌들을 골라냈는데 뼛조각을 찾지 못했다면 그 밭이 정결해진다고 주장한다.

18, 6
무덤을 깨뜨린 밭을 지나가는 방법에 관해 논의한다.

---

הַמְהַלֵּךְ בְּבֵית הַפְּרָס עַל אֲבָנִים שֶׁאֵינוֹ יָכוֹל לַהֲסִיטָן, עַל הָאָדָם וְעַל הַבְּהֵמָה שֶׁכֹּחָן יָפֶה, טָהוֹר. עַל אֲבָנִים שֶׁהוּא יָכוֹל לַהֲסִיטָן, עַל הָאָדָם וְעַל הַבְּהֵמָה שֶׁכֹּחָן רָע, טָמֵא. הַמְהַלֵּךְ בְּאֶרֶץ הָעַמִּים, בֶּהָרִים וּבַסְּלָעִים, טָמֵא. בַּיָּם וּבַשּׁוּנִית, טָהוֹר. וְאֵיזֶהוּ הַשּׁוּנִית, כָּל מָקוֹם שֶׁהַיָּם עוֹלֶה בְזַעְפּוֹ:

---

어떤 사람이 〔무덤을〕 깨뜨린 밭을 움직일 수 없는 돌들 위를 걸어가거나 힘이 좋은 사람이나 동물 위로 〔타고〕 갔다면, 그는 정결하다. 움직일 수 있는 돌 위로 〔걸어갔거나〕 힘이 약한 사람이나 동물 위로

〔타고 갔다면〕, 그는 부정해진다.

어떤 사람이 〔다른〕 민족들의 땅을 산이나 바위 위로 걸어갔다면, 그는 부정하다. 바다나 암초 위로 〔걸어갔다면〕, 그는 정결하다. 암초란 무엇인가? 비바람이 불 때 바다가 차오르는 장소를 말한다.

- 어떤 사람이 무덤을 깨뜨린 밭에 쉽게 이동시킬 수 없는 돌들을 골라 밟고 지나가거나, 힘이 좋은 사람이나 동물을 타고 지나가는데 이들이 힘이 좋아서 땅에 발을 댈 필요가 없었다면 그 사람은 정결하다. 그러나 직접 그 밭을 밟은 사람이나 동물은 부정해진다. 지나가면서 밟은 돌이 쉽게 움직일 수 있는 크기이거나, 탔던 사람이나 동물이 힘이 약하다면 그 사람도 부정해진다.
- 유대인이 아닌 다른 민족들의 땅은 원래 접촉과 옮기기를 통해 부정을 전이시킨다(「오홀롯」 2, 3). 산이나 바위를 밟고 다녔다면, 그곳은 '땅'의 일부니 당연히 그 사람은 부정해진다. 바다나 암초는 '땅'의 일부가 아니라고 간주하며, 그곳을 지나는 사람은 정결을 유지한다.

18, 7

쑤리아 땅의 법적 지위와 외국인이 거주하던 장소에 관해 설명한다.

---

הַקּוֹנֶה שָׂדֶה בְסוּרְיָא, סְמוּכָה לְאֶרֶץ יִשְׂרָאֵל, אִם יָכוֹל לְהִכָּנֵס לָהּ בְּטָהֳרָה, טְהוֹרָה, וְחַיֶּבֶת בַּמַּעַשְׂרוֹת וּבַשְּׁבִיעִית. וְאִם אֵינוֹ יָכוֹל לְהִכָּנֵס לָהּ בְּטָהֳרָה, טְמֵאָה, וְחַיֶּבֶת בַּמַּעַשְׂרוֹת וּבַשְּׁבִיעִית. מְדוֹרוֹת הַגּוֹיִם, טְמֵאִין. כַּמָּה יִשְׁהֶא בְתוֹכָן וִיהֵא צָרִיךְ בְּדִיקָה, אַרְבָּעִים יוֹם, אַף עַל פִּי שֶׁאֵין עִמּוֹ אִשָּׁה. וְאִם הָיָה עֶבֶד אוֹ אִשָּׁה מְשַׁמְּרִים אוֹתוֹ, אֵינוֹ צָרִיךְ בְּדִיקָה:

---

어떤 사람이 이스라엘 땅과 붙어 있는 쑤리아[57]에 밭을 샀는데, 그

57) 이 낱말(סוריא, 쑤리아)은 현대 국가인 시리아를 가리키지 않으며, 히브리 성

곳에 정결하게 들어갈 수 있다면, 이 〔땅은〕 정결하며, 십일조와 안식년 법의 의무가 적용된다. 그러나 만약 그곳에 정결하게 들어갈 수 없다면, 이 〔땅은〕 부정하나, 십일조와 안식년 법의 의무는 적용된다.

〔다른〕 외국인들의 거주지는 부정하다. 그가 얼마나 그 안에 살면 검사가 필요한가? 그와 함께 사는 여자가 없다고 해도 40일은 〔살아야 한다〕. 만약 〔유대인〕 노예나 여자가 그를 보살피는 중이라면, 검사할 필요가 없다.

- 쑤리아 땅은 유대인이 아닌 다른 민족이 사는 땅이지만(「오홀롯」 2, 3) 이스라엘 땅과 붙어 있기 때문에 특별한 지위를 누린다. 만약 어떤 유대인이 이러한 쑤리아 땅에 밭을 샀는데, 이스라엘 땅에서 경계를 넘어 그 밭으로 들어갈 때, 중간에 묘지가 있거나 아니면 다른 이유로 부정한 지역을 지나서 갈 필요가 없고 정결한 상태로 들어갈 수 있다면, 유대인이 소유한 그 땅은 정결한 땅으로 인정한다. 그 땅에서 생산한 농작물은 거제와 십일조와 안식년 법에 따라 제물을 드려야 할 의무가 있다.
- 그러나 그 밭에 들어갈 때 부정해질 수밖에 없다면, 그 땅도 부정한 것으로 간주하는데, 그럼에도 쑤리아 땅에 있는 밭에서 생산한 농작물은 거제와 십일조와 안식년 제물을 구별하여 바쳐야 한다.
- 유대인이 아닌 다른 민족들이 사는 거주지는 부정하다고 간주하는데, 랍비들은 그들이 사산아를 집 바닥 밑에 묻는다고 생각했기 때문이다. 이런 외국인이 40일 이상 살았던 집은 그가 아내가 없었다고 하더라도, 또 그 집이 이스라엘 땅 안에 있더라도, 검사를 하여 바닥

---

서에서 '아람 나하라임'과 '아람 쪼바'라고 불렸고 이스라엘 땅과 인접해 있는 지역을 가리킨다. 이 지역은 한때 다윗 왕이 점령한 적이 있었기 때문에 이스라엘 땅은 아니지만 다른 민족들의 땅 중에서도 특별한 지위를 누린다.

에 시체가 있는지 밝혀야 한다. 40일은 여성이 임신했다가 유산하는 기간을 계산한 것이다(「닛다」 3, 7).

- 그러나 유대인 노예나 유대인 아내가 같이 살면서 집을 관리했다면, 사산아를 바닥에 묻지 않았으리라 간주하고 검사를 하지 않는다.

## 18, 8

일곱째 미쉬나의 문맥에 이어서 다른 민족 사람이 살던 집을 검사하는 방법에 관해 논의한다.

---

אֶת מַה הֵם בּוֹדְקִים, אֶת הַבִּיבִים הָעֲמֻקִּים וְאֶת הַמַּיִם הַסְּרוּחִים. בֵּית שַׁמַּאי אוֹמְרִים, אַף הָאַשְׁפַּתּוֹת וְעָפָר הַתִּחוֹחַ. וּבֵית הִלֵּל אוֹמְרִים, כָּל מָקוֹם שֶׁהַחֲזִיר וְהַחֻלְדָּה יְכוֹלִים לְהַלֵּךְ בּוֹ, אֵינוֹ צָרִיךְ בְּדִיקָה:

---

그들은 무엇을 검사하는가? 깊은 하수구와 상한 물을 〔검사한다〕. 샴마이 학파는 쓰레기 더미와 흙더미도 〔검사한다고〕 말했다. 그러나 힐렐 학파는 돼지나 들쥐가 다닐 수 있는 장소는 검사할 필요가 없다고 말했다.

- 다른 민족에 속한 사람이 살던 집을 검사할 때는 하수구와 그 외 다른 더러운 물 웅덩이가 있는 장소를 파서 사산아의 시체가 있는지 확인한다. 샴마이 학파는 바닥 밑부분 이외에도 쓰레기 더미나 흙더미가 있으면 검사해야 한다고 주장한다. 힐렐 학파는 돼지와 들쥐가 다니는 곳은 검사할 필요가 없다고 말했는데, 아마도 이런 짐승들이 시체를 먹거나 파서 옮겨 갔다고 믿었던 것 같다.

## 18, 9

계속해서 다른 민족 사람의 거주지에 관해 설명한다.

---

הָאִצְטְוָנִיּוֹת, אֵין בָּהֶן מִשּׁוּם מְדוֹר הַגּוֹיִם. רַבָּן שִׁמְעוֹן בֶּן גַּמְלִיאֵל אוֹמֵר, עִיר גּוֹיִם שֶׁחָרְבָה, אֵין בָּהּ מִשּׁוּם מְדוֹר גּוֹיִם. מִזְרַח קֵסָרִין וּמַעֲרַב קֵסָרִין, קְבָרוֹת. וּמִזְרַח עַכּוֹ הָיָה סָפֵק, וְטִהֲרוּהוּ חֲכָמִים. רַבִּי וּבֵית דִּינוֹ נִמְנוּ עַל קֵינִי וְטִהֲרוּהוּ:

---

열주가 서 있는 주랑은 〔다른〕 외국인들의 거주지 〔규정과〕 관련이 없다. 쉼온 벤 감리엘 라반은 파괴된 〔다른〕 외국인들의 도시는 외국인들의 거주지 〔규정과〕 관련이 없다고 말한다. 케싸리아 동부와 케싸리아 서부에는 묘지가 있다. 악코 동부는 의심의 여지가 있으나, 다른 현인들은 정결하다고 주장했다. 랍비[58]와 그의 재판소는 케니에 관해 투표했고 그것이 정결하다고 주장했다.

- 다른 민족에 속한 사람이 살던 집이라 하더라도 열주가 서 있고 지붕이 덮여 있는 주랑 바닥에는 사산아를 묻는 일이 없으므로 따로 검사하지 않는다.
- 이스라엘 땅에 있지만 주로 다른 민족에 속한 사람들이 거주하고 있던 도시가 무너져서 더 이상 아무도 살지 않는다면 야생동물들이 들어가서 살았을 것이며, 그곳에 사산아를 묻었다고 해도 짐승들이 시체를 먹거나 다른 곳으로 옮겨간 것으로 간주한다.
- 본문에서 외국인의 도시로 언급하는 케싸리아는 케싸리아 필립파(Caesarea Philippa)를 가리키며, 도시 외곽에 외국인들의 묘지가 있다는 사실이 잘 알려져 있다고 말하고 있다. 악코(Acre) 역시 외국인들의 도시이며, 동부에 묘지가 있었을 가능성이 있지만, 랍비들은

---

58) 여기서는 예후다 한나씨 랍비를 가리킨다.

정결하다고 결정했다. 이스라엘 남부 홍해 해변에 있는 케니(Keni) 역시 외국인들의 도시이지만, 묘지가 없다는 쪽으로 결정하고 정결하다고 선포했다.

## 18, 10

다른 민족 사람들의 거주지이지만 검사할 필요가 없는 장소들을 열거한다.

---

עֲשָׂרָה מְקוֹמוֹת אֵין בָּהֶן מִשּׁוּם מְדוֹר גּוֹיִם. אָהֳלֵי הָעַרְבִיִּים, וְהַסֻּכּוֹת, וְהַצְּרִיפִין, וְהַבְּרְגָנִין, וְהָאַלְקְטִיּוֹת, וּבֵית שַׁעַר, וַאֲוִירָהּ שֶׁל חָצֵר, וְהַמֶּרְחָץ, וּמְקוֹם הַחִצִּים, וּמְקוֹם הַלִּגְיוֹנוֹת:

---

〔다른〕 민족들의 거주지 〔규정과〕 관련이 없는 장소 열 곳으로는, 아랍인들의 천막, 원두막[59], 움막, 헛간, 오두막, 현관 집, 안뜰의 열린 공간, 목욕탕, 화살을 〔두는〕 장소와 〔군대〕 막사다.

- 다른 민족에 속한 사람이 거주하던 공간이라 하더라도 일시적으로 머무는 장소들은 사산아 시체가 있을지 여부 때문에 검사할 필요가 없다. 아랍 유목민들이 일시적으로 설치했다가 다른 장소로 옮기는 천막, 밭을 지키기 위해 임시로 설치한 원두막, 삼각형으로 지어서 밑에는 공간이 있지만 위로 올라가면 지붕이 없는 움막, 물건을 넣어 보관하는 헛간, 여름에 더위를 피하기 위해 지은 오두막, 뜰 앞에 지어서 집을 지키는 사람이 앉아 있는 현관 집, 안뜰의 열린 공간, 목욕탕, 화살과 같은 무기를 보관하는 장소와 군인들이 일시적으로 머무는 막사가 여기에 해당한다.

---

59) 이 낱말(סכות, 쑥콧)은 사실 장막절에 짓는 초막과 같은 말이다.

# נגעים

3

# 네가임

## 피부병

피부는 피부병이 걸렸을 때 2주일이 지나면서 세 가지 증상이 나타나면 부정해지는데, 하얀 털과 새로 돋은 생살과 환부가 퍼지는 현상이다. 하얀 털과 새로 돋은 생살은 처음에, 첫째 주 끝에, 둘째 주 끝에, 그리고 면제를 받은 후에 나타나면 부정해진다. 환부가 퍼지는 현상은 첫째 주 끝에, 둘째 주 끝에, 그리고 면제를 받은 후에 나타나면 부정해진다. 그리고 그 피부는 2주일이 지나면서 부정해지는데, 이것은 사실 13일이다. _「네가임」3, 3

# 개요

마쎄켓「네가임」은 토라에 기록된 피부병을 다루는데, 사람의 몸이나 의복 또는 집에 발생하는 비정상적인 상태와 그 상태를 정결하게 만드는 제의를 논의한다.

## 피부병이 발생하는 이유

토라가 기록하고 있는 피부병은 관습적으로 번역하는 문둥병이나 나병과 그 증상이 다르다. 그래서 랍비들은 이 피부병이 어떤 사람이 자기 잘못을 깨달으라고 신이 내린 처벌이라고 생각한다. 피부병자는 자신이 잘못한 점을 회개하고 속죄한 후 고쳐야 한다.

만약 유대인 개인이 토라의 말씀을 공부하고 실천하여 정상적인 생활을 하게 되면 그의 몸과 재산도 온전한 모습을 유지하게 된다. 이스라엘 땅에서 유대인이 죄를 지었다면, 이 땅은 신과 유대인 사이에 밀접한 관계가 성립되어 있으므로, 그의 몸이나 그의 재산은 정상적인 모습을 상실하게 된다.

모세와 미리암 사이에 있었던 사건(민 12:10)을 보면 피부병은 사악한 말을 하는 자를 처벌하는 용도로 쓰였다. 피부병자가 거주지 바같에 격리되어야 하는 이유도 악담을 해서 사람과 사람 사이를 이간했기 때문이라고 풀 수 있고, 피부병자가 새를 제물로 바쳐야 하는 이유도 새들이 항상 지저귀기 때문이라고 설명하기도 한다(바벨 탈무드 「아라킨」 1b).

후대 랍비들은 피부병으로 벌을 받게 되는 일곱 가지 죄가 있다고 주장했다(레위기 랍바 17:3). 즉 악한 말, 살인, 성범죄, 불필요한 맹세, 교만, 도둑질, 인색함이다.

### 피부병과 관련된 규정들

자기 몸이나 옷 또는 집에 피부병 증상이 나타나면 제사장에게 가거나 아니면 제사장을 불러서 환부가 정결한지 부정한지 진단을 받아야 한다(「네가임」 3, 1). 제사장이 피부병 관련 법규정을 충분히 숙지하지 못했을 때에는 다른 사람의 도움을 받을 수 있지만, 최종 진단은 제사장이 확정한다.

제사장은 세 가지 진단을 내릴 수 있다. (1) 정결하다고 면제하기, (2) 제한적으로 부정하다고 진단하기, (3) 부정하다고 확진하기. 제한적으로 부정하다는 말은 일시 격리하는 상태이며, 격리기간이 끝나면 일정한 절차에 따라 정결하거나 부정한 것으로 확진한다.

한편 환부는 그 둘레가 최소한 킬리키아 지방에서 나는 콩과 같은 크기여야 하며, 이것은 털이 36가닥이 날 수 있는 피부의 크기와 같다(「네가임」 6, 1). 집 벽에 나타나는 피부병인 경우에는 킬리키아 지방에서 나는 콩 두 개 크기와 같아야 한다.

### 제한적인 부정함과 부정하다고 확진하기

피부병이 발생한 환부에 여타의 다른 증상이 따로 나타나지 않으면 제사장은 그 환부가 제한적으로 부정하다고 진단한다. 이때 피부병자는 격리해야 하며 부정과 관련된 모든 규정이 적용되지만, 아직 머리를 풀어 헤치거나 옷을 찢지 않아도 된다. 격리기간이 끝나면 정결례를 행하고 정결해진다.

환부에 다음 증상이 더 나타나면 제사장은 부정하다고 확정한다. 즉, (1) 하얀 털이 두 개 이상 날 때, (2) 가운데 건강해 보이는 생살이 나타날 때, (3) 격리 중에 환부가 커져서 퍼질 때다. 부정하다고 확정된 피부병자는 머리를 풀어 헤치고 옷을 찢어야 한다. 부정하다고 확정된 환자는 환부가 사라지더라도 자동으로 정결해지지 않으며, 레위기 14장에 기록된 대로 특정한 정결의식을 시행해야 한다.

### 사람의 몸에 나타나는 피부병

사람의 몸에 나타나는 피부병은 세 가지로 구분할 수 있다.

1) 정상 피부에 나타나는 피부병

피부에 계란 흰자처럼 하얀색 어루러기가 나타나는 사람은 제사장을 찾아가서 정결한지 부정한지 진단을 받아야 하며, 붉은빛이 도는 하얀색 어루러기도 진단을 받아야 한다. 랍비들은 이런 피부병도 네 가지로 구분한다. 즉, (1) 눈처럼 하얀색, (2) 양모처럼 하얀색, (3) 석회석처럼 하얀색, (4) 계란 흰자처럼 하얀색이다.

2) 상한 피부에 나타나는 피부병

상처를 입었거나 화상을 입은 피부에 피부병 증상이 나타나면 종기나 화상이라고 부른다.

3) 두피나 수염에 나타나는 피부병

머리털이나 수염이 자라는 피부는 일반적인 피부병 증상과 함께 취급하지 않으며, 세 가지 다른 경우로 취급한다. 즉, (1) 옴, (2) 대머리, (3) 이마 대머리다.

정상 피부에 나타나는 피부병은 그 환부가 부정하다고 판정을 받은 후 온몸에 퍼졌을 때 정결하다. 예를 들어 환부에 있던 하얀 털이 빠졌거나, 환부가 확장되었다가 다시 줄어들었거나, 화상 부위에 나타났다가 없어지는 경우가 그러하다. 또는 2주일 동안 격리했는데 환부가 더는 악화되지 않은 경우도 여기에 해당한다(「네가임」 8, 1). 피부병 환부가 처음부터 온몸에 나타났다면, 그 피부병자는 제한적으로 부정하며, 처음 나타난 다른 피부병과 마찬가지로 취급한다(「네가임」 8, 7).

### 옷이나 집에 나타나는 피부병

토라는 옷이나 집에도 피부병이 발생한다고 기록하고 있는데, 미쉬나는 녹색이나 붉은색 점이 나타났을 경우와 변색된 부분이 퍼지는 경우를 피부병이라고 설명한다(「네가임」 3, 7-8).

(1) 옷에 피부병이 나타나는지 여부는 이스라엘 사람의 옷만 문제를 삼는다. (2) 피부병이 나타나는 옷은 땅에서 자라는 식물성 또는 동물성 재료로 만든다. (3) 하얀색 옷에 녹색이나 붉은색 점이 나타났을 때 그리고 그것이 퍼졌을 때 피부병을 의심하고 진찰해야 한다. (4) 실이나 천으로 만든 다른 물건에도 피부병이 발생할 수 있다. (5) 집은 이스라엘 땅에 있고, 이스라엘 사람 소유이며, 사각형이고, 돌과 나무와 흙으로 지은 건물일 때 피부병이 발생한다. (6) 옷과 집에 피부병이 발생했을 때 제사장이 검사하고 격리시키거나 부정하다고 확정한다.

• **관련 성경구절 | 레위기 13:1-59, 14:1-57**

## 제1장

피부병인 어루러기와 부스럼 증상을 설명하고, 이런 병들을 검사하는 날, 피부병 증상이 시간이 지나면서 변하여 더 심해지거나 완화되는 현상들도 묘사한다.

### 1, 1

「네가임」 제1장은 피부병 증상을 논하고 있으며, 특히 어루러기(바헤렛)와 부스럼(쎄엣)에 관해 설명한다.

---

מַרְאוֹת נְגָעִים שְׁנַיִם שֶׁהֵן אַרְבָּעָה. בַּהֶרֶת עַזָּה כַּשֶּׁלֶג, שְׁנִיָּה לָהּ כְּסִיד הַהֵיכָל. וְהַשְּׂאֵת כִּקְרוּם בֵּיצָה, שְׁנִיָּה לָהּ כְּצֶמֶר לָבָן, דִּבְרֵי רַבִּי מֵאִיר. וַחֲכָמִים אוֹמְרִים, הַשְּׂאֵת כְּצֶמֶר לָבָן, שְׁנִיָּה לָהּ כִּקְרוּם בֵּיצָה:

---

피부병이 〔생겼을 때〕 증상은 두 가지인데 곧 네 가지가 된다. 어루러기가 눈처럼 진하게 〔하얀색깔인 경우와〕, 둘째로 〔성전에서 쓰는〕 석회 같은 경우가 있다. 부스럼이 달걀색으로 돋은 경우와, 둘째로 양모처럼 하얀색인 경우라고 메이르 랍비가 말했다. 그러나 〔다른〕 현인들은 부스럼이 양모처럼 하얀색이고, 둘째가 달걀색과 같다고 말했다.

- 피부병이라고 진단을 내리게 되는 증상은 주요 증상 두 개와(레 13:2) 하위 증상 두 개로 모두 네 가지가 있다. 하얀 어루러기에는 눈처럼 하얀색인 경우로 모세와(출 4:6) 미리암과(민 12:10) 게하시(왕하 5:27)에게 나타난 적이 있고, 둘째 증상으로는 성전 기초에 바르는 석회반죽과 비슷한 하얀색 어루러기가 있다(「미돗」 3, 4). 그리고 피부에 나는 부스럼에는 달걀색으로 돋는 경우가 있고, 둘째로 탈색

한 양모(「훌린」 11, 2) 색깔로 돋는 경우가 있다고 메이르 랍비가 말했다. 그러나 다른 랍비들은 반대 의견을 개진한다.

### 1, 2

레위기 13:18-19에 기록한 하얀 어루러기에 붉은 기미가 도는 증상이 정확하게 어떻게 보이는지 논의한다.

---

הַפְּתוּךְ שֶׁבַּשֶּׁלֶג, כְּיַיִן הַמָּזוּג בְּשָׁלֶג, הַפְּתוּךְ שֶׁבַּסִּיד, כְּדָם הַמָּזוּג בְּחָלָב, דִּבְרֵי רַבִּי יִשְׁמָעֵאל. רַבִּי עֲקִיבָא אוֹמֵר, אֲדַמְדַּם שֶׁבָּזֶה וְשֶׁבָּזֶה, כְּיַיִן הַמָּזוּג בְּמַיִם, אֶלָּא שֶׁל שֶׁלֶג עַזָּה וְשֶׁל סִיד דֵּהָה מִמֶּנָּה:

---

눈처럼 〔하얀 어루러기에〕 붉은 얼룩[1)]이 보이는 〔증상은〕 마치 눈 위에 포도주를 따른 것 같고, 석회색인데 〔붉은〕 얼룩이 보이는 〔증상은〕 우유에 피를 따른 것 같다고 이쉬마엘 랍비가 말했다. 아키바 랍비는 이것이든 저것이든 붉은색이 보이는 〔증상은〕 물에 포도주를 따른 것과 같으나, 눈처럼 진하게 〔하얀색깔인 경우〕보다 석회색인 〔경우는〕 더 흐리다고 말했다.

- 이쉬마엘 랍비는 눈처럼 하얀 어루러기에 붉은 얼룩이 생기면 눈 위에 포도주를 따른 것 같고(「닛다」 2, 7), 그 하위 증상인 석회색 어루러기에 붉은 얼룩이 생기면 우유에 피를 따른 것과 같다고 말했다. 아키바 랍비는 두 경우가 모두 물에 포도주를 따른 것과 같고, 하얀 어루러기 위에서 붉은색이 더 선명하고 석회 어루러기 위에서는 더 흐린 점만 다르다고 말했다.

---

1) 이 낱말(פתוך)은 '파탁'(פתך)이라는 동사의 수동태 분사형으로 얼룩덜룩하게 섞여 있는 상태를 가리킨다.

## 1, 3
피부병 증상이 나타난 환부를 진찰하는 방법을 논의한다.

---

אַרְבָּעָה מַרְאוֹת הָאֵלּוּ מִצְטָרְפִין זֶה עִם זֶה לִפְטֹר, וּלְהַחְלִיט, וּלְהַסְגִּיר. לְהַסְגִּיר אֶת הָעוֹמֵד בְּסוֹף שָׁבוּעַ רִאשׁוֹן. לִפְטֹר אֶת הָעוֹמֵד בְּסוֹף שָׁבוּעַ שֵׁנִי. לְהַחְלִיט אֶת שֶׁנּוֹלַד לוֹ מִחְיָה אוֹ שֵׂעָר לָבָן, בַּתְּחִלָּה, בְּסוֹף שָׁבוּעַ רִאשׁוֹן, בְּסוֹף שָׁבוּעַ שֵׁנִי, לְאַחַר הַפְּטוּר. לְהַחְלִיט אֶת שֶׁנּוֹלַד לוֹ פִשְׂיוֹן, בְּסוֹף שָׁבוּעַ רִאשׁוֹן, בְּסוֹף שָׁבוּעַ שֵׁנִי, לְאַחַר הַפְּטוּר. לְהַחְלִיט אֶת הַהוֹפֵךְ כֻּלּוֹ לָבָן מִתּוֹךְ הַפְּטוּר. לִפְטֹר אֶת הַהוֹפֵךְ כֻּלּוֹ לָבָן מִתּוֹךְ הֶחְלֵט אוֹ מִתּוֹךְ הֶסְגֵּר. אֵלּוּ מַרְאוֹת נְגָעִים שֶׁכָּל נְגָעִים תְּלוּיִם בָּהֶן:

---

이러한 증상 네 가지는 서로 연결되며 〔환자를 부정하지 않다고〕 면제하거나 〔부정하다고〕 확진하거나 격리하게 된다. 〔피부병이 나타난 후〕 첫째 주 끝까지 지속된 자는 격리하고, 둘째 주 끝까지 지속되는 자는 면제한다.

생살이나 하얀 털이 처음에, 첫째 주 끝에, 둘째 주 끝에, 면제를 받은 후에 나타난 자는 〔부정하다고〕 확진한다. 첫째 주 끝에, 둘째 주 끝에, 면제를 받은 후에 증상이 퍼진 자는 〔부정하다고〕 확진한다. 면제받은 후에 온몸이 하얗게 변한 자도 〔부정하다고〕 확진한다.

결정하는 기간 중에 또는 격리기간 중에 온몸이 하얗게 변한 자는 면제한다.

이것이 모든 피부병에 나타나는 증상이다.

- 어떤 사람의 환부에 첫째와 둘째 미쉬나에서 논의한 증상들이 섞여서 나타날 수도 있으며, 환부가 다 합쳐서 콩 하나 크기 정도일 때(「네가임」 6, 1) 진찰을 해서 환자가 부정하지 않다고 면제하거나 피부병이니 부정하다고 확진하거나, 아니면 다시 진찰할 때까지 이레 동안 격리시켜야 한다.

- 환자를 격리시키는 경우는 (1) 환자를 처음으로 제사장에게 데려왔을 때와 (2) 첫째 주 끝까지 증상이 지속되었지만 퍼지지 않았을 때이며, 이 경우는 다시 이레 동안 격리해야 한다(레 13:5). 처음에 나타난 증상이 눈처럼 하얗고 콩 크기만 한 어루러기였다가, 이레가 지난 후 퍼지지는 않았지만 양모 색깔로 변한 경우에는(또는 그 반대 경우에도), 다른 피부병으로 간주하거나 첫 번째 격리를 명하는 것이 아니라 첫째 증상과 둘째 증상이 연결되며 두 번째 격리를 시켜야 한다(「네가임」 4, 7).
- 첫째 주 끝에 나타난 증상이 눈처럼 하얗고 콩 크기만 한 어루러기였다가 둘째 주 끝에 퍼지지는 않았지만 양모 색깔로 변한 경우에(또는 그 반대 경우에도) 이것은 다른 피부병이니, 둘째 주에도 증상이 퍼지지 않았으므로 정결하다고 면제한다(레 13:6).
- 환자에게 나타난 피부병 증상들이 모두 합하여 콩 크기만 하고, 거기서 생살이나 흰 털이 돋았다면 부정하다고 확진한다(레 13:10). 이런 현상은 (1) 환자를 처음으로 제사장에게 데려왔을 때, (2) 첫째 주에 첫째 격리를 하고 난 후에, (3) 둘째 주에 둘째 격리를 하고 난 후에, 심지어 (4) 제사장이 환자가 부정하지 않다고 면제시킨 이후에라도 나타나기만 하면 다시 부정하다고 확진한다.
- 환자에게 나타난 피부병 증상이 퍼졌다면, 증상이 달라졌다고 해도 서로 연결되며, 부정하다고 확진해야 한다. (1) 첫째 격리를 하고 난 후에, (2) 둘째 격리를 하고 난 후에, 심지어 (3) 면제를 받은 이후에라도 증상이 퍼지면 부정하다고 확진한다(「네가임」 3, 3).
- 면제를 받은 후 피부병 환부에 악성피부병이 발생하거나 다른 피부병 증상이 나타나 온몸이 하얗게 변하면 부정하다고 확진한다.
- 확진을 받은 후에 또는 격리가 끝난 후에 환부에 악성피부병이 발생하거나 다른 피부병 증상이 나타나 온몸이 하얗게 변하면 부정하지

않다고 면제받는다(레 13:13).

- 위에서 언급한 증상들이 나타난 경우에 피부병으로 진단을 받게 되며, 이런 경우가 아니면 피부병이 아니다(「네가임」 10, 1).

## 1, 4

רַבִּי חֲנִינָא סְגַן הַכֹּהֲנִים אוֹמֵר, מַרְאוֹת נְגָעִים שִׁשָּׁה עָשָׂר. רַבִּי דוֹסָא בֶּן
הַרְכִּינָס אוֹמֵר, מַרְאוֹת נְגָעִים שְׁלֹשִׁים וְשִׁשָּׁה. עֲקַבְיָא בֶן מַהֲלַלְאֵל אוֹמֵר,
שִׁבְעִים וּשְׁנָיִם. רַבִּי חֲנִינָא סְגַן הַכֹּהֲנִים אוֹמֵר, אֵין רוֹאִים אֶת הַנְּגָעִים
בַּתְּחִלָּה לְאַחַר הַשַּׁבָּת, שֶׁשָּׁבוּעַ שֶׁלּוֹ חָל לִהְיוֹת בְּשַׁבָּת. וְלֹא בַשֵּׁנִי, שֶׁשָּׁבוּעַ
שֵׁנִי שֶׁלּוֹ חָל לִהְיוֹת בְּשַׁבָּת. וְלֹא בַשְּׁלִישִׁי לַבָּתִּים, שֶׁשָּׁבוּעַ שְׁלִישִׁי שֶׁלּוֹ חָל
לִהְיוֹת בְּשַׁבָּת. רַבִּי עֲקִיבָא אוֹמֵר, לְעוֹלָם רוֹאִים. חָל לִהְיוֹת בְּתוֹךְ הַשַּׁבָּת,
מַעֲבִירִין לְאַחַר הַשַּׁבָּת. וְיֵשׁ בַּדָּבָר לְהָקֵל וּלְהַחְמִיר:

대제사장보 하니나 랍비는 피부병 증상이 〔모두〕 열여섯 가지라고 말했다. 도싸 벤 하르키나스 랍비는 피부병 증상이 〔모두〕 서른여섯 가지라고 말했다. 아캅야 벤 마할랄엘은 일흔두 가지라고 말했다.

대제사장보 하니나 랍비는 피부병은 안식일이 끝날 때 처음으로 진찰하지 않는다고 말했다. 첫째 주 끝 날이 안식일이 되기 때문이다. 둘째 날도 〔진찰하면〕 안 된다. 둘째 주 끝 날이 안식일이 되기 때문이다. 셋째 날에 집을 〔진찰하면〕 안 된다. 세째 주 끝 날이 안식일이 되기 때문이다. 아키바 랍비는 아무 때나 진찰해도 된다고 말했는데, 다시 진찰하는 날이 안식일이면 안식일이 지난 다음으로 미루면 되기 때문이다. 그런데 이렇게 진행하면 어떨 때는 더 관대하게 어떨 때는 더 엄격하게 판단하게 된다.

- 피부병 증상이 모두 열여섯 가지라는 하니나 랍비는 위에서 언급한 네 가지 하위 증상을 다시 네 가지로 나눈 것으로 보이며, 서른여섯 가지는 네 가지 하위 증상을 다시 아홉 가지로 나눈 것이고, 일흔 두

가지라면 네 가지 하위 증상을 다시 열여덟 가지로 나눈 것이다.

- 안식일에는 피부병과 관련된 진찰을 하면 안 되기 때문에, 미리 초진하는 요일을 잘 계산해야 한다. 그러나 아키바 랍비는 그렇게 복잡하게 계산할 필요 없이 진찰하는 날이 안식일이면 그다음 날로 하루 미루면 된다고 말했다.
- 아키바 랍비의 말은 때에 따라 해석이 달라질 수 있는데, 다음에 나오는 미쉬나에서 더 자세히 설명한다.

## 1, 5

네째 미쉬나에 나온 아키바 랍비의 주장이 어떤 경우에 관대하게 해석되는지 실제 경우를 들어가며 설명한다.

---

כֵּיצַד לְהָקֵל. הָיָה בוֹ שֵׂעָר לָבָן וְהָלַךְ לוֹ שֵׂעָר לָבָן, הָיוּ לְבָנוֹת וְהִשְׁחִירוּ, אַחַת לְבָנָה וְאַחַת שְׁחוֹרָה, וְהִשְׁחִירוּ שְׁתֵּיהֶן, אֲרֻכּוֹת וְהִקְצִירוּ, אַחַת אֲרֻכָּה וְאַחַת קְצָרָה וְהִקְצִירוּ שְׁתֵּיהֶן, נִסְמַךְ הַשְּׁחִין לִשְׁתֵּיהֶן אוֹ לְאַחַת מֵהֶן, הִקִּיף הַשְּׁחִין לִשְׁתֵּיהֶן אוֹ לְאַחַת מֵהֶן, אוֹ חִלְּקָן הַשְּׁחִין וּמִחְיַת הַשְּׁחִין וְהַמִּכְוָה וּמִחְיַת הַמִּכְוָה וְהַבֹּהַק, הָיְתָה בוֹ מִחְיָה וְהָלְכָה לָהּ הַמִּחְיָה, הָיְתָה מְרֻבַּעַת וְנַעֲשֵׂית עֲגֻלָּה אוֹ אֲרֻכָּה, מְבֻצֶּרֶת וְנַעֲשֵׂית מִן הַצַּד, מְכֻנֶּסֶת וְנִתְפַּזְּרָה, וּבָא הַשְּׁחִין וְנִכְנַס בְּתוֹכָהּ. הִקִּיפָהּ, חִלְּקָהּ, אוֹ מִעֲטָהּ הַשְּׁחִין אוֹ מִחְיַת הַשְּׁחִין, וְהַמִּכְוָה וּמִחְיַת הַמִּכְוָה וְהַבֹּהַק, הָיָה בוֹ פִּסְיוֹן וְהָלַךְ לוֹ פִּסְיוֹן, אוֹ שֶׁהָלְכָה לָהּ הָאוֹם אוֹ שֶׁנִּתְמַעֲטָה וְאֵין בָּזֶה וּבָזֶה כִּגְרִיס, הַשְּׁחִין וּמִחְיַת הַשְּׁחִין וְהַמִּכְוָה וּמִחְיַת הַמִּכְוָה וְהַבֹּהַק חוֹלְקִין בֵּין הָאוֹם לַפִּסְיוֹן, הֲרֵי אֵלּוּ לְהָקֵל:

---

어떻게 〔그의 주장이〕 관대하게 해석하는가?

〔만약 안식일에〕 하얀 털이 있었는데 〔안식일 다음 날에〕 하얀 털이 사라졌다면, 〔만약〕 하얀 털들이 있었는데 검게 변했다면, 〔즉〕 하얀 털 하나와 검은 털 하나가 되거나, 둘 다 검게 변했다면, 〔만약〕 긴 털들이 있었는데 짧아졌다면, 〔즉〕 긴 털 하나와 짧은 털 하나가 되거나, 둘 다 짧아졌다면, 〔만약〕 종기가 그 둘 또는 하나에 가까운 곳에

나타났다면, 〔만약〕 종기가 그 둘 또는 하나를 둘러쌌다면, 〔만약〕 종기나 종기가 〔부분적으로 나은〕 생살과 화상과 화상이 〔부분적으로 나은〕 생살과 발진이 그 둘을 나누었다면, 〔만약 안식일에〕 그곳에 생살이 있었는데 〔안식일 다음 날에〕 생살이 사라졌다면, 〔만약 생살이〕 사각형이었는데 원형이나 길쭉한 모양이 되었다면, 〔만약 생살이 종기로〕 둘러싸여 있었는데 가장자리로 움직였다면, 〔만약 생살이〕 모여 있었는데 흩어졌다면, 〔만약〕 종기가 나타나 그 〔생살〕 안으로 들어갔다면, 〔만약〕 종기 또는 종기가 〔부분적으로 나은〕 생살과 화상과 화상이 〔부분적으로 나은〕 생살과 발진이 〔환부를〕 둘러싸거나 나누거나 또는 작게 만들었다면, 〔만약 환부가〕 퍼졌는데 퍼진 부분이 사라졌거나, 〔만약〕 처음 시작한 환부가 사라졌거나 작아져서, 그 〔처음 환부와〕 그 〔퍼진 부분〕 사이가 콩 〔크기〕보다 작다면, 〔만약〕 종기와 종기가 〔부분적으로 나은〕 생살과 화상과 화상이 〔부분적으로 나은〕 생살과 발진이 처음 시작한 환부와 퍼진 부분 사이를 나누었다면, 이것들이 〔안식일 다음 날까지 기다렸을 때〕 관대하게 〔해석하는 경우들〕이다.

- 아키바 랍비의 주장에 따라 피부병자를 진찰할 날이 안식일일 때 하루를 미루어 안식 후 첫째 날에 진찰했는데, 이로써 법규정을 더 관대하게 해석한 경우가 되는 예를 세세하게 설명한다.
- 피부병 환부에 하얀 털이 두 개가 있었다면 제사장이 보고 부정하다고 확진했을 텐데, 첫째 격리가 끝난 다음이라면 다시 이레 동안 격리시켰을 테고, 둘째 격리가 끝난 다음이라면 부정으로부터 면제했을 것이다. 그러나 안식일 다음 날 하얀 털 하나가 사라졌을 경우 그를 면제하게 되므로 관대하게 처리하게 된다. 환자는 제물을 바치고 털을 깎아야 한다. 만약 환자가 격리 중에 정결해졌다면 제물 바치기

와 털 깎기에서 면제된다(「네가임」 8, 8).

- 원래 하얀 털이 두 개 있었는데 검은색으로 변했다면, 검은 털은 피부병 증세에 속하지 않으므로, 부정에서 면제된다. 다시 말해서 하얀 털 하나와 검은 털 하나가 되거나, 둘 다 검게 변했을 경우도 마찬가지다.
- 만약 최소 크기 규정에 맞는 긴 털들이 있었는데(「네가임」 4, 4) 안식 후 첫날에 짧아졌다면, 부정에서 면제된다. 다시 말해서 긴 털 하나와 짧은 털 하나가 되거나, 둘 다 짧아졌을 경우도 마찬가지다.
- 원래 어루러기 안에 털이 두 가닥 나 있었는데, 안식일이 지나는 동안 종기가 발생해서 그 털 두 가닥이나 그중 하나에게 가까이 있게 되었고, 그 털이 더 이상 어루러기가 아니라 종기 환부에 위치하는 상황이 되었다면, 부정에서 면제된다. 안식일이 지나는 동안 발생한 종기가 그 털 두 가닥이나 그중 하나를 둘러싸거나 둘 사이를 나누어도 마찬가지다. 이때 종기라고 한 말은 종기 이외에도 종기가 나으면서 생긴 생살, 화상, 화상이 나으면서 생긴 생살, 그리고 발진이 해당되는데, 첫째 미쉬나에서 말한 네 경우보다 어두운 하얀색이며, 이런 증상들이 나타나면 부정에서 면제된다.
- 만약 안식일에 생살이 보였다가 안식 후 첫날에 사라졌다면 부정해질 이유가 없어진 것이다(레 13:10).
- 새로 돋은 살이 사각형이었다면 부정해질 이유가 되지만, 나중에 원형이나 길쭉한 모양으로 변했다면 부정에서 면제된다.
- 만약 생살이 종기로 둘러싸여 있었는데, 안식 후 첫날에는 한쪽 가장자리로 움직였다면 더 이상 부정하지 않다.
- 새로 돋은 생살이 한 장소에 모여서 그 크기가 콩과 같았는데, 안식일이 지난 후에 흩어졌다면 부정에서 면제된다.
- 안식일에는 없던 종기가 발생하여 생살 속으로 들어가서, 생살이 피

부병 환부가 아니라 종기 안쪽에 위치하는 상황이라면 역시 부정하지 않다.

- 만약 종기, 종기가 나으면서 돋은 생살, 화상, 화상이 나으면서 돋은 생살, 그리고 발진이 생살을 둘러싸거나 나누거나 또는 최소 크기 규정보다 작게 만들었다면, 역시 부정에서 면제된다.
- 안식일에는 처음 생긴 환부가 퍼졌는데, 안식 후 첫날에는 퍼진 부분이 사라졌거나, 처음 발병한 환부가 사라져서 퍼진 부분만 남았거나, 처음 발병한 환부가 작아져서, 그 처음 발병한 환부나 그 퍼진 부분이 콩 크기보다 작다면(「네가임」 4, 7), 부정하지 않다.
- 종기와 종기가 나으면서 새로 돋은 생살과 화상과 화상이 나으면서 새로 돋은 살과 발진이 처음 발병한 환부와 퍼진 부분 사이를 나누었다면, 부정으로부터 면제된다.

## 1, 6

네째 미쉬나에 나온 아키바 랍비의 주장이 어떤 경우에 엄격하게 해석되는지 실제 경우를 들어가며 설명한다.

---

כֵּיצַד לְהַחְמִיר. לֹא הָיָה בוֹ שֵׂעָר לָבָן וְנוֹלַד לוֹ שֵׂעָר לָבָן, הָיוּ שְׁחוֹרוֹת וְהִלְבִּינוּ, אַחַת שְׁחוֹרָה וְאַחַת לְבָנָה וְהִלְבִּינוּ שְׁתֵּיהֶן, קְצָרוֹת וְהֶאֱרִיכוּ, אַחַת קְצָרָה וְאַחַת אֲרֻכָּה וְהֶאֱרִיכוּ שְׁתֵּיהֶן, נִסְמַךְ הַשְּׁחִין לִשְׁתֵּיהֶן אוֹ לְאַחַת מֵהֶן, הִקִּיף הַשְּׁחִין אֶת שְׁתֵּיהֶן אוֹ אֶת אַחַת מֵהֶן, אוֹ חִלְּקוֹ הַשְּׁחִין וּמִחְיַת הַשְּׁחִין וְהַמִּכְוָה וּמִחְיַת הַמִּכְוָה וְהַבֹּהַק וְהָלְכוּ לָהֶם, לֹא הָיְתָה בוֹ מִחְיָה וְנוֹלְדָה לוֹ מִחְיָה, הָיְתָה עֲגֻלָּה אוֹ אֲרֻכָּה וְנַעֲשֵׂית מְרֻבַּעַת, מִן הַצַּד וְנַעֲשֵׂית מְבֻצֶּרֶת, מְפֻזֶּרֶת וְנִתְכַּנְּסָה וּבָא הַשְּׁחִין וְנִכְנַס בְּתוֹכָהּ, הִקִּיפָהּ, חִלְּקָהּ, אוֹ מִעֲטָהּ הַשְּׁחִין אוֹ מִחְיַת הַשְּׁחִין וְהַמִּכְוָה וּמִחְיַת הַמִּכְוָה וְהַבֹּהַק וְהָלְכוּ לָהֶן, לֹא הָיָה בוֹ פִּסְיוֹן וְנוֹלַד בּוֹ פִּסְיוֹן, הַשְּׁחִין וּמִחְיַת הַשְּׁחִין וְהַמִּכְוָה וּמִחְיַת הַמִּכְוָה וְהַבֹּהַק חוֹלְקִין בֵּין הָאוֹם לַפִּסְיוֹן וְהָלְכוּ לָהֶן, הֲרֵי אֵלּוּ לְהַחְמִיר:

---

어떻게 〔그의 주장이〕 엄격하게 해석하는가?

〔만약 안식일에〕 하얀 털이 없었는데 〔안식일 다음 날에〕 하얀 털이 돋아났다면, 〔만약〕 검은 털들이 있었는데 하얗게 변했다면, 〔즉〕 검은 털 하나와 하얀 털 하나가 되거나, 둘 다 하얗게 변했다면, 〔만약〕 짧은 털들이 있었는데 길어졌다면, 〔즉〕 짧은 털 하나와 긴 털 하나가 되거나, 둘 다 길어졌다면, 〔만약〕 종기가 그 둘 또는 하나에 가까운 곳에 나타났다면, 〔만약〕 종기가 그 둘 또는 하나를 둘러쌌다면, 〔만약〕 종기나 종기가 〔부분적으로 나은〕 생살과 화상과 화상이 〔부분적으로 나은〕 생살과 발진이 그 둘을 나누었고 〔안식일 다음 날에〕 사라졌다면, 〔만약 안식일에〕 그곳에 생살이 없었는데 〔안식일 다음 날에〕 생살이 생겼다면, 〔만약 생살이〕 원형이나 길쭉한 모양이었는데 사각형이 되었다면, 〔만약 생살이 종기〕 가장자리에 있었는데 〔종기를〕 둘러싸게 되었다면, 〔만약 생살이〕 흩어져 있었는데 모였다면, 〔만약〕 종기가 나타나 그 〔생살〕 안으로 들어갔다면, 〔만약〕 종기 또는 종기가 〔부분적으로 나은〕 생살과 화상과 화상이 〔부분적으로 나은〕 생살과 발진이 〔환부를〕 둘러싸거나 나누거나 또는 작게 만들었고 〔안식일 다음 날에〕 사라졌다면, 〔만약 환부가〕 퍼지지 않았었는데 퍼진 부분이 생겼거나, 〔만약〕 종기와 종기가 〔부분적으로 나은〕 생살과 화상과 화상이 〔부분적으로 나은〕 생살과 발진이 처음 시작한 환부와 퍼진 부분 사이를 나누었고 〔안식일 다음 날에〕 사라졌다면, 이것들이 〔안식일 다음 날까지 기다렸을 때〕 엄격하게 〔해석하는 경우들〕이다.

- 이 미쉬나는 사실 다섯째 미쉬나에서 설명한 상황이 반대로 벌어진 경우를 나열한다.
- 안식일에는 하얀 털이 없었는데 안식 후 첫날에 하얀 털이 돋아났다

면, 그 환자는 부정하다고 확진하게 되니 규칙을 더 엄격하게 적용하게 되는 셈이다. 어차피 안식일에 진찰했으면 이레 동안 격리되었을 테고 그 후 하얀 털이 났다면 부정하다고 확진했을 테니 결과는 차이가 없다고 말할 수도 있다. 그러나 환자가 격리 상태에서 새로 돋은 하얀 털이 빠질 수도 있고 병세가 회복될 가능성도 있기 때문에, 그런 기회를 놓쳤다는 의미에서 더 엄격하게 적용된 예로 볼 수 있다.

## 제2장

환자의 피부색을 진찰하는 방법과 진찰을 받는 자세에 관해 설명한다. 제사장이 자기 환부를 스스로 진찰할 수 없다는 원리도 천명한다.

### 2, 1

어루러기가 환자의 피부색에 따라 다르게 보일 수 있다는 점에 관하여 논의한다.

---

בַּהֶרֶת עַזָּה נִרְאֵית בַּגֶּרְמָנִי כֵהָה, וְהַכֵּהָה בַכּוּשִׁי עַזָּה. רַבִּי יִשְׁמָעֵאל אוֹמֵר, בְּנֵי יִשְׂרָאֵל, אֲנִי כַפָּרָתָן, הֲרֵי הֵן כְּאֶשְׁכְּרוֹעַ, לֹא שְׁחוֹרִים וְלֹא לְבָנִים, אֶלָּא בֵינוֹנִיִּים. רַבִּי עֲקִיבָא אוֹמֵר, יֵשׁ לַצַּיָּרִים סַמְמָנִין שֶׁהֵן צָרִין צוּרוֹת שְׁחוֹרוֹת, לְבָנוֹת וּבֵינוֹנִיּוֹת. מֵבִיא סַם בֵּינוֹנִי וּמַקִּיפוֹ מִבַּחוּץ, וְתֵרָאֶה בַבֵּינוֹנִי. רַבִּי יְהוּדָה אוֹמֵר, מַרְאוֹת נְגָעִים לְהָקֵל אֲבָל לֹא לְהַחְמִיר, יֵרָאֶה הַגֶּרְמָנִי בִּבְשָׂרוֹ לְהָקֵל, וְהַכּוּשִׁי בַבֵּינוֹנִי לְהָקֵל. וַחֲכָמִים אוֹמְרִים, זֶה וָזֶה בַבֵּינוֹנִי:

---

진한 〔하얀색〕 어루러기가 게르마니아[2] 사람에게는 흐릿해 보이

---

2) 이 낱말(גרמני)은 히브리 성서에서 키메르 사람들을 가리키는 말, '고메르'

고, 흐릿한 〔어루러기가 피부색이〕 진한 쿠쉬[3] 사람에게는 진해 보일 수 있다. 이쉬마엘 랍비는 이스라엘 자손들과 〔관련해서〕, 내가 그들의 속죄제가 되기를![4] 그들은 회양목[5]과 같아서, 〔피부색이〕 검지도 않고 희지도 않으며 중간 정도라고 말했다. 아키바 랍비는 화가들은 검은색, 하얀색, 그리고 중간색으로 그리는 물감들이 있는데, 중간색 물감을 사용해서 〔환부〕 바깥쪽을 두르면 중간색이 보인다고 말했다. 예후다 랍비는 피부병의 증상들은 〔의심할 여지가 있을 때〕 더 관대하게 〔적용할〕 수는 있어도 더 엄격하게 〔적용하면〕 안 된다고 말했는데, 게르마니아 사람은 자기 피부색에 〔비교해서〕 더 관대하게 〔진찰하며〕, 쿠쉬 사람은 중간색 〔물감에 비교하여〕 더 관대하게 〔진찰한다〕. 그러나 〔다른〕 현인들은 이런 사람이나 저런 사람이나 모두 중간색 〔물감에 비교하여 진찰해야 한다고〕 말했다.

- 피부병 증상을 판단하기 위해서 색깔을 구분하는 기준이 필요한데, 환자의 피부색에 따라 환부의 색깔이 달라 보일 수 있다는 의문이 제기되었다. 게르마니아 사람은 피부색이 가장 하얗다고 알려져 있어서 눈처럼 진한 하얀색 어루러기도 흐릿해 보일 수 있고, 쿠쉬 사람은 피부색이 진한 검은색이기 때문에 원래 흐릿한 하얀색 어루러

---

(גמר)라고 나온 적이 있는데(창 10:2), 미쉬나에서는 로마의 식민지 게르마니아(Germania)를 가리키는 것으로 보인다.

3) 이 낱말(כושי)은 히브리 성서에서 함의 자손들 중 '쿠쉬'(כוש)라고 나온 적이 있으며(창 10:6), 일반적으로 에티오피아를 가리키는 것으로 본다.

4) 이 문장은 이스라엘 백성들이 속죄제를 드려야 할 죄와 그 벌을 자신이 대신 담당하겠다는 뜻으로, 이쉬마엘 랍비가 자기 민족을 사랑하는 마음을 표현하고 있다(「산헤드린」 2, 1).

5) 이 낱말(אשכרוע, 에쉬케로아)은 히브리 성서에서 '테아슈르'(תעשור)라고 기록한 나무로 보이며(사 41:19; 60:13), 회양목을 가리키는 것으로 간주한다.

기도 눈처럼 진한 하얀색 어루러기으로 보일 수 있다. 그렇다면 제1장에서 논의한 기준에 맞추어 진찰을 하는데 문제가 생길 수 있다.

- 이쉬마엘 랍비는 이스라엘 자손들은 복을 받아서 게르마니아나 쿠쉬 사람들처럼 피부색이 특이하지 않고 중간색이라고 말하며, 이스라엘 자손에게 나타난 피부병은 피부에 보이는 대로 진찰하면 된다고 주장한다(「네가임」 3, 1).
- 아키바 랍비는 화가들이 사용하는 물감을 이용해서 환부를 진찰할 수 있다고 제안한다. 환자의 피부가 하얀색이건 검은색이건 중간색 물감을 환부 바깥쪽에 칠해보면 어느 정도가 중간 밝기의 하얀색인지 구분할 수 있다는 것이다.
- 예후다 랍비는 이렇게 피부병 증상을 진찰할 때 의심할 여지가 있다면 더 관대하게 진찰할 수는 있어도 더 엄격하게 진찰하면 안 된다는 원칙을 제시한다(「네가임」 5, 1). 그래서 게르마니아 사람은 그의 피부색에 비교해보았을 때 눈처럼 진한 하얀색 어루러기가 있어도 흐릿한 하얀색처럼 보일 수 있으며, 좀 더 관대한 진찰을 받게 된다. 쿠쉬 사람을 진찰할 때는 중간색 물감을 칠해서 중간색 피부를 가진 사람과 같은 상황에서 진찰하며, 엄격한 진찰이 나오지 않도록 주의한다. 반대 의견도 존재한다.

## 2, 2

---

אֵין רוֹאִים הַנְּגָעִים בְּשַׁחֲרִית וּבֵין הָעַרְבַּיִם, וְלֹא בְתוֹךְ הַבַּיִת, וְלֹא בַיּוֹם הַמְעֻנָּן, לְפִי שֶׁהַכֵּהָה נִרְאֵית עַזָּה. וְלֹא בַצָּהֳרַיִם, לְפִי שֶׁעַזָּה נִרְאֵית כֵּהָה. אֵימָתַי רוֹאִין. בְּשָׁלֹשׁ, בְּאַרְבַּע, וּבְחָמֵשׁ, וּבְשֶׁבַע, וּבִשְׁמֹנֶה, וּבְתֵשַׁע, דִּבְרֵי רַבִּי מֵאִיר. רַבִּי יְהוּדָה אוֹמֵר, בְּאַרְבַּע, בְּחָמֵשׁ, בִּשְׁמֹנֶה, וּבְתֵשַׁע:

---

피부병은 새벽이나 초저녁[6]에 진찰하지 않으며, 집 안에서 〔진찰하지〕 않으며, 구름이 낀 날에 〔진찰하지〕 않으니, 그렇게 하면 흐린

〔어루러기가〕 진한 〔어루러기처럼〕 보이기 때문이다. 그리고 정오에도 〔진찰하지〕 않으니, 그렇게 하면 진한 〔어루러기가〕 흐린 〔어루러기처럼〕 보이기 때문이다. 〔그렇다면〕 언제 진찰해야 하는가? 제3시, 4시, 5시, 7시, 8시, 9시에 〔진찰해야 한다고〕 메이르 랍비가 말했다. 예후다 랍비는 제4시, 5시, 8시, 9시에 〔진찰해야 한다고〕 말했다.

- 이 미쉬나는 피부병을 진찰하는 환경에 따라 너무 어둡거나 너무 밝으면 피부병 증상이 다르게 보일 수 있다는 문제를 제기한다. 그래서 너무 이른 시간이나 너무 늦은 시간에 피부병 환부를 진찰하지 않도록 시간을 지시한다.
- 미쉬나 시대에는 낮 시간을 열둘로 나누어 표기했는데, 현대 시간으로 오전 6시부터 낮 시간이 시작된다. 그러므로 제3시는 오전 9시이며, 제9시는 오후 3시가 된다.

## 2, 3

---

כֹּהֵן הַסּוּמָא בְאַחַת מֵעֵינָיו, אוֹ שֶׁכָּהָה מְאוֹר עֵינָיו, לֹא יִרְאֶה אֶת הַנְּגָעִים, שֶׁנֶּאֱמַר, לְכָל מַרְאֵה עֵינֵי הַכֹּהֵן. בַּיִת הָאָפֵל, אֵין פּוֹתְחִין בּוֹ חַלּוֹנוֹת לִרְאוֹת אֶת נִגְעוֹ:

---

한쪽 눈이 멀었거나 시력이 좋지 못한 제사장은 피부병을 진찰하지 못할지니, "제사장의 눈으로 〔보는〕 모든 증상이"라고 기록했다.[7] 어

---

6) 이 표현(ובין הערבים)은 미쉬나 시대 용어로 낮 제9시 이후, 즉 현재 오후 3시 이후를 가리킨다.

7) 미쉬나는 히브리 성서 레위기 13:12을 인용하고 있다. 우리 말로 "제사장이 보기에 나병이 그 피부에 크게 발생하였으되 그 환자의 머리부터 발끝까지 퍼졌으면"이라고 의역했는데, 히브리어 원문은 "제사장의 눈들이 [보는] 모든 증상에"라고 표현하고 있어서, 진찰하는 제사장이 두 눈을 모두 사용해야 한다는 증거 구절로 사용할 수 있다.

두운 집[8]인 경우, 그 피부병을 보려고 창문을 내면 안 된다.

- 제사장은 두 눈이 모두 정상적인 시력일 때 피부병을 진찰할 수 있다. 미쉬나는 레위기 13:12을 미드라쉬 해석법으로 해석하여 증거 구절로 제시하고 있다.
- 원래 창문이 없어서 어두운 집인데 그 집 벽에 발생한 피부병을 보기 위해서 창문을 새로 내는 일은 금지되어 있다. 그러나 원래 창문이 있는 집이었다면, 창문을 열고 환부를 볼 수 있다(알벡 205).

## 2, 4

피부병 진찰을 받을 때 환자도 품위를 지켜야 한다고 말하고 있다.

---

כֵּיצַד רְאִיַּת הַנֶּגַע. הָאִישׁ נִרְאֶה כְעוֹדֵר, וּכְמוֹסֵק זֵיתִים. הָאִשָּׁה כְּעוֹרֶכֶת וּכְמֵנִיקָה אֶת בְּנָהּ, כְּאוֹרֶגֶת בְּעוֹמְדִין לַשֶּׁחִי לַיָּד הַיְמָנִית. רַבִּי יְהוּדָה אוֹמֵר, אַף כְּטוֹוָה בְפִשְׁתָּן לַשְּׂמָאלִית. כְּשֵׁם שֶׁנִּרְאֶה לְנִגְעוֹ, כָּךְ הוּא נִרְאֶה לְתִגְלַחְתּוֹ:

---

어떻게 피부병을 진찰하는가? 남자는 괭이질을 하는 〔자세〕처럼 또는 올리브 열매를 따는 〔자세〕처럼 보여준다. 여자는 반죽을 하는 〔자세〕처럼 또는 그녀의 아들에게 젖을 물리는 〔자세〕처럼, 일어서서 오른팔 겨드랑이를 〔내놓고〕 베 짜는 〔자세〕처럼 〔보여준다〕. 예후다 랍비는 왼팔로 아마를 감는 〔자세〕처럼 〔보여줄 수 있다고〕 말했다. 자기 피부병을 진찰받는 〔자세는〕 털을 깎을 때 〔자세와〕 마찬가지다.

- 피부병 환부가 남자 환자의 다리 사이에 있다면, 그는 괭이질을 할

8) 이 낱말(בית האפל)은 원래 창문이 없어서 어두운 집을 가리킨다(야스트로 105; 알벡 205).

때처럼 다리를 벌리고 서고, 제사장이 진찰한다. 제사장은 괭이질 할 때 볼 수 없는 은밀한 부분을 보아서는 안 된다(「네가임」 6, 8). 환부가 남자 환자의 팔 밑에 있다면, 그는 올리브 열매를 따는 자세로 팔을 들고, 제사장은 겨드랑이를 진찰한다.

- 피부병 환부가 여자 환자의 다리 사이에 있다면, 그녀는 반죽을 하는 자세처럼 다리를 조금 벌리고 서고, 제사장이 진찰한다. 제사장은 반죽하는 자세에서 볼 수 없는 은밀한 부분을 보아서는 안 된다. 환부가 여자 환자의 가슴 밑에 있다면, 그녀는 아이에게 젖을 물리는 자세로 진찰을 받으며, 제사장은 젖을 물리는 자세에서 볼 수 없는 은밀한 부분을 보아서는 안 된다. 환부가 여자 환자의 팔 밑에 있다면, 그녀는 일어서서 베 짜는 자세로 오른팔을 들어서 겨드랑이를 드러내고 진찰을 받는다. 또는 아마를 감는 자세로 왼팔을 들어서 겨드랑이를 드러내고 진찰을 받는다(「켈림」 11, 6).
- 피부병자는 회복한 후에 털을 깎아야 하는데(레 14:9), 이때도 피부병을 진찰받을 때와 같은 자세로 털을 깎는다. 위에서 언급한 자세에서 보이지 않는 은밀한 부분에 난 털은 깎지 않는다.

## 2, 5

진찰하는 자가 스스로를 진찰할 수 없다는 원리를 천명한다.

---

כָּל הַנְּגָעִים אָדָם רוֹאֶה, חוּץ מִנִּגְעֵי עַצְמוֹ. רַבִּי מֵאִיר אוֹמֵר, אַף לֹא נִגְעֵי קְרוֹבָיו. כָּל הַנְּדָרִים אָדָם מַתִּיר, חוּץ מִנִּדְרֵי עַצְמוֹ. רַבִּי יְהוּדָה אוֹמֵר, אַף לֹא נִדְרֵי אִשְׁתּוֹ שֶׁבֵּינָהּ לְבֵין אֲחֵרִים. כָּל הַבְּכוֹרוֹת אָדָם רוֹאֶה, חוּץ מִבְּכוֹרוֹת עַצְמוֹ:

---

사람은 모든 피부병을 진찰할 수 있어도 자기 자신의 피부병은 〔진찰할 수 없다〕. 메이르 랍비는 자기 친척들의 피부병도 〔진찰할〕 수 없다고 말했다.

사람은 모든 서약을 폐기할 수 있어도 자기 자신의 서약은 〔폐기할 수 없다〕. 예후다 랍비는 자기 아내가 다른 사람들과 〔맺은〕 서약도 〔폐기할〕 수 없다고 말했다. 사람은 모든 초태생 〔동물을〕 검사할 수 있어도 자기 자신의 초태생 〔동물은 검사할 수 없다〕.

- 이 미쉬나는 피부병을 진찰하거나 서약을 폐기하거나 초태생 동물이 제물로 합당한지 검사하는 제사장이 자기 자신이나 가까운 친척들의 사건에 직접 간여할 수 없다고 말하고 있으며, 법 적용의 객관성을 확보하기 위해 노력하는 모습을 보여준다.
- 어떤 사람이 자기 아내가 다른 사람들과 맺은 서약을 마음대로 폐기할 수 없으나, 자기와 아내 사이에 맺은 서약들은 예외다(정신적으로 괴롭히는 서약이나 생계와 관련된 서약 등).

## 제3장

피부병 증상이 두 곳에 나타났을 때, 결혼할 신랑이나 순례객에게 피부병 증상이 나타난 경우, 그리고 환부에 하얀 털이나 생살이 돋거나 환부가 퍼지는 현상에 관해 설명한다. 머리나 수염에 나타나는 옴과 대머리 증상, 옷가지와 집에 피부병처럼 변색되는 현상에 관해서 논의한다.

### 3, 1
환자와 진찰방법에 관해 논의한다.

---

הַכֹּל מִטַּמְּאִין בַּנְּגָעִים, חוּץ מִן הַנָּכְרִים וְגֵר תּוֹשָׁב. הַכֹּל כְּשֵׁרִים לִרְאוֹת אֶת הַנְּגָעִים, אֶלָּא שֶׁהַטֻּמְאָה וְהַטָּהֳרָה בִּידֵי כֹהֵן. אוֹמְרִים לוֹ אֱמֹר טָמֵא, וְהוּא

אוֹמֵר טָמֵא. אֱמֹר טָהוֹר, וְהוּא אוֹמֵר טָהוֹר. אֵין רוֹאִים שְׁנֵי נְגָעִים כְּאֶחָד, בֵּין בְּאִישׁ אֶחָד וּבֵין בִּשְׁנֵי אֲנָשִׁים, אֶלָּא רוֹאֶה אֶת הָאֶחָד וּמַסְגִּירוֹ וּמַחְלִיטוֹ וּפוֹטְרוֹ, וְחוֹזֵר לַשֵּׁנִי. אֵין מַסְגִּירִין אֶת הַמֻּסְגָּר וְלֹא מַחְלִיטִין אֶת הַמֻּחְלָט. אֵין מַסְגִּירִין אֶת הַמֻּחְלָט, וְלֹא מַחְלִיטִין אֶת הַמֻּסְגָּר. אֲבָל בַּתְּחִלָּה, בְּסוֹף שָׁבוּעַ, הַמַּסְגִּיר מַסְגִּיר, וְהַמַּחְלִיט מַחְלִיט, מַסְגִּיר וּפוֹטֵר, מַחְלִיט וּפוֹטֵר:

---

모든 사람들이 피부병 때문에 부정해지지만, 외부인[9]들과 체류 외국인[10]들은 예외다. 모든 사람들이 피부병을 진찰할 자격이 있지만, 부정함과 정결함을 결정할 〔자격은〕 제사장에게 있다. 그들이 그에게 부정하다고 말하라 하면, 그가 부정하다고 말할 것이다. 정결하다고 말하라 하면, 그가 정결하다고 말할 것이다.

한 사람이 피부병 〔환부〕 두 곳을 한꺼번에 진찰하지 말지니, 한 사람에게 있든지 두 사람에게 있든지 상관없다. 〔먼저〕 환부 한 곳을 진찰하여 그를 격리시키거나 〔부정하다고〕 확진하거나 〔부정으로부터〕 면제시키고, 다시 둘째 〔환부를〕 진찰한다.

〔이미〕 격리된 사람을 〔또〕 격리할 수 없으며, 〔이미 부정하다고〕 확진받은 사람을 〔또 부정하다고〕 확진할 수 없다. 〔이미 부정하다고〕 확진받은 사람을 격리할 수 없으며, 〔이미〕 격리된 사람을 〔부정하다고〕 확진하지 않는다. 그러나 처음과 한 주일 끝에는 〔이미〕 격리시킨 사람을 격리시키고, 〔이미〕 확진한 사람을 확진한다. 그는 격리시키고 면제하거나, 확진하고 면제시킬 수 있다.

---

9) 이 낱말(נכרי, 노크리)은 유대인이 아닌 모든 사람을 가리키며, 유대법 전통 안에서 유대인 성인 남자와 다른 법적 지위를 가지는 사람들을 의미한다. 여기서는 '외부인'이라고 옮겼다.

10) 이 표현(גר תושב, 게르 토샤브)은 이스라엘 땅에 체류하며 제한적인 시민권을 획득하기 위해서 우상을 숭배하지 않기로(노아의 7계명) 결정한 외국인을 가리킨다(야스트로 263). 참고로 이런 지위를 유지하는 외국인을 히브리 성서에서는 '게르'(גר)라고 불렀는데, 미쉬나 시대에 게르는 유대교로 개종한 외국인을 부르는데 사용했다.

- 미쉬나에서 논의하는 피부병과 관련된 법규정들은 기본적으로 유대인들에게만 적용되며, 외국에 사는 외국인들이나 이스라엘 땅에 체류하는 외국인들은 적용 대상이 아니다.
- 누구나 전문지식이 있으면 피부병 진찰을 할 수 있지만, 정결함과 부정함을 결정할 권한은 제사장에게만 있다. 그러므로 지혜로운 랍비가 피부병 진단에 정통했어도 그 결과를 제사장에게 보고하고 제사장이 최종적으로 결정하는 방식을 따라야 한다.
- 진찰할 때는 한 번에 환부 하나를 진찰하며, 진찰한 후 격리시킬지 확진할지 면제할지 결정한 후에 다음 환부로 넘어간다.
- 피부병 진찰을 받은 환자를 격리시켰는데 격리기간 도중에 또 다른 환부가 나타났을 때 둘째 환부 때문에 다시 격리를 명하고 이레를 계산할 필요는 없다. 피부병자가 부정하다고 확진을 받았는데 그 후에 부정한 것이 확실한 다른 환부가 또 나타났을 때 둘째 환부 때문에 다시 확진할 필요는 없다. 그 환자는 첫째 환부가 회복되고 정결해지면, 그 후 둘째 환부로부터 정결하다고 간주한다.
- 피부병자가 부정하다고 확진을 받았는데 그 후에 다른 환부가 나타났다고 해서 그를 격리시키고 이레를 계산할 필요는 없다. 그 환자는 첫째 환부가 회복되고 정결해지면, 둘째 환부로 인해 격리에 들어간다. 이미 격리되어 있는 환자가 격리기간 도중에 부정한 것이 확실한 다른 환부가 또 나타났을 때 그를 부정하다고 확진하지 않는다.
- 첫째 환부 때문에 격리하기 전에 둘째 환부가 또 나타났을 때, 또는 첫째 환부 때문에 격리된 첫 주 끝에(둘째 격리가 시작되기 전에) 둘째 환부가 나타났을 때, 또는 둘째 격리가 끝나고 아직 부정한지 정결한지 결정하기 전에 둘째 환부가 나타났을 때, 제사장은 첫째 환부는 물론 둘째 환부와 관련해서 환자를 격리시키거나 부정하다고 확진한다.

• 제사장은 환부 하나에 관련해서 환자를 격리시키거나 확진하고, 둘째 환부에 관련해서 환자를 면제시킬 수 있으며, 환부 하나에 관련해서 환자를 격리시키고 둘째 환부에 관련해서 부정하다고 확진할 수 있다.

## 3, 2

חָתָן שֶׁנִּרְאָה בוֹ נֶגַע, נוֹתְנִין לוֹ שִׁבְעַת יְמֵי הַמִּשְׁתֶּה, לוֹ וּלְבֵיתוֹ וְלִכְסוּתוֹ. וְכֵן
בָּרֶגֶל, נוֹתְנִין לוֹ כָל יְמוֹת הָרֶגֶל:

신랑에게 피부병이 발생하면, 〔진찰하기 전에〕 이레 동안 잔치할 시간을 주며, 그의 〔몸과〕 그의 집과 그의 옷도 〔같은 규정을 적용한다〕. 그리고 순례객도 마찬가지며, 순례를 〔마칠 수 있는〕 충분한 시간을 준다.

• 이 미쉬나는 결혼식을 치를 신랑이나 순례를 더 해야 할 순례객에게 피부병이 발생해도 진찰하기 전에 어느 정도 유예 기간을 준다고 말한다(「모에드 카탄」1, 5).

## 3, 3

피부병 증상을 색깔이 아닌 다른 방법으로 정의한다.

עוֹר הַבָּשָׂר מִטַּמֵּא בִשְׁנֵי שָׁבוּעוֹת וּבִשְׁלֹשָׁה סִימָנִין, בְּשֵׂעָר לָבָן וּבְמִחְיָה
וּבְפִסְיוֹן. בְּשֵׂעָר לָבָן וּבְמִחְיָה, בַּתְּחִלָּה, וּבְסוֹף שָׁבוּעַ רִאשׁוֹן, וּבְסוֹף שָׁבוּעַ
שֵׁנִי, לְאַחַר הַפְּטוֹר. וּבְפִסְיוֹן, בְּסוֹף שָׁבוּעַ רִאשׁוֹן, וּבְסוֹף שָׁבוּעַ שֵׁנִי, לְאַחַר
הַפְּטוֹר. וּמִטַּמֵּא בִשְׁנֵי שָׁבוּעוֹת, שֶׁהֵן שְׁלֹשָׁה עָשָׂר יוֹם:

피부는 〔피부병이 걸렸을 때〕 2주일이 지나면서 세 가지 증상이 나타나면 부정해지는데, 하얀 털과 새로 돋은 생살과 〔환부가〕 퍼지는 현상이다.

하얀 털과 새로 돋은 생살은 처음에, 첫째 주 끝에, 둘째 주 끝에, 그리고 면제를 받은 후에 〔나타나면 부정해진다〕. 〔환부가〕 퍼지는 현상은 첫째 주 끝에, 둘째 주 끝에, 그리고 면제를 받은 후에 〔나타나면 부정해진다〕. 그리고 그 〔피부는〕 2주일이 지나면서 부정해지는데, 이것은 〔사실〕 13일이다.

- 어떤 사람의 피부에 피부병 증상이 나타나면 격리를 두 번 시행한 후에 부정하다고 확진하며(넷째 미쉬나), 부정하다고 확진하기 위해서는 세 가지 증상이 나타나야 한다.
- 하얀 털과 생살은 처음 진찰을 받으러 제사장에게 왔을 때, 격리시켰던 첫째와 둘째 주 끝에 재진할 때, 그리고 이미 면제를 받은 후에라도 다시 나타나면 부정하다고 확진한다.
- 환부가 퍼지는 현상은 격리시켰던 첫째와 둘째 주 끝에 그리고 면제를 받은 후에 나타나면 부정하다고 확진한다. 처음 진찰받으러 제사장에게 왔을 때 이미 퍼진 부분이 있는 것은 진찰 결과에 영향을 미치지 않는다(「네가임」 1, 3).
- 피부병자는 한 주일씩 격리시키는데, 첫째 주 격리의 마지막 날은 둘째 주 격리의 첫날이므로 사실 13일이 된다.

## 3, 4

---

הַשְׁחִין וְהַמִּכְוָה מְטַמְּאִין בְּשָׁבוּעַ אֶחָד וּבִשְׁנֵי סִימָנִין, בְּשֵׂעָר לָבָן וּבְפִסְיוֹן. בְּשֵׂעָר לָבָן, בַּתְּחִלָּה, בְּסוֹף שָׁבוּעַ, לְאַחַר הַפְּטוּר. וּבְפִסְיוֹן, בְּסוֹף שָׁבוּעַ, לְאַחַר הַפְּטוּר. וּמְטַמְּאִין בְּשָׁבוּעַ אֶחָד, שֶׁהוּא שִׁבְעַת יָמִים:

---

〔피부병이〕 종기나 화상 부위에 발생했을 때 한 주일이 지나면서 두 가지 증상이 나타나면 부정해지는데, 하얀 털과 〔환부가〕 퍼지는 현

상이다.

하얀 털은 처음에, 첫째 주 끝에, 그리고 면제를 받은 후에 〔나타나면 부정해진다〕. 〔환부가〕 퍼지는 현상은 첫째 주 끝에 그리고 면제를 받은 후에 〔나타나면 부정해진다〕. 그리고 그는 한 주일이 지나면서 부정해지는데, 이것은 이렇다.

- 피부병이 종기나 화상 부위에 발생했을 때는 격리를 한 번만 시키기 때문에(「네가임」 9, 1) 한 주일이 지나면서 두 가지 증상이 나타나면 부정하다고 확진한다. 하얀 털과 환부가 퍼지는 현상이 그것이며, 생살이 돋아도 진찰에 영향을 미치지 않는다.

## 3, 5

---

הַנְּתָקִין מִטַּמְּאִין בִּשְׁנֵי שָׁבוּעוֹת, בִּשְׁנֵי סִימָנִין, בְּשֵׂעָר צָהֹב דַּק וּבְפִסְיוֹן. בְּשֵׂעָר צָהֹב דַּק, בַּתְּחִלָּה, בְּסוֹף שָׁבוּעַ רִאשׁוֹן, בְּסוֹף שָׁבוּעַ שֵׁנִי, לְאַחַר הַפְּטוּר. וּבְפִסְיוֹן, בְּסוֹף שָׁבוּעַ רִאשׁוֹן, בְּסוֹף שָׁבוּעַ שֵׁנִי, לְאַחַר הַפְּטוּר. וּמִטַּמְּאִין בִּשְׁנֵי שָׁבוּעוֹת, שֶׁהֵן שְׁלֹשָׁה עָשָׂר יוֹם:

---

옴의 〔환부는〕 2주일이 지나면서 두 가지 증상이 나타나면 부정해지는데, 노랗고 가는 털과 〔환부가〕 퍼지는 현상이다.

노랗고 가는 털은 처음에, 첫째 주일 끝에, 둘째 주일 끝에, 그리고 면제를 받은 후에 〔나타나면 부정해진다〕. 〔환부가〕 퍼지는 현상은 첫째 주일 끝에, 둘째 주일 끝에, 그리고 면제를 받은 후에 〔나타나면 부정해진다〕. 그리고 그는 2주일이 지나면서 부정해지는데, 이것은 13일이다.

- 옴은 머리나 수염에 나타나는 피부병을 가리킨다(레 13:29; 「네가임」 10, 1).

## 3, 6

הַקָּרַחַת וְהַגַּבַּחַת מִטַּמְּאוֹת בִּשְׁנֵי שָׁבוּעוֹת, וּבִשְׁנֵי סִימָנִין, בְּמִחְיָה וּבְפִשְׂיוֹן. בְּמִחְיָה, בַּתְּחִלָּה, בְּסוֹף שָׁבוּעַ רִאשׁוֹן, בְּסוֹף שָׁבוּעַ שֵׁנִי, לְאַחַר הַפְּטוּר. וּבְפִסְיוֹן, בְּסוֹף שָׁבוּעַ רִאשׁוֹן, בְּסוֹף שָׁבוּעַ שֵׁנִי, וּלְאַחַר הַפְּטוּר. וּמִטַּמְּאוֹת בִּשְׁנֵי שָׁבוּעוֹת, שֶׁהֵן שְׁלֹשָׁה עָשָׂר יוֹם:

대머리와 이마 대머리는 2주일이 지나면서 두 가지 증상이 나타나면 부정해지는데, 생살과 〔환부가〕 퍼지는 현상이다.

생살은 처음에, 첫째 주일 끝에, 둘째 주일 끝에, 그리고 면제를 받은 후에 〔나타나면 부정해진다〕. 〔환부가〕 퍼지는 현상은 첫째 주일 끝에, 둘째 주일 끝에, 그리고 면제를 받은 후에 〔나타나면 부정해진다〕. 그리고 그는 2주일이 지나면서 부정해지는데, 이것은 13일이다.

- 대머리에 관련된 규정은 나중에 더 자세히 논의한다(「네가임」 10, 10).

## 3, 7

옷에 나타나는 피부병 증상에 관해 논의한다.

הַבְּגָדִים מִטַּמְּאִים בִּשְׁנֵי שָׁבוּעוֹת וּבִשְׁלֹשָׁה סִימָנִין, בִּירַקְרַק וּבַאֲדַמְדַּם וּבְפִשְׂיוֹן. בִּירַקְרַק וּבַאֲדַמְדַּם, בַּתְּחִלָּה, בְּסוֹף שָׁבוּעַ רִאשׁוֹן, וּבְסוֹף שָׁבוּעַ שֵׁנִי, לְאַחַר הַפְּטוּר. וּבְפִשְׂיוֹן, בְּסוֹף שָׁבוּעַ רִאשׁוֹן, בְּסוֹף שָׁבוּעַ שֵׁנִי, לְאַחַר הַפְּטוּר. וּמִטַּמְּאִין בִּשְׁנֵי שָׁבוּעוֹת, שֶׁהֵן שְׁלֹשָׁה עָשָׂר יוֹם:

옷가지는 2주일이 지나면서 세 가지 증상이 나타나면 부정해지는데, 녹색과 붉은색 부분과 〔오염 부위가〕 퍼지는 현상이다.

녹색과 붉은색 부분이 처음에, 첫째 주일 끝에, 둘째 주일 끝에, 그리고 면제를 받은 후에 〔나타나면 부정해진다〕. 〔오염 부위가〕 퍼지는 현상이 첫째 주일 끝에, 둘째 주일 끝에, 그리고 면제를 받은 후에

[나타나면 부정해진다]. 그리고 이것은 2주일이 지나면서 부정해지는데, 이것은 13일이다.

- 옷가지에 피부병과 같이 변색되는 현상이 나타나는 경우를 논의한다(레 13:47; 「네가임」 11, 4). 부정하다고 확진을 받은 옷은 태워버린다.

## 3, 8

הַבָּתִּים מְטַמְּאִין בִּשְׁלֹשָׁה שָׁבוּעוֹת וּבִשְׁלֹשָׁה סִימָנִים, בְּיַרַקְרַק וּבַאֲדַמְדַּם וּבְפִשְׂיוֹן. בְּיַרַקְרַק וּבַאֲדַמְדַּם, בַּתְּחִלָּה, בְּסוֹף שָׁבוּעַ רִאשׁוֹן, בְּסוֹף שָׁבוּעַ שֵׁנִי, בְּסוֹף שָׁבוּעַ שְׁלִישִׁי, לְאַחַר הַפְּטוּר. וּבְפִשְׂיוֹן, בְּסוֹף שָׁבוּעַ רִאשׁוֹן, בְּסוֹף שָׁבוּעַ שֵׁנִי, בְּסוֹף שָׁבוּעַ שְׁלִישִׁי, לְאַחַר הַפְּטוּר. וּמְטַמְּאִין בִּשְׁלֹשָׁה שָׁבוּעוֹת, שֶׁהֵן תִּשְׁעָה עָשָׂר יוֹם. אֵין בַּנְּגָעִים פָּחוֹת מִשָּׁבוּעַ אֶחָד, וְלֹא יוֹתֵר עַל שְׁלֹשָׁה שָׁבוּעוֹת:

집들은 3주일에 걸쳐서 세 가지 증상이 나타나면 부정해지는데, 녹색과 붉은색 부분과 [오염 부위가] 퍼지는 현상이다.

녹색과 붉은색 부분은 처음에, 첫째 주일 끝에, 둘째 주일 끝에, 셋째 주일 끝에, 그리고 면제받은 후에 [나타나면 부정해진다]. [오염 부위가] 퍼지는 현상은 첫째 주일 끝에, 둘째 주일 끝에, 셋째 주일 끝에, 그리고 면제받은 후에 [나타나면 부정해진다]. 그리고 이것은 3주일이 지나면서 부정해지는데, 이것은 19일이다.

피부병과 관련해서 한 주일 이하로 [격리되는 경우는] 없으며, 3주일 이상 [격리되는 경우도] 없다.

- 집 벽에 피부병과 같이 변색되는 현상이 나타나는 경우를 논의한다(레 14:35; 「네가임」 12, 5 이하).

• 가장 짧게 격리되는 경우로 피부병이 종기나 화상 부위에 발병할 때 한 주일을 격리시키며(넷째 미쉬나), 가장 오래 격리되는 경우로 여덟째 미쉬나에서 논의한 집이 있다.

## 제4장

하얀 털과 생살과 환부가 퍼지는 증상을 서로 비교해 설명하고, 하얀 털 두 가닥과 관련된 다양한 상황들, 어루러기 환부가 실처럼 길게 퍼지거나 다른 환부와 연결되는 경우, 여러 증상이 나타났다가 사라지거나 다시 나타나는 경우들을 자세히 논의한다.

### 4, 1

제4장 첫째에서 셋째 미쉬나는 피부병 증상들을 비교하며 각각 규정이 어떻게 다른지 분석하며 설명한다. 이 미쉬나는 하얀 털과 환부가 퍼지는 현상을 비교한다.

---

יֵשׁ בִּשְׂעָר לָבָן מַה שֶּׁאֵין בְּפִשְׂיוֹן, וְיֵשׁ בְּפִשְׂיוֹן מַה שֶּׁאֵין בִּשְׂעָר לָבָן. שֶׁשֵּׂעָר לָבָן מְטַמֵּא בַתְּחִלָּה, וּמְטַמֵּא בְכָל מַרְאֵה לֹבֶן, וְאֵין בּוֹ סִימַן טָהֳרָה. יֵשׁ בְּפִשְׂיוֹן, שֶׁהַפִּשְׂיוֹן מְטַמֵּא בְכָל שֶׁהוּא, וּמְטַמֵּא בְכָל הַנְּגָעִים, חוּץ לַנֶּגַע, מַה שֶּׁאֵין כֵּן בִּשְׂעָר לָבָן:

---

하얀 털과 관련된 〔규정 중 환부가〕 퍼진 부분에 〔적용하지〕 않는 것이 있고, 〔환부가〕 퍼진 부분과 관련된 〔규정 중〕 하얀 털에 〔적용하지〕 않는 것도 있다. 하얀 털이 처음에 〔나오면〕 부정해지고, 어떤 〔색조의〕 하얀색이든지 부정해지며, 정결하다고 〔면제할〕 아무런 가능성이 없다.

〔환부가〕 퍼지는 현상과 관련해서, 〔환부가〕 퍼진 부분이 〔얼마나 크든〕 부정해지고, 어떤 피부병과 관련해서 나타나도 부정해지며, 피부병 환부 바깥에 〔나타나도 부정해지니〕, 이것은 하얀 털과 관련된 〔규정에〕 없는 경우다.

- 피부병 증상과 진찰 결과를 종합해볼 때 하얀 털은 초진할 때 발견하면 부정해지지만 환부가 퍼진 부분은 그렇지 않다(「네가임」 3, 3). 하얀 털은 그 색깔이 어떤 색조이든 상관없이 부정해지는데, 환부가 퍼진 부분은 기초적인 네 가지 증상의 색깔일 때만 부정해진다. 하얀 털은 얼마나 많이 나건 상관없이 부정해지는데, 환부가 퍼진 부분은 온몸에 나타나면 정결해진다.
- 환부가 퍼진 부분은 그 크기가 어느 정도이든 상관없이 부정해지는데, 하얀 털은 두 개 이상이 돋아나야 한다. 환부가 퍼지는 현상은 어떤 피부병과 관련되든 부정해지는데(「네가임」 3, 3-8), 하얀 털은 피부와 종기와 화상에만 관련된다(3, 3-4). 환부가 퍼지는 현상은 환부 바깥에 나타나도 부정해지지만, 하얀 털은 피부병 환부에 났을 때만 부정해진다.

### 4, 2
생살과 환부가 퍼지는 현상을 비교한다.

---

יֵשׁ בְּמִחְיָה מַה שֶּׁאֵין בְּפִשְׂיוֹן, וְיֵשׁ בְּפִשְׂיוֹן מַה שֶּׁאֵין בְּמִחְיָה. שֶׁהַמִּחְיָה מְטַמָּא בַתְּחִלָּה, וּמְטַמָּא בְּכָל מַרְאֶה, וְאֵין בָּהּ סִימַן טָהֳרָה. יֵשׁ בְּפִשְׂיוֹן, שֶׁהַפִּשְׂיוֹן מְטַמֵּא בְּכָל שֶׁהוּא, וּמְטַמֵּא בְּכָל הַנְּגָעִים, חוּץ לַנֶּגַע, מַה שֶּׁאֵין כֵּן בְּמִחְיָה:

---

생살과 관련된 〔규정 중 환부가〕 퍼진 부분에 〔적용하지〕 않는 것이 있고, 〔환부가〕 퍼진 부분과 관련된 〔규정 중〕 생살에 〔적용하지〕 않

는 것이 있다. 생살이 처음에 〔나오면〕 부정해지고, 어떤 모양이든지 부정해지며, 정결하다고 〔면제할〕 아무런 가능성이 없다.

〔환부가〕 퍼지는 현상과 관련해서, 〔환부가〕 퍼진 부분이 〔얼마나 크든〕 부정해지고, 어떤 피부병과 관련해서 나타나도 부정해지며, 피부병 환부 바깥에 〔나타나도 부정해지니〕, 이것은 생살과 관련된 〔규정에〕 없는 경우다.

- 환부가 퍼진 부분은 얼마나 크든 상관없이 환자가 부정해지지만, 생살은 콩 크기 이상이 되어야 부정해진다. 또한 환부가 퍼진 부분은 어떤 피부병과 관련해서 나타나도 부정해지지만, 생살은 사람의 피부와 대머리와 이마 대머리와 관련해서만 부정해지는 조건이 된다(「네가임」 3, 3; 3, 6). 환부가 퍼지는 현상은 환부 바깥에 나타나도 부정해지지만, 생살은 환부 안에 돋았을 때만 부정해진다.

### 4, 3
하얀 털과 생살이 돋는 현상을 비교한다.

---

יֵשׁ בְּשֵׂעָר לָבָן מַה שֶּׁאֵין בְּמִחְיָה, וְיֵשׁ בְּמִחְיָה מַה שֶּׁאֵין בְּשֵׂעָר לָבָן. שֶׁשֵּׂעָר לָבָן מְטַמֵּא בַשְּׁחִין וּבַמִּכְוָה, בִּמְכֻנָּס וּבִמְפֻזָּר, בִּמְבֻצָּר וְשֶׁלֹּא בִמְבֻצָּר. יֵשׁ בְּמִחְיָה, שֶׁהַמִּחְיָה מְטַמָּא בַקָּרַחַת וּבַגַּבַּחַת, הֲפוּכָה וְשֶׁלֹּא הֲפוּכָה, וּמְעַכֶּבֶת אֶת הַהוֹפֵךְ כֻּלּוֹ לָבָן, וּמְטַמָּא בְכָל מַרְאֶה, מַה שֶּׁאֵין כֵּן בְּשֵׂעָר לָבָן:

---

하얀 털과 관련된 〔규정 중〕 생살에 〔적용하지〕 않는 것이 있고, 생살과 관련된 〔규정 중〕 하얀 털에 〔적용하지〕 않는 것이 있다. 하얀 털이 종기와 화상 〔환부에 나면〕 부정해지고, 〔한 장소에〕 모여 있거나 흩어져 있어도 〔부정해지며, 환부가〕 둘러싸거나 둘러싸지 않아도 〔부정해진다〕.

생살과 관련해서, 생살이 대머리나 이마 대머리에 〔나면〕 부정해지고, 〔환부가〕 변했건 변하지 않았건 〔부정해지며〕, 온몸이 하얗게 변한 사람이 〔정결해지는 것을〕 지연시키고, 어떤 모양이건 부정해지게 만드니, 이것은 하얀 털과 관련된 〔규정에는〕 없다.

- 하얀 털은 환부 한 곳에 모여 있건 여러 곳에 흩어져 있건 상관없이 부정해지지만, 생살은 한 곳에 모여서 콩 크기 이상이 되어야 부정해진다. 하얀 털은 환부가 털을 둘러싸거나 둘러싸지 않아도 부정해지지만, 생살은 환부가 둘러싼 상태가 되어야 부정해진다.
- 어루러기가 발생한 후 그 일부가 변해서 생살이 나타났을 때 또는 생살이 발생하고 그 둘레에 어루러기가 나타났을 때 부정해지지만, 하얀 털의 경우는 일단 어루러기가 발생한 후에 털이 났을 때만 부정해진다(열째와 열한째 미쉬나). 피부병자의 몸이 모두 하얀색으로 바뀌면 정결해지는데, 생살이 돋아나면 부정해진다(레 13:14). 그러나 온몸이 하얗게 변한 환자의 몸에 하얀 털이 나도 정결하다.

## 4, 4

하얀 털 두 가닥이 관련된 다양한 상황들을 논의한다.

---

שְׁתֵּי שְׂעָרוֹת, עִקָּרָן מַשְׁחִיר וְרֹאשָׁן מַלְבִּין, טָהוֹר. עִקָּרָן מַלְבִּין וְרֹאשָׁן מַשְׁחִיר, טָמֵא. כַּמָּה יְהֵא בַלַּבְנוּנִית, רַבִּי מֵאִיר אוֹמֵר, כָּל שֶׁהוּא. רַבִּי שִׁמְעוֹן אוֹמֵר, כְּדֵי לִקְרֹץ בְּזוּג. הָיְתָה אַחַת מִלְּמַטָּה וְנֶחְלְקָה מִלְמַעְלָה וְהִיא נִרְאֵית כִּשְׁתַּיִם, טָהוֹר. בַּהֶרֶת וּבוֹ שֵׂעָר לָבָן אוֹ שֵׂעָר שָׁחוֹר, טָמֵא. אֵין חוֹשְׁשִׁין שֶׁמָּא מִעֵט מְקוֹם שֵׂעָר שָׁחוֹר אֶת הַבַּהֶרֶת, מִפְּנֵי שֶׁאֵין בּוֹ מַמָּשׁ:

---

털 두 가닥이 있는데, 그 뿌리는 검지만 머리가 하얀색이면 정결하다. 그 뿌리가 하얗지만 머리가 검은색이면 부정하다. 하얀색 〔부분이〕 얼마나 있어야 하는가? 메이르 랍비는 〔길이가〕 어느 정도이든

〔마찬가지라고〕 말했다. 쉼온 랍비는 가위로 자를 수 있는 정도라고 말했다.

털 밑부분은 하나인데 윗부분이 나뉘어 두 개처럼 보인다고 해도 정결하다. 어루러기에 하얀 털이나 검은 털이 있다면 부정하다. 검은 털이 난 부분이 어루러기를 작게 만들까 봐 걱정하지 않아도 되는데,[11] 그것은 실제로 〔의미가〕 없기 때문이다.

- 피부병이 하얀 털 때문에 부정해지려면, 그 털의 뿌리가 하얀색이어야 한다.
- 하얀색 털이 얼마나 길어야 하는가에 관해서는 이견이 있는데, 메이르 랍비는 상관이 없다고 말했고 쉼온 랍비는 가위로 자를 수 있는 정도라고 말했다(「닛다」 6, 12).
- 환부에 하얀 털이 두 개 이상 나야 부정한데, 뿌리가 하나이고 머리 부분만 갈라져서 두 가닥처럼 보인다면, 아직 정결을 유지한다.
- 최소 크기 규정에 맞는 어루러기에 하얀 털들이 두 가닥 이상 났어도 털들이 차지하는 부분이 어루러기의 크기를 감소시키지 않으며, 그 환자는 부정하다고 확진한다. 역시 최소 크기 규정에 맞는 어루러기에 검은 털들이 났어도 털들이 차지하는 부분이 어루러기의 크기를 감소시키지 않으며, 그 환자는 격리시켜야 한다. 이 규정은 다른 해석도 가능하다. 최소 크기 규정에 맞는 어루러기에 하얀 털과 검은 털이 났을 때, 검은 털이 난 부분이 어루러기의 크기를 감소시키지 않는다.

11) 토셉타 2, 3; 씨프라, 「네가임」 파라샤 2 끝부분을 참조하라.

4, 5

בַּהֶרֶת כַּגְּרִיס וְחוּט יוֹצֵא מִמֶּנָּה, אִם יֵשׁ בּוֹ רֹחַב שְׁתֵּי שְׂעָרוֹת, זוֹקְקָהּ לְשֵׂעָר לָבָן וּלְפִסְיוֹן, אֲבָל לֹא לְמִחְיָה. שְׁתֵּי בֶהָרוֹת וְחוּט יוֹצֵא מִזּוֹ לָזוֹ, אִם יֵשׁ בּוֹ רֹחַב שְׁתֵּי שְׂעָרוֹת, מְצָרְפָן. וְאִם לָאו, אֵין מְצָרְפָן:

콩 〔크기와〕 같은 어루러기에서 실이 퍼져 나왔는데, 만약 그 〔실의〕 너비가 털 두 가닥과 같았다면, 이 〔환부는〕 하얀 털과 〔환부가〕 퍼진 부분에 관련된 〔규정이〕 필요하며, 생살과 관련된 〔규정은 필요하지〕 않다.

어루러기 두 개가 있는데 실이 한 점에서 나와서 다른 점까지 이어졌을 때, 만약 그 〔실의〕 너비가 털 두 가닥과 같았다면 〔두 어루러기를〕 연결시킨다. 그러나 만약 그렇지 않다면, 그것들을 연결시키지 않는다.

- 최소 크기 규정에 맞는 피부병 환부에서 실과 같은 것이 퍼져 나왔는데, 그 실의 두께가 털 두 가닥 정도였을 때, 만약 그곳에 하얀 털이 나거나 그 실로부터 환부가 퍼지는 부분이 생겼다면 적절한 규정에 따라 부정하다고 확진한다. 그러나 그 실과 같은 부분에 생살이 돋아났다면 정결을 유지한다.[12)]
- 어루러기 두 개가 역시 털 두 가닥 정도의 두께인 실로 연결되었다면, 이 두 어루러기는 하나로 간주하고 진찰하며, 둘 중 하나에 하얀 털이나 환부가 퍼진 부분이 있다면 둘 다 부정하다고 확진한다.

12) 토셉타는 같은 경우에 생살이 갈라진 콩과 같은 크기라면 부정해진다고 주장한다.

## 4, 6

בַּהֶרֶת כַּגְּרִיס וּבָהּ מִחְיָה כָעֲדָשָׁה וְשֵׂעָר לָבָן בְּתוֹךְ הַמִּחְיָה, הָלְכָה הַמִּחְיָה, טְמֵאָה מִפְּנֵי שֵׂעָר לָבָן. הָלַךְ שֵׂעָר לָבָן, טָמֵא מִפְּנֵי הַמִּחְיָה. רַבִּי שִׁמְעוֹן מְטַהֵר, מִפְּנֵי שֶׁלֹּא הֲפָכַתּוּ הַבַּהֶרֶת. בַּהֶרֶת, הִיא וּמִחְיָתָהּ כַּגְּרִיס, וְשֵׂעָר לָבָן בְּתוֹךְ הַבַּהֶרֶת, הָלְכָה הַמִּחְיָה, טְמֵאָה מִפְּנֵי שֵׂעָר לָבָן. הָלַךְ שֵׂעָר לָבָן, טָמֵא מִפְּנֵי הַמִּחְיָה. רַבִּי שִׁמְעוֹן מְטַהֵר, מִפְּנֵי שֶׁלֹּא הֲפָכַתּוּ בַהֶרֶת כַּגְּרִיס. וּמוֹדֶה, שֶׁאִם יֵשׁ בִּמְקוֹם שֵׂעָר לָבָן כַּגְּרִיס, שֶׁהוּא טָמֵא:

콩 〔크기〕만 한 어루러기에 편두 〔크기〕만 한 생살이 있고, 하얀 털이 그 생살 안에 돋았는데, 생살이 사라졌다면, 이 〔어루러기는〕 하얀 털 때문에 부정하다. 하얀 털이 빠지고 없다 해도, 생살 때문에 부정하다. 쉼온 랍비는 정결하다고 주장했는데, 왜냐하면 그 어루러기가 〔그것을 하얗게〕 변화시키지 않았기 때문이다.

어루러기와 그 생살이 〔함께〕 콩 〔크기〕와 같았고, 그 어루러기 안에 하얀 털이 났는데, 생살이 사라졌다면, 이 〔어루러기는〕 하얀 털 때문에 부정하다. 하얀 털이 빠지고 없다 해도, 그 생살 때문에 부정하다. 쉼온 랍비는 정결하다고 주장했는데, 왜냐하면 콩 〔크기〕만 한 어루러기가 〔그것을 하얗게〕 변화시키지 않았기 때문이다. 그러나 그도 하얀 털이 난 부분이 콩 〔크기와〕 같다면 부정하다는 데 동의했다.

- 어루러기 크기가 콩만 한데(「네가임」 6, 1) 생살이 편두만 하게 나타났고, 그 생살 안에 하얀 털이 돋았는데, 생살이 사라져서 어루러기 위에 하얀 털이 나 있는 상황이라면, 그 환자는 부정하다고 확진한다. 반대로 하얀 털이 빠지고 없어도, 어루러기 위에 생살이 생겼기 때문에 역시 부정하다고 확진한다. 쉼온 랍비는 생살이 사라졌을 때는 그 환자가 정결하다고 주장했는데, 왜냐하면 어루러기가 그 털을 하얗게 변화시킨 것이 아니라 생살이 변화시켰기 때문이다.

- 어루러기와 생살을 합해서 최소 크기 규정인 콩 크기만 했고 하얀 털이 어루러기 안에 났는데, 생살이 사라지고 어루러기가 대신 나타났다면, 어루러기가 콩 크기만 하고 하얀 털이 났으므로, 부정하다고 확진한다. 하얀 털이 빠지고 없어져도, 그 생살 때문에 부정하다. 쉼온 랍비는 정결하다고 주장했는데, 왜냐하면 생살이 사라졌을 때 털을 하얗게 만든 것은 콩 크기에 미치지 못하는 어루러기가기 때문이다(열째 미쉬나).
- 쉼온 랍비도 동의하는 바가 있었으니, 하얀 털이 난 곳은 콩만 한 어루러기에 편두만 한 생살이 있고 하얀 털이 어루러기 위에 있을 때는 그 환자가 부정하다고 확진해야 하는데, 왜냐하면 콩만 한 어루러기 때문에 털이 하얗게 변했기 때문이다.

## 4, 7

בַּהֶרֶת וּבָהּ מִחְיָה וּפִסְיוֹן, הָלְכָה הַמִּחְיָה, טְמֵאָה מִפְּנֵי הַפִּסְיוֹן. הָלַךְ הַפִּסְיוֹן, טְמֵאָה מִפְּנֵי הַמִּחְיָה. וְכֵן בְּשֵׂעָר לָבָן וּבְפִסְיוֹן. הָלְכָה וְחָזְרָה בְסוֹף שָׁבוּעַ, הֲרֵי הִיא כְמוֹת שֶׁהָיְתָה. לְאַחַר הַפְּטוּר, תֵּרָאֶה כַתְּחִלָּה. הָיְתָה עַזָּה וְנַעֲשֵׂית כֵּהָה, כֵּהָה וְנַעֲשֵׂית עַזָּה, הֲרֵי הִיא כְמוֹ שֶׁהָיְתָה, וּבִלְבַד שֶׁלֹּא תִתְמַעֵט מֵאַרְבָּעָה מַרְאוֹת. כָּנְסָה וּפָשְׂתָה, פָּשְׂתָה וְכָנְסָה, רַבִּי עֲקִיבָא מְטַמֵּא, וַחֲכָמִים מְטַהֲרִין:

어루러기에 생살과 〔환부가〕 퍼진 부분이 있었는데, 생살이 사라졌다면, 〔환부가〕 퍼진 부분 때문에 부정해진다. 〔환부가〕 퍼진 부분이 사라졌다면, 생살 때문에 부정해진다. 하얀 털과 〔환부가〕 퍼진 부분이 있었던 경우도 마찬가지다.

〔피부병이〕 사라졌다가 〔첫째〕 주일 끝에 다시 나타났다면, 이것은 〔계속해서〕 있었던 것과 같다. 면제를 받은 후에 〔다시 나타났다면〕, 초진과 마찬가지로 〔제사장에게〕 보여주어야 한다.

〔피부병 환부가〕 진한 하얀색이었다가 흐릿해졌거나, 흐릿하다가 진한 하얀색이 되었을 때, 〔피부병의〕 네 가지 증상보다 덜한 경우가 아니라면, 이것은 〔계속해서〕 있었던 것과 같다.

〔피부병 환부가〕 모여 있다가 퍼졌거나, 퍼져 있다가 모였을 때, 아키바 랍비는 부정하다고 주장했고, 〔다른〕 현인들은 정결하다고 했다.

- 콩 크기와 같은 어루러기가 발병하여 환자를 격리시켰는데, 생살이 돋거나 환부가 퍼졌을 때, 두 증상 중 하나가 사라진다 해도 나머지 하나 때문에 부정하다고 확진한다. 하얀 털이 돋고 환부가 퍼졌을 때도 마찬가지로 진찰한다.
- 피부병 환부가 격리기간 동안 사라졌다가 첫째 주일 끝에 재진할 때 다시 나타났다면, 환부가 계속해서 있었던 것과 같으므로, 다시 이레 동안 격리한다. 환부가 사라졌다가 둘째 주일 끝에 다시 나타났다면, 계속해서 있었던 것과 같으므로, 환자를 부정으로부터 면제한다. 환부가 면제를 받은 후에 다시 나타났다면, 마치 피부병이 처음 발병했을 때처럼 제사장에게 가서 진찰을 받는다.
- 피부병 환부의 색깔이 격리기간 동안 변하여 피부병으로 진단하는 기본적인 네 가지 색깔보다 약해졌다면(「네가임」 1, 1), 이것은 환부가 사라진 것과 같다. 그러나 그런 경우가 아니라면 색깔 변화와 상관없이 환부가 계속해서 있었던 것으로 간주한다.
- 피부병 환부가 최소 크기 규정에 따라 콩 크기만 하게 모여 있다가 더 넓게 퍼졌다면, 환부가 사라진 것이 아니기 때문에 계속해서 피부병이 있었던 것으로 보고 부정하다고 확진해야 한다는 것이 아키바 랍비의 의견이다. 반대로 규정에 맞는 크기로 퍼져 있다가 좀 좁은 범위로 줄어들었을 때도 환부가 사라진 것이 아니기 때문에 새로 발병한 환부처럼 다시 진찰해야 한다(여덟째 미쉬나). 그러나 다른 현

인들은 환부가 퍼진 현상과 다르다고 보고, 첫째 주일 끝에는 다시 이레 동안 격리하고, 둘째 주일 끝에는 면제해야 한다고 주장한다.

### 4, 8
피부병 환부가 불규칙하게 퍼지는 상황에 관해 논의한다.

---

בַּהֶרֶת כַּגְּרִיס וּפָשְׂתָה כַחֲצִי גְרִיס, וְהָלַךְ מִן הָאוֹם כַּחֲצִי גְרִיס, רַבִּי עֲקִיבָא אוֹמֵר, תֵּרָאֶה בַתְּחִלָּה. וַחֲכָמִים מְטַהֲרִין:

---

콩 〔크기〕만 한 어루러기가 콩의 반 정도 되는 〔크기 만큼〕 퍼졌고 처음 환부에서 콩의 반 정도 되는 부분이 사라졌을 때, 아키바 랍비는 처음과 같이 〔제사장에게〕 보여주라고 말했고, 〔다른〕 현인들은 정결하다고 했다.

- 콩 크기만 한 어루러기가 발견되었다면 제사장이 초진하고 그 환자를 격리했을 것이며, 그 후에 콩의 반 정도 되는 크기만큼 다른 방향으로 퍼졌고 처음 발병한 환부에서 콩의 반 정도 되는 부분이 사라졌다. 아키바 랍비는 이것은 새로운 환부와 같으므로 제사장에게 보여주고 초진을 받아야 한다고 주장했다. 다른 현인들은 둘째 주일 끝에 피부병 환부가 최소 크기 규정에 미치지 못하는 상황이 되므로 부정으로부터 면제한다고 말했다. 다른 방향으로 퍼진 환부는 처음 환부와 연결되지 않는다는 것이다. 그러나 이런 일이 첫째 주일 끝에 일어났다면 다시 이레 동안 격리해야 한다.

### 4, 9
여덟째 미쉬나에 이어서 피부병 환부가 퍼지는 다양한 상황을 설명한다.

בַּהֶרֶת כַּגְּרִיס וּפָשְׂתָה כַחֲצִי גְרִיס וָעוֹד, וְהָלַךְ מִן הָאוֹם כַּחֲצִי גְרִיס, רַבִּי עֲקִיבָא מְטַמֵּא, וַחֲכָמִים מְטַהֲרִין. בַּהֶרֶת כַּגְּרִיס וּפָשְׂתָה כַגְּרִיס וָעוֹד, וְהָלְכָה לָהּ הָאוֹם, רַבִּי עֲקִיבָא מְטַמֵּא, וַחֲכָמִים אוֹמְרִים, תֵּרָאֶה בַתְּחִלָּה:

콩 〔크기〕만 한 어루러기가 콩의 반 또는 그 이상이 되는 〔크기만큼〕 퍼졌고 처음 환부에서 콩의 반 정도 되는 부분이 사라졌을 때, 아키바 랍비는 부정하다고 주장했고 〔다른〕 현인들은 정결하다고 했다. 콩 〔크기〕만 한 어루러기가 콩 〔크기〕 또는 그 이상이 되는 〔크기만큼〕 퍼졌고 처음 환부가 〔전부〕 사라졌을 때, 아키바 랍비는 부정하다고 주장했고 〔다른〕 현인들은 처음과 같이 〔제사장에게〕 보여 주어야 한다고 말했다.

- 콩 크기만 한 어루러기가 발견되었다면 제사장이 초진하고 그 환자를 격리시켰을 것이며, 그 후에 콩의 반 정도 또는 그 이상되는 크기만큼 퍼졌고 처음 발병한 환부에서 콩의 반 정도 되는 부분이 사라졌다. 아키바 랍비는 이 환자가 부정하다고 말했는데, 결국 환부가 콩 크기보다 커졌기 때문이다. 다른 현인들은 정결하다고 말했다(여덟째 미쉬나).
- 피부병이 발병했고 퍼졌다가 처음 환부가 전부 사라졌을 때, 아키바 랍비는 같은 피부병이 지속되었다고 보고 부정하다고 주장했다. 현인들은 피부병이 새로 발병한 것으로 보고 다시 제사장에게 가서 진찰을 받아야 한다고 주장했다.

## 4, 10

בַּהֶרֶת כַּגְּרִיס וּפָשְׂתָה כַגְּרִיס, נוֹלְדָה לַפִּסְיוֹן מִחְיָה אוֹ שֵׂעָר לָבָן, וְהָלַךְ לָהּ הָאוֹם, רַבִּי עֲקִיבָא מְטַמֵּא, וַחֲכָמִים אוֹמְרִים, תֵּרָאֶה בַתְּחִלָּה. בַּהֶרֶת כַּחֲצִי גְרִיס וְאֵין בָּהּ כְּלוּם, נוֹלְדָה בַהֶרֶת כַּחֲצִי גְרִיס וּבָהּ שַׂעֲרָה אַחַת, הֲרֵי זוֹ

לְהַסְגִּיר. בַּהֶרֶת כַּחֲצִי גְרִיס וּבָהּ שַׂעֲרָה אַחַת, נוֹלְדָה בַהֶרֶת כַּחֲצִי גְרִיס וּבָהּ שַׂעֲרָה אַחַת, הֲרֵי זוֹ לְהַסְגִּיר. בַּהֶרֶת כַּחֲצִי גְרִיס וּבָהּ שְׁתֵּי שְׂעָרוֹת, נוֹלְדָה בַהֶרֶת כַּחֲצִי גְרִיס וּבָהּ שַׂעֲרָה אַחַת, הֲרֵי זוֹ לְהַסְגִּיר:

---

콩 〔크기〕만 한 어루러기가 콩 〔크기〕만큼 퍼졌고 〔그 환부가〕 퍼진 부분에 생살이나 하얀 털이 돋아났는데 처음 환부가 사라졌을 때, 아키바 랍비는 부정하다고 주장했고 〔다른〕 현인들은 처음처럼 〔제사장에게〕 보여야 한다고 말했다.

콩의 반만 한 어루러기가 있었고 〔다른 증상은〕 전혀 없었는데, 콩의 반만 한 〔또 다른〕 어루러기가 생기며 거기 〔하얀〕 털 한 가닥이 났다면, 이 〔환자는〕 격리해야 한다.

콩의 반만 한 어루러기가 있었고 거기 〔하얀〕 털 한 가닥이 있었는데, 콩의 반만 한 〔또 다른〕 어루러기가 생기며 거기도 〔하얀〕 털 한 가닥이 났다면, 이 〔환자도〕 격리해야 한다.

콩의 반만 한 어루러기가 있었고 거기 〔하얀〕 털이 두 가닥 났는데, 콩의 반만 한 〔또 다른〕 어루러기가 생기며 거기도 〔하얀〕 털 한 가닥이 났다면, 이 〔환자도〕 격리해야 한다.

- 콩 크기만 한 어루러기가 콩 크기만큼 퍼졌다고 해도 거기에 생살이나 하얀 털이 돋아났기 때문에 부정하다고 아키바 랍비가 말했다. 다른 랍비들은 원래 피부병이 발병한 환부가 사라졌기 때문에 새로운 피부병이라고 보고, 제사장에게 가서 새로 진찰을 받아야 한다고 주장했다(이런 주장이 좀 더 관대하다는 의견은 예루살렘 탈무드 「모에드 카탄」 1, 5).
- 콩의 반만 한 어루러기가 있었는데 콩의 반만 한 또 다른 어루러기가 생기며 하얀 털이 한 가닥 있었다면, 결과적으로 콩 크기만 한 어루러기가 되었으나 하얀 털이 두 가닥이 아니라 한 가닥만 있는 상

황이다. 그러므로 부정하다고 확진할 수 없고 격리해야 한다.

- 콩의 반만 한 어루러기에 하얀 털이 한 가닥 있었는데 콩의 반만 한 또 다른 어루러기가 생기며 하얀 털이 났다면, 결과적으로 콩 크기만 한 어루러기가 되었고 하얀 털도 두 가닥이다. 그러나 부정하다고 확진하지 않고 격리해야 한다고 말하는데, 그 이유는 히브리 성서의 규정이 "피부에 흰 점이 돋고 털이 희어지고[13] 거기 생살이 생겼으면… 제사장이 부정하다 할 것이요"라고 하여(레 13:10-11), 최소 크기 규정에 맞는 어루러기가 털이 하얀색으로 바뀌도록 작용해야 한다고 해석할 수 있기 때문이다. 현재 상황에서 최소 크기 규정에 맞지 않는 어루러기가 털 한 가닥씩을 하얗게 바꾸었기 때문에, 부정하다고 확진하지 못하고 격리해야 한다.
- 콩의 반만 한 어루러기가 있었고 거기 하얀 털이 두 가닥 났는데, 콩의 반만 한 또 다른 어루러기가 생기며 거기도 하얀 털 한 가닥이 났다고 해도 털을 하얗게 만든 어루러기는 최소 크기 규정에 미치지 못한다. 그러므로 이 환자도 확진할 수 없고 격리해야 한다.

## 4, 11

---

בַּהֶרֶת כַּחֲצִי גְרִיס וְאֵין בָּהּ כְּלוּם, נוֹלְדָה בַהֶרֶת כַּחֲצִי גְרִיס וּבָהּ שְׁתֵּי שְׂעָרוֹת, הֲרֵי זוֹ לְהַחְלִיט, מִפְּנֵי שֶׁאָמְרוּ, אִם בַּהֶרֶת קָדְמָה לְשֵׂעָר לָבָן, טָמֵא. וְאִם שֵׂעָר לָבָן קָדַם לְבַהֶרֶת, טָהוֹר. וְאִם סָפֵק, טָמֵא. וְרַבִּי יְהוֹשֻׁעַ קִהָה:

---

콩의 반만 한 어루러기가 있었고 〔다른 증상은〕 전혀 없었는데, 콩의 반만 한 어루러기가 생기며 거기 〔하얀〕 털 두 가닥이 났다면, 이

---

13) 이 문장을 직역하면 "피부에 흰 점이 있고 그것이 털을 하얗게 바꾸거나(הפכה) 생살이 그 점에 있을 때"라고 풀 수 있다. 즉 흰 점이 주체가 되어 털을 하얗게 변하도록 작용한다는 문맥이다.

〔환자는 부정하다고〕 확진해야 한다. 왜냐하면 만약 어루러기가 하얀 털보다 먼저 나타났다면 부정하다고 말했기 때문이다. 그러나 만약 하얀 털이 어루러기보다 먼저 나타났다면 정결하다. 그리고 만약 〔어느 것이 먼저인지〕 의심스럽다면 부정하다. 예호슈아 랍비는 〔이 문제를〕 풀 수 없다고 선언했다.[14)]

- 콩의 반만 한 어루러기가 있었고 다른 증상은 전혀 없었는데, 콩의 반만 한 또 다른 어루러기가 생기며 거기 하얀 털 두 가닥이 났다면, 최소 크기 규정에 맞는 어루러기가 된 이후에 털을 하얗게 바꾸었으므로, 이 환자는 부정하다고 확진한다.
- 미쉬나는 히브리 성서 본문을 간접적으로 인용하고 있는데(레 13:10), 원문에서 사용한 '바꾸다'는 동사 대신 어떤 증상이 '먼저 나타나다'는 말로 해석하고 있다.
- 순서가 분명하지 않을 경우에는 부정하다는 의견도 있고 풀 수 없다는 의견도 있다.

## 제5장

피부병이라고 확진할 수 있는지 의심스러운 경우, 확진한 환자의 환부가 변하는 경우, 어루러기가 사라졌다가 다시 나타나는 동안 감시하고 있는 털에 관해, 그 외 증상이 복잡한 경우들을 설명한다.

---

14) 이 낱말(קהה)을 사용하며 주어진 상황을 해결할 수 없다고 말한 경우는 미쉬나 전체에서 이 본문이 유일하다.

## 5, 1

의심스러운 피부병에 관해서 설명한다.

---

כָּל סְפֵק נְגָעִים טָהוֹר, חוּץ מִזֶּה, וְעוֹד אַחֵר. וְאֵיזֶה, זֶה מִי שֶׁהָיְתָה בוֹ בַּהֶרֶת כַּגְּרִיס וְהִסְגִּירָהּ, בְּסוֹף שָׁבוּעַ וַהֲרֵי הִיא כַּסֶּלַע, סָפֵק שֶׁהִיא הִיא, סָפֵק שֶׁאַחֶרֶת בָּאָה תַחְתֶּיהָ, טָמֵא:

---

피부병을 〔진찰할 때〕 의심스러운 점이 있다면 정결하다고 간주하는데, 한 가지 〔경우와〕 또 다른 경우 〔하나는〕 예외다. 어떤 〔경우에〕 그러한가? 어떤 사람이 콩 〔크기〕만 한 어루러기가 생겨서 격리했는데, 그 주일 끝에 그 〔환부가〕 쎌라 동전처럼 되어, 그 〔환부가〕 그 〔환부인지〕 의심스럽고, 다른 〔환부가〕 그 〔환부〕 대신 생겨났는지 의심스러울 때, 〔그 환자는〕 부정하다고 간주한다.

- 피부병을 진찰할 때 증상이 분명하지 않고 의심스러운 점이 있다면 정결하다고 간주하는 것이 원칙이지만, 예외가 있다. 그 한 가지는 이미 제4장 열한째 미쉬나에서 논의한 대로 어루러기와 하얀 털 중에 어떤 것이 먼저 생겼는지 분명하지 않은 경우다. 이런 경우에 부정하다고 확진해야 한다는 의견이 있었다.
- 또 다른 경우로는 피부병자를 격리했는데 환부의 모양이 달라져서 원래부터 있던 환부인지 아니면 새로 다른 피부병이 발생했는지 의심스러운 경우다. 이때에도 환자가 부정하다고 확진한다.

## 5, 2

이미 부정하다고 확진한 환자의 환부가 변하는 상황을 논한다.

---

הֶחְלִיטוֹ בְשֵׂעָר לָבָן, הָלַךְ שֵׂעָר לָבָן וְחָזַר שֵׂעָר לָבָן, וְכֵן בְּמִחְיָה וּבְפִשְׂיוֹן, בַּתְּחִלָּה וּבְסוֹף שָׁבוּעַ רִאשׁוֹן, בְּסוֹף שָׁבוּעַ שֵׁנִי, לְאַחַר הַפְּטוּר, הֲרֵי הִיא כְמוֹ

שֶׁהָיְתָה. הֶחְלִיטוֹ בְמִחְיָה, וְהָלְכָה הַמִּחְיָה וְחָזְרָה הַמִּחְיָה. וְכֵן בְּשֵׂעָר לָבָן וּבְפִשְׂיוֹן, בַּתְּחִלָּה, בְּסוֹף שָׁבוּעַ רִאשׁוֹן, בְּסוֹף שָׁבוּעַ שֵׁנִי, לְאַחַר הַפְּטוּר, הֲרֵי הִיא כְמוֹ שֶׁהָיְתָה. הֶחְלִיטוֹ בְפִשְׂיוֹן, הָלַךְ הַפִּשְׂיוֹן וְחָזַר הַפִּשְׂיוֹן. וְכֵן בְּשֵׂעָר לָבָן, בְּסוֹף שָׁבוּעַ רִאשׁוֹן, בְּסוֹף שָׁבוּעַ שֵׁנִי, לְאַחַר הַפְּטוּר, הֲרֵי הִיא כְמוֹת שֶׁהָיְתָה:

---

어떤 사람을 하얀 털 때문에 〔부정하다고〕 확진했는데, 처음에, 첫째 주일 끝에, 둘째 주일 끝에, 면제를 받은 후에 하얀 털이 빠지고 〔다른〕 하얀 털이 나왔을 때, 또는 그렇게 생살이나 〔환부가〕 퍼진 부분이 〔나왔을 때〕, 이 부분의 〔상태는〕 그전과 같다고 간주한다.

어떤 사람을 생살 때문에 〔부정하다고〕 확진했는데, 처음에, 첫째 주일 끝에, 둘째 주일 끝에, 면제를 받은 후에 생살이 사라졌다가 생살이 나타났을 때, 또는 그렇게 하얀 털이나 〔환부가〕 퍼진 부분이 〔나왔을 때〕, 이 부분의 〔상태는〕 그전과 같다고 간주한다.

어떤 사람을 〔환부가〕 퍼진 부분 때문에 〔부정하다고〕 확진했는데, 첫째 주일 끝에, 둘째 주일 끝에, 면제를 받은 후에 퍼진 부분이 사라졌다가 퍼진 부분이 다시 나타났을 때, 또는 그렇게 하얀 털이 〔나왔을 때〕, 이 부분의 〔상태는〕 그전과 같다고 간주한다.

- 어루러기에 하얀 털이 있어서 부정하다고 확진받은 피부병자가 처음에, 첫째 격리주일 끝에, 둘째 격리주일 끝에, 또는 면제를 받은 후에(「네가임」 3, 3) 하얀 털이 빠졌다가 다른 하얀 털이 나왔거나, 털이 빠진 자리에 생살이나 환부가 퍼진 부분이 생겼다면, 제사장에게 다시 가서 진찰을 받을 필요는 없으며 이미 확진을 받은 상태가 그대로 지속된다.
- 다른 경우에도 같은 원리를 적용한다. 다만 어루러기가 나타나고 환부가 퍼진 부분이 따라오는 경우에는 초진을 받을 때 부정하다고 확진할 수 없으므로 첫째 격리주일이 끝날 때부터 적용이 가능하다.

## 5, 3

피부병과 관련된 특별한 상황을 가리키는 전문용어 '감시하고 있는 털'을 설명한다.

---

שְׂעַר פְּקֻדָּה, עֲקַבְיָא בֶן מַהֲלַלְאֵל מְטַמֵּא, וַחֲכָמִים מְטַהֲרִין. אֵיזֶה הוּא שְׂעַר פְּקֻדָּה, מִי שֶׁהָיְתָה בוֹ בַהֶרֶת וּבָהּ שֵׂעָר לָבָן, הָלְכָה הַבַּהֶרֶת וְהִנִּיחָה לְשֵׂעָר לָבָן בִּמְקוֹמוֹ וְחָזְרָה, עֲקַבְיָא בֶן מַהֲלַלְאֵל מְטַמֵּא, וַחֲכָמִים מְטַהֲרִין. אָמַר רַבִּי עֲקִיבָא, מוֹדֶה אֲנִי בְזֶה שֶׁהוּא טָהוֹר. אֵיזֶה הוּא שְׂעַר פְּקֻדָּה, מִי שֶׁהָיְתָה בוֹ בַהֶרֶת כַּגְּרִיס וּבָהּ שְׁתֵּי שְׂעָרוֹת, וְהָלַךְ הֵימֶנָּה כַחֲצִי גְרִיס וְהִנִּיחוֹ לְשֵׂעָר לָבָן בִּמְקוֹם הַבַּהֶרֶת וְחָזַר. אָמְרוּ לוֹ, כְּשֵׁם שֶׁבִּטְּלוּ אֶת דִּבְרֵי עֲקַבְיָא, אַף דְּבָרֶיךָ אֵינָן מְקֻיָּמִין:

---

감시하고 있는 털[15)]에 관하여, 아캅야 벤 마할랄엘은 부정하다고 주장했고, 〔다른〕 현인들은 정결하다고 했다. 감시하고 있는 털이란 어떤 것인가? 어떤 사람이 어루러기가 생기고 그곳에 하얀 털이 났는데, 어루러기는 사라지고 하얀 털만 그자리에 남았다가 〔어루러기가〕 다시 나타났을 때를 말하며, 아캅야 벤 마할랄엘은 부정하다고 주장했고, 〔다른〕 현인들은 정결하다고 했다.

아키바 랍비는 이런 경우에 그 〔환자가〕 정결하다는 의견에 동의한다고 말했다. 〔아키바 랍비가 말하는〕 감시하고 있는 털이란 어떤 것인가? 어떤 사람이 콩 〔크기〕만 한 어루러기가 있었고 그곳에 〔하얀〕 털 두 가닥이 났는데, 그중 콩의 반만 한 〔어루러기가〕 사라졌고 〔하얀〕 털 두 가닥은 어루러기 자리에 남았다가, 〔어루러기가〕 다시 나타났을 때가 〔그러하다〕. 그들이 그에게 말했다. 아캅야의 주장을 취소시킨 것과 마찬가지로 당신의 주장도 〔정식 법규정으로〕 확정하지

---

15) 이 표현(שער פקדה)은 동사 '파카드'(פקד)에서 나온 말로 원래 '방문하다, 기억하다, 세다, 맡기다, 명령하다' 등 다양한 뜻으로 사용한다. 이 미쉬나에서는 조심스럽게 감시하는 대상이라는 뜻으로 사용되었다(왕하 11:18).

않을 것이다.

- 감시하고 있는 털이란 어루러기 위에 돋아난 하얀 털로 시간이 지남에 따라 어루러기가 사라졌다가 나중에 어루러기가 다시 나타난 경우를 가리키는 말이다. 이것이 부정하다고 주장하는 이유는 그 하얀 털이 원래 어루러기 위에 돋았고 또다시 어루러기 위에 서 있는 셈이 되어 피부병이 치료되었다고 볼 수 없으며, 어루러기가 사라지지 않은 것과 같기 때문이다. 정결하다고 주장하는 이유는 일단 처음 발병했던 피부병은 어루러기가 사라지며 치료되었고, 둘째 어루러기가 나타날 때 새로운 피부병이 생겼다고 보기 때문이다. 이때 어루러기보다 하얀 털이 먼저 난 상태이기 때문에 정결하다(「네가임」 4, 11).
- 아키바 랍비는 어루러기 전체가 사라지지 않고 반만 사라졌다가 다시 나타났다면 정결하고 나머지 경우는 부정하다고 주장했다. 결국 아키바 랍비의 주장은 아캅야와 유사하기 때문에, 다른 랍비들은 아키바 랍비의 의견을 받아들이지 않는다(「에두욧」 5, 6).

## 5, 4
피부병 진찰을 할 때 의심스러운 경우를 논의한다.

---

כָּל סְפֵק נְגָעִים בַּתְּחִלָּה טָהוֹר, עַד שֶׁלֹּא נִזְקַק לְטֻמְאָה. מִשֶּׁנִּזְקַק לְטֻמְאָה, סְפֵקוֹ טָמֵא. כֵּיצַד. שְׁנַיִם שֶׁבָּאוּ אֵצֶל כֹּהֵן, בָּזֶה בַּהֶרֶת כַּגְּרִיס וּבָזֶה כַּסֶּלַע, בְּסוֹף שָׁבוּעַ בָּזֶה כַּסֶּלַע וּבָזֶה כַּסֶּלַע, וְאֵינוֹ יָדוּעַ בְּאֵיזֶה מֵהֶן פָּשָׂה, בֵּין בְּאִישׁ אֶחָד בֵּין בִּשְׁנֵי אֲנָשִׁים, טָהוֹר. רַבִּי עֲקִיבָא אוֹמֵר, בְּאִישׁ אֶחָד, טָמֵא. וּבִשְׁנֵי אֲנָשִׁים, טָהוֹר:

---

처음에 피부병 〔진찰을 할 때〕 의심스러운 점이 있을 때, 부정하다고 간주해야 하지 않는 한 정결하다. 부정하다고 간주해야 하는 경우

에 의심이 생기면 부정하다.

어떻게 〔그렇게 되는가〕? 제사장이 환부 두 가지를 〔진찰하게〕 되었고, 하나는 콩 〔크기〕만 한 어루러기였고 〔다른〕 하나는 쎌라 〔동전〕 같은 〔어루러기〕였는데, 〔첫째〕 주일 끝에 한 〔환부가〕 쎌라 〔동전〕 같은 〔어루러기가〕 생겼고 다른 〔환부도〕 쎌라 〔동전〕 같은 〔어루러기가〕 생겼으며, 어떤 〔환부가〕 퍼진 것인지 알 수 없을 때다. 〔이 규정은〕 한 사람에게 〔나타났거나〕 두 사람에게 〔나타났거나〕 정결하다고 〔간주한다〕. 아키바 랍비는 한 사람에게 〔나타났다면〕 부정하지만 두 사람에게 〔나타났다면〕 정결하다고 말했다.

- 피부병을 진찰하는 제사장이 두 가지 환부를 보고 격리시켰는데, 첫째 주일이 지난 후 한쪽은 환부가 퍼졌고 한쪽은 그대로인 상황이다. 그런데 제사장이 어느 환부가 퍼진 환부인지 구분해낼 수 없다면, 이런 현상이 한 사람에게 일어났건 두 사람에게 따로 일어났건 상관없이 의심스러운 점이 있다는 이유로 정결하다고 간주한다.
- 아키바 랍비는 환부 두 가지가 모두 한 사람에게 나타났다면, 환부 하나는 분명히 퍼졌기 때문에 그 환부 때문에 환자가 부정하다고 주장했다. 만약 두 사람에게 나타났다면 정결하다고 간주해도 좋다고 동의했다.

## 5, 5

진찰할 때 의심스러운 경우를 계속해서 논의한다.

---

מִשֶּׁנִּזְקַק לְטֻמְאָה, סְפֵקוֹ טָמֵא. כֵּיצַד. שְׁנַיִם שֶׁבָּאוּ אֵצֶל כֹּהֵן, בָּזֶה בַהֶרֶת כַּגְּרִיס וּבָזֶה כַּסֶּלַע, בְּסוֹף שָׁבוּעַ בָּזֶה כַסֶּלַע וְעוֹד וּבָזֶה כַסֶּלַע וָעוֹד, שְׁנֵיהֶן טְמֵאִין. אַף עַל פִּי שֶׁחָזְרוּ לִהְיוֹת כַּסֶּלַע וְכַסֶּלַע, שְׁנֵיהֶן טְמֵאִין, עַד שֶׁיַּחְזְרוּ לִהְיוֹת כַּגְּרִיס. זֶה הוּא שֶׁאָמְרוּ, מִשֶּׁנִּזְקַק לְטֻמְאָה, סְפֵקוֹ טָמֵא:

---

부정하다고 간주해야 하는 경우에 의심이 생기면 부정하다.

어떻게 〔그렇게 되는가〕? 제사장이 환부 두 가지를 〔진찰하게〕 되었고, 하나는 콩 〔크기〕만 한 어루러기였고 〔다른〕 하나는 쎌라 〔동전〕 같은 〔어루러기〕였는데, 〔첫째〕 주일 끝에 한 〔환부가〕 쎌라 〔동전 크기〕 이상이 되었고 다른 〔환부도〕 쎌라 〔동전 크기〕 이상이 되었다면, 둘 다 부정하다.

그 〔환부들이〕 다시 쎌라 〔동전 크기로〕 돌아갔다고 하더라도 둘 다 부정하니, 콩 〔크기로〕 돌아가기 전까지는 그러하다. 이것이 바로 부정하다고 간주해야 하는 경우에 의심이 생기면 부정하다고 말한 〔이유이다〕.

- 네째 미쉬나와 같은 상황이지만, 첫째 격리주일이 끝나고 나니 두 환부가 모두 퍼졌다. 그렇다면 부정하다고 확진해야 한다.
- 환부가 다시 줄어들면 정결해질 수 있으나, 어느 환부가 퍼졌고 어느 환부가 그대로인지 알 수 없는 상황이고, 의심스러운 점이 있으므로 부정하다고 확진한다. 두 환부가 모두 콩 크기로 돌아가면 한 환부는 그대로이고 다른 환부는 줄어든 상태이므로 정결하다.

## 제6장

부정하다고 확진하려면 어루러기 환부는 콩 크기이고 새로 돋은 생살은 편두 크기 이상이라고 규정한다. 그리고 신체기관 중에서 피부병 때문에 부정해지지 않는 곳은 어디인지 논의한다.

## 6, 1

피부병 환부가 부정하다고 확진할 때 얼마나 커야 하는지 설명한다.

---

גּוּפָהּ שֶׁל בַּהֶרֶת, כַּגְּרִיס הַקִּלְקִי מְרֻבָּע. מְקוֹם הַגְּרִיס, תֵּשַׁע עֲדָשׁוֹת. מְקוֹם עֲדָשָׁה, אַרְבַּע שְׂעָרוֹת. נִמְצְאוּ שְׁלֹשִׁים וָשֵׁשׁ שְׂעָרוֹת:

---

어루러기 환부는 네모난 킬리키아 콩 〔크기〕만 해야 한다. 콩만 한 넓이는 편두 9개와 같다. 편두만한 넓이는 털 4가닥과 같다. 〔그러므로 어루러기 환부는〕 털 36가닥과 같다.

- 피부병 증상인 어루러기는 소아시아 반도 킬리키아 지방에서 나는 네모 모양으로 생긴 콩 크기만 해야 한다(「켈림」 17, 12). 이 콩의 크기를 피부에 돋아나는 털로 환산하면 가로로 6가닥 세로로 6가닥이 나서 모두 36가닥이 돋아나는 정도의 넓이가 된다.

## 6, 2

---

בַּהֶרֶת כַּגְּרִיס וּבָהּ מִחְיָה כָּעֲדָשָׁה, רָבְתָה הַבַּהֶרֶת, טְמֵאָה. נִתְמַעֲטָה, טְהוֹרָה. רָבְתָה הַמִּחְיָה, טְמֵאָה. נִתְמַעֲטָה, טְהוֹרָה:

---

콩 〔크기〕만 한 어루러기에 편두 〔크기〕만 한 생살이 있었는데, 어루러기가 커졌다면 부정하다. 〔어루러기가〕 작아졌다면 정결하다. 그 생살이 커졌다면 부정하다. 〔그 생살이〕 작아졌다면 정결하다.

- 최소 크기 규정에 맞는 어루러기가 생겼고(첫째 미쉬나), 그곳에 역시 최소 크기 규정에 맞는 생살이 돋았다면, 이 환자는 부정하다. 이런 상황에서 어루러기가 더 커졌다면 당연히 부정한데, 최소 크기 규정보다 작아졌다면 정결해진다. 원래 환부에서 생살이 더 커졌다면 부정한 것은 마찬가지이지만, 최소 크기 규정보다 작아졌다면 정결

해진다.

## 6, 3

בַּהֶרֶת כַּגְּרִיס וּבָהּ מִחְיָה פְּחוּתָה מִכָּעֲדָשָׁה, רָבְתָה הַבַּהֶרֶת, טְמֵאָה. נִתְמַעֲטָה, טְהוֹרָה. רָבְתָה הַמִּחְיָה, טְמֵאָה. נִתְמַעֲטָה, רַבִּי מֵאִיר מְטַמֵּא, וַחֲכָמִים מְטַהֲרִים, שֶׁאֵין הַנֶּגַע פּוֹשֶׂה לְתוֹכָהּ:

콩 〔크기〕만 한 어루러기에 편두 〔크기보다〕 작은 생살이 있었는데, 그 어루러기가 커졌다면 부정하다. 〔그 어루러기가〕 작아졌다면 정결하다. 그 생살이 커졌다면 부정하다. 〔그 생살이〕 작아졌을 때, 메이르 랍비는 부정하다고 주장했지만, 현인들은 정결하다고 했으니, 그 피부병이 그 속으로 퍼지지는 않기 때문이다.

- 최소 크기 규정에 맞는 어루러기가 생겼고, 그곳에 최소 크기 규정에 미치지 못하는 생살이 돋았다면, 이 환자는 정결하다. 그 어루러기가 커졌다면, 환부가 퍼진 상태이므로 부정하다. 그 어루러기가 작아졌다면, 당연히 원래 상태대로 정결하게 남는다. 그 생살이 커져서 최소 크기 규정에 맞을 때, 이 환자는 부정하다고 확진한다. 그러나 그 생살이 작아졌을 때, 메이르 랍비는 어루러기가 생살이 있던 부분으로 퍼져 들어갔다고 이해하고 부정하다고 주장했다. 그러나 대부분의 랍비들은 정결하다고 주장했으며, 피부병이 처음 발병한 환부 바깥으로 퍼지는 것이 상례이며 처음 환부 내부로 퍼지는 경우는 없다고 주장한다.

## 6, 4

בַּהֶרֶת יְתֵרָה מִכַּגְּרִיס וּבָהּ מִחְיָה יְתֵרָה מִכָּעֲדָשָׁה, רַבּוּ אוֹ שֶׁנִּתְמַעֲטוּ, טְמֵאִין, וּבִלְבַד שֶׁלֹּא יִתְמַעֲטוּ מִכַּשִּׁעוּר:

콩 〔크기보다〕 더 큰 어루러기 안에 편두 〔크기보다〕 더 큰 생살이 있을 때, 〔어루러기나 생살이〕 커지건 작아지건 〔상관없이 그 환부는〕 부정하나, 〔정해진〕 크기보다 더 작아지는 경우는 예외다.

- 최소 크기 규정은 어루러기가 콩 크기이고 생살이 편두 크기다.

## 6, 5

בַּהֶרֶת כַּגְּרִיס וּמִחְיָה כָּעֲדָשָׁה מַקֶּפֶת אוֹתָהּ וְחוּץ לַמִּחְיָה בַּהֶרֶת, הַפְּנִימִית לְהַסְגִּיר, וְהַחִיצוֹנָה לְהַחְלִיט. אָמַר רַבִּי יוֹסֵי, אֵין הַמִּחְיָה סִימַן טֻמְאָה לַחִיצוֹנָה, שֶׁהַבַּהֶרֶת לְתוֹכָהּ. נִתְמַעֲטָה וְהָלְכָה לָהּ, רַבָּן גַּמְלִיאֵל אוֹמֵר, אִם מִבִּפְנִים הִיא כָלָה, סִימַן פִּשְׂיוֹן לַפְּנִימִית, וְהַחִיצוֹנָה טְהוֹרָה. וְאִם מִבַּחוּץ, הַחִיצוֹנָה טְהוֹרָה וְהַפְּנִימִית לְהַסְגִּיר. רַבִּי עֲקִיבָא אוֹמֵר, בֵּין כָּךְ וּבֵין כָּךְ, טְהוֹרָה:

콩 〔크기〕만 한 어루러기를 편두 〔크기〕만 한 생살이 둘러싸고, 생살 바깥쪽에 〔다른〕 어루러기가 있다면, 안에 있는 〔어루러기는〕 격리해야 하며, 밖에 있는 〔어루러기는 부정하다고〕 확진해야 한다. 요쎄 랍비는 생살이 밖에 있는 〔어루러기를〕 부정하게 만드는 증상이 아니니, 어루러기가 그 안쪽에 있기 때문이라고 말했다.

〔생살이〕 작아지거나 사라졌을 때, 감리엘 라반은 만약 이것이 안쪽부터 사라졌다면 안에 있는 〔어루러기가〕 퍼진 증상이고 밖에 있는 〔어루러기는〕 정결하다고 말했다. 만약 이것이 바깥쪽에서부터 〔사라졌다면〕 밖에 있는 〔어루러기는〕 정결하며 안에 있는 〔어루러기는〕 격리해야 한다. 아키바 랍비는 이렇든 저렇든 정결하다고 말했다.

- 어루러기가 가운데 있고, 그 바깥에 생살이 둘러싸고, 그 바깥에 어루러기가 또 둘러싼 상황이다. 안쪽 어루러기는 그 가운데 생살이 돋은 것이 아니므로, 격리해야 한다. 바깥쪽 어루러기는 그 안에 생살

이 있으므로 부정하다고 확진한다. 요쎄 랍비는 이런 경우에 생살은 반으로 나누어 생각해야 한다고 말하며, 어루러기가 그 안에 있으니 최소 크기 규정에 미치지 못하여 바깥쪽 어루러기도 부정해지지 않는다고 말했다.

- 같은 상황에서 생살이 작아지거나 사리지는 상황에 관하여, 감리엘 라반은 만약 생살이 안쪽부터 사라졌다면 안쪽 어루러기가 퍼진 증상이므로 안쪽 어루러기를 부정하다고 확진해야 한다고 주장한다. 바깥 어루러기는 원래 있던 생살이 사라진 상황이므로 정결해진다. 만약 생살이 바깥쪽부터 사라졌다면 바깥쪽 어루러기가 퍼진 증상이며, 생살은 사라지고 안쪽으로 퍼지는 현상은 피부병이 퍼진 부분으로 보지 않으므로(셋째 미쉬나) 결국 정결해진다. 안쪽 어루러기는 상황이 변하지 않았으므로 격리하고 재진해야 한다.
- 아키바 랍비는 생살이 안쪽부터 사라졌건 바깥쪽부터 사라졌건 상관없이 정결하다고 주장했는데, 어루러기가 다른 어루러기 안에서 퍼지는 것은 피부병이 퍼진 상태로 인정하지 않는다는 입장이다.

6, 6

다섯째 미쉬나에서 아키바 랍비가 했던 말을 해석하고 제한한다.

---

אָמַר רַבִּי שִׁמְעוֹן, אֵימָתַי, בִּזְמַן שֶׁהִיא כָעֲדָשָׁה מוּבֵאת. הָיְתָה יְתֵרָה מִכָּעֲדָשָׁה, הַמּוֹתָר סִימַן פִּשְׂיוֹן לַפְּנִימִית, וְהַחִיצוֹנָה טְמֵאָה. הָיָה בֹהַק פָּחוּת מִכָּעֲדָשָׁה, סִימַן פִּשְׂיוֹן לַפְּנִימִית, וְאֵין סִימַן פִּשְׂיוֹן לַחִיצוֹנָה:

---

쉼온 랍비는 언제부터 그런지 〔묻고, 생살이〕 정확하게[16] 편두 〔크기〕만 할 때부터라고 말했다. 〔생살이〕 편두 〔크기〕보다 더 커지면,

16) 이 표현(מובאת)은 '오다'(בוא)는 말의 호팔 분사형으로 '정확하게 (어떤) 크기'임을 가리킨다.

〔규정을 넘는〕 남은 부분은 안에 있는 〔어루러기가〕 퍼진 부분이며, 밖에 있는 〔어루러기는〕 부정하다. 편두 〔크기〕보다 작은 발진[17)]이 나타났다면, 이것은 안에 있는 〔어루러기가〕 퍼진 증상이며, 밖에 있는 〔어루러기가〕 퍼진 증상이 아니다.

- 아키바 랍비는 생살이 안쪽부터 사라졌건 바깥쪽부터 사라졌건 상관없이 안쪽 어루러기가 정결하다고 주장했는데(다섯째 미쉬나), 쉼온 랍비는 어떤 상황에서 그렇게 판단할 수 있는지 묻고, 생살이 정확하게 편두 크기만 할 때부터라고 대답했다.
- 만약 생살이 편두 크기보다 더 큰 상태였는데, 안쪽부터 작아져서 편두 크기만 한 생살이 안에 남았다면, 안쪽 어루러기가 퍼진 것이다. 남은 생살은 피부병이 아니고 일반 피부며 안쪽 어루러기가 피부로 퍼진 것이므로 안쪽 어루러기는 부정해진다. 바깥쪽 어루러기는 안에 편두만 한 색점이 있으므로 부정하다. 생살이 바깥쪽부터 작아져서 편두 크기만 한 생살이 남았다면, 바깥쪽 어루러기는 부정하다고 확진하고 안쪽 어루러기는 격리해야 한다(다섯째 미쉬나).
- 만약 발진이 편두보다 작은 크기로 나왔는데, 안쪽부터 작아지면 안쪽 어루러기가 퍼진 것이다. 이 어루러기는 편두보다 작으므로 피부병 환부가 아니며 일반 피부와 같고, 안쪽 어루러기가 피부로 퍼진 것이므로 안쪽 어루러기는 부정해진다. 바깥쪽부터 작아지면, 바깥쪽 어루러기가 발진 안으로 퍼진 상황인데, 피부병은 안쪽으로 퍼질 수 없으므로, 정결하다.

17) 이 낱말(בהק, 보학)은 탁한 하얀색 환부인데, 그 색깔이 어루러기의 증상 네 가지보다 흐리며, 크기가 편두보다 작아도 이렇게 발진이라고 부를 수 있다.

6, 7

피부병이 생겼어도 부정하다고 확정할 수 없는 신체부분에 관해 논의한다.

---

עֶשְׂרִים וְאַרְבָּעָה רָאשֵׁי אֵבָרִין בָּאָדָם שֶׁאֵינָן מְטַמְּאִין מִשּׁוּם מִחְיָה, רָאשֵׁי אֶצְבְּעוֹת יָדַיִם וְרַגְלַיִם, וְרָאשֵׁי אָזְנַיִם, וְרֹאשׁ הַחֹטֶם, וְרֹאשׁ הַגְּוִיָּה, וְרָאשֵׁי הַדַּדִּים שֶׁבָּאִשָּׁה. רַבִּי יְהוּדָה אוֹמֵר, אַף שֶׁל אִישׁ. רַבִּי אֱלִיעֶזֶר אוֹמֵר, אַף הַיַּבָּלוֹת וְהַדִּלְדּוּלִין אֵינָן מְטַמְּאִין מִשּׁוּם מִחְיָה:

---

사람의 신체 말단 부분 스물네 곳은 생살 때문에 부정해지지 않으니, 손가락과 발가락 끝, 귀 끝, 코 끝, 내부기관[18] 끝, 여성의 가슴 끝이 그러하다.

예후다 랍비는 남자의 〔가슴 끝〕도 그렇다고 말했다. 엘리에제르 랍비는 무사마귀와 위축된 사마귀도 생살 때문에 부정해지지 않는다고 말했다.

- 피부병을 진찰하는 과정은 히브리 성서에 "제사장이 그것을 보고 부정하다고 할 것이요"라고 기록했다(레 13:3).[19] 랍비들은 이 구절을 제사장이 한눈에 피부병 환부를 모두 볼 수 있을 때 피부병이라고 확진할 수 있다고 해석했다. 그러므로 피부병이 손가락 끝처럼 신체 말단에 발병하여 환부 일부는 보이고 다른 부분은 보이지 않는 상황이라면 피부병으로 확진할 수 없다고 주장한다.
- 이런 조건에 맞는 신체부분은 모두 24곳이라고 했는데, 손가락과 발가락 끝 20개와 각각 하나로 계산한 귀, 코, 성기, 젖꼭지 끝 4개라고

---

18) 이 낱말(גויה, 게비야)은 '내부 기관'이라는 뜻인데, 성기를 완곡하게 일컫는 말이다(야스트로 220).

19) 레위기 13:3은 우리말 성경에서 "제사장이 그를 진찰하여 그를 부정하다 할 것이요"라고 의역했다(개역개정판).

계산했다.

- 예후다 랍비와 엘리에제르 랍비는 다른 경우도 첨가한다.

## 6, 8

피부병이 발병해도 부정해지지 않는 신체 부위에 관해 계속해서 논의한다.

---

אֵלּוּ מְקוֹמוֹת בָּאָדָם שֶׁאֵינָן מִטַּמְּאִין בְּבַהֶרֶת, תּוֹךְ הָעַיִן, תּוֹךְ הָאֹזֶן, תּוֹךְ הַחֹטֶם, תּוֹךְ הַפֶּה, הַקְּמָטִין, וְהַקְּמָטִין שֶׁבַּצַּוָּאר, תַּחַת הַדַּד, וּבֵית הַשֶּׁחִי, כַּף הָרֶגֶל, וְהַצִּפֹּרֶן, הָרֹאשׁ, וְהַזָּקָן, הַשְּׁחִין וְהַמִּכְוָה וְהַקֶּדַח הַמּוֹרְדִין, אֵינָן מִטַּמְּאִין בַּנְּגָעִים, וְאֵינָן מִצְטָרְפִים בַּנְּגָעִים, וְאֵין הַנֶּגַע פּוֹשֶׂה לְתוֹכָן, וְאֵינָן מִטַּמְּאִין מִשּׁוּם מִחְיָה, וְאֵינָן מְעַכְּבִין אֶת הַהוֹפֵךְ כֻּלּוֹ לָבָן. חָזַר הָרֹאשׁ וְהַזָּקָן וְנִקְרְחוּ, הַשְּׁחִין וְהַמִּכְוָה וְהַקֶּדַח וְנַעֲשׂוּ צָרֶבֶת, הֲרֵי אֵלּוּ מִטַּמְּאִין בַּנְּגָעִים, וְאֵינָן מִצְטָרְפִין בַּנְּגָעִים, וְאֵין הַנֶּגַע פּוֹשֶׂה לְתוֹכָן, וְאֵינָן מִטַּמְּאִין מִשּׁוּם מִחְיָה, אֲבָל מְעַכְּבִין אֶת הַהוֹפֵךְ כֻּלּוֹ לָבָן. הָרֹאשׁ וְהַזָּקָן עַד שֶׁלֹּא הֶעֱלוּ שֵׂעָר, וְהַדִּלְדּוּלִין שֶׁבָּרֹאשׁ וְשֶׁבַּזָּקָן, נִדּוֹנִים כְּעוֹר הַבָּשָׂר:

---

사람의 몸에서 어루러기 때문에 부정해지지 않는 부분들이 있으니, 눈 속, 귓속, 콧속, 입속, 〔피부나 몸이〕 접힌 부분, 목이 접힌 부분, 가슴 아랫부분, 겨드랑이, 발바닥, 손톱(발톱), 머리와 수염이 난 〔피부〕, 종기나 화상과 물집[20]이 낫지 않은 〔부분은〕 피부병에 연결되지 않으며, 피부병이 그 안쪽으로 퍼지지 않으며, 생살 때문에 부정해지지 않고, 어떤 사람이 완전히 하얗게 변하는 현상을 막지 않는다.

머리와 수염이 〔빠져서〕 다시 대머리가 되거나, 종기와 화상과 물집이 〔있던 자리에〕 염증이 생기면, 이런 것들은 피부병을 부정하게

---

20) 알벡은 이 낱말(קדח)이 원래 '케락'(קרח)이었을 것이라고 주장했는데, 피부가 곪은 '물집'을 가리키는 말로 간주한 것은 마찬가지다. 야스트로는 이 낱말(קדח)을 '염증, 물집'이라고 설명했다(야스트로 1315).

만들 수 있으나, 〔다른〕 피부병 〔환부에〕 연결되지 않으며, 피부병이 그 안쪽으로 퍼지지 않으며, 생살 때문에 부정해지지 않고, 어떤 사람이 완전히 하얗게 변하는 현상을 막는다.

머리와 수염이 〔날 부분에〕 털이 나지 않았는데 위축된 사마귀가 머리나 수염에 생겼다면, 몸의 살의 일부라고 간주한다.

- 어루러기는 '피부'에 발병하기 때문에 피부라고 부를 수 없는 부분이나 무언가에 의해 가려진 부분은 피부병이 생겨도 부정해지지 않는다(「네가임」 2, 4). 주로 겉으로 노출되지 않고 가려진 부분들이 이런 범주에 속하며, 이미 종기나 화상이나 물집이 생겼다가 아직 낫지 않은 환부도 정상적인 '피부'가 아니므로 함께 언급되었다. 이런 부분들은 어루러기가 생겨도 '피부에 발생한 어루러기'가 아니므로 다른 어루러기와 연결되지 않으며, 다른 어루러기가 이런 부분으로 퍼져도 피부병 환부가 퍼진 부분으로 간주하지 않고, 이런 부분에 어루러기가 생기고 생살이 나타나도 부정하다고 간주하지 않는다. 나병이 온몸에 하얗게 퍼졌는데 이 목록에 언급된 부분에 나타나지 않았어도 그 사람을 정결하다고 선포하는 데 영향을 미치지 않는다.
- 머리털과 수염이 빠져서 대머리가 되거나(자세한 규정은 「네가임」 10, 1; 10, 10) 종기나 화상과 물집에 염증이 생겼다가 딱지가 앉았을 때(레 13:23, 28), 이런 부분 위에 어루러기가 생기더라도 '피부에 생긴 어루러기'와 연결되지 않으며(「네가임」 9, 2; 10, 9), 피부병이 이런 부분 안쪽으로 퍼지지 않고, 생살이 생겨도 부정해지지 않는다. 그러나 나병이 온몸에 하얗게 퍼졌는데 이런 부분에 나타나지 않으면, 그 사람은 정결하다고 말할 수 없다.
- 아직 어린아이라서 머리털이 나지 않았거나 수염이 나지 않았는데,

털이 나야 할 부분에 위축된 사마귀가 생겼다면, 이 경우에는 피부에 생긴 피부병으로 간주하며 부정해진다.

## 제7장

피부병 증상이 나타났으나 부정하다고 확진할 수 없는 경우와 의도적으로 피부병 환부를 떼어내거나 화상을 입혀서 증상을 지우는 경우에 관해 설명한다.

### 7, 1

피부병 증상은 나타났지만 부정하다고 확진할 수 없는 경우를 논한다.

---

אֵלּוּ בֶהָרוֹת טְהוֹרוֹת. שֶׁהָיוּ בוֹ קֹדֶם לְמַתַּן תּוֹרָה, בְּנָכְרִי וְנִתְגַּיֵּר, בְּקָטָן וְנוֹלַד, בְּקֶמֶט וְנִגְלָה, בָּרֹאשׁ וּבַזָּקָן, בַּשְּׁחִין וּבַמִּכְוָה וְקֶדַח וּבַמּוֹרְדִין. חָזַר הָרֹאשׁ וְהַזָּקָן וְנִקְרְחוּ, הַשְּׁחִין וְהַמִּכְוָה וְהַקֶּדַח וְנַעֲשׂוּ צָרֶבֶת, טְהוֹרִים. הָרֹאשׁ וְהַזָּקָן עַד שֶׁלֹּא הֶעֱלוּ שֵׂעָר, הֶעֱלוּ שֵׂעָר וְנִקְרְחוּ, הַשְּׁחִין וְהַמִּכְוָה וְהַקֶּדַח עַד שֶׁלֹּא נַעֲשׂוּ צָרֶבֶת, נַעֲשׂוּ צָרֶבֶת וְחָיוּ, רַבִּי אֱלִיעֶזֶר בֶּן יַעֲקֹב מְטַמֵּא, שֶׁתְּחִלָּתָן וְסוֹפָן טָמֵא. וַחֲכָמִים מְטַהֲרִים:

---

이러한 어루러기들은 정결하다. 토라를 받기 전에 생겼거나, 개종한 외부인에게, 어린이나 아기에게, [피부가] 접혔다가 펴지는 부분에, 머리와 수염이 [나는 부분에], 종기와 화상과 물집이 낫지 않은 [부분에], 머리와 수염이 [빠져서] 다시 대머리가 된 [부분과], 종기와 화상과 물집에 염증이 있던 [부분에 생긴 어루러기는] 정결하다.

머리와 수염이 [날 부분에] 털이 나지 않다가, 털이 났는데 다시 대머리가 된 [부분에 어루러기가 생겼거나], 종기와 화상과 물집이 염증이 없다가, 염증이 생겼는데 회복된 [부분에 생겼을 때], 엘리에제르 벤 야아콥 랍비는 부정하다고 주장했으니, 처음과 마지막이 부정하기 때문이다. 현인들은 정결하다고 했다.

- 피부병 환부는 토라를 받은 순간부터 부정하다고 간주한다. 히브리 성서를 따르면 "만일 사람이 그의 피부에 무엇이 돋거나"라고 기록하여(레 13:2), 미래에 일어날 일을 묘사하고 있으므로, 토라를 받기 전에는 피부병도 부정하지 않았다고 해석한다. 그래서 이스라엘 자손들은 모세가 토라를 받기 전에는 피부병이 발병해도 부정하지 않았으며, 개종한 외국인에게 개종하는 시점 이전에 생긴 피부병은 부정하지 않고, 갓 태어난 어린이들은 토라를 지킬 의무가 생기기 전에는 피부병이 부정하지 않다. 신체 부위 중에서 어루러기가 있어도 부정하지 않은 경우는 이미 논의한 바와 같다(「네가임」 6, 8).
- 엘리에제르 랍비는 머리와 수염이 날 부분에 털이 나지 않은 상태에서 어루러기가 생기면 부정한데(「네가임」 6, 8), 털이 났다면 다시 부정에서 벗어나며, 그 후에 대머리가 되었다면 다시 부정해진다고 했다. 처음 상태와 마지막 상태가 부정해질 수 있는 상황이었기 때문이다. 종기나 화상이나 물집도 마찬가지다. 현인들은 중간에 부정해질 수 없는 부분이 되는 단계가 있기 때문에, 그 시점을 기준으로 정결하다고 주장한다.

7, 2

피부병 증상이 변할 때 유의해야 할 상황을 설명한다.

---

נִשְׁתַּנּוּ מַרְאֵיהֶן, בֵּין לְהָקֵל בֵּין לְהַחְמִיר. כֵּיצַד לְהָקֵל. הָיְתָה כַשֶּׁלֶג וְנַעֲשָׂה כְסִיד הַהֵיכָל כְּצֶמֶר לָבָן וְכִקְרוּם בֵּיצָה, נַעֲשֵׂית מִסְפַּחַת שְׂאֵת, אוֹ מִסְפַּחַת עַזָּה. כֵּיצַד לְהַחְמִיר. הָיְתָה כִקְרוּם בֵּיצָה וְנַעֲשֵׂית כְּצֶמֶר לָבָן כְּסִיד הַהֵיכָל

וּכְשֶׁלֶג, רַבִּי אֶלְעָזָר בֶּן עֲזַרְיָה מְטַהֵר. רַבִּי אֶלְעָזָר חִסְמָא אוֹמֵר, לְהָקֵל, טָהוֹר, וּלְהַחְמִיר, תֵּרָאֶה בַתְּחִלָּה. רַבִּי עֲקִיבָא אוֹמֵר, בֵּין לְהָקֵל בֵּין לְהַחְמִיר, תֵּרָאֶה בַתְּחִלָּה:

---

〔피부병〕 증상이 변하며 더 가벼워지거나 더 심해질 수 있다. 어떻게 〔증상이〕 더 가벼워지는가? 이것이 눈처럼 〔하얀색〕이었다가 성전에서 쓰는 석회 색처럼 되었거나 양모처럼 하얀색이나 달걀색이 되어, 부스럼의 파생증상이나 진한 〔하얀색 증상의〕 파생증상이 되는 〔경우이다〕.[21)]

어떻게 〔증상이〕 더 심해지는가? 이것이 달걀색이었다가 양모처럼 하얀색이나 성전에서 쓰는 석회색이나 눈처럼 〔하얀색이〕 되었을 때이며, 엘아자르 벤 아자르야 랍비는 정결하다고 주장했다. 엘아자르 히스마 랍비는 〔증상이〕 가벼워지면 정결하고 심해지면 초진처럼 〔제사장에게〕 보여야 한다고 말했다. 아키바 랍비는 가벼워지거나 심해지거나 초진처럼 〔제사장에게〕 보여야 한다고 말했다.

- 피부병과 관련된 어루러기의 색깔과 관련하여 증상이 가벼워지며 색깔이 더 흐려지거나, 증상이 심해지며 색깔이 더 하얀색으로 변하는 경우가 있다. 피부병 증상이 가벼워지는 경우로 원래 환부가 눈처럼 하얀색이었다가 그보다 옅은 하얀색으로 변하면, 부스럼의 파생증상이나 눈처럼 하얀색인 환부의 파생증상일 뿐이다(레 13:6-8).
- 피부병 증상이 심해지는 경우로 환부가 달걀색이었다가 그보다 더 진한 하얀색으로 변할 때도 있다. 엘아자르 벤 아자르야 랍비는 색깔이 변했다 하더라도 환부가 동일하기 때문에 원래 상태를 기준으

---

21) 이 낱말(מספחת, 미스파핫)은 히브리 성서에 나오며 우리말 번역에서 '피부병'이라고 풀었는데(레 13:6), 미쉬나에서는 어루러기와 부스럼의 파생증상을 가리키는 말로 사용되었다.

로 판단하여 정결하다고 주장했다. 엘아자르 히스마 랍비는 증상이 가벼워져서 색깔이 엷어지면 정결하고, 증상이 심해져서 색깔이 더 진한 하얀색으로 변하면 새 피부병이 발병한 것으로 보고 제사장에게 찾아가 초진을 받아야 한다고 주장했다. 아키바 랍비는 무조건 다시 진찰을 받으라고 명했다.

## 7, 3

피부병 증상을 진찰하는 기간 중에 변화가 생긴 경우를 논의한다.

---

בַּהֶרֶת וְאֵין בָּהּ כְּלוּם, בַּתְּחִלָּה, בְּסוֹף שָׁבוּעַ רִאשׁוֹן, יַסְגִּיר. בְּסוֹף שָׁבוּעַ שֵׁנִי, לְאַחַר הַפְּטוּר, יִפְטֹר. עוֹדֵהוּ מַסְגִּירוֹ וּפוֹטֵר וְנוֹלְדוּ לוֹ סִימָנֵי טֻמְאָה, יַחְלִיט. בַּהֶרֶת וּבָהּ סִימָנֵי טֻמְאָה, יַחְלִיט. עוֹדֵהוּ מַחְלִיטוֹ וְהָלְכוּ לָהֶן סִימָנֵי טֻמְאָה, בַּתְּחִלָּה, בְּסוֹף שָׁבוּעַ רִאשׁוֹן, יַסְגִּיר. בְּסוֹף שָׁבוּעַ שֵׁנִי, לְאַחַר הַפְּטוּר, יִפְטֹר:

---

어루러기 〔위에〕 아무런 〔다른 증상이〕 없는 상태가 처음에나 첫째 주일 끝에 〔지속되었다면, 환자를〕 격리해야 한다. 둘째 주일 끝이나 면제를 받은 후에도 〔그렇다면, 환자를 부정으로부터〕 면제해야 한다. 그를 격리하는 도중이나 면제하는 도중에 부정한 증상들이 나타났다면, 〔환자를 부정하다고〕 확진해야 한다.

어루러기 위에 부정한 증상들이 있으면 〔부정하다고〕 확진해야 한다. 처음에나 첫째 주일 끝에 그를 〔부정하다고〕 확진하는 도중에 부정한 증상들이 사라졌다면, 〔환자를〕 격리해야 한다. 둘째 주일 끝이나 면제받은 후에 〔사라졌다면, 환자를〕 면제해야 한다.

- 콩 크기만 한 어루러기가 발생하여 제사장에게 와서 처음으로 진찰을 받거나 첫째 격리주일이 지나서 재진을 받았는데, 하얀 털이나 생살 등 부정한 증상이 전혀 없다면, 그 환자를 격리해야 한다. 둘째 격리주일이 지난 후나 면제를 받은 후에도 부정한 증상이 없다면,

환자는 부정으로부터 면제된다. 그러나 제사장이 그를 격리한 동안이나 면제한 이후에 하얀 털이나 생살이 돋아났거나 환부가 퍼졌다면, 그 환자는 부정하다고 확진한다. 그러나 이미 격리된 환자를 부정한 증상들이 나타났다고 해서 무조건 확진할 수는 없다(「네가임」 3, 1).

- 콩 크기만 한 어루러기에 부정한 증상들이 있다면, 그 환자는 부정하다고 확진해야 한다. 처음에나 첫째 격리주일 끝에 제사장이 그를 부정하다고 확진하려는 찰나에 부정한 증상들이 사라졌다면, 일단 그 환자를 격리한다. 둘째 격리주일 끝이나 면제받은 후에 사라졌다면, 그 환자를 면제시킨다.

## 7, 4

어루러기 위에 생긴 부정한 증상들을 제거하려는 자에 관하여 논의한다.

---

הַתּוֹלֵשׁ סִימָנֵי טֻמְאָה, וְהַכּוֹוֶה אֶת הַמִּחְיָה, עוֹבֵר בְּלֹא תַעֲשֶׂה. וּלְטָהֳרָה, עַד שֶׁלֹּא בָא אֵצֶל הַכֹּהֵן, טָהוֹר. לְאַחַר הֶחְלֵטוֹ, טָמֵא. אָמַר רַבִּי עֲקִיבָא, שָׁאַלְתִּי אֶת רַבָּן גַּמְלִיאֵל וְאֶת רַבִּי יְהוֹשֻׁעַ הוֹלְכִין לְגַדְוָד, בְּתוֹךְ הֶסְגֵּרוֹ, מַה הוּא. אָמְרוּ לִי, לֹא שָׁמַעְנוּ. אֲבָל שָׁמַעְנוּ, עַד שֶׁלֹּא בָא אֵצֶל הַכֹּהֵן, טָהוֹר, לְאַחַר הֶחְלֵטוֹ, טָמֵא. הִתְחַלְתִּי מֵבִיא לָהֶם רְאָיוֹת. אֶחָד עוֹמֵד בִּפְנֵי הַכֹּהֵן וְאֶחָד בְּתוֹךְ הֶסְגֵּרוֹ, טָהוֹר, עַד שֶׁיְּטַמְּאֶנּוּ הַכֹּהֵן. מֵאֵימָתַי הִיא טָהֳרָתוֹ, רַבִּי אֱלִיעֶזֶר אוֹמֵר, לִכְשֶׁיִּוָּלֶד לוֹ נֶגַע אַחֵר וְיִטְהַר מִמֶּנּוּ. וַחֲכָמִים אוֹמְרִים, עַד שֶׁתִּפְרַח בְּכֻלּוֹ, אוֹ עַד שֶׁתִּתְמַעֵט בַּהַרְתּוֹ מִכַּגְּרִיס:

---

부정한 증상들이 〔나타난 부분을〕 떼어내거나 생살에 화상을 〔입히는〕 자는 '하지 말라'는 〔규정을〕 어기는 것이다. 〔이런 상황에서〕 정결과 관련된 〔규정이 무엇인가〕? 그가 제사장을 찾아가기 전까지 그는 정결하다. 〔제사장이〕 그를 〔부정하다고〕 확진한 이후에는 그가

부정해진다.

아키바 랍비가 말했다. 감리엘 라반과 예호슈아 랍비가 가드바드[22]로 걸어갈 때 내가 〔그들에게〕 격리기간 동안에 〔부정해지는 증상들을 떼어낸 자에 관한 규정이〕 무엇이냐고 물었다. 그들은 우리가 〔규정을〕 듣지 못했다고 내게 대답했다. 그러나 우리는 그가 제사장을 찾아가기 전까지 그는 정결하고, 〔제사장이〕 그를 〔부정하다고〕 확진한 이후에는 그가 부정해진다는 말은 들었다고 했다. 나는 그들에게 증거를 제시했다. 한 사람이 제사장 앞에 서 있거나 그 사람이 격리 중이었다면, 그 제사장이 그를 부정하다고 할 때까지 그는 정결하다.

언제부터 그 사람이 정결해지는가? 엘리에제르 랍비는 그에게 다른 피부병이 발생하면 그 〔피부병〕으로부터 정결해진다고 말했다. 그러나 현인들은 이것이 그의 온몸에 퍼지거나 그의 어루러기가 콩 〔크기〕보다 작아질 때까지는 〔부정하다고〕 말했다.

- 어떤 사람이 어루러기 위에 돋아난 하얀 털을 뽑거나, 돋아난 생살을 태워서 화상 상처를 만들어서(「네가임」 3, 4) 부정해지는 증상을 없애려고 한다면, 히브리 성서에 기록한 '하지 말라'는 규정을 어기는 것으로 간주한다. 이 말은 신명기 24:8을 염두에 두었다고 해석하는데[23], 사실 이 구절은 '지켜 행하라'는 명령이며 '하지 말라'는 금지 명령이 아니다. 랍비들은 이 구절이 환부를 있는 그대로 지키라는

22) 가드바드(גדווד)라는 지명은 어떤 사본에 '나르바드'(נרווד)라고 기록되어 있는데, 케사리아 동쪽에 있는 '나르바타'(נרבתא)라는 지역을 가리키는 것으로 보인다(알벡). 요셉 벤 마티티야후가 유대 대반란과 관련해서 이 지명을 언급한 적이 있다(요세푸스, 『유대 전쟁사』 2, 14, 5).

23) 신명기 24:8에는 "너는 나병에 대하여 삼가서 레위 사람 제사장들이 너희에게 가르치는 대로 네가 힘써 다 지켜 행하되, 너희는 내가 그들에게 명령한 대로 지켜 향하라"라고 기록했다(개역개정판).

명령이므로 부정해지는 증상들을 제거하지 말라는 말이라고 해석한 것으로 보인다.

- 부정해지는 증상들을 제거한 사람과 관련된 규정은 그가 제사장에게 가서 환부를 진찰받아야 하며, 그가 의도적으로 증상들을 제거한 것이 확실하다면, 제사장은 그 사람을 부정하다고 확진한다.
- 미쉬나는 아키바 랍비가 전해주는 예화를 싣고 있다. 아키바 랍비가 가드바드로 가는 길에 감리엘 라반과 예호슈아 랍비에게 부정해지는 증상들을 제거한 사람에 관련된 규정을 물었는데, 그 랍비들이 적절한 규정을 들은 적이 없다며, 다만 그 사람이 제사장 앞에 나아가 진찰을 받기 전까지는 정결하고 확진을 받은 후에 부정해진다는 말만 들었다고 대답했다. 그러자 아키바 랍비가 좀 더 확실한 상황을 들어가며 질문을 계속하는데, 미쉬나 본문은 아키바 랍비가 어떤 증거를 제시했는지 자세히 언급하지 않는다. 토셉타에 의하면 첫째 격리기간 중에 이런 일이 벌어졌어도 제사장이 직접 보고 확정하기 전까지 그 환자는 정결하다는 말이었던 것 같다. 아키바 랍비가 제시한 증거를 듣고 감리엘 라반과 예호슈아 랍비가 관련규정을 이렇게 정했다. 한 사람이 제사장 앞에 서 있었고 제사장이 이미 환부를 보았지만 아직 부정하다고 확정하기 전에 부정해지는 증상을 떼어냈거나, 격리되어 있는 기간 중에 그렇게 했어도, 제사장이 그를 진찰하고 부정하다고 확진하기 전까지는 정결하다.
- 그렇다면 부정해지는 증상들을 떼어낸 자는 언제 다시 정결해지는가? 엘리에제르 랍비는 그가 다른 피부병에 걸렸다가 회복될 때 첫째 피부병도 함께 정결해진다고 말했다. 현인들은 악성피부병이 온몸에 퍼져서 더 이상 부정해지는 증상들을 떼어낼 수 없게 되면 정결해진다고 말했다(「네가임」 8, 3). 아니면 어루러기가 최소 크기 규정보다 작아질 때가 되면 정결해진다.

## 7, 5

מִי שֶׁהָיְתָה בוֹ בַהֶרֶת וְנִקְצְצָה, טְהוֹרָה. קְצָצָהּ מִתְכַּוֵּן, רַבִּי אֱלִיעֶזֶר אוֹמֵר, לִכְשֶׁיִּוָּלֶד לוֹ נֶגַע אַחֵר וְיִטְהַר מִמֶּנּוּ. וַחֲכָמִים אוֹמְרִים, עַד שֶׁתִּפְרַח בְּכֻלּוֹ. הָיְתָה בְרֹאשׁ הָעָרְלָה, יִמּוֹל:

어떤 사람이 어루러기가 생겼다가 〔그 부분이〕 잘려나갔다면, 〔그 사람은〕 정결하다. 그가 의도적으로 잘랐을 때, 엘리에제르 랍비는 그에게 다른 피부병이 발병하고나서 그 〔피부병〕으로부터 정결해진다고 말했다. 그러나 현인들은 이것이 그의 온몸에 퍼질 때까지 〔부정하다고〕 말했다. 〔그 피부병이〕 포피 끝에 발병했다면, 그는 할례를 행해야 한다.

- 어떤 사람이 어루러기가 생겼는데 어떤 사고 때문에 그 부분이 잘려나갔다면, 그 사람은 정결해진다. 그러나 의도적으로 환부를 잘라냈다면, 그렇지 않다. 엘리에제르 랍비는 다른 피부병이 발병했다가 회복될 때 첫째 피부병도 함께 정결해진다고 말했다. 현인들은 악성피부병이 그의 온몸에 퍼질 때까지 그 사람은 부정하다고 주장했다. 넷째 미쉬나와 달리 어루러기가 줄어드는 상황을 가정할 필요는 없는데, 이미 다 잘려나갔기 때문이다. 예외적인 경우로 그 피부병이 포피 끝에 발병했다면, 환부를 잘라내라고 명한다. 할례를 행하라는 규정은 '하지 말라'는 규정에 선행하기 때문이다.

## 제8장

피부병이 퍼지거나 환부가 줄어드는 경우를 다양하게 설명한다. 그리고 정결해진 자가 드릴 제물이 무엇인지 설명한다.

## 8, 1

「네가임」 제8장은 피부병이 온몸에 퍼졌을 경우를 논의한다.

---

הַפּוֹרֵחַ מִן הַטָּמֵא, טָהוֹר. חָזְרוּ בוֹ רָאשֵׁי אֵבָרִים, טָמֵא, עַד שֶׁתִּתְמַעֵט בַּהַרְתּוֹ מִכַּגְּרִיס. מִן הַטָּהוֹר, טָמֵא. חָזְרוּ בוֹ רָאשֵׁי אֵבָרִים, טָמֵא, עַד שֶׁתַּחֲזֹר בַּהַרְתּוֹ לִכְמוֹת שֶׁהָיְתָה:

---

〔피부병이〕 부정한 〔환자〕에게 〔완전히〕 피었으면,[24] 그자는 정결하다. 팔다리 끝부분이 다시 〔원상태로〕 돌아왔다면, 그자는 부정하고, 그의 어루러기가 콩 〔크기〕 만큼 작아질 때까지 〔그러하다〕.

〔피부병이〕 정결한 자에게 〔완전히 피었으면〕, 그자는 부정하다. 팔다리 끝부분이 다시 〔원상태로〕 돌아왔다면, 그자는 부정하고, 그의 어루러기가 원래 크기로 돌아올 때까지 〔그러하다〕.

- 첫째 미쉬나는 먼저 히브리 성서 내용을 짧게 언급한다. 제사장이 피부병자를 진찰하고 격리시켰거나 부정하다고 확진한 후에 그 피부병이 피어서 온몸이 하얗게 변하면 그자는 정결하다(레위기 13:12-13). 그러나 그 후에 피부병 환부가 사라지고 건강한 피부가 나타난다면 팔다리 끝부분에 조금씩만 나타났다 해도 그자는 부정하다(레 13:14).
- 그러나 제사장이 부정으로부터 면제시켜서 정결해진 후에 피부병 환부가 온몸에 피는 현상이 나타났다면, 그 환자는 다시 부정해진다(「네가임」 1, 3). 팔다리 끝부분부터 조금씩 환부가 사라져도 그 환자

---

24) 이 낱말(פרח)은 원래 '(꽃이) 피다'는 뜻인데, 피부병과 관련해서 하얀색 어루러기가 온몸에 퍼지는 현상을 표현할 때도 사용되었다. 우리말 번역에서 '퍼지다'로 번역했으나(레 13:12), 앞에서 피부병 환부가 소규모로 퍼진 상황을 묘사하는 낱말(פשׂ\סה, 파싸)과 분명히 다른 상황을 묘사하고 있다.

는 계속 부정하니, 피부병 환부가 퍼졌기 때문이다. 다만 퍼진 부분이 급격히 줄어들어서 처음 나타난 환부와 같은 크기가 되면, 더 이상 퍼진 부분이 없으므로 정결해진다.

## 8, 2

בַּהֶרֶת כַּגְּרִיס וּבָהּ מִחְיָה כָעֲדָשָׁה, פָּרְחָה בְכֻלּוֹ וְאַחַר כָּךְ הָלְכָה לָהּ הַמִּחְיָה,
אוֹ שֶׁהָלְכָה לָהּ הַמִּחְיָה וְאַחַר כָּךְ פָּרְחָה בְכֻלּוֹ, טָהוֹר. נוֹלְדָה לוֹ מִחְיָה,
טָמֵא. נוֹלַד לוֹ שֵׂעָר לָבָן, רַבִּי יְהוֹשֻׁעַ מְטַמֵּא, וַחֲכָמִים מְטַהֲרִין:

어루러기가 콩 〔크기〕만 하고 그 안에 편두 〔크기〕만 한 생살이 돋아났는데, 〔피부병이〕 온몸에 피었고 그 후에 생살이 사라졌거나 생살이 사라지고 그 후에 〔피부병이〕 온몸에 피었다면, 그자는 정결하다.

〔그러나 나중에〕 그에게 생살이 나타났다면, 그자는 부정하다. 그에게 하얀 털이 났다면, 예호슈아 랍비는 부정하다고 주장하고,현인들은 정결하다고 했다.

- 원래 콩 크기만 한 어루러기가 있고 그 안에 편두 크기만 한 생살이 돋았다면 제사장이 그를 부정하다고 확진했을 것이다. 그런데 피부병이 온몸에 피고 생살이 있던 부분을 대체했거나, 생살이 사라지면서 피부병이 온몸에 피었다면 그 사람은 정결하다. 피부병이 온몸에 피는 현상은 이렇게 단계적으로 발생할 수 있다.
- 이미 피부병이 온몸에 핀 다음에 생살이 나타났다면 그자는 부정하다(레 13:14). 피부병이 온몸에 핀 다음에 하얀 털이 돋아나도 그자는 부정하다는 것이 예호슈아 랍비의 주장이다. 하얀 털은 다른 상황에서 부정하다고 확진하는 조건이기 때문이다. 그러나 현인들은 하얀 털과 관련된 조건은 히브리 성서에 기록되어 있지 않으므로 부정

해진다고 말할 수 없다는 입장이다.

## 8, 3

בַּהֶרֶת וּבָהּ שֵׂעָר לָבָן, פָּרְחָה בְכֻלּוֹ, אַף עַל פִּי שֶׁשֵּׂעָר לָבָן בִּמְקוֹמוֹ, טָהוֹר. בַּהֶרֶת וּבָהּ פִּשְׂיוֹן, פָּרְחָה בְכֻלּוֹ, טָהוֹר. וְכֻלָּן שֶׁחָזְרוּ בָהֶן רָאשֵׁי אֵבָרִים, הֲרֵי אֵלּוּ טְמֵאִין. פָּרְחָה בְמִקְצָתוֹ, טָמֵא. פָּרְחָה בְכֻלּוֹ, טָהוֹר:

어루러기에 하얀 털이 났고, 〔피부병이〕 온몸에 피었을 때, 그자리에 하얀 털이 있어도 그자는 정결하다. 어루러기가 있고 〔그 환부가〕 퍼졌는데, 〔피부병이〕 온몸에 피었다면, 그자는 정결하다. 그러나 이런 모든 〔경우에〕 팔다리 끝부분이 다시 〔원상태로〕 돌아오면, 이런 것들은 부정하다.

〔피부병이 몸의〕 끝부분에 피었으면 부정하다. 온몸에 피었으면 정결하다.

- 어루러기에 하얀 털이 나거나 환부가 퍼진 부분이 있어서 부정하다고 확진해야 할 조건이라 할지라도, 피부병이 온몸에 피면 이런 조건들을 취소시키며 그 환자는 정결해진다. 역시 히브리 성서에 기록된 내용을 설명하는 부분이다.
- 생살이 돋거나 하얀 털이 났거나 환부가 퍼진 상태에서 피부병이 온몸에 피어서 정결해졌다가 팔다리 끝부분이 다시 원상태로 돌아가면, 히브리 성서의 규정대로 그 환자는 부정하다.
- 피부병이 몸의 일부분에 피었다면 부정하고, 온몸에 피었다면 정결하다.

## 8, 4

כָּל פְּרִיחַת רָאשֵׁי אֵבָרִים שֶׁבִּפְרִיחָתָן טִהֲרוּ טָמֵא, כְּשֶׁיַּחְזְרוּ טְמֵאִים. כָּל חֲזִירַת רָאשֵׁי אֵבָרִים שֶׁבַּחֲזִירָתָם טִמְּאוּ טָהוֹר, נִתְכַּסּוּ, טָהוֹר. נִתְגַּלּוּ, טָמֵא, אֲפִלּוּ מֵאָה פְעָמִים:

〔피부병이〕 피어서 부정한 자를 정결하게 만들었던 모든 핀 부분이 팔다리 끝부분에 다시 나타나면, 그자는 부정하다. 다시 나타나서 정결한 자를 부정하게 만들었던 부분이 팔다리 끝부분에 돌아와서 〔다시 온몸을〕 덮으면, 그자는 정결하다. 그것들이 나타나면 부정하며, 백 번 〔반복된다〕 하더라도 〔그러하다〕.

- 첫째 미쉬나에서 언급한 대로 온몸에 피부병이 피어서 정결해진 후에 팔다리 끝부분에 이런 현상이 다시 나타나면, 그자는 부정하다. 다시 나타난 피부병 환부가 팔다리 끝에서 시작했다가 다시 온몸을 덮으면 그자는 정결해진다(레 13:16-17). 피부병 환부가 몸의 일부분에 나타나면 다시 부정해진다는 것이 원칙이니 백 번을 반복한다 해도 마찬가지다.

## 8, 5

כֹּל הָרָאוּי לְטַמֵּא בְנֶגַע הַבַּהֶרֶת, מְעַכֵּב אֶת הַפְּרִיחָה. כֹּל שֶׁאֵינוֹ רָאוּי לְטַמֵּא בְנֶגַע הַבַּהֶרֶת, אֵינוֹ מְעַכֵּב אֶת הַפְּרִיחָה. כֵּיצַד. פָּרְחָה בְכֻלּוֹ, אֲבָל לֹא בָרֹאשׁ וּבַזָּקָן, בַּשְּׁחִין, בַּמִּכְוָה וּבַקֶּדַח הַמּוֹרְדִין, חָזַר הָרֹאשׁ וְהַזָּקָן וְנִקְרְחוּ, הַשְּׁחִין וְהַמִּכְוָה וְהַקֶּדַח וְנַעֲשׂוּ צָרֶבֶת, טְהוֹרִים. פָּרְחָה בְכֻלּוֹ, אֲבָל לֹא בְכַחֲצִי עֲדָשָׁה הַסָּמוּךְ לָרֹאשׁ וְלַזָּקָן, לַשְּׁחִין, לַמִּכְוָה, וְלַקֶּדַח, חָזַר הָרֹאשׁ וְהַזָּקָן וְנִקְרְחוּ, הַשְּׁחִין וְהַמִּכְוָה וְהַקֶּדַח וְנַעֲשׂוּ צָרֶבֶת, אַף עַל פִּי שֶׁנַּעֲשָׂה מְקוֹם הַמִּחְיָה בַּהֶרֶת, טָמֵא, עַד שֶׁתִּפְרַח בְּכֻלּוֹ:

어루러기가 나타나는 피부병 때문에 부정해질 수 있는 모든 〔피부는 피부병이 온몸에〕 피는 것을 지연시킨다. 어루러기가 나타나는 피부병 때문에 부정해지지 않는 모든 〔피부는 피부병이 온몸에〕 피는 것을 지연시키지 않는다.

어떻게 〔그렇게 되는가〕? 〔피부병이〕 온몸에 피었지만 그의 머리와 수염, 종기, 화상, 낫지 않은 물집만 〔피지〕 않았을 때, 〔환부가〕 다시 나타나 머리와 수염 부분에 털이 빠졌거나, 종기나 화상이나 물집에 딱지가 앉았다면, 〔이런 부위는〕 정결하다.

〔피부병이〕 온몸에 피었지만 그의 머리와 수염, 종기, 화상, 물집에 가까운 부분에 편두의 반 정도가 〔피지〕 않았을 때, 〔환부가〕 다시 나타나 머리와 수염 부분에 털이 빠졌거나, 종기나 화상이나 물집에 딱지가 앉았다면, 생살에 있던 자리에 어루러기가 나타났다 하더라도, 온몸에 필 때까지 부정하다.

- 다른 미쉬나에서 인간의 피부 중에서 머리와 수염이 나는 부분과 종기와 화상과 물집이 생긴 부분은 피부병 증상과 관련이 없다고 규정한 바 있다(「네가임」 6, 8). 그러므로 이런 부분에 피부병 증상이 나타나도 그 사람은 부정해지지 않으며, 이런 부분에 피부병 증상이 나타나지 않아도 피부병이 온몸에 피는 상태에 영향을 미치지 않고 그 사람이 정결해질 수 있다. 그러나 이런 신체 부분에 속하지 않는 다른 부분에 피부병 증상이 나타나지 않으면 피부병이 온몸에 피었다고 말할 수 없으며, 그 사람은 정결해질 수 없다.
- 어떤 경우에 이런 규정을 적용할 수 있는가? 피부병 증상이 온몸에 피었고 그의 머리와 수염, 종기, 화상, 물집이 있는 부분만 나타나지 않았다면 그 사람은 정결하다. 그런데 그 후에 머리나 수염의 털이 빠졌거나 종기나 화상이나 물집에 딱지가 앉아서 제의적인 성격이 변하고 피부병의 영향을 받게 되었다. 그렇다고 해도 이 환자는 정결하다고 간주하는데, 그 이유는 피부병 증상이 온몸에 피던 당시에는

머리나 수염, 종기, 화상, 물집이 피부병에 영향을 받지 않는 상태였기 때문이다. 진찰하던 시점이 지나고 나서 생긴 변화는 진찰 내용에 영향을 미치지 않는다.

- 또 다른 경우로 피부병 증상이 온몸에 피지 않았고, 그의 머리와 수염, 종기, 화상, 물집에 가까운 부분에 편두 반만 한 정상 피부가 있었다면, 그 사람은 부정하다고 확진한다. 그 후에 머리와 수염의 털이 빠졌거나 종기나 화상이나 물집에 딱지가 앉아서 피부병의 영향을 받게 되었다면, 피부병이 앞에서 말한 편두 반만 한 정상 피부까지 피었다 해도 계속해서 부정하다. 이제는 피부병 증상이 머리와 수염, 종기, 화상, 물집이 있던 자리까지 피어야 정결해질 수 있다.

## 8, 6

שְׁתֵּי בֶהָרוֹת, אַחַת טְמֵאָה וְאַחַת טְהוֹרָה, פָּרְחָה מִזּוֹ לָזוֹ וְאַחַר כָּךְ פָּרְחָה בְכֻלּוֹ, טָהוֹר. בִּשְׂפָתוֹ הָעֶלְיוֹנָה, בִּשְׂפָתוֹ הַתַּחְתּוֹנָה, בִּשְׁתֵּי אֶצְבְּעוֹתָיו, בִּשְׁנֵי רִיסֵי עֵינָיו, אַף עַל פִּי שֶׁמְּדֻבָּקִים זֶה לָזֶה וְהֵם נִרְאִים כְּאֶחָד, טָהוֹר. פָּרְחָה בְכֻלּוֹ, אֲבָל לֹא בַבֹּהַק, טָמֵא. חָזְרוּ בוֹ רָאשֵׁי אֵבָרִים כְּמִין בֹּהַק, טָהוֹר. חָזְרוּ בוֹ רָאשֵׁי אֵבָרִים פָּחוֹת מִכָּעֲדָשָׁה, רַבִּי מֵאִיר מְטַמֵּא. וַחֲכָמִים אוֹמְרִים, בֹּהַק פָּחוֹת מִכָּעֲדָשָׁה, סִימַן טֻמְאָה בַתְּחִלָּה, וְאֵין סִימַן טֻמְאָה בַסּוֹף:

〔어떤 사람이〕 어루러기 두 개가 있었고, 하나는 부정하고 하나는 정결했는데, 〔환부가〕 하나에서 〔다른〕 하나로 피었고, 그 후에 온몸에 피었다면, 그것은 정결하다. 〔어루러기 하나는〕 윗입술에 있고 〔다른 하나는〕 아랫입술에 있거나, 〔각각〕 두 손가락 위에 있거나, 〔각각〕 두 눈꺼풀 위에 있어서, 서로 붙어서 하나처럼 보인다고 해도, 그것은 정결하다.

〔피부병이〕 온몸에 피었지만 발진이 있는 부분에 나타나지 않았다면 그는 부정하다. 〔피부병이〕 팔다리 끝부분에 다시 나타나서 발진처럼 보인다면, 그것은 정결하다. 팔다리 끝부분 〔피부가〕 편두보다

작은 〔크기로〕 다시 〔정상 색깔로〕 나타났다면, 메이르 랍비는 부정하다고 주장했다. 그러나 현인들은 편두보다 작은 발진은 처음에는 부정한 증상이지만 끝에는 부정한 증상이 아니라고 말했다.

- 어떤 환자에게 어루러기가 두 개가 있었는데, 그중 하나는 부정한 어루러기이지만 다른 하나는 오래되어 제사장이 정결하다고 면제시킨 환부였다. 그런데 피부병이 피어 하나에서 다른 하나로 퍼졌고, 그 후에 온몸으로 피었다면, 그 환자는 정결하다. 처음에 정결한 어루러기에서 부정한 것으로 퍼졌건 부정한 어루러기에서 정결한 것으로 퍼졌건, 온몸에 퍼지기 전에 부정한 어루러기에서 피기 시작했으므로, 정결한 환자의 몸에 완전히 퍼진 상태(첫째 미쉬나)로 볼 수 없다.
- 위와 같은 상황에서 부정한 어루러기와 정결한 어루러기가 서로 떨어져 있지만 계속해서 서로 만나는 신체부위에 있을 때, 마치 크고 정결한 어루러기 하나처럼 보일 수 있지만 실제로 그렇지 않기 때문에, 역시 정결하다.
- 발진은 피부병의 증상 네 가지에 들지 못하는 흐린 하얀색 환부인데, 피부병이 발진이 난 부분을 제외하고 온몸에 피었다고 해도, 이 환자는 부정하다.
- 이미 피부병이 온몸에 피어 정결해진 사람의 팔다리 끝부분에 발진처럼 보이는 증상이 나타나도 계속해서 정결을 유지한다. 피부병이 온몸에 퍼져서 정결해진 환자에게 생살이 나타나면 부정하지만(레 13:14), 발진은 생살이 아니기 때문이다.
- 이미 피부병이 온몸에 피어 정결해진 사람의 팔다리 끝부분에 피부가 정상적인 색깔로 다시 나타났다면, 그 환자는 부정해진다는 것이 메이르 랍비의 의견이다. 랍비들은 동의하지 않고 두 가지 상황을

언급한다. 하나는 편두 크기만 한 발진이 나타났을 때이고, 다른 하나는 편두 반만 한 생살이 나타났을 때다. 만약 피부병이 온몸에 필 때 이런 부분이 나타났다면 부정해지지만, 온몸에 퍼진 다음에 이런 부분이 나타났다면 그 환자는 계속해서 정결을 유지한다.

## 8, 7

הַבָּא כֻלּוֹ לָבָן, יַסְגִּיר. נוֹלַד לוֹ שֵׂעָר לָבָן, יַחְלִיט. הִשְׁחִירוּ שְׁתֵּיהֶם אוֹ אַחַת מֵהֶן, הִקְצִירוּ שְׁתֵּיהֶן אוֹ אַחַת מֵהֶן, נִסְמַךְ הַשְּׁחִין לִשְׁתֵּיהֶן אוֹ לְאַחַת מֵהֶן, הִקִּיף הַשְּׁחִין אֶת שְׁתֵּיהֶן אוֹ אֶת אַחַת מֵהֶן, אוֹ חִלְּקָן הַשְּׁחִין וּמִחְיַת הַשְּׁחִין הַמִּכְוָה וּמִחְיַת הַמִּכְוָה וְהַבֹּהַק. נוֹלַד לוֹ מִחְיָה אוֹ שֵׂעָר לָבָן, טָמֵא. לֹא נוֹלַד לוֹ לֹא מִחְיָה וְלֹא שֵׂעָר לָבָן, טָהוֹר. וְכֻלָּן שֶׁחָזְרוּ בָהֶן רָאשֵׁי אֵבָרִים, הֲרֵי אֵלּוּ כְמוֹת שֶׁהָיוּ. פָּרְחָה בְמִקְצָתוֹ, טָמֵא. פָּרְחָה בְכֻלּוֹ, הֲרֵי הוּא טָהוֹר:

〔이미〕 온몸이 하얗게 된 상태로 〔제사장에게〕 온 자는 격리시켜야 한다. 그에게 하얀 털이 돋아나면 〔부정하다고〕 확진한다. 〔하얀 털〕 두 가닥이나 한 가닥이 검은색으로 변했거나, 그 두 가닥이나 한 가닥이 짧아졌거나, 종기가 그 두 가닥이나 한 가닥에 가까운 곳에 발생했거나, 종기가 그 두 가닥이나 한 가닥을 둘러쌌거나, 종기나 종기의 생살이나 화상이나 화상의 생살이나 발진이 〔그 털들을〕 나누었다면 〔그 환자는 정결하다〕. 그에게 생살이나 하얀 털이 돋아나면 부정하다. 생살도 하얀 털도 돋아나지 않았다면 정결하다.

온몸에 〔피부병이 피었는데〕 팔다리 끝부분이 다시 〔정상 색깔로〕 나타났다면, 이것은 물론 그전 상황과 같다. 그의 〔몸의〕 끝부분에 〔피부병이〕 피었다면 그는 부정하다. 그의 온몸에 피었다면, 그는 물론 정결하다.

- 제사장이 초진을 하기도 전에 이미 온몸에 피부병이 피어 하얗게 변한 상태로 나타난 환자는 일단 격리시키고 증상의 변화를 살펴보아

야 한다. 격리기간이 지나고 다시 진찰했을 때 하얀 털이 돋아났다면 그를 부정하다고 확진한다. 이런 경우에 관해서는 이견이 존재한다 (둘째 미쉬나).

- 그 후에 미쉬나가 열거한 경우들이 나타나면 이 환자가 정결하다고 면제를 받는다(「네가임」 1, 5).
- 이 피부병자에게 생살이나 하얀 털이 나면, 첫 주 끝에, 둘째 주 끝에, 또는 면제를 받은 후에라도 그 환자는 부정해지지만(네가임 1, 3), 이런 증상들이 나타나지 않으면 정결하다.
- 이 피부병자가 팔다리 끝부분부터 피부가 다시 정상 색깔로 돌아왔다면 여전히 정결하다. 온몸에 피부병이 퍼져서 제사장이 정결하다고 면제했다가 피부의 일부가 정상으로 돌아오면 부정해지지만(셋째 미쉬나), 이 환자는 정결하다고 면제받은 적이 없기 때문에 부정해질 수도 없으며 그 전과 같이 정결을 유지한다.
- 이 피부병자의 팔다리 끝부분이 정상으로 돌아왔다가 또다시 피부병이 피었다면 이것은 환부가 퍼진 것이며 부정하다. 다시 온몸에 피었다면 다시 정결해진다.

## 8, 8

אִם בְּכֻלּוֹ פָּרְחָה כְאַחַת, מִתּוֹךְ הַטָּהֳרָה, טָמֵא. וּמִתּוֹךְ הַטֻּמְאָה, טָהוֹר. הַטָּהוֹר מִתּוֹךְ הֶסְגֵּר, פָּטוּר מִן הַפְּרִיעָה וּמִן הַפְּרִימָה וּמִן הַתִּגְלַחַת וּמִן הַצִּפֳּרִים. מִתּוֹךְ הֶחְלֵט, חַיָּב בְּכֻלָּן. זֶה וָזֶה מְטַמְּאִים בְּבִיאָה:

만약 〔피부병이〕 한꺼번에 그의 온몸에 피었는데, 정결한 상태에서 〔그렇게 되었다면〕, 그는 부정해진다. 부정한 상태에서 〔그렇게 되었다면〕, 그는 정결해진다.

격리되었다가 정결해진 자는 〔머리〕 풀기와 〔옷〕 찢기와 〔털〕 깎기와 새를 〔제물로 드리기〕에서 면제된다. 〔부정하다고〕 확진을 받은 후에 정결해진 자는 이 전부를 〔시행할〕 의무가 있다. 이런 사람이나 저런 사람이나 〔집에〕 들어갈 때 〔집을〕 부정하게 만든다.[25)]

- 어떤 환자가 온몸이 하얀색이 되어 나타났거나 생살이나 하얀 털이 돋지 않았거나 온몸에 핀 피부병 증상이 팔다리 끝부분부터 사라졌을 때 정결한데(일곱째 미쉬나), 그 후에 갑자기 피부병이 온몸에 피었다면, 이 경우는 정결한 상태에서 피부병이 발생했으므로 부정하다(첫째 미쉬나). 어떤 환자가 온몸이 하얀색이 되어 나타났는데 생살이나 하얀 털이 돋아났거나, 팔다리 끝부분이 정상이 되었다가 다시 피부병 증상이 나타났다면 부정한데, 그 후에 갑자기 피부병이 온몸에 피었다면, 이 경우는 부정한 상태에서 피부병이 발생했으므로 그 환자는 정결해진다.
- 격리 상태에 있던 환자는 머리 풀기와 옷 찢기와 털 깎기와 새를 제물로 바칠 필요가 없으며, 그 상태에서 면제를 받아도 마찬가지다(「켈림」 1, 5). 그러나 부정하다고 확진을 받은 사람은 머리 풀기와 옷 찢기를 시행해야 하며, 병에서 회복했을 때 털을 깎고 새 두 마리를 제물로 바쳐야 한다(레 13:45-46; 14:1-32).
- 격리 상태에서 면제받았거나 확진 상태에서 회복한 환자가 어떤 집 안으로 들어가면 그 집을 부정하게 만든다(「네가임」 13, 7 이하).

---

25) 마지막 문장은 이런 사람들이 "들어갈 때 부정하게 만든다"고 말하고 있는데, 어디에 들어가는지 무엇을 부정하게 만드는지 언급하지 않는다. 주석자에 따라 피부병자가 집에 들어가는 상황(알벡)이나 성행위를 하는 상황(Sefaria)을 가정하고 설명하는데, 그 이유는 '비아'(ביאה)라는 말이 두 경우를 모두 의미할 수 있기 때문이다(야스트로 159).

## 8, 9

הַבָּא כֻלּוֹ לָבָן וּבוֹ מִחְיָה כָעֲדָשָׁה, פָּרְחָה בְכֻלּוֹ וְאַחַר כָּךְ חָזְרוּ בוֹ רָאשֵׁי אֵבָרִים, רַבִּי יִשְׁמָעֵאל אוֹמֵר, כַּחֲזִירַת רָאשֵׁי אֵבָרִים בְּבַהֶרֶת גְּדוֹלָה. רַבִּי אֶלְעָזָר בֶּן עֲזַרְיָה אוֹמֵר, כַּחֲזִירַת רָאשֵׁי אֵבָרִים בְּבַהֶרֶת קְטַנָּה:

〔이미〕 온몸이 하얗게 된 상태로 〔제사장에게〕 왔는데 그에게 편두 〔크기〕만 한 생살이 있었고, 〔그 후에 피부병이〕 온몸에 피었고 그 후에 팔다리 끝부분이 다시 〔정상 색깔로〕 돌아왔다면, 이쉬마엘 랍비는 〔이 경우는〕 커다란 어루러기가 〔생겼다가〕 팔다리 끝부분이 다시 〔정상 색깔로〕 돌아온 것과 같다고 말했다. 엘아자르 벤 아자르야 랍비는 〔이 경우는〕 작은 어루러기가 〔생겼다가〕 팔다리 끝부분이 다시 〔정상 색깔로〕 돌아온 것과 같다고 말했다.

- 온몸이 하얀색으로 변한 상태로 제사장에게 왔는데 편두 크기만 한 생살이 돋아났고(부정한 조건), 그 생살이 사라지고 다시 피부병이 온몸에 피었으며(정결해지는 조건), 그런 후에 팔다리 끝부분이 다시 정상 색깔로 돌아왔을 때, 이쉬마엘 랍비는 이 환자가 면제받은 적이 없기 때문에 그 전과 마찬가지로 정결하다고 주장했다(일곱째 미쉬나). 이 환자는 확진하기 전에 생살이 생겼다가 없어졌으므로 처음부터 없는 것과 마찬가지라고 생각한 것이다. 그러나 엘아자르 랍비는 이 사람이 피부병 증상과 생살이 있었기 때문에 어루러기에 생살이 돋아난 것과 같은 경우라고 간주했고, 피부병이 온몸에 피면 정결해지지만, 팔다리 끝부분이 정상이 되면 다시 부정해진다고 주장했다(셋째와 넷째 미쉬나).

## 8, 10

יֵשׁ מַרְאֶה נִגְעוֹ לַכֹּהֵן וְנִשְׂכָּר, וְיֵשׁ מַרְאֶה וּמַפְסִיד. כֵּיצַד. מִי שֶׁהָיָה מֻחְלָט, וְהָלְכוּ לָהֶן סִימָנֵי טֻמְאָה, לֹא הִסְפִּיק לְהַרְאוֹתָהּ לַכֹּהֵן עַד שֶׁפָּרְחָה בְכֻלּוֹ, טָהוֹר. שֶׁאִלּוּ הֶרְאָה לַכֹּהֵן, הָיָה טָמֵא. בַּהֶרֶת וְאֵין בָּהּ כְּלוּם, לֹא הִסְפִּיק לְהַרְאוֹתָהּ לַכֹּהֵן עַד שֶׁפָּרְחָה בְכֻלּוֹ, טָמֵא. שֶׁאִלּוּ הֶרְאָה לַכֹּהֵן, הָיָה טָהוֹר:

자기 피부병 환부를 제사장에게 보여주고 이득을 보는 경우가 있고, 보여주고 손해를 보는 경우가 있다. 어떻게 〔그렇게 되는가〕? 〔부정하다고〕 확진을 받은 사람이 부정한 증상들이 사라졌으나 그것을 제사장에게 보여주지 못했는데, 〔피부병이〕 그의 온몸에 피었다면, 그는 정결해진다. 만약 그가 제사장에게 보였다면, 그는 부정해졌을 것이다.

어루러기가 발병했지만 아무런 〔다른 증상이〕 없었고, 그것을 제사장에게 보여주지 못했는데, 〔피부병이〕 그의 온몸에 피었다면, 그는 부정해진다. 만약 그가 제사장에게 보였다면, 그는 정결해졌을 것이다.

- 피부병 환부에 하얀 털이나 생살이나 퍼진 부분이 나타나서 부정하다고 확진을 받았는데, 그 부정한 증상들이 사라졌을 때 제사장에게 보여주고 진찰을 받았다면, 그 환자는 정결해졌을 것이다. 그 후에 피부병이 그의 온몸에 피었다면, 정결한 상태에서 피부병이 피었으므로 그는 부정해진다(첫째 미쉬나). 그렇지만 부정한 증상이 사라진 것을 제때 제사장에게 보여주지 않았으면 아직 부정한 상태로 간주되며, 피부병이 온몸에 피었으므로 그는 정결해진다.
- 어루러기가 있지만 아무런 다른 증상이 없어서 격리되었는데, 온몸에 피부병이 피었으면, 부정한 상태에서 핀 것이므로 그는 정결해졌을 것이다. 그런데 아무 증상이 나타나지 않았다는 것을 제사장에게

보여주지 않았고 피부병이 온몸에 퍼졌으면, 그 환자는 격리시켜야 한다(일곱째 미쉬나).

## 제9장

종기나 화상 환부 위에 나타난 피부병 증상과 손바닥에 나타난 어루러기에 관하여 설명한다.

### 9, 1

종기나 화상 환부 위에 하얀 털과 퍼진 부분이 있으면 부정해진다고 가르친다.

---

הַשְּׁחִין וְהַמִּכְוָה מְטַמְּאִין בְּשָׁבוּעַ אֶחָד, בִּשְׁנֵי סִימָנִים, בְּשֵׂעָר לָבָן וּבְפִשְׂיוֹן. אֵיזֶה הוּא הַשְּׁחִין. לָקָה בְעֵץ אוֹ בְאֶבֶן אוֹ בְגֶפֶת אוֹ בְמֵי טְבֶרְיָא, כֹּל שֶׁאֵינוֹ מֵחֲמַת הָאֵשׁ, זֶה הוּא שְׁחִין. אֵיזוֹ הִיא מִכְוָה. נִכְוָה בְגַחֶלֶת אוֹ בְרֶמֶץ, כֹּל שֶׁהוּא מֵחֲמַת הָאֵשׁ, זוֹ הִיא מִכְוָה:

---

종기나 화상에 〔나타나서〕 첫째 주일에 부정하게 만들려면 〔피부병 증상〕 두 가지 〔즉〕 하얀 털과 퍼진 부분이 〔나타나야 한다〕. 종기란 어떠한 증상인가? 〔어떤 사람이〕 나무나 돌이나 〔올리브 찌꺼기〕 덩어리[26] 또는 티베리아의 〔더운〕물[27] 〔등〕불이 아닌 어떤 것 때문에 부상을 입었으면, 그것이 종기가 된다. 화상이란 어떠한 증상인가?

26) 방앗간에서 올리브 열매를 짷어서 기름을 얻고 남은 찌꺼기는 뜨겁기 때문에 접촉하면 부상을 입을 수 있다.

27) 티베리아 지역에는 온천이 있어서 조심하지 않으면 더운물 때문에 부상을 입을 수 있다.

〔어떤 사람이〕 석탄이나 잉걸불[28] 〔등〕 불 때문에 〔피부가〕 탔다면, 그것이 화상이 된다.

- 종기나 화상에 하얀 털이나 피부병이 퍼진 부분이 나타나면 부정해진다(「네가임」 3, 4).

9, 2

הַשְּׁחִין וְהַמִּכְוָה אֵין מִצְטָרְפִין זֶה עִם זֶה, וְאֵין פּוֹשִׂין מִזֶּה לָזֶה, וְאֵין פּוֹשִׂין לְעוֹר הַבָּשָׂר, וְלֹא עוֹר הַבָּשָׂר פּוֹשֶׂה לְתוֹכָן. הָיוּ מוֹרְדִין, טְהוֹרִין. עָשׂוּ קְרוּם כִּקְלִפַּת הַשּׁוּם, זוֹ הִיא צָרֶבֶת הַשְּׁחִין הָאֲמוּרָה בַתּוֹרָה. חָזְרוּ וְחָיוּ, אַף עַל פִּי שֶׁמְּקוֹמָן צַלֶּקֶת, נִדּוֹנִין כְּעוֹר הַבָּשָׂר:

종기나 화상에 〔나타난 피부병 증상은〕 서로 연결되지 않으며, 하나에서 〔다른〕 하나로 퍼지지 않으며, 〔정상적인〕 살갗으로 퍼지지 않으며, 〔정상적인〕 살갗도 그 속으로 퍼지지 않는다. 이것들이 낫지 않았다면, 정결하다.

마늘 껍질과 비슷한 조직[29]이 생겼으면, 이것은 토라가 말하는 종기의 흉터[30]다. 이것들이 다시 〔정상 피부로〕 돌아가 회복되었다면, 상처가 남았다고 해도, 〔정상적인〕 살갗이라고 확정한다.

- 만약 콩 크기 반만 한 종기와 콩 크기 반만 한 화상이 있었다면, 두 증상이 하나로 연결되어 부정해지는 최소 규정에 맞출 수 없다(「네가임」 6, 8). 종기 환부 위에 발생한 피부병이 화상 환부 위로 퍼졌다고 해도, 이것은 피부병이 퍼진 부분으로 간주하지 않으며, 그 환자

28) 이 낱말(רמץ)은 아직 불이 완전히 꺼지지 않은 재를 가리킨다.

29) 이 낱말(קרום)은 '피부'나 '세포막'을 가리킨다(야스트로 1414).

30) 이 낱말(צרבת)은 '쭈글쭈글해진 (피부)'나 '흉터'를 가리킨다(야스트로 1299).

는 정결하다. 종기나 화상 위에 나타난 피부병 증상이 정상적인 피부 위로 퍼졌거나, 정상 피부 위에 발생한 어루러기가 종기나 화상 부위 속으로 퍼졌다고 해도, 이것은 피부병이 퍼진 부분으로 간주하지 않으며, 그 환자는 정결하다.

- 이런 규정은 종기나 화상에 딱지가 생기지 않고 아직 회복되지 않았다는 조건 아래서 적용할 수 있으며, 그 환자는 정결하다(네가임 6, 8).
- 종기 환부에 생기는 흉터에 관하여, 토라에 "그러나 그 색점이 여전하고 퍼지지 아니하였으면 이는 종기 흔적이니, 제사장은 그를 정하다 할지니라"라고 기록했다(레 13:23). 여기서 '흔적'이라는 말은 종기가 완전히 낫지 않고 비정상적인 조직이 생겨서 덮인 상태이기 때문에 '흉터'로 번역했다. 어루러기가 퍼지지 않았으므로 제사장은 환자를 정결하다고 면제해야 한다. 화상의 흉터에 관해서도 토라에 기록되어 있다(레 13:28).
- 종기나 화상이 회복되었고 피부병이 발병했으면, 상처가 남았다고 해도 정상 피부에 피부병이 발생한 것과 같은 규칙을 적용한다.

## 9, 3

엘리에제르 랍비와 다른 랍비들이 벌이는 토론이 그대로 남아 있으며, 엘리에제르 랍비의 보수적인 입장이 잘 드러나 있다.

---

שָׁאֲלוּ אֶת רַבִּי אֱלִיעֶזֶר, מִי שֶׁעָלְתָה לְתוֹךְ יָדוֹ בַּהֶרֶת כַּסֶּלַע וּמְקוֹמָהּ צָרֶבֶת שְׁחִין. אָמַר לָהֶם, יַסְגִּיר. אָמְרוּ לוֹ, לָמָּה, לְגַדֵּל שֵׂעָר לָבָן אֵינָהּ רְאוּיָה, וּלְפִשְׂיוֹן אֵינָהּ פּוֹשָׂה, וּלְמִחְיָה אֵינָהּ מִטַּמְּאָה. אָמַר לָהֶן, שֶׁמָּא תִכְנֹס וְתִפְשֶׂה. אָמְרוּ לוֹ, וַהֲלֹא מְקוֹמָהּ כַּגְּרִיס. אָמַר לָהֶן, לֹא שָׁמַעְתִּי. אָמַר לוֹ רַבִּי יְהוּדָה בֶּן בְּתֵירָא, אֲלַמֵּד בּוֹ. אָמַר לוֹ, אִם לְקַיֵּם דִּבְרֵי חֲכָמִים, הֵין. אָמַר לוֹ, שֶׁמָּא יִוָּלֵד לוֹ שְׁחִין אַחֵר חוּצָה לוֹ וְיִפְשֶׂה לְתוֹכוֹ. אָמַר לוֹ, חָכָם גָּדוֹל אַתָּה שֶׁקִּיַּמְתָּ דִּבְרֵי חֲכָמִים:

---

그들이 엘리에제르 랍비에게 어떤 사람이 손바닥에 쎌라 동전 〔크기〕만 한 어루러기가 생겼는데 그자리가 종기의 흉터였다면 〔어떤 규정을 적용하는지〕 물었다. 그는 〔그 환자를〕 격리시키라고 말했다.

그들이 왜 〔그렇게 해야 하는지〕 물었다. 〔손바닥은〕 하얀 털이 돋아나기에 적당하지 않고, 퍼진 부분에 관련해서는 〔피부병이〕 퍼지지도 않으며, 생살이 〔돋아나도〕 부정해지지 않는다고 〔반박했다〕. 그는 이것이 〔한 부분으로〕 모였다가 퍼질 수도 있다고 말했다.

그들은 그 〔증상이 발병한〕 자리가 콩 〔크기〕만 해야 되지 않느냐고 물었다. 그는 〔이런 상황에 관해〕 들은 바가 없다고 말했다.

예후다 벤 베테라가 자기가 가르쳐주겠다고 말했다. 그는(엘리에제르) 그가(예후다) 만약 현인들의 말을 보존하고자 한다면, 그렇게 하라고 말했다. 그는 〔그 이유가〕 다른 곳에 종기가 하나 더 발병했고, 〔그 후에〕 이것이 그 안으로 퍼진 경우가 〔그러하기 때문이라고〕 말했다. 그는(엘리에제르) 당신(예후다)이야말로 현인들의 말을 보존하는 위대한 현인이라고 말했다.

- 여러 랍비들이 엘리에제르 랍비에게 와서 물었다. 만약 어떤 사람이 손바닥에 부정해질 수 있는 크기의 어루러기가 생겨서 원래 있던 종기의 흉터를 덮었다면 어떤 규정을 적용해야 하는가가 주제였다.
- 엘리에제르 랍비는 그 환자를 격리시키고 부정하게 되는 증상이 더 나타나는지 관찰해야 한다고 말했다.
- 다른 랍비들은 이에 동의하지 않았다. 손바닥에는 원래 털이 나지 않으므로, 하얀 털이 나서 그 환자가 부정해질 가능성은 없기 때문이다. 종기나 화상에 생긴 피부병 증상은 정상적인 피부로 퍼지지 않으므로(둘째 미쉬나), 그것 때문에 부정해질 가능성도 없다. 종기나 화상은 생살 때문에 부정해지지 않으며(첫째 미쉬나), 그것 때문에 부

정해질 가능성도 없기 때문이다.

- 엘리에제르 랍비는 그 어루러기가 첫째 주일 끝에 크기가 줄어들어서 제사장에게 정결하다고 면제를 받고, 그 후에 종기 안으로 다시 퍼지면 부정해질 수도 있다고 반박했다.
- 다른 랍비들은 엘리에제르 랍비가 예로 든 경우가 사실이지만 어루러기가 셀라 동전 크기만 할 때에 그렇게 될 뿐, 어루러기가 콩 크기만 하면 그 위에 발병한 피부병 증상은 정상 피부로 퍼져 나갈 것이며, 이것은 피부병이 퍼진 것으로 간주하지 않는다고 지적했다(둘째 미쉬나).
- 그러자 엘리에제르 랍비는 더 이상 대답하지 못했고, 왜 격리시켜야 하는지 이유를 모른다고 인정했다.
- 이때 예후다 벤 베테라 랍비가 설명하겠다고 나섰고, 엘리에제르 랍비는 격리시켜야 한다는 현인들의 말에 동의한다면 말해도 좋다고 허락했다. 전승된 대답을 해석하고 확정할 수는 있지만, 전승을 바꿀 수는 없다는 것이다. 예후다 랍비는 환자의 피부 다른 곳에 종기가 하나 더 발병하고 그 위에 피부병 증상이 나타나서 먼저 있던 환부로 퍼진다면, 그 환자가 부정해질 수 있다고 설명했다. 종기 위에 생긴 피부병은 종기 위로 퍼질 수 있기 때문이다.
- 엘리에제르 랍비는 이 답변에 만족했고, 고대 현인들의 전승을 보존하고 확정하는 데 기여한 위대한 인물이라고 칭송했다.

## 제10장

머리나 수염이 나는 피부에 생기는 옴에 대해 설명한다. 그리고 병이 나은 사람이 머리와 몸의 털을 깎는 방법, 옴 환부가 하나 이상 발생했을 경우, 옴 환부가 나았다가 다시 부정해질 수 있는지 여부에 관해서 논의한다.

10, 1
머리나 수염이 나는 피부에 생기는 옴을 정의한다.

---

הַנְּתָקִים מִטַּמְּאִין בִּשְׁנֵי שָׁבוּעוֹת, וּבִשְׁנֵי סִימָנִים, בְּשֵׂעָר צָהֹב דַּק וּבְפִשְׂיוֹן. בְּשֵׂעָר צָהֹב דַּק, לָקוּי קָצָר, דִּבְרֵי רַבִּי עֲקִיבָא. רַבִּי יוֹחָנָן בֶּן נוּרִי אוֹמֵר, אֲפִלּוּ אָרֹךְ. אָמַר רַבִּי יוֹחָנָן בֶּן נוּרִי, מַה הַלָּשׁוֹן אוֹמְרִים, דַּק מַקֵּל זֶה, דַּק קָנֶה זֶה, דַּק לָקוּי קָצָר, אוֹ דַּק לָקוּי אָרֹךְ. אָמַר לוֹ רַבִּי עֲקִיבָא, עַד שֶׁאָנוּ לְמֵדִים מִן הַקָּנֶה, נִלְמַד מִן הַשֵּׂעָר. דַּק שְׂעָרוֹ שֶׁל פְּלוֹנִי, דַּק לָקוּי קָצָר, לֹא דַק לָקוּי אָרֹךְ:

---

옴[31]은 2주일에 걸쳐서 두 가지 증상이 나타나면 부정해지는데, 이것은 누렇고 가는 털과 〔환부가〕 퍼진 부분이다. 누렇고 가는 털이란 상해서 짧아진 털이라고 아키바 랍비가 말했다. 요하난 벤 누리 랍비는 길어도 상관없다고 말했다. 요하난 벤 누리 랍비는 어떤 막대기가 가늘다 또는 어떤 갈대가 가늘다는 말이 무슨 뜻이냐고 묻고, 이것은 〔그 막대기나 갈대가〕 상해서 가늘고 짧거나 상해서 가늘고 길다는 뜻이라고 말했다. 아키바 랍비는 우리가 갈대에 관해 배우기 전에 털에 관해서 배워야 한다고 말했다. 어떤 사람의 머리털이 가늘다고 말한다면 상해서 가늘고 짧다는 것이지 상해서 가늘고 길다는 말이 아니라고 〔주장했다〕.

---

31) 이 낱말(נתק, 네텍)은 정확하게 어떤 질병을 가리키는지 확신할 수 없다(어근은 '찢다, 자르다'는 뜻). 랍비들은 머리털이나 수염이 빠지며 피부 상태가 변했을 때 이 질병이 발생했다고 본다. 야스트로는 bald (blanched) spot on the head or in the beard(야스트로 945)라고 설명했고, 번역자들은 scall(댄비)이라고 풀거나 '네텍'이라고 음역했다(Sefaria). 개역개정판은 '옴'으로 공동번역은 '백선'으로 번역했다.

- 머리털이나 수염이 나는 피부에 병증이 생긴 것을 옴이라고 부르며, 적절한 절차를 거쳐 진찰하고 격리한다(레 13:29-37; 「네가임」 3, 5).
- 이 미쉬나는 '누렇고 가는 털'이란 용어를 어떻게 정의할 수 있는지 논의하고 있는데(레 13:30), 아키바 랍비는 '가늘다'는 말은 질병에 감염되어 상해서 두께가 얇을 뿐만 아니라 길이도 짧아진 털이라고 설명했다. 그런데 요하난 벤 누리 랍비는 동의하지 않고 '가늘다'는 말의 용례를 들어가며 두께에 관한 말이라고 반박한다. 아키바 랍비도 지지 않고, '가늘다'는 말이 막대기나 갈대를 가리킬 때와 털을 가리킬 때 의미가 달라질 수 있다고 주장한다.

### 10, 2
옴과 누런 털이 발견되는 순서에 관해 논의한다.

---

שֵׂעָר צָהֹב דַּק מְטַמֵּא מְכֻנָּס, וּמְפֻזָּר, וּמְבֻצָּר, וְשֶׁלֹּא מְבֻצָּר, הָפוּךְ, וְשֶׁלֹּא הָפוּךְ, דִּבְרֵי רַבִּי יְהוּדָה. רַבִּי שִׁמְעוֹן אוֹמֵר, אֵינוֹ מְטַמֵּא אֶלָּא הָפוּךְ. אָמַר רַבִּי שִׁמְעוֹן, וְדִין הוּא, מָה אִם שֵׂעָר לָבָן, שֶׁאֵין שֵׂעָר אַחֵר מַצִּיל מִיָּדוֹ, אֵינוֹ מְטַמֵּא אֶלָּא הָפוּךְ. שֵׂעָר צָהֹב דַּק שֶׁשֵּׂעָר אַחֵר מַצִּיל מִיָּדוֹ, אֵינוֹ דִין שֶׁלֹּא יְטַמֵּא אֶלָּא הָפוּךְ. רַבִּי יְהוּדָה אוֹמֵר, כָּל מָקוֹם שֶׁצָּרִיךְ לוֹמַר הָפוּךְ, אָמַר הָפוּךְ. אֲבָל הַנֶּתֶק שֶׁנֶּאֱמַר בּוֹ, וְלֹא הָיָה בוֹ שֵׂעָר צָהֹב, מְטַמֵּא הָפוּךְ וְשֶׁלֹּא הָפוּךְ:

---

누렇고 가는 털은 모여 있을 때와, 흩어져 있을 때, 〔옴이〕 에워쌌을 때와 에워싸지 않았을 때, 〔옴 때문에 색깔이〕 변했을 때와 변하지 않았을 때 부정하게 만든다고 예후다 랍비가 말했다. 쉼온 랍비는 이것이 〔옴 때문에 색깔이〕 변했을 때가 아니면 부정하게 만들지 않는다고 말했다. 쉼온 랍비는 하얀 털은 다른 털을 〔부정으로부터〕 구할 수 없는데, 이것은 〔색깔이〕 변했을 때가 아니라면 부정하게 만들지 않는다는 것이 규정이라고 말했다. 〔그렇다면〕 다른 털을 〔부정으로부

터] 구할 수 있는 누렇고 가는 털은 [색깔이] 변했을 때가 아니면 부정하게 만들지 않는다는 것은 규정이 될 수 없다. 예후다 랍비는 [토라에서 색깔이] 변했을 때라고 말해야 하는 곳은 [색깔이] 변했을 때라고 말했다고 주장했다. 그러나 거기서 "그자리에 누르스름한 털이 없고"라고 말한 옴은 [털 색깔이] 변했건 변하지 않았건 부정하게 만든다.

- 옴 증상과 누렇고 가는 털 사이의 관계는 어루러기와 하얀 털 사이의 관계와 유사하며(「네가임」 4, 3), 어떤 경우이든지 환자를 부정하게 만든다는 것이 예후다 랍비의 주장이다. 그런데 그는 옴이 먼저 발병하고 털이 누렇고 가늘게 변했을 때와 누런 털이 먼저 있었는데 옴이 발병한 상태를 구분하지 않고 모두 부정해진다고 말했다.
- 쉼온 랍비는 옴 증상과 누렇고 가는 털이 나타난 순서에 관해서 의문을 제기하며, 옴 때문에 털 색깔이 변했을 경우만 부정해진다고 주장했다. 자기 주장을 증명하기 위해서 쉼온 랍비는 단순한 상황에 적용하는 규정을 복잡한 상황에 적용할 수 있다는 '칼 바호메르'[32] 논증을 사용한다. 쉼온 랍비는 첫째로 어루러기에 하얀 털이 두 가닥 났다면 검은 털이 얼마나 많든지 상관없이 부정해진다는 예를 들어 피부병 증상이 나타난 후 털 색깔이 변해야 부정해지는 것이 규정이라고 주장했다. 그러므로 옴에 누렇고 가는 털이 두 가닥 있고 검은 털도 두 가닥 있을 때 정결하다는 것은 논리에 맞지 않는다고 말한다(셋째 미쉬나).

---

32) 칼 바호메르(קל וחומר)라는 말은 랍비들이 어떤 경우에서 얻은 결론을 다른 경우에 적용하기 위해 사용하던 전형적인 논증방식을 가리키는 말로, 좀 더 가볍고 쉬운 경우에서 얻은 결론을 더 무겁고 어려운 경우에 적용한다는 뜻이다. 원래 히브리 성서에서도 그 흔적을 찾아볼 수 있으며, 힐렐 랍비의 논증법(바벨 탈무드 「페싸힘」 66a)과 이쉬마엘 랍비의 논증법(씨프라, 파라샷 바이크라, 13, 1)에 포함되어 있다.

- 예후다 랍비는 토라에 나오는 문구는 정확하기 때문에 옴이 먼저이고 털 색깔이 나중에 변한 상황을 가리키려 했다면 그렇게 썼을 것이라고 주장한다. 이 말은 레위기 13:3에서 환부의 털이 하얀색으로 변했다고 쓴 구절을 염두에 둔 말이다. 그러나 레위기 13:32절에 "그 자리에 누르스름한 털이 없고"라고만 기록되었기 때문에 순서는 상관이 없다고 주장한다.

10, 3
옴이 회복되는 상황을 논의한다.

---

הַצּוֹמֵחַ מַצִּיל מִיַּד הַשֵּׂעָר צָהֹב וּמִיַּד הַפִּשְׂיוֹן, מְכֻנָּס, וּמְפֻזָּר, מְבֻצָּר, וְשֶׁלֹּא מְבֻצָּר. וְהַמְשֹׁאָר מַצִּיל מִיַּד שֵׂעָר צָהֹב וּמִיַּד הַפִּשְׂיוֹן, מְכֻנָּס, וּמְפֻזָּר, וּמְבֻצָּר. וְאֵינוֹ מַצִּיל מִן הַצַּד, עַד שֶׁיְּהֵא רָחוֹק מִן הַקָּמָה מְקוֹם שְׁתֵּי שְׂעָרוֹת. אַחַת צְהֻבָּה וְאַחַת שְׁחֹרָה, אַחַת צְהֻבָּה וְאַחַת לְבָנָה, אֵינָן מַצִּילוֹת:

---

〔옴 환부에 검은 털이〕 돋아나면 누런 털이나 퍼진 부분 때문에 〔부정해지는 것으로부터〕 구할 수 있는데, 그것들이 모여 있을 때와 흩어져 있을 때, 〔옴이〕 에워쌌을 때와 에워싸지 않았을 때에 〔그러하다〕. 그리고 〔그 외〕 다른 〔털들도〕 누런 털과 퍼진 부분 때문에 〔부정해지는 것으로부터〕 구하는데, 그것들이 모여 있을 때와 흩어져 있었을 때, 〔옴이〕 에워쌌을 때에 〔그러하다〕.

그러나 〔털들이 옴 환부〕 한쪽에 〔났을 때는 부정으로부터〕 구하지 못하며, 이것이 먼저 서 있던 〔털에서〕 털 두 가닥 거리일 때까지 〔그러하다〕. 털 한 가닥이 누렇고 다른 하나가 검거나, 하나가 누렇고 다른 하나가 하얀색이라면 〔부정으로부터〕 구할 수 없다.

- 어떤 환자의 옴이 더 이상 퍼지지 않고 그자리에 검은 털이 났다면, 그 환자는 나았고 정결하다고 확진해야 한다(레 13:37). 이미 누렇

고 가는 털이 나거나 옴의 환부가 퍼져서 부정하다는 진찰을 받았다고 해도, 검은 털이 두 가닥 이상 돋아나면 그 환자는 정결하며, 그 검은 털들이 모여 있을 때와 흩어져 있을 때, 옴이 검은 털들을 에워쌌을 때와 에워싸지 않았을 때에 그렇게 기능한다.

- 옴 환부에 새로 돋은 검은 털 외에도 옴이 발병하기 전부터 그자리에 나 있던 털들도 옴이 발생한 다음까지 그 환부에 남아 있었다면 누런 털이 났다고 하더라도 그 환부가 퍼지는지 살피기 위해서 격리할 필요가 없다(레 13:31). 이런 경우 검은 털들이 모여 있을 때와 흩어져 있을 때, 그리고 옴이 털들을 에워쌌을 때 그렇게 된다.
- 그러나 검은 털 두 가닥이 옴 환부 한쪽에 그리고 그 바깥쪽에 있었다면 환자가 부정해지는 것을 막지 못하는데, 옴보다 먼저 있었고 그 환부를 에워싸고 있는 털들로부터 옴 환부 안에 있는 털들까지 거리가 털 두 가닥 거리 이상일 때는 부정으로부터 막을 수 있다.
- 옴 환부가 정결해지려면 검은 털이 두 가닥 이상 돋아나야 하기 때문에 털 하나가 누렇고 다른 하나가 검다면 정결해질 수 없다. 하나가 누렇고 하나가 하얀색이라도 마찬가지다.

## 10, 4

옴이 발병하기 전에 누런 털이 있는 경우를 논의한다.

---

שֵׂעָר צָהֹב שֶׁקָּדַם אֶת הַנֶּתֶק, טָהוֹר. רַבִּי יְהוּדָה מְטַמֵּא. רַבִּי אֱלִיעֶזֶר בֶּן יַעֲקֹב אוֹמֵר, לֹא מְטַמֵּא וְלֹא מַצִּיל. רַבִּי שִׁמְעוֹן אוֹמֵר, כֹּל שֶׁאֵינוֹ סִימַן טֻמְאָה בַּנֶּתֶק, הֲרֵי הוּא סִימַן טָהֳרָה בַּנֶּתֶק:

---

누런 털이 옴보다 먼저 돋아나 있었다면 정결하다. 예후다 랍비는 부정하다고 주장했다. 엘리에제르 벤 야아콥은 이것은 부정하게 만들지는 않지만 〔부정으로부터〕 구할 수도 없다고 말했다. 쉼온 랍비

는 옴 환부를 부정하게 만드는 증상이 아니라면 옴 환부를 정결하게 만드는 증상이라고 말했다.

- 옴이 발생한 후에 누런 털이 돋아나서 피부병이 털 색깔을 바꾸었을 때 부정하다고 확진할 수 있기 때문에(둘째 미쉬나) 누런 털이 먼저 돋아나 있었다면 정결하다. 예후다 랍비는 이 의견에 반대한다.
- 만약 누런 털 두 가닥이 옴 환부보다 먼저 돋아나 있었다면, 이 털들이 옴보다 먼저 돋아났다고 해서 옴이 부정하게 되는 것을 막을 수 없다(셋째 미쉬나)는 것이 엘리에제르 랍비의 의견이다.
- 쉼온 랍비는 옴보다 먼저 돋아나 있던 누런 털처럼 환부를 부정하게 만들 수 없는 증상들은 결국 검은 털과 마찬가지로 환부를 정결하게 만드는 증상이라고 주장한다.

10, 5
옴이 나은 사람이 머리와 몸의 털들을 깎는 관행을 설명한다.

---

כֵּיצַד מְגַלְּחִין אֶת הַנֶּתֶק. מְגַלֵּחַ חוּצָה לוֹ וּמַנִּיחַ שְׁתֵּי שְׂעָרוֹת סָמוּךְ לוֹ, כְּדֵי שֶׁיְּהֵא נִכָּר אִם פָּשָׂה. הֶחְלִיטוֹ בְשֵׂעָר צָהֹב, הָלַךְ שֵׂעָר צָהֹב וְחָזַר שֵׂעָר צָהֹב, וְכֵן בְּפִשְׂיוֹן, בַּתְּחִלָּה, בְּסוֹף שָׁבוּעַ רִאשׁוֹן, בְּסוֹף שָׁבוּעַ שֵׁנִי, לְאַחַר הַפְּטוּר, הֲרֵי הוּא כְמוֹת שֶׁהָיָה. הֶחְלִיטוֹ בְּפִשְׂיוֹן, וְהָלַךְ הַפִּשְׂיוֹן וְחָזַר הַפִּשְׂיוֹן. וְכֵן בְּשֵׂעָר צָהֹב, בְּסוֹף שָׁבוּעַ רִאשׁוֹן, בְּסוֹף שָׁבוּעַ שֵׁנִי, לְאַחַר הַפְּטוּר, הֲרֵי הוּא כְמוֹ שֶׁהָיָה:

---

옴 환자는 어떻게 털을 깎는가? 그는 〔옴 환부의〕 바깥쪽을 깎으면서 환부에 가까운 곳에 〔검은〕 털 두 가닥을 남겨놓아 만약 〔환부가〕 퍼지면 알아볼 수 있도록 한다.

〔제사장이〕 누런 털 때문에 〔부정하다고〕 확진했는데, 누런 털이 사라졌다가 누런 털이 다시 돋아났거나 〔피부병이〕 퍼졌다면, 처음에,

첫째 주일 끝에, 둘째 주일 끝에, 〔정결하다고〕 면제된 이후라도, 그는 처음과 같은 상태가 된다.

〔제사장이〕 퍼진 부분 때문에 〔부정하다고〕 확진했는데, 퍼진 부분이 사라졌다가 퍼진 부분이 다시 나타났으며 누런 털도 돋아났다면, 첫째 주일 끝에, 둘째 주일 끝에, 그리고 〔정결하다고〕 면제를 받은 후에라도, 그는 처음과 같은 상태가 된다.

- 옴 증상 때문에 제사장을 찾아온 사람은 일주일 동안 격리시켰다가 재진해야 하며, 환부가 퍼지지 않고 누런 털이 나지 않았으면 머리와 수염을 깎고 다시 일주일 동안 격리시키고, 그 후에도 마찬가지이면 정결하다고 면제한다(레 13:31-34). 첫째 격리기간이 끝나고 털을 깎을 때 옴의 환부는 털을 깎지 않으며 환부와 가까운 곳에 있는 정상적인 검은 털도 두 가닥을 남겨놓는데, 만일 이 검은 털이 빠지면 옴이 퍼졌다는 증거가 된다.
- 제사장이 누런 털 때문에 옴 환자가 부정하다고 확진했는데, 초진했을 때 옴과 누런 털이 모두 발견되어 확진했거나, 그런 현상이 첫째나 둘째 격리기간이 끝나고 나타났거나, 아니면 정결하다고 면제를 받은 후에 나타나서 그렇게 확진했고, 그 후에 누런 털이 사라졌다가 다시 나타났거나 털이 나지 않고 환부가 퍼졌다면, 처음 상태로, 즉 부정하다는 확진 상태로 돌아가게 된다. 이것은 어루러기에 난 하얀 털과 같은 규정이다(「네가임」 5, 2).
- 제사장이 피부병이 퍼진 부분 때문에 옴 환자가 부정하다고 확진했는데, 첫째와 둘째 격리기간이 끝났을 때 또는 정결하다고 면제를 받은 후에 확진했고, 그 후에 퍼진 부분이 사라졌다가 퍼진 부분이 다시 나타났거나, 퍼진 부분이 아니라 누런 털이 돋아났다면, 역시 처음과 같은 상태, 즉 부정하다는 확진 상태로 돌아가게 된다.

## 10, 6

옴 환부가 하나 이상일 때 그 관계를 어떻게 규정하는지 설명한다.

---

שְׁנֵי נְתָקִים, זֶה בְּצַד זֶה, וְשִׁיטָה שֶׁל שֵׂעָר מַפְסֶקֶת בֵּינֵיהֶם, נִפְרַץ מִמָּקוֹם אֶחָד, טָמֵא. מִשְּׁנֵי מְקוֹמוֹת, טָהוֹר. כַּמָּה תְהֵא הַפִּרְצָה, מְקוֹם שְׁתֵּי שְׂעָרוֹת. נִפְרַץ מִמָּקוֹם אֶחָד כַּגְּרִיס, טָמֵא:

---

옴 환부 두 개가 서로 가까이 있고 〔정상적인〕 털 한 줄을 사이에 두고 나뉘어 있을 때, 〔이 줄이〕 한 장소에서 터져 있다면, 〔그는〕 부정하다. 〔이 줄이〕 두 장소에서 터져 있다면, 〔그는〕 정결하다. 그 터진 부분은 얼마나 〔커야〕 하는가? 털 두 가닥이 〔돋아날 수 있는〕 공간이다. 〔이 줄이〕 한 장소에서 콩 〔크기〕만큼 터져 있어도 〔그는〕 부정하다.

- 어떤 환자에게 옴 환부 두 개가 발병했는데, 그 사이에 정상적인 검은 털 한 줄이 빠지지 않고 남아 있을 때, 어느 한 장소에서 털이 빠지면서 빈 공간이 생겼다면, 이것은 옴 환부가 퍼지면서 털이 빠진 현상이므로 그 환자는 부정하다고 확진한다.
- 그런데 털이 빠지면서 옴이 퍼진 현상이 두 장소에서 나타난다면, 이것은 이미 커다란 옴 환부 하나가 생긴 것이며, 그 옴 환부 안에 정상적인 털이 두 가닥 이상 돋아 있는 상태이므로, 그 환자는 정결하다(셋째 미쉬나).
- 이런 규정을 적용하기 위한 터진 부분은 최소 크기 규정은 털 두 가닥 너비가 되는 공간이다.
- 털 한 줄이 남아 있고 털이 빠진 공간이 콩 크기만큼 되는 공간 하나가 있을 때 그 환자가 부정하다는 말은 이미 첫 문장에서 언급한 바와 같다. 크기 규정도 털 두 가닥 너비라고 정해져 있기 때문에, 이 마지막 문장은 문맥에 비추어 불필요한 규정이다.

10, 7

역시 옴 환부 두 개가 있을 때 그들의 상관관계를 논의한다.

---

שְׁנֵי נְתָקִין, זֶה לִפְנִים מִזֶּה, וְשִׁיטָה שֶׁל שֵׂעָר מַפְסֶקֶת בֵּינֵיהֶן, נִפְרַץ מִמָּקוֹם אֶחָד, טָמֵא. מִשְּׁנֵי מְקוֹמוֹת, טָהוֹר. כַּמָּה תְהֵא הַפִּרְצָה, מְקוֹם שְׁתֵּי שְׂעָרוֹת. נִפְרַץ מִמָּקוֹם אֶחָד כַּגְּרִיס, טָהוֹר:

---

옴 환부 두 개가 있는데, 하나가 다른 하나 안에 있고, [정상적인] 털 한 줄을 사이에 두고 나뉘어 있을 때, [이 줄이] 한 장소에서 터져 있다면, [그는] 부정하다. [이 줄이] 두 장소에서 터져 있다면, [그는] 정결하다. 그 터진 부분은 얼마나 [커야] 하는가? 털 두 가닥이 [돋아날 수 있는] 공간이다. [이 줄이] 한 장소에서 콩 [크기]만큼 터져 있어도 [그는] 정결하다.

- 어떤 환자에게 옴 환부 두 개가 발병했는데, 하나가 다른 하나 안에 있고, 정상적인 검은 털 한 줄이 그 사이에 빠지지 않고 남아 있을 때, 어느 한 장소에서 털이 빠지면서 빈 공간이 생겼다면 그 환자는 부정해진다. 이것은 안에 있는 환부가 바깥쪽으로 퍼지면서 생긴 현상이므로 부정해지는데, 남아 있는 정상적인 털들은 환부 안에 있는 것이 아니라 한쪽 가장자리에 있으므로 부정해지는 것을 막지 못한다. 같은 현상을 바깥에 있는 환부가 안쪽으로 퍼지면서 생긴 것으로 보면 부정하게 만들지 못하는데, 정상적인 털 두 가닥 이상이 환부 안쪽에 있기 때문이다.
- 털이 빠지면서 옴이 퍼진 부분이 두 장소 이상 나타나면, 이것은 커다란 옴 환부 하나라고 간주하며, 그 안에 정상적인 털 두 가닥 이상이 있으므로, 그 환자는 정결하다.
- 털이 빠지면서 옴이 퍼진 부분은 역시 털 두 가닥 너비가 되어야 한다.

- 털이 빠지면서 옴이 퍼진 부분이 콩 크기와 같다면, 이것 때문에 커다란 옴 환부 하나라고 간주하며, 그 안에 정상적인 털 두 가닥 이상이 있으므로, 그 환자는 정결하다.

## 10, 8

מִי שֶׁהָיָה בוֹ נֶתֶק וּבוֹ שֵׂעָר צָהֹב, טָמֵא. נוֹלַד לוֹ שֵׂעָר שָׁחֹר, טָהוֹר. אַף עַל פִּי שֶׁהָלַךְ לוֹ שֵׂעָר שָׁחֹר, טָהוֹר. רַבִּי שִׁמְעוֹן בֶּן יְהוּדָה אוֹמֵר מִשּׁוּם רַבִּי שִׁמְעוֹן, כָּל נֶתֶק שֶׁטָּהַר שָׁעָה אַחַת, אֵין לוֹ טֻמְאָה לְעוֹלָם. רַבִּי שִׁמְעוֹן אוֹמֵר, כָּל שֵׂעָר צָהֹב שֶׁטָּהַר שָׁעָה אַחַת, אֵין לוֹ טֻמְאָה לְעוֹלָם:

어떤 사람에게 옴이 발생했고 그 안에 누런 털이 돋아났다면, [그는] 부정하다. [그 환부 안에] 검은 털이 돋아났다면, [그는] 정결해진다. 그 검은 털이 사라진다 해도 그는 정결하다. 쉼온 벤 예후다[33] 랍비가 쉼온[34] 랍비의 이름으로 한 번 정결해진 옴 환부는 영원히 부정해지지 않는다고 말했다. 쉼온 랍비는 한번 정결해진 누런 털은 영원히 부정해지지 않는다고 말했다.

- 어떤 환자의 옴 환부에 누런 털이 돋아났다면, 초진할 때나 격리한 후나 상관없이 그 환자는 부정하다고 확진한다(다섯째 미쉬나). 그러나 그 환부가 퍼지지 않고 거기서 정상적인 검은 털이 돋아나오면 정결하다(셋째 미쉬나).
- 쉼온 벤 예후다 랍비는 쉼온 바르 요하이 랍비의 이름을 내세우며 이런 상황을 정의하는 원칙을 제시한다. 옴 환부는 퍼진 부분 때문에 부정해졌거나 누런 털 때문에 부정해졌거나 상관없이 그 퍼진 부

33) 쉼온 벤 예후다(שמעון בן יהודה) 랍비는 기원후 2세기 후반에 활동했으며 쉼온 랍비의 제자다.

34) 쉼온 바르 요하이(שמעון בר יוחאי) 랍비는 기원후 2세기 전반에 활동했다.

분이나 누런 털이 사라져서 정결해졌다면, 다시는 부정의 요인이 될 수 없다고 주장한다.

- 쉼온 랍비는 옴 환부에 누런 털이 있어서 부정해졌다가 정상적인 검은 털이 돋아나서 정결해졌는데, 그 검은 털이 다시 빠져서 사라졌다 해도 같은 누런 털 때문에 다시 부정해지지 않는다고 말했다. 그러나 옴 환부가 누런 털 때문에 부정해졌다가, 이 누런 털이 빠지고 다른 누런 털이 돋아났다면, 또는 퍼진 부분 때문에 부정해졌다가, 이 퍼진 부분이 사라지고 다른 퍼진 부분이 나타났다면, 그 환자는 부정하다(다섯째 미쉬나).

## 10, 9

מִי שֶׁהָיָה בוֹ נֶתֶק כַּגְּרִיס, וְנִתַּק כָּל רֹאשׁוֹ, טָהוֹר. הָרֹאשׁ וְהַזָּקָן אֵין מְעַכְּבִין זֶה אֶת זֶה, דִּבְרֵי רַבִּי יְהוּדָה. רַבִּי שִׁמְעוֹן אוֹמֵר, מְעַכְּבִין זֶה אֶת זֶה. אָמַר רַבִּי שִׁמְעוֹן, וְדִין הוּא, מָה אִם עוֹר הַפָּנִים וְעוֹר הַבָּשָׂר, שֶׁיֵּשׁ דָּבָר אַחֵר מַפְסִיק בֵּינֵיהֶם, מְעַכְּבִין זֶה אֶת זֶה, הָרֹאשׁ וְהַזָּקָן שֶׁאֵין דָּבָר אַחֵר מַפְסִיק בֵּינֵיהֶם, אֵינוֹ דִין שֶׁיְּעַכְּבוּ זֶה אֶת זֶה. הָרֹאשׁ וְהַזָּקָן אֵין מִצְטָרְפִין זֶה עִם זֶה, וְאֵין פּוֹשִׂין מִזֶּה לָזֶה. אֵיזֶה הוּא זָקָן, מִן הַפֶּרֶק שֶׁל לֶחִי עַד פִּקָּה שֶׁל גַּרְגֶּרֶת:

어떤 환자에게 콩 〔크기〕만 한 옴이 발생했고, 그 옴이 머리 전체에 〔퍼졌다면, 그 환자는〕 정결하다. 머리와 수염은 〔전체에 퍼져서 정결해지는 것을〕 서로 막지 않는다고 예후다 랍비가 말했다. 쉼온 랍비는 서로 막는다고 말했다. 쉼온 랍비는 얼굴 피부와 살갗 〔사이를〕 다른 것이 나누고 있고 이것들이 서로 막고 있다면, 머리와 수염 〔사이를〕 다른 것이 나누지 않고 있고 이것들이 서로 막지 않는 것이 규정이라고 말했다. 머리와 수염은 서로 연결되지 않으며, 〔옴이 머리와 수염 사이에〕 서로 퍼지지 않는다. 수염은 어떤 〔부분을 가리키는가〕? 턱관절[35]부터 울대뼈[36]까지다.

- 어떤 환자에게 콩 크기만 한 옴이 발생했다가 머리 전체로 퍼지면서 머리털이 빠졌다면, 어루러기에 관련된 규정에 의거하여 정결하다고 면제한다(「네가임」 8, 1). 그렇지만 처음 진찰을 받을 때부터 머리 전체에 퍼진 상태였다면 일단 격리시켰다가 재진한다(「네가임」 8, 7).
- 예후다 랍비는 만약 옴이 머리 전체에 퍼졌지만 수염이 나는 부분에는 퍼지지 않았거나, 수염 전체에 퍼졌지만 머리가 나는 부분에는 퍼지지 않았다면, 그 환자는 정결하다고 주장한다. 머리와 수염은 정결법에 따라 서로 관련이 없는 부분이고 정결함과 부정함을 결정할 때 따로 떼어서 판단해야 한다.
- 쉼온 랍비는 이 의견에 반대하면서 '칼 바호메르' 논증을 시도한다. 얼굴 피부는 머리와 수염 털에 의해 몸을 덮은 살갗으로부터 분리되어 있는데, 온몸에 어루러기가 피어도 얼굴에 피지 않으면 정결해질 수 없다(「네가임」 8, 5). 즉 얼굴 피부는 몸의 살갗이 정결해지는 것을 막는다. 그렇다면 머리와 수염 사이를 막는 것이 아무것도 없는데, 이 경우에는 얼마나 더 그렇겠는가? 머리와 수염은 서로 연결해서 판단해야 마땅하다.
- 만약 콩 반만 한 크기의 옴이 하나 발생했고 콩 반만 한 다른 옴 환부가 발생했다 해도 이 두 환부가 연결되어 부정해지지 않는다. 마찬가지로 머리에서 발생한 옴이 수염으로 퍼지지 않으며, 수염에서 발생한 옴이 머리로 퍼지지 않는다고 간주한다. 이것은 피부병이 퍼진 부분이 아니다.

35) 이 말을 직역하면 턱뼈(לחי 야스트로 702)의 마디(פרק 야스트로 1239)이며, 위턱뼈와 아래턱뼈가 만나는 관절 부분을 가리킨다.

36) 이 말을 직역하면 목(גרגרת, 목·식도·기관, 야스트로 265)의 연골(פיקה, '덩어리, 공, 부은 부분, [튀어나온] 연골', 야스트로 1169)이며, 남자 목에 튀어나온 후골이나 결후를 가리키는 것으로 보인다.

• 수염은 정확하게 턱관절부터 울대뼈까지라고 규정한다.

## 10, 10

대머리와 이마 대머리에 관해서 설명한다.

---

הַקָּרַחַת וְהַגַּבַּחַת מִטַּמְּאוֹת בִּשְׁנֵי שָׁבוּעוֹת, בִּשְׁנֵי סִימָנִים, בְּמִחְיָה וּבְפִסְיוֹן. אֵיזוֹ הִיא קָרַחַת, אָכַל נֶשֶׁם, סָךְ נֶשֶׁם, מַכָּה שֶׁאֵינָהּ רְאוּיָה לְגַדֵּל שֵׂעָר. אֵיזוֹ הִיא קָרַחַת, מִן הַקָּדְקֹד הַשּׁוֹפֵעַ לַאֲחוֹרָיו עַד פִּקָּה שֶׁל צַוָּאר. אֵיזוֹ הִיא גַּבַּחַת, מִן הַקָּדְקֹד הַשּׁוֹפֵעַ לְפָנָיו עַד כְּנֶגֶד שֵׂעָר מִלְמַעְלָן. הַקָּרַחַת וְהַגַּבַּחַת אֵינָן מִצְטָרְפוֹת זוֹ עִם זוֹ, וְאֵינָן פּוֹשׂוֹת מִזּוֹ לָזוֹ. רַבִּי יְהוּדָה אוֹמֵר, אִם יֵשׁ שֵׂעָר בֵּינֵיהֶן, אֵינָן מִצְטָרְפוֹת. וְאִם לָאו, הֲרֵי אֵלּוּ מִצְטָרְפוֹת:

---

대머리와 이마 대머리는 2주일에 걸쳐서 두 가지 증상이 〔나타나면〕 부정해지는데, 〔이것은〕 생살과 퍼진 부분이다.

대머리는 어떤 〔증상인가〕? 탈모가 발생하는 약[37]을 먹거나, 탈모가 발생하는 약을 바르거나, 부상을 입어서 더 이상 털이 나지 않게 된 〔상태를 가리킨다〕. 대머리는 어떤 〔증상인가〕? 이것은 정수리부터 뒤로 흘러서 목 관절까지 〔나타나는 상태를 가리킨다〕. 이마 대머리는 어떤 〔증상인가〕? 이것은 정수리부터 앞으로 흘러서 바로 위에 털이 나는 곳까지 〔나타나는 상태를 가리킨다〕.

대머리와 이마 대머리는 서로 연결되지 않으며, 서로 퍼지지 않는다. 예후다 랍비는 이들 〔두 증상〕 사이에 머리털이 있다면 연결되지 않는다고 말한다. 그러나 그렇지 않다면, 연결된다고 주장한다.

• 어떤 사람이 대머리나 이마 대머리 증상이 발생했는데, 2주일에 걸

---

37) 이 낱말(נשם, 네쉠)은 '탈모를 일으키는 약물'을 가리키는데, 아마도 다른 이유 때문에 복용한 약물 때문에 머리가 빠진 상태를 가리키는 것으로 보인다. 미쉬나에는 여기서 한 번 나온다(야스트로 941).

쳐서 격리시켰다가 생살이나 퍼지는 부분이 나타난다면 부정하다고 확정한다(레 13:40-44). 두 증상이 모두 머리털이 없는 상태에 적용되기 때문에 누렇고 가는 털은 나타날 수 없다.

- 미쉬나가 말하는 대머리란 자연스럽게 탈모가 발생한 상태를 가리키지 않으며, 어떤 사람이 탈모가 발생하는 약을 먹거나 발랐을 때, 또는 부상을 입고 그 상처 부위에 더 이상 털이 나지 않을 때 나타나는 현상을 말한다. 이런 증상이 정수리를 중심으로 뒤로 목 관절 부분까지 발생했다면 대머리다.
- 이마 대머리란 위와 같은 증상이 정수리를 중심으로 앞으로 머리털이 나는 선까지 발생했을 때를 가리킨다.
- 대머리 부분에 콩 반만 한 피부병이 발생하고 이마 대머리 부분에 콩 반만 한 피부병이 발생해도 이 두 환부는 서로 연결되지 않는다. 마찬가지로 대머리에서 발생한 피부병이 이마 대머리로 퍼지지 않으며, 이마 대머리에서 발생한 피부병이 대머리로 퍼지지 않는다.

## 제11장

옷에 발생하는 피부병 증상을 정의하고 색깔의 변화와 퍼지는 현상에 따라 진단하는 방법을 설명한다.

### 11, 1

피부병의 영향을 받는 옷과 그렇지 않은 경우를 구분하여 설명한다.

---

כָּל הַבְּגָדִים מִטַּמְּאִין בַּנְּגָעִים, חוּץ מִשֶּׁל נָכְרִים. הַלּוֹקֵחַ בְּגָדִים מִן הַנָּכְרִים, יֵרָאוּ בַתְּחִלָּה. וְעוֹרוֹת הַיָּם אֵינָן מִטַּמְּאִין בַּנְּגָעִים. חִבֵּר לָהֶם מִן הַגָּדֵל בָּאָרֶץ, אֲפִלּוּ חוּט, אֲפִלּוּ מְשִׁיחָה, דָּבָר שֶׁהוּא מְקַבֵּל טֻמְאָה, טָמֵא:

---

옷가지는 모두 피부병 때문에 부정해질 수 있는데, 외부인의 것은 예외다. 외부인에게서 옷을 사는 자는 〔피부병 발병〕 초기처럼 〔제사장에게〕 보여야 한다.

바다 〔생물의〕 가죽은 피부병 때문에 부정해지지 않는다. 〔그러나〕 그것에 실이든지, 줄이든지, 부정해질 수 있는 것은 무엇이든 땅에서 자라는 〔것을〕 연결하면, 그것이 부정해질 수 있다.

- 옷가지에 나타나는 피부병 증세는 레위기 13:47-59에 기록되어 있다. 이 구절들에 근거하여 모든 옷가지는 그 표면에 나타나는 비정상적인 얼룩들 때문에 부정해질 수 있는데, 이 규정은 유대인들의 옷에만 적용된다. 비-유대인들이 만들거나 소유한 옷에는 이 규정을 적용하지 않는다. 어떤 유대인이 비유대인의 옷을 구입한다면, 사용하기 전에 마치 피부병 얼룩이 발견된 것과 마찬가지로 제사장에게 가져가서 확인을 받아야 한다(「네가임」 7, 1).
- 피부병 얼룩은 땅에서 자라는 식물성이나 동물성 재료로 만든 옷에만 발생한다고 하는 이유는 레위기 본문에 털옷과 베옷과 가죽이 열거되어 있기 때문이다(13:47-48). 바다나 물에서 사는 동물 가죽으로 만든 옷은 부정해지지 않으나, 부정해질 수 있는 재료가 조금이라도 사용되면 옷 전체가 부정해질 수 있다(「켈림」 17, 13).

## 11, 2

옷을 만든 재료가 한 가지 이상일 경우를 논의한다.

---

צֶמֶר גְּמַלִּים וְצֶמֶר רְחֵלִים שֶׁטְּרָפָן זֶה בָזֶה, אִם רֹב מִן הַגְּמַלִּים, אֵינָם מְטַמְּאִין בַּנְּגָעִים. אִם רֹב מִן הָרְחֵלִים, מְטַמְּאִים בַּנְּגָעִים. מֶחֱצָה לְמֶחֱצָה, מְטַמְּאִין בַּנְּגָעִים. וְכֵן הַפִּשְׁתָּן וְהַקַּנְבּוֹס שֶׁטְּרָפָן זֶה בָזֶה:

---

낙타 털과 암양의 털을 섞어서 빗질했을 때, 낙타 털이 더 많으면 피부병 때문에 부정해질 수 없다. 양모가 더 많으면 피부병 때문에 부정해질 수 있다. 반반씩 〔섞었다면〕 피부병 때문에 부정해질 수 있다. 아마와 대마 섬유를 섞어서 빗질했을 때도 마찬가지다.

- 낙타 털로 짠 옷은 피부병 때문에 부정해질 수 없고, 양털로 짠 옷만 부정해질 수 있다. 레위기 13장에 나오는 '털'이라는 말은 일반적으로 양모를 가리키기 때문이다. 그러므로 낙타 털과 암양의 털을 섞어서 서로 구분할 수 없는 상태에서 옷을 짰다면, 어느 재료가 더 많이 들어갔느냐에 따라서 판단한다.
- 같은 원리로 레위기 13장에서 언급한 '아마'는 피부병 때문에 부정해질 수 있지만, 언급되지 않은 '대마'는 부정해질 수 없다고 보고, 어느 재료가 더 많이 들어갔느냐를 기준으로 판단한다고 규정한다.

11, 3
염색한 가죽으로 만든 옷에 관해 토론한다.

---

הָעוֹרוֹת וְהַבְּגָדִים הַצְּבוּעִים, אֵין מְטַמְּאִין בַּנְּגָעִים. הַבָּתִּים, בֵּין צְבוּעִים בֵּין שֶׁאֵינָן צְבוּעִים, מְטַמְּאִין בַּנְּגָעִים, דִּבְרֵי רַבִּי מֵאִיר. רַבִּי יְהוּדָה אוֹמֵר, הָעוֹרוֹת כַּבָּתִּים. רַבִּי שִׁמְעוֹן אוֹמֵר, הַצְּבוּעִים בִּידֵי שָׁמַיִם, מְטַמְּאִין. וּבִידֵי אָדָם, אֵינָן מְטַמְּאִין:

---

색깔이 있는 가죽이나 옷가지는 피부병 때문에 부정해지지 않는다. 집들은 색을 칠했건 칠하지 않았건 〔상관없이〕 피부병 때문에 부정해질 수 있다는 것이 메이르 랍비의 말이다. 예후다 랍비는 가죽도 집들과 마찬가지라고 말했다. 쉼온 랍비는 하늘이 칠한 색깔이라면 부정해질 수 있지만 사람이 칠한 것이라면 부정해질 수 없다고 말했다.

- 메이르 랍비는 옷을 만들 때 특별한 색이 있는 가죽으로 만들면 부정해지지 않는다고 말했다. 인위적으로 염색을 하지 않고 원래부터 그런 색깔이었다고 해도 그런 가죽으로 옷을 만들면 부정해지지 않는다는 것이다. 그러나 집은 다른 경우이며, 색을 칠했는지 여부와 상관없이 부정해질 수 있다고 주장한다.
- 예후다 랍비는 반대하면서 가죽도 집과 마찬가지로 색깔이 어떠하든 부정해질 수 있다고 주장한다.
- 쉼온 랍비는 중재안을 제시하는데, 원래부터 특별한 색깔인 가죽이라면 부정해질 수 있지만 사람이 인위적으로 염색했다면 부정해질 수 없다고 말했다.
- 이 토론이 어떤 근거를 토대로 진행되고 있는지 설명하기 어렵다. 이 논의가 사람의 피부에 발생하는 피부병을 모형으로 삼고 있다면, 미쉬나가 피부병 환부의 색깔에 초점을 맞추고 있으므로, 이에 근거하고 있다고 짐작할 수 있다. 정상적인 피부의 색깔이 피부병 때문에 다른 색깔로 변하는 현상이 문제가 되기 때문에, 옷을 만드는 가죽도 정상적이고 자연스러운 색깔은 토라의 규정에 따라 피부병의 영향을 받을 수 있으며, 인위적으로 염색한 가죽은 영향을 받을 수 없다고 보는 것이다. 집은 자연계에서 얻은 재료를 많이 변형시켜서 짓기 때문에 같은 규정을 적용할 수 없고, 색깔과 상관없이 부정해질 수 있다고 볼 수 있다.

### 11, 4

셋째 미쉬나에 이어 염색한 실에 관해 논의하고, 피부병이 옷에 발생한 피부병 증상을 색깔로 설명한다.

---

בֶּגֶד שֶׁשְּׁתִיו צָבוּעַ וְעֶרְבּוֹ לָבָן, עֶרְבּוֹ צָבוּעַ וּשְׁתִיו לָבָן, הַכֹּל הוֹלֵךְ אַחַר
הַנִּרְאֶה. הַבְּגָדִים מִטַּמְּאִין בִּירַקְרַק שֶׁבַּיְרֻקִּים, וּבַאֲדַמְדַּם שֶׁבָּאֲדֻמִּים. הָיָה

יְרַקְרַק וּפָשָׂה אֲדַמְדַּם, אֲדַמְדַּם וּפָשָׂה יְרַקְרַק, טָמֵא. נִשְׁתַּנָּה וּפָשָׂה, נִשְׁתַּנָּה וְלֹא פָשָׂה, כְּאִלּוּ לֹא נִשְׁתַּנָּה. רַבִּי יְהוּדָה אוֹמֵר, יֵרָאֶה בַתְּחִלָּה:

---

어떤 옷의 날실은 색깔이 있고 씨실이 하얗거나, 씨실이 색깔이 있고 날실이 하얗다면, 모든 것은 〔이 옷이 어떤 색깔로〕 보이느냐에 따라 결정한다.

옷가지는 녹색 색깔들 중 진한 녹색[38]이나 붉은색깔들 중 진한 붉은색 〔얼룩이〕 나타났을 때 부정해진다. 〔얼룩이〕 진한 녹색이었다가 진한 붉은색으로 퍼지거나, 진한 붉은색이었다가 진한 녹색으로 퍼진다면, 〔그 옷은〕 부정하다. 〔색깔이〕 변하고 퍼졌거나, 〔색깔이〕 변하고 퍼지지 않았다면, 이것은 〔색깔이〕 변하지 않은 것과 마찬가지다. 예후다 랍비는 〔피부병 발병〕 초기처럼 보여야 한다고 말했다.

- 옷을 짠 천의 날실과 씨실의 색깔이 다를 때 전체적인 색깔이 무엇인지 살펴보고 결정한다. 하얀색이 눈에 두드러지게 보이면 부정해질 수 있고, 다른 색깔이면 부정해지지 않는다.
- 옷에 발생한 얼룩의 색깔은 레위기에 기록되었는데(13:49), 진한 녹색이거나 진한 붉은색일 경우 부정해진다고 읽는다.
- 처음에 제사장에게 보였을 때 얼룩이 진한 녹색이어서 격리시켰는데 얼룩이 퍼지면서 진한 붉은색이 되었거나, 그 반대 경우일 때, 그 옷은 부정해진다.

---

38) 이 낱말(ירקרק, 야락락)은 일반적으로 노란빛이 도는 녹색(ירק, 야락)이라는 말의 어근 일부가 반복된 형태이며, 이런 반복형은 의미를 강화하기 위한 목적으로 사용한다. 문제는 노란색 쪽을 강화하면 녹색은 약화되고, 녹색 쪽을 강화하면 노란색이 약화된다는 것이다. 구약성서에서는 밝은 색조가 강화되는 쪽으로 사용된 것으로 보이는데(HALOT 441; 야스트로 598), 중세 히브리어에서는 녹색이 강화되는 것으로 해석했다(알벡; 댄비; Sefaria). 여기서는 미쉬나 본문 번역이므로 중세 히브리어 전통을 따른다.

- 옷에 생긴 얼룩의 색깔이 녹색에서 붉은색으로 또는 붉은색에서 녹색으로 변하고 얼룩도 퍼졌다면, 피부병이 퍼진 것이며, 그 옷은 불에 태워야 한다. 색깔이 변했지만 얼룩이 퍼지지 않았다면, 피부병이 퍼지지 않았으므로, 그 옷은 물에 빨고 다시 격리시킨다.
- 예후다 랍비는 색깔이 변했으므로 다른 피부병이라고 간주했고, 제사장에게 처음 발견한 얼룩으로 진단을 받아야 한다고 주장했다.

11, 5
옷에 나타난 피부병 얼룩을 진찰하는 과정을 논의한다.

---

הָעוֹמֵד בָּרִאשׁוֹן, יְכַבֵּס וְיַסְגִּיר. הָעוֹמֵד בַּשֵּׁנִי, יִשָּׂרֵף. הַפּוֹשֶׂה בָזֶה וּבָזֶה, יִשָּׂרֵף. הִכְהָה בַתְּחִלָּה, רַבִּי יִשְׁמָעֵאל אוֹמֵר, יְכַבֵּס וְיַסְגִּיר. וַחֲכָמִים אוֹמְרִים, אֵינוֹ זָקוּק לוֹ. הִכְהָה בָרִאשׁוֹן, יְכַבֵּס וְיַסְגִּיר. הִכְהָה בַשֵּׁנִי, קוֹרְעוֹ וְשׂוֹרֵף מַה שֶּׁקָּרַע. וְצָרִיךְ מַטְלִית. רַבִּי נְחֶמְיָה אוֹמֵר, אֵינוֹ צָרִיךְ מַטְלִית:

---

첫째 〔격리기간〕 후에 〔피부병 얼룩이〕 나타나고 〔변함이 없으면〕, 옷을 빨고 격리시킨다. 둘째 〔격리기간〕 후에 〔피부병 얼룩이〕 나타나고 〔변함이 없으면〕, 옷을 태워버린다. 어떤 기간이건 〔피부병 얼룩이〕 퍼지면, 옷을 태워버린다.

처음에 〔얼룩의 색깔이〕 어두울 때, 이쉬마엘 랍비는 옷을 빨고 격리시켜야 한다고 말했다. 그러나 현인들은 그럴 필요는 없다고 말했다. 첫째 〔격리기간〕 후에 〔얼룩의 색깔이〕 어두워지면, 옷을 빨고 격리시킨다. 둘째 〔격리기간〕 후에 〔얼룩의 색깔이〕 어두워지면, 〔그 부분을〕 찢어내고, 찢어낸 부분을 태워버린다. 그리고 천 조각을 〔덧대야〕 한다. 네헤미야 랍비는 천 조각을 〔덧댈〕 필요가 없다고 말했다.

- 어떤 옷에 피부병 얼룩이 나타나서 격리시켰는데, 첫째 격리기간 후에도 그 얼룩이 지속되었지만 퍼지지 않았을 때, 옷을 빨고 다시 격

리시킨다(레 13:53-54). 둘째 격리기간 후에도 그 얼룩이 지속되었지만 퍼지지 않았을 때, 옷을 태운다.

- 첫째 격리기간이나 둘째 격리기간이 끝났을 때 얼룩이 퍼졌으면, 옷을 태운다.
- 어떤 옷에 피부병 얼룩이 나타나서 제사장에게 가져왔는데, 원래 진한 녹색이었다가 제사장이 처음 볼 때 어두운 색깔로 녹색이 흐려졌을 때, 이쉬마엘 랍비는 마치 첫째 격리기간이 끝났을 때와 마찬가지로 옷을 빨고 격리시켜야 한다고 주장했다. 그러나 현인들은 그럴 필요가 없으며 정결하다고 면제해야 한다고 주장했다. 첫째 격리기간 후에 얼룩 색깔이 어둡게 흐려지면 당연히 옷을 빨고 격리시킨다. 첫째 격리기간에 대해 기록한 레위기 13:53-54 본문에 판단 조건으로 퍼지는 현상은 언급했어도 색깔은 언급하지 않았기 때문이다. 둘째 격리기간 후에 얼룩 색깔이 어둡게 흐려지면, 규정에 따라 얼룩이 나타난 부분을 찢어내어 태운다(레 13:55-56). 얼룩을 찢어낸 부분에는 다른 천을 덧대어 수선하고, 피부병 얼룩이 다시 나타나는지 살펴보아야 하며, 얼룩이 다시 나타나면 옷을 태운다(13:57). 네헤미야 랍비는 재발했는지 살피기 위해서 천을 덧댈 필요는 없다고 반대했다.

## 11, 6

다섯째 미쉬나의 문맥을 이어서 천 조각을 덧대는 상황을 논의한다.

---

חָזַר נֶגַע לַבֶּגֶד, מַצִּיל אֶת הַמַּטְלִית. חָזַר לַמַּטְלִית, שׂוֹרֵף אֶת הַבֶּגֶד. הַטּוֹלֶה מִן הַמֻּסְגָּר בְּטָהוֹר, חָזַר נֶגַע לַבֶּגֶד, שׂוֹרֵף אֶת הַמַּטְלִית. חָזַר לַמַּטְלִית, הַבֶּגֶד הָרִאשׁוֹן יִשָּׂרֵף, וְהַמַּטְלִית תְּשַׁמֵּשׁ אֶת הַבֶּגֶד הַשֵּׁנִי בְּסִימָנִין:

---

피부병이 옷에 재발하면, 〔덧댄〕 천 조각을 구해야 한다. 〔피부병이

덧댄] 천 조각에 재발하면, 그 옷을 불에 태운다.

격리시켰던 옷에 [덧댔던 천 조각을] 정결한 옷에 붙였는데, 피부병이 그 옷에 재발했다면, 그 천 조각을 불에 태운다. [피부병이 덧댄] 천 조각에 재발하면, 첫째 옷은 불에 태우고, 그 천 조각은 둘째 옷에 관련해서 [피부병의] 증상으로 사용한다.

- 이미 피부병 얼룩이 확진되어 그 부분을 찢어냈고 찢어진 부분에 천 조각을 덧댔는데, 피부병 얼룩이 그 천 조각이 아닌 옷의 다른 부분에 재발했다면, 그 옷은 불에 태우지만 덧댄 천 조각은 태우지 않는다. 피부병이 덧댄 천 조각에 재발했다면, 그 옷과 천 조각을 전부 불에 태운다. 그 옷이 새로 덧댄 천 조각에 피부병을 전이시켰다고 본 것이다.
- 격리시켰다가 정결하다고 면제된 옷에서 천 조각을 떼어, 정결한 옷에 옮겨 바느질을 해서 붙였는데, 피부병 얼룩이 그 첫째 옷에 재발했다면, 피부병이 재발한 첫째 옷은 물론 다른 옷에 덧댄 천 조각도 불에 태운다. 피부병이 덧댄 천 조각에 재발하면, 천 조각을 떼어 온 첫째 옷은 피부병이 재발한 것으로 간주하고 불에 태운다. 천 조각을 덧댄 정결한 옷은 피부병 얼룩이 나타난 옷으로 검사해야 하며, 격리시키고 부정하게 만드는 증상이 나타나거나 얼룩이 퍼지는지 관찰하여, 규정에 따라 둘째 옷도 태우거나 정결하다고 면제한다. 그러나 어떤 경우든 그 천 조각은 불에 태운다(「네가임」 13, 5).

11, 7

---

קַיְטָא שֶׁיֶּשׁ בָּהּ פִּסְפָּסִים צְבוּעִים וּלְבָנִים, פּוֹשִׂין מִזֶּה לָזֶה. שָׁאֲלוּ אֶת רַבִּי אֱלִיעֶזֶר, וַהֲרֵי הוּא פִּסְפָּס יָחִיד. אָמַר לָהֶן, לֹא שָׁמַעְתִּי. אָמַר לוֹ רַבִּי יְהוּדָה בֶּן בְּתֵירָא, אֲלַמֵּד בּוֹ. אָמַר לוֹ, אִם לְקַיֵּם דִּבְרֵי חֲכָמִים, הֵן. אָמַר לוֹ, שֶׁמָּא

יַעֲמֹד בּוֹ שְׁנֵי שָׁבוּעוֹת, וְהָעוֹמֵד בִּבְגָדִים שְׁנֵי שָׁבוּעוֹת טָמֵא. אָמַר לוֹ, חָכָם גָּדוֹל אַתָּה, שֶׁקִּיַּמְתָּ דִּבְרֵי חֲכָמִים. הַפִּשְׂיוֹן הַסָּמוּךְ, כָּל שֶׁהוּא. הָרָחוֹק, כַּגְּרִיס. וְהַחוֹזֵר, כַּגְּרִיס:

---

색깔이 있는 천 조각[39]과 하얀색 천 조각들로 〔만든〕 휘장[40]이 있는데, 〔피부병이〕 하나에서 다른 하나로 퍼졌다. 그들이 엘리에제르 랍비에게 이것이 유일한 천 조각인데 〔어떻게 퍼지느냐고〕 물었다. 그는 그들에게 〔이 경우에 대한 규정을〕 듣지 못했다고 말했다. 예후다 벤 베테라 랍비는 자기가 가르쳐주겠다고 말했다. 그는 만약 현인들의 말을 확립하려 한다면 그렇게 하라고 말했다. 그는 그것이 2주일 동안 〔퍼지지 않고〕 남아 있다면, 두 주일 동안 〔퍼지지 않는 얼룩이〕 남아 있는 옷가지는 부정하다고 그에게 말했다. 그는 당신이 현인들의 말을 확립했으니 당신이야말로 위대한 현인이라고 말했다.

〔서로〕 가까이 있는 〔얼룩이〕 퍼졌을 때는 어떤 것이든 〔부정하지만〕, 멀리 떨어져 있는 〔얼룩이 퍼졌을 때는〕 콩 〔크기〕만 해야 한다. 그리고 다시 재발하는 〔얼룩도〕 콩 〔크기〕만 해야 한다.

- 색깔이 있는 천 조각과 하얀색 천 조각들로 휘장을 만들었을 때, 원래 색깔이 있는 옷가지는 얼룩이 생겨도 부정해지지 않는다는 것이 규정이지만, 피부병 얼룩이 하얀색 천 조각에서 색깔이 있는 천 조각으로 퍼졌다면 그 휘장 전체가 부정해진다.
- 현인들이 엘리에제르 랍비에게 묻기를, 피부병 얼룩의 영향을 받는

---

39) 이 낱말(פסיפס)은 '잘라서 광을 낸 돌 조각'을 가리키며 모자이크를 만드는 데 쓴다. 그런데 옷과 관련해서는 '체크, 사각형, 줄 모양의 천 조각'을 가리킨다(야스트로 1196).

40) 이 낱말(קיטא)은 일종의 '휘장, 커튼' 또는 '옷'을 가리킨다(샤이 하이만스, 「미쉬나의 헬라어와 라틴어 차용어: 통사론과 음운론」, 텔아비브대학교 박사논문, 2013, pp. 301, 302[히브리어]).

유일한 천 조각은 하얀색뿐인데, 어떻게 얼룩이 색깔 있는 천 조각으로 퍼질 수 있느냐고 말했다. 엘리에제르 랍비는 왜 그렇게 규정되어 있는지 이유를 듣지는 못했다고 대답했다. 이때 예후다 벤 베테라 랍비가 나서서 설명해보겠다고 하자, 엘리에제르 랍비는 현인들이 했던 말을 거절하지 않고 확립할 생각이라면 설명해보라고 허락했다.

- 예후다 랍비는 피부병 얼룩이 퍼진 모든 옷이 부정해진다는 것이 아니라, 하얀 천 조각에 피부병 얼룩이 발생한 옷을 2주일 동안 격리시키고 관찰했을 때 얼룩이 사라지지 않으면 그 옷 전체가 부정해지고, 색깔 있는 천 조각도 옷의 일부이기 때문에 부정해진다는 말이라고 설명했다. 그러니까 "하나에서 다른 하나로 퍼졌다"는 말은 하얀 천 조각이 부정한 상황에서 색깔 있는 천 조각을 덧댄 옷으로 퍼진다는 뜻이다. 엘리에제르 랍비는 이 설명에 동의하며 예후다 랍비를 칭송한다.
- 옷에 얼룩이 퍼지는 현상을 자세히 논의하며, 처음 생긴 피부병 얼룩과 가까운 곳에 퍼지는 경우 크기와 상관없이 퍼진 부분으로 간주하지만, 얼룩에서 멀리 떨어져 있다면 콩 크기만 한 경우에 퍼진 부분으로 본다고 규정한다. 이미 정결하다고 면제를 받은 이후에 피부병 얼룩이 재발했을 때에도 그 크기가 콩 크기만 해야 한다.

## 11, 8

피부병 때문에 실이 부정해지는 경우를 다룬다.

---

הַשְּׁתִי וְהָעֵרֶב מְטַמְּאִים בַּנְּגָעִים מִיָּד. רַבִּי יְהוּדָה אוֹמֵר, הַשְּׁתִי, מִשֶּׁיִּשָּׁלֵק, וְהָעֵרֶב, מִיָּד. וְהָאוּנִין שֶׁל פִּשְׁתָּן, מִשֶּׁיִּתְלַבֵּנוּ. כַּמָּה יְהֵא בַפְּקַעַת וּתְהֵא מְטַמְּאָה בַנְּגָעִים, כְּדֵי לֶאֱרֹג מִמֶּנָּה שָׁלֹשׁ עַל שָׁלֹשׁ שְׁתִי וָעֵרֶב, אֲפִלּוּ כֻלָּהּ שְׁתִי, אֲפִלּוּ כֻלָּהּ עֵרֶב. הָיְתָה פְסִיקוֹת, אֵינָהּ מְטַמְּאָה בַנְּגָעִים. רַבִּי יְהוּדָה אוֹמֵר, אֲפִלּוּ פְסִיקָה אַחַת וּקְשָׁרָהּ, אֵינָהּ מְטַמְּאָה:

---

날실과 씨실은 〔짜자〕마자 피부병 때문에 부정해질 수 있다. 예후다 랍비는 날실은 끓인 다음부터, 씨실은 곧바로 감아놓은 아마 실은 표백한 다음부터 〔부정해진다고〕 말했다.

피부병 때문에 부정해지려면 〔실이〕 실타래에 얼마나 〔감겨 있어야〕 하는가? 날실과 씨실로 〔손가락〕 세 개에 세 개 〔크기가 되는 천을〕 짤 수 있는 〔길이다〕. 날실로만 쓰거나 씨실로만 쓸 수 있어도 〔그러하다〕.

실이 갈라졌다면 피부병 때문에 부정해지지 않는다. 예후다 랍비는 실이 한 곳에서 갈라져 나와 〔다시〕 묶었다고 해도 부정해지지 않는다.

- 히브리 성서에 "베나 털의 날에나 씨에나 … 병색이 푸르거나 붉으면"이라고 기록했기 때문에(레 13:48-49), 이 미쉬나는 베나 양모에서 실을 뽑아 날실과 씨실로 엮어 천을 직조하는 순간 부정해질 수 있는 가능성이 있다고 규정한다. 예후다 랍비는 조금 다른 의견을 제시하는데, 날실은 하얀색으로 만들기 위해서 끓는 물에 담갔다가 꺼내는 순간부터, 씨실은 잣는 순간부터 부정해질 수 있다. 아마는 부드럽게 만들기 위해서 액체에 담가놓았다가 꺼내서 화덕에 넣어 하얀색으로 변할 때까지 굽고 그 후에 실로 만들어 감는데(「샤밧」1, 6), 그때부터 부정해질 수 있다고 주장했다.
- 실이 부정해질 수 있는 최소 길이에 대한 규정은 손가락 세 개 길이와 손가락 세 개 너비 정도가 되는 천을 날실과 씨실로 짤 수 있는 정도라고 규정한다. 실의 종류에 따라 날실로만 쓰거나 씨실로만 쓸 수 있는 경우에도 같은 길이 규정을 적용한다.
- 실이 갈라져서 끊어졌다면 최소 길이 규정에 맞지 않아 부정해지지 않는데, 예후다 랍비는 다시 묶어서 연결해도 더 이상 부정해지지 않는다고 주장했다.

הַמַּעֲלֶה מִן הַפְּקַעַת לַחֲבֶרְתָּהּ, מִן הַסְּלִיל לַחֲבֵרוֹ, מִן הַכֹּבֶד הָעֶלְיוֹנָה לַכֹּבֶד הַתַּחְתּוֹנָה, וְכֵן שְׁנֵי דַפֵּי חָלוּק שֶׁנִּרְאָה נֶגַע בְּאַחַד מֵהֶן, הֲרֵי הַשֵּׁנִי טָהוֹר. בְּנֶפֶשׁ הַמַּסֶּכֶת וּבַשְּׁתִי הָעוֹמֵד, הֲרֵי אֵלּוּ מִטַּמְּאִין בַּנְּגָעִים מִיָּד. רַבִּי שִׁמְעוֹן אוֹמֵר, הַשְּׁתִי, אִם הָיָה רָצוּף, מִטַּמֵּא:

〔실을〕 실타래 하나에서 다른 실타래로 옮기거나, 실패 하나에서 다른 실패로 〔옮기거나〕, 도투마리(위 기둥)에서 말코(아래 기둥)로 〔옮기면〕, 또한 어떤 윗옷의 옷자락 두 개도 마찬가지로, 피부병이 둘 중 하나에 발생했을 때 다른 하나는 정결하다.

감아놓은 씨실[41]이나 서 있는 날실에 〔피부병이 발생한다면〕 이런 것들은 피부병 때문에 즉시 부정해진다. 쉼온 랍비는 날줄이 가까이 늘어서 있다면 부정해진다고 말했다.

- 이 미쉬나는 원래 분리되어 있는 물건 두 개가 실과 같은 제3의 개체를 통해 연결되어 있을 때 피부병과 관련해서 어떻게 판단할 수 있는지를 다룬다. 실타래나 실패, 베틀의 도투마리와 말코가(「켈림」 21, 1) 실로 연결되어 있을 때, 그리고 조금 다르기는 하지만 서로 떨어진 것처럼 보이는 윗옷 옷자락 두 개의 경우에, 피부병 얼룩이 둘 중 하나에 발생한다 해도 다른 하나는 정결하다고 간주한다.
- 또한 베틀에서 세워놓은 날실에 씨실을 꿰기는 했지만 아직 북을 밀어 탄탄하게 짜지는 않은 상태에서 날실이나 씨실에 피부병 얼룩이 나타났다면, 아직 천 하나로 짜지 않았다고 할지라도 모든 실이 즉시 부정해진다(「켈림」 21, 1). 쉼온 랍비는 한 가지 조건을 덧붙이며, 날줄이 가깝게 늘어서 있을 때만 그렇다고 주장한다.

---

41) 이 부분(בנפש המסכת)을 직역하면 '(씨줄을) 감아 거는 장소에'가 된다(야스트로 808, 926).

## 11, 10

נִרְאָה בַּשְּׁתִי הָעוֹמֵד, הָאָרִיג טָהוֹר. נִרְאָה בָאָרִיג, הַשְּׁתִי הָעוֹמֵד טָהוֹר. נִרְאָה בַסָּדִין, שׂוֹרֵף אֶת הַנִּימִין. נִרְאָה בַנִּימִין, הַסָּדִין טָהוֹר. חָלוּק שֶׁנִּרְאָה בוֹ נֶגַע, מַצִּיל אֶת הָאִמְרִיּוֹת שֶׁבּוֹ, אֲפִלּוּ הֵן אַרְגָּמָן:

〔피부병 얼룩이〕 서 있는 날실에 나타나면, 짜놓은 천은 정결하다. 짜놓은 천에 나타나면, 서 있는 날실은 정결하다. 〔피부병 얼룩이〕 침대보에 나타나면, 그 가장자리를 불로 태워야 한다. 가장자리에 나타나면 그 침대보는 정결하다. 피부병 얼룩이 나타난 윗옷은 가장자리 〔장식을〕 보라색 천으로 만들었다 해도 〔부정으로부터〕 구한다.

- 아홉째 미쉬나의 문맥에 이어 베틀에 걸어둔 실들은 피부병 얼룩이 나타나는 즉시 부정해지지만, 이미 천으로 짜서 감아놓은 천은 그 영향을 받지 않는다고 간주한다. 그 반대도 마찬가지다.
- 침대보로 쓰는 천에는 가장자리에 늘어져 있는 실들이 있는데, 침대보에 피부병 얼룩이 나타나면 그 가장자리도 함께 불로 태운다. 그러나 가장자리 실들에 얼룩이 나타나면 그 침대보는 정결하다.
- 어떤 윗옷에 피부병 얼룩이 나타나서 부정해진다 해도 가장자리 장식은 정결하다. 심지어 부정해질 수 있는 보라색 천으로 만들었다 해도 마찬가지다.

## 11, 11

כֹּל הָרָאוּי לְטַמֵּא טְמֵא מֵת, אַף עַל פִּי שֶׁאֵינוֹ רָאוּי לְטַמֵּא מִדְרָס, מְטַמֵּא בַּנְּגָעִים. כְּגוֹן קֶלַע שֶׁל סְפִינָה, וּוִילוֹן, וְשָׁבִיס שֶׁל סְבָכָה, וּמִטְפָּחוֹת שֶׁל סְפָרִים, וְגַלְגִּלּוֹן, וּרְצוּעוֹת מִנְעָל וְסַנְדָּל שֶׁיֵּשׁ בָּהֶן רֹחַב כַּגְּרִיס, הֲרֵי אֵלּוּ מְטַמְּאִין בַּנְּגָעִים. סָגוֹס שֶׁנִּרְאָה בוֹ נֶגַע, רַבִּי אֱלִיעֶזֶר בֶּן יַעֲקֹב אוֹמֵר, עַד שֶׁיֵּרָאֶה בָאָרִיג וּבַמּוֹכִין. הַחֵמֶת וְהַתּוּרְמָל נִרְאִין כְּדַרְכָּן, וּפוֹשֶׁה מִתּוֹכוֹ לַאֲחוֹרָיו וּמֵאֲחוֹרָיו לְתוֹכוֹ:

시체의 부정 때문에 부정해지는 것들은 얹기 부정 때문에 부정해지지 않는다고 하더라도 피부병 때문에 부정해진다. 예를 들어 배의 돛, 휘장, 머리망을 〔고정하는〕 끈[42], 책들을 〔싸는〕 덮개, 감는 허리띠[43], 신발 끈, 그리고 너비가 콩 〔크기〕만 한 샌들 〔끈〕, 이러한 것들은 피부병 때문에 부정해질 수 있다.

피부병이 나타난 두꺼운 양모 외투에 관해, 엘리에제르 벤 야아콥 랍비는 〔피부병 얼룩이〕 천으로 짠 부분과 〔천 조각〕 뭉치에 나타나야 〔부정해질 수 있다고〕 말했다. 가죽 부대와 자루가 정상적으로 보인다고 해도, 〔피부병이〕 안쪽에서 바깥쪽으로 또는 바깥쪽에서 안쪽으로 퍼질 수 있다.

- 이 미쉬나는 시체나 시체의 일부 때문에 부정해질 수 있지만, 유출병자와 관련된 얹기 부정의 영향을 받지 않는 경우, 피부병 얼룩이 생기면 부정해진다고 원리를 제시한다. 그러고 나서 이런 조건에 맞는 물건들을 하나씩 나열한다. 배의 돛, 휘장(「켈림」 27, 9), 머리에 쓰는 망에서 한쪽 귀에서 이마를 지나 다른 귀까지 돌아가며 고정하는 장식된 끈(사 3:18; 「켈림」 28, 10), 책들을 싸는 덮개(「켈림」 24, 14), 감는 허리띠, 신발 끈, 샌들 끈 등은 얹기 부정의 영향을 받지 않지만 피부병 얼룩이 생기면 부정해진다.
- 두꺼운 양모 외투는 외피는 모직천으로 만들지만 안에 일반 천 조각들을 잔뜩 채워 넣어 두툼하게 만든다. 그러므로 엘리에제르 랍비는 피부병 얼룩이 모직 외피와 속에 채워 넣은 천 조각 뭉치에 모두 나타나야 부정하다고 주장했다.

---

42) 이 낱말(שבים, 샤비쓰)은 머리망을 고정하는 금속 혹은 모직 끈을 가리킨다(야스트로 1514).

43) 이 낱말(גלגלון)은 허리띠, 붕대, 또는 망토 등을 가리킨다(야스트로 245).

• 동물 가죽에 흠집을 내지 않고 손질하여 포도주 등 액체를 담는 부대로 만들거나 자루로 만들었을 때(「켈림」 24, 11), 그것이 정상적으로 보인다면 이미 완성된 부대나 자루를 해체하거나 풀지 않아도 되지만, 만든 재료의 특성상 피부병 얼룩이 안쪽에서 바깥쪽으로 또는 그 반대 방향으로 퍼질 수 있다.

**11, 12**

격리시켰던 옷과 이미 부정하다고 확인된 옷 사이의 차이에 관해 논의한다.

---

בֶּגֶד הַמֻּסְגָּר שֶׁנִּתְעָרֵב בַּאֲחֵרִים, כֻּלָּן טְהוֹרִים. קְצָצוֹ וַעֲשָׂאוֹ מוֹכִין, טָהוֹר, וּמֻתָּר בַּהֲנָיָתוֹ. וְהַמֻּחְלָט שֶׁנִּתְעָרֵב בַּאֲחֵרִים, כֻּלָּם טְמֵאִין. קְצָצוֹ וַעֲשָׂאוֹ מוֹכִין, טָמֵא, וְאָסוּר בַּהֲנָיָתוֹ:

---

격리시켰던 옷이 다른 〔옷들과〕 섞였다면, 그 〔옷들이〕 전부 정결하다. 이것을 잘게 잘라서 천 조각 뭉치로 만들었다면, 그것도 정결하며, 이것을 사용해도 무방하다.

〔부정하다고〕 확인된 옷이 다른 〔옷들과〕 섞였다면, 그 〔옷들〕 전부 부정해진다. 이것을 잘게 잘라서 천 조각 뭉치로 만들었다면, 그것도 부정하며, 이것을 사용하면 안 된다.

• 피부병 얼룩이 나타나서 격리해 관찰 중이던 옷이 그런 얼룩이 없이 정결한 옷들과 섞였다면, 격리했던 옷은 부정할까봐 의심을 받기만 하는 상황이었으므로, 다른 옷들과 마찬가지로 정결하다고 간주한다. 격리했던 옷을 잘게 잘라서 두꺼운 외투 안에 채워 넣는 천 조각으로 만들었다면, 그것도 정결하며, 이런 방법으로 사용해도 문제되지 않는다.

- 그러나 이미 부정하다고 확인된 옷이 다른 정결한 옷들과 섞였다면, 그 옷들이 전부 부정해진다. 부정한 옷을 잘게 잘라서 천 조각으로 만든다 해도 부정한 상황은 개선되지 않으며, 이것을 외투 속에 채워 넣는 용도로 사용하는 것도 금지된다.

## 제12장

건물에 발생하는 피부병 얼룩을 설명하고, 건축재료 중 돌·나무·흙 위에 나타나는 피부병 증상, 제사장이 와서 검사하는 방법, 집을 보수하는 방법을 논의한다.

### 12, 1

이 미쉬나는 어떤 건물에 피부병이 발생할 수 있는지 설명한다.

---

כָּל הַבָּתִּים מִטַּמְּאִין בַּנְּגָעִים, חוּץ מִשֶּׁל נָכְרִים. הַלּוֹקֵחַ בָּתִּים מִן הַנָּכְרִים, יֵרָאוּ בַתְּחִלָּה. בַּיִת עָגֹל, בַּיִת טְרִיגוֹן, בַּיִת הַבָּנוּי בִּסְפִינָה אוֹ בְאַסְקַרְיָא, עַל אַרְבַּע קוֹרוֹת, אֵינוֹ מִטַּמֵּא בַנְּגָעִים. וְאִם הָיָה מְרֻבָּע, אֲפִלּוּ עַל אַרְבָּעָה עַמּוּדִים, מִטַּמֵּא:

---

모든 집들은 피부병 때문에 부정해지지만, 외부인들의 〔집은〕 예외에 속한다. 외부인들에게 집을 사는 자는 〔피부병 발병한〕 처음처럼 〔제사장에게〕 보여야 한다.

둥근 집, 삼각형 집, 배 위에 또는 돛대[44] 위에 지은 집, 기둥 네 개

44) 이 낱말(אסקריא)은 '(무엇인가를 살펴보는) 장소'로 돛대나 마당을 가리킨다 (야스트로 97). 한편 알벡은 이 미쉬나의 본문이 훼손되었다고 보고 원래 '뗏목'이라는 뜻의 '아스카디아'(אסכ\קדיא)라고 주장한다.

위에 지은 집은 피부병 때문에 부정해지지 않는다. 그러나 그 집이 사각형이면 기둥 네 개 위에 지었다 해도 부정해질 수 있다.

- 피부병 얼룩 때문에 부정해질 수 있는 집은 이스라엘 땅에 지었고 유대인이 소유한 건물들에 한한다(넷째 미쉬나). 그러나 이스라엘 땅에 있더라도 비유대인이 소유하고 있다면 이런 규정들을 적용하지 않는다.
- 유대인이 비유대인 소유의 집을 구매하면 마치 피부병이 발병하여 처음으로 조사를 받는 것과 마찬가지로 제사장에게 보여야 한다(「네가임」 11, 1).
- 피부병 얼룩 때문에 부정해질 수 있는 집은 사각형 집뿐이며, 둥글거나 삼각형 집은 부정해지지 않는다. 배 위에, 돛대나 뗏목 위에 지은 집도 부정해지지 않으며, 어떤 집에서 바깥으로 튀어나온 기둥 네 개 위에 또 다른 집을 지었어도 부정해지지 않는다. 그 이유는 히브리 성서에 "너희 기업의 땅에서 어떤 집에" 피부병 얼룩이 발생하는 경우만 문제를 삼고 있기 때문이다(레 14:34). 그러나 그 집이 사각형이고 벽 네 개가 모두 있는 경우라면 기둥 네 개 위에 지었다고 해도 부정해질 수 있다.

12, 2

피부병 얼룩 때문에 부정해질 수 있는 집의 건축자재에 관해 논의한다.

---

בַּיִת שֶׁאַחַד מִצְּדָדָיו מְחֻפֶּה בְשַׁיִשׁ, אֶחָד בְּסֶלַע, וְאֶחָד בִּלְבֵנִים, וְאֶחָד בְּעָפָר, טָהוֹר. בַּיִת שֶׁלֹּא הָיוּ בוֹ אֲבָנִים וְעֵצִים וְעָפָר וְנִרְאָה בוֹ נֶגַע וְאַחַר כָּךְ הֵבִיאוּ בוֹ אֲבָנִים וְעֵצִים וְעָפָר, טָהוֹר. וְכֵן בֶּגֶד שֶׁלֹּא אָרַג בּוֹ שָׁלֹשׁ עַל שָׁלֹשׁ וְנִרְאָה בוֹ נֶגַע וְאַחַר כָּךְ אָרַג בּוֹ שָׁלֹשׁ עַל שָׁלֹשׁ, טָהוֹר. אֵין הַבַּיִת מְטַמֵּא

בִּנְגָעִים עַד שֶׁיְּהֵא בוֹ אֲבָנִים וְעֵצִים וְעָפָר:

어떤 집의 한쪽이 대리석으로 덮여 있거나, 한쪽이 바위로 〔덮여 있거나〕, 한쪽이 벽돌로 〔덮여 있거나〕, 한쪽이 흙으로 〔덮여 있다면〕, 이것은 정결하다.

돌과 나무와 흙으로 짓지 않은 집에 피부병 얼룩이 나타났는데, 그 후에 그곳에 돌이나 나무나 흙을 추가했다고 해도, 그것은 정결하다. 마찬가지로 〔실로〕 짠 부분이 3〔에쯔바에〕 3〔에쯔바에〕 미치지 못하는 옷에 피부병 얼룩이 나타났는데, 그 후에 〔실로〕 3〔에쯔바에〕 3〔에쯔바 정도를〕 짜 넣었다 해도, 그것은 정결하다. 돌과 나무와 흙으로 짓지 않은 집은 피부병 때문에 부정해지지 않는다.

- 어떤 집의 한쪽 벽 안쪽을 대리석, 바위, 벽돌, 또는 흙덩어리로 덮었다면, 이런 집은 피부병 얼룩이 나타나도 부정해지지 않는다. 그 이유는 이 미쉬나 마지막 문장이 설명해주고 있는데, 돌이나 나무 또는 흙으로 만들고 회를 발라 지은 집만 피부병 얼룩이 나타날 때 부정해지기 때문이다.
- 만약 어떤 집에 벽 하나라도 돌이나 나무나 흙을 바르지 않은 상태에서 피부병 얼룩이 나타났는데, 발병 이후에 돌이나 나무나 흙을 가져와 발랐다면, 피부병이 발생한 당시에는 건축자재와 관련된 조건에 맞지 않는 집이었기 때문에 정결한 것으로 간주한다.
- 주제에서 벗어나지만 비슷한 원리에 따라 실로 짠 부분이 길이가 3에쯔바에 너비가 3에쯔바에 미치지 못해서 옷이 부정해지는 최소 크기 규정에 맞지 않은 상태에서(「네가임」 11, 8) 피부병 얼룩이 나타났는데, 발병 이후에 옷감을 더 짜서 규정에 맞는 상태가 되었다고 해도 정결한 상태를 유지한다.

12, 3
피부병 얼룩이 나타난 돌에 관해 본격적으로 다룬다.

---

וְכַמָּה אֲבָנִים יְהוּ בוֹ. רַבִּי יִשְׁמָעֵאל אוֹמֵר, אַרְבַּע. רַבִּי עֲקִיבָא אוֹמֵר, שְׁמֹנֶה.
שֶׁהָיָה רַבִּי יִשְׁמָעֵאל אוֹמֵר, עַד שֶׁיֵּרָאֶה כִשְׁנֵי גְרִיסִין עַל שְׁתֵּי אֲבָנִים אוֹ עַל
אֶבֶן אֶחָת. רַבִּי עֲקִיבָא אוֹמֵר, עַד שֶׁיֵּרָאֶה כִשְׁנֵי גְרִיסִין עַל שְׁתֵּי אֲבָנִים, לֹא
עַל אֶבֶן אֶחָת. רַבִּי אֶלְעָזָר בְּרַבִּי שִׁמְעוֹן אוֹמֵר, עַד שֶׁיֵּרָאֶה כִשְׁנֵי גְרִיסִין עַל
שְׁתֵּי אֲבָנִים בִּשְׁנֵי כְתָלִים בַּזָּוִית, אָרְכּוֹ כִשְׁנֵי גְרִיסִין וְרָחְבּוֹ כַּגְּרִיס:

---

그렇다면 그 〔집에〕 돌이 몇 개나 있어야 하는가? 이쉬마엘 랍비는 네 개라고 말했다. 아키바 랍비는 여덟 개라고 말했다. 이쉬마엘 랍비는 콩 두 개 〔크기〕만 한 〔피부병 얼룩이〕 돌 두 개 위에 또는 돌 하나 위에 나타나야 〔부정해진다고〕 말하곤 했다. 아키바 랍비는 콩 두 개 〔크기〕만 한 〔피부병 얼룩이〕 돌 두 개 위에 나타날 때 〔부정해지며〕, 돌 하나 위에 〔나타나면 부정해지지〕 않는다고 말했다.

엘아자르 바르 쉼온 랍비가 콩 두 개 〔크기〕만 한 〔피부병 얼룩이〕 한 구석에서 〔만나는〕 두 벽의 돌 두 개 위에 나타날 때 〔부정해지는데〕 그 길이는 콩 두 개만 하고 그 너비는 콩 하나만 하다고 말했다.

- 어떤 집이 피부병 얼룩 때문에 부정해지려면 부정한 돌이 몇 개나 있어야 하는가? 이쉬마엘 랍비는 네 개라고 대답했는데, 그 집에 있는 벽마다 부정한 돌이 최소한 하나씩 또는 두 개씩 있어야 한다는 말이다. 아키바 랍비는 여덟 개라고 했으니, 벽마다 부정한 돌 두 개를 주장한다.
- 엘아자르 랍비는 피부병 얼룩의 크기에 대한 조건을 제시하는데, 길이가 콩 두 개이며 너비가 콩 하나인데 한 구석에서 만나는 두 벽의 돌 두 개 위에 나타난다고 주장했다. 다른 말로 하면 돌 하나마다 길이가 콩 하나 너비가 콩 하나인 얼룩이 있어야 한다는 말이다.

## 12, 4

피부병 얼룩이 나타난 나무와 흙에 관해 논의한다.

---

עֵצִים, כְּדֵי לִתֵּן תַּחַת הַשְּׁקוֹף. רַבִּי יְהוּדָה אוֹמֵר, כְּדֵי לַעֲשׂוֹת סַנְדָּל לַאֲחוֹרֵי הַשְּׁקוֹף. עָפָר, כְּדֵי לִתֵּן בֵּין פַּצִּים לַחֲבֵרוֹ. קִירוֹת הָאֵבוּס, וְקִירוֹת הַמְּחִצָּה, אֵינָן מְטַמְּאִין בַּנְּגָעִים. יְרוּשָׁלַיִם וְחוּצָה לָאָרֶץ, אֵינָן מְטַמְּאִין בַּנְּגָעִים:

---

〔그렇다면 그 집에〕 나무는 〔얼마나 있어야 하는가〕? 상인방 아래 둘 수 있을 만큼 있어야 한다. 예후다 랍비는 상인방 뒤에 '샌들'을 만들 수 있을 만큼 있어야 한다고 말했다.[45]

〔그렇다면 그 집에〕 흙은 〔얼마나 있어야 하는가〕? 기둥들 사이 〔갈라진 틈을〕 메울 수 있을 만큼 있어야 한다. 여물통의 벽과 칸을 칸막이 벽은 피부병 때문에 부정해지지 않는다. 예루살렘과 이스라엘 땅 바깥에서는 〔집이〕 피부병 때문에 부정해지지 않는다.

- 어떤 집이 피부병 얼룩 때문에 부정해지려면 부정한 나무는 얼마나 있어야 하는가? 돌로 만든 상인방을 밑에서 받칠 수 있을 만한 부정한 나무판이 있어야 한다(「페싸힘」 7, 12). 예후다 랍비는 좀 더 세세한 조건을 제시하며, 상인방을 고정시키기 위해서 덧대는 '샌들'이라는 나무 조각이 있어야 한다고 주장한다.
- 그렇다면 흙은 얼마나 있어야 하는가? 벽 안에 세운 기둥들 사이를 메울 수 있을 만큼 흙이 있다면 부정해질 수 있다(「샤밧」 8, 7).
- 동물을 먹이는데 쓰는 여물통 벽과 방을 나누기 위해서 간이로 세운 칸막이 벽은 피부병 때문에 부정해지지 않는데, 히브리 성서에 "그

---

45) 이 문장에서 분명히 '샌들'을 만든다고 기록되어 있는데, 이 샌들은 신발이 아니라 문을 여닫는 충격에도 상인방이 흔들리거나 부서지지 않도록 덧대는 작은 나무조각을 가리키는 용어로 보인다(알벡).

집 벽"이라고 기록했기 때문이다(레 14:37).

- 또한 예루살렘과 이스라엘 땅 바깥 지역에 있는 집은 피부병 때문에 부정해지지 않는데, 히브리 성서에 "너희 기업의 땅에서 어떤 집이"라고 기록했기 때문이다(레 14:34). 예루살렘과 외부 지역을 기업으로 받은 이스라엘 자손은 없다.

### 12, 5

집을 검사하는 방법을 논의하고 있는데, 토라에 기록된 내용을 하나씩 해석하는 방법을 취한다.

---

כֵּיצַד רְאִיַּת הַבָּיִת. וּבָא אֲשֶׁר לוֹ הַבַּיִת וְהִגִּיד לַכֹּהֵן לֵאמֹר כְּנֶגַע נִרְאָה לִי בַּבָּיִת, אֲפִלּוּ תַלְמִיד חָכָם וְיוֹדֵעַ שֶׁהוּא נֶגַע וַדַּאי, לֹא יִגְזֹר וְיֹאמַר נֶגַע נִרְאָה לִי בַּבָּיִת, אֶלָּא כְּנֶגַע נִרְאָה לִי בַּבָּיִת. וְצִוָּה הַכֹּהֵן וּפִנּוּ אֶת הַבַּיִת (בְּטֶרֶם יָבֹא הַכֹּהֵן לִרְאוֹת אֶת הַנֶּגַע וְלֹא יִטְמָא כָּל אֲשֶׁר בַּבָּיִת וְאַחַר כֵּן יָבֹא הַכֹּהֵן לִרְאוֹת אֶת הַבָּיִת), וַאֲפִלּוּ חֲבִילֵי עֵצִים, וַאֲפִלּוּ חֲבִילֵי קָנִים, דִּבְרֵי רַבִּי יְהוּדָה. רַבִּי שִׁמְעוֹן אוֹמֵר, עֵסֶק הוּא לַפִּנּוּי. אָמַר רַבִּי מֵאִיר, וְכִי מָה מִטַּמֵּא לוֹ. אִם תֹּאמַר, כְּלֵי עֵצָיו וּבְגָדָיו וּמַתְּכוֹתָיו, מַטְבִּילָן וְהֵן טְהוֹרִים. עַל מֶה חָסָה הַתּוֹרָה. עַל כְּלֵי חַרְסוֹ וְעַל פַּכּוֹ וְעַל טִפְיוֹ. אִם כָּךְ חָסָה הַתּוֹרָה עַל מָמוֹנוֹ הַבָּזוּי, קַל וָחֹמֶר עַל מָמוֹנוֹ הֶחָבִיב. אִם כָּךְ עַל מָמוֹנוֹ, קַל וָחֹמֶר עַל נֶפֶשׁ בָּנָיו וּבְנוֹתָיו. אִם כָּךְ עַל שֶׁל רָשָׁע, קַל וָחֹמֶר עַל שֶׁל צַדִּיק:

---

어떻게 집을 〔제사장에게〕 보여주는가?

"그 집을 소유한 자는 제사장에게 와서, 내가 보기에 피부병 같은 것이 〔내〕 집에 보입니다라고 말한다." 지혜가 있어서 그것이 분명히 피부병임을 아는 자라 해도 그것을 〔스스로〕 결정하여 '피부병이 〔내〕 집에 보입니다'라고 말하지 않으며, '내가 보기에 피부병 같은 것이 〔내〕 집에 보입니다'라고 말해야 한다.

"제사장은 (그 색점을 살펴보러 가기 전에 그 집 안에 있는 모든 것이 부정을 면하게 하기 위하여) 그 집을 비우도록 명령한 (후에 들어가서 그 집을 볼지니)" 심지어 나무 묶음과 갈대 묶음도 〔비워야 한다고〕 예후다 랍비가 말했다. 쉼온 랍비는 그가 〔물건들을〕 비우느라고 바빠야 한다고 말했다.

메이르 랍비는 〔그렇다면 그의 소유물 중〕 무엇이 부정해지느냐고 물었다. 만약 당신이 그의 나무 그릇, 그의 옷, 그의 금속 그릇이라고 말한다면, 그것들을 물에 담그면 정결해진다. 토라는 무엇을 아끼고 있는가? 토기와 작은 항아리와 목이 좁은 병[46]이다.

만약 토라가 그의 보잘것없는 재산을 그렇게 아낀다면, 가치 있는 재산은 얼마나 더 하겠느냐? 만약 그의 재산을 〔그렇게 아낀다면〕, 그의 아들들과 딸들의 목숨은 얼마나 더하겠느냐? 만약 악인의 〔재산을 그렇게 아낀다면〕, 의인의 〔재산은〕 얼마나 더하겠느냐?

- 제사장에게 검사를 받는 방법을 설명하면서, 히브리 성서 본문을 주해한다. 일단 피부병 얼룩이 발생한 집의 주인은 레위기 14:35 문장을 인용하며 검사를 요청한다. 학식이 깊은 학자라고 하더라도 스스로 피부병 얼룩이라고 확정하지 말고, 피부병 같은 것이 보인다고 신고해야 한다. 히브리 성서의 문구를 제의적인 문구로 만들어 사용하는 관례를 보여준다.
- 제사장이 집 벽에 발생한 피부병 얼룩이 부정하다고 확정하면 집 안에 있는 물건들도 모두 부정해지기 때문에, 검사를 진행하기 전에 미리 집을 비운다(레 14:36). 나무 묶음이나 갈대 묶음은 다른 부정의 요인 때문에 부정해지지 않는데, 심지어 이런 물건들도 모두 치워야 한다고 예후다 랍비가 말했다. 쉼온 랍비는 물건들이 부정해지지 않게 치우라는 명령이 아니라, 바쁘게 물건을 치우는 도중에 피

---

46) 이 낱말(טפי)은 목이 좁은 병을 가리킨다(야스트로 546).

부병 증상이 약해질 수 있기 때문이라고 설명했다. 알벡을 따르면, 메이르 랍비는 이 문맥에 이어서 토라는 이스라엘 자손이 소유한 물건들 중 어떤 것도 부정해지지 않기를 바라는 것이 토라의 정신이라고 설명했다.

- 메이르 랍비의 말은 일반적으로 다음에 나오는 문맥을 이끌며 토라가 부정해질까봐 걱정했던 물건이 무엇일지 묻고 있다고 해석하기도 한다. 나무나 천이나 금속으로 만든 그릇이나 도구가 부정해질까봐 아꼈다는 주장이 있는데, 이런 것들은 물로 씻어서 정결하게 만들 수 있으니 문제가 없다고 주장한다. 토라가 부정해질까봐 아꼈던 것은 오히려 흙으로 빚어서 구운 질그릇과 작은 항아리와 목이 좁은 병으로, 물에 담가 정결하게 할 수 없는 그릇들이라고 말한다(「켈림」 3, 2).
- 그리고 이런 문맥을 이어가며 '칼 바호메르'라는 논증 방식을 통해 토라의 의도를 설명하고 있다. 토라가 이렇게 보잘것없는 재산을 소중하게 아꼈기 때문에 가치 있는 재산은 당연히 더 아꼈을 것이며, 토라가 재산을 소중하게 아꼈기 때문에 사람의 목숨은 당연히 더 아꼈을 것이다. 랍비들은 피부병이 다른 사람에 대해 악담을 하는 것과 같은 죄의 결과라고 보았기 때문에(토쎕타 6, 7; 바벨 탈무드 「아라킨」 16a), 토라가 악인의 재산을 그렇게 소중하게 아꼈다면, 의인의 재산은 당연히 더 아꼈을 것이라고 교훈을 준다.

## 12, 6

계속해서 피부병 얼룩이 나타난 집을 검사하는 과정을 설명한다.

---

אֵינוֹ הוֹלֵךְ לְתוֹךְ בֵּיתוֹ וּמַסְגִּיר, וְלֹא בְתוֹךְ הַבַּיִת שֶׁהַנֶּגַע בְּתוֹכוֹ וּמַסְגִּיר, אֶלָּא
עוֹמֵד עַל פֶּתַח הַבַּיִת שֶׁהַנֶּגַע בְּתוֹכוֹ וּמַסְגִּיר, שֶׁנֶּאֱמַר, וְיָצָא הַכֹּהֵן מִן הַבַּיִת
אֶל פֶּתַח הַבָּיִת וְהִסְגִּיר אֶת הַבַּיִת שִׁבְעַת יָמִים. וּבָא בְסוֹף הַשָּׁבוּעַ וְרָאָה

אִם פָּשָׂה, וְצִוָּה הַכֹּהֵן וְחִלְּצוּ אֶת הָאֲבָנִים אֲשֶׁר בָּהֵן הַנָּגַע וְהִשְׁלִיכוּ אֶתְהֶן אֶל מִחוּץ לָעִיר אֶל מָקוֹם טָמֵא. וְלָקְחוּ אֲבָנִים אֲחֵרוֹת וְהֵבִיאוּ אֶל תַּחַת הָאֲבָנִים וְעָפָר אַחֵר יִקַּח וְטָח אֶת הַבָּיִת (שם). אֵינוֹ נוֹטֵל אֲבָנִים מִצַּד זֶה וּמֵבִיא לְצַד זֶה, וְלֹא עָפָר מִצַּד זֶה וּמֵבִיא לְצַד זֶה, וְלֹא סִיד מִכָּל מָקוֹם. אֵינוֹ מֵבִיא לֹא אַחַת תַּחַת שְׁתַּיִם וְלֹא שְׁתַּיִם תַּחַת אַחַת, אֶלָּא מֵבִיא שְׁתַּיִם תַּחַת שְׁתַּיִם, תַּחַת שָׁלֹשׁ, תַּחַת אַרְבַּע. מִכָּאן אָמְרוּ, אוֹי לָרָשָׁע אוֹי לִשְׁכֵנוֹ, שְׁנֵיהֶן חוֹלְצִין, שְׁנֵיהֶן קוֹצְעִין, שְׁנֵיהֶן מְבִיאִין אֶת הָאֲבָנִים. אֲבָל הוּא לְבַדּוֹ מֵבִיא אֶת הֶעָפָר, שֶׁנֶּאֱמַר, וְעָפָר אַחֵר יִקַּח וְטָח אֶת הַבָּיִת, אֵין חֲבֵרוֹ מִטַּפֵּל עִמּוֹ בַּטִּיחָה:

---

그는 자기 집 안으로 들어가서 〔그 집을〕 폐쇄하지 않으며, 피부병이 그 안에 발생한 집에 들어가서 〔그 집을〕 폐쇄하지도 않고, 피부병이 그 안에 발생한 집 입구에 서서 〔그 집을〕 폐쇄해야 하니, "제사장은 그 집 문으로 나와 그 집을 이레 동안 폐쇄했다가"라고 기록했다.

그리고 첫 주일 끝에 돌아와 〔그 피부병 얼룩이〕 퍼졌는지 보고, "그는 명령하여 얼룩이 있는 돌을 빼내어 성 밖 부정한 곳에 버리게" 해야 한다. "그들은 다른 돌로 그 돌을 대신하며 다른 흙으로 집에 바를지니라." 그는 〔집〕 한쪽에 있는 돌들을 빼내어 다른 쪽으로 가져가면 안 되고, 한쪽에 있는 흙을 다른 쪽으로 가져가면 안 되며, 회도 어떤 쪽에서건 〔가져오면〕 안 된다. 그는 〔돌〕 두 개 대신 〔돌〕 하나를 가져오지 않으며, 〔돌〕 하나 대신 〔돌〕 두 개를 〔가져오지〕 않으나, 〔돌〕 두 개나 세 개나 네 개 대신 〔돌〕 두 개를 가져와도 좋다.

이런 이유로, 사람들이 악인에게 화가 있고 그의 이웃에게 화가 있으라고 말했으니, 두 사람이 〔돌을〕 제거하고, 두 사람이 〔벽을〕 긁어내고, 두 사람이 돌들을 가져왔기 때문이다. 그러나 그는 혼자 흙을 가져와야 했으니, "다른 흙으로 집에 바를지니라"[47]라고 기록했다.

47) 우리 말 번역은 동사가 단수인지 복수인지 분명히 드러나지 않지만, 히브리어 본문은 분명히 단수로 기록했다(레 14:42).

그의 친구가 그와 함께 회칠을 하면 안 된다.

- 제사장이 자기 집에 들어가서 집을 검사하고 폐쇄할 수 없으며, 피부병 얼룩이 내부에서 발생한 집 안에 들어가서 검사하고 그 집을 폐쇄할 수도 없으니, 제사장은 집 밖에서 이 모든 일을 진행해야 하며, 이는 히브리 성서(레 14:38)에 기록된 내용을 지키기 위해서다.
- 집을 폐쇄한 뒤 한 주일을 기다렸다가 피부병 얼룩이 퍼졌는지 다시 검사해야 하는데, 만약 그 얼룩이 퍼졌으면, 그 돌들을 제거하여 거주지 바깥에 있는 부정한 장소에 버리도록 명령해야 한다(레 14:40). 그리고 제거한 돌을 대체할 새 돌과 흙을 가져와서 그 집 벽을 보수해야 한다(레 14:42).
- 그 집주인은 집 안에 있는 돌들을 사용해서 벽을 보수할 수 없으며, 꼭 바깥에서 새 돌과 새 흙을 가져와야 한다. 히브리 성서에서 돌과 흙만 언급했기 때문에(레 14:42), 회는 사용하면 안 되고 '흙'으로 회칠을 해야 한다.
- 그는 작은 돌 두 개를 대체하려고 큰 돌 하나를 가져오면 안 되고, 반대로 큰 돌 하나를 대체하려고 작은 돌 두 개를 가져와도 안 된다. 그러나 큰 돌 두 개로 작은 돌 두 개에서 네 개를 대체하는 것은 용인된다. 랍비들은 토라가 '돌'을 항상 복수형으로 기록했기 때문에 두 개 이하의 돌을 제거하고 대체하는 것을 금지한다고 보았으며, 두 개 이상이 되는 경우에는 돌이 몇 개이건 상관하지 않는다고 해석한 것이다.
- 또한 이렇게 벽을 보수할 때 악인과 그 이웃을 저주하는 경우가 있다고 간주하는데, 이것은 히브리 성서에서 돌을 제거하고 내다버린다는 동사들이 모두 복수형으로 기록된 것에 착안한 것으로 보인다(레 14:40). 그렇다면 벽 하나를 공유하는 두 집을 상정하고 악인의

집에 피부병 얼룩이 생겼는데, 그 벽 맞은편에 사는 이웃도 동일한 방법으로 피부병을 막는 작업을 해야 한다고 볼 수 있다(다섯째 미쉬나, 「네가임」 13, 2). 그러나 다른 흙을 가져와서 벽에 바른다는 문장은 단수형 동사를 사용하고 있어(레 14:42), 실제적인 보수 작업은 집주인이 혼자 해야 한다고 규정하고 있다.

## 12, 7

피부병 얼룩이 나타난 집이 부정하다고 확정하는 과정을 설명한다.

---

בָּא בְסוֹף שָׁבוּעַ וְרָאָה, אִם חָזַר, וְנָתַץ אֶת הַבַּיִת אֶת אֲבָנָיו וְאֶת עֵצָיו וְאֵת
כָּל עֲפַר הַבָּיִת וְהוֹצִיא אֶל מִחוּץ לָעִיר אֶל מָקוֹם טָמֵא. הַפִּסְיוֹן הַסָּמוּךְ, כָּל
שֶׁהוּא. וְהָרָחוֹק, כַּגְּרִיס. וְהַחוֹזֵר בַּבָּתִּים, כִּשְׁנֵי גְרִיסִין:

---

그 〔제사장이〕 한 주일 끝에 와서 보았을 때 〔피부병 얼룩이〕 다시 나타났다면, "그는 그 집을 헐고 돌과 그 재목과 그 집의 모든 흙을 성 밖 부정한 곳으로 내어갈 것"이다.

가까운 곳에 퍼진 부분이 생기면 그것이 〔어떤 크기이든지〕 모두, 먼 곳에 〔퍼진 부분이 생기면〕 그것이 콩 〔크기〕만 할 때, 〔피부병 얼룩이〕 집에 재발한 경우에는 콩 두 개 〔크기〕만 할 때, 〔부정해진다〕.

- 피부병 얼룩 때문에 돌을 제거하고 흙을 긁어내고 새 돌과 흙을 가져와서 보수했는데, 둘째 주일이 지난 후 제사장이 다시 와서 검사한 결과 피부병 얼룩이 재발했다면, 히브리 성서의 레위기 14:45에 기록한 대로 그 집을 헐고 모든 건축재료를 거주지 바깥에 내다버려야 한다.
- 피부병 얼룩이 퍼지는 현상과 관련하여, 그 퍼진 부분이 원래 얼룩과 가까운 곳에 나타났으면 그 크기나 발생한 부분에 상관없이 부정

해진다. 그 퍼진 부분이 원래 얼룩과 멀리 떨어진 곳에 나타났으면 최소한 콩 크기 이상은 되어야 부정해진다. 보수가 끝난 다음에 피부병이 재발하는 경우에는 피부병 얼룩이 처음 나타날 때와 같은 규정을 적용하며(「네가임」 11, 7; 12, 3), 콩 두 개 크기만 할 때 부정해진다.

## 제13장

피부병이 나타난 건물을 처리하는 규정들, 폐쇄시키거나 부정하다고 확정한 집이 부정을 전이하는 방법, 피부병이 발생했던 집의 돌을 가져와서 다른 집에 사용한 경우, 피부병이 덮기 부정을 통해 부정을 전이하는지 여부에 관해 논의한다.

### 13, 1

집에 나타나는 피부병 관련 규정을 열 가지로 정리한다.

---

עֲשָׂרָה בָתִּים הֵן, הַכֵּהֶה בָרִאשׁוֹן, וְהַהוֹלֵךְ לוֹ, קוֹלְפוֹ וְהוּא טָהוֹר. הַכֵּהֶה בַשֵּׁנִי, וְהַהוֹלֵךְ לוֹ, קוֹלְפוֹ וְהוּא טָעוּן צִפֳּרִים. הַפּוֹשֶׂה בָרִאשׁוֹן, חוֹלֵץ וְקוֹצֶה וְטָח וְנוֹתֵן לוֹ שָׁבוּעַ. חָזַר, יִנָּתֵץ. לֹא חָזַר, טָעוּן צִפֳּרִים. עָמַד בָּרִאשׁוֹן וּפָשָׂה בַשֵּׁנִי, חוֹלֵץ וְקוֹצֶה וְטָח וְנוֹתֵן לוֹ שָׁבוּעַ. חָזַר, יִנָּתֵץ. לֹא חָזַר, טָעוּן צִפֳּרִים. עָמַד בָּזֶה וּבָזֶה, חוֹלֵץ וְקוֹצֶה וְטָח וְנוֹתֵן לוֹ שָׁבוּעַ. חָזַר, יִנָּתֵץ. לֹא חָזַר, טָעוּן צִפֳּרִים. אִם עַד שֶׁלֹּא טִהֲרוֹ בַצִּפֳּרִים נִרְאָה בוֹ נֶגַע, הֲרֵי זֶה יִנָּתֵץ. וְאִם מִשֶּׁטִּהֲרוֹ בַצִּפֳּרִים נִרְאָה בוֹ נֶגַע, יֵרָאֶה בַתְּחִלָּה:

---

〔피부병 얼룩이 나타난〕 집들에 〔관련된 규정이〕 열 개가 있다. 〔피부병 얼룩이〕 첫째 주일에 흐릿해지거나 사라졌다면, 그 부분을 긁어낸 후 그 〔집이〕 정결해진다. 〔피부병 얼룩이〕 둘째 주일에 흐

릿해지거나 사라졌다면, 그 부분을 긁어내야 하고 새들을 〔제물로 바칠〕 의무가 있다.

〔피부병 얼룩이〕 첫째 주일에 퍼졌다면, 〔그 부분을〕 제거하고 긁어내고 회칠한 후 한 주일을 지켜봐야 한다. 〔피부병 얼룩이〕 재발하면, 〔그 집을〕 헐어야 한다. 〔피부병 얼룩이〕 재발하지 않으면, 새들을 〔제물로 바칠〕 의무가 있다.

〔피부병 얼룩이〕 첫째 주일에 〔변함없이〕 유지되다가 둘째 주일에 퍼졌다면, 〔그 부분을〕 제거하고 긁어내고 회칠한 후 한 주일을 지켜봐야 한다. 〔피부병 얼룩이〕 재발하면, 〔그 집을〕 헐어야 한다. 〔피부병 얼룩이〕 재발하지 않으면, 새들을 〔제물로 바칠〕 의무가 있다.

〔피부병 얼룩이〕 이 기간이나 저 기간에 〔변함없이〕 유지되었다면, 〔그 부분을〕 제거하고 긁어내고 회칠한 후 한 주일을 지켜봐야 한다. 〔피부병 얼룩이〕 재발하면, 〔그 집을〕 헐어야 한다. 〔피부병 얼룩이〕 재발하지 않으면, 새들을 〔제물로 바칠〕 의무가 있다.

만약 새를 〔바쳐서〕 정결하게 되기 전에 그 〔집에〕 피부병이 나타났다면, 그때는 그 〔집을〕 헐어야 한다. 그러나 만약 새를 〔바쳐서〕 정결하게 되었는데 그 〔집에〕 피부병이 나타났다면, 처음처럼 〔제사장에게〕 보여야 한다.

- 집에 나타난 피부병 얼룩에 관련된 규정들이다. 피부병 얼룩이 격리시킨 첫째 주일에 흐릿해지거나(규정 1) 사라졌다면(규정 2), 그 부분을 긁어낸 후 그 집이 정결해진다. 피부병 얼룩이 격리시킨 둘째 주일에 흐릿해지거나(규정 3) 사라졌다면(규정 4), 그 부분을 긁어내야 하고 새들을 제물로 바칠 의무가 있다(레 14:49).
- 피부병 얼룩이 격리시킨 첫째 주일에 퍼졌다면, 그 부분을 제거하고 긁어내고 회칠한 후(레 14:39-42) 한 주일을 지켜봐야 한다. 만약 피

부병 얼룩이 재발하면, 그 집을 헐어야 한다(규정 5, 「네가임」 12, 7). 만약 피부병 얼룩이 재발하지 않으면, 새들을 제물로 바칠 의무가 있다(규정 6).

- 피부병 얼룩이 격리시킨 첫째 주일에 변함없이 유지되었고, 다시 격리시킨 둘째 주일에 퍼졌다면, 그 부분을 제거하고 긁어내고 회칠을 한 후 한 주일을 지켜봐야 한다. 만약 피부병 얼룩이 재발하면, 그 집을 헐어야 한다(규정 7). 만약 피부병 얼룩이 재발하지 않으면, 새들을 제물로 바칠 의무가 있다(규정 8).
- 피부병 얼룩이 격리시킨 첫째 주일이나 둘째 주일에 퍼지지 않고 유지되었다면, 그 부분을 제거하고 긁어내고 회칠한 후 한 주일을 지켜봐야 한다. 만약 피부병 얼룩이 재발하면, 그 집을 헐어야 한다(규정 9). 만약 피부병 얼룩이 재발하지 않으면, 새들을 제물로 바칠 의무가 있다(규정 10).
- 한편 새를 바쳐서 정결하게 되기 전에 그 집에 피부병이 나타났다면, 그때는 둘째 격리기간 후에 피부병 얼룩이 재발한 것과 같은 경우이며 그 집을 헐어야 한다. 그러나 만약 새를 바쳐서 정결하게 되었는데 그 집에 피부병이 나타났다면, 처음처럼 제사장에게 보여야 하며 격리시켜야 한다.

## 13, 2

---

הָאֶבֶן שֶׁבַּזָּוִית, בִּזְמַן שֶׁהוּא חוֹלֵץ, חוֹלֵץ אֶת כֻּלּוֹ. וּבִזְמַן שֶׁהוּא נוֹתֵץ, נוֹתֵץ אֶת שֶׁלּוֹ וּמַנִּיחַ אֶת שֶׁל חֲבֵרוֹ. נִמְצָא חֹמֶר בַּחֲלִיצָה מִבִּנְתִיצָה. רַבִּי אֱלִיעֶזֶר אוֹמֵר, בַּיִת הַבָּנוּי רֹאשׁ וּפִתִּין, נִרְאָה בָרֹאשׁ, נוֹטֵל אֶת כֻּלּוֹ. נִרְאָה בַפִּתִּין, נוֹטֵל אֶת שֶׁלּוֹ וּמַנִּיחַ אֶת שֶׁל חֲבֵרוֹ:

---

구석에 있는 돌은, 그것을 제거할 때 그 전체를 제거해야 한다. 〔그 집을〕 헐 때에는 그에게 속한 부분은 헐지만 그의 이웃에게 속한 부분

은 남겨둔다. [그렇다면 집을] 헐 때보다 [돌을] 제거할 때 [규정을] 더 엄격하게 [적용하는] 것이다.

엘아자르 랍비는 '머리' [돌과] '작은' [돌로] 지은 집에서 [피부병 얼룩이] 머리 [돌에] 나타났다면 그 전체를 제거해야 하며, 작은 [돌에] 나타났다면 그에게 속한 부분은 제거하지만 그의 이웃에게 속한 부분은 남겨둔다고 말했다.

- 같은 벽을 공유하는 집 두 채가 있고 한쪽 벽 구석에 있는 커다란 모퉁이돌은 양쪽 집에서 모두 볼 수 있는 상황인데, 한쪽 집에서 그 모퉁이돌에 피부병 얼룩이 나타났다면, 그 이웃 집에는 피부병 얼룩이 나타나지 않았더라도 그 돌 전체를 제거해야 한다(「네가임」 12, 6). 그러나 피부병 얼룩 때문에 집을 헐어야 할 경우라면, 피부병 얼룩이 나타난 집만 헐어야 하며 그 이웃 집까지 헐 수는 없다. 그렇다면 그 모퉁이돌을 그대로 남겨두어야 하며, 집을 헐 때보다 돌만 제거할 때 규정을 더 엄격하게 적용한다고 말할 수 있다.
- 엘아자르 랍비는 벽을 쌓을 때 커다란 돌을 사용하여 벽 양쪽으로 '머리'를 내밀고 있는 경우와 그보다 작아서 양쪽에서 볼 수는 있지만 벽 속에 박혀 있는 돌이 있는 경우를 구분했다. 만약 피부병 얼룩이 머리를 내민 돌에 나타났다면, 돌만 제거할 때나 집을 헐 때 그 전체를 제거해야 한다. 만약 작은 돌에 나타났다면, 돌만 제거할 때나 집을 헐 때 피부병 얼룩이 나타난 집 쪽만 제거한다고 주장했다.

## 13, 3

בַּיִת שֶׁנִּרְאָה בוֹ נֶגַע, הָיְתָה עֲלִיָּה עַל גַּבָּיו, נוֹתֵן אֶת הַקּוֹרוֹת לָעֲלִיָּה. נִרְאָה בָעֲלִיָּה, נוֹתֵן אֶת הַקּוֹרוֹת לַבָּיִת. לֹא הָיְתָה עֲלִיָּה עַל גַּבָּיו, אֲבָנָיו וְעֵצָיו וַעֲפָרוֹ נִתָּצִין עִמּוֹ. וּמַצִּיל עַל הַמַּלְבְּנִים, וְעַל שְׂרִיגֵי הַחַלּוֹנוֹת. רַבִּי יְהוּדָה אוֹמֵר, מַלְבֵּן הַבָּנוּי עַל גַּבָּיו, נִתָּץ עִמּוֹ. אֲבָנָיו וְעֵצָיו וַעֲפָרוֹ מְטַמְּאִין בִּכְזַיִת, רַבִּי

피부병이 나타난 집 위에 위층이 있을 때, 들보들은 위층에 속한 것으로 간주한다. 〔피부병이〕 위층에 나타났을 때, 들보들은 그 〔아래〕 집에 속한 것으로 간주한다. 그 〔집〕 위에 위층이 없을 때, 그 돌들과 나무와 흙은 그 집과 함께 허문다. 그러나 사각형 〔문〕 틀과 창문의 격자는 남겨둔다. 예후다 랍비는 그 위에 〔위층을〕 지은 사각형 틀은 집과 함께 허문다고 말했다. 〔그 집의〕 돌들과 나무와 흙은 올리브 〔크기〕만 할 때부터 부정하게 만든다. 엘아자르 히쓰마 랍비는 〔크기가〕 어느 정도이든지 〔부정하게 만든다고〕 말한다.

- 어떤 집에 피부병 얼룩이 나타나서 부정하게 되었는데 그 집 위로 위층이나 다락이 있다면, 들보는 위층에 속한 것으로 보아야 하며, 그 집을 헐더라도 위층과 들보와 그것을 지탱하는 기둥을 남겨두어야 한다. 반대로 피부병 얼룩이 위층에 나타났다면, 들보는 그 아래 집의 지붕으로 간주하며, 위층을 헐더라도 아래 집은 남겨둔다.
- 위층이 없는 단층 건물에 피부병 얼룩이 나타나서 부정해진 경우에는 돌과 나무와 흙 등 모든 건축 재료를 다 허물어야 한다. 물론 일부만 제거해야 할 때에는 다른 규정을 따른다(첫째와 둘째 미쉬나).
- 사각형 문틀이나 창문 격자는 집에 속하지 않은 독립적인 구조물로 간주하며, 집을 허물어도 함께 부수지 않는다. 그러나 그 위에 위층을 올리기 위해서 짠 사각형 틀은 집과 함께 허문다는 것이 예후다 랍비의 주장이다.
- 부정해져서 돌과 나무와 흙을 모두 허물어야 하는 집은 피부병 얼룩이 최소한 올리브 열매 크기 정도 되어야 한다고 규정한다. 그러나 엘아자르 랍비는 돌이나 나무나 흙에 나타난 피부병 얼룩은 크기와 상관없이 집을 부정하게 만든다고 주장한다.

## 13, 4

부정해진 집이 그 부정을 전이하는 문제를 논의한다.

---

בַּיִת הַמֻּסְגָּר, מְטַמֵּא מִתּוֹכוֹ. וְהַמֻּחְלָט, מִתּוֹכוֹ וּמֵאֲחוֹרָיו. זֶה וָזֶה מְטַמְּאִין בְּבִיאָה:

---

폐쇄된 집은 그 내부로부터 부정하게 하며, 〔부정하다고〕 확정된 집은 내부는 물론 외부로부터 〔부정하게 한다〕. 이런 경우이건 저런 경우이건 〔집에〕 들어가면 부정해진다.

- 피부병 얼룩이 나타나서 일주일 동안 폐쇄시켰는데, 누군가가 그 안쪽 벽에 접촉했다면, 그 사람은 부정해진다. 이미 부정하다고 확정된 집은 내부는 물론 외부 벽에 접촉하면 부정해진다.
- 폐쇄된 집이건 확정된 집이건 누군가 그런 집 안으로 들어갔다면 벽에 접촉하지 않더라도 부정해진다(레 14:46).

## 13, 5

---

הַבּוֹנֶה מִן הַמֻּסְגָּר בְּטָהוֹר, וְחָזַר נֶגַע לַבַּיִת, חוֹלֵץ אֶת הָאֲבָנִים. חָזַר עַל הָאֲבָנִים, הַבַּיִת הָרִאשׁוֹן יִנָּתֵץ, וְהָאֲבָנִים יְשַׁמְּשׁוּ אֶת הַבַּיִת הַשֵּׁנִי בְּסִימָנִין:

---

폐쇄된 집에서 〔가져온 돌로〕 정결한 집을 지었을 때, 피부병이 그 〔폐쇄된〕 집에 재발하면, 그 돌들을 제거해야 한다. 〔피부병이〕 그 돌들 위에 재발하면, 그 첫째 집은 헐어야 하며, 그 둘째 집에 사용한 돌들은 표시를 하고 〔관찰해야 한다〕.

- 어떤 집에 피부병 얼룩이 생겨서 관련된 돌을 제거하고 흙을 긁어낸 후 새 돌과 새 흙으로 바르고 일주일 동안 폐쇄했다. 그런데 그 돌을 가져와서 새로 집을 지었다. 만약 첫째 집에 피부병 얼룩이 재발하

면, 둘째 집에 사용한 돌들을 제거해야 한다. 폐쇄했던 집에 피부병 얼룩이 재발하면 그 집이 부정해지는 것처럼, 그 집에서 가져온 돌들도 부정하다. 만약 둘째 집에 사용한 돌들 위에 피부병이 재발하면, 그 첫째 집은 피부병 얼룩이 직접 재발하지 않았어도 허물어야 하며, 그 둘째 집은 피부병 얼룩이 나타난 돌에 표시를 하고 폐쇄해야 한다. 이것은 피부병 얼룩이 처음 나타났을 때와 같은 경우이며, 피부병 얼룩이 퍼지거나 보수 이후 재발하면 둘째 집도 헐어야 한다 (「네가임」 11, 6).

### 13, 6

피부병 얼룩이 생긴 집이 덮기 부정과 어떤 관계에 있는지를 논의한다.

---

בַּיִת שֶׁהוּא מֵסֵךְ עַל גַּבֵּי בַּיִת הַמְנֻגָּע, וְכֵן אִילָן שֶׁהוּא מֵסֵךְ עַל גַּבֵּי בַּיִת הַמְנֻגָּע, הַנִּכְנָס לַחִיצוֹן, טָהוֹר, דִּבְרֵי רַבִּי אֶלְעָזָר בֶּן עֲזַרְיָה. אָמַר רַבִּי אֶלְעָזָר, מָה אִם אֶבֶן אַחַת מִמֶּנּוּ מְטַמָּא בְּבִיאָה, הוּא עַצְמוֹ לֹא יְטַמֵּא בְּבִיאָה:

---

어떤 집이 피부병이 발생한 집 위를 덮었을 때, 또는 어떤 나무가 피부병이 발생한 집 위를 덮었을 때, 그 바깥쪽에 들어간 자는 정결하다고 엘아자르 벤 아자르야 랍비가 주장했다. 엘리에제르[48] 랍비는 만약 그 〔집에 속한〕 돌 하나가 거기 들어가는 사람을 부정하게 만든다면 그 〔집〕 자체가 거기 들어가는 사람을 부정하게 만들지 않겠느냐고 말했다.

---

48) 이 미쉬나는 비슷한 이름을 가진 랍비 두 명이 논쟁을 벌이고 있다. 첫째 랍비는 엘아자르 벤 아자르야가 분명한데, 둘째 랍비는 엘아자르(알벡)인지 엘리에제르(댄비; Sefaria; Instone-Brewer)인지 확실하지 않다. 문맥이 분명하게 드러나도록 후자를 따라 번역했다.

- 어떤 집이 피부병이 발생한 집 위를 덮었을 때, 또는 어떤 나무가 피부병이 발생한 집 위를 덮었을 때, 누군가 문제가 되는 집을 덮은 바깥쪽 집이나 나무 아래로 들어가도 정결을 유지하며, 피부병이 발생한 집에 들어가는 경우와 구별된다. 이것은 엘아자르 벤 아자르야 랍비의 주장이다.
- 그러나 엘리에제르 랍비는 여기에 반대하며, 피부병 얼룩이 나타난 돌 하나가 그 집에 들어가는 자를 부정하게 만든다면, 부정한 집 전체를 덮는 '천막' 안에 들어간 사람도 부정해져야 옳다고 말했다.

13, 7

피부병 때문에 부정해진 사람이나 돌이 덮기 부정을 통해 부정을 전이하는지 논의한다.

---

הַטָּמֵא עוֹמֵד תַּחַת הָאִילָן וְהַטָּהוֹר עוֹבֵר, טָמֵא. הַטָּהוֹר עוֹמֵד תַּחַת הָאִילָן וְהַטָּמֵא עוֹבֵר, טָהוֹר. אִם עָמַד, טָמֵא. וְכֵן בְּאֶבֶן הַמְנֻגַּעַת, טָהוֹר. וְאִם הִנִּיחָהּ, הֲרֵי זֶה טָמֵא:

---

어떤 부정한 사람이 나무 밑에 서 있고 정결한 사람이 지나간다면, 그자는 부정해진다. 어떤 정결한 사람이 나무 밑에 서 있고 부정한 사람이 지나간다면, 그자는 정결하다. 만약 그 〔부정한 사람이 나무 밑에〕 멈추어 선다면, 그자는 부정해진다. 부정해진 돌도 마찬가지이며, 〔지나가면〕 정결하다. 그러나 만약 그것을 내려놓으면, 그자는 부정해진다.

- 피부병 때문에 격리되거나 확진을 받아 부정한 사람이 나무 밑에 서 있고 정결한 사람이 그 그늘 밑을 지나간다면, 그 정결한 사람은 덮기 부정 때문에 부정해진다. 반대로 어떤 정결한 사람이 나무 밑에

서 있고 부정한 사람이 지나간다면, 그 정결한 사람은 정결을 유지한다. 만약 그 부정한 사람이 나무 밑에 멈추어 선다면, 그 정결한 사람이 부정해진다. 이렇게 판단하는 이유는 히브리 성서에 "그가 부정한 즉 혼자 살되 진영 밖에서 살지니라"라고 기록되어 있는데(레 13:46), 이 구절을 직역하면 진영 밖이 그가 앉는 장소가 될 것이라는 말이다. 다시 말해서 부정한 사람이 앉거나 멈춰 서면 부정을 전이할 수 있으나 그냥 지나가면 전이시키지 않는다.

- 마찬가지로 어떤 사람이 피부병 때문에 부정해진 돌을 들고 나무 밑을 지나가면, 그 밑에 서 있던 정결한 사람은 정결을 유지한다. 그러나 그가 부정한 돌을 내려놓으면, 그 밑에 서 있던 정결한 사람이 부정해진다. 돌을 내려놓지 않고 멈춰 서는 경우에도 같은 규정을 적용한다.

## 13, 8

טָהוֹר שֶׁהִכְנִיס רֹאשׁוֹ וְרֻבּוֹ לְבַיִת טָמֵא, נִטְמָא. וְטָמֵא שֶׁהִכְנִיס רֹאשׁוֹ וְרֻבּוֹ לְבַיִת טָהוֹר, טִמְּאָהוּ. טַלִּית טְהוֹרָה שֶׁהִכְנִיס מִמֶּנָּה שָׁלֹשׁ עַל שָׁלֹשׁ לְבַיִת טָמֵא, נִטְמְאָה. וּטְמֵאָה שֶׁהִכְנִיס מִמֶּנָּה אֲפִלּוּ כַזַּיִת לְבַיִת טָהוֹר, טִמְּאַתּוּ:

어떤 정결한 사람이 그의 머리와 몸의 대부분을 부정한 집 안에 들여놓았다면, 그는 부정해진다. 어떤 부정한 사람이 그의 머리와 몸의 대부분을 어떤 정결한 집 안에 들여놓았다면, 그 〔집을〕 부정하게 만든다.

정결한 외투 3〔에쯔바에〕 3〔에쯔바〕 정도가 부정한 집 안에 들어갔다면, 그 〔외투는〕 부정해진다. 부정한 〔외투는〕 심지어 올리브 〔크기〕 만큼만 정결한 집 안에 들어갔어도, 그 〔집을〕 부정하게 만든다.

- 어떤 정결한 사람이 그의 머리와 몸의 대부분을 피부병 얼룩 때문에

부정해진 집 안에 들여놓았다면, 발을 들여놓지 않았어도 부정해진다. 피부병 때문에 격리되거나 확진을 받아 부정한 사람이 그의 머리와 몸의 대부분을 정결한 집 안에 들여놓으면, 발을 들여놓지 않았어도 그 집을 부정하게 만든다.

- 정결한 외투는 길이 3에쯔바에 너비가 3에쯔바가 되는 정도를 피부병 얼룩 때문에 부정한 집에 들여놓았을 때 부정해진다. 이 크기에 미치지 못하면 부정해지지 않는다(「네가임」 11, 8). 이미 부정해진 외투는 올리브 열매 크기 만큼만 정결한 집 안에 들어갔어도 그 집을 부정하게 만든다.

## 13, 9
부정한 집에 들어가서 부정이 전이되는 시간에 관해 논의한다.

---

מִי שֶׁנִּכְנַס לְבַיִת הַמְנֻגָּע וְכֵלָיו עַל כְּתֵפוֹ וְסַנְדָּלָיו וְטַבְּעוֹתָיו בְּיָדָיו, הוּא וְהֵן טְמֵאִין מִיָּד. הָיָה לָבוּשׁ בְּכֵלָיו וְסַנְדָּלָיו בְּרַגְלָיו וְטַבְּעוֹתָיו בְּיָדָיו, הוּא טָמֵא מִיָּד, וְהֵן טְהוֹרִין עַד שֶׁיִּשְׁהֶה כְּדֵי אֲכִילַת פְּרָס. פַּת חִטִּין וְלֹא פַת שְׂעֹרִים, מֵסֵב וְאוֹכְלָן בְּלִפְתָּן:

---

어떤 사람이 피부병이 발생한 집에 들어갔는데, 그의 옷을 어깨에 걸고 그의 샌들과 반지를 손에 들고 〔들어갔다면〕, 그와 그 〔물건들은〕 바로 부정해진다. 그가 그의 옷들을 입고 그의 샌들은 발에 〔신고〕 그의 반지는 손에 〔끼고〕 있었다면, 그는 바로 부정해지지만, 그 〔물건들은〕 빵 덩이의 반[49]을 먹을 수 있을 만큼 머물러 있어야 부정해진다. 이때 보리 빵이 아니라 밀 빵을 의미하며, 비스듬히 누워서 양념과 함께 먹는 것을 〔말한다〕.

---

49) 이 낱말(פרס)은 빵의 '(한) 부분, 절반, (한) 조각'을 가리킨다(야스트로 1233).

- 어떤 사람이 피부병이 발생하여 부정한 집에 들어갔는데, 그의 옷을 입지 않고 어깨에 걸고 샌들과 반지도 손에 들고 들어갔다면, 그 사람과 그의 소지품들은 즉시 부정해진다. 이 규정은 히브리 성서의 레위기 14:46에 의거한 것이며, 그의 소지품들도 사람과 마찬가지로 그 집에 들어간 것으로 간주한다.
- 그러나 그 사람이 옷을 몸에 입고 샌들을 발에 신고 반지를 손가락에 끼고 들어갔다면, 그 사람은 즉시 부정해지지만, 그의 소지품들은 어느 정도 시간이 지나야 부정해진다. 그 시간은 빵 덩이의 반을 먹을 수 있는 정도로 규정하고 있는데, 그 부피는 대개 달걀 4개에 해당한다(「에루빈」 8, 2; 「파라」 1, 1). 그리고 이것은 비스듬히 누운 자세로 밀 빵을 양념에 찍어 먹는 행위를 가리킨다고 설명을 덧붙인다. 이 규정은 히브리 성서의 레위기 14:47을 더 자세히 설명한 것으로, '눕다'는 행위가 실제로 누워서 자거나 먹는 것을 의미하는 것이 아니라 일정한 시간의 길이를 가리킨다고 설명한다.

## 13, 10

הָיָה עוֹמֵד בִּפְנִים וּפָשַׁט יָדוֹ לַחוּץ וְטַבְּעוֹתָיו בְּיָדָיו, אִם שָׁהָה כְּדֵי אֲכִילַת פְּרָס, טְמֵאוֹת. הָיָה עוֹמֵד בַּחוּץ וּפָשַׁט יָדוֹ לִפְנִים וְטַבְּעוֹתָיו בְּיָדָיו, רַבִּי יְהוּדָה מְטַמֵּא מִיָּד. וַחֲכָמִים אוֹמְרִים, עַד שֶׁיִּשְׁהֶה כְּדֵי אֲכִילַת פְּרָס. אָמְרוּ לוֹ לְרַבִּי יְהוּדָה, מָה אִם בִּזְמַן שֶׁכָּל גּוּפוֹ טָמֵא, לֹא טִמֵּא אֶת מַה שֶּׁעָלָיו עַד שֶׁיִּשְׁהֶה כְּדֵי אֲכִילַת פְּרָס, בִּזְמַן שֶׁאֵין כָּל גּוּפוֹ טָמֵא, אֵינוֹ דִין שֶׁלֹּא יְטַמֵּא אֶת מַה שֶּׁעָלָיו עַד שֶׁיִּשְׁהֶה כְּדֵי אֲכִילַת פְּרָס:

어떤 사람이 〔집〕 안에 서서 손을 바깥으로 뻗었는데 그의 손에 반지가 있을 때, 만약 그가 〔빵 덩이〕 반을 먹을 정도로 〔그곳에〕 머물렀다면, 그 반지가 부정해진다.

그가 〔집〕 바깥에 서서 손을 안으로 뻗었는데 그의 손에 반지가 있었다면, 예후다 랍비는 바로 부정해진다고 주장했다. 그러나 현인들은 〔빵 덩이〕 반을 먹을 정도로 머물렀을 때 〔부정해진다고〕 말한다. 그들이 예후다 랍비에게 말했다. 만약 그의 몸 전체가 부정해져도 〔빵 덩이〕 반을 먹을 정도로 머물러 있기 전까지는 그 〔몸이〕 그 위에 있는 것을 부정하게 만들지 않는다면, 그의 몸 전체가 부정하지 않을 때 〔빵 덩이〕 반을 먹을 정도로 머물러 있기 전까지는 그 〔몸이〕 그 위에 있는 것을 부정하게 만들지 않는다고 규정해야 하지 않습니까?

- 어떤 정결한 사람이 피부병이 발생한 집 안에 서서 손을 바깥으로 뻗었는데 손가락에 반지를 끼고 있었을 때, 만약 그가 빵 덩이 반을 먹을 정도의 시간만큼 그 안에 머물렀다면, 그 반지는 집 안에 들어오지 않았지만 그의 손이 몸의 일부이므로 반지까지 부정해진다(아홉째 미쉬나).
- 그 사람이 집 바깥에 서서 손을 안으로 뻗었는데 손가락에 반지를 끼고 있었을 때, 예후다 랍비에 따르면 그 반지가 즉시 부정해진다. 그 이유는 이 반지가 피부병 때문에 부정한 집 안으로 '들어갔기' 때문이다. 그러나 다른 랍비들은 반대하며, 역시 빵 덩이 반을 먹을 정도로 그 집 안에 머물러야 부정해진다고 주장했다. 그의 몸이 부정해질 때도 최소한의 시간이 지나야 그의 소지품이 부정해진다면, 그의 몸이 집 바깥에 있어서 정결할 때(여덟째 미쉬나)는 당연히 최소한의 시간이 지나야 그의 소지품이 부정해진다고 규정해야 하지 않느냐고 반문한다.

13, 11

מְצֹרָע שֶׁנִּכְנַס לְבַיִת, כָּל הַכֵּלִים שֶׁיֵּשׁ שָׁם טְמֵאִין, אֲפִלּוּ עַד הַקּוֹרוֹת. רַבִּי שִׁמְעוֹן אוֹמֵר, עַד אַרְבַּע אַמּוֹת. כֵּלִים, מִיָּד טְמֵאִין. רַבִּי יְהוּדָה אוֹמֵר, אִם שָׁהָה כְּדֵי הַדְלָקַת הַנֵּר:

악성피부병자가 어떤 집에 들어오면, 그곳에 있는 모든 그릇들이 부정해지며, 심지어 들보까지 그렇게 된다. 쉼온 랍비는 4아마까지 그렇게 된다고 말한다. 그릇들은 바로 부정해진다. 예후다 랍비는 등잔을 켤 만큼 머물러 있으면 〔부정해진다고〕 말한다.

- 악성피부병자가 어떤 집에 들어오면, 그곳에 있는 모든 그릇들이 부정해지며, 심지어 들보 가까운 높이에 쌓인 그릇들까지도 부정해진다. 쉼온 랍비는 더 정확한 조건을 제시하는데, 피부병자의 부정은 4아마 높이까지 전이된다고 주장한다. 이것은 보통 사람이 다리와 팔을 펴고 서 있는 높이를 가리키며, 4아마 이상은 한 사람이 영향을 미치는 범위를 벗어난다고 말하고 있다.
- 부정이 전이되는 시간과 관련해서, 악성피부병자가 집 안에 들어오면, 일정 시간 동안 집 안에 머물지 않았다 해도 그 집 안에 있는 그릇들이 즉시 부정해진다고 본다. 그러나 예후다 랍비는 이런 의견에 반대하며, 등잔에 불을 켤 만큼 머물러 있어야 부정해진다고 주장한다.[50]

## 13, 12

נִכְנַס לְבֵית הַכְּנֶסֶת, עוֹשִׂים לוֹ מְחִצָּה גְבוֹהָה עֲשָׂרָה טְפָחִים עַל רֹחַב אַרְבַּע אַמּוֹת. נִכְנָס רִאשׁוֹן, וְיוֹצֵא אַחֲרוֹן. כֹּל הַמַּצִּיל צָמִיד פָּתִיל בְּאֹהֶל הַמֵּת, מַצִּיל צָמִיד פָּתִיל בְּבַיִת הַמְנֻגָּע. וְכֹל הַמַּצִּיל מְכֻסֶּה בְאֹהֶל הַמֵּת, מַצִּיל מְכֻסֶּה בְּבַיִת הַמְנֻגָּע, דִּבְרֵי רַבִּי מֵאִיר. רַבִּי יוֹסֵי אוֹמֵר, כֹּל הַמַּצִּיל צָמִיד פָּתִיל בְּאֹהֶל הַמֵּת, מַצִּיל מְכֻסֶּה בְּבַיִת הַמְנֻגָּע. כֹּל הַמַּצִּיל מְכֻסֶּה בְאֹהֶל הַמֵּת, אֲפִלּוּ מְגֻלֶּה בְּבַיִת הַמְנֻגָּע, טָהוֹר:

50) 토셉타는 비슷한 규정을 언급하면서, 악성피부병자가 허락없이 이웃의 집에 들어갔을 때, 집주인이 등잔에 불을 켤 시간 동안 그를 쫓아내지 않았다면, 그 집 안에 있는 그릇들이 부정해진다고 설명한다.

그 사람이 회당에 들어간다면, 그를 위해 높이가 10테팍 너비가 4아마인 칸막이 벽을 만들어야 한다. 그는 처음으로 들어가고 마지막으로 나온다.

시체가 있는 천막에서 꼭 맞는 뚜껑이 있어서 〔부정으로부터〕 보호받는 것이라면 피부병이 발생한 집에서도 꼭 맞는 뚜껑이 있으면 〔부정으로부터〕 보호받을 수 있다. 시체가 있는 천막에서 덮여 있어서 〔부정으로부터〕 보호받는 것이라면, 피부병이 발생한 집에서도 덮여 있으면 〔부정으로부터〕 보호받을 수 있다고 메이르 랍비가 말했다. 요쎄 랍비는 시체가 있는 천막에서 꼭 맞는 뚜껑이 있어서 〔부정으로부터〕 보호받는 것이라면, 피부병이 발생한 집에서는 덮여 있기만 해도 〔부정으로부터〕 보호받는다고 말했다. 시체가 있는 천막에서 덮여 있어서 〔부정으로부터〕 보호받는 것이라면, 피부병이 발생한 집에서는 심지어 열려 있어도 정결하다고 말했다.

- 열한째 미쉬나의 문맥을 이어서 악성피부병자가 회당에 들어간다면, 다른 사람들을 부정하게 만들지 않도록 칸막이 벽을 설치하라고 말한다. 칸막이 벽은 10테팍 높이에 4아마 너비로 설치하며, 다른 사람들과 만나지 않도록 가장 먼저 들어가고 마지막으로 나온다.
- 시체가 있는 천막 안에 있어도 꼭 맞는 뚜껑이 있어서 그 내용물이 부정해지는 것을 막는 모든 그릇들은(「켈림」 10, 1) 피부병 얼룩이 발생한 집에서도 부정으로부터 그 내용물들을 보호할 수 있다.
- 시체가 있는 천막 안에 있어도 덮여 있어서 독립된 천막을 형성하고 결과적으로 덮기 부정을 막는 그릇들은 피부병 얼룩이 발생한 집에서도 부정으로부터 그 내용물들을 보호할 수 있다.
- 요쎄 랍비는 피부병 얼룩이 발생한 집은 시체의 부정에 비하여 부정을 전이시키는 힘이 한 단계 약하다고 보고 해석하고 있다.

## 제14장

### 14, 1

히브리 성서의 레위기 14:1-7 내용을 요약한다.

---

כֵּיצַד מְטַהֲרִין אֶת הַמְּצֹרָע. הָיָה מֵבִיא פְיָלִי שֶׁל חֶרֶשׂ חֲדָשָׁה וְנוֹתֵן לְתוֹכָהּ רְבִיעִית מַיִם חַיִּים, וּמֵבִיא שְׁתֵּי צִפֳּרִים דְּרוֹר. שָׁחַט אֶת אַחַת מֵהֶן עַל כְּלִי חֶרֶשׂ וְעַל מַיִם חַיִּים. חָפַר וְקוֹבְרָהּ בְּפָנָיו. נָטַל עֵץ אֶרֶז וְאֵזוֹב וּשְׁנִי תוֹלַעַת וּכְרָכָן בִּשְׁיָרֵי הַלָּשׁוֹן, וְהִקִּיף לָהֶם רָאשֵׁי אֲגַפַּיִם וְרֹאשׁ הַזָּנָב שֶׁל שְׁנִיָּה. טָבַל וְהִזָּה שֶׁבַע פְּעָמִים לְאַחַר יָדוֹ שֶׁל מְצֹרָע, וְיֵשׁ אוֹמְרִים, עַל מִצְחוֹ. וְכָךְ הָיָה מַזֶּה עַל הַשְּׁקוֹף שֶׁבַּבַּיִת מִבַּחוּץ:

---

어떻게 악성피부병자를 정결하게 만드는가?

그는 새 점토 대접[51)]을 가져오고, 그 안에 흐르는 물 1/4〔로그를〕 채우고, 들새[52)] 두 마리를 가져온다. 그는 그중 한 마리를 그 점토 대접과 생수 위에서 잡는다. 그는 〔땅을〕 파고 자기 앞에 그것을 묻는다. 그는 삼나무 〔조각과〕 히솝 풀과 붉은 실을 취해 〔그 실의〕 남은 부분으로 그것들을 묶어서, 이것들로 둘째 새의 날개 끝과 꼬리 끝을 두른다. 〔이것을〕 담갔다가 악성피부병자의 손등에 일곱 번 뿌린다. 그의 이마 위에 〔뿌린다고〕 말하는 사람들도 있다. 그리고 마찬가지로 집 바깥에서 상인방 위에 뿌린다.

- 악성피부병자의 정결례는 제사장이나 환자가 정결한 새 점토 대접에 물을 채우고, 들새 두 마리를 가져오면서 시작한다. 물의 양은

---

51) 이 낱말(פילי)은 넓고 얇은 대접을 가리킨다(야스트로 1162).

52) 이 낱말(דרור)은 원래 '자유, 특권, 사면'을 가리키며 동물로는 '야생 조류'를 가리킨다(야스트로 322). 히브리 성서에는 시편 84:3; 잠언 26:2에 나오며, 우리말로는 참새로 번역했다.

1/4로그다(「쏘타」 2, 2). 새 한 마리는 그릇에 담긴 물 위에서 잡고(레 14:5),[53] 이 새를 먹었다는 의심을 불식시키기 위해서 땅을 파서 환자 앞에 묻는다(「테무라」 7, 4). 그는 삼나무 조각과 히솝 풀과 붉은 실을 취하고, 그 실의 끝부분으로 묶어서 한 묶음으로 만든다. 제사장이 이 묶음을 아직 살아 있는 둘째 새의 날개 끝과 꼬리 끝 가까이에 붙여서 쥐고(그렇지만 묶지는 않고), 점토 대접 안에 담겨 있는 물과 죽은 새의 핏속에 담갔다가 꺼내어 환자에게 일곱 번 뿌린다(레 14:6). 환자의 손등에 뿌리는지 이마에 뿌리는지에 관해 이견이 있다(역하 26:19). 피부병 얼룩이 나타났던 집 상인방에도 같은 방법으로 뿌린다(레 14:51).

## 14, 2

첫째 미쉬나의 문맥을 이어서 레위기 14:7-8 내용을 요약한다.

---

בָּא לוֹ לְשַׁלֵּחַ אֶת הַצִּפּוֹר הַחַיָּה, אֵינוֹ הוֹפֵךְ פָּנָיו לֹא לַיָּם וְלֹא לָעִיר וְלֹא לַמִּדְבָּר, שֶׁנֶּאֱמַר, וְשִׁלַּח אֶת הַצִּפֹּר הַחַיָּה אֶל מִחוּץ לָעִיר אֶל פְּנֵי הַשָּׂדֶה. בָּא לְגַלֵּחַ אֶת הַמְּצֹרָע, הֶעֱבִיר תַּעַר עַל כָּל בְּשָׂרוֹ, וְכִבֵּס בְּגָדָיו, וְטָבַל, טָהוֹר מִלְּטַמֵּא בְּבִיאָה, וַהֲרֵי הוּא מְטַמֵּא כַשֶּׁרֶץ. נִכְנַס לִפְנִים מִן הַחוֹמָה, מְנֻדֶּה מִבֵּיתוֹ שִׁבְעַת יָמִים, וְאָסוּר בְּתַשְׁמִישׁ הַמִּטָּה:

---

어떤 사람이 그 살아 있는 새를 놓아주기 위해서 그에게 오면, 그는 그의 얼굴을 바다 쪽이나 성읍 쪽이나 광야 쪽으로 돌리지 말아야 하는데, [왜냐하면] "그 살아 있는 새는 성 밖 들에 놓아주고"라고 기록했기 때문이다.[54] 어떤 사람이 악성피부병자의 털을 깎아주기 위해서

---

53) 새를 잡는 사람이 제사장인지 아니면 일반인인지 분명하지 않으며, 씨프라는 두 가지 의견을 모두 제시한다(씨프라, 「메쪼라」 1, 1).

54) 여기서 인용하는 구절을 "그 살아 있는 새를 성읍의 바깥쪽으로 들판의 '얼굴' 쪽으로 놓아주고"라고 직역할 수 있다(레 14:53). 방향을 나타내는 히브리어

오면, 그의 살갗 위를 예리한 칼로 밀고, 그는 그의 옷을 빨고 물에 〔몸을〕 담근다.

그는 〔어떤 장소에〕 들어가는 것으로 부정하게 만들지 않을 만큼 정결하지만, 기는 것만큼 부정하게 만들 수 있다. 그는 성벽 안으로 들어갈 수 있지만, 이레 동안 자기 집에 들어갈 수 없으며, 잠자리를 하는 것이 금지된다.

- 제사장이나 다른 이스라엘 자손이 피부병자를 위한 정결례의 일부로 살아 있는 둘째 새를 놓아주려고 왔으면, 그의 얼굴을 바다 쪽이나 성읍 쪽이나 광야 쪽으로 돌리면 안 된다. 왜냐하면 히브리 성서의 레위기 14:53에 그 새를 성 바깥쪽으로 그리고 들판 쪽으로 놓아주라고 명시되어 있기 때문이다. 사실 피부병자에 관련된 구절은 레위기 14:7에 나오고 성읍에 관련된 조항이 없는데, 피부병 얼룩이 발생한 집에 관련된 구절이 레위기 14:53이므로, 후자를 인용하면서 설명하고 있다.
- 제사장이 피부병자의 털을 깎아주고, 환자는 옷을 빨고 몸을 물에 씻어 정결례를 진행한다(레 14:8).
- 이렇게 정결해진 사람은 정결한 집에 들어가도 그것을 부정하게 만들지 않을 만큼 정결하지만(「네가임」 13, 7), 기는 것을 만지면 부정해지는 것처럼 다른 사람을 부정하게 만든다(「켈림」 1, 1). 그는 예루살렘 성벽 안으로 들어갈 수 있지만, 이레 동안 자기 집에 들어갈 수 없으며(레 14:8), 잠자리를 할 수 없다. 자기 집에 들어갈 수 없다는 말이 아내와 잠자리를 같이 할 수 없다는 뜻이라고 해석한 것으로 보인다.

---

표현에 '얼굴'이라는 말이 들어가기 때문에 랍비들이 새를 놓아주는 사람의 얼굴에 관해 언급하고 있는 것이다.

14, 3
정결례의 마지막 단계를 논의한다(레 14:9-20).

---

בַּיּוֹם הַשְּׁבִיעִי מְגַלֵּחַ תִּגְלַחַת שְׁנִיָּה כְּתִגְלַחַת הָרִאשׁוֹנָה, כִּבֵּס בְּגָדָיו וְטָבַל, טָהוֹר מִלְּטַמֵּא כַשֶּׁרֶץ, וַהֲרֵי הוּא טְבוּל יוֹם, אוֹכֵל בַּמַּעֲשֵׂר. הֶעֱרִיב שִׁמְשׁוֹ, אוֹכֵל בַּתְּרוּמָה. הֵבִיא כַפָּרָתוֹ, אוֹכֵל בַּקֳּדָשִׁים. נִמְצְאוּ שָׁלֹשׁ טָהֳרוֹת בַּמְּצֹרָע וְשָׁלֹשׁ טָהֳרוֹת בַּיּוֹלֶדֶת:

---

이레째 되는 날 그는 처음으로 털을 깎던 것과 같이 두 번째로 털을 깎고, 자기 옷을 빨고 〔몸을〕 담근다. 그는 기는 것처럼 부정하게 만들지 않을 만큼 정결해지니, 그는 낮에 씻은 자이며, 십일조를 먹을 수 있다. 해가 지는 때가 되면 거제물을 먹을 수 있다. 그가 자신의 보상제물[55]을 바치면, 성물을 먹을 수 있다.

악성피부병자와 관련하여 세 가지 정결함이 있고, 출산한 여인과 관련하여 세 가지 정결함이 있다.

- 환자는 이레 동안 기다렸다가 다시 한 번 털을 깎고 옷을 빨고 몸을 물로 씻는다(레 14:9). 이때 그는 기는 것과 접촉하면 부정해지는 것처럼 다른 사람을 부정하게 만드는 상황에서 벗어나 정결해지며, 그를 '(그날) 낮에 씻은 자(테불 욤)'라고 부른다. 정결례를 마치고 해가 지면 온전히 정결하게 되는데, 몸을 물에 씻었으나 아직 저녁이 되지 않은 중간 상태에 있는 사람을 부르는 용어다. 이런 사람은 첫째와 둘째 십일조를 먹을 수 있으나(「테불 욤」 4, 1), 그가 거제물이나 성물과 접촉하면 더 이상 사용할 수 없이 무효가 된다(「켈림」 1, 5).

---

55) 이 낱말(כפרה)은 기본적으로 '구부리다, 덮다, 지우다, 없애다'라는 뜻으로 쓰는 카파르(כפר)라는 동사에서 파생된 명사이며, '보상, 속죄, (선행으로) 갚음, 속죄 예식'을 가리킨다(야스트로 661-662).

- 해가 저물면 그는 정결하게 되어 거제물을 먹을 수 있는 상태가 된다. 그가 여덟째 날에 히브리 성서에 규정한 어린 숫양 두 마리와 어린 암양 한 마리와 기름에 섞은 곡식 가루를 제물로 바친 후에는 성물을 먹을 수 있는 상태가 된다(레 14:10). 랍비들은 여기에 한 가지 과정을 더 삽입했는데, 제물을 바친 후에도 다시 한 번 몸을 물로 씻어야 한다고 규정했다(「하기가」 3, 3).
- 논의를 요약하면 피부병자가 정결하게 되는 과정은 (1) 어떤 집에 들어가도 부정해지지 않는 상태(둘째 미쉬나)와 (2) 기는 것처럼 부정하게 만들지 않는 상태, 그리고 (3) 정해진 제물을 바친 후 성물을 먹을 수 있는 상태로 3단계가 있음을 알 수 있다. 출산한 여인과 관련해서 유사한 정결례 관습이 존재하는데, (1) 아들을 낳았을 때 이레 딸을 낳았을 때 2주가 지나며 정결해지는 상태, (2) 아들을 낳았을 때 40일, 딸을 낳았을 때 80일이 지나서 정결해지지만 성물과 성소에 접근할 수 없는 상태, 그리고 (3) 제물을 바치고 성물을 먹을 수 있는 상태가 있다(레 12:1-8).

## 14, 4

שְׁלֹשָׁה מְגַלְּחִין וְתִגְלַחְתָּן מִצְוָה, הַנָּזִיר וְהַמְּצֹרָע וְהַלְוִיִּם. וְכֻלָּן שֶׁגִּלְּחוּ שֶׁלֹּא בְתַעַר אוֹ שֶׁשִּׁיְּרוּ שְׁתֵּי שְׂעָרוֹת, לֹא עָשׂוּ כְלוּם:

세 〔종류의〕 사람이 털을 깎아야 한다는 계명에 따라 털을 깎아야 하니, 구별된 자와[56] 악성피부병자와 레위인이다. 예리한 칼로 털을 깎지 않은 자나 살갗에 털이 두 가닥 이상 남아 있는 자는 〔규정을 제

56) 이 낱말(נזיר, 나지르)은 기본적으로 '둘러싸다, 막다, 따로 떼어두다'라는 뜻으로 쓰는 나자르(נזר)라는 동사에서 파생된 명사이며, 구별된 생활을 하겠다고 맹세한 사람을 가리킨다(야스트로 893). 히브리 성서의 민수기 6:13-21에 관련된 규정이 기록되어 있으며, 우리말로는 '나실인'이라고 옮겼다.

대로] 따르지 않은 것이다.

- 구별된 자(나실인)는 어떤 목적을 가지고 자기 몸을 구별하여 드린 자로, 정해진 제물을 드리고 털을 깎고 포도주를 마시지 않는다(민 6:13-21; 「나지르」 6, 7). 레위인은 성막에서 일하기 위하여 속죄의 물을 뿌리고 털을 깎고 옷을 빨고 몸을 씻는다(민 8:7). 이때 털은 예리한 칼로 밀어야 하고 털이 두 가닥 이상 남아 있으면 안 된다.

### 14, 5

피부병자가 바쳐야 하는 새 희생제물에 관해 논의한다.

---

שְׁתֵּי צִפֳּרִים מִצְוָתָן שֶׁיְּהוּ שָׁווֹת בַּמַּרְאֶה וּבַקּוֹמָה וּבַדָּמִים, וּלְקִיחָתָן כְּאֶחָת. אַף עַל פִּי שֶׁאֵינָם שָׁווֹת, כְּשֵׁרוֹת. לָקַח אַחַת הַיּוֹם וְאַחַת לְמָחָר, כְּשֵׁרוֹת. שָׁחַט אַחַת מֵהֶן וְנִמְצֵאת שֶׁלֹּא דְרוֹר, יִקַּח זוּג לַשְּׁנִיָּה. הָרִאשׁוֹנָה מֻתֶּרֶת בַּאֲכִילָה. שְׁחָטָהּ וְנִמְצֵאת טְרֵפָה, יִקַּח זוּג לַשְּׁנִיָּה. הָרִאשׁוֹנָה מֻתֶּרֶת בַּהֲנָאָה. נִשְׁפַּךְ הַדָּם, תָּמוּת הַמְשַׁתַּלַּחַת. מֵתָה הַמְשַׁתַּלַּחַת, יִשָּׁפֵךְ הַדָּם:

---

[제물로] 새 두 마리를 [가져오는] 계명이 있는데, [그 새들은] 겉모습과 키와 가격이 같아야 하고 한꺼번에 사야 한다. 그것들이 [완전히] 같지는 않더라도 유효한 상태여야 한다.[57] 그가 한 마리를 오늘 사고 다른 한 마리를 내일 사도 [여전히] 유효하다.

그중 한 마리를 잡았는데 들새가 아니라는 사실을 발견했다면, 둘째 새와 어울리는 [다른 새를] 사와야 한다. 첫째 새는 먹어도 좋다. [그중 한 마리를] 잡았는데 죽어가는 새였다면, 둘째 새와 어울리는

---

57) 이 낱말(כשר)은 기본적으로 '적당하다, 맞다, 잘되다' 등의 뜻으로 사용하는 카쉐르(כשר)라는 동사에서 파생되었고, '(제의적으로) 맞다, 허용되다, 합법적이다'는 뜻이다(야스트로 677). 미쉬나에서는 무효(פסול)라는 말과 반대되는 개념으로 '유효하다'고 번역한다.

〔다른 새를〕 사와야 한다. 첫째 새를 〔다른 용도로〕 사용할 수 있다. 〔잡은 새의〕 피가 쏟아졌다면 놓아 보낼 〔새는〕 죽어야 한다. 놓아 보낼 〔새가〕 죽었다면, 〔잡은 새의〕 피를 쏟아야 한다.

- 정결례와 관련된 계명에 따르면 제물로 들새 두 마리를 가져와야 하는데(첫째 미쉬나), 겉모습이 비슷한 색깔이고 크기가 비슷하며 구입한 가격이 비슷한 두 마리를 동시에 사와야 한다.
- 그러나 이런 원칙은 융통성 있게 조정이 가능하며, 새 두 마리가 비슷하지 않더라도 최소한 둘 다 제물로 바치기에 유효한 동물이면 관계없다. 심지어 한 마리를 먼저 사오고 다른 한 마리는 나중에 사와도 제물로 바칠 수 있다.
- 둘 중 하나를 잡았는데 들새가 아니었고 유효하지 않다면, 아직 유효한 둘째 들새와 어울리는 다른 새를 사와야 한다(「요마」 6, 1). 먼저 잡았던 첫째 새는 적절한 방법으로 도살했으므로 먹어도 좋다.
- 둘 중 하나를 잡았는데 치명적인 문제가 있어서 죽어가는 새였고 유효하지 않다면, 아직 유효한 둘째 들새와 어울리는 다른 새를 사와야 한다. 먼저 잡았던 첫째 새는 식용으로도 부적절하므로 먹을 수 없으나, 다른 용도로 사용할 수는 있다.
- 이미 잡은 새의 피가 쏟아졌고 새 점토 대접에 들어가지 않았다면, 그 짝이 되는 둘째 새를 제물로 사용할 수 없으므로 굶어 죽도록 놓아두어야 한다. 즉 두 마리가 각각 맡은 기능이 있는데, 한 마리가 무효가 되면 다른 한 마리도 무효가 되어 폐기해야 한다는 것이다. 같은 이유로 놓아 보낼 새가 죽었다면, 잡은 새의 피를 적절하게 사용할 수 없으므로 땅에 쏟아버려야 한다.

14, 6

---

מִצְוַת עֵץ אֶרֶז, אָרְכּוֹ אַמָּה וְעָבְיוֹ כִּרְבִיעַ כֶּרַע הַמִּטָּה. אֶחָד לִשְׁנַיִם, וּשְׁנַיִם לְאַרְבָּעָה. מִצְוַת אֵזוֹב, לֹא אֵזוֹב יָוָן, לֹא אֵזוֹב כּוֹחָלִי, לֹא אֵזוֹב רוֹמִי, לֹא אֵזוֹב מִדְבָּרִית, וְלֹא כָל אֵזוֹב שֶׁיֵּשׁ לוֹ שֵׁם לְוַי:

---

삼나무 〔조각에 관한〕 계명은 그 길이가 1아마이며 그 너비가 침대 다리의 1/4 정도이며, 하나를 둘로 둘을 넷으로 〔나눈다〕. 히숍 〔풀에 관한〕 계명은 그리스 히숍도 아니고, 푸른 히숍도 아니며, 로마 히숍도 아니고, 광야 히숍도 아니며, 〔다른〕 이름을 수반하는 모든 히숍은 〔적절하지〕 않다.

- 정결례에서 물과 피를 찍어서 뿌리는 데 쓰는 삼나무 조각은 길이가 1아마이며 너비가 침대 다리의 1/4 정도 되어야 한다. 너비를 재는 방법을 더 자세히 설명하면서, 침대 다리를 반으로 나누고 또 반으로 나누어 재라고 말한다.
- 역시 물과 피를 찍어서 뿌리는 데 쓰는 히숍 풀은 그리스 히숍도 아니고(「샤밧」 14, 3), 푸른 히숍도 아니며, 로마 히숍도 아니고, 광야 히숍도 아니며, 다른 이름을 함께 붙여서 꾸미는 모든 다른 종류의 히숍 풀이 적절하지 않다.

14, 7
피부병자가 회복한 후 바치는 제물을 설명한다.

---

בַּיּוֹם הַשְּׁמִינִי מֵבִיא שָׁלֹשׁ בְּהֵמוֹת, חַטָּאת וְאָשָׁם וְעוֹלָה. וְהַדַּל הָיָה מֵבִיא חַטַּאת הָעוֹף וְעוֹלַת הָעוֹף:

---

여덟째 날에 짐승 세 마리를 가져오는데, 속죄제물과 속건제물과 번제물이다. 그러나 가난한 사람은 속죄제로 〔드리는〕 새와 번제로

〔드리는〕 새를 가져온다.

- 정결례를 시행하는 피부병자는 여덟째 날에 속죄제와 속건제와 번제를 가져온다(레 14:10-20; 「나지르」 6, 6). 그러나 그가 가난하여 이런 제물들을 준비하지 못하면 속죄제로 드리는 새와 번제로 드리는 새, 그리고 속건제로 드릴 숫양 한 마리를 가져온다(레 14:21-32).

14, 8

---

בָּא לוֹ אֵצֶל הָאָשָׁם, וְסָמַךְ שְׁתֵּי יָדָיו עָלָיו, וּשְׁחָטוֹ, וְקִבְּלוּ שְׁנֵי כֹהֲנִים אֶת דָּמוֹ, אֶחָד בִּכְלִי, וְאֶחָד בַּיָּד. זֶה שֶׁקִּבֵּל בַּכְּלִי, בָּא וּזְרָקוֹ עַל קִיר הַמִּזְבֵּחַ. וְזֶה שֶׁקִּבֵּל בַּיָּד, בָּא לוֹ אֵצֶל הַמְּצֹרָע. וְהַמְּצֹרָע טָבַל בְּלִשְׁכַּת הַמְּצֹרָעִים. בָּא וְעָמַד בְּשַׁעַר נִקָּנוֹר. רַבִּי יְהוּדָה אוֹמֵר, לֹא הָיָה צָרִיךְ טְבִילָה:

---

그 〔피부병자가〕 속건제를 〔바치러〕 오면, 그는 두 손을 그 위에 가까이 대고 그것을 잡으며, 제사장 두 명이 그 피를 받는데, 한 명은 그릇에 〔다른〕 한 명은 손에 〔받는다〕. 그릇에 〔피를〕 받은 자는 가서 제단 벽에 그것을 뿌린다. 손에 〔피를〕 받은 자는 악성피부병자에게 간다. 그리고 악성피부병자는 악성피부병자의 방에서 〔몸을 물에〕 담근다. 그는 니카노르 문으로 와서 선다. 예후다 랍비는 〔몸을〕 담글 필요는 없다고 말한다.

- 피부병자가 회복하여 속건제를 바치러 성전 뜰에 들어서면, 자기 두 손을 제물 위에 가까이 얹은 후, 제사장이나 본인이 도살한다. 제사장 두 명이 그 피를 받는데, 한 명은 그릇에 받아 제단 벽에 뿌리고, 다른 한 명은 손으로 받아 피부병자에게 바른다. 그러고 나서 피부병자는 성전 여성들의 뜰에 있던 악성피부병자의 방으로 가서 몸을 물에 담가 씻는다(「미돗」 2, 5). 몸을 씻은 피부병자는 이스라엘의

뜰 동쪽에 있던 니카노르 문으로 와서 선다(「미돗」 1, 4).

- 예후다 랍비는 몸을 물에 담글 필요가 없다고 주장했는데, 피부병자는 이미 그 전날 저녁에 정결례를 행했기 때문이다(셋째 미쉬나).

## 14, 9

제물의 피를 피부병자에게 바르는 과정을 설명한다.

---

הִכְנִיס רֹאשׁוֹ, וְנָתַן עַל תְּנוּךְ אָזְנוֹ. יָדוֹ, וְנָתַן עַל בֹּהֶן יָדוֹ. רַגְלוֹ, וְנָתַן עַל בֹּהֶן רַגְלוֹ. רַבִּי יְהוּדָה אוֹמֵר, שְׁלָשְׁתָּם הָיָה מַכְנִיס כְּאֶחָד. אֵין לוֹ בֹּהֶן יָד, בֹּהֶן רֶגֶל, אֹזֶן יְמָנִית, אֵין לוֹ טָהֳרָה עוֹלָמִית. רַבִּי אֱלִיעֶזֶר אוֹמֵר, נוֹתֵן הוּא עַל מְקוֹמָן. רַבִּי שִׁמְעוֹן אוֹמֵר, אִם נָתַן עַל שֶׁל שְׂמֹאל, יָצָא:

---

그 〔피부병자는〕 자기 머리를 들이밀고, 〔제사장은〕 그의 귓불에 〔피를〕 바른다. 〔피부병자는〕 자기 손을 〔들이밀고, 제사장은〕 그의 엄지손가락에 〔피를〕 바른다. 〔피부병자는〕 자기 발을 〔들이밀고, 제사장은〕 그의 엄지발가락에 〔피를〕 바른다. 예후다 랍비는 그 세 가지를 동시에 들이밀어도 좋다고 말했다.

그 〔피부병자가〕 엄지손가락이나 엄지발가락이나 오른쪽 귀가 없다면, 그는 영원히 정결해질 수 없다. 엘리에제르 랍비는 그것들이 〔있던〕 자리에 바르면 된다고 말했다. 쉼온 랍비는 왼쪽 〔귀에〕 바르면 유효하다고 말했다.

- 피부병자가 회복하여 정결례를 행하는 중 속건제 제물의 피를 발라야 하는데, 제물을 바치지 않은 사람은 이스라엘의 뜰에 들어갈 수가 없다(「켈림」 1, 8). 제물은 이스라엘의 뜰에서 잡아 피를 받았는데, 제사장은 제물의 피를 들고 뜰 바깥으로 나올 수 없다. 이 문제를 해결하기 위해서 피부병자는 니카노르 문에 서서 자기 머리만 이스라엘의 뜰 안쪽으로 들이밀고, 제사장은 그의 오른쪽 귓불에 피를

바른다. 마찬가지로 피부병자는 오른손과 오른발도 뜰 안으로 들이밀고, 제사장이 엄지손가락과 엄지발가락에 피를 바른다. 예후다 랍비는 피부병자가 머리와 오른손과 오른발을 동시에 들이밀어도 좋다고 말했다.

- 어떤 이유로 오른쪽 귀나 엄지손가락이나 엄지발가락이 없는 사람은 정결례를 제대로 시행할 수 없기 때문에 영원히 정결해질 수 없다는 주장이 있다. 그러나 엘리에제르 랍비는 귀·손가락·발가락이 있던 자리에 바르면 된다고 좀 더 융통성 있는 자세를 취했고, 쉼온 랍비는 오른쪽이 없으면 왼쪽에 발라도 된다고 말했다.

14, 10
히브리 성서에 기록한 기름 바르기를 설명한다(레 14:26-29).

---

נָטַל מִלֹּג הַשֶּׁמֶן וְיָצַק לְתוֹךְ כַּפּוֹ שֶׁל חֲבֵרוֹ. וְאִם יָצַק לְתוֹךְ כַּף עַצְמוֹ, יָצָא. טָבַל וְהִזָּה שֶׁבַע פְּעָמִים כְּנֶגֶד בֵּית קֹדֶשׁ הַקֳּדָשִׁים, עַל כָּל הַזָּיָה טְבִילָה. בָּא לוֹ אֵצֶל הַמְּצֹרָע, מְקוֹם שֶׁהוּא נוֹתֵן אֶת הַדָּם, שָׁם הוּא נוֹתֵן אֶת הַשֶּׁמֶן, שֶׁנֶּאֱמַר, עַל מְקוֹם דַּם הָאָשָׁם. וְהַנּוֹתָר מִן הַשֶּׁמֶן אֲשֶׁר עַל כַּף הַכֹּהֵן יִתֵּן עַל רֹאשׁ הַמִּטַּהֵר לְכַפֵּר. אִם נָתַן, כִּפֵּר. וְאִם לֹא נָתַן, לֹא כִפֵּר, דִּבְרֵי רַבִּי עֲקִיבָא. רַבִּי יוֹחָנָן בֶּן נוּרִי אוֹמֵר, שְׁיָרֵי מִצְוָה הֵן, בֵּין שֶׁנָּתַן בֵּין שֶׁלֹּא נָתַן, כִּפֵּר, וּמַעֲלִין עָלָיו כְּאִלּוּ לֹא כִפֵּר. חָסַר הַלֹּג עַד שֶׁלֹּא יָצַק, יְמַלְאֶנּוּ. מִשֶּׁיָּצַק, יָבִיא אַחֵר בַּתְּחִלָּה, דִּבְרֵי רַבִּי עֲקִיבָא. רַבִּי שִׁמְעוֹן אוֹמֵר, חָסַר הַלֹּג עַד שֶׁלֹּא נָתַן, יְמַלְאֶנּוּ. מִשֶּׁנָּתַן, יָבִיא אַחֵר בַּתְּחִלָּה:

---

〔제사장은〕 기름병을 취하여 그의 동료의 손 안에 따른다. 그러나 자기 손 안에 따른다고 해도 유효하다. 〔기름에 손가락을〕 담그고 지극히 거룩한 건물을 향해 일곱 번 뿌린다. 뿌릴 때마다 담가야 한다. 그는 악성피부병자에게 와서, 그가 피를 바른 장소에 기름을 발라야 하니, "속건제물의 피를 바른 곳에 바를 것이며, 또 그 손에 남은 기름은 제사장이 그 정결함을 받는 자의 머리에 발라… 속죄할 것이

며"라고 기록했기 때문이다.

그가 〔기름을〕 바르면 속죄할 수 있으나, 〔기름을〕 바르지 않으면 속죄할 수 없다고 아키바 랍비가 말했다. 요하난 벤 누리 랍비는 이것이 계명의 남은 것이며 〔기름을〕 바르든 바르지 않든 속죄할 수 있다고 말했고, 다만 그것을 무시하는 자들은 속죄하지 않은 것으로 간주한다고 했다.

기름병에 〔기름이〕 모자라서 따를 수 없다면 그것을 채워야 하며, 〔기름을〕 따른 후에 처음처럼 다른 〔기름병을〕 가져와야 한다고 아키바 랍비가 말했다. 쉼온 랍비는 기름병에 〔기름이〕 모자라서 바를 수 없다면 그것을 채워야 하며, 〔기름을〕 바른 후에 처음처럼 다른 〔기름병을〕 가져와야 한다고 말했다.

- 제사장은 기름병을 취하여 그의 동료의 왼손에 따른다(레 14:15). 그러나 자기 왼손에 따라도 유효하다. 그 기름에 오른손 손가락을 담갔다가 지성소를 향해서 일곱 번 뿌리는 데, 매번 다시 담갔다가 뿌린다(「파라」 3, 9). 그 후 피부병자에게 가서, 피를 발랐던 부위에 기름을 발라야 한다(레 14:17-18).
- 히브리 성서에 "남은 기름"을 피부병자 머리에 발라야 한다고 기록했는데, 이렇게 기름을 바르면 속죄가 되고 바르지 않으면 속죄가 되지 않는다는 것이 아키바 랍비의 주장이다. 그러나 요하난 랍비는 문구를 그대로 해석하여 이 부분은 계명의 "남은 것"이라고 즉 기름을 바르든 바르지 않든 속죄가 된다고 주장한다. 그러나 역시 같은 구절에 "여호와 앞에서 그를 위하여 속죄하고"라고 기록되어 있으므로, 사람에게는 속죄가 되지만 신 앞에서는 속죄가 되지 않으니, 그가 계명을 온전히 지키지 않았기 때문이다(「메나홋」 9, 8).
- 아키바 랍비는 기름병에 기름이 모자라면 채워야 하며, 남은 기름을

따른 후에 처음처럼 다른 기름병을 가져와야 한다고 말했다. 쉼온 랍비는 기름병에 기름이 모자라서 바를 수 없다면 채워야 하며, 기름을 바른 후에 처음처럼 다른 기름병을 가져와야 한다고 말했다.

**14, 11**
재력에 따라 달라지는 제물에 관해 논의한다.

---

מְצֹרָע שֶׁהֵבִיא קָרְבָּנוֹ עָנִי וְהֶעֱשִׁיר, אוֹ עָשִׁיר וְהֶעֱנִי, הַכֹּל הוֹלֵךְ אַחַר חַטָּאת, דִּבְרֵי רַבִּי שִׁמְעוֹן. רַבִּי יְהוּדָה אוֹמֵר, אַחַר הָאָשָׁם:

---

악성피부병자가 가난할 때 제물을 가져왔다가 부유해졌든지 또는 부유할 때 가져왔다가 가난해졌든지, 모든 것이 속죄제를 따른다는 것이 쉼온 랍비의 말이다. 예후다 랍비는 속건제를 따른다고 말한다.

- 피부병자가 회복하면 제물을 바치는데 재력에 따라 양을 바치거나 새를 바치게 된다(일곱째 미쉬나). 그런데 그 사람의 경제적 능력에 변화가 생겼다면 어떻게 해야 할까? 쉼온 랍비는 그가 속죄제를 바칠 때 가난해서 새를 바쳤다면, 나중에 부유해졌어도 번제는 새로 바쳐야 한다고 말했다. 그가 속죄제를 바칠 때 부유해서 양을 바쳤다면, 나중에 가난해졌어도 번제는 양으로 바친다.
- 예후다 랍비는 속건제를 따른다고 했는데, 원래 속건제는 재력과 상관없이 양을 바친다. 그렇지만 이 속건제를 바칠 때 피부병자가 부유했다면 속죄제와 번제를 양으로 가져오고, 가난했다면 새로 가져온다(「크리톳」 2, 3).

## 14, 12

מְצֹרָע עָנִי שֶׁהֵבִיא קָרְבַּן עָשִׁיר, יָצָא. וְעָשִׁיר שֶׁהֵבִיא קָרְבַּן עָנִי, לֹא יָצָא. מֵבִיא אָדָם עַל יְדֵי בְנוֹ, עַל יְדֵי בִתּוֹ, עַל יְדֵי עַבְדּוֹ וְשִׁפְחָתוֹ קָרְבַּן עָנִי, וּמַאֲכִילָן בִּזְבָחִים. רַבִּי יְהוּדָה אוֹמֵר, אַף עַל יְדֵי אִשְׁתּוֹ מֵבִיא קָרְבַּן עָשִׁיר, וְכֵן כָּל קָרְבָּן שֶׁהִיא חַיֶּבֶת:

가난한 악성피부병자가 부유한 자의 제물을 가져왔다면, 그것은 유효하다. 그러나 부유한 〔환자가〕 가난한 자의 제물을 가져왔다면, 그것은 유효하지 않다.

어떤 사람이 자기 아들, 자기 딸, 자기 남종, 자기 여종을 위해서 가난한 자의 제물을 가져왔다면, 그들에게 제물을 먹게 해주어야 한다. 예후다 랍비는 자기 아내를 위해서 부유한 자의 제물을 가져올 수 있고, 마찬가지로 그녀가 〔바쳐야 할〕 의무가 있는 모든 제물을 〔가져올 수 있다고 말했다〕.

- 피부병자가 회복되면 재력에 따라 제물을 가져와야 하는데, 예외적으로 가난한 환자가 양을 드리는 것은 유효하지만, 부유하면서 새를 드리는 것은 유효하지 않다.
- 어떤 부유한 사람이 자기 아들이나 딸, 남종이나 여종을 대신해서 새를 제물로 드리는 것은 유효하다. 이런 사람들은 자기 개인 재산이 없기 때문에 가난한 자로 간주하며, 그 아버지나 주인이 부유하다고 해도 본인의 상황에 맞추어 가난한 자의 제물만 드리면 된다. 그리고 아버지나 주인이 드린 제물은 아들이나 딸, 남종이나 여종이 먹을 수 있다(셋째 미쉬나).
- 예후다 랍비는 자기 아내가 피부병에 걸렸다가 회복했을 때 부유한 남편은 자기 자신을 위한 제물처럼 부유한 자의 제물을 바쳐야 한다고 주장한다. 그리고 여성이 출산했을 때 드리는 제물이나 유출병에

걸렸을 때 드리는 제물도 같은 원칙을 적용한다고 주장한다.

### 14, 13

서로 다른 사람이 바친 제물이 섞인 경우를 설명한다.

---

שְׁנֵי מְצֹרָעִים שֶׁנִּתְעָרְבוּ קָרְבְּנוֹתֵיהֶם, קָרַב קָרְבָּנוֹ שֶׁל אֶחָד מֵהֶם, וּמֵת אֶחָד מֵהֶם, זוֹ שֶׁשָּׁאֲלוּ אַנְשֵׁי אֲלֶכְּסַנְדְּרִיָּא אֶת רַבִּי יְהוֹשֻׁעַ. אָמַר לָהֶם, יִכְתֹּב נְכָסָיו לְאַחֵר וְיָבִיא קָרְבַּן עָנִי:

---

악성피부병자 두 명이 〔가져온〕 제물들이 섞였을 때, 그중 한 사람의 제물은 〔이미〕 바쳤고, 그중 〔다른〕 하나는 죽었다면 〔어떻게 해야 하는가〕? 이것이 알렉산드리아 사람들이 예호슈아 랍비에게 물었던 〔질문이다〕. 그는 〔계약서를〕 써서 자기 재산을 모두 다른 사람에게 〔주고〕 가난한 자의 제물을 가져오면 된다고 그들에게 대답했다.

- 알렉산드리아 사람들이 예호슈아 랍비에게 물었다. 만약 부유한 악성피부병자 두 명이 가져온 제물이 섞였는데, 그중 한 사람의 제물은 이미 제단에 올려 바친 상태에서 다른 한 사람이 죽었다면 어떻게 처리해야 하는가? 만약 두 사람이 모두 살아 있다면 제물이 섞여도 상관이 없고, 두 사람을 위해 속죄제를 드리면 된다. 그러나 이미 죽은 사람을 위해서 속죄제를 드리는 것은 금지되어 있기 때문에(「트무라」 2, 2), 제물이 섞인 것이 문제가 된다. 살아 있는 사람이 새 제물을 가져올 수도 없다. 왜냐하면 이미 가져온 정결한 제물을 속죄제로 제단 위에 올려 바쳤다면, 같은 목적으로 다른 속죄제물을 또 가져올 수 없기 때문이다. 이것은 마치 정결하지 못한 동물을 제단에 가져오는 것과 같다.
- 예호슈아 랍비는 살아 있는 자가 계약서를 써서 자기 재산을 모두

다른 자에게 양도하고 새 사람이 되어, 제물이 제대로 드려졌는지 의심이 있을 때 드리는 가난한 자의 제물을 드리라고 말했다.[58]

58) 물론 제의적인 문제를 정리하고 난 후에는 다시 돌려받는 조항을 삽입했을 것이다.

פרה

4

# 파라

## 붉은 암소

자기 앞으로 속죄의 물을 뿌릴 의도였으나 자기 뒤로 뿌렸거나, 뒤로 뿌릴 의도였으나 앞으로 뿌렸다면, 그 속죄의 물 뿌리기는 무효가 된다. 자기 앞으로 속죄의 물을 뿌릴 의도였으나 자기 앞에 양쪽 옆으로 뿌렸다면, 그 속죄의 물 뿌리기는 유효하다. 사람 위에 속죄의 물을 뿌릴 때 그가 알고 있건 알지 못하건 상관없다. 사람 위에 그리고 그릇 위에 속죄의 물을 뿌릴 때, 백명이나 백 개가 있어도 상관없다. _「파라」 12, 2

# 개요

마쎄켓 「파라」는 시체의 부정 때문에 부정해진 사람이나 물건을 정결하게 만드는 제의를 주요 주제로 삼고 있다. '파라'라는 이름은 이 제의를 위해 매우 중심적인 역할을 하는 '붉은 암소'(פרה אדומה, 파라 아두마)라는 말에서 나왔지만, 부정과 정결례에 관련된 광범위한 논의를 포함한다.

토라는 시체의 부정 때문에 부정해진 사람은 이레에 걸친 정결례를 실시해야 한다고 규정하고 있는데(민 19:19), 부정해진 후 셋째 날에 물과 붉은 암소를 태운 재를 섞어서 뿌리고 나흘을 더 기다렸다가 일곱째 날에 다시 뿌려서 정결하게 만들며, 부정한 사람은 몸을 물로 씻고 옷을 빤 후 저녁이 되면 정결해진다.

토라가 붉은 암소라고 부르는 소를 미쉬나는 '속죄의 암소'(פרת חטאת, 파랏 하타앗)라고 부르며(민 19:9), 토라가 암소의 재라고 부르는 것을 미쉬나는 '속죄의 재'(אפר חטאת, 에페르 하타앗)라고 부르고, 토라가 물에 붉은 암소의 재를 섞은 물을 '구별하는 물'(מי נדה, 메 닛다)이라고 부르는데 미쉬나는 '속죄의 물'(מי חטאת, 메 하타앗)이라고 부른다.

## 1. 시체의 부정

### 시체 때문에 발생하는 부정의 정도

시체의 부정은 시체나 시체의 일부로부터 부정해질 수 있는 대상으로 전이되는데, 사람이나 물건(그릇이나 도구), 음식, 음료수로 전이된다. 부정해진 사람이나 물건은 시체의 부정을 제삼자에게 다시 전이시킬 수 있으며, 이때 부정의 정도가 한 단계씩 낮아진다.

- 부정의 아버지의 아버지(「켈림」 1, 4)
- 부정의 아버지
- 부정의 자식(제1-4차 감염자)

제1차 감염자는 음식이나 음료수 외에 다른 대상에게 시체의 부정을 전이시키지 않는다. 일반적인 음식은 제2차 감염자까지 부정이 전이되며, 성전에 바치는 거제(תרומה, 테루마)나 성물(קדשים, 코다쉼)만 제3-4차 감염자가 될 수 있다.

### 속죄의 물로 정결례를 시행하는 대상

부정의 아버지가 된 사람이나 물건은 토라의 규정에 따라 속죄의 물을 뿌려서 정결하게 만들 수 있다. 제1차 감염자는 하루만 부정하기 때문에 그날로 정결례장에서 몸을 씻고 해질녘에 정결해진다.

## 2. 붉은 암소

### 붉은 암소의 거룩성

붉은 암소는 사실 토라가 규정한 속죄제(레 4)와 성격이 다르지만 토라 본문에서 속죄제라고 언급했으므로(민 19:9), 붉은 암소 제의도 일종의 희생제사로 여겼음을 알 수 있다. 그러나 붉은 암소는 희생제물과 동일한 단계로 거룩하게 준비한다기보다는 성전을 운영하기 위해서 사용하는 여러 가지 제기들과 동일한 단계로 거룩하다고 간주한다. 그래서 붉은 암소는 특별한 제의적 결함이 없더라도 언제나 어떤 이유로든 무를 수 있고 다른 소로 대체할 수 있다.

## 붉은 암소의 자격

(1) 토라는 암소가 완전히 붉은색이고 결함이 없으며 한 번도 멍에를 맨 적이 없어야 한다고 규정하고 있다(민 19:2).

(2) 붉은 암소의 온몸이 붉은 털로 덮여 있어야 하며, 다른 색깔의 털이 두 가닥 이상 발견되면 자격을 잃는다(「파라」 2, 5). 눈, 이, 혀, 발굽, 뿔은 붉은색이 아니어도 되지만, 발굽이나 뿔이 검은색이면 잘라낸다( 2, 2).

(3) 붉은 암소는 송아지가 아니며 최소한 세 살이 되어야 한다. 즉, 만 2세가 넘어서 셋째 해를 맞은 동물이다(1, 1). 붉은 암소는 제의를 시행하는 시점은 물론 구입하는 순간에도 이 나이가 넘어야 한다.

(4) 붉은 암소는 결함이 없어야 하는데, 토라는 어떤 결함이 없어야 하는지 자세히 규정하지 않았다. 그래서 희생제물로 바칠 수 없는 결함은 붉은 암소 제의의 자격을 박탈하는 조건이 된다고 본다.

(5) 붉은 암소는 한 번도 멍에를 멘 적이 없어야 하며, 다른 짐을 지거나 어떤 종류의 일도 한 적이 없어야 한다(2, 3). 여기서 일이란 암소의 주인이 이득을 보는 노동을 가리킨다.

## 붉은 암소 제의

붉은 암소 제의를 시행하기 위해서는 먼저 이 제의를 진행할 제사장을 이레 전에 지명하여 격리시켜야 한다. 이 제사장은 성전 안에 특별히 구별해놓은 방에 머물면서, 매일 속죄의 물을 뿌려서 혹시나 남아 있을지 모를 시체의 부정을 제거해야 한다.

붉은 암소를 태우는 장소는 성전 동쪽 올리브산에 있으며, 성전 입구를 바라보며 진행한다(「파라」 3, 6; 4, 2). 무덤이 없는 곳에 나무를 쌓아 제단을 만들고, 붉은 암소를 줄로 묶어 앉힌 뒤 도살한다. 붉은 암소를 도살하며 받은 피를 성전 쪽으로 일곱 번 뿌린다(3, 9). 그 후 나무 단에 불을 붙여서 붉은 암소를 태우면서, 향나무 조각과 히솝 풀과 자주색 실을 묶어서 불 속에 던진다(3, 10-11). 붉은 암소 사체가 완전히 타서 재가 되어야 하며, 그 재를 모아 세 장소에 나누어 보관한다. 하나는 성전 안에(민 19:9), 하나는 올리브산 위에, 나머지 하나는 일반 대중들이 사용할 수 있도록 개방한다(3, 11). 붉은 암소 제의에 참여한 모든 사람은 부정해지며, 제1차 감염자가 된다(4, 4).

### 제의 세목들

(1) 붉은 암소는 정결한 사람이라면 누구나 도살이 가능하지만, 그 외 피 뿌리기와 암소 태우기 향나무 조각이 들어간 묶음 던지기 등은 제사장이 시행해야 한다(「파라」 4, 4).

(2) 제사장은 성전에서 일할 때 입는 옷 네 가지를 갖추어 입어야 하며(4, 1), 제의 전에 손과 발을 씻어야 한다.

(3) 도살한 붉은 암소나 거룩하게 만든 속죄의 물은 부정해지지 않도록 지켜야 한다(7, 9). 지키는 사람이 제의와 직접 관련되지 않은 일을 하면 속죄의 물이 무효가 된다(4, 4).

(4) 정결례를 시행하고 아직 저녁을 맞지 않은 사람(טבול יום, 테불 욤)은 아직 온전하지 않기 때문에 희생제사를 드릴 수 없는데(「제바힘」 2, 1), 붉은 암소 제의에 참여하는 것은 허용된다.

### 붉은 암소의 재

(1) 붉은 암소의 재는 그릇도 아니고 도구도 아니지만 부정해질 수 있으며, 부정해지면 속죄의 물로 사용할 수 없다(「파라」 10, 3). 이때 붉은 암소의 재는 접촉은 물론 들리기를 통해서 부정에 감염될 수 있다.

(2) 붉은 암소의 재는 부정에 노출되지 않도록 잘 지키지 않으면(민 19:9) 속죄의 물로 사용할 수 없다(「파라」 6, 1). 그러나 재는 지키는 자가 다른 일을 해도 무효가 되지 않는다.

(3) 붉은 암소의 재는 겉모양이 변하거나, 원래 목적이 아닌 다른 용도로 사용할 때도 무효가 된다.

### 붉은 암소 제의에 사용하는 물

토라는 생수를 그릇에 담아 제의에 사용하라고 규정하고 있으므로(민 19:17), 흐르는 물을 직접 그릇에 담아야 한다. 중간에 다른 매체가 개입하거나 부정에 노출되지 않게 지키지 않으면 무효가 된다(「파라」 5, 5). 물을 지키는 자가 제의와 관련되지 않는 다른 일을 하면 생수가 무효가 된다(4, 4). 물의 색깔이 변하거나 다른 용도로 사용해도 무효가 된다.

### 속죄의 물 만들기

(1) 그릇에 담은 생수에 붉은 암소의 재를 섞어서 속죄의 물을 만드는 일을 '거룩하게 만들기'(קדוש, 키두쉬)라고 부른다(「파라」 5, 5; 6, 1). 토라는 붉은 암소의 재에 생수를 섞으라고 규정하고 있지만(민 19: 17), 미쉬나는 그릇에 물을 먼저 담고 붉은 암소의 재를 섞으라고 말한다.

(2) 속죄의 물을 거룩하게 만든 이후에도 잘 지키지 않으면 무효가 된다(「파라」 9, 4). 지키는 사람이 다른 일을 하더라도 쉽게 무효가 되지는 않으나(4, 4), 다른 목적으로 사용하면 무효가 된다.

(3) 속죄의 물 자체는 정결하고 시체의 부정을 씻는 기능이 있지만, 규정에 따라 물을 뿌리는 제의 이외에 속죄의 물과 접촉하는 사람이나 물체는 부정에 감염되어, 부정의 아버지가 된다. 일정한 양 이상이라면 속죄의 물과 직접 접촉하지 않고 옮기기나 얹기를 통해서도 부정이 전이되며, 그런 사람이 입은 옷도 부정해진다. 토라에 규정이 없으나 랍비들의 전통에 따르면 무효가 된 속죄의 물도 부정을 전이시킬 수 있다(9, 8).

### 정결례

(1) 시체의 부정 때문에 부정해진 사람은 최소한 이레 동안 부정하며, 이 기간 동안 정해진 일정에 따라 정결례를 시행한다(민 19:12). 시체 때문에 부정해진 사람은 그날부터 셋째 날에 속죄의 물을 뿌리고 다시 나흘이 지나서 이레 째 되는 날에 속죄의 물을 뿌린다(19:19).

(2) 속죄의 물을 뿌릴 때는 히솝 풀을 사용해야 하며(19:18), 최소한 가지 세 개를 묶어서 사용한다(「파라」 11, 9). 정결한 사람이 속죄의 물을 뿌릴 수 있으며, 그날 정결례를 행하고 저녁을 맞지 않은 사람도 이 제의를 시행할 수 있다.

(3) 속죄의 물 뿌리기가 두 번 시행된 이후에 부정한 사람은 정결례장에서 몸을 씻고 저녁이 되면 정결해진다(민 19:19).

### 랍비들의 전통

(1) 토라에는 규정이 없으나 랍비들의 전통에 따르면 붉은 암소 제의는 매우 엄격한 정결법의 지배를 받는데, 부정해질 수 있는 모든 물건은 실제로 부정하건 정결하건 상관없이 속죄의 물 제의에 관련해서 부정하다고 간주한다(מדרף, 마답 '간접적 부정'; 「파라」 10, 1-2).

(2) 속죄의 물 제의에 참여하는 사람들은 정확하게 속죄의 물 제의

를 위해 정결례를 시행해야 정결하다고 인정받을 수 있다(「하기가」 2, 6).

(3) 붉은 암소와 관련된 부정은 전이과정에서 부정의 정도가 낮아지지 않는다(「파라」 12, 8).

(4) 속죄의 물 제의에 사용하는 그릇들은 부정해질 가능성이 없는 재료로 만든 것들을 사용한다(3, 1; 3, 9). 격리된 제사장을 정결하게 하는 과정에 참여하는 사람들은 태어나서 한 번도 시체의 부정에 감염되지 않아야 한다(3, 2-3).

• **관련 성경구절 | 민수기 19:1-22, 31:22-23**

## 제1장

속죄의 물을 만드는 붉은 암소의 나이에 관해 논의하면서, 소나 양 등 제물로 바치는 가축의 나이에 관해서도 설명한다.

### 1, 1

히브리 성서에서 언급하는 암소는 어떤 동물인지 설명한다.

---

רַבִּי אֱלִיעֶזֶר אוֹמֵר, עֶגְלָה, בַּת שְׁנָתָהּ. וּפָרָה, בַּת שְׁתַּיִם. וַחֲכָמִים אוֹמְרִים,
עֶגְלָה, בַּת שְׁתַּיִם. וּפָרָה, בַּת שָׁלשׁ אוֹ בַת אַרְבַּע. רַבִּי מֵאִיר אוֹמֵר, אַף בַּת
חָמֵשׁ. כְּשֵׁרָה הַזְּקֵנָה, אֶלָּא שֶׁאֵין מַמְתִּינִין לָהּ, שֶׁמָּא תַשְׁחִיר, שֶׁלֹּא תִפָּסֵל.
אָמַר רַבִּי יְהוֹשֻׁעַ, לֹא שָׁמַעְתִּי אֶלָּא שְׁלָשִׁית. אָמְרוּ לוֹ, מַה הַלָּשׁוֹן שְׁלָשִׁית.
אָמַר לָהֶם, כָּךְ שָׁמַעְתִּי סְתָם. אָמַר בֶּן עַזַּאי, אֲנִי אֲפָרֵשׁ. אִם אוֹמֵר אַתָּה,
שְׁלִישִׁית, לַאֲחֵרוֹת בְּמִנְיָן. וּכְשֶׁאַתָּה אוֹמֵר, שְׁלָשִׁית, בַּת שָׁלשׁ שָׁנִים. כַּיּוֹצֵא
בוֹ אָמְרוּ, כֶּרֶם רְבָעִי. אָמְרוּ לוֹ, מַה הַלָּשׁוֹן רְבָעִי. אָמַר לָהֶם, כָּךְ שָׁמַעְתִּי
סְתָם. אָמַר בֶּן עַזַּאי, אֲנִי אֲפָרֵשׁ. אִם אוֹמֵר אַתָּה, רְבִיעִי, לַאֲחֵרִים בְּמִנְיָן.
וּכְשֶׁאַתָּה אוֹמֵר, רְבָעִי, בֶּן אַרְבַּע שָׁנִים. כַּיּוֹצֵא בוֹ אָמְרוּ, הָאוֹכֵל בְּבַיִת
הַמְנֻגָּע פְּרָס, מִשָּׁלשׁ לְקַב. אָמְרוּ לוֹ, אֱמֹר מִשְּׁמֹנֶה עֶשְׂרֵה לִסְאָה. אָמַר
לָהֶם, כָּךְ שָׁמַעְתִּי סְתָם. אָמַר בֶּן עַזַּאי, אֲנִי אֲפָרֵשׁ. אִם אוֹמֵר אַתָּה מִשָּׁלשׁ
לְקַב, אֵין בּוֹ חַלָּה. וּכְשֶׁאַתָּה אוֹמֵר, מִשְּׁמֹנֶה עֶשְׂרֵה לִסְאָה, מִעֲטַתּוּ חַלָּתוֹ:

---

엘리에제르 랍비는 암송아지[1)]는 한 살이고 암소[2)]는 두 살까지라고 말한다. 그러나 현인들은 암송아지는 두 살이고 암소는 세 살이나 네 살까지라고 말한다. 메이르 랍비는 다섯 살이 [되어] 늙은 암소도 유효하지만, [나이를 먹을 때까지] 기다리지는 않으며, [붉은 암소에] 검은 털이 나기 시작하여 무효가 되지 않도록 한다고 말한다.

---

1) 이 낱말(עגלה, 에글라)은 '(아직 새끼를 낳은 적이 없는) 어린 암소'를 가리킨다 (HALOT 785; 야스트로 1041)

2) 이 낱말(פרה, 파라)은 '암소'를 가리킨다(HALOT 964; 야스트로 1212-1213).

예호슈아 랍비가 나는 '쉘라쉿'이라고 들었다고 말했다. 그들이 '쉘라쉿'이란 말이 무슨 뜻이냐고 그에게 물었다. 그는 그냥 그렇게 들었다고만 대답했다. 벤 앗자이가 내가 설명해주겠다고 말했다. 만약 당신이 '쉘리쉿'이라고 말한다면, 이것은 다른 〔암송아지들을〕 세어 〔셋째라는〕 말이다. 그러나 당신이 '쉘라쉿'이라고 말한다면, 이것은 나이가 세 살이라는 말이다.

그와 마찬가지로 그들이 '레바이' 과수원에 관해 말했다. 그들이 '레바이'란 말이 무슨 뜻이냐고 그에게 물었다. 그는 그냥 그렇게 들었다고만 대답했다. 벤 앗자이가 내가 설명해 주겠다고 말했다. 만약 당신이 '레비이'라고 말한다면, 이것은 다른 〔과수원들을〕 세어 〔넷째라는〕 말이다. 그러나 당신이 '레바이'라고 말한다면, 이것은 나이가 네 살이라는 뜻이다.

그와 마찬가지로 피부병이 발생한 집에서 빵 덩이의 반을 먹는 자는 〔그의 옷이 부정해지는데〕, 이때 1카브에 〔빵〕 세 〔덩이를 만든 것이라고〕 말했다. 그들이 1쎄아에 〔빵〕 열 여덟 〔덩이라고〕 말해야 한다고 그에게 주장했다. 그는 그냥 그렇게 들었다고만 대답했다. 벤 앗자이가 내가 설명해주겠다고 말했다. 만약 당신이 1카브에 셋이라고 말한다면, 이것은 '할라'가 포함되지 않은 것이다. 그러나 당신이 1쎄아에 열여덟이라고 말한다면, 이것은 그 '할라'〔만큼〕 작게 만든 것이라고 말했다.

- 엘리에제르 랍비는 태어난 뒤 한 살이 되는 시점까지 암송아지라고 부르고, 한 살이 지나면 이미 암소가 된다고 주장한다. 그러므로 살인자를 알 수 없는 시체가 발견되었을 때 암송아지를 잡아 속죄하려면(신 21:3) 태어난 지 1년이 되지 않은 암송아지를 써야 하며, 속죄의 물을 만들 때는 붉은 암소가 1년이 지나 둘째 해를 맞았을 때 진

행해야 유효하다. 그러나 현인들은 두 살이 되어도 아직 암송아지라고 부를 수 있고, 세 살 이상 네 살까지 되어야 암소로 취급할 수 있다고 주장한다. 메이르 랍비는 다섯 살이 되어 늙은 암소가 되어도 속죄의 물을 만드는 데 사용할 수 있다고 했는데, 그의 주장은 다섯 살이 넘어 늙어도 상관없다고 해석할 수도 있다. 그렇다고 암소가 늙을 때까지 기다려야 한다는 것은 아니니, 그렇게 기다리다가 붉은 암소에게 검은 털이라도 나면 더 이상 속죄의 물을 만들 수 없기 때문이다.

- 한편 예호슈아 랍비는 속죄의 물을 만드는 붉은 암소의 조건에 관하여 '쉘라쉿'이어야 한다는 가르침을 들었다고 말한다. 이 낱말은 일반적인 용어가 아니기 때문에 사람들이 그 뜻을 물었는데, 예호슈아 랍비가 대답할 수 없었다. 그러자 그의 제자들 중 벤 앗자이가 '쉘리쉿'이라면 어미소가 낳은 암송아지들 중에서 셋째라는 뜻이지만, '쉘라쉿'이라면 세 살이 된 암소를 가리킨다고 설명한다.
- 미쉬나는 잠깐 주제에서 벗어나 모음이 조금 다른 용어 두 가지를 비교하는 다른 논쟁을 소개한다. 주제는 유실수를 심은 과수원이 넷째 해가 되어 거둔 수확인데, 넷째 해의 수확이나 그 값에 해당하는 돈은 예루살렘으로 가지고 올라가 제의적인 정결례를 위해 써야 한다(「마아쎄르 쉐니」 5, 1-5). 만약 '레비이'라고 말했다면 어떤 개인이 소유하고 있는 과수원들 중에서 넷째 과수원을 말하는 것이지만, '레바이'라고 말했기 때문에 4년째 되는 해의 수확을 가리킨다고 설명한다(레 19:24).
- 비슷한 순서로 진행되었던 다음 논의는 피부병 얼룩이 발생한 집과 관련 있다. 어떤 사람이 피부병 얼룩이 발생한 집에 빵 덩이 반 정도를 먹을 수 있는 시간 동안 들어가서 머물면 그 사람의 옷이 부정해진다(「네가임」 13, 9). 그런데 이때 그 빵의 크기를 규정하면서 빵 세

덩이를 밀가루 1카브로 만든 정도라고 말한다. 그런데 일반적으로 빵의 크기를 규정할 때는 카브라는 도량형이 아니라 쎄아라는 도량형을 쓰는데(「페아」 8, 7; 「에루빈」 7, 10; 8, 2) 왜 그렇게 말하느냐고 묻는 사람이 있었다. 1쎄아는 6카브이기 때문에 빵의 크기 자체는 달라지지 않는다. 벤 앗자이는 1카브로 빵 세 덩이를 만들 때는 반죽이 작기 때문에 제사장에게 '할라'를 만들어 바치지 않아도 되고 (「에두욧」 1, 2), 그래서 빵의 크기가 정확하다고 말했다. 그러나 1쎄아로 빵 열여덟 덩이를 만들 때는 '할라'로 바치는 반죽을 떼어놓아야 하기 때문에 나머지 빵들이 조금씩 작아진다고 설명했다.

## 1, 2

첫째 미쉬나의 문맥을 이어가며 수소의 나이에 관해 논의한다.

---

רַבִּי יוֹסֵי הַגְּלִילִי אוֹמֵר, פָּרִים, בְּנֵי שְׁתַּיִם, שֶׁנֶּאֱמַר, וּפַר שֵׁנִי בֶן בָּקָר תִּקַּח לְחַטָּאת. וַחֲכָמִים אוֹמְרִים, אַף בְּנֵי שָׁלֹשׁ. רַבִּי מֵאִיר אוֹמֵר, אַף בְּנֵי אַרְבַּע וּבְנֵי חָמֵשׁ כְּשֵׁרִים, אֶלָּא שֶׁאֵין מְבִיאִים זְקֵנִים, מִפְּנֵי הַכָּבוֹד:

---

갈릴리 사람 요쎄 랍비는 수소는 두 살이라고 말하는데, "너는 또 수송아지 한 마리를 속죄제물로 가져오고"라고 기록했기 때문이다.[3] 그러나 현인들은 세 살이어도 〔괜찮다고〕 말한다. 메이르 랍비는 네 살이나 다섯 살이어도 유효한데, 그런 늙은 소들을 데려오지는 않으니, 그들의 자존심 때문이라고 말한다.

- 요쎄 랍비는 토라에 나오는 수소라는 말은 두 살짜리를 가리킨다고

---

3) 이 인용구는 히브리 성서의 민수기 8:8인데, "둘째 숫소로 소 무리 중 한 마리를 속죄제물로 취하라"라고 직역할 수 있다. 이때 '둘째'(שני, 쉐니)라는 숫자와 '아들'(בן, 벤)이라는 낱말이 붙어 있어서 '두 살'이라는 표현과 매우 흡사하다.

주장한다. 만약 민수기 본문에 '둘'이라고 기수로 기록했다면 나중에 설명한 것처럼 하나는 속죄제물로 하나는 번제물로 두 마리를 바치면 된다(민 8:12). 그러나 본문에는 '둘째'라고 서수로 기록했으며, 이것은 둘째 해를 맞은 소를 가리킨다는 것이다(씨프라 바이크라, 호바, 3, 2). 그러나 다른 랍비들은 두 살은 물론 세살이어도 유효하다고 주장한다. 메이르 랍비는 네 살이나 다섯 살이어도 법적으로는 유효한데, 그렇게 하지 않을 뿐이라고 말했다. 너무 나이가 많아서 곧 죽게 될 소를 하나님께 제물로 바치는 행위는 그리 존경할 만한 행동이 아니다.

## 1, 3

כְּבָשִׂים, בְּנֵי שָׁנָה. וְאֵילִים, בְּנֵי שְׁתַּיִם. וְכֻלָּם מִיּוֹם לְיוֹם. בֶּן שְׁלֹשָׁה עָשָׂר חֹדֶשׁ אֵינוֹ כָשֵׁר לֹא לְאַיִל וְלֹא לְכֶבֶשׂ. רַבִּי טַרְפוֹן קוֹרְהוּ פַּלְגָּס. בֶּן עַזַּאי קוֹרְהוּ נוֹקֵד. רַבִּי יִשְׁמָעֵאל קוֹרְהוּ פַּרְכְדִיגְמָא. הִקְרִיבוֹ, מֵבִיא עָלָיו נִסְכֵּי אַיִל, וְלֹא עָלָה לוֹ מִזִּבְחוֹ. בֶּן שְׁלֹשָׁה עָשָׂר חֹדֶשׁ וְיוֹם אֶחָד, הֲרֵי זֶה אָיִל:

양들은 한 살짜리이다. 숫양들은 두 살짜리이다. 그리고 모든 〔동물들이 태어나는〕 날부터 그날까지 〔센다〕.

열세 달짜리는 숫양으로도 양으로도 유효하지 않다. 타르폰 랍비는 이 〔양을〕 '팔게스'라고 부른다. 벤 앗자이는 이 〔양을〕 '노케드'라고 부른다. 이쉬마엘 랍비는 이 〔양을〕 '파르카리그마'라고 부른다. 그것을 바치면, 그것과 함께 숫양의 헌주를 가져오고, 제단 위에 올리지 못한다. 열세 달과 하루가 되면 이 〔동물은〕 숫양으로 간주한다.

- 양은 태어난 첫 해에 '양'(케베스)이라고 부르며, 두 살이 되면 '숫양'(아일)이 된다(민 7:17 등). 그리고 동물의 나이는 태어난 날부터 다음 해 그날까지를 한 살로 센다. 6월에 태어난 양이 12월이 되었다

고 한 살이 되지 않으며, 다음 해 6월이 되어야 한 살이 되는 것이다.

- 열세 달째에 들어선 양은 이미 '케베스'라고 부를 수 있는 나이가 지났으며, 아직 '아일'이라고 부를 나이는 아니다. 숫양이 되려면 열세 달과 하루째가 되어야, 즉 일 년과 서른하루가 되어야 한다.
- 타르폰 랍비는 이런 양을 '팔게스'라고 불렀는데, 이 말은 헬라어에서 왔고 어떤 양이 유년기가 지났으나 아직 성년기에 이르지 못한 상태를 가리킨다(야스트로 1177). 벤 앗자이는 '노케드'라고 불렀는데, 질이 떨어지는 양을 부르는 말로 보인다(알벡). 이쉬마엘 랍비는 '파르카리그마'라고 불렀는데, 이 말은 헬라어에서 왔고 새 왕이 등극하여 더 이상 사용할 수 없게 된 동전을 가리킨다(야스트로 1230). 그러니까 열세 달짜리 양은 '케베스'로 쓸 유효성은 상실했고 '아일'이 될 때까지 쓸모없어졌다는 뜻이다.
- 어떤 사람이 열세 달짜리 양을 제물로 바쳤다면, 숫양과 마찬가지로 고운 가루 2/10에 기름 1/3힌을 섞어 준비하고 전제로 포도주 1/3힌을 드려야 한다(민 15:5-6). 그러나 이 제물은 제단에 올릴 수 없으며, 그 사람은 자신이 의무적으로 바쳐야 할 제물을 바친 것으로 인정받을 수 없다.

### 1, 4
제물로 바치는 동물들의 나이에 관해 종합적으로 설명한다.

---

חַטֹּאת הַצִּבּוּר וְעוֹלוֹתֵיהֶן, חַטַּאת הַיָּחִיד וַאֲשַׁם נָזִיר וַאֲשַׁם מְצֹרָע, כְּשֵׁרִין מִיּוֹם שְׁלֹשִׁים וָהָלְאָה, וְאַף בְּיוֹם שְׁלֹשִׁים. וְאִם הִקְרִיבוּם בְּיוֹם שְׁמִינִי, כְּשֵׁרִים. נְדָרִים וּנְדָבוֹת, הַבְּכוֹר וְהַמַּעֲשֵׂר וְהַפֶּסַח, כְּשֵׁרִים מִיּוֹם הַשְּׁמִינִי וָהָלְאָה, וְאַף בַּיּוֹם הַשְּׁמִינִי:

---

대중을 위한 속죄제와 그 번제들, 개인을 위한 속죄제와 구별된 자의 속건제와 피부병자의 속건제의 경우 [동물이 태어난 날부터 세어]

30일이나 그 이후부터 유효하며, 30일째 되는 날도 그러하다.

〔동물들을〕 여덟째 날에 바친다면, 그것은 유효하다. 서원제와 자원제, 초태생과 십일조와 유월절 제물은 여덟째 날이나 그 이후부터 유효하며, 여덟째 날도 그러하다.

- 대중을 위한 속죄제는 매달 초일과 명절에 드리는 속죄제물로 1년 된 염소를 바치고(씨프라 바이크라, 호바, 10, 2), 번제로는 1년 된 양을 바친다(민 28:3 이하). 개인을 위한 속죄제는 염소나 양을 바치고(레 4:28 이하), 구별된 자의 속건제와 피부병자의 속건제는 양을 바친다(민 6:12; 레 14:12). 이런 제물들은 모두 그 동물이 태어난 날부터 세어 30일이 된 이후에 가져와야 한다.
- 하나님께 화제의 예물로 드릴 때도 여덟째 날에 바쳐야 하며, 그 전에는 어미와 같이 지낼 수 있게 해주어야 한다(레 22:27). 서원제와 자원제와 초태생(출 22:29)과 십일조와 유월절(「제바힘」 5, 8) 제물도 여덟째 날부터 제물로 바치면 유효하다.

## 제2장

속죄의 물을 만드는 붉은 암소가 유효한지 여부를 가리는 기준들을 설명한다.

### 2, 1

붉은 암소를 바치는 조건에 관해 논의한다.

---

רַבִּי אֱלִיעֶזֶר אוֹמֵר, פָּרַת חַטָּאת הַמְעֻבֶּרֶת, כְּשֵׁרָה. וַחֲכָמִים פּוֹסְלִין. רַבִּי אֱלִיעֶזֶר אוֹמֵר, אֵינָהּ נִלְקַחַת מִן הַנָּכְרִים. וַחֲכָמִים מַכְשִׁירִים. וְלֹא זוֹ בִלְבַד,

אֶלָּא כָל קָרְבְּנוֹת הַצִּבּוּר וְהַיָּחִיד בָּאִין מֵהָאָרֶץ וּמִחוּץ לָאָרֶץ, מִן הֶחָדָשׁ וּמִן הַיָּשָׁן, חוּץ מִן הָעֹמֶר וּשְׁתֵּי הַלֶּחֶם שֶׁאֵינָן בָּאִין אֶלָּא מִן הֶחָדָשׁ וּמִן הָאָרֶץ:

엘리에제르 랍비는 속죄를 위한 암소가 새끼를 배도 유효하다고 말한다. 그러나 현인들은 무효가 된다고 했다.

엘리에제르 랍비는 외부인들로부터 〔암소를〕 구매할 수 없다고 말한다. 그러나 현인들은 〔그렇게 해도〕 유효하다고 했다. 그뿐만 아니라 대중이나 개인을 위한 제물들은 이 땅이나 이 땅의 바깥에서 가져올 수 있고, 새 〔곡식이나〕 묵은 〔곡식〕 중에서 〔가져올 수 있으나〕, 오메르와 〔칠칠절에 바치는〕 빵 덩이 두 개는 예외이니 새 〔곡식〕 중에서 그리고 이 땅에서 〔가져와야 한다〕.

- 속죄의 물을 만드는 붉은 암소에 관해 엘리에제르 랍비는 새끼를 밴 상태여도 유효하다고 말했는데, 새끼도 암소 신체의 일부로 간주한 것이다. 다음에 나오는 미쉬나를 보면 수소가 올라탄 암소도 제물로 유효하기 때문이다(넷째 미쉬나). 그러나 다른 현인들은 새끼를 밴 암소는 두 마리로 보고 제의에 사용할 수 없고 무효가 된다고 주장했다.
- 엘리에제르 랍비는 비유대인들로부터 암소를 구매하여 사용할 수 없다고 말하는데, 그들이 암소에게 일을 시켰을 가능성이 있기 때문이다. 그러나 현인들은 특별히 그 암소가 멍에를 매고 일을 했다는 증거가 없다면 제의에 사용할 수 있고 유효하다고 주장했다.
- 그뿐만 아니라 공공 제물이나 개인 제물로 바칠 때 이스라엘 땅에서 기른 것이나 외국 땅에서 기른 것이나 상관없이 드릴 수 있고, 새로 추수한 곡식이나 작년에 추수하여 보관했던 곡식 중에서 드릴 수도 있다. 그러나 유월절에 드리는 '오메르' 제물과 칠칠절에 드리는 빵 덩이 두 개는 꼭 이스라엘 땅에서 기르고 새로 추수한 것으로 드려

야 한다(「메나홋」 8, 1).

## 2, 2

붉은 암소에게 있으면 안 되는 흠에 관해 논의한다(민 19:2).

---

פָּרָה שֶׁקַּרְנֶיהָ וּטְלָפֶיהָ שְׁחוֹרִים, יָגֹד. גַּלְגַּל הָעַיִן וְהַשִּׁנַּיִם וְהַלָּשׁוֹן אֵינָם פּוֹסְלִים בַּפָּרָה. וְהַנַּנֶּסֶת, כְּשֵׁרָה. הָיְתָה בָהּ יַבֶּלֶת וַחֲתָכָהּ, רַבִּי יְהוּדָה פוֹסֵל. רַבִּי שִׁמְעוֹן אוֹמֵר, כָּל מְקוֹם שֶׁנִּטַּל וְלֹא הֶעֱלָה מְקוֹמוֹ שֵׂעָר אָדֹם, פְּסוּלָה:

---

그 뿔과 발굽이 검은색인 암소는 〔그것들을〕 제거해야 한다. 눈알과 이빨과 혀는 〔검은색이어도〕 그 암소가 무효가 되지 않는다. 그리고 난쟁이처럼 〔작은 암소도〕 유효하다. 그 〔암소에게〕 무사마귀가 났는데 그것을 잘라냈다면, 예후다 랍비는 무효가 된다고 주장했다. 쉼온 랍비는 〔그것을〕 제거한 장소에서 붉은 털이 자라나지 않았다면 무효가 된다고 말한다.

- 속죄의 물을 만들 때 붉은 암소가 필요한데 뿔과 발굽이 검은색이 섞여 있는 암소가 있다면, 그 부분을 제거하고 사용하면 된다. 눈동자가 너무 검은색이거나, 이빨이나 혀가 검은색이어도 그 암소를 무효화시키지 않는다. 암소의 크기가 너무 작아서 난쟁이 같더라도 무효 사유가 되지 않는 것은 다른 제물과 같은 규칙을 적용한 것이다(「브코롯」 7, 6). 어떤 암소의 피부에 무사마귀가 났는데 그것을 잘라냈을 때 예후다 랍비는 무효가 된다고 주장했고, 쉼온 랍비는 거기서 붉은 털이 다시 자라지 않았을 때만 무효가 된다고 말했다. 후대 랍비들 중에는 마지막 규정이 언급하는 것은 무사마귀가 아니고 발굽이나 발톱이 하나 더 나온 경우를 가리킨다고 주장하기도 했다(「브코롯」 7, 6).

## 2, 3
암소에게 나타나는 흠과 일을 시킨 흔적에 관해 논의한다(민 19:2).

---

יוֹצֵא דֹפֶן וְאֶתְנָן וּמְחִיר, פְּסוּלָה. רַבִּי אֱלִיעֶזֶר מַכְשִׁיר, שֶׁנֶּאֱמַר, לֹא תָבִיא אֶתְנַן זוֹנָה וּמְחִיר כֶּלֶב בֵּית ה' אֱלֹהֶיךָ, וְאֵין זוֹ בָאָה לַבָּיִת. כָּל הַמּוּמִים הַפּוֹסְלִים בַּמֻּקְדָּשִׁים, פּוֹסְלִים בַּפָּרָה. רָכַב עָלֶיהָ, נִשְׁעַן עָלֶיהָ, נִתְלָה בִזְנָבָהּ, עָבַר בָּהּ אֶת הַנָּהָר, קִפֵּל עָלֶיהָ אֶת הַמּוֹסֵרָה, נָתַן טַלִּיתוֹ עָלֶיהָ, פְּסוּלָה. אֲבָל קְשָׁרָהּ בַּמּוֹסֵרָה, עָשָׂה לָהּ סַנְדָּל בִּשְׁבִיל שֶׁלֹּא תַחֲלִיק, פָּרַס טַלִּיתוֹ עָלֶיהָ מִפְּנֵי הַזְּבוּבִים, כְּשֵׁרָה. זֶה הַכְּלָל, כֹּל שֶׁהוּא לְצָרְכָּהּ, כְּשֵׁרָה. לְצֹרֶךְ אַחֵר, פְּסוּלָה:

---

〔배를 가르고〕 옆구리로 나온 것과 〔창녀에게〕 화대[4)]로 준 것과 〔남창에게〕 값으로 준 것은 무효가 된다. 엘리에제르 랍비는 유효하다고 주장했는데, "창기가 번 돈과 개 같은 자의 소득은 어떤 서원하는 일로든지 네 하나님 여호와의 전에 가져오지 말라"라고 기록했지만, 이 〔암소는〕 성전으로 가져올 필요가 없기 때문이라고 〔말했다〕. 거룩한 제물을 무효화시키는 모든 흠들은 〔붉은〕 암소도 무효로 만든다.

〔만약〕 그 〔암소를〕 탔거나, 기댔거나, 그 꼬리에 〔무엇을〕 매달아 강을 건너는 데 사용했거나, 고삐를 접어서 썼거나, 겉옷을 그 위에 놓았다면, 〔그 암소는〕 무효가 된다. 그러나 그 〔암소를〕 고삐로 묶었거나, 미끄러지지 않게 발굽을 씌웠거나, 파리들 때문에 겉옷을 덮었다면, 〔그 암소는〕 유효하다. 이것이 원칙이다. 그 〔암소가〕 필요해서 한 일은 유효하다. 다른 필요 때문에 〔한 일은〕 무효화시킨다.

- 정상적으로 태어나지 않고 어미 배를 갈라서 태어난 송아지는 속죄

---

4) 이 낱말(אתנן)은 창녀에게 치른 화대를 의미한다(야스트로 133).

의 물을 만드는 붉은 암소로 사용할 수 없다. 또 토라에 기록된 대로 창녀에게 화대로 준 것과 남창에게 값으로 준 것을 사용할 수 없다(신 23:18). 엘리에제르 랍비는 이 주장에 반대하며, 붉은 암소는 성전으로 가져오지 않고 진영 밖에서 태우므로 사용이 가능하다고 주장했다. 그 외에 거룩한 제물로 바치는 데 문제가 되는 모든 흠은 속죄의 물을 만드는 붉은 암소로 사용할 수 없다(「브코롯」 6장).

- 속죄의 물을 만드는 붉은 암소는 "멍에를 메지 아니한" 상태 즉 일을 하지 않은 암소이므로(민 19:2), 소에게 시킬 수 있는 일이 무엇인지 열거하고 있다. 그 암소를 타거나, 기대거나, 꼬리에 무엇을 매달아 강을 건너는 데 이용했거나, 긴 고삐를 접어서 소 위에 올려놓았거나, 겉옷을 올려놓는 데 썼다 해도 그 소는 무효가 된다. 그러나 그냥 고삐로 묶어두었거나, 미끄러져 넘어지지 않도록 발굽을 씌웠거나, 파리를 막으려고 겉옷으로 덮어준 것은 일을 시킨 것이 아니므로 아직 유효하다.
- 원칙은 그 암소가 필요해서 한 일은 그 암소를 제의에 사용하는데 문제가 되지 않아 유효하며, 소 주인이 필요해서 한 일은 문제가 되어 무효가 된다.

## 2, 4

셋째 미쉬나의 문맥에 이어 부연설명이 따라온다.

---

שָׁכַן עָלֶיהָ עוֹף, כְּשֵׁרָה. עָלָה עָלֶיהָ זָכָר, פְּסוּלָה. רַבִּי יְהוּדָה אוֹמֵר, אִם הֶעֱלָהוּ, פְּסוּלָה. וְאִם מֵעַצְמוֹ, כְּשֵׁרָה:

---

그 [암소] 위에 새가 앉았다면 [그 암소는] 유효하다. 그 [암소] 위에 수소가 올라탔다면 [그 암소는] 무효가 된다. 예후다 랍비는 만약 [누군가가] 그 [수소를] 올려놓았다면 무효가 되지만, 만약 자기 스

스로 〔올라탔다면〕 유효하다고 말했다.

- 암소 등 위에 새가 날아와 앉은 것은 일이 아니므로 그 암소는 속죄의 물을 만드는 제의에 사용할 수 있고 유효하다.
- 수소가 올라탄 경우에는 무효가 된다는 의견도 있지만, 예후다 랍비는 소 주인이 의도적으로 교미를 시킨 경우에는 무효가 되고, 자연스럽게 수소가 올라탔다면 여전히 유효하다고 주장했다.

2, 5
암소의 털 색깔에 관해 논의한다.

---

הָיוּ בָהּ שְׁתֵּי שְׂעָרוֹת שְׁחוֹרוֹת אוֹ לְבָנוֹת בְּתוֹךְ גֻּמָּא אַחַת, פְּסוּלָה. רַבִּי יְהוּדָה אוֹמֵר, אֲפִלּוּ בְתוֹךְ כּוֹס אֶחָד. הָיוּ בְתוֹךְ שְׁנֵי כוֹסוֹת וְהֵן מוֹכִיחוֹת זוֹ אֶת זוֹ, פְּסוּלָה. רַבִּי עֲקִיבָא אוֹמֵר, אֲפִלּוּ אַרְבַּע, אֲפִלּוּ חָמֵשׁ, וְהֵן מְפֻזָּרוֹת, יִתְלֹשׁ. רַבִּי אֱלִיעֶזֶר אוֹמֵר, אֲפִלּוּ חֲמִשִּׁים. רַבִּי יְהוֹשֻׁעַ בֶּן בְּתֵירָא אוֹמֵר, אֲפִלּוּ אַחַת בְּרֹאשָׁהּ וְאַחַת בִּזְנָבָהּ, פְּסוּלָה. הָיוּ בָהּ שְׁתֵּי שְׂעָרוֹת, עִקָּרָן מַשְׁחִיר וְרֹאשָׁן מַאְדִּים, עִקָּרָן מַאְדִּים וְרֹאשָׁן מַשְׁחִיר, הַכֹּל הוֹלֵךְ אַחַר הַנִּרְאֶה, דִּבְרֵי רַבִּי מֵאִיר. וַחֲכָמִים אוֹמְרִים, אַחַר הָעִקָּר:

---

그 〔암소에게〕 검은 털이나 하얀 털 두 가닥이 한 구멍에서 자라났으면, 〔그 암소는〕 무효가 된다. 예후다 랍비는 움푹 팬 곳[5]에 〔그런 털이 나도 무효라고〕 말한다. 움푹 팬 곳 두 장소에 〔그런 털이 났고〕 그 두 곳이 연관되어 있다면, 〔그 암소는〕 무효가 된다.

아키바 랍비는 네 가닥이라도, 다섯 가닥이라도, 그것들이 흩어져 있어도, 〔털들을〕 뽑으면 된다고 말한다. 엘리에제르 랍비는 쉰 가닥이라도 〔뽑으면 된다고〕 말한다. 예호슈아 벤 베테라 랍비는 그 머리

5) 이 낱말(כוס, 코스)은 기본적으로 물을 마시는 '잔'을 가리키는데, 그 외에도 다른 '움푹 팬 곳'을 의미하기도 한다(야스트로 623).

에 한 가닥 그 꼬리에 한 가닥이 〔있어도 그 암소는〕 무효가 된다고 말한다.

그 〔암소의〕 털 두 가닥이 뿌리는 검고 끝은 붉은색일 때, 뿌리는 검고 끝도 검은색일 때, 언제나 〔겉으로〕 보이는 대로 판단한다는 것이 메이르 랍비의 말이다. 그러나 현인들은 뿌리 〔색깔을〕 따라 〔판단한다고〕 말한다.

- 어떤 암소가 대부분 붉은 털이 나 있지만 검은 털이나 하얀 털 두 가닥이 자라나온 모낭 구멍이 하나이면 무효가 되며, 구멍 두 개에서 나왔으면 유효하다.
- 예후다 랍비는 '움푹 팬 곳(코스)'이라는 말을 쓰는데, 이 말이 모낭 구멍이라는 말과 같다는 주장도 있다(알벡). 그리고 움푹 팬 곳 두 장소에서 검은 털이나 하얀 털이 났더라도, 서로 가깝게 붙어 있고 동시에 돋아나 자란다면, 역시 그 암소가 무효가 된다고 주장했다.
- 아키바 랍비는 매우 융통성 있는 해석을 제시하는데, 검은 털이나 하얀 털이 네 가닥 또는 다섯 가닥이 났고 그것들이 한 구멍이나 움푹 팬 곳에 모여 있지 않고 흩어져 있어도 그 털들을 뽑기만 하면 그 암소를 유효하게 사용할 수 있다고 말한다. 엘리에제르 랍비는 쉰 가닥이 있어도 뽑으면 된다고 말한다. 반대로 예호슈아 랍비는 서로 멀리 떨어져 있는 털 두 가닥만 있어도 무효가 된다고 주장한다.
- 한편 어떤 털들이 뿌리 부분과 머리 부분이 검은색과 붉은색으로 서로 다를 때, 메이르 랍비는 겉으로 보이는 머리 부분 색깔에 따라 판단한다고 주장했고(「네가임」 11, 4), 현인들은 뿌리 부분 색깔에 따라 판단한다고 했다(4, 4).

## 제3장

파라 3장은 붉은 암소를 태워서 재를 만드는 과정을 단계별로 설명한다.

### 3, 1

붉은 암소를 태워서 재를 만드는 과정(민 19:3-6) 중 먼저 암소를 태울 제사장을 어떻게 준비시키는지 설명한다.

---

שִׁבְעַת יָמִים קֹדֶם לִשְׂרֵפַת הַפָּרָה מַפְרִישִׁין כֹּהֵן הַשּׂוֹרֵף אֶת הַפָּרָה מִבֵּיתוֹ לַלִּשְׁכָּה שֶׁעַל פְּנֵי הַבִּירָה, צָפוֹנָה מִזְרָחָה, וּבֵית אֶבֶן הָיְתָה נִקְרֵאת, וּמַזִּין עָלָיו כָּל שִׁבְעַת הַיָּמִים מִכָּל חַטָּאוֹת שֶׁהָיוּ שָׁם. רַבִּי יוֹסֵי אוֹמֵר, לֹא הָיוּ מַזִּין עָלָיו אֶלָּא בַשְּׁלִישִׁי וּבַשְּׁבִיעִי בִּלְבָד. רַבִּי חֲנִינָא סְגַן הַכֹּהֲנִים אוֹמֵר, עַל הַכֹּהֵן הַשּׂוֹרֵף אֶת הַפָּרָה, מַזִּין כָּל שִׁבְעַת הַיָּמִים. וְעַל שֶׁל יוֹם הַכִּפּוּרִים, לֹא הָיוּ מַזִּין עָלָיו אֶלָּא בַשְּׁלִישִׁי וּבַשְּׁבִיעִי בִּלְבָד:

---

그 암소를 태우기 이레 전에 그 암소를 태울 제사장을 그의 집으로부터 성읍[6] 앞쪽 곧 북동쪽에 있는 건물로 데려오는데, 그것을 '벳 에벤'이라고 불렀고, 이레 동안 내내 그곳에 있는 모든 속죄제물의 〔재를〕 그에게 뿌린다. 요쎄 랍비는 그에게 셋째 날과 일곱째 날만 뿌린다고 말한다. 대제사장보 하니나 랍비는 그 소를 태울 제사장에게 이레 동안 내내 뿌린다고 말한다. 그러나 속죄일의 〔소를 태울 제사장에게는〕 셋째 날과 일곱째 날만 뿌린다고 〔말한다〕.

- 속죄의 물을 만들기 위해 붉은 암소를 태우는 직무를 맡은 제사장은

---

6) 이 낱말(בירה, 비라)은 '성, 요새'를 가리키는 말로(야스트로 165), 미쉬나에서 성전을 부른다는 의견과 성전 안에 있는 특정한 탑을 부른다는 의견이 있다(「페싸힘」7, 8).

이레 전에 자기 집을 떠나 특정한 장소에 머물게 된다. 붉은 암소를 태우는 제사장을 따로 구분한 장소에 일주일 동안 머물게 한다는 생각은 레위기에 나오는 제사장 안수식과 관련이 있는 것으로 보인다(레 8:33-34, 속죄일과 관련된 유사한 관습은 「요마」 1, 1). 이 장소는 성읍 앞쪽, 즉 북동쪽에 있는 건물로 '벳 에벤(돌집)'이라고 불렀다. 이 제사장이 이곳에 머물 때 사람들은 이레 동안 내내 그곳에 준비되어 있는 속죄제물의 재를 그에게 뿌린다.

- 요쎄 랍비는 일주일 동안 매일 뿌리는 것이 아니라 셋째 날과 일곱째 날만 뿌린다고 주장한다. 이 날짜는 시체와 접촉한 자가 정결례를 시행하는 관습과 관련이 있다. 하니나 랍비는 붉은 암소를 태우는 제사장은 매일 그리고 속죄일에 소를 태우는 제사장은 셋째 날과 일곱째 날만 뿌린다고 중재안을 제시한다.

## 3, 2

어린이들을 보내어 물을 떠오는 제의를 묘사한다.

---

חֲצֵרוֹת הָיוּ בִירוּשָׁלַיִם בְּנוּיוֹת עַל גַּבֵּי סֶלַע וְתַחְתֵּיהֶם חָלוּל, מִפְּנֵי קֶבֶר הַתְּהוֹם. וּמְבִיאִים נָשִׁים עֻבָּרוֹת וְיוֹלְדוֹת שָׁם וּמְגַדְּלוֹת שָׁם אֶת בְּנֵיהֶן. וּמְבִיאִים שְׁוָרִים וְעַל גַּבֵּיהֶן דְּלָתוֹת, וְתִינוֹקוֹת יוֹשְׁבִין עַל גַּבֵּיהֶן וְכוֹסוֹת שֶׁל אֶבֶן בְּיָדָם. הִגִּיעוּ לַשִּׁלוֹחַ, יָרְדוּ וּמִלְאוּם, וְעָלוּ וְיָשְׁבוּ עַל גַּבֵּיהֶן. רַבִּי יוֹסֵי אוֹמֵר, מִמְּקוֹמוֹ הָיָה מְשַׁלְשֵׁל וּמְמַלֵּא:

---

예루살렘에 있는 마당들은 바위 위에 지었고 그 아래가 비어 있었는데, 깊은 곳에 있는 무덤 때문이었다. 그들이 아이를 가진 여인들을 데려와서 그곳에서 아이를 낳았고, 그곳에서 자기 아들들을 길렀다. 그리고 등에 문짝을 진 소들을 데려와서, 손에 돌 잔을 든 아기들이 그 위에 앉게 했다. 그들이 '쉴로악흐'[7]에 도착하면, 그들이 내려가서 [잔을] 가득 채우고, [다시] 올라와서 그 [소들] 위에 앉았다. 요쎄 랍

비는 〔소 위에 앉은〕 자리에서 〔잔을〕 내려서 채웠다고 말한다.

- 예루살렘 도시와 성전에 큰 마당들이 있는데 넓은 바위들 위에 지었고 그 밑에는 빈 공간이 있다고 말한다. 혹시 땅속 깊은 곳에 무덤이 있다면 시체의 부정이 전이될 수도 있기 때문인데, 막힌 덮기 부정은 위와 아래로 전이되기 때문이다. 이때 길이와 너비와 높이가 1테팍 이상인 공간을 두면 덮기 부정을 막을 수 있기 때문에 이런 빈 공간이 필요했던 것이다.
- 임신한 여인들이 이 장소에서 아이를 낳아 길렀다고 했는데, 이렇게 태어난 아이들은 태어날 때부터 전혀 부정에 노출되지 않은 상태가 된다. 정결한 생활을 하는 것이 목적이라 해도 이렇게까지 할 필요는 없는데, 속죄의 물을 만드는 제의가 거룩하다는 점을 강조하기 위해서 이런 이야기를 창작한 것으로 보인다.
- 이런 정결한 아이들이 소의 등 위에 얹은 문짝을 타고 간다고 했는데, 이것은 그냥 걸어갈 때 아이들이 부정한 '천막' 밑으로 지나가지 않게 대비책으로 마련한 것이다. 아이들이 돌 잔을 사용하는 것도 부정이 전이되지 않는 재료로 만든 그릇을 선택한 것이다(「켈림」 10, 1). 요쎄 랍비는 아이들이 소 등 위에서 내리지도 않고 물을 길었다고 했는데, 역시 엄격하게 부정을 차단하려는 노력을 보여준다.

## 3, 3

בָּאוּ לְהַר הַבַּיִת וְיָרְדוּ. הַר הַבַּיִת וְהָעֲזָרוֹת, תַּחְתֵּיהֶם חָלוּל, מִפְּנֵי קֶבֶר הַתְּהוֹם. וּבְפֶתַח הָעֲזָרָה הָיָה מְתֻקָּן קָלָל שֶׁל חַטָּאת, וּמְבִיאִין זָכָר שֶׁל רְחֵלִים וְקוֹשְׁרִים חֶבֶל בֵּין קַרְנָיו, וְקוֹשְׁרִים מַקֵּל וּמְסַבֵּךְ בְּרֹאשׁוֹ שֶׁל חֶבֶל,

---

7) '쉴로악흐'(שילוח)는 예루살렘 남쪽에 있는 저수지로 그 이름은 '보냄', '보냄을 받음'이라는 뜻이며(야스트로 1563), 우리말로 실로암이라고 알려져 있다.

וְזוֹרְקוֹ לְתוֹךְ הַקָּלָל, וּמַכֶּה אֶת הַזָּכָר וְנִרְתָּע לַאֲחוֹרָיו, וְנוֹטֵל וּמְקַדֵּשׁ, כְּדֵי שֶׁיֵּרָאֶה עַל פְּנֵי הַמָּיִם. רַבִּי יוֹסֵי אוֹמֵר, אַל תִּתְּנוּ מָקוֹם לַצְּדוֹקִים לִרְדּוֹת, אֶלָּא הוּא נוֹטֵל וּמְקַדֵּשׁ:

---

그들이 성전산으로 돌아와 〔소 등에서〕 내린다. 성전산과 그 마당들 밑도 비어 있는데, 그 깊은 곳에 있는 무덤 때문이었다. 그 마당 입구에는 속죄제물의 〔재가 들어 있는〕 항아리를 두었는데, 양들 중에 수컷을 가져와서 그 뿔들 사이를 줄로 연결하고, 그 줄 끝에 막대기 〔곧〕 가지가 달린 나무를 묶어서, 그것을 그 항아리 안에 던져 넣고, 그 숫양을 때려서 뒤로 펄쩍 뛰게 만들며, 그가 〔튀어나온 재를〕 취하여 〔물에 섞어서〕 거룩하게 하여, 〔그 재가〕 물 표면에 보일 정도까지 해야 한다. 요쎄 랍비는 사두개인들[8)]이 비웃을 빌미를 주지 말라고 하며, 그 〔아이가 재를〕 취하여 〔물에 섞어서〕 거룩하게 해야 한다고 말했다.

- 둘째 미쉬나에서 설명한 아이들이 돌 잔에 담은 물을 가지고 성전산으로 돌아온다. 성전 여인들의 뜰에서 동쪽으로 드나드는 입구에 붉은 암소를 태운 재가 들어 있는 돌 항아리가 있는데(열한째 미쉬나), 안전하게 재를 꺼내야 한다. 숫양과 나무 막대기 이야기는 항아리에 손이나 그릇을 집어넣어 재를 퍼내다가 부정이 전이되는 경우를 막기 위한 방법을 설명한다.
- 요쎄 랍비는 반대 의견을 제시하고 있는데, 바리새인들(프루쉼[9)])

---

8) 사두개인(צדוקים, 쩨도킴)이란 '짜독에게 [속한] 사람들'이라는 뜻으로, 제2성전 시대에 성전에서 일하던 전문 종교인들이고 기록된 토라만 인정하고 구전 토라를 인정하지 않던 사람들을 가리킨다.

9) 바리새인(פרושים, 프루쉼)이란 '(토라를) 풀어 설명하는 사람들'이라는 뜻으로, 제2 성전 시대에 구전으로 기록된 토라를 해석해야 한다고 주장하며, 권위 있는 랍비들의 가르침을 배우고 전했던 사람들을 가리킨다.

이 성물이 부정해지는 것을 막기 위한 방법을 고안하다가 경쟁 관계에 있는 사두개인들(쩨도킴)에게 비웃음을 살까 두렵다고 걱정하고 있다. 그래서 아이들이 직접 재를 꺼내서 물에 섞는 후 붉은 암소를 태우러 가는 제사장에게 뿌리는 것이 좋겠다고 제안한다(첫째 미쉬나).

## 3, 4

לֹא הָיוּ עוֹשִׂין, לֹא חַטָּאת עַל גַּבֵּי חַטָּאת, וְלֹא תִינוֹק עַל גַּבֵּי חֲבֵרוֹ. וּצְרִיכִין הָיוּ הַתִּינוֹקוֹת לְהַזּוֹת, דִּבְרֵי רַבִּי יוֹסֵי הַגְּלִילִי. רַבִּי עֲקִיבָא אוֹמֵר, לֹא הָיוּ צְרִיכִין לְהַזּוֹת:

그들은 한 속죄제 대신에 〔다른〕 속죄제를 〔준비하거나〕 어떤 아이 대신에 그의 친구를 〔준비시키지〕 않는다. 그리고 아이들이 〔재를 서로〕 뿌려야 한다고 메이르 랍비가 말했다. 아키바 랍비는 〔재를〕 뿌릴 필요는 없다고 말했다.

- 그들이 특정한 붉은 암소를 대상으로 이러한 속죄제를 준비하다가 무슨 이유로 그 소를 사용할 수 없게 되었다면, 다른 암소로 제물을 바꾸면서 지금까지 진행한 모든 제의를 처음부터 다시 시행한다. 마찬가지로 어떤 아이가 속죄제를 준비하다가 끝까지 마치지 못했다면 그의 친구가 대신해서 제의를 진행할 수 없으며, 다른 아이가 처음부터 다시 제의를 시행해야 한다. 그리고 아이들이 미리 만들어놓았고 제사장에게 뿌렸던 속죄의 물을 서로에게 뿌려야 한다는 것이 메이르 랍비의 말이다. 그러나 아키바 랍비는 속죄의 물을 뿌릴 필요는 없다고 주장했다.

### 3, 5

제사장에게 속죄제물의 재를 뿌리는 과정을 설명한다.

---

לֹא מָצְאוּ מִשֶּׁבַע, עוֹשִׂין מִשֵּׁשׁ, מֵחָמֵשׁ, מֵאַרְבַּע, מִשָּׁלשׁ, מִשְּׁתַּיִם וּמֵאֶחָת. וּמִי עֲשָׂאָם. הָרִאשׁוֹנָה עָשָׂה מֹשֶׁה, וְהַשְּׁנִיָּה עָשָׂה עֶזְרָא, וְחָמֵשׁ, מֵעֶזְרָא וְאֵילָךְ, דִּבְרֵי רַבִּי מֵאִיר. וַחֲכָמִים אוֹמְרִים, שֶׁבַע מֵעֶזְרָא וְאֵילָךְ. וּמִי עֲשָׂאָן. שִׁמְעוֹן הַצַּדִּיק וְיוֹחָנָן כֹּהֵן גָּדוֹל עָשׂוּ שְׁתַּיִם שְׁתַּיִם, אֶלְיְהוֹעֵינַי בֶּן הַקּוֹף וַחֲנַמְאֵל הַמִּצְרִי וְיִשְׁמָעֵאל בֶּן פִּיאָבִי עָשׂוּ אַחַת אֶחָת:

---

만약 〔암소〕 일곱 마리로 〔만든 재를〕 찾지 못했다면, 여섯 마리로 〔만든 재로〕 시행하며, 다섯 마리, 네 마리, 세 마리, 두 마리, 또는 한 마리로 〔만든 재로 시행한다〕.

그런데 누가 그 〔재를〕 만들었는가? 첫째 것은 모세가 만들었고, 둘째 것은 에스라가 만들었으며, 다섯째부터는 에스라와 그 후대 사람들이 만들었다고 메이르 랍비가 말했다. 그러나 현인들은 일곱 〔마리로 만든 재를 모두〕 에스라와 그 후대 사람들이 〔만들었다고〕 말한다. 그럼 그것들을 누가 만들었는가? 쉼온 핫짜딕과 요하난 대제사장이 각각 둘을 만들었다. 엘예호에나이 벤 학콥과 하남엘 함미쯔리와 이쉬마엘 벤 피아비가 각각 하나를 만들었다.

- 첫째 미쉬나의 문맥을 이어서 암소를 태울 제사장에게 재를 뿌려야 하는데, 제1성전 시대부터 만들었던 붉은 암소 일곱 마리로 만든 재를 찾아서 뿌린다. 그런데 일곱 마리로 만든 재를 모두 찾지 못하면, 여섯 마리로 만든 재를 찾아 뿌린다. 여섯이 없으면 다섯, 다섯이 없으면 넷, 셋, 둘, 두 마리가 없으면 한 마리로 만든 재를 뿌린다.
- 그런데 그 속죄제물의 재는 누가 만들었는가? 메이르 랍비에 따르면 모세가 시내 광야에서 가장 처음으로 재를 만들었고, 에스라가 제2성전을 지으면서 둘째로 재를 만들었다. 다섯째부터 일곱째까지

는 에스라 이후의 제사장들이 만들었다고 한다.

- 현인들은 일곱 마리로 만든 재를 모두 에스라 이후의 제사장들이 만들었다고 주장한다. 먼저 쉼온 핫짜딕은 제2성전 시대 초에 대제사장으로 일했던 두 명(할아버지와 손자) 중 하나이며, 그가 두 번 만들었다. 요하난 대제사장은 하스몬 왕가의 일원이며 유다의 조카로 알려져 있는데, 역시 두 번 만들었다. 한 번씩 만든 사람으로 엘예호에나이는 정확하게 누구인지 모르지만 에스라 8:4에 언급된 적이 있으며, 하남엘은 요세푸스가 헤롯 시대에 일했다고 언급한 아나넬로스(Ananelos)일 가능성이 있고(요세푸스, 『유대전쟁사』 15, 40), 이쉬마엘은 그 이후에 대제사장이었을 것이며, 랍비 문학에 긍정적인 이미지로 등장한다.

## 3, 6

---

וְכֶבֶשׁ הָיוּ עוֹשִׂים מֵהַר הַבַּיִת לְהַר הַמִּשְׁחָה, כִּפִּין עַל גַּבֵּי כִפִּין, וְכִפָּה כְּנֶגֶד הָאֹטֶם, מִפְּנֵי קֶבֶר הַתְּהוֹם, שֶׁבּוֹ כֹּהֵן הַשּׂוֹרֵף אֶת הַפָּרָה, וּפָרָה וְכָל מְסַעֲדֶיהָ, יוֹצְאִין לְהַר הַמִּשְׁחָה:

---

그리고 성전산에서 기름부음의 산까지 경사로를 만들되, 그 깊은 곳의 무덤 위로 아치 위에 아치 〔구조로〕 단단한 기초 위에 아치를 〔만들며〕, 그 〔길로〕 암소를 태울 제사장과 암소와 모든 돕는 사람들이 기름부음의 산으로 나간다.

- 거룩하게 선별한 제사장과 제물이 다른 부정의 영향을 받지 않고 성전산에서 기름부음의 산, 즉 올리브산까지 이동할 수 있도록 다리 형태의 경사로를 짓는다. 이 다리가 깊은 땅속에 숨겨져 있을지도 모르는 무덤 때문에 부정에 전이되지 않도록 아치를 겹겹이 쌓아서 만든다. 그리고 제사장과 암소와 그를 돕는 사람들이 그 경사로

를 지나 올리브산으로 이동한다. 붉은 암소는 올리브산에서 태운다(「미돗」 1, 3).

## 3, 7

---

לֹא הָיְתָה פָרָה רוֹצָה לָצֵאת, אֵין מוֹצִיאִין עִמָּהּ שְׁחוֹרָה, שֶׁלֹּא יֹאמְרוּ, שְׁחוֹרָה שָׁחֲטוּ. וְלֹא אֲדֻמָּה, שֶׁלֹּא יֹאמְרוּ, שְׁתַּיִם שָׁחֲטוּ. רַבִּי יוֹסֵי אוֹמֵר, לֹא מִשּׁוּם זֶה, אֶלָּא מִשּׁוּם שֶׁנֶּאֱמַר, וְהוֹצִיא אֹתָהּ, לְבַדָּהּ. וְזִקְנֵי יִשְׂרָאֵל הָיוּ מַקְדִּימִים בְּרַגְלֵיהֶם לְהַר הַמִּשְׁחָה, וּבֵית טְבִילָה הָיָה שָׁם. וּמְטַמְּאִים הָיוּ אֶת הַכֹּהֵן הַשּׂוֹרֵף אֶת הַפָּרָה, מִפְּנֵי הַצְּדוֹקִים, שֶׁלֹּא יִהְיוּ אוֹמְרִים, בִּמְעֹרְבֵי שֶׁמֶשׁ הָיְתָה נַעֲשֵׂית:

---

암소가 떠나기를 원하지 않을 때, 그 〔암소를〕 검은 암소와 함께 데리고 나오면 안 되는데, 그들이 검은 암소를 잡았다고 말하지 않게 하기 위해서다. 〔다른〕 붉은 암소와 〔함께 데리고 나와도〕 안 되는데, 그들이 〔붉은 암소〕 두 마리를 잡았다고 말하지 않게 하기 위해서다. 요쎄 랍비는 그것 때문이 아니라고 하며, "그는 그것을 진영 밖으로 끌어내어서" 〔즉〕 그것만이라고 기록했기 때문이다.

이스라엘의 장로들은 먼저 기름부음의 산까지 걸어서 갔는데, 그곳에는 정결례를 시행하는 건물이 있었다. 그리고 사두개인 때문에 그 암소를 태울 제사장을 부정하게 만들었는데, 그들이 해가 지기를 기다리는 자 때문에 그렇게 했다고 말하지 못하게 하기 위해서다.

- 속죄의 물을 만드는 붉은 암소가 말을 듣지 않고 떠나려 하지 않을 때, 말을 잘 듣는 다른 소를 함께 데리고 나가며 설득하는 일반적인 방법을 사용할 수 없다. 다른 사람들이 보고 검은 소나 붉은 암소 두 마리를 잡았다고 오해하면 안 되기 때문이다(「파라」 4, 4). 요쎄 랍비는 다른 이유가 있다고 하면서 민수기 19:3을 인용하는데, 암소를 진영 밖으로 끌어내라고 할 때 목적어를 단수로 사용하고 있다고 지

적했다.

- 이스라엘 장로들은 다른 동물을 타지 않고 걸어서 올리브산까지 갔다. 올리브산에는 정결례를 시행하는 건물(벳 테빌라)이 있었는데, 암소를 태울 제사장을 일부러 부정하게 만든 후 그곳에서 정결례를 시행했다. 그 이유는 사두개인들(쩨도킴)과 바리새인들(프루쉼) 사이에 논쟁이 있었기 때문인데, 사두개인은 부정해진 제사장이 정결례를 행하면 해가 질 때까지 기다려야 정결해진다고 주장했다(테불욤). 그러나 바리새인은 제사장은 정결례만 행해도 정결해지며 해 질 때까지 기다리지 않아도 된다고 주장했다. 그래서 바리새인을 대표하는 현인들은 일부러 제사장을 가벼운 부정에 노출시킨 후 정결례를 행하고 붉은 암소 제의를 진행시키고자 했다.

## 3, 8

---

סָמְכוּ יְדֵיהֶם עָלָיו וְאָמְרוּ לוֹ, אִישִׁי כֹּהֵן גָּדוֹל, טְבֹל אֶחָת. יָרַד וְטָבַל וְעָלָה וְנִסְתַּפֵּג. וְעֵצִים הָיוּ מְסֻדָּרִים שָׁם, עֲצֵי אֲרָזִים וַאֲרָנִים וּבְרוֹשִׁים וַעֲצֵי תְאֵנָה חֲלָקָה. וְעוֹשִׂין אוֹתָהּ כְּמִין מִגְדָּל, וּמְפַתְּחִין בָּהּ חַלּוֹנוֹת, וַחֲזִיתָהּ מַעֲרָבָה:

---

그 〔장로들이〕 손을 그 〔제사장〕 위에 얹고 "내 사람, 대제사장이여, 한번 담그시오"라고 그에게 말했다. 그가 내려가서 〔몸을〕 담그고 올라와서 〔몸을〕 훔쳤다.

그리고 그곳에 나무들이 준비되어 있었는데, 삼나무, 소나무, 사이프러스, 부드러운 무화과나무 〔장작들이 있었다〕. 그들이 〔장작을〕 탑 모양으로 쌓았고, 그곳에 창문들을 열어놓았으며, 그 정면은 서쪽을 향하고 있었다.

- 이스라엘의 장로들은 암소를 태울 제사장 머리 위에 손을 얹고 말했다. "내 사람, 대제사장이여, 한번 담그시오." 이 말은 제사장을 자기

들의 대표자이자 대제사장이라고 부르며 정결례를 행하라고 권하고 있다(「파라」 4, 1). 이 말은 속죄일 제의에도 사용된다(「요마」 1, 3). 일곱째 미쉬나에서 설명한 것처럼 일부러 부정해진 제사장이 정결례를 행하고 올라와서 몸의 물기를 훔쳤다.

- 붉은 암소를 태우는데 쓸 장작들이 미리 준비되어 있었는데, 탑 모양으로 쌓았고, 쉽게 불이 붙을 수 있도록 공기 구멍을 만들어놓았으며, 서쪽 즉 성전을 향하고 있었다.

## 3, 9

כְּפָתוּהָ בְחֶבֶל שֶׁל מֶגֶג וּנְתָנוּהָ עַל גַּב הַמַּעֲרָכָה, רֹאשָׁהּ בַּדָּרוֹם וּפָנֶיהָ לַמַּעֲרָב. הַכֹּהֵן עוֹמֵד בַּמִּזְרָח וּפָנָיו לַמַּעֲרָב. שָׁחַט בִּימִינוֹ וְקִבֵּל בִּשְׂמֹאלוֹ. רַבִּי יְהוּדָה אוֹמֵר, בִּימִינוֹ הָיָה מְקַבֵּל וְנוֹתֵן לִשְׂמֹאלוֹ, וּמַזֶּה בִימִינוֹ. טָבַל וְהִזָּה שֶׁבַע פְּעָמִים כְּנֶגֶד בֵּית קֹדֶשׁ הַקֳּדָשִׁים. עַל כָּל הַזָּיָה, טְבִילָה. גָּמַר מִלְּהַזּוֹת, קִנַּח אֶת יָדוֹ בְּגוּפָהּ שֶׁל פָּרָה. יָרַד וְהִצִּית אֶת הָאֵשׁ בַּאֲלִיתוֹת. רַבִּי עֲקִיבָא אוֹמֵר, בַּחֲרָיוֹת:

그 〔암소를〕 갈대 줄로 묶어서 그 〔장작〕더미 위에 올려놓았고, 그 머리는 남쪽을 그 얼굴은 서쪽을 향하게 했다. 그 제사장은 동쪽에 서고 그의 얼굴은 서쪽을 향하고 있었다. 그는 자기 오른손으로 〔암소를〕 잡았고 자기 왼손으로 〔피를〕 받았다. 예후다 랍비는 그의 오른손으로 〔피를〕 받아서 자기 왼손으로 옮겨 쥐었으며 그의 오른손으로 〔피를〕 뿌린다고 말했다.

그는 〔손을 피에〕 담그고 지극히 거룩한 성전 방향으로 일곱 번을 뿌렸다. 한 번 뿌릴 때마다 〔손을 피에〕 담갔다. 〔피를〕 뿌리기를 마치고, 그의 손을 암소의 몸에 닦았다. 그가 내려와서 나무 조각[10]으로

10) 이 낱말(אליתות)이 무슨 뜻인지에 관해 '무화과나무 가지'(야스트로 70) 또는 불 붙일 때 쓰는 '잔가지'(알벡; Sefaria)로 의견이 갈린다.

불을 붙였다. 아키바 랍비는 대추야자 잎[11)]으로 〔불을 붙였다고〕 말한다.

- 붉은 암소는 갈대로 만든 줄로 묶어서 탑 모양으로 벌여놓은 장작더미 위에 올려놓았고, 그 머리는 남쪽을 얼굴은 서쪽으로 성전을 향하게 했다(「요마」 3, 9; 「타미드」 4, 1). 그리고 제사장은 동쪽에 서서 얼굴을 서쪽으로 향하게 하고, 오른손으로 소를 도살하고 왼손으로 피를 받았다. 예후다 랍비는 오른손으로 피를 받아 왼손으로 옮겨 쥔다고 말한다.
- 제사장은 오른손 손가락을 받은 피에 담그고 서쪽 성전 방향으로 일곱 번 뿌렸다(민 19:4; 「파라」 4, 2). 피를 한 번 뿌릴 때마다 다시 손가락을 피에 담가야 한다(「네가임」 14, 10). 제사장은 장작더미 위에 서서 성전 쪽을 바라보며 피를 뿌린다(「미돗」 2, 4). 피 뿌리기를 마치면 그의 손을 암소의 몸에 닦았는데, 암소의 피도 불에 태워야 하기 때문이다(민 19:5). 그 후 내려와서 장작에 불을 붙인다.

## 3, 10

---

נִבְקְעָה, וְעָמַד חוּץ מִגִּתָּהּ. נָטַל עֵץ אֶרֶז וְאֵזוֹב וּשְׁנִי תוֹלַעַת. אָמַר לָהֶן, עֵץ אֶרֶז זֶה, עֵץ אֶרֶז זֶה. אֵזוֹב זֶה, אֵזוֹב זֶה. שְׁנִי תוֹלַעַת זֶה, שְׁנִי תוֹלַעַת זֶה. שָׁלֹשׁ פְּעָמִים עַל כָּל דָּבָר וְדָבָר. וְהֵם אוֹמְרִים לוֹ, הֵין וָהֵין, שָׁלֹשׁ פְּעָמִים עַל כָּל דָּבָר וְדָבָר:

---

그 〔암소가 불에 타서〕 갈라졌고 그 〔제사장은〕 그 정해진 장소 바깥에 서 있었다. 그가 삼나무와 히솝 풀과 붉은 벌레 〔실을〕 잡았다. 그가 그 〔장로들에게〕 이것이 삼나무인가? 이것이 삼나무인가? 이것

---

11) 이 낱말(חריות)이 무슨 뜻인지에 관해 불 붙일 때 쓰는 '마른 가지'(야스트로 502; Sefaria) 또는 '대추야자나무 잎'(알벡)으로 의견이 갈린다.

이 히솝 풀인가? 이것이 히솝 풀인가? 이것이 붉은 벌레 〔실인가〕? 이것이 붉은 벌레 〔실인가〕?라고 말했다. 각각의 물건당 세 번씩 〔물었다〕. 그리고 그들은 그렇습니다, 그렇습니다라고 그 물건마다 세 번씩 말한다.

- 붉은 암소를 장작 위에서 태울 때 불 때문에 갈라졌고, 그때 제사장은 암소를 태우기 위해 준비된 장소 바깥에 서 있었다. 이 장소는 기름 짜는 곳처럼 밑부분에 구덩이가 있었을 가능성이 있다. 제사장은 이제 삼나무 조각과 히솝 풀과 붉은색 실을 불 속으로 던져야 하는데(민 19:6), 곁에 늘어서 있던 장로들과 정해진 물품들을 던진다는 말을 세 번씩 반복해서 묻고 대답한다(일곱째 미쉬나; 「메나홋」 10, 3).

## 3, 11

כְּרָכָן בִּשְׁיָרֵי הַלָּשׁוֹן וְהִשְׁלִיךְ לְתוֹךְ שְׂרֵפָתָהּ. נִשְׂרְפָה, חוֹבְטִין אוֹתָהּ בְּמַקְלוֹת, וְכוֹבְרִין אוֹתָהּ בִּכְבָרוֹת. רַבִּי יִשְׁמָעֵאל אוֹמֵר, בְּמַקָּבוֹת שֶׁל אֶבֶן וּבִכְבָרוֹת שֶׁל אֶבֶן הָיְתָה נַעֲשֵׂית. שָׁחוֹר שֶׁיֵּשׁ בּוֹ אֵפֶר, כּוֹתְשִׁין אוֹתוֹ. וְשֶׁאֵין בּוֹ, מַנִּיחִין אוֹתוֹ. הָעֶצֶם, בֵּין כָּךְ וּבֵין כָּךְ הָיָה נִכְתָּשׁ. וְחוֹלְקִים אוֹתוֹ לִשְׁלֹשָׁה חֲלָקִים, אֶחָד נִתָּן בַּחֵיל, וְאֶחָד נִתָּן בְּהַר הַמִּשְׁחָה, וְאֶחָד הָיָה מִתְחַלֵּק לְכָל הַמִּשְׁמָרוֹת:

그는 그것들을 〔실의〕 끝 남은 부분으로 묶었고 그 불 속에 던졌다. 〔모두〕 타고 나서 그들이 그것을 막대기로 쳐서 체질을 했다. 이쉬마엘 랍비는 이 일은 돌 망치와 돌 체로 시행했다고 말한다. 재가 묻어 있는 검은 〔석탄은〕 부순다. 그곳에 〔재가〕 없는 것은 그냥 놓아둔다. 뼈는 이런 경우이건 저런 경우이건 부순다. 그리고 그것을 세 몫으로 나누어, 하나는 성벽 안에 두었고, 하나는 기름부음의 산에 두었고, 하나는 모든 〔제사장〕 반열들 사이에 나눈다.

- 제사장은 삼나무 조각과 히솝 풀과 붉은 실을 그 실 남은 부분으로 묶어서 불 속에 던졌다(「네가임」 14, 1). 모든 것이 다 타고 나서 남은 것을 나무 막대기로 때려서 부수고 체질을 해서 고운 재를 얻게 된다. 이쉬마엘 랍비는 돌로 만든 망치와 돌로 만든 체를 사용했다고 말했다.
- 재가 묻어 있는 검은 석탄은 부수고, 재가 없는 것은 그냥 놓아둔다. 뼈는 어떤 경우이건 부수어 재를 만든다. 이렇게 얻은 재는 세 몫으로 나누어 따로 보관한다. 하나는 성전 건물 외부를 두르고 있는 성벽 안쪽에 보관한다(헬, 셋째 미쉬나). 하나는 올리브산에 보관하는데, 암소를 태우는 부분 밑에 있는 구덩이 안에 묻는다는 설명이 있다(씨프레 주타). 그리고 마지막 하나는 성전에 들어와 맡은 일을 하는 제사장 집단에게 나누어준다.

## 제4장

속죄의 물을 만들 때 무효가 되는 조건들을 논의하고, 암소를 태우는 장소, 피를 뿌리는 방법, 태우는 장작, 가죽 처리방법과 관련된 추가조건들도 설명한다.

### 4, 1

붉은 암소나 제사장과 관련하여 제의가 무효가 되는 조건들을 논의한다.

---

פָּרַת חַטָּאת שֶׁשְּׁחָטָהּ שֶׁלֹּא לִשְׁמָהּ, קִבֵּל וְהִזָּה שֶׁלֹּא לִשְׁמָהּ, אוֹ לִשְׁמָהּ וְשֶׁלֹּא לִשְׁמָהּ, אוֹ שֶׁלֹּא לִשְׁמָהּ וְלִשְׁמָהּ, פְּסוּלָה. רַבִּי אֱלִיעֶזֶר מַכְשִׁיר. וְשֶׁלֹּא רְחוּץ יָדַיִם וְרַגְלַיִם, פְּסוּלָה. רַבִּי אֱלִיעֶזֶר מַכְשִׁיר. וְשֶׁלֹּא בְכֹהֵן גָּדוֹל, פְּסוּלָה.

רַבִּי יְהוּדָה מַכְשִׁיר. וּמְחֻסַּר בְּגָדִים, פְּסוּלָה. וּבִכְלֵי לָבָן הָיְתָה נַעֲשֵׂית:

속죄제물로 〔드린〕 암소를 다른 이름으로 잡았다면, 다른 이름으로 〔피를〕 받아 뿌렸다면, 그 이름으로 〔시작했다가〕 다른 이름으로 〔시행했다면〕, 또는 다른 이름으로 〔시작했다가〕 그 이름으로 〔시행했다면〕, 그것은 무효가 된다. 엘리에제르 랍비는 유효하다고 주장했다.

그리고 〔제사장이〕 손과 발을 씻지 않았다면, 그 〔암소는〕 무효가 된다. 엘리에제르 랍비는 유효하다고 주장했다. 그리고 대제사장이 〔시행하지〕 않았다면, 그것은 무효가 된다. 예후다 랍비는 유효하다고 주장했다. 그리고 〔제사장이〕 옷들을 갖추어 입지 않았다면, 그것은 무효가 된다. 그리고 하얀 옷을 입고 제의를 시행했어도 〔그러하다〕.

- 원래 속죄의 물을 만드는 붉은 황소와 다른 제사를 위해 드린 제물은 구별해야 하는데, 그렇게 하지 못했다면 그 제의는 무효가 된다. 이렇게 제물과 제사를 드리는 자의 의도가 동일해야 한다는 원칙은 속죄제 제물과 마찬가지다(「제바힘」 1, 1-4). 엘리에제르 랍비는 유효하다고 주장했는데, 붉은 황소는 성전 안에서 드리는 제물이 아니기 때문에 그렇게 생각한 것으로 보인다(셋째 미쉬나).
- 제사장이 손과 발을 물두멍에서 씻지 않았다면, 그 제의는 무효가 된다. 이것은 희생제사를 드리는 관례와 마찬가지다(「제바힘」 2, 1).
- 대제사장이 시행하지 않았더라도 그 제의가 무효가 된다. 예후다 랍비는 반대한다.
- 제사장은 제사를 드릴 때 최소한 반포 속옷, 속바지, 관과, 띠를 입어야 하는데, 이것들 중 어느 것 하나라도 모자란다면, 그 제의는 무효가 된다. 자격이 있는 대제사장이 제의를 시행했다고 하더라도, 옷을 제대로 갖추어 있지 않고 일반 제사장이 입는 하얀색 옷을 입고

시행했다면(「요마」 7, 5), 그 제의가 무효가 된다.

## 4, 2

שְׂרָפָהּ חוּץ מִגִּתָּהּ, אוֹ בִשְׁתֵּי גִתּוֹת, אוֹ שֶׁשָּׂרַף שְׁתַּיִם בְּגַת אַחַת, פְּסוּלָה. הִזָּה וְלֹא כִוֵּן כְּנֶגֶד הַפֶּתַח, פְּסוּלָה. הִזָּה מִשִּׁשִּׁית שְׁבִיעִית, חָזַר וְהִזָּה שְׁבִיעִית, פְּסוּלָה. מִשְּׁבִיעִית שְׁמִינִית וְחָזַר וְהִזָּה שְׁמִינִית, כְּשֵׁרָה:

그 〔암소를〕 그 정해진 자리 바깥에서 태웠다면, 또는 〔그 암소를〕 정해진 자리 두 곳에서 〔태웠다면〕, 또는 〔암소〕 두 마리를 정해진 자리 한 곳에서 태웠다면, 그것은 무효가 된다.

〔피를〕 뿌렸는데 〔성전〕 입구를 향하지 않았다면, 그것은 무효가 된다. 여섯 번째 〔뿌린 피를 사용하여〕 일곱 번째에도 뿌렸다면, 그가 다시 돌아가 〔손가락을 피에 담근 후〕 일곱 번째로 뿌렸다 해도, 그것은 무효가 된다. 일곱 번째 〔뿌린 피를 사용하여〕 여덟 번째로 〔뿌렸거나〕, 다시 돌아가 〔손가락을 피에 담근 후〕 여덟 번째로 뿌렸다면, 그것은 유효하다.

- 암소 한 마리를 정해진 자리에서 태워야 하는데(「파라」 3, 7; 3, 10) 그렇게 하지 않았다면 그 제의는 무효가 된다.
- 붉은 암소의 피를 성전 입구를 향해, 즉 지성소가 있는 방향으로 뿌리지 않았다면(「파라」 3, 9), 그 제의는 무효가 된다.
- 붉은 암소의 피를 뿌릴 때 매번 오른손 손가락을 피에 다시 담근 후 뿌려야 하는데(「파라」 3, 9), 여섯 번째로 손가락을 담근 후 여섯 번째와 일곱 번째로 피를 뿌렸다면, 다시 손가락을 피에 담그고 뿌린다고 해도 그 제의가 무효가 된다. 이미 여섯 번째로 뿌린 다음에 피 뿌리기 전체가 무효가 되었기 때문이다. 그러나 규정대로 일곱 번을 다 뿌린 다음에 손가락에 남은 피로 여덟 번째 피를 뿌렸거나, 다시

손가락을 피에 담그고 여덟 번째 피를 뿌렸다면 그 제의가 유효하다. 이미 규정대로 일곱 번을 뿌려서 그 제의가 마무리되었기 때문에, 한 번 더 뿌린다고 해서 제의가 무효가 되지는 않는다.

## 4, 3

שְׂרָפָהּ שֶׁלֹּא בְעֵצִים, אוֹ בְכָל עֵצִים, אֲפִלּוּ בְקַשׁ אוֹ בִגְבָבָה, כְּשֵׁרָה. הִפְשִׁיטָהּ וְנִתְּחָהּ, כְּשֵׁרָה. שְׁחָטָהּ עַל מְנָת לֶאֱכֹל מִבְּשָׂרָהּ וְלִשְׁתּוֹת מִדָּמָהּ, כְּשֵׁרָה. רַבִּי אֱלִיעֶזֶר אוֹמֵר, אֵין מַחֲשָׁבָה פוֹסֶלֶת בַּפָּרָה:

그 〔암소를〕 나무 장작 없이 태웠다면, 또는 아무 장작으로 〔태웠다면〕, 심지어 짚이나 잔가지들로 〔태웠다면〕, 그것은 유효하다. 그 〔암소의〕 가죽을 벗기고 잘라서 〔태웠다면〕, 그것은 유효하다. 그 고기를 먹고 그 피를 마시려고 그 〔암소를〕 잡았다면, 그것은 유효하다. 엘리에제르 랍비는 생각은 암소를 무효로 만들지 않는다고 말했다.

- 붉은 암소를 나무 장작 위에 올리지 않고 직접 몸에 불을 붙이거나, 정해진 나무가 아닌 아무 장작이나 가져와서 태웠거나(「파라」 3, 8), 짚이나 잔가지들을 모아 태웠어도 그 제의는 유효하다.
- 암소를 가죽을 벗기거나 잘라서 태웠어도 전체를 모두 태웠다면 그 제의는 유효하다.
- 심지어 그 고기를 먹고 그 피를 마시려고 그 암소를 잡았다고 해도 그 제의는 유효하다. 이 문장은 설명하기 곤란한데, 사본에 따라 '무효가 된다'고 기록된 것도 있다.
- 엘리에제르 랍비는 첫째 미쉬나에서 본 바와 같이 제사를 드리는 자의 의도가 제물의 상태에 영향을 미치지 못한다고 주장한다.

4, 4
제의가 끝나고 옷을 빨아야 하는 사람이 누구인지 설명한다.

---

כָּל הָעֲסוּקִין בַּפָּרָה מִתְּחִלָּה וְעַד סוֹף, מְטַמְּאִין בְּגָדִים, וּפוֹסְלִים אוֹתָהּ בִּמְלָאכָה. אֵרַע בָּהּ פְּסוּל בִּשְׁחִיטָתָהּ, אֵינָהּ מְטַמְּאָה בְגָדִים. אֵרַע בָּהּ בְּהַזָּיָתָהּ, כֹּל הָעוֹסֵק בָּהּ לִפְנֵי פְסוּלָהּ, מְטַמְּאָה בְגָדִים. לְאַחַר פְּסוּלָהּ, אֵינָהּ מְטַמְּאָה בְגָדִים. נִמְצְאָה חֻמְרָהּ, קֻלָּהּ. לְעוֹלָם מוֹעֲלִים בָּהּ, וּמַרְבִּין לָהּ עֵצִים, וּמַעֲשֶׂיהָ בַיּוֹם, וּבְכֹהֵן, הַמְּלָאכָה פוֹסֶלֶת בָּהּ, עַד שֶׁתֵּעָשֶׂה אֵפֶר, וְהַמְּלָאכָה פוֹסֶלֶת בַּמַּיִם, עַד שֶׁיַּטִּילוּ אֶת הָאֵפֶר:

---

암소를 〔태우는 제의와 관련해서〕 일했던 모든 사람들은 그 처음부터 끝까지 〔무슨 일을 했든지〕 그의 옷이 부정해지며, 〔그 옷이〕 그가 해야 할 〔다른〕 일들을 무효로 만든다.

그 〔암소를〕 잡는 일이 무효가 되면, 옷이 부정해지지 않는다. 그 〔피를〕 뿌리는 일이 〔무효가 되면〕, 그 무효가 되는 일이 〔일어나기〕 전에 일을 한 모든 사람은 그 옷이 부정해진다. 무효가 되는 일이 〔일어난〕 다음에 〔일한 사람은〕 그 옷이 부정해지지 않는다. 〔여기서〕 엄격한 〔법적용이〕 관대한 〔법적용이〕 된다.

여기에 언제나 전용하는 죄가 〔발생할 수〕 있고, 나무를 더 많이 넣어도 되며, 제사장은 낮에 〔제의를〕 시행하고, 〔다른〕 일은 이것을 무효로 만드니, 재를 만들기 전까지 그러하다. 〔다른〕 일은 재를 부어 넣을 때까지만 그 물을 무효로 만든다.

- 속죄의 물을 만들기 위해서 붉은 암소를 고를 때부터 다 태운 재를 모으는 단계까지 제의에 관여한 사람은 어떤 단계에 참여했든지 그 옷이 부정해지며, 부정한 옷은 다른 제의적 행위를 무효로 만든다. 그러므로 이런 사람들은 옷을 빨아야 하며 해가 질 때까지 부정하다 (민 19:7-10).

- 그 암소를 잡는 일이 무효가 되면 옷이 부정해지지 않는다. 그 피를 뿌리는 일이 무효가 되면, 그 무효가 되는 일이 일어나기 전에 관여한 모든 사람은 그 옷이 부정해지는데, 암소를 규정대로 잡았기 때문이다. 그 무효가 되는 일이 일어난 다음에 관여한 사람은 그 옷이 부정해지지 않는다.
- 그렇다면 엄격하게 적용된 법규정 때문에 제의가 무효가 되었을 때 그 일에 관여한 사람의 옷이 부정해지지 않아 법규정을 관대하게 적용하는 결과가 발생한다(「할라」 4, 5; 「산헤드린」 11, 2).
- 붉은 암소를 다른 용도로 전용하면 성물을 범하는 것이므로 '메일라'가 발생하고(「쉐칼림」 7, 7), 붉은 암소를 태우는 도중에 다른 장작을 더 던져 넣어도 문제가 되지 않으며, 모든 제의를 낮 시간에 제사장의 손으로 시행한다. 붉은 암소 제의에 참여하면서 다른 일을 함께 하면 무효가 되니(「파라」 7, 2-4), 이 모든 것이 재를 모으기 전에 그러하다는 말이다. 일단 재를 물에 부어 넣으면 상황이 달라진다.

## 제5장

붉은 암소를 태운 재와 물을 담는 그릇과 그것을 준비하는 방법, 재와 물을 섞어 거룩하게 할 수 있는 사람의 자격에 관해서도 언급한다.

### 5, 1

이 미쉬나는 재와 물을 담는 그릇에 관해 논의한다.

---

הַמֵּבִיא כְּלִי חֶרֶס לְחַטָּאת, טוֹבֵל וְלָן עַל הַכִּבְשָׁן. רַבִּי יְהוּדָה אוֹמֵר, אַף מִן הַבַּיִת הוּא מֵבִיא וְכָשֵׁר, שֶׁהַכֹּל נֶאֱמָנִים עַל הַחַטָּאת. וּבַתְּרוּמָה, פּוֹתֵחַ אֶת הַכִּבְשָׁן וְנוֹטֵל. רַבִּי שִׁמְעוֹן אוֹמֵר, מִן הַסֵּדֶר הַשֵּׁנִי. רַבִּי יוֹסֵי אוֹמֵר, מִן הַסֵּדֶר

속죄제를 위해서 토기를 가져오는 사람은 〔자기 몸을 물에〕 담그고 가마 옆에서 잠을 잔다. 예후다 랍비는 〔그릇을〕 집에서 가져와도 유효하니 누구든지 속죄제에 관해서는 신뢰할 수 있기 때문이라고 했다. 거제에 관련해서는, 가마를 열고 〔그릇을〕 가져와도 된다. 쉼온 랍비는 둘째 줄로부터 〔가져와야 한다고〕 말했다. 요쎄 랍비는 셋째 줄로부터 〔가져와야 한다고〕 말했다.

- 어떤 사람이 물을 담고 붉은 암소의 재를 섞을 때 쓰는 그릇을 준비할 때, 먼저 자기 몸을 물로 씻어서 정결하게 만들고(「하기가」 2, 6) 가마 옆에서 잠을 자야 한다. 토기는 가마에서 구워내는 순간부터 부정해질 수 있기 때문에(「켈림」 4, 4), 부정한 사람이 새로 구워 낸 그릇과 접촉하지 못하게 지키려는 것으로 보인다. 예후다 랍비는 누구든지 속죄제와 관련해서 거짓말을 할리가 없으며 신뢰할 수 있다고 주장하며(「오홀롯」 5, 5), 가마 옆에서 잘 필요는 없고 그냥 도공의 집에서 가져오면 된다고 말했다.
- 거제 제물을 담을 그릇을 준비할 때, 정결한 사람이 가마를 열고 완성된 그릇을 가져오면 된다. 가마 옆을 밤새도록 지킬 필요는 없다. 쉼온 랍비는 가마를 열고 그릇을 가져오되 둘째 줄에서 가져와야 한다고 했는데, 혹시 부정한 사람이 가마 문을 열고 첫째 줄에 있는 그릇을 만졌을 수도 있기 때문이다. 요쎄 랍비는 같은 이유로 셋째 줄에 있는 그릇들 중에서 가져와야 한다고 말했다.

## 5, 2

הַמַּטְבִּיל כְּלִי לְחַטָּאת בְּמַיִם שֶׁאֵינָם רְאוּיִים לְקַדֵּשׁ, צָרִיךְ לְנַגֵּב. בְּמַיִם שֶׁהֵם רְאוּיִים לְקַדֵּשׁ, אֵינוֹ צָרִיךְ לְנַגֵּב. אִם לְהוֹסִיף לְתוֹכוֹ מַיִם מְקֻדָּשִׁין, בֵּין כָּךְ

וּבֵין כָּךְ צָרִיךְ לְנַגֵּב:

속죄제를 위해서 그릇을 물에 담그면 거룩하게 만드는 데 합당하지 않으니, 〔그 그릇의 물기를〕 닦아내야만 한다. 거룩하게 만드는 데 합당한 물에 〔담갔다면〕 닦아내지 않아도 된다. 만약 거룩하게 만든 물을 그 안에 부으려면,[12)] 이런 경우이든 저런 경우이든 〔물기를〕 닦아내야 한다.

- 어떤 사람이 물을 담고 붉은 암소의 재를 섞을 때 쓰는 그릇을 준비하면서 먼저 그 그릇을 준비하지 않은 물에 담가 정결하게 만들었다면, 그 그릇에 남아 있는 물 때문에 거룩한 속죄의 물을 만드는 제의가 무효가 될 수 있다. 속죄의 물을 만드는 물은 '생수' 즉 흐르는 물로 한정되어 있기 때문이다(민 19:17). 그러므로 먼저 정결례장에서 묻은 물을 닦아내야 한다. 물론 정결례를 시행하며 생수를 사용했다면 닦아내지 않아도 된다.
- 만약 이미 붉은 암소의 재를 섞어서 거룩해진 물을 담고자 한다면, 어떤 경우가 되었건 그릇에 남아 있는 물기를 닦아내서 속죄의 물과 섞이지 않도록 해야 한다.

## 5, 3

קְרוּיָה שֶׁהִטְבִּילוּהָ בְּמַיִם שֶׁאֵין רְאוּיִין לְקַדֵּשׁ, מְקַדְּשִׁין בָּהּ עַד שֶׁתִּטַּמָּא. נִטְמְאָה, אֵין מְקַדְּשִׁין בָּהּ. רַבִּי יְהוֹשֻׁעַ אוֹמֵר, אִם מְקַדֵּשׁ הוּא בָהּ בַּתְּחִלָּה, אַף בַּסּוֹף יְקַדֵּשׁ בָּהּ. אִם אֵינוֹ מְקַדֵּשׁ בָּהּ בַּסּוֹף, אַף לֹא בַתְּחִלָּה. בֵּין כָּךְ וּבֵין כָּךְ, לֹא יוֹסִיף לְתוֹכָהּ מַיִם מְקֻדָּשִׁים:

12) 이 문장에 사용된 동사가 '레호십'(להוסיף)이라고 기록되어 있는데, 다른 사본에 '레에쏩'(לאסוף)이라고 기록되어 있으며, 그 동사가 문맥에 더 적절히 들어맞는 것으로 보인다.

거룩하게 만드는 데 합당하지 않은 물에 담갔던 바가지는 그것이 부정해지기 전까지 거룩하게 만드는데 쓸 수 있다. 〔그것이〕 부정해지면 그것으로 거룩하게 만들지 않는다. 예호슈아 랍비는 이것을 처음부터 거룩하게 만들었다면 〔제의의〕 끝에도 거룩하게 만들 수 있다고 말한다. 만약 〔제의의〕 끝에 거룩하게 만들 수 없다면, 처음에도 〔거룩하게 만들 수〕 없다. 이런 경우이든 저런 경우이든 그 안에 거룩하게 만든 물을 더 부으면 안 된다.

- 박의 내용물을 비우고 말려서 만든 바가지는 물을 깃는 데 쓰는데(「샤밧」 17, 6), 붉은 암소의 제의에 합당하지 않은 물에 담가 정결례를 시행했다고 해도 남은 물기를 닦을 필요가 없고, 다른 이유 때문에 부정해질 때까지 사용할 수 있다. 왜냐하면 바가지는 물기를 흡수하는 성질이 있어서, 정결례장에서 묻은 부적절한 물이 생수와 섞이지 않기 때문이다. 그러나 바가지가 부적절한 물을 다시 배출하거나 다른 이유로 부정해지면 물론 더 이상 속죄의 물을 만드는 데 사용할 수 없다.
- 예호슈아 랍비는 반대 의견을 표하면서 처음에 바가지가 부적절한 물을 흡수한다고 규정했다면 나중에도 그 성질이 변하지 않아야 한다고 주장했다. 바가지와 관련된 규정이 일관성 있어야 한다는 것이다.
- 어떤 경우이든 이미 거룩하게 만든 속죄의 물을 바가지에 담는 것이 좋지 않겠다고 말하는데, 바가지에서 부적절한 물이 다시 배어나올 수 있다는 가능성을 완전히 무시할 수는 없다는 입장이며, 이미 완성된 속죄의 물을 사용할 때 더 엄격한 규정을 적용하는 태도를 볼 수 있다.

## 5, 4

שְׁפוֹפֶרֶת שֶׁחֲתָכָהּ לְחַטָּאת, רַבִּי אֱלִיעֶזֶר אוֹמֵר, יַטְבִּיל מִיָּד. רַבִּי יְהוֹשֻׁעַ אוֹמֵר, יְטַמֵּא וְיַטְבִּיל. הַכֹּל כְּשֵׁרִים לְקַדֵּשׁ, חוּץ מֵחֵרֵשׁ שׁוֹטֶה וְקָטָן. רַבִּי יְהוּדָה מַכְשִׁיר בְּקָטָן, וּפוֹסֵל בְּאִשָּׁה וּבְאַנְדְּרוֹגִינוֹס:

속죄제를 위해서 자른 대롱에 관하여, 엘리에제르 랍비는 즉시 담가야 한다고 말한다. 예호슈아 랍비는 〔먼저〕 부정하게 만들고 담가야 한다고 말한다.

누구든지 거룩하게 만드는 〔제의를 시행하는 데〕 유효하나, 귀머거리와 정박아와 미성년자는 예외다. 예후다 랍비는 미성년자도 유효하다고 주장했으나, 여성과 남녀추니인 자는 무효가 된다고 했다.

- 갈대 대롱을 자르면 부정해질 가능성이 있는 '그릇'이 되는데(「켈림」 17, 17), 붉은 암소 제의에 쓰려고 이런 대롱을 준비했을 경우(「파라」 6, 1), 엘리에제르 랍비는 즉시 물에 담가 정결례를 시행해야 한다고 말한다(「하기가」 3, 2). 예호슈아 랍비는 먼저 부정하게 만든 다음에 물에 담가 정결례를 시행해야 한다고 말했는데, 이렇게 하면 그 대롱은 '그날 물에 담근 것'(테불 욤)이 되기 때문이다(「파라」 3, 7).
- 붉은 암소의 재를 생수에 섞어서 속죄의 물을 만드는 과정은 누구든지 정결한 사람이 시행할 수 있다(민 19:9). 그러나 귀머거리-벙어리나 정신이 온전하지 않은 정박아나 미성년자는 온전한 의도로 제의를 시행할 수 없으므로 예외가 된다. 예후다 랍비는 미성년자는 제의를 시행할 자격이 있지만, 여성이나 남녀추니인 사람은 그럴 자격이 없다고 주장한다.

### 5, 5

속죄의 물을 만드는 데 적합한 그릇은 어떤 것인지 설명한다.

---

בְּכָל הַכֵּלִים מְקַדְּשִׁים, אֲפִלּוּ בִכְלֵי גְלָלִים, בִּכְלֵי אֲבָנִים, וּבִכְלֵי אֲדָמָה. וּבִסְפִינָה, מְקַדְּשִׁין בָּהּ. אֵין מְקַדְּשִׁין לֹא בְדָפְנוֹת הַכֵּלִים, וְלֹא בְשׁוּלֵי הַמַּחַץ, וְלֹא בִמְגוּפַת הֶחָבִית, וְלֹא בְחָפְנָיו, מִפְּנֵי שֶׁאֵין מְמַלְּאִין וְאֵין מְקַדְּשִׁין וְאֵין מַזִּין מֵי חַטָּאת אֶלָּא בִכְלִי. אֵין מַצִּילִין בְּצָמִיד פָּתִיל אֶלָּא כֵלִים, שֶׁאֵין מַצִּילִים מִיַּד כְּלֵי חֶרֶס אֶלָּא כֵלִים:

---

어떤 그릇을 쓰든지 〔속죄의 물을〕 거룩하게 만들 수 있으며, 심지어 똥으로 〔만든〕 그릇, 돌로 〔만든〕 그릇, 흙으로 〔만든〕 그릇도 〔사용할 수 있다〕. 그리고 배 위에서 〔사용하는 그릇으로도〕 거룩하게 만들 수 있다.

그릇의 테두리나 큰 병의 가장자리, 병의 마개, 그리고 〔사람의〕 손으로 거룩하게 만들지 않으니, 속죄의 물을 채우고 거룩하게 만들고 붓는 행위는 '그릇'으로만 시행하기 때문이다. 꼭 맞는 뚜껑도 그릇에 사용할 때만 〔부정으로부터〕 보호할 수 있으며, 토기도 그릇일 때만 〔부정으로부터〕 보호할 수 있다.

- 붉은 암소의 재를 생수와 섞어서 속죄의 물을 만드는 데 어떤 그릇이든지 '그릇'을 사용하면 된다(민 19:17). 가축의 배설물을 빚어 만든 그릇은 부정해지지 않으나(「켈림」 10, 1), 이런 용도로 사용할 수 있다. 돌이나 흙으로 만든 그릇도 그러하다. 배 위에서 사용하는 그릇도 사용할 수 있다(「켈림」 2, 3).
- 그릇이 깨지고 남은 테두리나 큰 병의 가장자리는 그릇이 아니어서 속죄의 물을 만들 수 없다. 손가락을 넣을 공간이 있는 병 마개나(「켈림」 9, 1), 사람이 두 손을 모아 만든 공간도 이런 용도로 사용할 수 없다.

- 문맥과 어울리지 않지만 꼭 맞는 뚜껑으로 덮어 놓으면 시체의 부정으로부터 음식물을 보호할 수 있다는 규정을 소개하며(「켈림」 10, 1; 8, 3), 그 규정도 '그릇'을 사용할 때만 유효하다고 설명한다.

## 5, 6

בֵּיצַת הַיּוֹצְרִים, כְּשֵׁרָה. רַבִּי יוֹסֵי פּוֹסֵל. בֵּיצַת הַתַּרְנְגֹלֶת, רַבִּי מֵאִיר וְרַבִּי יְהוּדָה מַכְשִׁירִין, וַחֲכָמִים פּוֹסְלִין:

도공의 알 〔모양의 거푸집은〕 유효하다.[13] 요쎄 랍비는 무효라고 주장했다.

달걀에 관해서, 메이르 랍비와 예후다 랍비는 유효하다고 주장했지만, 현인들은 무효라고 주장했다.

- 도공이 점토를 사용하여 알 모양으로 만든 거푸집에 붉은 암소의 재와 생수를 넣어 섞어도 속죄의 물을 만들 수 있다는 규정인데, 요쎄 랍비는 무효라고 주장한다. 점토로 만들고 내용물을 담을 공간이 있지만 일반 그릇처럼 마무리를 하지 않았기 때문에 '그릇'으로 볼 수 없다고 간주한 것이다.
- 닭이 낳은 달걀의 껍질을 그릇으로 볼 수 있느냐에 관하여 이견이 존재한다.

## 5, 7

바위에 자연스럽게 파인 웅덩이가 있고 생수가 흘러 고여 있을 때, 이 웅덩이를 그릇으로 사용할 수 있는지 논의한다.

---

13) 이 낱말(ביצה)은 원래 '알'을 가리키지만 도공의 '알'은 특정한 그릇을 만들기 위해서 사용하는 알처럼 생긴 거푸집을 가리킨다.

הַשֹּׁקֶת שֶׁבַּסֶּלַע, אֵין מְמַלְּאִין בָּהּ וְאֵין מְקַדְּשִׁין בָּהּ וְאֵין מַזִּין מִמֶּנָּה, וְאֵינָהּ צְרִיכָה צָמִיד פָּתִיל, וְאֵינָהּ פּוֹסֶלֶת אֶת הַמִּקְוֶה. הָיְתָה כְלִי וְחִבְּרָהּ בְּסִיד, מְמַלְּאִין בָּהּ וּמְקַדְּשִׁין בָּהּ וּמַזִּין מִמֶּנָּה, וּצְרִיכָה צָמִיד פָּתִיל, וּפוֹסֶלֶת אֶת הַמִּקְוֶה. נִקְּבָה מִלְּמַטָּן, וּפְקָקָהּ בִּסְמַרְטוּט, הַמַּיִם שֶׁבְּתוֹכָהּ פְּסוּלִין, מִפְּנֵי שֶׁאֵינָן עֲגֻלִּים כֶּלִי. מִן הַצַּד וּפְקָקָהּ בִּסְמַרְטוּט, הַמַּיִם שֶׁבְּתוֹכָהּ כְּשֵׁרִים, מִפְּנֵי שֶׁהֵם עֲגֻלִּים כֶּלִי. עָשׂוּ לָהּ עֲטָרָה שֶׁל טִיט, וְהָלְכוּ הַמַּיִם לְשָׁם, פְּסוּלִין. אִם הָיָה בָרִיא כְּדֵי שֶׁיִּנָּטֵל עִמָּהּ, כְּשֵׁרִים:

바위에 〔팬〕 홈에 관해서, 그곳에 〔거룩한 제의를 위한 물을〕 채우지 않으며, 그곳에서 거룩하게 만들지 않고, 그곳에서 〔속죄의 물을〕 뿌리지도 않으며, 〔내용물을 보호하기 위해서〕 꼭 맞는 뚜껑이 필요하지 않고, 〔정결례장으로 쓰는〕 웅덩이 〔물을〕 무효로 만들지 않는다.

어떤 그릇이 있어서 그곳에 회로 연결했다면, 그곳에 〔물을〕 채우고, 그곳에서 거룩하게 만들며, 그곳에서 〔속죄의 물을〕 뿌리고, 꼭 맞는 뚜껑이 필요하며, 정결례장에 〔흘러드는 물을〕 무효로 만든다.

〔그 그릇의〕 밑부분에 구멍이 났고 천 조각으로 막았다면, 그 안에 〔담긴〕 물은 무효가 되는데, 그 그릇이 둥글지 않기 때문이다.[14] 〔그 그릇의〕 옆부분에 〔구멍이 났고〕 천 조각으로 막았다면, 그 안에 〔담긴〕 물은 유효한데, 그 그릇이 둥글기 때문이다. 그 〔그릇 테두리에〕 회를 발라 높였는데, 물이 차서 그 부분에 미쳤다면, 무효가 된다. 만약 이것이 든든하여 그 〔그릇과〕 함께 들린다면, 유효이다.

- 바위에 자연스럽게 파인 홈이 있고 샘에서 솟아나온 물이 흘러 고였

14) 알벡은 미쉬나 본문의 히브리어 문장을 논리적으로 설명하기 어렵다고 보고, '둥글다'(עגולים)는 말 대신 '모여 있다'(אגודים)로 본문을 수정한다. 그릇 안에 든 물은 한쪽으로 모여 있는 특징이 있는데, 천 조각으로 구멍을 막으면 그렇지 못하다는 것이다.

다고 해도 속죄의 물을 만드는 데 사용할 수 없으니, 이 홈은 그릇이 아니기 때문이다. 이 바위가 천막이나 천막에 해당하는 구조물 밑에 시체와 함께 있을 때 부정의 전이를 막기 위해서 꼭 맞는 뚜껑이 필요하지 않고 덮어놓기만 하면 되는데, 이 웅덩이는 그릇이 아니기 때문에 그렇게만 해도 덮기 부정을 막을 수 있다(「네가임」 13, 12). 역시 그릇이 아니기 때문에 이 홈을 거쳐서 정결례장 웅덩이에 흘러드는  물은 생수이며 무효가 되지 않는다.

- 그 바위에 그릇을 회로 붙였다면, 바위에 연결되어 있다고 해도 이것은 '그릇'이며, 속죄의 물과 관련된 제의에 사용할 수 있고, 꼭 맞는 뚜껑이 있어야 시체의 부정을 막을 수 있으며, 정결례장에 흘러드는 물을 무효로 만들 수 있다.
- 바위에 회로 붙여놓은 그릇 바닥에 구멍이 생겼는데 천 조각으로 막아놓았다면 그 안에 든 물은 무효가 되며 속죄의 물을 만드는 데 사용할 수 없다. 그 이유가 그리 분명하지 않은데, 천 조각으로 막은 구멍 때문에 그 그릇은 더 이상 '그릇'이 아니라고 간주한 것 같다. 그릇 옆면에 구멍이 나서 천 조각으로 막았을 경우에는 유효하다.
- 바위에 회로 붙여놓은 그릇 테두리에 회를 더 높이 발랐을 경우에 그것이 그릇에 완전히 붙어서 그릇이 따로 빠지지 않는 경우에만 '그릇'의 일부로 간주하고, 그 안에 든 물을 제의에 사용할 수 있다.

## 5, 8

שְׁתֵּי שְׁקָתוֹת שֶׁבְּאֶבֶן אַחַת, קִדֵּשׁ אַחַת מֵהֶם, הַמַּיִם שֶׁבַּשְּׁנִיָּה אֵינָן מְקֻדָּשִׁין.
הָיוּ נְקוּבוֹת זוֹ לָזוֹ כִּשְׁפוֹפֶרֶת הַנּוֹד, אוֹ שֶׁהָיוּ הַמַּיִם צָפִין עַל גַּבֵּיהֶן אֲפִלּוּ
כִּקְלִפַּת הַשּׁוּם, וְקִדֵּשׁ אֶת אַחַת מֵהֶן, הַמַּיִם שֶׁבַּשְּׁנִיָּה מְקֻדָּשִׁין:

돌 하나에 홈이 두 개 있는데, 그중 하나를 거룩하게 만들었다면, 둘째 〔웅덩이에 있는〕 물은 거룩하지 않다.

이것에서 저것으로 가죽부대의 관과 같은 구멍을 뚫었다면, 또는 물이 마늘 껍질 정도라도 바깥으로 [흘러]넘쳤다면, 그중 하나의 [물을] 거룩하게 했을 때, 둘째 [웅덩이의 물도] 거룩해진다.

- 돌 하나에 움푹 파인 홈이 두 개 있다면 바위가 아니므로 땅에 고정되지 않아 '그릇'으로 간주할 수 있다. 이 두 홈이 서로 연결되어 있지 않을 때, 그중 하나에 붉은 암소의 재와 생수를 부어 속죄의 물을 만들었다면, 또 다른 부분에 고인 물은 거룩하지 않으니, 이들은 독립된 '그릇' 두 개로 간주하기 때문이다.
- 홈 하나에서 다른 하나로 가죽부대의 관과 너비가 같은 구멍 즉 너비가 손가락 두 개 길이로 뚫려 있다면(「미크바옷」 6, 7), 또는 두 홈 사이의 벽이 살짝 낮아서 물이 마늘 껍질 깊이 정도 벽 위로 넘쳤다면 그 둘 중 하나를 속죄의 물로 만들었을 때 다른 웅덩이의 물도 거룩해진다.

## 5, 9

שְׁתֵּי אֲבָנִים שֶׁהִקִּיפָן זוֹ לָזוֹ וַעֲשָׂאָן שֹׁקֶת, וְכֵן שְׁתֵּי עֲרֵבוֹת, וְכֵן הַשֹּׁקֶת שֶׁנֶּחְלְקָה, הַמַּיִם שֶׁבֵּינֵיהֶם אֵינָן מְקֻדָּשִׁין. עֲשָׂאָן בְּסִיד אוֹ בְגִפְסִים וְהֵן יְכוֹלוֹת לְהִנָּטֵל כְּאַחַת, הַמַּיִם שֶׁבֵּינֵיהֶם מְקֻדָּשִׁין:

돌 두 개가 서로 둘러싸며 홈을 만들었거나, 마찬가지로 반죽통 두 개가 [홈을 형성했거나, 어떤] 홈이 둘로 갈라져 있다면, 그것들 사이에 [있는] 물은 거룩하게 만들 수 없다. 회나 석고를 발라서 하나로 들어 올릴 수 있다면, 그것들 사이에 [있는] 물은 거룩하게 만들 수 있다.

- 돌이나 반죽통 두 개가 불완전하게 둘러싸며 홈을 만들었거나, 어떤

홈이 있기는 하지만 둘로 갈라져 있다면, 여기에 고인 물은 '그릇' 안에 있지 않기 때문에 속죄의 물을 만드는 데 사용할 수 없다.

- 회나 석고로 견고하게 붙여서 함께 들어 올릴 수 있다면 그릇으로 간주하며, 속죄의 물을 만드는데 사용할 수 있다.

## 제6장

붉은 암소의 재로 속죄의 물을 거룩하게 만드는 과정에 관련된 규정들을 설명한다.

### 6, 1

속죄의 물을 만들다가 그 일부가 다른 곳에 떨어지는 상황을 논의한다.

---

הַמְקַדֵּשׁ וְנָפַל הַקִּדּוּשׁ עַל יָדוֹ אוֹ עַל הַצַּד וְאַחַר כָּךְ נָפַל עַל הַשֹּׁקֶת, פָּסוּל. נָפַל מִן הַשְּׁפוֹפֶרֶת לַשֹּׁקֶת, פָּסוּל. נָטַל מִשְּׁפוֹפֶרֶת וְכִסָּה, אוֹ שֶׁהֵגִיף אֶת הַדֶּלֶת, הַקִּדּוּשׁ כָּשֵׁר, וְהַמַּיִם פְּסוּלִים. זְקָפָהּ בָּאָרֶץ, פָּסוּל. לְתוֹךְ יָדוֹ, כָּשֵׁר, מִפְּנֵי שֶׁאֶפְשָׁר:

---

〔어떤 사람이 속죄의 물을〕 거룩하게 만들었는데, 그 거룩한 〔재가〕 그의 손 위에 또는 〔그릇의〕 옆면에 떨어졌고, 그러고 나서 그 홈에 떨어졌다면, 그것은 무효가 된다.

〔거룩한 재가〕 어떤 대롱에서 홈에 떨어졌다면, 그것은 무효가 된다. 그가 대롱에서 〔재를〕 취하고 덮었는데, 문을 밀어서 닫았다면, 그 거룩한 것은 유효하지만 그 물은 무효가 된다. 그가 〔대롱을〕 땅에 세웠다면, 그것은 무효가 된다. 〔그가 대롱을〕 자기 손에 〔세웠다면〕 유효하니, 그것은 가능하기 때문이다.

- 어떤 사람이 붉은 암소의 재로 속죄의 물을 거룩하게 하는 중에 그 거룩한 재의 일부가 그의 손 위에 또는 그릇 옆면에 떨어졌다가 다시 물이 담겨 있는 홈에 떨어졌다면, 그것은 무효가 된다. 붉은 암소의 재는 사람이 직접 생수에 넣어야 하며, 제3의 물체를 통해서 섞으면 무효가 된다.
- 같은 이유로 그 사람이 붉은 암소의 재를 대롱을 통해 홈에 부었다면, 그것도 무효가 된다(재를 보관하는 대롱에 관해서는 「파라」 5, 4).
- 그 사람이 대롱에서 재를 취하여 생수에 뿌리기 전에 대롱을 어떤 것으로 덮거나 대롱에 달린 문을 닫았다면, 그 거룩한 재는 유효하지만 그 물은 무효가 된다. 왜냐하면 그 사람이 재를 취하는 행동과 속죄의 물을 섞는 행동 사이에 다른 '일'을 했기 때문이다(「파라」 4, 4). 그 대롱을 땅에 꽂아 세웠다면, 그것도 일이기 때문에 만드는 속죄의 물이 무효가 된다. 그러나 자기 손으로 대롱을 잡아 세우는 행위는 허락되어 있는데, 재를 물에 섞을 때 어쩔 수 없이 해야 하는 행동이기 때문이다.

## 6, 2

---

הָיָה קִדּוּשׁ צָף עַל פְּנֵי הַמַּיִם, רַבִּי מֵאִיר וְרַבִּי שִׁמְעוֹן אוֹמְרִים, נוֹטֵל וּמְקַדֵּשׁ. וַחֲכָמִים אוֹמְרִים, כֹּל שֶׁנָּגַע בַּמַּיִם, אֵין מְקַדְּשִׁין בּוֹ. זָלַף אֶת הַמַּיִם וְנִמְצָא קִדּוּשׁ מִלְּמַטָּן, רַבִּי מֵאִיר וְרַבִּי שִׁמְעוֹן אוֹמְרִים, מְנַגֵּב וּמְקַדֵּשׁ. וַחֲכָמִים אוֹמְרִים, כֹּל שֶׁנָּגַע בַּמַּיִם, אֵין מְקַדְּשִׁין בּוֹ:

---

거룩한 것이 그 물 위에 떠 있을 때, 메이르 랍비와 쉼온 랍비는 그것을 취하여 거룩하게 만들라고 말한다. 그러나 현인들은 물과 접촉한 모든 〔거룩한 재로〕 거룩하게 만들 수 없다고 말한다.

물을 비워냈는데 그 거룩한 것이 밑에 〔가라앉은 채〕 발견되었을 때, 메이르 랍비와 쉼온 랍비는 〔물기를〕 훔쳐내고 거룩하게 만들라고 말한다. 그러나 현인들은 물과 접촉한 모든 〔거룩한 재로는〕 거룩하게 만들 수 없다고 말한다.

- 붉은 암소의 재를 생수에 섞어서 속죄의 물을 만들었는데, 거룩한 재의 일부가 그 물 위에 떠 있었다면, 메이르 랍비와 쉼온 랍비는 그 재를 건져서 다른 생수에 넣어 다시 속죄의 물을 만들어도 된다고 주장했다. 그러나 현인들은 이 주장에 반대한다.
- 속죄의 물을 제의에 사용하고 나서 보니 거룩한 재의 일부가 바닥에 가라앉아 있었다면, 메이르 랍비와 쉼온 랍비는 그 재를 말려서 다른 생수에 넣어 다시 속죄의 물을 만들어도 좋다고 말했다. 다른 현인들은 이 주장에 반대한다.

## 6, 3

הַמְקַדֵּשׁ בַּשֹּׁקֶת וְהַטְּפִי בְתוֹכָהּ, אַף עַל פִּי שֶׁפִּיו צַר כָּל שֶׁהוּא, הַמַּיִם שֶׁבְּתוֹכוֹ מְקֻדָּשִׁין. אִם הָיָה סְפוֹג, הַמַּיִם שֶׁבְּתוֹכוֹ פְּסוּלִים. כֵּיצַד יַעֲשֶׂה, יְזַלֵּף עַד שֶׁהוּא מַגִּיעַ לַסְּפוֹג. נָגַע בַּסְּפוֹג, אַף עַל פִּי שֶׁהַמַּיִם צָפִין עַל גַּבָּיו כָּל שֶׁהֵן, פְּסוּלִין:

〔어떤〕 홈 안에 목이 좁은 병이 있고, 〔그 물로〕 거룩하게 만드는 자는 그 입구가 얼마나 좁든지 상관없이 그 안에 있는 물을 거룩하게 만든다.

〔그 홈 안에〕 해면이 있었다면, 그 안에 있는 물은 무효가 된다. 그는 어떻게 해야 하는가? 그는 해면을 접촉할 수 있을 만큼 〔물을〕 비워내야 한다. 〔그 해면〕 위에 물이 얼마나 〔남아〕 있든지, 그것은 무효가 된다.

- 어떤 사람이 홈에 고인 생수에 재를 섞어서 속죄의 물을 만드는데, 그 안에 목이 좁은 작은 병이 들어 있었다. 그렇다면 홈 안에 있는 물은 물론 그 병 안에 있는 물도 속죄의 물로 거룩하게 된다.
- 그 홈 안에 해면이 있었다면, 해면은 물을 빨아들여서 웅덩이 물과 구별되는 영역을 형성하지만 해면이 '그릇'은 아니기 때문에, 해면 안에 흡수된 물은 무효가 된다. 그러므로 재를 섞은 물을 다른 그릇에 따라내면 그 물은 유효하지만, 해면 속에 흡수된 물은 무효로 남는다. 해면을 만져서 그 안에 들어 있는 물이 바깥으로 흘러나오면 웅덩이 안에 든 모든 물이 무효가 된다(「파라」 9, 1).

## 6, 4
생수를 긷는 방법에 관해 논의한다.

---

נָתַן יָדוֹ אוֹ רַגְלוֹ אוֹ עֲלֵי יְרָקוֹת כְּדֵי שֶׁיַּעַבְרוּ הַמַּיִם לֶחָבִית, פְּסוּלִים. עֲלֵי קָנִים וַעֲלֵי אֱגוֹז, כְּשֵׁרִים. זֶה הַכְּלָל, דָּבָר שֶׁהוּא מְקַבֵּל טֻמְאָה, פָּסוּל. וְדָבָר שֶׁאֵינוֹ מְקַבֵּל טֻמְאָה, כָּשֵׁר:

---

〔어떤 사람이〕 자기 손이나 발이나 채소 잎을 〔대어〕 물이 통 안으로 흘러들어가게 했다면, 그것은 무효가 된다. 갈대나 땅콩 잎을 〔댔다면〕 그것은 유효하다. 이것이 원칙이다. 부정해질 수 있는 물건을 〔사용하면〕 무효가 된다. 부정해지지 않는 물건을 〔사용하면〕 유효하다.

- 속죄의 물을 만들기 위해서 생수를 준비할 때 부정이 전이될 수 있는 수단을 이용해서 그릇에 담으면 그 물이 무효가 된다. 그러므로 사람의 신체나 채소 잎은 생수를 긷는 수단으로 부적당하며, 갈대나 땅콩 잎은 적당하다. 이런 것은 사람이 먹기에 부적당하므로 부정해

지지 않는다.

## 6, 5

הַמְפַנֶּה אֶת הַמַּעְיָן לְתוֹךְ הַגַּת, אוֹ לְתוֹךְ הַגֵּבִים, פְּסוּלִים לַזָּבִים וְלַמְצֹרָעִים וּלְקַדֵּשׁ בָּהֶן מֵי חַטָּאת, מִפְּנֵי שֶׁלֹּא נִתְמַלְּאוּ בִכְלִי:

그 샘의 〔물길을 기름〕 압착용 구덩이나 작은 구덩이로 돌리면, 유출병자나 피부병자나 속죄의 물을 거룩하게 만드는 데 무효가 되니, 그릇에 채우지 않았기 때문이다.

- 샘에서 솟아나온 생수가 기름을 짜는 구덩이나 작은 구덩이로 흘러 들어가고 더 이상 다른 곳으로 흘러가지 않는다면, 이 물은 생수가 아니다(「미크바옷」 5, 1). 왜냐하면 이런 것들은 땅에 고정되어 있어서 '그릇'이 아니기 때문이다. 그러므로 유출병자나 피부병자가 정결례를 시행할 때 생수가 필요한데(레 14:5-7; 15:13), 이런 용도로 사용할 수 없다. 속죄의 물도 생수로 만들어야 하므로 이 용도로도 무효가 된다.

# 제7장

속죄의 물을 만들기 위해서 생수를 긷는 행위와 재를 섞는 행위 사이에 다른 일을 하면 안 된다는 원리를 설명하기 위해서 다양한 상황을 예로 든다.

## 7, 1

생수를 긷는 행위와 일에 관해 논의한다.

חֲמִשָּׁה שֶׁמִּלְאוּ חֲמִשָּׁה חָבִיּוֹת לְקַדְּשָׁן חֲמִשָּׁה קִדּוּשִׁין, וְנִמְלְכוּ לְקַדְּשָׁן קִדּוּשׁ אֶחָד, אוֹ לְקַדְּשָׁן קִדּוּשׁ אֶחָד וְנִמְלְכוּ לְקַדְּשָׁן חֲמִשָּׁה קִדּוּשִׁין, הֲרֵי כֻלָּן כְּשֵׁרִים. יָחִיד שֶׁמִּלֵּא חָמֵשׁ חָבִיּוֹת לְקַדְּשָׁן חֲמִשָּׁה קִדּוּשִׁין, וְנִמְלַךְ לְקַדְּשָׁן קִדּוּשׁ אֶחָד, אֵין כָּשֵׁר אֶלָּא אַחֲרוֹן. לְקַדְּשָׁן קִדּוּשׁ אֶחָד וְנִמְלַךְ לְקַדְּשָׁן חֲמִשָּׁה קִדּוּשִׁין, אֵין כָּשֵׁר אֶלָּא זֶה שֶׁקִּדֵּשׁ רִאשׁוֹן. אָמַר לְאֶחָד, קַדֵּשׁ לְךָ אֶת אֵלּוּ, אֵין כָּשֵׁר אֶלָּא רִאשׁוֹן. קַדֵּשׁ לִי אֶת אֵלּוּ, הֲרֵי כֻלָּם כְּשֵׁרִים:

다섯 사람이 거룩한 〔재를〕 다섯 〔번〕 거룩하게 만들기 위해서 다섯 병에 〔물을〕 채웠는데, 거룩한 〔재를〕 한 〔번〕 거룩하게 만들기로 마음을 바꾸었거나, 거룩한 〔재를〕 한 〔번〕 거룩하게 만들기로 했다가 거룩한 〔재를〕 다섯 〔번〕 거룩하게 만들기로 마음을 바꾸었다면, 그 모든 것이 유효하다.

한 사람이 거룩한 〔재를〕 다섯 〔번〕 거룩하게 만들기 위해서 다섯 병에 〔물을〕 채웠는데, 거룩한 〔재를〕 한 〔번〕 거룩하게 만들기로 마음을 바꾸었다면, 마지막 〔병만〕 유효하다. 거룩한 〔재를〕 한 〔번〕 거룩하게 만들기로 했다가 거룩한 〔재를〕 다섯 〔번〕 만들기로 마음을 바꾸었다면, 처음으로 거룩하게 만든 것만 유효하다.

그가 다른 사람에게 너를 위해 이것들을 거룩하게 만들라고 말했다면, 첫째 〔병만〕 유효하다. 나를 위해 이것들을 거룩하게 만들라고 말했다면, 모든 것이 유효하다.

- 다섯 사람이 자기 병에 생수를 채우고 붉은 암소의 재를 섞어서 각자 속죄의 물을 만들 계획이었는데, 중간에 계획이 바뀌어 모든 물을 한 그릇에 모아 재를 섞어서 속죄의 물을 만드는 거룩한 제의를 한 번만 시행한다 해도 그 제의는 유효하다. 반대로 다섯 사람이 물을 떠와서 거룩한 제의를 한 번 시행할 계획이었다가 중간에 계획이 바뀌어 각자 따로 제의를 시행한다 해도 그 제의는 유효하다. 그 이유는 생수를 긷는 행위와 속죄의 물을 만드는 제의 사이에 어떤 다

른 '일'도 간여하지 않았고, 그러므로 그 제의가 유효하다는 것이다(「파라」 4, 4).

- 한 사람이 생수를 다섯 병에 채워서 각각 따로 거룩한 제의를 시행할 계획이었는데, 마음이 바뀌어 거룩한 제의를 한 번만 시행하게 되었다면, 물을 긷는 행위와 재를 섞는 행위 사이에 아무런 '일'이 간여하지 않는 마지막 병만 유효하다. 첫째부터 넷째 병까지는 중간에 '일'이 발생하므로 무효가 된다. 반대로 거룩한 제의를 한 번만 시행하려다가 각각 따로 다섯 번 시행하기로 마음을 바꾸었다면, 첫째 병만 유효하다. 둘째부터 다섯째까지는 그 앞에 다른 속죄의 물을 만들기 위해 재를 섞는 '일'이 발생했으므로 무효가 된다.
- 어떤 사람이 거룩한 제의를 한 번 시행하려고 생수를 다섯 병에 채워서 다른 사람에게 주었는데 그 사람이 거룩한 제의를 다섯 번 시행했다면, 물을 길었던 사람과 재를 섞은 사람이 동일한 상황과 마찬가지로 첫째 병만 유효하다. 반대로 생수를 길어온 사람이 다른 사람에게 자기를 위해서 거룩한 제의를 다섯 번 시행해달라고 말했다면, 모든 병이 다 유효하다. 왜냐하면 재를 섞은 사람은 이 거룩한 제의의 주인이 아니기 때문에 그의 노동이 다른 사람에게 속한 속죄의 물을 무효로 만들지 않는다(셋째 미쉬나).

## 7, 2

생수를 긷는 방법에 관한 문맥이 계속된다.

---

הַמְמַלֵּא בְּאַחַת יָדוֹ וְעוֹשֶׂה מְלָאכָה בְּאַחַת יָדוֹ, הַמְמַלֵּא לוֹ וּלְאַחֵר, אוֹ שֶׁמִּלֵּא לִשְׁנַיִם כְּאַחַת, שְׁנֵיהֶן פְּסוּלִין, שֶׁהַמְּלָאכָה פּוֹסֶלֶת בַּמִּלּוּי, בֵּין לוֹ בֵּין לְאַחֵר:

---

〔어떤 사람이〕 한 손으로 〔물을 병에〕 채우고 〔다른〕 한 손으로 일

을 할 때, 자기를 위해 그리고 다른 이를 위해 [물을] 채우거나, 또는 둘을 위해서 한번에 [물을] 채우면, 둘 다 무효가 된다. 왜냐하면 일은 자기를 위해서도 다른 이를 위해서도 물 채우는 [행위를] 무효로 만들기 때문이다.

- 이 미쉬나에서 열거한 상황들은 모두 물을 긷는 행위와 붉은 암소의 재를 섞는 제의 사이에 다른 일을 해서 제의가 무효가 된다는 공통점이 있다. 한 손으로 자기를 위해 물을 채우고 다른 손으로 다른 사람을 위해 물을 채우거나, 서로 다른 두 사람을 위해 한꺼번에 물을 채우면, 그 물이 무효가 된다. 한 사람을 위해 생수를 긷는 행위는 다른 사람을 위해 생수를 긷는 행위를 무효로 만든다.

### 7, 3
붉은 암소의 재를 섞는 행위와 일에 관하여 논의한다.

---

הַמְקַדֵּשׁ בְּאַחַת יָדוֹ וְעוֹשֶׂה מְלָאכָה בְאַחַת יָדוֹ, אִם לוֹ, פָּסוּל. וְאִם לְאַחֵר, כָּשֵׁר. הַמְקַדֵּשׁ לוֹ וּלְאַחֵר, שֶׁלּוֹ פָּסוּל, וְשֶׁל אַחֵר כָּשֵׁר. הַמְקַדֵּשׁ לִשְׁנַיִם כְּאֶחָד, שְׁנֵיהֶן כְּשֵׁרִין:

---

[어떤 사람이] 한 손으로 [물을] 거룩하게 만들고 [다른] 한 손으로 일을 할 때, 만약 자기를 위해서 [일을 했다면] 무효가 되지만, 만약 다른 이를 위해서 [일을 했다면] 유효하다. 그가 자기를 위해서 그리고 다른 이를 위해서 거룩하게 만들었다면, 자기 것은 무효가 되지만 다른 사람 것은 유효하다. [다른] 두 사람을 위해서 한꺼번에 거룩하게 만들었다면, 그 둘 다 유효하다.

- 준비된 생수에 붉은 암소의 재를 섞어서 거룩하게 만드는 과정에도

다른 일을 하면 제의가 무효가 된다. 한 손으로 자기를 위해서 속죄의 물을 만들고 다른 손으로 다른 사람을 위해서 제의를 시행하면, 자기 것은 무효가 되지만 다른 사람을 위해 만든 속죄의 물은 유효하다. 그 물의 주인과 상관이 없는 사람의 노동은 그 물을 무효로 만들지 않기 때문이다.

- 자기와 다른 사람을 위해서 한꺼번에 거룩한 제의를 시행하면 자기 것은 무효가 되고 다른 사람 것은 유효하다. 한꺼번에 거룩한 제의를 시행했는데 둘 다 다른 사람을 위해 만들었다면 둘 다 유효하다.

## 7, 4

셋째 미쉬나의 문맥을 이어간다.

---

קַדֵּשׁ לִי וַאֲקַדֵּשׁ לָךְ, הָרִאשׁוֹן כָּשֵׁר. מַלֵּא לִי וַאֲמַלֵּא לָךְ, הָאַחֲרוֹן כָּשֵׁר. קַדֵּשׁ לִי וַאֲמַלֵּא לָךְ, שְׁנֵיהֶם כְּשֵׁרִים. מַלֵּא לִי וַאֲקַדֵּשׁ לָךְ, שְׁנֵיהֶם פְּסוּלִים:

---

나를 위해 거룩하게 만들어라. 내가 너를 위해 거룩하게 만들겠다고 〔말한다면〕 첫째 것만 유효하다. 나를 위해 〔물을〕 채워라. 내가 너를 위해서 〔물을〕 채우겠다고 〔말한다면〕 마지막 것만 유효하다. 나를 위해 거룩하게 만들어라. 내가 너를 위해 〔물을〕 채우겠다고 〔말한다면〕 둘 다 유효하다. 나를 위해 〔물을〕 채워라. 내가 너를 위해 거룩하게 만들겠다고 〔말한다면〕 둘 다 무효가 된다.

- 두 사람이 샘에서 생수를 한 병에 채웠고, 한 사람이 그의 친구에게 "나의 물을 거룩하게 만들어라. 내가 너를 위해 물을 거룩하게 만들어 주겠다"라고 말했다. 그럼 먼저 붉은 암소의 재를 섞어 거룩하게 만든 속죄의 물만 유효한데, 본인의 입장에서 보면 물 채우기와 거룩한 제의 사이에 친구를 위한 거룩한 제의를 시행했기 때문이다.

- 한 사람이 그 친구에게 "나를 위해서 물을 채워라. 내가 너를 위해서 물을 채워주겠다"라고 말했다면, 이때 나중에 채운 물만 유효하고 먼저 채운 물은 무효가 된다. 왜냐하면 본인의 입장에서 볼 때 물 채우기와 거룩한 제의 사이에 친구를 위해 물 채우는 일을 했기 때문이다.
- 한 사람이 그 친구에게 "나를 위해 거룩한 제의를 시행해라. 내가 너를 위해 물을 채우겠다"고 말한다면, 둘 다 유효하다. 본인이 시행한 거룩한 제의가 유효한 이유는 본인이 거룩한 제의를 시행하기 전에 물을 채우는 일을 하지 않았기 때문이다. 친구를 위해 채운 물이 유효한 이유는 물을 채운 후에 아무런 일을 하지 않았기 때문이다.
- 한 사람이 그 친구에게 "나를 위해 물을 채워라. 내가 너를 위해 속죄의 물을 만들겠다"고 말한다면, 둘 다 무효가 된다. 친구가 채운 물이 무효가 되는 이유는 본인이 자기 물을 채우는 일과 거룩한 제의 사이에 친구를 위해 거룩한 제의를 시행하기 때문이다. 본인이 친구를 위해 시행하는 제의가 무효가 되는 이유는 본인이 자기 물을 채우기와 거룩한 제의 사이에 친구를 위한 물을 채우는 일을 하기 때문이다.
- 결국 물을 채운 다음에는 곧 제의를 시행해야 하며, 새로 물을 채우려면 제의가 끝난 다음에 다시 시작해야 한다는 논리다.

## 7, 5

제의를 위한 물과 일상생활을 위한 물 긷기에 관해 논의한다.

---

הַמְמַלֵּא לוֹ וּלְחַטָּאת, מְמַלֵּא אֶת שֶׁלּוֹ תְּחִלָּה וְקוֹשְׁרוֹ בָאֵסֶל וְאַחַר כָּךְ מְמַלֵּא אֶת שֶׁל חַטָּאת. וְאִם מִלֵּא שֶׁל חַטָּאת תְּחִלָּה וְאַחַר כָּךְ מִלֵּא אֶת שֶׁלּוֹ, פָּסוּל. נוֹתֵן אֶת שֶׁלּוֹ לַאֲחוֹרָיו וְאֶת שֶׁל חַטָּאת לְפָנָיו. וְאִם נָתַן אֶת שֶׁל חַטָּאת לַאֲחוֹרָיו, פָּסוּל. הָיוּ שְׁנֵיהֶן שֶׁל חַטָּאת, נוֹתֵן אֶחָד לְפָנָיו וְאֶחָד לַאֲחוֹרָיו, וְכָשֵׁר, מִפְּנֵי שֶׁאִי אֶפְשָׁר:

---

〔어떤 사람이〕 자기의 〔생활을〕 위해서 그리고 속죄제를 위해서 〔물을〕 길으려면, 먼저 자기를 위해 〔물을〕 채우고 그것을 물지게[15]에 묶어야 하며, 그러고 나서 속죄제를 위해서 〔물을〕 채운다. 만약 먼저 속죄제를 위한 〔물을〕 채우고 나중에 자기를 위해서 〔물을〕 채우면, 그것은 무효가 된다.

그는 자기 〔물을〕 자기 뒤에 놓고 속죄제를 위한 〔물을〕 자기 앞에 놓고 〔옮긴다〕. 만약 속죄제를 위한 〔물을〕 뒤에 놓으면, 그것은 무효가 된다. 둘 다 속죄제를 위한 〔물이라면〕, 하나는 그의 앞에 하나는 그의 뒤에 놓고 〔옮겨도〕 유효하다. 왜냐하면 〔다른 방법은〕 불가능하기 때문이다.

- 어떤 사람이 샘에 가서 일상생활에 필요한 물과 속죄의 물을 만드는 데 쓸 물을 한꺼번에 길으려고 한다면, 먼저 자기 생활에 필요한 물을 긷고 나중에 제의를 위한 물을 긷는다. 제의를 위한 물을 채우는 행위와 붉은 암소의 재를 섞는 행위 사이에 다른 일을 하면 무효가 되기 때문이다.
- 물병을 줄로 막대기에 매어 옮길 때 거룩한 제의를 위해 채운 물을 앞에 놓고 자기가 쓸 물은 뒤에 놓는다. 제의에 쓸 물은 조심스럽게 지켜야 하기 때문이다(민 19:9; 「샤밧」 10, 4). 속죄제에 쓸 물을 뒤에 놓고 옮기면 무효가 된다.
- 물병 두 개가 모두 거룩한 제의에 쓸 물이라면, 어쩔 수 없이 하나는 앞에 하나는 뒤에 놓고 옮긴다. 다른 방법은 없기 때문에 어쩔 수가 없다(「파라」 6, 1).

---

15) 이 낱말(אסל)은 사실 어떤 짐을 옮기기 위해 어깨에 메서 사용하는 '막대기'를 가리킨다(야스트로 94).

## 7, 6

הַמּוֹלִיךְ אֶת הַחֶבֶל בְּיָדוֹ לְדַרְכּוֹ, כָּשֵׁר. וְשֶׁלֹּא לְדַרְכּוֹ, פָּסוּל. זֶה הָלַךְ לְיַבְנֶה שְׁלֹשָׁה מוֹעֲדוֹת, וּבְמוֹעֵד שְׁלִישִׁי הִכְשִׁירוּ לוֹ הוֹרָאַת שָׁעָה:

〔생수를 긷기 위해 빌린〕 밧줄을 그의 손에 들고 자기가 가던 길에 〔주인에게 돌려주고〕 가면 그것은 유효하다. 자기가 가던 길이 아니라면 그것은 무효가 된다. 〔이와 관련해서 어떤 사람이〕 세 명절에 걸쳐서 야브네로 갔다. 그리고 셋째 명절에 그들이 일시적인 가르침[16)]으로 그에게 유효하다고 결정해주었다.

- 생수를 긷기 위해서 물통에 묶어서 사용할 밧줄을 다른 사람에게 빌렸을 때, 물을 채우고 나서 그 밧줄을 손에 들고 집으로 돌아가는 길에 주인에게 밧줄을 돌려줄 수 있다면, 그 물은 제의에 사용하기에 유효하다. 그러나 밧줄을 주인에게 돌려주려고 다른 길로 돌아가야 한다면, 이것은 다른 '일'로 간주되며 그 물은 무효가 된다.
- 밧줄을 돌려주기 위해서 먼 길을 돌아가는 경우와 관련해서 소아시아 출신 사람들이 세 명절에 걸쳐서 야브네 랍비들에게 질문을 했다는 토셉타가 남아 있다. 세 번째 명절이 되어 대답을 얻을 수 있었는데, 과거에는 그렇게 행동했어도 유효했다고 임시로 결정해주겠지만 앞으로는 그렇게 행동하면 무효가 될 것이라고 말했다.

## 7, 7

הַמְכַנֵּן אֶת הַחֶבֶל עַל יָד עַל יָד, כָּשֵׁר. וְאִם כִּנְּנוֹ בָאַחֲרוֹנָה, פָּסוּל. אָמַר רַבִּי יוֹסֵי, לָזֶה הִכְשִׁירוּ הוֹרָאַת שָׁעָה:

16) 이 표현(הוראת שעה, 호라앗 샤아)은 '그 시간(때)에만 〔유효하다고〕 가르침'을 뜻하며, 영어 번역본에서 instruction of the hour(댄비), temporary teaching (Sefaria) 등으로 번역했다.

〔물을 긷는 동안〕 밧줄을 손 위에 천천히[17] 감아도, 그것은 유효하다. 그러나 만약 〔물을 긷고 난〕 다음에 그것을 감으면, 그것은 무효가 된다. 요쎄 랍비는 이것을 유효하다고 〔결정한 것은〕 일시적인 가르침이라고 말했다.

- 어떤 사람이 샘에서 생수를 길어 올리면서 밧줄을 조금씩 손에 감는다면, 이것은 다른 '일'이 아니며 그 물은 거룩한 제의를 시행하는데 유효하다. 그러나 만약 생수를 다 긷고 난 다음에 밧줄을 한꺼번에 감는다면, 그것은 다른 '일'이 되며 그 물은 무효가 된다.
- 요쎄 랍비는 생수를 다 긷고 난 다음에 밧줄을 감는 일을 유효하다고 결정한 일도 있었는데, 그것은 정식 규정이 아니라 일시적인 가르침이라고 주장했다.

## 7, 8

הַמַּצְנִיעַ אֶת הֶחָבִית שֶׁלֹּא תִשָּׁבֵר, אוֹ שֶׁכְּפָאָהּ עַל פִּיהָ עַל מְנָת לְנַגְּבָהּ
לְמַלֹּאת בָּהּ, כָּשֵׁר. לְהוֹלִיךְ בָּהּ אֶת הַקִּדּוּשׁ, פָּסוּל. הַמְפַנֶּה חֲרָסִין מִתּוֹךְ
הַשֹּׁקֶת בִּשְׁבִיל שֶׁתַּחֲזִיק מַיִם הַרְבֵּה, כְּשֵׁרִין. וְאִם בִּשְׁבִיל שֶׁלֹּא יִהְיוּ מְעַכְּבִין
אוֹתוֹ בְשָׁעָה שֶׁהוּא זוֹלֵף אֶת הַמַּיִם, פָּסוּל:

〔어떤 사람이〕 병을 깨뜨리지 않으려고 뒤로 빼어놓거나, 또는 병을 말리려고 병 주둥이를 〔밑으로 가게〕 뒤집어놓았을 때, 그 〔병으로 물을〕 채우려고 했다면 〔그 물이〕 유효하다. 그 〔병으로〕 거룩한 〔재를〕 운반하려 했다면 〔그 물은〕 무효가 된다.

더 많은 물을 담기 위해서 홈 안에 있는 토기 조각을 치운다면, 〔그 물이〕 유효하다. 그러나 만약 그가 물을 부을 때 〔흐름을〕 막지 않으

17) 이 표현(על יד על יד)을 직역하면 '손 위에 손 위에'가 되지만 '천천히, 점진적으로'라는 숙어다(잠언 13:11; 야스트로 564).

려고 〔토기 조각을 치운다면, 그 물이〕 무효가 된다.

- 어떤 사람이 물병으로 생수를 길어서 다른 웅덩이에 붓고, 그 물병을 깨뜨리지 않으려고 뒤로 빼어놓았다. 또는 그 사람이 사용한 물병을 말리려고 뒤집어 병 주둥이가 밑으로 가도록 놓았다. 만약 그 사람이 동일한 제의에 사용할 물을 더 긷기 위해서 그렇게 했다면, 이것은 다른 '일'이 아니므로 이미 길어놓은 물은 유효하다. 그러나 그 병으로 거룩한 재를 운반하려고 그렇게 했다면, 이것은 다른 '일'을 한 것으로 간주하고 이미 길어 놓은 물이 무효가 된다.
- 생수를 긷고 나서 거룩한 제의를 시행하기 전에 홈 안에 있는 토기 조각을 꺼내어 치웠다. 공간을 만들어 더 많은 물을 담기 위해 그렇게 했다면, 이미 길어놓은 물이 유효하다. 그러나 그 웅덩이에 길어놓은 물을 다른 병으로 따르면서 방해가 되지 않도록 그렇게 했다면, 이것은 다른 '일'로 간주하며 이미 길어놓은 물이 무효가 된다.

## 7, 9

מִי שֶׁהָיוּ מֵימָיו עַל כְּתֵפוֹ וְהוֹרָה הוֹרָאָה, וְהֶרְאָה לַאֲחֵרִים אֶת הַדֶּרֶךְ, וְהָרַג נָחָשׁ וְעַקְרָב, וְנָטַל אֳכָלִים לְהַצְנִיעָם, פָּסוּל. אֳכָלִין לְאָכְלָן, כָּשֵׁר. הַנָּחָשׁ וְהָעַקְרָב שֶׁהָיוּ מְעַכְּבִים אוֹתוֹ, כָּשֵׁר. אָמַר רַבִּי יְהוּדָה, זֶה הַכְּלָל, כָּל דָּבָר שֶׁהוּא מִשּׁוּם מְלָאכָה, בֵּין עָמַד בֵּין לֹא עָמַד, פָּסוּל. דָּבָר שֶׁאֵינוֹ מִשּׁוּם מְלָאכָה, עָמַד, פָּסוּל. וְאִם לֹא עָמַד, כָּשֵׁר:

〔어떤 사람이〕 물을 그의 어깨에 〔얹어 나르다가〕 가르침을 가르쳤고, 다른 사람들에게 길을 알려주었으며, 뱀과 전갈을 죽였고, 음식을 취하여 뒤로 빼어놓았다면, 〔그 물은〕 무효가 된다. 그 음식을 먹으려고 했다면, 〔그 물은〕 유효하다. 뱀과 전갈이 그를 막아섰다면, 〔그 물은〕 유효하다.

예후다 랍비는 이것이 원칙이라고 말했다. 일이 될 수 있는 것은 그 사람이 멈춰 섰거나 그렇지 않거나 상관없이 〔그 물이〕 무효가 된다. 일이 되지 않는 것은 그 사람이 멈춰 섰을 때 〔그 물이〕 무효가 된다. 그러나 만약 그가 멈춰 서지 않았다면 〔그 물이〕 유효하다.

- 거룩한 제의에 쓰려고 길었던 물을 어깨에 얹어 나르다가 할라카를 가르쳤거나, 다른 사람에게 길을 알려주었거나, 뱀이나 전갈을 만나 죽였거나, 음식을 저장하려고 뒤로 빼어놓았다면(열두째 미쉬나), 그 사람은 제의와 상관없는 '일'을 했으므로 그 물이 무효가 된다. 그러나 음식을 먹고 힘을 내어 물을 나르려고 했거나, 뱀과 전갈이 길을 막아서서 어쩔 수 없이 죽였다면, 그 물은 유효하다.
- 예후다 랍비가 설명하는 원칙은 이와 같다. 보통 '일'로 간주되는 사건이 일어났다면, 그 사람이 멈춰 섰거나 그렇지 않거나 상관없이 그 물이 무효가 된다. 그러나 가르치거나 길을 알려주는 것처럼 '일'로 간주되지 않는 사건이 일어났을 때, 그 사람이 멈춰 섰다면 그 물이 무효가 되고, 그가 멈춰 서지 않았으면 그 물이 유효하다.

## 7, 10

הַמּוֹסֵר מֵימָיו לְטָמֵא, פְּסוּלִין. וּלְטָהוֹר, כְּשֵׁרִין. רַבִּי אֱלִיעֶזֶר אוֹמֵר, אַף לְטָמֵא כְּשֵׁרִין, אִם לֹא עָשׂוּ הַבְּעָלִים מְלָאכָה:

자신의 물을 부정한 자에게 넘겨주면, 〔그 물은〕 무효가 된다. 정결한 자에게 〔넘겨주면, 그 물은〕 유효하다. 엘리에제르 랍비는 부정한 자에게 〔넘겨주어도〕, 그 주인이 일을 하지 않았다면 〔그 물이〕 유효하다고 말한다.

- 어떤 사람이 생수를 길어와서 부정한 자에게 지키라고 맡긴다면, 부정한 사람은 그 물을 지킬 자격이 없으므로 그 물은 무효가 된다. 그 사람이 길어온 물을 정결한 자에게 지키라고 맡긴다면, 그 물은 유효하다. 정결한 사람이 물을 지키고 있으므로 물의 주인은 다른 일을 해도 관계없다.
- 엘리에제르 랍비는 다른 의견을 제시하는데, 생수를 부정한 자에게 지키라고 맡겨도 그 물의 주인은 변함이 없으므로, 그 주인이 다른 일을 하지 않는다면 그 물이 유효하고, 다른 일을 한다면 무효가 된다는 것이다.

## 7, 11

שְׁנַיִם שֶׁהָיוּ מְמַלְּאִין לְחַטָּאת, וְהִגְבִּיהוּ זֶה עַל זֶה וְנָטַל זֶה לָזֶה קוֹצוֹ, בְּקִדּוּשׁ אֶחָד, כָּשֵׁר. בִּשְׁנֵי קִדּוּשִׁין, פָּסוּל. רַבִּי יוֹסֵי אוֹמֵר, אַף בִּשְׁנֵי קִדּוּשִׁין כָּשֵׁר, אִם הִתְנוּ בֵינֵיהֶן:

두 사람이 속죄제를 위해 〔물을〕 채웠는데, 서로 〔물병을〕 들어주었고 서로 가시를 빼주었을 때, 동일한 거룩한 〔제의를〕 위해서 〔그렇게 했다면 그 물은〕 유효하다. 서로 다른 거룩한 〔제의를〕 위해서 〔그렇게 했다면 그 물은〕 무효가 된다. 요쎄 랍비는 서로 다른 거룩한 〔제의를〕 위해서 〔그렇게 했다고〕 해도 서로 합의를 했다면 유효하다고 말한다.

- 두 사람이 붉은 암소 제의를 위해 함께 물을 길으러 가서, 서로 물병을 어깨에 멜 수 있도록 들어주었거나 물병을 매다가 손에 가시가 박혔을 때 빼주었다. 만약 이 두 사람이 동일한 제의를 위해서 물을 길었다면, 물병을 들고 가시를 뽑은 행동이 모두 제의를 시행하기 위한 목적이었기 때문에 그 물은 유효하다. 그러나 서로 다른 제의

를 위해서 물을 길었다면, 물 긷기와 재를 섞기 사이에 다른 '일'을 했으므로 그 물은 무효가 된다.

- 요쎄 랍비는 반대의견을 개진하는데, 서로 다른 제의를 위해 물을 길었다고 해도, 미리 서로 돕기로 합의했다면 이것은 제의를 위한 일로 볼 수 있다고 말한다. 한 사람이 다른 사람을 도울 때 상대방도 자기를 돕게 되기 때문에, 결국 그 사람의 행위는 자기 제의를 시행하는 것과 관련되므로 그 물이 유효하다는 것이다.

## 7, 12

הַפּוֹרֵץ עַל מְנָת לִגְדֹּר, כָּשֵׁר. וְאִם גָּדַר, פָּסוּל. הָאוֹכֵל עַל מְנָת לִקְצוֹת, כָּשֵׁר. וְאִם קָצָה, פָּסוּל. הָיָה אוֹכֵל וְהוֹתִיר וְזָרַק מַה שֶּׁבְּיָדוֹ לְתַחַת הַתְּאֵנָה אוֹ לְתוֹךְ הַמֻּקְצֶה בִּשְׁבִיל שֶׁלֹּא יֹאבַד, פָּסוּל:

〔물을 나르다가 나중에〕 다시 세울 요량으로 울타리를 쓰러뜨렸다면, 〔그 물은〕 유효하다. 그러나 만약 그가 〔실제로〕 울타리를 다시 세웠다면, 〔그 물은〕 무효가 된다. 〔물을 나르다가 나중에〕 저장하려던 〔무화과를〕 먹었다면, 〔그 물은〕 유효하다. 그러나 만약 〔실제로 무화과를〕 저장했다면, 〔그 물은〕 무효가 된다. 그가 먹다가 남았고, 자기 손에 남아 있는 것을 버리기 아까워서 무화과나무 밑이나 〔무화과를〕 저장하는 장소[18]에 던진다면, 〔그 물은〕 무효가 된다.

- 샘에서 물을 길어서 거룩한 제의를 시행하러 가는 도중에 울타리를 쓰러뜨리며 지나갔는데, 나중에 다시 세울 계획이 있었다고 해도 그 물은 유효하다. 그러나 실제로 쓰러진 울타리를 다시 세웠다면, 그

18) 이 낱말(מקצה)은 원래 '따로 떼어놓은 장소'를 가리키는데, 집 뒤에 땔감이나 다른 것을 쌓아놓은 장소이며, 무화과를 잘라서 말리는 데 사용했다고 한다 (야스트로 747).

것은 다른 '일'을 한 것이므로 그 물은 무효가 된다.

- 역시 물을 나르는 동안에 힘을 내려고 무화과를 먹으면 나중에 이 무화과를 자르거나 밟아서 말릴 준비를 할 계획이 있었다고 해도 그 물은 유효하다. 그러나 실제로 무화과를 손질해서 말렸다면 그 물은 무효가 된다(아홉째 미쉬나).
- 물을 나르는 동안 먹다가 손에 남은 것을 버리기 아까워서 무화과 나무 밑이나 무화과를 말리는 장소에 던졌다면(「슈비잇」 8, 6), 그 물은 무효가 된다.

## 제8장

속죄의 물을 만들려고 길어온 물을 지키는 방법, 속죄의 물이 옷이나 신발을 부정하게 만드는 상황, 그리고 바닷물, 상한 물, 건천, 흙탕물, 큰 강물이 생수인지 논의한다.

### 8, 1

길어온 생수를 지키는 일을 논의한다.

---

שְׁנַיִם שֶׁהָיוּ שׁוֹמְרִים אֶת הַשֹּׁקֶת, נִטְמָא אַחַד מֵהֶם, כְּשֵׁרִים, מִפְּנֵי שֶׁהֵן בִּרְשׁוּתוֹ שֶׁל שֵׁנִי. טָהַר, וְנִטְמָא שֵׁנִי, כְּשֵׁרִים, מִפְּנֵי שֶׁהֵן בִּרְשׁוּתוֹ שֶׁל רִאשׁוֹן. נִטְמְאוּ שְׁנֵיהֶן כְּאַחַת, פְּסוּלִין. עָשָׂה אַחַד מֵהֶן מְלָאכָה, כְּשֵׁרִין, מִפְּנֵי שֶׁהֵן בִּרְשׁוּתוֹ שֶׁל שֵׁנִי. עָמַד, וְעָשָׂה הַשֵּׁנִי מְלָאכָה, כְּשֵׁרִין, מִפְּנֵי שֶׁהֵן בִּרְשׁוּתוֹ שֶׁל רִאשׁוֹן. עָשׂוּ שְׁנֵיהֶן כְּאֶחָד, פְּסוּלִין:

---

두 사람이 〔생수를 담은〕 홈을 지키다가, 그중 한 사람이 부정해졌을 때, 〔그 물은〕 유효하다. 왜냐하면 그것은 둘째 사람의 책임하에 있기 때문이다. 그가 정결해졌는데 둘째 사람이 부정해져도 〔그 물은〕

유효하니, 그것은 첫째 사람의 책임하에 있기 때문이다. 그 두 사람이 한꺼번에 부정해졌다면, [그 물은] 무효가 된다.

그 중 한 사람이 일을 했을 때, [그 물은] 유효하다. 왜냐하면 그것이 둘째 사람의 책임하에 있기 때문이다. 그가 [일을] 멈추었고 둘째 사람이 일을 했어도 [그 물이] 유효하니, 그것이 첫째 사람의 책임하에 있기 때문이다. 그들 두 사람이 한꺼번에 [일을] 했다면, [그 물은] 무효가 된다.

- 길어온 생수를 지키는 사람이 두 명이면 둘 중 하나만 정결한 상태를 유지하고 다른 일을 하지 않는 한 그 물은 유효하다(「파라」 7, 10).

8, 2
속죄의 물 때문에 부정해지는 대상을 설명한다.

---

הַמְקַדֵּשׁ מֵי חַטָּאת, לֹא יִנְעוֹל אֶת הַסַּנְדָּל. שֶׁאִם נָפְלוּ מַשְׁקִין עַל הַסַּנְדָּל, נִטְמָא וְטִמְּאָהוּ. הֲרֵי הוּא אוֹמֵר, מְטַמְּאֶיךָ לֹא טִמְּאוּנִי וְאַתָּה טִמֵּאתָנִי. נָפְלוּ מַשְׁקִין עַל בְּשָׂרוֹ, טָהוֹר. נָפְלוּ עַל כְּסוּתוֹ, נִטְמֵאת וְטִמְּאַתּוּ. הֲרֵי זֶה אוֹמֵר, מְטַמְּאֶיךָ לֹא טִמְּאוּנִי וְאַתָּה טִמֵּאתָנִי:

---

속죄의 물을 거룩하게 만드는 사람은 샌들을 신으면 안 된다. 만약 그 액체가 샌들에 떨어지면, 그것이 부정해지고 또 그를 부정하게 만들기 때문이다. 그래서 그가 너를 부정하게 만드는 것이 나를 부정하게 만들지 않는데 네가 나를 부정하게 만든다고 말하는 것이다.

그 액체가 그의 살갗 위에 떨어져도, 그는 정결하다. 그의 옷 위에 떨어지면, 그것이 부정해지고 또 그를 부정하게 만든다. 그래서 그가 너를 부정하게 만드는 것이 나를 부정하게 만들지 않는데 네가 나를 부정하게 만든다고 말하는 것이다.

- 샘에서 생수를 길어와서 웅덩이에 붓고 붉은 암소의 재를 섞을 때 물이 튀어서 땅에 고일 수 있으며, 재를 섞는 사람의 샌들에 접촉하게 되면 그 샌들이 부정해진다. 이때 속죄의 물 자체는 정결하지만 속죄제에 비교하면 부정하기 때문이다(「파라」 10, 2). 속죄의 물이 부정하게 만든 샌들은 다시 그것을 신은 사람까지 부정하게 만드니, 속죄제를 드리기에는 부정하다는 말이다. 이 상황을 사람이 샌들에게 하는 말로 표현했는데, 속죄의 물이 샌들을 부정하게 만들어도 사람은 부정하게 만들지 못하는데, 속죄의 물 때문에 부정해진 샌들이 사람을 부정하게 만든다고 말하였다.
- 속죄의 물은 살갗 위에 떨어져도 사람을 부정하게 만들지 않는다.
- 옷은 샌들과 마찬가지로 '그릇'(켈림)에 속하기 때문에 속죄의 물이 옷에 떨어져도 마찬가지로 옷과 그 옷을 입은 사람이 부정해진다.

## 8, 3

둘째 미쉬나에 언급된 격언과 관련된 상황을 논의한다.

---

הַשּׂוֹרֵף פָּרָה, וּפָרִים, וְהַמְשַׁלֵּחַ אֶת הַשָּׂעִיר, מְטַמֵּא בְגָדִים. פָּרָה וּפָרִים וְשָׂעִיר הַמִּשְׁתַּלֵּחַ עַצְמָן אֵין מְטַמְּאִין בְּגָדִים. הֲרֵי זֶה אוֹמֵר, מְטַמְּאֶיךָ לֹא טִמְּאוּנִי וְאַתָּה טִמֵּאתָנִי:

---

〔붉은〕 암소나 소들을 태우거나 숫염소를 놓아 보내는 자는 〔자기〕 옷을 부정하게 만든다. 암소나 소들 그리고 놓아 보내는 숫염소 자체는 옷을 부정하게 만들지 않는다. 그래서 그것이 너를 부정하게 만드는 것이 나를 부정하게 만들지 않는데 네가 나를 부정하게 만든다고 말하는 것이다.

- 붉은 암소를 태우는 자(「파라」 4, 10), 제물로 소들을 태우는 자(「제바힘」 4, 4), 아사셀을 위한 숫염소를 놓아 보내는 자는(「요마」 6,

6-7) 이런 일을 하는 도중에 입었던 옷이 부정해진다. 그렇지만 암소나 소들 또는 놓아 보내는 숫염소와 옷이 접촉했다고 해도 옷이 부정해지지는 않는다. 이러한 상황을 옷이 사람에게 하는 말로 표현했는데, 둘째 미쉬나에서 언급했던 격언을 다시 인용한다.

## 8, 4

둘째 미쉬나에서 인용한 격언과 관련된 다른 경우를 논의한다.

---

הָאוֹכֵל מִנִּבְלַת הָעוֹף הַטָּהוֹר וְהִיא בְּבֵית הַבְּלִיעָה, מְטַמֵּא בְגָדִים. הַנְּבֵלָה עַצְמָהּ אֵינָהּ מְטַמְּאָה בְגָדִים. הֲרֵי זֶה אוֹמֵר, מְטַמְּאֶיךָ לֹא טִמְּאוּנִי, וְאַתָּה טִמֵּאתָנִי:

---

어떤 사람이 정결한 새가 죽은 채 발견된 것을 먹었고 이것이 〔아직〕 목에 있다면, 이것이 옷을 부정하게 만든다. 죽은 채 발견된 사체 자체는 옷을 부정하게 만들지 않는다. 그래서 그것이 너를 부정하게 만드는 것이 나를 부정하게 만들지 않는데 네가 나를 부정하게 만든다고 말하는 것이다.

- 정결한 새를 규정대로 도살하지 않았거나 죽은 채 발견했는데 그 사체를 먹었을 때, 아직 먹은 고기가 목에 걸려 있다면(「토호롯」 1, 1) 이것이 옷을 부정하게 만든다. 그런데 원래 죽은 채 발견된 사체는 먹은 사람을 부정하게 만들어도 그의 옷을 부정하게 만들지 않기 때문에, 그 옷이 사람에게 이 격언을 말한 것이다.

## 8, 5

---

כָּל וְלַד הַטֻּמְאוֹת אֵינוֹ מְטַמֵּא כֵלִים, אֶלָּא מַשְׁקֶה. נִטְמָא מַשְׁקֶה, טִמְּאָן. הֲרֵי זֶה אוֹמֵר, מְטַמְּאֶיךָ לֹא טִמְּאוּנִי וְאַתָּה טִמֵּאתָנִי:

---

부정의 자식들은 어떤 것이든 그릇을 부정하게 만들지 않고 음료수만 〔부정하게 만든다〕. 음료수가 부정해지면 그 〔그릇들을〕 부정하게 만든다. 그래서 그것이 너를 부정하게 만드는 것이 나를 부정하게 만들지 않는데 네가 나를 부정하게 만든다고 말하는 것이다.

- 시체의 부정과 관련해서 부정의 자식들은 '그릇'으로 분류하는 그릇이나 도구나 옷을 부정하게 만들지 않지만, 음료수는 부정하게 만든다. 그런데 부정의 자식 때문에 부정해진 음료수는 이것을 담고 있는 그릇을 부정하게 만든다. 이 상황을 표현하기 위해서 그릇이 음료수에게 동일한 격언을 말한 것이다.

## 8, 6

אֵין כְּלִי חֶרֶשׂ מְטַמֵּא חֲבֵרוֹ, אֶלָּא מַשְׁקֶה. נִטְמָא מַשְׁקֶה, טִמְּאַתּוּ. הֲרֵי זֶה אוֹמֵר, מְטַמְּאֶיךָ לֹא טִמְּאוּנִי וְאַתָּה טִמֵּאתָנִי:

토기는 다른 토기를 부정하게 만들지 않지만, 음료수를 〔부정하게 만든다〕. 음료수가 부정해지면 그 〔토기도〕 부정하게 만든다. 그래서 그것이 너를 부정하게 만드는 것이 나를 부정하게 만들지 않는데 네가 나를 부정하게 만든다고 말하는 것이다.

- 부정한 토기가 다른 토기로 부정을 전이시키지 않는데, 그 안에 들어 있는 음료수는 부정하게 만든다. 그런데 이 부정한 음료수를 다른 토기로 옮기면, 부정한 음료수가 다른 토기를 부정하게 만든다(「켈림」 8, 4). 그래서 토기가 다른 토기에게 하는 말로 격언을 인용했다.

## 8, 7

כָּל הַפּוֹסֵל אֶת הַתְּרוּמָה, מְטַמֵּא אֶת הַמַּשְׁקִין לִהְיוֹת תְּחִלָּה לְטַמֵּא אֶחָד
וְלִפְסֹל אֶחָד, חוּץ מִטְּבוּל יוֹם. הֲרֵי זֶה אוֹמֵר, מְטַמְּאֶיךָ לֹא טִמְּאוּנִי וְאַתָּה
טִמֵּאתָנִי:

거제를 무효로 만드는 요인은 무엇이든 음료수를 부정하게 만들어 주요 〔부정의 요인이〕 되는데, 하나를 부정하게 만들고 하나를 무효로 만들지만, 낮에 몸을 담근 자는 예외다. 그래서 그것이 너를 부정하게 만드는 것이 나를 부정하게 만들지 않는데 네가 나를 부정하게 만든다고 말하는 것이다.

- 거제를 무효로 만드는 것으로 제2차 감염자가 된 물건이나 사람의 손이 있는데, 음료수와 접촉하면 부정이 전이되며(「토호롯」 2, 3; 2, 6), 이때 그 음료수는 제1차 감염자가 된다. 이 음료수가 음식에 접촉하면 그 음식은 부정해지며 제2차 감염자가 되고, 그리고 그 음식이 거제에 접촉하면 무효가 되며 제3차 감염자가 된다(거제는 다른 대상을 제4차 감염자로 만들지 않는다). 그날 낮에 물에 몸을 담가 정결례를 행했지만 아직 저녁이 되지 않은 자는 거제를 무효로 만들지만, 음료수를 제1차 감염자로 만들지는 않는다. 심지어 이 사람이 거제인 음료수를 만지면 무효가 되지만 부정하게 만들지는 않는다. 이런 상황을 설명하기 위해서 음료수에 접촉한 음식이 음료수에게 예의 격언을 말하고 있다.

## 8, 8

다시 속죄의 물 제의를 준비하는 과정으로 돌아가서 바닷물도 생수가 될 수 있는지를 논의한다.

כָּל הַיַּמִּים כְּמִקְוֶה, שֶׁנֶּאֱמַר, וּלְמִקְוֵה הַמַּיִם קָרָא יַמִּים, דִּבְרֵי רַבִּי מֵאִיר. רַבִּי יְהוּדָה אוֹמֵר, הַיָּם הַגָּדוֹל כְּמִקְוֶה, לֹא נֶאֱמַר יַמִּים, אֶלָּא שֶׁיֵּשׁ בּוֹ מִינֵי יַמִּים הַרְבֵּה. רַבִּי יוֹסֵי אוֹמֵר, כָּל הַיַּמִּים מְטַהֲרִין בְּזוֹחֲלִין, וּפְסוּלִין לַזָּבִים וְלַמְצֹרָעִים וּלְקַדֵּשׁ מֵהֶן מֵי חַטָּאת:

모든 바다들은 정결례장과 같으니, "물이 모인 것을 바다들이라 부르시니"라고 기록되었다고[19] 메이르 랍비가 말했다. 예후다 랍비는 큰 바다만 정결례장과 같다고 말하며, 바다들이라고 기록했지만 그 〔큰 바다 안에〕 매우 많은 종류의 바다가 있기 때문이라고 했다. 요쎄 랍비는 천천히 흐르는[20] 바다들도 모두 정결하게 만들 수 있지만, 유출병자와 피부병자 그리고 속죄의 물을 거룩하게 만드는 〔용도로는〕 무효라고 말한다.

- 바닷물은 정결례장에 적용하는 규정들을 동일하게 적용할 수 있으니, 물을 한 곳에 모아야 하고 천천히 흐르지 않아야 한다(「미크바옷」 5, 4). 샘물도 정결하게 할 수 있으나 정결례장과 다른 규정을 적용한다. 메이르 랍비는 이렇게 판단하는 이유를 설명하며 창세기 1:10을 인용하고 있는데, 바다를 물이 모인 것(미크베 함마임)이라고 부르기 때문이다.
- 예후다 랍비는 반대하면서 창세기 본문은 지중해와 같은 큰 바다를 가리킨다고 주장했고, 그 외 다른 바다들은 샘물과 같은 규정을 적용한다고 말했다. 물론 본문에서 "바다들"이라고 복수로 기록했지만, 그것은 큰 바다에는 지역에 따라 다른 바다들이 있기 때문이라

19) 여기서 인용하는 구절은 창세기 1:10인데, 우리말로는 "모인 물을 바다라 부르시니"라고 번역했다.

20) 이 표현(בזוחלין)은 기본적으로 '기어가는' 물이라는 뜻인데, 매우 천천히 흐르는 물을 표현한 것으로 보인다.

고 설명한다.

- 요세 랍비는 좀 더 관대한 태도를 보이며 천천히 흘러서 정결례장과 다른 바다들도 모두 정결하게 만들 수 있다고 말하지만, 그렇다고 샘물처럼 생수도 아니기 때문에 유출병자와 피부병자와 속죄의 물을 만드는 데 사용할 수 없다고 주장한다(「파라」 6, 5).

## 8, 9

생수와 관련된 규정을 계속 논의한다.

---

הַמַּיִם הַמֻּכִּים, פְּסוּלִים. אֵלּוּ הֵן הַמֻּכִּים, הַמְּלוּחִים וְהַפּוֹשְׁרִים. הַמַּיִם הַמְכַזְּבִים, פְּסוּלִין. אֵלּוּ הֵם הַמַּיִם הַמְכַזְּבִים, הַמְכַזְּבִים אֶחָד בַּשָּׁבוּעַ. הַמְכַזְּבִים בְּפֻלְמְסָיוֹת וּבִשְׁנֵי בַצָּרוֹן, כְּשֵׁרִים. רַבִּי יְהוּדָה פוֹסֵל:

---

상한 물은 무효가 된다. 이런 것이 상한 것인데, 소금기 있는 것과 따뜻한 것이다. 일정하지 않은 물은 무효가 된다. 이런 것이 일정하지 않은 것인데, 일정하지 않게 7[년에] 한 번 [흐르는] 것이다. 전쟁 중에 그리고 기근이[21] 들었을 때는 일정하지 않은 [물도] 유효하다. 예후다 랍비는 무효라고 주장했다.

- 제의를 위해 생수가 필요한 경우 상한 물은 사용할 수 없으며, 소금기 있는 물과 따뜻한 물이 여기에 해당한다. 참고로 상한 물도 천천히 흐른다면 정결례에 사용할 수도 있다(「미크바옷」 1, 8).
- 건천에는 기후 때문에 우기에만 물이 흐르기 때문에 일정하지 않은 물이라고 부르며, 특히 7년에 한 번 정도만 흐르는 경우 거룩한 제의에 사용할 수 없다. 그러나 예외적인 상황이 있으니 전쟁이 터졌을

21) 사본에 따라 기근이 들었을 때를 표기하는 철자법이 ובשני בצרון과 ובשני בצרות로 달라진다.

때와 기근이 들었을 때는 유효하다. 예후다 랍비는 반대한다.

## 8, 10

מֵי קַרְמְיוֹן וּמֵי פוּגָה, פְּסוּלִין, מִפְּנֵי שֶׁהֵם מֵי בִצִּים. מֵי הַיַּרְדֵּן וּמֵי יַרְמוּךְ, פְּסוּלִים, מִפְּנֵי שֶׁהֵם מֵי תַעֲרֹבוֹת. וְאֵלוּ הֵן מֵי תַעֲרֹבוֹת, אֶחָד כָּשֵׁר וְאֶחָד פָּסוּל, שֶׁנִּתְעָרְבוּ. שְׁנֵיהֶן כְּשֵׁרִין וְנִתְעָרְבוּ, כְּשֵׁרִין. רַבִּי יְהוּדָה פוֹסֵל:

카르메욘의 물과 푸가의 물은 무효가 되니, 이것들은 흙탕물이기 때문이다. 요단의 물과 야르묵의 물은 무효가 되니, 이것들은 섞인 물이기 때문이다. 이런 것이 섞인 물인데, 유효한 물줄기와 무효가 되는 물줄기가 서로 섞인 경우다. 유효한 물줄기 둘이 서로 섞였다면, 그것은 유효하다. 예후다 랍비는 무효가 된다고 주장했다.

- 카르메욘강과 푸가강의 물은 흙탕물이라서 무효가 되는데, 그 위치를 정확하게 알 수 없지만 이스라엘 땅에 흐르는 강들로 추정한다.[22)]
- 요단강(야르덴강)과 야르묵강(갈릴리 호수 남동쪽 골란 고원과 요르단 국경에 흐르는 강)의 물도 무효인데, 이런 강들은 규모가 크고 여러 지류가 흘러드는데 그중에 흙탕물이 섞일 수 있기 때문에 무효라고 규정한다.
- 유효한 강물 두 줄기가 섞인 경우 유효하다는 주장도 있지만, 예후다 랍비는 무효라고 주장하는데, 유효한 강물이 섞였어도 섞인 것은 섞인 것이라는 논리다.

---

22) 카르메욘 또는 크/키람욘강은 요단강의 지류로 짐작하며(야스트로 1422), 푸가 또는 피가강도 이스라엘 어느 지역을 흐르는 강으로 추정한다(야스트로 1159).

8, 11

בְּאֵר אַחְאָב וּמְעָרַת פַּמְיָס, כְּשֵׁרָה. הַמַּיִם שֶׁנִּשְׁתַּנּוּ וְשִׁנּוּיָן מֵחֲמַת עַצְמָן, כְּשֵׁרִין. אַמַּת הַמַּיִם הַבָּאָה מֵרָחוֹק, כְּשֵׁרָה, וּבִלְבַד שֶׁיִּשְׁמְרֶנָּה שֶׁלֹּא יַפְסִיקֶנָּה אָדָם. רַבִּי יְהוּדָה אוֹמֵר, הֲרֵי הִיא בְחֶזְקַת מֻתֶּרֶת. בְּאֵר שֶׁנָּפַל לְתוֹכָהּ חַרְסִית אוֹ אֲדָמָה, יַמְתִּין לָהּ עַד שֶׁתִּצַּל, דִּבְרֵי רַבִּי יִשְׁמָעֵאל. רַבִּי עֲקִיבָא אוֹמֵר, אֵינוֹ צָרִיךְ לְהַמְתִּין:

아합 샘과 팜야스 동굴의 〔물은〕 유효하다. 〔겉모습이〕 변하는 물이지만, 자기 스스로 변한다면, 〔그 물은〕 유효하다. 멀리서 끌어오는 수로라고 할지라도, 다른 사람이 그 〔물줄기를〕 막지 못하게 지키기만 하면, 〔그 수로는〕 유효하다. 예후다 랍비는 사실 그것은 허락되었다고 추정하는 것이라고 말했다. 토기 조각이나 흙이 샘물 가운데 떨어졌다면, 맑아질 때까지 기다려야 한다고 이쉬마엘 랍비가 말했다. 아키바 랍비는 기다릴 필요가 없다고 말한다.

- 아합 샘과 팜야스 동굴에서 흘러나오는 물은 생수로 간주하며, 거룩한 제의에 사용하는 데 유효하다. 아합 샘은 작은 강의 이름이라고 추정하며, '팜야스'는 원래 '판야스' 즉 헤르몬산 남서쪽에 판 신전이 있는 바니아스(Banias)로 요단강의 수원 중 하나를 가리킨다.
- 겉보기에 물 흐르는 모습이 변하지만, 다른 수원에서 흘러온 물이 섞이는 것이 아니라 스스로 변하는 것이라면, 그 물은 유효하다.
- 샘이 멀리 있어서 그 물을 끌어오는 수로를 지었다면, 다른 사람이 그 물을 끌어와서 자기 밭에 대거나 웅덩이에 채우지 않도록 지켜야 한다. 그런 조건 아래에서 생수로 유효하다고 규정한다. 예후다 랍비는 굳이 지킬 필요는 없다고 주장하며, 수로가 끊어졌다는 사실을 알게 되기 전까지는 유효하다고 말한다.
- 생수에 토기 조각이나 흙덩이가 떨어져서 일시적으로 물이 흐려졌

다면, 다시 맑아질 때까지 기다려야 한다는 것이 이쉬마엘 랍비의 의견이다. 아키바 랍비는 그럴 필요까지는 없다고 말한다.

## 제9장

이미 거룩하게 만든 속죄의 물에 이물질이 섞이는 경우, 사람이나 동물이 그것을 마시는 경우, 붉은 암소를 태운 재와 다른 재가 섞이는 경우, 무효가 되거나 부정해진 속죄의 물과 접촉했을 경우를 설명한다.

### 9, 1
속죄의 물에 액체가 떨어져 섞이는 경우에 관해 논의한다.

---

צְלוֹחִית שֶׁנָּפַל לְתוֹכָהּ מַיִם כָּל שֶׁהֵן, רַבִּי אֱלִיעֶזֶר אוֹמֵר, יַזֶּה שְׁתֵּי הַזָּיוֹת.
וַחֲכָמִים פּוֹסְלִין. יָרַד לְתוֹכָהּ טַל, רַבִּי אֱלִיעֶזֶר אוֹמֵר, יַנִּיחֶנָּה בַחַמָּה וְהַטַּל
עוֹלֶה. וַחֲכָמִים פּוֹסְלִין. נָפַל לְתוֹכָהּ מַשְׁקִין וּמֵי פֵרוֹת, יְעָרֶה וְצָרִיךְ לְנַגֵּב.
דְּיוֹ, קוֹמוֹס, וְקַנְקַנְתּוֹם, וְכָל דָּבָר שֶׁהוּא רוֹשֵׁם, יְעָרֶה וְאֵינוֹ צָרִיךְ לְנַגֵּב:

---

〔속죄의 물이 들어 있는〕 작은 병 속에 물이 어떤 〔분량이든지〕 떨어졌을 때, 엘리에제르 랍비는 〔정결례를 행할 때〕 두 번씩 뿌려야 한다고 말하지만, 현인들은 무효가 된다고 주장한다. 그 〔작은 병〕 속에 이슬이 흘러들어갔을 때, 엘리에제르 랍비는 햇볕에 내놓으면 그 이슬이 날아간다고 말하지만, 현인들은 무효가 된다고 주장한다.

그 〔작은 병〕 속에 음료수나 과일즙이 떨어졌다면, 〔내용물을〕 부어내고 말려야 한다. 잉크나 채색용 나무진[23]이나 채색용 황산[24] 등

---

23) 이 낱말(קומוס)은 '수지, 나무 진' 또는 '수지로 만든 잉크'를 가리키는 말이다 (야스트로 1332).

흔적을 남기는 것이 〔떨어졌다면, 내용물을〕 부어내지만 말릴 필요는 없다.

- 생수에 붉은 암소 재를 섞어서 거룩해진 물을 작은 병 속에 보관했는데, 거룩하지 않은 물이나 이슬이 떨어져 섞였다. 엘리에제르 랍비는 속죄의 물은 훼손되지 않았고, 이것을 사용하는 방법만 바꾸면 된다고 설명한다. 그러나 현인들은 섞인 것은 무효가 된다고 주장한다.
- 그 작은 병 속에 음료수나 과일즙이 떨어졌다. 미쉬나가 음료수로 규정하는 것은 모두 일곱 가지이며, 이슬, 물, 포도주, 기름, 피, 우유, 꿀이다(「마크쉬린」 6, 4). 이런 경우 속죄의 물은 무효가 되며, 그 내용물은 부어서 쏟아버리고 그 병도 말려야 한다(「파라」 5, 2).
- 그 작은 병 속에 잉크나 채색용 나무 진이나 채색용 황산 등 뒤로 흔적을 남기는 액체가 떨어졌다면, 그 속죄의 물은 무효가 되므로 부어서 쏟아버리지만, 그 병을 말릴 필요는 없다고 규정한다. 아마도 작은 병을 유리로 만들어서 말리지 않아도 색깔이 있는 흔적을 구별해낼 수 있다는 말로 보인다.

### 9, 2

속죄의 물에 곤충이 떨어지는 경우를 설명한다.

---

נָפַל לְתוֹכָהּ שְׁקָצִים וּרְמָשִׂים וְנִתְבַּקְעוּ, אוֹ שֶׁנִּשְׁתַּנּוּ מַרְאֵיהֶם, פְּסוּלִין. חִפּוּשִׁית, בֵּין כָּךְ וּבֵין כָּךְ פּוֹסֶלֶת, מִפְּנֵי שֶׁהִיא כִשְׁפוֹפֶרֶת. רַבִּי שִׁמְעוֹן וְרַבִּי אֱלִיעֶזֶר בֶּן יַעֲקֹב אוֹמְרִים, הַדִּירָה וְהַכִּנָּה שֶׁבַּתְּבוּאָה כְּשֵׁרִים, מִפְּנֵי שֶׁאֵין בָּהֶם לֵחָה:

---

24) 이 낱말(קלקנתוס, קנקנתום)은 '황산염'을 가리키는데, 진한 검은색 잉크를 만들 때 쓰는 재료다(야스트로 1382).

그 〔작은 병〕 속에 곤충이나 기는 것이 떨어져서 〔그 몸이〕 갈라졌거나, 그 〔물의〕 겉모양이 변했다면, 〔그 속죄의 물은〕 무효가 된다. 그것이 딱정벌레였다면, 이런 경우든 저런 경우든 무효가 되는데, 왜냐하면 이것은 마치 대롱과 같기 때문이다. 쉼온 랍비와 엘리에제르 벤 야아콥 랍비는 그것이 추수단에 〔생기는〕 벌레[25]나 해충[26]이었다면 유효하니, 이것들은 액체를 포함하지 않기 때문이라고 말한다.

- 속죄의 물을 담은 작은 병에 곤충이나 기는 것이 떨어졌고, 몸이 갈라져서 체액이 흘러나왔거나, 그 물의 겉모습이 변했다면, 그 속죄의 물은 무효가 된다.
- 그 작은 병에 딱정벌레가 떨어졌다면, 어떤 상황이든 그 속죄의 물이 무효가 된다. 딱정벌레는 딱딱한 겉껍질 안에 체액이 들어 있어서, 마치 대롱 같은 그릇에 액체가 담긴 것과 같은 상황이며, 결국 속죄의 물이 거룩하지 않은 액체 때문에 무효가 되는 것이다.
- 쉼온 랍비와 엘리에제르 벤 야아콥 랍비는 곡식단에 생기는 벌레나 해충은 너무 말라서 그 몸 속에 액체를 포함하지 않기 때문에 예외라고 주장한다.

## 9, 3
속죄의 물을 동물이나 다른 생물이 마시는 상황을 논의한다.

---

שָׁתַת מֵהֶן בְּהֵמָה אוֹ חַיָּה, פְּסוּלִין. כָּל הָעוֹפוֹת פּוֹסְלִין, חוּץ מִן הַיּוֹנָה, מִפְּנֵי שֶׁהִיא מוֹצֶצֶת. כָּל הַשְּׁרָצִים אֵינָם פּוֹסְלִין, חוּץ מִן הַחֻלְדָּה, מִפְּנֵי שֶׁהִיא

---

25) 이 낱말(דירה)은 미쉬나에 여기 한 번 나오는 말로 곡식에 발생하는 어떤 벌레를 가리키는 것으로 보인다(야스트로 305). 그러나 정확하게 어떤 생물을 말하는지 확신할 수 없다.

26) 이 낱말(כינה, כנה)은 '해충'이나 '이' 등을 가리키는 말이다(야스트로 633).

מַלֶּקֶת. רַבָּן גַּמְלִיאֵל אוֹמֵר, אַף הַנָּחָשׁ, מִפְּנֵי שֶׁהִיא מְקִיאָה. רַבִּי אֱלִיעֶזֶר אוֹמֵר, אַף הָעַכְבָּר:

---

그 〔속죄의 물을〕 가축이나 짐승이 마셨다면, 〔그 물이〕 무효가 된다. 모든 새는 〔그 물을〕 무효로 만들지만, 비둘기는 예외이니, 그 〔새는 물을〕 빨아서 마시기 때문이다. 모든 기는 것은 〔그 물을〕 무효로 만들지 않지만, 족제비는 예외이니, 그것은 〔물을〕 핥아먹기 때문이다. 감리엘 라반은 뱀도 〔예외라고〕 말하며, 이것은 〔물을〕 토하기 때문이라고 〔설명했다〕. 엘리에제르 랍비는 쥐도 〔예외라고〕 말한다.

- 이미 거룩하게 만든 속죄의 물을 가축이나 짐승이 마셨다면, 이런 동물들은 마시면서 침을 내뱉는다고 생각하기 때문에 그 속죄의 물이 무효가 된다고 규정한다.
- 새들도 마찬가지이므로 새가 마신 속죄의 물은 무효가 되는데, 비둘기는 부리 안에 침이 없고 물을 빨아서 마시기 때문에 예외다.
- 기는 것들 중 설치류 동물들은 마시면서 침을 내뱉지 않는다고 생각하기 때문에 그 속죄의 물이 무효가 되지 않는다. 그러나 족제비는 물을 핥아먹기 때문에 속죄의 물을 무효로 만든다. 비슷한 이유로 뱀과 쥐도 속죄의 물을 무효로 만든다는 의견이 첨가되었다.

## 9, 4

사람이 속죄의 물을 마시는 상황을 논의한다.

---

הַחוֹשֵׁב עַל מֵי חַטָּאת לִשְׁתּוֹת, רַבִּי אֱלִיעֶזֶר אוֹמֵר, פָּסוּל. רַבִּי יְהוֹשֻׁעַ אוֹמֵר, כְּשֶׁיַּטֶּה. אָמַר רַבִּי יוֹסֵי, בַּמֶּה דְבָרִים אֲמוּרִים, בְּמַיִם שֶׁאֵינָם מְקֻדָּשִׁים. אֲבָל בְּמַיִם הַמְקֻדָּשִׁין, רַבִּי אֱלִיעֶזֶר אוֹמֵר, כְּשֶׁיַּטֶּה. רַבִּי יְהוֹשֻׁעַ אוֹמֵר, כְּשֶׁיִּשְׁתֶּה. וְאִם גִּרְגֵּר, כָּשֵׁר:

---

〔어떤 사람이〕 속죄의 물을 마시려고 생각했을 때, 엘리에제르 랍비는 〔그 물이〕 무효가 된다고 말한다. 예호슈아 랍비는 그가 〔속죄의 물이 든 그릇을〕 기울였을 때 〔무효가 된다고〕 말한다.

요쎄 랍비는 이 말들은 무슨 뜻이냐고 말했고, 〔아직〕 거룩하게 만들지 않은 물을 〔가리킨다고 대답했다〕. 그러나 거룩하게 만든 물에 관해서 엘리에제르 랍비는 그가 〔그 그릇을〕 기울였을 때 〔무효가 된다고〕 말한다. 예호슈아 랍비는 그가 〔그 물을〕 마셨을 때 〔무효가 된다고〕 말한다. 그러나 그가 삼켰다면, 〔그 물이〕 유효하다.

- 어떤 사람이 속죄의 물을 마시려고 생각만 한 상황인데, 엘리에제르 랍비는 생각만으로도 그 속죄의 물이 무효가 된다고 말한다. 예호슈아 랍비는 이 주장에 반대하며, 실제로 그 물을 마시려고 그릇을 들어 기울이는 순간 무효가 된다고 말한다.
- 요쎄 랍비가 서로 상반되는 두 의견을 중재하기 위해서 개입하고, 생각만으로 무효가 되는 것은 아직 생수에 붉은 암소의 재를 섞지 않은 상태라고 주장한다. 엘리에제르 랍비도 이미 붉은 암소의 재를 섞어서 거룩하게 만든 물은 실제로 마시려고 그릇을 기울였을 때 무효가 된다고 물러선다.
- 예호슈아 랍비는 사람이 그 물을 마셨을 때 그의 침이 물에 섞이기 때문에 그 나머지 속죄의 물도 무효가 된다고 주장했다. 그러나 천천히 마시는 것이 아니라 한꺼번에 물을 목구멍에 붓는 방식으로 삼키면 침이 섞이지 않으므로 유효하다고 주장한다.

## 9, 5

מֵי חַטָּאת שֶׁנִּפְסְלוּ, לֹא יְגַבְּלֵם בְּטִיט, שֶׁלֹּא יַעֲשֵׂם תַּקָּלָה לַאֲחֵרִים. רַבִּי
יְהוּדָה אוֹמֵר, בָּטְלוּ. פָּרָה שֶׁשָּׁתָת מֵי חַטָּאת, בְּשָׂרָהּ טָמֵא מֵעֵת לְעֵת. רַבִּי

יְהוּדָה אוֹמֵר, בָּטְלוּ בְמֵעֶיהָ:

무효가 된 속죄의 물을 회와 섞으면 안 되는데, 이것이 다른 사람들에게 장애물이 되기 때문이다. 예후다 랍비는 〔이 물이〕 취소가 된다고 말한다.

속죄의 물을 마신 암소는 그 고기가 하루 동안[27] 부정해진다. 예후다 랍비는 〔그 물이〕 그 〔암소의〕 배 속에서 취소가 된다고 말한다.

- 무효가 된 속죄의 물을 회와 섞었는데 이를 모르는 사람이 접촉하면 부정해지고 거제를 먹을 수 없게 된다(여덟째 미쉬나). 그러나 예후다 랍비는 속죄의 물을 회에 섞으면 그 거룩한 성격이 취소된다고 말한다.
- 역시 무효가 된 속죄의 물을 암소가 마셨는데 그 소를 하루 만에 도살했다면, 그 고기는 부정하다. 그러나 하루가 넘으면 그 물도 소화가 되기 때문에 다시 정결해진다. 예후다 랍비는 속죄의 물이 소의 배 속에 들어가면 그 거룩한 성격이 취소된다고 말한다.

## 9, 6

מֵי חַטָּאת וְאֵפֶר חַטָּאת, לֹא יַעֲבִירֵם בְּנָהָר וּבִסְפִינָה, וְלֹא יְשִׁיטֵם עַל פְּנֵי הַמַּיִם, וְלֹא יַעֲמוֹד בְּצַד זֶה וְיִזְרְקֵם לְצַד זֶה. אֲבָל עוֹבֵר הוּא בְמַּיִם עַד צַוָּארוֹ. עוֹבֵר הוּא הַטָּהוֹר לְחַטָּאת וּבְיָדָיו כְּלִי רֵיקָם הַטָּהוֹר לְחַטָּאת, וּבְמַיִם שֶׁאֵינָם מְקֻדָּשִׁין:

속죄의 물과 속죄의 재는 강 위를 그리고 배로 옮기지 못하며, 물

27) 이 표현(מעת לעת)을 직역하면 '그때부터 그때까지'가 되는데, 어느 날의 특정한 시간부터 다음 날의 그 시간까지를 가리키며 '하루'라는 뜻이다(야스트로 1128).

위에 〔그릇을〕 띄워 보내지 못하고, 〔강〕 한쪽에 서서 다른 한쪽으로 던지지 못한다. 그러나 목까지 〔차오르는〕 물을 〔사람이 걸어서〕 옮길 수는 있다. 속죄제에 〔적합한〕 정결한 사람이라면 속죄제에 〔적합한〕 정결한 빈 그릇을 자기 손에 들고 〔아직〕 거룩하게 만들지 않은 물을 옮길 수 있다.

- 생수에 붉은 암소의 재를 섞어 거룩하게 만든 속죄의 물과 속죄의 재는 배를 타고 강을 건너서 운반할 수 없는데, 배 밑바닥에 올리브 열매만 한 시체의 일부분만 붙어 있어도 그것이 부정해지기 때문이다(바벨 탈무드「예바못」116b).[28]
- 속죄의 물을 그릇에 담고 물 위에 띄워 보내는 행위와 속죄의 물을 담은 병을 강둑에 서서 반대편 강둑으로 던지는 행위도 금지되어 있다. 위와 같은 논리를 적용하자면, 강바닥에 어떤 부정의 요인이 가라앉아 있는지 모르기 때문이라고 설명할 수 있다.
- 그렇지만 어떤 사람이 자기 발로 강을 건너면서 속죄의 물을 담은 그릇을 손에 들고 옮기는 행위는 유효하니, 배로 옮길 때 생길 사고가 일어날 이유가 없기 때문이다.
- 속죄의 물을 거룩하게 만드는 제의를 시행하는 데 결함이 없는 정결한 사람이라면, 배를 타고 정결한 그릇과 생수를 옮길 수는 있다. 위에서 언급한 부정의 요인은 이미 속죄의 물을 거룩하게 만든 경우에만 영향을 미치기 때문에, 그 이전 단계에는 적용하지 않는다.

---

28) 탈무드에는 요단강을 배로 건너던 사람에 관한 일화가 기록되어 있고, 이 규정이 그 일화에서 연유했다고 설명하고 있다(바벨 탈무드「하기가」 23a). 랍비들 중 어떤 사람은 이 규정이 요단강에 국한된 것인지 모든 강에 적용되는 것인지를 놓고 논란을 벌인다.

## 9, 7

אֵפֶר כָּשֵׁר שֶׁנִּתְעָרֵב בְּאֵפֶר מִקְלֶה, הוֹלְכִין אַחַר הָרֹב לְטַמֵּא, וְאֵין מְקַדְּשִׁין בּוֹ. רַבִּי אֱלִיעֶזֶר אוֹמֵר, מְקַדְּשִׁין בְּכֻלָּן:

유효한 〔붉은 암소의〕 재가 불탄 재와 섞였을 때, 더 많은 양이 〔어떤 것이냐에〕 따라 부정하게 만드는지를 결정하지만, 그것으로 거룩하게 만들지는 않는다. 엘리에제르 랍비는 그 재를 모두 〔사용해서〕 거룩하게 만들어도 〔좋다고〕 말한다.

- 제의에 사용할 수 있는 유효한 붉은 암소의 재가 다른 물체를 태운 보통 재와 섞였을 때, 붉은 암소의 재가 더 많으면 그것과 접촉하거나 옮기는 사람이 부정해지고, 보통 재가 더 많으면 부정하게 만들지 않는다. 그러나 이렇게 섞인 재를 속죄의 물을 만드는 제의에 사용하지 않는다. 엘리에제르 랍비는 반대 의견을 개진한다(첫째 미쉬나).

## 9, 8

מֵי חַטָּאת שֶׁנִּפְסְלוּ, מְטַמְּאִין אֶת הַטָּהוֹר לִתְרוּמָה, בְּיָדָיו וּבְגוּפוֹ. וְאֶת הַטָּהוֹר לְחַטָּאת, לֹא בְיָדָיו וְלֹא בְגוּפוֹ. נִטְמְאוּ, מְטַמְּאִים אֶת הַטָּהוֹר לִתְרוּמָה בְּיָדָיו וּבְגוּפוֹ. וְאֶת הַטָּהוֹר לְחַטָּאת, בְּיָדָיו, אֲבָל לֹא בְגוּפוֹ:

속죄의 물이 무효가 되면, 거제에 〔합당한〕 정결한 사람이 그의 손과 그의 몸에 〔접촉했을 때〕 부정하게 만든다. 그러나 속죄제에 〔합당한〕 정결한 사람은 그의 손과 그의 몸에 〔접촉해도 부정하게 만들지〕 않는다.

〔속죄의 물이〕 부정해지면, 거제에 〔합당한〕 정결한 사람이 그의 손과 그의 몸에 〔접촉했을 때〕 부정하게 만든다. 그리고 속죄제에 〔합당한〕 정결한 사람은 그의 손과 〔접촉했을 때 부정하게 만들지만〕 그의

몸에 〔접촉했을 때는 부정하게 만들지〕 않는다.

- 속죄의 물은 어떤 요인 때문에 무효가 되어도 거제에 합당한 정결한 사람이 그의 손이나 몸으로 접촉했을 때 그 사람을 부정하게 만든다. 다시 말해서 속죄의 물은 무효가 되어도 유효할 때와 마찬가지로 성물인 거제를 부정하게 만드는데, 속된 음식은 유효한 속죄의 물만 영향을 미치며 무효가 된 물은 부정하게 만들 수 없다. 그러나 속죄의 물은 붉은 암소의 제의에 합당한 정결한 사람이 그의 손이나 몸으로 접촉한다고 해서 그 사람을 부정하게 만들지 않는다. 그 속죄의 물이 유효하든지 무효이든지 마찬가지다.
- 속죄의 물이 어떤 요인 때문에 부정해지면 거제에 합당한 정결한 사람이 접촉했을 때 그 사람을 부정하게 만들며, 유효일 때나 무효가 된 경우와 동일하다. 붉은 암소의 제의에 합당한 정결한 사람이 손으로 접촉하면 부정해지는데, 부정한 음료수는 손을 부정하게 만들고, 손이 부정하면 몸도 부정해지기 때문이다(「파라」 12, 7). 그가 몸으로 접촉했을 때는 부정해지지 않는다.

## 9, 9

---

אֵפֶר כָּשֵׁר שֶׁנְּתָנוֹ עַל גַּבֵּי הַמַּיִם שֶׁאֵינָן רְאוּיִין לְקַדֵּשׁ, מְטַמְּאִין אֶת הַטָּהוֹר לִתְרוּמָה, בְּיָדָיו וּבְגוּפוֹ. אֶת הַטָּהוֹר לְחַטָּאת, לֹא בְיָדָיו וְלֹא בְגוּפוֹ:

---

유효한 〔붉은 암소의〕 재를 거룩하게 만들기에 합당하지 않은 물 위에 부었다면, 이것은 거제에 〔합당한〕 정결한 사람이 그의 손과 그의 몸에 〔접촉했을 때〕 부정하게 만든다. 속죄제에 〔합당한〕 정결한 사람은 그의 손이나 그의 몸에 〔접촉했을 때 부정하게 만들지〕 않는다.

• 유효한 붉은 암소의 재를 거룩하게 만드는 제의에 쓸 수 없는 물에 부었다면, 그 물은 무효가 된다. 이 물은 처음부터 유효하지 않았지만, 나중에 무효가 된 경우를 다루는 여덟째 미쉬나와 같은 결과를 초래한다.

## 제10장

속죄의 물이 간접적 부정이나 기는 것, 거룩한 책, 화덕과 서로 어떤 관계인지, 그리고 속죄의 물을 담는 병과 거제나 성물을 담는 그릇이 접촉하는 경우를 설명한다.

### 10, 1

속죄의 물을 만드는 그릇과 사람과 관련된 간접적 부정에 관해 설명한다.

---

כֹּל הָרָאוּי לְטַמֵּא מִדְרָס, מַדָּף לְחַטָּאת, בֵּין טָמֵא בֵּין טָהוֹר. וְאָדָם, כַּיּוֹצֵא בוֹ. כֹּל הָרָאוּי לְטַמֵּא טְמֵא מֵת, בֵּין טָמֵא בֵּין טָהוֹר, רַבִּי אֱלִיעֶזֶר אוֹמֵר, אֵינוֹ מַדָּף. רַבִּי יְהוֹשֻׁעַ אוֹמֵר, מַדָּף. וַחֲכָמִים אוֹמְרִים, הַטָּמֵא, מַדָּף. וְהַטָּהוֹר, אֵינוֹ מַדָּף:

---

얹기 부정이 적용될 수 있는 모든 것은 〔현재〕 부정하거나 정결하거나 〔상관없이〕 속죄제에 관련하여 간접적 부정을 전이한다. 사람과 그 외 〔다른 물건들에 적용된다〕.

시체의 부정 때문에 부정하게 만들 수 있는 모든 것에 관하여 〔현재〕 부정하거나 정결하거나 〔상관없이〕 엘리에제르 랍비는 간접적 부정이 아니라고 말한다. 예호슈아는 간접적 부정이라고 말한다. 그러나 현인들은 부정한 것은 간접적 부정이며 정결한 것은 간접적 부정이 아니라고 말한다.

- 유출병자가 누운 자리나 앉은 자리에 얹어놓을 때 부정하게 될 가능성이 있는 그릇이나 도구(「켈림」 2장)는 직접적인 부정의 전이가 일어나지 않아도 속죄의 물을 만드는 제의에 관련해서 '간접적 부정'(맛답)이 적용된다. 간접적 부정이란 부정한 사람과 직접 접촉하지 않고 흔들리기만 해도 전이되는 부정으로, 상대적으로 정도가 경미한 부정을 가리킨다(「제바힘」 4, 6; 「하기가」 2, 7). 그 그릇이나 도구가 실제로 부정하거나 정결하거나 상관없이 부정해질 가능성 자체가 속죄의 물 제의에 관련해서 간접적 부정을 적용하게 만든다는 매우 엄격한 규정이며, 제의에 참여할 사람이 이런 물체와 접촉했다면 제의를 시행하기 전에 몸을 씻어서 정결례를 행해야 한다.
- 같은 규정이 사람에게도 적용된다는 말은 원래 정결한 사람이더라도 속죄의 물 제의 바로 전에 정결례를 행하지 않았다면 간접적 부정이 적용되며, 옮기기와 들리기 부정을 통해 속죄의 물을 부정하게 만든다는 것이다.
- 시체의 부정 때문에 부정해질 수 있지만 얹기 부정 때문에 부정해질 수 없는 그릇이나 도구(「켈림」 24장)에 관하여, 엘리에제르 랍비는 옮기기와 들리기 부정을 통해 속죄의 물을 부정하게 만들지 않는다고 주장하고, 예호슈아 랍비는 반대한다. 현인들은 그 그릇이나 도구가 실제로 시체에 의해 부정해졌다면 간접적 부정이 적용되지만, 그렇지 않다면 정결하다고 주장한다. 그러나 접촉이 일어나면 부정해진다(여섯째 미쉬나).

## 10, 2

הַטָּהוֹר לְחַטָּאת שֶׁנָּגַע בְּמַדָּף, טָמֵא. לָגִין שֶׁל חַטָּאת שֶׁנָּגַע בְּמַדָּף, טָמֵא. הַטָּהוֹר לְחַטָּאת שֶׁנָּגַע בָּאֳכָלִים וּמַשְׁקִים, בְּיָדוֹ, טָמֵא. וּבְרַגְלוֹ, טָהוֹר. הֱסִיטָן בְּיָדוֹ, רַבִּי יְהוֹשֻׁעַ מְטַמֵּא, וַחֲכָמִים מְטַהֲרִים:

속죄제에 관련하여 정결한 자가 간접적 부정과 접촉했다면, 그는 부정해진다. 속죄제에 〔쓰는〕 큰 병이 간접적 부정과 접촉했다면, 그것은 부정해진다.

속죄제에 관련하여 정결한 사람이 음식과 음료수와 접촉하였을 때, 그의 손으로 〔접촉했다면〕 부정해지지만 그의 발로 〔접촉했다면〕 정결하다. 〔접촉하지 않고〕 그의 팔로 그것을 움직이게 했을 때, 예호슈아 랍비는 부정하다고 주장했고 현인들은 정결하다고 했다.

- 속죄의 물을 만드는 제의를 시행하기에 합당한 정결한 사람이 간접적 부정이 적용되는 물체와 접촉했다면 그 사람은 부정해진다(첫째 미쉬나). 물론 직접 접촉이 일어나지 않아도 옮기기나 들리기 부정도 얹기 부정처럼 부정을 전이시킨다.
- 속죄의 물 제의에 쓰는 큰 병이 간접적 부정이 적용되는 물체와 접촉했다면 그 병은 부정해진다. 그러나 이런 경우 옮기기나 얹기를 통해 부정이 전이되지는 않는다.
- 역시 제의에 합당한 정결한 사람이 음식과 음료수와 그이 손으로 접촉했을 때, 이 음식이나 음료수가 실제로 부정하든지 정결하든지 상관없이 부정해지며, 손이 부정한 사람은 온몸이 부정해진다(「파라」 9, 8). 그러나 그 사람이 그의 발로 접촉했다면 정결하다.
- 직접 접촉하지 않았지만 그의 말로 그것을 움직이게 하거나 옮겼을 때, 예호슈아 랍비는 직접 접촉했을 때와 마찬가지로 부정해진다고 주장했고, 현인들은 정결하다고 했다.

## 10, 3

קָלָל שֶׁל חַטָּאת שֶׁנָּגַע בְּשֶׁרֶץ, טָהוֹר. נְתָנוֹ עַל גַּבָּיו, רַבִּי אֱלִיעֶזֶר מְטַהֵר, וַחֲכָמִים מְטַמְּאִים. נָגַע בָּאֳכָלִים וּמַשְׁקִין וּבְכִתְבֵי הַקֹּדֶשׁ, טָהוֹר. נְתָנוֹ עַל גַּבֵּיהֶן, רַבִּי יוֹסֵי מְטַהֵר, וַחֲכָמִים מְטַמְּאִים:

속죄제에 〔쓰는〕 단지가 기는 것과 접촉했다면, 그것은 정결하다. 그 〔기는 것의〕 등 위에 〔단지를〕 놓았을 때, 엘리에제르 랍비는 정결하다고 주장했고 현인들은 부정하다고 했다. 그것이 음식이나 음료수나 거룩한 책에 접촉하면, 그것은 정결하다. 그 〔물건들〕 위에 〔단지를〕 놓았을 때, 요쎄 랍비는 정결하다고 주장했고 현인들은 부정하다고 했다.

- 붉은 암소의 재를 담아놓는 단지는 돌처럼 부정해지지 않는 재료로 만들기 때문에, 기는 것과 접촉했다고 해도 정결하다.
- 이 단지를 기는 것의 등 위에 놓았을 때, 엘리에제르 랍비는 붉은 암소의 재가 아직 정결하다고 주장했는데, 재가 정결한 단지 안에 들어 있기 때문이다. 현인들은 부정하다고 했는데, 재가 들어 있는 단지를 정결한 장소에 보관해야 하는데(민 19:9) 그 규정을 지키지 않았기 때문이다(씨프레;「에두욧」5, 12).
- 그 단지가 음식이나 음료수에 접촉해도 간접적 부정이 전이되지 않으며, 정결을 유지한다. 거룩한 책과 접촉하면 거제를 무효로 만드는데(「제바힘」5, 12), 재를 담는 단지는 정결하다.
- 이 단지를 음식이나 음료수나 거룩한 책 위에 놓았을 때, 요쎄 랍비는 정결하다고 주장했다. 기는 것은 토라에서 규정한 부정의 아버지이지만, 음식이나 음료수나 거룩한 책은 랍비들의 전승에 의해서만 부정을 전이하기 때문이다. 그러나 현인들은 이러한 물건들도 정결한 장소는 아니기 때문에 재가 부정해진다고 주장한다.

## 10, 4

הַטָּהוֹר לְחַטָּאת שֶׁנָּגַע בְּתַנּוּר, בְּיָדוֹ, טָמֵא. וּבְרַגְלוֹ, טָהוֹר. הָיָה עוֹמֵד עַל גַּבֵּי תַנּוּר וּפָשַׁט יָדוֹ חוּץ לַתַּנּוּר, וְהַלָּגִין בְּתוֹכוֹ, וְכֵן הָאֵסֶל שֶׁהוּא נָתוּן עַל גַּבֵּי הַתַּנּוּר וּבוֹ שְׁנֵי קְלָלוֹת, אֶחָד מִכָּאן וְאֶחָד מִכָּאן, רַבִּי עֲקִיבָא מְטַהֵר, וַחֲכָמִים מְטַמְּאִין:

속죄제에 관련하여 정결한 자가 화덕에 접촉했을 때, 그의 손으로 〔접촉했다면〕 부정해지지만 그의 발로 〔접촉했다면〕 정결하다. 그가 화덕 위에 서서 손을 화덕 바깥쪽으로 뻗었고 〔속죄의 물이 든〕 큰 병을 잡고 있었다면, 또는 화덕 위에 막대기를 놓아두었는데 그 양쪽 끝에 단지 두 개가 하나는 이쪽에 하나는 저쪽에 있었다면, 아키바 랍비는 정결하다고 주장했고 현인들은 부정하다고 했다.

- 화덕은 얹기 부정 때문에 부정해지지만 시체의 부정에는 영향을 받지 않으며 부정의 아버지가 되지도 않는다(「켈림」 8, 6). 그러므로 다른 '그릇'처럼 간접적 부정이 적용되지 않으며(첫째 미쉬나), 음식이나 음료수와 비슷한 지위를 가진다(둘째 미쉬나). 그러므로 속죄의 물 제의를 시행하기에 합당한 정결한 사람이 화덕과 접촉했을 때, 그의 손으로 접촉하면 부정해지지만 발로 접촉하면 정결하다.
- 그 사람이 화덕 위에 서서 손을 화덕 바깥쪽으로 뻗었고, 그의 손에 속죄의 물이 든 큰 병을 잡고 있거나, 또는 화덕 위에 막대기를 놓아두었고, 그 양쪽 끝에 거룩한 재를 담은 단지를 하나씩 달아놓았다. 아키바 랍비는 그 큰 병이나 단지가 화덕 바로 위에 위치해 있는 것이 아니기 때문에 정결하다고 주장했고, 현인들은 그럼에도 불구하고 정결한 장소에 보관한 것이 아니므로 부정해진다고 했다.

## 10, 5

הָיָה עוֹמֵד חוּץ לַתַּנּוּר וּפָשַׁט יָדָיו לַחַלּוֹן וְנָטַל אֶת הַלָּגִין וְהֶעֱבִירוֹ עַל גַּבֵּי הַתַּנּוּר, רַבִּי עֲקִיבָא מְטַמֵּא, וַחֲכָמִים מְטַהֲרִין. אֲבָל עוֹמֵד הוּא הַטָּהוֹר לְחַטָּאת עַל גַּבֵּי תַנּוּר וּבְיָדוֹ כְּלִי רֵיקָן הַטָּהוֹר לְחַטָּאת, וּבְמַיִם שֶׁאֵין מְקֻדָּשִׁין:

그가 화덕 바깥에 서서 손을 창문 쪽으로 뻗어 큰 병을 잡고 이것을 화덕 위로 지나가게 했다면, 아키바 랍비는 부정하다고 주장했고 현인들은 정결하다고 했다. 그러나 속죄제에 관하여 정결한 자가 화덕 위에 서서 속죄제에 관하여 정결한 빈 그릇을 손에 들고, [아직] 거룩하게 만들지 않은 물을 담고 있을 때도 [정결하다].

- 정결한 사람이 화덕 바깥에 서서 창문틀에 놓여 있던 속죄의 물을 담은 큰 병을 손으로 잡아 화덕 위로 지나가게 옮겼을 때, 아키바 랍비는 그 병이 화덕 위에 놓여 있는 것과 같다고 보고 부정하다고 주장했고, 현인들은 그 병이 정결한 장소에 보관되어 있었기 때문에 정결하다고 했다.
- 속죄의 물을 만드는 제의에 합당한 정결한 사람이 화덕 위에 서 있었지만, 그가 들고 있는 그릇이 정결한 빈 그릇이거나 아직 거룩하게 만드는 제의를 시행하지 않은 물을 담고 있다면, 계속해서 정결을 유지한다. 오직 생수에 붉은 암소의 재를 섞은 속죄의 물만 부정해지기 때문이다.

## 10, 6

속죄의 물을 담는 그릇과 성물이나 거제를 담는 그릇 사이의 상관관계를 논의한다.

לְגִין שֶׁל חַטָּאת שֶׁנָּגַע בְּשֶׁל קֹדֶשׁ וְשֶׁל תְּרוּמָה, שֶׁל חַטָּאת, טָמֵא. וְשֶׁל קֹדֶשׁ וְשֶׁל תְּרוּמָה, טְהוֹרִין. שְׁנֵיהֶן בִּשְׁתֵּי יָדָיו, שְׁנֵיהֶן טְמֵאִים. שְׁנֵיהֶם בִּשְׁנֵי נְיָרוֹת, שְׁנֵיהֶם טְהוֹרִים. שֶׁל חַטָּאת בִּנְיָר וְשֶׁל תְּרוּמָה בְּיָדוֹ, שְׁנֵיהֶן טְמֵאִין. שֶׁל תְּרוּמָה בִּנְיָר וְשֶׁל חַטָּאת בְּיָדוֹ, שְׁנֵיהֶן טְהוֹרִין. רַבִּי יְהוֹשֻׁעַ אוֹמֵר, שֶׁל חַטָּאת, טָמֵא. הָיוּ נְתוּנִין עַל גַּבֵּי הָאָרֶץ וְנָגַע בָּהֶם, שֶׁל חַטָּאת, טָמֵא. שֶׁל קֹדֶשׁ וְשֶׁל תְּרוּמָה, טְהוֹרִים. הֱסִיטָן, רַבִּי יְהוֹשֻׁעַ מְטַמֵּא, וַחֲכָמִים מְטַהֲרִין:

속죄제에 〔쓰는〕 큰 병이 거룩한 〔그릇이나〕 거제를 〔담는 그릇에〕 접촉했다면, 속죄제에 〔쓰는 큰 병은〕 부정해진다. 그러나 거룩한 〔그릇과〕 거제를 〔담는 그릇은〕 정결하다.

이러한 〔그릇〕 두 개를 그의 양손에 〔들고 있다면〕, 그 〔그릇〕 두 개가 〔모두〕 부정해진다. 이러한 〔그릇〕 두 개를 종이 두 장에 〔싸서 들고 있다면〕, 그 〔그릇〕 두 개가 〔모두〕 정결하다. 속죄제에 〔쓰는 큰 병을〕 종이에 〔싸고〕 거제를 〔담는 그릇을〕 그의 손에 〔들었다면〕, 그 〔그릇〕 두 개가 〔모두〕 부정해진다. 거제를 〔담는 그릇을〕 종이에 〔싸고〕 속죄제에 〔쓰는〕 그릇을 그의 손에 〔들었다면〕, 그 〔그릇〕 두 개가 〔모두〕 정결하다. 예호슈아 랍비는 속죄제에 〔쓰는 큰 병은〕 부정하다고 말한다.

〔그것들을〕 땅 위에 놓아두었는데, 그것들을 〔한꺼번에〕 접촉했다면, 속죄제에 〔쓰는 큰 병이〕 부정해진다. 거룩한 〔그릇과〕 거제를 〔담는 그릇은〕 정결하다. 그것들을 〔접촉하지 않고〕 움직이게 했을 때, 예호슈아 랍비는 부정하다고 주장했고, 현인들은 정결하다고 했다.

- 속죄의 물을 담는 큰 병이 성물이나 거제를 담는 거룩한 그릇과 접촉했다면, 그 큰 병이 부정해지는데, 성물이나 거제를 담는 거룩한 그릇은 처음부터 부정해지지 않는 재질로 만든 속죄제 용도의 그릇과 다르기 때문이다(「파라」 11, 3). 그러나 성물이나 거제를 담는 거룩한 그릇들은 정결을 유지한다.

- 정결한 사람이 한 손에는 속죄의 물 제의에 쓰는 큰 병을 들고 다른 한 손에 성물이나 거제를 담는 그릇을 들고 있다면, 그는 거룩한 그릇에 접촉했으므로 속죄의 물 제의를 시행할 수 없게 부정해진다. 동시에 자기가 들고 있는 속죄의 물과 큰 병도 부정하게 만들고, 부정해진 속죄의 물은 그것을 들고 있는 사람을 다시 부정하게 만든다(「파라」 9, 8). 결과적으로 부정한 사람이 들고 있는 거룩한 그릇도 부정해진다(「켈림」 1, 2).
- 그 사람이 속죄의 물이 든 큰 병과 다른 거룩한 그릇을 각각 종이 두 장으로 싸서 들고 있다면, 종이가 사람과 그릇 사이를 막으므로 그 사람은 거룩한 그릇과 직접 접촉하지 않고, 속죄의 물 제의를 시행하는 데 합당한 정결을 유지한다. 그리고 큰 병과 그릇도 계속해서 정결하다.
- 그가 속죄의 물을 담은 큰 병을 종이에 싸서 들고 거제를 담는 그릇은 그의 손에 들었다면, 그 사람은 거제를 담는 그릇 때문에 속죄의 물 제의를 시행할 수 없게 부정해지고, 옮기기 부정을 통해 자기가 들고 있는 속죄의 물도 부정하게 만든다. 종이 때문에 직접 접촉하지는 않았지만 옮기기 부정의 영향을 받은 것이다. 결국 부정한 속죄의 물은 그 사람을 부정하게 만들고, 거제 그릇도 부정해진다.
- 그가 거제를 담는 그릇을 종이에 싸고 속죄의 물을 담은 큰 병을 그의 손에 들었다면, 그가 거제 그릇을 직접 만지지 않았기 때문에 속죄의 물 제의를 시행하기에 합당하도록 정결을 유지하며, 결국 그릇 두 개가 모두 정결하게 남는다. 예호슈아 랍비는 시체의 부정에 노출될 수 있는 그릇은 간접적 부정을 적용할 수 있고, 직접 접촉하지 않아도 옮기기나 들리기 부정으로 부정하게 된다고 주장한다(첫째 미쉬나). 그러므로 거제 그릇은 그것을 종이로 싸서 들고 있는 사람이 속죄의 물 제의를 시행할 수 없도록 부정하게 만들고, 그 사람

은 자기가 들고 있는 속죄의 물을 부정하게 만들며 그것이 들어 있는 큰 병도 부정하게 만든다고 말한다. 그러나 종이에 싸서 들고 있는 거제 그릇은 정결하다.

- 속죄의 물이 든 큰 병과 거제를 담는 그릇을 땅 위에 놓아두었는데, 정결한 사람이 한 손으로 속죄제의 병을 다른 손으로 거제 그릇을 접촉했다면, 그는 거제 그릇 때문에 속죄의 물 제의를 시행하기에 부정해지고, 자기가 잡은 속죄제에 쓰는 큰 병을 부정하게 만든다. 그런데 그 사람은 속죄의 물을 들고 있는 것이 아니기 때문에 속죄의 물 병이 그 사람을 부정하게 만들지 않으며, 결국 거룩한 그릇이나 거제를 담는 그릇은 정결을 유지한다. 그 그릇들을 접촉하지 않고 움직이게 했을 때, 예호슈아 랍비는 거룩한 그릇에 간접적 부정을 적용할 수 있으므로 그가 거룩한 그릇을 접촉한 것과 같은 경우라고 보았고, 결국 속죄의 물이 든 병을 부정하게 만든다고 했다. 현인들은 직접 접촉하지 않았다면 모든 그릇이 다 정결하다고 했다.

## 제11장

속죄의 물을 보관하는 방법과 부정한지 의심스럽거나 보류 상태인 경우, 거제가 속죄의 물 속에 떨어진 경우에 관해 논의한다. 그리고 일반적으로 정결례를 시행해야 하는 자와 그에게 적용하는 규정들도 설명한다.

**11, 1**
속죄의 물을 담은 병을 보관하는 상황을 논의한다.

צְלוֹחִית שֶׁהִנִּיחָהּ מְגֻלָּה, וּבָא וּמְצָאָהּ מְכֻסָּה, פְּסוּלָה. הִנִּיחָהּ מְכֻסָּה וּבָא וּמְצָאָהּ מְגֻלָּה, אִם יְכוֹלָה הַחֻלְדָּה לִשְׁתּוֹת הֵימֶנָּה, אוֹ נָחָשׁ לְדִבְרֵי רַבָּן גַּמְלִיאֵל, אוֹ שֶׁיָּרַד בָּהּ טַל בַּלַּיְלָה, פְּסוּלָה. הַחַטָּאת אֵינָהּ נִצּוֹלָה בְּצָמִיד פָּתִיל. וּמַיִם שֶׁאֵינָן מְקֻדָּשִׁין נִצּוֹלִין בְּצָמִיד פָּתִיל:

〔속죄의 물 제의를 위한〕 작은 병을 〔입구를〕 열어서 놓아두었는데, 다시 돌아와 닫혀 있는 것을 발견했다면, 이 〔작은 병은〕 무효가 된다. 〔작은 병 입구를〕 닫아서 놓아두었는데, 다시 돌아와 열려 있는 것을 발견했을 때, 만약 족제비가 그것을 마실 수 있었다면, 또는 감리엘 라반에 따라 뱀이, 또는 밤에 이슬이 내렸다면, 이 〔작은 병은〕 무효가 된다. 그 속죄제는 꼭 맞는 뚜껑으로 〔부정으로부터〕 보호할 수 없다. 〔아직〕 거룩하게 만들지 않은 물은 꼭 맞는 뚜껑으로 보호할 수 있다.

- 속죄의 물 제의에 쓰는 작은 병을 입구를 열어서 놓아두었는데, 다시 돌아와 보니 닫혀 있었다면, 그 뚜껑을 닫은 사람이 속죄의 물 제의와 관련해서 부정할 수도 있기 때문에 그 작은 병은 무효가 된다.
- 그 작은 병을 입구를 닫아서 놓아두었는데, 다시 돌아와 보니 열려 있었을 때, 물을 핥아 먹는 족제비와 물을 토하는 뱀이 마셨을 때 무효가 되고(「파라」 9, 3), 이슬이 떨어져도 무효가 된다(9, 1).
- 붉은 암소의 재나 속죄의 물이 든 작은 병을 시체와 함께 '천막'에 해당하는 공간에 두었다면, 부정으로 보호할 수 없다. 속죄의 물은 원래 부정한 곳에 보관하면 안 되기 때문이다(「파라」 10, 3). 아직 거룩하게 만들지 않은 물은 꼭 맞는 뚜껑으로 닫아 부정으로부터 보호할 수 있다(10, 5).

## 11, 2

כָּל הַסָּפֵק טָהוֹר לִתְרוּמָה, טָהוֹר לְחַטָּאת. כָּל הַתָּלוּי לִתְרוּמָה, נִשְׁפָּךְ לְחַטָּאת. אִם עָשׂוּ עַל גַּבָּיו טָהֳרוֹת, תְּלוּיוֹת. הָרְפָפוֹת, טְהוֹרוֹת לְקֹדֶשׁ וְלִתְרוּמָה וּלְחַטָּאת. רַבִּי אֱלִיעֶזֶר אוֹמֵר, הָרְעָדוֹת, טְמֵאוֹת לְחַטָּאת:

거제와 관련해서 정결한지 의심스러운 모든 〔경우들은〕 속죄제와 관련해서는 정결하다. 거제와 관련해서 〔결정이〕 보류된 모든 〔경우들은〕 속죄제와 관련해서 〔속죄의 물을〕 쏟아버려야 한다. 만약 이런 〔상태와〕 관련해서 정결한 것들을 〔접촉했다면〕, 그것은 보류된다. 나무 격자는 성물과 거제와 속죄제와 관련해서 정결하다. 엘리에제르 랍비는 흔들거리는 〔격자는〕 속죄제와 관련해서 부정하다고 말한다.

- 거제를 드리기 위해서 정결한지 부정한지 의심스러운(싸펙) 경우라면(「토호롯」 4, 2) 속죄의 물 제의와 관련해서는 정결하다고 간주한다. 거제와 관련해서 결정이 보류된(탈루이) 경우에는 먹어서도 안 되고 태워도 안 된다(4, 5-6). 이런 경우가 속죄의 물 제의와 관련해서 나타난다면, 속죄의 물을 쏟아버려야 한다.
- 만약 의심스럽거나 보류된 속죄의 물을 부정한 사람에게 뿌렸고, 그 사람이 정결한 음식과 접촉했다면, 이 음식도 보류 상태가 되며, 그 음식을 먹어도 안 되고 태워도 안 된다.
- 나무 격자는 '그릇'으로 분류되지 않으며 부정해질 가능성이 없다. 그러므로 성물이나 거제나 속죄의 물 제의와 관련해서 정결하다고 간주한다. 엘리에제르 랍비는 격자를 느슨하게 설치하여 흔들거리는 경우 사람들이 기대어 앉을 수 있다고 보고, 속죄의 물 제의에 참여하는 사람이 이런 격자와 접촉하면 부정하다고 주장한다.

## 11, 3

속죄의 물에 거제로 드리는 무화과 열매가 떨어진 상황을 논의한다.

---

דְּבֵלָה שֶׁל תְּרוּמָה שֶׁנָּפְלָה לְתוֹךְ מֵי חַטָּאת וּנְטָלָהּ וַאֲכָלָהּ, אִם יֵשׁ בָּהּ כַּבֵּיצָה, בֵּין טְמֵאָה בֵּין טְהוֹרָה, הַמַּיִם טְמֵאִין, וְהָאוֹכְלָהּ חַיָּב מִיתָה. אֵין בָּהּ כַּבֵּיצָה, הַמַּיִם טְהוֹרִין, וְהָאוֹכְלָהּ חַיָּב מִיתָה. רַבִּי יוֹסֵי אוֹמֵר, בִּטְהוֹרָה, הַמַּיִם טְהוֹרִים. הַטָּהוֹר לְחַטָּאת שֶׁהִכְנִיס רֹאשׁוֹ וְרֻבּוֹ לְתוֹךְ מֵי חַטָּאת, נִטְמָא:

---

거제로 드리는 마른 무화과가 속죄의 물 속에 떨어졌는데 그것을 취하여 먹었다. 만약 그것이 달걀만 했다면, 그것이 부정하거나 정결하거나 〔상관없이〕 그 물은 부정해지고, 그것을 먹은 자는 죽어야 한다. 그것이 달걀만 하지 않다면, 그 물은 정결하지만 그것을 먹은 자는 죽어야 한다. 요쎄 랍비는 정결한 〔무화과가 떨어졌다면〕 그 물도 정결하다고 말한다. 속죄제에 관련해서 정결한 사람이 자기 머리나 자기 〔몸의〕 대부분을 속죄의 물 속에 넣었다면, 그는 부정해진다.

- 눌러서 말린 무화과 열매가 달걀 크기만 한데 속죄의 물 속에 떨어졌다면, 그것이 부정하거나 정결한지와 상관없이 속죄의 물이 부정해진다. 달걀 크기는 음식이 정결한지 부정한지 판단할 때 적용하는 최소 크기 규정이며(「토호롯」 2, 1), 이 무화과 열매 때문에 그 속죄의 물은 정결례에 사용할 수 없게 된다. 어떤 사람이 그 무화과 열매를 취하여 먹었다면, 거룩한 속죄의 물을 부적절한 방법으로 먹었기 때문에 사형에 처해야 한다(레 22:9). 그러나 무화과 열매가 최소 크기 규정에 미치지 못하다면 속죄의 물을 부정하게 만들지 않는다. 그러나 그 열매를 먹은 자는 역시 사형에 처해야 한다. 요쎄 랍비는 반대 의견을 개진하는데, 정결한 열매였다면 속죄의 물을 부정하게 만들지 않는다고 주장한다. 거제로 드리는 정결한 것은 속죄의 물을 부정하게 만들지 않는다는 주장도 있다(토쎕타).

• 속죄의 물은 사람의 살갗에 닿아도 부정하게 만들지 않지만, 속죄의 물 제의를 드리기에 정결한 사람이 자기 머리나 몸의 대부분을 속죄의 물 안에 집어넣었다면 부정해진다고 규정한다. 왜냐하면 길어온 물에 자기 머리나 몸의 대부분을 담그면 거제와 관련해서 부정해지므로(「자빔」 5, 12), 속죄의 물을 길어온 물로 만들기 때문이다.

## 11, 4

셋째 미쉬나 마지막 규정의 문맥에 이어 물에 몸을 담가 씻고 정결례를 행해야 하는 사람에 관해 논의한다.

---

כֹּל הַטָּעוּן בִּיאַת מַיִם מִדִּבְרֵי תוֹרָה, מְטַמֵּא אֶת הַקֹּדֶשׁ וְאֶת הַתְּרוּמָה וְאֶת הַחֻלִּין וְאֶת הַמַּעֲשֵׂר, וְאָסוּר עַל בִּיאַת הַמִּקְדָּשׁ. לְאַחַר בִּיאָתוֹ, מְטַמֵּא אֶת הַקֹּדֶשׁ, וּפוֹסֵל אֶת הַתְּרוּמָה, דִּבְרֵי רַבִּי מֵאִיר. וַחֲכָמִים אוֹמְרִים, פּוֹסֵל בַּקֹּדֶשׁ וּבַתְּרוּמָה, וּמֻתָּר בַּחֻלִּין וּבַמַּעֲשֵׂר. וְאִם בָּא אֶל הַמִּקְדָּשׁ, בֵּין לִפְנֵי בִיאָתוֹ בֵּין לְאַחַר בִּיאָתוֹ, חַיָּב:

---

토라 본문에 따라 물에 들어가야 할 의무가 있는 모든 사람은 성물과 거제와 속된 〔음식과 둘째〕 십일조를 부정하게 만든다. 그리고 성전에 들어오는 것이 금지되어 있다.

물에 들어간 이후에 〔아직 해가 지지 않았다면〕 그는 성물을 부정하게 만들고, 거제를 무효로 만든다고 메이르 랍비가 말했다. 그러나 현인들은 성물과 거제를 무효로 만든다고 말한다. 그러나 속된 〔음식과 둘째〕 십일조는 허락되었다. 그리고 그가 성전에 들어왔다면, 물에 들어가기 전이건 들어간 후이건, 그는 책임이 있다.

• 토라 본문에서 규정한 대로 부정의 아버지에게 노출되어(「켈림」 1장) 물에 몸을 씻고 정결례를 행해야 하는 모든 사람들은 성물과 거제와 속된 음식과 십일조를 부정하게 만든다. 이때 십일조는 둘째 해에

드린 십일조를 가리키는데, 첫째 십일조는 속된 음식으로 간주한다 (「테불 욤」 4, 1). 이런 부정한 사람은 성전에 출입하는 것도 금지되어 있다.

- 메이르 랍비에 따르면 부정한 사람이 몸을 씻어 정결례를 시행했으나 아직 해가 지지 않은 상태라면, 그 사람은 아직 정결하지 않고 제2차 감염자로 간주한다. 이런 사람은 거제를 제3차 감염자로 만들고, 이런 거제물은 무효가 되지만 부정하지는 않다. 이런 사람은 성물을 제4차 감염자로 부정하게 만든다. 그러나 현인들은 그 사람이 규정대로 정결례를 시행했기 때문에 성물과 거제를 무효로 만들지만 부정하게 만들지는 않는다고 주장한다. 속된 음식이나 둘째 십일조는 먹어도 무방하다.
- 그러나 성전 출입은 물에 들어갔다가 해가 진 이후가 되어 완전히 정결해진 다음에 가능하다.

11, 5

랍비들의 전통에 따라 정결례를 행해야 하는 경우를 논의한다.

---

כֹּל הַטָּעוּן בִּיאַת מַיִם מִדִּבְרֵי סוֹפְרִים, מְטַמֵּא אֶת הַקֹּדֶשׁ, וּפוֹסֵל אֶת הַתְּרוּמָה, וּמֻתָּר בַּחֻלִּין וּבְמַעֲשֵׂר, דִּבְרֵי רַבִּי מֵאִיר. וַחֲכָמִים אוֹסְרִים בְּמַעֲשֵׂר. לְאַחַר בִּיאָתוֹ, מֻתָּר בְּכֻלָּן. וְאִם בָּא אֶל הַמִּקְדָּשׁ, בֵּין לִפְנֵי בִיאָתוֹ וּבֵין לְאַחַר בִּיאָתוֹ, פָּטוּר:

---

서기들의 말에 따라 물에 들어가야 할 의무가 있는 모든 사람은 성물을 부정하게 만들고, 거제를 무효로 만들지만, 속된 [음식과 둘째] 십일조는 허락된다. 그러나 현인들은 [둘째] 십일조도 금지한다.

그가 [물에] 들어간 다음에는 모든 것이 허락된다. 그리고 그가 성전에 들어가면, 그가 [물에] 들어가기 전이든 이후이든 [상관없이] 그는 [책임에서] 면제된다.

- 토라의 규정은 없지만 랍비들의 전통에 따라 물에 들어가서 정결례를 시행해야 하는 사람들이 있는데, 부정한 음식이나 음료수를 마신 사람이다(「자빔」 5, 12). 이런 사람들은 성물을 부정하게 만들고, 거제를 무효로 만들지만, 속된 음식과 둘째 십일조를 먹는 것은 허락된다. 이에 반대하며 십일조는 금지된다는 의견도 있다.
- 이런 사람이 물에 들어가서 정결례를 행하면 아직 저녁이 되지 않았다고 해도 모든 것을 허락받으며 성전에도 들어갈 수 있다.

11, 6

다시 속죄의 물 제의와 관련된 규정으로 돌아온다.

---

כֹּל הַטָּעוּן בִּיאַת מַיִם, בֵּין מִדִּבְרֵי תוֹרָה בֵּין מִדִּבְרֵי סוֹפְרִים, מְטַמֵּא אֶת
מֵי חַטָּאת וְאֶת אֵפֶר חַטָּאת וְאֶת הַמַּזֶּה מֵי חַטָּאת, בְּמַגָּע וּבְמַשָּׂא. הָאֵזוֹב
הַמֻּכְשָׁר, וְהַמַּיִם שֶׁאֵינָן מְקֻדָּשִׁים, וּכְלִי רֵיקָם הַטָּהוֹר לְחַטָּאת, בְּמַגָּע
וּבְמַשָּׂא, דִּבְרֵי רַבִּי מֵאִיר. וַחֲכָמִים אוֹמְרִים, בְּמַגָּע אֲבָל לֹא בְמַשָּׂא:

---

토라 본문이나 서기들의 말에 따라 물에 들어가야 할 의무가 있는 모든 사람은 속죄의 물과 속죄의 재와 속죄의 물을 뿌리는 사람을 접촉이나 옮기기를 통해 부정하게 만든다. 유효한 히솝 풀과 〔아직〕 거룩하게 만들지 않은 물과 속죄제에 관련하여 정결한 빈 그릇도 접촉과 옮기기를 통해 〔부정하게 만든다고〕 메이르 랍비가 주장했다. 그러나 현인들은 접촉을 통해서 〔부정하게 만들지만〕 옮기기를 통해서는 〔부정하게 만들지〕 않는다고 말한다.

- 토라의 규정에 의해서 또는 랍비들의 전통에 의해서 물에 몸을 씻어야 한다고 규정된 부정한 사람이 속죄의 물이나 붉은 암소의 재 또는 속죄의 물을 뿌리는 사람을 접촉하거나 그것을 들어 옮기기만 해도 부정이 전이된다.

- 이 사람이 속죄의 물 제의와 관련해서 정결한 음료수와 접촉하여 유효하게 만든 히솝 풀과(여덟째 미쉬나) 아직 거룩하게 만들지 않은 물과 속죄의 물 제의에 관련하여 정결한 빈 그릇을 접촉하거나 옮긴다면 부정해진다고 메이르 랍비가 주장했다. 그러나 현인들은 접촉의 부정은 인정해도 옮기기 부정은 인정하지 않는다.

11, 7

속죄의 물을 뿌릴 때 쓰는 히솝 풀에 관해 논의한다.

---

כָּל אֵזוֹב שֶׁיֵּשׁ לוֹ שֵׁם לְוַי, פָּסוּל. אֵזוֹב זֶה, כָּשֵׁר. אֵזוֹב יָוֵן, אֵזוֹב כּוֹחֲלִית, אֵזוֹב רוֹמִי, אֵזוֹב מִדְבָּרִי, פָּסוּל. וְשֶׁל תְּרוּמָה טְמֵאָה, פָּסוּל. וְשֶׁל טְהוֹרָה, לֹא יַזֶּה. וְאִם הִזָּה, כָּשֵׁר. אֵין מַזִּין לֹא בְיוֹנְקוֹת, וְלֹא בִתְמָרוֹת. אֵין חַיָּבִין עַל הַיּוֹנְקוֹת עַל בִּיאַת הַמִּקְדָּשׁ. רַבִּי אֱלִיעֶזֶר אוֹמֵר, אַף לֹא עַל הַתְּמָרוֹת. אֵלּוּ הֵן הַיּוֹנְקוֹת, גִּבְעוֹלִין שֶׁלֹּא גָמָלוּ:

---

동반하는 이름이 〔따로〕 있는 모든 히솝 풀은 무효가 된다. 〔보통〕 그것을 히솝이라고 〔부르는〕 것은 유효하다. 에조비온 히솝, 푸른 히솝, 로마 히솝, 광야 히솝은 무효가 된다. 거제와 관련해서 부정한 것은 무효가 되고, 정결한 것으로는 〔속죄의 물을〕 뿌리지 않는다. 그러나 만약 〔속죄의 물을〕 뿌렸다 해도, 유효하다. 너무 어린 〔히솝이나〕 그 줄기로 〔속죄의 물을〕 뿌리지 않는다. 너무 어린 〔히솝으로 속죄의 물을 뿌린〕 자가 성전에 들어갔어도 책임이 없다. 엘리에제르 랍비는 그 줄기로 〔속죄의 물을 뿌린〕 자도 〔책임이〕 없다고 말한다. 너무 어린 〔히솝은〕 어떤 것인가? 다 여물지 않은 꽃봉오리를 〔가리킨다〕.

- 속죄의 물을 뿌릴 때 사용하는 히솝 풀은 특별한 이름을 덧붙이는 경우에 무효가 되므로 사용할 수 없고, 사람들이 그냥 하솝이라고 부르는 풀만 유효하다(「파라」 3, 10). 예를 들어 에조비온 히솝, 푸

른 히솝, 로마 히솝, 광야 히솝 등은 무효가 된다(「네가임」 14, 6).

- 부정한 거제가 된 히솝은 무효가 되는데, 오히려 속죄의 물을 부정하게 만들기 때문이다. 거제 중에서 속죄의 물 제의에 쓰려고 잘 보관해둔 정결한 히솝으로도 속죄의 물을 뿌리지 않는 것이 좋다. 거제로 바친 정결한 제물은 절대로 무효로 만들면 안 되는데, 속죄의 물 제의를 시행하다가 실수로 거제물을 무효로 만들 가능성이 있기 때문이다. 그러나 정결한 거제가 된 히솝으로 속죄의 물을 뿌렸다고 해도, 물뿌림을 받은 사람은 정결하다.
- 아직 다 자라지 않은 히솝 싹이나 잎이 다 피지 않은 줄기로 속죄의 물을 뿌리지 않는다.

## 11, 8

אֵזוֹב שֶׁהִזָּה בוֹ, כָּשֵׁר לְטַהֵר בּוֹ אֶת הַמְּצֹרָע. לִקְטוֹ לְעֵצִים וְנָפְלוּ עָלָיו מַשְׁקִין, מְנַגְּבוֹ וְהוּא כָשֵׁר. לִקְטוֹ לָאֳכָלִין וְנָפְלוּ עָלָיו מַשְׁקִין, אַף עַל פִּי שֶׁנִּגְּבוֹ, פָּסוּל. לִקְטוֹ לְחַטָּאת, כִּמְלֻקָּט לָאֳכָלִין, דִּבְרֵי רַבִּי מֵאִיר. רַבִּי יְהוּדָה וְרַבִּי יוֹסֵי וְרַבִּי שִׁמְעוֹן אוֹמְרִים, כִּמְלֻקָּט לְעֵצִים:

〔속죄의 물을〕 뿌리는 데 〔썼던〕 히솝 풀은 피부병자를 정결하게 하는 데 유효하다. 그것을 '나무'로 땄을 때, 그 위에 음료수가 떨어져도 그것을 말리면, 그것이 유효하다. 그것을 '음식'으로 땄을 때, 그 위에 음료수가 떨어지면, 그것을 말린다고 해도 무효가 된다. 속죄제를 위해서 땄을 때는 음식으로 땄을 때와 같다고 메이르 랍비가 주장했다. 예후다 랍비와 요쎄 랍비와 쉼온 랍비는 나무로 땄을 때와 같다고 말한다.

- 일단 속죄의 물을 뿌리는 데 썼던 히솝 풀을 나중에 피부병자의 정결례에 다시 사용할 수 있다(「네가임」 14, 1).[29]

- 히솝 풀을 채취할 때 '나무'로 생각하고 땄다면, 그 위에 음료수가 떨어져도 말리기만 하면 다시 사용하는 데 유효하다. 나무는 음료수가 떨어져도 부정해지지 않으며, 떨어진 음료수를 말리면 속죄의 물과 섞이는 것을 막을 수 있다. 그러나 '음식'으로 생각하고 땄다면, 그 위에 음료수가 떨어지면서 부정해질 가능성이 생기고, 말려도 속죄의 물 제의와 관련해서 무효가 된다.
- 속죄의 물을 뿌리기 위해서 땄을 때, 메이르 랍비는 음식으로 딴 것과 같다고 주장하고, 예후다 랍비와 요쎄 랍비와 쉼온 랍비는 나무로 딴 것과 같다고 말한다.

## 11, 9

מִצְוַת אֵזוֹב, שְׁלֹשָׁה קְלָחִים וּבָהֶם שְׁלֹשָׁה גִבְעוֹלִין. רַבִּי יְהוּדָה אוֹמֵר, שֶׁל שְׁלֹשָׁה שְׁלֹשָׁה. אֵזוֹב שֶׁיֶּשׁ בּוֹ שְׁלֹשָׁה קְלָחִים, מְפַסְּגוֹ וְאוֹגְדוֹ. פִּסְּגוֹ וְלֹא אֲגָדוֹ, אֲגָדוֹ וְלֹא פִסְּגוֹ, לֹא פִסְּגוֹ וְלֹא אֲגָדוֹ, כָּשֵׁר. רַבִּי יוֹסֵי אוֹמֵר, מִצְוַת אֵזוֹב, שְׁלֹשָׁה קְלָחִים, וּבָהֶם שְׁלֹשָׁה גִבְעוֹלִים, וּשְׁיָרָיו שְׁנַיִם, וְגַרְדְּמָיו כָּל שֶׁהוּא:

히솝 풀에 〔관한〕 계명은 세 줄기에 꽃봉오리 세 개다. 예후다 랍비는 세 줄기가 〔각각〕 꽃봉오리 세 개가 있어야 한다고 말한다. 세 줄기가 있는 히솝 풀은 잘라 나누어 묶는다. 그것을 잘랐지만 묶지 않았거나, 묶었지만 자르지 않았거나, 자르지도 않고 묶지도 않았다고 해도, 그것이 유효하다. 요쎄 랍비는 히솝 풀에 〔관한〕 계명이 세 줄기에 꽃봉오리 세 개지만, 그 남은 것이 두 개여도 〔되고〕, 잘리고 남은 부분이 어떤 것이어도 무방하다고 말한다.

29) 엘리에제르 랍비의 반대의견도 있다(토쎕타 「네가임」 8, 2; 예루살렘 탈무드 「쏘타」 2, 2).

- 속죄의 물 제의에 사용하는 히솝 풀은 줄기가 세 개에 꽃봉오리가 세 개, 즉 줄기마다 꽃봉오리가 하나씩 달려 있으면 된다. 예후다 랍비는 이에 반대하며, 각 줄기마다 꽃봉오리가 세 개씩 달려 있어야 한다고 주장한다.
- 규정에 맞는 히솝 풀을 채취했다면 세 줄기를 잘라서 하나씩 나눈 다음 묶어서 제의에 사용한다(출 12:22). 그러나 꼭 잘라 나눈 다음 묶지 않았다고 해도 제의는 유효하다.
- 요쎄 랍비는 히솝 풀에 관한 계명을 인정하지만, 준비하는 과정에서 한 줄기가 없어지고 두 줄기만 남았어도 유효하며, 꽃봉오리가 피어 사라지고 밑둥만 남았어도 상관없다고 주장한다.

## 제12장

히솝 풀이 너무 짧거나 속죄의 물을 잘못 뿌렸을 경우, 속죄의 물 때문에 부정이 전이되는 경우, 서로 연결되거나 연결되지 않는 그릇이나 도구에 속죄의 물을 뿌리는 방법, 속죄의 물을 뿌리는 시간에 관해서 설명한다.

### 12, 1
히솝 풀이 너무 짧아서 병 속에 넣을 수 없는 상황을 논의한다.

---

הָאֵזוֹב הַקָּצָר, מְסַפְּקוֹ בְחוּט וּבְכוּשׁ, וְטוֹבֵל וּמַעֲלֶה, וְאוֹחֵז בָּאֵזוֹב וּמַזֶּה. רַבִּי יְהוּדָה וְרַבִּי שִׁמְעוֹן אוֹמְרִים, כְּשֵׁם שֶׁהַזָּיָה בָּאֵזוֹב, כָּךְ טְבִילָה בָאֵזוֹב:

---

히솝 풀이 〔너무〕 짧을 때에는 실이나 갈대를 사용해서 〔속죄의 물에〕 담갔다가 들어올린 후, 그 히솝 풀을 잡아 〔속죄의 물을〕 뿌린다.

예후다 랍비와 쉼온 랍비는 뿌리는 〔동작을〕 히솝으로 〔해야 하는〕 것처럼, 담그는 〔동작도〕 히솝으로 〔해야 한다고〕 말한다.

- 히솝 풀이 너무 짧아서 속죄의 물을 보관해놓은 병 밑바닥에 닿지않고 제의를 시행할 수 없을 때, 실이나 갈대 또는 막대기를 사용해서 히솝을 속죄의 물에 담갔다가 들어 올린 다음, 다시 히솝 풀을 손으로 잡고 속죄의 물을 뿌린다.
- 예후다 랍비와 쉼온 랍비는 이 규정에 반대하며, 속죄의 물을 뿌리는 동작을 히솝으로 해야 하는 것처럼, 담그는 동작도 실이나 갈대의 도움 없이 히솝으로만 해야 한다고 주장한다.

12, 2

---

הִזָּה, סָפֵק מִן הַחוּט, סָפֵק מִן הַכּוּשׁ, סָפֵק מִן הַגִּבְעוֹל, הַזָּיָתוֹ פְסוּלָה. הִזָּה עַל שְׁנֵי כֵלִים, סָפֵק עַל שְׁנֵיהֶם הִזָּה, סָפֵק מֵחֲבֵרוֹ מִצָּה עָלָיו, הַזָּיָתוֹ פְסוּלָה. מַחַט שֶׁהִיא נְתוּנָה עַל הַחֶרֶס, וְהִזָּה עָלֶיהָ, סָפֵק עַל הַמַּחַט הִזָּה, סָפֵק מִן הַחֶרֶס מִצָּה עָלֶיהָ, הַזָּיָתוֹ פְסוּלָה. צְלוֹחִית שֶׁפִּיהָ צַר, טוֹבֵל וּמַעֲלֶה כְדַרְכּוֹ. רַבִּי יְהוּדָה אוֹמֵר, הַזָּיָה רִאשׁוֹנָה. מֵי חַטָּאת שֶׁנִּתְמַעֲטוּ, טוֹבֵל אֲפִלּוּ רָאשֵׁי גִבְעוֹלִין וּמַזֶּה, וּבִלְבַד שֶׁלֹּא יְסַפֵּג. נִתְכַּוֵּן לְהַזּוֹת לְפָנָיו וְהִזָּה לְאַחֲרָיו, לְאַחֲרָיו וְהִזָּה לְפָנָיו, הַזָּיָתוֹ פְסוּלָה. לְפָנָיו, וְהִזָּה עַל הַצְּדָדִין שֶׁלְּפָנָיו, הַזָּיָתוֹ כְשֵׁרָה. מַזִּין עַל הָאָדָם מִדַּעְתּוֹ וְשֶׁלֹּא מִדַּעְתּוֹ. מַזִּין עַל הָאָדָם וְעַל הַכֵּלִים, וַאֲפִלּוּ הֵן מֵאָה:

---

〔속죄의 물을〕 뿌렸는데, 〔그 물을 뿌린 것이〕 실인지, 갈대인지, 꽃봉오리인지 의심이 생긴다면, 그 〔속죄의 물〕 뿌리기는 무효가 된다. 〔속죄의 물을〕 그릇 두 개 위에 뿌렸는데, 〔그 물을 뿌린 것이〕 그 둘 위인지, 하나에서 다른 하나 위로 튀었는지 의심이 생긴다면, 그 〔속죄의 물〕 뿌리기는 무효가 된다. 바늘이 토기 위에 놓여 있었고, 그 위에 〔속죄의 물을〕 뿌렸는데, 〔그 물을 뿌린 것이〕 그 바늘 위인

지, 토기에서 그 〔바늘〕 위로 튀었는지 의심이 생긴다면, 그 〔속죄의 물〕 뿌리기는 무효가 된다.

입구가 좁은 작은 병 〔속에 속죄의 물이 있어서〕 규정대로 〔히솝 풀을〕 담그고 들어 올렸다. 예후다 랍비는 첫 번째로 뿌릴 때만 〔그렇게 한다고〕 말한다.

속죄의 물이 줄어들었을 때, 〔히솝 풀이 물을〕 흡수하지 않는 한, 꽃봉오리의 머리 부분이라도 담갔다가 뿌린다.

자기 앞으로 〔속죄의 물을〕 뿌릴 의도였으나 자기 뒤로 뿌렸거나, 뒤로 〔뿌릴 의도였으나〕 앞으로 뿌렸다면, 그 〔속죄의 물〕 뿌리기는 무효가 된다. 자기 앞으로 〔속죄의 물을 뿌릴 의도였으나〕 자기 앞에 양쪽 옆으로 뿌렸다면, 그 〔속죄의 물〕 뿌리기는 유효하다.

사람 위에 〔속죄의 물을〕 뿌릴 때 그가 알고 있건 알지 못하건 〔상관이 없다〕. 사람 위에 그리고 그릇 위에 〔속죄의 물을〕 뿌릴 때, 백 명이나 〔백 개가〕 있어도 〔상관이 없다〕.

- 이 미쉬나는 대부분 규정이 분명하여 별다른 설명이 필요하지 않다.
- 입구가 좁은 병에 속죄의 물이 들어 있을 때 문제가 되는 이유는 히솝 풀을 병에 넣을 때 힘을 사용하면 히솝 풀의 즙이 배어나와 속죄의 물과 섞일 가능성이 있기 때문이다. 그래서 처음 한 번만 유효하다고 인정한 것이다.
- 속죄의 물이 점점 줄어들어도 히솝을 물에 담그거나 찍어야지 밑바닥 가장자리나 테두리 부분에 남은 물에 꾹꾹 눌러서 흡수시키면 안 된다. 토라의 규정이 담그기로 확실히 밝히기 때문이다(민 19:18).
- 속죄의 물을 뿌리는 방향은 물을 뿌리는 자의 의도와 일치할 때 유효하다.
- 속죄의 물이 직접 닿는다면 한꺼번에 사람 백 명이나 그릇 백 개 위

에 뿌려도 무방하다.

## 12, 3

נִתְכַּוֵּן לְהַזּוֹת עַל דָּבָר שֶׁהוּא מְקַבֵּל טֻמְאָה וְהִזָּה עַל דָּבָר שֶׁאֵינוֹ מְקַבֵּל
טֻמְאָה, אִם יֵשׁ בָּאֵזוֹב, לֹא יִשְׁנֶה. עַל דָּבָר שֶׁאֵינוֹ מְקַבֵּל טֻמְאָה, וְהִזָּה עַל
דָּבָר שֶׁמְּקַבֵּל טֻמְאָה, אִם יֵשׁ בָּאֵזוֹב, יִשְׁנֶה. עַל הָאָדָם, וְהִזָּה עַל הַבְּהֵמָה,
אִם יֵשׁ בָּאֵזוֹב, לֹא יִשְׁנֶה. עַל הַבְּהֵמָה, וְהִזָּה עַל הָאָדָם, אִם יֵשׁ בָּאֵזוֹב,
יִשְׁנֶה. הַמַּיִם הַמְנַטְּפִים, כְּשֵׁרִים. לְפִיכָךְ הֵם מְטַמְּאִין לְשֵׁם מֵי חַטָּאת:

부정해질 수 있는 물건 위에 〔속죄의 물을〕 뿌릴 의도였는데 부정해질 수 없는 물건 위에 뿌렸을 때, 만약 히솝에 〔속죄의 물이〕 남아 있다면, 그는 〔뿌리는 행동을〕 반복하지 않는다. 부정해질 수 없는 물건 위에 〔속죄의 물을 뿌릴 의도였는데〕 부정해질 수 있는 물건 위에 뿌렸을 때, 만약 히솝에 〔속죄의 물이〕 남아 있다면, 그는 〔뿌리는 행동을〕 반복한다.

사람 위에 〔속죄의 물을 뿌릴 의도였는데〕 가축 위에 뿌렸을 때, 만약 히솝에 〔속죄의 물이〕 남아 있다면, 그는 〔뿌리는 행동을〕 반복하지 않는다. 가축 위에 〔속죄의 물을 뿌릴 의도였는데〕 사람 위에 뿌렸을 때, 만약 히솝에 〔속죄의 물이〕 남아 있다면, 그는 〔뿌리는 행동을〕 반복한다. 〔히솝에서〕 떨어지는 물은 유효하다. 그러므로 그 〔물은〕 속죄의 물이라는 〔이유로〕 부정하게 만든다.

- 사람처럼 부정해질 수 있는 대상 위에 속죄의 물을 뿌릴 의도였는데 실수로 가축처럼 부정해질 수 없는 대상 위에 뿌렸을 때, 만약 히솝 풀 위에 속죄의 물이 남아 있더라도 이 물은 무효가 되며, 이 물을 뿌려서 정결례를 행할 수 없다. 그 이유는 부정해질 수 없는 대상 위에 속죄의 물을 뿌리는 것은 규정에 어긋나기 때문이다. 반대로 사람처

럼 부정해질 수 있는 대상 위에 뿌렸을 때는, 이 행위가 규정에 맞기 때문에 히솝 풀에 남아 있는 속죄의 물은 무효가 되지 않으며, 계속해서 남은 물로 정결례를 시행할 수 있다.

- 히솝 풀에서 유효한 물이 뚝뚝 떨어져도 그 물을 뿌려서 정결례를 시행할 수 있으며, 그 속죄의 물이 유효하기 때문에 접촉과 옮기기를 통해 부정을 전이할 수 있다.

## 12, 4

창문에서 속죄의 물을 뿌리는 행위를 논의한다.

---

הַמַּזֶּה מֵחַלּוֹן שֶׁל רַבִּים וְנִכְנַס לַמִּקְדָּשׁ וְנִמְצְאוּ הַמַּיִם פְּסוּלִים, פָּטוּר. מֵחַלּוֹן שֶׁל יָחִיד וְנִכְנַס לַמִּקְדָּשׁ וְנִמְצְאוּ הַמַּיִם פְּסוּלִין, חַיָּב. אֲבָל כֹּהֵן גָּדוֹל, בֵּין מֵחַלּוֹן שֶׁל יָחִיד בֵּין מֵחַלּוֹן שֶׁל רַבִּים, פָּטוּר, שֶׁאֵין כֹּהֵן גָּדוֹל חַיָּב עַל בִּיאַת הַמִּקְדָּשׁ. מַחֲלִיקִין הָיוּ לִפְנֵי חַלּוֹן שֶׁל רַבִּים וְדוֹרְסִין וְלֹא נִמְנָעִין, מִפְּנֵי שֶׁאָמְרוּ, מֵי חַטָּאת שֶׁעָשׂוּ מִצְוָתָן, אֵינָן מְטַמְּאִין:

---

〔어떤 사람이〕 많은 사람이 〔사용하는〕 창문에서 〔속죄의 물을〕 뿌렸고 〔그 물을 맞은 사람이〕 성전에 들어갔다면, 그 물은 무효가 되고 그 사람은 〔책임이〕 면제된다. 개인이 〔사용하는〕 창문에서 〔속죄의 물을 뿌렸고 그 물을 맞은 사람이〕 성전에 들어갔다면, 그 물은 무효가 되지만, 그 사람은 책임이 있다. 그러나 대제사장은 개인의 창문이건 많은 사람이 〔사용하는〕 창문이건 〔상관없이 책임이〕 면제되니, 대제사장은 성전에 들어가는 일 때문에 책임을 지울 수 없기 때문이다.

많은 사람이 〔사용하는〕 창문 앞에서 미끄러져서 〔바닥에 고인 속죄의 물을〕 밟고도 〔성전에 들어가기를〕 서슴지 않곤 했는데, 그래서 계명을 완수한 속죄의 물은 부정하게 만들지 않는다고 말했다.

- 속죄의 물을 만들어 일반 대중들이 사용할 수 있도록 성전 입구 공공 장소에 나누어 보관하는데, 어떤 사람이 공공 건물 창문에서 속죄의 물을 뿌렸고, 그렇게 속죄의 물을 맞은 사람이 성전에 들어갔다면, 그 물은 무효가 되지만 그 사람은 제물을 바쳐야 할 책임이 면제된다. 그는 속죄의 물이 무효가 되었다고 생각할 이유가 없었고, 어쩔 수 없이(오네스) 그 상태로 성전에 들어갔기 때문이다. 그러나 개인 집 창문에서 뿌리는 속죄의 물을 맞은 후 성전에 들어갔다면 그 물은 무효가 되지만 그 사람은 제물을 바칠 책임이 있다. 그 속죄의 물은 개인이 보관하고 있던 것이므로 유효한지 무효가 되었는지 확인해야 했고, 그 물을 맞은 사람은 실수를 저질렀으므로(쇼게그) 속죄제를 드려야 한다.
- 같은 상황에서 대제사장이 속죄의 물을 맞았을 때, 어떤 창문이었는지 상관없이 제물을 바쳐야 할 책임을 면제받는다. 대제사장이 성전에 들어가는 일을 막을 수는 없기 때문이다(「호라욧」 2, 7).
- 대중들이 사용하는 속죄의 물 보관 장소에는 물을 뿌리면서 바닥에 튀어 고인 웅덩이가 생길 수 있는데, 실수로 미끄러져서 속죄의 물을 밟고도 자신이 부정해졌다고 생각하지 않고 성전에 출입하는 일이 있었다. 그래서 이미 한 번 뿌려서 계명대로 사용한 속죄의 물은 더는 부정하게 만들지 않는다는 말을 하곤 했다(「에두욧」 5, 3).

## 12, 5

---

אוֹחֵז הוּא הַטָּהוֹר בַּקַּרְדֹּם הַטָּמֵא בִּכְנָפוֹ, וּמַזֶּה עָלָיו. אַף עַל פִּי שֶׁיֵּשׁ עָלָיו כְּדֵי הַזָּיָה, טָהוֹר. כַּמָּה יְהֵא בַמַּיִם וְיִהְיֶה בָהֶם כְּדֵי הַזָּיָה. כְּדֵי שֶׁיַּטְבִּיל רָאשֵׁי גִבְעוֹלִין וְיַזֶּה. רַבִּי יְהוּדָה אוֹמֵר, רוֹאִים אוֹתָם כְּאִלּוּ הֵן עַל אֵזוֹב שֶׁל נְחֹשֶׁת:

---

어떤 정결한 사람이 자기 옷깃에 부정한 도끼를 〔싸서〕 쥐고 〔다른 손으로〕 그 위에 〔속죄의 물을〕 뿌렸다. 그 위에 〔다시〕 뿌릴 만큼 〔속

죄의 물이] 남아 있더라도, 그는 정결하다.

[다시] 뿌릴 만큼이 되려면 물이 얼마나 있어야 하는가? [히솝] 꽃봉오리 끝을 담갔다가 뿌릴 수 있는 만큼이다. 예후다 랍비는 구리로 [만든] 히솝 위에 있는 것처럼 볼 수 있어야 한다고 말한다.

- 어떤 정결한 사람이 자기 옷깃에 부정한 도끼를 싸서 쥐고 다른 손으로 그 도끼 위에 속죄의 물을 뿌렸을 때(학 2:12), 그 도끼 위에 정결례를 치를 양보다 더 많은 속죄의 물이 떨어져서 다시 한번 뿌릴 만큼이 되었다면, 그 사람은 자기 도끼를 정결하게 만드는데 쓰지 않은 속죄의 물을 들어 옮기는 것과 마찬가지 상황이 되지만, 그 사람은 계명을 제대로 지키다가 그렇게 되었으므로 정결하다고 간주한다.
- 여기서 다시 뿌릴 만큼이 되려면 속죄의 물이 히솝 꽃봉오리 끝을 담갔다가 뿌릴 수 있는 만큼 있어야 한다. 예후다 랍비는 히솝을 구리로 만들어서 속죄의 물을 전혀 흡수하지 않고 볼 수 있는 정도라고 설명을 덧붙인다.

## 12, 6

---

הַמַּזֶּה בְאֵזוֹב טָמֵא, אִם יֶשׁ בּוֹ כַבֵּיצָה, הַמַּיִם פְּסוּלִים, וְהַזָּיָתוֹ פְסוּלָה. אֵין בּוֹ כַבֵּיצָה, הַמַּיִם כְּשֵׁרִים, וְהַזָּיָתוֹ פְסוּלָה. וּמְטַמֵּא אֶת חֲבֵרוֹ, וַחֲבֵרוֹ אֶת חֲבֵרוֹ, אֲפִלּוּ הֵן מֵאָה:

---

어떤 사람이 부정한 히솝 풀로 [속죄의 물을] 뿌렸을 때, 만약 그 [히솝이] 달걀 [크기]만 했다면, 그 물은 무효가 되고 그 [속죄의 물] 뿌리기도 무효가 된다. 만약 달걀 [크기]만 하지 않았다면, 그 물은 유효하지만 그 [속죄의 물] 뿌리기는 무효가 된다. 그 [히솝은] 다른 [히솝을] 부정하게 만들고, 그 다른 [히솝은] 또 다른 [히솝을 부정하

게 만들며], 그렇게 백 번이라도 [부정하게 만든다].

- 어떤 사람이 속죄의 물 제의를 위해 구별해놓지 않은 부정한 히솝 풀을 사용해서 속죄의 물을 뿌렸을 때, 그 풀이 음식이 부정해지는 최소 규정인 달걀 크기 이상이 되었다면(「파라」 11, 3), 그 속죄의 물이 접촉으로 인해 무효가 되고 그 제의도 무효가 된다. 만약 히솝 풀이 달걀 크기에 미치지 못했다면, 이것과 접촉해도 속죄의 물이 부정해지지는 않지만 제의는 무효가 된다.
- 최소 크기 규정에 맞는 부정한 히솝 풀은 접촉을 통해 다른 히솝 풀을 부정하게 만들고, 속죄의 물 제의에 관련해서는 예외적으로 부정이 전이되면서 부정의 정도가 약화되지 않으며, 마치 처음처럼 계속해서 부정이 전이된다.

## 12, 7

---

הַטָּהוֹר לְחַטָּאת שֶׁנִּטְמְאוּ יָדָיו, נִטְמָא גוּפוֹ, וּמְטַמֵּא אֶת חֲבֵרוֹ, וַחֲבֵרוֹ אֶת חֲבֵרוֹ, אֲפִלּוּ הֵן מֵאָה:

---

속죄제와 관련해서 정결한 사람의 손이 부정해지면, 그의 몸도 부정해지며, 다른 사람도 부정하게 만들고, 그 다른 사람은 [또] 다른 사람을 [부정하게 만들며], 그렇게 백 번이라도 [부정하게 만든다].

- 손이 부정해지면 몸도 부정해지고, 다른 사람도 부정하게 만든다는 원칙을 재확인 하고 있다(「파라」 9, 8; 10, 2). 이런 원칙은 속죄의 물과 관련된 것이며, 다른 부정은 이런 식으로 전이되지 않는다.

## 12, 8
속죄의 물로 정결하게 만드는 그릇에 관해 논의한다.

---

לָגִין שֶׁל חַטָּאת שֶׁנִּטְמְאוּ אֲחוֹרָיו, נִטְמָא תוֹכוֹ, וּמְטַמֵּא אֶת חֲבֵרוֹ, וַחֲבֵרוֹ אֶת חֲבֵרוֹ, אֲפִלּוּ הֵן מֵאָה. הַזּוֹג וְהָעִנְבָּל, חִבּוּר. כּוּשׁ שֶׁל רוֹבָן, לֹא יַזֶּה לֹא עַל הַכּוּשׁ וְלֹא עַל הַפִּיקָה. וְאִם הִזָּה, מֻזֶּה. שֶׁל פִּשְׁתָּן, חִבּוּר. עוֹר שֶׁל עֲרִיסָה שֶׁהוּא מְחֻבָּר לַפִּיקוֹת, חִבּוּר. הַמַּלְבֵּן, אֵינוֹ חִבּוּר לֹא לְטֻמְאָה וְלֹא לְטָהֳרָה. כָּל יְדוֹת הַכֵּלִים הַקְּדוּחוֹת, חִבּוּר. רַבִּי יוֹחָנָן בֶּן נוּרִי אוֹמֵר, אַף הַחֲרוּקוֹת:

---

속죄제와 관련된 큰 병의 바깥쪽이 부정해지면, 그 안쪽도 부정해지고, 다른 병도 부정하게 만들며, 그 다른 병은 〔또〕 다른 병을 〔부정하게 만들고〕, 그렇게 백 번이라도 〔부정하게 만든다〕.

종과 추는 연결되어 있다. 거친 씨실을 〔거는〕 굴대에 〔관련해서〕 그 가락 위나 바퀴 위에만 〔속죄의 물을〕 뿌리지 않는다. 그러나 그가 〔속죄의 물을〕 뿌렸다면, 〔유효하게〕 뿌려진 것으로 〔간주한다〕. 아마와 〔관련된 물건들은〕 연결되어 있다. 요람을 〔만드는〕 가죽을 가락 바퀴와 연결했다면 연결되어 있다. 〔침대의〕 틀은 부정이나 정결함과 〔관련하여〕 연결되지 않는다. 그릇에 구멍을 뚫어 〔만든〕 손잡이는 모두 연결되어 있다. 요하난 벤 누리 랍비는 긁어내어 〔만든 손잡이도 연결된 것이라고〕 말한다.

- 속죄의 물을 담은 큰 병 바깥쪽 벽에 부정한 액체가 묻었을 때, 내용물이 일반적인 음식이었다면 그 병 안쪽은 정결하지만(「켈림」 25, 1, 6), 속죄의 물이기 때문에 안쪽도 부정해지는데, 이것은 마치 거룩한 제물과 같다(「켈림」 25, 9). 이렇게 부정해진 병은 다른 병을 부정하게 만든다.
- 속죄의 물을 뿌려서 정결하게 만들 때, 종과 추는 서로 연결되어 있

는 것으로 간주하며(「켈림」 14, 4), 한쪽에만 뿌려도 전체가 정결해진다.

- 갈대로 거친 깔개를 짜서 만들 때 쓰는 가락이나 바퀴는 연결된 것으로 간주하지 않으며(「켈림」 21, 1), 전체적으로 속죄의 물이 떨어지도록 뿌려야 한다. 그러나 이미 가락 위에 뿌렸다면 유효한 것으로 인정한다.
- 아마로 천을 짤 때 쓰는 부속들은 모두 연결된 것으로 간주한다.
- 요람을 만드는 가죽을 가락바퀴처럼 튀어나온 부분에 걸었다면 모두 연결된 것으로 간주한다.
- 침대의 틀은 다른 부속들과 연결되지 않은 것으로 간주하며, 속죄의 물은 각각 따로 뿌려야 한다.
- 그릇에 구멍을 뚫거나 긁어내고 손잡이를 끼운 것은 쉽게 분리되지 않으므로 연결된 것으로 간주한다.

## 12, 9

הַסַּלִּים שֶׁבַּקַּנְתָּל, וְהַמִּטָּה שֶׁל טַרְבָּל, וְקֶרֶן שֶׁל כְּלִיבָה, וּקְרָנַיִן שֶׁל יוֹצְאֵי
דְרָכִים, וְשַׁלְשֶׁלֶת הַמַּפְתְּחוֹת, וּשְׁלַל הַכּוֹבְסִים, וְהַבֶּגֶד שֶׁהוּא תָפוּר בְּכִלְאַיִם,
חִבּוּר לַטֻּמְאָה וְאֵינוֹ חִבּוּר לַהַזָּיָה:

길마에 〔다는〕 바구니들과 탈곡하는 판[30]과 상여[31]의 뿔과 여행자들의 물병[32]과 열쇠 고리와 세탁자들이 〔임시로〕 꿰맨 것[33], 옷에 꿰

30) 탈곡할 때 쓰는 판(המטה של טרבל)은 나무 판에 날카로운 돌이나 금속 조각을 박고 곡식을 내려쳐서 떠는 도구로, 히브리 성경에는 '모라그'(מורג)라고 썼다.

31) 이 낱말(כליבה)은 철자법이 틀린 것으로 보이며 원래 '클리카'(כליכה)로 침대처럼 길게 생긴 의자로 머리 부분에 뿔이 달려 있다. 시체를 옮길 때 쓴다.

32) 길을 떠나는 여행자들이 동물의 뿔로 물병을 만들어 사용한다(삼상 16:1, 13).

33) 직업 세탁자들이 임시로 옷들을 꿰매어 서로 섞이지 않도록 만드는 행위를 배

매어 놓은 재료가 다른 천 조각[34]은 부정과 관련해서 연결되어 있으나 〔속죄의 물〕 뿌리기와 관련해서는 연결되지 않았다.

- 이 미쉬나에 언급한 상황에서 어느 한 부분이 부정에 노출되면 다른 부분도 동시에 부정해지니, 서로 연결되어 있기 때문이다. 그러나 속죄의 물을 뿌릴 때는 각 부분에 속죄의 물을 따로 뿌려야 하니, 서로 연결되지 않은 것으로 간주하기 때문이다.

## 12, 10

כִּסּוּי מֵחַם שֶׁהוּא מְחֻבָּר לְשַׁלְשֶׁלֶת, בֵּית שַׁמַּאי אוֹמְרִים, חִבּוּר לַטֻּמְאָה וְאֵינוֹ חִבּוּר לְהַזָּיָה. בֵּית הִלֵּל אוֹמְרִים, הִזָּה עַל הַמֵּחַם, הֻזָּה הַכִּסּוּי. הִזָּה עַל הַכִּסּוּי, לֹא הֻזָּה הַמֵּחַם. הַכֹּל כְּשֵׁרִים לְהַזּוֹת, חוּץ מִטֻּמְטוּם וְאַנְדְּרוֹגִינוֹס וְהָאִשָּׁה. וְתִינוֹק שֶׁאֵין בּוֹ דַעַת, הָאִשָּׁה מְסַעַדְתּוֹ וּמַזֶּה, וְאוֹחֶזֶת לוֹ בַמַּיִם וְהוּא טוֹבֵל וּמַזֶּה. אִם אָחֲזָה בְיָדוֹ, אֲפִלּוּ בִשְׁעַת הַזָּיָה, פָּסוּל:

고리로 연결된 주전자 뚜껑에 관하여, 샴마이 학파는 부정과 관련해서는 연결되어 있지만 〔속죄의 물〕 뿌리기와 관련해서는 연결되지 않았다고 말한다. 힐렐 학파는 주전자 위에 〔속죄의 물을〕 뿌렸다면 그 뚜껑 위에도 뿌린 것이라고 말한다. 〔그러나〕 그 뚜껑 위에 뿌렸을 때 주전자 위에도 뿌린 것은 아니라고 〔말한다〕.

모든 사람이 〔속죄의 물을〕 뿌리기에 유효하지만, 외성기이상자[35]와 남녀추니인 자와 여자는 예외다. 그러나 잘 모르는 아이나 여자가 도와주고 〔남자가 속죄의 물을〕 뿌릴 수 있으며, 그녀가 그를 위해 물

---

경으로 하고 있다.

34) 한 가지 재료로 짠 옷에 다른 재료로 짠 천 조각을 덧대면 율법에 어긋나기 때문에 결국 다시 떼어내야 한다.

35) 이 낱말(טמטום, טומטום)은 성기가 감추어져 있거나 충분히 발달하지 않은 사람을 가리킨다(야스트로 524).

을 잡아주고 그가 〔물에〕 담그고 뿌릴 수 있다. 만약 그녀가 그의 손을 잡으면, 그것이 뿌리는 행위 중이라도 그 〔제의는〕 무효가 된다.

- 주전자에 뚜껑을 고리나 사슬로 연결해놓았을 때, 샴마이 학파는 부정과 관련해서는 연결되어 있지만 속죄의 물 뿌리기와 관련해서는 연결되지 않았다고 규정한다. 힐렐 학파는 주전자가 본체이므로 주전자에 속죄의 물을 뿌리면 뚜껑에도 영향을 미치지만, 그 반대 경우는 성립하지 않는다고 주장한다.
- 속죄의 물을 뿌리기는 정결한 남성이라면 누구나 가능하다. 그러나 성기가 충분히 발달하지 않아 남녀를 판단하기 어려운 외성기이상자와 남녀추니인 자, 여자(민 19:18), 그리고 속죄의 물 제의를 어떻게 진행하는지 모르는 아이(둘째와 셋째 미쉬나)는 자격이 없다.
- 여자가 속죄의 물 뿌리기를 도와줄 수는 있으며, 남자가 히솝 풀 묶음을 물에 담갔다가 뿌릴 때 물병을 잡아줄 수 있다. 여자가 제의를 시행하는 남자의 손을 잡으면 제의가 무효가 된다.

12, 11
히솝 풀을 속죄의 물에 담그는 시간과 뿌리는 시간에 관해 논의한다.

---

טָבַל אֶת הָאֵזוֹב בַּיּוֹם וְהִזָּה בַיּוֹם, כָּשֵׁר. בַּיּוֹם וְהִזָּה בַלַּיְלָה, בַּלַּיְלָה וְהִזָּה בַיּוֹם, פָּסוּל. אֲבָל הוּא עַצְמוֹ טוֹבֵל בַּלַּיְלָה וּמַזֶּה בַיּוֹם, שֶׁאֵין מַזִּין עַד שֶׁתָּנֵץ הַחַמָּה. וְכֻלָּן שֶׁעָשׂוּ מִשֶּׁעָלָה עַמּוּד הַשַּׁחַר, כָּשֵׁר:

---

〔어떤 사람이〕 히솝 풀을 낮에 〔속죄의 물에〕 담갔고 낮에 뿌렸다면, 그 〔제의는〕 유효하다. 낮에 〔담갔지만〕 밤에 뿌렸거나 밤에 〔담갔지만〕 낮에 뿌렸다면, 그 〔제의는〕 무효가 된다.

그러나 그가 밤에 몸을 담갔고 낮에 뿌릴 수 있는데, 해가 뜰 때까지는 뿌리면 안 되기 때문이다. 그리고 새벽이 밝아온 다음에 시행한 것은 모두 유효하다.

- 속죄의 물 제의는 낮에 히솝 풀을 물에 담그고 낮에 뿌리는 것이 원칙이다. 토라 본문에 셋째 '날'과 일곱째 '날'에 속죄의 물을 뿌리라고 기록했기 때문이다(민 19:19). 그러므로 담그기와 뿌리기 중 하나라도 밤에 행하면 무효가 된다.
- 그러나 제의를 시행할 사람이 자기 몸을 정결례장에 담가 준비하는 일은 밤에 행할 수 있다. 그러고 나서 아침이 밝으면 속죄의 물 뿌리기를 시행한다. 심지어 새벽이 밝아온 다음에 정결례를 시행해도 유효하다고 인정한다(「메길라」 2, 4).

# טהרות

5

# 토호롯

## 정결한 음식

사람의 음식으로 규정된 모든 것은 개가 먹기에도 합당치 않아 무효가 될 때까지는 부정해질 수 있다. 사람의 음식으로 규정되지 않은 모든 것은 사람이 먹겠다고 따로 지정할 때까지는 정결하다. 어떻게 그러한가? 새 새끼가 기름 짜는 곳에 떨어졌는데, 외국인에게 주기 위해 꺼내려고 마음을 먹었다면, 그것은 부정해질 수 있다. 개에게 주기 위해 꺼내려 했다면 그것은 정결하다. _「토호롯」 8, 6

# 개요

마쎄켓 「토호롯」은 그 이름(טהרה, 정결함)이 가리키는 것처럼 부정과 정결함에 관련된 다양한 규정들을 다룬다. '토호롯'은 일반적으로 정결한 음식과 음료수를 가리키는 말이기 때문에(특히 거제와 성물) 처음부터 제3장 넷째 미쉬나까지 음식과 음료수에 관련된 규정들이 나온다. 그 외에도 개인적 영역 또는 공적인 영역에서 부정하다는 의심이 들지만 확실치 않은 경우들과(제3-6장) 정결법을 지키는 데 특별히 큰 관심을 보이지 않는 무지한 사람들(암 하아레쯔)에 대한 논의(제7-8장)도 포함되어 있다.

## 부정의 요인들

죽은 채 발견된 동물의 사체, 기는 것의 사체, 유출병자, 악성피부병자, 월경하는 여성, 산모, 인간의 시체. 특히 시체는 '부정의 아버지의 아버지'라고 부르며, 시체와 접촉한 사람이나 물건은 원래 부정하지 않았더라도 '부정의 아버지'가 된다(「켈림」 1장).

## 부정의 정도

부정은 특정한 방법을 통해서 다른 사람이나 물건으로 전이가 가능하며, 전이되면서 부정의 정도가 점점 낮아지는 특징이 있다. 부정의 주요 요인을 '부정의 아버지'라고 부르며, 부정이 전이되면 '부정의 자식'이 된다. '부정의 자식'에는 차례로 제1-4차 감염자가 있다.

인간의 시체는 부정의 요인들 중에서도 가장 강력하여 '부정의 아버지의 아버지'라고 부르며, 시체와 접촉하는 사람이나 물건을 '부정의 아버지'로 만든다.

사람이나 물건은 전이된 부정 때문에 제1차 감염자가 되지만, 그 이하로 내려가지 않는다. 음식과 음료수는 부정의 요인과 접촉하면, 그것이 시체라고 할지라도, 제1차 감염자가 되며, '부정의 아버지'가 되지 않는다. 음식이나 음료수 중에서 속된 것들은 제2차 감염자까지, 거제와 성물은 제3차 감염자까지, 그리고 성물만 제4차 감염자가 된다.

## 음식의 부정

음식에 부정이 전이되려면 율법 규정이 인정하는 일곱 가지 음료수로 젖어 있어야 한다(레 11:34, 이 과정을 '헤크쉐르'(הכשר, 준비)라고 부른다). 이때 일곱 가지 음료수는 물, 이슬, 포도주, 기름, 피, 우유, 그리고 꿀이고, 그 음식의 주인이 이 준비 과정을 의도적으로 자원해서 진행했을 때 유효하다. 이렇게 한 번 음료수로 젖으면 마른다고 해도 부정이 전이될 수 있다.

성서의 율법을 따르면 음식은 다른 음식에 부정을 전이시킬 수 없고, 사람이나 물건에도 부정을 전이시킬 수 없다. 그러나 랍비들은 부정한 음식이 다른 음식에 부정을 전이시킬 수 있다고 주장한다. 음식은 아무리 적은 양이라도 부정해질 수 있으나, 달걀 크기가 되어야 다른 음식에 부정을 전이시킬 수 있다.

### 음료수의 부정

정결법과 관련된 음료수는 위에서 언급한 일곱 가지 액체를 가리키는데, 음식의 준비 과정과는 관련이 없어도 과일즙은 음료수에 해당한다는 주장도 있다.

성서의 율법에 따르면 제1차 감염자와 접촉한 음료수는 제2차 감염자가 되어야 하고, 속된 음료수일 때 제2차 감염자와 접촉해도 더 이상 부정해지지 않는다. 그러나 랍비들은 제1-2차 감염자와 접촉한 음료수가 무조건 제1차 감염자가 된다고 주장하기도 한다(「파라」 8, 7). 음료수는 부정을 전이하기 위한 최소 크기 규정이 없으며, 그 분량이 얼마나 되든지 부정을 전이시킬 수 있다. 성서의 율법에 따르면 음료수는 제1차 감염자 이상이 될 수 없어서 다른 사람이나 물건에 부정을 전이시킬 수 없다. 그러나 랍비들은 음료수도 다른 물건에 부정을 전이시킬 수 있다고 주장한다(「자빔」 5, 12).

### 의심스러운 부정

정결법과 관련된 규정에 따라 정결함과 부정함을 판단하기 어려운 경우, 그 '이전 상태'(חזקה, 하자카)에 따라 결정한다. 현재 상태에 이르기 전 상태가 변하지 않고 유지되는 것으로 간주한다는 말이다. 이런 방법으로도 의심을 해결할 수 없다면, 좀 더 엄격하게 규정을 적용하는 쪽으로 결정한다(ספק אסור לחמרא, 싸펙 이쑤르 레후므라).

또 다른 판단 방법으로 의심스러운 부정이 개인적 영역에서 발생하면 부정하다고 간주한다. 이 방법은 유부녀가 남편이 아닌 다른 남성과 함께 있는 상황을 판단하는 규정에서 전용한 것이다(「쏘타」 1, 1). 같은 원리로 의심스러운 부정이 공적인 영역에서 발생하면 정결하다고 간주한다. 물론 랍비들의 전통은 공적인 영역에서 발생했다고 하더라도 그 이전 상태가 정결하다는 증거가 있어야 한다고, 제한 규정을 주장하기도 한다.

한 가지 유의해야 할 것은 정결법과 관련하여 개인적 영역과 공적인 영역을 구분하는 관습은 안식일 관련 규정과 다르다. 일반적으로 사람들이 자주 다니는 지역이라면 아무도 없어도 공적인 영역이며, 사람들이 자주 다니는 지역이 아니라면 세 사람이 있기 전까지는 개인적인 영역으로 간주한다. 개인적인 영역에서 의심스러운 부정이 발생해도 정결하다고 간주하는 상황으로는 부정의 요인과 부정해지는 대상이 모두 충분한 지적 능력이 없을 경우와 부정의 요인이 공중을 날아가거나 물에 떠서 흘러가는 경우 등이다.

### 암 하아레쯔와 관련된 부정

랍비들의 전통에 따르면 복잡하고 다양한 정결법 규정을 잘 모르는 사람(עם הארץ, 암 하아레쯔)은 자기도 모르는 사이에 부정해졌을 가능성이 있으므로, 부정하다고 간주한다. 이와 반대로 정결법을 비롯해서 율법을 조심해서 지키는 사람을 동료(חבר, 하베르)라고 부르는데, 이들이 꼭 지켜야 할 조건들에 관한 규정도 있다(「드마이」 2, 3).

암 하아레쯔와 관련된 부정에 관하여 각 주제마다 랍비들 사이에 이견이 있다. 그러나 넓게 보았을 때 암 하아레쯔는 유출병자나 '부정의 아버지'와 비슷한 상태로 간주한다.

## 제1장

새가 죽은 채 발견된 경우, 가축을 잡을 때 부정을 전이하는 조건들, 부정의 정도가 다른 음식이 섞인 다양한 상황들과 빵 조각과 반죽이 서로 붙거나 섞인 상황을 설명한다.

### 1, 1

정결한 새가 죽은 채 발견된 경우를 다룬다. 죽은 채 발견된 것은 음식으로 간주하지 않는 것이 상례이므로, 다음과 같은 조건에 부합할 때만 음식의 부정을 전이시킬 수 있다.

---

שְׁלֹשָׁה עָשָׂר דָּבָר בְּנִבְלַת הָעוֹף הַטָּהוֹר. צְרִיכָה מַחֲשָׁבָה, וְאֵינָהּ צְרִיכָה הֶכְשֵׁר, וּמְטַמָּא טֻמְאַת אֳכָלִין בְּכַבֵּיצָה, וְכַזַּיִת בְּבֵית הַבְּלִיעָה, וְהָאוֹכְלָהּ טָעוּן הֶעֱרֵב שֶׁמֶשׁ. וְחַיָּבִים עָלֶיהָ עַל בִּיאַת הַמִּקְדָּשׁ, וְשׂוֹרְפִין עָלֶיהָ אֶת הַתְּרוּמָה. וְהָאוֹכֵל אֵבָר מִן הַחַי מִמֶּנָּה סוֹפֵג אֶת הָאַרְבָּעִים. שְׁחִיטָתָהּ וּמְלִיקָתָהּ מְטַהֲרוֹת אֶת טְרֵפָתָהּ, דִּבְרֵי רַבִּי מֵאִיר. רַבִּי יְהוּדָה אוֹמֵר, אֵינָן מְטַהֲרוֹת. רַבִּי יוֹסֵי אוֹמֵר, שְׁחִיטָתָהּ מְטַהֶרֶת, אֲבָל לֹא מְלִיקָתָהּ:

---

정결한 새가 죽은 채 발견된 경우와 관련된 규정이 열세 가지가 있다. 〔정결한 새가 죽은 채 발견되어 부정한 경우는〕 생각이 있어야 하고, 준비 과정은 필요 없고, 달걀만 한 〔크기부터〕 음식의 부정을 전이시킬 수 있으며, 〔삼켜서〕 인두에 있을 〔때는〕 올리브 열매만 해야 하고, 그것을 먹은 자는 해가 질 때까지 기다려야 한다. 성전에 들어가면 이것 때문에 책임이 있으며, 이것 때문에 거제 〔제물을〕 태워야 하고, 살아 있는 〔새의〕 신체기관을 먹은 자는 〔매〕 사십 대를 맞아야 한다. 〔정결한 새가〕 찢긴 것을 〔규정에 따라〕 도살하거나 이것의 목을 꺾으면 정결하게 만들 수 있다고 메이르 랍비가 주장했다. 예후다 랍비는 정결하게 만들 수 없다고 말한다. 요쎄 랍비는 그것을 도살하면 정결하게 만들지만, 목을 꺾는 것은 〔정결하게 만들지〕 않는다고 말한다.

- 정결한 새가 죽은 채 발견된 경우(네벨라)에 음식의 부정을 전이하는 상태가 되려면 열세 가지 조건을 만족시켜야 한다. (1) 그것을 음식으로 사용하려는 의도가 있어야 부정을 전이하는 기능이 나타난다(「토호롯」 8, 6; 「우크찜」 3, 3). 속된 음식이었다면 굳이 인간의 의지가 나타나지 않아도 상관없지만, 죽은 새는 그것을 음식으로 사용하려 했다는 분명한 증거가 있어야 한다. (2) 율법이 규정하는 음료수에 적셔서 준비 과정을 거치지 않아도 부정해질 수 있고, 제1차 감염자가 된다. 죽은 새 자체가 이미 부정하기 때문에 부정하게 될 준비과정이 따로 필요하지 않기 때문이다. (3) 죽은 새의 시체가 달걀 크기나 그 이상일 때 정결한 음식과 접촉하면 부정을 전이시킬 수 있고, 그 음식은 제2차 감염자가 된다. (4) 어떤 자가 죽은 새를 먹었는데 올리브 열매만 한 고기가 아직 인두에 있을 때 '부정의 아버지'가 되며, 자기가 입은 옷을 부정하게 만든다. 랍비들은 레위기 17:15이 바로 죽은 채 발견된 새에 관한 규정이라고 해석한다. (5) 이 사람은 몸을 씻어서 정결례를 하고 해 질 때가 되어야 정결해진다. (6) 이 사람이 성전에 들어가면 책임을 져야 하고 속죄제 제물을 바쳐야 한다(「쉬부옷」 2, 1). (7) 죽은 새의 일부가 거제와 접촉하거나 죽은 새를 먹은 사람이 거제와 접촉하면, 그 거제물이 부정해지므로, 이것을 태워버린다. (8) 살아 있는 정결한 새의 신체기관을 먹은 자는 살아 있는 동물을 먹을 수 없다는 계명을 어겼으므로 매 사십 대를 맞아야 한다. (9) 야생 짐승에게 찢긴 동물(트레파)은 먹을 수 없는데(출 22:31), 랍비들은 치명적인 상처나 병이 있어서 결국 죽게 될 동물을 가리키는 말로 사용한다(「훌린」 3장). 정결한 새를 규정에 따라 도살하거나 성물로 바칠 때처럼 목을 꺾으면, 그것이 찢긴 동물이라는 것이 드러나도 정결한 것으로 간주한다고 메이르 랍비가 주장했다. 그렇지만 이것을 먹을 수는 없다. 예후다 랍비는 먹을 수 없으므로 부

정한 것이라는 입장이다. (10) 중재안을 제안하는 요쎄 랍비는 규정에 따른 도살은 정결하다고 할 수 있을지 몰라도, 목을 꺾는 예식은 성물이므로 정결하다고 볼 수 없다는 입장이다(「자빔」 7, 6).

### 1, 2

첫째 미쉬나의 문맥을 이어간다.

---

הַכְּנָפַיִם וְהַנּוֹצָה, מִטַּמְּאוֹת וּמְטַמְּאוֹת וְלֹא מִצְטָרְפוֹת. רַבִּי יִשְׁמָעֵאל אוֹמֵר, הַנּוֹצָה מִצְטָרֶפֶת. הַחַרְטוֹם וְהַצִּפָּרְנַיִם מִטַּמְּאִין וּמְטַמְּאִין וּמִצְטָרְפִים. רַבִּי יוֹסֵי אוֹמֵר, אַף רָאשֵׁי אֲגַפַּיִם וְרֹאשׁ הַזָּנָב מִצְטָרְפִים, שֶׁכֵּן מַנִּיחִים בַּפְּטוּמוֹת:

---

〔정결한 새의〕 날개와 깃털은 부정해질 수 있고 부정하게 만들기도 하지만 〔특정한 크기에 맞도록〕 함께 연결되지 않는다. 이쉬마엘 랍비는 깃털은 〔서로〕 연결된다고 말한다. 그 부리와 발톱들은 부정해질 수 있고 부정하게 만들며 연결된다. 요쎄 랍비는 살을 찌운 새는 〔그것을〕 그대로 남겨두기 때문에 날개 끝과 꼬리 끝도 연결된다고 말한다.

- (11) 정결한 새의 날개와 깃털은 부정해질 수 있고 부정하게 만들 수도 있다(「우크찜」 1, 1). 그러나 음식을 부정하게 만드는 최소 크기 규정에 맞는지 판단할 때 새의 고기에 날개나 깃털을 합쳐서 계산하지 않는다. 이쉬마엘 랍비는 반대한다. (12) 정결한 새의 부리와 발톱들은 부정해질 수 있고 부정하게 만들며, 또 최소 크기 규정에 맞는지 판단할 때 함께 합쳐서 계산한다. (13) 요쎄 랍비를 따르면 날개 끝과 꼬리 끝도 함께 합쳐서 계산할 수 있다. 왜냐하면 새를 잡기 전에 살을 찌워서 요리를 하는데, 이때 날개 끝이나 꼬리 끝을 그대로 남겨두기 때문이라고 설명한다.

1, 3

부정한 새가 죽은 채 발견된 경우를 논의한다. 역시 부정한 새는 음식으로 사용하는 경우가 별로 없기 때문에 다음과 같은 조건에 부합할 때만 음식의 부정을 전이시킬 수 있다.

---

נִבְלַת הָעוֹף הַטָּמֵא צְרִיכָה מַחֲשָׁבָה וְהֶכְשֵׁר, וּמְטַמְּאָה טֻמְאַת אֳכָלִין בְּכַבֵּיצָה, וְכַחֲצִי פְרָס לִפְסֹל אֶת הַגְּוִיָּה, וְאֵין בָּהּ כַּזַּיִת בְּבֵית הַבְּלִיעָה, וְהָאוֹכְלָהּ אֵין טָעוּן הֶעֱרֵב שֶׁמֶשׁ, וְאֵין חַיָּבִין עָלֶיהָ עַל בִּיאַת מִקְדָּשׁ. אֲבָל שׂוֹרְפִין עָלֶיהָ אֶת הַתְּרוּמָה, וְהָאוֹכֵל אֵבָר מִן הַחַי מִמֶּנָּה אֵינוֹ סוֹפֵג אֶת הָאַרְבָּעִים, וְאֵין שְׁחִיטָתָהּ מְטַהַרְתָּהּ. הַכְּנָפַיִם וְהַנּוֹצָה, מְטַמְּאוֹת וּמְטַמְּאוֹת וּמִצְטָרְפוֹת. הַחַרְטוֹם וְהַצִּפָּרְנַיִם, מִטַּמְּאִין וּמְטַמְּאִים וּמִצְטָרְפִין:

---

부정한 새가 죽은 채 발견되었을 때 〔부정한 경우는〕 생각과 준비 과정이 필요하고, 달걀만 한 〔크기부터〕 음식의 부정을 전이시킬 수 있으며, 빵 반쪽만 한 〔크기부터 어떤 사람의〕 몸을 무효로 만들고, 올리브 열매만 한 것이 인두에 있을 때 〔부정하게 만드는 힘이〕 없으며, 그것을 먹는 자는 해가 질 때까지 기다릴 필요가 없고, 성전에 들어가면 이것 때문에 책임을 지지 않는다. 그러나 이것 때문에 거제 〔제물을〕 태워야 하고, 살아 있는 〔새의〕 신체기관을 먹은 자는 〔매〕 사십 대를 맞지 않으며, 〔규정대로〕 도살해도 그것을 정결하게 만들 수 없다. 그날개와 깃털은 부정해지고 부정하게 만들며 〔서로〕 연결된다. 그 부리와 발톱도 부정해지고 부정하게 만들며 연결된다.

- 부정한 새가 죽은 채 발견된 경우(네벨라) 다음과 같은 경우에 음식의 부정을 전이시킨다.
- 부정한 새가 죽은 채 발견된 것을 음식으로 사용할 의도가 있었고 음료수에 적셔서 부정해질 준비 과정이 진행되었을 때 부정해질 수 있다. 그것 자체로 부정해지는 정결한 새의 죽은 것과 다르다.

- 빵 반쪽은 달걀 두 개 정도의 크기이며, 부정한 새가 죽은 것을 그 만큼 먹은 사람은 정결례를 행할 때까지 거제를 먹을 자격을 박탈당한다(「메일라」 4, 5).
- 부정한 새가 죽은 것을 올리브 열매만큼 먹은 사람에 관한 규정이 없으므로 그 사람은 정결하다. 이 사람이 성전에 들어갈 때와 관련된 규정도 랍비들의 전통에만 있을 뿐이다. 그러나 이 사람이 접촉한 거제 제물은 태워야 한다.
- 살아 있는 부정한 새의 신체기관을 먹은 자에 관련된 규정도 없으므로 매를 맞을 필요가 없다.
- 부정한 새를 규정에 맞게 도살한다고 해도 정결하게 될 수 없으며, 모든 신체부분이 서로 합쳐져서 부정을 전이시킬 수 있다.

## 1, 4

가축으로 기르는 동물에 관해 논의한다(「훌린」 9, 1). 여기서 언급하는 부위는 대개 먹지 않는 부분이지만 관례적으로 먹는 고기 부분과 함께 음식의 부정을 전이시킬 수 있는지 질문한다.

---

וּבַבְּהֵמָה, הָעוֹר וְהָרֹטֶב וְהַקִּפָּה וְהָאֲלָל וְהָעֲצָמוֹת וְהַגִּידִים וְהַקַּרְנַיִם וְהַטְּלָפַיִם, מִצְטָרְפִין לְטַמֵּא טֻמְאַת אֳכָלִין, אֲבָל לֹא טֻמְאַת נְבֵלוֹת. כַּיּוֹצֵא בוֹ, הַשּׁוֹחֵט בְּהֵמָה טְמֵאָה לְנָכְרִי וְהִיא מְפַרְכֶּסֶת, מְטַמְּאָה טֻמְאַת אֳכָלִין, אֲבָל לֹא טֻמְאַת נְבֵלוֹת, עַד שֶׁתָּמוּת אוֹ עַד שֶׁיַּתִּיז אֶת רֹאשָׁהּ. רִבָּה לְטַמֵּא טֻמְאַת אֳכָלִין, מִמַּה שֶּׁרִבָּה לְטַמֵּא טֻמְאַת נְבֵלוֹת:

---

그리고 가축에 관해서는, 가죽과 국물과 말라붙은 것과 굳은 살과 뼈와 힘줄과 뿔과 발굽이 서로 합쳐져서 음식의 부정을 전이시킬 수 있으나, 죽은 채 발견된 부정은 〔전이시킬 수〕 없다. 이와 마찬가지로, 외부인을 위해 부정한 가축을 잡는 자는 그 〔가축이〕 꿈틀대는 동안

에 그것이 음식의 부정을 전이시키지만, 죽은 채 발견된 부정은 〔전이시키지〕 않으며, 그것이 죽거나 그 머리를 자를 때까지 〔그러하다〕. 음식의 부정을 전이시키는 경우가 죽은 채 발견된 부정을 전이시키는 경우보다 더 많다.

- 가축을 요리해 먹으면서 전이되는 부정과 관련해서, 살에 붙어 있는 가죽, 진하게 엉겨 붙은 국물, 솥 벽 위쪽에 말라붙은 것, 딱딱하게 굳은 살, 살에 붙어 있는 뼈, 힘줄, 뿔, 발굽은 일반적으로 식용에 적합한 고기들과 연결되어 달걀 크기에 이르면 음식의 부정을 전이시킬 수 있다. 그러나 죽은 채 발견된 것과 관련된 부정에는 영향을 미치지 않으니, 올리브 열매 크기에 이르기 위해 살과 합쳐서 계산하지 않는다.
- 비유대인이 먹을 음식으로 부정한 가축을 잡는 자는 그 가축이 꿈틀대는 동안에는 음식의 부정을 전이시키지만, 그것이 죽거나 그 머리를 자르기 전까지는 죽은 채 발견된 부정은 전이시키지 않는다(「오홀롯」1, 6).
- 음식의 부정을 전이시키는 경우가 죽은 채 발견된 부정을 전이시키는 경우보다 더 많다.

### 1, 5

부정의 정도가 다른 음식이 섞인 상황을 다룬다.

---

הָאֹכֶל שֶׁנִּטְמָא בְאַב הַטֻּמְאָה וְשֶׁנִּטְמָא בִוְלַד הַטֻּמְאָה, מִצְטָרְפִין זֶה עִם זֶה לְטַמֵּא כַקַּל שֶׁבִּשְׁנֵיהֶן. כֵּיצַד. כַּחֲצִי בֵיצָה אֹכֶל רִאשׁוֹן וְכַחֲצִי בֵיצָה אֹכֶל שֵׁנִי שֶׁבְּלָלָן זֶה בָזֶה, שֵׁנִי. כַּחֲצִי בֵיצָה אֹכֶל שֵׁנִי וְכַחֲצִי בֵיצָה אֹכֶל שְׁלִישִׁי שֶׁבְּלָלָן זֶה בָזֶה, שְׁלִישִׁי. כַּבֵּיצָה אֹכֶל רִאשׁוֹן וְכַבֵּיצָה אֹכֶל שֵׁנִי שֶׁבְּלָלָן זֶה בָזֶה, רִאשׁוֹן. חִלְּקָן, זֶה שֵׁנִי וְזֶה שֵׁנִי. נָפַל זֶה לְעַצְמוֹ וְזֶה לְעַצְמוֹ עַל כִּכָּר שֶׁל

תְּרוּמָה, פְּסָלוּהוּ. נָפְלוּ שְׁנֵיהֶן כְּאַחַת, עֲשָׂאוּהוּ שֵׁנִי:

부정의 아버지 때문에 부정해진 음식과 부정의 자식 때문에 부정해진 〔음식은〕 서로 연결되어 그들 둘 중에서 더 가벼운 정도로 부정하게 된다. 어떻게 〔그렇게〕 되는가? 달걀 반쪽만 한 제1차 감염자와 달걀 반쪽만 한 제2차 감염자가 서로 섞이면 제2차 감염자가 된다. 달걀 반쪽만 한 제2차 감염자와 달걀 반쪽만 한 제3차 감염자가 서로 섞이면 제3차 감염자가 된다.

달걀만 하고 제1차 감염자인 음식과 달걀만 하고 제2차 감염자인 음식이 서로 섞이면 제1차 감염자가 된다. 그것을 나누면 한쪽은 제2차 감염자가 다른 한쪽도 제2차 감염자가 된다. 그 한쪽이 따로 떨어지고 다른 한쪽도 따로 〔떨어졌는데〕 거제인 빵 조각 위였다면, 그것들이 그 〔거제물을〕 무효로 만든다. 그 둘이 함께 떨어졌다면, 그 〔거제물을〕 제2차 감염자로 만든다.

- 부정의 아버지 때문에 부정해져서 제1차 감염자가 된 음식과 부정의 자식 때문에 부정해져서 제2차 감염자가 된 음식은 서로 합쳐서 달걀 크기에 이를 때 둘 중에서 더 가벼운 정도의 부정을 유지한다.
- 예를 들자면, 달걀 반쪽만 한 제1차 감염자와 달걀 반쪽만 한 제2차 감염자가 서로 섞이면 제2차 감염자가 되며, 거제물과 접촉하면 거제는 제3차 감염자가 되면서 무효가 된다. 달걀 반쪽만 한 제2차 감염자와 달걀 반쪽만 한 제3차 감염자가 서로 섞이면 제3차 감염자가 되며, 성물과 접촉하면 성물은 제4차 감염자가 되어 무효가 된다(「토호롯」 2, 4-5).
- 달걀만 하고 제1차 감염자인 음식과 달걀만 하고 제2차 감염자인 음식이 서로 섞이면 제1차 감염자가 되는데, 서로 부정의 정도가 달라

도 제1차 감염자가 최소 크기 규정에 이르기 때문에 부정이 전이되어 전체가 제1차 감염자가 되는 것이다.

- 이것을 둘로 나누면 제1차 감염자인 음식과 제2차 감염자인 음식이 반반씩 들어갔다고 볼 수 있으므로 위에서 언급한 원칙에 따라 더 가벼운 쪽, 즉 제2차 감염자가 된다.
- 제2차 감염자인 음식이 거제에 떨어지면, 거제물은 제3차 감염자가 되며 무효가 된다. 그러나 그 둘이 함께 거제물 위에 떨어지면 제1차 감염자인 달걀만 한 음식이 떨어진 상황이므로, 거제물은 제2차 감염자가 된다(「오홀롯」 3, 1).

## 1, 6

다섯째 미쉬나에서 언급한 원리에 대한 또 다른 예를 들고 있다.

---

כַּבֵּיצָה אֹכֶל שֵׁנִי וְכַבֵּיצָה אֹכֶל שְׁלִישִׁי שֶׁבְּלָלָן זֶה בָּזֶה, שֵׁנִי. חִלְּקָן, זֶה שְׁלִישִׁי וְזֶה שְׁלִישִׁי. נָפַל זֶה לְעַצְמוֹ וְזֶה לְעַצְמוֹ עַל כִּכָּר שֶׁל תְּרוּמָה, לֹא פְסָלוּהוּ. נָפְלוּ שְׁנֵיהֶן כְּאַחַת, עֲשָׂאוּהוּ שְׁלִישִׁי. כַּבֵּיצָה אֹכֶל רִאשׁוֹן וְכַבֵּיצָה אֹכֶל שְׁלִישִׁי שֶׁבְּלָלָן זֶה בָּזֶה, רִאשׁוֹן. חִלְּקָן, זֶה שֵׁנִי וְזֶה שֵׁנִי, שֶׁאַף הַשְּׁלִישִׁי שֶׁנָּגַע בָּרִאשׁוֹן נַעֲשָׂה שֵׁנִי. כִּשְׁתֵּי בֵיצִים אֹכֶל רִאשׁוֹן כִּשְׁתֵּי בֵיצִים אֹכֶל שֵׁנִי שֶׁבְּלָלָן זֶה בָּזֶה, רִאשׁוֹן. חִלְּקָן, זֶה רִאשׁוֹן וְזֶה רִאשׁוֹן. לִשְׁלשָׁה אוֹ לְאַרְבָּעָה, הֲרֵי אֵלּוּ שֵׁנִי. כִּשְׁתֵּי בֵיצִים אֹכֶל שֵׁנִי וְכִשְׁתֵּי בֵיצִים אֹכֶל שְׁלִישִׁי שֶׁבְּלָלָן זֶה בָּזֶה, שֵׁנִי. חִלְּקָן, זֶה שֵׁנִי וְזֶה שֵׁנִי. לִשְׁלשָׁה אוֹ לְאַרְבָּעָה, הֲרֵי אֵלּוּ שְׁלִישִׁי:

---

달걀만 하고 제2차 감염자인 음식과 달걀만 하고 제3차 감염자인 음식이 서로 섞이면 제2차 감염자가 된다. 이것을 나누면 한쪽은 제3차 감염자가 그리고 다른 한쪽도 제3차 감염자가 된다. 그 한쪽이 따로 떨어지고 다른 한쪽도 따로 〔떨어졌는데〕 거제인 빵 조각 위였다면, 그것들이 그 〔거제물을〕 무효로 만들지 않는다. 그 둘이 함께 떨어졌다면, 그 〔거제물을〕 제3차 감염자로 만든다.

달걀만 하고 제1차 감염자인 음식과 달걀만 하고 제3차 감염자인 음식이 서로 섞이면 제1차 감염자가 된다. 이것을 나누면 한쪽은 제2차 감염자가 그리고 다른 한쪽도 제2차 감염자가 되니, 제1차 감염자와 접촉한 제3차 감염자는 제2차 감염자가 되기 때문이다.

달걀 두 개만 하고 제1차 감염자인 음식과 달걀 두 개만 하고 제2차 감염자인 음식이 서로 섞이면 제1차 감염자가 된다. 이것을 나누면 한쪽은 제1차 감염자가 다른 한쪽도 제1차 감염자가 된다. 〔이것을〕 셋으로 또는 넷으로 〔나누면〕 그것들은 제2차 감염자가 된다.

달걀 두 개만 하고 제2차 감염자인 음식과 달걀 두 개만 하고 제3차 감염자인 음식이 서로 섞이면 제2차 감염자가 된다. 그것을 나누면 한쪽은 제2차 감염자가 되고 다른 한쪽도 제2차 감염자가 된다. 〔이것을〕 셋으로 또는 넷으로 〔나누면〕 그것들은 제3차 감염자가 된다.

- 음식의 부정이 접촉을 통해 부정을 전이시키면서 부정의 정도가 한 단계 낮아진다는 원리와 최소 크기 규정이 달걀 크기라는 원리로 설명할 수 있는 예들을 들고 있다. 제3차 감염자가 떨어져서 성물과 접촉하면 제4차 감염자가 되는데, 거제물인 빵 조각은 그 영향을 받지 않으므로 무효가 되지 않는다.

### 1, 7

빵조각이나 반죽이 섞이는 상황을 논의한다.

---

מִקְרָצוֹת נוֹשְׁכוֹת זוֹ בָזוֹ, וְכִכָּרִים נוֹשְׁכִין זֶה בָזֶה, נִטְמֵאת אַחַת מֵהֶן בְּשֶׁרֶץ, כֻּלָּן תְּחִלָּה. פֵּרְשׁוּ, כֻּלָּן תְּחִלָּה. בְּמַשְׁקִין, כֻּלָּן שְׁנִיּוֹת. פֵּרְשׁוּ, כֻּלָּן שְׁנִיּוֹת. בְּיָדַיִם, כֻּלָּן שְׁלִישִׁיּוֹת. פֵּרְשׁוּ, כֻּלָּן שְׁלִישִׁיּוֹת:

---

반죽 조각들이 서로 붙어 있거나, 빵 덩이들이 서로 붙어 있을 때, 한

조각이 기는 것 때문에 부정해졌다면, 전체가 제1차 감염자가 된다.[1] 〔그것들을〕 떼어놓는다고 해도 전체가 제1차 감염자가 된다.

음료수 때문에 〔부정해진 경우에는〕 전체가 제2차 감염자가 된다. 〔그것들을〕 떼어놓는다 해도 전체가 제2차 감염자가 된다. 손 때문에 〔부정해졌다면〕 전체가 제3차 감염자가 된다. 〔그것들을〕 떼어놓는다 해도 전체가 제3차 감염자가 된다.

- 반죽이 부풀면서 서로 물 듯 붙어 있거나 구운 빵 덩이들이 서로 붙어 있을 때, 한 조각이 기는 것 때문에 부정해졌다면, 전체가 기는 것과 접촉한 셈이며, 전체가 제1차 감염자가 된다. 부정해진 다음에 서로 떼어놓는다고 해도 제1차 감염자로 유지된다.
- 반죽 조각들이나 빵 덩이들이 음료수 때문에 부정해졌을 때, 부정한 음료수는 제1차 감염자이기 때문에(「토호롯」 2, 1) 전체가 제2차 감염자가 된다. 부정해진 이후에 떼어놓는다 해도 전제가 제2차 감염자로 남는다.
- 반죽 조각들이나 빵 덩이들이 손 때문에 부정해졌을 때, 부정한 손은 제2차 감염자이기 때문에(「자빔」 5, 12) 전체가 제3차 감염자가 된다. 부정해진 이후에 떼어놓는다 해도 전체가 제3차 감염자로 남는다.

### 1, 8
서로 부정의 정도가 다른 반죽들이 섞인 경우를 논의한다.

---

מִקְרֶצֶת שֶׁהָיְתָה תְחִלָּה וְהִשִּׁיךְ לָהּ אֲחֵרוֹת, כֻּלָּן תְּחִלָּה. פֵּרְשׁוּ, הִיא תְחִלָּה וְכֻלָּן שְׁנִיּוֹת. הָיְתָה שְׁנִיָּה וְהִשִּׁיךְ לָהּ אֲחֵרוֹת, כֻּלָּן שְׁנִיּוֹת. פֵּרְשׁוּ, הִיא שְׁנִיָּה וְכֻלָּן שְׁלִישִׁיּוֹת. הָיְתָה שְׁלִישִׁית וְהִשִּׁיךְ לָהּ אֲחֵרוֹת, הִיא שְׁלִישִׁית וְכֻלָּן טְהוֹרוֹת, בֵּין שֶׁפֵּרְשׁוּ בֵּין שֶׁלֹּא פֵרְשׁוּ:

---

제1차 감염자인 반죽에 다른 〔반죽들을〕 붙여놓았다면, 전체가 제1차 감염자가 된다. 〔그것들을〕 떼어놓으면, 그것은 제1차 감염자이지만 〔다른〕 것들은 제2차 감염자가 된다. 제2차 감염자인 반죽에 다른 〔반죽들을〕 붙여놓았다면, 전체가 제2차 감염자가 된다. 〔그것들을〕 떼어놓으면, 그것은 제2차 감염자이지만 〔다른〕 것들은 제3차 감염자가 된다. 제3차 감염자인 반죽에 다른 〔반죽들을〕 붙여놓았다면, 그것은 제3차 감염자이지만, 〔다른〕 모든 것은 떼어놓든지 떼어놓지 않든지 〔상관없이〕 정결하다.

- 어떤 반죽이 이미 제1차 감염자인 상태에서 다른 반죽들을 붙여놓았다면, 전체가 반죽 하나로 간주하고 제1차 감염자가 된다. 그러나 다른 반죽들을 다시 떼어놓으면, 그것들은 제1차 감염자와 접촉하고 분리되었으므로 제2차 감염자가 된다. 원래 반죽은 제1차 감염자로 남는다.
- 어떤 반죽이 이미 제2차 감염자인 경우에도 같은 원리로 설명할 수 있다.
- 어떤 반죽이 제3차 감염자인 상태에서 다른 반죽들을 붙여놓았다면, 성물이 아니라면 부정이 전이되지 않으며 정결하다.

## 1, 9

כִּכְּרוֹת הַקֹּדֶשׁ שֶׁבְּתוֹךְ גֻּמּוֹתֵיהֶם מַיִם מְקֻדָּשִׁים, נִטְמֵאת אַחַת מֵהֶן בְּשֶׁרֶץ, כֻּלָּן טְמֵאוֹת. בַּתְּרוּמָה, מְטַמֵּא שְׁנַיִם וּפוֹסֵל אֶחָד. אִם יֵשׁ בֵּינֵיהֶם מַשְׁקֶה טוֹפֵחַ, אַף בַּתְּרוּמָה, הַכֹּל טָמֵא:

1) 이 문장(כלן תחלה)을 직역하면 '그들 전체가 시작/첫 단계가 된다'이며, 이 표현은 부정의 자식들 중 가장 높은 단계인 제1차 감염자를 가리키고 있다.

거룩한 빵 덩이들의 파인 곳에 거룩한 물이 들어 있을 때, 그중 하나가 기는 것 때문에 부정해졌다면, 그들 전체가 부정해진다. 거제물이었다면, 〔빵 덩이〕 두 개를 부정하게 만들고 하나를 무효로 만든다. 그 〔빵 덩이들〕 사이에 음료수가 흘렀다면, 거제물이라고 해도, 모든 것이 부정해진다.

- 소제물이나 진설병처럼 거룩한 빵 덩이들의 파인 곳에 거룩한 물이 들어 있을 때, 그중 하나가 기는 것 때문에 부정해지면서 제1차 감염자가 되었다면, 그 옆에 있는 빵 덩이는 제2차 감염자가 되고, 그 옆에 있는 빵 덩이는 제3차 감염자가 된다. 빵이 제3차 감염자가 될 때 그 안에 들어 있는 거룩한 물이 부정해지면서 제1차 감염자가 되고, 그 물이 빵을 제2차 감염자로 만든다. 그럼 그 옆에 있는 빵이 제3차 감염자가 된다. 그런 방법으로 모든 빵 덩이가 부정해진다.
- 빵 덩이들이 거제물이었다면 같은 방식으로 첫째 빵 덩이가 제1차 감염자 둘째가 제2차 감염자가 되지만 셋째는 무효가 된다. 무효가 된 빵 덩이는 다른 빵이나 물에 부정을 전이시키지 않는다. 그러나 그 빵 덩이들 사이로 음료수가 흘러내렸다면 첫째 빵 덩이는 제1차 감염자가 되고 물과 접촉한 나머지 빵 덩이들은 모두 제2차 감염자가 된다.

## 제2장

정결한 식재료가 음료수에 젖어 준비되면 부정해질 수 있다. 이 원리에 따라 냄비에 채소를 담아 절이거나 씻는 상황, 부정한 음식을 먹은 사람이 부정해지는 과정, 속된 음식이나 거제나 성물이 부정해지는 과정 등을 설명한다.

2, 1

음식을 준비하는 과정에서 물에 젖는 준비과정이 어떻게 일어날 수 있는지 설명한다.

---

הָאִשָּׁה שֶׁהָיְתָה כוֹבֶשֶׁת יָרָק בִּקְדֵרָה וְנָגְעָה בְעָלֶה חוּץ לַקְּדֵרָה בְּמָקוֹם הַנָּגוּב, אַף עַל פִּי שֶׁיֶּשׁ בּוֹ כַבֵּיצָה, הוּא טָמֵא וְהַכֹּל טָהוֹר. נָגְעָה בִמְקוֹם הַמַּשְׁקֶה, אִם יֶשׁ בּוֹ כַבֵּיצָה, הַכֹּל טָמֵא. אֵין בּוֹ כַבֵּיצָה, הוּא טָמֵא וְהַכֹּל טָהוֹר. חָזַר לַקְּדֵרָה, הַכֹּל טָמֵא. הָיְתָה מַגַּע טְמֵא מֵת וְנָגְעָה, בֵּין בִּמְקוֹם הַמַּשְׁקֶה בֵּין בְּמָקוֹם הַנָּגוּב, אִם יֶשׁ בּוֹ כַבֵּיצָה, הַכֹּל טָמֵא. אֵין בּוֹ כַבֵּיצָה, הוּא טָמֵא וְהַכֹּל טָהוֹר. הָיְתָה טְבוּלַת יוֹם מְנַעֶרֶת אֶת הַקְּדֵרָה בְּיָדַיִם מְסֹאָבוֹת, וְרָאֲתָה מַשְׁקִין עַל יָדֶיהָ, סָפֵק מִן הַקְּדֵרָה נִתְּזוּ, סָפֵק שֶׁהַקֶּלַח נָגַע בְּיָדֶיהָ, הַיָּרָק פָּסוּל וְהַקְּדֵרָה טְהוֹרָה:

---

냄비에 채소를 절이던 여인이 냄비 밖에 있는 잎의 마른 부분을 만졌다면, 그 〔잎 전체가〕 달걀만 한 〔크기라고〕 할지라도 이것은 부정해지며, 다른 모든 것들은 정결하다. 그 여인이 〔잎의〕 젖은 부분을 만졌고 그 〔잎이〕 달걀만 한 〔크기〕였다면, 모든 것이 부정해진다. 그 〔잎이〕 달걀만 한 〔크기가〕 아니라면, 이것은 부정해지고 다른 모든 것들은 정결하다. 이 〔젖은 부분을〕 냄비 안으로 집어넣는다면, 모든 것들이 부정해진다.

〔그녀의 손이〕 시체의 부정과 접촉한 뒤라면, 그녀가 젖은 부분을 만졌든지 마른 부분을 만졌든지 〔상관없으며〕, 이 부분이 달걀만 한 〔크기〕였다면, 모든 것들이 부정해진다. 이 부분이 달걀만 한 〔크기가〕 아니라면, 이것은 부정해지고 다른 모든 것들은 정결하다. 그 여인이 그날 〔정결례를 위해 몸을 물에〕 담갔을 때, 자기의 더러운 손으로 냄비를 비웠고 자기 손에 음료수가 〔묻은 것을〕 보았는데, 이것이

냄비에서 튀었는지 아니면 채소가 손에 닿았는지 의심이 든다면, 그 〔줄기에 달린〕 채소는 무효가 되며 그 냄비는 정결하다.

- 이 미쉬나는 거제물이나 거제물과 같은 정도로 정결한 채소를 식초나 소금물에 절이는 상황을 설명하고 있는데, 이때 채소를 미리 음료수에 적시지 않도록 유의해서 일한다. 어떤 여인이 이런 방법으로 냄비를 이용해서 채소를 절이다가, 자신의 부정한 손으로 절이던 채소에 연결되어 있지만 냄비 바깥에 있던 잎의 마른 부분을 접촉했다. 이 잎 자체는 액체에 젖지 않은 상태이지만 그 채소는 이미 냄비 안에서 식초나 소금물에 젖어 준비과정이 끝난 상태다. 사람의 손은 기본적으로 제2차 감염자이므로(「토호롯」 1, 7) 이 잎이 달걀만 한 크기일 때(1, 5) 그리고 그렇지 않더라도 부정해져서 제3차 감염자가 되지만, 제3차 감염자는 거제에 영향을 미치지 않으므로 냄비 안에 들어 있는 채소는 정결하다. 제3차 감염자는 음료수에도 영향을 미치지 못하므로(「우크찜」 2, 1) 절이는 물도 영향을 받지 않는다.
- 그런데 그 여인이 잎을 만질 때 그 잎이 다른 음료수에 젖어 있었고 달걀만 한 크기였다면, 제2차 감염자인 손과 접촉한 음료수는 제1차 감염자가 되고, 이 음료수에 젖은 잎은 제2차 감염자가 되며, 이 잎과 연결된 채소의 다른 부분은 제3차 감염자가 되니, 전부 부정해지는 셈이다. 그 잎이 달걀만 한 크기에 이르지 못하면 그 잎 자체는 크기와 상관없이 제3차 감염자가 되지만, 최소 크기 규정에 미치지 못하는 잎은 부정을 전이시키지 않기 때문에 다른 부분은 정결하다.
- 물에 젖어 부정해진 잎을 냄비 안에 다시 집어넣으면 제1차 감염자가 된 액체를 냄비에 넣는 셈이므로 모든 내용물이 부정해진다.
- 채소를 절이던 여인이 시체의 부정에 노출되어 제1차 감염자였다면, 잎의 상태에 상관없이 제2차 감염자로 부정하게 하고, 그 잎이 달걀

만 한 크기일 때 연결된 채소를 제3차 감염자로 만드니, 결국 모든 것들이 부정해진다. 그러나 그 잎이 최소 크기 규정에 미치지 못하면, 잎만 부정해지고 다른 부분은 정결을 유지한다.

- 그 여인이 그날 물에 몸을 담그고 정결례를 시행했으나 아직 저녁이 되지 않아서 제2차 감염자 상태인데, 자신의 부정한 손으로(「야다임」 3, 1) 냄비를 비우는 동안에 자기 손에 어떤 액체가 묻은 것을 발견했다. 만약 이 액체가 냄비에서 튀었다면 냄비 안에 있는 내용물은 정결하고, 만약 채소가 자기 부정한 손에 닿았다면 그 액체가 부정해지고 따라서 내용물도 부정해질 상황이다. 이렇게 두 가지 판단 가능성을 놓고 의심스러워서 결정할 수 없다면, 그날 물에 몸을 담근 사람 때문에 거제나 거제와 동일한 정결의 정도를 유지하던 채소는 무효가 되지만(「테불 욤」 2, 2), 그날 몸을 담근 사람은 음료수를 제1차 감염자로 만들지 않으므로(「파라」 8, 7) 그 냄비와 내용물은 의심 때문에 부정해지지 않는다.

## 2, 2

부정한 음식을 먹는 사람이 부정해지는 상황에 관해 논의한다.

---

רַבִּי אֱלִיעֶזֶר אוֹמֵר, הָאוֹכֵל אֹכֶל רִאשׁוֹן, רִאשׁוֹן. אֹכֶל שֵׁנִי, שֵׁנִי. אֹכֶל שְׁלִישִׁי, שְׁלִישִׁי. רַבִּי יְהוֹשֻׁעַ אוֹמֵר, הָאוֹכֵל אֹכֶל רִאשׁוֹן וְאֹכֶל שֵׁנִי, שֵׁנִי. שְׁלִישִׁי, שֵׁנִי לַקֹּדֶשׁ וְלֹא שֵׁנִי לַתְּרוּמָה, בְּחֻלִּין שֶׁנַּעֲשׂוּ לְטָהֳרַת תְּרוּמָה:

---

엘리에제르 랍비는 제1차 감염자인 음식을 먹는 자는 제1차 감염자가 된다고 말한다. 제2차 감염자인 〔음식을〕 먹는 자는 제2차 감염자가 된다. 제3차 감염자인 〔음식을〕 먹는 자는 제3차 감염자가 된다.

예호슈아 랍비는 제1차 감염자나 제2차 감염자인 음식을 먹는 자는 제2차 감염자가 된다고 말한다. 제3차 감염자인 〔음식을 먹는 자는〕

성물에 관련해서는 제2차 감염자가 되나, 거제에 관련해서는 제2차 감염자가 되지 않고, 속된 음식인데 거제에 〔맞는〕 정결함에 맞추어 〔준비한 경우에도 그러하다〕.

- 랍비들의 전통에 따라 부정한 음식을 먹은 자는 부정해진다고 간주한다(「자빔」 5, 12). 그리고 엘리에제르 랍비는 그 사람이 먹은 음식의 부정의 정도에 따라 그 사람의 부정 정도도 결정된다고 주장하며, 제1차 감염자인 음식을 먹으면 그도 제1차 감염자가 된다고 말한다. 제2차와 제3차 감염자도 마찬가지다.
- 예호슈아 랍비는 제1차 감염자인 음식이나 제2차 감염자인 음식을 먹은 자가 모두 제2차 감염자가 되며, 거제를 무효로 만든다고 주장한다. 왜냐하면 제2차 감염자인 음식이 젖어 있는 다른 음식과 접촉하면 그 젖은 음료수가 제1차 감염자가 되고 그 음식은 제2차 감염자가 되기 때문이다. 그러나 제1차 감염자인 음식이 다른 음식과 접촉하여 제1차 감염자로 만든다는 규정은 없다. 그러므로 두 경우 모두 제2차 감염자가 된다고 본 것이다. 제3차 감염자인 음식을 먹은 사람은 성물과 관련해서는 마치 제1차 감염자인 음식을 먹은 것과 마찬가지여서 스스로 제2차 감염자가 되니, 성물을 제3차와 제4차 감염자로 만든다. 그러나 거제에 관련해서는 그가 제2차 감염자가 아니기 때문에 별다른 영향을 미치지 않는다. 속된 음식이지만 거제에 걸맞은 정결함에 맞추어 준비한 음식에도 별다른 영향을 미치지 않는다.

**2, 3**
속된 음식과 관련된 정결법 규정들을 논의한다.

הָרִאשׁוֹן שֶׁבַּחֻלִּין, טָמֵא וּמְטַמֵּא. הַשֵּׁנִי פּוֹסֵל וְלֹא מְטַמֵּא. וְהַשְּׁלִישִׁי נֶאֱכָל בִּנְזִיד הַדְּמַע:

속된 음식이 제1차 감염자가 되면 부정해지고 부정을 전이한다. 제2차 감염자가 되면 〔먹기에〕 무효가 되지만 부정을 전이하지 않는다. 제3차 감염자가 되면 '드마이'가 포함된 죽으로 먹어도 〔무방하다〕.

- 제물로 바친 성물이나 거제물이 아닌 속된 음식이 제1차 감염자가 되면 부정해지고 또 다른 음식과 접촉할 때 그것을 제2차 감염자로 부정하게 만든다. 속된 음식이 제2차 감염자가 되면 정결한 음식을 먹고자 하는 자는 먹을 수 없도록 무효가 되지만, 다른 음식과 접촉하더라도 부정을 전이하여 제3차 감염자로 만들지 않는다(「쏘타」 5, 2). 속된 음식이 제3차 감염자가 될 수는 없지만, 제2차 감염자와 접촉한 상태에서 거제 일부가 속된 음식과 섞어서 죽으로 만들어 먹어도 상관이 없을 만큼(「오홀롯」 16, 4) 속된 음식이나 거제를 무효로 만들지 않는다.

2, 4
거제와 관련된 정결법 규정들을 논의한다.

הָרִאשׁוֹן וְהַשֵּׁנִי שֶׁבַּתְּרוּמָה טְמֵאִין וּמְטַמְּאִין. הַשְּׁלִישִׁי, פּוֹסֵל וְלֹא מְטַמֵּא. וְהָרְבִיעִי, נֶאֱכָל בִּנְזִיד הַקֹּדֶשׁ:

거제가 제1차 감염자나 제2차 감염자가 되면 부정해지고 부정을 전이한다. 제3차 감염자가 되면 〔먹기에〕 무효가 되지만 부정을 전이하지 않는다. 제4차 감염자가 되면 성물이 〔포함된〕 죽으로 먹어도 〔무방하다〕.

- 거제물이 제1차 감염자는 물론이고 제2차 감염자가 되어도 스스로 부정해지는 것은 물론 다른 거제물을 제3차 감염자로 부정하게 만든다. 거제물이 제3차 감염자가 되면 거제물로 섭취하는 것이 불가능하고 무효가 되지만, 다른 거제물에 영향을 미칠 수는 없다. 사실 거제물은 제4차 감염자가 될 수 없지만, 만약 제3차 감염자와 접촉한 거제물을 성물이 섞인 죽으로 만들어 먹어도 성물을 무효로 만들지 않을 만큼 아무런 문제가 없다.

### 2, 5
성물에 관련된 정결법 규정들을 논의한다.

---

הָרִאשׁוֹן וְהַשֵּׁנִי וְהַשְּׁלִישִׁי שֶׁבַּקֹּדֶשׁ, טְמֵאִין וּמְטַמְּאִין. הָרְבִיעִי, פּוֹסֵל וְלֹא מְטַמֵּא. וְהַחֲמִישִׁי, נֶאֱכָל בִּנְזִיד הַקֹּדֶשׁ:

---

성물이 제1차 감염자나 제2차 감염자나 제3차 감염자가 되면 부정해지고 부정을 전이한다. 제4차 감염자가 되면 〔성물로 쓰기에〕 무효가 되지만 부정을 전이하지 않는다. 제5차 감염자가 되면 성물이 〔포함된〕 죽으로 먹어도 〔무방하다〕.

- 제물로 바친 성물은 제1-3차 감염자가 되었을 때 부정해지고 또 부정을 전이한다. 제4차 감염자가 되면 성물로 쓸 수 없도록 무효가 되지만 부정을 전이하지는 않는다. 성물에도 제5차 감염자는 없지만, 제4차 감염자와 접촉한 성물은 완전히 정결한 성물들과 섞어서 죽은 만들어 먹어도 무효로 만들지 않을 만큼 아무런 문제가 없다.

### 2, 6
위에서 언급한 상황에 음료수가 어떤 영향을 미치는지 논의한다.

הַשֵּׁנִי שֶׁבְּחֻלִּין, מְטַמֵּא מַשְׁקֵה חֻלִּין, וּפוֹסֵל לְאֳכְלֵי תְרוּמָה. הַשְּׁלִישִׁי שֶׁבַּתְּרוּמָה, מְטַמֵּא מַשְׁקֵה קֹדֶשׁ, וּפוֹסֵל לְאֳכְלֵי קֹדֶשׁ שֶׁנַּעֲשׂוּ לְטָהֳרַת הַקֹּדֶשׁ. אֲבָל אִם נַעֲשׂוּ לְטָהֳרַת תְּרוּמָה, מְטַמֵּא שְׁנַיִם וּפוֹסֵל אֶחָד בַּקֹּדֶשׁ:

속된 음식이 제2차 감염자가 되면 일반 음료수를 부정하게 만들고, 거제를 먹는 사람의 〔음식을〕 무효로 만든다.

거제물이 제3차 감염자가 되면 거룩한 음료수를 부정하게 만들고, 성물을 먹는 사람이 성물의 정결함에 맞게 준비한 〔음식을〕 무효로 만든다. 그러나 만약 거제의 정결함에 맞추어 준비한 〔음식이라면〕, 두 가지를 부정하게 만들고 성물 중에 한 가지를 무효로 만든다.

- 속된 음식이 제2차 감염자가 되면 거제물을 무효로 만들 수 있으므로 일반 음료수와 접촉하면 부정하게 만들어서 제1차 감염자로 만든다(「파라」 5, 7). 제2차 감염자인 속된 음식이 거제와 접촉하면 그것을 제3차 감염자로 만들기 때문에 그 음식은 무효가 된다.
- 거제물이 제3차 감염자가 되면 거룩한 음료수와 접촉했을 때 부정하게 만들어서 제1차 감염자가 되게 한다(「토호롯」 1, 9). 그리고 제3차 감염자인 거제물은 성물과 접촉했을 때 그것을 제4차 감염자로 만들기 때문에 그 음식은 무효가 되고 다른 음식을 부정하게 만들지 않는다.
- 제3차 감염자인 거제물이 속된 음식이지만 거제의 정결함에 맞추어 준비한 음식과 접촉하면, 이것이 거룩한 음식은 아니지만 제1차 감염자와 접촉한 것과 같은 현상이 벌어진다. 그래서 제3차 감염자와 접촉한 첫째 음식은 제2차 감염자가 되고 둘째 음식은 제3차 감염자가 되며, 셋째 음식은 제4차 감염자가 되어 성물로 쓰기에 부적합한 무효가 된다(둘째 미쉬나).

2, 7

음식과 관련된 정결법에 관하여 엘리에제르 랍비의 의견을 설명한다.

---

רַבִּי אֱלִיעֶזֶר אוֹמֵר, שְׁלָשְׁתָּן שָׁוִין. הָאֶחָד שֶׁבַּקֹּדֶשׁ וְשֶׁבַּתְּרוּמָה וְשֶׁבְּחֻלִּין, מְטַמֵּא שְׁנַיִם וּפוֹסֵל אֶחָד בַּקֹּדֶשׁ, מְטַמֵּא אֶחָד וּפוֹסֵל אֶחָד בַּתְּרוּמָה, וּפוֹסֵל אֶת הַחֻלִּין. הַשֵּׁנִי שֶׁבְּכֻלָּן, מְטַמֵּא אֶחָד וּפוֹסֵל אֶחָד בַּקֹּדֶשׁ, וּמְטַמֵּא מַשְׁקֵה חֻלִּין, וּפוֹסֵל לְאֳכָלֵי תְרוּמָה. הַשְּׁלִישִׁי שֶׁבְּכֻלָּן, מְטַמֵּא מַשְׁקֵה קֹדֶשׁ וּפוֹסֵל לְאֳכָלֵי קֹדֶשׁ:

---

엘리에제르 랍비는 그들 셋이 동일하다고 말한다. 성물과 거제물과 속된 음식이 제1차 감염자가 되면 두 가지를 부정하게 만들고 성물 중에 한 가지를 무효로 만들거나, 한 가지를 부정하게 만들고 거제 중에 한 가지를 무효로 만들거나, 속된 음식을 무효로 만든다.

이런 음식이 제2차 감염자가 되면 한 가지를 부정하게 만들고 성물 중에 한 가지를 무효로 만들거나, 일반 음료수를 부정하게 만들거나, 거제를 먹는 자들의 〔음식을〕 무효로 만든다.

이런 음식이 제3차 감염자가 되면 거룩한 음료수를 부정하게 만들고 성물을 먹는 자들의 〔음식을〕 무효로 만든다.

- 엘리에제르 랍비는 성물과 거제와 속된 음식 사이에 동일한 구조가 적용된다고 설명한다.
- 성물과 거제물과 속된 음식이 제1차 감염자가 되어 거룩한 음식과 접촉하면 첫째(제2차)와 둘째(제3차) 음식을 부정하게 만들고, 성물 중에 하나(제4차)를 무효로 만든다. 제1차 감염자가 거제와 접촉하면 그 음식을 부정하게 만들고(2차) 한 가지를 무효로 만든다(3차). 제1차 감염자가 속된 음식과 접촉하면 이것을 무효로 만들고(2차), 더 이상 부정을 전이하지 않는다.

- 성물과 거제물과 속된 음식이 제2차 감염자가 되어 거룩한 음식과 접촉하면 그것을 부정하게 만들고(3차) 다음 음식을 무효로 만든다(4차). 제2차 감염자가 일반 음료수와 접촉하면 부정을 전이하고 제1차 감염자로 만든다. 제2차 감염자가 거제물과 접촉하면 무효로 만든다(3차).
- 성물과 거제물과 속된 음식이 제3차 감염자가 되면 거제물과 속된 음식에 아무런 영향을 미치지 않는다. 그러나 제3차 감염자가 거룩한 음료수와 접촉하면 부정을 전이하여 제1차 감염자로 만든다.
- 엘리에제르 랍비는 제3차 감염자가 거룩한 음식과 접촉하면 무효로 만든다(4차)고만 주장하여, 거제에 맞추어 준비한 속된 음식이 두 가지를 부정하게 만들고 한 가지를 무효로 만든다는 여섯째 미쉬나와 다른 의견을 피력한다. 또한 그는 속된 음식이 제2차와 제3차 감염자일 때 성물을 부정하게 만들 수 있다고 주장하여 제2차 감염자만 가능하다는 의견에 반대하고 있다.

## 2, 8

---

הָאוֹכֵל אֹכֶל שֵׁנִי, לֹא יַעֲשֶׂה בְּבֵית הַבָּד. וְחֻלִּין שֶׁנַּעֲשׂוּ עַל גַּב קֹדֶשׁ, הֲרֵי אֵלּוּ כְּחֻלִּין. רַבִּי אֶלְעָזָר בַּר רַבִּי צָדוֹק אוֹמֵר, הֲרֵי אֵלּוּ כִתְרוּמָה, לְטַמֵּא שְׁנַיִם וְלִפְסֹל אֶחָד:

---

제2차 감염자가 된 음식을 먹은 자는 〔올리브기름〕 짜는 곳에서 일할 수 없다. 성물과 〔동일한 규정에〕 따라 준비한 속된 음식은 여전히 속된 음식과 같다. 엘아자르 바르 짜독 랍비는 그것은 거제와 같이 두 가지를 부정하게 만들고 한 가지를 무효로 만든다고 말한다.

- 제2차 감염자가 된 음식을 먹은 자는 본인이 제2차 감염자가 된다(둘째 미쉬나). 그리고 이 사람이 올리브기름 짜는 곳에서 일하면서

기름과 접촉하면, 올리브기름은 율법이 규정하는 음료수의 하나이므로 제1차 감염자가 된다.

- 성물과 동일한 정도의 정결함을 유지하며 준비한 속된 음식이라도 법적으로는 여전히 속된 음식이며, 제3차 감염자가 발생하지 않기 때문에 제2차 감염자와 접촉한 후에도 먹을 수 있다(셋째 미쉬나). 엘아자르 바르 짜독 랍비는 여기에 반대하며, 이것은 거제와 같다고 주장한다. 그러므로 제1차 와 제2차 감염자로 부정하게 만들고, 제3차 감염자는 무효가 된다고 한다(넷째 미쉬나).

## 제3장

어떤 음식이 액체에서 고체로 또는 그 반대로 변하는 상황, 기름이나 우유를 짜는 상황, 부정의 요인이 부피가 줄거나 늘어나는 상황을 설명한다.

### 3, 1

액체와 고체 사이를 오가는 물체들에 관해 논의한다.

---

הָרֹטֶב וְהַגְּרִיסִים וְהֶחָלָב, בִּזְמַן שֶׁהֵן מַשְׁקֶה טוֹפֵחַ, הֲרֵי אֵלּוּ תְּחִלָּה. קָרְשׁוּ, הֲרֵי אֵלּוּ שְׁנִיִּים. חָזְרוּ וְנִמּוֹחוּ, כַּבֵּיצָה מְכֻוָּן, טָהוֹר. יוֹתֵר מִכַּבֵּיצָה, טָמֵא, שֶׁכֵּיוָן שֶׁיָּצְאָה טִפָּה הָרִאשׁוֹנָה, נִטְמֵאת בְּכַבֵּיצָה:

---

그 국물과 〔으깬〕 편두, 우유가 〔다른 물건을〕 적실 수 있는 음료수일 때 제1차 감염자가 된다. 이것들이 엉겨 굳으면 〔음식으로〕 제2차 감염자가 된다. 이것들이 다시 부드러워져서 정확하게 달걀 〔크기만 하면〕 정결하다. 달걀 〔크기보다〕 더 크면 부정하니, 첫 번째 방울이

흘러나올 때 달걀 〔크기만 한 것〕 때문에 부정해지기 때문이다.

- 식재료를 끓여서 만든 국물, 편두를 으깨서 만든 수프(「네다림」 6, 10), 우유가 손을 넣어 저을 수 있는 액체 상태일 때 부정의 요인에 노출되면 제1차 감염자가 된다.
- 부정해진 다음에 다시 엉겨 굳으면 음식으로 간주하는데, 굳어진 음식이 아직 굳어지지 않은 액체와 접촉하고 있으므로, 다 굳으면 제2차 감염자가 된다(「켈림」 18, 6-8).
- 이것들이 다시 부드러워지면 더 이상 음식이 아니고 음료수의 부정도 해제된 상태다. 그러므로 정확하게 달걀 크기만 할 때까지는 정결하다. 그러나 달걀보다 더 커지면 부정해지니, 첫 번째 액체 방울이 흘러내리면서 부정한 고체와 접촉하여 부정해지기 때문이다. 그리고 그 방울이 다음에 생기는 방울들을 모두 부정하게 만든다.

## 3, 2

רַבִּי מֵאִיר אוֹמֵר, הַשֶּׁמֶן תְּחִלָּה לְעוֹלָם. וַחֲכָמִים אוֹמְרִים, אַף הַדְּבַשׁ. רַבִּי שִׁמְעוֹן שְׁזוּרִי אוֹמֵר, אַף הַיָּיִן. וְגוּשׁ שֶׁל זֵיתִים שֶׁנָּפַל לְתַנּוּר וְהֻסַּק, כַּבֵּיצָה מְכֻוָּן, טָהוֹר. יוֹתֵר מִכַּבֵּיצָה, טָמֵא, שֶׁכֵּיוָן שֶׁיָּצָאת טִפָּה הָרִאשׁוֹנָה, נִטְמֵאת בְּכַבֵּיצָה. אִם הָיוּ פְרוּדִין, אֲפִלּוּ הֵן סְאָה, טָהוֹר:

메이르 랍비가 기름은 〔부정해지면〕 언제든지 제1차 감염자가 된다고 말한다. 그리고 현인들은 꿀도 〔그렇다고〕 말한다. 쉼온 쉐주리 랍비는 포도주도 〔그러하다고〕 말한다.

올리브 덩어리가 화덕에 떨어져서 데워졌을 때, 정확하게 달걀만 한 〔크기〕였다면 정결하다. 달걀보다 컸다면 부정한데, 첫 번째 〔기름〕 방울이 흘러나왔을 때 달걀만 한 〔덩어리 때문에〕 부정해지기 때문이다. 만약 이 〔덩어리가 하나씩〕 분리된다면, 1쎄아가 된다 해도 정결하다.

- 메이르 랍비에 따르면 올리브기름은 액체와 고체 상태를 오가며 반복하더라도 일단 부정해지면 음료수 규정을 따라 언제든지 제1차 감염자가 된다. 왜냐하면 올리브기름은 다시 굳어도 음식이 되지 않으며 음료수라는 범주에서 벗어나지 않기 때문에 언제든지 같은 규정을 적용한다는 것이다(토셉타 2, 3). 현인들은 꿀을, 쉼온 쉐주리 랍비는 포도주를 같은 범주에 넣는다.
- 올리브 열매가 서로 엉겨 붙어서 덩어리가 되었을 때 이것은 음식이며, 부정한 올리브 덩어리가 화덕 안에 떨어진다 하더라도 화덕을 부정하게 만들지 않는다. 음식은 그릇이나 도구를 부정하게 만들 수 없기 때문이다. 그러나 화덕의 열 때문에 데워지면서 올리브기름이 흘러나온다면, 음료수인 기름은 화덕에 부정을 전이할 수 있다(「파라」 8, 5). 만약 올리브 덩어리가 정확하게 달걀만 한 크기였다면 기름이 흘러나오면서 올리브 덩어리의 크기가 달걀보다 작아지고 부정을 전이할 수 있는 최소 크기 규정에 이르지 못하므로 흘러나온 기름은 정결을 유지한다. 그러나 올리브 덩어리가 달걀보다 크다면, 부정한 음식인 올리브 덩어리가 흘러나온 기름의 첫 번째 방울을 부정하게 만들고, 부정한 기름은 화덕을 부정하게 만든다. 같은 원리로 올리브 덩어리가 부서지고 하나씩 분리되어 덩어리의 크기가 달걀보다 작아지면 부정을 전이하지 못한다(「토호롯」 8, 8).

**3, 3**

음식과 음료수의 상관관계에 관한 규정을 계속 논의한다.

---

טְמֵא מֵת שֶׁסָּחַט זֵיתִים וַעֲנָבִים, כַּבֵּיצָה מְכֻוָּן, טָהוֹר, וּבִלְבַד שֶׁלֹּא יִגַּע בִּמְקוֹם הַמַּשְׁקֶה. יוֹתֵר מִכַּבֵּיצָה, טָמֵא, שֶׁכֵּיוָן שֶׁיָּצָאָה טִפָּה הָרִאשׁוֹנָה,

נִטְמֵאת בְּכַבֵּיצָה. אִם הָיָה זָב אוֹ זָבָה, אֲפִלּוּ גַּרְגֵּר יְחִידִי, טָמֵא, שֶׁכֵּיוָן שֶׁיָּצְאָה טִפָּה הָרִאשׁוֹנָה, נִטְמֵאת בְּמַשָּׂא. זָב שֶׁחָלַב אֶת הָעֵז, הֶחָלָב טָמֵא, שֶׁכֵּיוָן שֶׁיָּצְאָה טִפָּה הָרִאשׁוֹנָה, נִטְמֵאת בְּמַשָּׂא:

---

시체 때문에 부정해진 사람이 올리브와 포도를 짰는데, [그 열매 부피가] 정확하게 달걀만 했다면, 그가 짠 부분을 만지지 않는 한 그 [즙은] 정결하다. 그것이 달걀보다 컸다면 부정한데, 첫 번째 [즙] 방울이 흘러나왔을 때 달걀만 한 [열매 때문에] 부정해지기 때문이다.

만약 유출병자인 남자나 여자가 [짰다면] 열매 하나라고 해도 부정한데, 첫 번째 [즙] 방울이 흘러나왔을 때 옮기기 부정 때문에 부정해지기 때문이다. 유출병자가 염소의 젖을 짰다면, 그 젖은 부정한데, 첫 번째 [젖] 방울이 흘러나왔을 때 옮기기 부정 때문에 부정해지기 때문이다.

- 시체와 접촉하여 부정해진 사람이 올리브나 포도를 짰다면, 작업을 하는 동안 그 사람이 접촉한 올리브나 포도는 부정해지는데, 거기서 흘러나온 기름이나 즙은 그 분량에 따라 달라진다. 그 열매의 부피가 정확하게 달걀만 했다면, 그 사람이 따로 만지지 않는 한 그 기름이나 즙이 정결하다. 그러나 그가 짠 열매의 부피가 달걀보다 컸다면 첫 번째 방울이 흘러나오면서 최소 크기 규정에 맞는 부정한 열매 때문에 부정이 전이된다.
- 유출병자가 올리브나 포도를 짜면 그 열매의 크기와 상관없이 부정해지는데, 유출병자는 열매를 직접 만지지 않고 옮기기만 해도 부정을 전이시킬 수 있기 때문이다. 같은 이유로 유출병자는 염소 젖을 짜도 부정을 전이시킨다.

3, 4
음식의 크기가 변하는 상황을 논의한다.

---

כַּבֵּיצָה אֳכָלִין שֶׁהִנִּיחָן בַּחַמָּה וְנִתְמַעֲטוּ, וְכֵן כַּזַּיִת מִן הַמֵּת, וְכַזַּיִת מִן הַנְּבֵלָה, וְכָעֲדָשָׁה מִן הַשֶּׁרֶץ, כַּזַּיִת פִּגּוּל, כַּזַּיִת נוֹתָר, כַּזַּיִת חֵלֶב, הֲרֵי אֵלּוּ טְהוֹרִים, וְאֵין חַיָּבִין עֲלֵיהֶן מִשּׁוּם פִּגּוּל, נוֹתָר וְטָמֵא. הִנִּיחָן בַּגְּשָׁמִים וְנִתְפְּחוּ, טְמֵאִין, וְחַיָּבִין עֲלֵיהֶם מִשּׁוּם פִּגּוּל, נוֹתָר וְטָמֵא:

---

달걀만 한 음식을 햇볕에 내어놓았다가 줄어들었거나, 올리브 열매만 한 시체의 〔일부〕와 올리브 열매만 한 죽은 채 발견된 것의 〔일부〕, 편두만 한 기는 것의 〔일부〕, 올리브 열매만 한 부적당한 것, 올리브 열매만 한 남은 것, 올리브 열매만 한 지방덩이가 〔그렇게 줄어들었을 때〕, 이것들은 정결하며, 부적당한 것이나 남은 것이나 부정 때문에 책임을 질 필요가 없다. 이런 것들을 빗속에 내어놓았다가 불어났다면, 이것들은 부정하며 부적당한 것과 남은 것과 부정 때문에 책임을 져야 한다.

- 달걀만 한 부정한 음식을 햇볕에 내어놓았더니 말라서 크기가 줄어들었다면 최소 크기 규정에 미치지 못하는 상황이 되었으므로 정결하며, 다른 음식이나 음료수에 부정을 전이시킬 수 없다. 같은 이유로 시체의 일부가 올리브 열매보다 작아지거나, 죽은 채 발견된 것의 일부가 올리브 열매보다 작아지거나, 기는 것의 일부가 편두보다 작아지거나, 제물로 바칠 수 없는 부적당한 것(피굴)이 올리브 열매보다 작아지거나, 제물로 바치거나 먹는 기한이 지나고 남은 것(노타르)이 올리브 열매보다 작아지거나, 가축이나 짐승의 지방덩이(헬레브)가 올리브 열매보다 작아졌을 때도 같은 결과가 발생한다.
- 이런 물건을 빗속에 내어놓았다가 불어서 크기가 늘어났다면, 이것들은 부정하며, 그들의 부정함과 관련된 규정을 적용해야 한다.

## 3, 5
정결한지 부정한지 판단하는 기준 시점을 제시한다.

---

כָּל הַטֻּמְאוֹת, כִּשְׁעַת מְצִיאָתָן. אִם טְמֵאוֹת, טְמֵאוֹת. וְאִם טְהוֹרוֹת, טְהוֹרוֹת. אִם מְכֻסּוֹת, מְכֻסּוֹת. אִם מְגֻלּוֹת, מְגֻלּוֹת. מַחַט שֶׁנִּמְצֵאת מְלֵאָה חֲלֻדָּה אוֹ שְׁבוּרָה, טְהוֹרָה, שֶׁכָּל הַטֻּמְאוֹת, כִּשְׁעַת מְצִיאָתָן:

---

모든 부정은 그것을 발견했을 때를 〔기준으로 판단한다〕. 만약 부정한 것으로 〔발견했다면〕, 부정에 〔관련된 규정을 적용한다〕. 그러나 만약 정결한 것으로 〔발견했다면〕, 정결에 〔관련된 규정을 적용한다〕. 만약 덮어놓았다면, 덮여 있는 것으로 〔판단한다〕. 만약 열어놓았다면, 열려 있는 것으로 〔판단한다〕. 바늘이 완전히 녹이 슬고 부러진 상태라면, 그것은 정결하니, 모든 부정은 그것을 발견했을 때를 〔기준으로 판단하기〕 때문이다.

- 어떤 사람이나 물건이 정결한지 부정한지 판단할 때, 발견한 현재 상태를 기준으로 판단한다. 만약 부정을 전이할 수 있는 최소 규정에 맞는지 판단하려면 과거의 크기와 상관없이 현재 크기를 기준으로 판단한다(넷째 미쉬나). 시체와 같은 천막 안에 들어 있는 그릇이라면 발견했을 때 꼭 맞는 뚜껑으로 덮여 있었다면 계속 덮여 있었던 것으로, 발견했을 때 열려 있었다면 계속 열려 있었던 것으로 간주한다.
- 바늘이 부정하더라도 녹이 슬고 부러져서 사용할 수 없다면 정결해지며, 중간에 다른 상태였을 가능성을 가정할 필요가 없다.

## 3, 6
정결하고 부정한 일에 관련된 책임을 지는 사람의 자격을 설명한다.

חֵרֵשׁ שׁוֹטֶה וְקָטָן שֶׁנִּמְצְאוּ בְמָבוֹי שֶׁיֵּשׁ בּוֹ טֻמְאָה, הֲרֵי אֵלּוּ בְחֶזְקַת טָהֳרָה. וְכָל הַפִּקֵּחַ, בְּחֶזְקַת טֻמְאָה. וְכֹל שֶׁאֵין בּוֹ דַעַת לְהִשָּׁאֵל, סְפֵקוֹ טָהוֹר:

귀머거리, 정박아 그리고 미성년자가 부정한 것이 있는 막다른 골목에서 발견되었다면, 이들은 정결하다고 간주한다. 그러나 생각이 있는 모든 사람은 부정하다고 간주한다. 물음에 〔대답할〕 생각이 없는 모든 사람은 의심이 들 때 정결하다고 간주한다.

- 막다른 골목은 사적 공간인데 부정한 것이 있을 때 귀머거리, 정박아, 또는 미성년자가 그 골목에 있었다면, 이들이 부정해졌는지 의심이 생기지만 물어서 사실을 확인할 수 없다. 이럴 경우 정결하다고 간주한다. 그러나 자신의 행동에 관해 질문을 받고 대답할 수 있는 사람이 똑같은 의심스러운 상태로 발견된다면, 그는 의도적으로 행위했기 때문에 부정하다고 간주한다(「토호롯」 6, 6).

## 3, 7

תִּינוֹק שֶׁנִּמְצָא בְצַד בֵּית הַקְּבָרוֹת וְהַשּׁוֹשַׁנִּים בְּיָדוֹ, וְאֵין הַשּׁוֹשַׁנִּים אֶלָּא בִמְקוֹם הַטֻּמְאָה, טָהוֹר, שֶׁאֲנִי אוֹמֵר, אַחֵר לִקְטָן וְנָתַן לוֹ. וְכֵן חֲמוֹר בֵּין הַקְּבָרוֹת, כֵּלָיו טְהוֹרִין:

어떤 어린이가 묘지 한쪽에서 발견되었고 그의 손에 백합꽃을 〔쥐고〕 있었을 때, 그리고 〔그곳에서〕 백합은 부정한 장소에만 있었다면, 그는 정결하다. 왜냐하면 나는 다른 사람이 그것을 따서 그에게 주었다고 말할 수 있기 때문이다. 마찬가지로 나귀 한 마리가 무덤들 사이에서 〔발견되었을 때〕 그 〔위에 얹은〕 마구들은 정결하다.

- 이 미쉬나는 의심스러운 부정을 몇 단계로 나누어 겹치는 방법으로 강조하고 있다. 첫째 당사자는 어린이로 자기 행동을 설명할 수 없

는 미성년자이며, 둘째로 그 어린이는 묘지 한가운데가 아니라 가장자리에서 발견되어 부정한 장소에 들어갔는지 불분명하고, 셋째 부정한 장소에만 자라는 백합을 들고 있어서 그 장소에 갔을 가능성은 있지만 아무도 그를 목격하지 못한 상태다. 이런 경우라도 그 어린이는 정결한데, 가능성이 희박하지만 어떤 다른 사람이 묘지에 들어가서 부정한 곳에서 자라는 백합을 따다가 어린이의 손에 쥐어 주었을 가능성도 있기 때문이다.

- 무덤들 사이에 나귀가 서 있는 것을 발견했을 때도 자기 행동을 설명할 능력이 없는 동물은 정결하며, 그 위에 얹어놓았던 안장이나 덕석 등 마구들도 정결하다.

## 3, 8

תִּינוֹק שֶׁנִּמְצָא בְּצַד הָעִסָּה וְהַבָּצֵק בְּיָדוֹ, רַבִּי מֵאִיר מְטַהֵר. וַחֲכָמִים מְטַמְּאִים, שֶׁדֶּרֶךְ הַתִּינוֹק לְטַפֵּחַ. בָּצֵק שֶׁיֵּשׁ בּוֹ נְקִירַת תַּרְנְגוֹלִים, וּמַשְׁקִין טְמֵאִין בְּתוֹךְ הַבַּיִת, אִם יֵשׁ בֵּין מַשְׁקִין לַכִּכָּרוֹת כְּדֵי שֶׁיְּנַגְּבוּ אֶת פִּיהֶם בָּאָרֶץ, הֲרֵי אֵלּוּ טְהוֹרִין. וּבְפָרָה וּבְכֶלֶב, כְּדֵי שֶׁיְּלַחֲכוּ אֶת לְשׁוֹנָם. וּשְׁאָר כָּל הַבְּהֵמָה, כְּדֵי שֶׁיִּתְנַגֵּב. רַבִּי אֱלִיעֶזֶר בֶּן יַעֲקֹב מְטַהֵר בְּכֶלֶב, שֶׁהוּא פִקֵּחַ, שֶׁאֵין דַּרְכּוֹ לְהַנִּיחַ אֶת הַמָּזוֹן וְלֵילֵךְ לַמָּיִם:

어린이가 반죽 덩이 옆에서 발견되었고 그의 손에 반죽 조각을 〔쥐고〕 있었을 때, 메이르 랍비는 정결하다고 주장했다. 그러나 현인들은 부정하다고 했으니, 어린이들은 〔반죽을〕 만지는 경향이 있기 때문이다.

반죽에 닭들이 〔쪼아먹은〕 구멍들이 있고, 그 집 안에 부정한 음료수가 있었을 때, 그 음료수와 〔반죽〕 덩이들 사이에 〔닭들이〕 자기 부리를 땅에 문지를 수 있는 〔충분한 공간이〕 있다면, 그것은 정결하다. 암소와 개의 경우, 자기들의 혀로 〔입술을〕 핥을 수 있는 〔충분한 공간이 있을 때 그러하다〕. 그리고 그 외 모든 가축들은 스스로 말릴 수 있는 〔충분한 공간이 있을 때 그러하다〕. 엘리에제르 벤 야아콥 랍비는 개는 생각이 있기 때문에 정결하다고 주장했는데, 〔개들은〕 음식을 놓아두고 〔부정한〕 물 쪽으로 가는 경향이 없다고 했다.

- 어린이들은 정결법을 모른 채 기는 것을 가지고 놀거나 하면서 부정해졌을 가능성이 있는데, 어린이가 반죽 조각을 손에 쥐고 반죽 덩이 옆에 있는 것을 발견했을 때, 메이르 랍비는 정결하다고 주장했으니, 다른 사람이 반죽을 떼어 주었을 가능성이 있기 때문이다. 그러나 현인들은 보통 어린이들이 반죽을 주무르며 노는 것을 좋아하기 때문에 이 경우는 반죽이 부정해졌다고 보아야 한다고 말한다.
- 미쉬나 뒷부분은 닭과 암소, 개, 그리고 다른 가축들의 행동양식을 설명하며, 반죽과 부정한 물 사이에 그들이 다른 행동을 할 충분한 공간이 있다면 정결하다고 설명하고 있다(「토호롯」 10, 2).

## 제4장

부정이 전이되었는지 확실하지 않은 다양한 경우에 관해 논의하고, 특히 거제물의 경우를 자세히 설명한다.

### 4, 1

음식과 부정한 물건이 접촉했는지 불확실한 상황을 논의한다.

---

הַזּוֹרֵק טֻמְאָה מִמָּקוֹם לְמָקוֹם, כִּכָּר לְבֵין הַמַּפְתְּחוֹת, מַפְתֵּחַ לְבֵין הַכִּכָּרוֹת, טָהוֹר. רַבִּי יְהוּדָה אוֹמֵר, כִּכָּר לְבֵין הַמַּפְתְּחוֹת, טָמֵא. מַפְתֵּחַ לְבֵין הַכִּכָּרוֹת, טָהוֹר:

---

〔어떤 사람이〕 부정한 것을 한 장소에서 〔다른〕 장소로 던졌을 때, 빵 덩이를 열쇠들 사이에 〔던졌거나〕, 열쇠를 빵 덩이들 사이에 〔던졌다면〕, 그것은 정결하다. 예후다 랍비는 빵 덩이를 열쇠들 사이에 〔던지면〕 부정해지고, 열쇠를 빵 덩이들 사이에 〔던지면〕 정결하다고 말한다.

- 어떤 사람이 정결한 빵 덩이를 부정한 열쇠들 사이에 던졌거나 부정한 열쇠를 정결한 빵 덩이들 사이에 던졌을 때, 정확하게 부정한 것이 정결한 것과 접촉했는지 알 수 없고, 땅에 고정되지 않은 것을 던지기만 하면 부정이 전이되었다고 확신할 수 없으므로, 정결한 빵 덩이는 그대로 정결을 유지한다.
- 예후다 랍비는 정결한 음식을 던졌는데 정결과 부정이 의심될 때는 부정하다고 간주하고, 부정한 열쇠를 던졌는데 의심이 될 때는 정결하다고 간주한다. 왜냐하면 부정한 것이 땅 위에 고정되지 않았을 때 부정을 전이했는지 확신할 수 없기 때문이다(셋째 미쉬나).

## 4, 2

---

הַשֶּׁרֶץ בְּפִי הַחֻלְדָּה וּמְהַלֶּכֶת עַל גַּבֵּי כִכָּרוֹת שֶׁל תְּרוּמָה, סָפֵק נָגַע סָפֵק לֹא נָגַע, סְפֵקוֹ טָהוֹר:

---

기는 것을 입에 문 들쥐가 거제인 빵 덩이 위를 걸어갔을 때, 이것이 접촉을 했는지 접촉하지 않았는지 의심이 든다면, 그 의심스러운 〔상황은〕 정결하다고 〔간주한다〕.

- 들쥐가 기는 것을 입에 물고 있고 그 기는 것은 죽은 상태인데, 들쥐가 빵 덩이 위를 걸어가면서 그 기는 것이 빵과 접촉했는지 확실하게 판단할 수 없는 상태라면, 의심이 들지만 정결하다고 간주한다. 부정한 것이 땅 위에 고정되지 않았을 때 부정을 전이했다고 간주할

수 없기 때문이다.

## 4, 3

부정의 요인이 움직이는 상황에서 의심이 생겼을 때 판단하는 기준을 설명한다.

---

הַשֶּׁרֶץ בְּפִי הַחֻלְדָּה, וְהַנְּבֵלָה בְּפִי הַכֶּלֶב, וְעָבְרוּ בֵין הַטְּהוֹרִים, אוֹ שֶׁעָבְרוּ טְהוֹרִים בֵּינֵיהֶן, סְפֵקָן טָהוֹר, מִפְּנֵי שֶׁאֵין לַטֻּמְאָה מָקוֹם. הָיוּ מְנַקְּרִין בָּהֶן עַל הָאָרֶץ וְאָמַר, הָלַכְתִּי לַמָּקוֹם הַלָּז וְאֵינִי יוֹדֵעַ אִם נָגַעְתִּי אִם לֹא נָגַעְתִּי, סְפֵקוֹ טָמֵא, מִפְּנֵי שֶׁיֵּשׁ לַטֻּמְאָה מָקוֹם:

---

기는 것을 입에 문 들쥐나 죽은 채 발견된 것을 입에 문 개가 정결한 것들 사이로 지나갔거나, 또는 정결한 것이 그들 사이로 지나갔을 때, 그 의심스러운 〔상황은〕 정결하다고 〔간주하는데〕, 왜냐하면 부정한 것에게 〔정해진〕 장소가 없기 때문이다.

그 〔들쥐나 개가〕 그 〔기는 것이나 죽은 채 발견된 것을〕 땅에 묻었는데, 〔어떤 사람이〕 내가 그 장소에 갔었는데 내가 그것을 접촉했는지 접촉하지 않았는지 모른다고 말했다면, 그 의심스러운 〔상황은〕 부정하다고 〔간주하는데〕, 왜냐하면 부정한 것이 〔정해진〕 장소에 있었기 때문이다.

- 기는 것을 입에 문 들쥐나 죽은 채 발견된 것을 입에 문 개가 정결한 사람들 사이로 지나갔거나 정결한 사람이 그들 사이로 지나갔을 때, 정결한 사람은 기는 것이나 죽은 채 발견된 것과 접촉했는지 의심하게 되는데, 그 부정한 것이 땅에 고정되어 있지 않으므로 그 의심스러운 상황은 정결하다고 간주한다.
- 그러나 그 들쥐나 개가 입에 물었던 것을 땅에 묻거나 여기저기로 끌고 다닌다면 그 부정한 것은 땅에 정해진 장소가 생기는 셈이므로,

그 장소를 지나간 정결한 사람이 부정한 것과 접촉했는지 확실하지 않더라도 그 의심스러운 상황은 부정하다고 간주한다.

## 4, 4

כַּזַּיִת מִן הַמֵּת בְּפִי הָעוֹרֵב, סָפֵק הֶאֱהִיל עַל הָאָדָם וְעַל הַכֵּלִים בִּרְשׁוּת הַיָּחִיד, סְפֵק אָדָם, טָמֵא, סְפֵק כֵּלִים, טָהוֹר. הַמְמַלֵּא בַעֲשָׂרָה דְלָיִים וְנִמְצָא שֶׁרֶץ בְּאַחַד מֵהֶן, הוּא טָמֵא וְכֻלָּן טְהוֹרִין. הַמְעָרֶה מִכְּלִי לִכְלִי וְנִמְצָא שֶׁרֶץ בַּתַּחְתּוֹן, הָעֶלְיוֹן טָהוֹר:

올리브 열매 〔크기〕만 한 시체의 〔일부를〕 입에 문 까마귀가 사적인 공간에서 사람 위를 또는 그릇 위를 덮었는지 의심이 될 때, 사람이 의심스러운 〔상황은〕 부정하며 그릇이 의심스러운 〔상황은〕 정결하다고 〔간주한다〕.

〔어떤 사람이〕 양동이 열 개를 채웠는데 그중 하나에서 기는 것이 발견되었다면, 그 〔양동이는〕 부정해지지만 〔다른〕 모든 것들은 정결하다고 〔간주한다〕. 〔어떤 사람이〕 그릇 하나에서 〔다른〕 그릇으로 부었는데 밑에 있는 〔그릇에서〕 기는 것이 발견되었다면, 그 위에 있는 〔그릇은〕 정결하다고 〔간주한다〕.

- 올리브 열매 크기만 한 시체의 일부를 입에 문 까마귀가 사적인 공간에서 사람 위를 덮어서 부정을 전이했는지 의심이 될 때, 사람과 관련된 의심스러운 상황은 부정해졌다고 가정한다. 사람은 어떤 일이 있었는지 대답할 수 있는 생각이 있고, 그 부정의 요인이 움직이고 있었지만 덮기 부정과 관련해서는 의심스러운 경우에 부정하다고 간주하기 때문이다. 그러나 상황을 설명할 능력이 없는 그릇이 의심스러운 상황은 정결하다고 간주한다.
- 우물에서 양동이 열 개에 물을 채웠는데 그중 하나에서 기는 것이

발견되었다면, 기는 것이 발견된 양동이는 부정해지지만 다른 양동이들은 정결하다고 간주한다. 왜냐하면 기는 것을 양동이 안에서 발견했기 때문에 그 양동이가 부정해지는 것이며 기는 것이 처음에 우물 안에 있지 않았을까 의심할 필요는 없기 때문이다. 또한 기는 것이 우물 속에 있었다고 할지라도 물을 부정하게 만들 수 없으니, 물의 근원과 연결되어 있는 우물 물이나 샘물은 부정해지지 않기 때문이다(「미크바옷」 1, 1).

- 어떤 사람이 그릇 하나를 들어서 다른 그릇으로 물을 부었는데 밑에 있는 그릇에서 기는 것이 발견되었다면, 부정의 요인이 발견된 장소가 아닌 다른 곳에 있었는지 의심할 필요가 없기 때문에, 밑에 있는 그릇만 부정해진다.

## 4, 5
의심스러운 부정과 거제물 사이의 관계를 논의한다.

---

עַל שִׁשָּׁה סְפֵקוֹת שׂוֹרְפִין אֶת הַתְּרוּמָה. עַל סְפֵק בֵּית הַפְּרָס, וְעַל סְפֵק עָפָר הַבָּא מֵאֶרֶץ הָעַמִּים, עַל סְפֵק בִּגְדֵי עַם הָאָרֶץ, עַל סְפֵק כֵּלִים הַנִּמְצָאִין, עַל סְפֵק הָרְקִין הַנִּמְצָאִין, עַל סְפֵק מֵי רַגְלֵי אָדָם שֶׁהֵן כְּנֶגֶד מֵי רַגְלֵי בְהֵמָה. עַל וַדַּאי מַגָּעָן שֶׁהוּא סְפֵק טֻמְאָתָן, שׂוֹרְפִין אֶת הַתְּרוּמָה. רַבִּי יוֹסֵי אוֹמֵר, אַף עַל סְפֵק מַגָּעָן בִּרְשׁוּת הַיָּחִיד. וַחֲכָמִים אוֹמְרִים, בִּרְשׁוּת הַיָּחִיד, תּוֹלִין. וּבִרְשׁוּת הָרַבִּים, טָהוֹר:

---

여섯 가지 의심스러운 〔상황에서〕 거제물을 태운다.

〔무덤을〕 갈아엎은 밭인지 의심할 때, 〔다른〕 민족들의 땅에서 가져온 흙인지 의심할 때, 암 하아레쯔의 옷인지 의심할 때, 발견된 그릇에 〔대해〕 의심할 때, 발견된 침에 〔대해〕 의심할 때, 사람의 오줌이 가축의 오줌 옆에 있어서 의심할 때다. 이런 것들이 〔거제와〕 분명히 접촉했는데 그것이 부정한지 의심스럽다면, 그 거제를 태운다.

요쎄 랍비는 이런 것들이 사적인 영역에서 〔거제와〕 접촉했는지 의심될 때도 그러하다고 말한다. 그러나 현인들은 사적인 영역에서 〔의심스러운 상황이 발생하면 거제를〕 보류해야 한다고 말한다. 그러나 공적 영역에서 〔발생하면〕 정결하다고 〔간주한다〕.

- 어떤 사람이 이 미쉬나에서 나열하는 의심스러운 부정의 요인과 접촉하고 거제를 만진다면, 또는 거제가 직접 이런 의심스러운 부정의 요인과 접촉한다면, 그 거제물을 태워야 한다.
- 무덤을 갈아엎어서 보리쌀만 한 시체의 일부가 밭의 흙에 섞이면 접촉과 옮기기를 통해 부정을 전이시킨다(「오홀롯」 17, 1). 다른 민족의 땅에서 가져온 흙도 접촉과 옮기기를 통해 부정을 전이시킨다(「오홀롯」 2, 3). 정결법 규정을 모르는 암 하아레쯔의 옷도 접촉과 옮기기를 통해 부정을 전이시킨다(「하기가」 2, 7). 자기 소유가 아니며 주운 그릇은 그것이 정결한지 부정한지 의심스럽고, 접촉을 통해 부정을 전이시킨다. 누가 뱉었는지 모르는 침은 유출병자나 월경하는 여인이 뱉었을 가능성이 있으므로 부정을 전이시킬 수 있다(「토호롯」 5, 8). 당시에 가축의 오줌을 세제로 사용하기도 했다(「샤밧」 9, 5; 「닛다」 9, 6-7). 가축의 오줌을 모으던 통과 분명히 구별되는 사람의 오줌과 접촉했다면 이 오줌이 부정한 사람의 것일 수 있고, 결과적으로 부정을 전이시킬 수 있다.
- 요쎄 랍비는 사적인 영역에서 의심스러운 부정이 거제와 접촉했는지 의심될 때도 그러하다고 말한다. 그러나 현인들은 사적인 영역에서 의심스러운 상황이 발생하면 거제를 먹지 말아야 하며 태우지도 말아야 한다고 말한다. 그러나 의심스러운 부정이 공적 영역에서 발생하면 정결하다고 간주한다.

## 4, 6

누가 뱉었는지 모르는 침에 관해 논의한다.

---

שְׁנֵי רְקִין, אֶחָד טָמֵא וְאֶחָד טָהוֹר, תּוֹלִין עַל מַגָּעָן וְעַל מַשָּׂאָן וְעַל הֶסֵּטָן בִּרְשׁוּת הַיָּחִיד, וְעַל מַגָּעָן בִּרְשׁוּת הָרַבִּים בִּזְמַן שֶׁהֵן לַחִין, וְעַל מַשָּׂאָן בֵּין לַחִין וּבֵין יְבֵשִׁין. הָיָה רֹק יְחִידִי וְנָגַע בּוֹ וּנְשָׂאוֹ וְהִסִּיטוֹ בִּרְשׁוּת הָרַבִּים, שׂוֹרְפִין עָלָיו אֶת הַתְּרוּמָה, וְאֵין צָרִיךְ לוֹמַר בִּרְשׁוּת הַיָּחִיד:

---

침이 두 군데 〔떨어져 있는데〕 하나는 부정하고 하나는 정결할 때, 사적인 공간에서 그것들과 접촉하거나 옮기거나 들리거나 하면 〔거제를〕 보류하고, 공적인 공간에서 그것들이 아직 축축할 때 접촉하거나, 그것들이 축축하거나 말랐거나 〔상관없이〕 그것들을 옮기거나 했을 때도 〔그렇게 한다〕.

침이 한 군데 〔떨어져 있는데〕 공적인 공간에서 그것과 접촉하거나 옮기거나 들리거나 하면, 그것 때문에 거제를 태워야 하며, 사적인 공간에서 〔발생했다면〕 말할 필요도 없다.

- 침이 두 군데 떨어져 있었는데, 하나는 누가 뱉었는지 몰라서 부정한지 의심스러운 상태고(다섯째 미쉬나) 다른 하나는 정결한 사람이 뱉었는지 정결하다고 확신할 수 있을 때, 침과 접촉하거나 옮기거나 들렸는데 둘 중 어느 것인지 분명하지 않고 이것이 사적인 공간이었다면, 현인들의 판단에 따라 그 거제물을 먹지도 말고 태우지도 말고 보류시킨다.
- 그 침이 공적 공간에 떨어져 있고 아직 축축할 때 접촉하면, 사적인 공간에서 발생한 의심스러운 부정과 마찬가지로 거제를 보류한다. 그 침이 축축하거나 말랐거나 상관없이 사람이 그것을 직접 접촉하지 않고 옮기면 거제를 보류한다.
- 누가 뱉었는지 몰라서 의심스러운 침이 한 군데만 떨어져 있었는데,

공적인 공간에서 그것과 접촉하거나 옮기거나 들리면, 거제를 태워야 하며(다섯째 미쉬나), 사적인 공간에서 발생해도 그러하다.

## 4, 7

의심스러운 상황이지만 현인들이 정결하다고 인정한 경우들을 설명한다.

---

אֵלּוּ סְפֵקוֹת שֶׁטִּהֲרוּ חֲכָמִים. סְפֵק מַיִם שְׁאוּבִים לַמִּקְוֶה. סְפֵק טֻמְאָה צָפָה
עַל פְּנֵי הַמָּיִם. סְפֵק מַשְׁקִין, לִטָּמֵא, טָמֵא, וּלְטַמֵּא, טָהוֹר. סְפֵק יָדַיִם, לִטָּמֵא
וּלְטַמֵּא וְלִטַּהֵר, טָהוֹר. סְפֵק רְשׁוּת הָרַבִּים. סְפֵק דִּבְרֵי סוֹפְרִים. סְפֵק הַחֻלִּין.
סְפֵק שְׁרָצִים. סְפֵק נְגָעִים. סְפֵק נְזִירוּת. סְפֵק בְּכוֹרוֹת. וּסְפֵק קָרְבָּנוֹת:

---

다음과 같은 의심스러운 〔상황은〕 현인들이 정결하다고 주장했다. 정결례장에 길어온 물이 의심스러울 때, 물 표면에 떠 있는 부정한 것이 의심스러울 때, 음료수가 부정해졌는지 부정한지 아니면 부정하게 만들고 정결한지 의심스러울 때, 손이 부정해졌는지 부정하게 만들었는지 정결해졌는지 〔그래서〕 정결한지 의심스러울 때, 공적인 공간에서 〔일어난 일이〕 의심스러울 때, 서기들의 말 때문에 의심스러울 때, 속된 음식이 의심스러울 때, 기는 것이 의심스러울 때, 피부병이 의심스러울 때, 나실인의 〔상태가〕 의심스러울 때, 초태생의 〔상태가〕 의심스러울 때, 그리고 희생제물이 의심스러울 때다.

- 이 미쉬나가 열거하고 있는 의심스러운 경우들은 사적인 공간에서 발생한다 해도 정결하다고 간주한다.
- 먼저 정결례장을 채우려고 길어온 물은 40쎄아 이상이어야 하는데, 그 규정에 맞는지 의심이 생긴다고 할지라도 정결하다고 간주한다(「미크바옷」 2, 3). 다른 경우들은 여덟째 미쉬나와 그다음 미쉬나에서 상술한다.

## 4, 8

일곱째 미쉬나에서 열거한 경우들을 자세히 설명한다.

---

סְפֵק טֻמְאָה צָפָה עַל פְּנֵי הַמַּיִם, בֵּין בְּכֵלִים בֵּין בַּקַּרְקַע. רַבִּי שִׁמְעוֹן אוֹמֵר, בְּכֵלִים, טָמֵא. וּבַקַּרְקַע, טָהוֹר. רַבִּי יְהוּדָה אוֹמֵר, סְפֵק יְרִידָתוֹ, טָמֵא. וּסְפֵק עֲלִיָּתוֹ, טָהוֹר. רַבִּי יוֹסֵי אוֹמֵר, אֲפִלּוּ אֵין שָׁם אֶלָּא מְלֹא אָדָם וְטֻמְאָה, טָהוֹר:

---

물 표면 위에 떠 있는 부정한 것이 의심스러운 〔상황은〕 그것이 그릇 안에 〔있거나〕 땅 위에 〔있을 수 있다〕. 쉼온 랍비는 그릇 안에 있다면 부정하고, 땅 위에 있다면 정결하다고 말한다. 예후다 랍비는 〔어떤 사람이 물로〕 내려가다가 〔부정해졌는지〕 의심스럽다면 부정하고, 올라가다가 〔부정해졌는지〕 의심스럽다면 정결하다고 말한다. 요쎄 랍비는 그곳에 사람 하나와 부정한 것이 〔들어갈 공간만〕 있다 해도 정결하다고 말한다.

- 일곱째 미쉬나에서 랍비들이 부정한지 의심스러운 경우에 정결하다고 간주한 몇 가지 상황이 있었다. 그중에서 부정한 것이 물 표면 위에 떠 있을 경우 어떤 사람이 이것과 접촉했는지 접촉하지 않았는지 의심이 생긴다. 그러나 물 위에 떠 있는 부정한 것은 정해진 자기 자리가 없는 상태이므로(셋째 미쉬나) 의심스러운 경우에는 정결하다고 간주한다. 그 물이 그릇 안에 들어 있든 땅 위에 고인 웅덩이나 연못에 들어 있든 상관이 없다.
- 반대 의견을 표시한 쉼온 랍비에 따르면 그릇에 들어 있는 물은 부정하니, 그릇이 정해진 자기 자리에 놓여 있으므로 그 안에 들어 있는 물도 자리가 정해진 것으로 볼 수 있다는 의견이다. 땅 위에 있는 물은 정결하다.
- 예후다 랍비는 완전히 다른 기준을 제시하는데, 어떤 사람이 물 속

으로 내려가는 중이었다면 부정한 것이 수면에 떠 있다가 가까이 밀려오기 때문에 부정하다고 간주하고, 물에서 올라오는 중이었다면 부정한 것이 멀리 밀려가기 때문에 정결하다고 말한다.

- 요쎄 랍비는 그 물 안에 사람 한 명과 그 부정한 것이 들어갈 수 있는 공간만 있어서 접촉이 발생했을 가능성이 높더라도 그것은 의심일 뿐이며, 부정한 것이 떠다니고 있으므로 부정을 전이하지 않는다는 원칙에 따라 그 사람이 정결하다고 주장한다.

## 4, 9

סְפֵק מַשְׁקִין לְטַמֵּא, טָמֵא. כֵּיצַד. טָמֵא שֶׁפָּשַׁט אֶת רַגְלוֹ לְבֵין מַשְׁקִין טְהוֹרִין, סָפֵק נָגַע סָפֵק לֹא נָגַע, סְפֵקוֹ טָמֵא. הָיְתָה כִכָּר טְמֵאָה בְיָדוֹ וּזְרָקָהּ לְבֵין מַשְׁקִין טְהוֹרִין, סָפֵק נָגַע סָפֵק לֹא נָגַע, סְפֵקוֹ טָמֵא. וּלְטַמֵּא, טָהוֹר. כֵּיצַד. הָיְתָה מַקֵּל בְּיָדוֹ וּבְרֹאשָׁהּ מַשְׁקִין טְמֵאִין וּזְרָקָהּ לְבֵין כִּכָּרוֹת טְהוֹרִין, סָפֵק נָגַע סָפֵק לֹא נָגַע, סְפֵקוֹ טָהוֹר:

음료수가 부정해졌다고 의심되면 〔현재〕 부정하다고 〔간주한다〕. 어떻게 〔그러한가〕? 어떤 부정한 사람이 정결한 음료수들 사이로 그의 다리를 폈고, 그것과 접촉했는지 접촉하지 않았는지 의심스럽다면, 그 의심스러운 〔상황은〕 부정하다고 〔간주한다〕. 그의 손에 부정한 빵 덩이가 있었고 정결한 음료수들 사이로 그것을 던졌는데, 그것과 접촉했는지 접촉하지 않았는지 의심스럽다면, 그 의심스러운 〔상황은〕 부정하다고 〔간주한다〕.

그러나 〔음료수가〕 부정하게 만들었다고 〔의심되면〕 정결하다고 〔간주한다〕. 어떻게 〔그러한가〕? 그의 손에 막대기가 있었고 그 〔막대기〕 끝이 부정한 음료수에 〔있었고〕 그것을 정결한 빵 덩이들 사이로 던졌는데, 접촉했는지 접촉하지 않았는지 의심스럽다면, 그 의심스러운 〔상황은〕 정결하다고 〔간주한다〕.

- 음료수가 어떤 이유로 부정해졌다고 의심되면 현재 부정하다고 간주한다. 어떤 경우에 그렇게 되는가 하면, 예를 들어 어떤 부정한 사람이 정결한 음료수들 사이로 그의 다리를 폈는데, 그것과 접촉했는지 의심스럽다고 해도, 그런 경우 부정하다고 간주한다. 다른 예를 들자면, 그 사람이 부정한 빵 덩이를 정결한 음료수들 사이로 던졌는데, 그것과 접촉했는지 의심스럽다고 해도, 그 음료수는 부정하다고 간주한다.
- 부정한 음료수가 다른 대상을 부정하게 만들었는지 의심스러운 상황이라면 그 대상은 정결하다고 간주한다. 어떤 경우에 그렇게 되는가 하면, 예를 들어 어떤 사람이 끝에 부정한 음료수가 묻은 막대기가 있었는데, 그것을 정결한 빵 덩이들 사이로 던졌고, 막대기가 빵에 접촉했는지 의심스러울 때, 그 빵은 정결하다고 간주한다. 그 이유는 음료수가 다른 대상에 부정을 전이시킨다는 생각은 랍비들의 전통이며 토라의 규정이 아니기 때문이다.

4, 10

---

רַבִּי יוֹסֵי אוֹמֵר, סְפֵק מַשְׁקִין, לָאֳכָלִים, טָמֵא, וּלְכֵלִים, טָהוֹר. כֵּיצַד. שְׁתֵּי חָבִיּוֹת, אַחַת טְמֵאָה וְאַחַת טְהוֹרָה, וְעָשָׂה עִסָּה מֵאַחַת מֵהֶן, סָפֵק מִן הַטְּמֵאָה עָשָׂה, סָפֵק מִן הַטְּהוֹרָה עָשָׂה, זֶה הוּא סְפֵק מַשְׁקִין לָאֳכָלִין טָמֵא וּלְכֵלִים טָהוֹר:

---

요쎄 랍비는 음료수가 의심스러울 때 음식과 관련해서는 부정하고 그릇과 관련해서는 정결하다고 말한다. 어떻게 〔그러한가〕? 병 두 개가 있고, 하나는 부정하고 하나는 정결하다. 그중 하나에 〔든 물로〕 반죽을 했고, 부정한 것으로 했는지 정결한 것으로 했는지 의심스럽다. 이것이 음료수가 의심스러운 상황이며, 음식과 관련해서는 부정하고 그릇과 관련해서는 정결하다고 〔간주한다〕.

- 요쎄 랍비는 음료수가 부정을 전이하는지 의심스러운 상황에 관해 다른 판단 기준을 제시한다. 의심스러운 음료수는 음식과 관련해서는 부정을 전이하고 그릇과 관련해서는 그렇지 않다는 것이다. 예를 들어 물이 들어 있는 병이 두 개 있는데, 하나는 부정하고 하나는 정결하다. 그중 하나를 사용해서 반죽을 했는데, 어느 병에 든 물을 썼는지 불확실하다. 이런 경우 의심스러운 물을 사용해서 만든 음식은 부정하다고 간주하고, 그 반죽을 한 그릇은 정결하다고 간주한다.

## 4, 11

סְפֵק יָדַיִם לְטָמֵא וּלְטַמֵּא וְלִטָּהֵר, טָהוֹר. סְפֵק רְשׁוּת הָרַבִּים, טָהוֹר. סְפֵק דִּבְרֵי סוֹפְרִים, אָכַל אֳכָלִים טְמֵאִים, שָׁתָה מַשְׁקִים טְמֵאִים, בָּא רֹאשׁוֹ וְרֻבּוֹ בְמַיִם שְׁאוּבִין, אוֹ שֶׁנָּפְלוּ עַל רֹאשׁוֹ וְרֻבּוֹ שְׁלֹשָׁה לֻגִּין מַיִם שְׁאוּבִים, סְפֵקוֹ טָהוֹר. אֲבָל דָּבָר שֶׁהוּא אַב הַטֻּמְאָה וְהוּא מִדִּבְרֵי סוֹפְרִים, סְפֵקוֹ טָמֵא:

손이 부정해졌는지 부정하게 만들었는지 정결해졌는지 의심되면 정결하다고 〔간주한다〕. 공적 영역에서 의심스러운 일이 〔생기면〕 정결하다고 〔간주하다〕.

서기들의 말 때문에 의심스럽다면, 부정한 음식을 먹었거나, 부정한 음료수를 마셨거나, 그의 머리와 그의 〔몸〕 대부분이 길어온 물에 들어갔거나, 또는 그의 머리와 그의 〔몸〕 대부분 위에 길어온 물 3로그가 쏟아졌다면, 그 의심스러운 〔경우가〕 정결하다고 〔간주한다〕. 그러나 서기들의 말에 따라 부정의 아버지였다면, 그 의심스러운 〔경우는〕 부정하다고 〔간주한다〕.

- 어떤 사람의 손이 정결했는데 부정한 것과 접촉해서 부정해졌는지 의심스럽거나, 그의 손이 부정했는데 정결한 것을 만졌는지 의심스럽거나, 부정한 손을 정결하게 만들었는지 의심될 때, 그 손이 정결

하다고 간주한다(「야다임」 2, 4).

- 공적 영역에서 벌어진 일이 부정한지 의심스럽다면 정결하다고 간주한다(「토호롯」 5-6장).
- 토라에 기록된 규정은 아니지만 랍비들의 전통에 따라 부정하다고 의심되는 상황이라면 그 일이 사적 영역에서 벌어졌다고 해도 정결하다고 간주한다. 예를 들어 부정한 음식을 먹었는지 의심스럽거나, 부정한 음료수를 마셨는지 의심스럽거나, 그의 머리와 그의 몸 대부분이 토기로 길어온 물에 들어갔는지 의심스러울 때, 이런 일이 일어난 것이 확실하면 부정하지만(「미크바옷」 2, 2; 「자빔」 5, 12) 의심스럽다면 정결하다고 간주한다. 그러나 랍비들의 전통에 따라 부정의 아버지가 된 경우, 예를 들어 섞인 피(「오홀롯」 3, 5)를 사적 영역에서 접촉했을 가능성이 있다면 부정하다고 간주한다.

## 4, 12

---

סְפֵק הַחֻלִּין, זוֹ טָהֳרַת פְּרִישׁוּת. סְפֵק שְׁרָצִים, כִּשְׁעַת מְצִיאָתָן. סְפֵק נְגָעִים, בַּתְּחִלָּה טָהוֹר, עַד שֶׁלֹּא נִזְקַק לַטֻּמְאָה. מִשֶּׁנִּזְקַק לַטֻּמְאָה, סְפֵקוֹ טָמֵא. סְפֵק נְזִירוּת, מֻתָּר. סְפֵק בְּכוֹרוֹת, אֶחָד בְּכוֹרֵי אָדָם וְאֶחָד בְּכוֹרֵי בְהֵמָה, בֵּין טְמֵאָה בֵּין טְהוֹרָה, שֶׁהַמּוֹצִיא מֵחֲבֵרוֹ עָלָיו הָרְאָיָה:

---

속된 음식이 의심스럽다면, 그것은 바리새인들이 〔지키는〕 정결한 〔상태와 같다〕. 기는 것이 의심스럽다면, 그것을 발견한 〔상황과〕 같다. 피부병이 의심스럽다면, 그는 처음부터 부정하다고 확진을 받을 때까지 정결하며,[2] 부정하다고 확진을 받은 이후에는 의심스러운 〔상황에서〕 부정하다고 〔간주한다〕. 나실인의 〔상태가〕 의심스럽다

2) 이 낱말(נזקק)은 니팔 형태로 '(어떤 것과) 만나다, 연결되다'는 뜻이다(야스트로 410). 그러므로 본문을 직역하면 '그가 부정과 만나지 않았을 때까지'라고 말할 수 있다.

면, 그는 허락을 받았다고 〔간주한다〕. 초태생의 〔상태가〕 의심스럽다면, 사람의 초태생 중 한 명이든지 가축의 초태생 중 한 마리이든지, 〔가축이〕 부정하건 정결하건, 자기 동료로부터 가져가는 사람이 그 증거를 〔제시할〕 의무가 있다.

- 속된 음식이 부정해졌을까 의심스럽다면 속된 음식도 정결한 상태를 확인한 후에 먹는 바리새인들의 정결법 관행을 따르는데, 속된 음식이 의심스러울 때는 정결하다고 간주하여 관대한 자세를 보여준다.
- 기는 것 때문에 부정해졌을까 의심스럽다면 그것을 발견한 상태를 기준으로 판단한다(「토호롯」 3, 5; 9장).
- 피부병 증상이 의심스럽다면, 그 환자가 제사장에게 가서 부정하다고 확진을 받을 때까지는 정결하다고 간주하며, 일단 확진을 받은 이후에 의심스러운 증상이 나타난다면 부정하다고 간주한다(「네가임」 5, 4-5).
- 어떤 사람이 일정 기간 나실인으로 살기로 맹세했는데 어떤 이유로 그 상태가 유지되는지 의심스럽다면, 그는 원래 나실인에게 금지된 행동을 해도 된다고 허락을 받았다고 간주한다. 다시 말하면 그는 더 이상 나실인이 아니다. 예를 들어 어떤 사람이 자기 아내가 아이를 낳는다면 나실인이 되겠다고 맹세했는데, 그의 아내가 임신 기간 중에 사산을 했다. 그는 이 아이가 건강했으나 특별한 이유로 사산이 되었는지 처음부터 살 가능성이 없었는지 알 길이 없으며, 나실인의 맹세를 계속 지켜야 하는지 분명하지 않다. 이런 경우 그의 나실인 맹세는 깨졌고 더 이상 나실인이 아니라고 간주한다.
- 어떤 아이나 짐승의 새끼가 초태생인지 의심스럽다면, 초태생을 무르는 과정을 진행해야 하는지 확신할 수 없다. 사람이 첫 아들을 낳

으면 그 아버지는 제사장에게 5셀라를 지불해야 하며(「브코롯」 8, 3), 정결한 가축이 첫 새끼를 낳으면 그 동물을 제사장에게 바쳐야 하고, 나귀와 같은 부정한 동물이면 제사장에게 양 새끼를 대신 바쳐야 한다(「브코롯」 1, 3; 2, 6). 이런 모든 경우에 돈이나 가축을 받는 제사장에게 초태생이라는 증거를 제시해야 한다.

## 4, 13

---

סְפֵק קָרְבָּנוֹת, הָאִשָּׁה שֶׁיֵּשׁ עָלֶיהָ סְפֵק חָמֵשׁ לֵידוֹת וּסְפֵק חָמֵשׁ זִיבוֹת,
מְבִיאָה קָרְבָּן אֶחָד, וְאוֹכֶלֶת בַּזְּבָחִים, וְאֵין הַשְּׁאָר עָלֶיהָ חוֹבָה:

---

희생제물이 의심스러울 때, 〔예를 들어〕 출산과 〔관련하여〕 다섯 번 의심스럽고 유출과 〔관련하여〕 다섯 번 의심스러운 여인이 있다면, 희생제물 하나를 가져오고, 희생제물을 먹을 수 있지만, 그 외 다른 의무는 없다.

- 희생제물이 부정한지 의심스러울 때도 정결하다고 간주한다. 어떤 상황에서 그렇게 관대하게 법을 적용할 수 있는가? 어떤 여인이 다섯 번 임신했다가 사산했는데, 배 속의 아이가 완전히 임신 상태인지 확신할 수 없어서 희생제물을 바쳐야 할지 모르는 상태이거나(「크리톳」 1, 7), 또는 어떤 여인이 다섯 번 하혈했는데, 그 피가 월경과 관련되어 희생제물을 바칠 필요가 없는지 아니면 그 피가 유출병이어서 희생제물을 바쳐야 하는지 알 수 없는 상황일 때, 그 여성은 희생제물을 하나만 가져오면 희생제물을 먹을 만큼 신분이 회복된다. 나머지 네 번에 걸친 출산이나 유출에 대한 책임은 없다.

## 제5장

공적 영역에서 정결한지 부정한지 의심이 생기는 경우와 어떤 빵을 누가 먹었는지 불확실한 경우에 관해 논의한다. 그리고 여성이 뱉은 침이나 여성과 함께 배에 타는 문제, 정결법과 관련된 증인에 관해서도 논의한다.

### 5, 1

공적 영역에서 정결한지 부정한지 의심이 생기는 경우들을 논의한다.

---

הַשֶּׁרֶץ וְהַצְּפַרְדֵּעַ בִּרְשׁוּת הָרַבִּים, וְכֵן כַּזַּיִת מִן הַמֵּת וְכַזַּיִת מִן הַנְּבֵלָה, וְעֶצֶם מִן הַמֵּת וְעֶצֶם מִן הַנְּבֵלָה, וְגוּשׁ מֵאֶרֶץ טְהוֹרָה וְגוּשׁ מִבֵּית הַפְּרָס, גּוּשׁ מֵאֶרֶץ טְהוֹרָה וְגוּשׁ מֵאֶרֶץ הָעַמִּים, שְׁנֵי שְׁבִילִין, אֶחָד טָמֵא וְאֶחָד טָהוֹר, הָלַךְ בְּאַחַד מֵהֶם וְאֵין יָדוּעַ בְּאֵיזֶה מֵהֶן הָלַךְ, הֶאֱהִיל עַל אַחַד מֵהֶם וְאֵין יָדוּעַ עַל אֵיזֶה מֵהֶן הֶאֱהִיל, הֵסִיט אֶת אַחַד מֵהֶם וְאֵין יָדוּעַ אֵיזֶה מֵהֶם הֵסִיט, רַבִּי עֲקִיבָא מְטַמֵּא, וַחֲכָמִים מְטַהֲרִים:

---

공적 영역에 있는 기는 것과 개구리, 그리고 마찬가지로 올리브 열매만 한 시체의 일부와 올리브 열매만 한 죽은 채 발견된 것의 일부, 시체의 뼈와 죽은 채 발견된 것의 뼈, 정결한 땅의 흙덩이와 무덤을 깨뜨린 밭의 흙덩이, 정결한 땅의 흙덩이와 〔다른〕 민족들의 땅의 흙덩이가 있거나, 작은 길 두 개 중 하나는 부정하고 하나는 정결한데 〔어떤 사람이〕 그중 하나로 걸어갔고 어떤 길로 걸었는지 모르는 경우, 그중 하나 위를 덮었는데 어떤 것 위를 덮었는지 모르는 경우, 그중 하나를 움직이게 했는데 어떤 것을 움직이게 했는지 모르는 경우, 아키바 랍비는 부정하다고 주장했고, 현인들은 정결하다고 했다.

- 공적 영역에 기는 것이 죽어서 부정한 사체와 부정하지 않은 개구리가 있다면, 기는 것의 사체는 부정하지만 토라가 지목하지 않은 개구리는 정결하다(레 11:29 이하). 만약 어느 쪽과 접촉했는지 모른다면 정결법과 관련하여 의심이 발생한다.
- 올리브 열매만 한 시체의 일부는 덮기 부정을 전이시키지만 올리브 열매만 한 죽은 채 발견된 것의 일부는 접촉과 옮기기 부정은 전이시켜도 덮기 부정과는 관련이 없다. 시체의 뼈는 접촉과 옮기기 부정을 전이시켜도 덮기 부정과 관련이 없으며, 무덤을 깨뜨린 밭의 흙덩이와 다른 민족의 땅의 흙덩이도 마찬가지다(「오홀롯」 2, 3). 그러나 죽은 채 발견된 것의 뼈는 정결하다(「토호롯」 1, 4).
- 이렇게 둘씩 열거한 대상 중 덮기 부정에 관련되는 짝은 올리브 열매만 한 시체의 일부와 올리브 열매만 한 죽은 채 발견된 것의 일부이며, 들리기 부정은 시체의 일부와 죽은 채 발견된 것의 일부, 또 무덤을 깨뜨린 밭의 흙덩이와 다른 민족들의 땅의 흙덩이가 해당된다.
- 아키바 랍비는 공적 영역에서 부정이 전이되었는지 의심스러운 상황에 관하여 사람이 부정해질 수 있는 아무런 행동을 하지 않았는데도 의심이 생기는 경우에 정결하다는 입장이다. 그런데 그 사람이 덮기나 들리기나 접촉하는 행위를 했고 확실히 부정해졌는지 의심스러운 상황이라면, 아무리 공적 영역이라 하더라도 의심 때문에 부정하다고 간주해야 한다고 본다. 현인들은 그의 입장에 반대하며, 관대한 입장을 보인다.

## 5, 2

---

אֶחָד שֶׁאָמַר, נָגַעְתִּי בָזֶה וְאֵינִי יוֹדֵעַ אִם הוּא טָמֵא וְאִם הוּא טָהוֹר, נָגַעְתִּי וְאֵינִי יוֹדֵעַ בְּאֵיזֶה מִשְּׁנֵיהֶם נָגַעְתִּי, רַבִּי עֲקִיבָא מְטַמֵּא, וַחֲכָמִים מְטַהֲרִים. רַבִּי יוֹסֵי מְטַמֵּא בְכֻלָּן, וּמְטַהֵר בַּשְּׁבִיל, שֶׁדֶּרֶךְ בְּנֵי אָדָם לְהַלֵּךְ וְאֵין דַּרְכָּם לִגַּע:

---

한 사람이 내가 어떤 것과 접촉했는데 나는 그것이 부정한지 정결한지 모른다고 말했거나, 내가 접촉했는데 둘 중 어떤 것을 접촉했는지 모른다고 말했을 때, 아키바 랍비는 부정하다고 주장했고, 현인들은 정결하다고 했다. 요쎄 랍비는 전부 부정하지만 작은 길의 경우에 정결하다고 했는데, 대개 사람들은 걸어가면서 〔길 위에 있는 것을〕 만지지 않기 때문이라고 〔설명했다〕.

- 어떤 사람이 길을 가다가 기는 것과 개구리 중 어떤 것과 접촉했는데 그것이 부정한지 정결한지 몰랐다고 말하거나, 정결법은 알고 있지만 자기가 접촉한 것이 기는 것이었는지 개구리였는지 모른다고 말했다. 첫째 미쉬나와 마찬가지로 아키바 랍비는 그 사람이 행동을 했는데 의심이 발생했기 때문에 공적 영역이라고 하더라도 부정해진 것으로 간주한다고 주장했고, 현인들은 공적 영역에서 발생한 의심스러운 일은 정결하다고 주장했다.
- 요쎄 랍비는 기본적으로 아키바 랍비의 의견에 동조하여 모든 경우가 부정하다고 했지만, 작은 길의 경우는 그 길을 걷는 사람이 특별한 행동을 했다고 보기 어렵기 때문에 정결하다고 주장했다.

5, 3
작은 길 두 개에 관한 논의를 계속한다.

---

שְׁנֵי שְׁבִילִים, אֶחָד טָמֵא וְאֶחָד טָהוֹר, הָלַךְ בְּאַחַד מֵהֶם וְעָשָׂה טָהֳרוֹת
וְנֶאֶכְלוּ, הִזָּה וְשָׁנָה וְטָבַל וְטָהַר, וְהָלַךְ בַּשֵּׁנִי וְעָשָׂה טָהֳרוֹת, הֲרֵי אֵלּוּ
טְהוֹרוֹת. אִם קַיָּמוֹת הָרִאשׁוֹנוֹת, אֵלּוּ וָאֵלּוּ תְּלוּיוֹת. אִם לֹא טָהַר בֵּינְתַיִם,
הָרִאשׁוֹנוֹת תְּלוּיוֹת וְהַשְּׁנִיּוֹת יִשָּׂרֵפוּ:

---

작은 길 두 개 중 하나는 부정하고 하나는 정결한데, 〔어떤 사람이〕 그중 하나로 걸어갔고 정결한 〔제물을〕 준비했고 그들이 그것을 먹

었으며 〔속죄의 물을〕 뿌렸고 그것을 반복했으며 〔몸을 물에〕 담갔고 정결해졌으며, 둘째 길로 걸어갔고 정결한 〔제물을〕 준비했다면, 그 〔제물은〕 정결하다. 만약 첫 번째 것이 남았다면 그것과 이것이 〔모두〕 보류가 된다. 만약 그 둘 사이에 정결례를 행하지 않았다면, 첫 번째 것은 보류되고, 두 번째 것은 태워야 한다.

- 공적 영역에 속하는 작은 길 두 개 중 하나는 부정하고 하나는 정결한데, 어떤 사람이 그중 하나로 걸어갔다. 그런데 어떤 길로 걸었는지 몰라서 부정한지 의심스러운 상황이 발생한다. 그런 상태로 그가 정결한 제물 즉 거제를 준비했다. 그는 붉은 암소의 제의에 참여하여 셋째 날과 일곱째 날에 속죄의 물을 뿌렸고, 정해진 절차에 따라 정결례장에서 몸을 물에 담갔다. 그는 그날 저녁에 온전히 정결해졌다(민 19:19). 그 후 그 사람이 이번에는 다른 길로 걸어갔고, 다시 정결한 거제를 준비했을 때, 그 거제물은 정결하다고 간주한다. 공적인 영역에서 부정한지 의심스러운 상황이 발생했으므로, 그 사람이 두 번째로 준비한 거제는 정결하다.
- 만약 첫 번째 거제가 남았다면 둘 중 하나는 부정하므로 먹을 수 없고, 둘 중 하나는 정결하므로 태울 수 없다. 결국 첫 번째와 두 번째 거제가 모두 보류된다.
- 만약 그 사람이 첫 번째 거제와 두 번째 거제를 준비하는 사이에 정결례를 행하지 않았다면, 그가 작은 길 두 개를 모두 지나간 후에 준비한 두 번째 거제는 부정하므로 태워야 한다. 그러나 두 길 중 하나만 지나간 상태에서 준비한 첫 번째 거제는 의심스러운 상태이므로 보류된다. 공적 영역에서 벌어진 의심스러운 상황이므로 정결하다는 주장도 있다(토쎕타).

## 5, 4

셋째 미쉬나와 비슷한데 기는 것과 개구리와 관련되어 있다.

---

הַשֶּׁרֶץ וְהַצְּפַרְדֵּעַ בִּרְשׁוּת הָרַבִּים, נָגַע בְּאַחַד מֵהֶם וְעָשָׂה טָהֳרוֹת וְנֶאֶכְלוּ, טָבַל, נָגַע בַּשֵּׁנִי וְעָשָׂה טָהֳרוֹת, הֲרֵי אֵלּוּ טְהוֹרוֹת. אִם קַיָּמוֹת הָרִאשׁוֹנוֹת, אֵלּוּ וָאֵלּוּ תְּלוּיוֹת. אִם לֹא טָבַל בֵּינְתַיִם, הָרִאשׁוֹנוֹת תְּלוּיוֹת וְהַשְּׁנִיּוֹת יִשָּׂרֵפוּ:

---

공적 영역에 기는 것과 개구리가 있는데, 〔어떤 사람이〕 그중 하나와 접촉했고 정결한 〔제물을〕 준비했으며 그들이 〔제물을〕 먹었고 그는 〔속죄의 물을〕 뿌렸고 그것을 반복했으며 〔몸을 물에〕 담갔고 정결해졌으며, 〔다른〕 하나와 접촉했고 정결한 〔제물을〕 준비했다면, 그 〔제물은〕 정결하다. 만약 첫 번째 것이 남았다면 그것과 이것이 〔모두〕 보류가 된다. 만약 그 둘 사이에 정결례를 행하지 않았다면, 첫 번째 것은 보류되고, 두 번째 것은 태워야 한다.

- 공적인 영역에 부정한 기는 것과 정결한 개구리가 있었는데 어떤 사람이 둘 중 하나와 접촉하고 돌아가서 거제를 준비한 상황을 논의하며, 셋째 미쉬나에서 설명한 원리에 따라 같은 결정을 내린다.

## 5, 5

---

שְׁנֵי שְׁבִילִין, אֶחָד טָמֵא וְאֶחָד טָהוֹר, הָלַךְ בְּאַחַד מֵהֶן וְעָשָׂה טָהֳרוֹת, וּבָא חֲבֵרוֹ וְהָלַךְ בַּשֵּׁנִי וְעָשָׂה טָהֳרוֹת, רַבִּי יְהוּדָה אוֹמֵר, אִם נִשְׁאֲלוּ זֶה בִּפְנֵי עַצְמוֹ וְזֶה בִּפְנֵי עַצְמוֹ, טְהוֹרִין. וְאִם נִשְׁאֲלוּ שְׁנֵיהֶם כְּאֶחָד, טְמֵאִים. רַבִּי יוֹסֵי אוֹמֵר, בֵּין כָּךְ וּבֵין כָּךְ, טְמֵאִים:

---

작은 길 두 개 중 하나는 부정하고 하나는 정결한데, 〔어떤 사람이〕 그중 하나로 걸어갔고 정결한 〔제물을〕 준비했으며, 그의 동료가 와서 둘째 길로 걸어갔고 정결한 〔제물을〕 준비했을 때, 예후다 랍비는

만약 한 사람이 와서 자기 상황에 대해 묻고 그 〔동료가〕 자기 상황에 대해 물었다면, 그들은 〔각각〕 정결하다고 말한다. 그러나 만약 그 두 사람이 함께 와서 물었다면, 그들은 부정하다. 요쎄 랍비는 이렇게 했건 저렇게 했건 그들은 부정하다고 말한다.

- 공적 영역에 작은 길 두 개가 있고 하나는 부정하고 하나는 정결한데, 어떤 사람이 그중 하나로 걸어갔고 그의 동료가 둘째 길로 걸어갔으며, 누가 정결하고 누가 부정한지 의심스러운 상태에서 각자 정결한 거제를 준비했다. 예후다 랍비에 따르면 이 사람들이 각자 따로 랍비를 찾아가 자기 상황을 말하고 정결한지 물었다면, 공적 영역에서 일어난 의심스러운 부정이므로 각자 정결하다는 답을 들었을 것이다. 그러나 두 사람이 함께 랍비를 찾았다면 둘 중 하나는 분명히 부정하기 때문에 부정하다는 답을 들었을 것이다.
- 요쎄 랍비는 둘 중 한 사람은 분명히 부정하기 때문에 둘 다 부정하다고 간주해야 한다고 주장한다. 토쎕타는 둘 중 하나가 분명히 부정하기 때문에 둘이 섞였을 때도 부정하다고 설명했다(토쎕타 「토호롯」 6, 6).

5, 6

다섯째 미쉬나와 비슷한데 부정한 빵과 관련되어 있다.

---

שְׁנֵי כִכָּרִים, אֶחָד טָמֵא וְאֶחָד טָהוֹר, אָכַל אֶת אַחַד מֵהֶם וְעָשָׂה טָהֳרוֹת וּבָא חֲבֵרוֹ וְאָכַל אֶת הַשֵּׁנִי וְעָשָׂה טָהֳרוֹת, רַבִּי יְהוּדָה אוֹמֵר, אִם נִשְׁאֲלוּ זֶה בִפְנֵי עַצְמוֹ וְזֶה בִפְנֵי עַצְמוֹ, טְהוֹרִין. וְאִם נִשְׁאֲלוּ שְׁנֵיהֶן כְּאַחַת, טְמֵאִים. רַבִּי יוֹסֵי אוֹמֵר, בֵּין כָּךְ וּבֵין כָּךְ, טְמֵאִים:

---

빵 덩이 둘 중 하나는 부정하고 하나는 정결한데, 〔어떤 사람이〕 그중 하나를 먹었고 정결한 〔제물을〕 준비했으며, 그의 동료가 와서 둘

째 것을 먹었고 정결한 〔제물을〕 준비했을 때, 예후다 랍비는 만약 한 사람이 와서 자기 상황에 대해 묻고 그 〔동료가〕 자기 상황에 대해 물었다면, 그들은 〔각각〕 정결하다고 말한다. 그러나 만약 그 두 사람이 함께 와서 물었다면, 그들은 부정하다. 요쎄 랍비는 이렇게 했건 저렇게 했건 그들은 부정하다고 말한다.

- 빵 덩이 둘 중 하나는 부정하고 하나는 정결한데, 두 사람이 각각 한 덩이씩 먹어서 누가 부정한지 모르는 상태다. 이 사람들이 정결한 거제를 준비했을 때 상황을 논의하고 있는데, 다섯째 미쉬나와 같은 결정을 내리고 있다.

## 5, 7

מִי שֶׁיָּשַׁב בִּרְשׁוּת הָרַבִּים וּבָא אֶחָד וְדָרַס עַל בְּגָדָיו, אוֹ שֶׁרָקַק וְנָגַע בְּרֻקּוֹ, עַל רֻקּוֹ שׂוֹרְפִים אֶת הַתְּרוּמָה, וְעַל בְּגָדָיו הוֹלְכִין אַחַר הָרֹב. יָשֵׁן בִּרְשׁוּת הָרַבִּים וְעָמַד, כֵּלָיו טְמֵאִים מִדְרָס, דִּבְרֵי רַבִּי מֵאִיר. וַחֲכָמִים מְטַהֲרִין. נָגַע בְּאֶחָד בַּלַּיְלָה, וְאֵין יָדוּעַ אִם חַי אִם מֵת, וּבַשַּׁחַר עָמַד וּמְצָאוֹ מֵת, רַבִּי מֵאִיר מְטַהֵר. וַחֲכָמִים מְטַמְּאִים, שֶׁכָּל הַטֻּמְאוֹת כִּשְׁעַת מְצִיאָתָן:

어떤 사람이 공적 영역에 앉아 있는데 〔다른〕 사람이 와서 그의 옷을 밟았거나 또는 침을 뱉었는데 그의 침과 접촉했다면, 그의 침 때문에 거제를 태워야 하고, 그의 옷은 다수의 〔상태를〕 따라 결정한다. 〔어떤 사람이〕 공적 영역에서 자고 일어났다면 그의 옷이 얹기 부정 때문에 부정해진다고 메이르 랍비가 주장했다. 그러나 현인들은 정결하다고 한다.

〔어떤 사람이〕 밤에 〔다른〕 사람과 접촉했지만 그가 살았는지 죽었는지 몰랐는데 새벽에 일어나 보니 죽어 있는 것을 발견했을 때, 메이르 랍비는 그가 정결하다고 했다. 그러나 현인들은 부정해졌다고 주

장하는데, 모든 부정은 그것을 발견했을 때와 같이 〔판단하기〕 때문이다.

- 어떤 사람이 공적 영역에 앉아 있다가 다른 사람이 뱉은 침과 접촉했는데, 그 사람이 정결한지 부정한지 의심스러운 상황이라면, 침과 관련된 의심이기 때문에 거제를 태워야 한다(「토호롯」 4, 5). 지나가던 사람이 그의 옷자락을 밟았는데, 그 사람이 정결한지 부정한지 의심스러운 상황이라면, 그 지역을 지나가는 사람이 대부분 어떤 사람이냐에 따라 판단한다. 그 지역을 지나는 대다수의 사람이 유출병자라면 밟힌 옷자락은 부정하다.
- 어떤 사람이 공적 영역에서 자고 일어났다면, 많은 사람이 그의 옷을 밟았을 가능성이 있고 그들 중에 유출병자가 있었는지 의심이 생긴다. 그러므로 메이르 랍비는 그가 부정하다고 했는데, 현인들은 공적 영역에서 일어난 의심스러운 부정이기 때문에 정결하다고 했다.
- 어떤 사람이 밤에 다른 사람과 접촉했는데, 자고 일어나 보니 그 사람이 죽어 있었다. 그런데 자기가 접촉했을 당시에 그 사람이 살아있었는지 죽었었는지 의심이 생기는 상황이다. 메이르 랍비는 공적 영역에서 생긴 부정으로 보고 정결하다고 했다. 그러나 현인들은 부정한 것을 발견했을 때를 기준으로 판단해야 하기 때문에 부정하다고 주장했다(「토호롯」 3, 5).

### 5, 8
여성이 뱉은 침에 관해 논의한다.

---

שׁוֹטָה אַחַת בָּעִיר, אוֹ נָכְרִית, אוֹ כוּתִית, כָּל הָרֻקִּים שֶׁבָּעִיר טְמֵאִין. מִי שֶׁדָּרְסָה אִשָּׁה עַל בְּגָדָיו, אוֹ שֶׁיָּשְׁבָה עִמּוֹ בִּסְפִינָה, אִם מַכִּירָתוֹ שֶׁהוּא אוֹכֵל בַּתְּרוּמָה, כֵּלָיו טְהוֹרִין. וְאִם לָאו, יִשְׁאָלֶנָּה:

---

어느 마을에 정박아 여성이나 또는 외부인 여성 또는 쿠타인 여성이 하나 있을 때, 그 마을에 있는 모든 침은 부정하다고 〔간주한다〕. 〔어떤〕 여성이 그의 옷을 밟았거나 그와 함께 배에 앉았을 때, 만약 그녀는 그가 거제를 먹는다는 사실을 알고 있었다면, 그의 옷은 정결하다. 그러나 만약 그러지 않았다면, 그가 그녀에게 물어야 한다.

- 월경하는 여성이 뱉은 침은 부정하며, 그녀가 공적 영역에 뱉은 침도 부정하다. 그런데 이러한 정결법 규정에 관해 잘 모르는 정박아 여성이나 비유대인 여성(「닛다」 4, 3) 또는 다른 전통을 지키는 쿠타인(사마리아인) 여성(4, 1)이 마을에 한 명이라도 있다면, 그 마을에 있는 모든 침들은 공적 영역이라 하더라도 부정하다고 간주한다(「토호롯」 4, 5).
- 만약 어떤 여성이 남성의 옷을 밟았거나 그와 함께 배에 가까이 앉아 있었는데, 그녀가 유출병자나 월경 중이었다면, 얹기 부정에 의해서 그의 옷이 부정해진다(「자빔」 3, 1). 그런데 그 여성이 그 남자가 거제를 먹는 사람이라는 사실을 알고 있었다면, 조심해서 그의 옷을 부정하게 만들지 않도록 할 것이다. 그래서 그의 옷은 정결하다고 간주할 수 있다. 그러나 서로 모르는 사이였다면 그 남성이 여성에게 부정한 상태인지 물어볼 수 있다.

## 5, 9

정결법과 관련된 증인에 관해 논의한다.

---

עֵד אוֹמֵר נִטְמָא, וְהוּא אוֹמֵר לֹא נִטְמֵאתִי, טָהוֹר. שְׁנַיִם אוֹמְרִים נִטְמֵאתָ, וְהוּא אוֹמֵר לֹא נִטְמֵאתִי, רַבִּי מֵאִיר מְטַמֵּא. וַחֲכָמִים אוֹמְרִים, הוּא נֶאֱמָן עַל יְדֵי עַצְמוֹ. עֵד אוֹמֵר נִטְמָא, וּשְׁנַיִם אוֹמְרִים לֹא נִטְמָא, בֵּין בִּרְשׁוּת הַיָּחִיד בֵּין בִּרְשׁוּת הָרַבִּים, טָהוֹר. שְׁנַיִם אוֹמְרִים נִטְמָא, וְעֵד אוֹמֵר לֹא נִטְמָא, בֵּין

בִּרְשׁוּת הַיָּחִיד בֵּין בִּרְשׁוּת הָרַבִּים, טָמֵא. עֵד אוֹמֵר נִטְמָא וְעֵד אוֹמֵר לֹא נִטְמָא, אִשָּׁה אוֹמֶרֶת נִטְמָא וְאִשָּׁה אוֹמֶרֶת לֹא נִטְמָא, בִּרְשׁוּת הַיָּחִיד, טָמֵא. בִּרְשׁוּת הָרַבִּים, טָהוֹר:

---

증인은 그가 부정해졌다고 말하고 그는 내가 부정해지지 않았다고 말하면, 그는 정결하다. 두 〔증인이〕 당신이 부정해졌다고 말하고 그는 내가 부정해지지 않았다고 말할 때, 메이르 랍비는 부정하다고 주장했다. 그러나 현인들은 그가 자기 자신에 관해서는 믿을 만하다고 말한다.

증인 〔하나는〕 그가 부정해졌다고 말하고 〔다른〕 두 사람이 그는 부정해지지 않았다고 말하면, 사적 영역이나 공적 영역과 상관없이 그는 정결하다. 두 사람이 그가 부정해졌다고 말하고 증인 하나가 그는 부정해지지 않았다고 말하면, 사적 영역이나 공적 영역과 상관없이 그는 부정하다.

증인 〔하나는〕 그가 부정해졌다고 말하고 〔다른〕 증인 〔하나는〕 그는 부정해지지 않았다고 말하거나, 어떤 여자가 그가 부정해졌다고 말하고 〔다른〕 여자가 그는 부정해지지 않았다고 말할 때, 사적 영역이었다면 그는 부정하다. 공적 영역이었다면 그는 정결하다.

- 어떤 사람이 정결한지 부정한지 판단할 때 증인과 본인이 다른 말을 한다면, 본인의 말에 신빙성이 있다고 인정한다. 그러나 증인이 두 명이 되면 본인이 자기 주장을 철회하고 증인들의 말에 따라야 한다는 것이 메이르 랍비의 의견이다. 어떤 사건에 관해 증언하는 증인이 두 명이면 신빙성이 있다(「크리톳」 3, 1 이하). 그러나 현인들은 이런 경우에도 본인이 가장 정확하게 알고 있다고 인정하며, 그가 자신의 정결함에 따라 행할 권리가 있다고 주장한다.
- 증인 하나와 증인 두 사람의 의견이 다를 경우, 물론 두 사람의 의견

에 따라 결정하며, 사적 영역이든지 공적 영역이든지 상관없다.

- 증인 두 사람이 서로 다른 의견을 제시할 경우에, 의심스러운 사건이 사적인 영역에서 일어났다면 그는 부정하다(「쏘타」 6, 4). 그러나 의심스러운 사건이 공적인 영역에서 일어났다면 그는 정결하다.

## 제6장

사적 영역에서 공적 영역으로 또는 그 반대로 변하거나 두 영역이 가까이 붙어 있어서 의심이 생기는 상황, 부정한 것이 있는 영역에 들어갔는지 또는 접촉했는지 의심스러운 상황을 논의하고, 사적 영역과 공적 영역을 구별할 수 있도록 정의한다.

### 6, 1

---

מָקוֹם שֶׁהָיָה רְשׁוּת הַיָּחִיד וְנַעֲשָׂה רְשׁוּת הָרַבִּים, חָזַר וְנַעֲשָׂה רְשׁוּת הַיָּחִיד,
כְּשֶׁהוּא רְשׁוּת הַיָּחִיד, סְפֵקוֹ טָמֵא. כְּשֶׁהוּא רְשׁוּת הָרַבִּים, סְפֵקוֹ טָהוֹר.
הַמְסֻכָּן בִּרְשׁוּת הַיָּחִיד וְהוֹצִיאוּהוּ לִרְשׁוּת הָרַבִּים, וְהֶחֱזִירוּהוּ לִרְשׁוּת הַיָּחִיד,
כְּשֶׁהוּא בִרְשׁוּת הַיָּחִיד, סְפֵקוֹ טָמֵא. כְּשֶׁהוּא בִרְשׁוּת הָרַבִּים, סְפֵקוֹ טָהוֹר.
רַבִּי שִׁמְעוֹן אוֹמֵר, רְשׁוּת הָרַבִּים מַפְסָקֶת:

---

어떤 장소가 사적 영역이었다가 공적 영역이 되었으며 다시 사적 영역으로 돌아갔다면, 그 〔장소가〕 사적 영역이었을 때는 의심스러운 〔상황을〕 부정하다고 〔간주한다〕. 그 〔장소가〕 공적 영역이었을 때는 의심스러운 〔상황을〕 정결하다고 〔간주한다〕.

중증환자가 사적 영역에 있었는데 그를 공적 영역으로 데리고 나왔다가 다시 사적 영역으로 돌려보냈다면, 그가 사적 영역에 있을 때는 의심스러운 〔상황이〕 부정하다고 〔간주한다〕. 그가 공적 영역에 있을 때는 의심스러운 〔상황이〕 정결하다고 〔간주한다〕. 쉼온 랍비는 공적 영역이 가로막는다고 말한다.

- 어떤 장소가 개인이 주로 사용하는 사적 영역이었다가 여러 사람이 지나다니는 공적 영역으로 또다시 사적 영역으로 계속 바뀌는 상황에서 부정한지 의심스러운 사건이 벌어진다면, 사적 영역에서는 부정하고 공적 영역에서는 정결하다는 원칙을 재천명한다.
- 중증환자를 사적 영역과 공적 영역으로 옮기다가 사망했는데, 어느 영역에서 죽었는지 분명하지 않다면, 사적 영역에서 그와 함께 있었던 사람과 물건은 부정하며 공적 영역에서 함께 있었던 사람과 물건은 정결하다.
- 쉼온 랍비는 공적 영역이 부정을 가로막는다고 말했는데, 원칙에 따라 공적 영역에서는 의심스러운 환자와 함께 있었던 사람과 물건을 정결하다고 규정하기 때문에 그 환자가 첫 번째 사적 영역에 있었을 때 죽었다고 말할 수 없다는 생각이다(토쎕타 7, 1). 그러므로 그 환자는 두 번째로 사적 영역에 왔을 때 죽었다고 간주하며, 공적 영역이 시체의 부정을 가로막은 셈이다.

## 6, 2

---

אַרְבָּעָה סְפֵקוֹת רַבִּי יְהוֹשֻׁעַ מְטַמֵּא וַחֲכָמִים מְטַהֲרִין. כֵּיצַד. הַטָּמֵא עוֹמֵד וְהַטָּהוֹר עוֹבֵר, הַטָּהוֹר עוֹמֵד וְהַטָּמֵא עוֹבֵר, הַטֻּמְאָה בִרְשׁוּת הַיָּחִיד וְטָהֳרָה בִרְשׁוּת הָרַבִּים, טָהֳרָה בִרְשׁוּת הַיָּחִיד וְטֻמְאָה בִרְשׁוּת הָרַבִּים, סָפֵק נָגַע סָפֵק לֹא נָגַע, סָפֵק הֶאֱהִיל סָפֵק לֹא הֶאֱהִיל, סָפֵק הִסִּיט סָפֵק לֹא הִסִּיט, רַבִּי יְהוֹשֻׁעַ מְטַמֵּא, וַחֲכָמִים מְטַהֲרִין:

---

의심스러운 〔상황〕 네 가지를 예호슈아 랍비는 부정하다고 주장하지만 현인들은 정결하다고 간주한다. 어떻게 〔그러한가〕? 부정한 자

가 서 있는데 정결한 자가 지나갈 때, 정결한 자가 서 있는데 부정한 자가 지나갈 때, 부정한 것이 사적 영역에 있고 〔그 옆에〕 정결한 것이 공공 영역에 있을 때, 정결한 것이 사적 영역에 있고 〔그 옆에〕 부정한 것이 공적 영역에 있을 때, 〔어떤 사람이〕 접촉했는지 접촉하지 않았는지 의심스럽다면, 〔어떤 물체가〕 덮었는지 덮지 않았는지 의심스럽다면, 〔어떤 사람이〕 들렸는지 들리지 않았는지 의심스럽다면, 예호슈아 랍비는 부정하다고 주장하지만 현인들은 정결하다고 간주한다.

- 부정한지 의심스럽지만 확실하지 않은 경우로, (1) 부정한 자가 서 있는데 정결한 자가 그 근처를 지나가거나, (2) 정결한 자가 서 있는데 부정한 자가 그 근처를 지나가거나, (3) 부정한 것이 사적 영역에 있고 바로 옆에 정결한 것이 공적 영역에 있거나, (4) 정결한 것이 사적 영역에 있고 바로 옆에 부정한 것이 공적 영역에 있을 때, 네 가지 경우가 있다. 이때 접촉과 덮기와 들리기 부정을 통해 부정이 전이되었는지 의심이 생긴다. 이런 불분명한 상황에서 예호슈아 랍비는 최소한 한 사람이나 물건이 사적인 영역에 있었기 때문에 부정하다고 하고, 현인들은 관련된 두 사람이나 물건이 한 장소에 고정되어야 부정이 전이된다고 보고 그렇지 않다면 정결하다고 간주한다.

## 6, 3

אִילָן שֶׁהוּא עוֹמֵד בִּרְשׁוּת הָרַבִּים וְהַטֻּמְאָה בְתוֹכוֹ, עָלָה לְרֹאשׁוֹ, סָפֵק נָגַע סָפֵק לֹא נָגַע, סְפֵקוֹ טָמֵא. הִכְנִיס יָדוֹ לְחוֹר שֶׁיֵּשׁ בּוֹ טֻמְאָה, סָפֵק נָגַע סָפֵק לֹא נָגַע, סְפֵקוֹ טָמֵא. חֲנוּת שֶׁהוּא טָמֵא וּפָתוּחַ לִרְשׁוּת הָרַבִּים, סָפֵק נִכְנַס סָפֵק לֹא נִכְנַס, סְפֵקוֹ טָהוֹר. סָפֵק נָגַע סָפֵק לֹא נָגַע, סְפֵקוֹ טָהוֹר. שְׁתֵּי חֲנֻיּוֹת, אֶחָד טָמֵא וְאֶחָד טָהוֹר, נִכְנַס לְאַחַד מֵהֶן, סָפֵק לַטָּמֵא נִכְנַס סָפֵק לַטָּהוֹר נִכְנַס, סְפֵקוֹ טָמֵא:

어떤 나무가 공적 영역에 서 있는데 부정한 것이 그 안에 들었을 때, 〔어떤 사람이〕 그 꼭대기까지 올라갔고, 〔부정한 것과〕 접촉했는지 접촉하지 않았는지 의심스럽다면, 그 의심스러운 〔상황은〕 부정하다고 〔간주한다〕. 그의 손을 부정한 것이 들어 있는 구멍에 집어넣었고, 〔부정한 것과〕 접촉했는지 접촉하지 않았는지 의심스럽다면, 그 의심스러운 〔상황은〕 부정하다고 〔간주한다〕.

어떤 가게가 부정한데 공적 영역으로 열려 있었을 때, 〔어떤 사람이〕 들어갔는지 들어가지 않았는지 의심스럽다면, 그 의심스러운 〔상황은〕 정결하다고 〔간주한다〕. 그가 〔부정한 것과〕 접촉했는지 접촉하지 않았는지 의심스럽다면, 그 의심스러운 〔상황은〕 정결하다고 〔간주한다〕. 가게 두 곳이 있고 하나는 부정하고 하나는 정결할 때, 〔어떤 사람이〕 그중 하나에 들어갔는데, 부정한 곳에 들어갔는지 정결한 곳에 들어갔는지 의심스럽다면, 그 의심스러운 〔상황은〕 부정하다고 〔간주한다〕.

- 어떤 나무가 공적 영역에 서 있다 하더라도 어떤 사람이 그 나무 꼭대기까지 올라갔다면 그 장소는 사적 영역으로 간주한다. 그러므로 부정한 것과 접촉했는지 의심스러운 상황에는 부정해졌다고 간주하는 것이다. 구멍 역시 여러 사람이 드나드는 공간이 아니므로 사적 영역으로 간주하며, 의심스러운 상황에서 부정하다고 간주한다.
- 공적 영역과 연결된 가게는 공적 영역으로 간주하며, 접촉의 부정을 통해서만 부정이 전이된다. 덮기 부정은 적용되지 않으므로 들어갔는지 의심되는 상황은 정결하며, 접촉의 부정도 공적 영역에서 의심이 생기는 상황이라면 정결하다고 본다.
- 가게 두 곳이 있고 하나는 부정하고 하나는 정결할 때, 어떤 사람이 그중 하나에 들어갔다면 그는 사적 영역에 들어간 것이다. 그러므로

의심스러운 상황은 부정하다고 간주한다.

### 6, 4

사적 영역과 공적 영역에 부정의 요인이 여럿인 경우를 논의한다.

---

כֹּל שֶׁאַתָּה יָכוֹל לְרַבּוֹת סְפֵקוֹת וּסְפֵק סְפֵקוֹת, בִּרְשׁוּת הַיָּחִיד, טָמֵא. בִּרְשׁוּת הָרַבִּים, טָהוֹר. כֵּיצַד, נִכְנַס לְמָבוֹי וְהַטֻּמְאָה בֶחָצֵר, סָפֵק נִכְנַס סָפֵק לֹא נִכְנַס, טֻמְאָה בַּבַּיִת, סָפֵק נִכְנַס סָפֵק לֹא נִכְנַס, וַאֲפִלּוּ נִכְנַס, סָפֵק הָיְתָה שָׁם סָפֵק לֹא הָיְתָה שָׁם, וַאֲפִלּוּ הָיְתָה שָׁם, סָפֵק שֶׁיֶּשׁ בָּהּ כַּשִּׁעוּר סָפֵק שֶׁאֵין בָּהּ כַּשִּׁעוּר, וַאֲפִלּוּ שֶׁיֶּשׁ בָּהּ, סָפֵק טֻמְאָה סָפֵק טָהֳרָה, וַאֲפִלּוּ טֻמְאָה, סָפֵק נָגַע סָפֵק לֹא נָגַע, סְפֵקוֹ טָמֵא. רַבִּי אֱלְעָזָר אוֹמֵר, סְפֵק בִּיאָה, טָהוֹר. סְפֵק מַגַּע טֻמְאָה, טָמֵא:

---

당신이 사적 영역에서 의심과 의심의 의심을 얼마나 많이 더하든지 그것은 부정하다. 공적 영역에서는 정결하다. 어떻게 〔그러한가〕? 〔어떤 사람이〕 골목에 들어갔고 부정한 것이 마당에 있을 때 그가 들어갔는지 들어가지 않았는지 의심스럽다면, 부정한 것이 집 안에 있을 때 그가 들어갔는지 들어가지 않았는지 의심스럽다면, 또는 그가 들어갔다 하더라도 그 〔부정한 것이〕 거기 있었는지 거기 있지 않았는지 의심스럽다면, 또는 거기 〔부정한 것이〕 있었다 하더라도 그것이 크기에 맞는지 크기에 맞지 않았는지 의심스럽다면, 또는 그것이 〔크기에〕 맞았다고 하더라도 부정한지 정결한지 의심스럽다면, 또는 그것이 부정했다 하더라도 접촉했는지 접촉하지 않았는지 의심스러울 때 〔그러하다〕. 엘아자르 랍비는 그가 들어갔는지 의심스러울 때는 정결하다고 말한다. 부정한 것과 접촉했는지 의심스러울 때는 부정하다고 했다.

- 어떤 사람이 골목에 들어서면 사적 영역에 들어간 것이다. 그가 골

목과 연결되어 있고 부정한 것이 있는 마당에 들어갔는지 의심스럽다면 부정하다고 간주한다. 그 마당에 연결되어 있고 부정한 것이 있는 집에 들어갔는지 의심스럽다면 부정하다고 간주한다. 또 그가 그 집에 들어갔는데 부정한 것이 거기 있었는지 의심스럽거나, 부정한 것이 있어도 최소 크기 규정에 맞는지 의심스럽다면 부정하다고 간주한다. 최소 크기 규정에 맞는 부정한 것이 있는 줄 알았지만, 그것이 확실하게 부정한 것인지 아니면 의심스러운 부정인지 또는 정결한 것인지 의심스럽다면 부정하다고 간주한다. 접촉했는지 의심스러울 때도 마찬가지다.

- 엘아자르 랍비는 그가 마당이나 집에 들어갔는지 의심스러울 때는 정결하다고 주장하는데, 그 사람이 사적 영역에 진입했는지 확실치 않기 때문에 의심스러운 부정을 부정하다고 확신할 수 없다고 설명한다. 그렇지만 접촉이 의심스러울 때는 사적 영역에 들어가서 의심스러운 상황이 발생했으므로 부정하다고 주장한다.

## 6, 5

נִכְנַס לְבִקְעָה בִּימוֹת הַגְּשָׁמִים, וְטֻמְאָה בְּשָׂדֶה פְלוֹנִית, וְאָמַר, הָלַכְתִּי לַמָּקוֹם הַלָּז וְאֵינִי יוֹדֵעַ אִם נִכְנַסְתִּי לְאוֹתוֹ הַשָּׂדֶה וְאִם לֹא נִכְנַסְתִּי, רַבִּי אֱלִעָזָר מְטַהֵר, וַחֲכָמִים מְטַמְּאִין:

〔어떤 사람이〕 우기에 계곡에 들어갔고 부정한 것이 어떤 자의 밭에 있었는데, 내가 그 장소에 갔어도 그 밭에 들어갔는지 들어가지 않았는지 알지 못한다고 말했을 때, 엘아자르 랍비는 정결하다고 주장했으나, 현인들은 부정하다고 했다.

- 어떤 사람이 우기가 되어 경작지가 모여 있는 계곡, 즉 낮은 지역에 내려가서 사적 영역에 들어갔는데(일곱째 미쉬나), 어떤 이웃의 밭

에 부정한 것이 있었고, 자기가 그 이웃의 밭에 들어갔는지 몰라서 의심이 생기는 상황이다. 엘아자르 랍비는 정결하다고 주장했으니, 사적 영역에 들어갔는지 의심스러울 때는 정결하기 때문이다(넷째 미쉬나). 그러나 현인들은 부정하다고 주장했다.

## 6, 6

סְפֵק רְשׁוּת הַיָּחִיד, טָמֵא, עַד שֶׁיֹּאמַר לֹא נָגַעְתִּי. סְפֵק רְשׁוּת הָרַבִּים טָהוֹר, עַד שֶׁיֹּאמַר נָגַעְתִּי. אֵיזוֹ הִיא רְשׁוּת הָרַבִּים. שְׁבִילֵי בֵית גִּלְגּוּל, וְכֵן כַּיּוֹצֵא בָהֶן, רְשׁוּת הַיָּחִיד לְשַׁבָּת, וּרְשׁוּת הָרַבִּים לַטֻּמְאָה. אָמַר רַבִּי אֱלִיעֶזֶר, לֹא הֻזְכְּרוּ שְׁבִילֵי בֵית גִּלְגּוּל, אֶלָּא שֶׁהֵם רְשׁוּת הַיָּחִיד לְכָךְ וּלְכָךְ. הַשְּׁבִילִים הַמְפֻלָּשִׁים לְבוֹרוֹת וּלְשִׁיחִים וְלִמְעָרוֹת וּלְגִתּוֹת, רְשׁוּת הַיָּחִיד לְשַׁבָּת וּרְשׁוּת הָרַבִּים לַטֻּמְאָה:

사적 영역과 〔관련된〕 의심스러운 〔상황은〕 내가 접촉하지 않았다고 말할 때까지는 부정하다고 〔간주한다〕. 공적 영역과 〔관련된〕 의심스러운 〔상황은〕 내가 접촉했다고 말할 때까지 정결하다고 〔간주한다〕.

공적 영역이란 어떤 〔장소인가〕? 벳 길굴의 작은 길들과 그와 유사한 길들은 안식일과 관련해서 사적 영역이며, 부정과 관련해서 공적 영역이다. 알아자르 랍비는 벳 길굴의 작은 길은 그것이 이런 경우이든 저런 경우이든 사적 영역이라는 뜻으로 〔현인들이〕 언급한 것이라고 말했다. 작은 길에 웅덩이와 수로와 동굴과 기름 짜는 곳 등으로 인해 구멍이 난 경우 안식일에 관련해서 사적 영역이고 부정과 관련해서는 공적 영역이다.

- 부정한지 의심스러운 상황은 사적 영역이라면 부정하다고 공적 영역이라면 정결하다고 간주하며, 그런 의심이 사라지기 전까지 같은 원리를 적용한다.

- 이때 공적 영역이란 정확하게 어떤 장소인가? 먼저 벳 길굴의 작은 길들과 유사한 공간을 들어 설명한다. 벳 길굴은 지명으로 이스라엘에 있는 장소를 가리키는 것으로 보이지만, 정확하게 어느 곳인지 알 수 없다. 탈무드는 이 표현이 좁고 구불구불해서 어떤 사람이 짐을 지고는 뛸 수 없는 길이라고 설명한다(바벨 탈무드「에루빈」22b). 벳 길굴의 작은 길들은 안식일에 짐을 옮기는 문제와 관련해서는 사적 영역이며, 의심스러운 부정과 관련해서는 공적 영역이라고 주장한다. 이런 작은 길이 사적 영역이라면 안식일에 짐을 옮기는 데 사용할 수 있고, 공적 영역이라면 부정한지 의심이 들어도 정결하다고 간주한다. 즉 어느 문제이든지 더 관대하게 규정하는 태도를 보여준다.
- 엘아자르 랍비는 본인보다 선대의 랍비들이 했던 말을 인용하면서, 안식일 규정이든 의심스러운 부정의 경우이든 이런 작은 길은 사적 영역으로 보고 판단한다고 반대 의견을 내어놓는다.
- 만약 작은 길이 웅덩이나 수로, 동굴, 기름 짜는 곳에 연결되어 있어서 구멍이 난 경우 안식일과 관련해서 사적 영역이고 부정과 관련해서는 공적 영역으로 간주한다고 주장한다.

## 6, 7

---

הַבִּקְעָה, בִּימוֹת הַחַמָּה, רְשׁוּת הַיָּחִיד לְשַׁבָּת וּרְשׁוּת הָרַבִּים לַטֻּמְאָה.
וּבִימוֹת הַגְּשָׁמִים, רְשׁוּת הַיָּחִיד לְכָךְ וּלְכָךְ:

---

계곡은 건기에는 안식일과 관련해서 사적 영역이며, 부정과 관련해서 공적 영역이다. 그러나 우기에는 이런 경우이든 저런 경우이든 사적 영역이다.

- 경작지가 모여 있는 계곡 즉 낮은 지역은 더운 건기에는 안식일과 관련해서 사적 영역이며 의심스러운 부정과 관련해서 공적 영역이다.

그러므로 농작물을 수확하는 사람들에게 더 많은 행동의 자유를 보장한다. 그러나 우기가 되면 안식일이나 의심스러운 부정과 관련해서 사적 영역이다. 안식일에 짐을 옮기는 것은 허용되지만 부정한지 의심스러운 상황이라면 부정하다고 간주한다.

## 6, 8

בָּסִילְקִי, רְשׁוּת הַיָּחִיד לַשַּׁבָּת וּרְשׁוּת הָרַבִּים לַטֻּמְאָה. רַבִּי יְהוּדָה אוֹמֵר, אִם עוֹמֵד הוּא בַפֶּתַח הַזֶּה וְרוֹאֶה אֶת הַנִּכְנָסִין וְאֶת הַיּוֹצְאִין בַּפֶּתַח הַלָּז, רְשׁוּת הַיָּחִיד לְכָךְ וּלְכָךְ. וְאִם לָאו, רְשׁוּת הַיָּחִיד לַשַּׁבָּת וּרְשׁוּת הָרַבִּים לַטֻּמְאָה:

공회당은 안식일과 관련해서 사적 영역이며 부정과 관련해서 공적 영역이다. 예후다 랍비는 만약 이쪽 입구에 서서 저쪽 입구로 들어오고 나가는 사람들을 볼 수 있다면 이런 경우이든 저런 경우이든 사적 영역이라고 말한다. 그러나 만약 그렇지 않다면, 안식일과 관련해서 사적 영역이며 부정과 관련해서 공적 영역이다.

- 로마 시대에 집회나 재판 따위에 사용하던 장방형의 공회당(basilica)은 안식일과 관련해서 사적 영역이며 의심스러운 부정과 관련해서 공적 영역이다. 역시 많은 사람들이 오가는 공간에서 좀 더 많은 행동의 자유를 허락한다.
- 예후다 랍비는 공회당도 크기가 작아서 한쪽에서 다른 한쪽에 드나드는 사람이 보일 정도라면 사적 영역이라고 주장한다. 그러나 큰 공회당이라면 다수 의견을 따른다.

## 6, 9

הַפָּרָן, רְשׁוּת הַיָּחִיד לַשַּׁבָּת וּרְשׁוּת הָרַבִּים לַטֻּמְאָה. וְכֵן הַצְּדָדִין. רַבִּי מֵאִיר אוֹמֵר, הַצְּדָדִין, רְשׁוּת הַיָּחִיד לְכָךְ וּלְכָךְ:

〔지붕으로 덮은〕 광장[3]은 안식일과 관련해서 사적 영역이며 부정과 관련해서 공적 영역이다. 그리고 그 옆 부분도 마찬가지다. 메이르 랍비는 그 옆 부분들은 이런 경우이든 저런 경우이든 사적 영역이라고 말한다.

주랑은 안식일과 관련해서 사적 영역이며 부정과 관련해서 공적 영역이다. 많은 사람이 들어오고 나가는 마당은 안식일과 관련해서 사적 영역이며 부정과 관련해서 공적 영역이다.

- 지붕으로 덮은 광장 또는 포럼, 기둥들을 줄지어 세웠고 지붕도 덮여 있는 주랑(「오홀롯」 18, 9), 그리고 많은 사람이 오가는 마당은 모두 안식일과 관련해서 사적 영역이고 의심스러운 부정과 관련해서 공적 영역이다.

## 6, 10

הָאִסְטְוָנִית, רְשׁוּת הַיָּחִיד לַשַּׁבָּת וּרְשׁוּת הָרַבִּים לַטֻּמְאָה. חָצֵר שֶׁהָרַבִּים נִכְנָסִים בָּזוֹ וְיוֹצְאִים בָּזוֹ, רְשׁוּת הַיָּחִיד לַשַּׁבָּת וּרְשׁוּת הָרַבִּים לַטֻּמְאָה:

주랑은 안식일과 관련해서 사적 영역이며 부정과 관련해서 공적 영역이다. 대중이 한쪽에서 들어와서 다른 쪽으로 나가는 마당은 안식일과 관련해서 사적 영역이고 부정과 관련해서 공적 영역이다.

---

3) 이 낱말(פרן)은 건물과 건물 사이에 있는 광장이며 거리와 거리를 이어주지만 지붕이 덮여 있는 곳을 가리킨다(야스트로 1230). 이 낱말을 '파론'이라고 읽어서(헬라어 파로스) 등대라고 설명하기도 하지만(알벡), 「토호롯」 6장이 전체적으로 길거리를 다루고 있으므로 적합하지 않다고 본다.

## 제7장

공적영역에 물건을 놓아두었을 경우나 암 하아레쯔인 사람들을 집 안에 들였을 때, 그리고 정결법에서 개인의 의도가 어떤 영향을 미치는지 설명한다.

### 7, 1

הַקַּדָּר שֶׁהִנִּיחַ אֶת קְדֵרוֹתָיו וְיָרַד לִשְׁתּוֹת, הַפְּנִימִיּוֹת טְהוֹרוֹת, וְהַחִיצוֹנוֹת טְמֵאוֹת. אָמַר רַבִּי יוֹסֵי, בַּמֶּה דְבָרִים אֲמוּרִים, בְּמֻתָּרוֹת. אֲבָל בַּאֲגוּדוֹת, הַכֹּל טָהוֹר. הַמּוֹסֵר מַפְתְּחוֹ לְעַם הָאָרֶץ, הַבַּיִת טָהוֹר, שֶׁלֹּא מָסַר לוֹ אֶלָּא שְׁמִירַת הַמַּפְתֵּחַ:

도공이 그의 솥들을 놓아두고 〔물을〕 마시려고 내려갔다면, 안쪽에 있는 것들은 정결하지만 바깥쪽에 있는 것들은 부정하다. 요쎄 랍비가 이 말이 무엇을 가리키냐고 물었고, 묶지 않은 것들을 〔가리킨다고 했다〕. 그러나 〔함께〕 묶어놓은 것들은 전부 다 정결하다.

〔어떤 사람이〕 자기 열쇠를 암 하아레쯔에게 맡겼다면, 그 집은 정결하니, 그는 〔그 집을〕 그에게 맡긴 것이 아니라 열쇠를 지켜달라고 〔맡겼기〕 때문이다.

- 정결법 규정을 잘 지키는 도공이 솥들을 만들어 옮기다가, 물을 마시기 위해서 솥들을 공적 영역인 길가에 놓아두고 잠시 자리를 비웠다면, 벽에 가까운 안쪽 솥들은 정결을 유지하지만 사람들이 걸어다니는 바깥쪽에 있는 솥들은 부정해졌다고 간주한다. 그 이유는 정결법 규정을 지키지 않는 암 하아레쯔 사람들이 길을 가다가 그들의 부정한 옷깃과 접촉했을 가능성이 있기 때문이다.
- 요쎄 랍비는 이런 규정을 적용할 수 있는 다른 경우를 제시하는데,

솥들이 묶여 있지 않으면 암 하아레쯔가 지나가다가 솥을 들어 살펴볼 수도 있지만, 솥들을 함께 묶어놓았다면 그런 의심이 생기지 않으니 정결하다고 주장했다.

- 역시 정결법 규정을 잘 지키는 집주인이 암 하아레쯔에게 열쇠를 맡겼다고 하더라도, 그 집은 정결하다고 간주한다. 그가 열쇠를 맡았다고 해서 남의 집에 함부로 들어갈 수는 없는 일이며, 그렇게 했다면 도둑으로 의심받을 것이다. 그러므로 집과 집 안에 들어 있는 물건들은 정결을 유지한다.

7, 2
암 하아레쯔가 집 안에 들어간 상황을 논의한다.

---

הַמַּנִּיחַ עַם הָאָרֶץ בְּתוֹךְ בֵּיתוֹ עֵר וּמְצָאוֹ עֵר, יָשֵׁן וּמְצָאוֹ יָשֵׁן, עֵר וּמְצָאוֹ יָשֵׁן, הַבַּיִת טָהוֹר, יָשֵׁן וּמְצָאוֹ עֵר, הַבַּיִת טָמֵא, דִּבְרֵי רַבִּי מֵאִיר. וַחֲכָמִים אוֹמְרִים, אֵין טָמֵא אֶלָּא עַד מְקוֹם שֶׁהוּא יָכוֹל לִפְשֹׁט אֶת יָדוֹ וְלִגַּע:

---

암 하아레쯔인 사람을 자기 집 안에 들여놓았고, 그가 깨어 있었는데 〔나중에도〕 그가 깨어 있었을 때, 자고 있었는데 〔나중에도〕 그가 자고 있었을 때, 깨어 있었는데 〔나중에〕 그가 자고 있었을 때 그 집은 정결하다. 그가 자고 있었는데 〔나중에〕 그가 깨어 있었다면, 그 집은 부정하다고 메이르 랍비가 주장했다. 그러나 현인들은 그가 자기 손을 뻗어 접촉할 수 있는 장소 이외에는 부정하지 않다고 말한다.

- 암 하아레쯔인 사람을 자기 집 안에 머물게 허락했고, 집주인이 나갈 때 깨어 있었는데 나중에도 그가 같은 자리에 깨어 있었다면 그 집이 정결하다. 암 하아레쯔와 집주인이 모두 깨어 있는 상황이라면 암 하아레쯔도 아무 물건이나 함부로 만지지 않았을 것이라고 간주

한다. 자고 있었는데 나중에도 자고 있었을 때나 깨어 있었는데 나중에 자고 있었을 때도 그가 다른 물건을 만졌을 가능성이 적다. 그러나 그가 처음에 자고 있었는데 나중에 깨어 있는 것을 발견한다면 그 집은 부정하다고 간주한다. 암 하아레쯔와 집주인이 모두 자고 있었다면, 집주인이 나타나지 않을 것이라고 생각하고 아무 물건이나 함부로 만졌을 가능성이 크기 때문이다. 현인들은 그가 자고 있었는데 나중에 보니 같은 장소에 깨어 있었다면, 그가 손을 뻗어 접촉할 수 있는 물건만 부정하며 그 이상 다른 물건까지 의심할 필요는 없다고 주장한다.

## 7, 3

הַמַּנִּיחַ אֻמָּנִים בְּתוֹךְ בֵּיתוֹ, הַבַּיִת טָמֵא, דִּבְרֵי רַבִּי מֵאִיר. וַחֲכָמִים אוֹמְרִים, אֵין טָמֵא אֶלָּא עַד מְקוֹם שֶׁהֵן יְכוֹלִין לִפְשֹׁט אֶת יָדָם וְלִגַּע:

장인들을 자기 집 안에 들여놓았다면, 그 집은 부정하다고 메이르 랍비가 주장했다. 그러나 현인들은 그들이 자기 손을 뻗어 접촉할 수 있는 장소 이외에는 부정하지 않다고 말한다.

- 암 하아레쯔인 장인들을 자기 집 안에 들여놓고, 집주인이 특별히 감독하지 않고 자기들끼리 일을 했다면, 그 집은 부정하다고 메이르 랍비가 주장했다. 그러나 현인들은 둘째 미쉬나와 마찬가지로 그들이 작업을 하던 장소 근처만 부정해진다고 말한다.

## 7, 4

אֵשֶׁת חָבֵר שֶׁהִנִּיחָה לְאֵשֶׁת עַם הָאָרֶץ טוֹחֶנֶת בְּתוֹךְ בֵּיתָהּ, פָּסְקָה הָרֵחַיִם, הַבַּיִת טָמֵא. לֹא פָסְקָה הָרֵחַיִם, אֵין טָמֵא אֶלָּא עַד מְקוֹם שֶׁהִיא יְכוֹלָה לִפְשֹׁט אֶת יָדָהּ וְלִגַּע. הָיוּ שְׁתַּיִם, בֵּין כָּךְ וּבֵין כָּךְ, הַבַּיִת טָמֵא, שֶׁאַחַת

טוֹחֶנֶת וְאַחַת מְשַׁמֶּשֶׁת, דִּבְרֵי רַבִּי מֵאִיר. וַחֲכָמִים אוֹמְרִים, אֵין טָמֵא אֶלָּא עַד מְקוֹם שֶׁהֵן יְכוֹלִין לִפְשֹׁט אֶת יָדָן וְלִגַּע:

---

동료[4]의 아내가 암 하아레쯔의 아내를 자기 집 안에 들여놓고 〔곡식을〕 갈게 했을 때, 맷돌이 멈추었다면, 그 집이 부정하다고 〔간주한다〕. 맷돌이 멈추지 않았다면, 그녀가 자기 손을 뻗어 접촉할 수 있는 장소 이외에는 부정하지 않다.

〔암 하아레쯔의 아내〕 두 명이 있었다면 이런 경우이든 저런 경우이든 그 집이 부정하니, 한 사람이 갈고 있을 때 〔다른〕 하나가 만질 수 있기 때문이라고 메이르 랍비가 주장했다. 그러나 현인들은 그 여자들이 자기 손을 뻗어 접촉할 수 있는 장소 이외에는 부정하지 않다고 말한다.

- 토라와 유대법을 준수하는 학자의 아내는 남편과 같은 신분이고, 유대법을 잘 모르고 지키지 않는 암 하아레쯔의 아내도 자기 남편과 같은 신분으로 간주한다. 그런데 유대법을 잘 지키는 동료의 아내가 암 하아레쯔의 아내를 집에 들여 일을 시켰을 때, 일하는 소리가 멈추었다면 그 암 하아레쯔의 아내가 돌아다니며 물건을 만졌을 가능성이 있기 때문에 그 집이 부정하다고 간주한다. 그러나 소리가 계속 났다면 그 여자가 일하던 장소만 부정해진 것으로 간주한다.
- 같은 조건에서 암 하아레쯔의 아내 두 명이 일을 하고 있었다면, 메이르 랍비는 한 사람이 일을 하는 동안 다른 사람이 돌아다니며 물건을 만져도 알 수 없기 때문에 집이 부정해졌다고 간주한다. 그러

---

4) 이 낱말(חבר)은 원래 '동료, 친구, 친구 학생'을 가리키는데, 때에 따라 토라를 공부하는 학생이나 학자를 부르는 호칭으로, 또는 유대 법규정을 준수하는 집단의 일원을 가리키는데 사용할 수도 있다(야스트로 421-422). 여기서는 후자의 의미로 사용한 것으로 보인다.

나 현인들은 좀 더 관대한 입장을 보인다.

## 7, 5

הַמַּנִּיחַ עַם הָאָרֶץ בְּתוֹךְ בֵּיתוֹ לִשְׁמְרוֹ, בִּזְמַן שֶׁהוּא רוֹאֶה אֶת הַנִּכְנָסִין וְאֶת הַיּוֹצְאִין, הָאֳכָלִים וְהַמַּשְׁקִים וּכְלֵי חֶרֶס הַפְּתוּחִים, טְמֵאִים. אֲבָל הַמִּשְׁכָּבוֹת וְהַמּוֹשָׁבוֹת וּכְלֵי חֶרֶס הַמֻּקָּפִין צָמִיד פָּתִיל, טְהוֹרִין. וְאִם אֵינוֹ רוֹאֶה לֹא אֶת הַנִּכְנָסִין וְלֹא אֶת הַיּוֹצְאִין, אֲפִלּוּ מוּבָל, אֲפִלּוּ כָפוּת, הַכֹּל טָמֵא:

암 하아레쯔를 자기 집에 들여놓고 그를 지키고 있을 때, 그 〔집주인이〕 들어오는 자들과 나가는 자들을 볼 수 있었다면, 음식과 음료수와 열려 있는 토기들은 부정해진다. 그러나 침대와 의자와 꼭 맞는 뚜껑으로 닫힌 토기는 정결하다. 그러나 만약 그 〔집주인이〕 들어오는 자들과 나가는 자들을 볼 수 없었다면, 그 〔암 하아레쯔가〕 인도를 받았거나 심지어 묶여 있었다 하더라도, 모든 것이 부정해진다.

- 암 하아레쯔를 집 안에 들여놓고 그를 지켰다면, 그 집주인이 드나드는 사람들을 모두 지켜보면서 감시하고 있다는 조건하에 음식과 음료수와 열려 있는 토기들만 부정해진다. 그러나 침대와 의자는 정결하니, 암 하아레쯔는 부정의 아버지가 아니기 때문에 앉기나 눕기를 통해 부정을 전이하지 않는다. 꼭 맞는 뚜껑으로 닫힌 토기도 마찬가지로 정결하니, 암 하아레쯔가 들리기나 접촉을 통해 토기에 부정을 전이시키지 않기 때문이다.
- 그러나 만약 집주인이 드나드는 사람을 확인할 수 없는 상황이라면, 그 암 하아레쯔가 아무데로 움직이지 않고 아무것도 만지지 않았어도, 그 집은 부정하다고 간주한다. 그 암 하아레쯔 때문에 다른 민족 사람이나 그들의 아내가 드나들었을지 의심되기 때문이다.

## 7, 6

הַגַּבָּאִים שֶׁנִּכְנְסוּ לְתוֹךְ הַבַּיִת, הַבַּיִת טָמֵא. אִם יֵשׁ עִמָּהֶן גּוֹי, נֶאֱמָנִים לוֹמַר לֹא נִכְנַסְנוּ, אֲבָל אֵין נֶאֱמָנִים לוֹמַר נִכְנַסְנוּ אֲבָל לֹא נָגַעְנוּ. הַגַּנָּבִים שֶׁנִּכְנְסוּ לְתוֹךְ הַבַּיִת, אֵין טָמֵא אֶלָּא מְקוֹם רַגְלֵי הַגַּנָּבִים. וּמָה הֵן מְטַמְּאִין. הָאֳכָלִים וְהַמַּשְׁקִים וּכְלֵי חֶרֶס הַפְּתוּחִין. אֲבָל הַמִּשְׁכָּבוֹת וְהַמּוֹשָׁבוֹת וּכְלֵי חֶרֶס הַמֻּקָּפִין צָמִיד פְּתִיל, טְהוֹרִים. אִם יֵשׁ עִמָּהֶן נָכְרִי אוֹ אִשָּׁה, הַכֹּל טָמֵא:

세리들이 집 안으로 들어왔다면, 그 집은 부정하다. 만약 그들과 함께 외국인이 있었을 때, 우리가 들어가지 않았다고 말하면 신뢰할 수 있다. 그러나 우리가 들어갔으나 우리가 접촉하지 않았다고 말하면 신뢰할 수 없다.

도둑들이 집 안으로 들어왔다면, 그 도둑들의 발이 〔닿은〕 장소 이외에는 부정하지 않다. 그들이 무엇을 부정하게 만드는가? 음식과 음료수와 모든 열려 있는 토기들이다. 그러나 침대와 의자와 꼭 맞는 뚜껑으로 닫아놓은 토기는 정결하다. 만약 그들과 함께 외국인이나 여자가 함께 있었다면, 모든 것이 부정하다.

- 세금을 걷는 세리들은 유대법규를 잘 모르거나 지키지 않는 암 하아레쯔로 간주한다. 그러므로 이런 사람들이 집에 들어가면 가구나 물건을 만졌을 가능성이 있으며, 부정한지 의심스러운 상황이므로, 그 집은 부정하다고 간주한다.
- 만약 그들과 함께 다른 민족인 비유대인이 있었을 때, 그 집에 아예 들어가지 않았다고 말한다면 신뢰할 수 있다고 본다. 그러나 집에는 들어갔는데 아무것도 만지지 않았다고 말한다면 신뢰할 수 없다. 비유대인들은 가치 있는 물건을 찾기 위해서 자기들이 원하는 방이면 어디든지 세리들을 들여보내기 때문이다.
- 도둑들이 집 안으로 들어왔다면, 그들이 물건을 훔치기 위해서 다녀

간 장소만 부정해지며, 그들이 들어가지 않은 장소는 정결하다.

- 이런 사람들이 부정하게 만드는 것은 음식과 음료수와 열려 있는 토기들이며, 침대와 의자와 꼭 맞는 뚜껑으로 닫아놓은 토기는 정결하다(다섯째 미쉬나).
- 그 도둑들이 외국인과 함께 들어왔거나 월경 중인지 유출병자인지 확인할 수 없는 여자와 함께 들어왔다면, 모든 것이 부정해졌다고 간주한다. 이런 사람들은 접촉이나 옮기기는 물론 들리기를 통해서도 이런 모든 가구와 물건에 부정을 전이시키기 때문이다.

## 7, 7

---

הַמַּנִּיחַ אֶת כֵּלָיו בְּחַלּוֹן שֶׁל אוֹדְיָארִין, רַבִּי אֶלְעָזָר בֶּן עֲזַרְיָה מְטַהֵר. וַחֲכָמִים אוֹמְרִים, עַד שֶׁיִּתֶּן לוֹ אֶת הַמַּפְתֵּחַ אוֹ חוֹתָם אוֹ עַד שֶׁיַּעֲשֶׂה סִימָן. הַמַּנִּיחַ אֶת כֵּלָיו מִגַּת זוֹ לַגַּת הַבָּאָה, כֵּלָיו טְהוֹרִין. וּבְיִשְׂרָאֵל, עַד שֶׁיֹּאמַר בְּלִבִּי הָיָה לְשָׁמְרָם:

---

〔어떤 사람이 옷을 지키는〕 점원[5]의 창문에 자기 옷을 넣어 놓았을 때, 엘아자르 벤 아자르야 랍비는 정결하다고 주장했다. 그러나 현인들은 그 〔점원이〕 그에게 열쇠나 도장을 주었거나 그가 특별히 표시를 했을 때 이외에는 〔정결하지 않다고〕 말한다.

〔어떤 제사장이〕 자기 옷을 기름 짜는 한 장소나 〔다른〕 기름 짜는 곳에 놓았을 때, 그의 옷은 정결하다. 그리고 이스라엘인에게 〔맡겼다면〕 내가 그들을 지킬 의도라고 말할 때 이외에는 〔정결하지 않다〕.

- 어떤 사람이 공중목욕탕에 가서 옷을 지키는 사람에게 옷을 맡겼고,

---

5) 이 낱말(אוליארין)은 '목욕탕에서 옷을 지키는 사람'을 가리킨다(야스트로 26). 유대 문학에서 비슷한 낱말이 다양한 철자법으로 등장하며(אודיארין, אולייר, אורייר; 야스트로 34), '점원'이나 '(옷을 지키는) 사람'으로 사용되기도 했다.

그 옷을 창문에 넣고 잠갔을 때, 엘아자르 벤 아자르야 랍비는 정결하다고 주장했다. 지키는 사람이 따로 있으므로 다른 부정한 사람이 옷에 손을 댈 가능성이 적기 때문이다. 현인들은 좀 더 주의 깊은 행동을 요구하며, 옷 주인이 옷을 지키는 점원에게 보관함 열쇠를 받거나, 다른 사람이 손댈 수 없도록 봉인했거나, 누가 손을 댔는지 알 수 있는 특별한 표시를 했다면 정결하고, 그렇지 않다면 부정하다고 말한다.

- 어떤 제사장이 자기가 먹는 기름을 정결하게 준비하기 위해서 정결한 옷을 입고 기름 짜는 곳에서 일을 했는데, 그곳에 자기 옷을 놓아두었다면 정결하다고 간주한다. 제사장의 옷은 정결하게 보관해야 하는 줄 누구나 잘 알고 있기 때문이다. 그리고 일반 이스라엘 사람에게 맡겼다면 그 사람이 지키겠다는 확답을 받아야 한다. 그렇지 않으면 정결하지 않다.

## 7, 8

---

מִי שֶׁהָיָה טָהוֹר, וְהִסִּיעַ אֶת לִבּוֹ מִלֶּאֱכֹל, רַבִּי יְהוּדָה מְטַהֵר, שֶׁדֶּרֶךְ טְמֵאִין פּוֹרְשִׁין מִמֶּנּוּ. וַחֲכָמִים מְטַמְּאִים. הָיוּ יָדָיו טְהוֹרוֹת וְהִסִּיעַ אֶת לִבּוֹ מִלֶּאֱכֹל, אַף עַל פִּי שֶׁאָמַר יוֹדֵעַ אֲנִי שֶׁלֹּא נִטְמְאוּ יָדַי, יָדָיו טְמֵאוֹת, שֶׁהַיָּדַיִם עַסְקָנִיּוֹת:

---

정결했던 사람이 〔음식을 정결하게〕 먹으려던 생각을 바꾸었을 때 예후다 랍비는 정결하다고 주장했으니, 부정한 사람들은 대개 그에게서 멀리 떨어지는 경향이 있기 때문이다. 그러나 현인들은 부정하다고 했다.

그의 손이 정결했는데 〔음식을 정결하게〕 먹으려던 생각을 바꾸었을 때, 그가 나는 내 손이 부정해지지 않았다는 사실을 알고 있다고 말했다 하더라도 그의 손은 부정하니, 손들은 언제나 바쁘기 때문이다.

- 일상생활은 물론 식사를 정결하게 하려고 유의하는 사람이 생각을 바꾸어 더 이상 음식을 정결하게 먹으려 하지 않을 때, 예후다 랍비는 그 음식이 정결하다고 주장한다. 그 사람이 정결법을 유의해서 지킨다는 사실이 알려져 있어서 부정한 사람들이 그에게 가까이 오지 않기 때문이며, 그가 부정해졌다는 사실을 증명하기 전까지 정결하기 때문이다. 그러나 현인들은 그가 정결한 음식을 먹으려는 생각을 철회하는 순간 그 음식이 정결하다고 확신할 수 없으며, 그 의심 때문에 부정해진다고 주장한다.
- 손이 정결한 사람이 음식을 정결하게 먹으려는 생각을 바꾸었을 때, 그 사람이 자기 손이 확실히 정결하다고 말해도 그 말을 인정하지 않는다. 왜냐하면 사람은 손으로 너무나 많은 일을 하기 때문에, 의도와 달리 부정한 것을 만졌을지 모른다는 의심이 생긴다. 그러므로 그의 손은 부정하다고 간주한다.

## 7, 9

---

הָאִשָּׁה שֶׁנִּכְנְסָה לְהוֹצִיא פַּת לְעָנִי, וְיָצְאת וּמְצָאַתּוּ עוֹמֵד בְּצַד כִּכָּרוֹת שֶׁל תְּרוּמָה, וְכֵן הָאִשָּׁה שֶׁיָּצְאת וּמָצְאת אֶת חֲבֶרְתָּהּ חוֹתָה גֶחָלִים תַּחַת קְדֵרָה שֶׁל תְּרוּמָה, רַבִּי עֲקִיבָא מְטַמֵּא, וַחֲכָמִים מְטַהֲרִין. אָמַר רַבִּי אֶלְעָזָר בֶּן פִּילָא, וְכִי מִפְּנֵי מָה רַבִּי עֲקִיבָא מְטַמֵּא וַחֲכָמִים מְטַהֲרִין. מִפְּנֵי שֶׁהַנָּשִׁים גַּרְגְּרָנִיּוֹת הֵן, שֶׁהִיא חֲשׁוּדָה לְגַלּוֹת אֶת הַקְּדֵרָה שֶׁל חֲבֶרְתָּהּ, לֵידַע מַה הִיא מְבַשֶּׁלֶת:

---

어떤 여인이 가난한 자에게 빵을 내다 주려고 〔집에〕 들어갔는데, 나와 보니 그가 거제로 〔드릴〕 빵 덩이들 옆에 서 있었다면, 또는 그 여인이 나와 보니 자기 여자 친구가 거제를 〔요리하는〕 솥 밑에 석탄을 긁고 있었다면, 아키바 랍비는 부정하다고 주장했으나, 현인들은 정결하다고 했다. 엘아자르 벤 필라 랍비는 무슨 이유로 아키바 랍비

는 부정하다고 주장하고 현인들은 정결하다고 했는지 물었다. 왜냐하면 여성들은 식탐이 많아서, 자기 여자 친구가 무엇을 요리하고 있는지 알기 위해서 친구의 솥을 열어보았는지 의심스럽기 때문이다.

- 어떤 여인이 거제 제물을 준비하다가 잠깐 집에 들어갔다가 나왔는데, 가난한 자가 거제로 드릴 빵 덩이 옆에 서 있다거나, 이웃집 여자가 거제를 요리하는 솥 옆에서 석탄을 긁어대고 있는 것을 보게 되었다면, 이런 사람들이 거제와 접촉했는지 의심이 생긴다. 그러므로 아키바 랍비는 그 거제가 부정하다고 주장했다. 그러나 현인들은 아키바 랍비의 의견에 반대한다.
- 엘아자르 벤 필라 랍비는 아키바 랍비와 현인들이 왜 서로 다른 의견을 주장했느냐고 물었는데, 사실 그는 아키바 랍비가 왜 부정하다고 간주하는지 물은 것이다. 왜냐하면 거제물이 뚜껑을 닫아놓은 토기 솥 안에 들어 있으므로, 부정한 사람이 겉에서 접촉해도 내용물은 부정이 전이되지 않기 때문이다. 이 질문에 대해 여성들은 음식에 관한 욕심이 많아서 분명히 솥뚜껑을 열고 음식을 맛보았을 것이며 그래서 거제물이 부정해졌을 것이라고 대답한다.

## 제8장

암 하아레쯔와 마당을 공유하거나 물건을 맡겼을 때, 또는 자기 물건을 길에 놔두고 들어갔다가 나왔을 때, 도둑이나 암 하아레쯔인 여인이 집에 들어갔다 나왔을 때에 관해서 논의한다. 그 외에 음식이 부정해질 수 있는 조건, 그릇 안에 들어 있는 음식의 경우, 경사면에 고정되지 않은 반죽 덩어리들과 음료수에 관해 설명한다.

### 8, 1
정결법을 준수하는 사람과 암 하아레쯔의 관계를 계속 논의한다.

---

הַדָּר עִם עַם הָאָרֶץ בְּחָצֵר, וְשָׁכַח כֵּלִים בֶּחָצֵר, אֲפִלּוּ חָבִיּוֹת מֻקָּפוֹת צָמִיד פָּתִיל, אוֹ תַנּוּר מֻקָּף צָמִיד פָּתִיל, הֲרֵי אֵלּוּ טְמֵאִין. רַבִּי יְהוּדָה מְטַהֵר בְּתַנּוּר בִּזְמַן שֶׁהוּא מֻקָּף צָמִיד פָּתִיל. רַבִּי יוֹסֵי אוֹמֵר, אַף הַתַּנּוּר טָמֵא, עַד שֶׁיַּעֲשֶׂה לוֹ מְחִצָּה גְבוֹהַּ עֲשָׂרָה טְפָחִים:

---

암 하아레쯔와 마당을 〔공유하며〕 사는 사람이 〔깜빡〕 잊고 그릇을 마당에 놓아두었다면, 꼭 맞는 뚜껑을 닫아놓은 병이나 꼭 맞는 뚜껑으로 닫아놓은 화덕이라 하더라도 이것들이 부정하다고 〔간주한다〕. 예후다 랍비는 꼭 맞는 뚜껑으로 닫아놓았다면 화덕은 정결하다고 주장했다. 요쎄 랍비는 높이가 10테팍인 칸막이 벽을 세울 때까지는 화덕도 부정하다고 말한다.

- 정결법을 준수하는 사람이 암 하아레쯔와 마당을 공유하며 살고 있을 때, 그가 깜빡 잊고 정결한 그릇을 마당에 놓아두었다면, 꼭 맞는 뚜껑을 닫아놓은 토기 병이나 토기 화덕이라 하더라도 부정하다고 간주한다. 암 하아레쯔의 아내가 월경 중에 이런 그릇들과 접촉하거나 들리기 부정을 전이시킬 수 있기 때문이다(「토호롯」 7, 5-6).
- 예후다 랍비는 화덕은 부정해지지 않는다고 했는데, 땅에 고정하여 움직일 수 없는 경우를 가리킨 것으로 보인다. 요쎄 랍비는 화덕이 땅에 고정되어 있어도 암 하아레쯔의 아내가 화덕 뚜껑을 열어볼 가능성이 있기 때문에 부정하며, 따로 칸막이 벽을 세웠다면 정결하다고 주장했다.

## 8, 2

암 하아레쯔에게 맡긴 그릇은 어떤 부정이 전이되는지 설명한다.

---

הַמַּפְקִיד כֵּלִים אֵצֶל עַם הָאָרֶץ, טְמֵאִים טְמֵא מֵת וּטְמֵאִין מִדְרָס. אִם מַכִּירוֹ שֶׁהוּא אוֹכֵל בַּתְּרוּמָה, טְהוֹרִין מִטְּמֵא מֵת, אֲבָל טְמֵאִין מִדְרָס. רַבִּי יוֹסֵי אוֹמֵר, אִם מָסַר לוֹ תֵבָה מְלֵאָה בְגָדִים, בִּזְמַן שֶׁהִיא רוֹצֶצֶת, טְמֵאִין מִדְרָס. אִם אֵינָהּ רוֹצֶצֶת, טְמֵאִין מַדָּף, אַף עַל פִּי שֶׁהַמַּפְתֵּחַ בְּיַד הַבְּעָלִים:

---

그릇들을 암 하아레쯔 집에 맡겼다면, 시체의 부정과 얹기 부정 때문에 부정해진다. 만약 그 〔그릇 주인이〕 거제를 먹는 사람이라는 사실을 알았다면, 시체의 부정으로부터 정결하지만 얹기 부정 때문에 부정하다.

요쎄 랍비는 만약 그에게 옷들이 가득한 상자를 맡겼다면, 그것이 꽉 차 있을 때 얹기 부정 때문에 부정하다. 만약 그것이 꽉 차 있지 않았다면, 그 주인들이 열쇠를 가지고 있었다 하더라도 간접적 부정 때문에 부정해진다고 말한다.

- 정결법을 지키는 사람이 암 하아레쯔 집에 자기 그릇들을 맡겼다면, 정결법을 지키지 않는 사람은 시체의 부정을 전이시킬 수 있고 그 그릇들은 이레 동안 부정하다(「오홀롯」 1, 3). 암 하아레쯔의 아내가 월경하는 중이었다면 그 그릇들은 얹기 부정이나 옮기기 부정 때문에 부정해질 수 있다. 만약 암 하아레쯔인 사람은 그 그릇 주인이 거제를 먹는 사람이라는 사실을 잘 알고 있었다면, 조심해서 행동하여 시체의 부정을 옮기지 않았을 가능성이 있다. 그러나 그의 아내는 의도하지 않았다 하더라도 얹기 부정을 전이시켰을 가능성이 있다고 간주한다.
- 요쎄 랍비는 옷을 가득 채운 상자를 암 하아레쯔에게 맡기면 얹기 부정 때문에 부정하다고 했는데, 옷이 너무 많아서 뚜껑이 열리고 암

하아레쯔가 그 뚜껑을 만지거나 그의 아내가 열린 뚜껑 위에 앉을 수도 있다고 생각한 것으로 보인다. 옷이 가득 들어있지 않아 뚜껑이 잘 닫혀 있거나 심지어 자물쇠로 잠그고 열쇠를 따로 보관한다고 해도 음식이나 음료수에 적용하는 '간접적인 부정'(맛답)의 영향을 받는다고 간주한다(「자빔」 4, 6).

## 8, 3

הַמְאַבֵּד בַּיּוֹם וּמָצָא בַּיּוֹם, טָהוֹר. בַּיּוֹם וּמָצָא בַּלַּיְלָה, בַּלַּיְלָה וּמָצָא בַּיּוֹם,
בַּיּוֹם וּמָצָא בַּיּוֹם שֶׁלְּאַחֲרָיו, טָמֵא. זֶה הַכְּלָל, כֹּל שֶׁיַּעֲבֹר עָלָיו הַלַּיְלָה אוֹ
מִקְצָתוֹ, טָמֵא. הַשּׁוֹטֵחַ כֵּלִים, בִּרְשׁוּת הָרַבִּים, טְהוֹרִין. וּבִרְשׁוּת הַיָּחִיד,
טְמֵאִין. וְאִם הָיָה מְשַׁמְּרָן, טְהוֹרִים. נָפְלוּ וְהָלַךְ לַהֲבִיאָן, טְמֵאִים. נָפַל דָּלְיוֹ
לְתוֹךְ בּוֹרוֹ שֶׁל עַם הָאָרֶץ וְהָלַךְ לְהָבִיא בְּמַה יַּעֲלֶנּוּ, טָמֵא, מִפְּנֵי שֶׁהֻנַּח
בִּרְשׁוּת עַם הָאָרֶץ שָׁעָה אֶחָת:

〔자기 물건을〕 낮에 잃었다가 낮에 찾았다면, 그것은 정결하다. 낮에 〔잃었다가〕 밤에 찾았거나, 밤에 〔잃었다가〕 낮에 찾았거나, 낮에 〔잃었다가〕 그다음 날에 찾았다면, 그것은 부정하다고 〔간주한다〕. 이것이 원칙이다. 〔잃어버린 후〕 하룻밤 또는 〔밤의〕 일부가 지나면 그것은 부정하다고 〔간주한다〕.

〔어떤 사람이〕 옷들을 공적 영역에 널어 놓으면, 그것들은 정결하다. 그러나 사적 영역에 〔널어 놓으면〕 그것들은 부정하다고 〔간주한다〕. 그러나 만약 그것들을 지키고 있었다면, 그것들은 정결하다. 〔옷이〕 떨어져서 그것을 가지러 갔다면, 그것은 부정하다.

그의 양동이가 암 하아레쯔의 우물 속에 떨어져서 그것을 건져 올릴 것을 가지러 갔다면, 그것은 부정하니, 잠깐이라도 암 하아레쯔의 영역에 놓여 있었기 때문이다.

- 어떤 사람이 자기 물건을 낮에 잃어버렸다가 낮에 찾았다면, 그 물

건은 금방 찾았기 때문에 아무도 접촉하지 않았거나 접촉했더라도 지나가면서 바깥면만 접촉했다고 보고, 정결하다고 간주한다. 그러나 잃어버리고 나서 밤이 지났다면, 부정한 사람이 어두워서 보지 못하고 직접 접촉했을 가능성이 있으므로, 부정하다고 간주한다.

- 어떤 사람이 자기 옷들을 공적 영역에 널어놓았다면 부정한지 의심스럽기는 하지만, 공적 영역에서 일어난 의심이므로 정결하다고 간주한다. 그러나 사적 영역에서 의심스러운 부정이 발생하면 부정하다고 간주한다. 옷 주인이 계속 지키고 있었다면 정결하다고 보지만, 옷이 떨어져서 볼 수 없는 곳으로 굴러갔고 그것을 주우러 자리를 떠났다면 옷들은 부정하다.
- 그의 양동이가 암 하아레쯔의 우물 속에 떨어졌고, 그것을 건지려고 밧줄이나 다른 도구를 가지러 자리를 비웠다면, 그 양동이는 잠깐이라도 암 하아레쯔의 영역 안에 머물러 있었기 때문에 부정하다고 간주한다.

## 8, 4

הַמַּנִּיחַ אֶת בֵּיתוֹ פָתוּחַ וּמְצָאוֹ פָתוּחַ, נָעוּל וּמְצָאוֹ נָעוּל, פָּתוּחַ וּמְצָאוֹ נָעוּל, טָהוֹר. נָעוּל וּמְצָאוֹ פָתוּחַ, רַבִּי מֵאִיר מְטַמֵּא, וַחֲכָמִים מְטַהֲרִין, שֶׁהָיוּ גַנָּבִים וְנִמְלְכוּ וְהָלְכוּ לָהֶן:

자기 집을 열어두었는데 〔나중에〕 열려 있는 것을 보았거나, 잠가놓았는데 잠겨 있는 것을 보았거나, 열어두었는데 잠겨 있는 것을 보았다면, 그것은 정결하다. 잠가놓았는데 〔나중에〕 열려 있는 것을 보았을 때, 메이르 랍비는 부정하다고 주장했으나, 현인들은 정결하다고 했으니, 도둑들이 들어왔어도 마음이 바뀌어 떠났기 때문이다.

- 어떤 사람이 자기 집을 열어두었는데 나중에 그대로 열려 있고 아무

런 물건도 없어지지 않았거나, 잠가놓았는데 그대로 잠겨 있었거나, 열어두었는데 가족 중에 누가 와서 잠갔다면, 그 집과 그 내용물은 모두 정결하다고 간주한다. 그러나 문을 잠가놓았는데 나중에 열려 있었다면, 이것은 도둑이 든 것이다. 만약 도둑이 든 것이 분명한데도 아무런 물건이 없어지지 않았을 때, 메이르 랍비는 부정한 도둑이 들어와서 물건들을 만졌을 가능성이 있으므로 그 집과 내용물이 부정하다고 주장했다. 그러나 현인들은 없어진 물건이 없다면, 도둑들이 들어왔다가 갑자기 마음이 바뀌면서 물건을 만지지 않고 떠났을 가능성도 있다고 하며 정결하다고 주장했다.

## 8, 5
암 하아레쯔의 아내가 정결한 집 안에 들어간 경우를 논의한다.

---

אֵשֶׁת עַם הָאָרֶץ שֶׁנִּכְנְסָה לְתוֹךְ בֵּיתוֹ שֶׁל חָבֵר לְהוֹצִיא בְנוֹ אוֹ בִתּוֹ אוֹ
בְהֶמְתּוֹ, הַבַּיִת טָהוֹר, מִפְּנֵי שֶׁנִּכְנְסָה שֶׁלֹּא בִרְשׁוּת:

---

암 하아레쯔의 아내가 〔정결법을 지키는〕 동료의 아들이나 그의 딸이나 그의 가축을 데리고 나오려고 그의 집 안에 들어갔다면, 그 집은 정결하니, 그녀가 허락을 받지 않고 들어갔기 때문이다.

- 암 하아레쯔의 아내가 정결법을 유의해서 지키는 동료의 집에 들어갔는데, 그 집 안에 머물기 위해서가 아니라 그 동료의 자식이나 가축을 데리고 나오기 위해서 들어간 경우다. 그렇다면 그녀는 그 집 안에 머물러도 좋다는 허락을 받은 것이 아니기 때문에 여유롭게 가구나 물건을 만지지 않고 곧 아이나 가축을 데리고 나왔을 것으로 가정한다. 그러므로 그 집은 정결하다.

## 8, 6

음식과 관련된 부정에 관한 원칙을 설명한다.

---

כְּלָל אָמְרוּ בַטָּהֳרוֹת, כֹּל הַמְיֻחָד לְאֹכֶל אָדָם, טָמֵא, עַד שֶׁיִּפָּסֵל מֵאֹכֶל הַכֶּלֶב. וְכֹל שֶׁאֵינוֹ מְיֻחָד לְאֹכֶל אָדָם, טָהוֹר, עַד שֶׁיְּיַחֲדֶנּוּ לְאָדָם. כֵּיצַד. גּוֹזָל שֶׁנָּפַל לְגַת וְחִשַּׁב עָלָיו לְהַעֲלוֹתוֹ לְנָכְרִי, טָמֵא. לְכֶלֶב, טָהוֹר. רַבִּי יוֹחָנָן בֶּן נוּרִי מְטַמֵּא. חִשַּׁב עָלָיו חֵרֵשׁ, שׁוֹטֶה וְקָטָן, טָהוֹר. אִם הֶעֱלָהוּ, טָמֵא, שֶׁיֵּשׁ לָהֶן מַעֲשֶׂה וְאֵין לָהֶן מַחֲשָׁבָה:

---

그들이 〔음식의〕 정결함에 관한 원칙을 언급했다. 사람의 음식으로 규정된 모든 것은 개가 먹기에도 〔합당치 않아〕 무효가 될 때까지는 부정해질 수 있다. 사람의 음식으로 규정되지 않은 모든 것은 사람이 먹겠다고 〔따로〕 지정할 때까지는 정결하다. 어떻게 〔그러한가〕? 새 새끼가 기름 짜는 곳에 떨어졌는데, 외국인에게 〔주기 위해〕 꺼내려고 마음을 먹었다면, 그것은 부정해질 수 있다. 개에게 〔주기 위해 꺼내려 했다면〕 그것은 정결하다. 요하난 벤 누리 랍비는 부정하다고 주장했다.

정박아나 어리석은 자나 미성년자가 〔그렇게〕 마음을 먹었다면, 그것은 정결하다. 만약 그들이 그것을 꺼냈다면, 그것은 부정해질 수 있으니, 그들은 행위를 할 수는 있지만 생각을 할 수는 없기 때문이다.

- 음식의 부정은 다음과 같은 원칙에 따라 판단한다. 토라의 규정에 따라 사람의 음식으로 규정된 모든 것은 음식의 부정이 전이될 수 있다(「우크찜」 3, 1). 그러나 개도 먹지 않을 정도로 상하면 더 이상 음식의 부정에 영향을 받지 않는다. 반대로 토라의 규정에 따라 사람의 음식으로 규정되지 않은 모든 것은 음식의 부정이 전이될 수 없다. 그러나 어떤 사람이 이것을 먹으려고 계획하면 음식의 부정이 전이될 수 있다.

- 예를 들어 새 새끼가 기름 짜는 곳에 떨어져 죽었다면, 새 새끼는 원래 사람이 먹을 수 있는 음식이지만 죽은 채 발견되었으므로 사람의 음식으로 규정되지 않은 대상이 된다. 만약 어떤 사람이 이 새 새끼를 꺼내어 외국인에게 주려고 마음을 먹으면, 사람에게 먹이겠다고 따로 지정하는 행동이며 이것이 부정해질 수 있다(정결한 새가 죽은 채로 발견된 경우, 「토호롯」 1, 1). 그러나 개에게 주려고 꺼냈다면 그것은 정결하다. 요하난 벤 누리 랍비는 이것도 부정하다고 주장했는데, 정결한 새가 죽은 채로 발견되면 사람의 의도와 상관없이 부정하다고 간주하고 있다.
- 정박아와 어리석은 자와 미성년자는 마음의 의도만으로 음식의 성질을 바꿀 수 없으나 그들의 행동은 영향력을 가진다. 이들이 외국인에게 주려고 새 새끼를 꺼낸다면, 그것은 부정해질 수 있다.

## 8, 7

אֲחוֹרֵי כֵלִים שֶׁנִּטְמְאוּ בְמַשְׁקִים, רַבִּי אֱלִיעֶזֶר אוֹמֵר, מְטַמְּאִין אֶת הַמַּשְׁקִין וְאֵין פּוֹסְלִין אֶת הָאֳכָלִין. רַבִּי יְהוֹשֻׁעַ אוֹמֵר, מְטַמְּאִין אֶת הַמַּשְׁקִין וּפוֹסְלִין אֶת הָאֳכָלִין. שִׁמְעוֹן אֲחִי עֲזַרְיָה אוֹמֵר, לֹא כָךְ וְלֹא כָךְ, אֶלָּא מַשְׁקִין שֶׁנִּטְמְאוּ בַאֲחוֹרֵי הַכֵּלִים, מְטַמְּאִין אֶחָד וּפוֹסְלִין אֶחָד. הֲרֵי זֶה אוֹמֵר, מְטַמְּאֶיךָ לֹא טִמְּאוּנִי, וְאַתָּה טִמֵּאתָנִי:

음료수 때문에 부정해진 그릇의 바깥 면에 관하여, 엘리에제르 랍비는 그것이 음료수를 부정하게 만들지만 음식을 무효로 만들지 않는다고 말한다. 예호슈아 랍비는 그것이 음료수를 부정하게 만들고 음식을 무효로 만든다고 말한다. 쉼온 아히 아자르야는 이것도 아니고 저것도 아니며, 그릇의 바깥 면 때문에 부정해진 음료수는 하나를 부정하게 만들고 하나를 무효로 만든다고 말한다. 그래서 너를 부정하게 만드는 것이 나를 부정하게 만들지 않는데, 네가 나를 부정하게 만든다고 말하는 것이다.

- 부정한 음료수가 그릇의 바깥 면에 떨어지면 그 바깥 면은 부정해지지만, 그 안쪽 면과 가장자리와 걸이와 손잡이는 정결하다(「켈림」 25, 6).
- 엘리에제르 랍비는 이런 경우에 그 그릇에 음료수가 들어 있다면 속된 음료수라도 부정해지지만, 음식이 들어 있다면 거제라고 하더라도 무효가 되지 않는다고 주장한다.
- 예호슈아 랍비는 그 그릇에 들어 있는 음료수를 부정하게 만드는 것은 물론 음식도 무효로 만든다고 했는데, 부정한 음료수는 제1차 감염자이며, 이것이 그릇의 바깥 면을 제2차 감염자로 만들고, 이 그릇에 들어 있는 음료수와 거제인 음식을 제3차 감염자로 만들어 무효화시킨다는 것이다(「토호롯」 2, 6).
- 쉼온 아히 아자르야는 반대 의사를 나타내며, 그릇의 바깥 면 때문에 부정해진 음료수는 제1차 감염자가 되고, 거제인 음식을 제2차 감염자로 만들며, 그 음식은 다른 거제를 제3차 감염자로 만들어 무효가 되게 한다고 설명한다.
- 결국 부정해진 그릇의 바깥 면이 음료수는 부정하게 만들어도 음식을 부정하게 만들지 않는데, 음료수가 음식을 부정하게 만든다고 하는 것이다(「파라」 8, 2-7).

## 8, 8

עֲרֵבָה שֶׁהִיא קְטַפְרֵס, וְהַבָּצֵק מִלְּמַעְלָן וּמַשְׁקֶה טוֹפֵחַ מִלְּמַטָּן, שָׁלֹשׁ חֲתִיכוֹת בִּכְבֵיצָה, אֵינָן מִצְטָרְפוֹת. וּשְׁתַּיִם, מִצְטָרְפוֹת. רַבִּי יוֹסֵי אוֹמֵר, אַף שְׁתַּיִם אֵינָן מִצְטָרְפוֹת, אֶלָּא אִם כֵּן הָיוּ רוֹצְצוֹת מַשְׁקֶה. וְאִם הָיָה מַשְׁקֶה עוֹמֵד, אֲפִלּוּ כְעֵין הַחַרְדָּל, מִצְטָרֵף. רַבִּי דוֹסָא אוֹמֵר, אֹכֶל פָּרוּד אֵינוֹ מִצְטָרֵף:

아래로 기울어진 반죽통에 반죽은 위에 있고 한 방울씩 흐르는 음료수가 아래 있을 때, [합하면] 달걀만 한 [반죽] 조각 세 개가 [있어도] 이들은 서로 연결되지 않는다. 그러나 [조각] 두 개는 연결된다. 요쎄 랍비는 [조각] 두 개도 음료수 [쪽으로] 밀려 들어가기 전에는 연결되지 않는다고 말한다. 그러나 만약 음료수가 [바닥에] 고여 있다면, [반죽이] 겨자 알만 해도 연결된다. 도싸 랍비는 잘게 조각난[6] 음식은 연결되지 않는다고 말한다.

- 반죽을 하고 숙성을 시키는 통이 경사져서 기울어진 형태인데 부정한 반죽은 위쪽 가장자리에 붙어 있고 손을 넣어 저을 수 있을 정도의 점성을 가진 액체 음료수가 그 반죽 밑에 있을 때, 반죽 조각이 세 개가 있고 다 합하면 다른 음식을 부정하게 만드는 최소 크기 규정인 달걀 크기가 되더라도, 이들은 서로 연결되지 않는다. 반죽통의 경사면이 반죽들을 연결시킬 수 없으며(아홉째 미쉬나), 최소 크기 규정에 미치지 못하는 부정한 반죽은 그 밑에 있는 음료수를 부정하게 만들지 못하고, 결국 반죽통은 정결을 유지한다. 그러나 반죽이 두 조각일 때는 서로 합쳐지는데, 반죽 밑에 있는 음료수가 흐르며 서로 닿아서 연결시키기 때문이다.
- 요쎄 랍비에 따르면 부정한 반죽 밑에 있는 음료수가 경사면 가장자리에만 있다면 연결되지 않지만, 두 반죽 사이에도 음료수가 있고 반죽이 가운데 쪽으로 밀리면 결국 합쳐진다고 설명한다(둘째 미쉬나). 그러나 음료수가 경사면에서 흐르는 정도가 아니라 바닥에 고여 있다면, 반죽 조각이 겨자 알처럼 부서진 상태라 하더라도 결국

6) 이 표현(אכל פרוד)은 '잘게 조각난 음식'으로 번역했는데, 사본에 따라 '가루가 된 음식(אכל פרור)'이라고 남아 있는 경우도 있다.

음료수(습기)를 통해 서로 연결되고 결국 최소 크기 규정에 맞는 상태가 된다.

- 도싸 랍비는 이런 의견에 반대한다(「에두욧」 3, 1-2).

## 8, 9

---

מַקֵּל שֶׁהִיא מְלֵאָה מַשְׁקִין טְמֵאִין, כֵּיוָן שֶׁהִשִּׁיקָהּ לַמִּקְוֶה, טְהוֹרָה, דִּבְרֵי רַבִּי יְהוֹשֻׁעַ. וַחֲכָמִים אוֹמְרִים, עַד שֶׁיַּטְבִּיל אֶת כֻּלָּהּ. הַנִּצּוֹק וְהַקְּטַפְרֵס וּמַשְׁקֶה טוֹפֵחַ, אֵינָן חִבּוּר לֹא לַטֻּמְאָה וְלֹא לַטָּהֳרָה. וְהָאֶשְׁבֹּרֶן, חִבּוּר לַטֻּמְאָה וְלַטָּהֳרָה:

---

부정한 음료수가 가득 밴 막대기를 정결례장에서 적시면, 이것이 정결해진다고 예호슈아 랍비가 주장했다. 그러나 현인들은 그 〔막대기〕 전체를 담그면 〔정결하다고〕 말한다.

흐르는 〔음료수나〕 경사면이나 한 방울씩 흐르는 음료수는 부정이나 정결과 관련해서 연결해줄 수 없다. 그러나 〔물〕웅덩이는 부정이나 정결과 관련해서 연결해줄 수 있다.

- 어떤 막대기에 부정한 음료수가 가득 배어 한 방울씩 떨어지는 상태에서 그것의 일부를 정결례장 물에 담그면 이것이 정결해진다는 것이 예호슈아 랍비의 주장이다. 그러나 현인들은 그 막대기를 전부 정결례장 안에 담갔다가 꺼내야 정결해진다고 말한다.
- 어떤 그릇에서 다른 그릇으로 쏟아지는 음료수나 경사면에서 한 방울씩 흐르는 음료수는 정결함과 부정함을 판단할 때 최소 크기 규정에 미치기 위해 서로 분리되어 있는 물건을 연결시켜줄 수 없다. 만약 부정의 요인이 이런 음료수 한 방울과 접촉했다면 그 방울만 부정해지며, 다른 방울들은 정결하기 때문이다(여덟째 미쉬나). 또 정결례장에 있는 물은 40쎄아가 되어야 그 역할을 감당할 수 있는데,

그릇에서 흐르는 물이나 경사면에 흐르는 물은 계산에 포함되지 않기 때문이다.

- 그러나 흐르지 않고 깊은 웅덩이에 고인 액체는 연결 기능을 할 수 있다.

## 제9장

음식은 음료수에 젖어서 준비가 끝난 뒤부터 부정해질 수 있다는 원리를 다양한 상황을 예로 들어 설명한다. 그리고 수확한 올리브 열매를 정결하게 거제로 드리거나 기름틀로 옮기거나 맷돌에 넣고 부수는 방법 등을 설명한다.

### 9, 1
올리브 열매가 부정해질 가능성이 생기는 시점에 관해 논의한다.

---

זֵיתִים מֵאֵימָתַי מְקַבְּלִין טֻמְאָה. מִשֶּׁיַּזִּיעוּ זֵעַת הַמַּעֲטָן, אֲבָל לֹא זֵעַת הַקֻּפָּה, כְּדִבְרֵי בֵית שַׁמָּאי. רַבִּי שִׁמְעוֹן אוֹמֵר, שִׁעוּר זֵעָה שְׁלשָׁה יָמִים. בֵּית הִלֵּל אוֹמְרִים, מִשֶּׁיִּתְחַבְּרוּ שְׁלשָׁה זֶה לָזֶה. רַבָּן גַּמְלִיאֵל אוֹמֵר, מִשֶּׁתִּגָּמֵר מְלַאכְתָּן. וַחֲכָמִים אוֹמְרִים כִּדְבָרָיו:

---

올리브 열매는 언제부터 부정해지는가? 〔그 열매들이〕 통[7] 안에서 액체를 분비할 때부터이며, 바구니 안에서 액체가 나올 때가 아니라는 것이 샴마이 학파의 주장이다. 쉼온 랍비는 〔올리브 열매에서 나오는〕 액체를 재는 〔시간은〕 사흘 〔후라고〕 말한다. 힐렐 학파는 〔올

---

7) 이 낱말(מטען)은 올리브 열매를 따온 뒤 기름을 짜기 전에 한꺼번에 채워 넣고 점성이 생길 때까지 숙성시키는 통을 가리킨다(야스트로 815).

리브 열매] 세 개를 나란히놓았을 때부터라고 말한다. 감리엘 라반은 그 일을 마친 때부터라고 말한다. 그리고 현인들은 그의 말을 따른다.

- 올리브 열매 자체는 정결하지만 음료수로 규정된 일곱 가지 액체에 젖으면 준비(헤크쉐르) 과정이 완료되어 부정해질 가능성이 생기는데, 특히 올리브 열매 자체에서 배어나오는 기름에 젖으면 부정해질 수 있다(「마크쉬린」 1, 1).
- 농부들은 올리브 열매를 수확하여 기름을 짜기 전에 큰 통에 열매를 담아놓고 좀 더 부드러워지고 따뜻해질 때까지 기다리는데, 이때 올리브 열매에서 기름이 배어나와 끈적끈적한 덩어리로 변한다. 삼마이 학파는 올리브 열매를 수확하여 바구니에 담은 상태에서는 부정해질 수 없지만, 이렇게 큰 통에 담아서 점성이 생겼을 때부터 부정해질 수 있다고 주장한다. 쉼온 랍비는 올리브 열매를 큰 통에 담아 놓았다고 해도 사흘은 지나야 부정해질 수 있다고 더 정확한 규정을 제안한다.
- 힐렐 학파는 올리브 열매가 세 개만 서로 붙어서 눌리는 상황이 되면 그때부터 부정해질 수 있다고 다소 엄격한 규정을 제안한다.
- 감리엘 라반은 기름을 짜기 전에 해야 할 모든 과정을 마치고 기름 짜는 곳으로 옮길 때부터 부정해질 수 있다고 주장한다. 그리고 대부분의 랍비들은 감리엘 랍비의 주장에 동의한다.

## 9, 2
올리브 열매를 기름 짜는 곳으로 옮기는 상황을 논의한다.

---

גָּמַר מִלְּמְסֹק אֲבָל עָתִיד לְקַח, גָּמַר מִלְּקַח אֲבָל עָתִיד לִלְווֹת, אֵרְעוֹ אֵבֶל, אוֹ מִשְׁתֶּה, אוֹ אֹנֶס, אֲפִלּוּ זָבִים וְזָבוֹת מְהַלְּכִים עֲלֵיהֶן, טְהוֹרִין. נָפְלוּ עֲלֵיהֶן מַשְׁקִין טְמֵאִין, אֵין טָמֵא אֶלָּא מְקוֹם מַגָּעָן, וְהַמֹּחַל הַיּוֹצֵא מֵהֶן טָהוֹר:

---

〔어떤 사람이〕 올리브 수확을 마쳤는데 〔더〕 구매할 예정이었거나, 구매를 마쳤는데 〔더〕 빌려올 예정이었는데, 〔갑자기〕 상을 당했거나, 또는 잔치를 열었거나, 또는 어쩔 수 없는 일이 일어났고, 심지어 유출병자인 남자나 여자가 그 위로 걸어갔다면, 그 〔올리브 열매는〕 정결하다. 그 위에 부정한 음료수가 떨어졌다면, 그 〔음료수와〕 접촉한 부분 이외에는 부정하지 않으며, 그것들로부터 나온 액체도 정결하다.

- 어떤 농부가 올리브 열매를 수확해서 처리할 계획을 세웠다. 그런데 갑자기 상을 당했거나, 잔치를 열어야 할 상황이었거나, 그 외 어쩔 수 없는 일이 일어나서 기름을 짜러 가지 못했다. 이런 경우 모아놓은 올리브 열매에서 액체가 배어나와 준비 과정이 진행되고 부정해질 수 있는 상황이 되는지 의심이 생긴다. 그러나 랍비들은 이런 경우 기름을 짜기 전에 해야 할 모든 과정을 마치지 않았다고 간주하고, 준비 과정이 일어나지 않으므로 정결하다고 본다. 준비 과정이 일어나지 않았으므로, 유출병자가 그 위로 지나가도 부정이 전이되지 않는다.
- 준비 과정이 일어나지 않았는데 부정한 음료수가 떨어지면, 준비 과정과 부정의 전이가 동시에 일어난다. 그러나 그 부정한 음료수와 접촉한 부분만 부정해진다. 부정한 음료수와 접촉한 올리브 열매에서 배어나온 액체는 준비 과정이 일어나기 전에 생겼으므로 정결하다.

## 9, 3

נִגְמְרָה מְלַאכְתָּן, הֲרֵי אֵלּוּ מֻכְשָׁרִין. נָפְלוּ עֲלֵיהֶן מַשְׁקִין, טְמֵאִין. הַמֹּחַל הַיּוֹצֵא מֵהֶן, רַבִּי אֱלִיעֶזֶר מְטַהֵר, וַחֲכָמִים מְטַמְּאִין. אָמַר רַבִּי שִׁמְעוֹן, לֹא נֶחֶלְקוּ עַל הַמֹּחַל הַיּוֹצֵא מִן הַזֵּיתִים, שֶׁהוּא טָהוֹר. וְעַל מַה נֶּחֶלְקוּ. עַל הַיּוֹצֵא מִן הַבּוֹר, שֶׁרַבִּי אֱלִיעֶזֶר מְטַהֵר, וַחֲכָמִים מְטַמְּאִין:

그 일들을 마쳤을 때는 그 〔올리브 열매들이〕 준비된 상태이며, 그 위에 부정한 음료수가 떨어지면, 그것은 부정하다. 그곳에서 나온 액체에 관하여, 엘리에제르 랍비는 정결하다고 주장했으나, 현인들은 부정하다고 했다.

쉼온 랍비는 올리브 열매에서 나오는 액체에 관한 그들의 의견이 갈라진 것이 아니며 그것은 정결하다고 말했다. 그렇다면 무엇에 관해서 갈라졌는가? 구덩이 안에서 나오는 〔액체에〕 관해서, 엘리에제르 랍비는 정결하다고 주장했으나, 현인들은 부정하다고 했다.

- 올리브 열매를 수확해서 큰 통에 저장했다가 기름을 짜는 곳으로 옮길 준비가 다 마친 상태에서 부정한 음료수가 떨어지면, 그 열매들은 전부 부정해진다. 그 올리브 열매에서 배어나온 액체에 관하여 엘리에제르 랍비는 정결하다고 주장했는데, 그는 이렇게 흘러나온 액체는 '기름'이 아니며 율법 규정이 정하는 '음료수'가 아니라고 보고, 이 액체에 젖어도 준비 과정이 일어나지 않는다고 생각한다. 그렇다면 엘리에제르 랍비는 첫째 미쉬나에 나온 감리엘의 의견에 동의하지 않는 셈이며, 셋째 미쉬나 머리에 나온 규정에도 반대되는 의견을 주장하고 있다. 그러나 현인들은 부정하다고 주장하며, 감리엘 라반의 의견에 따른다.
- 쉼온 랍비는 셋째 미쉬나 본문이 잘못된 전승을 인용하고 있다고 말하며, 엘리에제르 랍비와 다른 현인들이 모든 준비 과정을 마친 상태에서 배어나온 액체에 관해서 이견을 개진한 적이 없다고 지적한다. 그들은 이 액체가 모두 정결하다고 했다는 것이다. 쉼온 랍비를 따르면 그들은 기름 짜는 곳에서 올리브 열매를 짜기 전에 어떤 구덩이에 넣고 깨뜨리는 작업을 할 때 흘러나오는 액체에 관해서 서로 다른 의견을 개진했다. 엘리에제르 랍비는 정결하다고 주장했으니, 이

액체는 '기름'이 아니기 때문이다. 그러나 현인들은 부정하다고 했으니, 이 액체에도 기름이 섞여 있기 때문이다(「마크쉬린」 6, 5).

## 9, 4

הַגּוֹמֵר אֶת זֵיתָיו וְשִׁיֵּר קֻפָּה אַחַת, יִתְּנֶנָּה לְעָנִי הַכֹּהֵן, דִּבְרֵי רַבִּי מֵאִיר. רַבִּי יְהוּדָה אוֹמֵר, יוֹלִיךְ אֶת הַמַּפְתֵּחַ מִיָּד. רַבִּי שִׁמְעוֹן אוֹמֵר, מֵעֵת לְעֵת:

자기 올리브 열매 〔수확을〕 마친 사람이 〔올리브〕 한 바구니를 남겨놓았다면, 그는 그 〔바구니를〕 제사장이 보는 앞에서 〔통에〕 넣어야 한다고 메이르 랍비가 주장했다. 예후다 랍비는 그가 곧 그 열쇠를 가져와야 한다고 말한다. 쉼온 랍비는 그때부터 〔다음 날〕 그때까지 〔가져오면 된다고〕 말한다.

- 어떤 농부가 올리브 열매를 수확하여 큰 통에 담아두었는데, 그는 율법 규정을 잘 모르거나 지키지 않는 암 하아레쯔였다. 그래서 올리브 열매 한 바구니를 보관용 통에 넣지 않고 바구니에 담아 따로 보관했다. 그렇게 하면 준비 과정이 일어나지 않아서 거제로 쓸 수 있으리라 생각한 것이다. 그러나 메이르 랍비는 그것은 옳은 방법이 아니며, 제사장이 보는 앞에서 거제로 바칠 올리브 열매를 통에 넣어야 한다고 주장한다. 그러면 그 제사장이 올리브 열매가 정결을 유지하도록 조치한다는 것이다.
- 예후다 랍비는 좀 다른 방법을 제안하며, 그 올리브 열매를 큰 통에 넣고 잠근 후 곧 그 열쇠를 제사장에게 가져와야 한다고 말한다. 쉼온 랍비는 좀 관대한 태도를 보이며, 하루 안에만 그 열쇠를 제사장에게 가져오면 된다고 말한다.

## 9, 5

הַמַּנִּיחַ זֵיתִים בַּכּוֹתֵשׁ שֶׁיִּמְתְּנוּ שֶׁיְּהוּ נוֹחִין לִכְתּשׁ, הֲרֵי אֵלּוּ מֻכְשָׁרִים.
שֶׁיִּמְתְּנוּ שֶׁיִּמְלָחֵם, בֵּית שַׁמַּאי אוֹמְרִים, מֻכְשָׁרִים. וּבֵית הִלֵּל אוֹמְרִים, אֵינָן
מֻכְשָׁרִים. הַפּוֹצֵעַ זֵיתִים בְּיָדַיִם טְמֵאוֹת, טִמְּאָן:

〔어떤 사람이〕 올리브 열매가 〔기름〕 짜기 편하도록 부드러워질 때까지 〔기름 짜는〕 절구[8]에 넣어두었다면, 이것은 준비된 상태이다. 그가 〔올리브 열매가〕 부드러워지고 소금을 뿌리려고 〔그곳에 넣어두었을 때〕, 샴마이 학파는 준비된 상태라고 말한다. 그러나 힐렐 학파는 준비된 상태가 아니라고 말한다.

〔어떤 사람이〕 올리브 열매를 부정한 손으로 깨뜨렸다면, 그것은 부정하다.

- 어떤 사람이 올리브 열매가 기름 짜기 편하게 부드러워지도록 기름 짜는 절구에 또는 이런 목적으로 올리브 열매를 담는 바구니에 넣어두었을 때, 그 열매에서 배어나오는 액체 때문에 준비 과정이 완성된다고 간주한다.
- 그가 올리브 열매가 부드러워지면 소금을 뿌리고 음식으로 사용하려고 그곳에 넣어두었을 때, 샴마이 학파는 마찬가지로 준비 과정이 완성된다고 말한다. 그러나 힐렐 학파는 이런 경우 준비 과정이 일어나지 않는다고 말했는데, 그가 이 올리브 열매를 짜서 기름을 만들려 하지 않았기 때문에 자연스럽게 배어나오는 액체는 '기름'이 아니고 '음료수'가 아니므로 준비 과정도 일어날 수 없다는 논리다.
- 그가 부정한 손으로 올리브 열매를 깨뜨려 음식을 준비한다면, 그

8) 어떤 사본에는 절구가 아니라 '바구니'(כופש)에 넣어두었다고 기록하고 있다(알벡; 야스트로 624).

때 배어나오는 액체를 통해 올리브 열매가 준비되며 부정이 전이 된다.

## 9, 6

올리브 열매의 준비 과정과 주인의 의도에 관해 논의한다.

---

הַמַּנִּיחַ זֵיתָיו בַּגַּג לְגַרְגְּרָם, אֲפִלּוּ הֵן רוּם אַמָּה, אֵינָן מֻכְשָׁרִים. נְתָנָן בַּבַּיִת שֶׁיִּלְקוּ וְעָתִיד לְהַעֲלוֹתָם לַגַּג, נְתָנָן בַּגַּג שֶׁיִּלְקוּ אוֹ שֶׁיִּפְּתְּחֵם, הֲרֵי אֵלּוּ מֻכְשָׁרִין. נְתָנָן בַּבַּיִת עַד שֶׁיְּשַׁמֵּר אֶת גַּגּוֹ אוֹ עַד שֶׁיּוֹלִיכֵם לְמָקוֹם אַחֵר, אֵינָן מֻכְשָׁרִין:

---

〔어떤 사람이〕 올리브 열매를 말리려고 지붕 위에 널어놓았다면, 그 높이가 1아마 정도라도, 그것은 준비되지 않았다고 〔간주한다〕. 그 〔올리브 열매가〕 곯도록 집 안에 두었다가 지붕 위로 올릴 예정이었거나, 그 〔올리브 열매가〕 곯거나 갈라지도록 지붕 위에 두었다면, 그것은 준비된 〔상태〕다.

지붕을 보호할 수 있도록 〔고칠〕 때까지 또는 그 〔올리브 열매를〕 다른 장소로 옮길 때까지 그것을 집 안에 두었다면, 그것은 준비되지 않았다고 〔간주한다〕.

- 어떤 사람이 수확한 올리브 열매를 지붕 위에 널어 말리면서 먹기에 적당하도록 익히려고 했다면, 그 높이가 1아마 정도에 이르러서 밑에 있는 열매들은 해를 보지 못하고 눌려서 액체가 배어나온다고 해도, 그 열매들은 준비 과정이 일어나지 않았다고 간주한다. 주인이 음료수로 간주하는 기름을 짜려고 의도하지 않았기 때문이다.
- 그가 올리브 열매가 곯을 때까지 집 안에 두었다가 나중에 지붕 위로 올려 말릴 예정이었거나(「메나홋」 8, 4), 그 올리브 열매를 지붕 위에 올려서 곯아버리거나 갈라질 때까지 두었다면, 그 열매에는 준비 과

정이 일어났다고 간주한다. 주인이 올리브 열매에서 액체가 흘러나오기를 원했기 때문이다.

- 그가 지붕에 널어놓은 올리브 열매에 음료수에 해당하는 액체가 접촉하지 않도록 보호시설을 만들었을 때, 또는 다른 장소로 옮길 때까지 일시적으로 집 안에 두었을 때, 그 열매에는 준비 과정이 일어나지 않은 것으로 간주한다. 주인이 올리브 열매에서 액체가 흘러나오기를 기대했다 하더라도, 공간적으로 또는 시간적으로 그렇게 될 가능성이 적기 때문이다.

9, 7
올리브 열매를 사용할 계획이 변하는 상황을 다룬다.

---

רָצָה לִטֹּל מֵהֶן בַּד אֶחָד אוֹ שְׁנֵי בַדִּין, בֵּית שַׁמַּאי אוֹמְרִים, קוֹצֶה בְטֻמְאָה וּמְחַפֶּה בְטָהֳרָה. בֵּית הִלֵּל אוֹמְרִים, אַף מְחַפֶּה בְטֻמְאָה. רַבִּי יוֹסֵי אוֹמֵר, חוֹפֵר בְּקַרְדֻּמּוֹת שֶׁל מַתֶּכֶת וּמוֹלִיךְ לְבֵית הַבַּד בְּטֻמְאָה:

---

그가 그 〔올리브 열매〕 중에서 〔기름을〕 한 번 짤 만한 〔양〕 또는 두 번 짤 만한 〔양을〕 취할 때, 삼마이 학파는 부정하게 떠내고 정결하게 덮어야 한다고 말한다. 힐렐 학파는 부정하게 가려도 된다고 말한다. 요쎄 랍비는 쇠삽으로 〔올리브 열매를〕 파서 부정하게 기름 짜는 곳으로 옮겨도 된다고 말한다.

- 어떤 사람이 수확하여 큰 통에 담아놓아 준비 과정이 일어나지 않은 올리브 열매 중 기름 짜는 곳에서 한 번에 짤 만한 분량을 취하거나 두 번에 짤 만한 분량을 퍼내려고 한다. 삼마이 학파에 따르면, 올리브 열매는 준비되지 않아 부정해질 수 없으니 부정한 손이나 도구로 일정량을 덜어내도 좋다. 그러나 부정하게 떠내는 순간 액체가 배

어나오고, 나머지 올리브 열매들은 준비 과정이 완성되는 셈이므로, 기름 짜는 곳으로 보내려고 천으로 덮을 때 정결하게 진행해야 한다(여덟째 미쉬나).

- 힐렐 학파에 따르면 나머지 올리브 열매를 가릴 때 부정한 손이나 도구로 해도 좋다고 말하는데, 먼저 떠낸 부분에서 배어나오는 액체 때문에 나머지 열매에 준비 과정이 일어나지 않는다고 간주한 것으로 보인다.
- 요쎄 랍비는 더 관대한 의견을 개진하는데, 부정해질 수 있는 철제 삽으로 올리브 열매를 전부 퍼내도 좋다고 말하는데, 올리브 열매는 준비 과정이 일어나지 않아 부정해지지 않기 때문이다.

9, 8

올리브 무더기 중에 기는 것이 발견된 상황을 논의한다.

---

הַשֶּׁרֶץ שֶׁנִּמְצָא בָרֵחַיִם, אֵין טָמֵא אֶלָּא מְקוֹם מַגָּעוֹ. אִם הָיָה מַשְׁקֶה מְהַלֵּךְ, הַכֹּל טָמֵא. נִמְצָא עַל גַּבֵּי הֶעָלִים, יִשְׁאֲלוּ הַבַּדָּדִים לוֹמַר לֹא נָגָעְנוּ. אִם הָיָה נוֹגֵעַ בָּאוֹם, אֲפִלּוּ בְשַׂעֲרָה, טָמֵא:

---

기는 것이 맷돌 속에서 발견되었다면, 그것이 접촉한 장소 이외에는 부정해지지 않는다. 만약 〔맷돌 위에〕 음료수가 흐르고 있었다면, 모든 것이 부정해진다. 만약 이것이 〔올리브〕 잎사귀 위에서 발견되었다면, 기름 짜는 사람들에게 묻고, 〔그들은〕 우리가 〔그것과〕 접촉하지 않았다고 말해야 한다. 만약 그것이 〔올리브〕 무더기와 접촉했다면, 털 한 가닥만 〔접촉했다〕 하더라도, 그것이 부정해진다.

- 올리브 열매에서 기름을 짜기 전에 맷돌에 넣고 부수려고 할 때, 맷돌 속에서 기는 것이 죽은 채 발견되었다면, 기는 것과 접촉한 올리

브 열매들은 부정해지지만 나머지는 정결을 유지한다. 음식이 부정을 전이할 수 있는 최소 크기 규정은 달걀만 해야 하기 때문에 부정이 더 이상 전이되지 않는다.

- 그러나 맷돌 위에 음료수로 규정된 올리브기름이 흐르고 있었다면, 이 액체를 통해 모든 올리브 열매가 연결되며(「토호롯」 8, 8), 부정이 모든 열매에 전이된다.
- 만약 기는 것이 부정해지지 않는 올리브 잎사귀 위에서 발견되었다면, 기름 짜는 사람들이 기는 것과 접촉하지 않았다는 사실을 확인해야 한다. 그들이 접촉하지 않았다고 말하면 그대로 신뢰할 수 있다고 간주하며(「토호롯」 10, 2), 올리브 열매는 정결을 유지한다.
- 만약 기는 것이 올리브 무더기와 직접 접촉했다면(첫째 미쉬나), 기는 것은 털 하나만 올리브와 접촉했다 하더라도, 열매 전체가 부정해진다.

## 9, 9

נִמְצָא עַל גַּבֵּי פְרוּדִים, וְהוּא נוֹגֵעַ בְּכַבֵּיצָה, טָמֵא. פְּרוּדִים עַל גַּבֵּי פְרוּדִים, אַף עַל פִּי שֶׁהוּא נוֹגֵעַ בְּכַבֵּיצָה, אֵין טָמֵא אֶלָּא מְקוֹם מַגָּעוֹ. נִמְצָא בֵּין כֹּתֶל לַזֵּיתִים, טָהוֹר. נִמְצָא בַגַּג, הַמַּעֲטָן טָהוֹר. נִמְצָא בַמַּעֲטָן, הַגַּג טָמֵא. נִמְצָא שָׂרוּף עַל הַזֵּיתִים, וְכֵן מַטְלִית מְהוּהָא, טְהוֹרָה, שֶׁכָּל הַטֻּמְאוֹת כִּשְׁעַת מְצִיאָתָן:

〔기는 것이〕 떨어져[9] 있는 〔무더기〕 위에서 발견되었고, 달걀만 한 〔무더기와〕 접촉했다면, 그것은 부정하다. 만약 떨어져 있는 〔무더기가 또 다른〕 떨어져 있는 〔무더기〕 위에 있었다면, 그 〔기는 것이〕 달걀만 한 〔무더기와〕 접촉했다 하더라도, 접촉한 장소 이외에는 부정

9) 이 낱말(פרודים)은 '떨어지다, 분리되다'라는 뜻인데, 사본에 따라 '부서지다'(פרורים)라고 기록하기도 한다(알벡).

해지지 않는다.

〔기는 것이〕 벽과 올리브 무더기 사이에서 발견되었다면, 그 〔올리브는〕 정결하다. 〔기는 것이〕 지붕 위에서 발견되었다면, 그 통은 정결하다. 〔기는 것이〕 통 안에서 발견되었다면, 그 지붕은 부정해진다. 〔기는 것이〕 불에 탄 채 올리브 열매 위에서 발견되었다면, 이와 마찬가지로 낡은 천이 〔발견되었다면〕 그것은 정결하니, 부정함은 그것을 발견한 시점을 기준으로 〔판단하기〕 때문이다.

- 기는 것이 올리브 열매 무더기 전체에서 떨어져 있는 작은 무더기 위에서 죽은 채 발견되었고, 그 무더기의 크기가 달걀만 했다면, 그 떨어져 있는 올리브 무더기는 부정하다. 알벡과 같은 주석자들은 기는 것이 작게 부서진 올리브 조각들 위에서 발견되었다고 읽고, 이 조각들이 올리브 열매 무더기 위에 얹혀 있다고 말한다. 그런데 이 조각들이 달걀만 한 크기로 연결되어 있다면, 다른 음식에 부정을 전이시킬 수 있는 크기이므로, 그 작은 무더기는 물론 큰 무더기 전체에도 부정이 전이된다고 설명한다.
- 떨어져 있는 작은 무더기가 다른 작은 무더기 위에 있었고 큰 무더기와 직접 연결되지 않았다면, 기는 것이 한 작은 무더기 위에서 발견되었을 때, 부정이 계속 전이될 수 없다. 이런 경우 큰 무더기는 기는 것과 접촉한 작은 무더기와 제의적으로 연결되지 않은 것으로 간주한다.
- 기는 것이 벽과 올리브 무더기 사이에서 발견되었다 하더라도, 기는 것이 무더기와 접촉했을지 의심하지 않으며, 그 올리브 무더기는 정결하다고 간주한다.
- 기는 것이 큰 통에 보관했다가 지붕 위에서 말리고 있는 올리브 열매들 사이에서 발견되었다면(여섯째 미쉬나), 혹시 그것이 큰 통 안

에 있었는지 의심하지 않으며, 그 통과 그 내용물이 모두 정결하다고 간주한다.

- 기는 것이 올리브 열매를 보관해놓은 큰 통 안에서 발견되었다면, 거기서 올리브를 가져와서 말리고 있는 지붕 역시 부정하다고 간주한다(「토호롯」 4, 4).
- 기는 것을 불에 태우면 더 이상 부정을 전이하지 않으며, 완전히 닳아서 낡은 천도 부정을 전이할 수 없다(「켈림」 27, 11). 이렇게 불탄 기는 것과 낡은 천이 올리브 열매 위에서 발견되었을 때, 혹시 기는 것이 타기 전에 올라왔는지 천이 낡기 전에 덮여 있었는지 의심하지 않으며, 그 올리브 열매는 정결하다고 간주한다. 정결함과 부정함을 판단할 때에는 그것을 발견한 시점을 기준으로 하기 때문이다.

## 제10장

올리브기름을 짜는 일꾼들과 도구들의 부정과 정결례에 대해 설명한다. 포도주를 짤 때 조심해야 할 것에 관해서도 논의한다.

### 10, 1

이 미쉬나는 기름 짜는 곳에서 일하는 사람들에 관해 논의한다.

---

הַנּוֹעֵל בֵּית הַבַּד מִפְּנֵי הַבַּדָּדִין וְהָיוּ לְשָׁם כֵּלִים טְמֵאִין מִדְרָס, רַבִּי מֵאִיר
אוֹמֵר, בֵּית הַבַּד טָמֵא. רַבִּי יְהוּדָה אוֹמֵר, בֵּית הַבַּד טָהוֹר. רַבִּי שִׁמְעוֹן אוֹמֵר,
אִם טְהוֹרִין לָהֶן, בֵּית הַבַּד טָמֵא. וְאִם טְמֵאִין לָהֶן, בֵּית הַבַּד טָהוֹר. אָמַר
רַבִּי יוֹסֵי, וְכִי מִפְּנֵי מָה טְמֵאוֹת, אֶלָּא שֶׁאֵין עַמֵּי הָאָרֶץ בְּקִיאִין בְּהֶסֵּט:

---

[어떤 사람이] 일꾼들이 기름 짜는 곳을 잠갔고, 그곳에 얹기 부정 때문에 부정한 그릇이 있었을 때, 메이르 랍비는 그 기름 짜는 곳이

부정해진다고 말한다. 예후다 랍비는 그 기름 짜는 곳이 정결하다고 말한다. 쉼온 랍비는 만약 그 〔그릇이〕 그 〔사람들에게〕 정결하다면, 그 기름 짜는 곳은 부정하다고 말한다. 그러나 만약 그 〔그릇이〕 그 〔사람들에게〕 부정하다면, 그 기름 짜는 곳은 정결하다. 요쎄 랍비는 그것들이 무엇 때문에 부정하냐고 물었고, 암 하아레쯔 사람들은 들리기 부정에 관해 잘 알지 못하기 때문이라고 했다.

- 기름 짜는 곳에서 일하는 노동자들은 암 하아레쯔일 경우가 많다. 그래서 기름 짜는 곳 주인이 일꾼들에게 정결례를 시행한 뒤 기름 짜는 일이 끝날 때까지 문을 잠가놓았다. 그런데 기름 짜는 곳 안에 부정한 사람과 접촉이나 옮기기나 들리기를 통해 얹기 부정이 전이된 그릇이 있었을 때(「자빔」 2, 4), 메이르 랍비에 따르면 일꾼들이 그 그릇을 만지고 올리브 열매도 만졌을 가능성이 있기 때문에 기름 짜는 곳이 부정해진다고 주장했다. 그러나 예후다 랍비는 일꾼들도 정결례를 시행했음을 기억하고 조심해서 일할 것이라고 말하며, 기름 짜는 곳이 정결하다고 주장한다. 쉼온 랍비는 또 다른 판단 기준을 제시하는데, 만약 그 일꾼들이 그 그릇을 정결하다고 여겼다면, 그들이 조심해서 일을 하지 않았을 테고, 결국 그 기름 짜는 곳이 부정해진다고 말한다. 그러나 만약 그 일꾼들이 그 그릇을 부정하다고 여겼다면(셋째 미쉬나) 그들이 조심했을 테고, 결국 그 기름 짜는 곳은 정결하다. 요쎄 랍비는 그곳에 부정한 그릇이 있다고 해서 그 일꾼들이 부정하게 되는 이유가 무엇이냐고 물었다(「마크쉬린」 6, 2). 그리고 의도하지 않고 실수로 그 그릇을 흔들어 움직이게 할 수 있기 때문이라고 대답한다.

## 10, 2

הַבַּדָּדִין שֶׁהָיוּ נִכְנָסִין וְיוֹצְאִין, וּמַשְׁקִין טְמֵאִין בְּתוֹךְ בֵּית הַבַּד, אִם יֵשׁ בֵּין מַשְׁקִין לַזֵּיתִים כְּדֵי שֶׁיְּנַגְּבוּ אֶת רַגְלֵיהֶם בָּאָרֶץ, הֲרֵי אֵלּוּ טְהוֹרִין. הַבַּדָּדִין וְהַבּוֹצְרִין שֶׁנִּמְצֵאת טֻמְאָה לִפְנֵיהֶם, נֶאֱמָנִין לוֹמַר לֹא נָגָעְנוּ. וְכֵן הַתִּינוֹקוֹת שֶׁבֵּינֵיהֶם, יוֹצְאִים חוּץ לְפֶתַח בֵּית הַבַּד וּפוֹנִין לַאֲחוֹרֵי הַגָּדֵר, וְהֵן טְהוֹרִין. עַד כַּמָּה יַרְחִיקוּ וְיִהְיוּ טְהוֹרִין, עַד כְּדֵי שֶׁיְּהֵא רוֹאָן:

기름 짜는 일꾼들이 드나들며 기름 짜는 곳 안에 부정한 음료수가 〔고여〕 있었을 때, 만약 그 음료수와 올리브 열매 사이에서 그들이 〔오가며〕 자기 발을 땅에 말릴 수 있었다면, 그것들이 정결하다.

기름 짜는 일꾼들과 〔포도를〕 수확하는 일꾼들 앞에 부정한 것이 있었을 때, 우리가 〔그것과〕 접촉하지 않았다고 말하면 신뢰할 수 있다. 그들 사이에 있는 어린이들도 마찬가지다.

〔일꾼들이〕 기름 짜는 곳 현관 밖으로 나가서 울타리 뒤로 돌아가더라도 그들은 정결하다. 그들이 얼마나 멀리 가도 정결한가? 그들을 볼 수 있는 곳까지다.

- 기름 짜는 일꾼들이 정결례를 시행하고 맨발로 일을 하는데, 기름 짜는 곳 안에 부정한 음료수가 고여 있었을 때, 그 음료수가 고인 부분과 올리브 열매를 밟는 곳 사이에 충분한 거리가 있어서 그들이 오가며 자기 발로 땅을 밟아 말릴 수 있었다면, 그 올리브 열매는 정결하다. 부정한 음료수는 제1차 감염자이기 때문에 사람에게 부정을 전이시킬 수 없고, 발에 묻었던 부정한 음료수는 없어졌기 때문에(「토호롯」 3, 8), 올리브기름을 짜는 동안 정결이 유지된다.
- 만약 일꾼들이 신발을 신고 일했다면, 부정한 음료수를 신발로 밟았을 때 신발이 제2차 감염자가 되며, 올리브 열매를 밟을 때 나오는 액체를 통해 올리브에 부정을 전이한다(「토호롯」 2, 6).

- 기름 짜는 일꾼들이나 포도를 수확하는 일꾼들(바벨 탈무드 「샤밧」 17a) 앞에 부정한 것이 있었고 그들이 접촉하지 않았다고 주장한다면, 그들을 신뢰해야 한다(「토호롯」 9, 8). 기름 짜는 일꾼이나 포도를 수확하는 일꾼들이 어린아이들을 데려왔고 그 아이들도 접촉하지 않았다고 주장한다면, 그것도 신뢰해야 한다.
- 일꾼들이 기름 짜는 곳 현관 밖으로 나가서 울타리 뒤로 돌아가더라도 기름 짜는 곳 주인이 볼 수 있는 지역을 벗어나지 않는다면, 그들은 정결하다고 간주한다.

10, 3
일꾼들에게 시행하는 정결례에 관해 설명한다.

---

הַבַּדָּדִין וְהַבּוֹצְרִין, כֵּיוָן שֶׁהִכְנִיסָן לִרְשׁוּת הַמְּעָרָה, דַּיּוֹ, דִּבְרֵי רַבִּי מֵאִיר. רַבִּי יוֹסֵי אוֹמֵר, צָרִיךְ לַעֲמֹד עֲלֵיהֶן עַד שֶׁיִּטְבֹּלוּ. רַבִּי שִׁמְעוֹן אוֹמֵר, אִם טְהוֹרִין לָהֶן, צָרִיךְ לַעֲמֹד עֲלֵיהֶם עַד שֶׁיִּטְבֹּלוּ. אִם טְמֵאִים לָהֶן, אֵינוֹ צָרִיךְ לַעֲמֹד עֲלֵיהֶם עַד שֶׁיִּטְבֹּלוּ:

---

기름 짜는 일꾼이나 〔포도를〕 수확하는 일꾼들을 동굴 지역으로 들여보냈다면, 그것으로 충분하다고 메이르 랍비가 주장했다. 요쎄 랍비는 그들이 〔몸을〕 담글 때까지 그들과 함께 서 있어야 한다고 말한다. 쉼온 랍비는 만약 그들이 스스로 정결하다고 하면, 그들이 〔몸을〕 담글 때까지 그들과 함께 서 있어야 한다고 말한다. 만약 그들이 스스로 부정하다고 하면, 그들이 〔몸을〕 담글 때까지 그들과 함께 서 있을 필요가 없다.

- 기름 짜는 곳 주인이 기름 짜는 일꾼이나 포도를 수확하는 일꾼들을 정결례장이 있는 동굴로 들여보냈다면 그것으로 충분하며, 그들이 암 하아레쯔이기 때문에 정결례를 제대로 시행했는지 의심할 필요

가 없다고 메이르 랍비가 주장했다. 그러나 요쎄 랍비는 주인이 옆에 지키고 서서 그들이 실제로 정결례를 시행하는지 확인해야 한다고 주장한다. 쉼온 랍비는 중재안을 제시하는데, 암 하아레쯔인 일꾼들이 스스로를 정결하다고 간주하고 있다면 그들이 실제로 정결례를 시행하는지 확인해야 하며, 그들이 스스로를 부정하다고 간주하고 있다면 확인할 필요가 없다고 말한다.

## 10, 4

---

הַנּוֹתֵן מִן הַסַּלִּים וּמִן הַמַּשְׁטֵחַ שֶׁל אֲדָמָה, בֵּית שַׁמַּאי אוֹמְרִים, נוֹתֵן בְּיָדַיִם טְהוֹרוֹת. וְאִם נָתַן בְּיָדַיִם טְמֵאוֹת, טִמְּאָן. בֵּית הִלֵּל אוֹמְרִים, נוֹתֵן בְּיָדַיִם טְמֵאוֹת, וּמַפְרִישׁ תְּרוּמָתוֹ בְּטָהֳרָה. מִן הָעֲבַט וּמִן הַמַּשְׁטֵחַ שֶׁל עָלִים, הַכֹּל שָׁוִים שֶׁהוּא נוֹתֵן בְּיָדַיִם טְהוֹרוֹת. וְאִם נָתַן בְּיָדַיִם טְמֵאוֹת, טִמְּאָן:

---

〔포도를〕 바구니나 〔펼쳐놓고 말리는〕 땅바닥에서 〔짜는 곳에〕 넣을 때, 샴마이 학파는 정결한 손으로 넣어야 한다고 말한다. 그러나 만약 부정한 손으로 넣었다면, 그 〔손이〕 그것을 부정하게 만든다. 힐렐 학파는 부정한 손으로 넣어도 〔되며〕, 그의 거제만 정결하게 구분하라고 말한다.

그가 큰 바구니[10]나 잎사귀로 〔덮은〕 바닥에서 〔짜는 곳에 넣을 때는〕, 모두가 정결한 손으로 넣어야 한다고 동의한다. 그러나 만약 부정한 손으로 넣었다면, 그 〔손이〕 그것을 부정하게 만든다.

- 포도를 바구니나 땅바닥 어느 부분에 펼쳐놓았다가 짜는 곳으로 옮겨 담을 때, 샴마이 학파는 정결한 손으로 넣어야 한다고 말한다. 부정한 손으로 넣다가 포도를 짜서 나오는 즙을 부정하게 만들지 않기

---

10) 이 낱말(עבט, עביט)은 '(짐을 옮기는 동물 등 위에 줄로 잡아매는) 큰 바구니'로 수확한 포도를 옮기는 데 사용한다(야스트로 1037).

위해서다. 힐렐 학파는 부정한 손으로 넣어도 된다고 했는데, 포도를 옮길 때 나오는 즙은 그가 최종적으로 생산하려는 포도주가 아니므로 부정해지거나 준비 과정을 가능하게 하는 음료수가 아니기 때문이다. 짜는 곳에서 성전에 드릴 거제를 떼어놓을 때는 이미 준비 과정이 시행된 상태이므로 정결한 손으로 구별해야 한다.

- 포도를 나귀 등에 메어 단 큰 바구니나 잎사귀를 펴놓은 바닥에서 짜는 곳으로 옮겨 담을 때는 포도를 옮기며 나오는 즙도 흘러 없어지지 않고 짜는 곳으로 함께 들어가므로 부정해지거나 준비 과정을 가능하게 하는 음료수이며, 샴마이 학파와 힐렐 학파가 모두 정결한 손으로 넣어야 한다고 동의한다.

## 10, 5

הָאוֹכֵל מִן הַסַּלִּים וּמִן הַמַּשְׁטֵחַ שֶׁל אֲדָמָה, אַף עַל פִּי שֶׁמִּתְבַּקְּעוֹת וּמְנַטְּפוֹת לַגַּת, הֲרֵי הַגַּת טְהוֹרָה. מִן הָעֲבַט וּמִן הַמַּשְׁטֵחַ שֶׁל עָלִים וְנָפַל מִמֶּנּוּ גַּרְגֵּר יְחִידִי, אִם יֵשׁ לוֹ חוֹתָם, טָהוֹר. אִם אֵין לוֹ חוֹתָם, טָמֵא. נָפְלוּ מִמֶּנּוּ עֲנָבִים וּדְרָכָן בְּמָקוֹם הַמֻּפְנֶה, כַּבֵּיצָה מְכֻוָּן, טָהוֹר. יוֹתֵר מִכַּבֵּיצָה, טָמֵא, שֶׁכֵּיוָן שֶׁיָּצָאת טִפָּה הָרִאשׁוֹנָה, נִטְמֵאת בְּכַבֵּיצָה:

바구니나 〔펼쳐 말리는〕 땅바닥에 〔있는 포도를〕 먹을 때, 그 〔포도가〕 갈라졌거나 포도주틀로 〔즙이〕 방울져 떨어지더라도 그 포도주틀은 정결하다. 큰 바구니나 잎사귀로 〔덮은〕 바닥에 〔있는 포도를 먹다가〕 한 알이 〔포도주틀로〕 떨어졌을 때, 만약 이것이 〔줄기로〕 봉인되어 있었다면, 그 〔포도주틀은〕 정결하다. 만약 이것이 〔줄기가 떨어져나가〕 봉인되지 않았다면, 그 〔포도주틀은〕 부정해진다. 그로부터 포도송이가 떨어졌고 〔포도주틀 중〕 치워놓은 장소에서 그것을 밟았을 때, 그것이 정확하게 달걀만 했다면, 그 〔포도주틀은〕 정결하다. 달걀보다 컸다면, 그것은 부정해지는데, 〔포도즙의〕 첫째 방울이 나오면서 달걀만 한 〔음식〕 때문에 부정해지기 때문이다.

- 정결법을 준수하는지 의심스러운 사람을 암 하아레쯔라고 하는데, 이런 사람이 바구니나 땅바닥에 펼쳐 말리던 포도를 집어 먹으면서 그 포도가 갈라지거나 씹을 때 즙이 흘러나와 포도주틀에 떨어졌다. 그 즙은 그 사람이 포도주를 생산하려는 의도에서 짠 것이 아니기 때문에 부정해지지 않으며, 그 즙이 떨어진 포도주틀도 정결을 유지한다(넷째 미쉬나).
- 가축 등에 묶어놓은 큰 바구니나 잎사귀로 덮은 바닥에 펼쳐놓았던 포도를 먹다가 배어나온 즙 때문에 부정해졌는데(넷째 미쉬나) 포도 한 알이 포도주틀로 떨어졌을 때, 만약 그 포도알에 줄기의 일부가 남아서 즙이 흘러나오지 않도록 봉인한 것 같았다면, 그 포도알은 달걀보다 작고 부정한 음료수는 흘러나오지 않았으므로, 그 포도주틀은 정결을 유지한다. 그러나 만약 그 포도알에 줄기의 일부가 남아 있지 않았다면 부정한 즙이 흘러나와 포도주틀과 그 내용물을 부정하게 만든다.
- 같은 상황에서 포도알이 여러 개 붙어 있는 포도송이가 떨어졌고 포도주틀 안에 다른 포도가 없이 치워놓은 부분에서 그것을 밟았을 때, 그 포도송이가 정확하게 달걀만 했다면 거기서 포도즙 첫째 방울이 배어나올 때 송이의 크기는 달걀보다 작아지면서 부정을 전이할 수 없게 된다(「토호롯」 3, 1). 그러나 그 포도송이가 달걀보다 컸다면, 포도즙 첫째 방울이 나오면서 아직 달걀만 한 부정한 포도송이때문에 부정해지고, 그 포도즙이 포도주틀을 부정하게 만든다.

## 10, 6

מִי שֶׁהָיָה עוֹמֵד וּמְדַבֵּר עַל שְׂפַת הַבּוֹר וְנִתְּזָה צִנּוֹרָא מִפִּיו, סָפֵק הִגִּיעָה לַבּוֹר סָפֵק לֹא הִגִּיעָה, סְפֵקוֹ טָהוֹר:

〔어떤 사람이 포도즙〕 웅덩이 가장자리에 서서 말을 하다가 그의 입에서 침이 튀었는데, 그것이 웅덩이에 들어갔는지 들어가지 않았는지 의심스럽다면, 그 의심스러운 〔상황은〕 정결하다고 〔간주한다〕.

- 역시 암 하아레쯔로 간주해야 할 보통 사람이 포도즙이 고인 웅덩이 가장자리에 서서 말을 하다가 그의 입에서 침이 튀었을 때, 그것이 웅덩이 안으로 들어갔는지 들어가지 않았는지 의심스럽다면 정결하다고 간주한다. 아마도 침이 웅덩이 테두리에 걸려서 포도즙에는 들어가지 않은 것으로 여긴 듯하다(토쎕타).

## 10, 7

הַזּוֹלֵף אֶת הַבּוֹר, נִמְצָא שֶׁרֶץ בָּרִאשׁוֹנָה, כֻּלָּן טְמֵאוֹת. בָּאַחֲרוֹנָה, הִיא טְמֵאָה וְכֻלָּן טְהוֹרוֹת. אֵימָתַי, בִּזְמַן שֶׁהוּא זוֹלֵף בְּכָל אַחַת וְאַחַת. אֲבָל אִם הָיָה זוֹלֵף בְּמַחַץ, נִמְצָא שֶׁרֶץ בְּאַחַת מֵהֶן, הִיא טְמֵאָה בִּלְבָד. אֵימָתַי, בִּזְמַן שֶׁהוּא בוֹדֵק וְלֹא מְכַסֶּה אוֹ מְכַסֶּה וְלֹא בוֹדֵק. הָיָה בוֹדֵק וּמְכַסֶּה, וְנִמְצָא שֶׁרֶץ, בֶּחָבִית, הַכֹּל טָמֵא. בַּבּוֹר, הַכֹּל טָמֵא. בְּמַחַץ, הַכֹּל טָמֵא:

〔어떤 사람이 포도즙〕 웅덩이를 비워내는데, 첫 번째로 〔한 병을 떠낼 때〕 기는 것을 발견했다면, 모든 것이 부정해진다. 마지막으로 〔한 병을 떠낼 때 기는 것을 발견했다면〕, 그 〔포도즙은〕 부정하지만 〔다른〕 모든 〔병은〕 정결하다. 언제 〔그러한가〕? 그가 한 번씩 〔병에 떠내어〕 비울 때 〔그러하다〕. 그러나 그가 항아리[11]로 〔웅덩이를〕 비우다

11) 이 낱말(מחץ)은 '국자'라고 옮기기도 하는데(야스트로 763), 큰 항아리라고 설

가 그중 하나에서 기는 것을 발견했다면, 그것만 부정해진다.

언제 〔그러한가〕? 그가 검사했지만 〔뚜껑을〕 덮지 않았을 때, 또는 덮었지만 검사하지 않았을 때 〔그러하다〕. 그가 검사도 하고 덮기도 했는데 기는 것이 병에서 발견되었다면, 모든 것이 부정해진다. 그 웅덩이에서 〔발견되었다면〕 모든 것이 부정해진다. 국자에서 〔발견되었다면〕 모든 것이 부정해진다.

- 포도를 짜서 나온 즙이 웅덩이에 고여 있고 어떤 사람이 병으로 웅덩이에 고인 포도즙을 퍼내고 있었는데, 첫 번째로 퍼낸 병에서 기는 것을 발견했다면 모든 포도즙이 부정해진다(「토호롯」 9, 9). 그 기는 것이 웅덩이 안에 있었다면 당연히 모든 포도즙이 부정해질 것이며, 그것이 첫째 병 안에 있었다 해도 그 병을 웅덩이에 넣어 포도즙을 퍼낼 때 포도즙 전체가 부정해졌을 것이다. 그러나 마지막 병을 퍼낼 때 기는 것을 발견했다면, 기는 것은 마지막 병 안에 있었을 가능성이 높으며, 그 병 안에 든 포도즙은 부정해지지만 다른 병 안에 있는 포도즙은 정결하다.
- 그 사람이 병을 웅덩이에 넣지 않고 다른 항아리를 써서 포도즙을 퍼내어 병에 담는 데, 한 병에서 기는 것을 발견했다면, 그 기는 것은 그 병 안에 있었을 가능성이 높다. 그러므로 그 포도즙만 부정해지고 다른 병에 든 포도즙은 정결하다.
- 위에서 언급한 규정은 그 사람이 포도즙을 퍼내기 전에 병들을 검사하거나 뚜껑으로 덮어놓지 않았을 때 적용할 수 있다. 만약 그가 검사도 하고 덮기도 했는데 기는 것이 병 안에서 발견되었다면, 그 기는 것은 원래부터 웅덩이에 있었다는 말이 되고, 결국 모든 포도즙

---

명하기도 한다(알벡).

이 부정해진다.

- 기는 것이 웅덩이 안에 있었거나 항아리로 포도즙을 펐는데 그 안에 있었다 해도 같은 이유로 모든 포도즙이 부정해진다.

## 10, 8

בֵּין הָעִגּוּלִים לַזַּגִּין, רְשׁוּת הָרַבִּים. כֶּרֶם שֶׁלִּפְנֵי הַבּוֹצְרִים, רְשׁוּת הַיָּחִיד.
שֶׁלְּאַחַר הַבּוֹצְרִים, רְשׁוּת הָרַבִּים. אֵימָתַי, בִּזְמַן שֶׁהָרַבִּים נִכְנָסִים בָּזוֹ
וְיוֹצְאִים בָּזוֹ. כְּלֵי בֵית הַבַּד, וְשֶׁל גַּת, וְהָעֶקֶל, בִּזְמַן שֶׁהֵן שֶׁל עֵץ, מְנַגְּבָן וְהֵן
טְהוֹרִין. בִּזְמַן שֶׁהֵן שֶׁל גֶּמִי, מְיַשְּׁנָן כָּל שְׁנֵים עָשָׂר חֹדֶשׁ, אוֹ חוֹלְטָן בְּחַמִּים.
רַבִּי יוֹסֵי אוֹמֵר, אִם נְתָנָן בְּשִׁבֹּלֶת הַנָּהָר, דַּיּוֹ:

굴림대와 포도껍질 사이 〔공간은〕 공적 영역이다. 수확하는 일꾼들이 〔들어가기〕 전에 과수원은 사적 영역이지만, 수확하는 일꾼들이 〔들어간〕 후에는 공적 영역이다. 언제 〔그러한가〕? 많은 사람들이 한쪽으로 들어가고 〔다른〕 한쪽으로 나왔을 때다.

기름 짜는 곳에서 〔쓰는〕 도구, 포도주틀에서 〔쓰는 도구〕, 칸막이와 관련하여, 그것들을 나무로 만들었을 때, 그것들을 말리면 정결하다. 그것들을 갈대로 만들었을 때, 열두 달 동안 놓아두거나 더운물로 씻어야 한다. 요쎄 랍비는 물살이 빠른 강에 담그는 것으로 충분하다고 말한다.

- 포도를 짜는 곳에서 사람들이 포도를 밟은 다음, 돌로 만든 굴림대로 포도껍질을 눌러서 남은 즙을 다 짜낸다. 이때 굴림대와 포도껍질 사이는 정결법과 관련해서 공적 영역이다. 그러므로 부정한지 의심스러울 때 정결하다고 간주한다. 수확하는 일꾼들이 들어가기 전에 포도밭은 사적 영역이어서 부정한지 의심스러우면 부정하다고 간주하지만, 일꾼들이 드나들기 시작하면 공적 영역이 된다. 이때

그 포도밭에는 출입구가 두 개가 있어서, 많은 사람들이 한쪽으로 들어가고 다른 한쪽으로 나오는 상황이 된다(「토호롯」 6, 9).

- 기름 짜는 곳에서 쓰는 도구나 포도주틀에서 쓰는 도구, 그리고 올리브 열매나 포도를 올려놓고 짤 때 고정시키는 칸막이가 있는 판자들은 나무로 만들었다는 조건하에서 부정한 음료수를 말리기만 하면 다시 정결해진다. 그러나 갈대로 만든 도구들은 스며든 기름이나 포도즙이 모두 사라지도록 열두 달 동안 놓아두거나 끓는 물 속에 넣거나 뿌려서 씻어야 한다.
- 요쎄 랍비는 물살이 빠른 강물에 담가놓으면 된다고 했는데, 어떤 전통에 따르면 열두 시간 동안 담가놓는다고 한다(「미크바옷」 8, 3).

# מקואות

## 6

# 미크바옷

## 정결례장

그것들보다 정결함의 단계가 높은 것으로 상한 물이 있는데, 이 물은 흘러갈 때도 정결하게 만들 수 있다. 그것들보다 정결함의 단계가 높은 것으로 생수가 있는데, 이 물에 유출병자가 몸을 담그거나, 악성피부병자에게 뿌리거나, 속죄의 물을 거룩하게 하는 데 유효하다. _「미크바옷」1, 8

# 개요

'미크바옷'이라는 이름은 '미크베'(מקוה)의 복수형이며, 물이 모여 있는 여러 종류의 웅덩이를 가리킨다. 그중에서 부정한 사람이나 물건을 위한 정결례를 시행하는 웅덩이가 이 마쎄켓의 주요 주제이며, 이런 정결례장을 짓고 유지하는 일과 관련된 규정들을 논의하고 있다.

### 정결한 물웅덩이

토라에 "샘물이나 물이 고인 웅덩이는 부정해지지 아니하되"라고 기록되어 있는데(레 11:36), 물이 솟아나는 샘(מעין, 마아얀)이나 구덩이(בור, 보르)에 물이 고인 웅덩이(מקוה, 미크베)는 부정의 요인에 노출되어도 부정해지지 않는다는 뜻이다.[1] 그릇에 담아놓은 물이 쉽게 부정해지는 것과 다르다. 규정에 맞는 물웅덩이는 그 물에 부정한 사람이나 물건을 담그면(טבילה, 테빌라) 부정을 씻는 효과가 있다.

1) 라쉬는 이 구절에 주어가 두 개인데 서술부는 단수로 기록되었다고 지적하며, '샘물과 웅덩이'에 관련하여 어떤 부정한 사람이 [물에 들어가면] '정결해진다'는 말이라고 설명했다.

### 물웅덩이에 담가 정결하게 되는 대상

(1) 부정한 사람이나 물건은 유효한 물웅덩이에 몸이나 물건을 담가 정결해질 수 있다.

(2) 월경 중인 여성은 남편과 잠자리를 가질 수 없으며, 물웅덩이에 몸을 담그는 행위를 포함한 정결례를 시행해야 한다.

(3) 유대인으로 개종한 사람도 물웅덩이에 몸을 담가야 한다. 이스라엘 백성은 시내산에서 토라를 받기 전에 옷을 빨아야 했다. 토라에 "여호와께서 모세에게 이르시되, 너는 백성에게로 가서 오늘과 내일 그들을 성결하게 하며, 그들에게 옷을 빨게 하고"라고 기록했고(출 19:20), 랍비들은 누구든지 토라를 받기 위해서는 옷은 물론 몸도 깨끗이 씻어야 한다고 해석했다.

(4) 음식을 담는 그릇이 부정해졌는데 물에 씻을 수 있는 것이면, 물웅덩이에 담가 정결하게 만든다. 주로 금속 그릇이 여기에 해당하며, 랍비들의 전통에 따라 유리 그릇에도 같은 규정을 적용한다.

(5) 전통적으로 '에스라가 명령한 담그기'라고 부르는 경우도 있는데, 밤에 정액을 사정한 남자는 토라 공부를 시작하기 전에 자기 몸을 씻어야 한다(바벨 탈무드「바바 캄마」82a, b). 이런 경우 길어온 물에 몸을 담가도 무방하다.

그 외에도 모든 이스라엘 사람이 속죄일 저녁에 몸을 씻거나 회심한 배교자가 몸을 씻을 수 있다.

### 정결례에 쓰는 물

정결례를 시행하는 물로 토라는 두 가지 종류를 언급했는데 샘물과 웅덩이에 고인 물(레 11:36)이다.

(1) 자연스럽게 땅에서 솟아나는 샘물이 한 장소에 모이면 정결례를 시행할 수 있다.

(2) 토라가 웅덩이에 고인 물이라고 표현한 것을 랍비들은 빗물이 자연스럽게 웅덩이에 고인 상태라고 이해한다(「미크바옷」 1, 6).

(3) 바닷물과 호수와 강물은 특정한 조건에 맞을 때 정결례에 사용할 수 있다.

## 정결례장이 유효하게 되는 조건들

(1) 웅덩이에 모인 것은 물이어야 하며, 다른 액체이거나 물 색깔이 변하면 무효가 된다.

(2) 정결례에 사용하는 웅덩이는 땅에 고정되어야 하며, 땅 위에 지은 건물 안에 있는 웅덩이도 유효하다. 그러나 사람이 들어 옮길 수 있는 그릇 안에 들어 있는 물은 무효가 된다. 이 조건은 레위기 11:36을 해석한 결과인데 웅덩이에 고인 물도 샘물과 같은 성격을 지니고 있어야 한다고 보고, 웅덩이가 땅에 고정되어야 한다고 주장하는 것이다.

(3) 길어온 물(שאובין, 쉐우빈)은 정결례를 시행하는데 부적당하다. 정결례장은 땅에 고정된 웅덩이에 자연스럽게 고인 물로 이루어지며, 사람이 만든 그릇으로 길어온 물은 무효다. 빗물도 인위적으로 만든 그릇이나 도구를 거치지 않고 자연스럽게 모여야 한다. 길어온 물은 ① 물을 담을 수 있는 오목한 공간이 있는 그릇이나 도구에 담겨 있어야 하고, ② 그 공간이 원래부터 무엇인가를 담으려고 만든 곳이어야 하며, ③ 땅에 고정되지 않아야 하고, ④ 그 그릇이나 도구의 주인이 물을 길어오려는 의도를 가지고 행동을 했어야 성립된다. 그릇이 아니더라도 사람의 손으로 들고 있는 물체를 통해 옮겨진 물은 길어온 물로 간주한다. 예를 들어 젖은 옷을 짜서 흘러나온 물이 이 경우에 해당한다.

(4) 랍비들의 전통에 따르면 길어온 물 3로그를 최소 크기 규정인

40쎄아에 미치지 못하는 유효한 빗물에 섞으면, 그 물 전체가 무효가 된다. 그러나 40쎄아가 넘는 빗물은 길어온 물을 섞어도 무효가 되지 않는다. 여기에 반대하는 의견도 있다.

(5) 정결례장으로 흘러드는 물이 부정해질 수 있는 통로를 지나면 안 된다. 예를 들어 금속이나 점토로 만든 관이나 사람의 신체에 닿은 물은 무효가 된다. 이 조건도 레위기 11:36을 해석한 결과인데, 샘물이나 웅덩이에 고인 물이 유효하려면 정결을 유지해야 한다고 보았다.

(6) 빗물이 고인 웅덩이는 더 이상 움직이지 않고 멈춰 있어야 정결례장으로 사용할 수 있다(אשבורן, 아슈보렌). 이와 달리 샘물은 흐르고 있는 상태에서도 사용할 수 있다.

(7) 정결례장으로 쓰려면 모여 있는 물의 양이 40쎄아 이상이 되어야 한다(「미크바옷」 1, 7). 이 규정은 "설정한 자는 전신을 물로 씻을 것이며"라고 기록한 본문(레 15:16)을 읽고, 일반적인 몸집을 가진 사람이 전신을 물에 담그려면 40쎄아가 필요하다고 결정한 것이다. 사람의 몸이 아니라 그릇이나 도구를 샘물에 담글 때는 40쎄아에 미치지 못해도 유효하다.

### 섞인 물

특정한 조건 아래서 서로 다른 종류의 물을 섞어서(השקה, 하샤카) 정결례를 시행할 수 있다.

(1) 부정한 물은 유효한 물이 들어 있는 웅덩이와 구멍을 통해 섞일 때 정결해진다(「미크바옷」 10, 6).

(2) 길어온 물은 40쎄아 이상이 되는 유효한 빗물에 연결되었을 때 유효해진다. 이때 연결되는 구멍은 특정한 크기가 되어야 한다(「미크바옷」 6, 3; 6, 8).

(3) 길어온 물을 유효한 빗물에 첨가하여 그 물이 흘러 넘쳐 생긴 웅

덩이도 유효하다.

(4) 최소 크기 규정에 미치지 못하는 정결례장 두 개가 연결되었을 때 전체가 40쎄아를 넘으면 유효하다고 간주한다.

### 길어온 물을 흘리기

길어온 물은 정결례에 사용할 수 없지만, 길어온 물이 땅 위를 흘러서 웅덩이에 들어가도록 만들면 정결례에 사용할 수 있다(המשכה, 함샤카). 이 물은 원래 길어온 물이지만 땅 표면을 흐르면서 원래 성격을 잃고 땅 위를 흐르는 물로 변한다(「미크바옷」 4, 4). 랍비들은 정결례장에서 사용할 물의 대부분은 정상적인 빗물로 모으고 모자라는 양을 채우기 위해 '물 흘리기'를 사용해야 한다고 주장한다. 물 흘리기는 최소한 3테팍 이상의 거리를 흘러야 유효하다.

정결례와 관련된 물은 다음과 같이 나눌 수 있다.

- 웅덩이에 고인 물
- 땅 위에 고인 물
- 비가 내려 모인 물
- 40쎄아가 넘는 웅덩이 물
- 샘물
- 샘에서 나온 물과 길어온 물을 합친 물
- 상한 물
- 생수

## 제1장

물이 고인 웅덩이는 정결법의 부정과 관련해서 여섯 단계로 나눈다. 정결함의 단계가 가장 낮은 웅덩이는 (1) 땅에 고인 얕은 물로 40쎄아 미만일 경우이며, 부정한 자가 그곳에서 물을 마시면 부정해진다. 이러한 웅덩이에 부정한 물이 쏟아져 섞였을 때, 부정의 요인이 물 속에 떨어졌을 때, 웅덩이에 빗물이 흘러드는 경우에 관해 논의한다.

다음 단계에는 (2) 멈추지 않고 흐르는 물이 있는데, 부정한 자가 마셔도 정결을 유지한다. 그다음 단계에는 (3) 40쎄아 이상 들어가는 웅덩이의 물이 있고, 부정한 사람이나 도구를 담가 정결하게 만들 수 있다. 그다음은 (4) 솟아나는 물보다 길어온 물이 많은 샘물이 있다. 그 위로 (5) 상한 물이 있는데, 샘물이지만 온도가 차지 않거나 소금기가 있는 물을 가리킨다. 정결의 정도가 가장 높은 것은 (6) 생수 즉 샘물이며, 유출병자나 악성피부병자의 정결례를 시행하고 속죄의 물을 만든다.

### 1, 1
물웅덩이와 관련된 정결함의 정도 여섯 단계를 설명한다.

---

שֵׁשׁ מַעֲלוֹת בַּמִּקְוָאוֹת, זוֹ לְמַעְלָה מִזּוֹ, וְזוֹ לְמַעְלָה מִזּוֹ. מֵי גְבָאִים, שָׁתָה טָמֵא וְשָׁתָה טָהוֹר, טָמֵא. שָׁתָה טָמֵא וּמִלֵּא בִכְלִי טָהוֹר, טָמֵא. שָׁתָה טָמֵא וְנָפַל כִּכָּר שֶׁל תְּרוּמָה, אִם הֵדִיחַ, טָמֵא. וְאִם לֹא הֵדִיחַ, טָהוֹר:

---

물웅덩이에는 여섯 단계가 있으며 한 〔단계가 다른〕 한 〔단계보다〕 위에 있고, 〔또〕 한 〔단계가 다른〕 한 〔단계보다〕 위에 있다.

고인 〔얕은〕 물에 〔관하여〕, 부정한 자가 마셨고 정결한 자가 마시면, 그는 부정해진다. 부정한 자가 마시고 정결한 그릇에 채우면, 그

〔그릇이〕 부정해진다. 부정한 자가 마시고 거제인 빵 덩이가 떨어졌을 때, 만약 그가 〔손을〕 씻었다면, 그 〔빵은〕 부정해진다. 그러나 만약 〔손을〕 씻지 않았다면, 그 〔빵은〕 정결하다.

- 자연스럽게 흘러든 물이 땅에 고인 웅덩이는 정결법과 관련해서 여섯 단계로 구분할 수 있으며, 「미크바옷」 제1장은 이런 단계들을 설명하고 있다. 각 단계에 속한 물은 정결법에 따라 다른 규정이 적용되고, 낮은 단계에서 높은 단계로 올라가며 설명한다.
- 정결함의 단계가 가장 낮은 물웅덩이는 땅에 고인 얕은 물로 40쎄아[2] 미만인 경우다. 만약 부정한 자가 이런 물을 입을 대고 또는 손으로 떠서 마셨고 그 후에 정결한 자가 같은 장소에서 마셨다면, 정결했던 사람이 부정해져서 거제를 먹을 수 없다(「미크바옷」 10, 7). 사실 자연스럽게 흘러서 고인 물이 부정해질 수는 없는데, 이 물이 더 이상 흐르지 않고 땅에 고정된 상태이기 때문이다(레 11:36). 그러나 부정한 자가 마시다가 자신과 접촉한 부정한 물을 흘리면, 그 부정한 물이 그 웅덩이 안에 있는 다른 물과 섞이지 않고 공존하는 상태가 된다. 그리고 정결한 자가 물을 뜰 때 그 물은 전체 웅덩이 물과 분리되면서 땅에 고정되지 않고, 부정한 자가 흘린 물의 일부를 포함할 수 있다. 그러므로 그 사람이 부정해지는 것으로 간주한다. 같은 이유로 부정한 자가 마신 다음 정결한 그릇에 그 웅덩이 물을 채우면, 그 그릇이 부정해진다.
- 땅에 고인 물을 부정한 자가 마신 후 거제인 빵 덩이가 떨어져서 이것을 건져냈는데 그 사람이 자기 손까지 씻었다면, 그 손이 부정해지

2) 액체와 부피의 단위인 '쎄아'는 6카브이고 24로그이며, 달걀 144개 정도의 양이다.

면서 그 손으로 만진 빵도 부정해진다. 그러나 그가 손을 씻지 않았다면, 그 빵은 정결을 유지한다. 그 이유는 땅에 고정된 웅덩이 물은 아직 정결하며, 손을 씻어도 손이 부정해지지 않고, 이 손으로 만진 빵도 정결하기 때문이다. 빵에 스며들었을 물에 관하여, 웅덩이에서 분리되면서 부정해질 수 있으나, 눈에 보이지 않는 경우 더 많은 정결한 물이 상대적으로 적은 부정한 물의 영향을 취소시킨다고 설명한다(「마크쉬린」 4, 10).

## 1, 2

첫째 미쉬나와 같은 문맥이지만 부정한 그릇을 사용한 상황이다.

---

מִלֵּא בִּכְלִי טָמֵא וְשָׁתָה טָהוֹר, טָמֵא. מִלֵּא בִּכְלִי טָמֵא וּמִלֵּא בִּכְלִי טָהוֹר, טָמֵא. מִלֵּא בִּכְלִי טָמֵא וְנָפַל כִּכָּר שֶׁל תְּרוּמָה, אִם הֵדִיחַ, טָמֵא. וְאִם לֹא הֵדִיחַ, טָהוֹר:

---

〔어떤 사람이〕 부정한 그릇에 〔그 물을〕 채웠고 정결한 자가 마시면, 그 〔사람은〕 부정해진다. 부정한 그릇에 〔그 물을〕 채웠고 정결한 그릇에 〔그 물을〕 채우면, 그 〔그릇은〕 부정해진다. 부정한 그릇에 〔그 물을〕 채웠고 거제인 빵 덩이가 떨어졌을 때, 만약 그가 〔손을〕 씻었다면 그 〔빵은〕 부정해진다. 그러나 만약 씻지 않았다면, 그 〔빵은〕 정결하다.

- 이 미쉬나는 첫째 미쉬나와 같이 땅에 고인 얕은 물을 부정한 그릇에 채웠고, 부정한 그릇 때문에 부정해진 물 일부가 다시 웅덩이에 쏟아진 상황을 전제한다. 그 후에 일어난 사건을 판단하는 논리는 첫째 미쉬나와 같다.

## 1, 3

첫째 미쉬나와 같은 문맥이지만 부정한 물이 섞인 경우를 논의한다.

---

נָפְלוּ מַיִם טְמֵאִים וְשָׁתָה טָהוֹר, טָמֵא. נָפְלוּ מַיִם טְמֵאִים וּמִלֵּא בִכְלִי טָהוֹר, טָמֵא. נָפְלוּ מַיִם טְמֵאִים וְנָפַל כִּכָּר שֶׁל תְּרוּמָה, אִם הֵדִיחַ, טָמֵא. וְאִם לֹא הֵדִיחַ, טָהוֹר. רַבִּי שִׁמְעוֹן אוֹמֵר, בֵּין שֶׁהֵדִיחַ בֵּין שֶׁלֹּא הֵדִיחַ, טָמֵא:

---

부정한 물이 〔웅덩이에〕 쏟아졌고 정결한 자가 〔그 물을〕 마신다면, 그 〔사람이〕 부정해진다. 부정한 물이 〔웅덩이에〕 쏟아졌고 정결한 그릇에 〔그 물을〕 채웠다면, 그 〔그릇이〕 부정해진다. 부정한 물이 〔웅덩이에〕 쏟아졌고 거제인 빵 덩이가 떨어졌을 때, 만약 그가 〔손을〕 씻었다면, 그 〔빵은〕 부정해진다. 그러나 만약 그가 씻지 않았다면, 그 〔빵은〕 정결하다. 쉼온 랍비는 그가 〔손을〕 씻었든지 씻지 않았든지 그 〔빵이〕 부정하다고 말한다.

- 셋째 미쉬나도 첫째 미쉬나와 같이 땅에 고인 얕은 물에 부정한 물이 쏟아진 상황을 전제한다. 그 후에 일어난 사건을 판단하는 논리는 첫째 미쉬나와 같다.
- 쉼온 랍비는 마지막 경우에 대해 반대 의견을 제시하는데, 떨어진 빵을 건져낸 사람이 손을 씻었는지 여부와 상관없이 빵이 부정해진다고 주장한다. 그는 부정한 물의 일부가 빵에 스며들지 않고 표면에 묻어서 눈에 보일 수 있기 때문에, 그 부정한 물 때문에 빵도 부정해진다고 주장한 것으로 보인다. 그렇다면 쉼온 랍비는 첫째와 둘째 미쉬나에 관해서도 같은 반대 의견을 제시할 수 있다.

1, 4

נָפַל לְתוֹכָן מֵת, אוֹ שֶׁהָלַךְ בָּהֶן הַטָּמֵא, וְשָׁתָה טָהוֹר, טָהוֹר. אֶחָד מֵי גְבָאִים, מֵי בוֹרוֹת, מֵי שִׁיחִים, מֵי מְעָרוֹת, מֵי תַמְצִיּוֹת שֶׁפָּסְקוּ, וּמִקְוָאוֹת שֶׁאֵין בָּהֶם אַרְבָּעִים סְאָה, בִּשְׁעַת הַגְּשָׁמִים הַכֹּל טָהוֹר. פָּסְקוּ הַגְּשָׁמִים, הַקְּרוֹבִים לָעִיר וְלַדֶּרֶךְ, טְמֵאִים. וְהָרְחוֹקִים, טְהוֹרִין, עַד שֶׁיְּהַלְּכוּ רֹב בְּנֵי אָדָם:

그 〔웅덩이〕 안에 시체가 떨어졌거나, 또는 부정한 자가 그 안을 걸어갔고, 정결한 자가 〔그 물을〕 마셨다면, 그 〔사람은〕 정결하다. 고인 〔얕은〕 물 중 하나로 구덩이 물, 수로 물, 동굴 물, 〔비가〕 흐르다가 멈춘 물, 40쎄아에 미치지 못하는 웅덩이는 모두 비가 내리는 동안에는 정결하다. 비가 그치면, 마을이나 길과 가까운 것들은 부정해진다. 그러나 〔그런 곳에서〕 먼 것들은 많은 사람이 지나다니기 전까지는 정결하다.

- 땅에 고인 물은 부정한 사람이 떠냈다가 다시 쏟았을 때 즉 땅에 고정되지 않는 상황에 노출되어야 부정해진다(첫째 미쉬나). 그러므로 시체가 떨어지거나 부정한 자가 밟고 지나가도 부정해지지 않으며, 정결한 자가 마셔도 정결을 유지한다.
- 땅에 고인 얕은 물과 같은 정결법 규정이 적용되는 물에는 구덩이에 흘러들어 고인 물, 수로에 고인 물, 동굴 안에 고인 물, 비가 흐르다가 멈추어 고인 물, 40쎄아가 되지 않는 물이 웅덩이에 고인 경우다. 비가 내리는 동안에는 이런 물들이 정결하며, 어떤 이유로 부정해져도 계속 새로운 빗물이 유입되는 동안 부정이 취소된다(「마크쉬린」2, 3; 다섯째 미쉬나). 비가 멈추는 순간부터 부정해질 수 있으며, 마을이나 길과 가까우면 암 하아레쯔인 사람들이 마시거나 물을 퍼냈을 가능성이 높으므로 부정하다고 간주한다. 마을이나 길에서 멀리 있는 웅덩이는 분명히 많은 사람이 이용했다는 사실을 확인하기 전까지

는 정결하다고 간주한다.

## 1, 5

물웅덩이에 비가 내리는 상황을 계속해서 설명한다.

---

מֵאֵימָתַי טָהֳרָתָן. בֵּית שַׁמַּאי אוֹמְרִים, מִשֶּׁיִּרְבּוּ וְיִשְׁטֹפוּ. וּבֵית הִלֵּל אוֹמְרִים,
רַבּוּ אַף עַל פִּי שֶׁלֹּא שָׁטְפוּ. רַבִּי שִׁמְעוֹן אוֹמֵר, שָׁטְפוּ אַף עַל פִּי שֶׁלֹּא רַבּוּ.
כְּשֵׁרִין לַחַלָּה וְלִטֹּל מֵהֶן לַיָּדָיִם:

---

언제부터 그 〔물웅덩이가〕 정결해지는가? 삼마이 학파는 그 〔빗물이 고인 물보다〕 더 많아져서 흘러넘칠 때부터라고 말한다. 힐렐 학파는 그 〔빗물이 고인 물보다〕 더 많으면 넘치지 않아도 〔된다고〕 말한다. 쉼온 랍비는 〔물이〕 흘러넘치면 〔빗물이 고인 물보다〕 더 많지 않아도 〔된다고〕 말한다. 이런 〔물은〕 할라-빵을 만들거나 손을 씻는 〔용도에〕 유효하다.

- 넷째 미쉬나에서 물웅덩이에 비가 내리면 정결해진다는 규정이 나왔는데, 어떤 상황에서 얼마나 비가 내리면 정결해지는지 묻고 있다. 삼마이 학파는 내리는 빗물이 원래 고여 있던 물보다 더 많아져서 흘러넘칠 때부터 정결해진다고 주장한다. 힐렐 학파와 쉼온 랍비는 조금 더 관대한 조건을 제시한다.
- 이렇게 빗물로 정결해진 물은 반죽을 해서 거제로 성전에 바칠 할라-빵을 만드는 데 쓸 수 있으며, 식사하기 전에 손을 씻는 데 사용할 수 있다.

1, 6
고인 물보다 정결함이 한 단계 더 높은 물웅덩이를 설명한다.

---

לְמַעְלָה מֵהֶן, מֵי תַמְצִיּוֹת שֶׁלֹּא פָסְקוּ. שָׁתָה טָמֵא וְשָׁתָה טָהוֹר, טָהוֹר. שָׁתָה טָמֵא וּמִלֵּא בִכְלִי טָהוֹר, טָהוֹר. שָׁתָה טָמֵא וְנָפַל כִּכָּר שֶׁל תְּרוּמָה, אַף עַל פִּי שֶׁהֵדִיחַ, טָהוֹר. מִלֵּא בִכְלִי טָמֵא וְשָׁתָה טָהוֹר, טָהוֹר. מִלֵּא בִכְלִי טָמֵא וּמִלֵּא בִכְלִי טָהוֹר, טָהוֹר. מִלֵּא בִכְלִי טָמֵא וְנָפַל כִּכָּר שֶׁל תְּרוּמָה, אַף עַל פִּי שֶׁהֵדִיחַ, טָהוֹר. נָפְלוּ מַיִם טְמֵאִים וְשָׁתָה טָהוֹר, טָהוֹר. נָפְלוּ מַיִם טְמֵאִים וּמִלֵּא בִכְלִי טָהוֹר, טָהוֹר. נָפְלוּ מַיִם טְמֵאִים וְנָפַל כִּכָּר שֶׁל תְּרוּמָה, אַף עַל פִּי שֶׁהֵדִיחַ, טָהוֹר. כְּשֵׁרִים לַתְּרוּמָה וְלִטֹּל מֵהֶם לַיָּדָיִם:

---

그것들보다 [정결함의 단계가] 높은 것으로 멈추지 않고 [땅 위를] 흐르는 물이 있다. 부정한 자가 마셨고 정결한 자가 마시면, 그는 정결하다. 부정한 자가 마시고 정결한 그릇에 채우면, 그 [그릇이] 정결하다. 부정한 자가 마시고 거제인 빵 덩이가 떨어졌을 때, 그가 [손을] 씻었다고 해도, 그 [빵은] 정결하다.

[어떤 사람이] 부정한 그릇에 [그 물을] 채웠고 정결한 자가 마시면, 그 [사람은] 정결하다. 부정한 그릇에 [그 물을] 채웠고 정결한 그릇에 [그 물을] 채우면, 그 [그릇은] 정결하다. 부정한 그릇에 [그 물을] 채웠고 거제인 빵 덩이가 떨어졌을 때, 그가 [손을] 씻었다고 해도, 그 [빵은] 정결하다.

부정한 물이 [웅덩이에] 쏟아졌고 정결한 자가 [그 물을] 마신다면, 그 [사람은] 정결하다. 부정한 물이 [웅덩이에] 쏟아졌고 정결한 그릇에 [그 물을] 채웠다면, 그 [그릇이] 정결하다. 부정한 물이 [웅덩이에] 쏟아졌고 거제인 빵 덩이가 떨어졌을 때, 그가 [손을] 씻었다고 해도, 그 [빵은] 정결하다. 이런 [물은] 할라-빵을 만들거나 손을 씻는 [용도에] 유효하다.

- 비가 오고 있고 빗물이 산에서 흘러내려 고였지만 비가 그치지 않아서 계속해서 새로운 물이 흘러들어온다면, 이런 물은 땅에 고인 물이나 비가 그친 후 빗물이 흘러내려 고인 웅덩이보다 정결함이 한 단계 더 높다. 새로 물이 흘러들면서 부정한 물을 계속해서 취소시키고 정결하게 만들기 때문이다.
- 예를 들어 설명하는 상황들은 첫째와 둘째와 셋째 미쉬나와 동일하며, 이러한 경우에 항상 정결하다고 간주한다.

1, 7
정결함의 단계가 더 높은 물웅덩이 두 가지를 더 소개한다.

---

לְמַעְלָה מֵהֶן, מִקְוֶה שֶׁיֶּשׁ בּוֹ אַרְבָּעִים סְאָה, שֶׁבּוֹ טוֹבְלִין וּמַטְבִּילִין. לְמַעְלָה
מֵהֶן, מַעְיָן שֶׁמֵּימָיו מֻעָטִין וְרַבּוּ עָלָיו מַיִם שְׁאוּבִין, שָׁוֶה לַמִּקְוֶה לְטַהֵר
בְּאַשְׁבֹּרֶן, וְלַמַּעְיָן לְהַטְבִּיל בּוֹ בְּכָל שֶׁהוּא:

---

그것들보다 〔정결함의 단계가〕 높은 것으로 40쎄아가 들어가는 물웅덩이가 있고, 그 안에 〔어떤 사람이〕 몸을 담그거나 〔다른 물건을〕 담글 수도 있다.

그것들보다 〔정결함의 단계가〕 높은 것으로 〔솟아나는〕 물이 적고 길어온 물이 그보다 많은 샘물이 있는 데, 그 〔물이〕 멈춰 있을 때 정결하게 만드는 웅덩이와 같고, 무엇이든지 담글 수 있는 샘과 〔같다〕.

- 빗물이 고인 웅덩이보다 정결함이 한 단계 더 높은 경우로는 어딘가에서 흘러들어 고인 물이 40쎄아가 되는 웅덩이이다. 이런 웅덩이에는 부정한 사람이 들어가서 정결례를 행하거나, 부정해진 도구를 담가 정결하게 만들 수 있으며, 손도 씻을 수 있다(「하기가」 2, 5).
- 한 단계 더 정결한 경우로 샘물인데 솟아나오는 물이 많지 않아서

물을 더 길어와서 채운 경우를 들 수 있다. 수량이 충분한 샘물은 고여 있거나 흐르고 있을 때 모두 정결하게 만드는 힘이 있지만, 솟아나오는 물의 양이 많지 않은 경우에는 한 장소에 고여 있을 때 정결하게 만들고 흐르면 그 힘을 잃는다. 또한 웅덩이에 고인 물이 아니고 샘물이기 때문에 물의 양이 40쎄아가 되지 않아도 무엇이든지 가져와 담그면 정결해진다.

## 1, 8

정결함의 정도가 가장 높은 물 두 가지에 관해 논의한다.

---

לְמַעְלָה מֵהֶן, מַיִם מֻכִּין, שֶׁהֵן מְטַהֲרִין בְּזוֹחֲלִין. לְמַעְלָה מֵהֶן, מַיִם חַיִּים,
שֶׁבָּהֶן טְבִילָה לַזָּבִים, וְהַזָּיָה לַמְּצֹרָעִים, וּכְשֵׁרִים לְקַדֵּשׁ מֵהֶן מֵי חַטָּאת:

---

그것들보다 〔정결함의 단계가〕 높은 것으로 상한 물[3]이 있는데, 이 〔물은〕 흘러갈 때도 정결하게 만들 수 있다.

그것들보다 〔정결함의 단계가〕 높은 것으로 생수가 있는데, 이 물에 유출병자가 몸을 담그거나, 악성피부병자에게 뿌리거나, 속죄의 물을 거룩하게 하는 데 유효하다.

- 수량이 적은 샘물보다 더 정결한 경우로 '상한 물'이 있는데, 샘물임에도 불구하고 소금기가 있거나 온도가 차지 않은 경우를 가리킨다(「파라」 8, 9). 그렇지만 역시 샘물이기 때문에 흐르고 있는 경우에도 정결하게 만드는 힘이 있다.
- 정결함의 정도가 가장 높은 생수는 수량이 충분한 샘물이며, 유출

3) 이 표현(מים מכים)을 직역하면 '두들겨 맞은 물'인데 smitten water(댄비) 또는 blight water(Sefaria)라고 번역했다. 여기서는 알벡의 주해에 따라 '상한 물'로 번역했다.

병자가 정결례를 행하기 위해 몸을 담그거나, 악성피부병자에게 뿌리거나, 붉은 암소의 재를 섞어서 속죄의 물을 만드는 데 유효하다(「파라」 6, 5).

## 제2장

정결례와 관련해서 의심스러운 경우와 부정의 정도에 따라 정결례장의 조건이 달라지는 경우를 설명한다. 길어온 물과 샘물을 섞는 경우와 웅덩이 바닥 진흙에서 나온 물이나 단지에 고인 빗물이 길어온 물인지 여부에 관해 논의한다.

### 2, 1

부정한 사람이 정결례를 행할 때 의심이 생기는 상황을 논의한다.

---

הַטָּמֵא שֶׁיָּרַד לִטְבֹּל, סָפֵק טָבַל סָפֵק לֹא טָבַל, אֲפִלּוּ טָבַל, סָפֵק יֶשׁ בּוֹ אַרְבָּעִים סְאָה סָפֵק אֵין בּוֹ. שְׁנֵי מִקְוָאוֹת, אֶחָד יֶשׁ בּוֹ אַרְבָּעִים סְאָה וְאֶחָד שֶׁאֵין בּוֹ, טָבַל בְּאַחַד מֵהֶם וְאֵינוֹ יוֹדֵעַ בְּאֵיזֶה מֵהֶן טָבַל, סְפֵקוֹ טָמֵא:

---

〔어떤〕 부정한 자가 〔몸을〕 담그려 내려갔는데 그가 〔몸을〕 담갔는지 담그지 않았는지 의심이 생길 때, 그가 〔몸을〕 담갔다 할지라도 그 〔웅덩이에 물이〕 40쎄아가 있었는지 없었는지 의심이 생길 때, 물웅덩이가 두 개 있었고 하나는 〔물이〕 40쎄아가 있고 〔다른〕 하나는 없었는데 그가 그들 중 하나에 〔몸을〕 담갔고 둘 중 어느 〔물웅덩이에 몸을〕 담갔는지 모를 때, 그 의심스러운 상황은 부정하다고 〔간주한다〕.

- 부정한 사람은 규정대로 정결례를 행하면 정결해지지만, 부정한 사람이 규정을 잘 따랐는지 확인하기 전까지는 부정하다고 간주한다.

### 2, 2

물 40쎄아가 들어 있는 웅덩이가 정결례에 적당하며, 그렇지 않은 경우 어떻게 판단하는지 설명한다.

---

מִקְוֶה שֶׁנִּמְדַּד וְנִמְצָא חָסֵר, כָּל טָהֳרוֹת שֶׁנַּעֲשׂוּ עַל גַּבָּיו לְמַפְרֵעַ, בֵּין בִּרְשׁוּת הַיָּחִיד בֵּין בִּרְשׁוּת הָרַבִּים, טְמֵאוֹת. בַּמֶּה דְבָרִים אֲמוּרִים, בְּטֻמְאָה חֲמוּרָה. אֲבָל בְּטֻמְאָה קַלָּה, כְּגוֹן אָכַל אֳכָלִים טְמֵאִים, וְשָׁתָה מַשְׁקִין טְמֵאִים, בָּא רֹאשׁוֹ וְרֻבּוֹ בְּמַיִם שְׁאוּבִים, אוֹ שֶׁנָּפְלוּ עַל רֹאשׁוֹ וְעַל רֻבּוֹ שְׁלֹשָׁה לֻגִּין מַיִם שְׁאוּבִין, וְיָרַד לִטְבֹּל, סָפֵק טָבַל סָפֵק לֹא טָבַל, אֲפִלּוּ טָבַל, סָפֵק יֶשׁ בּוֹ אַרְבָּעִים סְאָה סָפֵק אֵין בּוֹ. שְׁנֵי מִקְוָאוֹת, אֶחָד יֶשׁ בּוֹ אַרְבָּעִים סְאָה, וְאֶחָד שֶׁאֵין בּוֹ, טָבַל בְּאַחַד מֵהֶן וְאֵינוֹ יוֹדֵעַ בְּאֵיזֶה מֵהֶן טָבַל, סְפֵקוֹ טָהוֹר. רַבִּי יוֹסֵי מְטַמֵּא, שֶׁרַבִּי יוֹסֵי אוֹמֵר, כָּל דָּבָר שֶׁהוּא בְחֶזְקַת טֻמְאָה, לְעוֹלָם הוּא בִפְסוּלוֹ, עַד שֶׁיִּוָּדַע שֶׁטָּהַר. אֲבָל סְפֵקוֹ לִטָּמֵא וּלְטַמֵּא, טָהוֹר:

---

〔어떤〕 웅덩이의 〔크기를〕 재보니 〔규정에서〕 모자랄 때, 그곳에서 시행한 정결례는 그것이 사적 영역이든 공적 영역이든 상관없이 모두 부정하다고 〔간주한다〕. 이 말은 무슨 〔상황을〕 말하는가? 심각한 부정에 관해 〔말하는 것이다〕. 그러나 부정한 음식을 먹거나, 부정한 음료수를 마시거나, 자기 머리와 몸의 대부분을 길어온 물에 〔담갔거나〕, 또는 그의 머리와 몸의 대부분에 길어온 물 3로그가 쏟아졌거나, 정결례를 시행하려고 내려갔는데 〔몸을〕 담갔는지 담그지 않았는지 의심이 생기거나, 심지어 담갔더라도 그 〔웅덩이에 물이〕 40쎄아가 있었는지 없었는지 의심이 생기거나, 물웅덩이가 두 개 있었고 하나는 〔물이〕 40쎄아가 있었고 〔다른〕 하나는 없는데, 그중 하나에 〔몸을〕 담갔지만 그중 어느 곳에 〔몸을〕 담갔는지 모르는 가벼운 부정일 때, 그 의심스러운 상황은 정결하다고 〔간주한다〕.

요쎄 랍비는 부정하다고 주장하는데, 요쎄 랍비는 부정하다고 추정되는 모든 것은 정결해졌다고 확인할 때까지는 영원히 무효가 되지 않는다고 말한다. 그러나 그것이 부정해졌는지 부정하게 만드는지 의심스러운 경우는 정결하다고 〔간주한다〕.

- 정결례를 시행하는 물웅덩이는 사람이 몸을 충분히 담글 수 있도록 40쎄아 이상의 물이 있어야 한다(「미크바옷」 1, 7). 그러나 어떤 사람이 최소 크기 규정에 미치지 못하는 물웅덩이에서 정결례를 시행했다면 그가 적절한 규정에 따라 정결해졌다고 확인할 때까지 부정하다고 간주한다(첫째 미쉬나). 이 물웅덩이가 사적 영역에 있다면 당연히 부정한데, 공적 영역이라면 고려할 다른 원칙이 있다. 공적 영역에서 부정한지 의심스러운 상황이 발생하면 정결하다는 원칙이다(「토호롯」 4. 11). 그러나 랍비들은 이 경우는 의심스러운 부정이 아니라고 보고, 오히려 정결해지기 전까지 부정하다고 추정해야 한다고 주장하는 것이다.
- 이런 엄정한 규정이 어떤 상황에 적용해야 하느냐는 질문에, 심각한 부정 즉 부정의 아버지인 경우를 가리킨다고 대답한다(「켈림」 1, 1). 그러나 토라의 율법에 저촉되는 심각한 부정이 아니고, 서기들의 전통에 의해서만 부정하다고 간주되는 가벼운 부정이라면 정결하다고 간주한다(「토호롯」 4, 11).
- 요쎄 랍비는 반대 의견을 제시하며 서기들의 전통에 따라 가벼운 부정이어도 최소 크기 규정에 맞지 않는 물웅덩이에서 시행한 정결례는 효력이 없다고 주장한다. 그러나 부정한 음식을 먹은 경우처럼 자신이 부정해졌는지 의심스러운 경우와 부정한 음식을 먹고 정결한 물건을 접촉해서 부정하게 만들었는지 의심스러운 경우, 그 의심스러운 상황은 정결하다고 간주한다.

## 2, 3
웅덩이에 길어온 물을 섞었을 때에 관해 논의한다.

---

סָפֵק מַיִם שְׁאוּבִין שֶׁטִּהֲרוּ חֲכָמִים, סָפֵק נָפְלוּ, סָפֵק לֹא נָפְלוּ, אֲפִלּוּ נָפְלוּ, סָפֵק יֵשׁ בָּהֶם אַרְבָּעִים סְאָה סָפֵק אֵין בָּהֶם, שְׁנֵי מִקְוָאוֹת, אֶחָד יֵשׁ בּוֹ אַרְבָּעִים סְאָה וְאֶחָד אֵין בּוֹ, נָפַל לְאַחַד מֵהֶן וְאֵינוֹ יוֹדֵעַ לְאֵיזֶה מֵהֶן נָפַל, סְפֵקוֹ טָהוֹר, מִפְּנֵי שֶׁיֵּשׁ לוֹ בַמֶּה יִתְלֶה. הָיוּ שְׁנֵיהֶם פְּחוּתִים מֵאַרְבָּעִים סְאָה, וְנָפַל לְאַחַד מֵהֶם וְאֵינוֹ יוֹדֵעַ לְאֵיזֶה מֵהֶן נָפַל, סְפֵקוֹ טָמֵא, מִפְּנֵי שֶׁאֵין לוֹ בַמֶּה יִתְלֶה:

---

길어온 물을 현인들이 정결하다고 했는지 의심스러운 〔경우로는, 길어온 물이 물웅덩이 안에〕 쏟아졌는지 쏟아지지 않았는지 의심스러울 때, 쏟아졌다고 하더라도 그 안에 40쎄아가 있었는지 없었는지 의심스러울 때, 물웅덩이 두 개가 있었고 하나는 40쎄아가 있고 〔다른〕 하나는 없는데 그중 하나에 쏟아졌지만 그중 어느 것인지 모를 때 그 의심스러운 상황은 정결하다고 〔간주하니〕, 이런 경우에 보류시킬 무엇이 있기 때문이다. 〔물웅덩이〕 두 개가 40쎄아보다 적은데 그중 하나에 〔길어온 물이〕 쏟아졌고 그중 어느 것에 쏟아졌는지 모를 때 그 의심스러운 경우는 부정하다고 〔간주하니〕, 그런 경우 보류시킬 무엇이 없기 때문이다.

- 현인들은 부정한지 의심스러운 상황들 중 특정한 경우에 정결하다고 간주한다(「토호롯」 4, 7). 그런 상황 중 정결례를 시행하려고 길어온 물도 포함되는데, 이 미쉬나는 그 상황을 더 자세히 설명하고 있다.
- 40쎄아에 이르지 못하는 물웅덩이에 길어온 물 3로그[4] 이상을 쏟아 넣으면, 그 웅덩이의 물은 정결례를 시행할 수 없도록 무효가 된다.

---

4) 액체나 마른 물건의 부피를 재는 도량형 '로그'는 약 2리터에 해당한다.

그 후에 정결한 물을 더해도 무효가 된 상황은 변하지 않고 지속된다. 그런데 길어온 물을 웅덩이에 쏟아 넣었는지 의심스럽거나, 쏟아 넣긴 했는데 원래 그 웅덩이에 물이 얼마나 있었는지 의심스럽다면 확실하게 부정하다고 판단할 수 없으므로 정결하다고 간주한다. 둘째 미쉬나에서 가벼운 부정의 예로 든 경우들도 마찬가지이며, 아직 정결하다고 주장할 근거가 있다. 정결례에 쓸 수 있는 유효한 물을 첨가하여 40쎄아를 넘기면, 적절하게 정결례를 시행할 수 있다.

- 물웅덩이 두 개가 모두 40쎄아보다 적었다면, 길어온 물이 어느 웅덩이에 들어갔든지 정결례를 시행할 수 없으며, 그 물이 무효이므로 부정하다고 간주한다.

## 2, 4

정결례를 시행하기 위해서 웅덩이에 섞을 수 있는 길어온 물의 양은 3로그 이하다.

---

רַבִּי אֱלִיעֶזֶר אוֹמֵר, רְבִיעִית מַיִם שְׁאוּבִין בַּתְּחִלָּה, פּוֹסְלִין אֶת הַמִּקְוֶה, וּשְׁלֹשָׁה לֻגִּין עַל פְּנֵי הַמָּיִם. וַחֲכָמִים אוֹמְרִים, בֵּין בַּתְּחִלָּה בֵּין בַּסּוֹף, שִׁעוּרוֹ שְׁלֹשָׁה לֻגִּין:

---

엘리에제르 랍비는 처음부터 길어온 물 1/4〔로그가〕 있었다면 그 웅덩이를 무효로 만든다고 말하고, 〔길어온 물〕 3로그를 〔유효한〕 물 표면에 〔쏟을 때도 그러하다고〕 했다. 그러나 현인들은 처음이건 끝이건 〔길어온 물의〕 양은 3로그라고 말한다.

- 엘리에제르 랍비는 빈 웅덩이에 길어온 물 1/4로그를 먼저 붓고 그 후에 유효한 물을 더 부어서 40쎄아를 만들었다면, 그 물은 무효가 된다고 주장했다. 아직 40쎄아가 되지 않는 유효한 물에 길어온 물

3로그를 첨가했을 때도 마찬가지다. 그러나 현인들은 순서와 상관없이 길어온 물 3로그를 쏟아 넣은 물웅덩이는 정결례에 사용할 수 없다고 주장한다.

## 2, 5

מִקְוֶה שֶׁיֵּשׁ בּוֹ שָׁלֹשׁ גֻּמּוֹת שֶׁל מַיִם שְׁאוּבִין שֶׁל לֹג לֹג, אִם יָדוּעַ שֶׁנָּפַל
לְתוֹכוֹ אַרְבָּעִים סְאָה מַיִם כְּשֵׁרִין עַד שֶׁלֹּא הִגִּיעוּ לַגֻּמָּא הַשְּׁלִישִׁית, כָּשֵׁר.
וְאִם לָאו, פָּסוּל. וְרַבִּי שִׁמְעוֹן מַכְשִׁיר, מִפְּנֵי שֶׁהוּא כְמִקְוֶה סָמוּךְ לְמִקְוֶה:

〔어떤〕 웅덩이에 구멍 세 개가 있고 길어온 물이 1로그씩 〔들어 있을 때〕, 만약 그 〔웅덩이〕 안에 유효한 물 40쎄아가 쏟아졌고 아직 셋째 구멍에 이르지 않았다는 사실이 확실하면 그것은 유효하다. 그러나 만약 그렇지 않다면 무효가 된다. 그러나 쉼온 랍비는 유효하다고 주장했는데, 이것은 〔어떤〕 웅덩이 가까이에 〔다른〕 웅덩이가 있는 것과 같기 때문이다.

- 어떤 물웅덩이 바닥에 구멍 세 개가 있고 각각 길어온 물이 1로그 씩 들어 있을 때, 유효한 물을 채워서 40쎄아가 되는 순간 아직 셋째 구멍에 이르지 않았다면, 그 웅덩이를 무효로 만들 수 있는 길어온 물의 양이 3로그에 미치지 못했으므로 그 물이 유효하다. 셋째 구멍까지 합쳐진 다음에 40쎄아가 된다면, 그 물은 무효가 된다.
- 유효한 물이 들어 있는 웅덩이 가까운 곳에 40쎄아보다 적은 길어온 물을 저장한 다른 웅덩이가 있다면, 이 웅덩이는 유효한 물이 담긴 웅덩이를 무효로 만들지 않는다. 쉼온 랍비는 이 미쉬나에서 다루는 상황도 서로 다른 웅덩이로 볼 수 있으며, 구멍 속에 들어 있는 길어온 물이 유효한 물이 담긴 웅덩이를 무효화하지 않는다고 주장한다.

## 2, 6

הַמְסַנֵּק אֶת הַטִּיט לַצְּדָדִין וּמְשְׁכוּ מִמֶּנּוּ שְׁלֹשָׁה לֻגִּין, כָּשֵׁר. הָיָה תוֹלֵשׁ וּמְשְׁכוּ מִמֶּנּוּ שְׁלֹשָׁה לֻגִּין, פָּסוּל. וְרַבִּי שִׁמְעוֹן מַכְשִׁיר, מִפְּנֵי שֶׁלֹּא נִתְכַּוֵּן לִשְׁאֹב:

〔어떤 사람이 웅덩이 바닥에서〕 진흙을 옆으로 긁어내고 거기서 〔물〕 3로그가 나오게 했다면, 그 〔웅덩이는〕 유효하다. 그가 〔진흙을〕 제거하고 거기서 〔물〕 3로그가 나오게 했다면, 그 〔웅덩이는〕 무효가 된다. 그러나 쉼온 랍비는 유효하다고 했으니, 그가 〔물을〕 길으려는 의도가 없었기 때문이다.

- 땅에 물이 고인 웅덩이이며 40쎄아를 담지 못하는 상황이었는데, 어떤 사람이 바닥에서 진흙을 긁어서 옆으로 밀어내니 그 장소에서 물 3로그가 나왔다면, 긁어낸 흙에서 흘러나온 물은 길어온 물이 아니므로, 그 웅덩이는 유효하다. 만약 그가 바닥에서 긁어낸 진흙을 들어서 웅덩이 바깥으로 제거했고 그때 진흙에서 물 3로그가 나왔다면, 그 물은 길어온 물로 간주하며 그 웅덩이는 무효가 된다. 쉼온 랍비는 반대 의견인데, 그가 진흙을 팔 때 물을 길으려는 의도가 없었기 때문에 그 웅덩이는 정결하다고 주장했다. 후대 랍비들은 진흙을 들어내어 제거하며 물이 나왔다면 길어온 물이라고 결정했다.

## 2, 7

그릇에 담아 놓은 빗물에 관해 논의한다.

הַמַּנִּיחַ קַנְקַנִּים בְּרֹאשׁ הַגַּג לְנַגְּבָן וְנִתְמַלְּאוּ מַיִם, רַבִּי אֱלִיעֶזֶר אוֹמֵר, אִם עוֹנַת גְּשָׁמִים הִיא, אִם יֵשׁ בּוֹ כִמְעַט מַיִם בַּבּוֹר, יְשַׁבֵּר. וְאִם לָאו, לֹא יְשַׁבֵּר. רַבִּי יְהוֹשֻׁעַ אוֹמֵר, בֵּין כָּךְ וּבֵין כָּךְ יְשַׁבֵּר, אוֹ יִכְפֶּה, אֲבָל לֹא יְעָרֶה:

〔어떤 사람이〕 단지들을 말리려고 지붕 위에 놓아두었는데 물이 들어찼을 때, 엘리에제르 랍비는 만약 그때가 우기라면 〔그리고〕 만약 웅덩이 안에 물이 얼마라도 있었다면, 그는 〔단지들을〕 깨뜨려야 한다. 그러나 만약 그렇지 않다면, 그는 〔단지들을〕 깨뜨리지 않는다. 예호슈아 랍비는 이러하든지 저러하든지 그는 〔단지들을〕 깨뜨리거나 기울여야 하지만, 들고 부어서는 안 된다고 말한다.

- 어떤 사람이 단지들을 말리려고 지붕 위에 놓아두었는데 비가 와서 단지에 가득 찼다. 엘리에제르 랍비는 만약 그때가 우기였는데 단지를 지붕 위에 올려놓았다면, 그 사람이 물을 길으려는 의도가 있었다고 간주한다(여섯째 미쉬나). 그리고 정결례장으로 쓰는 웅덩이 안에 유효한 물이 조금이라도 들어 있었을 때, 그 사람이 단지를 깨뜨린다면 길어온 물을 웅덩이 안으로 흘려보내게 되며, 유효한 물에 길어온 물을 첨가하므로 그 웅덩이 물이 유효하다. 그러나 만약 웅덩이 안에 물이 전혀 없었다면, 빈 웅덩이에 길어온 물을 붓는 것과 같기 때문에 그 웅덩이 물은 무효가 되며(넷째 미쉬나), 그러므로 깨뜨리지 않는다.
- 예호슈아 랍비는 길어온 물이 처음부터 웅덩이 안에 들어 있건 나중에 첨가하건 상관없으며, 단지를 들어서 웅덩이 안에 부으면 길어온 물이 되고, 웅덩이 물은 무효가 된다고 주장한다.

## 2, 8

הַסַּיָּד שֶׁשָּׁכַח עָצִיץ בַּבּוֹר וְנִתְמַלֵּא מַיִם, אִם הָיוּ הַמַּיִם צָפִים עַל גַּבָּיו כָּל שֶׁהוּא, יִשַּׁבֵר. וְאִם לָאו, לֹא יִשַּׁבֵר, דִּבְרֵי רַבִּי אֱלִיעֶזֶר. וְרַבִּי יְהוֹשֻׁעַ אוֹמֵר, בֵּין כָּךְ וּבֵין כָּךְ יִשַּׁבֵר:

회칠하는 사람이 웅덩이에 회 통을 잊고 〔놓아두었는데〕 물이 들어찼을 때, 만약 물이 그 〔통〕 위로 조금이라도 넘쳤다면 그는 〔통을〕 깨뜨려야 한다. 그러나 만약 그렇지 않다면 〔통을〕 깨뜨리지 말라고 엘리에제르 랍비가 주장했다. 그러나 예호슈아 랍비는 이러하던지 저러하던지 〔통을〕 깨뜨려야 한다고 말한다.

- 회칠하는 사람이 회와 물을 섞는 점토로 만든 통을 물웅덩이 바닥에 잊고 놓아두었는데, 그 안에 물이 들어찼을 때, 만약 웅덩이 물의 수면이 그 통 위로 조금이라도 넘쳤다면, 그 물은 웅덩이를 떠나지 않았으므로 길어온 물이 아니며 유효하다. 그러므로 그 통을 깨뜨려서 정결례를 시행하는 데 사용한다. 그러나 웅덩이 물이 그 통 위로 넘치지 않았다면, 그 통 안에 든 물은 길어온 물로 간주하며, 웅덩이 물과 섞이면 회칠하는 사람이 의도적으로 길어온 물을 부은 것과 같으므로, 그 웅덩이 물은 정결례에 쓸 수 없이 무효가 된다.
- 예호슈아 랍비는 이런 경우 길어온 물이 아니라고 보고, 통을 깨뜨려서 웅덩이 물에 포함시키라고 말한다.

### 2, 9
다른 그릇에서 물웅덩이로 물이 넘쳐 들어간 상황을 논의한다.

---

הַמְסַדֵּר קַנְקַנִּים בְּתוֹךְ הַבּוֹר וְנִתְמַלְּאוּ מַיִם, אַף עַל פִּי שֶׁבָּלַע הַבּוֹר אֶת מֵימָיו, הֲרֵי זֶה יְשַׁבֵּר:

---

〔어떤 사람이〕 웅덩이 안에 단지들을 늘어놓았는데 물이 들어찼을 때, 그 웅덩이가 물을 모두 흡수했다 하더라도, 그가 〔단지들을〕 깨뜨려야 한다.

- 어떤 사람이 단지들을 웅덩이 안에 늘어놓고 물에 젖도록 놓아두었

는데 그 안에 물이 들어찼다. 그런데 원래 웅덩이에 고여 있던 물은 바닥에 흡수되어 다 없어졌고 물은 단지에 담긴 것만 남았다고 할지라도, 단지들을 깨서 물이 웅덩이에 차게 해도 그 물이 유효하다. 아무런 반대의견이 기록되지 않아서, 어떤 랍비도 이런 경우를 길어온 물로 간주하지 않았음을 알 수 있다.

## 2, 10

웅덩이 안에서 물과 진흙이 섞여 있는 상황을 설명한다.

---

מִקְוֶה שֶׁיֶּשׁ בּוֹ אַרְבָּעִים סְאָה מַיִם וָטִיט, רַבִּי אֱלִיעֶזֶר אוֹמֵר, מַטְבִּילִין בַּמַּיִם וְאֵין מַטְבִּילִין בַּטִּיט. רַבִּי יְהוֹשֻׁעַ אוֹמֵר, בַּמַּיִם וּבַטִּיט. בְּאֵיזֶה טִיט מַטְבִּילִין. בְּטִיט שֶׁהַמַּיִם צָפִים עַל גַּבָּיו. הָיוּ הַמַּיִם מִצַּד אֶחָד, מוֹדֶה רַבִּי יְהוֹשֻׁעַ שֶׁמַּטְבִּילִין בַּמַּיִם וְאֵין מַטְבִּילִין בַּטִּיט. בְּאֵיזֶה טִיט אָמְרוּ. בְּטִיט שֶׁהַקָּנֶה יוֹרֵד מֵאֵלָיו, דִּבְרֵי רַבִּי מֵאִיר. רַבִּי יְהוּדָה אוֹמֵר, מְקוֹם שֶׁאֵין קְנֵה הַמִּדָּה עוֹמֵד. אַבָּא אֶלְעָזָר בֶּן דּוֹלְעַאי אוֹמֵר, מְקוֹם שֶׁהַמִּשְׁקֹלֶת יוֹרֶדֶת. רַבִּי אֱלִיעֶזֶר אוֹמֵר, הַיּוֹרֵד בְּפִי חָבִית. רַבִּי שִׁמְעוֹן אוֹמֵר, הַנִּכְנָס בִּשְׁפוֹפֶרֶת הַנּוֹד. רַבִּי אֶלְעָזָר בַּר צָדוֹק אוֹמֵר, הַנִּמְדָּד בַּלֹּג:

---

〔어떤〕 웅덩이에 물과 진흙 40쎄아가 〔섞여〕 있을 때, 엘리에제르 랍비는 〔사람의 몸이나 물건을〕 물에 담가야지 진흙에 담그면 안 된다고 말한다. 예호슈아 랍비는 물과 진흙에 〔담가도 좋다고〕 말한다. 어떤 진흙에 담가도 좋은가? 물이 진흙 위로 넘치는 경우다.

그 물이 한쪽에 〔모여〕 있었다면, 예호슈아 랍비도 물에 담가야지 진흙에 담그면 안 된다는 데 동의한다. 어떤 진흙을 말하는가? 자 막대가 들어갈 수 있는 진흙이라고 메이르 랍비가 주장했다. 예후다 랍비는 자 막대가 서 있을 수 없는 곳이라고 말한다. 아바 엘아자르 벤 돌아이는 무게추가 들어가는 곳이라고 말한다. 엘리에제르 랍비는 병 입구로 들어갈 수 있는 정도라고 말한다. 쉼온 랍비는 가죽부대 관에 들어갈 수 있는 정도라고 말한다. 엘아자르 바르 짜독은 로그로 잴 수 있는 곳이라고 말한다.

- 어떤 물웅덩이를 정결례에 사용할 수 있도록 최소 크기 규정에 맞는 물이 들어 있었는데, 물뿐만 아니라 진흙까지 섞인 상태에서 40쎄아가 되는 상황이었다(「미크바옷」 7, 1). 이때 엘리에제르 랍비는 정결하게 만들 사람의 몸이나 물건을 물에만 담가야지 진흙에 담그면 안 된다고 가르친다. 그러나 예호슈아 랍비는 물과 진흙이 섞여 있는 곳에 담가도 상관없다고 관대한 태도를 보인다.
- 예호슈아 랍비의 주장을 받아들인다면 어떤 진흙에 사람 몸이나 물건을 담가도 좋은가? 진흙이 물 위로 올라올 정도로 쌓인 상황이 아니라 물 밑으로 깔려 있는 경우에만 가능한다. 그러나 만약 물이 한 쪽에 모여 있고 진흙이 다른 쪽에 모여 있다면, 그때는 물에 담그는 것이 좋다고 예호슈아 랍비도 동의했다.
- 처음으로 돌아가서 물과 진흙이 섞여서 최소 크기 규정인 40쎄아로 인정받으려면 그 진흙이 어떤 상태여야 하는가? 메이르 랍비는 자 막대를 꽂으면 밀지 않아도 바닥까지 들어가는 상태라고 주장했다. 예후다 랍비는 자 막대를 꽂으면 바닥까지 내려가지 못해도 똑바로 서 있지 못하는 상태라고 말한다. 아바 엘아자르 벤 돌아이는 건축자들이 쓰는 쇠로 만든 무게추를 올려놓으면(열하 21:13) 그 무게 때문에 파묻히는 정도라고 주장한다. 엘리에제르 랍비는 그리 넓지 않은 병 입구로 들어갈 수 있을 정도라면 물과 섞여 있는 상태로 볼 수 있다고 말한다. 쉼온 랍비는 훨씬 더 좁은 가죽부대 관에 들어갈 수 있을 정도라면 물과 섞여 있는 것이라고 말했다. 엘아자르 바르 짜독은 부피가 로그 정도 들어가는 그릇으로 퍼서 잴 수 있는 정도라면 물과 섞인 진흙으로 볼 수 있다고 주장했다.

## 제3장

정결례를 시행하는 웅덩이에 길어온 물이 섞이는 다양한 상황들을 자세히 설명한다.

### 3, 1

물웅덩이에 길어온 물이 섞이는 경우를 논의한다.

---

רַבִּי יוֹסֵי אוֹמֵר, שְׁנֵי מִקְוָאוֹת שֶׁאֵין בָּהֶם אַרְבָּעִים סְאָה, וְנָפְלוּ לָזֶה לֹג וּמֶחֱצָה וְלָזֶה לֹג וּמֶחֱצָה וְנִתְעָרְבוּ, כְּשֵׁרִים, מִפְּנֵי שֶׁלֹּא נִקְרָא עֲלֵיהֶן שֵׁם פְּסוּל. אֲבָל מִקְוֶה שֶׁאֵין בּוֹ אַרְבָּעִים סְאָה וְנָפְלוּ בוֹ שְׁלשָׁה לֻגִּין וְנֶחֱלַק לִשְׁנַיִם, פָּסוּל, מִפְּנֵי שֶׁנִּקְרָא עָלָיו שֵׁם פְּסוּל. וְרַבִּי יְהוֹשֻׁעַ מַכְשִׁיר, שֶׁהָיָה רַבִּי יְהוֹשֻׁעַ אוֹמֵר, כָּל מִקְוֶה שֶׁאֵין בּוֹ אַרְבָּעִים סְאָה וְנָפְלוּ לוֹ שְׁלשָׁה לֻגִּין וְחָסַר אֲפִלּוּ קָרְטוֹב, כָּשֵׁר, מִפְּנֵי שֶׁחָסְרוּ לוֹ שְׁלשָׁה לֻגִּין. וַחֲכָמִים אוֹמְרִים, לְעוֹלָם הוּא בִפְסוּלוֹ, עַד שֶׁיֵּצֵא מִמֶּנּוּ מְלוֹאוֹ וָעוֹד:

---

요쎄 랍비는 40쎄아가 되지 않는 웅덩이 두 개가 있었는데, 그중 하나에 〔길어온 물 1〕로그와 반이 다른 하나에도 〔1〕로그와 반이 쏟아진 다음 〔서로〕 섞였어도 유효하다고 말하는데, 〔그전에〕 그것들이 무효라고 결정된 적이 없기 때문이라고 〔설명했다〕. 그러나 40쎄아가 되지 않는 웅덩이에 〔길어온 물〕 3로그가 쏟아진 다음 둘로 나누었다면 무효가 되는데, 〔그전에〕 그것이 무효라고 결정되었기 때문이다. 예호슈아 랍비는 유효하다고 했는데, 예호슈아 랍비는 40쎄아가 되지 않는 웅덩이에 〔길어온 물〕 3로그가 쏟아지면 심지어 〔1〕코르토브[5]가 없어도 모두 유효하다고 말해왔으며, 그것이 3로그에 미치지 못하기 때문이라고 〔설명했다〕. 그러나 현인들은 그 〔길어온 물〕 전체 또

---

5) 이 말(קרטב)은 액체나 고체의 부피를 재는 단위이며 64코르토브가 1로그다(야스트로 1416).

는 그 이상을 제거하기 전까지는 영원히 무효라고 말한다.

- 요세 랍비에 따르면 40쎄아에 미치지 못하는 웅덩이 두 개에 각각 길어온 물 1.5로그를 부어서 섞었을 때, 결과적으로 길어온 물이 모두 3로그가 되지만, 이때 유효한 물이 40쎄아가 넘기 때문에 길어온 물이 무효로 만들 수 없으며, 전체는 계속 유효하다고 주장한다.
- 40쎄아에 미치지 못하는 웅덩이에 길어온 물 3로그를 붓고 둘로 나누었으며, 각각 유효한 물을 채워서 40쎄아를 만들었다 해도, 이 물은 무효가 된다. 이미 길어온 물 3로그를 부었을 때 무효가 되었기 때문에, 그 후에 유효한 물을 섞어도 그 성격이 변하지 않는다.
- 예호슈아 랍비는 이에 반대하며, 각각의 웅덩이에 길어온 물 3로그가 들어 있지 않는 한 유효하다고 주장한다. 길어온 물 3로그에서 1코르토브만 빠져도 최소 크기 규정에 미치지 못하기 때문에 물웅덩이가 유효하다는 것이다.
- 현인들은 예호슈아 랍비의 관대한 태도에 반대하며, 길어온 물 3로그를 모두 제거하거나 그것보다 조금 더 제거하기 전까지 그 물웅덩이는 무효라고 주장한다.

### 3, 2

첫째 미쉬나에 이어서 길어온 물이 섞인 웅덩이가 유효하게 되는 조건을 설명한다.

---

כֵּיצַד. הַבּוֹר שֶׁבְּחָצֵר וְנָפְלוּ לוֹ שְׁלֹשָׁה לֻגִּין, לְעוֹלָם הוּא בִפְסוּלוֹ, עַד שֶׁיֵּצֵא מִמֶּנּוּ מְלוֹאוֹ וְעוֹד, אוֹ עַד שֶׁיַּעֲמִיד בֶּחָצֵר אַרְבָּעִים סְאָה וְיִטְהֲרוּ הָעֶלְיוֹנִים מִן הַתַּחְתּוֹנִים. רַבִּי אֱלִיעֶזֶר בֶּן עֲזַרְיָה פּוֹסֵל, אֶלָּא אִם כֵּן פְּקָק:

---

어떻게 〔그렇게 되는가〕? 마당에 있는 웅덩이에 〔길어온 물〕 3로그

가 쏟아졌다면, 그 〔길어온 물〕 전체 또는 그 이상을 제거하기 전까지는 그것이 영원히 무효다. 또는 그 마당에 40쎄아가 들어가는 〔물웅덩이를〕 설치하고 위에 있는 물이 아래 있는 물 때문에 정결해지기 전까지는 〔무효다〕. 엘아자르 벤 아자르야 랍비는 〔새로 설치한 웅덩이를〕 막지 않는다면 〔그것도〕 무효라고 했다.

- 마당에 40쎄아에 미치지 못하는 웅덩이가 있고 그곳에 길어온 물 3로그가 쏟아졌다면 그 웅덩이는 무효가 된다. 다시 유효하게 만들려면 길어온 물을 전부 제거하든지 그 이상을 제거해야 한다. 또는 마당에 높이가 다르고 서로 연결된 물웅덩이를 또 하나 설치하고, 원래 무효인 웅덩이가 위에 새 웅덩이가 밑에 오도록 만든다. 위에 있는 웅덩이에 유효인 물을 첨가하여 이 물이 넘쳐서 아래 웅덩이를 채우면, 아래 웅덩이가 40쎄아를 넘으면서 유효해진다. 그렇다면 서로 연결되어 있는 위에 있는 웅덩이도 유효해진다(「미크바옷」 6, 8).
- 엘아자르 벤 아자르야 랍비는 위에 있는 웅덩이를 막아놓고, 아래 있는 웅덩이에 유효한 물 40쎄아를 채운 다음 다시 연결하면 위에 있는 웅덩이도 유효해진다고 주장한다. 그냥 연결된 채로 물을 채우면 무효인 물이 아래로 흘러내리기 때문이다.

## 3, 3

בּוֹר שֶׁהוּא מָלֵא מַיִם שְׁאוּבִין וְהָאַמָּה נִכְנֶסֶת לוֹ וְיוֹצְאָה מִמֶּנּוּ, לְעוֹלָם הוּא בִּפְסוּלוֹ, עַד שֶׁיִּתְחַשֵּׁב שֶׁלֹּא נִשְׁתַּיֵּר מִן הָרִאשׁוֹנִים שְׁלֹשָׁה לֻגִּין. שְׁנַיִם שֶׁהָיוּ מַטִּילִין לַמִּקְוֶה, זֶה לֹג וּמֶחֱצָה וְזֶה לֹג וּמֶחֱצָה, הַסּוֹחֵט אֶת כְּסוּתוֹ וּמַטִּיל מִמְּקוֹמוֹת הַרְבֵּה, וְהַמְעָרֶה מִן הַצַּרְצוּר וּמַטִּיל מִמְּקוֹמוֹת הַרְבֵּה, רַבִּי עֲקִיבָא מַכְשִׁיר, וַחֲכָמִים פּוֹסְלִין. אָמַר רַבִּי עֲקִיבָא, לֹא אָמְרוּ מַטִּילִין, אֶלָּא מַטִּיל. אָמְרוּ לוֹ, לֹא כָךְ וְלֹא כָךְ אָמְרוּ, אֶלָּא שֶׁנָּפְלוּ לוֹ שְׁלֹשָׁה לֻגִּין:

길어온 물이 가득 찬 웅덩이가 있고 수로가 그곳으로 들어가고 또 나온다면, 처음 있던 〔물〕 중에서 3로그 〔이상이〕 남아 있지 않는 〔상황이 되기〕 전에는 그것이 영원히 무효다.

두 사람이 물웅덩이 하나에 〔길어온 물을〕 부을 때, 한 사람이 〔1〕로그와 반을 그리고 다른 사람이 〔1〕로그와 반을 〔부었다면〕, 어떤 사람이 자기 옷 여러 부분을 짜서 〔물을〕 부었다면, 물병[6]을 기울여서 여러 장소에 〔고인 물을〕 부었다면, 아키바 랍비는 유효하다고 했고 현인들은 무효라고 했다. 아키바 랍비는 그들이 부었다고 말하지 않고 그가 부었다고 말했다고 했다. 〔그러나 현인들은〕 이것도 아니고 그것도 아니며, 3로그가 쏟아졌다고 말했다고 했다.

- 웅덩이가 있고 빗물이 흘러드는 수로와 물이 빠져나가는 수로가 연결되어 있는데, 길어온 물이 그 웅덩이에 가득 차 있었다면, 이 물이 다 빠져나가서 3로그 이하가 되기 전까지는 무효다.
- 한편 (1) 두 사람이 같은 시간에 같은 웅덩이에 물을 길어와서 채웠고, 한 사람이 1.5로그를 다른 사람이 1.5로그를 채운 경우, (2) 어떤 사람이 젖어서 물을 머금은 옷 여러 부분을 짜서 웅덩이에 넣었고 그 물이 3로그 이상인 경우, (3) 어떤 사람이 불규칙하게 생긴 물병 이곳저곳에 고인 물을 웅덩이에 부은 경우, 아키바 랍비는 유효하다고 주장했으나 현인들은 무효라고 했다.
- 아키바 랍비는 고대 랍비들의 말을 인용하며, 길어온 물이 웅덩이를 무효로 만든다는 법규정에 동사가 복수가 아니라 단수로 되어 있기 때문에 두 사람이 물을 길어와서 부었다면 유효하다고 주장했다.

---

6) 이 낱말(צרצור)은 입구에 여과기 역할을 할 수 있는 망이 있는 병을 가리킨다(「켈림」, 2, 8).

옷의 여러 부분이나 병은 여러 부분에서 나온 물도 같은 원리에 따라 유효하다고 주장할 수 있을 것이다. 그러나 현인들은 물을 붓는 방법이 중요하지 않으며, 길어온 물의 양이 3로그이면 무효로 만든다고 강조했다(「미크바옷」 6, 4; 6, 11).

## 3, 4

מִכְּלִי אֶחָד, מִשְּׁנַיִם וּמִשְּׁלשָׁה, מִצְטָרְפִין. וּמֵאַרְבָּעָה, אֵין מִצְטָרְפִין. בַּעַל קֶרִי הַחוֹלֶה שֶׁנָּפְלוּ עָלָיו תִּשְׁעָה קַבִּין מַיִם, וְטָהוֹר שֶׁנָּפְלוּ עַל רֹאשׁוֹ וְעַל רֻבּוֹ שְׁלשָׁה לֻגִּין מַיִם שְׁאוּבִין, מִכְּלִי אֶחָד, מִשְּׁנַיִם וּמִשְּׁלשָׁה, מִצְטָרְפִין. מֵאַרְבָּעָה, אֵין מִצְטָרְפִין. בַּמֶּה דְבָרִים אֲמוּרִים. בִּזְמַן שֶׁהִתְחִיל הַשֵּׁנִי עַד שֶׁלֹּא פָסַק הָרִאשׁוֹן. וּבַמֶּה דְבָרִים אֲמוּרִים. בִּזְמַן שֶׁלֹּא נִתְכַּוֵּן לְרַבּוֹת. אֲבָל נִתְכַּוֵּן לְרַבּוֹת, אֲפִלּוּ קֻרְטוֹב בְּכָל הַשָּׁנָה, מִצְטָרְפִין לִשְׁלשָׁה לֻגִּין:

그릇 하나로, [그릇] 둘 또는 세 개로 [길어온 물을 부었다면, 그 물이] 하나로 연결된다. [그릇] 네 개로 [길어온 물을 부었다면, 그 물은] 연결되지 않는다.

사정한 자가 몸이 아파서 그 위에 물 9카브를 부었을 때, 정결한 자의 머리에 또는 그의 몸 대부분에 길어온 물 3로그를 부었을 때, 그릇 하나로, [그릇] 둘 또는 세 개로 [부었다면, 그 물이] 하나로 연결된다. [그릇] 네 개로 [부었다면, 그 물은] 연결되지 않는다.

이 말들이 무슨 뜻인가? 첫째 [그릇으로 붓는 것이] 끝나지 않았을 때 둘째 [그릇으로 붓기] 시작했을 때 [그렇다는 말이다]. 그리고 이 말들이 [또] 무슨 뜻인가? 그것을 늘리려는 의도가 없을 때 [그렇다는 말이다]. 그러나 늘리려는 의도가 있었다면, 일 년 동안 [1]코르토브만 [늘어나도] 3로그에 합쳐진다.

- 셋째 미쉬나의 문맥에 이어서 길어온 물 3로그를 그릇 하나, 둘, 또는 세 개로 부으면, 그 물이 하나로 합쳐져서 정결한 물을 무효로 만

들 수 있다. 그러나 그릇이 네 개가 되면 그릇 하나에 1로그도 안 된다는 뜻이므로, 그 물이 하나로 합쳐지지 않는다.

- 사정한 자가 몸이 아파서 일반적인 정결례를 행할 수 없을 때 길어온 물 9카브를 부어서 정결하게 하는 경우(「미크바옷」 8, 1-2), 그릇 하나, 둘, 또는 세 개로 부으면 그 물이 하나로 합쳐져서 정결례를 마칠 수 있다. 그리고 정결한 자의 머리나 그의 몸 대부분에 길어온 물 3로그를 부어서 그 사람을 부정하게 만드는 경우라면(「미크바옷」 2, 2), 그릇 하나, 둘 또는 세 개로 부어 합쳐진 물이 그를 부정하게 만든다. 그러나 그릇이 네 개였다면 그 물은 아무런 영향력을 미칠 수 없다.
- 부가 규정으로, 첫째 그릇으로 물을 붓는 것이 끝나지 않은 상태에서 둘째 그릇으로 붓기 시작해야 한다. 또 의도적으로 여러 그릇으로 물을 부으려고 하면 안 되고, 실수로 그렇게 했던 경우만 인정한다는 규정도 있다. 일부러 그렇게 했다면 1년 내내 물만 길어다 부어도 그것이 모두 길어온 물 3로그에 포함되어 웅덩이를 무효로 만든다고 설명한다.

## 제4장

빗물을 받는 송수관 밑에 그릇을 받쳐놓은 경우와 송수관 주둥이가 그릇처럼 생긴 경우, 길어온 물과 빗물이 섞이면서 웅덩이로 흘러들어서 섞인 물이 되었을 경우를 논의하고, 돌 위에 있는 웅덩이나 돌로 만든 그릇에 고인 물이 어떤 지위를 가지는지 설명한다.

### 4, 1
빗물을 받아 웅덩이에 채우는 송수관에 관련된 상황을 논의한다.

הַמַּנִּיחַ כֵּלִים תַּחַת הַצִּנּוֹר, אֶחָד כֵּלִים גְּדוֹלִים וְאֶחָד כֵּלִים קְטַנִּים, אֲפִלּוּ כְלֵי גְלָלִים, כְּלֵי אֲבָנִים, כְּלֵי אֲדָמָה, פּוֹסְלִין אֶת הַמִּקְוֶה. אֶחָד הַמַּנִּיחַ וְאֶחָד הַשּׁוֹכֵחַ, כְּדִבְרֵי בֵית שַׁמַּאי. וּבֵית הִלֵּל מְטַהֲרִין בְּשׁוֹכֵחַ. אָמַר רַבִּי מֵאִיר, נִמְנוּ וְרַבּוּ בֵית שַׁמַּאי עַל בֵּית הִלֵּל. וּמוֹדִים בְּשׁוֹכֵחַ בֶּחָצֵר שֶׁהוּא טָהוֹר. אָמַר רַבִּי יוֹסֵי, עֲדַיִן מַחֲלֹקֶת בִּמְקוֹמָהּ עוֹמֶדֶת:

〔송수관〕 주둥이 밑에 그릇들을 놓으면, 큰 그릇이건 작은 그릇이건, 심지어 똥으로 〔만든〕 그릇, 돌 그릇, 흙으로 〔만든〕 그릇이라 할지라도 웅덩이를 무효로 만든다. 〔그릇을 의도적으로〕 놓았건 〔의도 없이〕 잊어버렸건 〔마찬가지라고〕 샴마이 학파가 주장했다. 그러나 힐렐 학파는 잊어버린 경우는 정결하다고 했다. 메이르 랍비는 그들이 찬반 의사를 조사했고 샴마이 학파에 〔동의하는 자가〕 힐렐 학파보다 많았다고 말했다. 그러나 그들은 마당에 있는 〔웅덩이에 그릇을 놓고〕 잊어버린 경우는 정결하다는 사실에 동의했다. 요쎄 랍비는 그 논쟁이 아직도 그대로 남아 있다고 말했다.

- 빗물을 받아 정결례장으로 쓰는 웅덩이에 채우는 송수관이 있고(셋째 미쉬나), 그 송수관 주둥이 밑에 그릇을 받쳐놓는 경우, 모든 물은 길어온 물이 되며, 그릇의 크기나 수나 재료에 상관없이 그 웅덩이를 무효로 만든다. 특히 똥으로 만든 그릇과 돌 그릇과 흙으로 만들고 굽지 않은 그릇은 부정해지지 않는데도 불구하고(「켈림」 10, 1), 정결례장과 관련해서는 같은 기능을 한다.
- 샴마이 학파는 그릇들을 의도적으로 주둥이 밑에 놓았건 그럴 의도 없이 놓았다가 잊어버렸건 상관이 없으면 두 경우에 모두 웅덩이를 무효로 만든다고 주장했다. 힐렐 학파는 그릇을 놓고 잊어버린 경우에는 그가 물을 길으려는 의도가 없었기 때문에 웅덩이를 무효로 만들지 않는다고 주장했다(「미크바옷」 2, 6-7).

- 메이르 랍비는 이 문제를 놓고 랍비들이 찬반 의사를 조사했다고 말한다. 그 결과 다수 의견은 샴마이 학파를 따랐다고 말한다. 그러나 송수관을 연결하지 않고 마당에 설치한 웅덩이 바닥에 물을 길어올 의도 없이 그릇을 놓아두었고 거기 물이 채워졌을 경우에는 웅덩이 물이 유효하다고 결정했다. 그러나 요쎄 랍비는 이 문제도 아직 해결되지 않았다고 반대한다.

## 4, 2

הַמַּנִּיחַ טַבְלָא תַּחַת הַצִּנּוֹר, אִם יֶשׁ לָהּ לִבְזְבֵז, פּוֹסֶלֶת אֶת הַמִּקְוֶה. וְאִם לָאו, אֵינָהּ פּוֹסֶלֶת אֶת הַמִּקְוֶה. זְקָפָהּ לְדוֹחַ, בֵּין כָּךְ וּבֵין כָּךְ אֵינָהּ פּוֹסֶלֶת אֶת הַמִּקְוֶה:

〔송수관〕 주둥이 밑에 판자를 놓았을 때, 만약 그곳에 테두리가 있다면, 그 웅덩이를 무효로 만든다. 그러나 만약 〔테두리가〕 없다면, 그 웅덩이를 무효로 만들지 않는다. 〔그 판자를〕 씻으려고 세워두었다면, 이런 경우이든 저런 경우이든 그 웅덩이를 무효로 만들지 않는다.

- 첫째 미쉬나와 같은 상황에서 테두리가 있는 판자를 놓아두었다면, 이것은 그릇으로 간주하므로 웅덩이에 채운 물은 길어온 물이 되며 무효가 된다. 판자를 옆으로 세워두었다면 물을 길어올 의도가 없으므로 물론 웅덩이 물이 계속 유효하다.

## 4, 3

송수관 주둥이가 그릇처럼 생긴 경우를 설명한다.

הַחוֹטֵט בְּצִנּוֹר לְקַבֵּל צְרוֹרוֹת, בְּשֶׁל עֵץ, כָּל שֶׁהוּא. וּבְשֶׁל חֶרֶס, רְבִיעִית. רַבִּי יוֹסֵי אוֹמֵר, אַף בְּשֶׁל חֶרֶס, כָּל שֶׁהוּא. לֹא אָמְרוּ רְבִיעִית אֶלָּא בְשִׁבְרֵי כְלֵי חֶרֶס. הָיוּ צְרוֹרוֹת מִתְחַלְחֲלִים בְּתוֹכוֹ, פּוֹסְלִים אֶת הַמִּקְוֶה. יָרַד לְתוֹכוֹ

עָפָר וְנִכְבַּשׁ, כָּשֵׁר. סִלּוֹן שֶׁהוּא צַר מִכָּאן וּמִכָּאן וְרָחָב מִן הָאֶמְצַע, אֵינוֹ פוֹסֵל, מִפְּנֵי שֶׁלֹּא נַעֲשָׂה לְקַבָּלָה:

---

자갈을 모으기 위해서 〔송수관〕 주둥이를 팠다면 〔그 물이 웅덩이를 무효로 만들며〕 나무로 만들었거나 얼마나 〔깊게 팠는지〕 상관없다. 그러나 점토로 만들었다면, 〔오목한 부분에〕 1/4〔로그가 들어가야 한다〕. 요쎄 랍비는 점토로 만들었다고 해도, 얼마나 〔깊게 팠는지〕 상관없다고 말한다. 그들이 1/4〔로그에 관해〕 말한 것은 점토 그릇이 깨진 조각에 관련해서 〔말한 것이다〕.

자갈이 그 〔오목한 부분〕 안에서 굴러다니면, 그 웅덩이를 무효로 만든다. 그 안에 흙이 흘러들어가서 쌓였다면,[7] 〔그 웅덩이가〕 유효하다. 그 주둥이가 이쪽과 저쪽 끝은 좁고 가운데 부분이 넓다고 해도 〔그 웅덩이가〕 무효가 되지 않으니, 그것이 〔물을〕 담으려고 만든 것이 아니기 때문이다.

- 흘러오는 물과 함께 자갈이 내려오는 것을 막기 위해서 송수관 주둥이에 오목한 부분을 만들었다면, 무언가 담을 공간이 생기는 순간 '그릇'이 되며 이 부분을 통과한 물은 웅덩이를 무효로 만든다. 그 주둥이를 나무로 만들었건 오목한 부분이 얼마나 깊건 상관이 없다.
- 그러나 주둥이를 점토로 만들었다면, 점토 그릇의 최소 크기 규정에 따라 1/4로그가 들어가야 그릇으로 기능할 수 있다. 그런데 요쎄 랍비는 이 규정은 고대 전승을 잘못 적용하고 있다고 지적한다. 1/4로그라는 최소 크기 규정은 점토 그릇이 아니라 점토 그릇이 깨진 조각에 관련되어 있다는 것이다(「켈림」 2, 2). 그러므로 이 경우에도

---

7) 이 낱말(נכבש)은 흙을 '다져서 굳게 만든다'는 뜻인데, 어떤 사본에는 흙을 '딱딱하게 만들다'(נגפס)라고 기록되기도 했다.

오목한 부분의 크기와 상관이 없다고 주장한다.

- 주둥이의 오목한 부분에 자갈이 가득 차면 더 이상 '그릇'이 아닌데, 아직 자갈이 그 안에서 놀며 굴러다닌다면 아직 가득 찬 상태가 아니며, 그 물은 웅덩이를 무효로 만든다. 같은 이유로 그 오목한 부분에 흙이 흘러들어가서 쌓였다면, 그 웅덩이가 유효하다.
- 주둥이가 양쪽 끝이 좁고 가운데가 넓어서 물이 고이는 것처럼 보이더라도 이 주둥이에 물을 담을 수는 없기 때문에 '그릇'이 아니며(「켈림」 2, 3), 웅덩이에 모인 물은 무효가 되지 않는다.

### 4, 4

이 미쉬나는 섞인 물에 관해 논의한다.

---

מַיִם שְׁאוּבִין וּמֵי גְשָׁמִים שֶׁנִּתְעָרְבוּ בֶחָצֵר, וּבָעֻקָה, וְעַל מַעֲלוֹת הַמְּעָרָה,
אִם רֹב מִן הַכָּשֵׁר, כָּשֵׁר. וְאִם רֹב מִן הַפָּסוּל, פָּסוּל. מֶחֱצָה לְמֶחֱצָה, פָּסוּל.
אֵימָתַי, בִּזְמַן שֶׁמִּתְעָרְבִין עַד שֶׁלֹּא יַגִּיעוּ לַמִּקְוֶה. הָיוּ מְקַלְּחִין בְּתוֹךְ הַמַּיִם,
אִם יָדוּעַ שֶׁנָּפַל לְתוֹכוֹ אַרְבָּעִים סְאָה מַיִם כְּשֵׁרִים, עַד שֶׁלֹּא יָרַד לְתוֹכוֹ
שְׁלֹשָׁה לֻגִּין מַיִם שְׁאוּבִין, כָּשֵׁר. וְאִם לָאו, פָּסוּל:

---

길어온 물과 빗물이 마당에서 또는 움푹 파인 곳에서, 또는 동굴 계단 위에서 섞였을 때, 만약 유효한 물이 더 많으면 〔섞인 물이〕 유효하다. 그러나 만약 무효인 물이 더 많으면 〔섞인 물이〕 무효가 된다. 반반이었다면 무효가 된다. 어떤 때에 〔그렇게 되는가〕? 웅덩이에 도착하기 전에 서로 섞인 경우다.

〔길어온 물이〕 흘러넘쳐 빗물 속으로 들어갔을 때, 만약 길어온 물 3로그가 그 〔웅덩이〕 속으로 쏟아지기 전에 유효한 물 40쎄아 그 〔웅덩이〕 안에 들어 있다는 사실을 확인했다면, 그것은 유효하다. 그러나 그렇지 않다면 무효가 된다.

- 길어온 물과 빗물이 섞였는데, 마당이나 땅이 움푹 팬 곳이나(「미크바옷」 6, 1) 동굴 안에 웅덩이가 있고 그곳으로 내려가는 계단(6, 1; 7, 7)에서 섞인 다음 웅덩이로 흘러들어가는 상황이다. 유효한 빗물이 더 많을 때는 섞인 물 전체가 유효하다. 무효인 길어온 물이 더 많을 때는 무효가 되고, 반반일 때도 무효가 된다. 그리고 이 모든 경우들은 웅덩이에 도착하기 전에 서로 섞인 상황을 전제한다.
- 길어온 물을 막아놓았으나 흘러넘쳐서 빗물 속에 들어갔을 때, 섞이기 전에 이미 유효한 물 40쎄아가 웅덩이에 들어 있었다면 그 물이 계속 유효하다고 간주한다.

4, 5
돌 위나 돌로 만든 그릇에 고인 물에 관해 논의한다.

---

הַשֹּׁקֶת שֶׁבַּסֶּלַע, אֵין מְמַלְּאִין מִמֶּנָּה, וְאֵין מְקַדְּשִׁין בָּהּ, וְאֵין מַזִּין מִמֶּנָּה, וְאֵינָהּ צְרִיכָה צָמִיד פָּתִיל, וְאֵינָהּ פּוֹסֶלֶת אֶת הַמִּקְוֶה. הָיְתָה כְלִי וְחִבְּרָהּ בְּסִיד, מְמַלְּאִין בָּהּ, וּמְקַדְּשִׁין בָּהּ, וּמַזִּין מִמֶּנָּה, וּצְרִיכָה צָמִיד פָּתִיל, וּפוֹסֶלֶת אֶת הַמִּקְוֶה. נִקְּבָה מִלְּמַטָּה אוֹ מִן הַצַּד וְאֵינָהּ יְכוֹלָה לְקַבֵּל מַיִם כָּל שֶׁהֵם, כְּשֵׁרָה. וְכַמָּה יְהֵא בַנֶּקֶב. כִּשְׁפוֹפֶרֶת הַנּוֹד. אָמַר רַבִּי יְהוּדָה בֶּן בְּתֵירָא, מַעֲשֶׂה בְשֹׁקֶת יֵהוּא שֶׁהָיְתָה בִירוּשָׁלַיִם, וְהָיְתָה נְקוּבָה כִשְׁפוֹפֶרֶת הַנּוֹד, וְהָיוּ כָל הַטָּהֳרוֹת שֶׁבִּירוּשָׁלַיִם נַעֲשׂוֹת עַל גַּבָּהּ, וְשָׁלְחוּ בֵית שַׁמַּאי וּפְחָתוּהָ, שֶׁבֵּית שַׁמַּאי אוֹמְרִים, עַד שֶׁיִּפָּחֵת רֻבָּהּ:

---

바위에 움푹 파인 홈에 〔고인 물에 관하여〕, 그곳에서 채우지 않으며, 그것으로 〔속죄의 물을〕 거룩하게 만들지 않고, 그것으로 뿌리지 않고, 꼭 맞는 뚜껑이 필요하지 않으며, 웅덩이를 무효로 만들지 않는다. 그것을 그릇으로 만들었고 회로 〔땅에〕 고정한 상태라면, 그곳에서 채우며, 그것으로 〔속죄의 물을〕 거룩하게 만들고, 그것으로 뿌리며, 꼭 맞는 뚜껑이 필요하고, 웅덩이를 무효로 만든다. 〔그 그릇〕 밑

에 또는 옆부분에 구멍이 나서 물을 전혀 담을 수 없게 되었다면, 〔그 물은〕 유효하다. 그러면 그 구멍은 얼마나 〔커야 하는가〕? 가죽부대에 〔달린〕 관과 같은 〔크기다〕.

예후다 벤 베테라 랍비는 이것이 예루살렘에 있던 예후의 홈과 같으며, 그곳에 가죽부대에 〔달린〕 관과 같은 〔크기의〕 구멍이 있었고 예루살렘에 있는 모든 정결한 〔웅덩이들은〕 그곳을 이용했다고 말했다. 그런데 샴마이 학파가 〔사람을〕 보내어 그 〔구멍 벽의 높이를〕 줄여버렸는데, 왜냐하면 샴마이 학파는 그 대부분을 줄이지 않으면 〔무효가 된다고〕 말하기 때문이다.

- 바위에 움푹 파인 홈이 있어서 샘물이 흐르다가 고여 있을 때, 이 홈은 그릇으로 간주하지 않는다. 그러므로 속죄의 물과 관련된 제의를 위해서 이 물을 병에 채우거나 거룩하게 만드는 데 쓰거나 뿌리는 데 쓰지 않는다(「파라」 5, 7). 같은 이유로 시체의 부정을 막기 위해 꼭 맞는 뚜껑을 닫을 필요도 없으며, 이 물은 길어온 물이 아니기 때문에 정결례를 위한 웅덩이 물을 무효로 만들지 않는다.
- 바위에서 뗀 돌로 그릇을 만들었는데 회칠하여 땅에 고정한 상태라면, 이것은 그릇으로 간주한다. 속죄의 물 제의와 관련해서 그 물을 채울 수 있고, 거룩하게 만들 수 있고, 뿌릴 수 있다. 그러나 꼭 맞는 뚜껑이 필요하고, 정결례를 위한 웅덩이 물을 무효로 만든다. 그러나 돌로 만든 그 그릇의 밑바닥이나 옆부분에 구멍이 났다면, 더 이상 그릇이라고 볼 수 없으므로, 그 물이 들어가도 웅덩이를 무효로 만들지 않는다. 이때 그 구멍은 가죽부대에 달린 관과 같은 크기여야 하며, 이것은 약손가락 두 개 정도의 크기다(「미크바옷」 6, 7).
- 예후다 벤 베테라 랍비는 제2성전 시대에 있었던 실례를 들어 설명한다. 예루살렘에 '예후의 홈'이 있었는데, 예루살렘에 있는 정결한

웅덩이가 모두 이 장소와 연결된 상태로 의례를 시행했다고 한다. 그런데 샴마이 학파는 웅덩이 벽의 대부분이 부서지지 않으면 아직도 그릇으로 간주한다는 견해를 가지고 있었기 때문에 사람을 보내어 그 구멍 벽을 부수었다고 한다.

## 제5장

샘물이 돌 위를 파서 홈처럼 만든 물길로 지나가는 상황, 그리고 그릇 바깥쪽, 판자 형태의 긴 의자, 여럿으로 갈라진 수로로 흐르는 상황에 관해 논의한다. 정결례와 관련해서 바닷물, 흐르는 물, 방울져 떨어지는 물이 각각 어떻게 다른지도 설명한다.

### 5, 1

샘물이 돌 위에 판 홈을 지나가는 경우를 설명한다.

---

מַעְיָן שֶׁהֶעֱבִירוֹ עַל גַּבֵּי הַשֹּׁקֶת, פָּסוּל. הֶעֱבִירוֹ עַל גַּבֵּי שָׂפָה כָל שֶׁהוּא, כָּשֵׁר חוּצָה לָהּ, שֶׁהַמַּעְיָן מְטַהֵר בְּכָל שֶׁהוּא. הֶעֱבִירוֹ עַל גַּבֵּי בְרֵכָה וְהִפְסִיקוֹ, הֲרֵי הוּא כְמִקְוֶה. חָזַר וְהִמְשִׁיכוֹ, פָּסוּל לַזָּבִים וְלַמְצֹרָעִים וּלְקַדֵּשׁ מֵהֶן מֵי חַטָּאת, עַד שֶׁיֵּדַע שֶׁיָּצְאוּ הָרִאשׁוֹנִים:

---

샘〔물이〕 그 홈 위로 지나가면 무효가 된다. 그 〔물이〕 테두리 위로 지나가면, 그 양이 얼마이든지 그 〔웅덩이〕 바깥쪽은 유효하니, 샘물은 어떤 양이든지 정결하게 만들기 때문이다. 그것이 저수지 위를 지나가다가 멈추었다면, 이것은 물웅덩이와 같다고 〔간주한다〕. 그것이 다시 흐르면, 처음 〔물이〕 다 흘러갔다는 것을 확인하기 전에는 유출병자와 피부병자와 속죄의 물을 거룩하게 만드는 〔용도에 관련하여〕 무효가 된다.

- 땅에 고정되었으나 돌 위에 있는 홈은 그릇으로 간주하며, 바위에 움푹 파인 홈과 다르다(「미크바옷」 4, 5). 만약 샘물이 이렇게 땅에 고정된 홈 위로 흘러 지나가면, 그 홈에 고인 것은 길어온 물과 같으므로, 정결례를 시행할 수 없고 무효가 된다. 그러나 그 물의 일부가 홈 바깥쪽 테두리 위로 지나가면, 그 양이 얼마이든지 물 전체를 유효하게 만드니, 샘물은 아무리 적은 양이라 하더라도 정결하게 만드는 힘이 있기 때문이다.
- 샘물이 흘러서 저수지에 고이며 흘러갔는데 중간을 막아서 샘물이 저수지에 흘러들지 못하게 만들었다면, 이 물은 웅덩이에 고인 물과 마찬가지이며, 40쎄아 이상이 될 때 정결례를 시행하는 데 사용할 수 있다. 다시 물길을 연결해서 샘물이 그 저수지에 흘러들면, 꼭 생수에 몸을 담가 정결례를 행해야 하는 유출병자와 피부병자, 그리고 속죄의 물을 거룩하게 만드는 용도로는 사용할 수 없다(「미크바옷」 1, 8). 왜냐하면 물이 흐르는 것을 끊었던 시간 동안 생수의 지위를 잃었기 때문이며, 처음 저수지에 고인 물이 다 빠지고 난 후 다시 생수를 흐르게 했다면 유효하게 사용할 수 있다(「미크바옷」 3, 2-3).

## 5, 2

הֶעֱבִירוֹ עַל גַּבֵּי כֵלִים אוֹ עַל גַּבֵּי סַפְסָל, רַבִּי יְהוּדָה אוֹמֵר, הֲרֵי הוּא כְמוֹ שֶׁהָיָה. רַבִּי יוֹסֵי אוֹמֵר, הֲרֵי הוּא כְמִקְוֶה, וּבִלְבַד שֶׁלֹּא יַטְבִּיל עַל גַּבֵּי הַסַּפְסָל:

〔샘물이〕 그릇 바깥쪽 또는 긴 의자 위로 지나갈 때, 예후다 랍비는 그 〔물의 성격은〕 그전과 마찬가지라고 말한다. 요쎄 랍비는 그것이 물웅덩이와 마찬가지라고 말하지만, 긴 의자 위로 몸을 담그지는 말라고 했다.

- 샘물이 그릇 안쪽이 아니라 바깥쪽 위로 지나가거나 긴 판자 형태의 의자 위로 지나갔다면, 이 물은 그릇에 들어가지 않았고 길어온 물이 아니다. 그래서 예후다 랍비는 이 물이 그전과 마찬가지로 생수라고 말했고, 따라서 유출병자와 피부병자와 속죄의 물 제의를 위해서 사용할 수 있다고 했다. 그러나 요쎄 랍비는 이 물이 마치 물웅덩이와 마찬가지가 되었다고 말했고, 40쎄아가 되면 일반적인 정결례에 사용할 수 있다고 했다. 그러나 생수는 아니기 때문에 유출병자나 피부병자나 속죄의 물에 사용할 수 없다. 그는 더 추가적인 규정으로 그 물이 그릇 바깥쪽이나 긴 의자 위에 있을 때 몸을 담그지는 말라고 명한다.

## 5, 3

---

מַעְיָן שֶׁהוּא מָשׁוּךְ כְּנָדָל, רִבָּה עָלָיו וְהִמְשִׁיכוֹ, הֲרֵי הוּא כְמוֹ שֶׁהָיָה. הָיָה עוֹמֵד וְרִבָּה עָלָיו וְהִמְשִׁיכוֹ, שָׁוֶה לְמִקְוֶה לְטַהֵר בְּאַשְׁבֹּרֶן, וּלְמַעְיָן לְהַטְבִּיל בּוֹ בְּכָל שֶׁהוּא:

---

샘물이 지네처럼 〔수로 여럿으로〕 흘러나오는데, 〔물의 양이〕 증가하여 계속해서 흘렀다면, 이 〔물의 성격은〕 그 이전과 마찬가지다. 그 〔물이〕 멈추었다가 다시 〔물의 양이〕 증가하여 흐르기 시작했다면, 이것은 물웅덩이와 같으니 멈춘 물일 때 정결하게 만들 수 있고, 샘물과 같으니 그 양이 얼마이든 〔상관없이 무엇을〕 담글 수 있다.

- 샘에서 물이 지네의 발처럼 여러 개의 수로로 흘러나오는데, 어떤 사람이 길어온 물을 첨가해 그 수량이 증가하며 풍성하게 흘렀다면, 샘물이 흐르는 한 길어온 물이 섞였어도 이 물이 생수라는 점에 변함이 없다. 만약 그 샘물이 지네처럼 흐르기를 멈추었다가 길어온 물을 첨가해서 다시 흐르기 시작했다면, 이런 경우 물웅덩이처럼 멈춘

물이 되었을 때 정결하게 만들 수 있고, 샘물처럼 그 양이 40쎄아에 미치지 못해도 무엇을 담가 정결하게 만들 수 있다(「미크바옷」 1, 7).

## 5, 4

바닷물의 지위에 관해 논의한다.

---

כָּל הַיַּמִּים כְּמִקְוֶה, שֶׁנֶּאֱמַר, וּלְמִקְוֵה הַמַּיִם קָרָא יַמִּים, דִּבְרֵי רַבִּי מֵאִיר. רַבִּי יְהוּדָה אוֹמֵר, הַיָּם הַגָּדוֹל כְּמִקְוֶה. לֹא נֶאֱמַר יַמִּים, אֶלָּא שֶׁיֵּשׁ בּוֹ מִינֵי יַמִּים הַרְבֵּה. רַבִּי יוֹסֵי אוֹמֵר, כָּל הַיַּמִּים מְטַהֲרִים בְּזוֹחֲלִין, וּפְסוּלִין לַזָּבִין וְלַמְצֹרָעִים, וּלְקַדֵּשׁ מֵהֶם מֵי חַטָּאת:

---

바닷물은 모두 물웅덩이와 같으니, "물웅덩이를 바다들이라고 부르시니"라고[8] 기록했다고 메이르 랍비가 주장했다. 예후다 랍비는 큰 바다만 웅덩이와 같다고 말한다. 여러 종류의 많은 바다가 있을 때만 바다들이라고 말한다는 것이다. 요쎄 랍비는 바닷물은 흐르고 있을 때 정결하게 만들 수 있으나, 유출병자와 피부병자와 속죄의 물을 거룩하게 만드는 〔용도로는〕 무효가 된다고 말한다.

- 메이르 랍비에 따르면 바닷물과 관련해서는 물웅덩이와 동일한 법을 적용해야 하며(「파라」 8, 8), 이것은 물이 모인 웅덩이(미크베)를 바다들(야밈)이라고 부른 창세기 구절에 기초한다(창 1:10).
- 예후다 랍비는 다른 의견을 제기하는데, 지중해처럼 큰 대양이 웅덩이와 같다고 해석한다. 인용한 성서 구절에서 바다를 복수형 명사로 사용하고 있으므로, 여러 종류의 많은 바다가 흘러 들어 합쳐진 경우를 가리킨다는 것이다. 그 이외 규모가 작은 바다는 샘물과 동일한

---

8) 히브리 성서의 창세기 1:10을 인용하며, 우리말로 "하나님이 뭍을 땅이라 부르시고 모인 물을 바다라 부르시니 하나님이 보시기에 좋았더라"라고 옮겼다.

법을 적용한다.

- 요쎄 랍비는 바닷물도 샘물처럼 흐르고 있을 때는 정결하게 만들 수 있지만, 그렇다고 해도 생수는 아니기 때문에 유출병자와 피부병자와 속죄의 물 제의에 관해서는 무효가 된다고 주장한다.

## 5, 5

הַזּוֹחֲלִין, כְּמַעְיָן. וְהַנּוֹטְפִים, כְּמִקְוֶה. הֵעִיד רַבִּי צָדוֹק עַל הַזּוֹחֲלִין שֶׁרַבּוּ עַל הַנּוֹטְפִים, שֶׁהֵם כְּשֵׁרִים. וְנוֹטְפִים שֶׁעֲשָׂאָן זוֹחֲלִין, סוֹמֵךְ אֲפִלּוּ מַקֵּל, אֲפִלּוּ קָנֶה, אֲפִלּוּ זָב וְזָבָה, יוֹרֵד וְטוֹבֵל, דִּבְרֵי רַבִּי יְהוּדָה. רַבִּי יוֹסֵי אוֹמֵר, כָּל דָּבָר שֶׁהוּא מְקַבֵּל טֻמְאָה, אֵין מַזְחִילִין בּוֹ:

호르는 물은 샘물과 같고, 방울져 떨어지는 물은 웅덩이와 같다. 짜독 랍비는 방울져 떨어지는 물이 흐르는 물에 〔첨가되어 물이〕 늘어나면, 이것은 유효하다고 증언했다. 방울져 떨어지는 물을 흐르는 물로 만들었다면, 그 〔물을〕 막대기나 갈대나 심지어 유출병이 〔걸린〕 남자나 여자가 〔흐르게〕 만들었다 해도, 그 〔물로〕 내려가 몸을 담가도 〔좋다고〕 예후다 랍비가 주장했다. 요쎄 랍비는 부정해질 수 있는 물건으로는 그 〔물을〕 흐르게 만들면 안 된다고 말한다.

- 흐르는 물은 샘물과 같은 규정을 적용하여, 물의 양과 상관없이 사람이나 물건을 정결하게 만들 수 있다. 흐르는 물은 어디선가 솟아나왔을 것이기 때문이다. 방울져 떨어지는 물은 웅덩이와 같은 규정을 적용하며, 물의 양이 40쎄아가 되었을 때 정결하게 만든다. 떨어지는 물은 빗물과 같기 때문이다.
- 짜독 랍비는 흐르는 물에 방울져 떨어지는 물이 일부 첨가되어도, 흐르는 물이 더 많은 부분을 차지하고 있으므로 생수로 간주하고, 유효하다고 주장한다(「에두욧」 7, 3).

- 방울져 떨어지는 물이 충분히 깊게 고이지 않기 때문에, 막대기나 갈대를 사용해서 한곳에 깊게 모이면서 흘러가도록 만들었다면, 심지어 유출병자가 그 작업에 참여했다 하더라도, 그곳에서 정결례를 시행해도 좋다(「미크바옷」 7, 7).
- 요쎄 랍비는 이런 작업에 부정해질 수 있는 물건을 사용하면 안 된다고 지적하며, 특히 유출병자가 일을 하고 있다면 큰 문제가 될 수 있다고 말한다(「파라」 6, 4).

## 5, 6

גַּל שֶׁנִּתְלַשׁ וּבוֹ אַרְבָּעִים סְאָה, וְנָפַל עַל הָאָדָם וְעַל הַכֵּלִים, טְהוֹרִים. כָּל מָקוֹם שֶׁיֵּשׁ בּוֹ אַרְבָּעִים סְאָה, טוֹבְלִין וּמַטְבִּילִין. מַטְבִּילִין בַּחֲרִיצִין וּבִנְעָצִים וּבְפַרְסַת הַחֲמוֹר הַמְעֹרֶבֶת בַּבִּקְעָה. בֵּית שַׁמַּאי אוֹמְרִים, מַטְבִּילִין בְּחַרְדָּלִית. בֵּית הִלֵּל אוֹמְרִים, אֵין מַטְבִּילִין. וּמוֹדִים שֶׁהוּא גוֹדֵר כֵּלִים וְטוֹבֵל בָּהֶם. וְכֵלִים שֶׁגָּדַר בָּהֶם, לֹא הֻטְבְּלוּ:

〔바다에서〕 떨어져나온 파도가 40쎄아가 되고, 어떤 사람이나 그릇 위에 쏟아졌다면, 〔그 사람이나 그릇은〕 정결해진다. 40쎄아가 된다면 어떤 곳이든 〔몸을〕 담그거나 〔물건을〕 담글 수 있다. 〔물건을〕 담그려면 도랑이나 배수로나 계곡과 연결된 당나귀 길도 〔상관없다〕. 샴마이 학파는 흐르는 빗물에 〔물건을〕 담가도 좋다고 말한다. 힐렐 학파는 〔물건을〕 담그면 안 된다고 말한다. 그러나 그릇으로 막고 그곳에 〔몸을〕 담가도 되지만, 그곳을 막은 그릇은 〔물에〕 담근 것이 아니라는 점에 동의한다.

- 바다에서 파도가 쳐서 40쎄아가 되는 물이 부정한 사람이나 그릇 위에 쏟아졌다면 그 사람이나 그릇이 정결해진다. 이것은 샘물처럼 흐르는 물이 정결하게 만드는 규정과 웅덩이처럼 40쎄아가 되었을 때 정결하게 만드는 규정이 적용된 것이다(「미크바옷」 1, 7).

- 물의 양이 40쎄아가 된다면 어떤 곳이든 몸을 담그거나 물건을 담가 정결례를 행할 수 있다. 그것이 도랑이나 배수로나 당나귀가 많이 다녀서 파인 길에 계곡물이 흘러 고인 장소라도 상관없다.
- 비가 온 뒤 산에서 흘러내리는 빗물에 관하여 샴마이 학파는 40쎄아가 넘으면 정결례에 사용해도 좋다고 주장했고, 힐렐 학파는 빗물이기 때문에 한 장소에 멈추지 않으면 사용할 수 없다고 주장했다(「에두욧」 5, 2).
- 그러나 샴마이 학파와 힐렐 학파 모두 흐르는 빗물을 그릇으로 막고 정결례를 시행해도 좋지만, 만약 물을 막는 데 쓴 그릇이 부정하다면, 빗물은 그릇 바깥쪽으로 모았으므로, 그 그릇 자체는 물에 담근 상태가 아니라고 설명한다.

## 제6장

웅덩이와 연결된 물과 웅덩이 물이 넘치면서 유효한 물과 길어온 물이 섞이는 경우, 해면이나 양동이 안에 들어 있는 물이 섞이는 경우, 바다에 상자나 자루가 떠 있는 경우, 사람이나 그릇이 정결례를 시행했는데 부정해지는 특별한 경우 등에 관해 논의한다.

### 6, 1
웅덩이 물이 연결되는 문제에 관해 논의한다.

---

כָּל הַמְעֹרָב לַמִּקְוֶה, כַּמִּקְוֶה. חוֹרֵי הַמְּעָרָה וְסִדְקֵי הַמְּעָרָה, מַטְבִּיל בָּהֶם כְּמָה שֶׁהֵם. עֻקַּת הַמְּעָרָה, אֵין מַטְבִּילִין בָּהּ אֶלָּא אִם כֵּן הָיְתָה נְקוּבָה כִּשְׁפוֹפֶרֶת הַנּוֹד. אָמַר רַבִּי יְהוּדָה, אֵימָתַי, בִּזְמַן שֶׁהִיא מַעֲמֶדֶת עַצְמָהּ. אֲבָל אִם אֵינָהּ מַעֲמֶדֶת עַצְמָהּ, מַטְבִּילִין בָּהּ כְּמָה שֶׁהִיא:

---

웅덩이 〔물과〕 연결되어 있는 것은 모두 웅덩이와 같다고 〔간주한다〕. 동굴에 있는 구멍이나 동굴의 갈라진 틈에서는 있는 그대로 〔무엇을〕 담근다. 동굴에 있는 구덩이에서는 가죽부대에 달린 대롱만큼 구멍이 없다면 〔무엇을〕 담그지 않는다. 예후다 랍비가 언제 〔그렇게 하느냐고 물었다〕. 그 〔구덩이가〕 따로 있을 때 〔그렇게 한다〕. 그러나 만약 그것이 따로 있는 〔경우가〕 아니라면, 있는 그대로 〔무엇을〕 담근다.

- 웅덩이 물과 연결되어 있는 물에는 모두 웅덩이와 같은 법규정을 적용한다.
- 동굴에 구멍이 있거나 바위가 갈라져서 웅덩이가 된 경우라면 적법한 웅덩이와 연결되지 않아도 있는 그대로 어떤 물건을 담가 정결례를 시행할 수 있다. 동굴 웅덩이 옆에 구덩이가 파인 경우에는 가죽부대에 달린 대롱과 같은 크기로 구멍이 뚫려서 웅덩이와 연결되었을 때에만 정결례장으로 사용할 수 있다(「미크바옷」 4, 5). 예후다 랍비는 이런 경우 구덩이 벽이 웅덩이와 연결되지 않고 완전히 분리되어 있을 때만 그렇다고 설명했다. 구덩이가 따로 있지 않고 웅덩이와 연결되어 있다면 구멍이 없어도 있는 그대로 정결례장으로 쓸 수 있다.

## 6, 2

---

דְּלִי שֶׁהוּא מָלֵא כֵלִים וְהִטְבִּילָן, הֲרֵי אֵלּוּ טְהוֹרִים. וְאִם לֹא טָבַל, אֵין הַמַּיִם מְעֹרָבִין, עַד שֶׁיִּהְיוּ מְעֹרָבִין כִּשְׁפוֹפֶרֶת הַנּוֹד:

---

그릇을 가득 채운 양동이를 〔물에〕 담갔다면, 그것들은 정결하다. 그러나 만약 〔그 양동이를〕 담그지 않았다면, 그 〔양동이 안에 들어 있는〕 물은 가죽부대에 달린 대롱만큼 연결되기 전까지는 연결되지

않았다고 〔간주한다〕.

- 양동이에 그릇을 채워서 물에 담갔다면 웅덩이의 물이 입구를 통해 들어가므로 적절히 정결례를 시행한 것으로 간주한다. 양동이를 충분히 물 속에 담그지 않고 일부만 넣었고 물이 입구가 아니라 옆면이나 바닥의 구멍으로 들어갔다면, 구멍의 크기가 가죽부대 대롱과 같을 때부터 정결례를 시행한 것으로 간주한다(다섯째 미쉬나).

## 6, 3

שְׁלֹשָׁה מִקְוָאוֹת, בָּזֶה עֶשְׂרִים סְאָה, וּבָזֶה עֶשְׂרִים סְאָה, וּבָזֶה עֶשְׂרִים סְאָה מַיִם שְׁאוּבִין, וְהַשָּׁאוּב מִן הַצַּד, וְיָרְדוּ שְׁלֹשָׁה וְטָבְלוּ בָהֶן וְנִתְעָרְבוּ, הַמִּקְוָאוֹת טְהוֹרִין וְהַטּוֹבְלִים טְהוֹרִים. הָיָה הַשָּׁאוּב בָּאֶמְצַע, וְיָרְדוּ שְׁלֹשָׁה וְטָבְלוּ בָהֶם וְנִתְעָרְבוּ, הַמִּקְוָאוֹת כְּמוֹת שֶׁהָיוּ, וְהַטּוֹבְלִים כְּמוֹת שֶׁהָיוּ:

웅덩이가 세 개가 있는데, 〔유효한 물이 그중〕 하나에 20쎄아가 〔들어 있고 다른〕 하나에도 20쎄아가 〔들어 있으며, 또 다른〕 하나에 길어온 물 20쎄아가 〔들어 있고〕, 길어온 물이 가장자리에 있을 때, 세 사람이 내려가서 그 안에 〔몸을〕 담갔고 〔물이 넘쳐〕 섞였다면, 그 웅덩이들은 정결하며 〔몸을〕 담근 자들도 정결하다. 길어온 물이 가운데 있을 때, 세 사람이 내려가서 그 안에 〔몸을〕 담갔고 〔물이 넘쳐〕 섞였다면, 웅덩이들은 〔이전과〕 같은 〔상태이며 몸을〕 담근 자들도 〔이전과〕 같은 〔상태다〕.

- 웅덩이가 세 개 있는데, 그중 두 개 안에는 유효한 물이 들어 있고 가장자리에 있는 웅덩이에 길어온 물이 들어 있다. 세 사람이 각각 웅덩이에 들어가 몸을 담그면서 물이 넘쳐서 섞였다면, 유효한 물이 들어 있는 웅덩이 둘이 가까이 붙어 있으므로 먼저 섞이면서 40쎄아가

되는 온전한 웅덩이가 되고 그 후 길어온 물이 든 웅덩이 물과 섞이므로, 결국 모든 웅덩이 물이 정결하며 그곳에 몸을 담근 자들도 정결하다.

- 그러나 유효한 물이 들어 있는 웅덩이가 양쪽 가장자리에 있고 길어온 물이 든 웅덩이가 가운데 있었다면, 가운데 길어온 물이 있어서 유효한 물이 합쳐질 수 없는 상태에서 길어온 물이 넘친 양이 3로그가 되지 않을 것으로 보고, 유효한 물이 든 웅덩이가 무효가 되지 않는다. 가운데 길어온 물이 든 웅덩이가 유효하게 되는지 여부는 의심스러운데(「미크바옷」 2, 3), 유효한 물이 많이 섞여서 40쎄아가 된다면 유효하게 될 것이다.

## 6, 4

הַסְּפוֹג וְהַדְּלִי שֶׁהָיוּ בָהֶן שְׁלשָׁה לֻגִּין מַיִם וְנָפְלוּ לַמִּקְוֶה, לֹא פְסָלוּהוּ, שֶׁלֹּא אָמְרוּ אֶלָּא שְׁלשָׁה לֻגִּין שֶׁנָּפְלוּ:

만약 물이 3로그가 들어 있는 해면이나 양동이가 웅덩이에 빠졌을 때, 그들은 그 〔웅덩이를〕 무효라고 하지 않았다. 왜냐하면 〔물〕 3로그가 떨어지는 〔경우만〕 기록되어 있기 때문이다.

- 이 미쉬나는 길어온 물 3로그가 웅덩이에 쏟아지면 그 웅덩이가 무효가 된다는 고대의 규정을 확대해석해서 해면이나 양동이 안에 있는 물까지 포함시키면 안 된다고 주장한다. 법규정의 표현을 그대로 따라서 물이 쏟아졌을 경우만 웅덩이가 무효가 된다.

## 6, 5

הַשִּׁדָּה וְהַתֵּבָה שֶׁבַּיָּם, אֵין מַטְבִּילִין בָּהֶם, אֶלָּא אִם כֵּן הָיוּ נְקוּבִין כִּשְׁפוֹפֶרֶת הַנּוֹד. רַבִּי יְהוּדָה אוֹמֵר, בִּכְלִי גָדוֹל, אַרְבָּעָה טְפָחִים. וּבְקָטָן, רֻבּוֹ. אִם הָיָה

שַׁק אוֹ קֻפָּה, מַטְבִּילִין בָּהֶם כְּמָה שֶׁהֵם, מִפְּנֵי שֶׁהַמַּיִם מְעֹרָבִין. הָיוּ נְתוּנִים תַּחַת הַצִּנּוֹר, אֵינָם פּוֹסְלִים אֶת הַמִּקְוֶה, אֶלָּא מַטְבִּילִין אוֹתָן וּמַעֲלִין אוֹתָן כְּדַרְכָּן:

---

바다에 궤짝이나 상자가 〔떠 있을 때〕 가죽부대에 달린 대롱만 한 구멍이 나 있지 않으면 그 안에 〔무엇을〕 담그지 않는다. 예후다 랍비는 큰 그릇이라면 〔구멍이〕 4테팍이어야 하며, 작은 〔그릇이라면 구멍이 그 그릇의〕 대부분을 차지해야 한다고 말한다.

만약 자루나 바구니가 있을 때는 있는 그대로 〔무엇을〕 담그는데, 왜냐하면 그 물은 연결되어 있기 때문이다. 그것들이 〔수로〕 주둥이 밑에 있을 때는, 그 웅덩이를 무효로 만들지 않으며, 적절한 방법으로 그것들을 〔물에〕 담그고 들어 올린다.

- 바다 위에 궤짝이나 상자가 떠 있고 바닷물이 어느 정도 들어 있을 때, 가죽부대에 달린 대롱 크기만 한 구멍이 있다면 바닷물과 연결된 것으로 보고(둘째 미쉬나), 정결례를 시행하는 데 유효하다고 간주한다. 예후다 랍비는 좀 더 엄격한 규정을 주장하는데, 상자가 4테팍 이상으로 크다면 그 구멍이 4테팍이어야 하고, 상자가 4테팍보다 작다면 그 구멍이 상자의 대부분을 차지해야 한다고 주장한다.
- 바다 위에 자루나 바구니가 떠 있고 바닷물이 어느 정도 들어 있을 때, 있는 그대로 그릇을 담가 정결례를 시행할 수 있는데, 자루나 바구니는 벽에 구멍이 많아서 바닷물과 연결되어 있기 때문이다.
- 배수로 주둥이 밑에 자루나 바구니를 받쳐놓아서 물이 자루나 바구니를 통해 웅덩이에 차는 상황이더라도 이 물은 길어온 물이 아니라고 간주하며, 그 웅덩이는 무효가 되지 않는다. 다만 다른 그릇을 담그고 꺼낼 때 적절한 방법을 이용해야 한다(「미크바옷」 7, 6).

6, 6

사람이나 그릇이 동시에 정결하기도 하고 부정하기도 하다는 특이한 주장을 한다.

---

גִּסְטְרָא שֶׁבַּמִּקְוֶה וְהִטְבִּיל בָּהּ אֶת הַכֵּלִים, טָהֲרוּ מִטֻּמְאָתָן, אֲבָל טְמֵאִים עַל גַּב כְּלִי חֶרֶס. אִם הָיוּ הַמַּיִם צָפִים עַל גַּבָּיו כָּל שֶׁהֵן, טְהוֹרִין. מַעְיָן הַיּוֹצֵא מִן הַתַּנּוּר וְיָרַד וְטָבַל בְּתוֹכוֹ, הוּא טָהוֹר וְיָדָיו טְמֵאוֹת. וְאִם הָיוּ עַל גַּבָּיו רוּם יָדָיו, אַף יָדָיו טְהוֹרוֹת:

---

웅덩이 안에 깨진 그릇이 있고 〔다른〕 그릇들을 그 안에 담갔을 때, 그 〔그릇들은〕 부정으로부터 정결해지지만, 그 〔깨진〕 그릇 때문에 부정해진다. 만약 물이 얼마가 되었든지 그 〔깨진〕 그릇 위로 차 올랐다면, 그것들이 정결하다.

화덕에서 흘러나오는 샘물이 있고 〔어떤 사람이〕 내려가서 그 안에 〔몸을〕 담갔을 때, 그는 정결하지만 그의 손은 부정해진다. 그러나 만약 〔물이〕 그의 손 높이 위까지 〔미쳤다면〕, 그의 손도 정결하다.

- 웅덩이 안에 부정한 깨진 토기 그릇이 떠 있고(「켈림」 4, 3) 물이 깨진 부분으로 들어가고 있을 때 정결례를 시행하려고 다른 그릇들을 그 웅덩이에 담갔다면, 원래의 부정은 사라지지만 그 그릇들을 꺼낼 때 바깥쪽에 묻은 물이 깨진 토기 그릇과 같은 공간에 있으므로 공기를 통해 부정해진다. 토기는 원래 물에 담가 정결하게 만들 수 없으며, 부정해진 물은 그 물이 묻은 그릇을 부정하게 만들기 때문이다(「켈림」 8, 4). 그러나 물의 수위가 이 깨진 토기 그릇보다 높다면, 다른 그릇들이 정결하다. 깨진 그릇이 공기 중에 노출되지 않으므로 공기를 통해 물을 부정하게 만들 수 없다.
- 샘물이 점토로 만들고 부정한 화덕에서 흘러나오는데, 어떤 사람이

그 샘물에 들어가 몸을 담갔다. 그는 정결해지는데, 사람은 토기나 부정한 물 때문에 부정해지지 않기 때문이다. 그러나 그의 손은 부정한데, 사람의 손은 부정한 화덕의 공기를 통해 부정해지기 때문이다(「야다임」 3, 1). 만약 물의 수위가 화덕보다 높다면 그의 손도 정결하니, 부정한 화덕이 공기를 통해 부정을 전이할 수 없기 때문이다.

## 6, 7
최소 크기 규정에 맞지 않는 웅덩이 둘이 합쳐질 수 있는지 논의한다.

---

עֵרוּב מִקְוָאוֹת, כִּשְׁפוֹפֶרֶת הַנּוֹד, כְּעָבְיָהּ וְכַחֲלָלָהּ, כִּשְׁתֵּי אֶצְבָּעוֹת חוֹזְרוֹת לִמְקוֹמָן. סָפֵק כִּשְׁפוֹפֶרֶת הַנּוֹד, סָפֵק שֶׁאֵינָהּ כִּשְׁפוֹפֶרֶת הַנּוֹד, פְּסוּלָה, מִפְּנֵי שֶׁהִיא מִן הַתּוֹרָה. וְכֵן כַּזַּיִת מִן הַמֵּת וְכַזַּיִת מִן הַנְּבֵלָה וְכָעֲדָשָׁה מִן הַשֶּׁרֶץ. כֹּל שֶׁיַּעֲמֹד כִּשְׁפוֹפֶרֶת הַנּוֹד, מְמַעֲטָהּ. רַבָּן שִׁמְעוֹן בֶּן גַּמְלִיאֵל אוֹמֵר, כֹּל שֶׁהוּא מִבְּרִיַּת הַמַּיִם, טָהוֹר:

---

물웅덩이들이 연결되는 〔경우는 그 사이에〕 그 두께와 공간이 가죽부대에 달린 대롱만 한 〔구멍이 있어서〕 손가락 두 개가 그자리에서 돌 수 있어야 한다. 가죽부대에 달린 대롱만 한지 의심이 생기거나 가죽부대에 달린 대롱만 하지 않은지 의심이 생긴다면 무효가 되니, 이것은 토라에서 유래된 〔규정이기〕 때문이다. 시체의 〔일부분이〕 올리브 열매만 할 때, 죽은 채 발견된 것의 〔일부분이〕 올리브 열매만 할 때, 기는 것이 편두만 할 때라는 〔규정들도 그러하다〕.

가죽부대에 달린 대롱만 한 〔구멍에〕 있는 모든 것들은 그 〔구멍의 크기를〕 줄인다고 〔간주한다〕. 쉼온 벤 감리엘 라반은 그것이 무엇이든 물에 〔사는〕 생물이라면 정결하다고 말한다.[9]

---

9) 여기서 쉼온 벤 감리엘이 '정결하다'고 한 말은 사실은 구멍의 크기를 '줄이지

- 최소 크기 규정인 40쎄아에 미치지 못하는 물웅덩이 두 개가 있을 때 가죽부대에 달린 대롱만 한 구멍으로 연결되어 있다면 규정에 맞는 물웅덩이 하나로 인정해준다. 다른 말로 하면 손가락 두 개가 들어가서 돌 수 있는 정도의 구멍이 있어야 한다. 어떤 사람이 이런 웅덩이에 몸을 담갔는데, 구멍의 크기가 규정에 맞는지 확신할 수 없는 상황이라면, 그 정결례는 무효가 된다. 물웅덩이에 몸을 담그면 유효한 정결례가 되고, 의심스러운 웅덩이라면 부정하다는 원리는 토라에 나와 있기 때문이다(「미크바옷」 2, 1-2). 마찬가지로 시체와 죽은 채 발견된 것과 기는 것이 정결법과 관련해서 의심이 생기는 상황이라면 부정하다고 간주한다.
- 만약 두 웅덩이를 연결하는 구멍에 어떤 것이 걸리며 구멍이 작아진다면, 그 웅덩이들은 더 이상 연결된 웅덩이가 아니다. 그러나 쉼온 벤 감리엘 라반에 따르면, 구멍 안에 어떤 수중 생물이 있을 때는 구멍의 크기가 작아지지 않으며 그 웅덩이들은 서로 연결된 웅덩이 하나로 간주한다.

### 6, 8

유효한 물웅덩이로 다른 웅덩이를 유효하게 만드는 경우를 설명한다.

---

מְטַהֲרִים אֶת הַמִּקְוָאוֹת, הָעֶלְיוֹן מִן הַתַּחְתּוֹן, וְהָרָחוֹק מִן הַקָּרוֹב. כֵּיצַד. מֵבִיא סִלּוֹן שֶׁל חֶרֶס אוֹ שֶׁל אֲבָר, וּמַנִּיחַ יָדוֹ תַּחְתָּיו, עַד שֶׁהוּא מִתְמַלֵּא מַיִם, וּמוֹשְׁכוֹ וּמַשִּׁיקוֹ, אֲפִלּוּ כַּשַּׂעֲרָה, דַּיּוֹ. הָיָה בָעֶלְיוֹן אַרְבָּעִים סְאָה וּבַתַּחְתּוֹן אֵין כְּלוּם, מְמַלֵּא בַכָּתֵף וְנוֹתֵן לָעֶלְיוֹן, עַד שֶׁיֵּרְדוּ לַתַּחְתּוֹן אַרְבָּעִים סְאָה:

---

않는다'는 뜻이다. 수중 생물이 벌레나 곤충처럼 기는 것이고 죽은 상태라면 정결하다고 말할 수 없기 때문이다. 같은 랍비가 비슷한 말을 한 경우로 「야다임」 2, 2를 참조하라.

물웅덩이들을 정결하게 만드는 〔경우는〕 위에 있는 〔웅덩이의 길어온 물을〕 아래에 있는 〔웅덩이의 유효한 물과 섞거나〕, 멀리 있는 〔웅덩이의 길어온 물을〕 가까이에 있는 〔웅덩이의 유효한 물과 섞는 경우다〕. 어떤 〔경우에 그렇게 되는가〕? 〔어떤 사람이〕 점토나 납으로 만든 관을 〔한 웅덩이에〕 대고, 물이 가득 찰 때까지 자기 손으로 밑을 받쳐 들고 있다가, 그것을 옮겨서 〔다른 웅덩이에〕 물을 채웠다면, 심지어 머리카락만 한 〔물줄기가 흘러도〕 그것으로 충분하다.

위에 있는 〔웅덩이에 물〕 40쎄아가 있었고 아래에 있는 〔웅덩이에〕 아무것도 없을 때, 〔어떤 사람이 물을 길어〕 어깨에 메고 와 위에 있는 〔웅덩이에〕 부어서, 〔그 물이〕 아래에 있는 〔웅덩이로〕 흘러내려 40쎄아가 되도록 해야 한다.

- 경사로에 물웅덩이가 두 개 있는데, 위에는 길어온 물이 들어 있고 아래는 유효한 물이 담겨 있을 때, 두 가지 물이 섞이면(하샤카) 위의 웅덩이가 아래 웅덩이로 인하여 정결해진다. 계곡에 물웅덩이가 두 개 있는데 멀리서 길어온 물이 들어 있고 가까이에 유효한 물이 담겨 있을 때, 역시 두 가지 물이 섞이면 길어온 물이 유효하게 변한다. 이런 현상은 토기나 납으로 만든 관으로 물을 받아 섞을 때 웅덩이 두 개가 하나로 연결되면서 일어난다(「미크바옷」 3, 2).
- 위에 있는 웅덩이에 유효한 물이 40쎄아가 들어 있고 밑에 있는 웅덩이는 비어 있을 때, 그릇으로 물을 길어온다면 위에 있는 웅덩이에 부어서 그 물이 넘쳐 밑에 있는 웅덩이에 40쎄아가 찰 때까지 반복해야 한다. 이미 40쎄아가 넘은 유효한 물에 길어온 물을 첨가해도 부정해지지 않으므로, 이런 방법으로 밑에 있는 웅덩이에도 유효한 물을 채울 수 있다.

## 6, 9

כֹּתֶל שֶׁבֵּין שְׁתֵּי מִקְוָאוֹת שֶׁנִּסְדַּק לַשְּׁתִי, מִצְטָרֵף. וְלָעֵרֶב, אֵין מִצְטָרֵף, עַד שֶׁיְּהֵא בְמָקוֹם אֶחָד כִּשְׁפוֹפֶרֶת הַנּוֹד. רַבִּי יְהוּדָה אוֹמֵר, חִלּוּף הַדְּבָרִים. נִפְרְצוּ זֶה בְתוֹךְ זֶה, עַל רוּם, כִּקְלִפַּת הַשּׁוּם. וְעַל רֹחַב, כִּשְׁפוֹפֶרֶת הַנּוֹד:

물웅덩이 두 개 사이에 벽이 있는데, 수직 방향으로 갈라졌다면, [두 웅덩이의 물은] 서로 연결된다. 수평 방향으로 [갈라졌다면], 한 곳에 가죽부대에 달린 대롱만 한 [구멍이 생기기] 전까지는 연결된 것이 아니다. 예후다 랍비는 규정들이 뒤바뀌었다고 말한다. [웅덩이] 하나에서 [다른] 하나로 터진 부분이 있다면, 마늘 껍질만 한 높이일 때부터 그리고 가죽부대에 달린 대롱만 한 넓이일 때부터 [연결된 것으로 간주한다].

- 물웅덩이 두 개 사이에 벽이 있고 갈라진 틈이 있는데, 수직으로 갈라졌다면 양쪽 웅덩이의 물이 섞인 것이다. 수평으로 갈라졌다면 높이에 따라 물이 섞였을 수도 있고 섞이지 않았을 수도 있으므로, 가죽부대에 달린 대롱만 한 구멍이 있어야 섞인 것으로 간주한다. 예후다 랍비는 그 반대가 적절한 법규정이라고 주장한다.
- 그 벽에 터진 부분이 있다면 특정한 높이와 넓이에 맞을 때부터 연결된 것으로 간주한다.

## 6, 10

욕조를 정결례 용도로 사용해도 좋은지 논의한다.

הָאָבִיק שֶׁבַּמֶּרְחָץ, בִּזְמַן שֶׁהוּא בָאֶמְצַע, פּוֹסֵל. מִן הַצַּד, אֵינוֹ פוֹסֵל, מִפְּנֵי שֶׁהוּא כְמִקְוֶה סָמוּךְ לְמִקְוֶה, דִּבְרֵי רַבִּי מֵאִיר. וַחֲכָמִים אוֹמְרִים, אִם מְקַבֶּלֶת הָאַמְבָּטִי רְבִיעִית עַד שֶׁלֹּא יַגִּיעוּ לָאָבִיק, כָּשֵׁר. וְאִם לָאו, פָּסוּל. רַבִּי אֱלְעָזָר בְּרַבִּי צָדוֹק אוֹמֵר, אִם מְקַבֵּל הָאָבִיק כָּל שֶׁהוּא, פָּסוּל:

목욕탕에 배수관이 있는데, 그것이 가운데 있다면 〔그 목욕탕은〕 무효가 된다. 그것이 옆에 있다면 〔그 목욕탕은〕 무효가 되지 않으니, 그것은 〔어떤〕 웅덩이와 가까운 곳에 있는 〔다른〕 웅덩이와 같기 때문이라고 메이르 랍비가 주장한다. 그러나 현인들은 그 욕조의 〔물이〕 배수관에 이르기 전에 1/4〔로그를〕 받을 수 있다면 유효하나, 만약 그렇지 않다면 무효가 된다고 말한다. 엘아자르 바르 짜독 랍비는 만약 그 배수관이 물을 얼마 만큼이라도 담게 생겼다면 〔그 욕조는〕 무효가 된다고 말한다.

- 빗물을 받아 씻는 목욕탕에 배수관이 있는데, 바깥쪽에 마개가 있어서 물이 흐르게 열어두거나 흐르지 못하게 막을 수 있다. 그런데 마개로 막으면 배수로 안에 있는 물은 길어온 물로 변한다. 그러므로 배수관이 바닥 가운데 있다면 그 길어온 물 때문에 목욕탕 물은 무효가 된다. 배수관이 옆면 벽에 있다면 무효가 되지 않으니, 이것은 목욕탕과 배수관이 서로 다른 웅덩이이고, 유효한 물이 든 웅덩이 옆에 길어온 물이 든 웅덩이가 있는 셈이라고 메이르 랍비가 주장했다(「미크바옷」 2, 5). 현인들은 배수관이 옆면 벽에 있을 때 물이 배수관에 이르기 전에 1/4 로그를 받을 수 있다면, 이 물에 그릇을 담글 수 있고, 이것은 유효한 물웅덩이라고 인정한다. 그러나 그렇지 못하다면 무효가 된다고 말한다.
- 엘아자르 바르 짜독 랍비는 위에서 언급한 어떤 조건이 충족되든지 상관없이 배수관의 물은 길어온 물이고 욕조에 담긴 물도 무효가 된다고 주장한다(「미크바옷」 4, 3).

## 6, 11

목욕탕에 있는 물웅덩이들에 관해 논의한다.

---

הַמַּטְהֶרֶת שֶׁבַּמֶּרְחָץ, הַתַּחְתּוֹנָה מְלֵאָה שְׁאוּבִין וְהָעֶלְיוֹנָה מְלֵאָה כְשֵׁרִין, אִם יֵשׁ כְּנֶגֶד הַנֶּקֶב שְׁלשָׁה לֻגִּין, פָּסוּל. כַּמָּה יְהֵא בַנֶּקֶב וְיִהְיֶה בוֹ שְׁלשָׁה לֻגִּין. אַחַד מִשְּׁלשׁ מֵאוֹת וְעֶשְׂרִים לַבְּרֵכָה, דִּבְרֵי רַבִּי יוֹסֵי. וְרַבִּי אֱלְעָזָר אוֹמֵר, אֲפִלּוּ הַתַּחְתּוֹנָה מְלֵאָה כְשֵׁרִים וְהָעֶלְיוֹנָה מְלֵאָה שְׁאוּבִין וְיֵשׁ בְּצַד הַנֶּקֶב שְׁלשָׁה לֻגִּין, כָּשֵׁר, שֶׁלֹּא אָמְרוּ אֶלָּא שְׁלשָׁה לֻגִּין שֶׁנָּפְלוּ:

---

목욕탕에 '정결하게 하는 탕'이 있는데, 아래에 있는 〔탕에〕 길어온 물이 차 있고 위에 있는 〔탕에〕 유효한 물이 차 있을 때, 만약 〔두 탕을 연결하는〕 구멍 맞은편에 물을 3로그 〔담을 수 있다면, 그 탕은〕 무효가 된다. 구멍에 〔물〕 3로그를 〔담으려면 그 구멍은〕 얼마나 〔커야 하는가〕? 그 저수조의 1/320이라고 요쎄 랍비가 주장했다. 엘아자르 랍비는 아래에 있는 〔탕에〕 유효한 물이 가득 차 있고 위에 있는 〔탕에〕 길어온 물이 가득 차 있고 구멍 옆에 3로그를 담을 수 있을 때 〔그 탕이〕 유효하다고 말했으니, 그들이 〔물〕 3로그가 쏟아졌을 때에 〔그러하다고〕 했기 때문이다.

- 목욕탕에 가서 더운물에 씻고 나온 후 시원한 물이 담긴 탕에 들어가서 몸을 정결하게 만드는 관습이 있었기 때문에 이것을 '정결하게 하는 탕'이라고 부른다. 어떤 목욕탕에 정결하게 하는 탕이 두 개 있었는데, 아래의 탕에는 길어온 물이 위의 탕에는 유효한 물이 차 있고 어떤 구멍으로 연결되어 있다. 만약 구멍 맞은편에 물 3로그를 담을 공간이 있다면, 아래 길어온 물이 위의 유효한 물에 섞이며 모두 길어온 물이 될 수 있으므로, 그 탕들이 무효가 된다.
- 요쎄 랍비에 따르면 구멍에 물 3로그를 담으려면, 그 구멍이 그 탕의 1/320이 되어야 한다. 왜냐하면 유효한 웅덩이가 40쎄아이고, 1쎄아

가 24로그이므로, 탕 전체의 부피는 960로그가 되며, 그중에 3로그라면, 1/320이 된다는 것이다.

- 엘아자르 랍비는 반대로 아래에 있는 탕에 유효한 물이 위에 있는 탕에 길어온 물이 가득 차 있고 3로그를 담을 수 있는 구멍으로 연결되어 있을 때 그 탕들이 유효하다고 말했으니, 위에 있는 길어온 물이 내려와 아래에 있는 유효한 물과 섞이기 때문이다. 고대 랍비들도 위에서 아래로 '쏟아졌다'고 말했다. 그러나 두 탕이 나란히 옆에 붙어 있고 그 사이에 구멍이 나 있다면, 이 규정을 적용할 수 없다(넷째 미쉬나).

## 제7장

웅덩이에 물 이외에 다른 것이 섞이는 경우, 채소 절인 물이나 삶은 물과 포도를 우려낸 물 등이 들어가는 경우, 웅덩이에 있던 물의 색깔이 변하는 경우, 침대를 담그는 경우, 수위가 낮아서 나무나 갈대 묶음으로 높이는 경우 등에 관해서도 설명한다.

### 7, 1

웅덩이에 물 대신 채울 수 있는 재료들에 관해 논의한다.

---

יֵשׁ מַעֲלִין אֶת הַמִּקְוֶה וְלֹא פוֹסְלִין, פּוֹסְלִין וְלֹא מַעֲלִין, לֹא מַעֲלִין וְלֹא פוֹסְלִין. אֵלּוּ מַעֲלִין וְלֹא פוֹסְלִין, הַשֶּׁלֶג, וְהַבָּרָד, וְהַכְּפוֹר, וְהַגְּלִיד, וְהַמֶּלַח, וְהַטִּיט הַנָּרוֹק. אָמַר רַבִּי עֲקִיבָא, הָיָה רַבִּי יִשְׁמָעֵאל דָּן כְּנֶגְדִּי לוֹמַר, הַשֶּׁלֶג אֵינוֹ מַעֲלֶה אֶת הַמִּקְוֶה. וְהֵעִידוּ אַנְשֵׁי מֵידְבָא מִשְּׁמוֹ שֶׁאָמַר לָהֶם, צְאוּ וְהָבִיאוּ שֶׁלֶג וַעֲשׂוּ מִקְוֶה בַּתְּחִלָּה. רַבִּי יוֹחָנָן בֶּן נוּרִי אוֹמֵר, אֶבֶן הַבָּרָד, כַּמָּיִם. כֵּיצַד מַעֲלִין וְלֹא פוֹסְלִין. מִקְוֶה שֶׁיֶּשׁ בּוֹ אַרְבָּעִים סְאָה חָסֵר אַחַת, נָפַל מֵהֶם סְאָה לְתוֹכוֹ וְהֶעֱלָהוּ, נִמְצְאוּ מַעֲלִין וְלֹא פוֹסְלִין:

---

물웅덩이의 〔수위를〕 높이지만 무효로 만들지 않는 것들이 있고, 무효로 만들지만 높이지 못하는 것들이 있으며, 높이지 못하고 무효로 만들지 않는 것들도 있다. 이러한 것들은 〔수위를〕 높이지만 무효로 만들지 않으니, 눈과 우박과 얼어붙은 이슬과 얼음과 소금과 고운 진흙이 〔그러하다〕. 아키바 랍비는 이쉬마엘 랍비가 나를 논박하며 눈은 물웅덩이 〔수위를〕 높이지 않는다고 말했다고 전한다. 그러나 메드바[10] 사람들은 그의 이름으로 그가 그들에게 가서 눈을 가져와 웅덩이를 처음부터 채우라고 말했다고 증거한다. 요하난 벤 누리 랍비는 우박이 물과 같다고 말한다. 어떤 〔경우에 수위를〕 높이지만 무효로 만들지 않는가? 40쎄아가 들어가는 웅덩이에 1쎄아가 모자랄 때, 이런 것들 1쎄아가 〔웅덩이〕 안에 떨어지면 〔수위를〕 높이니, 이렇게 〔수위를〕 높이지만[11] 무효로 만들지는 않게 된다.

- 웅덩이에 모인 물이 정결례장으로 유효하게 되려면 40쎄아가 되어야 하는데, 이 분량을 맞추기 위해 물에 섞어서 수위를 높이면서도 무효로 만들지 않는 것들이 있다. 이것은 눈과 우박, 얼어붙은 이슬, 얼음, 소금, 그리고 고운 진흙이다(「미크바옷」 2, 10).
- 이쉬마엘 랍비가 눈에 관해 가르친 내용을 놓고 아키바 랍비는 눈이 수위를 높이지 않는다고 들었다고 말한다. 그러나 메드바 사람들은 반대로 수위를 높인다고 들었다고 주장하여 아키바 랍비의 주장을 반박한다.
- 요하난 벤 누리 랍비는 우박이 물과 같다고 말했는데, 하늘에서 직

10) 메드바(מידבא)는 요단강 동편에 있는 지역으로, 로마시대와 비잔틴 시대에 아라비아 속주에 속했으며, 모자이크 지도로 유명하다.

11) 사본에 따라 이 동사(והעלהו)가 눈이나 우박을 '높인다'고 기록되어 있기도 하다.

접 웅덩이로 떨어지면 유효하지만, 누군가 그릇에 담아 웅덩이에 넣으면 길어온 물과 같다는 뜻이다(둘째 미쉬나).

### 7, 2

첫째 미쉬나의 문맥을 이어서 웅덩이에 채우는 다른 재료를 설명한다.

---

אֵלּוּ פּוֹסְלִין וְלֹא מַעֲלִין, הַמַּיִם, בֵּין טְמֵאִים בֵּין טְהוֹרִים, וּמֵי כְבָשִׁים וּמֵי שְׁלָקוֹת, וְהַתֶּמֶד עַד שֶׁלֹּא הֶחֱמִיץ. כֵּיצַד פּוֹסְלִין וְלֹא מַעֲלִין. מִקְוֶה שֶׁיֶּשׁ בּוֹ אַרְבָּעִים סְאָה חָסֵר קָרְטוֹב, וְנָפַל מֵהֶן קָרְטוֹב לְתוֹכוֹ, לֹא הֶעֱלָהוּ, פּוֹסְלוֹ בִשְׁלֹשָׁה לֻגִּין. אֲבָל שְׁאָר הַמַּשְׁקִין, וּמֵי פֵרוֹת, וְהַצִּיר, וְהַמֻּרְיָס, וְהַתֶּמֶד מִשֶּׁהֶחֱמִיץ, פְּעָמִים מַעֲלִין וּפְעָמִים שֶׁאֵינָן מַעֲלִין. כֵּיצַד. מִקְוֶה שֶׁיֶּשׁ בּוֹ אַרְבָּעִים סְאָה חָסֵר אַחַת, נָפַל לְתוֹכוֹ סְאָה מֵהֶם, לֹא הֶעֱלָהוּ. הָיוּ בוֹ אַרְבָּעִים סְאָה, נָתַן סְאָה וְנָטַל סְאָה, הֲרֵי זֶה כָּשֵׁר:

---

이러한 것들은 〔웅덩이를〕 무효로 만들지만 〔수위를〕 높이지 못하니, 부정하거나 정결한 〔길어온〕 물과 〔채소 따위를〕 절인 물과 〔채소를〕 끓인 물과 〔포도 찌꺼기를〕 우려냈으나 아직 발효되지 않은 물이 〔그러하다〕.[12] 어떤 〔경우에 웅덩이를〕 무효로 만들지만 〔수위를〕 높이지 못하는가? 40쎄아가 들어가는 웅덩이에 1코르토브[13]가 모자랄 때, 이런 것들 1코르토브가 〔웅덩이〕 안에 떨어지면, 〔수위를〕 높이지 못하고, 〔이런 것들〕 3로그로 그것을 무효로 만든다.

그러나 다른 음료수들과[14] 과일즙과 소금물과 〔물고기 따위를〕 절인 물과 〔포도 찌꺼기를〕 우려낸 후 발효된 물은 때로 〔수위를〕 높이고 때로 높이지 않는다. 어떤 〔경우에 그렇게 되는가〕?[15] 40쎄아가 들어

---

12) 이 낱말(תמד)은 이미 한 번 짜낸 포도 껍질과 줄기에 다시 물을 부어 우려낸 액체로, 질이 떨어지는 포도주나 식초를 만드는 데 사용한다(야스트로 1675).

13) 64코르토브가 1로그다.

14) 유대 법전통에서 '음료수'(משקין)로 인정하는 일곱 가지 액체는 포도주, 꿀, 기름, 우유, 이슬, 피, 그리고 물이다(「마크쉬린」 6, 4).

가는 웅덩이에 1쎄아가 모자랄 때, 이런 것들 1쎄아가 〔웅덩이〕 안에 떨어지면, 〔수위를〕 높이지 못한다. 그 〔웅덩이에〕 40쎄아가 있었고, 이런 것들 1쎄아를 넣고 〔다시〕 1쎄아를 덜어낸다면, 그 〔웅덩이는〕 유효하다.

- 물웅덩이에 넣으면 수위를 높이지 못하고 오히려 무효로 만드는 물들은 더해봐야 규정된 양을 채우는 데 인정을 받지 못하고, 그 양이 3로그에 미치면 길어온 물과 같이 웅덩이를 무효로 만든다.
- 때때로 수위를 높여주기도 하는 경우로 모자라는 물의 양을 채우지 못하지만, 이미 40쎄아인 물에 넣으면 무효가 되지 않고 1쎄아를 덜어내도 여전히 유효하다.

## 7, 3

어떤 행위의 결과로 물 색깔이 변하는 경우를 논의한다.

---

הֵדִיחַ בּוֹ סַלֵּי זֵיתִים וְסַלֵּי עֲנָבִים, וְשִׁנּוּ אֶת מַרְאָיו, כָּשֵׁר. רַבִּי יוֹסֵי אוֹמֵר, מֵי הַצֶּבַע פּוֹסְלִין אוֹתוֹ בִשְׁלשָׁה לֻגִּין, וְאֵינָן פּוֹסְלִין אוֹתוֹ בְשִׁנּוּי מַרְאֶה. נָפַל לְתוֹכוֹ יַיִן, וּמֹחַל, וְשִׁנּוּ אֶת מַרְאָיו, פָּסוּל. כֵּיצַד יַעֲשֶׂה. יַמְתִּין לוֹ עַד שֶׁיֵּרְדוּ גְשָׁמִים וְיַחְזְרוּ מַרְאֵיהֶן לְמַרְאֵה הַמָּיִם. הָיוּ בוֹ אַרְבָּעִים סְאָה, מְמַלֵּא בַכָּתֵף וְנוֹתֵן לְתוֹכוֹ עַד שֶׁיַּחְזְרוּ מַרְאֵיהֶן לְמַרְאֵה הַמָּיִם:

---

그 〔웅덩이에서〕 올리브 바구니나 포도 바구니를 씻었고, 그 〔물의〕 색깔이 변했어도, 그것은 유효하다. 요쎄 랍비는 염색한 물이 3로그가 된다면 그 〔웅덩이를〕 무효로 만드는데, 그 색깔이 변한 것 만으로는 그 〔웅덩이를〕 무효로 만들지 않는다고 말한다. 그 안에 포도주

---

15) 사본에 따라 '어떤 [경우에 수위를] 높이지 않지만 무효로 만들지 않는가?'라고 기록되어 있기도 하다.

나 〔올리브에서〕 배어나온 물[16]이 떨어졌고 그 〔물의〕 색깔이 변했다면, 그것은 무효가 된다. 어떻게 해야 하는가? 그는 비가 내려서 그 색깔이 물 색깔로 돌아오기를 기다린다. 그 〔웅덩이에〕 40쎄아가 있었다면, 〔물을〕 길어 어깨에 메고 와서 그 안에 넣고 그 색깔이 물 색깔로 돌아오기를 기다린다.

- 물웅덩이가 정결례를 시행하기에 유효한지를 결정하는 조건은 어떤 물을 채웠느냐이며, 그 물의 색깔은 중요하지 않다는 원칙을 밝히고 있다. 예를 들어 올리브 바구니나 포도 바구니를 씻어서 색깔이 변한 상태는 상관이 없지만, 염색한 물을 3로그 쏟아 넣는다면, 이것은 길어온 물 3로그를 첨가한 것과 같으므로, 그 웅덩이가 무효가 된다.
- 포도주나 올리브 열매에서 배어나온 액체는 물과 성격이 완전히 다르고, 색깔이 변할 만큼 많은 양이 웅덩이 안에 첨가되면, 그 물의 성격을 바꾸기 때문에 무효가 된다. 이런 경우 웅덩이 물을 다시 유효하게 바꾸려면 두 가지 방법을 사용한다. 웅덩이에 있는 물이 40쎄아에 미치지 못하면, 빗물을 받아서 색깔이 돌아오기를 기다린다. 물이 40쎄아를 넘었다면, 물을 길어와서 붓고 색깔이 돌아오기를 기다린다.

## 7, 4

נָפַל לְתוֹכוֹ יַיִן אוֹ מֹחַל וְשִׁנּוּ מִקְצָת מַרְאָיו, אִם אֵין בּוֹ מַרְאֵה מַיִם אַרְבָּעִים סְאָה, הֲרֵי זֶה לֹא יִטְבֹּל בּוֹ:

16) 이 낱말(מחל)은 올리브기름으로 짠 것은 아닌데, 그 열매를 짜기 전에 혹은 다 짜고 난 찌꺼기에서 배어나온 액체를 가리킨다(야스트로 740).

그 〔웅덩이〕 안에 포도주나 〔올리브에서〕 배어나온 물이 떨어졌고 그 〔물〕 일부의 색깔이 변했을 때, 만약 40쎄아 중에서 물 색깔인 〔부분이〕 없다면, 그곳에 〔몸을〕 담그지 말아야 한다.

- 셋째 미쉬나에 나왔던 경우로, 물웅덩이에 포도주나 올리브에서 배어나온 물이 쏟아졌는데, 물의 일부만 색깔이 변했을 때, 전체 40쎄아가 되는 물이 있고 그중에 물 색깔이 남아 있는 부분이 없다면, 그 웅덩이에 몸을 담그면 안 된다.

## 7, 5

שְׁלֹשָׁה לֻגִּין מַיִם, וְנָפַל לְתוֹכָן קֹרְטוֹב יַיִן, וַהֲרֵי מַרְאֵיהֶן כְּמַרְאֵה הַיַּיִן, וְנָפְלוּ לְמִקְוֶה, לֹא פְסָלוּהוּ. שְׁלֹשָׁה לֻגִּין מַיִם חָסֵר קֹרְטוֹב, וְנָפַל לְתוֹכָן קֹרְטוֹב חָלָב, וַהֲרֵי מַרְאֵיהֶן כְּמַרְאֵה הַמַּיִם, וְנָפְלוּ לְמִקְוֶה, לֹא פְסָלוּהוּ. רַבִּי יוֹחָנָן בֶּן נוּרִי אוֹמֵר, הַכֹּל הוֹלֵךְ אַחַר הַמַּרְאֶה:

물 3로그에 포도주 1코르토브가 떨어졌고, 그 〔물〕 색깔이 포도주 색깔처럼 변했으며, 그것이 물웅덩이에 떨어졌다면, 그 〔웅덩이는〕 무효가 되지 않는다. 물이 3로그에서 1코르토브가 모자라는데, 그 안에 우유 1코르토브가 떨어졌고, 그 색깔이 물 색깔이었으며, 그것이 물웅덩이에 떨어졌다면, 그 〔웅덩이는〕 무효가 되지 않는다. 요하난 벤 누리 랍비는 모든 경우를 색깔에 따라 결정한다고 말한다.

- 물 3로그에 포도주 1코르토브가 섞인 채로 물웅덩이에 쏟아져도 그 웅덩이가 무효가 되지 않으니, 포도주는 물이 아니기 때문에 길어온 물 관련 법규정을 적용하지 않는다(둘째 미쉬나).
- 물에 우유가 섞여서 3로그가 되었고 물웅덩이에 쏟아져도 그 웅덩이가 무효가 되지 않으니, 길어온 물이 3로그에 미치지 못하기 때문

이다. 요하난 벤 누리 랍비는 반대 의견을 피력했고, 우유가 섞였다 하더라도 물 색깔인 액체 3로그가 섞였으므로, 그 웅덩이는 무효가 된다고 주장했다.

## 7, 6

מִקְוֶה שֶׁיֵּשׁ בּוֹ אַרְבָּעִים סְאָה מְכֻוָּנוֹת, יָרְדוּ שְׁנַיִם וְטָבְלוּ זֶה אַחַר זֶה, הָרִאשׁוֹן טָהוֹר, וְהַשֵּׁנִי טָמֵא. רַבִּי יְהוּדָה אוֹמֵר, אִם הָיוּ רַגְלָיו שֶׁל רִאשׁוֹן נוֹגְעוֹת בַּמַּיִם, אַף הַשֵּׁנִי טָהוֹר. הִטְבִּיל בּוֹ אֶת הַסָּגוֹס וְהֶעֱלָהוּ, מִקְצָתוֹ נוֹגֵעַ בַּמַּיִם, טָהוֹר. הַכַּר וְהַכֶּסֶת שֶׁל עוֹר, כֵּיוָן שֶׁהִגְבִּיהַּ שִׂפְתוֹתֵיהֶם מִן הַמַּיִם, הַמַּיִם שֶׁבְּתוֹכָן שְׁאוּבִין. כֵּיצַד יַעֲשֶׂה, מַטְבִּילָן וּמַעֲלֶה אוֹתָם דֶּרֶךְ שׁוּלֵיהֶם:

정확하게 40쎄아가 들어 있는 물웅덩이에 두 사람이 내려가서 차례로 〔몸을〕 담갔다면, 첫 사람은 정결해지지만 둘째 사람은 부정한 채로 〔남게 된다〕. 예후다 랍비는 만약 첫 사람의 발이 그 물에 닿아 있었다면, 둘째 사람도 정결해진다고 말한다. 그 〔웅덩이에〕 두꺼운 외투[17]를 담갔다가 건져냈는데, 그 〔외투의〕 일부가 그 물에 닿아 있었다면, 〔그다음에 몸을 담근 사람도〕 정결해진다. 가죽으로 만든 방석과 베개 씌우개를 물에서 입구 쪽을 위로 들어 올렸다면, 그 안에 든 물은 길어온 물이 된다. 어떻게 해야 하는가? 그것들을 〔물에〕 담갔다가 〔아래쪽〕 가장자리로 들어 올린다.

- 정확하게 40쎄아가 들어 있는 물웅덩이에 어떤 사람이 들어가서 정결례를 행했다면, 그 사람이 나오면서 물이 묻어 나오므로, 남은 물은 40쎄아에 미치지 못한다. 그러므로 다른 사람이 곧 따라 들어갔다면 그 사람이 시행한 정결례는 무효가 된다. 예후다 랍비는 조금 다

17) 이 낱말(סגוס)은 주로 깔고 자는 거친 모직 담요를 가리키는데(야스트로 953), 미쉬나에서는 안에 천을 덧댄 두꺼운 외투로 사용된다(「네가임」 11, 11).

른 조건을 제시하는데, 만약 첫 사람이 완전히 물에서 나오지 않아서 그의 발이 웅덩이에 닿아 있었다면, 그 사람의 몸에 묻은 물이 웅덩이 물과 연결되어 40쎄아를 유지하고, 그 상태에서 물에 들어간 둘째 사람도 정결해진다고 주장한다. 거칠고 두꺼운 모직 외투도 마찬가지다.

- 가죽으로 만든 방석이나 베개 씌우개는 무엇을 담을 수 있는 공간이 있으므로 '그릇'으로 간주한다(「미크바옷」 10, 2). 그러므로 입구를 위로 들어 올리면, 그 안에 든 물은 길어온 물이 된다. 웅덩이에 담갔다가 아래쪽 가장자리를 잡아서 들어 올려야 한다.

### 7, 7

여섯째 미쉬나에서 논의한 조건을 이어서 말한다.

---

הִטְבִּיל בּוֹ אֶת הַמִּטָּה, אַף עַל פִּי שֶׁרַגְלֶיהָ שׁוֹקְעוֹת בַּטִּיט הֶעָבֶה, טְהוֹרָה,
מִפְּנֵי שֶׁהַמַּיִם מְקַדְּמִין. מִקְוֶה שֶׁמֵּימָיו מְרֻדָּדִין, כּוֹבֵשׁ אֲפִלּוּ חֲבִילֵי עֵצִים,
אֲפִלּוּ חֲבִילֵי קָנִים, כְּדֵי שֶׁיִּתְפְּחוּ הַמַּיִם, וְיוֹרֵד וְטוֹבֵל. מַחַט שֶׁהִיא נְתוּנָה עַל
מַעֲלוֹת הַמְּעָרָה, הָיָה מוֹלִיךְ וּמֵבִיא בַּמַּיִם, כֵּיוָן שֶׁעָבַר עָלֶיהָ הַגַּל, טְהוֹרָה:

---

그 [웅덩이에] 침대를 담갔을 때, 그 [침대] 다리가 두꺼운 진흙에 박히더라도 이것이 정결하니, 그 물이 먼저 닿았기 때문이다. [어떤] 웅덩이의 물이 얕을 때, 그 물의 [수위를] 높이기 위해서 나무 묶음이나 심지어 갈대 묶음을 눌러 넣었다고 해도, [그곳에] 내려가 [몸을] 담글 수 있다. [부정한] 바늘을 동굴의 [웅덩이에서] 올라오는 계단에 두었을 때, 물을 움직여서 [계단까지] 넘쳤다면, 그 물결이 그 [바늘] 위로 지나갔기 때문에, 그 [바늘이] 정결해진다.

- 정확하게 40쎄아가 들어 있는 물웅덩이에 침대를 담갔을 때, 그 침대 다리가 두꺼운 진흙에 박혔다. 이 웅덩이에는 물이 충분하지 않

기 때문에 진흙을 피해서 침대를 담그기 어렵고, 어느 정도의 진흙은 웅덩이 물을 무효로 만들지 않기 때문에(첫째 미쉬나), 이 정결례는 유효하다고 인정한다. 또는 침대 다리가 물에 먼저 닿았고, 이로써 침대 전체가 닿은 것으로 보면, 역시 정결례가 유효하다고 말할 수 있다.

- 물의 양은 40쎄아지만 웅덩이가 넓어서 수위가 얕을 경우, 나무나 갈대 묶음을 웅덩이 안에 넣고 바닥에 눌러서 떠오르지 않게 하여 수위가 높아지면, 몸을 담글 수 있다. 나무나 갈대 묶음이 물 위로 떠오르면 그 사이에 있는 물이 웅덩이 물과 분리되면서 물의 양이 적어질 수 있으니 조심해야 한다.
- 바늘 같은 물건을 웅덩이로 내려가는 계단에 놓아두었을 때, 물이 출렁거리며 물결이 생겨서 계단 위에 있는 물건까지 가 닿았다면, 그 물건은 정결례를 시행한 것과 마찬가지로 정결해진다.

## 제8장

정결한 물웅덩이의 위치에 관해 논의한다. 그리고 사정한 자나 성행위를 한 여자가 정결례를 시행하는 방법에 관해서도 논의한다.

### 8, 1

물웅덩이의 위치와 그 정결함에 관해 논의한다.

---

אֶרֶץ יִשְׂרָאֵל טְהוֹרָה, וּמִקְוָאוֹתֶיהָ טְהוֹרִים. מִקְוָאוֹת הָעַמִּים שֶׁבְּחוּצָה לָאָרֶץ, כְּשֵׁרִים לְבַעֲלֵי קְרָיִין, אֲפִלּוּ נִתְמַלְּאוּ בְקִילוֹן. שֶׁבְּאֶרֶץ יִשְׂרָאֵל, שֶׁחוּץ לַמַּפְתֵּחַ, כְּשֵׁרִים אַף לְנִדּוֹת. מִלִּפְנִים מִן הַמַּפְתֵּחַ, כְּשֵׁרִים לְבַעֲלֵי קְרָיִין, וּפְסוּלִים לְכָל הַטְּמֵאִים. רַבִּי אֱלִיעֶזֶר אוֹמֵר, הַקְּרוֹבִים לָעִיר וְלַדֶּרֶךְ, טְמֵאִים,

이스라엘 땅은 정결하고, 그 〔땅의〕 물웅덩이들은 정결하다. 〔이스라엘〕 땅 바깥에 있는 민족들의 물웅덩이들은 사정한 자들에게는 유효하며, 심지어 방아두레박[18]으로 채웠다고 하더라도 〔그러하다〕.

이스라엘 땅에 〔그리고 어떤 성읍의〕 입구 바깥에 있는 〔물웅덩이들은〕 월경을 하는 여인들에게 유효하다. 입구 안쪽에 있는 〔물웅덩이들은〕 사정한 자들에게 유효하지만, 다른 모든 부정한 자들에게는 무효가 된다.

엘리에제르 랍비는 성읍이나 길과 가까운 〔물웅덩이들은〕 부정하니 빨래한 〔물이 흘렀을 수도 있기〕 때문이며, 멀리 있다면 정결하다고 말했다.

- 이스라엘 땅은 정결하여 이방 민족들의 땅처럼 땅 자체에 부정함을 걱정하지 않아도 좋으며(쿠타인들의 땅도 정결함), 특별히 부정에 노출되거나 길어온 물을 채운 것이 아니라면 이스라엘 땅에 있는 물웅덩이들은 모두 정결하다.
- 랍비들의 전통에 따르면 밤에 사정한 자(바알 케리)는 기도를 하거나 토라 공부를 하기 전에 정결례를 행해야 한다고 '에즈라의 법'(타카낫 에즈라: 바벨 탈무드 「바바 캄마」 82a)이 규정하고 있다. 이것은 토라의 규정이 아니라 랍비들의 전통이기 때문에 물웅덩이가 외국 땅에 있거나 길어온 물을 채웠어도 정결례를 행할 수 있다.
- 이스라엘 성읍의 입구 바깥에 있는 물웅덩이들은 비처럼 자연스러운 방법으로 물이 고여 있다고 간주하며, 토라의 규정에 따라 부정

18) 이 낱말(קילון)은 헬라어에서 유래했고, 나무 장대와 양동이를 이용해서 물을 긷는 장치를 가리킨다(야스트로 1360; 「모에드 카탄」 1, 1).

한 월경하는 여인을 비롯하여 누구나 정결례를 시행할 수 있다. 그러나 성문 안에 있는 물웅덩이는 길어온 물이 고여 있을 가능성이 높으며, 랍비들의 전통에 따라 정결례를 시행해야 하는 사정한 자들만 유효하게 사용할 수 있다.

- 엘리에제르 랍비는 물웅덩이가 바깥에 있어도 성읍이나 길에 가까우면 빨래한 물이 흘러서 고여 있을 수 있다는 새로운 판단 기준을 제시한다.

8, 2
정결례를 시행해야 하는 사정한 자가 누구인지 설명한다.

---

אֵלּוּ בַעֲלֵי קְרָיִין שֶׁהֵם צְרִיכִין טְבִילָה. רָאָה מַיִם חֲלוּקִים אוֹ עֲכוּרִים, בַּתְּחִלָּה, טָהוֹר. בָּאֶמְצַע וּבַסּוֹף, טָמֵא. מִתְּחִלָּה וְעַד סוֹף, טָהוֹר. לְבָנִים וְנִמְשָׁכִים, טָמֵא. רַבִּי יוֹסֵי אוֹמֵר, לְבָנִים כָּעֲכוּרִים:

---

이러한 사람은 사정한 자이며 몸을 담가야 한다. [배출된] 물이 방울져 떨어지거나 탁한 것을 보았을 때, 처음에만 [그런 현상이 나타났다면] 그가 정결하지만, 중간과 끝에 [그랬다면] 그는 부정하다. 처음부터 끝까지 [그랬다면] 정결하다. [그 물이] 하얀색이거나 끈적거렸다면 그는 부정하다. 요쎄 랍비는 끈적거리는 것은 탁한 것과 같다고 말한다.

- 상식적으로 본인이 사정한 것을 아는 상황과 더불어 다음과 같은 현상이 나타나도 사정한 자로 간주하며 정결례를 시행해야 한다. 성기에서 배출된 물이 방울져 떨어지거나 하얀색이 아니고 탁한 색깔이었다면 사정하여 배출된 정액과 구별된다. 오줌을 눌 때 이런 현상이 처음부터 나타났다면 그 사람은 사정한 것이 아니며 정결하다. 오줌

을 누는 중간이나 끝에 가서야 이런 현상이 나타났다면, 그는 사정한 자이며 정결례를 시행해야 한다. 처음부터 끝까지 그랬다면 당연히 정결하다.

- 성기에서 배출된 물이 하얀색이거나 끈적거렸다면 이것은 사정한 것이므로 부정하다. 요쎄 랍비는 끈적거리는 물이 처음에만 나타났다면 사정한 것이 아니라고 보았고, 정결하다는 입장이다.

## 8, 3

הַמֵּטִיל טִפִּין עָבוֹת מִתּוֹךְ הָאַמָּה, טָמֵא, דִּבְרֵי רַבִּי אֱלִיעֶזֶר חִסְמָא. הַמְהַרְהֵר בַּלַּיְלָה וְעָמַד וּמָצָא בְשָׂרוֹ חַם, טָמֵא. הַפּוֹלֶטֶת זֶרַע בַּיּוֹם הַשְּׁלִישִׁי, טְהוֹרָה, דִּבְרֵי רַבִּי אֶלְעָזָר בֶּן עֲזַרְיָה. רַבִּי יִשְׁמָעֵאל אוֹמֵר, פְּעָמִים שֶׁהֵם אַרְבַּע עוֹנוֹת, פְּעָמִים שֶׁהֵם חָמֵשׁ, פְּעָמִים שֶׁהֵם שֵׁשׁ. רַבִּי עֲקִיבָא אוֹמֵר, לְעוֹלָם חָמֵשׁ:

음경[19]에서 〔배출된 물이〕 큰 방울로 떨어지면 그는 부정하다고 엘아자르 히쓰마 랍비가 말했다. 밤에 〔성적으로〕 흥분하였고 일어섰고 그의 음경[20]이 뜨거웠다면 그는 부정하다.

〔어떤〕 여성이 셋째 날에 정자를 배출했다면 그녀는 정결하다고 엘아자르 벤 아자르야 랍비가 말했다. 이쉬마엘 랍비는 때에 따라 네 시기,[21] 때에 따라 다섯 시기, 때에 따라 여섯 시기가 있을 수 있다고 말한다. 아키바 랍비는 언제나 다섯 시기만 있다고 말한다.

- 어떤 사람이 오줌을 눌 때 두껍고 큰 방울로 떨어지는 것을 보았다

19) 이 낱말(אמה)은 원래 '팔뚝'이나 도량형 '아마'라는 뜻인데, 여기서는 남자의 성기를 가리킨다(야스트로 75).

20) 이 낱말(בשר)은 원래 '살'이나 '고기'라는 뜻인데(야스트로 199), 여기서는 남자의 성기를 가리킨다(레 15:2-3).

21) 이 낱말(עונה)은 일정한 시간 간격을 부르는 말인데, 이 문맥에서는 하루를 밤과 낮으로 나누어 두 시기로 계산한다(야스트로 1054).

면, 처음부터 그러했다고 할지라도 그는 사정한 자이며 부정하다. 밤에 꿈을 꾸고 성적으로 흥분했다면, 정액이 보이지 않는다고 할지라도 그는 부정하다.

- 성행위를 하며 배출된 정액은 남자는 물론 여자도 부정하게 만든다(레 15:18). 랍비들은 이 정액이 부정을 전이시킬 수 있는 기간이 얼마나 되는가 묻는데, 성행위를 하고 사흘이 지나면 더 이상 부정을 전이하지 않는 것으로 간주한다. 그래서 어떤 여인이 성행위 후 셋째 날에 정액이 흘러나왔다고 해도 그녀는 정결하다(「샤밧」 9, 3).
- 하루를 밤과 낮으로 나누어 두 '시기'로 볼 때, 이쉬마엘 랍비는 어떤 여성이 세 시기가 지날 때까지 정액을 배출했다면 부정하고 4-6 시기에는 정결하다고 주장한다. 그러나 아키바 랍비는 어떤 여성이 다섯 시기가 지날 때까지 정액을 배출하면 부정하다고 주장한다.

## 8, 4

נָכְרִית שֶׁפָּלְטָה שִׁכְבַת זֶרַע מִיִּשְׂרָאֵל, טְמֵאָה. בַּת יִשְׂרָאֵל שֶׁפָּלְטָה שִׁכְבַת זֶרַע מִנָּכְרִי, טְהוֹרָה. הָאִשָּׁה שֶׁשִּׁמְּשָׁה בֵיתָהּ, וְיָרְדָה וְטָבְלָה, וְלֹא כִבְּדָה אֶת הַבַּיִת, כְּאִלּוּ לֹא טָבְלָה. בַּעַל קֶרִי שֶׁטָּבַל וְלֹא הֵטִיל אֶת הַמַּיִם, כְּשֶׁיָּטִיל אֶת הַמַּיִם, טָמֵא. רַבִּי יוֹסֵי אוֹמֵר, בְּחוֹלֶה וּבְזָקֵן, טָמֵא. בְּיֶלֶד וּבְבָרִיא, טָהוֹר:

이방인 여성이 이스라엘 남자의 정액을 배출하면 그 여성은 부정하다. 이스라엘의 딸이 이방인 남자의 정액을 배출하면 그 여성은 정결하다.

자기 '집'을 사용한[22] 여자가 〔물웅덩이로〕 내려가서 자기 〔몸을〕 담갔지만 그 '집'을 문질러 씻지 않았다면, 이것은 마치 그녀가 〔몸을〕 담그지 않은 것과 같다.

---

22) 이 표현(שמש בית)은 '집을 사용하다'는 말이지만, 실제로는 성행위를 가리킨다(야스트로 168, 1601).

사정한 자가 〔몸을〕 담갔으나 오줌을 누지 않았다면, 그가 오줌을 눌 때 부정해진다. 요쎄 랍비는 병들고 늙었다면 그가 부정하지만 젊고 건강하다면 그가 정결하다고 말했다.

- 배출된 정액이 부정을 전이하는 경우는 이스라엘 남자에게만 해당한다. 그러므로 이스라엘 남자의 정액을 이방인 여자가 배출하면 부정하지만, 이스라엘 여자가 이방인 남자의 정액을 배출하면 정결하다.
- 남편과 성행위를 하고 그의 정액을 배출한 여자가 정결례를 행하였으나, 성기를 문질러 씻지 않았다면, 남아 있는 정액 때문에 다시 부정해진다. 결과적으로 정결례를 행하지 않은 것과 마찬가지가 된다.
- 사정한 자가 오줌을 누기 전에 정결례를 행하면, 오줌을 누면서 남은 정액이 흘러나와 다시 부정해진다. 요쎄 랍비는 병들고 늙은 사람은 정액이 몸에 남아있을 수 있고 부정해지지만, 젊고 건강하다면 힘있게 배출되어 남은 정액이 없기 때문에 정결하다고 말했다.

## 8, 5

적절하게 몸을 담그는 방법에 관해서 논의한다.

---

נִדָּה שֶׁנָּתְנָה מָעוֹת בְּפִיהָ וְיָרְדָה וְטָבְלָה, טְהוֹרָה מִטֻּמְאָתָהּ, אֲבָל טְמֵאָה הִיא עַל גַּב רֻקָּהּ. נָתְנָה שְׂעָרָהּ בְּפִיהָ, קָפְצָה יָדָהּ, קָרְצָה שִׂפְתוֹתֶיהָ, כְּאִלּוּ לֹא טָבְלָה. הָאוֹחֵז בְּאָדָם וּבְכֵלִים וּמַטְבִּילָן, טְמֵאִין. וְאִם הֵדִיחַ אֶת יָדוֹ בַּמַּיִם, טְהוֹרִים. רַבִּי שִׁמְעוֹן אוֹמֵר, יְרַפֶּה, כְּדֵי שֶׁיָּבֹאוּ בָהֶם מָיִם. בֵּית הַסְּתָרִים, בֵּית הַקְּמָטִים, אֵינָן צְרִיכִין שֶׁיָּבֹאוּ בָהֶן מָיִם:

---

월경하는 여성이 자기 입에 동전을 물고 〔물웅덩이로〕 내려가서 자기 〔몸을〕 담갔다면, 그 여성은 자기 부정함으로부터 정결해지지만, 자기 침 때문에 〔다시〕 부정해진다. 자기 입에 머리털을 물거나, 자기

손을 꼭 쥐거나, 자기 입술을 오므리고 〔몸을 담갔다면〕, 그 여성은 마치 자기 〔몸을〕 담그지 않은 것과 같다.

〔어떤〕 사람이 〔다른〕 사람이나 그릇을 붙들고 그것들을 〔물에〕 담갔다면, 그것들은 〔계속〕 부정하다. 그러나 그 물에 자기 손을 〔먼저〕 씻었다면, 그것들이 정결해진다. 쉼온 랍비는 물이 흘러들도록 느슨하게 쥐어야 한다고 말했다. 〔몸의〕 감추어진 곳과 주름진 곳까지 물이 흘러들 필요는 없다.

- 월경하는 여성이 정결례를 행하면 정결해지지만, 입에 동전을 물고 있었다면, 다문 입과 동전 위에 머물렀던 침이 이전 상태를 그대로 유지하게 된다. 부정한 침은 부정의 아버지이며, 접촉과 옮기기를 통해 부정을 전이시킬 수 있으므로, 그 여성은 다시 부정해진다. 비슷한 경우로 입에 머리칼을 물어서 물에 닿지 않은 경우, 손을 쥐고 있어서 손바닥에 물이 닿지 않은 경우, 입술을 오므리고 있는 경우(잠 16:30) 역시 정결해지지 않으며 남편과 성행위를 할 수 없다.
- 어떤 사람이 다른 사람이나 그릇을 손에 꼭 붙들고 물에 담그면, 쥔 부분에 물이 닿지 않아 정결해지지 않는다. 그러나 손을 먼저 씻으며 물을 묻혔다면, 이것이 웅덩이의 물과 연결되기 때문에 정결해진다. 쉼온 랍비는 느슨하게 쥐어서 물이 닿을 수 있도록 하라고 충고를 한다.
- 입속이나 귓속처럼 감추어진 부분 그리고 주름져서 접힌 부분에는 물이 꼭 닿아야 하는 것은 아니다.

## 제9장

정결례를 시행할 때 방해하는 물품들과 그렇지 않은 것에 관해 논의한다.

### 9. 1

정결례를 방해하는 머리끈들에 관해 논의한다.

---

אֵלּוּ חוֹצְצִין בָּאָדָם, חוּטֵי צֶמֶר וְחוּטֵי פִשְׁתָּן וְהָרְצוּעוֹת שֶׁבְּרָאשֵׁי הַבָּנוֹת. רַבִּי יְהוּדָה אוֹמֵר, שֶׁל צֶמֶר וְשֶׁל שֵׂעָר אֵינָם חוֹצְצִין, מִפְּנֵי שֶׁהַמַּיִם בָּאִין בָּהֶם:

---

이러한 것들은 사람이 〔정결례를 행하는 것을〕 막는다.[23] 〔어린〕 소녀들이 머리를 묶는 양모 실, 아마 실, 끈들이 〔그러하다〕. 예후다 랍비는 양모나 털로 〔만든 것은〕 막지 않으니 물이 그 속으로 들어갈 수 있기 때문이라고 말한다.

- 어떤 소녀가 양모 실이나 아마 실 또는 다른 끈으로 머리를 묶고 물웅덩이에 들어갔다면, 물이 머리털에 닿지 않을 수도 있으며, 이런 것들 때문에 정결례를 제대로 시행하지 못하도록 막는다(「미크바옷」 8, 5; 「샤밧」 6, 1). 예후다 랍비는 양모나 털로 만든 머리끈은 그 조직이 성겨서 물이 스며들기 때문에 정결례를 막지 않는다고 말한다(바벨 탈무드 「샤밧」 57b).

---

23) 이 낱말(חצץ)은 원래 '자르다, 나누다'는 뜻인데(야스트로 496), 이 문맥에서는 정결례를 적절하게 시행할 수 없도록 '막는다'고 번역했다.

9, 2

역시 정결례를 적절하게 시행할 수 없도록 막는 것들에 관해 논의한다.

---

קִלְקֵי הַלֵּב וְהַזָּקָן, וּבֵית הַסְּתָרִים בָּאִשָּׁה, לִפְלוּף שֶׁחוּץ לָעַיִן, וְגֶלֶד שֶׁחוּץ לַמַּכָּה, וְהָרְטִיָּה שֶׁעָלֶיהָ, וּשְׂרָף הַיָּבֵשׁ, וְגִלְדֵי צוֹאָה שֶׁעַל בְּשָׂרוֹ, וּבָצֵק שֶׁתַּחַת הַצִּפֹּרֶן, וְהַמַּלְמוּלִין, וְטִיט הַיָּוֵן, וְטִיט הַיּוֹצְרִים, וְגִץ יְוָנִי. אֵיזֶהוּ טִיט הַיָּוֵן, זֶה טִיט הַבּוֹרוֹת, שֶׁנֶּאֱמַר, וַיַּעֲלֵנִי מִבּוֹר שָׁאוֹן מִטִּיט הַיָּוֵן. טִיט הַיּוֹצְרִין, כְּמַשְׁמָעוֹ. רַבִּי יוֹסֵי מְטַהֵר בְּשֶׁל יוֹצְרִין וּמְטַמֵּא בְּשֶׁל מָרֵקָה. וְגִץ יְוָנִי, אֵלּוּ יִתְדוֹת הַדְּרָכִים, שֶׁאֵין טוֹבְלִין בָּהֶן וְלֹא מַטְבִּילִין אוֹתָן. וּשְׁאָר כָּל הַטִּיט, מַטְבִּילִין בּוֹ כְּשֶׁהוּא לַח. וְלֹא יִטְבֹּל בָּאָבָק שֶׁעַל רַגְלָיו. לֹא יִטְבֹּל אֶת הַקֻּמְקְמוּס בִּפְחָמִין, אֶלָּא אִם כֵּן שִׁפְשֵׁף:

---

심장 위에 〔있는 엉킨〕 털과 턱수염, 여성의 감추어진 곳, 눈 바깥쪽에 있는 고름, 상처 바깥쪽에 있는 굳은 딱지, 그 〔상처〕 위에 〔바른〕 연고, 말라붙은 과일즙, 살갗 위에 말라붙은 똥, 손톱 밑에 있는 반죽, 때,[24] 두꺼운 점토, 토기장이의 점토, 〔길가의〕 두꺼운 백토[25]가 〔그러하다〕.

두꺼운 점토란 어떤 것인가? 이것은 구덩이에 있는 점토이니, "그가 나를 무서운 구덩이에서 두꺼운 점토에서 들어올리셨으며"라고 말하였다. 토기장이의 점토란 그 말 그대로이다. 요쎄 랍비는 토기장이의 점토가 정결하다고 말했지만, 광을 내는 점토는 부정하다고 주장한다.

〔길가의〕 두꺼운 백토는 길가에 〔박은〕 말뚝과 같다. 그 안에 〔몸

---

24) 이 낱말(מלמול)은 더럽고 땀이 난 손바닥을 대고 비볐을 때 나오는 부스러기를 가리키므로(야스트로 793), 여기서 '때'라고 번역했다.

25) 이 낱말(גץ)은 반짝이며 튀는 불꽃을 가리키며, 흙을 말할 때는 길가를 표시하기 위해서 사용하는 백토를 가리킨다(야스트로 263).

을〕 담그지 않고, 그것과 함께 담그지도 않는다. 그러나 그 외 〔다른〕 모든 점토는 그것이 부드러울 때 그 안에 〔몸을〕 담글 수 있다. 자기 발에 먼지가 묻은 채로 〔몸을〕 담그지 않으며, 그을음이 묻은 주전자는 그것을 긁어내기 전에는 담그지 않는다.

- 가슴 위에 털이 자라 엉켰다면 물이 닿는 것을 막을 수 있으며, 엉킨 턱수염, 여성의 성기 부분도 마찬가지다. 그 외에도 살갗 위에 붙어서 물이 닿는 것을 막는 고름, 딱지, 연고나 똥, 반죽, 진흙 등도 정결례를 적법하게 시행하는 것을 방해한다.
- 목록에 열거된 두터운 점토를 설명하면서 시편 40:2(히브리어 성경은 3절)을 인용하고 있다. 이 구절은 구덩이와 두터운 점토를 동격으로 언급하기 때문에, 두터운 점토가 곧 구덩이에 고인 점토 즉 진흙이라고 설명한다.
- 비포장 도로를 걷다가 발 옆부분에 진흙이 들러붙어서 말뚝 모양으로 보일 때, 진흙이나 먼지나 그을음이 말라붙었을 때, 이것을 제거하고 정결례를 시행한다.

## 9, 3

엉겨 붙은 털에 관해 논의한다.

---

אֵלּוּ שֶׁאֵין חוֹצְצִין, קִלְקֵי הָרֹאשׁ, וּבֵית הַשֶּׁחִי, וּבֵית הַסְּתָרִים בָּאִישׁ. רַבִּי אֱלִיעֶזֶר אוֹמֵר, אֶחָד הָאִישׁ וְאֶחָד הָאִשָּׁה, כָּל הַמַּקְפִּיד עָלָיו, חוֹצֵץ. וְשֶׁאֵין מַקְפִּיד עָלָיו, אֵין חוֹצֵץ:

---

다음과 같은 것들은 〔정결례 시행을〕 막지 않으니, 머리와 겨드랑이와 남자의 감추어진 곳에 〔있는〕 엉킨 털들이 〔그러하다〕. 엘리에제르 랍비는 남자와 여자가 마찬가지며, 그것이 그를 화나게 한다면

〔정결례 시행을〕 막고 그것이 그를 화나게 하지 않는다면 막지 않는다고 말한다.

- 둘째 미쉬나와 달리 남자의 경우 머리와 겨드랑이와 성기 부분에 많이 자라서 엉킨 체모가 정결례를 제대로 시행하는 것을 막지 않는다고 규정한다.
- 엘리에제르 랍비는 좀 더 관대한 태도를 보이며, 같은 원리가 남녀 상관없이 적용된다고 주장했고, 또 본인이 신경이 쓰여서 화가 날 정도라면 정결례 시행을 막지만 그렇지 않다면 상관없다고 말한다(일곱째 미쉬나).

9, 4
정결례 시행을 막지 않는 것들을 더 열거한다.

---

לִפְלוּף שֶׁבָּעַיִן, וְגֶלֶד שֶׁעַל הַמַּכָּה, וּשְׂרָף הַלַּח, וְלִכְלוּכֵי צוֹאָה שֶׁעַל בְּשָׂרוֹ,
וְצוֹאָה שֶׁתַּחַת הַצִּפֹּרֶן, וְצִפֹּרֶן הַמְּדֻלְדֶּלֶת, כְּשׁוּת שֶׁל קָטָן, לֹא טָמֵא וְלֹא
מְטַמֵּא. קְרוּם שֶׁעַל הַמַּכָּה, טָמֵא וּמְטַמֵּא:

---

눈 안에 있는 고름, 상처 위에 굳은 딱지, 물기가 있는 과일즙, 살갗 위에 〔묻은〕 똥, 손톱 밑에 〔낀〕 똥, 덜렁거리는 손톱, 어린아이의 솜털은 부정하지 않고 부정하게 만들지 않는다. 상처 위에 〔생긴〕 피부는 부정해질 수 있고 또 부정하게 만든다.

- 둘째 미쉬나와 달리 눈 안에 고름이 나왔을 때와 상처 위에 딱지가 앉았을 때 정결례 시행을 막지 않는다. 과일즙이나 똥이 묻었는데 아직 마르지 않았을 때도 그러하다. 손톱이 잘렸는데 아직 매달려서 덜렁거릴 때나 어린아이의 솜털도 정결례 시행을 막지 않는다. 또한 이

러한 것들은 몸과 직접 연결되어 있지 않다고 간주하며, 몸이 부정해져도 이런 것들은 정결을 유지하고, 이런 것들이 부정해져도 몸은 정결하다(토셉타 6, 8). 상처를 덮으며 생긴 피부 껍질은 정결례 시행을 막으며, 몸과 함께 부정해지거나 부정하게 만들 수 있다.

## 9, 5
그릇이나 도구를 정결례장에 담그는 상황에 관해 논의한다.

---

אֵלּוּ חוֹצְצִים בַּכֵּלִים. הַזֶּפֶת וְהַמּוֹר בִּכְלֵי זְכוּכִית, בֵּין מִבִּפְנִים בֵּין מִבַּחוּץ. עַל הַשֻּׁלְחָן וְעַל הַטַּבְלָה וְעַל הַדַּרְגָּשׁ, עַל הַנְּקִיִּים, חוֹצְצִין. עַל הַבְּלוּסִין, אֵינָן חוֹצְצִין. עַל מִטּוֹת בַּעַל הַבַּיִת, חוֹצֵץ. וְעַל שֶׁל עָנִי, אֵינוֹ חוֹצֵץ. עַל אִכּוּף שֶׁל בַּעַל הַבַּיִת, חוֹצֵץ. וְעַל שֶׁל זַקָּקִין, אֵינוֹ חוֹצֵץ. וְעַל הַמַּרְדַּעַת, חוֹצֵץ. רַבָּן שִׁמְעוֹן בֶּן גַּמְלִיאֵל אוֹמֵר, עַד כְּאִסָּר הָאִיטַלְקִי:

---

다음과 같은 것들은 그릇으로 〔정결례 시행하는 것을〕 막는다. 역청과 몰약[26]이 유리 그릇의 안쪽이나 바깥쪽에 〔묻었을 때〕, 탁자 위에, 판자 위에, 긴 의자 위에, 깨끗한 것들 위에 〔묻었을 때, 정결례 시행을〕 막는다. 더러운[27] 것들 위에 〔묻었을 때는〕 막지 않는다. 〔개인〕 집주인의 침대 위에 〔묻었을 때는〕 막는다. 가난한 자의 〔침대에 묻었을 때는〕 막지 않는다. 〔개인〕 집주인의 안장[28] 위에 〔묻었을 때는〕 막는다. 〔가죽 부대〕 상인[29]의 〔안장 위에 묻었을 때는〕 막지 않

26) 이 낱말(מור)은 미르라나무(아프리카산 감람과에 속하는 나무) 수지를 가리킨다(야스트로 748; 참고, 출 30:23). 미쉬나 사본 중에는 이 낱말을 '점토'(חמר)라고 필사한 경우도 있다.

27) 이 낱말(בלוסין)은 '다른 종류의 물건들과 섞인다'는 뜻의 동사(בלס)에서 나온 말로, 더러워지도록 방치한 그릇들을 가리킨다.

28) 이 낱말(איכוף)은 '안장'이라는 뜻인데(야스트로 25), 원래 철자법은 אוכף이다.

29) 이 낱말(זקק)은 가죽 부대를 만드는 장인이나 파는 상인을 가리킨다(야스트로 410).

는다. 〔짐을〕 옮기는 안장 위에 〔묻었을 때는〕 막는다. 쉼온 벤 감리엘 라반은 〔그 얼룩이〕 이탈리아 이싸르[30] 만할 때 〔막을 수 있다〕고 말한다.

- 석유에서 얻는 검고 끈적한 역청은 방수재로 쓰고 미르라 나무 수지인 몰약은 향료의 원료인데, 이런 것들이 그릇이나 도구에 말라붙어 있으면 정결례를 적절하게 시행하는 것을 막는다. 특히 유리 그릇의 안쪽은 물론 바깥쪽에 이런 얼룩이 있어도 막는다.
- 다음에 열거한 물건들 중에서 일반적으로 값이 나가고 귀해서 깨끗하게 관리하는 물품들 위에 이런 얼룩이 있었다면 그 주인이 그 물품을 더럽게 방치했다는 증거이므로, 그 얼룩이 정결례 시행을 막는다고 간주한다. 원래 이것 저것을 섞어서 더럽게 사용하는 물품이라면, 그 위에 얼룩이 있더라도 주인이 특별히 관리를 잘못한 것이 아니므로 정결례 시행을 막지 않는다.
- 그 물건의 주인에 따라 원래 깨끗하게 관리할 수도 있고 더럽게 관리할 수도 있기 때문에 얼룩이 발견되면 위의 원칙에 따라 판단한다.
- 쉼온 벤 감리엘 라반은 얼룩의 최소 크기가 이탈리아 동전인 이싸르보다 커야 정결례 시행을 막는다고 주장한다.

## 9, 6

옷에 얼룩이 묻은 경우를 논의한다.

---

עַל הַבְּגָדִים, מִצַּד אֶחָד, אֵינוֹ חוֹצֵץ. מִשְּׁנֵי צְדָדִין, חוֹצֵץ. רַבִּי יְהוּדָה אוֹמֵר מִשּׁוּם רַבִּי יִשְׁמָעֵאל, אַף מִצַּד אֶחָד. רַבִּי יוֹסֵי אוֹמֵר, שֶׁל בַּנָּאִים, מִצַּד אֶחָד.

---

30) 이싸르(אסר)는 동전의 이름으로 8페루타가 1이싸르이며, 2이싸르가 1푼디온이다. 1디나르는 24이싸르다.

〔얼룩이〕 옷 위에 한쪽에만 〔묻었다면, 정결례 시행을〕 막지 않는다. 두 쪽에 다 〔묻었다면〕 막는다. 예후다 랍비가 이쉬마엘 랍비의 이름으로 말한다. 한쪽에만 〔묻어도 막는다〕. 요쎄 랍비는 건축업자[31]의 옷 한쪽에만 〔얼룩이 묻었다면 막는다고〕 말한다. 그러나 구덩이 파는 사람[32]의 옷은 두 쪽에 〔다 묻어야 막는다〕.

- 다섯째 미쉬나에 이어 얼룩이 옷에 묻었을 경우에도 조건에 따라 정결례장의 물이 직접 옷에 닿는 것을 막을 가능성이 생긴다. 일반적으로 옷의 한쪽에만 얼룩이 묻었을 때는 정결례를 막지 않지만, 양쪽에 다 묻으면 막는 것으로 본다. 그러나 예후다 랍비는 한쪽에만 묻어도 막는다고 주장한다.
- 요쎄 랍비는 건축업자는 그렇지만 직접 구덩이를 파는 노동자의 경우에는 양쪽에 얼룩이 다 묻어야 막는다며, 직업에 따라 차등을 두어야 한다고 주장했다.

## 9, 7

מִטְפַּחַת שֶׁל זַפָּתִין וְשֶׁל יוֹצְרִין וְשֶׁל מְפַסְלֵי אִילָנוֹת, אֵין חוֹצְצִין. רַבִּי יְהוּדָה אוֹמֵר, אַף שֶׁל קַיָּצִין, כַּיּוֹצֵא בָהֶן. זֶה הַכְּלָל, כָּל הַמַּקְפִּיד עָלָיו, חוֹצֵץ. וְשֶׁאֵינוֹ מַקְפִּיד עָלָיו, אֵינוֹ חוֹצֵץ:

역청 노동자와 도공과 나무를 다듬는 사람의 앞치마에 〔얼룩이 묻었다면, 그것은 정결례 시행을〕 막지 않는다. 예후다 랍비는 여름 과

31) 이 낱말을 건축업자가 아니라 목욕탕 직원으로 설명하는 경우도 있다.
32) 이 낱말을 구덩이 파는 노동자가 아니라 배우지 못한 사람으로 설명할 수도 있다(야스트로 148).

일을 추수하는 자의 〔앞치마도〕 같은 경우에 속한다고 말한다. 이것이 원칙이다. 엄격하게 행하는 자는 그 위에 〔얼룩이 묻었을 때〕 막으며, 엄격하게 행하지 않는 자는 그 위에 〔얼룩이 묻었을 때〕 막지 않는다.

- 이 미쉬나는 직업에 따라서 자기 옷이나 앞치마를 엄격하게 깨끗하게 관리하는 사람과 그렇지 않은 사람으로 나누고, 그의 일 때문에 얼룩이 묻을 수밖에 없는 사람들의 옷이나 앞치마는 얼룩이 묻어도 정결례를 시행할 수 있다고 설명한다(셋째 미쉬나).

## 제10장

그릇이나 도구로 정결례를 시행하는 방법과, 서로 다른 물을 섞어서 적법하게 정결례를 시행하는 방법, 음식이나 음료수 때문에 정결례를 시행하는 경우를 논의한다.

### 10, 1

각종 그릇과 도구를 물에 담그는 방법을 설명한다.

---

כָּל יְדוֹת הַכֵּלִים שֶׁהִכְנִיסָן שֶׁלֹּא כְדַרְכָּן, אוֹ שֶׁהִכְנִיסָן כְּדַרְכָּן וְלֹא מֵרְקָן, אוֹ שֶׁמֵּרְקָן וְנִשְׁבְּרוּ, הֲרֵי אֵלּוּ חוֹצְצִין. כְּלִי שֶׁהִטְבִּילוֹ דֶּרֶךְ פִּיו, כְּאִלּוּ לֹא טָבָל. הִטְבִּילוֹ כְדַרְכּוֹ בְלֹא זְבוּרִית, עַד שֶׁיַּטֶּנּוּ עַל צִדּוֹ. כְּלִי שֶׁהוּא צַר מִכָּאן וּמִכָּאן וְרָחָב מִן הָאֶמְצַע, אֵינוֹ טָהוֹר עַד שֶׁיַּטֶּנּוּ עַל צִדּוֹ. צְלוֹחִית שֶׁפִּיהָ שׁוֹקֵעַ, אֵינָהּ טְהוֹרָה עַד שֶׁיְּנַקְּבֶנָּה מִצִּדָּהּ. קַלְמָרִין הֶדְיוֹטוֹת, אֵינָהּ טְהוֹרָה עַד שֶׁיְּנַקְּבֶנָּה מִצִּדָּהּ. וְקַלְמָרִין שֶׁל יוֹסֵף הַכֹּהֵן הָיְתָה נְקוּבָה בְצִדָּהּ:

---

그릇에 관례와 다른 손잡이를 달았거나, 관례와 같지만 고정하지 않은 〔손잡이〕, 고정했지만 부서진 〔손잡이를 달았다면〕, 이러한 것들은 〔정결례 시행을〕 막는다.

그릇을 그 주둥이부터 〔물에〕 담갔다면, 그것은 담그지 않은 것과 같다. 〔그릇을〕 관례대로 〔물에〕 담갔으나 〔바닥에〕 연결된 부분[33]이 〔들어가지〕 않았다면, 그것을 옆으로 기울여 〔들어가게 해야 한다〕. 그릇이 위와 아랫부분이 좁고 가운데 부분이 넓게 생겼다면, 그것을 옆으로 기울여 〔들어가게 할〕 때까지 정결해지지 않는다. 주둥이가 〔안쪽으로〕 파인 작은 병은 그 옆부분에 구멍을 뚫을 때까지 정결해지지 않는다. 일반인들이 〔쓰는 잉크용기가 두 개인〕 개인 필통은 그 옆부분에 구멍을 뚫을 때까지 정결해지지 않는다. 요셉 제사장의 개인 필통은 〔이미〕 옆부분에 구멍이 있다.

- 어떤 그릇을 물웅덩이에 담가 정결례를 실행할 때 일반적인 방법으로 고정된 손잡이는 그릇과 연결된 것으로 간주하지만, 그렇지 않은 손잡이는 연결되지 않은 것이며 정결례를 적법하게 시행하는 것을 막을 수 있다.
- 그릇이나 병을 물웅덩이에 담글 때는 그릇의 내부와 외부 벽이 모두 물에 닿아 정결해지도록 넣어야 하며, 필요에 따라 옆으로 기울여서 담가야 한다. 생긴 모양에 따라 옆부분에 구멍을 뚫어야 할 때도 있다(「켈림」 2, 7).

33) 이 낱말(זבורית)은 그릇이나 접시 바닥에 이어 붙여서 주둥이에서 떨어지는 액체를 받는 곳이며(야스트로 378), 무엇인가를 담을 수 있는 공간이기 때문에 정결법에 저촉된다.

## 10, 2

הַכַּר וְהַכֶּסֶת שֶׁל עוֹר, הֲרֵי אֵלּוּ צְרִיכִין שֶׁיָּבֹאוּ בָהֶם הַמָּיִם. כֶּסֶת עֲגֻלָּה, וְהַכַּדּוּר, וְהָאֵמוּם, וְהַקָּמֵעַ, וְהַתְּפִלָּה, אֵינָן צְרִיכִין שֶׁיָּבֹאוּ בָהֶם הַמָּיִם. זֶה הַכְּלָל, כֹּל שֶׁאֵין דַּרְכּוֹ לְהַכְנִיס וּלְהוֹצִיא, טוֹבְלִים סְתוּמִים:

가죽으로 만든 베개와 베개 덮개[34]는 그 안에 물이 들어가야만 한다. 둥근 베개 덮개와 공[35]과 〔제화공의〕 구두골과 부적[36]과 성구함[37]은 그 안에 물이 들어갈 필요가 없다. 이것이 원칙이다. 대개 〔그 내용물을〕 넣었다 뺐다 하지 않는 모든 것들은 닫은 채로 〔물에〕 담근다.

- 정결례를 위해서 물웅덩이에 담글 때 내부 벽까지 물이 가 닿아야 하는 것들이 있고 그렇지 않은 것들이 있다. 내용물을 한 번 넣고 다시 빼지 않는 것들은 뚜껑이나 덮개를 열지 않고 그대로 물에 담가도 합법적인 정결례로 인정한다.

## 10, 3

물이 내부까지 들어가지 않아도 좋은 물품들을 열거한다.

אֵלּוּ שֶׁאֵינָם צְרִיכִים שֶׁיָּבֹאוּ בָהֶם הַמַּיִם, קִשְׁרֵי הֶעָנִי, וְהַנִּימִין, וַחֲבַט שֶׁל סַנְדָּל, וּתְפִלָּה שֶׁל רֹאשׁ בִּזְמַן שֶׁהִיא חוּצָה, וְשֶׁל זְרוֹעַ בִּזְמַן שֶׁאֵינָהּ עוֹלָה וְיוֹרֶדֶת, וְאָזְנֵי הַחֵמֶת, וְאָזְנֵי הַתַּרְמוּל:

---

34) 베개와 베개 덮개는 「미크바옷」 7, 6과 「켈림」 16, 4를 참조하라.

35) 공은 가죽으로 만들고 양모나 천을 채워 넣는다(「켈림」 23, 1).

36) 부적은 가죽 주머니에 사람 이름과 기도문과 치유하는 힘이 있는 약초 등을 넣어 만든다.

37) 이 낱말(תפלה)은 원래 '기도'라는 뜻이지만, 문맥에 따라 성구함(תפילין)을 가리키는 것으로 번역했다.

이러한 것들은 그 안에 물이 들어갈 필요가 없는 것들이다. 가난한 사람의 〔옷에 달린〕 매듭, 옷술, 샌들 〔앞부분에 묶여 있는〕 끈, 머리에 〔맨〕 성구함이 단단히 고정되었을 때, 팔에 〔맨 성구함이〕 아래위로 움직이지 않을 때, 가죽부대의 손잡이, 그리고 가방의 손잡이이다.

- 여기서 열거한 물품들은 사용할 때 풀었다 맸다 하지 않는 끈 또는 아주 꼭 고정되어 움직이지 않는 매듭들이며, 풀지 않고 물웅덩이에 넣어 정결례를 시행할 수 있다.

10, 4

셋째 미쉬나와 달리 내부까지 물이 들어가야 하는 물품들을 열거한다.

---

אֵלּוּ שֶׁהֵם צְרִיכִים שֶׁיָּבֹאוּ בָהֶן הַמַּיִם, הַקֶּשֶׁר שֶׁבַּפְּרַקְסִים שֶׁבַּכָּתֵף, וְשָׂפָה שֶׁל סָדִין צָרִיךְ לְמַתֵּחַ, וּתְפִלָּה שֶׁל רֹאשׁ בִּזְמַן שֶׁאֵינָהּ חוֹצָה, וְשֶׁל זְרוֹעַ בִּזְמַן שֶׁהִיא עוֹלָה וְיוֹרֶדֶת, וּשְׁנָצִין שֶׁל סַנְדָּל, וּבְגָדִים שֶׁהִטְבִּילָן מְכֻבָּסִין, עַד שֶׁיְּבַעְבְּעוּ. הִטְבִּילָן נְגוּבִין, עַד שֶׁיְּבַעְבְּעוּ וְיָנוּחוּ מִבִּעְבּוּעָן:

---

이러한 것들은 그 안에 물이 들어가야 하는 것들이다. 어깨에 〔매는〕 속옷[38]의 매듭, 쭉 펴야 하는 이불자락, 머리에 〔맨〕 성구함이 고정되지 않았을 때, 팔에 〔맨 성구함이〕 아래위로 움직일 때, 샌들을 〔매는〕 끈, 그리고 세탁하느라고 〔물에〕 담갔던 옷들은 거품이 올라올 때까지 〔담가놓아야 한다〕. 이미 마른 것을 담그는 경우에는 거품이 올라오다가 거품이 그칠 때까지 〔담가놓아야 한다〕.

---

38) 이 낱말(פקרסים)은 '속옷'을 가리키는데 다른 철자법(פקרסים)으로 쓴 사본도 있고, 「켈림」에도 비슷한 낱말(אפרקסין)이 등장한다(「켈림」 29, 1).

- 열거한 물품들은 셋째 미쉬나와 달리 묶었다 풀었다 하는 끈, 접었다 폈다 하는 천이며, 꼭 풀거나 펴서 물웅덩이에 담가야 한다. 옷은 이미 세탁을 하면서 물에 담갔고 개켜 놓았지만 젖은 경우, 물에 담가서 옷이 떠오르며 거품이 보이면 물이 옷 전체에 닿았다고 인정한다. 마른 옷이라면 거품이 나다가 멈출 때까지 기다려야 한다.

## 10, 5

כָּל יְדוֹת הַכֵּלִים שֶׁהֵם אֲרֻכִּין וְעָתִיד לִקְצֹץ, מַטְבִּילָן עַד מְקוֹם הַמִּדָּה. רַבִּי יְהוּדָה אוֹמֵר, עַד שֶׁיַּטְבִּיל אֶת כֻּלּוֹ. שַׁלְשֶׁלֶת דְּלִי גָדוֹל, אַרְבָּעָה טְפָחִים, וְשֶׁל קָטָן, עֲשָׂרָה, מַטְבִּילָן עַד מְקוֹם הַמִּדָּה. רַבִּי טַרְפוֹן אוֹמֵר, עַד שֶׁיַּטְבִּיל אֶת כָּל הַטַּבַּעַת. הַחֶבֶל שֶׁהוּא קָשׁוּר בַּקֻּפָּה אֵינוֹ חִבּוּר, אֶלָּא אִם כֵּן תָּפַר:

그릇에 달린 손잡이가 너무 길어서 잘라버릴 예정이라면, 〔적절한〕 길이까지만 〔물에〕 담근다. 예후다 랍비는 그 전체를 담그기 전까지는 〔그 그릇이 부정하다고〕 말한다. 커다란 양동이에 달린 사슬은 4테팍, 작은 〔양동이에 달린 사슬은〕 10〔테팍까지, 적절한〕 길이까지만 담근다. 타르폰 랍비는 모든 사슬을 다 담그기 전까지는 〔그것이 부정하다고〕 말한다. 바구니에 묶어 놓은 줄은 꿰매기 전에는 연결된 것이 아니다.

- 손잡이가 그릇에 연결되어 있다고 간주하기 위해서는 적절한 길이가 있는데, 어떤 그릇에 달린 손잡이가 너무 길어서 자를 예정이었다. 그러나 아직 자르지 않은 상태에서 물웅덩이에 넣었다면, 적절한 길이까지만 물에 담그면 된다. 예후다 랍비는 반대의견을 제시하면서, 연결된 손잡이는 그 전체가 연결된 것이므로 전부 물에 담가야 한다고 주장한다(「오홀롯」 15, 8).
- 마찬가지로 양동이에 달린 사슬도 연결된 것으로 간주하는 길이가

있으며(「켈림」 14, 3), 그 길이까지만 담그면 된다는 의견과 그에 반대하는 의견이 있다.

- 버드나무 바구니에 묶은 줄은 실로 꿰매기 전에는 연결된 것이 아니다.

### 10, 6

정결례를 실시하는 동안 액체와 액체가 만나는 상황을 논의한다.

---

בֵּית שַׁמַּאי אוֹמְרִים, אֵין מַטְבִּילִין חַמִּין בְּצוֹנֵן וְלֹא צוֹנֵן בְּחַמִּין, לֹא יָפִים בְּרָעִים וְלֹא רָעִים בְּיָפִים. בֵּית הִלֵּל אוֹמְרִים, מַטְבִּילִין. כְּלִי שֶׁהוּא מָלֵא מַשְׁקִין וְהִטְבִּילוֹ, כְּאִלּוּ לֹא טָבָל. מָלֵא מֵי רַגְלַיִם, רוֹאִים אוֹתָם כְּאִלּוּ הֵם מָיִם. מָלֵא מֵי חַטָּאת, עַד שֶׁיִּרְבּוּ הַמַּיִם עַל מֵי חַטָּאת. רַבִּי יוֹסֵי אוֹמֵר, אֲפִלּוּ כְּלִי מַחֲזִיק כּוֹר וְאֵין בּוֹ אֶלָּא רְבִיעִית, כְּאִלּוּ לֹא טָבָל:

---

샴마이 학파는 더운 〔물을〕 찬 〔물에〕 담그지 않고, 찬 〔물을〕 더운 〔물에 담그지〕 않으며, 좋은 〔물을〕 나쁜 〔물에 담그지〕 않고, 나쁜 〔물을〕 좋은 〔물에 담그지〕 않는다고 말한다. 힐렐 학파는 〔그렇게〕 담그라고 말한다.

음료수가 가득 든 그릇을 〔물에〕 담갔다면, 이것은 담그지 않은 것과 마찬가지다. 오줌이 가득 들어 있었다면, 그것은 물과 같다고 간주한다. 속죄의 물이 가득 들었다면, 그 물이 속죄의 물보다 더 많을 때까지는 〔부정하다고 간주한다〕. 요쎄 랍비는 코르를 담을 수 있는 그릇이라도 〔속죄의 물이〕 1/4〔로그만〕 들어 있다면, 이것은 담그지 않은 것과 마찬가지라고 말한다.

- 이 미쉬나가 사용하는 논리는 서로 다른 물을 섞어서 적법하게 정결례를 시행할 수 있는 물웅덩이 하나를 만드는 상황을 기준으로 하고 있다(하샤카). 샴마이 학파의 의견에 따르면 부정한 더운물과 찬 웅

덩이의 물을 섞지 않으며 깨끗한 물과 냄새나는 물을 섞지 않는다. 온도나 상태가 동일한 물을 섞어야 그 물이 하나로 연결되어 정결례에 사용할 수 있다. 힐렐 학파는 반대하며 관대한 태도를 보인다.

- 물이 아닌 음료수가 들어 있는 부정한 그릇을 물웅덩이에 담그면, 음료수는 물이 그릇에 닿지 못하게 막기 때문에, 그 정결례는 무효가 된다(「마크쉬린」 4, 8).
- 오줌은 물과 같다고 간주하므로 그릇에 든 채로 물웅덩이에 담가도 된다. 붉은 암소의 재로 만든 속죄의 물은 접촉하는 대상을 부정하게 만드는데, 그릇 안에 들어가는 물이 속죄의 물보다 많다면 정결례를 적절하게 시행한 것으로 인정한다. 요쎄 랍비는 매우 엄격한 태도를 취하며, 속죄의 물이 매우 소량만 들어 있어도, 그 그릇은 적절하게 정결례를 행한 것으로 인정하지 않는다고 주장한다.

## 10, 7

כָּל הָאֳכָלִין מִצְטָרְפִין לִפְסֹל אֶת הַגְּוִיָּה בְּכַחֲצִי פְרָס. כָּל הַמַּשְׁקִין מִצְטָרְפִין לִפְסֹל אֶת הַגְּוִיָּה בִּרְבִיעִית. זֶה חֹמֶר בְּשׁוֹתֶה מַשְׁקִין טְמֵאִין מִבַּמִּקְוֶה, שֶׁעָשׂוּ בוֹ שְׁאָר הַמַּשְׁקִין כַּמָּיִם:

모든 음식은 연결되어 빵 덩이 반 〔크기[39]가〕 되면 몸을 무효로 만든다. 모든 음료수는 연결되어 1/4〔로그가〕 되면 몸을 무효로 만든다. 그렇다면 부정한 음료수를 마신 자에 〔관한 규정이〕 물웅덩이에 〔관한 규정〕보다 엄격한데, 이런 경우 다른 모든 음료수를 물과 마찬가지로 만든 것이다.

39) 빵 한 덩어리(כיכר)는 달걀 8개에 해당하고, 빵 조각(פרס)은 달걀 4개에 해당하므로, 빵 조각의 반은 달걀 2개에 해당한다.

- 부정한 음식을 빵 조각 반 크기 정도 먹은 사람의 몸은 무효가 되어(「메일라」 4, 5), 정결례를 시행하기 전에는 거제를 먹을 수 없다. 부정한 음료수를 1/4로그 정도 먹은 사람도 마찬가지다(「자빔」 5, 12).
- 그렇다면 부정한 음료수를 마신 자의 몸은 쉽게 무효가 되어, 정결례를 시행하는 물웅덩이 관련 법보다 더 엄격하게 적용되는 셈이다.

10, 8

사람이 어떤 물건을 삼키고 정결례를 시행한 경우를 설명한다.

---

אָכַל אֳכָלִים טְמֵאִים, וְשָׁתָה מַשְׁקִים טְמֵאִים, טָבַל וֶהֱקִיאָן, טְמֵאִים, מִפְּנֵי שֶׁאֵינָן טְהוֹרִים בַּגּוּף. שָׁתָה מַיִם טְמֵאִים, טָבַל וֶהֱקִיאָם, טְהוֹרִים, מִפְּנֵי שֶׁהֵם טְהוֹרִים בַּגּוּף. בָּלַע טַבַּעַת טְהוֹרָה, נִכְנַס לְאֹהֶל הַמֵּת, הִזָּה וְשָׁנָה וְטָבַל וֶהֱקִיאָהּ, הֲרֵי הִיא כְמוֹת שֶׁהָיְתָה. בָּלַע טַבַּעַת טְמֵאָה, טוֹבֵל וְאוֹכֵל בַּתְּרוּמָה. הֱקִיאָהּ, טְמֵאָה וְטִמְּאַתּוּ. חֵץ שֶׁהוּא תָחוּב בָּאָדָם, בִּזְמַן שֶׁהוּא נִרְאֶה, חוֹצֵץ. וְאִם אֵינוֹ נִרְאֶה, טוֹבֵל וְאוֹכֵל בִּתְרוּמָתוֹ:

---

〔어떤〕 사람이 부정한 음식을 먹거나 부정한 음료수를 마시고, 〔몸을 물에〕 담갔다가 그것들을 토해냈다면, 그것들은 부정하니 그 몸 속에서 정결해지지 않았기 때문이다. 부정한 물을 마시고 〔물에〕 담갔다가 그것을 토해냈다면, 그것은 정결하니 그 몸 속에서 정결해졌기 때문이다.

정결한 반지를 삼키고 시체가 〔있는〕 천막에 들어갔다가, 〔속죄의 물을〕 뿌리고 다시 〔뿌린 뒤 물에〕 담갔다가 그것을 토해냈다면, 그것은 그전 상태와 같다. 부정한 반지를 삼켰다면, 그는 〔물에〕 담근 후 거제를 먹을 수 있다. 그것을 토해냈다면, 그것은 부정하며, 또 그것이 그를 부정하게 만든다. 화살이 사람의 〔몸에〕 박혔을 때, 그것이 〔밖에서〕 보일 때는 〔정결례 시행을〕 막는다. 그러나 만약 보이지 않는다면, 그는 〔물에〕 몸을 담그고 그의 거제를 먹을 수 있다.

- 어떤 사람이 부정한 음식이나 물 이외의 부정한 음료수를 마시고, 물웅덩이에 들어가 정결례를 시행한 후 그것들을 토해냈다. 그 음식이나 음료수는 여전히 부정하니, 이런 것들은 사람의 몸이 정결례로 정결해져도 함께 정결해지지 않기 때문이다. 그러나 물은 그 성격이 다르며, 사람의 몸 속에 들어가면 정결해진다.
- 정결한 반지를 삼키고 시체가 있는 천막에 들어간 사람은 시체의 부정에 전이되며, 속죄의 물을 셋째 날과 일곱째 날에 각각 뿌려서 정결례를 행한다. 또 물웅덩이에 몸을 담그는 정결례도 행한다. 그 후에 그 반지를 토해냈다면, 그 반지는 처음 상태를 그대로 유지하니, 몸 안에 들어 있는 동안에는 외부 환경의 영향을 받지 않기 때문이다. 그러나 만약 그 사람이 정결례를 행하기 전에 토했다면, 몸 밖으로 나오면서 부정한 몸과 접촉하며 부정해진다.
- 어떤 사람이 부정한 반지를 삼켰다면, 삼키는 순간에 그의 몸이 부정해지므로, 물웅덩이에서 정결례를 행한 후 거제를 먹는다. 삼켜서 몸 안에 들어 있는 부정의 요인은 부정을 전이시키지 않는다(「켈림」 8, 5). 만약 그것을 토해냈다면, 몸 안에 들어 있을 때 시행한 정결례가 반지에 영향을 미치지 못하므로 부정하며, 몸 밖으로 나오는 순간 그의 몸을 부정하게 만든다.

# נידה

7

# 닛다

## 월경

그녀가 월경하는 피를 발견했을 때부터 월경이 시작된 것으로 간주해도 충분하다는 규정은 어떤 경우에 적용하는가? 어떤 여인이 침대에 앉아서 정결한 것들로 일을 하다가, 그 자리를 떠났는데 월경하는 피를 보았다면, 그녀는 부정하지만 다른 모든 것들은 정결하다. 그들이 지난 하루 동안 그녀가 부정한 상태였다고 간주한다고 말했으나, 월경 기간은 그녀가 월경하는 피를 보았던 때부터 계산한다. _「닛다」 1, 2

# 개요

'닛다'(נדה)라는 말은 '월경을 하는 기간' 또는 '월경을 하는 여인'을 가리키는 말이다.[1] 그러므로 마쎄켓 「닛다」는 월경하는 여인과 관련된 규정들을 논의한다. 또한 '자바'(זבה) 즉 '유출병자인 여인'에 관한 규정들도 있는데, 랍비들은 생리 기간이 아닌데 피를 보이는 여인이라고 규정하고 논의에 포함시킨다. '욜레뎃'(יולדת) 즉 '산모'에 관한 법규정도 포함되어 있으니, 공통적으로 몸 바깥으로 피를 흘리는 여인들을 논의의 주제로 삼는다. 이러한 여인들은 모두 '부정의 아버지'이기 때문에 정결법과 관련된 문제를 일으키고, 결혼할 수도 없다.

## 월경하는 여인(닛다)

어떤 여인이 오줌에 피가 섞여 나오는 것을 보았을 때부터 월경 기간이 시작된 것으로 보고, 월경하는 여인으로 부정한 상태가 된다. 월경 기간 동안에는 피가 몇 번 나오든지 관련이 없으며 이레 동안 부정하다. 부정한 기간 동안에는 성전에 출입할 수 없으며, 성물과 거제를

1) 야스트로 878을 보라.

먹을 수 없고, 성물이나 거제를 만지면 그것들을 부정하게 만든다. 이레가 지난 후 해가 지면 정결례를 행하고, 그다음 날 저녁이 되면 정결해진다.

월경하는 여인은 '부정의 아버지'로 간주하며, 접촉과 옮기기, 들리기, 얹기, 앉기, 눕기를 통해 부정을 전이한다. 이런 여인과 성관계를 한 남자는 부정하며 월경하는 여인과 같은 방법으로 부정을 전이하게 된다.

월경하는 여인은 또한 '불법 성관계'(ערוה, 에르바)와 관련되는데, 이 여인이 부정한 상태에서 성관계를 했을 때 유대인 사회에서 '끊어짐'(כרת, 카렛)의 벌을 받게 되고 때에 따라 속죄제를 드릴 의무도 지기 때문이다.

### 유출병자인 여인(자바)

어떤 여인이 월경 기간이 아닌데 불규칙하게 오줌에 피가 섞여 나오면 유출병자로 간주한다. 유출병자인 여인과 관련된 규정은 월경하는 여인과 동일하며, 부정해지는 기간과 정결례를 행하는 과정에서 차이를 보인다.

여인은 불규칙적인 유출이 처음 보인 날 유출병자가 되지만, 하루만 유출이 없으면 그다음 날 아침에 정결례를 시행하며, 그날도 유출이 없으면 저녁부터 남편과 잠자리를 가질 수 있다. 정결례를 시행한 날 유출이 있으면, 다시 유출이 없는 하루가 지나기를 기다려야 한다. 이런 상태에 있는 여인은 '작은 유출병자 여인'(זבה קטנה, 자바 케타나)이라고 부른다.

만약 유출이 사흘 동안 계속된다면 그 여인은 '큰 유출병자 여인'(זבה גדולה, 자바 게돌라)이 되며, 이레 동안 부정하다. 이레가 지나면 정결례를 행하는 것은 물론 성전에 속죄제를 바쳐야 한다. 큰 유출병자인 여인이 정결례를 행하면 저녁 때부터 거제는 먹을 수 있지만, 성물은 먹을 수 없고 성전에도 들어갈 수 없다.

### 월경 기간과 유출병 기간

위에서 언급한 바와 같이 피가 섞인 오줌을 처음 본 순간 그 여인은 '이레' 동안 월경하는 여인이 되며, 이 기간에 피를 몇 번 보든지 상관이 없다. 이 기간이 끝나면 '열하루' 동안 지켜보는 기간을 두고 기다린다. 하루나 이틀에 걸쳐 피가 다시 흐른다면 그 여인은 작은 유출병자가 되며, 사흘을 계속해서 피가 흐른다면 큰 유출병자가 된다. 열하루 동안 피가 다시 흐르지 않았거나 큰 유출병자가 된 후 이레 동안 피가 흐르지 않았다면, 그다음에 나오는 피는 다음 월경의 피로 간주하고 이레의 부정한 기간을 다시 시작한다.

이 규정은 검사하고 판단하기가 매우 어렵기 때문에 이미 탈무드 시대부터 모든 여인들은 큰 유출병자에 해당하는 엄격한 규정을 지키는 것을 관례로 삼았다(바벨 탈무드「닛다」66a).

### 월경하는 여인에 관한 랍비들의 전통

월경하는 여인과 관련된 토라의 규정은 자궁에서 유출된 피만 문제를 삼지만, 랍비들은 본인이 피를 흘린다는 사실을 느끼지 못하고 기억에 없다고 하더라도 옷이나 이불에 피 얼룩이 있으면 월경하는 것으로 의심해야 하며 부정해진다고 주장한다(「닛다」8, 1). 물론 이런 규정은 랍비들의 전통이기 때문에 토라의 규정처럼 엄격하게 적용하지는 않고, 관대하게 적용하려고 노력한다(8, 2-4). 피 얼룩은 당시에 어느 집이나 있었고 벼룩을 잡은 흔적으로 볼 가능성도 있었다.

### 산모

산모는 아들을 낳았을 때 이레 동안 딸을 낳았을 때 열나흘 동안 부정하다. 시행 규칙은 월경하는 여인과 같으며, 이 기간이 끝나면 정결례를 행하고 남편과 성관계를 할 수 있다. 그 후 아들을 낳은 여인은 33일 동안 딸을 낳은 여인은 66일 동안 일종의 정화 기간을 가지는데, 이 기간 자궁에서 피가 흘러나와도 부정해지지 않는다. 이렇게 피를 흘려도 부정해지지 않는 여인을 '정결한 피 위에 앉은 여인'(יושבת על דם טהר, 요쉐벳 알 담 타호르)이라고 부르며, 기간이 만료될 때 성전에 들어가 제물을 바친다.

• **관련 성경구절 | 레위기 12:1-8, 18:19, 20:18**

# 제1장

여성이 월경 기간을 계산하는 방법과 정결법과 관련하여 처녀, 임신한 여인, 젖 먹이는 여인, 늙은 여인이 어떤 사람을 가리키는지 정의한다. 월경이 시작했는지 스스로 검사할 때 증거하는 천 조각을 사용하라고 명령하기도 한다.

**1, 1**

어떤 여인이 월경을 시작했는데 정확하게 언제 시작했는지 모를 경우에 관해 논의한다.

---

שַׁמַּאי אוֹמֵר, כָּל הַנָּשִׁים דַּיָּן שְׁעָתָן. הִלֵּל אוֹמֵר, מִפְּקִידָה לִפְקִידָה, וַאֲפִלּוּ לְיָמִים הַרְבֵּה. וַחֲכָמִים אוֹמְרִים, לֹא כְדִבְרֵי זֶה וְלֹא כְדִבְרֵי זֶה, אֶלָּא מֵעֵת לְעֵת מְמַעֵט עַל יַד מִפְּקִידָה לִפְקִידָה, וּמִפְּקִידָה לִפְקִידָה מְמַעֶטֶת עַל יַד מֵעֵת לְעֵת. כָּל אִשָּׁה שֶׁיֶּשׁ לָהּ וֶסֶת, דַּיָּהּ שְׁעָתָהּ. וְהַמְשַׁמֶּשֶׁת בְּעִדִּים, הֲרֵי זוֹ כִפְקִידָה, וּמְמַעֶטֶת עַל יַד מֵעֵת לְעֵת וְעַל יַד מִפְּקִידָה לִפְקִידָה:

---

삼마이 학파는 모든 여인들이 〔월경하는 것을 발견했을〕 때 〔월경이 시작된다고 간주해도〕 충분하다고 말한다. 힐렐 학파는 〔현재〕 검사하는 〔날〕로부터 〔마지막〕 검사했던 〔날〕까지 〔부정하다고 간주하며〕 날이 많이 지났다고 할지라도 〔그렇다고〕 말한다. 그러나 현인들은 이 사람의 말처럼 해도 안 되고 저 사람의 말처럼 해도 안 된다고 말한다. 〔그 여인은〕 하루 동안 〔부정했던 것으로 간주하니, 이것은 현재〕 검사하는 〔날〕로부터 〔마지막〕 검사했던 〔날〕까지 〔계산해서 그중 하루만〕 줄이는 셈이고, 〔그 여인이 현재〕 검사하는 〔날〕로부터 〔마지막〕 검사했던 〔날〕까지 〔부정한 것으로 간주하는 것은〕 하루보다 적은 경우다.

정기적인 〔월경기를 따르는〕 모든 여인은 그들이 〔월경하는 것을 발견했을〕 때에 〔월경이 시작된다고 간주해도〕 충분하다. 그리고 〔성관계를 할 때〕 증거로 〔천 조각[2]을〕 사용하는 여인은, 이것이 검사와 같으니, 〔부정한 날을〕 하루 이하로 그리고 검사로부터 〔다음〕 검사까지 〔그 기간을〕 줄이는 셈이다.

- 월경하는 여인은 부정하며 다른 사람이나 물건을 부정하게 만든다. 그러므로 적법한 행동양식을 유지하려면 본인이 부정한지 여부를 파악하는 것이 중요하다. 샴마이 학파는 모든 여인이 월경하는 피를 발견하는 순간부터 부정하고 부정하게 만들 수 있으며, 월경이 시작되어 자기도 모르는 사이에 다른 사람이나 물건을 부정하게 만들었을까 봐 의심할 필요가 없다고 주장한다.
- 힐렐 학파는 그 여인이 스스로 월경을 하는지 검사하던 날을 기준으로 판단한다. 현재 검사해서 피가 보였다면 마지막으로 검사해서 깨끗했던 날 직후부터 월경을 해왔다고 간주하며, 검사를 시행한 두 날 사이가 많이 지났다고 하더라도 같은 원칙을 적용한다. 그렇다면 그 기간에 접촉한 모든 사람과 그릇이 부정해지는 셈이다.
- 현인들은 샴마이 학파와 힐렐 학파의 의견에 동의하지 않으며, 현재 검사하는 날부터 마지막 검사하는 날까지 하루 24시간보다 길다면 그 기간 중에서 하루만 부정한 상태였다고 간주한다. 만약 현재 검사하는 날부터 마지막 검사하는 날까지 하루 24시간이 지나지 않았다면, 그녀는 마지막 검사 직후부터 부정한 상태였다고 간주한다. 결국 월경이 시작된 시간에 관한 의심이 생길 때 24시간을 의심의 한계선으로 정한 것이다.

---

2) 이 낱말(עד)은 '증거' 또는 '증인'이라는 말인데, 여기서는 월경하는 피를 흘렸는지 증거하는 역할을 맡고 있다. 비슷한 용례로 이사야서의 '더러운 옷' 또는 '증거의 옷'(בגד עדים)이라는 표현을 들 수 있다(사 64:6[히브리어 성서 64:5]).

- 그러나 위에서 논의한 모든 내용은 월경 기간이 정기적이지 않은 여인들에게 해당하며, 정기적으로 월경을 하는 여인은 자신이 피를 발견했을 때를 기준으로 월경 기간을 설정해도 충분하다. 또 성관계를 할 때 피가 흐르는지 알아보려고 관계를 시작하기 전과 후에 천 조각을 사용하면 그 여인 스스로 검사를 한 것이다(「닛다」 2, 1). 그 여인이 처음에 피를 발견하지 못했는데 나중에 피를 발견했다면, 그녀는 천 조각을 검사했던 시점 이후부터 부정한 상태였다고 간주한다.

## 1, 2

---

כֵּיצַד דַּיָּהּ שְׁעָתָהּ. הָיְתָה יוֹשֶׁבֶת בַּמִּטָּה וַעֲסוּקָה בְטָהֳרוֹת, וּפֵרְשָׁה וְרָאֲתָה, הִיא טְמֵאָה וְכֻלָּן טְהוֹרוֹת. אַף עַל פִּי שֶׁאָמְרוּ, מְטַמְּאָה מֵעֵת לְעֵת, אֵינָהּ מוֹנָה אֶלָּא מִשָּׁעָה שֶׁרָאֲתָה:

---

그녀가 〔월경하는 피를 발견했을〕 때부터 〔월경이 시작된 것으로 간주해도〕 충분하다는 〔규정은〕 어떤 경우에 적용하는가? 〔어떤 여인이〕 침대에 앉아서 정결한 것들로 일을 하다가, 〔그자리를〕 떠났는데 〔월경하는 피를〕 보았다면, 그녀는 부정하지만 〔다른〕 모든 것들은 정결하다. 그들이 〔지난〕 하루 동안 그녀가 부정한 상태였다고 〔간주한다고〕 말했으나, 〔월경 기간은〕 그녀가 〔월경하는 피를〕 보았던 때부터 계산한다.

- 정기적으로 월경을 하는 여인은 월경하는 피를 발견했을 때부터 월경이 시작된 것으로 보아도 충분하다는 규정은(첫째 미쉬나) 어떤 경우에 적용하는가? 이런 여성이 다른 부정의 요인과 상관없이 침대에 앉아서 일을 하다가 침대에서 혈흔을 발견했을 때, 본인은 월경을 시작했으므로 부정해지지만, 그때까지 접촉했던 침대나 다른 도구들은 정결을 유지하며 하루를 거슬러 지난 24시간 동안 만진 것

들까지 부정해지지 않는다.

- 부정기적으로 월경을 하는 여인이 월경을 시작한 시점에 관해 의심이 드는 경우라면, 월경의 피를 발견한 시점부터 하루를 거슬러서 24시간 동안 부정한 상태라고 간주한다는 규정이 있었다. 그러나 그 여인이 부정한 기간 이레를 계산할 때는 월경의 피를 발견한 순간부터 계산한다. 의심 때문에 부정해지는 기간은 월경 기간 계산에 포함되지 않는다.

## 1, 3

---

רַבִּי אֱלִיעֶזֶר אוֹמֵר, אַרְבַּע נָשִׁים דַּיָּן שְׁעָתָן, בְּתוּלָה, מְעֻבֶּרֶת, מֵנִיקָה וּזְקֵנָה.
אָמַר רַבִּי יְהוֹשֻׁעַ, אֲנִי לֹא שָׁמַעְתִּי אֶלָּא בְתוּלָה, אֲבָל הֲלָכָה כְּרַבִּי אֱלִיעֶזֶר:

---

엘리에제르 랍비는 네 종류의 여인은 〔월경하는 피를 발견했을〕 때부터 〔월경이 시작된 것으로 간주해도〕 충분하다고 말한다. 처녀, 임신한 여인, 젖 먹이는 여인, 그리고 늙은 여인이다. 예호슈아 랍비는 처녀 외에는 들은 적이 없다고 말했다. 그러나 할라카는 엘리에제르 랍비의 말대로 〔규정한다〕.

- 엘리에제르 랍비는 월경하는 피를 발견했을 때부터 월경이 시작된 것으로 간주해도 충분한 여인은 모두 네 종류라고 주장하며, 처녀와 임신한 여인, 젖 먹이는 여인, 그리고 늙은 여인을 든다. 이들은 모두 불규칙적으로 피를 볼 가능성이 적은 사람들이다. 앞으로 더 자세한 설명이 나온다(넷째와 다섯째 미쉬나).

## 1, 4

셋째 미쉬나에 이어 처녀와 임신한 여인과 젖 먹이는 여인이 누구인지 설명한다.

אֵיזוֹ הִיא בְתוּלָה, כֹּל שֶׁלֹּא רָאֲתָה דָם מִיָּמֶיהָ, אַף עַל פִּי שֶׁנְּשׂוּאָה. מְעֻבֶּרֶת, מִשֶּׁיִּוָּדַע עֻבָּרָהּ. מֵנִיקָה, עַד שֶׁתִּגְמֹל אֶת בְּנָהּ. נָתְנָה בְנָהּ לְמֵנִיקָה, גְּמָלַתּוּ אוֹ מֵת, רַבִּי מֵאִיר אוֹמֵר, מְטַמְּאָה מֵעֵת לְעֵת. וַחֲכָמִים אוֹמְרִים, דַּיָּהּ שְׁעָתָהּ:

어떤 여인이 처녀인가? 그녀가 살아오는 동안 〔월경의〕 피를 본 적이 없는 모든 여인이며, 그녀가 유부녀라고 해도 마찬가지다. 임신한 여인은 그녀의 태아가 느껴지는 여인이다. 젖 먹이는 여인은 그녀의 아들에게 〔주는 젖을〕 끊을 때까지다. 그녀가 자기 아들을 〔다른〕 젖 먹이는 여인에게 맡겼거나, 그의 〔젖을〕 끊었거나, 그가 죽었다면, 메이르 랍비는 〔지난〕 하루 동안 그녀가 부정한 상태였다고 〔간주한다고〕 말한다. 그러나 현인들은 〔월경하는 피를 발견했을〕 때부터 〔월경이 시작된 것으로 간주해도〕 충분하다고 말한다.

- 셋째 미쉬나에서 월경하는 피를 발견했을 때부터 월경이 시작된 것으로 간주해도 충분한 여인들을 열거했는데, 그 범주에 들 수 있는 조건을 더 자세히 설명한다. (1) 처녀는 법적으로 결혼했는지 여부와 상관없이 월경을 한 적이 없는 여인을 가리킨다. (2) 임신한 여인은 배 속에 태아가 느껴지는 상황이며, 전통적으로 3개월이 지나면서 태아를 감지할 수 있다고 여긴다(바라이타). (3) 젖 먹이는 여인은 24개월이 지나 젖을 끊을 때까지라고 간주한다. 메이르 랍비는 젖 먹이는 여인과 관련하여 제한 조건들을 제시하며, 이런 경우 월경하는 피를 발견했을 때 하루 전부터 부정한 상태였던 것으로 간주한다고 주장한다. 현인들은 이에 반대했는데, 아마도 산모가 다시 정상적으로 월경을 하는 상태를 회복하는데 24개월은 걸린다고 믿었던 것으로 보인다.

1, 5
셋째 미쉬나에 이어 늙은 여인이 누구인지 설명한다.

---

אֵיזוֹהִי זְקֵנָה. כֹּל שֶׁעָבְרוּ עָלֶיהָ שָׁלֹשׁ עוֹנוֹת סָמוּךְ לְזִקְנָתָהּ. רַבִּי אֱלִיעֶזֶר אוֹמֵר, כָּל אִשָּׁה שֶׁעָבְרוּ עָלֶיהָ שָׁלֹשׁ עוֹנוֹת, דַּיָּהּ שְׁעָתָהּ. רַבִּי יוֹסֵי אוֹמֵר, מְעֻבֶּרֶת וּמֵנִיקָה שֶׁעָבְרוּ עֲלֵיהֶן שָׁלֹשׁ עוֹנוֹת, דַּיָּן שְׁעָתָן:

---

어떤 여인이 늙은 여인인가? 그녀가 늙어가면서 〔월경〕 기간이 세 번 지나간 모든 여인을 〔말한다〕. 엘리에제르 랍비는 어떤 여인이건 〔월경〕 기간이 세 번 지나가면 〔월경하는 피를 발견했을〕 때부터 〔월경이 시작되었다고 간주해도〕 충분하다고 말한다. 요쎄 랍비는 임신한 여인과 젖 먹이는 여인도 〔월경〕 기간이 세 번 지나가면 〔월경하는 피를 발견했을〕 때부터 〔월경이 시작되었다고 간주해도〕 충분하다고 말한다.

- 대개 월경하는 때는 정기적으로 30일 만에 돌아온다고 본다. 그러므로 (4) 늙어서 월경이 그칠 시기가 되었고, 또 정기적으로 월경할 때가 되었는데 피를 보지 못한 채 세 번이 그냥 지나가면 늙은 여인으로 간주한다.
- 엘리에제르 랍비는 나이가 많이 들지 않았어도 피를 보지 못하고 월경 기간이 세 번 지나가면, 월경하는 피를 발견했을 때부터 월경이 시작되었다고 본다고 덧붙인다. 요쎄 랍비는 넷째 미쉬나에서 언급한 임신한 여인과 젖 먹이는 여인도 똑같이 피를 보지 못하고 월경 기간이 세 번 지나야 특별한 지위를 인정받을 수 있다고 주장한다.

## 1, 6

위에서 언급한 여인들의 지위에 관한 추가 조건들을 설명한다.

---

וּבַמֶּה אָמְרוּ דַּיָּהּ שְׁעָתָהּ. בִּרְאִיָּה רִאשׁוֹנָה. אֲבָל בַּשְּׁנִיָּה, מְטַמְּאָה מֵעֵת לְעֵת. וְאִם רָאֲתָה הָרִאשׁוֹנָה מֵאֹנֶס, אַף הַשְּׁנִיָּה דַּיָּהּ שְׁעָתָהּ:

---

그들이 〔월경하는 피를 발견했을〕 때부터 〔월경이 시작되었다고 간주해도〕 충분하다고 말했던 것은 무슨 의미인가? 〔월경하는 피를〕 첫 번째로 본 경우를 〔가리킨다〕. 그러나 두 번째였다면, 하루를 〔거슬러〕 부정한 상태였다고 〔간주한다〕. 그러나 만약 어쩔 수 없는 상황에서 첫 번째로 보았다면, 두 번째도 〔월경하는 피를 발견했을〕 때부터 〔월경이 시작되었다고 간주해도〕 충분하다.

- 셋째에서 다섯째 미쉬나에서 네 종류의 여인들은 월경하는 피를 발견했을 때부터 월경이 시작되었다고 간주해도 충분하다고 말했는데, 이것은 첫 번째로 월경하는 피를 본 경우에만 해당한다. 처녀가 처음으로 월경을 했을 때 또는 임신한 여인과 젖 먹이는 여인과 늙은 여인이 다시 월경을 시작했을 때를 가리킨다. 두 번째부터는 일반 여성들과 마찬가지로 지나간 하루 동안에도 부정한 상태였다고 간주해야 한다.
- 그러나 이런 여인들이 뜀박질을 하거나 싸움을 하다가 사고로 피를 보았다면, 그것은 첫 번째 피로 간주하지 않으며, 두 번째부터 월경하는 피로 본다.

## 1, 7

정기적으로 월경을 하는 일반 여성의 행동양식을 설명한다.

אַף עַל פִּי שֶׁאָמְרוּ דַּיָּהּ שְׁעָתָהּ, צְרִיכָה לִהְיוֹת בּוֹדֶקֶת, חוּץ מִן הַנִּדָּה
וְהַיּוֹשֶׁבֶת עַל דַּם טֹהַר. וּמְשַׁמֶּשֶׁת בְּעִדִּים, חוּץ מִיּוֹשֶׁבֶת עַל דַּם טֹהַר,
וּבְתוּלָה שֶׁדָּמֶיהָ טְהוֹרִים. וּפַעֲמַיִם צְרִיכָה לִהְיוֹת בּוֹדֶקֶת, בְּשַׁחֲרִית וּבֵין
הַשְּׁמָשׁוֹת, וּבְשָׁעָה שֶׁהִיא עוֹבֶרֶת לְשַׁמֵּשׁ אֶת בֵּיתָהּ. יְתֵרָה עֲלֵיהֶן כֹּהֲנוֹת,
בְּשָׁעָה שֶׁהֵן אוֹכְלוֹת בַּתְּרוּמָה. רַבִּי יְהוּדָה אוֹמֵר, אַף בִּשְׁעַת עֲבָרָתָן מִלֶּאֱכֹל
בַּתְּרוּמָה:

그들이 〔월경하는 피를 발견했을〕 때부터 〔월경이 시작되었다고 간주해도〕 충분하다고 말했지만, 〔이미〕 월경을 하는 여인과 정결한 피 위에 앉은 여인[3]을 제외한 〔모든〕 여인은 〔정기적으로〕 검사를 해야 한다. 그리고 정결한 피 위에 앉은 여인과 그 피가 정결한 처녀를 제외한 〔모든〕 여인은 증거로 〔천 조각을〕 사용해야 한다. 여인은 〔하루에〕 두 번씩 검사를 해야 하는데, 새벽에 그리고 초저녁에 〔검사하고〕, 그리고 그녀가 자기 집을 사용하려고[4] 할 때도 〔검사해야 한다〕. 제사장 〔집안의〕 여성들은 그들보다 더해야 하며, 거제를 먹을 때도 〔검사해야 한다〕. 예후다 랍비는 거제를 먹고 난 후에도 〔검사해야 한다고〕 말한다.

- 첫째 미쉬나는 정기적으로 월경을 하는 여인은 월경하는 피를 발견했을 때부터 월경이 시작되었다고 간주해도 충분하다고 말했고, 셋째-다섯째 미쉬나는 네 종류의 여성도 그러하다고 말했다. 이 미쉬나는 이미 월경하는 중이거나 아니면 출산한 후 정해진 기간 동안

3) 아이를 출산하고 회복하는 여인을 가리킨다(레 12:4-5).

4) 이 표현(שמש בית)을 직역하면 '집을 사용하다' 또는 '집에서 일하다'는 뜻인데, 성관계를 에둘러 표현할 때도 사용한다(야스트로 168, 1601).

'정결한 피 위에 앉은 여인'일 경우를 제외하면 이런 여성들도 스스로 검사를 실시해야 한다고 주장한다. 검사는 증거가 되는 천 조각을 사용하며(첫째 미쉬나), 피가 흘러도 정결한 것으로 인정하는 정결한 피 위에 앉은 여인과 처녀(「닛다」 10, 1)는 제외한다.

- 검사는 하루에 두 번 실시하며, 밤에 사용한 침구가 정결한지 알기 위해 새벽에 검사하고, 낮에 사용한 그릇이나 도구들이 정결한지 알기 위해 초저녁에 검사한다. 그리고 남편과 성관계를 하기 직전에도 검사한다.
- 제사장 집안의 여성들은 거제를 먹을 때 정결한 상태를 유지해야 하기 때문에 식사 전에 검사한다. 예후다 랍비는 식사 후에도 검사해야 한다고 주장하는데, 식사 전에 정결했는데 식사 후에 부정한 것을 발견했다면, 남은 거제는 정결하다.

## 제2장

증거가 되는 천 조각을 사용하는 법과 피 얼룩을 판단하는 법을 부연해서 설명한다. 여인의 몸에서 나오는 부정한 피는 어떤 색깔인지 자세히 묘사한다.

### 2, 1
자기 몸을 검사하는 방법을 설명한다.

---

כָּל הַיָּד הַמַּרְבָּה לִבְדֹּק בְּנָשִׁים, מְשֻׁבַּחַת. וּבַאֲנָשִׁים, תִּקָּצֵץ. הַחֵרֶשֶׁת וְהַשּׁוֹטָה וְהַסּוּמָא וְשֶׁנִּטְרְפָה דַעְתָּהּ, אִם יֵשׁ לָהֶן פִּקְחוֹת, מְתַקְּנוֹת אוֹתָן וְהֵן אוֹכְלוֹת בַּתְּרוּמָה. דֶּרֶךְ בְּנוֹת יִשְׂרָאֵל, מְשַׁמְּשׁוֹת בִּשְׁנֵי עִדִּים, אֶחָד לוֹ וְאֶחָד לָהּ. הַצְּנוּעוֹת מְתַקְּנוֹת לָהֶן שְׁלִישִׁי, לְתַקֵּן אֶת הַבָּיִת:

---

자주 검사하는 손에 관하여, 여인이라면 칭찬을 받을 일이지만, 남자라면 잘라버려야 한다.

귀머거리이거나 정박아이거나 장님이거나 어리석은 여자에 관하여, 영리한 여자가 〔도와줄 수〕 있다면 그들이 〔검사를〕 시행해야 하며, 그들은 거제를 먹을 수 있다.

이스라엘의 딸들은 대부분 증거하는 〔천 조각〕 두 개를 〔준비하여〕 성관계를 가지며, 하나는 그를 위해 하나는 자신을 위해 〔사용한다〕. 더 철저히 조심하는 여인들은 셋째 〔천 조각을〕 그 '집'을 위해서 사용한다.

- 랍비들은 여인이 월경을 시작했는지 자주 검사하는 것은 칭찬받을 일이라고 했으나, 남자가 정액이 배출되었는지 자주 검사하는 일은 엄격하게 금지한다. 남자가 성기를 자주 노출시키는 일은 자위행위로 이어질 수 있으며, 무분별한 정액의 배출은 죄이기 때문이다.
- 랍비들이 온전한 행위의 주체로 인정하지 않는 여성들은 스스로 검사할 수 없기 때문에 정상인 여성이 검사하고 정결례를 시행하도록 도와주어야 하는데, 도움을 준 여인은 거제를 먹을 정도로 정결한 여성이어야 한다.
- 이스라엘 여인들은 대부분 자기 남편과 성행위를 할 때 증거하는 천 조각 두 개를 준비하는데(「닛다」 1, 7), 하나는 남편이 하나는 자기가 성관계 이후 검사하는 데 사용한다. 더 철저히 조심하는 여인은 셋째 천 조각을 준비해서 성행위를 하기 전에도 검사한다(「미크바옷」 8, 4).

## 2, 2

증거가 되는 천 조각에 피 얼룩이 발견된 상황을 논의한다.

---

נִמְצָא עַל שֶׁלּוֹ, טְמֵאִין וְחַיָּבִין קָרְבָּן. נִמְצָא עַל שֶׁלָּהּ אוֹתְיוֹם, טְמֵאִין וְחַיָּבִין קָרְבָּן. נִמְצָא עַל שֶׁלָּהּ לְאַחַר זְמַן, טְמֵאִים מִסָּפֵק וּפְטוּרִים מִן הַקָּרְבָּן:

---

〔피 얼룩을〕 그의 〔천 조각〕 위에서 발견하면, 그들은 〔모두〕 부정하며 제물을 바칠 의무가 있다. 〔성관계〕 직후에[5] 그녀의 〔천 조각〕 위에서 발견되면, 그들은 부정하며 제물을 바칠 의무가 있다. 〔성관계〕 이후 얼마쯤 시간이 지난 후에 그녀의 〔천 조각〕 위에서 발견했다면, 그들은 의심 때문에 부정해지며 제물을 바칠 의무에서 면제된다.

- 어떤 부부가 성행위를 하고 검사를 시행하였는데 남자의 천 조각 위에서 피 얼룩을 발견했다면, 시간과 상관없이 이레 동안 부정하고(레 15:13, 24), 속죄제 제물을 성전에 바칠 의무가 있다.
- 피 얼룩을 여자의 천 조각 위에서 발견했을 때는 두 가지 경우로 구분하는데, 성관계 직후에 발견했으면 두 사람이 모두 부정하고 속죄제 제물을 바쳐야 한다. 그러나 성관계를 하고 난 이후 얼마쯤 시간이 지난 후에 발견했다면, 성관계 중에 피가 흘렀는지 아니면 그 후에 흘렀는지 확인할 수 없으므로 오직 의심에 의해 부정한 상태가 된다. 이런 경우에는 제물을 바칠 의무에서 면제된다.

---

5) 이 낱말(אותיום, אותיוס)은 헬라어에서 왔으며 '곧, 당장' 또는 '직후에'라는 뜻이다(야스트로 23).

## 2, 3

둘째 미쉬나에 이어 의심 때문에 부정해지는 경우를 부연한다.

---

אֵיזֶהוּ אַחַר זְמַן. כְּדֵי שֶׁתֵּרֵד מִן הַמִּטָּה וְתָדִיחַ פָּנֶיהָ. וְאַחַר כָּךְ, מְטַמְּאָה מֵעֵת לְעֵת וְאֵינָהּ מְטַמְּאָה אֶת בּוֹעֲלָהּ. רַבִּי עֲקִיבָא אוֹמֵר, אַף מְטַמְּאָה אֶת בּוֹעֲלָהּ. וּמוֹדִים חֲכָמִים לְרַבִּי עֲקִיבָא בְּרוֹאָה כֶתֶם, שֶׁמְּטַמְּאָה אֶת בּוֹעֲלָהּ:

---

얼마쯤 시간이 지났다는 것은 어떤 경우인가? 그녀가 침대에서 내려와서 그녀의 '얼굴'을 씻을 정도의 〔시간이다〕. 그러고 난 후에 〔피 얼룩을 발견했다면〕 그녀는 하루를 〔거슬러〕 부정한 상태에 있었다고 〔간주하지만〕, 그녀와 성행위를 한 자를 부정하게 만들지는 않는다. 아키바 랍비는 그녀와 성행위를 한 자도 부정하게 만든다고 말한다. 그리고 현인들도 아키바 랍비에게 동의하며, 그녀가 얼룩을 보았을 때 그녀와 성행위를 한 자를 부정하게 만든다고 한다.

- 둘째 미쉬나는 성관계 이후 얼마쯤 시간이 지난 후에 증거가 되는 천 조각에서 피 얼룩을 발견했다면 의심 때문에 부정해지고 속죄제 제물을 바칠 의무가 없다고 규정한다. 이때 '얼마쯤 시간이 지났다'는 말은 그 여인이 성관계를 마치고 침대에 내려와서 성기(얼굴)를 닦는 정도의 시간을 가리킨다. 만약 이 정도의 시간이 지난 다음에 검사를 했는데 피 얼룩을 발견했다면, 다른 모든 여인들과 마찬가지로 하루 전부터 부정한 상태에 있었던 것으로 간주한다. 그러나 그녀와 성관계를 했던 자까지 부정하게 만들지는 않는다고 본다.
- 아키바 랍비는 좀 더 엄격한 자세를 유지하며, 그 남자도 부정하게 만든다고 주장한다. 현인들은 아키바 랍비의 주장에 동의하면서, 그녀의 옷에서 붉은 얼룩을 발견했다면 그 남자도 부정하게 만든다고 주장하여, 매우 엄격한 태도를 보여주고 있다.

## 2, 4

כָּל הַנָּשִׁים בְּחֶזְקַת טָהֳרָה לְבַעְלֵיהֶן. הַבָּאִין מִן הַדֶּרֶךְ, נְשֵׁיהֶן לָהֶן בְּחֶזְקַת טָהֳרָה. בֵּית שַׁמַּאי אוֹמְרִים, צְרִיכָה שְׁנֵי עֵדִים עַל כָּל תַּשְׁמִישׁ וְתַשְׁמִישׁ, אוֹ תְשַׁמֵּשׁ לְאוֹר הַנֵּר. בֵּית הִלֵּל אוֹמְרִים, דַּיָּהּ בִּשְׁנֵי עֵדִים כָּל הַלָּיְלָה:

모든 여인들은 그들의 남편과 관련해서 이전 상태가 정결하다고 〔간주한다〕. 여행에서 돌아온 자들은 그들의 아내들의 이전 상태가 정결하다고 〔간주한다〕.

삼마이 학파는 성관계를 할 때마다 증거하는 〔천 조각〕 두 개가 필요하며 아니면 등잔불 앞에서 성관계를 맺어야 한다고 말한다. 힐렐 학파는 증거하는 〔천 조각〕 두 개면 밤새도록 충분하다고 말한다.

- 모든 여인들은 그들의 남편과 성관계를 맺을 때 정결한 상태라고 추정해야 하며, 남편이 굳이 정결한 상태인지 묻거나 확인할 필요가 없다. 아내가 적법하게 정결한 상태를 유지했을 것이기 때문이다. 남편이 집을 떠나 여행을 하고 돌아왔다고 해도 마찬가지다.
- 샴마이 학파는 성관계를 할 때마다 증거하는 천 조각 두 개를 준비하여 하나는 남편을 위해 하나는 아내를 위해 써야 하며(첫째 미쉬나), 하룻밤에 성행위를 여러 번 하더라도 각각 성관계가 끝날 때마다 검사를 해야 한다. 아니면 등잔불을 밝혀서 피 얼룩이 떨어지는지 유의해서 보아야 한다. 힐렐 학파는 이에 반대하며 밤새도록 성행위를 한다 하더라도 마지막 성관계를 마친 후에 검사를 하는 것으로 충분하다고 말한다.

2, 5
여인의 몸에서 흐르는 정결한 피와 부정한 피를 설명한다.

---

מָשָׁל מָשְׁלוּ חֲכָמִים בָּאִשָּׁה, הַחֶדֶר וְהַפְּרוֹזְדוֹר וְהָעֲלִיָּה. דַּם הַחֶדֶר, טָמֵא. נִמְצָא בַפְּרוֹזְדוֹר, סְפֵקוֹ טָמֵא, לְפִי שֶׁחֶזְקָתוֹ מִן הַמָּקוֹר:

---

현인들이 여인에 관해 방과 현관과 다락이 있다고 비유를 들어 말했다. 방에서 [나온] 피는 부정하다. [피가] 현관에서 발견되면, 의심 때문에 부정하니, 그 이전 상태가 근원에서 [나왔을] 수 있기 때문이다.

- 랍비들은 여성의 몸을 집에 비유하며, 피가 흐른 근원이 어느 곳인지에 따라 정결하거나 부정하다고 설명한다. 방보다 현관이 앞에 있고 다락은 그 둘 위에 있기 때문에, 방은 자궁으로 현관은 질로 다락은 난소와 나팔관으로 이해한다.
- 방에서 나온 피는 근원에서 나온 피 즉 월경하는 피이므로 부정하지만, 다락에서 나온 피는 월경하는 피가 아니므로 정결하다. 현관에서 발견되면 방에서 나온 피가 흘러나왔을 가능성이 있으므로, 의심 때문에 부정하다.

2, 6
정결한 피와 부정한 피를 색깔로 구분한다.

---

חֲמִשָּׁה דָמִים טְמֵאִים בָּאִשָּׁה. הָאָדֹם, וְהַשָּׁחֹר, וּכְקֶרֶן כַּרְכֹּם, וּכְמֵימֵי אֲדָמָה, וּכְמָזוּג. בֵּית שַׁמַּאי אוֹמְרִים, אַף כְּמֵימֵי תִלְתָּן וּכְמֵימֵי בָשָׂר צָלִי. וּבֵית הִלֵּל מְטַהֲרִין. הַיָּרֹק, עֲקַבְיָא בֶן מַהֲלַלְאֵל מְטַמֵּא, וַחֲכָמִים מְטַהֲרִים. אָמַר רַבִּי מֵאִיר, אִם אֵינוֹ מְטַמֵּא מִשּׁוּם כֶּתֶם, מְטַמֵּא מִשּׁוּם מַשְׁקֶה. רַבִּי יוֹסֵי אוֹמֵר, לֹא כָךְ וְלֹא כָךְ:

---

다섯 〔종류의〕 피는 여성과 관련하여 부정하니, 붉은색, 검은색, 크로커스 알줄기 같은 색, 흙탕물 같은 색, 그리고 섞은 〔포도주〕 같은 색이 〔그러하다〕. 샴마이 학파는 호로파 물 같은 색과 구운 고기 육즙 같은 색도 〔부정하다고〕 말한다. 그러나 힐렐 학파는 〔그것들은〕 정결하다고 한다. 노란색에 대해 아캅야 벤 마할랄엘은 부정하다고 하지만 현인들은 정결하다고 한다. 메이르 랍비는 그것이 피 얼룩으로는 부정하게 만들지 않지만, 음료수로는 부정하게 만든다고 말했다. 요쎄 랍비는 이것도 아니고 저것도 아니라고 말한다.

- 랍비들은 피의 색깔로 부정한 피를 정의한다. 붉은색과 검은색이 부정하며, 크로커스라는 식물의 알줄기 색과 땅 위를 흐르는 흙탕물 색, 즉 일종의 붉은색일 때(일곱째 미쉬나) 부정하다. 붉은 포도주에 물을 섞은 색도 마찬가지다.
- 호로파를 담가놓은 물과 구운 고기에서 배어나오는 육즙은 매우 옅은 붉은색 계통으로, 샴마이 학파는 부정하다고 했고 힐렐 학파는 정결하다고 주장했다.
- 피가 노란색 계통일 때도 서로 다른 의견이 존재했다. 메이르 랍비는 노란색 피가 월경과 관련된 피 얼룩일 때는 정결할지 몰라도, 월경과 관련된 체액이라면 역시 부정하다고 주장한다(「닛다」 4, 3). 요쎄 랍비는 부정하지 않다고 반대한다.

## 2, 7

여섯째 미쉬나에서 언급한 색깔을 좀 더 상세히 설명한다.

---

אֵיזֶהוּ אָדֹם, כְּדַם הַמַּכָּה. שָׁחֹר, כַּחֶרֶת. עָמֹק מִכָּן, טָמֵא. דֵּהֶה מִכָּן, טָהוֹר.
וּכְקֶרֶן כַּרְכּוֹם, כַּבָּרוּר שֶׁבּוֹ. וּכְמֵימֵי אֲדָמָה, מִבִּקְעַת בֵּית כֶּרֶם, וּמֵצִיף מָיִם.
וּכְמָזוּג, שְׁנֵי חֲלָקִים מַיִם וְאֶחָד יַיִן, מִן הַיַּיִן הַשָּׁרוֹנִי:

---

붉은색은 어떤 색인가? 상처에서 〔나는〕 피와 같은 색이다. 검은색은? 먹물의 침전물 같은 색이다. 이보다 짙은 색은 부정하다. 이보다 옅은 색은 정결하다. 크로커스 알줄기 같은 색은? 그중 〔가장〕 분명한 색과 같다. 그리고 흙탕물 같은 색은? 벳 케렘 골짜기[6]에서 물이 넘칠 때와 〔같은〕 색이다. 그리고 섞은 〔포도주〕 같은 색은? 물이 둘에 포도주 하나를 〔섞은 색이며〕, 샤론의 포도주를 〔기준으로 한다〕.

- 피는 기본적으로 붉은색이지만 조건에 따라 매우 짙은 검은색부터 매우 옅은 색까지 다양한 색조가 있으며, 기준치보다 짙으면 부정하고 옅으면 정결하다. 로마시대 팔레스타인에서는 물과 포도주를 2대 1로 섞어서 마셨고, 이것이 또한 피를 판단하는 기준 색깔이 된다.

## 제3장

여성의 월경과 출산, 유산과 사산과 난산에 관하여 논의한다. 그리고 태아가 외성기이상자나 남녀추니인 자를 낳았을 때를 설명하고, 월경주기를 계산하여 유산인지 판단하는 방법도 자세히 언급한다.

### 3, 1

유산한 여인의 경우를 다룬다.

---

הַמַּפֶּלֶת חֲתִיכָה, אִם יֵשׁ עִמָּהּ דָּם, טְמֵאָה. וְאִם לָאו, טְהוֹרָה. רַבִּי יְהוּדָה אוֹמֵר, בֵּין כָּךְ וּבֵין כָּךְ, טְמֵאָה:

---

6) 갈릴리 남부에 있는 지명으로 추정한다(「미돗」 3, 4).

〔어떤 여인이〕 조각난 〔태아를〕 유산했을 때, 이와 함께 피가 나왔으면, 그녀는 부정하다. 그러나 만약 그렇지 않다면, 그녀는 정결하다. 예후다 랍비는 이렇든지 저렇든지 그녀는 부정하다고 말한다.

- 사람의 모습을 갖추지 못하여 조각난 것을 유산한 여인은 법적으로 태아를 유산한 것이 아니라고 간주한다. 그러므로 피가 흘렀으면 월경하는 피와 마찬가지로 보고 부정하다고 간주하며, 피가 흐르지 않았으면 정결하다. 예후다 랍비도 이런 경우를 유산으로 보지 않았으나, 배출된 태아를 엉긴 피와 같다고 보았다. 그러므로 따로 피가 흘렀는지 여부와 상관없이 그 여인은 부정하다고 주장한다.

## 3, 2

---

הַמַּפֶּלֶת כְּמִין קְלִפָּה, כְּמִין שַׂעֲרָה, כְּמִין עָפָר, כְּמִין יַבְחוּשִׁים אֲדֻמִּים, תַּטִּיל לַמַּיִם. אִם נִמּוֹחוּ, טְמֵאָה. וְאִם לָאו, טְהוֹרָה. הַמַּפֶּלֶת כְּמִין דָּגִים, חֲגָבִים, שְׁקָצִים וּרְמָשִׂים, אִם יֵשׁ עִמָּהֶם דָּם, טְמֵאָה. וְאִם לָאו, טְהוֹרָה. הַמַּפֶּלֶת מִין בְּהֵמָה, חַיָּה וָעוֹף, בֵּין טְמֵאִין בֵּין טְהוֹרִים, אִם זָכָר, תֵּשֵׁב לְזָכָר. וְאִם נְקֵבָה, תֵּשֵׁב לִנְקֵבָה. וְאִם אֵין יָדוּעַ, תֵּשֵׁב לְזָכָר וְלִנְקֵבָה, דִּבְרֵי רַבִּי מֵאִיר. וַחֲכָמִים אוֹמְרִים, כֹּל שֶׁאֵין בּוֹ מִצּוּרַת אָדָם, אֵינוֹ וָלָד:

---

〔어떤 여인이〕 껍질 같은 것이나 털[7] 같은 것, 흙 같은 것, 붉은 벌레 같은 것들을 유산했을 때는 〔그것을〕 물에 넣는다. 만약 그것이 녹으면, 그녀는 부정하다. 그러나 만약 그렇지 않다면, 그녀는 정결하다. 〔어떤 여인이〕 물고기 같은 것이나, 메뚜기, 혐오스러운 것, 기는 것을 유산했을 때, 만약 그것들과 함께 피가 나왔으면 그녀는 부정하다. 그러나 만약 그렇지 않다면, 그녀는 정결하다.

---

7) 필사본에 따라 털(שערה)이 아니라 보리(שעורה) 같은 것이라고 기록된 곳도 있다.

〔어떤 여인이〕 가축 같은 것이나 짐승이나 새 〔같은 것을〕 유산했을 때, 그것이 부정하거나 정결하거나 〔상관없이〕, 그것이 수컷이면 수컷에 〔해당하는 기간 동안 부정하게〕 앉아 있는다. 그러나 만약 암컷이면 암컷에 〔해당하는 기간 동안 부정하게〕 앉아 있는다. 그러나 〔수컷인지 암컷인지〕 알 수 없다면 수컷과 암컷에 〔해당하는 기간 동안 부정하게〕 앉아 있는다고 메이르 랍비가 주장했다. 그러나 현인들은 사람의 형상이 아닌 모든 것들은 태아가 아니라고 말한다.

- 첫째 미쉬나와 마찬가지로 껍질 같은 것이나 다른 것들을 유산하면 태아를 유산한 것이 아니다. 물에 넣어서 녹으면 엉긴 피와 같은 것이므로 월경하는 피와 동일한 것으로 간주하고 그 여인이 부정해진다. 그렇지 않다면 그녀는 정결하다. 피가 함께 나왔으면 부정하고, 그렇지 않다면 정결하다.
- 메이르 랍비는 가축이나 짐승이나 새처럼 생긴 것을 유산하면 태아를 유산한 것으로 간주한다. 그러므로 수컷이라면 산모가 이레 동안 부정하고 33일 동안 정결한 피 위에 앉아 있게 되며(레 12:2, 4), 암컷이라면 열나흘 동안 부정하고 66일 동안 정결한 피 위에 앉아 있게 된다(레 12:5). 수컷인지 암컷인지 불분명할 경우에는 더 엄격하게 규정을 적용하며, 딸처럼 열나흘 동안 부정하고 아들처럼 33일 동안 정결한 피 위에 앉아 있어야 한다.[8] 그러나 다른 현인들은 사람의 형상이 아니면 태아를 유산한 것이 아니며, 이러한 규정을 지킬 필요가 없다고 했다.

---

8) 이런 경우 14일 동안 부정하고 26일 동안 정결한 피 위에 앉아 있는다는 해석도 있다(예루살렘 탈무드). 결국 합해서 40일이 되며, 아들을 낳았을 때와 같아진다.

## 3, 3

הַמַּפֶּלֶת שְׁפִיר מָלֵא מַיִם, מָלֵא דָם, מָלֵא גְנוּנִים, אֵינָהּ חוֹשֶׁשֶׁת לְוָלָד. וְאִם הָיָה מְרֻקָּם, תֵּשֵׁב לְזָכָר וְלִנְקֵבָה:

〔어떤 여인이〕 물이 가득하거나 피가 가득하거나 살이 가득한 주머니를 유산했다면, 태아를 〔유산했을까〕 걱정할 필요가 없다. 그러나 만약 〔사지가〕 형성되어 있었다면, 그녀는 아들과 딸에 〔해당하는 기간 동안 부정하게〕 앉아 있는다.

- 역시 첫째 미쉬나와 마찬가지로 물이나 피나 살만 가득한 주머니를 유산했다면 태아를 유산한 것이 아니다. 그러나 그 안에서 이미 사지가 형성되었음을 구분할 수 있다면 태아를 유산한 것이다. 아직 성별을 알 수 없을 테니, 더 엄격하게 아들과 딸에 해당하는 정결 기간을 지켜야 한다.

## 3, 4

הַמַּפֶּלֶת סַנְדָּל אוֹ שִׁלְיָא, תֵּשֵׁב לְזָכָר וְלִנְקֵבָה. שִׁלְיָא בַּבַּיִת, הַבַּיִת טָמֵא. לֹא שֶׁהַשִּׁלְיָא וָלָד, אֶלָּא שֶׁאֵין שִׁלְיָא בְלֹא וָלָד. רַבִּי שִׁמְעוֹן אוֹמֵר, נִמּוֹק הַוָּלָד עַד שֶׁלֹּא יָצָא:

〔어떤 여인이〕 샌들이나 태반을 유산했다면 아들과 딸에 〔해당하는 기간 동안 부정하게〕 앉아 있는다. 태반이 어떤 집 안에 있었다면, 그 집이 부정해진다. 그 태반이 태아인 것은 아니지만, 태아가 없다면 태반도 없기 때문이다. 쉼온 랍비는 태아가 나오기 전에 으깨어질 수도 있다고 말한다.

- 만약 어떤 여인이 태아의 모습이 없는 길쭉한 살덩이를 유산했다면, 이것은 태아를 유산한 것이다. 그러나 아들인지 딸인지 알 수 없으

므로 더 엄격하게 아들과 딸에 해당하는 정결기간을 지켜야 한다. 태반(신 28:57)을 유산했을 경우, 태반 자체가 태아는 아니지만 태반은 태아가 있었다는 증거이므로, 태아를 유산한 것으로 간주한다. 역시 아들인지 딸인지 결정할 수 없으므로, 두 정결기간을 지켜야 한다. 같은 원리로 태반이 어떤 집 안에 있었다면, 죽은 태아가 있었다는 말이고, 그 집은 덮기 부정에 의해 부정해진다.

- 쉼온 랍비는 반대의견을 개진하며, 때에 따라 태아가 태어나기 전에 으깨어지며 없어질 수도 있다고 주장한다. 그렇다면 죽은 태아가 나오지 않으므로 그 집은 정결을 유지할 것이다.

## 3, 5

הַמַּפֶּלֶת טֻמְטוּם, וְאַנְדְּרוֹגִינוֹס, תֵּשֵׁב לְזָכָר וְלִנְקֵבָה. טֻמְטוּם וְזָכָר, אַנְדְּרוֹגִינוֹס וְזָכָר, תֵּשֵׁב לְזָכָר וְלִנְקֵבָה. טֻמְטוּם וּנְקֵבָה, אַנְדְּרוֹגִינוֹס וּנְקֵבָה, תֵּשֵׁב לִנְקֵבָה בִלְבָד. יָצָא מְחֻתָּךְ אוֹ מְסֹרָס, מִשֶּׁיָּצָא רֻבּוֹ, הֲרֵי הוּא כְיָלוּד. יָצָא כְדַרְכּוֹ, עַד שֶׁיֵּצֵא רֹב רֹאשׁוֹ. וְאֵיזֶהוּ רֹב רֹאשׁוֹ, מִשֶּׁתֵּצֵא פַדַּחְתּוֹ:

〔어떤 여인이〕 외성기이상자[9]나 남녀추니인 자를 유산하면, 아들과 딸에 〔해당하는 기간 동안 부정하게〕 앉아 있는다. 외성기이상자와 아들, 남녀추니인 자와 아들을 〔유산하면〕 아들과 딸에 〔해당하는 기간 동안 부정하게〕 앉아 있는다. 외성기이상자와 딸, 남녀추니인 자와 딸을 〔유산하면〕 딸에 〔해당하는 기간〕 동안만 〔부정하게〕 앉아 있는다.

〔태아가〕 잘리거나 뒤집혀서 나온다면, 〔그 몸의〕 대부분이 나왔을 때부터 태어난 것으로 본다. 〔태아가〕 보통 방법으로 나온다면, 그 머리의 대부분이 나왔을 때부터 〔태어난 것으로 본다〕. 그 머리의 대부

9) 이 낱말(טמטום, טומטום)은 성기가 감추어져 있거나 충분히 발달하지 않은 사람을 가리킨다(야스트로 524).

분이란 어떤 것인가? 그의 이마가 다 나왔을 때부터다.

- 어떤 여인이 외성기가 다 발달하지 않았거나 남자의 성기와 여자의 성기를 모두 가진 태아를 유산했다면, 역시 아들인지 딸인지 결정할 수 없으므로, 그 여인은 아들과 딸에 해당하는 정결기간을 지킨다.
- 외성기이상자나 남녀추니인 자를 아들과 함께 유산했으면, 외성기이상자나 남녀추니인 자가 딸일 가능성이 있으므로 아들과 딸에 해당하는 정결기간을 지킨다. 외성기이상자나 남녀추니인 자를 딸과 함께 유산했으면, 외성기이상자와 남녀추니인 자가 아들일 가능성이 있어도 남성기가 제대로 발달하지 않았으므로 딸에 해당하는 정결기간만 지킨다.
- 태아가 난산일 경우 그 몸 전체의 대부분이 나왔을 때, 정상적인 분만일 경우 머리의 대부분이 나왔을 때 아이가 태어난 것으로 간주한다. 머리의 대부분이란 이마가 다 나온 상태를 가리킨다. 이 규정은 난산으로 산모의 목숨이 위태로울 때 유산시키는 상황과 관련이 있다(「오홀롯」 7, 6).

## 3, 6

---

הַמַּפֶּלֶת וְאֵין יָדוּעַ מַה הוּא, תֵּשֵׁב לְזָכָר וְלִנְקֵבָה. אֵין יָדוּעַ אִם וָלָד הָיָה אִם לָאו, תֵּשֵׁב לְזָכָר וְלִנְקֵבָה וּלְנִדָּה:

---

〔어떤 여인이〕 유산을 했는데 그것이 무엇인지 알 수 없다면, 그녀는 아들과 딸에 〔해당하는 기간 동안 부정하게〕 앉아 있는다. 그것이 태아인지 아닌지 알 수 없다면, 아들과 딸과 월경에 〔해당하는 기간 동안 부정하게〕 앉아 있는다.

- 어떤 여인이 유산을 했는데 그것이 아들인지 딸인지 알 수 없는 상황

이었다면 아들과 딸에 해당하는 정결기간을 지킨다. 태아인지 아닌지 알 수 없는 상황이었다면 아들과 딸에 해당하는 기간은 물론 월경에 해당하는 정결기간도 지킨다. 좀 더 자세히 알아보면, 태아가 아니라면 정결한 피 위에 앉는 기간이 없으며, 그녀는 딸을 낳은 것처럼 첫 14일 동안 부정하다. 만약 그녀가 이 기간 직후에 피를 보았다면, 이것은 그녀의 전 월경기간에서 11일보다 더 늦은 시기이므로, 이것은 월경하는 피다. 그녀가 아들에 해당하는 정결기간 33일 이후, 즉 34일째 되는 날에 피를 보았다면, 이것은 그녀가 아들을 낳은 것과 같다. 만약 그녀가 34일째와 41일째에 피를 보았다면, 34일째가 월경이고 11일이 지나기 전에 피를 본 셈이므로 이것은 월경하는 피가 아니다. 그녀는 피를 본 하루만 부정하다. 만약 딸에 해당하는 정결기간을 지킨다면, 이런 경우가 모두 정결한 피 위에 앉아 있는 기간에 속하므로 그녀는 정결하다. 만약 그녀가 아들을 낳았다면, 34일째에 본 피는 정결하니, 이것은 이레의 부정과 33일의 정결한 피 기간에 속하기 때문이다. 41일째 피를 보았다면 그것은 11일 이후의 상황이므로 월경하는 피다.

## 3, 7

הַמַּפֶּלֶת לְיוֹם אַרְבָּעִים, אֵינָהּ חוֹשֶׁשֶׁת לְוָלָד. לְיוֹם אַרְבָּעִים וְאֶחָד, תֵּשֵׁב לְזָכָר וְלִנְקֵבָה וּלְנִדָּה. רַבִּי יִשְׁמָעֵאל אוֹמֵר, יוֹם אַרְבָּעִים וְאֶחָד, תֵּשֵׁב לְזָכָר וּלְנִדָּה. יוֹם שְׁמוֹנִים וְאֶחָד, תֵּשֵׁב לְזָכָר וְלִנְקֵבָה וּלְנִדָּה, שֶׁהַזָּכָר נִגְמָר לְאַרְבָּעִים וְאֶחָד, וְהַנְּקֵבָה לִשְׁמוֹנִים וְאֶחָד. וַחֲכָמִים אוֹמְרִים, אֶחָד בְּרִיַּת הַזָּכָר וְאֶחָד בְּרִיַּת הַנְּקֵבָה, זֶה וָזֶה לְאַרְבָּעִים וְאֶחָד:

〔어떤 여인이〕 40일째에 유산했다면, 그녀는 태아를 〔유산했을까봐〕 걱정할 필요가 없다. 41일째에 〔유산했다면〕 아들과 딸과 월경에 〔해당하는 기간 동안 부정하게〕 앉아 있는다. 이쉬마엘 랍비는 41일

째에 〔유산했다면〕 아들과 월경에 〔해당하는 기간 동안 부정하게〕 앉아 있는다고 말한다. 81일째에 〔유산했다면〕 아들과 딸과 월경에 〔해당하는 기간 동안 부정하게〕 앉아 있어야 하니, 아들은 41일째에 〔발생이〕 끝나고, 딸은 81일째에 〔끝나기 때문이다〕. 그러나 현인들은 아들의 발생과 딸의 발생이 하나이니, 이것이든 저것이든 41일째에 〔끝난다고〕 말한다.

- 어떤 여인이 성관계를 맺은 뒤 40일째 되는 날 유산했다면, 아직 태아가 충분히 자라지 않았다고 간주하며, 그 여인은 출산으로 인한 부정을 걱정할 필요가 없다. 41일째에 유산했다면, 이것은 태아를 유산한 것인지 월경인지 확신할 수 없는 상황이다. 그러므로 아들과 딸과 월경에 해당하는 정결기간을 지킨다(여섯째 미쉬나).
- 이쉬마엘 랍비는 아들은 41일째에 발생이 끝나고 딸은 81일째에 발생이 끝난다고 믿는다. 그러므로 41일째에 유산하면 아들과 월경에 해당하는 정결기간을 지켜야 한다고 주장했는데, 일단 아들에 해당하는 이레 동안 부정하고, 그 후에 피를 보면 월경기간과 같이 부정하다. 그러나 딸에 해당하는 정결기간과는 상관없으니, 딸은 81일이 되어야 온전히 자라기 때문이다.
- 현인들은 아들이나 딸이나 자라는 속도가 같다고 보고 41일째가 되면 발생이 끝난다고 말한다.

## 제4장

쿠타인(사마리아인)과 사두개인 그리고 외국인 여인과 관련된 규칙들을 설명한다. 그리고 출산한 뒤 정결례를 시행하지 않는 경우와 난산하며 피를 흘리는 경우를 다양한 조건하에서 자세히 논의한다.

### 4, 1
쿠타인들과 월경하는 부정에 관해 논의한다.

---

בְּנוֹת כּוּתִים, נִדּוֹת מֵעֲרִיסָתָן. וְהַכּוּתִים מְטַמְּאִים מִשְׁכָּב תַּחְתּוֹן כָּעֶלְיוֹן, מִפְּנֵי שֶׁהֵן בּוֹעֲלֵי נִדּוֹת, וְהֵן יוֹשְׁבוֹת עַל כָּל דָּם וָדָם. וְאֵין חַיָּבִין עָלֶיהָ עַל בִּיאַת מִקְדָּשׁ, וְאֵין שׂוֹרְפִין עָלֵיהֶם אֶת הַתְּרוּמָה, מִפְּנֵי שֶׁטֻּמְאָתָן סָפֵק:

---

쿠타인의 딸들은 그들의 요람에서부터 월경하는 여인과 같다. 그리고 쿠타인들은 침대의 윗부분은 물론 밑부분까지 부정하게 만드는데, 왜냐하면 그들은 월경하는 여인들과 성행위를 하기 때문이며, 그 여인들은 모든 피 위에 앉기 때문이다. 그러나 그들은 성전에 출입할 때 〔제물을 바칠〕 의무가 없으며, 그들로 인해 거제를 태우지도 않는다. 왜냐하면 그들은 의심 때문에 부정하기 때문이다.

- 쿠타인(사마리아인)은 딸들이 태어날 때 랍비들의 전통에 따라 산모가 지켜야 할 정결법을 지키지 않는다(「닛다」 5, 3). 그러므로 지금 태어나서 요람에 누워 있는 여자아이도 정결법에 따라 월경하는 여인과 마찬가지로 부정하다고 간주한다. 같은 이유로 쿠타인들은 정결법에 따라 월경하는 여인과 마찬가지인 쿠타인 여인들과 성행위를 하기 때문에, 쿠타인들이 눕는 침대는 그 위에 이불을 열 겹을 깔았어도 모두 부정해지며 1차 감염자가 된다(「켈림」 1, 3). 쿠타인

여인들이 모든 피 위에 앉는다는 말은 랍비들이 규정한대로 정확하게 계산해서 정결한 피와 부정한 피를 구분하지 않는다는 말이다.

- 쿠타인 여성과 접촉했다고 해서 성전에 들어갈 때 제물을 바쳐야 하는 것은 아니다. 쿠타인 여성이 거제와 접촉했다고 해서 거제를 태울 필요도 없다. 왜냐하면 쿠타인 여성들이 월경하는 여인과 같다는 규정은 그럴까 봐 의심이 들어서 부정하다고 선언한 경우이기 때문이다(「토호롯」 4, 5).

## 4, 2

사두개인과 월경하는 부정에 관해 논의한다.

---

בְּנוֹת צְדוֹקִין, בִּזְמַן שֶׁנָּהֲגוּ לָלֶכֶת בְּדַרְכֵי אֲבוֹתֵיהֶן, הֲרֵי הֵן כְּכוּתִיּוֹת. פֵּרְשׁוּ לָלֶכֶת בְּדַרְכֵי יִשְׂרָאֵל, הֲרֵי הֵן כְּיִשְׂרְאֵלִית. רַבִּי יוֹסֵי אוֹמֵר, לְעוֹלָם הֵן כְּיִשְׂרָאֵל, עַד שֶׁיִּפְרְשׁוּ לָלֶכֶת בְּדַרְכֵי אֲבוֹתֵיהֶן:

---

사두개인의 딸들은 그들의 조상들의 관습대로 행동하는 한, 쿠타인 여성들과 같다. 그들이 〔그들의 조상들의 관습을〕 떠나서 이스라엘의 관습대로 행동한다면, 이스라엘 여성과 같다. 요쎄 랍비는 그들이 그들의 조상들의 관습을 따르기 위해 떠나기 전까지는 이스라엘 〔여성과〕 같다고 말한다.

- 유대인들 중에서 사두개인 집안에 태어난 여인들은 랍비들의 규정에 따라 정확하게 정결법을 지키는지 확인할 수 없으나, 자기 집안에서 일반적인 관례에 따라 살아왔다면 쿠타인 여인들과 마찬가지로 의심 때문에 부정하다고 간주한다.
- 요쎄 랍비는 사두개인 여인들은 기본적으로 이스라엘 여성과 같다고 간주하고, 적절한 정결법을 떠난 것으로 확인될 때만 부정하다고

주장한다. 요쎄 랍비가 활동하던 시기는 서기 2세기로 이미 성전이 무너진 이후이므로, 사두개인들의 생활관습이 이미 영향력을 잃고 있었을 것이라고 짐작할 수 있다.

## 4, 3

이방인 여성과 그 외 다른 경우에 관해 설명한다.

---

דַּם נָכְרִית וְדַם טָהֳרָה שֶׁל מְצֹרַעַת, בֵּית שַׁמַּאי מְטַהֲרִים. וּבֵית הִלֵּל אוֹמְרִים, כְּרֻקָּהּ וּכְמֵימֵי רַגְלֶיהָ. דַּם יוֹלֶדֶת שֶׁלֹּא טָבְלָה, בֵּית שַׁמַּאי אוֹמְרִים, כְּרֻקָּהּ וּכְמֵימֵי רַגְלֶיהָ. וּבֵית הִלֵּל אוֹמְרִים, מְטַמֵּא לַח וְיָבֵשׁ. וּמוֹדִים בְּיוֹלֶדֶת בְּזוֹב, שֶׁהִיא מְטַמְּאָה לַח וְיָבֵשׁ:

---

이방인 여인의 피와 악성피부병자 여인의 정결한 피에 관하여, 샴마이 학파는 정결하다고 했다. 그러나 힐렐 학파는 이것이 그녀의 침과 같고 그녀의 오줌과 같다고 말한다.

〔물웅덩이에 몸을〕 담그지 않은 산모의 피에 관하여, 샴마이 학파는 그것이 그녀의 침과 같고 그녀의 오줌과 같다고 말한다. 그러나 힐렐 학파는 이것이 젖었을 때나 말랐을 때 〔모두〕 부정하게 만든다고 말한다. 그들은 유출병인 산모에 관하여 그녀가 젖었을 때나 말랐을 때 〔모두〕 부정하게 만든다고 동의한다.

- 이방인 여인이 월경을 하거나 유출병에 걸려서 피를 흘렸을 때 그리고 악성피부병에 걸린 이스라엘 여인이 출산을 하고 정결한 피 위에 앉아 있는 동안 피를 보았을 때(「닛다」 1, 7), 샴마이 학파는 이런 피가 부정하게 만들지 않는다고 주장한다. 왜냐하면 토라에서 유출병 관련 규정들을 '이스라엘 백성'에게 적용하라고 기록하고 있기 때문이며(레 15:2), 또 산모에 관한 규정은 건강한 여인과 피부병자인 여인에게 동일하게 적용된다고 판단한 것으로 보인다. 힐렐 학파는

현인들이 이방인들의 침과 오줌을 부정하다고 규정했음을 전제로 하여 이방인 여인의 피도 부정하다고 주장하며, 유출병자의 침이 젖었을 때 부정하고 말랐을 때 부정하게 만들지 않는다는 규정(「닛다」 7, 1)을 동일하게 적용한다. 힐렐 학파는 피부병자인 여인의 정결한 피도 피부병자의 침과 마찬가지로 부정하게 만든다고 주장한다.

- 산모는 아들을 낳으면 이레, 딸을 낳으면 열나흘 후에 정결례를 시행해야 하는데 그 규칙을 지키지 않았다면, 그녀의 피는 침이나 오줌처럼 젖었을 때는 부정하게 만들고 말랐을 때 부정하게 만들지 않는다. 힐렐 학파는 그녀가 정결례를 행하지 않았으므로 그 피가 월경하는 피와 동일하다고 보았으며, 젖었을 때나 말랐을 때 모두 부정하게 만든다고 주장한다.
- 어떤 여인이 유출병자인 상태에서 출산했을 때, 출산 후 이레/열 나흘 뒤에 정결한 기간 이레를 지키지 않았다면, 그녀의 피는 유출병자의 피와 마찬가지로 부정하게 만든다고 두 학파가 동의했다(「에두욧」 5, 1, 4).

### 4, 4

난산하는 경우와 부정의 관계를 설명한다.

---

הַמַּקְשָׁה, נִדָּה. קָשְׁתָה שְׁלֹשָׁה יָמִים בְּתוֹךְ אַחַד עָשָׂר יוֹם וְשָׁפְתָה מֵעֵת לְעֵת וְיָלְדָה, הֲרֵי זוֹ יוֹלֶדֶת בְּזוֹב, דִּבְרֵי רַבִּי אֱלִיעֶזֶר. רַבִּי יְהוֹשֻׁעַ אוֹמֵר, לַיְלָה וָיוֹם, כְּלֵילֵי שַׁבָּת וְיוֹמוֹ. שֶׁשָּׁפְתָה מִן הַצַּעַר, וְלֹא מִן הַדָּם:

---

난산한 여인은 월경한 여인과 〔같다고 간주한다〕. 그녀가 열하루 중에서 사흘 동안 난산으로 〔고생하다가, 그 고통이〕 하루 동안 가라앉았다가 출산을 했다면, 그녀는 유출병 중에 출산한 것으로 〔간주한다고〕 엘리에제르 랍비가 주장했다. 예호슈아 랍비는 안식일 밤과 낮

처럼 한밤과 한낮이 〔지나야 한다고〕 말한다. 그녀가 고통이 가라앉았을 뿐 피가 〔그친 것은〕 아니기 때문이다.

- 어떤 여인이 난산 때문에 피를 흘렸다면 그 여인은 월경하는 여인과 같은 상태로 간주하지만 유출병자와는 다르게 취급한다. 유출병자는 피가 흐르지 않는 기간 이레를 기다려야 하지만, 이 여인은 피와 상관없이 출산을 한 다음 이레/열나흘만 세어 기다리면 된다.
- 여인이 흘리는 피는 월경하는 피가 있고, 월경과 다음 월경 사이의 기간 열하루 동안 피를 흘리는 유출병으로 인한 피가 있으며, 출산할 때 흘리는 피(월경하는 피와 동일)가 있다. 엘리에제르 랍비는 어느 경우에도 속하지 않는 경우를 들어 논의한다. 난산으로 고생하던 중 하루 동안 고통이 가라앉았다가 출산했다면 유출병 중에 출산한 경우로 간주한다. 그녀가 본 피가 출산 때문이 아니라 유출병 때문이라고 본 것이다.
- 예호슈아 랍비는 안식일을 계산할 때 밤부터 그다음 날 낮까지 하루로 보는 것처럼, 위의 경우도 밤부터 낮까지 고통이 가라앉아야 한다고 세칙을 주장한다. 예를 들어 자정부터 다음 날 자정까지 고통이 가라앉았다면 그것은 이 규정이 말하는 것과 다른 경우이며, 그 피는 출산하는 피이니, 그 여인은 유출병 중에 출산한 여인이 아니다. 또 엘리에제르 랍비가 '고통이 가라앉았다'고 말했을 뿐 피가 그쳤다고 말하지 않았다. 만약 고통과 함께 피도 그쳤다면, 그다음에 나오는 피는 출산하는 피이니 그 여인은 유출병 중에 출산한 여인이 아니다.

4, 5

---

כַּמָּה הוּא קִשּׁוּיָהּ. רַבִּי מֵאִיר אוֹמֵר, אֲפִלּוּ אַרְבָּעִים וַחֲמִשִּׁים יוֹם. רַבִּי יְהוּדָה אוֹמֵר, דַּיָּהּ חָדְשָׁהּ. רַבִּי יוֹסֵי וְרַבִּי שִׁמְעוֹן אוֹמְרִים, אֵין קִשּׁוּי יוֹתֵר מִשְּׁתֵּי שַׁבָּתוֹת:

---

난산하는 [기간은] 얼마 정도인가? 메이르 랍비는 사십 일이나 오십 일까지 지속될 수 있다고 말한다. 예후다 랍비는 [아홉째] 달이면 충분하다고 말한다. 요쎄 랍비와 쉼온 랍비는 두 안식일 이상이면 난산이 아니라고 말한다.

- 어떤 여인이 난산하는 동안 흘린 피는 월경하는 피와 같고 유출병과는 다르기 때문에 난산을 어느 기간까지 인정하는지 묻는다. 메이르 랍비는 출산하기 전 40일에서 50일까지 지속될 수 있으며, 이 기간에 흘린 피는 유출병과 관련이 없고, 중간에 고통이 가라앉지 않았다면 유출병 중에 출산한 경우도 아니라고 주장한다. 예후다 랍비는 출산하기 전 한 달 동안 고통을 느끼면서 피를 흘린 경우, 즉 아홉째 달만 난산으로 인정한다고 말한다. 요쎄 랍비와 쉼온 랍비는 출산하기 전 2주일 동안 고통을 느끼면서 피를 흘린 경우에 난산으로 인정한다고 주장했다.

## 4, 6

הַמַּקְשָׁה בְתוֹךְ שְׁמוֹנִים שֶׁל נְקֵבָה, כָּל דָּמִים שֶׁהִיא רוֹאָה, טְהוֹרִים, עַד שֶׁיֵּצֵא הַוָּלָד. וְרַבִּי אֱלִיעֶזֶר מְטַמֵּא. אָמְרוּ לוֹ לְרַבִּי אֱלִיעֶזֶר, וּמָה בִמְקוֹם שֶׁהֶחְמִיר בְּדַם הַשֹּׁפִי, הֵקֵל בְּדַם הַקֹּשִׁי, מְקוֹם שֶׁהֵקֵל בְּדַם הַשֹּׁפִי, אֵינוֹ דִין שֶׁנָּקֵל בְּדַם הַקֹּשִׁי. אָמַר לָהֶן, דַּיּוֹ לַבָּא מִן הַדִּין לִהְיוֹת כַּנִּדּוֹן, מִמַּה הֵקֵל עָלֶיהָ, מִטַּמְּאַת זִיבָה, אֲבָל טְמֵאָה טֻמְאַת נִדָּה:

딸과 관련해서 팔십 일 동안 난산하는 여인은 태아가 나올 때까지 자기가 보는 모든 피가 정결하다. 그러나 엘리에제르 랍비는 부정하다고 했다. 그들이 엘리에제르 랍비에게 [고통이] 가라앉는 [경우에 흘린] 피에 대하여 엄격하게 다루고 난산인 [경우에 흘린] 피에 대하여 가볍게 다루었다면, [고통이] 가라앉는 [경우에 흘린] 피에 대하여 가볍게 다루었을 때는 난산인 [경우에 흘린] 피에 대하여 가볍게 다루는 것이 규정이 〔되어야〕 하지 않느냐고 말했다. 그가 그들에게 그 규정이 의미하는 바대로 해당하는 경우를 처리하는 것으로 충분하다고 말했다. 〔그렇다면〕 그 여인과 관련해서 가볍게 다루어야 하는 〔경우는〕 무엇인가? 유출병의 부정과 〔관련해서 그러하며〕, 월경의 부정과 〔관련해서는〕 부정하다.

- 어떤 여인이 딸을 낳고 열나흘 뒤에 정결례를 시행하였으며, 남편과 성관계를 가지고 다시 임신을 했다. 그 후 딸을 낳고 정결한 피 위에 앉아 있는 기간 80일이 지나기 전에 고통을 느끼며 피를 흘렸다면 (「닛다」 3, 7), 이것은 딸을 출산한 일과 관련된 정결한 피로 보고 정결하다고 간주한다. 두 번째로 출산하면, 그 시점부터는 출산과 관련된 피로 본다. 그러나 엘리에제르 랍비는 이 피가 두 번째 임신과 관련된 난산 때문이라고 보고 부정하다고 주장하며, 월경의 부정과 동일한 경우로 취급한다고 했다.
- 랍비들은 어떤 여인이 임신 기간 중에 난산으로 인한 고통도 없는데 피를 흘렸다면 그것은 유출병으로 엄격하게 다루지만, 난산인 경우라면 그 피가 출산과 관련된 것으로 보고 월경과 같다고 가볍게 다룬다는 점을 지적한다(넷째 미쉬나). 그러므로 딸을 낳고 80일 동안 정결한 피 위에 앉은 여인은 피를 흘려도 가볍게 취급해야 하므로, 같은 기간에 난산으로 인한 피를 흘려도 가볍게 취급해야 하지 않느냐고 반론을 제기한다.
- 엘리에제르 랍비는 출산과 관련해서 '가볍게 처리한다'는 말은 유출병자가 아니라는 것이며 월경은 해당되지 않는다. 어떤 규정에서 파생된 상황은 파생되기 이전의 규정의 상황과 같다고 말하는 것으로 충분하다는 것이다. 그러므로 원래 임신기간 중에 피를 흘리면 월경하는 피로 간주하기 때문에, 80일 동안 흘리는 피도 월경하는 피로

보아야 한다는 것이다(넷째 미쉬나).

## 4, 7

כָּל אַחַד עָשָׂר יוֹם בְּחֶזְקַת טָהֳרָה. יָשְׁבָה לָהּ וְלֹא בָדְקָה, שָׁגְגָה, נֶאֶנְסָה, הֵזִידָה וְלֹא בָדְקָה, טְהוֹרָה. הִגִּיעַ שְׁעַת וִסְתָּהּ וְלֹא בָדְקָה, הֲרֵי זוֹ טְמֵאָה. רַבִּי מֵאִיר אוֹמֵר, אִם הָיְתָה בְּמַחֲבֵא וְהִגִּיעַ שְׁעַת וִסְתָּהּ, וְלֹא בָדְקָה, הֲרֵי זוֹ טְהוֹרָה, מִפְּנֵי שֶׁחֲרָדָה מְסַלֶּקֶת אֶת הַדָּמִים. אֲבָל יְמֵי הַזָּב וְהַזָּבָה וְשׁוֹמֶרֶת יוֹם כְּנֶגֶד יוֹם, הֲרֵי אֵלּוּ בְּחֶזְקַת טֻמְאָה:

〔여인은〕 열하루 동안은 그 이전 상태가 정결하다고 간주한다. 그녀가 자기 자신을 검사하지 않았을 때, 실수로, 어쩔 수 없이, 〔또는〕 의도적으로 검사하지 않았어도 그녀는 정결하다. 그녀가 정기적으로 월경하는 기간이 다가왔는데 검사하지 않았다면 그녀는 부정하다.

메이르 랍비는 만약 그녀가 은신처에 숨어 있을 때 정기적으로 월경하는 기간이 되었고 그녀가 검사하지 않았다면 그녀는 정결하다고 말한다. 왜냐하면 두려움은 피를 멈추게 하기 때문이다. 그러나 유출병자인 남자나 여자가 〔지켜야 할〕 기간이나 하루와 이틀째 기다리는 경우에는 그 이전 상태가 부정한 것으로 간주한다.

- 여인의 월경과 다음 월경 기간 사이에는 열하루가 있으며, 이 기간 동안은 월경하는 피가 흐르지 않으므로 그녀가 자기 몸을 검사하지 않더라도 정결하다고 간주한다. 그녀가 정기적으로 월경하는 기간이 다가왔으면 스스로 검사를 시행해야 하며, 검사하지 않았다면 부정하다고 간주한다(「닛다」 9, 9).
- 메이르 랍비는 외부적 요인 때문에 강한 두려움을 느끼면 여성이 월경을 하지 않는다고 주장한다. 그래서 전쟁이나 폭력사태를 피해서 숨어 있는 여인이라면, 정기적으로 월경하는 기간에 검사를 하지 않

아도 정결하다고 말한다.

- 월경 기간이 아닌데 사흘 동안 피를 본 여인은 유출병자(자바)이며 정액이 아닌 피를 사흘 동안 배출한 남자도 유출병자(자브)이다. 이런 사람들은 정기적으로 자기 몸을 검사해야 하며, 검사를 하지 않으면 부정하다고 간주한다.
- 위와 같은 상황이지만 하루와 이틀째 기다리는 상황이라면 아직 유출병자는 아니다. 그러나 이런 사람들도 매일 자기 몸을 검사해야 하며, 검사하지 않으면 부정하다고 간주한다(「닛다」 10, 3; 10, 8).

## 제5장

산모가 몸의 측면을 절개하여 출산한 경우, 태아에게 적용하는 각종 법규정들, 법적으로 효력이 있는 성관계의 나이, 여인의 육체적 성장 단계를 구분하는 기준과 관련 법규들을 설명한다.

### 5, 1

---

יוֹצֵא דֹפֶן, אֵין יוֹשְׁבִין עָלָיו יְמֵי טֻמְאָה וִימֵי טָהֳרָה, וְאֵין חַיָּבִין עָלָיו קָרְבָּן. רַבִּי שִׁמְעוֹן אוֹמֵר, הֲרֵי זֶה כְיָלוּד. כָּל הַנָּשִׁים מְטַמְּאוֹת בַּבַּיִת הַחִיצוֹן, שֶׁנֶּאֱמַר, דָּם יִהְיֶה זֹבָהּ בִּבְשָׂרָהּ. אֲבָל הַזָּב וּבַעַל קֶרִי, אֵינָן מְטַמְּאִים, עַד שֶׁתֵּצֵא טֻמְאָתָן לַחוּץ:

---

〔아이를〕 옆으로 출산하면 부정의 날들과 정결함의 날들을 지키지 않으며, 제물을 바칠 의무도 없다. 쉼온 랍비는 이것도 〔정상적인〕 출산과 같다고 말한다.

바깥 방에 〔피가 있는〕 모든 여인들은 부정해지니, "그의 몸에 유출이 피이면"이라고 기록했다. 그러나 유출병자와 설정한 자는 그 부정한 것이 바깥으로 나오기 전까지는 부정해지지 않는다.

- 어떤 여인이 몸의 측면을 절개하여 출산했다면, 그 여인은 아들일 때 이레, 딸일 때 열나흘 동안 부정한 기간을 지키지 않고, 아들일 때 33일, 딸일 때 66일 동안 정결한 피 위에 앉아 있는 기간도 지키지 않는다. 출산하고 바쳐야 하는 제물(레 12:1-8)도 바치지 않는다. 쉼온 랍비는 이 규정에 반대하고 있다.
- 여성은 자궁에서 발생한 피가 질까지만 흐르고 몸 밖으로 배출되지 않아도 부정하다고 간주한다. 랍비들은 레위기 15:19을 인용하고 있는데 "그의 몸에/그녀의 살에"라는 표현이 정확하게 같은 뜻은 아니지만, 미드라쉬 해석법을 통해 그녀의 살 속에 피가 고여 있다는 말로 확대해석하고 있다. 이에 반해 남자는 피나 정액이 몸 바깥으로 배출된 후에 부정해진다.

## 5, 2

הָיָה אוֹכֵל בַּתְּרוּמָה וְהִרְגִּישׁ שֶׁנִּזְדַּעְזְעוּ אֵבָרָיו, אוֹחֵז בָּאַמָּה וּבוֹלֵעַ אֶת הַתְּרוּמָה. וּמְטַמְּאִים בְּכָל שֶׁהוּא, אֲפִלּוּ כְעַיִן הַחַרְדָּל וּבְפָחוֹת מִכֵּן:

〔어떤 남자가〕 거제를 먹고 있을 때, 그의 사지[10]가 흔들리는 것을 느꼈다면, 그는 팔[11]을 붙잡고 거제를 삼켜야 한다. 그리고 그것들은 어떤 〔크기〕이든지 심지어 겨자씨나 그보다 더 작아도 부정하게 만든다.

10) 이 낱말(אבר)은 원래 몸의 '사지'를 가리키지만, 여기서는 남자의 성기를 에둘러 부르는 데 쓰고 있다(야스트로 9).

11) 이 낱말(אמה)은 원래 '팔'을 가리키지만, 여기서는 남자의 성기를 에둘러 부르는 데 쓰고 있다(야스트로 75).

• 어떤 남자가 정결한 상태에서 거제를 먹고 있던 중, 어떤 이유로 흥분하여 성기(팔)가 흔들리고 곧 설정할 것 같으면, 그는 자기 성기를 꽉 붙들어 설정하는 것을 막고 입에 있는 거제를 빨리 삼켜야 한다. 만약 정액이 유출되면 그 양이 매우 적어서 겨자씨보다 적다고 하더라도 그 사람을 부정하게 만든다.

5, 3
아이가 태어나면서 책임지게 되는 법규정들을 차례로 설명한다.

---

תִּינוֹקֶת בַּת יוֹם אֶחָד, מִטַּמְּאָה בְנִדָּה. בַּת עֲשָׂרָה יָמִים, מִטַּמְּאָה בְזִיבָה.
תִּינוֹק בֶּן יוֹם אֶחָד, מִטַּמֵּא בְזִיבָה, וּמִטַּמֵּא בִנְגָעִים, וּמִטַּמֵּא בִטְמֵא מֵת,
וְזוֹקֵק לְיִבּוּם, וּפוֹטֵר מִן הַיִּבּוּם, וּמַאֲכִיל בַּתְּרוּמָה, וּפוֹסֵל מִן הַתְּרוּמָה, וְנוֹחֵל
וּמַנְחִיל. וְהַהוֹרְגוֹ, חַיָּב. וַהֲרֵי הוּא לְאָבִיו וּלְאִמּוֹ וּלְכָל קְרוֹבָיו כְּחָתָן שָׁלֵם:

---

여자아이가 〔태어난 지〕 하루가 지나면 월경 때문에 부정해지고, 열흘이 지나면 유출병 때문에 부정해진다.

남자아이가 〔태어난 지〕 하루가 지나면 유출병 때문에 부정해지고, 피부병 때문에 부정해지며, 시체의 부정 때문에 부정해지고, 〔죽은 형제의 처와〕 역연혼을 시행할 의무가 있으며, 〔자기 어머니를〕 역연혼에서 면제시킬 수 있고, 〔자기 어머니가〕 거제를 먹게 할 수 있으며, 〔그녀가〕 거제를 〔먹지 못하게〕 무효로 만들 수 있고, 〔재산을〕 상속받을 수 있으며 상속할 수 있다. 그를 죽이는 자는 〔살인에 대한〕 책임이 있으니, 그는 그의 아버지에게 그의 어머니에게 그리고 그의 모든 친척들에게 온전한 '성인[12]'과 같기 때문이다.

---

12) 이 낱말(חתן)은 원래 '사위, 신랑'을 가리키는데, 어린이의 경우에는 태어난 후 할례를 받을 자격이 있는 아이를 부르는 말이다(야스트로 514).

- 여자아이가 태어난 지 하루 만에 어떤 이유에서 피를 흘리면 월경하는 피로 간주하고 부정해지는데, 유출병과 관련된 피는 열흘이 지난 후부터 적용한다. 태어난 후 하루 만에 월경하는 피를 보였다면 이레 동안 부정하고, 그 이후에도 사흘 동안 피를 흘려야 유출병자로 규정할 수 있기 때문이다.
- 남자아이는 월경을 하지 않기 때문에 태어난 지 하루가 지나서 어떤 이유로 피를 흘리면 유출병과 관련된 규정을 적용한다. 피부병이나 시체의 부정도 마찬가지로 첫날부터 적용이 가능하다. 그의 형제가 자식이 없이 죽었다면 그의 처와 역연혼을 시행할 의무가 있으며, 다만 아이가 자라서 의무를 시행할 수 있을 때까지 여자가 기다려야 한다. 부친이 죽어도 아이가 태어나 하루가 지난 상태이면 그 모친은 역연혼을 시행할 필요가 없다(아이가 태어난 직후 죽어도 마찬가지다. 「예바못」 2, 5). 아이의 아버지가 제사장이었는데 죽었다면, 아이가 태어나 하루만 지났어도 그의 어머니가 거제를 먹을 자격이 있다. 그의 아버지는 일반인이었고 어머니는 제사장 집안의 딸이었는데 그의 아버지가 죽었다면, 아이가 하루만 지났어도 어머니가 친정으로 돌아가 거제를 먹을 수 없다(임신 중에도 돌아갈 수 없다. 「예바못」 7, 4). 어머니가 죽으면 아이가 태어난 지 하루만 지났어도 어머니의 재산을 상속받을 수 있으며, 그 아이가 그날 죽는다면 재산을 같은 아버지를 가진 형제에게 물려줄 수 있다. 아이가 태어난 지 하루만 지났어도 그를 살해하면 살인죄가 성립한다(임신 중인 태아를 죽인 자는 살인죄를 적용하지 않는다). 여러 규정을 아우르는 원칙은 남자아이가 태어난 지 하루만 지나도 그와 관련된 법규정을 시행할 자격이 있는 법적인 '성인'으로 취급한다는 것이다.

5, 4

여자아이의 나이에 따라 법적인 효력이 있는 성관계를 설명한다.

בַּת שָׁלשׁ שָׁנִים וְיוֹם אֶחָד, מִתְקַדֶּשֶׁת בְּבִיאָה. וְאִם בָּא עָלֶיהָ יָבָם, קְנָאָהּ. וְחַיָּבִין עָלֶיהָ מִשּׁוּם אֵשֶׁת אִישׁ, וּמְטַמְּאָה אֶת בּוֹעֲלָהּ לְטַמֵּא מִשְׁכָּב תַּחְתּוֹן כָּעֶלְיוֹן. נִשֵּׂאת לְכֹהֵן, תֹּאכַל בַּתְּרוּמָה. בָּא עָלֶיהָ אַחַד מִן הַפְּסוּלִים, פְּסָלָהּ מִן הַכְּהֻנָּה. בָּא עָלֶיהָ אַחַד מִכָּל הָעֲרָיוֹת הָאֲמוּרוֹת בַּתּוֹרָה, מוּמָתִין עַל יָדָהּ, וְהִיא פְטוּרָה. פָּחוֹת מִכֵּן, כְּנוֹתֵן אֶצְבַּע בָּעָיִן:

여자아이가 세 살과 하루가 지나면 성행위를 통해 약혼할 수 있다. 만약 〔죽은 남편의〕 형제가 그녀와 성관계를 하면 그녀를 취한 것으로 〔간주한다〕. 그녀가 유부녀일 때 그녀 때문에 〔간음죄로〕 책임을 물을 수 있으며, 그녀와 성관계를 한 자를 부정하게 만들고, 그는 누웠던 자리를 밑부분도 윗부분과 마찬가지로 부정하게 만든다. 제사장과 결혼하면, 거제를 먹을 수 있다. 〔제사장이 될 자격이〕 무효가 된 사람이 그녀와 성관계를 하면, 그녀는 제사장과 〔관련된 권리에서〕 스스로를 무효로 만든다. 토라에서 언급한 부정한 성관계에 〔속하는〕 자가 그녀와 성관계를 하면, 그는 그녀 때문에 죽임을 당하지만, 그녀는 〔책임에서〕 면제된다. 그것보다 어릴 때라면, 그것은 손가락을 눈에 넣은 것과 같다.

- 법적으로 혼인관계를 성립하게 만드는 성행위는 여자아이가 세 살과 하루가 지난 이후부터 가능하며, 토라가 정한 역연혼도 역시 그 나이부터 법적인 효력을 발휘한다(「예바못」 4, 4). 유부녀와 간음하는 죄도 이 나이를 기준으로 결정하며, 월경하는 여인과 성관계를 하여 부정이 전이되는 상황도 이 나이를 기준으로 적용한다(「닛다」 4, 1). 이 나이 이후로 제사장과 결혼하면 거제를 먹을 수 있고, 신체가 손상되어 제사장이 될 수 없는 자나 이방인인 남자와 성관계를

가지면 거제를 먹을 수 없다. 이 나이 이후로 토라(레 18장)에 열거한 부정한 성관계를 가지면, 그 남자는 죽임을 당하지만 그녀는 책임에서 면제된다.

- 세 살보다 어린 여자아이와 성관계를 하면, 그 관계는 법적인 효력이 없으며 그녀의 처녀성이 훼손되지 않는다.
- 이 미쉬나는 법적인 논리를 이론적으로 설명하는 것이 목적이며, 유아와 성행위를 허락하는 것이 아님을 인지해야 할 것이다.

5, 5
남자아이의 나이에 따라 법적인 효력이 있는 성관계를 설명한다.

---

בֶּן תֵּשַׁע שָׁנִים וְיוֹם אֶחָד שֶׁבָּא עַל יְבִמְתּוֹ, קְנָאָהּ. וְאֵינוֹ נוֹתֵן גֵּט עַד שֶׁיַּגְדִּיל. וּמִטַּמֵּא בְנִדָּה, לְטַמֵּא מִשְׁכָּב תַּחְתּוֹן כָּעֶלְיוֹן. וּפוֹסֵל וְאֵינוֹ מַאֲכִיל בַּתְּרוּמָה. וּפוֹסֵל אֶת הַבְּהֵמָה מֵעַל גַּבֵּי הַמִּזְבֵּחַ, וְנִסְקֶלֶת עַל יָדוֹ. וְאִם בָּא עַל אַחַת מִכָּל הָעֲרָיוֹת הָאֲמוּרוֹת בַּתּוֹרָה, מוּמָתִים עַל יָדוֹ, וְהוּא פָּטוּר:

---

남자아이가 아홉 살과 하루가 지났을 때 〔죽은 형제의〕 아내와 성행위를 하면 그녀를 취한 것으로 〔간주한다〕. 그리고 그는 다 성장할 때까지 이혼증서를 줄 수 없다. 그는 월경하는 여인과 〔성행위를 하면〕 부정해지고, 〔그가 눕는〕 침대를 윗부분처럼 아랫부분까지 부정하게 만든다. 그는 〔어떤 여성이 제사장 집안 일원이 되는 것을〕 무효로 만들지만, 거제를 먹을 수 있는 〔권리를 주지〕 않는다. 그는 가축을 제단 위에 올리지 못하도록 무효로 만들며, 그로 인해 돌에 맞아 죽을 수 있다. 그리고 만약 토라에서 언급한 부정한 성관계에 〔속하는〕 여자가 그와 성관계를 하면, 그녀는 그 때문에 죽임을 당하지만, 그는 〔책임에서〕 면제된다.

- 남자아이는 아홉 살과 하루가 지났을 때 법적으로 효력이 있는 성행

위를 시행할 수 있다. 그러므로 그의 형제가 자식을 남기지 않고 죽었을 때 그의 아내와 성행위를 하면, 역연혼 규정에 따라 그 형제의 아내를 자기 아내로 맞게 된다. 그러나 일반 여성과의 결혼은 성인이 된 후에 가능하다(「예바못」 10, 8). 그러나 그녀와 이혼하기 위해서는 이혼증서를 작성해야 하므로, 완전히 성인이 될 때까지 기다려야 한다. 그 남자아이가 월경하는 여인과 성행위를 하면 부정해진다(「닛다」 4, 1). 그리고 자기가 누웠던 침대를 부정하게 만든다. 그 남자아이가 제사장이 될 수 없는 조건이거나 사생아였는데 제사장 가문의 여성과 성행위를 하면, 그 여인은 거제를 먹을 수 없게 된다. 그 남자아이가 제사장 집안에 속한다 해도 그는 아직 법적으로 결혼할 수 없는 나이이기 때문에 성행위를 한 여자에게 거제를 먹을 자격을 주지 못한다(죽은 형제의 아내도 마찬가지다). 그 남자아이가 가축과 성행위를 했다고 증언하는 사람이 있다면, 그 가축은 제단 위에 올릴 수 없고, 돌로 쳐서 죽여야 한다(「제바힘」 8, 1; 「산헤드린」 7, 4). 토라에서 금지한 여성이 그와 성관계를 하면, 그 여인은 사형을 당하지만 그 남자아이는 미성년자이므로 책임에서 면제된다.

- 요약하면 남자아이는 육체적으로 성숙해진 후에도 법적으로는 충분히 성숙해지지 않는 정신적인 미성숙기가 있다.

## 5, 6

아이의 나이와 맹세하는 일을 설명한다.

---

בַּת אַחַת עֶשְׂרֵה שָׁנָה וְיוֹם אֶחָד, נְדָרֶיהָ נִבְדָּקִין. בַּת שְׁתֵּים עֶשְׂרֵה שָׁנָה וְיוֹם אֶחָד, נְדָרֶיהָ קַיָּמִין. וּבוֹדְקִין כָּל שְׁתֵּים עֶשְׂרֵה. בֶּן שְׁתֵּים עֶשְׂרֵה שָׁנָה וְיוֹם אֶחָד, נְדָרָיו נִבְדָּקִים. בֶּן שְׁלֹשׁ עֶשְׂרֵה שָׁנָה וְיוֹם אֶחָד, נְדָרָיו קַיָּמִין. וּבוֹדְקִין כָּל שְׁלֹשׁ עֶשְׂרֵה. קֹדֶם לַזְּמַן הַזֶּה, אַף עַל פִּי שֶׁאָמְרוּ יוֹדְעִין אָנוּ לְשֵׁם מִי נָדַרְנוּ, לְשֵׁם מִי הִקְדַּשְׁנוּ, אֵין נִדְרֵיהֶם נֶדֶר וְאֵין הֶקְדֵּשָׁן הֶקְדֵּשׁ. לְאַחַר הַזְּמַן

הַזֶּה, אַף עַל פִּי שֶׁאָמְרוּ אֵין אָנוּ יוֹדְעִין לְשֵׁם מִי נָדַרְנוּ, לְשֵׁם מִי הִקְדַּשְׁנוּ, נִדְרָן נֶדֶר וְהֶקְדֵּשָׁן הֶקְדֵּשׁ:

---

여자아이가 열한 살과 하루가 지나면, 그녀의 맹세는 검사를 받아야 한다. 열두 살과 하루가 지나면 그녀의 맹세는 유효하다. 그러나 그들이 열두 살이 〔되는 해〕 내내 검사를 해야 한다. 남자아이가 열두 살과 하루가 지나면, 그의 맹세는 검사를 받아야 한다. 열세 살과 하루가 지나면 그의 맹세는 유효하다. 그러나 그들이 열세 살이 〔되는 해〕 내내 검사를 해야 한다.

이 시점 이전에는 그들이 누구의 이름으로 맹세하는지 안다고 말한다 할지라도, 누구의 이름으로 헌신하는지 〔안다고 말한다 할지라도〕, 그들의 맹세는 맹세가 아니며 그들의 헌신은 헌신이 아니다. 이 시점이 지나면 그들이 누구의 이름으로 맹세했는지 모른다고 말한다 할지라도, 누구의 이름으로 헌신하는지 〔모른다고 말한다 할지라도〕 그들의 맹세는 맹세이며 그들의 헌신은 헌신이다.

- 여자아이가 열한 살과 하루 즉 열두 살이 되는 첫날에 맹세를 했다면, 자신의 행동의 법적인 의미를 알고 있는지 불확실하며, 다른 사람이 그녀가 누구의 이름으로 맹세하는지 알고 있는지를 검사해야 한다. 그녀의 의지가 확고하면 맹세로 인정한다. 이런 절차는 그녀가 열두 살인 기간 내내 적용된다(「닛다」 6, 11). 열두 살과 하루가 지나면, 그녀가 하는 맹세가 유효하다. 남자아이는 같은 원리를 적용하지만 한 해 늦게 맹세를 인정하게 된다.
- 이렇게 정해진 나이가 되기 이전에는 맹세나 봉헌의 의미를 알고 있다고 말하는 것으로 충분하지 않으며 검사를 해야 하며, 그 시점이 지나면 맹세 자체가 유효해진다.

## 5, 7

여자아이가 자라는 단계에 관련된 법적인 관례들을 소개한다.

---

מָשָׁל מָשְׁלוּ חֲכָמִים בָּאִשָּׁה. פַּגָּה, בֹּחַל וְצֶמֶל. פַּגָּה, עוֹדָהּ תִּינוֹקֶת. בֹּחַל, אֵלּוּ יְמֵי נְעוּרֶיהָ. בָּזוֹ וּבָזוֹ, אָבִיהָ זַכַּאי בִּמְצִיאָתָהּ וּבְמַעֲשֵׂה יָדֶיהָ וּבַהֲפָרַת נְדָרֶיהָ. צֶמֶל, כֵּיוָן שֶׁבָּגְרָה, שׁוּב אֵין לְאָבִיהָ רְשׁוּת בָּהּ:

---

현인들이 여인에 관해 안 익은 무화과[13]와 덜 익은 무화과[14]와 다 익은 무화과[15]가 있다고 비유를 들어 말했다. 안 익은 무화과란 어린아이다. 덜 익은 무화과는 그녀의 젊은 시절이다. 이 〔단계와〕 저 〔단계〕에서 그녀가 찾은 것과 그녀가 생산한 것과 그녀가 맹세한 것을 취소하는 일이 〔모두〕 그녀의 아버지에게 달렸다. 다 익은 무화과는 그녀가 성장했다는 뜻이니, 그녀의 아버지는 더 이상 그녀에 〔관한〕 권위를 가지지 않는다.

- 랍비들은 여자아이가 자라나는 단계를 무화과가 익는 모습에 비유하여 설명하고 있는데, 이런 성장 단계는 여인의 육체적·성적 성숙도에 초점을 맞추고 있다. 안 익은 무화과는 어린아이를 가리키니, 육체적으로 성숙도가 전혀 보이지 않는 단계다. 덜 익은 무화과는 그녀의 젊은 시절을 가리키니, 육체적으로 성숙하기 시작하는 단계이며, 외형적으로 가슴이 자라나는 것이 보이는 시기다(여덟째 미쉬나). 여인이 어린아이이거나 젊었을 때는 그녀의 아버지가 법적인 결정권을 가지며, 그녀가 찾아낸 것과 생산한 것은 그의 소유이며,

---

13) 이 낱말(פגה)은 아직 익지 않은 과일 즉 산딸기, 무화과, 대추야자 등을 가리킨다(야스트로 1132).

14) 이 낱말(בחל)은 '무질서하다' 또는 '아프다'는 뜻인데, 분사형으로 이제 막 익기 시작한 단계의 무화과를 부르는 데 사용한다(야스트로 155).

15) 이 낱말(צמל)은 다 익은 무화과를 가리킨다(야스트로 1288).

그녀가 맹세한 것을 그가 취소할 수 있다(「케투봇」 4, 4).

- 다 익은 무화과는 그녀가 성인이 된 상태를 가리키니, 가슴이 성인 여자만큼 자랐을 때이며, 그녀의 아버지는 더 이상 그녀에 대한 법적인 권리를 행사할 수 없다.

## 5, 8

여인의 성장 단계를 좀 더 자세하게 설명한다.

---

אֵיזֶהוּ סִימָנֶיהָ. רַבִּי יוֹסֵי הַגְּלִילִי אוֹמֵר, מִשֶּׁיַּעֲלֶה הַקֶּמֶט תַּחַת הַדָּד. רַבִּי עֲקִיבָא אוֹמֵר, מִשֶּׁיַּטּוּ הַדַּדִּים. בֶּן עַזַּאי אוֹמֵר, מִשֶּׁתַּשְׁחִיר הַפִּטֹּמֶת. רַבִּי יוֹסֵי אוֹמֵר, כְּדֵי שֶׁיְּהֵא נוֹתֵן יָדוֹ עַל הָעֹקֶץ וְהוּא שׁוֹקֵעַ וְשׁוֹהֶה לַחֲזֹר:

---

그녀가 〔자란 정도를 가리키는〕 징후에는 어떤 것이 있는가? 갈릴리 출신 요쎄 랍비는 가슴 밑에 생긴 주름을 〔보고 알 수 있다고〕 말한다. 아키바 랍비는 그 가슴이 매달린 〔모양을 보고 알 수 있다고〕 말한다. 벤 아자이는 젖꽃판이 검은색이 되었는지 〔보면 알 수 있다고〕 말한다. 요쎄 랍비는 손을 젖꼭지 위에 놓으면 그것이 가라앉았다가 천천히 돌아오는 것을 〔볼 때 알 수 있다고〕 말한다.

- 일곱째 미쉬나에서 언급한 젊은 여인의 육체적·성적 성숙도를 구분하는 방법을 설명한 것이다.

## 5, 9

육체적으로 성숙한 흔적이 보이지 않는 사람에 관해 논의한다.

---

בַּת עֶשְׂרִים שָׁנָה שֶׁלֹּא הֵבִיאָה שְׁתֵּי שְׂעָרוֹת, תָּבִיא רְאָיָה שֶׁהִיא בַת עֶשְׂרִים שָׁנָה, וְהִיא אַיְלוֹנִית, לֹא חוֹלֶצֶת וְלֹא מִתְיַבֶּמֶת. בֶּן עֶשְׂרִים שָׁנָה שֶׁלֹּא הֵבִיא שְׁתֵּי שְׂעָרוֹת, יָבִיא רְאָיָה שֶׁהוּא בֶן עֶשְׂרִים שָׁנָה, וְהוּא סָרִיס, לֹא חוֹלֵץ וְלֹא

מְיַבֵּם, אֵלּוּ דִּבְרֵי בֵית הִלֵּל. בֵּית שַׁמַּאי אוֹמְרִים, זֶה וָזֶה בְּנֵי שְׁמֹנֶה עֶשְׂרֵה. רַבִּי אֱלִיעֶזֶר אוֹמֵר, הַזָּכָר כְּדִבְרֵי בֵית הִלֵּל, וְהַנְּקֵבָה כְּדִבְרֵי בֵית שַׁמַּאי, שֶׁהָאִשָּׁה מְמַהֶרֶת לָבֹא לִפְנֵי הָאִישׁ:

〔어떤 여인이〕 스무 살이 되었는데 〔음부에〕 털 두 가닥이 자라지 않았을 때, 그녀는 자기가 스무 살이라는 증거를 가져올 것이며 그녀는 불임여성[16]이 되니, 그녀는 역연혼을 거부하거나 시행하지 않는다. 〔어떤 남자가〕 스무 살이 되었는데 〔음부에〕 털 두 가닥이 자라지 않았을 때, 그는 자기가 스무 살이라는 증거를 가져올 것이며 그는 거세된 자[17]가 되니, 그는 역연혼을 거절하거나 시행하지 않는다고 힐렐 학파가 주장했다.

샴마이 학파는 이런 경우나 저런 경우가 〔모두〕 열여덟 살일 때 〔판단한다고〕 말한다. 엘리에제르 랍비는 남자는 힐렐 학파의 주장대로 여인은 샴마이 학파의 주장대로 〔따른다고〕 말하니, 여인은 남자보다 먼저 성숙하기 때문이다.

- 힐렐 학파에 따르면 여자든 남자든 스무 살이 되었는데 음부에 털이 두 가닥 이상 나지 않았다면, 육체적으로 성적으로 성숙하지 못한 사람으로 간주하고, 여자는 불임여성이라고 남자는 거세된 자라고 부른다. 이들은 모두 역연혼을 거절하거나 시행할 자격이 없으니, 역연혼은 성행위를 통해 공식화되기 때문이다(「예바못」 8, 5; 10, 9).
- 샴마이 학파는 원칙적으로 힐렐 학파의 말에 동의하지만 기준이 되는 나이는 열여덟 살이라고 주장했고, 엘리에제르 랍비는 여자는 열

16) 이 낱말(אילונית)은 아이를 낳을 수 없는 '불임여성'을 가리키며(야스트로 49), 어원이 '숫양'(איל)이라는 말에서 나와서 사내 같은 여성이라는 뜻이 있다.
17) 이 낱말(סריס)은 '발기불능인, 거세된 자' 또는 '내시'를 가리킨다(야스트로 1027).

여덟 살 남자는 스무 살에 판단한다고 주장한다.

## 제6장

여성이 성숙하다고 판단하는 다른 기준과 관련 규정들, 어린아이의 불두덩이에 털 두 가닥이 나는 순간과 관련 규정들, 그리고 피 얼룩을 본 여인이 부적절한 상태인 경우와 계산하는 방법에 관해서도 논의한다.

### 6, 1

제5장의 문맥을 이어가며 육체적으로 성숙한 증거를 설명한다.

---

בָּא סִימָן הַתַּחְתּוֹן עַד שֶׁלֹּא בָא הָעֶלְיוֹן, אוֹ חוֹלֶצֶת אוֹ מִתְיַבֶּמֶת. בָּא הָעֶלְיוֹן עַד שֶׁלֹּא בָא הַתַּחְתּוֹן, אַף עַל פִּי שֶׁאִי אֶפְשָׁר, רַבִּי מֵאִיר אוֹמֵר, לֹא חוֹלֶצֶת וְלֹא מִתְיַבֶּמֶת. וַחֲכָמִים אוֹמְרִים, אוֹ חוֹלֶצֶת אוֹ מִתְיַבֶּמֶת. מִפְּנֵי שֶׁאָמְרוּ, אֶפְשָׁר לַתַּחְתּוֹן לָבֹא עַד שֶׁלֹּא בָא הָעֶלְיוֹן, אֲבָל אִי אֶפְשָׁר לָעֶלְיוֹן לָבֹא עַד שֶׁלֹּא בָא הַתַּחְתּוֹן:

---

〔만약〕 밑에 징후가 나타났는데 위에는 나타나지 않았다면, 그녀는 신발벗기와 역연혼을 행할 수 있다. 〔만약〕 위에 〔징후가〕 나타났는데 아래는 나타나지 않았다면, 물론 이런 경우는 불가능하지만, 그녀는 신발벗기와 역연혼을 행할 수 없다고 메이르 랍비가 말한다. 그러나 현인들은 신발벗기와 역연혼을 행할 수 있다고 말한다. 왜냐하면 밑에 〔징후가〕 나타나고 위에는 나타나지 않을 수 있지만, 위에 〔징후가〕 나타났는데 아래에 나타나지 않는 것은 불가능하다고 말했기 때문이다.

- 어떤 여자아이가 성기에 털 두 가닥이 나왔는데 가슴이 충분히 발달하지 않았다면(「닛다」 5, 8), 그녀는 육체적으로 성숙한 것으로 간주하며(열한 번째 미쉬나) 역연혼을 시행하거나 거절할 수 있다. 그 반대 경우는 생리적으로 나타날 가능성이 적으며, 나타나더라도 육체적으로 성숙한 증거로 볼 수 없다는 것이 메이르 랍비의 주장이다. 현인들은 이 경우에도 신발벗기와 역연혼을 할 수 있다고 생각하는데, 왜냐하면 고대 현인들이 이런 경우에 당연히 성기에 털이 났을 것으로 추정했기 때문이다.

6, 2
첫째 미쉬나에 사용한 것과 동일한 논리전개 방식으로 다른 주제를 다룬다. 그래서 둘째부터 열째 미쉬나까지 논쟁방식이 동일한 미쉬나 모음집이라고 부를 수 있다.

---

כַּיּוֹצֵא בוֹ, כָּל כְּלִי חֶרֶס שֶׁהוּא מַכְנִיס, מוֹצִיא. וְיֵשׁ שֶׁמּוֹצִיא וְאֵינוֹ מַכְנִיס. כָּל אֵבָר שֶׁיֶּשׁ בּוֹ צִפֹּרֶן, יֶשׁ בּוֹ עֶצֶם, וְיֵשׁ שֶׁיֶּשׁ בּוֹ עֶצֶם וְאֵין בּוֹ צִפֹּרֶן:

---

이와 마찬가지로, 〔액체를〕 넣을 수 있는 모든 토기는 그것을 따라 낼 수도 있지만, 그것을 따라 낼 수는 있어도 넣을 수는 없는 〔토기도〕 있다. 손톱이나 〔발톱이〕 있는 신체부위는 뼈가 있지만, 뼈가 있다고 해서 손톱이나 〔발톱이〕 있는 것은 아니다.

- 어떤 토기에 구멍이 나서 액체를 흘려 넣을 수도 있고 따라 낼 수도 있다면, 이것은 더 이상 무엇을 담을 수 없기 때문에 '그릇'이 아니다(「켈림」 3, 1; 8, 2). 그러나 그 구조가 특별해서 따라 낼 수는 있어도 넣을 수는 없는 토기도 있으니, 이런 경우에는 '그릇'이기 때문에 정결법에 저촉을 받는다.

- 손톱이나 발톱이 있는 신체부위는 뼈도 들어 있어서, 시체 중 이런 신체부위가 있으면 크기와 상관없이 부정을 전이한다(「오홀롯」 1, 7). 그러나 뼈가 있어도 손톱이나 발톱이 없는 신체기관도 있으니, 예를 들어 비정상적으로 하나 더 생긴 손가락이나 발가락이 그렇다. 이런 경우 접촉과 옮기기를 통해 부정을 전이하지만 덮기 부정과는 상관이 없다.

## 6, 3

כֹּל הַמִּטַּמֵּא מִדְרָס, מִטַּמֵּא טְמֵא מֵת. וְיֵשׁ שֶׁמִּטַּמֵּא טְמֵא מֵת וְאֵינוֹ מִטַּמֵּא מִדְרָס:

얹기로 부정해지는 모든 것은 시체의 부정 때문에 부정해지지만, 시체의 부정 때문에 부정해져도 얹기로 부정해지지 않는 것도 있다.

- 유출병자가 몸무게를 실어 앉거나 눕거나 기대면 그 물건이 얹기 부정 때문에 부정해지는데, 이런 물건은 시체와 접촉해도 부정해진다. 그러나 그 반대 경우는 성립하지 않는다(「켈림」 24장). 시체의 부정이 가장 강력한 부정의 요인이기 때문이다.

## 6, 4

כֹּל הָרָאוּי לָדוּן דִּינֵי נְפָשׁוֹת, רָאוּי לָדוּן דִּינֵי מָמוֹנוֹת. וְיֵשׁ שֶׁרָאוּי לָדוּן דִּינֵי מָמוֹנוֹת וְאֵינוֹ רָאוּי לָדוּן דִּינֵי נְפָשׁוֹת. כֹּל הַכָּשֵׁר לָדוּן, כָּשֵׁר לְהָעִיד. וְיֵשׁ שֶׁכָּשֵׁר לְהָעִיד וְאֵינוֹ כָּשֵׁר לָדוּן:

목숨이 〔걸린〕 사건을 재판할 자격이 있는 모든 자는 금전 관련 사건을 재판할 자격이 있다. 그러나 금전 관련 사건을 자격이 있어도 목숨이 〔걸린〕 사건을 재판할 자격이 없는 자도 있다. 재판하기에 적합한 모든 자는 증언을 하기에 적합하다. 그러나 증언을 하기에는 적합해도 재판을 하기에 적합하지 않은 자도 있다.

- 금전 관련 사건을 재판하는 자보다 목숨이 걸린 사건을 재판하는 자가 훨씬 높은 수준의 자격을 요구하며, 예를 들어 이방인이나 사생아는 목숨이 걸린 사건을 재판할 수 없다(「산헤드린」 4, 2). 마찬가지로 판사가 되어 재판을 하려면 증언하는 자보다 훨씬 높은 수준의 자격이 필요하며, 공부하지 않은 일반인은 재판을 할 수 없다.

## 6, 5

כֹּל שֶׁחַיָּב בְּמַעַשְׂרוֹת, מְטַמֵּא טֻמְאַת אֳכָלִים. וְיֵשׁ שֶׁמְּטַמֵּא טֻמְאַת אֳכָלִין וְאֵינוֹ חַיָּב בְּמַעַשְׂרוֹת:

십일조를 〔뗄〕 의무가 있는 모든 것은 음식의 부정 때문에 부정해진다. 그러나 음식의 부정 때문에 부정해져도 십일조를 〔뗄〕 의무가 없는 것도 있다.

- 일반적으로 음식에서 거제와 십일조를 뗄 의무가 있으며, 다른 음식 때문에 부정이 전이될 수도 있다. 그러나 땅에서 자라지 않는 음식은 십일조를 뗄 의무가 없다(「마아쎄롯」 1, 1).

## 6, 6

כֹּל שֶׁחַיָּב בְּפֵאָה, חַיָּב בְּמַעַשְׂרוֹת. וְיֵשׁ שֶׁחַיָּב בְּמַעַשְׂרוֹת וְאֵינוֹ חַיָּב בְּפֵאָה:

가장자리를 남길 의무가 있는 모든 〔밭은〕 십일조를 〔뗄〕 의무도 있다. 그러나 십일조를 〔뗄〕 의무가 있어도 가장자리를 남길 의무가 없는 〔밭도〕 있다.

- 밭이나 과수원 등 농지는 가장자리(페아)까지 수확하지 않고 남겨야 할 의무가 있는데, 이런 농지는 십일조를 뗄 의무가 있는 농지보다 적용 범위가 적다. 예를 들어 가장자리를 남기려면 작물이 다 익어서 한번에 수확하는 형식이 되어야 하는데, 무화과는 같은 시기에 한꺼번에 익지 않아서 가장자리를 남길 의무가 없으며, 한번에 수확해서 저장할 수 없는 채소들도 마찬가지다(「페아」1, 4).

## 6, 7

כֹּל שֶׁחַיָּב בְּרֵאשִׁית הַגֵּז, חַיָּב בַּמַּתָּנוֹת. וְיֵשׁ שֶׁחַיָּב בַּמַּתָּנוֹת וְאֵינוֹ חַיָּב בְּרֵאשִׁית הַגֵּז:

처음 깎은 양털을 〔드릴〕 의무가 있는 모든 〔가축은 제사장에게 바칠〕 선물의 의무도 있다. 그러나 〔제사장에게 바칠〕 의무가 있어도 처음 깎은 양털을 〔드릴〕 의무가 없는 〔가축도〕 있다.

- 가축을 기르는 자는 처음 깎은 양털을 제사장에게 주어야 하며(신 18:4), 제사장과 나누지 않는 제물을 바친 자는 제물의 앞다리와 두 볼과 위를 제사장에게 선물로 주어야 한다(신 18:3). 그러나 모든 제물에서 특정한 부위를 떼어 제사장을 주는 대신, 처음 깎은 양털을 바치는 경우는 암양으로 제한한다(「훌린」11, 1).

## 6, 8

כֹּל שֶׁיֶּשׁ לוֹ בִעוּר, יֶשׁ לוֹ שְׁבִיעִית. וְיֵשׁ שֶׁיֶּשׁ לוֹ שְׁבִיעִית וְאֵין לוֹ בִעוּר:

제거할 〔십일조가〕 있는 모든 〔농산물은〕 제7년 〔규정을〕 적용한다. 그러나 제7년 〔규정을〕 적용해도 〔십일조를〕 제거하지 않아도 되는 경우도 있다.

- 제7년 즉 안식년에 스스로 자란 농산물은 모아서 창고에 저장할 수 있지만, 더 이상 들에 자라는 농산물이 없어서 동물들이 먹을 수 없는 상태가 되면, 창고에 들였던 농산물을 공공 장소에 내어놓아야 한다(제거). 그리고 제7년에 스스로 자란 농산물은 주인 없는 음식이며, 누구나 거둘 수는 있으나 시장에 내다 팔 수는 없다. 그러나 1년 내내 언제나 수확할 수 있는 농산물이라면 동물들이 먹을 수 없는 상태가 되지 않으므로 창고에서 꺼낼 필요가 없다(「슈비잇」 7, 2).

## 6, 9

---

כֹּל שֶׁיֶּשׁ לוֹ קַשְׂקֶשֶׂת, יֶשׁ לוֹ סְנַפִּיר. וְיֵשׁ שֶׁיֶּשׁ לוֹ סְנַפִּיר וְאֵין לוֹ קַשְׂקֶשֶׂת.
כֹּל שֶׁיֶּשׁ לוֹ קַרְנַיִם, יֶשׁ לוֹ טְלָפַיִם. וְיֵשׁ שֶׁיֶּשׁ לוֹ טְלָפַיִם וְאֵין לוֹ קַרְנַיִם:

---

비늘이 있는 모든 〔물고기는〕 지느러미가 있다. 그러나 지느러미가 있어도 비늘이 없는 〔물고기도〕 있다. 뿔이 있는 모든 〔동물은〕 그 굽이 갈라져 있다. 그러나 굽이 갈라졌어도 뿔이 없는 〔동물도〕 있다.

- 음식법에 따라 허락된 물고기와(「훌린」 3, 7) 동물을(토쎕타 「훌린」 3, 21; 바벨 탈무드 「훌린」 59b) 논의한다.

## 6, 10

---

כֹּל הַטָּעוּן בְּרָכָה לְאַחֲרָיו, טָעוּן בְּרָכָה לְפָנָיו. וְיֵשׁ טָעוּן בְּרָכָה לְפָנָיו וְאֵין טָעוּן בְּרָכָה לְאַחֲרָיו:

---

〔어떤 일〕 이후에 기도가 필요한 모든 경우에는 그 이전에도 기도가 필요하다. 〔어떤 일〕 이전에 기도가 필요해도 그 후에는 기도가 필요하지 않은 경우도 있다.

- 충분한 양의 음식으로 식사를 할 때는 식사 전과 후에 모두 기도를 드려야 한다. 그러나 음식의 양이 최소량에 미치지 못하거나 다른 법규정을 지킬 때, 그 이전에는 기도를 드리지만 나중에는 드리지 않는다(「쑤카」 2, 5; 3, 11).

**6, 11**

아이가 법규정을 지킬 의무를 질 만큼 성숙해지는 시점에 관해 논의한다.

---

תִּינוֹקֶת שֶׁהֵבִיאָה שְׁתֵּי שְׂעָרוֹת, אוֹ חוֹלֶצֶת אוֹ מִתְיַבֶּמֶת, וְחַיֶּבֶת בְּכָל מִצְוֹת הָאֲמוּרוֹת בַּתּוֹרָה. וְכֵן תִּינוֹק שֶׁהֵבִיא שְׁתֵּי שְׂעָרוֹת, חַיָּב בְּכָל מִצְוֹת הָאֲמוּרוֹת בַּתּוֹרָה. וְרָאוּי לִהְיוֹת בֵּן סוֹרֵר וּמוֹרֶה, מִשֶּׁיָּבִיא שְׁתֵּי שְׂעָרוֹת עַד שֶׁיַּקִּיף זָקָן, הַתַּחְתּוֹן וְלֹא הָעֶלְיוֹן, אֶלָּא שֶׁדִּבְּרוּ חֲכָמִים בְּלָשׁוֹן נְקִיָּה. תִּינוֹקֶת שֶׁהֵבִיאָה שְׁתֵּי שְׂעָרוֹת, אֵינָהּ יְכוֹלָה לְמָאֵן. רַבִּי יְהוּדָה אוֹמֵר, עַד שֶׁיִּרְבֶּה הַשָּׁחֹר:

---

어린 여자아이가 〔불두덩이에〕 털 두 가닥이 나면, 신발벗기나 역연혼을 시행할 수 있고, 토라가 말하는 모든 명령들을 〔지킬〕 의무가 있다. 그리고 어린 남자아이가 〔불두덩이에〕 털 두 가닥이 나면, 토라가 말하는 모든 명령들을 〔지킬〕 의무가 있다. 그리고 완악하고 패역한 아들 〔규정을 적용할〕 자격이 있으니, 털 두 가닥이 났을 때부터 그의 턱수염이 한 바퀴 돌 때까지 〔그러하다〕. 이것은 밑에 〔난 털이고〕 위에 〔난 털이〕 아니며, 현인들이 완곡하게 말했을 뿐이다. 어린 여자아이가 〔불두덩이에〕 털 두 가닥이 나면, 〔결혼을〕 거절할 수 없다. 예후다 랍비는 검은 털이 많아질 때까지는 〔거절할 수 있다고〕 말한다.

- 어린아이가 불두덩이에 털 두 가닥이 나면 남녀를 가리지 않고 토라

가 명령하는 법을 준수해야 할 의무들을 지게 된다(「닛다」 5, 6; 「아봇」 5, 21). 여자아이는 이때부터 역연혼과 관련된 의무도 시행해야 한다(첫째 미쉬나). 남자아이는 이때부터 완악하고 패역한 아들과 관련된 법에 저촉받는데(민 21:18-21), 이 법은 너무 어려서 사리를 분별하지 못하거나 너무 커서 더 이상 부모의 권위 아래 있지 않다면 적용할 수 없다. 그래서 털 두 가닥이 날 때부터 턱수염이 날 때까지라고 정한 것이다. 다른 랍비는 여기서 말하는 '턱수염'은 사실 불두덩이에 난 음모를 가리키며, 현인들이 완곡하게 표현했을 뿐이라고 주장한다(「산헤드린」 8, 1). 아버지가 없는 여자아이는 성년이 될 때까지 어머니나 오빠가 결정한 결혼을 거절할 권리가 있는데, 불두덩이에 털 두 가닥이 나면 더 이상 거절할 수 없다. 예후다 랍비는 좀 더 기한을 연기한다.

### 6, 12

성년의 자격을 결정하는 털의 길이를 설명한다.

---

שְׁתֵּי שְׂעָרוֹת הָאֲמוּרוֹת בַּפָּרָה וּבַנְּגָעִים, וְהָאֲמוּרוֹת בְּכָל מָקוֹם, כְּדֵי לָכֹף רֹאשָׁן לְעִקָּרָן, דִּבְרֵי רַבִּי יִשְׁמָעֵאל. רַבִּי אֱלִעֶזֶר אוֹמֵר, כְּדֵי לִקְרֹץ בַּצִּפֹּרֶן. רַבִּי עֲקִיבָא אוֹמֵר, כְּדֵי שֶׁיְּהוּ נִטָּלוֹת בְּזוּג:

---

〔붉은〕 암소와 피부병과 관련된, 그리고 모든 다른 장소에 관련된 털 두 가닥은 그 머리가 뿌리 쪽으로 구부러질 만큼 〔길어야 한다는〕 것이 이쉬마엘 랍비의 주장이다. 엘아자르 랍비는 손톱으로 잡을 수 있을 만큼이라고 말한다. 아키바 랍비는 가위로 뽑을 수 있을 만큼이라고 말한다.

- 속죄의 물을 만드는 붉은 암소에 검거나 하얀 털 두 가닥이 나면 무효가 되며(「파라」 2, 5), 피부병을 진찰할 때 털 두 가닥은 중요한 판

단 기준이 된다(「네가임」 4, 4; 10, 2-3). 그 외 다른 장소라는 말은 어린아이가 성년이 되는 문제, 나실인이 털을 깎는 상황, 악성피부병자(14, 4)를 가리킨다. 이런 경우에 모두 털이 어느 정도의 길이로 자란 상태라야 법적인 기준으로 인정할 수 있다. 랍비들이 각각 다른 의견을 개진하고 있다.

## 6, 13

הָרוֹאָה כֶתֶם, הֲרֵי זוֹ מְקֻלְקֶלֶת, וְחוֹשֶׁשֶׁת מִשּׁוּם זוֹב, דִּבְרֵי רַבִּי מֵאִיר. וַחֲכָמִים אוֹמְרִים, אֵין בִּכְתָמִים מִשּׁוּם זוֹב:

〔어떤 여인이 피〕 얼룩을 보았다면, 그녀는 부적절한 상태이니, 유출병일까 두려워할 〔필요가 있다고〕 메이르 랍비가 주장했다. 그러나 현인들은 그 얼룩은 유출병과 관련이 없다고 말한다.

- 만약 어떤 여인이 자기 옷에서 붉은 얼룩을 발견했다면, 그 여인은 언제 피를 흘렸는지 정확하게 알지 못하여 유출병과 관련된 열하루를 어느 날부터 세야 하는지 모르는 '부적절한 상태'(메쿨켈렛)이다(「아라킨」 2, 1). 만약 그녀가 사흘 전부터 피를 흘렸다면, 그리고 얼룩의 크기가 편두 3개보다 조금 더 컸다면, 그녀는 유출병자(자바)가 되었을 가능성이 있다. 이것은 메이르 랍비의 주장이다. 그러나 현인들은 반대했다.

## 6, 14

הָרוֹאָה יוֹם אַחַד עָשָׂר בֵּין הַשְּׁמָשׁוֹת, תְּחִלַּת נִדָּה וְסוֹף נִדָּה, תְּחִלַּת זִיבָה וְסוֹף זִיבָה, יוֹם אַרְבָּעִים לְזָכָר וְיוֹם שְׁמוֹנִים לִנְקֵבָה, בֵּין הַשְּׁמָשׁוֹת לְכֻלָּן, הֲרֵי אֵלּוּ טוֹעוֹת. אָמַר רַבִּי יְהוֹשֻׁעַ, עַד שֶׁאַתֶּם מְתַקְּנִים אֶת הַשּׁוֹטוֹת, תַּקְּנוּ אֶת הַפִּקְחוֹת:

〔어떤 여인이〕 열하루가 되는 날 새벽에 〔얼룩을〕 보았을 때, 월경의 시작이자 월경의 끝이며, 유출병의 시작이자 유출병의 끝이며, 남자〔아이를 낳고〕 40일이 되는 날이고 여자〔아이를 낳고〕 80일이 되는 날이며, 이 모든 경우의 새벽이라면, 그 여인은 〔계산이〕 틀린 것이다. 예호슈아 랍비는 어리석은 여인들을 바로잡기 전에 영리한 여인들을 바로잡으라고 말했다.

- 알벡은 이 본문이 잘못된 전승이라고 주장하며, 탈무드에 따라 수정한 본문을 설명한다(알벡 395-396; 바벨 탈무드 53b). 수정한 본문은 '월경의 시작이자 유출병의 끝이며, 월경의 끝이자 유출병의 시작'이라고 말한다. 즉 어떤 여인이 열하루가 되는 날 새벽 즉 그녀의 유출병 기간의 끝에 피 얼룩을 보았다면, 이것은 새로운 월경 기간의 시작이라고 볼 수 있다. 그 얼룩이 유출병의 피였다면, 그녀는 그녀가 피 얼룩을 볼 때마다 하루씩 부정하다. 그 얼룩이 월경의 피였다면 그녀는 이레 동안 부정하다. 이런 경우 계산을 틀릴 가능성이 있다.
- 그 여인이 아들을 낳고 40일 또는 딸을 낳고 80일이 되는 날 새벽에 얼룩을 보았을 때, 그 얼룩이 아직 그녀가 정결한 피 위에 앉아 있을 때 나온 것이라면 그녀는 정결하다. 그 기한이 끝난 다음에 나온 것이라면 그녀는 부정하다. 역시 계산을 틀릴 가능성이 있다.
- 이렇게 정확한 계산을 할 수 없는 상황이라면, 그 여인은 유출병자라고 간주해야 한다. 그 후에 이틀 이상 피가 계속 나오고 그치면, 규정에 따라 성전에 속죄제물을 바친다. 그러나 그 제물은 의심 때문에 드린 제물이기 때문에 제사장이 먹지 않는다.
- 예호슈아 랍비는 월경 기간을 제대로 계산하지 못하는 어리석은 여인들을 걱정하기 전에 영리한 여인들이 월경 규정을 제대로 지킬 수

있도록 도와야 한다고 한마디 거들고 있다(「닛다」 2, 1).

## 제7장

피를 비롯한 부정의 요인들이 젖었을 때와 말랐을 때의 차이점, 피 얼룩이 어느 지방에서 왔는지에 따라 다른 판단을 해야 하는 경우, 그리고 법전통에 있어서 쿠타인(사마리아인)을 신뢰할 수 있는 경우와 그렇지 못한 경우를 구분하여 기록한다.

### 7, 1

부정의 요인이 젖은 상태와 마른 상태였을 때에 관련된 규정을 설명한다.

---

דַּם הַנִּדָּה וּבְשַׂר הַמֵּת, מְטַמְּאִין לַחִין וּמְטַמְּאִין יְבֵשִׁין. אֲבָל הַזּוֹב וְהַנִּיעַ
וְהָרֹק וְהַשֶּׁרֶץ וְהַנְּבֵלָה וְהַשִּׁכְבַת זֶרַע, מְטַמְּאִין לַחִין וְאֵין מְטַמְּאִין יְבֵשִׁין.
וְאִם יְכוֹלִין לְהִשָּׁרוֹת וְלַחֲזֹר לִכְמוֹת שֶׁהֵן, מְטַמְּאִין לַחִין וּמְטַמְּאִין יְבֵשִׁין.
וְכַמָּה הִיא שְׁרִיָּתָן. בְּפוֹשְׁרִין, מֵעֵת לְעֵת. רַבִּי יוֹסֵי אוֹמֵר, בְּשַׂר הַמֵּת יָבֵשׁ
וְאֵינוֹ יָכוֹל לְהִשָּׁרוֹת וְלַחֲזֹר לִכְמוֹת שֶׁהָיָה, טָהוֹר:

---

월경하는 여인의 피와 시체의 살은 젖었을 때 부정을 전이하고 말랐을 때도 부정을 전이한다. 그러나 〔유출병자의〕 유출물과 가래와 침과 기는 것과 정액은 젖었을 때 부정을 전이하고 말랐을 때는 부정을 전이하지 않는다. 만약 물에 적셔서 원래 상태로 돌아올 수 있다면, 젖었을 때 부정을 전이하고 말랐을 때도 부정을 전이한다. 그렇다면 얼마나 오랫동안 물에 적셔야 하는가? 미지근한 물에 하루 동안 〔적셔야〕 한다. 요쎄 랍비는 시체의 살이 말랐을 때 물에 적셔서 원래 상태로 돌아올 수 없으므로 이것은 정결하다고 말한다.

- 월경하는 여인의 피와 시체는 상태와 상관없이 부정을 전이한다.
- 이와 달리 유출병자의 성기에서 나온 유출물, 가래침, 기어다니는 동물이나 곤충의 시체, 그리고 정액은 젖었을 때만 부정을 전이한다. 그러나 미지근한 물로 하루를 적셔서 원래 상태로 돌아올 수 있는 것이라면 말랐을 때도 부정을 전이한다고 본다.
- 요쎄 랍비는 시체가 물에 적신다고 원래 상태로 돌아오지는 않으므로 마르면 정결하다고 반대 의견을 제시한다.

7, 2

첫째 미쉬나에 나오는 젖었을 때와 말랐을 때에 관련된 다른 정결법 규정을 소개한다.

---

הַשֶּׁרֶץ שֶׁנִּמְצָא בַּמָּבוֹי, מְטַמֵּא לְמַפְרֵעַ, עַד שֶׁיֹּאמַר בָּדַקְתִּי אֶת הַמָּבוֹי הַזֶּה וְלֹא הָיָה בוֹ שֶׁרֶץ, אוֹ עַד שְׁעַת כִּבּוּד. וְכֵן כֶּתֶם שֶׁנִּמְצָא בֶחָלוּק, מְטַמֵּא לְמַפְרֵעַ, עַד שֶׁיֹּאמַר בָּדַקְתִּי אֶת הֶחָלוּק הַזֶּה וְלֹא הָיָה בוֹ כֶתֶם, אוֹ עַד שְׁעַת הַכִּבּוּס. וּמְטַמֵּא בֵּין לַח בֵּין יָבֵשׁ. רַבִּי שִׁמְעוֹן אוֹמֵר, הַיָּבֵשׁ מְטַמֵּא לְמַפְרֵעַ, וְהַלַּח אֵינוֹ מְטַמֵּא אֶלָּא עַד שָׁעָה שֶׁהוּא יָכוֹל לַחֲזוֹר וְלִהְיוֹת לַח:

---

어느 골목에서 기는 것을 발견했을 때, 내가 이 골목을 살펴보았을 때 기는 것이 없었다고 말할 수 있는 때까지 또는 [마지막으로] 쓸었던 때까지 거슬러 올라가며 부정을 전이한다. 그리고 또한 [피] 얼룩을 속옷에서 발견했을 때, 내가 이 속옷을 살펴보았을 때 [피] 얼룩이 없었다고 말할 수 있는 때까지 또는 [마지막으로] 빨았던 때까지 거슬러 올라가며 부정을 전이한다. 그리고 젖었을 때나 말랐을 때 부정을 전이한다. 쉼온 랍비는 마른 것은 거슬러 올라가며 부정하게 만들지만, 젖은 것은 다시 젖었던 상태로 돌아갈 수 있는 때까지만 부정하게 만든다고 한다.

- 골목에서 기어다니는 동물이나 곤충의 시체를 발견했다면, 언제부터 거기 떨어져 있었는지 알 수 없기 때문에 어떤 것에 부정을 전이했는지도 알 수 없다. 그러므로 골목이 깨끗하다고 확신할 수 있는 시점이나 마지막으로 쓸었던 시점을 기준으로 그 이후에 골목에 떨어졌고 부정을 전이했다고 소급해서 적용한다(「토호롯」 3, 6). 속옷에서 피 얼룩을 발견했을 때도 마찬가지 규정을 따른다(「닛다」 2, 3). 그리고 기는 것과 피 얼룩의 경우 젖었거나 말랐거나 모두 부정을 전이한다. 쉼온 랍비는 여기에 첫째 미쉬나에서 언급한 규칙을 연결시킨다.

## 7, 3

옷에서 피 얼룩을 발견한 상황에 관해 논의한다.

---

כָּל הַכְּתָמִין הַבָּאִים מֵרֶקֶם, טְהוֹרִין. רַבִּי יְהוּדָה מְטַמֵּא, מִפְּנֵי שֶׁהֵם גֵּרִים וְטוֹעִין. הַבָּאִין מִבֵּין הַגּוֹיִם, טְהוֹרִין. מִבֵּין יִשְׂרָאֵל וּמִבֵּין הַכּוּתִים, רַבִּי מֵאִיר מְטַמֵּא. וַחֲכָמִים מְטַהֲרִין, מִפְּנֵי שֶׁלֹּא נֶחְשְׁדוּ עַל כִּתְמֵיהֶן:

---

레켐에서 온 〔옷에 묻은〕 얼룩은 모두 정결하다. 예후다 랍비는 부정하다고 주장하는데, 그들이 거류민이며 길 잃은 자들이기 때문이다. 이방인들로부터 오는 것들은 정결하다. 이스라엘과 쿠타인들로부터 오는 것들에 관해서, 메이르 랍비는 부정하다고 주장한다. 그러나 현인들은 정결하다고 주장하니, 그들의 얼룩은 의심할 필요가 없기 때문이다.

- 레켐은 이스라엘 동쪽 국경지역의 거주지다(「기틴」 1, 1-2). 이 지역에서 옷을 가져왔는데 피 얼룩이 묻어 있을 경우 정결하다. 이방인의 피는 부정을 전이하지만 피 얼룩은 말라서 부정을 전이하지 않기

때문이다(「닛다」 4, 3). 예후다 랍비는 반대 의견을 제시하는데, 레켐 거주민들은 이방인이 아니라 거류민(게림)이고 교육을 잘못 받은 자들이라며 그러므로 그 얼룩이 부정하다고 주장한다.

- 이방인들로부터 가져온 옷에 피 얼룩이 있으면 정결하다. 피 얼룩에 관한 규정은 이스라엘에게만 적용하기 때문이다.
- 이스라엘 사람들과 쿠타인(사마리아인)에게서 가져온 옷에 피 얼룩이 있으면 부정하다. 이것이 메이르 랍비의 설명이다. 그러나 현인들은 이스라엘이나 쿠타 사람이 월경으로 나온 피 얼룩을 옷에 묻힌 채로 남에게 줄 리가 없다는 이유로 이 얼룩은 정결한 얼룩이라고 주장한다(넷째 미쉬나).

## 7, 4

---

כָּל הַכְּתָמִים הַנִּמְצָאִים בְּכָל מָקוֹם, טְהוֹרִין, חוּץ מִן הַנִּמְצָאִים בַּחֲדָרִים וּבִסְבִיבוֹת בֵּית הַטֻּמְאוֹת. בֵּית הַטֻּמְאוֹת שֶׁל כּוּתִים מְטַמְּאִין בְּאֹהֶל, מִפְּנֵי שֶׁהֵם קוֹבְרִין שָׁם אֶת הַנְּפָלִים. רַבִּי יְהוּדָה אוֹמֵר, לֹא הָיוּ קוֹבְרִין אֶלָּא מַשְׁלִיכִין, וְחַיָּה גוֹרַרְתָּן:

---

〔피〕 얼룩은 어느 장소에서 발견했든지 모두 정결하지만, 부정한 여인들이 〔사는〕 집의[18] 방이나 그 근방에서 발견한 것은 제외한다. 부정한 쿠타인 여인들이 〔사는〕 집은 덮기 부정을 통해 부정을 전이하니, 그들은 유산한 아이들을 그곳에 묻기 때문이다. 예후다 랍비는 그들이 〔유산한 아이를〕 묻지 않고 던져버려서 짐승들이 그것을 끌고 간다고 말한다.

---

18) 이 표현(בית הטמאות)은 '부정함의 집'으로 읽을 수도 있고 '부정한 여인들의 집'으로 읽을 수도 있다. 알벡은 월경을 하는 여인들이 모여 사는 집이 있었다고 설명한다(알벡 397).

- 이스라엘 여인들은 몸가짐을 조심하기 때문에 부정의 요인이 분명하지 않은 경우에 발견되는 모든 피 얼룩은 월경하는 피가 아니라고 볼 수 있고 정결하다(셋째 미쉬나). 그러나 부정한 것으로 확정된 여인들이 사는 집의 방이나 그 근방에서 피 얼룩을 발견하면, 그것은 월경하는 피라고 간주할 이유가 충분하다.
- 특히 부정한 쿠타인(사마리아인) 여인들의 집은 덮기 부정을 통해서 부정을 전이하는데, 그 이유는 유산한 아이를 적절하게 묘지에 장사 지내지 않고 집 근처에 묻기 때문이다(「오홀롯」 16, 2). 예후다 랍비는 묻지도 않는다고 한 술 더 뜨는데, 이 경우 짐승이 시체를 물어가기 때문에 그 집은 덮기 부정을 통해 부정을 전이하지 않는다.

## 7, 5

쿠타인의 말을 신뢰해도 되는지 논의한다.

---

נֶאֱמָנִים לוֹמַר, קָבַרְנוּ שָׁם אֶת הַנְּפָלִים, אוֹ, לֹא קָבָרְנוּ. נֶאֱמָנִים לוֹמַר עַל הַבְּהֵמָה אִם בִּכְּרָה, אִם לֹא בִכְּרָה. נֶאֱמָנִים עַל צִיּוּן קְבָרוֹת, וְאֵין נֶאֱמָנִין לֹא עַל הַסְּכָכוֹת וְלֹא עַל הַפְּרָעוֹת וְלֹא עַל בֵּית הַפְּרָס. זֶה הַכְּלָל, דָּבָר שֶׁחֲשׁוּדִים בּוֹ, אֵין נֶאֱמָנִים עָלָיו:

---

그들이 우리가 유산한 아이들을 그곳에 묻었다고 말하거나 묻지 않았다고 말하면 신뢰할 만하다. 그들이 가축이 첫 새끼를 낳았는지 낳지 않았는지 말하면 신뢰할 만하다. 그들이 무덤에 표시했다고 [말해도] 신뢰할 만하다. 그러나 엮어서 만든 덮개들과 튀어나온 돌들, 그리고 무덤을 깨뜨린 밭에 관련해서는 신뢰할 수 없다. 이것이 원칙이다. 의심스러운 문제에 관해서는 그들을 신뢰할 수 없다.

- 넷째 미쉬나 문맥에 이어서 쿠타인 즉 사마리아 거주자들의 행동양식에 관해서 논의한다. 이들이 유산한 아이들을 묻은 곳, 가축이 첫

새끼를 낳은 사실, 그리고 무덤의 위치를 표시했다는 사실에 관해서 하는 말은 믿을 수 있다. 쿠타인들도 토라가 직접 명령한 사항에 관해서는 법규정을 지키기 때문이다. 그러나 랍비들이 후대에 확립한 전통이나 구전전승이라고 지키는 내용은 존중하지 않으니, 덮기 부정과 관련된 엮어서 만든 덮개들과 튀어나온 돌들의 문제(「오홀롯」 8, 2) 그리고 실수로 무덤을 깨뜨린 밭 문제(17, 1)에 관해서는 그들을 신뢰할 수 없다. 그러므로 그들이 법규정을 지켰을지 여부를 확신할 수 없을 때는 지키지 않았을 것으로 본다고 원칙을 정한다(「브코롯」 4, 10).

## 제8장

피 얼룩이 부정하거나 의심스러운 경우를 정의하고, 증거의 천 조각으로 검사하는 방법도 설명한다.

### 8, 1
자기 몸 위에 떨어진 피 얼룩을 발견한 여인에 관해 논의한다.

---

הָרוֹאָה כֶתֶם עַל בְּשָׂרָהּ כְּנֶגֶד בֵּית הַתֻּרְפָּה טְמֵאָה. וְשֶׁלֹּא כְנֶגֶד בֵּית הַתֻּרְפָּה, טְהוֹרָה. עַל עֲקֵבָהּ וְעַל רֹאשׁ גּוּדָלָהּ, טְמֵאָה. עַל שׁוֹקָהּ וְעַל פַּרְסוֹתֶיהָ, מִבִּפְנִים, טְמֵאָה. מִבַּחוּץ, טְהוֹרָה. וְעַל הַצְּדָדִין מִכָּאן וּמִכָּאן, טְהוֹרָה. רָאֲתָה עַל חֲלוּקָהּ, מִן הַחֲגוֹר וּלְמַטָּה, טְמֵאָה. מִן הַחֲגוֹר וּלְמַעְלָה, טְהוֹרָה. רָאֲתָה עַל בֵּית יָד שֶׁל חָלוּק, אִם מַגִּיעַ כְּנֶגֶד בֵּית הַתֻּרְפָּה, טְמֵאָה. וְאִם לָאו, טְהוֹרָה. הָיְתָה פוֹשַׁטְתּוֹ וּמִתְכַּסָּה בוֹ בַּלַּיְלָה, כָּל מָקוֹם שֶׁנִּמְצָא בוֹ כֶתֶם, טְמֵאָה, מִפְּנֵי שֶׁהוּא חוֹזֵר. וְכֵן בַּפַּלְיוֹם:

---

〔어떤 여인이〕 자기 몸 위에서 〔피〕 얼룩을 보았을 때, 그것이 더러운 곳 맞은편에 있었다면 그녀는 부정하다. 그러나 더러운 곳 맞은편에 있지 않았다면 정결하다. 이것이 그녀의 발꿈치나 엄지발가락 머리 위에 있었다면 부정하다. 이것이 그녀의 허벅지나 발 위에 있었을 때, 안쪽이라면 부정하고 바깥쪽이라면 정결하다. 그리고 이쪽이나 저쪽으로 옆면이라면 정결하다.

그녀가 〔피 얼룩을〕 자기 속옷 위에서 보았을 때, 그것이 허리띠보다 아래쪽이라면 부정하다. 허리띠보다 위쪽이라면 정결하다. 그녀가 그것을 속옷 소매에서 보았을 때, 그것이 더러운 곳 맞은편까지 이르면 그녀는 부정하다. 그러나 그렇지 않다면 그녀는 정결하다. 그것을 벗어서 밤에 덮는 데 사용했을 때, 〔피〕 얼룩이 발견된 장소가 어느 곳이건 그녀는 부정하니, 왜냐하면 이 〔옷이〕 돌아갈 수 있기 때문이다. 이러한 〔규정은〕 겉옷[19]도 마찬가지다.

- 어떤 여인이 피 얼룩을 자기 몸 위에서 발견했을 때, 그 장소가 성기(더러운 곳)와 가깝거나 성기에서 흐른 피가 떨어질 만한 곳이면 그 여인이 부정하다고 간주하고, 다른 곳이라면 정결하다고 간주한다. 피 얼룩을 속옷(할룩)이나 겉옷(팔리옴) 위에서 발견했을 때도 동일한 기준으로 판단한다(「켈림」 29, 1).

## 8, 2

וְתוֹלָה בְכָל דָּבָר שֶׁהִיא יְכוֹלָה לִתְלוֹת. שָׁחֲטָה בְהֵמָה, חַיָּה וָעוֹף, נִתְעַסְּקָה בִכְתָמִים אוֹ שֶׁיָּשְׁבָה בְצַד הָעֲסוּקִים בָּהֶן, הָרְגָה מַאֲכֹלֶת, הֲרֵי זוֹ תוֹלָה בָהּ. עַד כַּמָּה הִיא תוֹלָה. רַבִּי חֲנִינָא בֶן אַנְטִיגְנוֹס אוֹמֵר, עַד כַּגְּרִיס שֶׁל פּוֹל, וְאַף עַל פִּי שֶׁלֹּא הָרְגָה. וְתוֹלָה בִבְנָהּ אוֹ בְבַעְלָהּ. אִם יֶשׁ בָּהּ מַכָּה וְהִיא יְכוֹלָה

19) 이 낱말(פליום)은 사본에 따라 다른 철자법으로 기록되었다(פוליום, פיליון).

לְהִגָּלַע וּלְהוֹצִיא דָם, הֲרֵי זוֹ תּוֹלָה בָהּ:

그녀는 [의심스러운 경우로] 떠넘길 수 있는 경우가 있으면 그렇게 떠넘길 수 있다. 그녀가 가축이나 짐승이나 새를 도살했을 때, 피 얼룩을 처리했을 때, [피 얼룩을] 처리하는 자들 옆에 앉아 있었을 때, 이를 잡았을 때, 그녀는 [피 얼룩을 의심스러운 경우로] 떠넘길 수 있다.

어느 정도 [크기까지] 그녀가 떠넘길 수 있는가? 하니나 벤 안티그노스 랍비는 콩 반쪽만 한 크기이며, 그녀가 [직접 이를] 잡은 것이 아닌 경우에도 그러하다고 말한다. 그녀는 [피 얼룩을] 자기 아들이나 자기 남편 [때문이라고] 떠넘길 수 있다. 만약 그녀가 상처를 입었고, 이것이 다시 열려서 피가 날 수 있다면, 그녀는 그것 때문이라고 떠넘길 수 있다.

- 여성들은 자기 몸이나 옷 위에서 피 얼룩을 발견하면, 이것이 월경피인지 스스로 조심해서 판단해야 한다. 그러나 동시에 외부에서 일어나는 다양한 사건들 때문에 피 얼룩이 튀었다고 간주하는 것도 허락된다. 하니나 벤 안티그노스 랍비는 피 얼룩의 최소 크기 규정을 제시한다. 자기가 직접 이를 잡지 않은 경우에도 이런 변명을 사용할 수 있다고 말한 사람은 하니나 랍비다.

## 8, 3

정결한지 의심스러운 경우에 관한 아키바 랍비의 의견을 설명한다.

מַעֲשֶׂה בְאִשָּׁה אַחַת שֶׁבָּאת לִפְנֵי רַבִּי עֲקִיבָא, אָמְרָה לוֹ, רָאִיתִי כֶתֶם. אָמַר לָהּ, שֶׁמָּא מַכָּה הָיְתָה בִיךְ. אָמְרָה לוֹ, הֵן, וְחָיְתָה. אָמַר לָהּ, שֶׁמָּא יְכוֹלָה לְהִגָּלַע וּלְהוֹצִיא דָם. אָמְרָה לוֹ, הֵן. וְטִהֲרָהּ רַבִּי עֲקִיבָא. רָאָה תַלְמִידָיו מִסְתַּכְּלִין זֶה בָזֶה. אָמַר לָהֶם, מַה הַדָּבָר קָשֶׁה בְעֵינֵיכֶם. שֶׁלֹּא אָמְרוּ חֲכָמִים הַדָּבָר לְהַחְמִיר אֶלָּא לְהָקֵל, שֶׁנֶּאֱמַר (ויקרא טו), וְאִשָּׁה כִּי תִהְיֶה זָבָה דָּם

יִהְיֶה זֹבָהּ בִּבְשָׂרָהּ, דָּם וְלֹא כֶתֶם:

어떤 여인에 관한 일이다. 그녀가 아키바 랍비 앞에 와서 그에게 내가 〔피〕 얼룩을 보았다고 말했다. 그는 너에게 상처가 있었느냐고 물었고, 그녀는 그에게 그렇기는 하지만 다 나았다고 말했다. 그는 그녀에게 그것이 다시 열려서 피가 났을 가능성이 있냐고 물었다. 그녀는 그에게 그렇다고 말했다. 아키바 랍비는 그녀가 정결하다고 〔선포했다〕.

그는 자기 제자들이 〔당황하여〕 서로를 쳐다보는 것을 보았다. 그는 그들에게 무엇이 너희들이 보기에 어렵냐고 말했다. 현인들은 이 문제를 엄격하게 〔처리하기〕 위해서가 아니라 관대하게 〔처리하기〕 위해서 언급했다. "어떤 여인이 유출을 하되 그의 몸에 그의 유출이 피이면"이라고 말했으니, 〔피〕 얼룩이 아니고 피라고 했다.

- 둘째 미쉬나에서 언급한 원리를 아키바 랍비와 관련된 일화로 부연 설명하고 있다. 어떤 여인이 피 얼룩을 발견하고 아키바 랍비에게 상담을 받으러 왔는데, 랍비는 이것저것 물으며 그 피 얼룩이 월경하는 피가 아닐 가능성을 찾았고 결국 그녀가 정결하다고 결정했다. 그리고 토라의 기록(레 15:19)과 랍비들의 해석을 구분하여, 피가 아니고 얼룩만 발견했을 때는 관대하게 적용해야 한다고 가르쳤다.

## 8, 4

עֵד שֶׁהוּא נָתוּן תַּחַת הַכַּר וְנִמְצָא עָלָיו דָּם, עָגֹל, טָהוֹר. מָשׁוּךְ, טָמֵא, דִּבְרֵי רַבִּי אֱלְעָזָר בַּר רַבִּי צָדוֹק:

증거의 〔천 조각을〕 베개 밑에 놓아두었는데 그 위에서 피를 발견했을 때, 이것이 원형이면 정결하고 타원형이면 부정하다는 것이 엘아자르 바르 짜독 랍비의 말이다.

- 어떤 여인이 성관계 후에 검사하는 천 조각(「닛다」 2, 1)을 베개 밑에 넣었다가 아침에 확인했다. 엘아자르 랍비에 따르면, 피 얼룩이 원형으로 남아 있었을 때는 이가 죽으며 남긴 얼룩이니 그녀가 정결하다. 그러나 피 얼룩이 타원형이라면 이것은 그녀의 성기에서 나온 얼룩이니 그녀가 부정하다고 말했다.

## 제9장

소변에 피가 섞여 나왔을 때, 속옷에서 피 얼룩이 발견되었을 때, 여럿이 쓰는 의자나 침대에서 피 얼룩이 발견되었을 때 판단하는 기준을 제시한다. 규칙적인 월경을 정의하고 관련 규정들을 설명한다. 월경주기의 변화와 성관계 금지 기간에 관해서도 논의한다.

### 9, 1

---

הָאִשָּׁה שֶׁהִיא עוֹשָׂה צְרָכֶיהָ וְרָאֲתָה דָם, רַבִּי מֵאִיר אוֹמֵר, אִם עוֹמֶדֶת, טְמֵאָה. וְאִם יוֹשֶׁבֶת, טְהוֹרָה. רַבִּי יוֹסֵי אוֹמֵר, בֵּין כָּךְ וּבֵין כָּךְ, טְהוֹרָה:

---

어떤 여인이 소변을 보다가[20] 피를 보았을 때, 메이르 랍비는 만약 그녀가 서 있었다면 부정하고, 만약 그녀가 앉아 있었다면 정결하다고 말한다. 요쎄 랍비는 이런 상황이나 저런 상황이나 상관없이 그녀는 정결하다고 말한다.

---

20) 이 표현(עושה צרכיה)을 직역하면 '그녀가 그녀의 필요를 해결하다'인데 소변을 보았다는 말을 에둘러 표현하는 말이다(야스트로 1271).

- 어떤 여인의 소변에 피가 섞여 나왔다. 메이르 랍비는 그녀가 서서 소변을 보았다면, 정상적으로 소변을 볼 수 있을 때까지 참다가 더 이상 참지 못한 상황이므로, 너무 힘을 주다가 자궁에서 발생한 피가 섞여 나올 수 있다고 보고 부정하다고 결정하였다. 그러나 앉아 있었다면 정결하니, 그 피가 자궁이 아니라 다른 상처에서 나왔을 가능성이 더 높기 때문이다. 요쎄 랍비는 두 경우 모두 정결하다고 주장한다.

## 9, 2

אִישׁ וְאִשָּׁה שֶׁעָשׂוּ צָרְכֵיהֶן לְתוֹךְ הַסֵּפֶל וְנִמְצָא דָם עַל הַמַּיִם, רַבִּי יוֹסֵי מְטַהֵר. וְרַבִּי שִׁמְעוֹן מְטַמֵּא, שֶׁאֵין דֶּרֶךְ הָאִישׁ לְהוֹצִיא דָם, אֶלָּא שֶׁחֶזְקַת דָּמִים מִן הָאִשָּׁה:

남자와 여자가 같은 대접 안에 소변을 보았는데 그 물에서 피를 발견했다면, 요쎄 랍비는 정결하다고 한다. 그러나 쉼온 랍비는 부정하다고 했으니, 남자가 피를 흘리는 경우는 별로 없으며 그 피의 이전 상태[21]가 여자에게 속할 〔가능성이 높기〕 때문이다.

- 이 미쉬나는 방에서 쓰는 요강에서 발견한 피가 남자로부터 나왔는지 여자로부터 나왔는지 의심스러운 경우를 다룬다. 요쎄 랍비는 첫째 미쉬나와 마찬가지로 소변에 섞여 나온 피는 정결하다는 입장이다.[22] 쉼온 랍비는 이것이 의심스러운 경우이지만 여인이 흘린 피일 가능성이 높으며, 이런 의심스러운 경우는 더 엄격하게 판단해야 하

21) 이 낱말(חזקה)은 법적으로 반대의 증거가 발견될 때까지 이전 상태가 지속되는 것으로 본다는 입장으로 의심스럽고 불확실한 상태를 가리킨다. 랍비들의 전통에 따르면 이런 경우에는 규정을 더 엄격하게 적용한다.

22) 바라이타에 따르면 메이르 랍비도 정결하다고 했다고 한다.

므로 그 여인이 부정하다고 주장한다.

## 9, 3

הִשְׁאִילָה חֲלוּקָהּ לְנָכְרִית אוֹ לְנִדָּה, הֲרֵי זוֹ תּוֹלָה בָהּ. שָׁלֹשׁ נָשִׁים שֶׁלָּבְשׁוּ חָלוּק אֶחָד אוֹ שֶׁיָּשְׁבוּ עַל סַפְסָל אֶחָד, וְנִמְצָא עָלָיו דָּם, כֻּלָּן טְמֵאוֹת. יָשְׁבוּ עַל סַפְסָל שֶׁל אֶבֶן אוֹ עַל הָאִצְטַבָּא שֶׁל מֶרְחָץ, רַבִּי נְחֶמְיָה מְטַהֵר, שֶׁהָיָה רַבִּי נְחֶמְיָה אוֹמֵר, כָּל דָּבָר שֶׁאֵינוֹ מְקַבֵּל טֻמְאָה, אֵינוֹ מְקַבֵּל כְּתָמִים:

〔어떤 여인이〕 자기 속옷을 외국인 여자나 월경하는 여자에게 빌려주었다면, 그녀는 〔피 얼룩을〕 그 여자에게 떠넘길 수 있다. 여인 세 명이 속옷 하나를 〔돌려〕 입었거나 긴 의자 하나에 앉았는데 그 위에서 피를 발견했다면, 모두가 다 부정하다. 그들이 돌로 만든 긴 의자에 또는 목욕탕 〔주랑의〕 받침대에 앉았을 때, 네헤미야 랍비는 그들을 정결하다고 했다. 네헤미야 랍비는 부정해지지 않는 모든 것들은 〔피〕 얼룩에 〔부정해지지〕 않는다고 말했다.

- 어떤 여인이 자기 속옷을 외국인 여자[23)]나 월경하는 여자[24)]에게 빌려주었는데, 빌려주기 전이나 후에 정결한 상태인지 철저하게 검사하지 않았다. 그 후에 그 옷에서 피 얼룩을 발견했다면, 빌려주었던 여인들이 월경을 하고 피를 흘렸을 가능성이 높기 때문에 그들의 책임으로 떠넘길 수 있다.
- 여인 세 명이 속옷 하나를 돌려 입었거나 긴 의자 하나에 앉아 있었다면, 그들 중 누구 하나에게 책임을 떠넘길 이유가 없다. 피 얼룩이 묻은 옷을 사용하거나 의자에 앉았던 세 명이 모두 부정하다.
- 돌로 만든 의자나 가구는 부정이 전이되지 않으며, 또 주랑의 받침

23) 외국인 여자는 피 얼룩 때문에 부정해지지 않는다.
24) 월경하는지 모르고 빌려주었는데 나중에 그렇게 밝혀진 경우를 가리킨다.

대처럼 땅과 연결되어 있는 물체도 부정이 전이되지 않는다. 그러므로 네헤미야 랍비는 이런 것 위에 여인들이 앉았다고 해도 부정이 전이되지 않으며 정결하다고 한다.

## 9, 4

שָׁלֹשׁ נָשִׁים שֶׁהָיוּ יְשֵׁנוֹת בְּמִטָּה אַחַת וְנִמְצָא דָם תַּחַת אַחַת מֵהֶן, כֻּלָּן טְמֵאוֹת. בָּדְקָה אַחַת מֵהֶן וְנִמְצֵאת טְמֵאָה, הִיא טְמֵאָה וּשְׁתֵּיהֶן טְהוֹרוֹת, וְתוֹלוֹת זוֹ בָזוֹ. וְאִם לֹא הָיוּ רְאוּיוֹת לִרְאוֹת, רוֹאִין אוֹתָן כְּאִלּוּ הֵן רְאוּיוֹת:

여인 세 명이 침대 하나에서 잤는데 그중 하나의 밑에서 피를 발견했다면, 모두가 부정하다. 한 여인이 검사를 했는데 부정했다면, 그녀는 부정하지만 다른 두 여인은 정결하니, 그들은 다른 여인에게 떠넘길 수 있기 때문이다. 그들이 〔피 얼룩을〕 볼 일이 없었다면 그들이 그럴 일이 있었던 것처럼 간주한다.

- 여인 세 명이 침대 하나에서 잤는데 피를 발견했다면, 그들 중 누구 하나에게 책임을 떠넘길 수 없으며, 세 사람이 모두 부정해진다. 그러나 그중 한 사람이 스스로 검사를 해본 결과 월경을 하는 것으로 확인했다면, 그녀는 부정해지지만 다른 두 여인은 정결하다.
- 만약 세 명이 모두 월경을 해서 부정해질 가능성이 없는 상황이었다면(예를 들어 여자 어린이, 임신한 여인, 젖 먹이는 여인, 늙은 여인 등. 「닛다」 1, 3), 역시 누구 하나에게 책임을 떠넘길 수 없으므로, 세 사람이 모두 가능성이 있다고 간주해 부정하다고 결정한다.

## 9, 5

넷째 미쉬나에 나온 상황보다 좀 더 복잡한 예들을 다룬다.

שָׁלֹשׁ נָשִׁים שֶׁהָיוּ יְשֵׁנוֹת בְּמִטָּה אַחַת וְנִמְצָא דָם תַּחַת הָאֶמְצָעִית, כֻּלָּן טְמֵאוֹת. תַּחַת הַפְּנִימִית, שְׁתַּיִם הַפְּנִימִיּוֹת טְמֵאוֹת וְהַחִיצוֹנָה טְהוֹרָה. תַּחַת הַחִיצוֹנָה, שְׁתַּיִם הַחִיצוֹנוֹת טְמֵאוֹת וְהַפְּנִימִית טְהוֹרָה. אָמַר רַבִּי יְהוּדָה, אֵימָתַי, בִּזְמַן שֶׁעָבְרוּ דֶרֶךְ מַרְגְּלוֹת הַמִּטָּה. אֲבָל אִם עָבְרוּ שְׁלָשְׁתָּן דֶּרֶךְ עָלֶיהָ, כֻּלָּן טְמֵאוֹת. בָּדְקָה אַחַת מֵהֶן וְנִמְצֵאת טְהוֹרָה, הִיא טְהוֹרָה וּשְׁתַּיִם טְמֵאוֹת. בָּדְקוּ שְׁתַּיִם וּמָצְאוּ טְהוֹרוֹת, הֵן טְהוֹרוֹת וְהַשְּׁלִישִׁית טְמֵאָה. שְׁלָשְׁתָּן וּמָצְאוּ טְהוֹרוֹת, כֻּלָּן טְמֵאוֹת. לְמַה הַדָּבָר דּוֹמֶה, לְגַל טָמֵא שֶׁנִּתְעָרֵב בֵּין שְׁנֵי גַלִּים טְהוֹרִים, וּבָדְקוּ אַחַד מֵהֶן וּמָצְאוּ טָהוֹר, הוּא טָהוֹר וּשְׁנַיִם טְמֵאִין. שְׁנַיִם וּמָצְאוּ טְהוֹרִים, הֵם טְהוֹרִים וְהַשְּׁלִישִׁי טָמֵא. שְׁלָשְׁתָּן וּמָצְאוּ טְהוֹרִים, כֻּלָּן טְמֵאִים, דִּבְרֵי רַבִּי מֵאִיר, שֶׁהָיָה רַבִּי מֵאִיר אוֹמֵר, כָּל דָּבָר שֶׁהוּא בְחֶזְקַת טֻמְאָה, לְעוֹלָם הוּא בְטֻמְאָתוֹ, עַד שֶׁיִּוָּדַע לְךָ, טֻמְאָה הֵיכָן הִיא. וַחֲכָמִים אוֹמְרִים, בּוֹדֵק עַד שֶׁמַּגִּיעַ לְסֶלַע אוֹ לִבְתוּלָה:

여인 세 명이 침대 하나에서 잤는데, 그중 가운데 여자 밑에서 피를 발견했다면, 모두가 부정하다. 안쪽에서 〔잔〕 여자 밑에서 〔발견했다면〕, 안쪽 두 여인은 부정하고 바깥쪽 여인은 정결하다. 바깥쪽에서 〔잔〕 여자 밑에서 〔발견했다면〕, 바깥쪽 두 여인은 부정하고 안쪽 여인은 정결하다.[25] 예후다 랍비는 어느 경우에 〔그런지 물었다〕. 그들이 침대 다리 쪽으로 지나갔을 때 〔그러하다〕. 그러나 만약 그 세 여인이 그 위로 지나갔다면 모두 부정하다.

한 사람이 검사했고 정결했다면, 그녀는 정결하고 〔다른〕 두 여인은 부정하다. 두 여인이 검사했고 정결했다면, 그들은 정결하고 셋째 여인은 부정하다. 세 여인이 〔검사했고〕 정결했다면, 모두가 부정하다. 이 문제는 어떤 경우와 비슷한가? 정결한 〔돌〕 더미 두 개 사이에 섞인 부정한 〔돌〕 더미와 〔비슷하다〕. 그중 하나를 검사했고 정결했다면, 그것은 정결하고 〔다른〕 두 개는 부정하다. 두 개를 〔검사했고〕

25) 이 규정은 넷째 미쉬나와 상반된다. 예후다 랍비는 넷째 미쉬나를 한 여자가 피가 발견된 여자를 지나 침대로 올라갔다는 조건을 첨가하여 읽어야 한다고 제안한다.

정결했다면, 그들은 정결하고 셋째가 부정하다. 세 개를 〔검사했고〕 정결했다면, 모두가 부정하다는 것이 메이르 랍비의 말이다.

메이르 랍비는 그 이전상태가 부정했다면 그것은 영원히 부정하니, 네가 부정의 〔요인이〕 어디에 있는지 알게 될 때까지 〔그렇다고〕 말했다. 그러나 현인들은 바위에 또는 처녀지에 이를 때까지 검사한다고 말한다.

- 이 미쉬나는 침대를 벽에 붙여서 놓고 여인 세 명이 자는 경우를 논의하고 있는데, 피 얼룩이 바로 밑에서 발견된 여인과 그 옆에 있는 여인까지 부정하게 간주하고 있다.
- 예후다 랍비는 이 여인들이 침대 다리 쪽에서 곧장 자기 자리로 올라간 경우에 그러하고, 만약 그 여자들이 침대 위로 지나서 자기 자리로 갔다면 모두가 부정하다고 주장한다.
- 이 여인들이 검사를 해서 정결한 사람이 밝혀지는 세 가지 경우는 넷째 미쉬나와 동일한 논리를 사용하고 있다.
- 비슷한 예로 돌 더미 세 개가 있고 그중 하나의 밑에 시체가 있어서 부정하다는 것을 알고 있는데, 셋 중 어느 것인지 모르는 경우를 설명한다. 판단하는 논리는 위와 같다.
- 메이르 랍비는 이런 경우에 관한 원칙을 설명해준다. 그 이전 상태에서 부정하다고 의심이 생긴다면, 그 부정의 요인이 어디인지 확실히 알게 되기 전에는 언제까지든지 계속해서 부정하다고 간주한다. 현인들은 반대의견을 피력하고 있으며, 돌무더기 밑에 큰 바위나 처녀지가 나올 때까지 파서 검사해야 한다고 주장한다(「오홀롯」 16, 4). 그래도 부정의 요인이 발견되지 않으면 그것들은 정결하다고 인정받을 것이다.

## 9, 6

옷에 묻은 얼룩이 지워지는지를 보고 피 얼룩인지 구분하는 방법을 논의한다.

---

שִׁבְעָה סַמָּנִין מַעֲבִירִין עַל הַכֶּתֶם. רֹק תָּפֵל, וּמֵי גְרִיסִין, וּמֵי רַגְלַיִם, וְנֶתֶר, וּבוֹרִית, קְמוּנְיָא, וְאֶשְׁלָג. הִטְבִּילוֹ וְעָשָׂה עַל גַּבָּיו טָהֳרוֹת, הֶעֱבִיר עָלָיו שִׁבְעָה סַמָּנִין וְלֹא עָבַר, הֲרֵי זֶה צֶבַע, הַטָּהֳרוֹת טְהוֹרוֹת, וְאֵינוֹ צָרִיךְ לְהַטְבִּיל. עָבַר אוֹ שֶׁדֵּהָה, הֲרֵי זֶה כֶּתֶם, וְהַטָּהֳרוֹת טְמֵאוֹת, וְצָרִיךְ לְהַטְבִּיל:

---

얼룩을 〔지우는〕 물질로 일곱 가지를 사용한다. 무미의 침과 콩즙과 오줌과 잿물과 비누풀, 시몰라이트 찰흙과 탄산칼륨이다. 그 〔얼룩을〕 물에 담그고 정결한 것으로 그 위에 〔비비고〕 일곱 가지 물질을 사용했는데 〔그 얼룩이〕 지워지지 않았다면, 그것은 염색한 것이다. 정결한 것은 정결을 유지할 것이며, 〔다시〕 물에 담글 필요가 없다. 〔그 얼룩이〕 지워지거나 그 색이 엷어졌다면, 그것은 〔피〕 얼룩이다. 그 정결한 것이 부정해지며, 〔다시〕 물에 담가야 한다.

- 옷에 묻은 얼룩이 피 얼룩인지 아니면 비슷한 색깔의 염색약이 묻은 것인지 구별하려면, 피 얼룩은 지울 수 있지만 염색약까지는 지울 수 없는 물질 일곱 가지를 사용한다(일곱째 미쉬나; 「샤밧」 9, 5). 얼룩이 묻은 옷을 물에 담그고, 정결한 천으로 비벼 빨고, 일곱 가지 물질을 사용해서 빨래를 하여, 얼룩이 사라졌는지 여부를 보고 판단한다.

## 9, 7

여섯째 미쉬나를 좀 더 자세히 설명한다.

---

אֵיזֶהוּ רֹק תָּפֵל, כֹּל שֶׁלֹּא טָעַם כְּלוּם. מֵי גְרִיסִין, לְעִסַּת גְּרִיסִין שֶׁל פּוֹל, חֲלוּקַת נָפֶשׁ. מֵי רַגְלַיִם, שֶׁהֶחֱמִיצוּ. וְצָרִיךְ לְכַסְכֵּס שָׁלֹשׁ פְּעָמִים לְכָל אֶחָד

וְאֶחָד. הֶעֱבִירָן שֶׁלֹּא כְסִדְרָן, אוֹ שֶׁהֶעֱבִיר שִׁבְעָה סַמְּנִין כְּאַחַת, לֹא עָשָׂה וְלֹא כְלוּם:

무미의 침이란 어떤 것인가? 〔그날〕 아무것도 맛보지 않는 자의 〔침이다〕. 콩즙이란? 편두를 씹어서 삼켜도 좋을 만큼 부드러워졌을 때[26) 〔나오는 즙이다〕. 오줌이란? 발효시킨 것이다. 이 모든 것들을 〔얼룩에〕 세 번씩 문질러야 한다. 순서에 맞지 않게 사용했거나, 일곱 가지 물질을 한꺼번에 사용했다면, 그는 아무것도 하지 않은 것이다.

- 바라이타에 따르면 오줌을 발효시키는 데 사흘이 걸린다고 한다.

## 9, 8
월경주기가 일정한 여인들의 상태를 설명한다.

כָּל אִשָּׁה שֶׁיֵּשׁ לָהּ וֶסֶת, דַּיָּהּ שְׁעָתָהּ. וְאֵלּוּ הֵן הַוְּסָתוֹת, מְפַהֶקֶת, וּמְעַטֶּשֶׁת, וְחוֹשֶׁשֶׁת בְּפִי כְרֵסָהּ, וּבְשִׁפּוּלֵי מֵעֶיהָ, וְשׁוֹפַעַת, וּכְמִין צְמַרְמוֹרוֹת אוֹחֲזִין אוֹתָהּ, וְכֵן כַּיּוֹצֵא בָהֶן. וְכֹל שֶׁקָּבְעָה לָהּ שָׁלֹשׁ פְּעָמִים, הֲרֵי זוֹ וֶסֶת:

규칙적인 기간에 〔월경을 하는〕 여인은 모두 〔어떤 증거를〕 발견했던 시간부터 〔월경이 시작되었다고 보아도〕 충분하다. 그리고 이것이 규칙적인 〔월경의 증거이니〕, 그녀가 하품을 하거나, 기침을 했거나, 윗배나 아랫배가 아프거나, 점액질이 나오거나, 소름이 돋거나 이와 비슷한 현상들이다. 〔이런 증거를〕 분명히 세 번 경험하는 모든 여인은 규칙적인 〔월경을〕 하는 것이다.

26) 이 표현(חלוקת נפש)은 무슨 뜻인지 이해하기 어렵다. 많이 씹어서 부드러워졌고 삼키기 좋다는 설명도 있고, 많이 씹으면서 이로 잘게 잘라서 목에 넘어갈 상황이라고 설명하기도 한다.

- 규칙적으로 월경을 하는 여인은 어떤 증거가 있을 때부터 월경이 시작되었다고 보면 충분하며(「닛다」 1, 1), 혹시 그보다 먼저 시작했고 다른 물건을 부정하게 만들었을까 의심할 필요가 없다.

## 9, 9

הָיְתָה לְמוּדָה לִהְיוֹת רוֹאָה בִתְחִלַּת הַוְּסָתוֹת, כָּל הַטָּהֳרוֹת שֶׁעָשְׂתָה בְתוֹךְ הַוְּסָתוֹת, טְמֵאוֹת. בְּסוֹף הַוְּסָתוֹת, כָּל הַטָּהֳרוֹת שֶׁעָשְׂתָה בְתוֹךְ הַוְּסָתוֹת, טְהוֹרוֹת. רַבִּי יוֹסֵי אוֹמֵר, אַף יָמִים וְשָׁעוֹת, וְסָתוֹת. הָיְתָה לְמוּדָה לִהְיוֹת רוֹאָה עִם הָנֵץ הַחַמָּה, אֵינָהּ אֲסוּרָה אֶלָּא עִם הָנֵץ הַחַמָּה. רַבִּי יְהוּדָה אוֹמֵר, כָּל הַיּוֹם שֶׁלָּהּ:

〔어떤 여인이〕 늘 규칙적인 〔월경의 증거가〕 시작할 때 〔피를〕 보아왔다면, 그 규칙적인 〔월경의 증거가〕 진행되는 동안에 접촉한 정결한 것들은 모두 부정해진다. 〔늘〕 규칙적인 〔월경의 증거가〕 끝날 때 〔피를 보아왔다면〕, 그 규칙적인 〔월경의 증거가〕 진행되는 동안에 접촉한 정결한 것들은 모두 정결하다.

요쎄 랍비는 〔월경하는〕 날들과 시간을 규칙적인 〔월경의 증거에 따라 결정할 수 있다고〕 말한다. 〔어떤 여인이〕 늘 해가 뜰 때 〔피를〕 보아왔다면, 해가 뜰 때만 〔성관계가〕 금지된다. 예후다 랍비는 그날 내내 그녀는 〔성관계가 금지된다〕고 말한다.

- 여덟째 미쉬나에서 열거한 증거들이 나타나는 시간 중에 그 여인의 정결상태를 논의한다. 사람에 따라 증거가 나타나는 기간 초기 또는 말기에 피를 볼 수 있고, 그 때를 기준으로 월경이 시작되었다고 판단한다(「닛다」 4, 7).
- 요쎄 랍비는 일반적으로 월경이 시작되던 시간이 있다면, 역시 그 시간을 기준으로 판단하며, 그때부터 성관계를 삼가야 한다고 말한

다. 예후다 랍비는 좀 더 엄격하게 예정일 하루 종일 성관계를 금지해야 한다고 말한다.

## 9, 10

הָיְתָה לְמוּדָה לִהְיוֹת רוֹאָה יוֹם חֲמִשָּׁה עָשָׂר וְשִׁנְּתָה לִהְיוֹת רוֹאָה לְיוֹם עֶשְׂרִים, זֶה וָזֶה אֲסוּרִין. שִׁנְּתָה פַּעֲמַיִם לְיוֹם עֶשְׂרִים, זֶה וָזֶה אֲסוּרִין. שִׁנְּתָה שָׁלֹשׁ פְּעָמִים לְיוֹם עֶשְׂרִים, הֻתַּר חֲמִשָּׁה עָשָׂר וְקָבְעָה לָהּ יוֹם עֶשְׂרִים, שֶׁאֵין אִשָּׁה קוֹבַעַת לָהּ וֶסֶת, עַד שֶׁתִּקְבָּעֶנָּה שָׁלֹשׁ פְּעָמִים. וְאֵינָהּ מִטַּהֶרֶת הַוֶּסֶת, עַד שֶׁתֵּעָקֵר מִמֶּנָּה שָׁלֹשׁ פְּעָמִים:

〔어떤 여인이〕 늘 열닷새 날에 〔피를〕 보아왔는데 스무 날에 보도록 바뀌었다면, 그날과 그날에 〔모두 성관계가〕 금지된다. 〔주기가〕 바뀌어 두 번 스무 날째에 〔보았다면〕, 그날과 그날에 〔모두 성관계가〕 금지된다. 〔주기가〕 바뀌어 세 번 스무 날째에 〔보았다면〕, 열닷새 날에는 〔성관계가〕 허락되고 스무 날이 그녀의 〔월경일로〕 결정된다. 세 번 〔반복해서〕 결정될 때까지는 그녀의 규칙적인 〔월경일로〕 결정하지 않는다. 세 번 〔반복해서〕 없기 전에는 그녀의 규칙적인 〔월경으로부터〕 정결해지지 않는다.

- 어떤 여인이 규칙적으로 열닷새 날에 월경을 해왔다면, 그날 남편과 성관계를 가지는 것이 금지된다. 그런데 월경하는 날이 스무 날로 바뀌었다면, 바뀌는 현상이 세 번 반복되기 전까지는 열닷새 날과 스무 날에 모두 성관계가 금지된다. 세 번 반복되었다면 그것은 규칙적인 월경일이 바뀐 것이며, 열닷새 날에도 성관계를 가질 수 있다.

## 9, 11

여인을 포도나무에 비교한다.

נָשִׁים בִּבְתוּלֵיהֶם כִּגְפָנִים. יֵשׁ גֶּפֶן שֶׁיֵּינָהּ אָדֹם, וְיֵשׁ גֶּפֶן שֶׁיֵּינָהּ שָׁחֹר, וְיֵשׁ גֶּפֶן שֶׁיֵּינָהּ מְרֻבֶּה, וְיֵשׁ גֶּפֶן שֶׁיֵּינָהּ מֻעָט. רַבִּי יְהוּדָה אוֹמֵר, כָּל גֶּפֶן יֶשׁ בָּהּ יַיִן. וְשֶׁאֵין בָּהּ יַיִן, הֲרֵי זֶה דּוֹרְקְטִי:

여인들은 처녀일 때 마치 포도나무와 같다. 어떤 포도나무는 그 포도주가 붉고, 어떤 포도나무는 그 포도주가 검은색이다. 어떤 포도나무는 포도주 〔양이〕 많고, 어떤 포도나무는 포도주 〔양이〕 적다. 예후다 랍비는 포도나무라면 모두 포도주를 생산하며, 포도주를 생산하지 않는다면 그것은 마른 나무[27]라고 말한다.

- 이 미쉬나는 그 전에 월경한 적이 없는 처녀가 처음으로 월경하며 비치는 피에 관해 논의하고 있으며(「닛다」 1, 6), 사람에 따라 다른 현상이 나타난다고 말한다(2, 6). 월경을 하지 않는 여인은 마른 포도나무와 같다(사 56:3).

## 제10장

여성이 흘리는 피를 여러 가지로 구분하는 방법, 피 흘림을 검사하고 정결례를 시행하는 방법, 산모가 정결한 피 위에 앉아 있을 때의 행동양식을 소개한다.

### 10, 1

처녀의 피와 월경하는 피를 구분하는 문제를 논의한다.

27) 이 낱말(דורקטי)은 헬라어에서 나왔고, 사막에 심는 포도나무, 또는 열매를 먹을 수는 있지만 포도주를 생산할 수 없는 포도나무를 가리킨다(야스트로 290).

תִּינוֹקֶת שֶׁלֹּא הִגִּיעַ זְמַנָּהּ לִרְאוֹת וְנִשֵּׂאת, בֵּית שַׁמַּאי אוֹמְרִים, נוֹתְנִין לָהּ אַרְבָּעָה לֵילוֹת. וּבֵית הִלֵּל אוֹמְרִים, עַד שֶׁתִּחְיֶה הַמַּכָּה. הִגִּיעַ זְמַנָּהּ לִרְאוֹת וְנִשֵּׂאת, בֵּית שַׁמַּאי אוֹמְרִים, נוֹתְנִין לָהּ לַיְלָה הָרִאשׁוֹן. וּבֵית הִלֵּל אוֹמְרִים, עַד מוֹצָאֵי שַׁבָּת, אַרְבָּעָה לֵילוֹת. רָאֲתָה וְעוֹדָהּ בְּבֵית אָבִיהָ, בֵּית שַׁמַּאי אוֹמְרִים, נוֹתְנִין לָהּ בְּעִילַת מִצְוָה. וּבֵית הִלֵּל אוֹמְרִים, כָּל הַלַּיְלָה כֻּלָּהּ:

아직 〔월경하는 피를〕 볼 때에 이르지 못한 어린 여자아이가 결혼을 했을 때, 샴마이 학파는 그녀에게 네 밤을 주어야 한다고 말한다. 그러나 힐렐 학파는 그 상처가 아물 때까지라고 말한다.

〔월경하는 피를〕 볼 때가 된 여인이 결혼했을 때, 샴마이 학파는 첫날밤을 주어야 한다고 말한다. 그러나 힐렐 학파는 안식일이 끝날 때까지 네 밤이라고 말한다. 그녀가 〔월경하는 피를〕 보았는데 아직 자기 아버지 집에 있었을 때, 샴마이 학파는 그녀가 계명에 따른 성행위를 〔할 기회를〕 주어야 한다고 말한다. 힐렐 학파는 그날 밤 전부를 〔주라고〕 말한다.

- 아직 성년에 이르지 못하여 음모 두 개가 없는 어린 여자아이가(「닛다」 6, 11) 결혼을 했다. 샴마이 학파에 따르면 그녀가 첫날밤을 치르고 네 밤이 지나는 동안 흘리는 피는 처녀의 피며, 그러므로 정결하다. 처녀의 피는 나흘 동안 흐른다고 생각했던 것으로 보인다. 그러나 나흘이 넘어가면 그녀는 월경을 하는 것이며, 그 피는 부정하다. 그러나 힐렐 학파는 그녀가 첫날밤에 입은 상처가 아물 때까지 그녀가 흘리는 피를 모두 처녀의 피로 인정한다.
- 어떤 여인이 성년에 이르렀는데 아직 월경한 경험이 없으면 그녀가 첫날밤을 보낸 후 흘리는 피가 월경의 피일 수 있다는 의심이 생긴다. 샴마이 학파에 따르면 첫날밤에 흘리는 피만 처녀의 피고, 다음 날부터는 월경하는 피로 간주한다고 말한다. 힐렐 학파는 안식일까

지는 처녀의 피로 인정하고 그 이후로는 월경하는 피로 본다. 처녀는 수요일에 혼인을 하게 되어 있기 때문에(「케투봇」 1, 1) 안식일이 끝날 때까지 네 밤 동안 성관계가 허락된다.

- 어떤 여인이 결혼하기 직전 아직 친정에 있을 때 월경을 시작했다. 샴마이 학파는 결혼에 따라 의무인 성행위를 한 번만 할 수 있도록 허락하고 그 후로는 성행위를 금지했다. 힐렐 학파는 첫날밤 동안에는 성행위를 몇 번을 하건 상관이 없으며, 그다음 날부터 성행위를 금지한다고 말했다.

## 10, 2

---

נִדָּה שֶׁבָּדְקָה עַצְמָהּ יוֹם שְׁבִיעִי שַׁחֲרִית וּמְצָאתָהּ טְהוֹרָה, וּבֵין הַשְּׁמָשׁוֹת לֹא הִפְרִישָׁה, וּלְאַחַר יָמִים בָּדְקָה וּמְצָאתָהּ טְמֵאָה, הֲרֵי הִיא בְּחֶזְקַת טָהֳרָה. בָּדְקָה עַצְמָהּ בַּיּוֹם הַשְּׁבִיעִי בְּשַׁחֲרִית וּמְצָאתָהּ טְמֵאָה, וּבֵין הַשְּׁמָשׁוֹת לֹא הִפְרִישָׁה, וּלְאַחַר זְמַן בָּדְקָה וּמְצָאתָהּ טְהוֹרָה, הֲרֵי זוֹ בְּחֶזְקַת טֻמְאָה, וּמְטַמְּאָה מֵעֵת לְעֵת וּמִפְּקִידָה לִפְקִידָה. וְאִם יֵשׁ לָהּ וֶסֶת, דַּיָּהּ שְׁעָתָהּ. רַבִּי יְהוּדָה אוֹמֵר, כֹּל שֶׁלֹּא הִפְרִישָׁה בְטָהֳרָה מִן הַמִּנְחָה וּלְמַעְלָה, הֲרֵי זוֹ בְּחֶזְקַת טֻמְאָה. וַחֲכָמִים אוֹמְרִים, אֲפִלּוּ בַשְּׁנִיָּה לְנִדָּתָהּ בָּדְקָה וּמְצָאתָהּ טְהוֹרָה, וּבֵין הַשְּׁמָשׁוֹת לֹא הִפְרִישָׁה, וּלְאַחַר זְמַן בָּדְקָה וּמְצָאָה טְמֵאָה, הֲרֵי זוֹ בְּחֶזְקַת טָהֳרָה:

---

월경하는 여인이 일곱째 날 새벽에 자신을 검사했고 정결하다는 것을 발견했고, 해질 무렵에 〔부정으로부터 자신을〕 구별하지 않았는데, 며칠 후에 검사했을 때 부정하다는 것을 발견했다면, 그녀는 이전 상태에 따라 정결하다고 간주한다. 〔어떤 여인이〕 일곱째 날 새벽에 자신을 검사했고 부정하다는 것을 발견했고, 해질 무렵에 〔부정으로부터 자신을〕 구별하지 않았는데, 며칠 후에 검사했을 때 정결하다는 것을 발견했다면, 그녀는 이전 상태에 따라 부정하다고 간주한다. 그리고 그녀는 하루를 〔거슬러서〕 또는 마지막 검사와 그 전 검사 사

이의 시간에 부정을 전이했다고 본다. 그러나 그녀가 규칙적인 〔월경을〕 하는 것이라면, 〔발견한〕 때부터 〔부정하다고 보아도〕 충분하다.

예후다 랍비는 소제 〔드리는 시간부터 그 후에 자신을〕 정결하게 구별하지 않은 모든 사람은 그 이전 상태에 따라 부정하다고 말한다. 그러나 현인들은 심지어 월경하는 둘째 날에 그 여인이 검사를 하고 정결한 것을 발견했고, 해질 무렵에 〔자신을〕 구별하지 않았는데, 며칠 후에 검사해서 부정한 것을 발견했다면, 그녀는 이전 상태에 따라 정결하다고 말한다.

- 어떤 여인이 월경을 시작하고 일곱째 날 새벽에 자신을 검사했고 더 이상 피가 나오지 않아 정결함을 알았다면, 그다음 날(여드렛날) 그녀는 정결례를 행한 후 정결해질 수 있다. 그런데 이렛날 저녁에 다시 한 번 검사하지 않고 정결례를 행한 후 며칠이 지났는데 다시 피를 흘리는 것을 발견했다면, 그사이 기간 동안 그녀는 정결했다고 간주하며, 그녀가 접촉한 물건이나 사람에게 부정을 전이하지 않았다고 본다. 그녀가 검사를 해서 정결하다는 결과를 얻은 사실을 무시할 수 없기 때문이다.
- 같은 경우 일곱째 날 새벽에 부정하다는 것을 알았지만, 그날이 일곱째 날이었기 때문에 다시 검사하지 않고 정결례를 행했는데, 며칠 후에 검사했을 때 정결하다는 결과를 얻었다면, 그녀는 이전 상태에 따라 계속 부정했다고 간주한다. 그녀는 검사를 통해 본인이 정결하다는 결과를 확인한 적이 없기 때문이다.
- 첫 번째 경우에 그 여인이 이전 상태에 따라 정결하지만, 피를 보았으므로 그녀는 하루를 거슬러서 지난 24시간 동안 부정했었고, 또는 마지막 검사부터 그전 검사했던 시간 동안 부정했었다고 본다. 부정한 상태에서 접촉했던 모든 것이 부정해진다. 그러나 그녀가 규칙적

인 월경을 시작한 것이라면, 피를 발견한 시간부터 부정해지며, 시간을 거슬러서 정결법을 적용할 필요가 없다.

- 예후다 랍비는 좀 더 엄격한 규칙을 소개하며, 새벽에 검사했다 하더라도 소제를 드리는 시간 즉 제9시 이후에 정결하게 자신을 구별하지 않은 모든 여인은 부정한 상태라고 주장한다. 그러나 다른 현인들은 월경이 시작되고 둘째 날에 검사해서 피가 나오지 않아 정결함을 알았다면, 이렛날에 자신을 구별하지 않고 며칠 후에 검사해서 부정하다는 결과가 나와도 그 이전 상태에 따라 정결하다고 말했다.

## 10, 3

둘째 미쉬나에서 언급한 검사법을 유출병과 관련해서 논의한다.

---

הַזָּב וְהַזָּבָה שֶׁבָּדְקוּ עַצְמָן בְּיוֹם רִאשׁוֹן וּמָצְאוּ טָהוֹר, וּבַיּוֹם הַשְּׁבִיעִי וּמָצְאוּ טָהוֹר, וּשְׁאָר יָמִים שֶׁבֵּינְתַיִם לֹא בָדְקוּ, רַבִּי אֱלִיעֶזֶר אוֹמֵר, הֲרֵי הֵן בְּחֶזְקַת טָהֳרָה. רַבִּי יְהוֹשֻׁעַ אוֹמֵר, אֵין לָהֶם אֶלָּא יוֹם רִאשׁוֹן וְיוֹם שְׁבִיעִי בִּלְבָד. רַבִּי עֲקִיבָא אוֹמֵר, אֵין לָהֶם אֶלָּא יוֹם שְׁבִיעִי בִּלְבָד:

---

유출병에 〔걸린〕 남자나 여자가 첫째 날에 자신을 검사해서 정결한 것을 발견했고, 일곱째 날에도 정결한 것을 발견했는데, 그 사이의 다른 날들은 검사하지 않았을 때, 엘리에제르 랍비는 그들이 이전 상태에 따라 정결하다고 말한다. 예호슈아 랍비는 그들이 첫째 날과 일곱째 날을 제외하고는 〔정결하지〕 않다고 말한다. 아키바 랍비는 그들이 일곱째 날을 제외하고는 〔정결하지〕 않다고 말한다.

- 유출병에 걸린 사람은 매일 자신을 검사하여 이레 동안 유출이 없을 때 정결해지는데(「닛다」 4, 7), 어떤 유출병자가 첫째 날과 일곱째 날만 검사해서 정결하다는 결과를 얻었다. 엘리에제르 랍비는 가장 관대하게 생각했고, 이 환자가 정결하다고 결정했다. 예호슈아 랍비

는 첫째 날과 일곱째 날만 정결하다는 결과를 확인했으므로 닷새를 더 검사해야 한다고 주장했다. 아키바 랍비는 정결하다는 검사결과를 일곱 번 확인해야 한다고 보고, 일곱째 날 결과만 인정한다고 말한다.

## 10, 4

הַזָּב וְהַזָּבָה וְהַנִּדָּה וְהַיּוֹלֶדֶת וְהַמְּצֹרָע שֶׁמֵּתוּ, מְטַמְּאִין בְּמַשָּׂא עַד שֶׁיִּמּוֹק הַבָּשָׂר. נָכְרִי שֶׁמֵּת, טָהוֹר מִלְּטַמֵּא בְמַשָּׂא. בֵּית שַׁמַּאי אוֹמְרִים, כָּל הַנָּשִׁים מֵתוֹת נִדּוֹת. וּבֵית הִלֵּל אוֹמְרִים, אֵין נִדָּה אֶלָּא שֶׁמֵּתָה נִדָּה:

유출병에 〔걸린〕 남자와 여자와 월경하는 여자와 산모와 악성피부병자가 죽으면, 그 살이 썩을 때까지 옮기기 부정을 통해 부정을 전이한다. 외국인이 죽으면 옮기기 부정으로부터 정결하다. 샴마이 학파는 여인들은 모두 월경하는 여자로 죽는다고 말한다. 그러나 힐렐 학파는 월경하는 여자로 죽지 않으면 월경하는 여자가 아니라고 말한다.

- 유출병자와 월경하는 여자와 악성피부병자는 살아 있을 때 옮기기 부정을 통해서 부정을 전이한다. 이 미쉬나는 이런 사람은 죽은 후에도 그 살이 썩어 없어질 때까지 동일한 방법으로 부정을 전이한다고 주장한다(「자빔」 4, 6; 5, 3).
- 이방인의 경우 유출병자와 동일하다는 엄격한 주장도 있지만(「닛다」 4, 3), 토라의 법전통은 이방인은 부정을 전이하지 않는다고 말한다. 그러므로 이방인의 시체는 더 이상 옮기기 부정 때문에 부정을 전이하지 않는다.
- 샴마이 학파는 여인이 죽으면 누구든지 월경하는 여자로 간주해야 한다고 주장하므로, 여인의 시체를 옮기는 자는 직접 접촉하지 않아

도 부정해진다. 이러한 엄격한 전통에 반대하는 힐렐 학파는 실제로 월경하는 여인으로 죽어야 그렇게 된다고 주장한다.

## 10, 5

הָאִשָּׁה שֶׁמֵּתָה וְיָצָא מִמֶּנָּה רְבִיעִית דָּם, מְטַמְּאָה מִשּׁוּם כֶּתֶם, וּמְטַמְּאָה בְּאֹהֶל. רַבִּי יְהוּדָה אוֹמֵר, אֵינָהּ מְטַמְּאָה מִשּׁוּם כֶּתֶם, מִפְּנֵי שֶׁנֶּעֱקַר מִשֶּׁמֵּתָה. וּמוֹדֶה רַבִּי יְהוּדָה בְּיוֹשֶׁבֶת עַל מַשְׁבֵּר וּמֵתָה וְיָצָא מִמֶּנָּה רְבִיעִית דָּם, שֶׁהִיא מְטַמְּאָה מִשּׁוּם כֶּתֶם. אָמַר רַבִּי יוֹסֵי, לְפִיכָךְ אֵינָהּ מְטַמְּאָה בְּאֹהֶל:

한 여인이 죽었는데 피 1/4〔로그가〕 나왔다면, 그녀는 〔피〕 얼룩 때문에 부정하게 만들고, 덮기 부정 때문에 부정하게 만든다. 예후다 랍비는 〔피〕 얼룩 때문에 부정해지지 않는다고 말하는데, 왜냐하면 그 〔피가〕 죽은 여인에게서 분리되었기 때문이다. 그러나 예후다 랍비도 산모용 의자에 앉아 있던 여인이 죽어서 피 1/4〔로그가〕 나왔을 때는 〔피〕 얼룩 때문에 부정하게 만든다고 동의한다. 요쎄 랍비는 그런 경우에 덮기 부정 때문에 부정을 전이하지는 않는다고 말했다.

- 살아 있는 여인이 흘린 피는 월경하는 피로 의심할 수 있으며, 접촉과 옮기기를 통해서 부정을 전이한다(「오홀롯」 2, 2). 시체에서 흘러나온 피는 옮기기를 통해서 부정을 전이하지 않지만, 1/4로그 이상일 때 덮기 부정을 통해서 부정을 전이한다. 이 미쉬나는 죽은 여인에게서 흘러나온 피 1/4로그에 이 두 가지 경우를 모두 적용하며 엄격하게 판단한다. 월경하는 피처럼 옮기기 부정에 저촉을 받고 시체의 피처럼 덮기 부정에도 저촉을 받는다는 것이다.
- 예후다 랍비는 이 여인이 죽었으므로 월경하는 피라고 볼 수 없다고 주장하며, 시체의 피와 관련된 덮기 부정만 인정한다. 그러나 산모

가 피를 흘리다가 죽는 경우, 이 피는 죽기 전부터 흘러나왔기 때문에 월경의 피로 인정했다. 요쎄 랍비는 만약 이것이 월경의 피라면 시체의 피와 관련된 덮기 부정을 적용하면 안 된다고 지적했다.

## 10, 6

출산한 산모가 정결한 피 위에 앉아 있는 기간에 관해 논의한다.

---

בָּרִאשׁוֹנָה הָיוּ אוֹמְרִים, הַיּוֹשֶׁבֶת עַל דַּם טֹהַר, הָיְתָה מְעָרָה מַיִם לַפֶּסַח. חָזְרוּ לוֹמַר, הֲרֵי הִיא כְמַגַּע טְמֵא מֵת לַקֳּדָשִׁים, כְּדִבְרֵי בֵית הִלֵּל. בֵּית שַׁמַּאי אוֹמְרִים, אַף כִּטְמֵא מֵת:

---

처음에는 그들이 정결한 피 위에 앉아 있는 여인은 유월절 〔제물을 씻기 위해서〕 물을 부을 수 있다고 말했다. 〔그러나〕 그들이 〔규정을〕 바꾸었고, 그녀는 성물에 관련해서는 시체와 접촉한 사람과 접촉한 것과 같다고 말했으니, 이것은 힐렐 학파의 주장이다. 샴마이 학파는 그녀가 시체와 접촉한 사람과 같다고 말한다.

- 고대 현인들은 정결한 피 위에 앉아 있는 여인이 유월절 제물에 물을 부어 씻어도 무방하다고 말했다. 이런 여인은 그날 물에 몸을 담근 사람과 같은 상태이며(제2차 감염자), 물이 들어 있는 병을 만지더라도 물에 직접 접촉하지 않으면[28] 부정을 전이하지 않는다.
- 그러나 후대에 와서 좀 더 엄격한 추가 규정이 생겼다. 힐렐 학파는 정결한 피 위에 앉아 있는 여인이 시체와 접촉한 사람과 접촉한 것과 같은 상태로 보았으니, 이것은 제1차 감염자에 해당한다. 제1차

---

28) 그날 몸을 담근 자가 일반적인 용도로 쓰는 물을 만져도 부정이 전해지지 않는다(「파라」 8, 7). 그러나 유월절 제물을 씻는 물을 부정한 자가 만지는 것은 제의적인 모독으로 해석되기 때문에 조심해야 한다.

감염자는 물에 부정을 전이시키고 물은 성물과 접촉하며 성물을 부정하게 만든다. 샴마이 학파는 더 엄격한 의견을 제기하며, 그녀가 시체와 접촉한 자 즉 '부정의 아버지'에 해당한다고 주장한다. 그녀는 자신이 만지는 물병까지 부정하게 만든다.

## 10, 7

여섯째 미쉬나에 이어 산모의 상태에 관해 계속 논의한다.

---

וּמוֹדִים שֶׁהִיא אוֹכֶלֶת בְּמַעֲשֵׂר, וְקוֹצָה לָהּ חַלָּה, וּמַקֶּפֶת וְקוֹרְאָה לָהּ שֵׁם. וְאִם נָפַל מֵרֻקָּהּ וּמִדַּם טָהֳרָהּ עַל כִּכָּר שֶׁל תְּרוּמָה, שֶׁהוּא טָהוֹר. בֵּית שַׁמַּאי אוֹמְרִים, צְרִיכָה טְבִילָה בָּאַחֲרוֹנָה. וּבֵית הִלֵּל אוֹמְרִים, אֵינָהּ צְרִיכָה טְבִילָה בָּאַחֲרוֹנָה:

---

그러나 그들은 그녀가 십일조를 먹을 수 있고, 자기를 위해 할라-빵을 떼어놓을 수 있는데, 그것을 반죽 가까이 가져와서 그 이름을 부를 수 있다는 데 동의한다. 그리고 만약 그녀의 침이나 정결한 피가 거제인 빵 덩이 위에 떨어지면, 그것은 정결하다. 샴마이 학파는 〔그 기간〕 끝에 〔몸을〕 담가야 한다고 말한다. 그러나 힐렐 학파는 〔그 기간〕 끝에 〔몸을〕 담글 필요가 없다고 말한다.

- 그러나 샴마이 학파와 힐렐 학파가 동의하는 것이 있는데, 출산한 산모가 그날 몸을 담근 사람과 같은 상태로 간주하면 둘째 십일조를 먹을 수 있다는 것이다(「네가임」 14, 3). 그녀는 성물인 할라 빵을 부정하게 만들 수 있다. 그러므로 그녀는 아직 할라라고 부를 수 없는 반죽을 미리 떼어서 다른 그릇에 담고(「테불 욤」 4, 2), 그것을 반죽 가까이에 놓아두었다가(「할라」 1, 9), 할라라고 그 이름을 부른 다음에 만지지 않으면 된다.
- 그날 몸을 담근 사람의 몸에서 나온 액체는 정결하기 때문에(「테불

욥」2, 1) 산모의 침이나 피가 거제 위에 떨어져도 부정을 전이하지 않는다.

- 33일 또는 66일의 기간이 다 끝나고 정결례를 다시 시행해야 하는지에 관해 샴마이 학파와 힐렐 학파가 다른 의견을 제시한다. 샴마이 학파는 부정한 기간과 확실한 구분이 필요하다고 생각하고 정결례를 시행하라고 했지만, 힐렐 학파는 토라가 명령하지 않은 정결례는 필요 없다고 생각했다(예루살렘 탈무드 「하기가」3, 3).

## 10, 8

월경하는 피와 유출병의 피를 구별하여 설명한다.

---

הָרוֹאָה יוֹם אַחַד עָשָׂר וְטָבְלָה לָעֶרֶב וְשִׁמְּשָׁה, בֵּית שַׁמַּאי אוֹמְרִים, מְטַמְּאִין מִשְׁכָּב וּמוֹשָׁב, וְחַיָּבִין בַּקָּרְבָּן. וּבֵית הִלֵּל אוֹמְרִים, פְּטוּרִין מִן הַקָּרְבָּן. טָבְלָה בַּיּוֹם שֶׁלְּאַחֲרָיו וְשִׁמְּשָׁה אֶת בֵּיתָהּ וְאַחַר כָּךְ רָאֲתָה, בֵּית שַׁמַּאי אוֹמְרִים, מְטַמְּאִין מִשְׁכָּב וּמוֹשָׁב וּפְטוּרִים מִן הַקָּרְבָּן. וּבֵית הִלֵּל אוֹמְרִים, הֲרֵי זֶה גַּרְגְּרָן. וּמוֹדִים בְּרוֹאָה בְתוֹךְ אַחַד עָשָׂר יוֹם וְטָבְלָה לָעֶרֶב וְשִׁמְּשָׁה, שֶׁמְּטַמְּאִין מִשְׁכָּב וּמוֹשָׁב וְחַיָּבִין בַּקָּרְבָּן. טָבְלָה בַּיּוֹם שֶׁלְּאַחֲרָיו וְשִׁמְּשָׁה, הֲרֵי זוֹ תַרְבּוּת רָעָה, וּמַגָּעָן וּבְעִילָתָן תְּלוּיִים:

---

〔어떤 여인이〕 열하루 날에 〔피를〕 보고 〔몸을〕 담근 후 성행위를 했을 때, 샴마이 학파는 그들이 누운 곳과 앉은 곳을 부정하게 만들고 제물을 바쳐야 한다고 말한다. 그러나 힐렐 학파는 제물을 바칠 〔의무에서〕 면제된다고 말한다.

그녀가 그다음 날 〔몸을〕 담그고 성행위를 했는데 그 후에 〔피를〕 보았을 때, 샴마이 학파는 그들이 누운 곳과 앉은 곳을 부정하게 만들지만 제물을 바치는 〔의무에서〕 면제된다고 말한다. 그러나 힐렐 학파는 그녀를 탐욕스러운 사람이라고만 부른다.

그러나 그들은 그녀가 열하루 동안에 피를 보았고 저녁에 〔몸을〕

담근 후 성행위를 했다면, 그들이 누운 곳과 앉은 곳을 부정하게 만들고 제물을 바쳐야 한다는 데 동의한다. 그녀가 그다음 날 〔몸을〕 담그고 성행위를 했다면, 그것은 악한 행동양식이지만, 그들의 접촉과 성행위의 〔부정함은〕 떠넘길 수 있다.

- 어떤 여인이 월경이 끝나고 나서 열하룻날에 피를 보았다면, 그녀는 유출병인지 확인하기 위해서 사흘 동안 조심해야 하는데, 이를 무시하고 정결례를 행하고 성행위를 했다. 샴마이 학파는 성행위를 한 남자와 여자가 모두 누운 곳과 앉은 곳을 부정하게 만들고, 속죄제 제물도 바쳐야 한다고 주장한다. 힐렐 학파는 제물을 바칠 필요는 없으니, 이들을 부정하다고 규정한 규칙이 랍비들의 전통이기 때문이다. 여기서 피를 본 날이 월경이 끝나고 나서 열하루가 되는 날이라는 점이 중요하다. 월경이 끝나고 11일 동안은 끝난 월경과 관련하여 지켜보는 기간이므로, 열하룻날은 그 기간의 마지막 날이다. 여기서 그녀가 사흘 동안 계속 피를 흘렸을 때 큰 유출병자 여인(자바 그돌라)이 되는데, 그렇다면 제12일과 제13일은 지켜보는 기간을 넘어서게 되며, 이때 나온 피는 다음 월경의 피일 가능성이 있다. 그렇다면 제물을 바칠 의무는 없는 것이다.
- 이 여인이 열이튿날 저녁까지 기다렸다가 정결례를 행해야 하는데, 그러지 않고 낮 시간에 정결례를 행하고 성행위를 했으며 다시 피를 보았다. 샴마이 학파는 성행위를 한 남녀가 부정하게 만들지만, 이 정결례의 효과를 일부 인정하여 제물을 바칠 필요는 없다고 했다. 힐렐 학파는 정결례를 충분히 인정하여 그들이 부정을 전이하지 않고 제물도 바칠 필요가 없다고 했지만, 이런 행위는 탐욕스러운 것이라고 비판했다.
- 두 학파는 만약 어떤 여인이 열하루 동안 피를 보았는데, 피가 멈추

는 날을 기다리지 않고, 저녁에 정결례를 행하고 성행위를 했다면, 정결례의 효과를 인정할 수 없으며, 부정을 전이하고 제물을 바칠 의무도 져야 한다는 데 동의한다. 열하루 동안 피를 본 여인이 그다음 날 낮에 정결례를 행하고 성행위를 했다면, 이것은 잘못된 행동양식이다. 그러나 그들은 정결한 물건에 부정을 전이하지 않고 성행위에 대한 책임도 없으며, 제물을 바칠 의무도 지지 않는다(「닛다」4, 7).

# מכשירין

8

# 마크쉬린

## 음료수

음료수에는 모두 일곱 가지가 있다. 이슬과 물, 포도주와 기름과 피와 우유와 벌꿀이다. 말벌의 꿀은 정결하며 먹을 수 있다. _「마크쉬린」 6, 4

# 개요

마쎄켓 「마크쉬린」(מכשירין)은 음식이나 음료수의 정결함과 부정함을 주제로 삼고 있다. 음식은 일단 법이 규정하는 음료수로 젖기 전에는 부정의 요인과 접촉해도 부정해지지 않는다. 이렇게 음료수에 젖어서 부정해질 준비가 되는 사건을 '헤크쉐르'(הכשר) 즉, '준비'라고 부른다. 그리고 음식을 준비상태로 만드는 음료수들을 '마크쉬르'(복수로 마크쉬린)라고 부른다.

마쎄켓 「마크쉬린」의 전반부는 음료수가 음식을 준비시키는 과정에 관련된 다양한 조건들을 다루고 있으며, 그 뒤에는 음료수에 젖지 않아도 이미 준비상태에 있는 음식 그리고 준비상태를 만들 수 있는 다른 액체들에 관해 논의한다.

### 준비시키는 음료수들

준비과정과 관련된 음료수는 모두 일곱 가지이며, 물, 이슬, 포도주, (올리브)기름, 피, 우유, 그리고 벌꿀이다(「마크쉬린」 6, 4). 이와 함께 다른 액체 몇 가지도 같은 기능을 한다(6, 5) 본질적으로 위에서 규정한 음료수이지만 준비과정에 사용할 수 없는 액체도 있으니, 희생제물의 피와 제물을 씻어낸 물이 그러하다(바벨 탈무드「페싸힘」20a).

### 준비과정의 기본 규칙들

음식물은 전체가 아니라 그 일부만 음료수에 젖어도 부정이 전이될 준비가 된다. 그리고 한번 젖어서 준비가 된 음식은 그 음료수가 말라도 준비상태를 그대로 유지한다.

준비과정은 음식이 땅에서 분리된 이후부터 유효하기 때문에, 예를 들어 아직 수확하지 않은 농산물은 준비가 될 수 없다. 비슷한 원리로 땅에서 분리되지 않은 음료수로 음식을 준비시킬 수 없으니, 샘물이나 빗물이 땅에 고인 것으로 음식을 준비시킬 수 없다.

준비과정은 어떤 것이 '음식'이라는 지위를 얻은 이후부터 유효하기 때문에, 예를 들어 살아 움직이는 가축은 준비시킬 수 없다.

### 만족

랍비들은 어떤 음식의 준비과정이 유효하게 인정받으려면 그 주인이 만족해야 한다고 가르친다. 이 규정은 레위기 11:38을 해석하는 과정에서 파생되었다. "만일 종자에 물이 묻었을 때"라는 구절의 동사는 '유탄'(יֻתַּן)으로 수동태를 사용했지만, 정확하게 '바브'를 넣지 않았으므로 '이탠'(יתן)이라고 능동태로도 읽을 수 있는 상황이다. 랍비들은 이 동사를 능동태로 읽었을 때 행위주체의 의도가 포함되어 있다고 보고, 준비과정을 시행하는 자가 의도했고 그 결과에 만족하는 경우에 그 행위가 유효하다고 규정한 것이다.

사실 이 두 가지 해석은 자연적인 상황과 의도적인 행위로 공존할 수 없는 관계이지만, 랍비들은 자연스럽게 음료수에 젖는 상황도 의도적인 행위에 어울릴 수 있는 조건에서 일어나야 한다고 화해를 시도했다.

그 외에도 음식의 주인이 만족하는 상황은 계속 이어지지 않고 어느 한순간만 지속되었더라도 유효하며, 부정한 음료수로 준비가 되는 경우에 만족에 관련된 규정을 적용하지 않는 등 부가 규정도 생겼다.

준비시키는 음료수도 행위자가 그 음료수를 무슨 용도로 사용할 의도가 있었을 경우에만 준비과정에 사용할 수 있다.

중세에 와서 음식에 대한 만족과 음료수에 대한 만족 두 가지 조건이 모두 충족되어야 준비과정이 유효한지에 관한 논쟁이 있었다.

### 준비과정의 예외

준비과정을 거치지 않아도 부정이 전이될 수 있는 음식도 있으니, 제사로 드릴 음식이 그러하다. 어떤 사람이 음식을 성물로 바치려고 마음을 먹는 순간 그 음식은 어떤 거룩한 성격(חיבת הקודש)을 가지게 되고, 따로 준비시키지 않아도 부정이 전이될 수 있다는 것이다. 또 다른 예로 매우 심한 부정의 요인이 될 가능성이 있는 음식(טומאה חמורה סופו לטמא)도 준비과정을 거칠 필요가 없다. 예를 들어 정결한 새의 시체는 조심해서 먹으면 상관없지만 부정한 상태에서 먹었을 때 먹은 사람과 그 사람이 입은 옷과 그가 들고 있는 그릇까지 부정하게 만든다(「토호롯」 1, 1).

### 관련 성경구절들

레위기 11:34은 기는 것의 시체가 그릇에 떨어지면 부정해진다는 문맥을 이어가며 "먹을 만한 축축한 식물이 거기 담겼으면 부정하여질 것이요, 그 같은 그릇에 담긴 마실 것도 부정할 것이며"라고 기록했다. 이 구절의 후반부는 단순히 마실 수 있는 음료수가 부정해질 수 있다는 뜻이 아니라, 다른 음식을 준비시킬 힘이 있다는 말로 해석되었다. 또한 "만일 종자에 물이 묻었을 때에 그것이 그 위에 떨어지면 너희에게 부정하리라"(11:38)라고 기록하고 있어서, 같은 원리를 재확인하고 있다.

보다시피 토라의 규정은 매우 간단하고 짧기 때문에 미쉬나가 논의하는 그 외의 다른 법규정들은 모두 구전 전승에 의지하고 있음을 알 수 있다. 랍비들은 기구나 도구의 제작이 완성되는 시점부터 부정해질 수 있다고 가르치는데, 음식 재료도 물에 씻으면서 음식이 될 준비를 마치는 것이라고 설명하기도 한다.

## 제1장

음식이 부정해질 가능성이 생기는 준비과정과 음식 주인이 만족했는지 여부가 어떤 영향을 미치는지 실제상황을 다양하게 예를 들며 논의한다.

### 1, 1

음식을 준비시키는 과정에서 주인이 만족했는지 여부가 어떤 영향을 미치는지 설명한다.

---

כָּל מַשְׁקֶה שֶׁתְּחִלָּתוֹ לְרָצוֹן אַף עַל פִּי שֶׁאֵין סוֹפוֹ לְרָצוֹן, אוֹ שֶׁסּוֹפוֹ לְרָצוֹן אַף עַל פִּי שֶׁאֵין תְּחִלָּתוֹ לְרָצוֹן, הֲרֵי זֶה בְּכִי יֻתַּן. מַשְׁקִין טְמֵאִים מְטַמְּאִין לְרָצוֹן וְשֶׁלֹּא לְרָצוֹן:

---

처음에는 만족했으나 나중에는 만족하지 않거나 또는 나중에는 만족했지만 처음에는 만족하지 않았던 음료수는 모두 '물이 묻었을 때' [규정에] 해당한다. 부정한 음료수는 만족하거나 만족하지 않거나 [상관없이] 부정하게 만든다.

- 음료수를 땅에서 분리하는 순간 또는 음식에 붓는 순간 음식의 주인이 그 음료수에 만족하는지 여부는 비가 왔는데 그 빗물을 사용하려고 의도를 품거나 그 비가 음식에 떨어져서 만족하는 상태에 비교할 수 있다. 너무 많은 빗물이 음식 위에 떨어졌다면, 나중에는 만족하지 않는 상태가 된다. 어떤 음료수가 음식 위에 떨어졌는데 그 결과가 좋았다면 나중에 만족한 상태이지만, 사실 그 음료수가 자기 음식에 떨어지는 순간에는 깜작 놀라서 원치 않은 상황일 수도 있다. 그러나 이 모든 경우에 그 음식은 "만일 종자에 물이 묻었을 때"(레

11:38)라는 규정을 적용할 수 있으며 준비과정을 거친 것으로 간주한다.

- 부정한 음료수가 음식 위에 쏟아졌다면, 음식 주인이 만족하는지 여부와 상관없이 그 음식을 부정하게 만든다(「마크쉬린」 6, 6).

## 1, 2

הַמַּרְעִיד אֶת הָאִילָן לְהַשִּׁיר מִמֶּנּוּ אֳכָלִין אוֹ אֶת הַטֻּמְאָה, אֵינָן בְּכִי יֻתַּן. לְהַשִּׁיר מִמֶּנּוּ מַשְׁקִין, בֵּית שַׁמַּאי אוֹמְרִים, הַיּוֹצְאִין וְאֶת שֶׁבּוֹ, בְּכִי יֻתַּן. בֵּית הִלֵּל אוֹמְרִים, הַיּוֹצְאִין, בְּכִי יֻתַּן, וְאֶת שֶׁבּוֹ, אֵינָן בְּכִי יֻתַּן, מִפְּנֵי שֶׁהוּא מִתְכַּוֵּן שֶׁיֵּצְאוּ מִכֻּלּוֹ:

〔어떤 사람이〕 나무에서 음식이나 부정한 것을 떨어뜨리려고 흔들었다면, 그것은 '물이 묻었을 때' 〔규정에〕 해당하지 않는다.

그곳에서 음료수를 떨어뜨리려고 〔흔들었다면〕, 샴마이 학파는 떨어진 것과 그 위에 있는 것이 〔모두〕 '물이 묻었을 때' 〔규정에〕 해당한다고 말한다. 힐렐 학파는 떨어진 것은 '물이 묻었을 때' 〔규정에〕 해당하지만, 그 위에 있는 것은 '물이 묻었을 때' 〔규정에〕 해당하지 않는다고 말한다. 왜냐하면 그는 그 〔나무〕 전체로부터 〔음료수를〕 떨어뜨리려고 했기 때문이다.

- 식재료로 쓸 수 있는 것이나 기는 것의 시체처럼 부정한 것이 나무 위에 걸려 있는데, 어떤 사람이 그 나무를 흔들었고, 이때 나뭇잎에 묻어 있던 빗물이 함께 떨어져서 음식에 묻었다면, 그 사람은 음료수를 떨어뜨리려는 의도가 없었고 그 결과에 만족하지 않으므로 그것은 '물이 묻었을 때' 규정에 해당하지 않는다.
- 그러나 그 사람이 음료수를 떨어뜨리려는 의도를 가지고 나무를 흔들었을 때, 샴마이 학파는 그 사람이 나무에 내린 빗물을 모두 떨어

뜨리려는 의도였기 때문에(넷째 미쉬나) 흔들 때 떨어진 물과 나무 위에 남아 있다가 나중에 떨어지는 물이 모두 '물이 묻었을 때' 규정에 해당한다고 말한다. 힐렐 학파는 실제로 떨어진 물만 그 사람의 의도에 맞는 경우로 간주했고, 흔들 때 떨어진 물만 해당한다고 말한다.

## 1, 3

הַמַּרְעִיד אֶת הָאִילָן וְנָפַל עַל חֲבֵרוֹ, אוֹ סוֹכָה וְנָפְלָה עַל חֲבֶרְתָּהּ, וְתַחְתֵּיהֶן זְרָעִים אוֹ יְרָקוֹת הַמְחֻבָּרִין לַקַּרְקַע, בֵּית שַׁמַּאי אוֹמְרִים, בִּכְִי יֻתַּן. בֵּית הִלֵּל אוֹמְרִים, אֵינָן בִּכְִי יֻתַּן. אָמַר רַבִּי יְהוֹשֻׁעַ מִשּׁוּם אַבָּא יוֹסֵי חֲלֵי קוּפְרִי אִישׁ טִבְעוֹן, תְּמַהּ עַצְמְךָ אִם יֵשׁ מַשְׁקֶה טָמֵא בַּתּוֹרָה, עַד שֶׁיִּתְכַּוֵּן וְיִתֵּן, שֶׁנֶּאֱמַר וְכִי יֻתַּן מַיִם עַל זֶרַע:

[어떤 사람이] 나무를 흔들었는데 [물이] 다른 [나무] 위에 떨어졌을 때, 또는 가지[1] 하나를 [흔들었는데] 다른 [가지] 위에 떨어졌을 때, 그리고 그 밑에는 땅과 연결되어 있는 씨앗이나 채소가 있었을 때, 샴마이 학파는 '물이 묻었을 때' [규정에] 해당한다고 말한다. 힐렐 학파는 '물이 묻었을 때' [규정에] 해당하지 않는다고 말한다.

예호슈아 랍비가 티브온 사람인 아바 요쎄 할레 쿠프의 이름으로 말했다. 토라의 [규정에 따라] 부정하게 만드는[2] 음료수가 있는지 스스로 물어야 하니, 그가 의도를 가지고 뿌릴 때까지다.

- 이 미쉬나 전반부에 나열한 조건에서 샴마이 학파는 '물이 묻었을 때' 규정에 해당한다고 말한다. 힐렐 학파는 곡식이나 채소가 땅에 연결된 상태에서는 음식으로 준비될 수 없다는 원칙을 고수한다.

---

1) 이런 용례로 사사기 9:48을 참조하라.

2) 본문에는 분명히 "부정한 음료수"(משקה טמא)라고 썼지만, 문맥에 따라 부정이 전이될 준비를 시키는 음료수라고 이해해야 한다.

- 예호슈아 랍비는 레위기 11:3 동사를 능동태(칼 동사)로 읽으면서, 음식 주인이 음식을 준비시키려는 의도를 가지고 물을 묻힐 때만 준비과정이 완성된다고 주장한다.

## 1, 4

הַנּוֹעֵר אֲגֻדָּה שֶׁל יָרָק וְיָרְדוּ מִצַּד הָעֶלְיוֹן לַתַּחְתּוֹן, בֵּית שַׁמַּאי אוֹמְרִים, בְּכִי יֻתַּן. בֵּית הִלֵּל אוֹמְרִים, אֵינָם בְּכִי יֻתַּן. אָמְרוּ בֵית הִלֵּל לְבֵית שַׁמַּאי, וַהֲלֹא הַנּוֹעֵר אֶת הַקֶּלַח, חוֹשְׁשִׁין אָנוּ שֶׁמָּא יָצְאוּ מִן הֶעָלֶה לֶעָלֶה. אָמְרוּ לָהֶן בֵּית שַׁמַּאי, שֶׁהַקֶּלַח אֶחָד, וַאֲגֻדָּה קְלָחִים הַרְבֵּה. אָמְרוּ לָהֶם בֵּית הִלֵּל, הֲרֵי הַמַּעֲלֶה שַׂק מָלֵא פֵרוֹת וּנְתָנוֹ עַל גַּב הַנָּהָר, חוֹשְׁשִׁין אָנוּ שֶׁמָּא יָרְדוּ מִצַּד הָעֶלְיוֹן לַתַּחְתּוֹן. אֲבָל אִם הֶעֱלָה שְׁנַיִם וּנְתָנָן זֶה עַל גַּב זֶה, הַתַּחְתּוֹן בְּכִי יֻתַּן. וְרַבִּי יוֹסֵי אוֹמֵר, הַתַּחְתּוֹן טָהוֹר:

〔어떤 사람이〕 채소 묶음을 흔들어서 〔물이〕 윗부분에서 아랫부분으로 흘러내렸을 때 샴마이 학파는 '물이 묻었을 때' 〔규정에〕 해당한다고 말한다. 힐렐 학파는 '물이 묻었을 때' 〔규정에〕 해당하지 않는다고 말한다.

힐렐 학파가 샴마이 학파에게, 〔어떤 사람이〕 줄기 〔하나를〕 흔들면 우리는 〔물이〕 잎 〔하나에서 다른〕 잎으로 떨어졌는지 의심이 생기지 않겠냐고 말했다. 샴마이 학파가 그들에게, 줄기는 하나뿐이지만 묶음 〔속에는〕 줄기들이 많다고 말했다. 힐렐 학파가 그들에게, 〔어떤 사람이〕 열매가 가득 든 자루를 들어내어 강가에 두었다면 우리는 윗부분에서 아랫부분으로 〔물이〕 떨어졌는지 의심이 생기지 않겠냐고 말했다. 그러나 만약 그가 하나 위에 다른 하나를 놓아서 두 개를 놓아두었다면, 그 밑에 있는 것은 '물이 묻었을 때' 〔규정에〕 해당한다. 그러나 요쎄 랍비는 그 밑에 있는 것은 정결하다고 말한다.

- 어떤 사람이 채소 묶음을 흔들어서 물이 위에서 아래로 흐르게 만들

었다면, 그 물이 바깥으로 흘러나오지 않아도 그 채소는 준비가 된다고 샴마이 학파는 말한다. 힐렐 학파는 바깥으로 흐르지 않으면 준비되지 않는다고 주장한다.

- 힐렐 학파의 논리는 줄기 하나를 흔들어서 잎 하나에서 다른 잎으로 물이 떨어졌다면, 그 물은 원래 있던 곳에서 분리되어 음식에 떨어졌는지 의심이 생긴다는 것이다. 샴마이 학파는 줄기 하나라면 그럴 수 있지만, 채소 묶음 속에는 줄기가 여럿 있으므로 그런 의심을 할 여지가 없다고 했다.
- 힐렐 학파는 다른 예를 든다. 열매가 든 자루가 강물에 빠졌는데, 그것을 건져서 물이 빠지도록 강가에 두었다. 그렇다면 그자루 안에 열매가 많이 들었다고 해도 그 흐른 물이 자루 내부의 일이고, 물의 근원에서 분리되었는지 의심하게 된다고 말했다. 그러므로 준비과정이 시행되었다고 볼 수 없다는 것이다.
- 그러나 힐렐 학파도 만약 자루가 두 개 있었고 하나 위에 다른 하나를 얹어놓았다면, 위에 있는 자루에서 흐른 물이 밑에 있는 자루로 흘렀을 때, 준비과정이 시행된 것으로 볼 수 있다고 동의했다(셋째 미쉬나). 요쎄 랍비는 이것도 받아들일 수 없다고 했다.

## 1, 5

---

הַמְמַחֵק אֶת הַכְּרֵישָׁה, וְהַסּוֹחֵט שְׂעָרוֹ בִּכְסוּתוֹ, רַבִּי יוֹסֵי אוֹמֵר, הַיּוֹצְאִין בְּכִי יֻתַּן, וְאֶת שֶׁבּוֹ אֵינָן בְּכִי יֻתַּן, מִפְּנֵי שֶׁהוּא מִתְכַּוֵּן שֶׁיֵּצְאוּ מִכֻּלּוֹ:

---

〔어떤 사람이〕 리크[3]를 문지르거나, 자기 머리나 옷을 쥐어짜서 〔물을 떨어뜨렸을 때〕, 요쎄 랍비는 떨어진 것은 '물이 묻었을 때' 〔규

---

3) 이 낱말(כרישה)은 부추속에 속하는 지배 식물 리크(leek)를 가리킨다(야스트로 667).

정에] 해당하지만 그 안에 있는 것은 '물이 묻었을 때' [규정에] 해당하지 않는다고 말한다. 왜냐하면 그는 [물을] 전부 떨어뜨리려고 의도했기 때문이다.

- 어떤 사람이 리크를 문질러서 그 잎에 묻은 빗물을 떨어뜨리거나, 자기 머리나 옷을 쥐어짜서 물을 떨어뜨렸을 때, 힐렐 학파의 의견에 따르는 요쎄 랍비는 행위자가 떨어뜨린 물만 준비과정과 관련된다고 주장한다(둘째 미쉬나).

## 1, 6

הַנּוֹפֵחַ בַּעֲדָשִׁים לְבָדְקָן אִם יָפוֹת הֵן, רַבִּי שִׁמְעוֹן אוֹמֵר, אֵינָן בְּכִי יֻתַּן. וַחֲכָמִים אוֹמְרִים, בְּכִי יֻתַּן. וְהָאוֹכֵל שֻׁמְשְׁמִין בְּאֶצְבָּעוֹ, מַשְׁקִין שֶׁעַל יָדוֹ, רַבִּי שִׁמְעוֹן אוֹמֵר, אֵינָן בְּכִי יֻתַּן. וַחֲכָמִים אוֹמְרִים, בְּכִי יֻתַּן. הַטּוֹמֵן פֵּרוֹתָיו בַּמַּיִם מִפְּנֵי הַגַּנָּבִים, אֵינָן בְּכִי יֻתַּן. מַעֲשֶׂה בְאַנְשֵׁי יְרוּשָׁלַיִם שֶׁטָּמְנוּ דְבֵלָתָן בַּמַּיִם מִפְּנֵי הַסִּיקָרִין, וְטִהֲרוּ לָהֶן חֲכָמִים. הַנּוֹתֵן פֵּרוֹתָיו בְּשִׁבֹּלֶת הַנָּהָר לַהֲבִיאָן עִמּוֹ, אֵינָן בְּכִי יֻתַּן:

[어떤 사람이] 콩이 괜찮은지 검사하려고 불다가 [물이 떨어졌을 때], 쉼온 랍비는 [그 물이] '물이 묻었을 때' [규정에] 해당하지 않는다고 말한다. 그러나 현인들은 '물이 묻었을 때' [규정에] 해당한다고 말한다. [어떤 사람이] 자기 손가락으로 깨를 먹다가 손에 음료수가 묻었을 때, 쉼온 랍비는 그것은 '물이 묻었을 때' [규정에] 해당하지 않는다고 말한다. 그러나 현인들은 '물이 묻었을 때' [규정에] 해당한다고 말한다.

[어떤 사람이] 도둑들 때문에 그의 열매를 물 속에 숨겨두었을 때, 그것은 '물이 묻었을 때' [규정에] 해당하지 않는다. 한 번은 예루살렘 사람들이 강도들[4] 때문에 마른 무화과를 물 속에 숨겨둔 적이 있

었고, 현인들이 그것을 정결하다고 했다. 〔어떤 사람이〕 자기 열매들을 옮기기 위해서 흐르는 강물에 넣었을 때, 그것은 '물이 묻었을 때' 〔규정에〕 해당하지 않는다.

- 어떤 사람이 콩이 괜찮은지 검사하려고 입으로 불다가 그 입김이 물처럼 떨어졌다고 해도 그 액체는 음식을 준비시키는 음료수가 될 수 없다는 것이 쉼온 랍비의 의견이다. 그러나 현인들은 입에서 나오는 물도 물이라고 주장한다(「마크쉬린」 6, 5).
- 어떤 사람이 손가락으로 깨를 찍어 먹다가 입에 넣었던 손가락에 물이 묻었을 때, 이것은 음식 주인이 의도한 바가 아니기 때문에 음료수가 될 수 없다는 것이 쉼온 랍비의 의견이고, 음료수라는 것이 다른 현인들의 의견이다.
- 마찬가지로 도둑들에게 빼앗길까 봐 열매를 물 속에 숨겨두면, 그것은 열매의 주인이 음식으로 쓰려는 의도로 취한 행동이 아니기 때문에, 준비과정이 진행된 것으로 보지 않는다. 예루살렘에서 비슷한 사건이 있었는데, 현인들이 그렇게 결정한 예가 있다. 열매들을 강물에 띄워서 옮기는 경우도 마찬가지다.

---

4) 이 낱말(סיקרין)은 살인자나 강도를 뜻한다(야스트로 986). 알벡은 이 말을 '씨카리콘'(סיקריקון)으로 읽어야 한다고 주장했는데(알벡 417), 이 말은 로마시대에 유대인들의 재산이나 땅을 폭력으로 강탈하던 외국인 강도들을 가리킨다고 한다(「기틴」5, 6).

## 제2장

건물 벽에 흐르는 물이나 사람의 땀처럼 특별한 상황들을 모아서 설명한다.

### 2, 1

어떤 물체에 맺혀서 흘러내리는 물이 준비과정에 관련이 있는지 설명한다.

---

זֵעַת בָּתִּים, בּוֹרוֹת, שִׁיחִין וּמְעָרוֹת, טְהוֹרָה. זֵעַת הָאָדָם, טְהוֹרָה. שָׁתָה מַיִם טְמֵאִין וְהִזִּיעַ, זֵעָתוֹ טְהוֹרָה. בָּא בְמַיִם שְׁאוּבִים וְהִזִּיעַ, זֵעָתוֹ טְמֵאָה. נִסְתַּפֵּג וְאַחַר כָּךְ הִזִּיעַ, זֵעָתוֹ טְהוֹרָה:

---

집들, 구덩이들, 도랑들, 그리고 동굴들에 〔흐르는〕 땀은 정결하다. 사람이 〔흘리는〕 땀은 정결하다. 부정한 물을 마시고 흘리는 땀도 정결하다. 길어온 물에 들어갔다 나와서 흘리는 땀은 부정하다. 그가 〔몸을〕 말리고 나서 그 후에 흘리는 땀은 정결하다.

- 집 등의 구조물 벽에 맺혀 흘러내리는 물은 음식에 떨어져도 음식을 준비시키지 못한다. 의도를 가진 사람이 부은 물이 아니기 때문이다. 사람이 흘리는 땀도 같은 이유로 준비과정과 관련이 없다. 부정한 물을 마시고 땀을 흘려도 사람의 소화기관을 거친 이후이기 때문에 보통 땀과 같은 경우로 간주한다.
- 길어온 물에 들어갔다가 나와서 흘리는 땀에는 길어온 물이 섞여 있을 수 있기 때문에 부정해질 수 있는 준비과정에 관련된다. 그러나 그 물을 다 말린 다음에 흘리는 땀은 역시 일반적인 땀과 같다.

## 2, 2

מֶרְחָץ טְמֵאָה, זֵעָתָהּ טְמֵאָה. וּטְהוֹרָה, בְּכִי יֻתַּן. הַבְּרֵכָה שֶׁבַּבַּיִת, הַבַּיִת מַזִּיעַ מֵחֲמָתָהּ, אִם טְמֵאָה, זֵעַת כָּל הַבַּיִת שֶׁמֵּחֲמַת הַבְּרֵכָה, טְמֵאָה:

부정한 목욕탕에 〔흐르는〕 땀은 부정하다. 그러나 정결한 〔목욕탕에 흐르는 땀은〕 '물이 묻었을 때' 〔규정에〕 해당한다. 어떤 집에 연못이 있고 그것 때문에 그 집에 땀이 흐를 때, 만약 그 〔연못이〕 부정하다면, 그 연못 때문에 집에 〔흐르는〕 땀은 전부 부정하다.

- 부정한 물이 고인 목욕탕 벽에 맺혀서 흐르는 물은 부정하며, 음식에 떨어지면 준비과정을 시행하는 것으로 간주한다(「마크쉬린」 1, 1). 부정한 음료수는 준비과정을 시행하기 때문이다. 정결한 목욕탕 벽에 흐르는 물은 부정하지는 않으나, 역시 음식에 떨어지면 준비과정을 시행하는 것으로 간주한다. 어떤 집에 연못이 있는 경우에도 마찬가지 원리를 적용할 수 있다.

## 2, 3

שְׁתֵּי בְרֵכוֹת, אַחַת טְהוֹרָה וְאַחַת טְמֵאָה, הַמַּזִּיעַ קָרוֹב לַטְּמֵאָה, טָמֵא. קָרוֹב לַטְּהוֹרָה, טָהוֹר. מֶחֱצָה לְמֶחֱצָה, טָמֵא. בַּרְזֶל טָמֵא שֶׁבְּלָלוֹ עִם בַּרְזֶל טָהוֹר, אִם רֹב מִן הַטָּמֵא, טָמֵא. וְאִם רֹב מִן הַטָּהוֹר, טָהוֹר. מֶחֱצָה לְמֶחֱצָה, טָמֵא. גִּסְטְרִיּוֹת שֶׁיִּשְׂרָאֵל וְנָכְרִים מַטִּילִין לְתוֹכָהּ, אִם רֹב מִן הַטָּמֵא, טָמֵא. וְאִם רֹב מִן הַטָּהוֹר, טָהוֹר. מֶחֱצָה לְמֶחֱצָה, טָמֵא. מֵי שְׁפִיכוּת שֶׁיָּרְדוּ עֲלֵיהֶן מֵי גְשָׁמִים, אִם רֹב מִן הַטָּמֵא, טָמֵא. וְאִם רֹב מִן הַטָּהוֹר, טָהוֹר. מֶחֱצָה לְמֶחֱצָה, טָמֵא. אֵימָתַי, בִּזְמַן שֶׁקָּדְמוּ מֵי שְׁפִיכוּת. אֲבָל אִם קָדְמוּ מֵי גְשָׁמִים, אֲפִלּוּ כָל שֶׁהֵן, לְמֵי שְׁפִיכוּת, טָמֵא:

연못이 두 개가 있는데 하나가 정결하고 하나가 부정할 때, 부정한 〔연못에〕 가까운 쪽에서 〔흐르는〕 땀은 부정하다. 정결한 〔연못에〕 가까운 쪽에서 〔흐르는 땀은〕 정결하다. 〔양쪽으로〕 반반인 곳에 〔흐르는 땀은〕 부정하다.

부정한 쇠를 정결한 쇠와 함께 제련했을 때, 부정한 〔쇠가〕 많으면 부정하다. 정결한 〔쇠가〕 많으면 정결하다. 반반이라면 부정하다. 이스라엘과 이방인들이 안쪽으로 오줌을 누는 부서진 그릇이 있는데, 부정한 것이 많으면 부정하다. 정결한 것이 많으면 정결하다. 반반이라면 부정하다. 빗물이 흘러드는 폐수가 있는데, 부정한 것이 많으면 부정하다. 정결한 것이 많으면 정결하다. 반반이라면 부정하다. 어떤 〔경우에〕 그러한가? 폐수가 먼저 있었을 때 〔그러하다〕. 그러나 얼마가 되었든지 빗물이 폐수보다 먼저 흘러내렸다면, 이것은 부정하다.

- 둘째 미쉬나처럼 어떤 집에 연못이 있었고 하나는 정결하고 하나는 부정하다면, 구조물 벽에 흐르는 물이 어느 연못에 가까운지에 따라 정결한지 부정한지 결정한다. 정확하게 가운데 있는 벽에서 흐르는 물은 더 엄격한 기준을 적용하여 부정하다고 간주한다.
- 같은 원리가 쇠를 섞어서 제련하는 경우(「켈림」 11, 1; 11, 4), 이스라엘 사람과 외국인이 공동으로 사용하는 소변기(「켈림」 4, 3; 「닛다」 4, 3), 버리는 물과 빗물이 고이는 웅덩이에 적용된다(「미크바옷」 1, 4).
- 폐수가 먼저 고여 있었고 빗물이 나중에 흘러들었을 때만 이런 원칙을 적용할 수 있는데, 그 이유는 원래 폐수를 모으는 웅덩이에 의도와 상관없는 빗물이 흘러들었기 때문이다. 빗물이 먼저 고여 있었다면 어떤 사람이 의도적으로 빗물을 모은 것으로 볼 수도 있기 때문에, 이런 경우에는 준비과정과 관련될 있으며, 부정한 폐수가 흘러들면 전체가 부정해진다(「마크쉬린」 4, 2; 4, 10).

## 2, 4

הַטּוֹרֵף אֶת גַּגּוֹ וְהַמְכַבֵּס אֶת כְּסוּתוֹ וְיָרְדוּ עֲלֵיהֶן גְּשָׁמִים, אִם רֹב מִן הַטָּמֵא, טָמֵא. וְאִם רֹב מִן הַטָּהוֹר, טָהוֹר. מֶחֱצָה לְמֶחֱצָה, טָמֵא. רַבִּי יְהוּדָה אוֹמֵר, אִם הוֹסִיפוּ לְנַטֵּף:

〔어떤 사람이〕 그의 지붕을 평평하게 긁거나 자기 옷을 빨았는데 그 위에 비가 내렸을 때, 부정한 것이 많으면 부정하다. 정결한 것이 많으면 정결하다. 반반이라면 부정하다. 예후다 랍비는 〔빗방울이〕 계속해서 떨어진다면 〔정결하다고〕 말했다.

- 어떤 사람이 지붕을 평평하게 긁고 회를 바르고 정리하기 위해서 물을 뿌리거나(「샤밧」 22, 6) 옷을 빨았을 때, 지붕이나 빨래에 남아 있는 물은 부정하다고 간주한다. 이 위에 빗물이 내려서 섞이면, 셋째 미쉬나에서 논의한 바와 같이 양이 많은 쪽에 따라 결정한다.
- 예후다 랍비는 지붕이나 옷에서 물방울들이 계속해서 떨어지면 결국 빗물의 함량이 높아질 테니 지붕이나 옷에 남아 있는 물은 정결하다고 주장한다.

## 2, 5

유대인과 외국인이 섞여 사는 곳에서 안식일에 노동한 결과를 이용하는 방법을 설명한다.

עִיר שֶׁיִּשְׂרָאֵל וְנָכְרִים דָּרִים בָּהּ וְהָיָה בָהּ מֶרְחָץ מַרְחֶצֶת בְּשַׁבָּת, אִם רֹב נָכְרִים, רוֹחֵץ מִיָּד. וְאִם רֹב יִשְׂרָאֵל, יַמְתִּין כְּדֵי שֶׁיֵּחַמּוּ הַחַמִּין. מֶחֱצָה לְמֶחֱצָה, יַמְתִּין כְּדֵי שֶׁיֵּחַמּוּ הַחַמִּין. רַבִּי יְהוּדָה אוֹמֵר, בְּאַמְבָּטִי קְטַנָּה, אִם יֵשׁ בָּהּ רָשׁוּת, רוֹחֵץ בָּהּ מִיָּד:

이스라엘과 이방인들이 〔함께〕 사는 도시에서 안식일에도 씻을 수 있는 목욕탕이 있을 때, 이방인들이 더 많으면, 〔안식일이 끝난 후〕 곧 씻을 수 있다. 이스라엘이 더 많으면, 그들이 물을 데울 때까지 기다려야 한다. 반반이면, 그들이 물을 데울 때까지 기다려야 한다. 예후다 랍비는 그것이 작은 욕조였을 때, 그것이 〔이방인들이〕 다스리는 곳이라면, 〔안식일이 끝난 후〕 곧 씻을 수 있다고 말한다.

- 유대인이 안식일에 노동을 할 수 없는 것은 당연하며, 다른 유대인이 안식일에 한 일의 결과를 이용하는 것도 금지되어 있으나, 안식일에 이방인을 위해서 노동한 결과를 유대인이 이용하는 것은 허락된다. 그러나 이런 경우에도 안식일이 끝날 때까지 기다려야 한다.
- 이스라엘과 외국인이 함께 사는 도시에서 안식일에도 영업을 하는 목욕탕이 있을 때, 이 목욕탕의 물을 유대인이 이용하려고 데웠는지 외국인이 이용하려고 데웠는지 결정할 수 없는 상황이다. 만약 그 도시 거주민들 중 외국인이 많다면, 외국인을 위해서 안식일에 물을 데웠다고 간주하고, 안식일이 끝난 후 곧 가서 씻어도 좋다. 만약 유대인이 많다면, 유대인을 위해서 안식일에 물을 데웠다고 보며, 그 물이 식었다가 다시 데울 때까지 기다려야 한다. 거주민들 중 외국인과 유대인이 반반이라면, 규정을 더 엄격한쪽으로 적용한다.
- 예후다 랍비는 목욕탕 안에 있는 욕조가 작고, 그 도시를 외국인들이 다스리고 있을 때, 안식일에 데운 물은 외국인들을 위한 것으로 간주하며, 안식일이 끝나면 곧 씻을 수 있다고 주장한다.

## 2, 6

---

מָצָא בָהּ יָרָק נִמְכָּר, אִם רֹב נָכְרִים, לוֹקֵחַ מִיָּד. וְאִם רֹב יִשְׂרָאֵל, יַמְתִּין כְּדֵי שֶׁיָּבֹאוּ מִמָּקוֹם קָרוֹב. מֶחֱצָה לְמֶחֱצָה, יַמְתִּין כְּדֵי שֶׁיָּבֹאוּ מִמָּקוֹם קָרוֹב. וְאִם יֵשׁ בּוֹ רָשׁוּת, לוֹקֵחַ מִיָּד:

---

〔어떤 사람이 안식일에〕 그 〔도시〕에서 채소 파는 것을 찾았을 때, 만약 이방인들이 더 많으면 〔안식일이 끝난 후〕 곧 살 수 있다. 이스라엘이 더 많으면 가까운 곳에서 〔다른 채소를〕 가져오기를 기다려야 한다. 반반이면, 가까운 곳에서 〔다른 채소를〕 가져오기를 기다려야 한다. 그리고 만약 〔이방인들이〕 다스리는 곳이라면, 〔안식일이 끝난 후〕 곧 살 수 있다.

- 다섯째 미쉬나와 마찬가지로 이스라엘과 외국인이 함께 사는 도시에서 안식일에 뽑은 채소를 팔고 있었는데, 그 채소를 유대인이 안식일에 뽑아왔는지 여부를 알 수 없는 상황이다. 이런 경우 거주민의 구성비율을 기준으로 미루어 판단한다는 말이다. 역시 그 도시의 지배층이 외국인인 경우, 외국인들이 일을 한 것으로 간주한다.

## 2, 7

מָצָא בָהּ תִּינוֹק מֻשְׁלָךְ, אִם רֹב נָכְרִים, נָכְרִי. וְאִם רֹב יִשְׂרָאֵל, יִשְׂרָאֵל.
מֶחֱצָה לְמֶחֱצָה, יִשְׂרָאֵל. רַבִּי יְהוּדָה אוֹמֵר, הוֹלְכִין אַחַר רֹב הַמַּשְׁלִיכִין:

〔어떤 사람이〕 그 〔도시〕에서 버려진 아이를 찾았을 때, 만약 외부인들이 더 많으면, 그는 외부인이다. 그러나 만약 이스라엘이 많으면, 그는 이스라엘이다. 반반이면, 그는 이스라엘이다. 예후다 랍비는 〔아이를〕 버리는 사람이 많은 쪽을 따라 〔결정해야 한다고〕 말한다.

- 다섯째 미쉬나와 마찬가지로 이스라엘과 외국인이 함께 사는 도시에서 버려진 아이를 발견했는데, 부모가 누구인지 알 수 없는 상황이다. 이런 경우 거주민 중 다수가 외부인 즉 비유대인이라면 그 아이를 외국인으로 간주하며, 그 아이에게 정결법에 맞지 않는 음식을 먹여도 좋다. 거주민 중 다수가 유대인이라면, 그 아이는 유대인으

로 간주하며, 그 아이가 크면 잃어버린 물건을 다시 돌려주어야 한다. 반반이라면, 그 아이는 유대인으로 간주하며, 그 아이의 소가 다른 유대인의 소에게 해를 입히면, 이미 알려진 위험이라는 조건 하에 피해액의 반만 배상한다.[5)]

- 예후다 랍비는 반대의견을 제기하며, 이런 경우 거주민 구성비율이 아니라 그들의 행동방식을 기준으로 판단해야 한다고 주장한다.

## 2, 8

מָצָא בָהּ מְצִיאָה, אִם רֹב נָכְרִים, אֵינוֹ צָרִיךְ לְהַכְרִיז. וְאִם רֹב יִשְׂרָאֵל, צָרִיךְ לְהַכְרִיז. מֶחֱצָה לְמֶחֱצָה, צָרִיךְ לְהַכְרִיז. מָצָא בָהּ פַּת, הוֹלְכִין אַחַר רֹב הַנַּחְתּוֹמִין. וְאִם הָיְתָה פַּת עִסָּה, הוֹלְכִים אַחַר רֹב אוֹכְלֵי פַּת עִסָּה. רַבִּי יְהוּדָה אוֹמֵר, אִם הָיְתָה פַּת קִבָּר, הוֹלְכִין אַחַר רֹב אוֹכְלֵי פַּת קִבָּר:

〔어떤 사람이〕 그 〔도시〕에서 분실물을 찾았을 때, 만약 외부인이 더 많으면, 그것을 알릴 필요가 없다. 그러나 만약 이스라엘이 더 많으면, 그것을 알려야 한다. 반반이면, 그것을 알려야 한다.

〔어떤 사람이〕 그 〔도시〕에서 빵을 찾았을 때는, 제빵사들이 〔어느 쪽이〕 더 많은지에 따라 판단한다. 만약 그것이 깨끗한 밀가루로 〔구운〕 빵이었다면, 깨끗한 밀가루로 〔구운〕 빵을 먹는 사람이 〔어느 쪽이〕 더 많은지에 따라 판단한다. 예후다 랍비는 만약 그것이 거친 밀가루로 〔구운〕 빵이었다면, 거친 밀가루로 〔구운〕 빵을 먹는 사람이 〔어느 쪽에〕 더 많은지에 따라 결정한다고 말한다.

- 다섯째 미쉬나와 마찬가지로 이스라엘과 외부인 즉 외국인이 함께

5) 주석가들은 이 미쉬나를 경제적 사건과 손해배상이라는 조건하에서만 적용한다. 가족법과 민족적 정체성과 관련해서 이런 아이는 '의심스러운 유대인'으로 판단한다. 유대인 자격을 온전히 취득하려면 개종해야 한다

사는 도시에서 분실물을 발견했을 때, 만약 거주민 중 외국인이 더 많으면, 분실물을 주웠다는 사실을 알릴 필요가 없다. 만약 거주민 중 유대인이 더 많으면, 그는 분실물을 주웠다는 사실을 알리고 주인이 찾으러 오는지 기다려야 한다. 주인이 그 분실물을 확인할 수 있다면, 그에게 돌려주어야 함은 물론이다(「바바 메찌아」 2, 1). 거주민 구성비율이 반반으로 섞여 있다면, 분실물을 주웠다는 사실을 알려야 한다.

- 랍비들은 외국인이 만든 빵을 먹지 말라고 금지하는데, 그 빵이 부정해서라기보다는 이런 교제를 통해 외국문화에 동화될까 봐 걱정했기 때문이다. 그래서 이스라엘과 외국인이 함께 사는 도시에서 버려진 빵을 발견했을 때, 만든 사람이 누구인지 판단할 수 없는 상황이 되면 곤란하다. 해결책은 이스라엘과 외국인 중 제빵사가 더 많은 쪽을 따라 판단하거나(「아보다 자라」 2, 6), 특별한 종류의 빵이었다면 그 빵을 먹는 관습에 따라 판단해야 한다.

## 2, 9

---

מָצָא בָהּ בָּשָׂר, הוֹלְכִין אַחַר רֹב הַטַּבָּחִים. אִם הָיָה מְבֻשָּׁל, הוֹלְכִים אַחַר רֹב אוֹכְלֵי בָשָׂר מְבֻשָּׁל:

---

〔어떤 사람이〕 그 〔도시〕에서 고기를 찾았을 때, 도살업자들이 〔어느 쪽에〕 더 많은지에 따라 판단한다. 만약 그것이 삶은 고기였다면, 삶은 고기를 먹는 사람들이 〔어느 쪽에〕 더 많은지에 따라 판단한다.

- 다섯째 미쉬나와 마찬가지로 이스라엘과 외국인이 함께 사는 도시에서 떨어져 있는 고기를 발견했을 때, 가축을 정결법에 따라 도살했는지 여부를 알 수 없는 상황이다. 이때는 도살업자들 중에 이스라엘이 많은지 외국인이 많은지에 따라 결정한다. 만약 그것이 삶

은 고기였다면, 고기를 그렇게 먹는 사람들이 누구인지 따져서 결정 한다.

## 2, 10
길에서 주운 농산물에 십일조법을 적용하는 문제를 논의한다.

---

הַמּוֹצֵא פֵרוֹת בַּדֶּרֶךְ, אִם רֹב מַכְנִיסִין לְבָתֵּיהֶן, פָּטוּר. וְלִמְכֹּר בַּשּׁוּק, חַיָּב. מֶחֱצָה לְמֶחֱצָה, דְּמַאי. אוֹצָר שֶׁיִּשְׂרָאֵל וְנָכְרִים מַטִּילִין לְתוֹכוֹ, אִם רֹב נָכְרִים, וַדַּאי. וְאִם רֹב יִשְׂרָאֵל, דְּמַאי. מֶחֱצָה לְמֶחֱצָה, וַדַּאי, דִּבְרֵי רַבִּי מֵאִיר. וַחֲכָמִים אוֹמְרִים, אֲפִלּוּ כֻלָּם נָכְרִים וְיִשְׂרָאֵל אֶחָד מַטִּיל לְתוֹכוֹ, דְּמַאי:

---

〔어떤 사람이〕 길에서 열매들을 찾았을 때, 만약 자기 집으로 들이는 사람이 많으면, 그것은 〔십일조를 낼 의무에서〕 면제된다. 만약 시장에서 파는 사람이 많으면, 그것은 〔십일조를 낼〕 의무가 있다. 반반이라면 드마이로 〔간주한다〕.

이스라엘과 외부인들이 〔농산물을〕 가지고 들어오는 창고는, 만약 외부인들이 많으면 〔그 농산물은〕 당연히 〔십일조를 내지 않은 것으로 간주한다〕. 그러나 만약 이스라엘이 많으면, 〔그 농산물은〕 드마이로 〔간주한다〕. 반반이라면, 드마이라고 메이르 랍비가 주장했다. 그러나 현인들은 전부 다 외부인이고 이스라엘은 한 사람만 그 안에 〔농산물을〕 가져온다 하더라도, 〔그 농산물은〕 드마이라고 말한다.

- 농산물을 자기 집으로 가져가는 자는 도중에 아직 거제와 십일조를 떼지 않은 상태에서 그것을 일부 먹을 수 있다. 그러나 그 농산물을 팔기 위해서 시장으로 가져가는 자는 십일조를 내기 전에는 손을 댈 수 없다(「마아쎄롯」1, 5). 그러므로 길에서 농산물을 주웠다면 어떤 상황에서 떨어졌는지 확인할 수 없는 상황이다.
- 만약 자기 집으로 가져가는 사람이 많은 곳에서 주웠다면, 그 농산

물은 십일조 납부 의무에서 면제된다. 그러나 시장으로 가져가는 사람이 많은 곳에서 주웠다면, 본인은 집으로 가는 길에 먹을 예정이라 하더라도 십일조를 떼는 것이 먼저다. 반반이라면 그 농산물은 드마이 즉 십일조를 뗐는지 알 수 없는 경우이므로, 그 의심 때문에 십일조를 먼저 떼고 먹어야 한다(「드마이」 3, 4; 「마아쎄롯」 2, 1).

- 이스라엘과 외부인 즉 외국인들이 창고를 함께 쓰고 있는 상황이라면, 외국인들이 많을 때는 아무것도 떼지 않은 것이므로 거제와 십일조를 떼고 먹는다. 이스라엘이 많으면 드마이이므로, 십일조의 거제, 둘째 십일조를 뗀다. 그러나 거제와 첫째 십일조, 가난한 자를 위한 십일조는 떼지 않는다. 반반일 때, 메이르 랍비는 드마이로 간주한다고 주장한다.
- 그러나 현인들은 반대의견을 제시한다. 외국인들이 소유한 농지에서 수확한 농산물은 십일조를 낼 필요가 없으므로, 십일조를 내지 않은 곡식으로 볼 수 없는데, 유대인 한 사람이 있었다면, 그 사람 때문에 드마이가 되는 것이라고 설명한다.

### 2, 11
수확한 작물이 섞였을 때 십일조 내는 방법을 설명한다.

---

פֵּרוֹת שְׁנִיָּה שֶׁרַבּוּ עַל שֶׁל שְׁלִישִׁית, וְשֶׁל שְׁלִישִׁית עַל שֶׁל רְבִיעִית, וְשֶׁל רְבִיעִית עַל שֶׁל חֲמִישִׁית, וְשֶׁל חֲמִישִׁית עַל שֶׁל שִׁשִּׁית, וְשֶׁל שִׁשִּׁית עַל שֶׁל שְׁבִיעִית, וְשֶׁל שְׁבִיעִית עַל שֶׁל מוֹצָאֵי שְׁבִיעִית, הוֹלְכִין אַחַר הָרֹב. מֶחֱצָה לְמֶחֱצָה, לְהַחֲמִיר:

---

둘째 해의 열매들이 셋째 해보다 많거나, 셋째 해가 넷째 해보다 많거나, 넷째 해가 다섯째 해보다 많거나,[6] 다섯째 해가 여섯째 해보다

6) 어떤 사본에는 넷째 해와 다섯째 해가 섞였다는 부분이 없다.

많거나, 여섯째 해가 일곱째 해보다 많거나, 일곱째 해가 일곱째 해 끝날 때보다 많으면, 많은 쪽을 따라 판단한다. 반반이면 더 엄정하게 판단한다.

- 안식년 주기에 따라 첫째와 둘째, 넷째, 다섯째 해에 첫째 십일조와 둘째 십일조를 납부하며, 셋째와 여섯째 해에는 첫째 십일조와 가난한 자를 위한 십일조를 낸다. 일곱째 해에 자라난 농작물은 거룩하니, 판매할 수 없고(「슈비잇」 8, 2) 제거하는 기간에 제거할 의무가 있으며 십일조를 낼 필요도 없다. 그러므로 수확한 농작물이 섞이면 제물로 바치는 규정을 적용하는 데 문제가 생긴다.
- 예를 들어 둘째 십일조를 내야 하는 둘째 해의 농작물과 가난한 자를 위한 십일조를 내야 하는 셋째 해의 농작물이 섞이면, 어떤 십일조를 내야 하는지 불분명해지는 상황이다. 이런 경우에는 수확량이 많은 쪽의 규정을 적용한다.
- 반반이면 규정을 더 엄정하게 적용하며, 위의 경우 둘째 십일조와 가난한 자를 위한 십일조를 모두 떼어야 한다.

## 제3장

음식을 강둑이나 물구덩이나 동굴 입구, 물이 든 병, 포도주 병 옆에 놓아두었을 경우, 방에 물을 뿌리거나 젖은 빨래를 널거나 젖은 점토 위에 두었거나 타작마당에 물을 뿌렸거나 곡식이나 열매 위에 이슬이나 비가 내린 경우 준비가 된 것인지 논의한다.

## 3, 1

강가에 쌓아놓은 농산물이 준비되는지 논의한다.

---

שַׂק שֶׁהוּא מָלֵא פֵרוֹת וּנְתָנוֹ עַל גַּב הַנָּהָר, אוֹ עַל פִּי הַבּוֹר, אוֹ עַל מַעֲלוֹת הַמְּעָרָה, וְשָׁאֲבוּ, כֹּל שֶׁשָּׁאֲבוּ, בְּכִי יֻתַּן. רַבִּי יְהוּדָה אוֹמֵר, כֹּל שֶׁהוּא כְּנֶגֶד הַמַּיִם, בְּכִי יֻתַּן. וְכֹל שֶׁאֵינוֹ כְּנֶגֶד הַמַּיִם, אֵינוֹ בְּכִי יֻתַּן:

---

열매가 가득 든 자루를 강둑에, 또는 〔물〕구덩이 입구에, 또는 동굴에서 〔올라오는〕 계단에 놓아두었다가 〔물을〕 흡수하면, 〔물을〕 흡수한 모든 것은 '물이 묻었을 때' 〔규정에〕 해당한다.

예후다 랍비는 물가의 맞은편에 있는 모든 것은 '물이 묻었을 때' 〔규정에〕 해당한다고 말한다. 그러나 물가의 맞은편에 있지 않은 모든 것은 '물이 묻었을 때' 〔규정에〕 해당하지 않는다.

- 수확한 농산물이 든 자루를 물이 흐르거나 고인 장소 근처에 놓아두었다가 물이 묻으면(「미크바옷」 4, 4), 그 농산물은 준비가 된 것으로 간주한다. 그 장소가 물기가 있는 곳이므로 농산물의 주인이 이런 결과를 의도한 것으로 보는 것이다.
- 예후다 랍비는 물가와 마주한 쪽의 자루는 준비가 되지만 그 반대편 자루는 준비가 되지 않는다고 주장하여, 위의 규정을 제한한다.

## 3, 2

---

חָבִית שֶׁהִיא מְלֵאָה פֵרוֹת וּנְתוּנָה לְתוֹךְ הַמַּשְׁקִין, אוֹ מְלֵאָה מַשְׁקִין וּנְתוּנָה לְתוֹךְ הַפֵּרוֹת, וְשָׁאֲבוּ, כֹּל שֶׁשָּׁאֲבוּ, בְּכִי יֻתַּן. בְּאֵלּוּ מַשְׁקִים אָמְרוּ, בְּמַיִם וּבְיַיִן וּבְחֹמֶץ. וּשְׁאָר כָּל הַמַּשְׁקִין, טְהוֹרִין. רַבִּי נְחֶמְיָה מְטַהֵר בְּקִטְנִית, שֶׁאֵין הַקִּטְנִית שׁוֹאֶבֶת:

---

열매가 가득 든 병을 음료수 가운데 놓아두거나 또는 음료수가 가득 든 〔병을〕 열매들 가운데 놓아두었을 때, 〔물을〕 흡수한 모든 것은 '물이 묻었을 때' 〔규정에〕 해당한다. 어떤 음료수를 말하는 것인가? 물과 포도주와 식초다. 그러나 그 외 모든 음료수는 정결하다. 네헤미야 랍비는 콩류는 정결하다고 했으니, 콩류는 〔물을〕 흡수하지 않기 때문이다.

- 이 미쉬나는 점토로 구운 병은 물을 흡수하는 성질이 있어서 그 벽 너머에 있는 농산물이 물을 흡수할 수 있다는 상황을 지적하고 있다.
- 이런 상황에 관련된 액체는 일곱 가지 음료수 중 물과 포도주가 있으며, 식초도 포함된다고 한다(알벡은 이것이 신 포도주라고 설명한다). 기름이나 우유 등 다른 음료수들은 이런 상황과 관련이 없다.
- 네헤미야 랍비는 콩류는 물을 흡수하기 어려운 성격이 있으므로 이 규정에 해당하지 않는다고 지적한다.

3, 3

---

הָרוֹדֶה פַּת חַמָּה וּנְתָנָהּ עַל פִּי חָבִית שֶׁל יַיִן, רַבִּי מֵאִיר מְטַמֵּא. רַבִּי יְהוּדָה מְטַהֵר. רַבִּי יוֹסֵי מְטַהֵר בְּשֶׁל חִטִּים וּמְטַמֵּא בְשֶׁל שְׂעֹרִים, מִפְּנֵי שֶׁהַשְּׂעֹרִים שׁוֹאֲבוֹת:

---

뜨거운 빵을 〔화덕에서〕 집어 내려서 포도주 병 입구에 놓아두었을 때, 메이르 랍비는 부정하다고 했다. 예후다 랍비는 정결하다고 했다. 요쎄 랍비는 밀로 〔만든 빵은〕 정결하고 보리로 〔만든 빵은〕 부정하다고 했으니, 보리는 〔물을〕 흡수하기 때문이다.

- 화덕에서 갓 구운 빵을 포도주를 담은 병 입구에 놓아두었을 때, 이 빵이 포도주에서 습기를 흡수하는지 여부에 관해 메이르 랍비와 예

후다 랍비는 다른 생각을 가지고 있다. 요쎄 랍비는 밀과 보리 반죽을 구별한다(「트루못」 10, 3).

- 후대 전통에 따르면 물로 반죽해서 구운 빵은 이미 부정해질 준비가 된 상태로 간주한다. 그렇게 보면 이 미쉬나는 물이 아닌 과일즙으로 반죽했다고 해야 의미가 있다.

## 3, 4

הַמְרַבֵּץ אֶת בֵּיתוֹ וְנָתַן בּוֹ חִטִּים וְטָנְנוּ, אִם מֵחֲמַת הַמַּיִם, בִּכְי יֻתַּן. וְאִם מֵחֲמַת הַסֶּלַע, אֵינָן בִּכְי יֻתַּן. הַמְכַבֵּס אֶת כְּסוּתוֹ בַּעֲרֵבָה, נָתַן בָּהּ חִטִּים וְטָנְנוּ, אִם מֵחֲמַת הַמַּיִם, בִּכְי יֻתַּן. אִם מֵחֲמַת עַצְמָן, אֵינָן בִּכְי יֻתַּן. הַמְטַנֵּן בְּחֹל, הֲרֵי זֶה בִּכְי יֻתַּן. מַעֲשֶׂה בְּאַנְשֵׁי הַמָּחוֹז שֶׁהָיוּ מְטַנְּנִין בְּחֹל, אָמְרוּ לָהֶם חֲכָמִים, אִם כָּךְ הֱיִיתֶם עוֹשִׂים, לֹא עֲשִׂיתֶם טָהֳרָה מִימֵיכֶם:

〔어떤 사람이〕 자기 집에 〔물을〕 뿌리고 그 안에 밀을 두었고 그것이 촉촉해졌을 때, 만약 물 때문이라면, 그것은 '물이 묻었을 때' 〔규정에〕 해당한다. 그러나 돌 때문이라면, 그것은 '물이 묻었을 때' 〔규정에〕 해당하지 않는다.

〔어떤 사람이〕 자기 옷을 통에 〔넣고〕 빨고 그 〔통〕 안에 밀을 두었고 그것이 촉촉해졌을 때, 만약 물 때문이라면, 그것은 '물이 묻었을 때' 〔규정에〕 해당한다. 만약 스스로 그렇게 되었다면, 그것은 '물이 묻었을 때' 〔규정에〕 해당하지 않는다.

〔어떤 사람이 곡식을〕 모래에 〔묻어〕 촉촉하게 만들었다면, 그것은 '물이 묻었을 때' 〔규정에〕 해당한다. 마호즈 사람들은 모래에 〔묻어〕 촉촉하게 만드는 관습이 있었는데, 현인들이 그들에게 만약 너희들이 그렇게 행한다면 너희들은 평생 동안 정결하게 〔준비하지〕 않는 것이라고 말했다.

- 어떤 사람이 먼지를 가라앉히려고 집 바닥에 물을 뿌렸고, 그 후에 밀을 가져다 놓았는데 촉촉해졌다. 이런 경우 습기가 의도적으로 뿌린 물에서 왔는지 아니면 바닥에 있는 돌로부터 왔는지에 따라 준비가 되었는지 판단한다.
- 어떤 통에 빨래를 하고 난 뒤에 밀을 담아둔 경우에도 같은 원리를 적용한다.
- 모래는 원래 습기를 머금고 있으므로 누가 의도적으로 물을 뿌리지 않아도 농산물을 그 속에 묻어두면 준비가 된 것으로 간주한다. 모래가 많은 지역인 마호즈 사람들이 그런 관습이 있었다(「아라킨」 3, 2).

## 3, 5

---

הַמְטַנֵּן בְּטִיט הַנָּגוּב, רַבִּי שִׁמְעוֹן אוֹמֵר, אִם יֶשׁ בּוֹ מַשְׁקֶה טוֹפֵחַ, בְּכִי יֻתַּן. וְאִם לָאו, אֵינוֹ בְּכִי יֻתַּן. הַמְרַבֵּץ אֶת גָּרְנוֹ, אֵינוֹ חוֹשֵׁשׁ שֶׁמָּא נָתַן בָּהּ חִטִּים וְטָנְנוּ. הַמְלַקֵּט עֲשָׂבִים כְּשֶׁהַטַּל עֲלֵיהֶם, לְהָטֵן בָּהֶם חִטִּים, אֵינָן בְּכִי יֻתַּן. אִם נִתְכַּוֵּן לְכָךְ, הֲרֵי זֶה בְּכִי יֻתַּן. הַמּוֹלִיךְ חִטִּין לִטְחֹן וְיָרְדוּ עֲלֵיהֶן גְּשָׁמִים, אִם שָׂמַח, בְּכִי יֻתַּן. רַבִּי יְהוּדָה אוֹמֵר, אִי אֶפְשָׁר שֶׁלֹּא לִשְׂמֹחַ, אֶלָּא אִם עָמָד:

---

〔어떤 사람이〕 마르고 있는 점토로 〔농산물을〕 촉촉하게 만들었을 때, 쉼온 랍비는 만약 그 안에 흐르는 음료수가 있다면 '물이 묻었을 때' 〔규정에〕 해당한다고 말한다. 그러나 만약 그렇지 않다면, '물이 묻었을 때' 〔규정에〕 해당하지 않는다.

〔어떤 사람이〕 자기 타작마당에 〔물을〕 뿌렸을 때, 그곳에 밀을 놓아두면 촉촉해질까 봐 걱정하지 않아도 좋다. 〔어떤 사람이〕 아직 이슬이 내려 있는 풀을 모았고 그로 인해 밀이 촉촉해졌다면, 그것은 '물이 묻었을 때' 〔규정에〕 해당하지 않는다. 만약 그가 그럴 의도가 있었다면, 그것은 '물이 묻었을 때' 〔규정에〕 해당한다.

〔어떤 사람이〕 밀을 갈기 위해서 가져가는데 그 위에 비가 내렸을 때, 만약 그가 기뻐했다면 그것은 '물이 묻었을 때' 〔규정에〕 해당한다. 예후다 랍비는 그가 기뻐하지 않을 수 없다고 말한다.[7] 오히려 그가 〔가던 길을 멈추고〕 서 있었다면, 〔'물이 묻었을 때' 규정에 해당한다〕.

- 여러 가지 예를 들어서 농산물을 적실 수 있는 물이 충분히 있고 또 그 주인이 그것에 만족한다는 조건 아래서 준비과정이 시행된다는 원리를 풀어서 설명한다(회에 관해서는 「미크바옷」 9, 2). 비가 내리는 경우는 농산물 주인의 의도와 상관없는 사건이기 때문에 준비과정이 일어나지 않으나, 주인이 기뻐하면 그렇다고 간주한다.
- 예후다 랍비는 밀이 적당히 젖으면 방앗간에서 가루로 가는 데 도움이 되기 때문에 주인이 기뻐하지 않을 이유가 없다고 한다(알벡에 따르면 예후다 랍비는 이 경우 주인이 기뻐했는지 여부는 상관없다고 주장). 그러므로 그 사람이 비가 올 때 길에서 멈추어 서서 빗물이 밀에 더 스며들도록 하여 의도적인 행위를 하면 준비과정이 시행된 것으로 보아야 한다고 주장한다.

## 3, 6

---

הָיוּ זֵיתָיו נְתוּנִים בַּגַּג וְיָרְדוּ עֲלֵיהֶן גְּשָׁמִים, אִם שָׂמַח, בִּכְּי יֻתַּן. רַבִּי יְהוּדָה אוֹמֵר, אִי אֶפְשָׁר שֶׁלֹּא לִשְׂמֹחַ, אֶלָּא, אִם פָּקַק אֶת הַצִּנּוֹר אוֹ אִם חִלְחֵל לְתוֹכָן:

---

〔어떤 사람이〕 자기 올리브를 지붕에 놓아두었는데 그 위에 비가 내렸을 때, 만약 그가 기뻐했다면 그것은 '물이 묻었을 때' 〔규정에〕

---

7) 다른 사본에는 '기뻐하지 않을 수도 있다'(אפשר שלא לשמוח)고 기록되어 있다.

해당한다. 예후다 랍비는 그가 기뻐하지 않을 수 없다고 말한다. 오히려 그가 배수구를 막거나 또는 그 〔올리브를 섞으며〕 안에 〔물이〕 들어가게 했다면 〔'물이 묻었을 때' 규정에 해당한다〕.

- 이 미쉬나 앞부분은 다섯째 미쉬나 뒷부분과 유사한 문맥을 이어가고 있다.
- 예후다 랍비는 역시 올리브가 젖는 것은 누구나 기뻐하는 일이기 때문에, 올리브 주인이 다른 의도적인 행위를 했을 때 준비과정이 시행된 것으로 본다고 주장한다.

## 3, 7

---

הַחַמָּרִין שֶׁהָיוּ עוֹבְרִים בַּנָּהָר וְנָפְלוּ שַׂקֵּיהֶם לַמַּיִם, אִם שָׂמְחוּ, בִּכְּי יֻתַּן. רַבִּי יְהוּדָה אוֹמֵר, אִי אֶפְשָׁר שֶׁלֹּא לִשְׂמֹחַ, אֶלָּא, אִם הָפְכוּ. הָיוּ רַגְלָיו מְלֵאוֹת טִיט, וְכֵן רַגְלֵי בְהֶמְתּוֹ, עָבַר בַּנָּהָר, אִם שָׂמַח, בִּכְּי יֻתַּן. רַבִּי יְהוּדָה אוֹמֵר, אִי אֶפְשָׁר שֶׁלֹּא לִשְׂמֹחַ, אֶלָּא, אִם עָמַד וְהֵדִיחַ. בְּאָדָם וּבִבְהֵמָה טְמֵאָה, לְעוֹלָם טָמֵא:

---

당나귀 몰이꾼들이 강을 건너다가 그들의 자루가 물에 떨어졌을 때, 만약 그들이 기뻐했다면 '물이 묻었을 때' 〔규정에〕 해당한다. 예후다 랍비는 그들이 기뻐하지 않을 수 없었다고 말한다. 오히려 그들이 〔골고루 물이 스며들도록 자루를〕 뒤집었다면 〔'물이 묻었을 때' 규정에 해당한다〕.

그의 발에 진흙이 잔뜩 〔붙어 있었고〕 그의 가축의 발도 그러했을 때, 그가 강을 건넜고 〔그것을〕 기뻐했다면 이것은 '물이 묻었을 때' 〔규정에〕 해당한다. 예후다 랍비는 그가 기뻐하지 않을 수 없었다고 말한다. 오히려 그가 멈추어 서서 〔발을〕 씻어냈다면 〔'물이 묻었을 때' 규정에 해당한다〕. 사람과 부정한 가축을 〔씻어냈다면〕 이것은 언제든지 부정하다.

- 이 미쉬나 역시 다섯째 미쉬나 뒷부분과 유사한 문맥을 이어가고 있다. 예후다 랍비는 좀 더 의도적인 행위를 했을 때 준비행위를 한 것이라고 주장한다.
- 이 미쉬나 마지막에 정결한 가축과 부정한 가축을 구별하는 문장은 어떤 의미인지 이해하기 어렵다.

## 3, 8

הַמּוֹרִיד אֶת הַגַּלְגַּלִּים וְאֶת כְּלֵי הַבָּקָר בִּשְׁעַת הַקָּדִים לַמַּיִם בִּשְׁבִיל שֶׁיָּחוּצוּ, הֲרֵי זֶה בְכִי יֻתַּן. הַמּוֹרִיד בְּהֵמָה לִשְׁתּוֹת, הַמַּיִם הָעוֹלִים בְּפִיהָ, בְּכִי יֻתַּן. וּבְרַגְלֶיהָ, אֵינָן בְּכִי יֻתַּן. אִם חָשַׁב שֶׁיּוּדְחוּ רַגְלֶיהָ, אַף הָעוֹלִין בְּרַגְלֶיהָ, בְּכִי יֻתַּן. בִּשְׁעַת הַיַּחַף וְהַדַּיִשׁ, לְעוֹלָם טָמֵא. הוֹרִיד חֵרֵשׁ שׁוֹטֶה וְקָטָן, אַף עַל פִּי שֶׁחוֹשֵׁב שֶׁיּוּדְחוּ רַגְלֶיהָ, אֵינָן בְּכִי יֻתַּן, שֶׁיֵּשׁ לָהֶן מַעֲשֶׂה וְאֵין לָהֶן מַחֲשָׁבָה:

〔어떤 사람이〕 바퀴와 소에 〔씌우는〕 장비[8]를 단단히 조이려고 동풍이 불 때 물로 가지고 내려갔다면, 이것은 '물이 묻었을 때' 〔규정에〕 해당한다. 〔어떤 사람이〕 가축에게 물을 먹이려고 데리고 내려갔는데, 그 물이 그 입까지 올라왔다면 이것은 '물이 묻었을 때' 〔규정에〕 해당한다. 그러나 그 다리까지 〔올라왔다면〕 이것은 '물이 묻었을 때' 〔규정에〕 해당하지 않는다. 만약 그가 그 〔가축의〕 다리를 씻으려고 생각했고, 〔물이〕 그 다리까지 올라왔다면, 이것은 '물이 묻었을 때' 〔규정에〕 해당한다.

발덧이 났거나 타작하던 상황에서는 언제든지 부정하다. 귀머거리,

8) 이 낱말(כלי)은 '그릇'이나 '도구'를 뜻하며(야스트로 641), 여기서는 소에게 씌우는 멍에나 쟁기 등을 가리키는 것으로 볼 수 있다. 비슷한 용례로 사무엘하 24:22을 참조하라.

정박아, 미성년자가 데리고 내려갔을 때, 그가 그 〔가축의〕 다리를 씻으려고 생각했다 하더라도 '물이 묻었을 때' 〔규정에〕 해당하지 않으니, 그들에게 행위는 있지만 생각은 없기 때문이다.

- 어떤 사람이 수레바퀴나 소에게 씌우는 장비를 물에 넣어 불려서 단단히 조이려는 목적으로 물로 가지고 내려갔다면, 다시 나올 때 묻은 물은 그의 의도로 인해 준비과정에 사용될 수 있다. 가축에게 물을 먹이러 내려갔을 때나 씻기러 내려갔을 때도 주인의 의도가 물의 성격을 결정한다.
- 가축이 발덧이 났거나 타작하던 상황일 때도 주인이 의도적으로 가축을 물에 데리고 내려간 것이므로 다른 조건과 상관없이 준비과정과 관련된다.
- 청각장애자와 정박아와 미성년자는 혼자 법적으로 책임이 있는 의도를 품을 수 없기 때문에 그들의 행위는 준비과정에 영향을 미치지 않는다(예루살렘 탈무드 「트루못」 1, 1; 「마크쉬린」 6, 1).

## 제4장

물을 마시다가 수염에 묻은 물, 병으로 물을 긷다가 바깥면에 묻은 물 등 다양한 상황 속에서 음식이 준비되는지 설명한다. 그리고 음식을 준비시키는 물은 물의 근원, 즉 샘으로부터 분리되어야 하고, 음식 주인의 의도에 맞아 만족시켜야 한다는 원리를 소개한다.

## 4, 1

הַשּׁוֹחֶה לִשְׁתּוֹת, הַמַּיִם הָעוֹלִים בְּפִיו וּבִשְׂפָמוֹ, בְּכִי יֻתַּן. בְּחָטְמוֹ וּבְרֹאשׁוֹ
וּבִזְקָנוֹ, אֵינָן בְּכִי יֻתַּן. הַמְמַלֵּא בְחָבִית, הַמַּיִם הָעוֹלִים אַחֲרֶיהָ, וּבַחֶבֶל שֶׁהוּא
מְכֻנָּן עַל צַוָּארָהּ, וּבַחֶבֶל שֶׁהוּא לְצָרְכָּהּ, הֲרֵי זֶה בְכִי יֻתַּן. כַּמָּה הוּא צָרְכָּהּ.
רַבִּי שִׁמְעוֹן בֶּן אֶלְעָזָר אוֹמֵר, טֶפַח. נְתָנָהּ תַּחַת הַצִּנּוֹר, אֵינָן בְּכִי יֻתַּן:

〔어떤 사람이 물을〕 마시려고 몸을 숙였을 때, 그의 입과 콧수염에 〔묻어〕 올라온 물은 '물이 묻었을 때' 〔규정에〕 해당한다. 그의 코와 그의 머리와 그의 턱수염에 〔묻어 올라온 물은〕 '물이 묻었을 때' 〔규정에〕 해당하지 않는다.

〔어떤 사람이〕 병에 〔물을〕 채웠을 때, 그 바깥면에 〔묻어〕 올라온 물과, 그 목에 감은 밧줄에 〔묻어 올라온 물과〕, 그곳에 필요해서 〔달아놓은〕 밧줄에 〔묻어 올라온 물이 모두〕 '물이 묻었을 때' 〔규정에〕 해당한다. 그곳에 필요한 〔밧줄은〕 얼마나 되는가? 쉼온 벤 엘아자르 랍비는 〔1〕테팍이라고 말한다. 그 〔병을〕 배수구 밑에다 놓아두었다면, 그것은 '물이 묻었을 때' 〔규정에〕 해당하지 않는다.

- 어떤 사람이 강물 위로 몸을 숙여 물을 마셨을 때, 그의 입과 콧수염에 물이 묻지 않을 수 없으며, 이 행위는 그의 의도에 의한 행위이다. 그러므로 여기에 묻었던 물은 음식을 준비하는 데 사용할 수 있다. 다른 부분에 묻은 물은 그렇지 않으며 준비과정과 관련이 없다.
- 어떤 사람이 병을 밧줄에 매어 구덩이에서 물을 길었을 때, 병의 바깥면과 병목에 맨 줄과 병을 잡기 편하도록 맨 다른 줄에 묻은 물은 모두 그 사람이 의도적으로 길어낸 것이므로 준비과정에 사용할 수 있다. 병을 홈통 밑에다 놓아두었다면, 병의 바깥면이나 매어놓은 줄에 물을 묻힐 의도가 없었으므로, 그런 물로 음식을 준비시킬 수 없다.

## 4, 2

מִי שֶׁיָּרְדוּ עָלָיו גְּשָׁמִים, אֲפִלּוּ אַב הַטֻּמְאָה, אֵינוֹ בְּכִי יֻתַּן. וְאִם נִעֵר, בְּכִי יֻתַּן. עָמַד תַּחַת הַצִּנּוֹר לְהָקֵר אוֹ לִדּוֹחַ, בְּטָמֵא, טְמֵאִין. וּבְטָהוֹר, בְּכִי יֻתַּן:

어떤 사람 위에 비가 내렸다면, 그가 부정의 아버지일지라도, 그것은 '물이 묻었을 때' [규정에] 해당하지 않는다. 그러나 만약 그가 [빗물을] 떨어버렸다면, 그것은 '물이 묻었을 때' [규정에] 해당한다. 그가 [몸을] 식히거나 씻으려고 배수구 밑에 서 있었을 때, 그가 부정하다면 그 [물도] 부정하다. 그리고 그가 정결하다면 '물이 묻었을 때' [규정에] 해당한다.

- 하늘에서 내리는 비는 인간의 의지와 관련이 없기 때문에(「마크쉬린」 2, 3) 빗물이 부정의 아버지인 사람 위에 내려서 흘러도 음식을 준비시키지 못한다. 그러나 비를 맞은 사람이 의도적으로 옷에서 물을 떨어버리려고 실행하면 사정이 달라지며, 준비과정과 관련될 수 있다(마크쉬린 1, 2; 1, 4).
- 그 사람이 물에 몸을 식히거나 씻으려는 의도를 가지고 지붕에서 내려오는 배수구 밑에 서 있었을 때, 그가 부정한 상태였다면 그 빗물은 부정하고 음식을 준비시킬 수 있으며 부정을 전이한다. 그가 정결한 상태였다면 그 물은 음식을 준비시키는 역할만 한다.

## 4, 3

הַכּוֹפֶה קְעָרָה עַל הַכֹּתֶל בִּשְׁבִיל שֶׁתּוּדַח, הֲרֵי זֶה בְּכִי יֻתַּן. אִם בִּשְׁבִיל שֶׁלֹּא יִלְקֶה הַכֹּתֶל, אֵינָן בְּכִי יֻתַּן:

[어떤 사람이] 대접을 씻으려고 벽에 비스듬히 기대어놓았다면, 그것은 '물이 묻었을 때' [규정에] 해당한다. 만약 그 벽이 상하지 않게 하려고 그랬다면, 그것은 '물이 묻었을 때' [규정에] 해당하지 않는다.

- 어떤 사람이 비가 내릴 때 그 빗물에 대접을 씻으려고 벽에 기대어 놓았다면 준비과정에 관련된다. 그러나 빗물 때문에 벽이 상하지 않도록 보호하려고 그렇게 했다면, 그는 그 빗물에 만족하지 않기 때문에 준비과정과 관련이 없다.

## 4, 4

חָבִית שֶׁיָּרַד הַדֶּלֶף לְתוֹכָהּ, בֵּית שַׁמַּאי אוֹמְרִים, יְשַׁבֵּר. בֵּית הִלֵּל אוֹמְרִים, יְעָרֶה. וּמוֹדִים שֶׁהוּא מוֹשִׁיט אֶת יָדוֹ וְנוֹטֵל פֵּרוֹת מִתּוֹכָהּ, וְהֵם טְהוֹרִים:

병 안으로 〔지붕에서〕 새는 물이 떨어졌을 때, 샴마이 학파는 부숴야 한다고 말한다. 힐렐 학파는 그것을 비우면 된다고 말한다. 그러나 그들은 그가 손을 뻗어서 그 안에서 열매들을 취하면, 그것들은 정결하다고 동의했다.

- 열매나 곡식이 들어 있는 병 안으로 지붕에서 빗물이 새어 떨어졌다면, 이것은 그 농산물의 주인이 의도한 바가 아니다. 샴마이 학파에 따라면, 그 병을 깨서 물이 흘러나오도록 해야 한다. 만약 병을 기울여서 물을 따라내면, 주인이 의도적인 행위를 한 것이므로 그 내용물이 준비된다(「마크쉬린」 1, 2; 1, 4). 힐렐 학파는 그 물이 병 안에 들어 있는 동안에는 준비과정을 시행하지 못하므로, 그냥 물을 밖으로 부으면 된다고 말한다.
- 만약 그 사람이 물은 놓아두고 병 안에 든 내용물만 꺼낸다면, 그 농산물은 준비가 되지 않은 것으로 간주한다고 동의했다.

## 4, 5

עֲרֵבָה שֶׁיָּרַד הַדֶּלֶף לְתוֹכָהּ, הַנִּתָּזִין וְהַצָּפִין אֵינָן בְּכִי יֻתַּן. נְטָלָהּ לְשָׁפְכָהּ, בֵּית שַׁמַּאי אוֹמְרִים, בְּכִי יֻתַּן. בֵּית הִלֵּל אוֹמְרִים, אֵינָן בְּכִי יֻתַּן. הִנִּיחָהּ

שֶׁיֵּרֵד הַדֶּלֶף לְתוֹכָהּ, הַנִּתָּזִין וְהַצָּפִין, בֵּית שַׁמַּאי אוֹמְרִים, בִּכְּי יֻתַּן. בֵּית הִלֵּל אוֹמְרִים, אֵינָן בִּכְּי יֻתַּן. נְטָלָהּ לְשָׁפְכָהּ, אֵלּוּ וָאֵלּוּ מוֹדִים שֶׁהֵן בִּכְּי יֻתַּן. הַמַּטְבִּיל אֶת הַכֵּלִים וְהַמְכַבֵּס אֶת כְּסוּתוֹ בִּמְעָרָה, הַמַּיִם הָעוֹלִים בְּיָדָיו, בִּכְּי יֻתַּן. בְּרַגְלָיו, אֵינָן בִּכְּי יֻתַּן. רַבִּי אֶלְעָזָר אוֹמֵר, אִם אִי אֶפְשָׁר לוֹ שֶׁיֵּרֵד אֶלָּא אִם כֵּן נִטַּנְּפוּ רַגְלָיו, אַף הָעוֹלִין בְּרַגְלָיו בִּכְּי יֻתַּן:

---

통 안으로 〔지붕에서〕 새는 물이 떨어졌고, 튀거나 넘친 것은 '물이 묻었을 때' 〔규정에〕 해당하지 않는다. 그것을 쏟아버리려고 들었을 때, 샴마이 학파는 '물이 묻었을 때' 〔규정에〕 해당한다고 말한다. 힐렐 학파는 '물이 묻었을 때' 〔규정에〕 해당하지 않는다고 말한다.

〔지붕에서〕 새는 물이 그 안에 떨어지라고 그것을 놓아두었을 때, 그 튀거나 넘친 것에 관해, 샴마이 학파는 '물이 묻었을 때' 〔규정에〕 해당한다고 말한다. 힐렐 학파는 '물이 묻었을 때' 〔규정에〕 해당하지 않는다고 말한다. 그것을 쏟아버리려고 들었다면 이들과 저들이 〔모두〕 '물이 묻었을 때' 〔규정에〕 해당한다고 동의한다.

〔어떤 사람이〕 동굴에서 그릇들을 물에 담그거나 자기 옷을 빨았을 때, 그의 손 위에 묻어 올라온 물은 '물이 묻었을 때' 〔규정에〕 해당한다. 그의 발에 〔묻어 오른 물은〕 '물이 묻었을 때' 〔규정에〕 해당하지 않는다. 엘아자르 랍비는 만약 그가 자기 발을 더럽히지 않고 내려갈 수 없다면, 그의 발에 묻어 오른 것도 '물이 묻었을 때' 〔규정에〕 해당한다고 말한다.

- 지붕에서 샌 물이 통 안에 떨어져도 네째 미쉬나와 같은 원리가 적용된다. 다만 랍비들은 튀거나 넘친 물과 쏟아버린 물을 구분하는데, 샴마이 학파는 통을 들어 쏟는 행위가 의도적이기 때문에 음식을 준비시킬 수 있다고 주장한다.
- 지붕에서 물이 새는 곳을 알아서 그 밑에 통을 가져다 놓았다면, 그것은 의도적인 행위다. 그러므로 그 물로 음식을 준비시킬 수 있다.

그러나 힐렐 학파는 튀거나 넘친 물은 아직도 준비과정과 상관이 없다고 주장한다.

- 어떤 사람이 동굴 안에 있는 물웅덩이에서 그릇을 씻거나 옷을 빨았을 때(「마크쉬린」 3, 1), 손에 묻은 물은 그의 의도적 행위와 직결되어 있으므로 음식을 준비시키는 데 쓸 수 있다. 발에 묻은 물은 그 행위와 직접적인 관련이 없으므로 준비시킬 수 없다.
- 엘아자르 랍비는 반대 의견을 제시하며, 발이 젖어서 더러워질 수밖에 없는 상황에서 동굴에 내려가서 일을 했다면, 그것은 그 사람의 의도적인 결정이므로, 준비과정과 관련이 있다고 말한다.

## 4, 6

음식을 준비시키기 위해서는 물의 근원으로부터 분리되어야 하며 음식의 주인이 만족해야 한다는 두 가지 원리를 한꺼번에 설명한다.

---

קֻפָּה שֶׁהִיא מְלֵאָה תֻּרְמוֹסִין וּנְתָנוּהָ לְתוֹךְ מִקְוֶה, מוֹשִׁיט יָדוֹ וְנוֹטֵל תֻּרְמוֹסִין מִתּוֹכָהּ, וְהֵם טְהוֹרִים. הֶעֱלָם מִן הַמַּיִם, הַנּוֹגְעִים בַּקֻּפָּה, טְמֵאִים, וּשְׁאָר כָּל הַתֻּרְמוֹסִים, טְהוֹרִים. צְנוֹן שֶׁבַּמְּעָרָה, נִדָּה מְדִיחָתוֹ וְהוּא טָהוֹר. הֶעֱלַתּוּ כָּל שֶׁהוּא מִן הַמַּיִם, טָמֵא:

---

〔어떤 사람이〕 루핀이 가득 든 바구니를 물웅덩이 안에 놓아두었고,[9] 손을 뻗어 그 안에서 루핀을 꺼냈다면, 그것은 정결하다. 그가 그것들을 물에서 건져 올렸을 때, 그 바구니에 접촉한 것들은 부정하지만, 그 외 루핀들은 정결하다.

무가 동굴 안에 있었으면, 월경하는 여인이 그것을 씻어도 그것이 정결하다. 그녀가 그것을 건져 올리면, 물에서 〔건진 부분이〕 얼마이

---

9) 이 동사는 '놓아두었고'(נתנוה)가 아니라 '놓여 있었고'(נתונה)라고 기록된 사본도 있다.

든지 그것이 부정해진다.

- 콩의 일종인 루핀(트루모씬)이 든 바구니를 물웅덩이에 안에 놓아 두었는데, 그 바구니를 웅덩이에서 꺼내지 않고 내용물만 꺼냈다면, 물은 아직 웅덩이에서 분리된 상태가 아니고, 그는 물을 길어서 음식물에 묻힐 의도가 있었던 것으로 볼 수 없다. 그러므로 그 루핀은 준비된 상태가 아니다(넷째 미쉬나). 그러나 그가 바구니 전체를 웅덩이에서 건져 올렸다면, 이것은 의도적인 행위다. 바구니 벽으로 스며든 물이 묻은 루핀들은 준비된 것으로 간주하며, 그 외 다른 것들은 준비되지 않은 것으로 본다.
- 동굴 안에 있는 웅덩이에 무를 담가놓은 상태도 마찬가지다. 물의 근원인 웅덩이에서 분리되지 않은 상태라면 월경하는 여인이 그것을 만지며 씻어도 준비과정이 일어나지 않는다. 그러나 그녀가 이것을 건지는 순간, 그 무가 얼마나 공기 중으로 노출되었는지 상관없이 준비된 상태가 된다.

## 4, 7

---

פֵּרוֹת שֶׁנָּפְלוּ לְתוֹךְ אַמַּת הַמַּיִם, פָּשַׁט מִי שֶׁהָיוּ יָדָיו טְמֵאוֹת וּנְטָלָן, יָדָיו טְהוֹרוֹת וְהַפֵּרוֹת טְהוֹרִים. וְאִם חָשַׁב שֶׁיּוּדְחוּ יָדָיו, יָדָיו טְהוֹרוֹת וְהַפֵּרוֹת בְּכִי יֻתַּן:

---

열매들이 수로 안으로 떨어졌는데, 손이 부정하던 자가 〔손을〕 뻗어서 그것들을 건졌다면, 그의 손들은 정결해지고 그 열매들도 정결하다. 그러나 만약 그가 자기 손을 씻겠다고 생각했다면, 그의 손은 정결해지지만 그 열매들은 '물이 묻었을 때' 〔규정에〕 해당한다.

- 열매들이 다른 의도 없이 우연히 수로 안에 떨어졌고, 손이 부정한

자가 손을 씻으려는 의도 없이 손을 물에 넣어 그것들을 건졌다면, 손도 정결해지고 열매들은 준비과정을 시행하지 않은 상태로 유지된다. 그러나 그가 의도적으로 손을 씻었다면 씻은 손은 정결해지고, 그 열매는 그의 의도와 물 때문에 준비된 상태가 된다.

## 4, 8

קְדֵרָה שֶׁהִיא מְלֵאָה מַיִם וּנְתוּנָה לְתוֹךְ הַמִּקְוֶה וּפָשַׁט אַב הַטֻּמְאָה אֶת יָדוֹ לְתוֹכָהּ, טְמֵאָה. מַגַּע טֻמְאוֹת, טְהוֹרָה. וּשְׁאָר כָּל הַמַּשְׁקִין, טְמֵאִין, שֶׁאֵין הַמַּיִם מְטַהֲרִים אֶת שְׁאָר הַמַּשְׁקִין:

〔어떤 사람이〕 물이 가득 든 〔넓은〕 냄비를 물웅덩이 가운데 놓아두었고, 부정의 아버지인 사람이 그의 손을 그 속으로 뻗었다면, 그 〔냄비는〕 부정해진다. 그가 '부정의 접촉' 〔때문에 부정해졌다면〕, 그것은 정결하다. 그러나 그 외 모든 음료수는 부정해지니, 물이 다른 음료수를 정결하게 만들지 않기 때문이다.

- 점토로 구운 넓은 냄비에 물이나 다른 액체가 가득 들었고, 이 냄비를 물웅덩이 가운데 놓아두었다. 그런데 '부정의 아버지'인 사람이 그의 손을 냄비 속에 넣었다면, 그 냄비는 물로 씻어서 정결해질 수 없는 점토 그릇이므로 부정해진다. 그러나 그 사람이 '부정의 자식(제1차 감염자)' 정도의 낮은 단계로 부정한 자였다면, 그릇이나 도구는 부정의 아버지에 의해서만 부정해지므로, 그 냄비는 정결을 유지한다.
- 냄비 안에 물이 들었다면 그것은 물웅덩이 안에 있으므로 정결하다. 그러나 물 이외의 다른 모든 음료수는 부정해지고 냄비도 부정하게 만든다(「미크바옷」 10, 6; 「켈림」 8, 4).

## 4, 9

הַמְמַלֵּא בְקִילוֹן, עַד שְׁלֹשָׁה יָמִים, טְמֵאִין. רַבִּי עֲקִיבָא אוֹמֵר, אִם נִגְּבוּ, מִיָּד טְהוֹרִים. וְאִם לֹא נִגְּבוּ, אֲפִלּוּ עַד שְׁלֹשִׁים יוֹם, טְמֵאִים:

〔어떤 사람이〕 방아두레박[10]으로 〔물을〕 채웠다면, 사흘 동안 부정하다. 아키바 랍비는 만약 그것이 마르면 곧 정결해진다고 말한다. 그러나 마르지 않았다면 30일까지도 부정하다.

- 나무 장대와 두레박으로 만든 '킬론'이라는 방아두레박으로 물을 길어내면 음식을 준비시킬 수 있다(「미크바옷」 8, 1). 이 물은 사흘 동안 마르지 않아 음식을 준비시키는 힘이 있다고 간주하며, 그 후에도 습기가 남아 있다면 이것은 음식을 준비시키지 않는다고 본다. 아키바 랍비는 시간을 따로 정하지 않고 두레박이 말랐는지 여부를 보고 판단한다고 주장한다.

## 4, 10

עֵצִים שֶׁנָּפְלוּ עֲלֵיהֶם מַשְׁקִין וְיָרְדוּ עֲלֵיהֶם גְּשָׁמִים, אִם רַבּוּ, טְהוֹרִים. הוֹצִיאָם שֶׁיֵּרְדוּ עֲלֵיהֶם גְּשָׁמִים, אַף עַל פִּי שֶׁרַבּוּ, טְמֵאִים. בָּלְעוּ מַשְׁקִים טְמֵאִים, אַף עַל פִּי שֶׁהוֹצִיאָם שֶׁיֵּרְדוּ עֲלֵיהֶם גְּשָׁמִים, טְהוֹרִין. וְלֹא יַסִּיקֵם אֶלָּא בְיָדַיִם טְהוֹרוֹת בִּלְבָד. רַבִּי שִׁמְעוֹן אוֹמֵר, אִם הָיוּ לַחִין וְהִסִּיקָן, וְרַבּוּ הַמַּשְׁקִין הַיּוֹצְאִין מֵהֶן עַל הַמַּשְׁקִין שֶׁבָּלְעוּ, טְהוֹרִים:

나무 위에 〔부정한〕 음료수가 쏟아졌고 그 위에 비가 내렸을 때, 만약 〔빗물이〕 더 많았다면 그것은 정결하다. 그 〔나무〕 위에 비가 내리도록 바깥으로 꺼내놓았다면, 〔빗물이〕 더 많았다 하더라도 그것은 부정하다. 〔그 나무가〕 부정한 음료수를 흡수했다면, 그 위에 비가 내

10) 이 낱말(קילון)은 '두레박이나 양동이'를 가리킨다(야스트로 1360).

리도록 바깥으로 꺼내놓았다 하더라도 그것은 정결하다. 그 〔나무를〕 태울 때는 정결한 손으로만 〔태워야〕 한다. 쉼온 랍비는 만약 그 〔나무가〕 젖었는데 태웠을 때, 그곳에서 나오는 음료수가 흡수했던 음료수보다 많으면 그것은 정결하다고 말한다.

- 빗물은 음식을 준비시키지 않지만(「마크쉬린」 2, 3) 부정한 음료수는 준비시킨다. 그러므로 나무 위에 두 가지 액체가 모두 쏟아졌다면, 어느 쪽이 더 많은지에 따라 결정한다.
- 만약 어떤 사람이 나무를 빗물에 적시려고 의도적으로 바깥에 꺼내놓았다면, 두 액체가 모두 준비시키는 힘이 있으며, 그 후 부정한 음료수 때문에 부정해진다.
- 그러나 나무가 부정한 음료수를 모두 흡수하여 표면에 보이지 않는다면, 그런 음료수는 빗물을 맞았을 때 자기 성격을 잃는다(「미크바옷」 1, 1). 그러므로 의도적으로 비를 맞추어도 부정해지지 않는다. 그러나 그 나무를 부정한 손으로 만지면, 그 표면에 묻은 물에서 나무로 그리고 화덕으로 차례로 부정이 전이된다. 그러므로 정결한 손으로만 태워야 한다.
- 쉼온 랍비는 그 나무를 태울 때 나오는 물이 흡수했던 부정한 액체보다 더 많으면, 나무 안에 있는 물이 부정한 액체를 무효화했다고 보고, 다시 정결해진다고 주장했다.

## 제5장

강물에 들어갔다가 나올 때 몸에 묻은 물, 헤엄을 치거나 장난감으로 물놀이를 하다가 튄 물 등이 준비과정과 관련이 있는지 논의한다.

그릇에서 다른 그릇으로 액체를 따를 때 부정이 전이되는지도 설명한다.

## 5, 1

מִי שֶׁטָּבַל בַּנָּהָר, וְהָיָה לְפָנָיו נָהָר אַחֵר וְעָבַר בּוֹ, טִהֲרוּ שְׁנִיִּים אֶת הָרִאשׁוֹנִים. דְּחָהוּ חֲבֵרוֹ לְשָׁכְרוֹ, וְכֵן לִבְהֶמְתּוֹ, טִהֲרוּ שְׁנִיִּים אֶת הָרִאשׁוֹנִים. וְאִם כִּמְשַׂחֵק עִמּוֹ, הֲרֵי זֶה בְּכִי יֻתַּן:

어떤 사람이 강에 몸을 담갔는데, 그의 앞에 다른 강이 나타나서 그것을 건넜을 때, 둘째 〔강물이〕 첫째 〔강물을〕 정결하게 만든다. 그의 친구가 취해서[11] 그를 밀었거나 그의 가축이 〔밀었다면〕, 둘째 〔강물이〕 첫째 〔강물을〕 정결하게 만든다. 그러나 만약 그와 장난을 치느라고 〔밀었다면〕, 그것은 '물이 묻었을 때' 〔규정에〕 해당한다.

- 어떤 사람이 의도적으로 강물에 들어가서 몸을 씻었다면, 그가 나왔을 때 몸에 묻어 있는 물은 음식을 준비시킬 수 있다. 그러나 몸을 씻을 의도가 없이 건너가려고 둘째 강에 들어갔다 나온다면, 둘째 강물이 첫째 강물을 무효로 만들며, 그의 몸에 묻은 물은 더 이상 음식을 준비시킬 수 없다(비를 맞는 경우와 동일, 「오홀롯」 4, 10).
- 그 사람이 의도적으로 강물에 들어가서 몸을 씻은 후 그의 친구나 가축이 밀어서 의도와 상관없이 다시 물에 빠졌다면, 역시 같은 현상이 벌어진다. 그러나 장난을 치느라고 그랬다면, 일종의 의도가 포함되었을 수 있으므로, 음식을 준비시킬 수 있다고 간주한다.

11) 이 표현(לשכרו)은 다른 사본에 '그를 제압하려고'(לשברו)라고 기록되어 있다. 후자에 관해 알벡은 두 사람이 강가에서 씨름을 하다가 한 사람이 다른 사람을 물로 밀었다고 설명한다.

## 5, 2

הַשָּׁט עַל פְּנֵי הַמַּיִם, הַנִּתָּזִין, אֵינָן בְּכִי יֻתַּן. וְאִם נִתְכַּוֵּן לְהַתִּיז עַל חֲבֵרוֹ, הֲרֵי זֶה בְּכִי יֻתַּן. הָעוֹשֶׂה צִפּוֹר בַּמַּיִם, הַנִּתָּזִין וְאֶת שֶׁבָּהּ, אֵינָן בְּכִי יֻתַּן:

〔어떤 사람이〕 수면 위에서 헤엄을 쳤다면, 튄 〔물은〕 '물이 묻었을 때' 〔규정에〕 해당하지 않는다. 그러나 그의 친구에게 물을 튀게 할 의도가 있었다면, 그것은 '물이 묻었을 때' 〔규정에〕 해당한다.

〔어떤 사람이〕 물에서 '새'를 만들었다면,[12] 튄 것과 그 안에 〔남은〕 것이 '물이 묻었을 때' 〔규정에〕 해당하지 않는다.

- 헤엄을 치는 것이 목적이었다면 물을 튀게 만들 의도가 없었으며, 튄 물로 음식을 준비시킬 수 없다. 그러나 특별히 물을 튀게 만들 의도가 있었다면 가능하다.
- 어떤 사람이 새 모양으로 일종의 장난감을 만들어 띄웠다면, 그는 물을 튀게 하거나 그 물건 안에 물이 들어가도록 의도하지 않았으므로, 그런 물이 준비과정과 관련될 수 없다.

## 5, 3

פֵּרוֹת שֶׁיָּרַד הַדֶּלֶף לְתוֹכָן וּבְלָלָן שֶׁיִּנָּגְבוּ, רַבִּי שִׁמְעוֹן אוֹמֵר, בְּכִי יֻתַּן. וַחֲכָמִים אוֹמְרִים, אֵינָן בְּכִי יֻתַּן:

〔지붕에서〕 샌 〔물이〕 열매들 속에 떨어졌고, 그것들이 마르라고 섞었을 때, 쉼온 랍비는 그것이 '물이 묻었을 때' 〔규정에〕 해당한다고 말한다. 그러나 현인들은 그것은 '물이 묻었을 때' 〔규정에〕 해당하지 않는다고 말한다.

---

12) '물에서 새를 만들다'(העושה צפור במים)가 무슨 뜻인지 확실하지 않지만, 알벡은 새 모양의 어떤 물건을 만들어 물 위에 띄운 것이라고 설명한다(알벡 428).

- 지붕에서 물이 새어 열매들 위에 떨어졌을 때 그것을 말리려는 의도로 열매들을 뒤섞었다면, 열매를 적시려는 의도는 없었지만 그 행위로 인해 모든 열매들이 준비가 된다는 것이 쉼온 랍비의 의견이다. 그러나 물이 떨어지는 현상 자체가 그의 의도와 관련이 없기 때문에 준비시킬 수 없다는 것이 현인들의 결정이다.

5, 4
물구덩이의 깊이를 재는 막대기에 관련된 규정을 논의한다.

---

הַמּוֹדֵד אֶת הַבּוֹר בֵּין לְעָמְקוֹ בֵּין לְרָחְבּוֹ, הֲרֵי זֶה בְּכִי יֻתַּן, דִּבְרֵי רַבִּי טַרְפוֹן. רַבִּי עֲקִיבָא אוֹמֵר, לְעָמְקוֹ, בְּכִי יֻתַּן. וּלְרָחְבּוֹ, אֵינוֹ בְּכִי יֻתַּן:

---

〔어떤 사람이〕 구덩이의 깊이와 너비를 재었다면, 그것은 '물이 묻었을 때'〔규정에〕 해당한다는 것이 타르폰 랍비의 주장이다. 아키바 랍비는 그 깊이를 〔쟀을 때만〕 '물이 묻었을 때'〔규정에〕 해당한다고 말한다. 그러나 그 너비를 〔쟀을 때는〕 '물이 묻었을 때'〔규정에〕 해당하지 않는다.

- 어떤 사람이 물이 들어 있는 구덩이를 재려고 막대기 자를 사용해서 그 깊이와 너비를 쟀다. 타르폰 랍비는 이것이 의도적인 행위이므로 그 막대기에 묻어 나온 물은 음식을 준비시킬 수 있다고 주장한다. 아키바 랍비는 깊이를 잴 때는 그 사람이 물을 묻혀서 수심을 알고 싶은 의도가 있던 것으로 볼 수 있지만, 너비를 잴 때는 그렇게 볼 수 없다고 주장했다.

## 5, 5

פָּשַׁט יָדוֹ אוֹ רַגְלוֹ אוֹ קָנֶה לְבוֹר לֵידַע אִם יֵשׁ בּוֹ מַיִם, אֵינָן בְּכִי יֻתַּן. לֵידַע כַּמָּה מַיִם יֵשׁ בּוֹ, הֲרֵי זֶה בְּכִי יֻתַּן. זָרַק אֶבֶן לְבוֹר לֵידַע אִם יֵשׁ בּוֹ מַיִם, הַנִּתָּזִין, אֵינָן בְּכִי יֻתַּן. וְאֶת שֶׁבָּאֶבֶן, טְהוֹרִים:

그가 어떤 〔구덩이〕 안에 물이 있는지 알고 싶어서, 그의 손이나 발이나 자를 구덩이로 뻗었다면, 그것은 '물이 묻었을 때' 〔규정에〕 해당하지 않는다. 그 안에 물이 얼마나 있는지 알고 싶어서 〔그렇게 했다면〕, 그것은 '물이 묻었을 때' 〔규정에〕 해당한다.

그가 그 안에 물이 있는지 알고 싶어서, 돌을 구덩이로 던졌다면, 튄 〔물은〕 '물이 묻었을 때' 〔규정에〕 해당하지 않는다. 그리고 그 돌 위에 있는 〔물도〕 정결하다.

- 넷째 미쉬나의 문맥에 이어 손이나 발 또는 자를 구덩이에 넣었어도 물의 깊이를 재는 것이 아니라 물이 있는지 여부만 확인했다면, 그는 물이 묻은 지점을 수치로 확인할 의도가 없었으므로, 묻어 나온 물로 음식을 준비시킬 수 없다. 그러나 수심을 재려 했다면 규정에 해당한다. 돌을 던지는 경우도 마찬가지다.

## 5, 6

הַחוֹבֵט עַל הַשֶּׁלַח, חוּץ לַמַּיִם, בְּכִי יֻתַּן. לְתוֹךְ הַמַּיִם, אֵינָן בְּכִי יֻתַּן. רַבִּי יוֹסֵי אוֹמֵר, אַף לְתוֹךְ הַמַּיִם בְּכִי יֻתַּן, מִפְּנֵי שֶׁהוּא מִתְכַּוֵּן שֶׁיֵּצְאוּ עִם הַצּוֹאָה:

〔어떤 사람이〕 가죽을 칠 때, 물 바깥이었다면, 그것은 '물이 묻었을 때' 〔규정에〕 해당한다. 물 안이었다면, 그것은 '물이 묻었을 때' 〔규정에〕 해당하지 않는다. 요쎄 랍비는 물 안이었다고 해도 그것은 '물이 묻었을 때' 〔규정에〕 해당한다고 말한다. 왜냐하면 그가 〔물이〕 똥과 함께 빠지기를 의도했기 때문이다.

- 동물의 가죽을 사용하기 위해서는 특정한 방법으로 세탁을 하고 때려서 더러운 물과 불순물들을 빼내야 한다. 이 작업을 물 바깥에서 하면, 물을 빼려는 의도로 진행하는 행위이므로, 이 물은 음식을 준비시킬 수 있다(「오홀롯」 1, 2). 물 안에서 한다면, 작업 중에 가죽 물이 바깥으로 튀어도 원래 물을 길어낼 의도가 없었으므로 준비과정과 관련이 없다.
- 요쎄 랍비는 반대의견을 제시하는데, 그는 물 안에서 작업을 해도 가죽에서 물과 불순물을 빼려는 의도가 있었음을 강조했다.

## 5, 7

הַמַּיִם הָעוֹלִין בַּסְּפִינָה וּבָעֵקֶל וּבַמְּשׁוֹטוֹת, אֵינָן בְּכִי יֻתַּן. בַּמְּצוּדוֹת וּבָרְשָׁתוֹת וּבַמִּכְמָרוֹת, אֵינָן בְּכִי יֻתַּן. וְאִם נִעֵר, בְּכִי יֻתַּן. הַמּוֹלִיךְ אֶת הַסְּפִינָה לַיָּם הַגָּדוֹל לְצָרְפָהּ, הַמּוֹצִיא מַסְמֵר לַגְּשָׁמִים לְצָרְפוֹ, הַמַּנִּיחַ אֶת הָאוּד בַּגְּשָׁמִים לְכַבּוֹתוֹ, הֲרֵי זֶה בְּכִי יֻתַּן:

배나 바닥짐13)이나 노에 〔묻어〕 올라온 물은 '물이 묻었을 때' 〔규정에〕 해당하지 않는다. 덫이나 그물이나 〔어부의〕 그물14)에 〔묻어 올라온 물은〕 '물이 묻었을 때' 〔규정에〕 해당하지 않는다. 그러나 그가 흔들어 털면, 그것은 '물이 묻었을 때' 〔규정에〕 해당한다.

〔어떤 사람이〕 배를 단단하게 만들기 위해서 그것을 그 큰 바다로 몰고 나갔다면, 못을 벼리기 위해서 그것을 빗물에 내놓았다면, 불붙은 부지깽이를 끄기 위해서 그것을 빗물에 내놓았다면, 그것은 '물이 묻었을 때' 〔규정에〕 해당한다.

13) 이 낱말(עקל)은 배 바닥을 무겁게 하기 위해서 싣는 나무기둥과 같은 바닥짐을 가리킨다(알벡; 토쎕타 「켈림」 40, 1; 야스트로 1106).

14) 이 낱말(מכמרת)은 어부가 사용하는 작은 그물을 가리킨다(야스트로 783).

- 배를 운행하거나 배에서 어업을 하기 위해서 사용한 도구에 묻은 물은 행위자의 의도에 따라 묻어 올라온 것이 아니기 때문에 음식을 준비시키지 못한다(「오홀롯」 4, 2). 그러나 그 물을 떨어내려고 흔들면, 그것은 물을 행위대상으로 삼은 의도적인 행위이기 때문에, 그다음부터 준비과정과 관련된다.
- 어떤 사람이 나무 배가 너무 말라서 약해지지 않도록 배를 몰고 지중해로 나갔다가 물이 묻었을 때, 불에 달군 못을 벼리기 위해서 빗물에 내어 식히면서 물이 묻었을 때, 낙인으로 사용하는 불붙은 나무부지깽이를 빗물에 내어 식히다가 물이 묻었을 때, 모두 물을 사용하여 무엇인가를 하려는 의도가 있었기 때문에 음식을 준비시킬 수 있다.

## 5, 8

קַסְיָא שֶׁל שֻׁלְחָנוֹת וְהַשִּׁיפָּא שֶׁל לְבֵנִים, אֵינָן בִּכְי יֻתַּן. וְאִם נִעֵר, בִּכְי יֻתַּן:

식탁에 〔까는〕 덮개와 벽돌에 〔덮는〕 자리는 '물이 묻었을 때' 〔규정에〕 해당하지 않는다. 그러나 만약 그가 흔들어 털면, 그것은 '물이 묻었을 때' 〔규정에〕 해당한다.

- 식탁보나 진흙벽돌을 해와 비로부터 보호하려고 덮는 갈대로 만든 자리에 물이 묻어 있다면, 이것은 의도적인 행위의 결과가 아니며 (「오홀롯」 4, 2) 음식을 준비시킬 수 없다. 그러나 그가 물을 떨어내려고 흔들면, 그것은 물을 대상으로 의도적인 행위를 한 것이므로, 그다음부터 준비과정과 관련된다(일곱째 미쉬나).

5, 9

위에 있는 그릇에서 밑에 있는 그릇으로 물을 따를 때 부정이 전이되는 과정을 논의한다.[15]

---

כָּל הַנִּצּוֹק, טָהוֹר, חוּץ מִדְּבַשׁ הַזִּיפִין, וְהַצַּפָּחַת. בֵּית שַׁמַּאי אוֹמְרִים, אַף הַמִּקְפָּה שֶׁל גְּרִיסִין וְשֶׁל פּוֹל, מִפְּנֵי שֶׁהִיא סוֹלֶדֶת לְאַחֲרֶיהָ:

---

〔한 그릇에서 다른 그릇으로 액체를〕 따르면, 그것은 정결하다. 예외로는 걸쭉한 꿀[16]과 〔꿀이 들어간〕 음료수가 있다. 샴마이 학파는 편두와 콩[17]으로 〔쑨〕 죽도 〔그러하니〕, 이것은 뒤로 거슬러 〔올라가기〕 때문이라고 말한다.

- 정결한 액체가 들어 있고 위에 있는 그릇에서 부정한 액체가 들어 있고 밑에 있는 그릇으로 액체를 따른다면, 따르는 액체를 따라 부정이 위로 전이되지 않으며, 위에 있는 그릇과 그 액체는 정결을 유지하고 준비과정에 쓸 수 없다(「토호롯」 8, 9; 「야다임」 4, 7). 그러나 예외가 있으니, 점도가 높은 꿀이나 꿀이 포함된 음료수가 그러하다. 샴마이 학파는 콩으로 쑨 걸쭉한 죽도 마찬가지라고 주장하는데, 따뜻한 죽의 김이 위로 타고 올라가서 위에 있는 죽과 아래 있는

---

15) 동일한 주제와 관련해서 예루살렘 지도자들을 비판하는 사해사본 문서가 '법률 두루마리'(מקצת מעשי התורה)라는 이름으로 남아 있다(MMT, 4Q394-4Q397).

16) 특별한 종류의 꿀을 가리키는 이 낱말(דבש הזיפין)은 두 가지로 해석이 가능하다. 첫째, 특정한 벌의 꿀을 가리킨다는 설명이 있는데, 후대 랍비들의 주장에 따르면 벌에는 모두 네 종류가 있다고 한다(דבורים, זיפים, חגזים, צרעים). 둘째, 네게브에 있는 지역 '지프'에서 생산한 꿀이라는 설명이다(바벨 탈무드 「쏘타」 48b).

17) 이 표현은 다른 사본에서 '콩이 갈라진 것'(שלגריסין שלפול)이라고 기록되었다(알벡). 비슷한 용례가 다른 곳에도 나온다(「닛다」 9, 7; 「테불 욤」 1, 1-2).

축을 연결한다고 생각한다.

## 5, 10

הַמְעָרֶה מֵחַם לְחַם, וּמִצּוֹנֵן לְצוֹנֵן, וּמֵחַם לְצוֹנֵן, טָהוֹר. מִצּוֹנֵן לְחַם, טָמֵא.
רַבִּי שִׁמְעוֹן אוֹמֵר, אַף הַמְעָרֶה מֵחַם לְחַם וְכֹחוֹ שֶׁל תַּחְתּוֹן יָפֶה מִשֶּׁל עֶלְיוֹן,
טָמֵא:

〔어떤 사람이〕 따뜻한 〔음료수를〕 따뜻한 〔음료수에〕, 찬 것을 찬 것에, 따뜻한 것을 찬 것에 부으면, 그것은 정결하다. 찬 것을 따뜻한 것에 〔부으면〕, 그것은 부정해진다. 쉼온 랍비는 〔어떤 사람이〕 따뜻한 것을 따뜻한 것에 부었고 아래 있는 것의 힘이 위에 있는 것보다 세다면, 부정해진다고 말한다.

- 아홉째 미쉬나 문맥에 이어서 어떤 사람이 따뜻하고 정결한 음료수를 위에서 아래로 따뜻하고 부정한 음료수에 부으면, 위에 있는 음료수와 아래 있는 음료수는 서로 연결되었다고 보지 않으며, 위에 있는 그릇과 액체는 정결하고 준비과정에 사용할 수 없다. 찬 것을 찬 것에 따뜻한 것을 찬 것에 부어도 마찬가지다. 그러나 찬 것을 따뜻한 것에 부으면, 아래 있는 따뜻한 액체에서 김이 나와서 위에 있는 차가운 음료수와 섞이게 되니, 위에 있는 그릇과 액체가 부정해진다(「오홀롯」 2, 2). 쉼온 랍비는 같은 이유로 따뜻한 것을 따뜻한 것에 부을 때 밑에 있는 음료수가 더 따뜻하면 부정이 전이된다고 말한다.

## 5, 11

הָאִשָּׁה שֶׁהָיוּ יָדֶיהָ טְהוֹרוֹת, וּמְגִיסָה בִקְדֵרָה טְמֵאָה, אִם הִזִּיעוּ יָדֶיהָ,
טְמֵאוֹת. הָיוּ יָדֶיהָ טְמֵאוֹת, וּמְגִיסָה בִקְדֵרָה טְהוֹרָה, אִם הִזִּיעוּ יָדֶיהָ,

הַקְּדֵרָה טְמֵאָה. רַבִּי יוֹסֵי אוֹמֵר, אִם נָטְפוּ. הַשּׁוֹקֵל עֲנָבִים בְּכַף מֹאזְנַיִם, הַיַּיִן שֶׁבְּכַף, טָהוֹר, עַד שֶׁיְּעָרֶה לְתוֹךְ הַכְּלִי. הֲרֵי זֶה דוֹמֶה לְסַלֵּי זֵיתִים וַעֲנָבִים כְּשֶׁהֵן מְנַטְּפִין:

---

자기 손이 정결한 여인이 부정한 〔넓은〕 냄비를 젓고 있을 때, 그녀의 손에서 땀이 나면, 〔그녀의 손이〕 부정해진다. 그녀의 손이 부정했고 정결한 〔넓은〕 냄비를 젓고 있을 때, 그녀의 손에서 땀이 나면, 그 냄비가 부정해진다. 요쎄 랍비는 〔그녀의 손에서 물이〕 떨어져야 〔그러하다고〕 말한다.

〔어떤 사람이〕 저울로 포도를 재는데, 포도주가 그 저울에 있었다면, 그릇 안에 따르기 전까지 그 〔포도주는〕 정결하다. 이것은 올리브나 포도 바구니에서 〔액체가〕 흐르는 것과 비슷하다.

- 손이 정결한 여인이 부정한 넓은 냄비를 젓고 있을 때 그녀의 손에 액체가 맺혔다면, 그것은 부정한 냄비 내용물에서 발생한 김 때문일 가능성이 있으므로, 그녀의 손이 부정해진다. 그녀의 손이 부정하고 정결한 넓은 냄비를 젓고 있는 상황이라면, 정결한 냄비의 내용물에서 발생한 김이 그녀의 손과 냄비를 연결하고 있으므로, 그 냄비가 부정해진다. 요쎄 랍비는 김을 통한 '연결'을 인정하지 않으며, 그녀의 손에서 물이 떨어져야 부정해진다고 말한다.
- 어떤 사람이 저울로 포도의 무게를 재는 동안 포도즙이 배어나왔다. 이 즙은 정결하며 음식을 준비시킬 수 없다. 이것을 그릇에 따르면, 이것은 의도적인 행위이므로 음식을 준비시킬 수 있다. 올리브나 포도 바구니에서 배어나온 즙에 관해서 나중에 더 자세히 논의하게 된다(「오홀롯」 6, 8).

## 제6장

지붕에 두었던 식재료에 이슬이 내렸을 때나 시장에 내다놓은 식재료가 준비되었는지 부정한지 논의한다. 그리고 음식을 준비시키는 데 사용할 수 있는 음료수 일곱 가지를 규정하고, 비슷한 역할을 하는 다른 액체들이 무엇인지 설명한다.

### 6, 1

הַמַּעֲלֶה פֵּרוֹתָיו לַגַּג מִפְּנֵי הַכְּנִימָה, וְיָרַד עֲלֵיהֶם טַל, אֵינָם בְּכִי יֻתַּן. אִם נִתְכַּוֵּן לְכָךְ, הֲרֵי זֶה בְּכִי יֻתַּן. הֶעֱלָן חֵרֵשׁ, שׁוֹטֶה וְקָטָן, אַף עַל פִּי שֶׁחִשֵּׁב שֶׁיֵּרֵד עֲלֵיהֶן הַטַּל, אֵינָן בְּכִי יֻתַּן, שֶׁיֵּשׁ לָהֶן מַעֲשֶׂה וְאֵין לָהֶן מַחֲשָׁבָה:

〔어떤 사람이〕 해충 때문에 자기 열매들을 지붕 위로 올렸는데 그 위로 이슬이 내렸다면, 그것은 '물이 묻었을 때' 〔규정에〕 해당하지 않는다. 만약 그렇게 되기를 바랐다면, 그것은 '물이 묻었을 때' 〔규정에〕 해당한다.

그것을 귀머거리, 정박아, 그리고 미성년자가 올렸다면, 그들이 그 위에 이슬이 내린다고 생각했을지라도 '물이 묻었을 때' 〔규정에〕 해당하지 않으니, 그들은 행동은 하지만 생각은 하지 않기 때문이다.

- 어떤 사람이 열매들을 지붕 위에 펼쳐놓고 해충들을 골라내려고 했는데 그 위로 이슬이 내렸다면, 주인의 의도와 관련이 없으므로 그 열매는 준비된 상태가 아니라고 간주한다. 그가 이슬을 맞히려고 의도했다면 물론 준비가 된다.
- 유대 법전통에 따라 스스로 책임 있는 결정을 할 수 없는 귀머거리-벙어리, 정박아, 또는 미성년자가 그렇게 했다면, 역시 그 열매들은 준비되지 않는다(「마크쉬린」 3, 8; 「토호롯」 8, 6).

6, 2

הַמַּעֲלֶה אֶת הָאֲגֻדּוֹת וְאֶת הַקְּצִיעוֹת וְאֶת הַשּׁוּם לַגַּג בִּשְׁבִיל שֶׁיַּמְתִּינוּ, אֵינָן בְּכִי יֻתַּן. כָּל הָאֲגֻדּוֹת שֶׁל בֵּית הַשְּׁוָקִים, טְמֵאִין. רַבִּי יְהוּדָה מְטַהֵר בַּלַּחִים. אָמַר רַבִּי מֵאִיר, וְכִי מִפְּנֵי מָה טִמְּאוּ, אֶלָּא מִפְּנֵי מַשְׁקֵה הַפֶּה. כָּל הַקִּמְחִין וְהַסְּלָתוֹת שֶׁל בֵּית הַשְּׁוָקִים, טְמֵאִים. הַחִילְקָה, הַטִּרְגִּיס וְהַטִּסְּנִי, טְמֵאִים בְּכָל מָקוֹם:

〔어떤 사람이 채소〕 묶음과 〔손질한〕 무화과와 마늘을 〔오래〕 보존하기 위해서 지붕 위로 올렸다면, 그것은 '물이 묻었을 때' 〔규정에〕 해당하지 않는다.

시장에 있는 〔채소〕 묶음들은 모두 부정하다. 예후다 랍비는 습기가 있는 것은 정결하다고 주장했다. 메이르 랍비는 무슨 이유로 그들이 그것을 부정하다고 했는가 하면 입에서 나온 음료수 때문이라고 말했다. 시장에 있는 거친 밀가루와 고운 밀가루는 모두 부정하다. 찧은 곡식, 거칠게 빻은 밀가루, 그리고 찧은 보리는 어느 곳에서나 부정하다.

- 첫째 미쉬나와 마찬가지로 어떤 사람이 채소 묶음이나 손질한 무화과나 마늘을 공기 중에 말려서 오래 보존하려고 지붕 위에 올려놓았다면, 그 위에 이슬이 내린다고 해도 준비되지 않는다.
- 시장에 내어놓은 채소 묶음들은 상인들이 싱싱하게 보이려고 계속 물을 뿌리고 또 지나가는 여러 사람들이 손으로 만지기 때문에 모두 부정하다고 간주한다. 예후다 랍비는 가까운 곳에서 따와서 아직도 습기를 충분히 머금고 있는 채소들은 정결하다고 주장했다. 그러나 메이르 랍비는 채소가 벌어질까 봐 그것을 묶는 과정에서 침이 튀기 때문에 부정해진다고 주장했다(예루살렘 탈무드 「드마이」 5, 7).
- 밀을 갈기 위해서 곡식을 먼저 물에 불리기 때문에 일단 준비상태가

되고, 이런 밀가루를 여러 사람들이 손으로 만지기 때문에 모두 부정하다고 간주한다. 찧은 곡식도 같은 이유로 부정하다.

## 6, 3

כָּל הַבֵּיצִים בְּחֶזְקַת טָהֳרָה, חוּץ מִשֶּׁל מוֹכְרֵי מַשְׁקֶה. וְאִם הָיוּ מוֹכְרִין עִמָּהֶן פֵּרוֹת יְבֵשִׁים, טְהוֹרוֹת. כָּל הַדָּגִים בְּחֶזְקַת טֻמְאָה. רַבִּי יְהוּדָה אוֹמֵר, חֲתִיכַת אִלְתִּית וְדָג הַמִּצְרִי הַבָּא בְקֻפָּה וְקוּלְיָס הָאִסְפְּנִין, הֲרֵי אֵלּוּ בְחֶזְקַת טָהֳרָה. כָּל הַצִּיר בְּחֶזְקַת טֻמְאָה. וְעַל כֻּלָּם, עַם הָאָרֶץ נֶאֱמָן לוֹמַר טְהוֹרִים הֵן, חוּץ מִשֶּׁל דָּגָה, מִפְּנֵי שֶׁהֵן מַפְקִידִין אוֹתָהּ אֵצֶל עַם הָאָרֶץ. רַבִּי אֱלִיעֶזֶר בֶּן יַעֲקֹב אוֹמֵר, צִיר טָהוֹר שֶׁנָּפַל לְתוֹכוֹ מַיִם כָּל שֶׁהֵן, טָמֵא:

달걀은 모두 그 이전상태가 정결하다고 〔간주하는데〕, 음료수 상인의 것은 예외다. 그러나 그것들과 함께 마른 열매들을 팔고 있었다면, 그것들은 정결하다.

물고기들은 모두 그 이전상태가 부정하다고 〔간주한다〕. 예후다 랍비는 조각 낸 일팃[18]과 바구니에 담아온 이집트 고기와 스페인 다랑어[19]는 그 이전상태가 정결하다고 말한다. 〔물고기 절임용〕 소금물은 모두 그 이전상태가 부정하다고 〔간주한다〕. 이 모든 것과 관련해서, 암 하아레쯔가 그것들이 정결하다고 말하면 믿을 만한데, 작은 물고기는 예외니, 그들이 암 하아레쯔에게 그것을 맡기기 때문이다.

엘리에제르 벤 야아콥 랍비는 정결한 소금물에 물이 조금이라도 떨어졌다면 그것은 부정해진다고 말한다.

- 달걀이 정결한지 여부가 불확실할 때에는 그 이전상태가 정결하다

18) 이 낱말(אלתית)은 큰 물고기의 이름으로 보인다(야스트로 74).

19) 이 낱말(קולים)은 헬라어에서 왔으며 일종의 다랑어를 가리킨다(야스트로 1328).

고 간주한다. 그런데 음료수 상인은 젖은 손으로 달걀을 만질 수 있으므로, 그런 상태로 시장에 있다가 부정한 사람의 손과 접촉하여 부정해졌을 가능성이 높다. 그러나 그런 상황이라도 마른 열매들을 상하지 않게 하려고 손에 묻은 음료수를 닦고 만지기 때문에, 마른 열매들은 정결하다고 간주한다.

- 물고기들은 죽어서 음식이 되는 순간에도 젖어 있기 때문에 준비가 되고, 시장에 있는 동안 부정해질 가능성이 크기 때문에, 그 이전상태가 부정하다고 간주한다. 그러나 예후다 랍비는 몇 가지 물고기들은 잡은 후에 곧 죽지 않으며, 죽었을 때에는 이미 물이 마른 상태이고, 또 그 후에도 그 위에 물을 뿌리지 않는다고 지적하면서, 이런 것들은 정결하다고 주장한다. 물고기 절임용 소금물도 물고기와 같은 이유로 부정하다고 간주한다.
- 위에서 언급한 달걀과 물고기와 소금물에 관해서 어떤 암 하아레쯔가 정결하다고 즉 준비되지 않았다고 말하면 그 말을 믿어도 좋다. 작은 물고기들은 예외인데, 이런 것들은 유대인들이 직접 다루지 않고 암 하아레쯔에게 맡기는데 그들은 준비과정에 관해 법규정을 잘 모르고 일을 하기 때문이다.
- 엘리에제르 랍비는 정결한 소금물에 다른 물이 떨어지면 그 양이 얼마가 되었든지 상관없이 그것이 부정해지며, 소금물이 다른 물을 무효화시키지 못한다고 주장했다(예루살렘 탈무드 「트루못」 11, 2).

### 6, 4

음식에 부정이 전이될 수 있도록 준비시킬 수 있는 음료수 일곱 가지를 열거한다.

---

שִׁבְעָה מַשְׁקִין הֵן. הַטַּל וְהַמַּיִם, הַיַּיִן וְהַשֶּׁמֶן, וְהַדָּם, וְהֶחָלָב, וּדְבַשׁ דְּבוֹרִים. דְּבַשׁ צְרָעִים, טָהוֹר, וּמֻתָּר בַּאֲכִילָה:

---

음료수에는 〔모두〕 일곱 가지가 있다. 이슬과 물, 포도주와 기름과 피와 우유와 벌꿀이다. 말벌의 꿀은 정결하며 먹을 수 있다.

- 이 미쉬나는 음식 위에 떨어졌을 때 그 음식이 부정해질 수 있도록 준비시키는 음료수 일곱 가지를 열거한다(「트루못」 11, 2). 그러나 말벌의 꿀은 음료수 일곱 가지에 들지 못하며, 음식을 준비시킬 수 없다.

### 6, 5

넷째 미쉬나에서 열거한 음료수와 관련된 다른 액체들을 설명한다.

---

תּוֹלְדוֹת לַמַּיִם, הַיּוֹצְאִין מִן הָעַיִן, מִן הָאֹזֶן, מִן הַחֹטֶם, מִן הַפֶּה, מֵי רַגְלַיִם, בֵּין גְּדוֹלִים בֵּין קְטַנִּים, לְדַעְתּוֹ וְשֶׁלֹּא לְדַעְתּוֹ. תּוֹלְדוֹת לַדָּם, דַּם שְׁחִיטָה. בַּבְּהֵמָה וּבַחַיָּה וּבָעוֹפוֹת הַטְּהוֹרִים, וְדַם הַקָּזָה לִשְׁתִיָּה. מֵי חָלָב, כֶּחָלָב. וְהַמֹּחַל, כַּשֶּׁמֶן, שֶׁאֵין הַמֹּחַל יוֹצֵא מִידֵי שֶׁמֶן, דִּבְרֵי רַבִּי שִׁמְעוֹן. רַבִּי מֵאִיר אוֹמֵר, אַף עַל פִּי שֶׁאֵין עִמּוֹ שֶׁמֶן. דַּם הַשֶּׁרֶץ, כִּבְשָׂרוֹ, מְטַמֵּא וְאֵינוֹ מַכְשִׁיר, וְאֵין לָנוּ כַּיּוֹצֵא בוֹ:

---

물의 파생물들로는 눈에서, 귀에서, 코에서, 입에서 나온 것과 어른이나 아이나 〔상관없고〕 알고 〔나왔거나〕 알지 못하고 〔나왔거나 상관없는〕 오줌이 있다.

피의 파생물들로는 도살할 때 〔나오는〕 피가 있다. 〔정결한〕 가축에서 그리고 〔정결한〕 짐승에서 그리고 정결한 새에서 〔나온 피〕, 그리고 마시기 위해서 쏟은 피가 있다.

젖물은 우유와 같다.

그리고 올리브 즙은 기름과 같으니, 올리브 즙은 기름이 섞이지 않을 수 없기 때문이라고 쉼온 랍비가 말했다. 메이르 랍비는 그 〔올리브 즙에〕 기름이 섞이지 않았어도 〔그러하다고〕 말한다.

기는 것의 피는 그 살과 같아서, 부정하게 만들지만 준비시키지는 않으니, 이와 같은 다른 것은 없다.

- 물과 같이 음식을 준비시키는 액체로 인체에서 나오는 다양한 체액들이 있다.
- 피와 같이 음식을 준비시키는 액체로 동물이나 새를 도살하면서 나오는 피가 있으며, 또 치료용으로 가축에게 먹이는 피도 그러하다(일곱째 미쉬나).
- 우유에서 단백질과 지방 성분을 제거하고 나오는 젖물도 우유처럼 음식을 준비시킨다(「네다림」 6, 5).
- 올리브기름처럼 음식을 준비시키는 액체로 올리브 즙이 있으니, 그 안에 기름이 섞여 있기 때문이다. 눈으로 보기에 기름이 섞이지 않아도 그러하다(「토호롯」 9, 3).
- 기는 것은 부정의 아버지인데, 그 피도 살과 마찬가지다(「메일라」 4, 3). 그런데 이 피는 부정하게 만들어도 음식을 준비시키지 않으니, 이런 피는 기는 것의 피 이외에는 존재하지 않는다.

## 6, 6

---

אֵלּוּ מְטַמְּאִין וּמַכְשִׁירִין. זוֹבוֹ שֶׁל זָב, וְרֻקּוֹ, וְשִׁכְבַת זַרְעוֹ, וּמֵימֵי רַגְלָיו, וּרְבִיעִית מִן הַמֵּת, וְדַם הַנִּדָּה. רַבִּי אֱלִיעֶזֶר אוֹמֵר, שִׁכְבַת זֶרַע אֵינָהּ מַכְשֶׁרֶת. רַבִּי אֶלְעָזָר בֶּן עֲזַרְיָה אוֹמֵר, דַּם הַנִּדָּה אֵינוֹ מַכְשִׁיר. רַבִּי שִׁמְעוֹן אוֹמֵר, דַּם הַמֵּת אֵינוֹ מַכְשִׁיר. וְאִם נָפַל עַל הַדְּלַעַת, גּוֹרְדָהּ וְהִיא טְהוֹרָה:

---

이와 같은 것들은 부정하게 만들고 〔음식을〕 준비시킨다. 유출병자의 유출액과 그의 침과 그의 정액과 그의 오줌 그리고 시체의 〔피〕 1/4〔로그〕 그리고 피와 월경한 피다. 엘리에제르 랍비는 정액은 〔음식을〕 준비시키지 않는다고 말한다. 엘아자르 벤 아자리야 랍비는 월

경하는 여자의 피는 〔음식을〕 준비시키지 않는다고 말한다. 쉼온 랍비는 시체의 피는 〔음식을〕 준비시키지 않는다고 말한다. 그리고 그것이 박 위에 떨어졌다면, 그것을 긁어낼 것이요, 그것이 정결해질 것이다.

- 이 미쉬나에서 열거하고 있는 것들은 모두 부정한 액체이며, 이것들은 부정하게 만들기도 하고 음식을 준비시키기도 한다(「마크쉬린」 1, 1). 각 액체에 따라 반대의견을 제시하는 랍비들도 있다.
- 시체의 피가 박 위에 떨어졌을 때, 먹을 수 없는 피를 긁어내면(「빅쿠림」 2, 7), 그 박은 정결하며 음식으로 준비되지 않았다고 간주한다.

## 6, 7

---

אֵלּוּ לֹא מְטַמְּאִין וְלֹא מַכְשִׁירִין. הַזֵּעָה, וְהַלֵּחָה סְרוּחָה, וְהָרְאִי, וְהַדָּם הַיּוֹצֵא עִמָּהֶם, וּמַשְׁקֵה בֶן שְׁמֹנָה. רַבִּי יוֹסֵי אוֹמֵר, חוּץ מִדָּמוֹ. וְהַשּׁוֹתֶה מֵי טְבֶרְיָה, אַף עַל פִּי שֶׁיּוֹצְאִין נְקִיִּים. דַּם שְׁחִיטָה בַּבְּהֵמָה, בַּחַיָּה וּבָעוֹפוֹת הַטְּמֵאִים, וְדַם הַקָּזָה לִרְפוּאָה. רַבִּי אֱלִיעֶזֶר מְטַמֵּא בָאֵלּוּ. רַבִּי שִׁמְעוֹן בֶּן אֶלְעָזָר אוֹמֵר, חֲלֵב הַזָּכָר, טָהוֹר:

---

이와 같은 것들은 부정하게 만들지 않고 〔음식을〕 준비시키지 않는다. 땀과 썩은 분비물과 배설물과 그것들과 함께 나온 피와 팔삭동이의 체액이다. 요쎄 랍비는 그의 피는 제외해야 한다고 말한다. 그리고 티베리야의 물을 마신 자의 〔체액은〕 깨끗하게 나왔다고 하더라도 〔그러하다〕.

〔부정한〕 가축과 〔부정한〕 짐승과 부정한 새들을 도살할 때 나온 피, 그리고 치료하기 위해서 쏟은 피도 〔그러하다〕. 엘리에제르 랍비는 이런 것들이 부정하다고 했다.

쉼온 벤 엘아자르 랍비는 수컷의 우유는 정결하다고 말한다.

- 이 미쉬나에서 열거하고 있는 것들은 부정하게 만들지도 않고 음식을 준비시키지도 않는다. 땀(「마크쉬린」 2, 2), 진물과 같은 분비물, 똥과 같은 배설물, 이런 것들과 섞여서 나온 피, 그리고 팔삭동이가 죽기 전에 흘린 침이나 소변이나 피가 그러하다. 요쎄 랍비는 부분적으로 반대 의견을 제시한다.
- 물은 음식을 준비시키지만, 티베리아의 물이 사람의 몸을 통과해서 나오면 음식을 준비시킬 수 없다.
- 부정한 동물이나 새를 도살할 때 나온 피, 그리고 치료용으로 동물에게 먹이는 피도 부정하게 만들지 않고 음식을 준비시키지 않는다. 엘리에제르 랍비는 반대한다.
- 쉼온 랍비는 수컷에게서 나온 우유는 정결하다는 말을 첨가한다(창세기 랍바, 30, 5).

## 6, 8

마쎄켓 「마크쉬린」의 마지막 미쉬나는 젖이 음식을 준비시키는 일에 관해 논의한다.

---

חֲלֵב הָאִשָּׁה מְטַמֵּא לְרָצוֹן וְשֶׁלֹּא לְרָצוֹן, וַחֲלֵב הַבְּהֵמָה אֵינוֹ מְטַמֵּא אֶלָּא לְרָצוֹן. אָמַר רַבִּי עֲקִיבָא, קַל וָחֹמֶר הַדְּבָרִים. מָה אִם חֲלֵב הָאִשָּׁה שֶׁאֵינוֹ מְיֻחָד אֶלָּא לִקְטַנִּים, מְטַמֵּא לְרָצוֹן וְשֶׁלֹּא לְרָצוֹן, חֲלֵב הַבְּהֵמָה שֶׁהוּא מְיֻחָד לִקְטַנִּים וְלִגְדוֹלִים, אֵינוֹ דִין שֶׁיְּטַמֵּא לְרָצוֹן וְשֶׁלֹּא לְרָצוֹן. אָמְרוּ לוֹ, לֹא, אִם טִמֵּא חֲלֵב הָאִשָּׁה שֶׁלֹּא לְרָצוֹן, שֶׁדַּם מַגֵּפָתָהּ טָמֵא, יְטַמֵּא חֲלֵב הַבְּהֵמָה שֶׁלֹּא לְרָצוֹן, שֶׁדַּם מַגֵּפָתָהּ טָהוֹר. אָמַר לָהֶם, מַחְמִיר אֲנִי בֶּחָלָב מִבְּדָם, שֶׁהַחוֹלֵב לִרְפוּאָה, טָמֵא, וְהַמַּקִּיז לִרְפוּאָה, טָהוֹר. אָמְרוּ לוֹ, סַלֵּי זֵיתִים וַעֲנָבִים יוֹכִיחוּ, שֶׁהַמַּשְׁקִים הַיּוֹצְאִין מֵהֶן לְרָצוֹן, טְמֵאִים, וְשֶׁלֹּא לְרָצוֹן, טְהוֹרִים. אָמַר לָהֶן, לֹא, אִם אֲמַרְתֶּם בְּסַלֵּי זֵיתִים וַעֲנָבִים, שֶׁתְּחִלָּתָן אֹכֶל וְסוֹפָן מַשְׁקֶה, תֹּאמְרוּ בֶחָלָב שֶׁתְּחִלָּתוֹ וְסוֹפוֹ מַשְׁקֶה. עַד כָּאן הָיְתָה תְשׁוּבָה. אָמַר רַבִּי שִׁמְעוֹן מִכָּאן וָאֵילָךְ הָיִינוּ מְשִׁיבִין לְפָנָיו, מֵי גְשָׁמִים

יוֹכִיחוּ, שֶׁתְּחִלָּתָן וְסוֹפָן מַשְׁקֶה וְאֵינָן מְטַמְּאִין אֶלָּא לְרָצוֹן. אָמַר לָנוּ, לֹא, אִם אֲמַרְתֶּם בְּמֵי גְשָׁמִים, שֶׁאֵין רִבָּן לְאָדָם, אֶלָּא לָאֲרָצוֹת וְלָאִילָנוֹת, וְרֹב הֶחָלָב, לְאָדָם:

---

여인의 젖은 〔그녀가〕 만족하든지 만족하지 않든지 〔상관없이〕 부정하게 만들고, 가축의 젖은 〔주인이〕 만족하는 경우에만 부정하게 만든다.

아키바 랍비는 이것이 '칼 바호메르'에 〔해당한다고〕 말했다. 여인의 젖이 어린아이들을 위한 것인데 〔그녀가〕 만족하든지 만족하지 않든지 〔상관없이〕 부정하게 만든다면, 가축의 젖은 어린아이들과 어른들 〔모두를〕 위한 것이므로 〔당연히〕 만족하든지 만족하지 않든지 부정하게 만드는 결정에 해당하지 않겠는가? 그들이 그에게 그렇지 않다고 말했다. 여인의 젖이 〔그녀가〕 만족하지 않을 때도 〔부정하게 만드는 것은〕 그녀의 상처에서 〔나온〕 피가 부정하기 때문이다. 그러나 가축의 상처에서 〔나오는〕 피는 정결한데 가축의 젖이 만족하지 않는 경우에도 부정하게 만들겠는가? 〔아키바 랍비가〕 그들에게 말했다. 나는 피보다 젖을 더 엄정하게 판단해야 한다고 본다. 왜냐하면 어떤 사람이 치료를 위해 젖을 짜면 〔그 젖은〕 부정하지만, 그가 치료를 위해 피를 흘리면 〔그 피는〕 정결하기 때문이다. 그들이 그에게 말했다. 올리브와 포도 바구니는 만족스러운 상황에서 나오는 음료수가 부정하며 만족스럽지 않은 〔상황에서 나온 것은〕 정결하다고 증명한다. 〔아키바 랍비가〕 그들에게 그렇지 않다고 말했다. 당신들이 올리브와 포도 바구니에 관해 말했는데, 그것들은 처음에는 음식이고 나중에는 음료수다. 당신들은 처음이나 마지막이 〔모두〕 음료수인 젖에 관해 말해야 한다. 여기까지가 대답이었다.

쉼온 랍비가 여기부터 다음은 우리가 그에게 대답한 것이라고 말했다. 빗물이 증명하니, 이것은 처음이나 끝이 〔모두〕 음료수인데 만족스럽지 않으면 부정하게 만들지 않는다.

〔아키바 랍비가〕 우리에게 그렇지 않다고 말했다. 너희들이 빗물에 관해 말했는데, 그것은 대부분 사람을 위한 것이 아니라 땅과 나무를 위한 것이다. 그러나 젖은 대부분 사람을 위한 것이다.

- 이 미쉬나는 사람의 젖은 여인이 만족하는 상황이건 그렇지 않건 음식을 준비시킬 수 있는데, 가축 즉 소나 양이나 염소의 젖은 그 주인이 만족하는 상황에서만 음식을 준비시킬 수 있다는 규칙에 관해 긴 논쟁을 이어간다.
- 아키바 랍비는 '칼 바호메르' 논리, 즉 간단한 상황에서 증명된 원리는 복잡한 상황에도 적용할 수 있다는 논리를 따라 젖을 먹는 대상에 초점을 맞추어 반대 의견을 제시한다.
- 현인들은 사람과 동물은 원래 논리적으로 관련이 없다면서 상처에서 나온 피를 예로 들어 논쟁을 한다.
- 아키바 랍비는 다섯째와 일곱째 미쉬나에서 언급했던 치료용으로 뽑은 피와 우유를 비교하면서, 우유가 더 엄격한 판단 대상이라고 주장한다.
- 현인들은 주제를 바꾸어 올리브와 포도 열매를 들어 반격한다.
- 아키바 랍비는 이런 열매의 즙과 젖이 다른 점을 지적한다. 여기까지가 아키바 랍비와 그의 동료들 사이에 벌어진 논쟁이었다.
- 아키바 랍비의 제자인 쉼온 랍비는 빗물을 예로 들며 반격한다.
- 아키바 랍비는 빗물이 젖과 다르다며 자기 의견을 굽히지 않는다.

זבים

9

# 자빔

## 유출병자

그가 하루에 분비물을 한 번 그리고 그다음 날 두 번 보았거나, 하루에 두 번 그리고 그다음 날 한 번 보았거나, 사흘 낮 동안 세 번 또는 사흘 밤 동안 세 번을 보았다면, 그는 완전한 유출병자이다. _「마크쉬린」 3, 1

# 개요

마쎄켓 「자빔」(זבים)은 '유출병자들'이라는 뜻인데, 랍비들은 성기에서 정액과 유사한 분비물이 유출되어 부정해진 남자들을 가리키는 말로 쓴다. 랍비 유대교에서 유출병자들은 매우 심각한 부정의 요인으로 취급을 받는데, 최소한 이레 동안 부정하고, 매우 다양한 방법을 통해 부정을 전이하며, 상황에 따라 다른 방법으로 정결례를 시행해야 한다. 마쎄켓 「자빔」은 주로 유출병자가 되는 과정과 어떻게 그 부정이 전이되는지를 논의하고 있다.

### 유출병자의 분비물

토라에는 정확하게 어떤 종류의 분비물(זוב, 조브)이 나왔을 때 유출병자(זב, 자브)가 되는지 분명하게 기록되어 있지 않다. 레위기에 "누구든지 그의 몸에 유출병이 있으면, 그 유출병으로 말미암아 부정한 자라"라고 기록되어 있는데(레 15:2), 여기서 '몸'이란 남성의 성기를 가리킨다고 볼 수 있지만, 유출된 분비물이 무엇인지는 자세히 묘사하지 않았다. 랍비들은 정액은 아니지만 정액과 비슷한 하얀색 분비물이 나왔을 때 유출병자가 된다고 규정한다.

후대의 랍비들은 (1) 정액은 끈적거리지만 유출물은 물기가 많아 흐르고, (2) 정액은 밝은 흰색이지만 유출물은 흐린 흰색이며, (3) 정액은 발기된 성기에서 유출물은 늘어진 성기에서 나온다고 규정한다.

유출물은 대개 성기에 질병이 있을 때 나온다고 설명한다(「자빔」 2, 1에 대한 람밤의 주석). 그 외에도 지나치게 심한 육체적 활동을 하거나 과식이나 과음을 하거나 질병이 있을 때, 그리고 흥분했을 때 유출이 있을 수 있다고 본다.

## 유출병자의 부정

유출병자는 '부정의 아버지'이며 부정해질 수 있는 모든 사람과 그릇과 음식과 음료수에 부정을 전이시킬 수 있다.

부정을 전이하는 방법으로는 접촉, 옮기기, 들리기가 있으며 부정이 전이된 사람이나 도구는 제1차 감염자가 된다. 유출병자의 부정은 얹기를 통해서도 전이되는데, 유출병자의 얹기 부정(מדרס הזב, 미드라쓰 핫자브)은 매우 심각한 경우로 취급을 받으며, 예외적으로 부정이 전이된 사람이나 도구가 '부정의 아버지'가 된다.

유출병자와 관련해서 연결된 부정(טמאה בחבורין, 툼아 베힙부린)이라는 개념도 사용한다. 부정이 접촉과 들리기와 얹기를 통해 전이되는 순간에 부정의 요인과 연결되어 있는 상태라면, 유출병자가 입은 옷이나 손에 들고 있는 그릇에도 부정이 전이된다.

## 유출병자와 관련된 부정의 요인

유출병자 본인 말고도 그의 몸에서 나온 여러 가지 체액들도 부정의 원인이 된다(부정의 아버지). 유출병자의 체액(מעינות הזב, 마아야놋 핫자브)에는 침, 가래, 콧물, 그리고 오줌이 포함된다. 유출병자의 분비물도 당연히 부정의 요인이며(부정의 아버지), 유출병자의 정액에는 그의 분비물이 섞여 있을 수 있기 때문에 부정의 요인으로 간주한다.

유출병자의 체액과 분비물은 접촉과 옮기기를 통해서 부정을 전이하며, 연결된 부정도 성립할 수 있다. 들리기 부정은 이 경우에 관련이 없다.

유출병자의 체액과 분비물은 아직 젖어 있을 때만 부정을 전이하며, 마른 후에는 부정을 전이하지 않는다(「닛다」 7, 1).

### 유출병자로 확진하기

어떤 사람의 몸에서 분비물이 한 번 나왔다고 해서 유출병자가 되는 것은 아니며, 이 시점에 그 사람은 사정한 자(בעל קרי, 바알 케리)와 같은 상태로 취급한다(제1차 감염자). 그는 접촉을 통해서만 음식이나 음료수에 부정을 전이하며, 그의 체액은 부정하지 않고 같은 날 물웅덩이에 몸을 담가 정결례를 시행할 수 있다.

어떤 사람의 몸에서 분비물이 처음 나온 날 두 번째로 분비물이 나온 것을 보았다면, 그 사람은 유출병자로 간주한다. 그는 부정의 아버지이며, 그의 부정은 적어도 이레 동안 지속되고 세 가지 방법으로 부정을 전이하며, 그의 체액과 분비물도 부정의 아버지다.

어떤 사람이 같은 날 분비물을 세 번 보게 되면 그 사람은 완전한 유출병자(זב גמור, 자브 가무르)가 되는데, 관련규정은 일반 유출병자와 같다. 다만 정결례를 행할 때 완전한 유출병자는 성전에 제물을 바쳐야 한다(「메일라」 1, 7).

### 유출병자가 시행하는 정결례

유출병자의 몸에서 더 이상 분비물이 나오지 않으면, 그는 분비물이 나오지 않는 이레를 세어야 한다(레 15:13). 이레를 세는 중간에 분비물이 나오면, 처음부터 다시 이레를 세어야 한다. 이 기간 동안에 일반적인 정액 분출도 없어야 하는데, 만약 정액이 나오면 깨끗한 날 하루를 감한다(「자빔」 1, 2).

분비물이 나오지 않는지 검사는 스스로 해야 하며, 매일 검사하는 것이 원칙이지만, 첫날과 이렛날에만 검사해도 인정한다.

깨끗한 날 이레를 센 후에 정결례를 시행해야 하는데, 유출병자는 샘물이나 샘물과 연결된 물웅덩이에 들어가서 정결례를 시행한다(레 15:13). 유출병자는 이레째 되는 날 아침에 분비물이 나오지 않았는지 검사하고, 분비물이 없으면 곧 정결례를 시행할 수 있다(메일라 2, 4). 그러나 그날 중에 다시 분비물이 나오면, 정결례는 무효가 된다.

유출병자가 정결례를 행한 다음 해 질 때까지는 그날 몸을 담근 '낮에 씻은 자'(טבול יום, 테불 욤)가 된다. 그는 정결하지만 거제와 성물을 먹을 수 없고, 성전에 들어갈 수 없다.

위에서 언급한 바와 같이 완전한 유출병자는 정결례 이후에도 성전에 제물을 바치기 전까지는 완전히 정결해지지 않는다(레 15:14). 이런 상태를 '속죄가 부족한 자'(מחוסר כיפורים, 메후싸르 킵푸림)라고 부른다.

- **관련 성경구절 | 레위기 15:1-15, 32-33**

# 제1장

유출병자와 완전한 유출병자가 누구인지 정의하고, 유출병과 관련하여 깨끗한 날 이레를 세다가 정액이 나온 경우와 초저녁에 분비물이 나왔을 때 시간을 계산하는 방법에 관해 논의한다.

## 1, 1

이 미쉬나는 유출병자와 완전한 유출병자가 누구인지 논의한다.

---

הָרוֹאֶה רְאִיָּה אַחַת שֶׁל זוֹב, בֵּית שַׁמַּאי אוֹמְרִים, כְּשׁוֹמֶרֶת יוֹם כְּנֶגֶד יוֹם. וּבֵית הִלֵּל אוֹמְרִים, כְּבַעַל קֶרִי. רָאָה אַחַת, וּבַשֵּׁנִי הִפְסִיק, וּבַשְּׁלִישִׁי רָאָה שְׁתַּיִם אוֹ אַחַת מְרֻבָּה כִשְׁתַּיִם, בֵּית שַׁמַּאי אוֹמְרִים, זָב גָּמוּר. וּבֵית הִלֵּל אוֹמְרִים, מְטַמֵּא מִשְׁכָּב וּמוֹשָׁב, וְצָרִיךְ בִּיאַת מַיִם חַיִּים, וּפָטוּר מִן הַקָּרְבָּן. אָמַר רַבִּי אֱלִיעֶזֶר בֶּן יְהוּדָה, מוֹדִים בֵּית שַׁמַּאי בָּזֶה שֶׁאֵינוֹ זָב גָּמוּר. וְעַל מַה נֶּחְלְקוּ, עַל הָרוֹאֶה שְׁתַּיִם אוֹ אַחַת מְרֻבָּה כִשְׁתַּיִם, וּבַשֵּׁנִי הִפְסִיק, וּבַשְּׁלִישִׁי רָאָה אַחַת, בֵּית שַׁמַּאי אוֹמְרִים, זָב גָּמוּר. וּבֵית הִלֵּל אוֹמְרִים, מְטַמֵּא מִשְׁכָּב וּמוֹשָׁב, וְצָרִיךְ בִּיאַת מַיִם חַיִּים, וּפָטוּר מִן הַקָּרְבָּן:

---

[어떤 사람이] 분비물이 한 번 나온 것을 보았을 때, 샴마이 학파는 [피를 목격한] 하루 다음에 하루를 [더] 지켜보는 여인과 같다고 말한다. 그러나 힐렐 학파는 설정한 자와 같다고 말한다.

그가 한 번 [분비물을] 보았는데, 둘째 날에 멈추었고, 셋째 날에 두 번 또는 두 번만큼 많은 한 번의 [분비물을] 보았을 때, 샴마이 학파는 그가 완전한 유출병자라고 말한다. 그러나 힐렐 학파는 눕기와 앉기를 통해 부정하게 만들고, 생수에 들어가야 할 의무가 있으나, 제물을 바치는 [의무는] 면제된다고 말한다. 엘아자르 벤 예후다 랍비는 샴마이 학파도 그가 완전한 유출병자가 아니라는 데 동의했다고 말했다.

그렇다면 무엇에 관하여 그들이 다른 의견을 주장했는가? 〔어떤 사람이 분비물을〕 두 번 또는 두 번만큼 많은 한 번을 보았고, 둘째 날에 멈추었고, 셋째 날에 한 번을 보았을 때, 샴마이 학파는 완전한 유출병자라고 말한다. 그러나 힐렐 학파는 눕기와 앉기를 통해 부정하게 만들고 생수에 들어가야 할 의무가 있으나, 제물을 바치는 〔의무는〕 면제된다고 말한다.

- 어떤 사람이 늘어진 성기에서 분비물(조브)이 나온 것을 한 번 보았을 때, 샴마이 학파는 그 사람의 상태는 월경과 월경 사이 기간에 피를 보았고 다음 날도 피가 나오는지 지켜보는 여인과 같다고 했다. 다음 날 피가 나오지 않는다면 그녀는 정결을 유지하지만, 사흘 동안 계속 피가 나오면 그녀는 유출병자가 된다(「닛다」 4, 7). 분비물을 한 번 본 남자도 하루 더 기다렸다가 분비물이 계속 나오면 유출병자(자브)가 되어 눕기와 앉기를 통해 부정을 전이하고 그의 분비물도 들리기를 통해 부정의 요인이 된다. 그러나 힐렐 학파는 이 남자가 설정한 자와 같아서 눕기나 앉기나 들리기로 부정을 전이하지 않는다고 하였다.
- 어떤 사람이 하루에 분비물이 두 번 나왔거나 이틀 동안 연속해서 나왔다면 일반 유출병자이고, 분비물이 나오지 않은 깨끗한 날 이레를 세어 정결례를 행하고 정결해지지만 제물을 바칠 필요는 없다. 그가 하루에 세 번 분비물을 보았거나 사흘 동안 연속해서 세 번 보았다면 그는 '완전한 유출병자'(자브 가무르)이며, 일반 유출병자의 정결례 외에 제물까지 바쳐야 한다(「켈림」 1, 5). 그런데 어떤 사람이 첫날에 분비물을 한 번 보고, 둘째 날은 멈추었고, 셋째 날에 두 번 또는 두 번만큼 많은 한 번을 보았을 때, 샴마이 학파는 첫날과 셋째 날을 합하여 세 번으로 계산하고 완전한 유출병자로 간주한다. 그러나

힐렐 학파는 둘째 날이 깨끗한 날이어서 날짜 계산을 멈추게 하므로 합산할 수 없다고 보고 일반 유출병자로 간주한다. 엘아자르 랍비는 다른 주장을 한다.

- 어떤 사람이 첫날에 두 번 또는 두 번만큼 많은 한 번을 보았고 둘째 날에 멈추었다가 셋째 날에 한 번 보았을 때, 삼마이 학파는 그가 이미 첫째 날에 유출병자가 되어 깨끗한 날을 세는 상태가 되었기 때문에 셋째 날에 또 분비물이 나오면 완전한 유출병자라고 주장했다. 힐렐 학파는 이 경우에도 합산할 수 없다고 주장한다.

1, 2

분비물이 없이 깨끗한 날 이레를 세는 중 정액을 본 유출병자에 관해 논의한다.

---

הָרוֹאֶה קֶרִי בַּיּוֹם הַשְּׁלִישִׁי לִסְפִירַת זוֹבוֹ, בֵּית שַׁמַּאי אוֹמְרִים, סוֹתֵר שְׁנֵי יָמִים שֶׁלְּפָנָיו. וּבֵית הִלֵּל אוֹמְרִים, לֹא סָתַר אֶלָּא יוֹמוֹ. רַבִּי יִשְׁמָעֵאל אוֹמֵר, הָרוֹאֶה בַּשֵּׁנִי, סוֹתֵר אֶת שֶׁלְּפָנָיו. רַבִּי עֲקִיבָא אוֹמֵר, אֶחָד הָרוֹאֶה בַּשֵּׁנִי וְאֶחָד הָרוֹאֶה בַּשְּׁלִישִׁי, שֶׁבֵּית שַׁמַּאי אוֹמְרִים, סָתַר שְׁנֵי יָמִים שֶׁלְּפָנָיו. וּבֵית הִלֵּל אוֹמְרִים, לֹא סָתַר אֶלָּא יוֹמוֹ. וּמוֹדִים בְּרוֹאֶה בָרְבִיעִי שֶׁלֹּא סָתַר אֶלָּא יוֹמוֹ, בְּרָאָה קֶרִי. אֲבָל אִם רָאָה זוֹב, אֲפִלּוּ יוֹם שְׁבִיעִי, סָתַר אֶת שֶׁלְּפָנָיו:

---

〔어떤 사람이〕 그의 분비물을 세던 중 셋째 날에 정액을 보았을 때, 삼마이 학파는 이것이 그 앞에 세었던 이틀을 무효로 만든다고 말한다. 그러나 힐렐 학파는 이것이 그날만 무효로 만든다고 말한다. 이쉬마엘 랍비는 둘째 날에 〔정액을〕 보았을 때 이것이 그 앞에 세었던 날을 무효로 만든다고 말한다. 아키바 랍비는 한쪽은 둘째 날에 본 사람을 〔다른〕 한쪽은 셋째 날에 본 사람을 〔말한 것이니〕, 삼마이 학파는 그 앞에 세었던 이틀을 무효로 만든다고 말한다. 그러나 힐렐 학파는 그날만 무효로 만든다고 말한다. 그러나 그들이 넷째 날에 〔정액을〕

보았을 때 그날만 무효로 만든다는 데 동의한다.

이것은 정액을 보았을 때다. 그러나 그가 분비물을 보았다면, 심지어 일곱째 날이라도, 이것이 그 앞에 〔세었던 날들을〕 무효로 만든다.

- 어떤 사람이 분비물이 나온 뒤 깨끗한 날을 세는 중 사흘이 되었을 때 분비물은 아니지만 정액을 보았다. 샴마이 학파는 정액에 분비물이 섞인 것으로 보고 처음으로 돌아가서 이레를 다시 세어야 한다고 주장한다. 힐렐 학파는 의심스러운 경우로 보고 그날만 제외하고 닷새를 더 세라고 말한다. 이쉬마엘 랍비는 그가 둘째 날에 정액을 보면 분비물을 본 시점에서 멀지 않으니 처음으로 돌아가서 이레를 다시 세어야 한다고 주장한다. 아키바 랍비는 중재안을 제시하면서 샴마이 학파는 둘째 날에 본 사람을 힐렐 학파는 셋째 날에 본 사람을 언급한 것이라고 설명한다. 넷째 날에 보았다면 이미 완전한 유출병자가 되는 기간이 지났으므로 그날만 무효가 된다고 덧붙였다.
- 분비물이 나왔다면 이런 모든 논의가 필요 없다. 다시 이레를 기다려야 한다.

## 1, 3

רָאָה אַחַת הַיּוֹם וּשְׁתַּיִם לְמָחָר, שְׁתַּיִם הַיּוֹם וְאַחַת לְמָחָר, שָׁלֹשׁ לִשְׁלֹשָׁה יָמִים אוֹ לִשְׁלֹשָׁה לֵילוֹת, הֲרֵי זֶה זָב גָּמוּר:

그가 하루에 〔분비물을〕 한 번 그리고 그다음 날 두 번 보았거나, 하루에 두 번 그리고 그다음 날 한 번 〔보았거나〕, 사흘 낮 동안 세 번 또는 〔사흘〕 밤 동안 세 번을 〔보았다면〕, 그는 완전한 유출병자이다.

- 어떤 사람이 분비물을 세 번 보면 완전한 유출병자이며 정결례를 할 때 성전에 제물을 바쳐야 한다. 꼭 사흘에 걸쳐서 연속적으로 분비

물이 유출될 필요는 없다.

## 1, 4

רָאָה אַחַת וְהִפְסִיק כְּדֵי טְבִילָה וְסִפּוּג, וְאַחַר כָּךְ רָאָה שְׁתַּיִם אוֹ אַחַת מְרֻבָּה כִשְׁתַּיִם, אוֹ רָאָה שְׁתַּיִם אוֹ אַחַת מְרֻבָּה כִשְׁתַּיִם, וְהִפְסִיק כְּדֵי טְבִילָה וְסִפּוּג, וְאַחַר כָּךְ רָאָה אַחַת, הֲרֵי זֶה זָב גָּמוּר:

그가 〔분비물을〕 한 번 보았고 〔물에〕 담그고 마를 때까지 멈추었는데 그러고 나서 두 번 또는 두 번만큼 많은 한 번을 보았을 때, 또는 그가 〔분비물을〕 두 번 또는 두 번만큼 많은 한 번을 보았고 〔물에〕 담그고 마를 때까지 멈추었는데 그러고 나서 한 번을 보았다면, 그는 완전한 유출병자다.

- 셋째 미쉬나에 이어 세 번 분비물이 나온 것을 보면 완전한 유출병자라는 원리를 재확인한다. 중간에 하루 멈춘 적이 있어도 상관없다.

## 1, 5

רָאָה אַחַת מְרֻבָּה כְשָׁלֹשׁ, שֶׁהִיא כְמִן גַּד יוֹן לַשִּׁילוֹחַ, שֶׁהֵן כְּדֵי שְׁתֵּי טְבִילוֹת וְכִשְׁנֵי סִפּוּגִין, הֲרֵי זֶה זָב גָּמוּר. רָאָה אַחַת מְרֻבָּה כִשְׁתַּיִם, מְטַמֵּא מִשְׁכָּב וּמוֹשָׁב, וְצָרִיךְ בִּיאַת מַיִם חַיִּים, וּפָטוּר מִן הַקָּרְבָּן. אָמַר רַבִּי יוֹסֵי, לֹא אָמְרוּ אַחַת מְרֻבָּה אֶלָּא אִם כֵּן יֶשׁ בָּהּ כְּדֵי שָׁלֹשׁ:

그가 세 번만큼 많은 〔분비물을〕 한 번 보았고, 이것이 마치 가드-욘[1]에서 실로악까지 〔갈 정도이며〕, 이것이 〔물에〕 두 번 담그고 두 번 말리기에 충분했다면, 그는 완전한 유출병자다. 그가 두 번만큼 많

1) '가드-욘'은 지명인데 기드론 계곡 동쪽 비탈 어디쯤으로 추정한다. 이름의 뜻은 '헬라인들의 경사지' 또는 '비둘기들의 경사지' 정도일 것이다(다비드 로젠탈, 「갓 슈마님, 가드 슈마님: 가드 욘」, 카테드라 67, 1993, pp. 3-11[히브리어]).

은 한 번을 보았다면, 그는 눕기와 앉기를 통해 부정하게 만들고, 생수에 들어갈 의무가 있지만, 제물을 바칠 〔의무에서〕 면제된다. 요쎄 랍비는 그들이 세 번만큼 〔많은 양이〕 아니라면 한 번 많이 〔나온 분비물에〕 관해 말하지 않았다고 말했다.

- 셋째 미쉬나 문맥에 이어 세 번에 해당하는 많은 양의 분비물을 오랫동안 유출한다면 완전한 유출병자로 규정한다. 시간적으로 가드-욘(겟세마네)에서 실로악(실로암)까지 갈 수 있는 시간 또는 정결례를 두 번 행하고 말릴 정도의 시간이 지났다면 그렇다는 말이다.

1, 6

초저녁에 분비물이 나왔을 때 시간 계산하는 방법을 논의한다.

---

רָאָה אַחַת הַיּוֹם וְאַחַת בֵּין הַשְּׁמָשׁוֹת, אַחַת בֵּין הַשְּׁמָשׁוֹת וְאַחַת לְמָחָר, אִם יָדוּעַ שֶׁמִּקְצָת הָרְאִיָּה מֵהַיּוֹם וּמִקְצָתָהּ לְמָחָר, וַדַּאי לַקָּרְבָּן וְלַטֻּמְאָה. אִם סָפֵק שֶׁמִּקְצָת הָרְאִיָּה מֵהַיּוֹם וּמִקְצָתָהּ לְמָחָר, וַדַּאי לַטֻּמְאָה וְסָפֵק לַקָּרְבָּן. רָאָה שְׁנֵי יָמִים בֵּין הַשְּׁמָשׁוֹת, סָפֵק לַטֻּמְאָה וְלַקָּרְבָּן. אַחַת בֵּין הַשְּׁמָשׁוֹת, סָפֵק לַטֻּמְאָה:

---

그가 〔분비물을〕 낮에 한 번 초저녁에 한 번을 보았거나, 초저녁에 한 번 다음 날 한 번을 〔보았거나〕, 그 〔분비물의〕 일부가 낮에 그리고 그 일부가 다음 날 보였음을 알고 있었다면, 그는 분명히 제물의 〔의무가 있고〕 부정해진다. 그 〔분비물의〕 일부가 낮에 그리고 그 일부가 다음 날 보였는지 의심스러울 때 그는 분명히 부정해지지만 제물을 〔바칠지 여부는〕 의심스러운 상황이다.

그가 〔분비물을〕 이틀 동안 초저녁에 보았을 때 그는 부정해지는 것과 제물을 〔바칠지 여부는〕 의심스러운 상황이다. 초저녁에 한 번만 〔보았을 때〕 그는 부정해지는지 의심스러운 상황이다.

- 초저녁은 어떤 날이 끝나는 시점이자 다음 날이 시작하는 시점이다(실제로는 해가 진 후 밤이 되면 다음 날이다). 그러므로 어떤 사람이 초저녁에 분비물이 나온 것을 보았다면, 그것을 그전 날부터 그다음 날까지 나온 것으로 즉 두 번으로 계산한다는 것이다. 그러므로 그 앞이나 뒤로 한 번을 더하면 그는 완전한 유출병자가 되며 제물을 바칠 의무가 있다. 그러나 의심할 여지가 있다면, 그는 일반 유출병자로 이레 동안 부정하지만 제물을 바칠 필요는 없다.
- 이틀에 걸쳐서 초저녁에만 분비물이 두 번 나왔다면, 더 심하게 의심스러운 상황이 된다. 두 번 사이에 깨끗한 날 하루가 포함될 수도 있기 때문이다. 그러므로 그는 유출병자로 부정한지 여부도 의심스럽고, 제물을 바칠 의무가 있는지에 대해서도 의심스러운 상황이다.
- 분비물을 초저녁에 한 번 본 사람은 한 번 또는 두 번으로 계산할 여지가 생기므로, 유출병자로 부정한지 여부가 의심스럽지만 제물을 바칠 의무는 없다.

## 제2장

전통적으로 법적인 주체가 될 수 없는 자들도 유출병 때문에 부정해진다고 규정하고, 유출병 관련 분비물을 검사하고 확진하는 방법을 설명하며, 유출병자로 확진을 받으면 어떤 방법을 통해 부정을 전이하는지 설명한다.

### 2, 1

---

הַכֹּל מְטַמְּאִין בְּזִיבָה, אַף הַגֵּרִים, אַף הָעֲבָדִים, בֵּין מְשֻׁחְרָרִין בֵּין שֶׁאֵינָן
מְשֻׁחְרָרִין, חֵרֵשׁ, שׁוֹטֶה, וְקָטָן, סְרִיס אָדָם, סְרִיס חַמָּה. טֻמְטוּם

וְאַנְדְּרוֹגִינוֹס, נוֹתְנִין עֲלֵיהֶן חֻמְרֵי הָאִישׁ וְחֻמְרֵי הָאִשָּׁה, מְטַמְּאִין בְּדָם כָּאִשָּׁה וּבְלֹבֶן כָּאִישׁ, וְטֻמְאָתָן בְּסָפֵק:

---

누구나 유출병 때문에 부정해질 수 있으니, 거류인들도, 해방되거나 해방되지 않은 종들도, 귀머거리, 정박아, 그리고 미성년자, 사람에 의해 또는 해를 〔보던 날부터〕 거세된 사람이 〔그러하다〕.

외성기이상자와 남녀추니인 자는 남자의 〔자격으로〕 엄정한 〔규정과〕 여자의 〔자격으로〕 엄정한 〔규정을〕 적용하니, 여자처럼 피로 부정해지며 남자처럼 하얀색 〔분비물〕 때문에 〔부정해지고〕, 그들의 부정함은 의심스러운 상태로 간주한다.

- 다른 법규정에서 법적인 주체로 행동할 수 없는 자들도 남성이라면 유출병 때문에 부정해질 수 있으며, 후천적으로 거세되었거나 나면서부터 고자인 사람(「예바못」 8, 4)도 마찬가지다.
- 외성기이상자와 남녀추니인 자는 여성처럼 피가 나온 것을 보았을 때 그리고 남성처럼 분비물이 나온 것을 보았을 때 모두 부정해지지만, 그 부정은 항상 의심스러운 상태다. 피가 보였어도 그가 남자일 가능성이 있고, 분비물이 보였어도 여자일 가능성이 있기 때문이다.

## 2, 2

분비물을 검사하고 확진하는 방법에 관해 논의한다.

---

בְּשִׁבְעָה דְרָכִים בּוֹדְקִין אֶת הַזָּב עַד שֶׁלֹּא נִזְקַק לְזִיבָה. בְּמַאֲכָל, בְּמִשְׁתֶּה, וּבְמַשָּׂא, בִּקְפִיצָה, בְּחֹלִי, וּבְמַרְאֶה וּבְהִרְהוּר. הִרְהֵר עַד שֶׁלֹּא רָאָה אוֹ שֶׁרָאָה עַד שֶׁלֹּא הִרְהֵר. רַבִּי יְהוּדָה אוֹמֵר, אֲפִלּוּ רָאָה בְהֵמָה, חַיָּה וָעוֹף מִתְעַסְּקִין זֶה עִם זֶה, אֲפִלּוּ רָאָה בִגְדֵי צֶבַע הָאִשָּׁה. רַבִּי עֲקִיבָא אוֹמֵר, אֲפִלּוּ אָכַל כָּל מַאֲכָל, בֵּין רַע בֵּין יָפֶה, וְשָׁתָה כָל מַשְׁקֶה. אָמְרוּ לוֹ, אֵין כָּאן זָבִין מֵעַתָּה. אָמַר לָהֶם, אֵין אַחֲרָיוּת זָבִים עֲלֵיכֶם. מִשֶּׁנִּזְקַק לְזִיבָה, אֵין

בּוֹדְקִין אוֹתוֹ. אָנְסוֹ וּסְפֵקוֹ וְשִׁכְבַת זַרְעוֹ טְמֵאִים, שֶׁרַגְלַיִם לַדָּבָר. רָאָה רְאִיָּה רִאשׁוֹנָה, בּוֹדְקִין אוֹתוֹ. בַּשְּׁנִיָּה, בּוֹדְקִין אוֹתוֹ. בַּשְּׁלִישִׁית, אֵין בּוֹדְקִין אוֹתוֹ. רַבִּי אֱלִיעֶזֶר אוֹמֵר, אַף בַּשְּׁלִישִׁית בּוֹדְקִין אוֹתוֹ, מִפְּנֵי הַקָּרְבָּן:

---

그들이 일곱 가지 방법으로 유출병과 관련이 있다고 〔확진하기〕 전에 유출병자를 검사한다. 음식으로, 음료수로, 그가 드는 〔짐으로〕, 그가 뛰었는지 〔여부로〕, 질병이 〔있었는지 여부로〕, 그가 본 것으로, 그리고 그가 생각한 것으로 〔검사한다〕. 보지 않고 생각했거나 생각하지 않고 보았어도 〔상관없다〕. 예후다 랍비는 가축 짐승 그리고 새가 서로 짝짓기하는 것을 보았을 때와 〔특정한〕 여자가 〔입는〕 옷 색깔을 보았을 때도 〔해당한다고〕 말한다.

아키바 랍비는 그가 〔맛이〕 좋거나 나쁜 음식을 먹은 〔경우〕 그리고 어떤 음료수를 마신 〔경우도 모두 해당한다고〕 말한다. 그들이 이제부터 여기에 유출병자가 아예 없어지겠다고 그에게 말했다. 그는 너희들이 유출병자들을 〔만들〕 아무런 책임이 없다고 그들에게 말했다.

어떤 사람이 유출병에 걸리면 더 이상 그를 검사하지 않는다. 그가 어쩔 수 없이 〔유출한 분비물과〕 의심스러운 〔분비물과〕 그의 정액이 부정하니, 그럴 가능성이 있기 때문이다.[2] 그가 처음으로 〔분비물을〕 보았고, 그들이 그를 검사했다. 그가 두 번째로 〔보았고〕, 그들이 그를 검사했다. 그가 세 번째로 〔보면〕, 그를 검사하지 않는다. 엘리에제르 랍비는 그가 세 번째로 〔보았어도〕 그를 검사해야 하니 제물을 〔바칠지 결정해야 하기〕 때문이라고 말한다.

- 어떤 사람이 분비물을 보았는데, 왜 분비물이 나왔는지 검사하고 확인하는 방법이 일곱 가지가 있다. 랍비들은 유출병자의 분비물은 성

---

2) 이 문장을 직역하면 '〔이러한〕 것에는 다리들이 〔달려 있기〕 때문이다' 정도가 된다.

기에 질병이 있기 때문이라고 생각하기 때문에, 그 이외의 다른 원인 때문에 분비물이 나왔다면 그 사람은 유출병자가 아니고 정결을 유지하게 된다. 과식이나 과음, 힘든 노동, 운동, 다른 질병, 그리고 특정한 여자를 보거나 성적인 상상을 했을 때 나온 분비물은 유출병과 관련이 없다. 예후다 랍비는 또 다른 예로 짐승들이 교배하는 것을 보거나, 자기가 아는 특정한 여자의 옷을 보고 그 여자를 상상하는 상황도 포함시킨다.

- 아키바 랍비는 분비물이 나온 것을 특별한 음식[3)]이 아니라 어떤 음식이나 음료수를 마신 것과 연결시킬 수 있다면 그것은 모두 유출병과 관련이 없다고 관대한 기준을 제시한다. 그의 제자들이 반대의견을 피력하지만, 그의 뜻은 변하지 않는다.
- 그러나 이미 분비물이 두 번 나와서 유출병임이 확인된 사람은 이런 검사가 필요 없으며, 셋째 분비물은 이렇게 어쩔 수 없이 나왔어도 유출병과 관련된 분비물로 본다. 그는 완전한 유출병자다. 그의 몸에서 나온 어쩔 수 없는 분비물과 의심스러운 분비물과 정액도 부정하다(들리기 부정).
- 위에서 말한 관대한 검사는 첫째와 둘째 분비물에만 해당하고 셋째 분비물에는 해당하지 않는다(「나지르」 9, 4). 왜냐하면 이미 분비물이 두 번 나온 사람은 유출병자이기 때문이다. 엘리에제르 랍비는 완전한 유출병자인지도 가려야 하기 때문에 셋째 분비물도 검사해야 한다고 주장한다.

3) 특별히 우유와 기름기 많은 고기, 오래된 포도주가 유출병과 관련이 있다는 기록이 남아 있다(예루살렘 탈무드 「요마」 1, 4).

## 2, 3

הָרוֹאֶה קֶרִי, אֵינוֹ מְטַמֵּא בְזִיבָה מֵעֵת לְעֵת. רַבִּי יוֹסֵי אוֹמֵר, יוֹמוֹ. נָכְרִי שֶׁרָאָה קֶרִי וְנִתְגַּיֵּר, מִיָּד הוּא מְטַמֵּא בְזִיבָה. הָרוֹאָה דָם וְהַמַּקְשָׁה, מֵעֵת לְעֵת. וְהַמַּכֶּה אֶת עַבְדּוֹ יוֹם יוֹמַיִם, מֵעֵת לְעֵת. כֶּלֶב שֶׁאָכַל בְּשַׂר הַמֵּת, שְׁלשָׁה יָמִים מֵעֵת לְעֵת, הֲרֵי הוּא כִבְרִיָּתוֹ:

〔어떤 사람이〕 정액을 보았다면, 그는 하루 동안 유출병 때문에 부정해지지 않는다. 요쎄 랍비는 그날만 〔그렇다고〕 말한다. 외부인이 정액을 보고 개종했다면, 그는 곧 유출병 때문에 부정해진다. 〔어떤 여인이〕 피를 보거나 난산이었다면 하루 동안 〔유출병으로 부정해지지 않는다〕.

〔어떤 사람이〕 종을 때렸을 때, 하루나 이틀이라는 말은 하루를 가리킨다. 어떤 개가 시체의 살을 먹었을 때 사흘 동안 〔영향이 있으니〕, 그것은 그의 본성을 똑같이 유지한다.

- 어떤 사람이 정액이 나온 것을 보았다면, 그때부터 24시간 동안 나오는 모든 분비물은 정액과 관련되었다고 간주하며, 그는 유출병으로 부정해지지 않는다. 요쎄 랍비는 그 시간부터 그날 끝까지만 그렇다고 시간제한을 줄인다.
- 어떤 외국인이 사정을 하자마자 개종을 했고 그 이후에 분비물이 나왔다면, 이방인의 자격으로 나온 정액은 유대인의 자격으로 본 분비물을 무효로 만들 수 없으며, 처음 태어난 아이처럼 다시 시작한다.
- 어떤 여인이 월경을 하거나 난산이었을 때도 24시간 동안 나오는 분비물을 유출병과 관련시키지 않는다. 월경하는 여인은 하루를 거슬러서 월경기간으로 계산하며(「닛다」 1, 1) 난산하며 흘리는 피도 월경하는 피와 같은 것으로 간주하므로(「닛다」 4, 4), 모두 유출병과 관련이 없다.

- 주제와 관련이 없지만, 주인이 종을 때렸을 때 곧 죽지 않고 하루나 이틀 후에 죽었을 때 그가 책임이 없다는 규정은(출 21:21) 역시 24시간을 가리킨다고 설명한다.
- 역시 주제와 관련이 없지만, 개가 부정한 고기를 먹었다면 사흘 즉 72시간 동안 그 부정한 상태를 유지한다고 본다. 그 후에는 소화가 되어 더 이상 부정하지 않다.

## 2, 4

유출병자가 부정을 전이하는 방법을 요약한다.

---

הַזָּב מְטַמֵּא אֶת הַמִּשְׁכָּב בַּחֲמִשָּׁה דְרָכִים, לְטַמֵּא אָדָם לְטַמֵּא בְגָדִים. עוֹמֵד, יוֹשֵׁב, שׁוֹכֵב, נִתְלֶה וְנִשְׁעָן. וְהַמִּשְׁכָּב מְטַמֵּא אֶת הָאָדָם בְּשִׁבְעָה דְרָכִים לְטַמֵּא בְגָדִים. עוֹמֵד, יוֹשֵׁב, שׁוֹכֵב, נִתְלֶה, וְנִשְׁעָן, בְּמַגָּע וּבְמַשָּׂא:

---

유출병자는 눕는 자리를 다섯 가지 방법으로 부정하게 만들며, 〔그렇게〕 사람과 옷을 부정하게 만든다. 서기, 앉기, 눕기, 달리기, 기대기가 〔그것이다〕.

그의 눕는 자리는 사람과 옷을 일곱 가지 방법으로 부정하게 만드니, 서기, 앉기, 눕기, 달리기, 그리고 기대기, 접촉으로 그리고 옮기기로 〔부정하게 만든다〕.

- 유출병자가 눕거나 앉았던 자리는 직접 접촉하지 않아도 부정을 전이하며, 사람은 물론 그가 입었던 옷도 부정하게 만든다(레 15:5-6). 유출병자가 자리를 부정하게 만드는 방법은 다섯 가지이며(「자빔」 4, 5), 이것을 '유출병자의 얹기 부정'(미드라쓰 핫자브)이라고 부르고, 부정이 전이된 사람이나 옷은 부정의 아버지가 된다.
- 유출병자의 얹기 부정으로 부정해진 자리는 일곱 가지 방법으로 다른 사람이나 물건을 부정하게 만든다(「자빔」 5, 1; 5, 3)

## 제3장

유출병자와 함께 배나 가축을 탄 경우, 침대나 의자에 앉은 경우, 사다리에 올라가거나 문틀 위에 앉은 경우 부정이 전이된다. 문을 열 때, 구덩이에서 끌어올릴 때, 밧줄을 당길 때, 옷감을 짤 때, 짐을 싣고 내릴 때 등 의심이 드는 경우에는 조건에 따라 부정이 전이된다.

### 3, 1

הַזָּב וְהַטָּהוֹר שֶׁיָּשְׁבוּ בִסְפִינָה אוֹ בְאַסְדָּא אוֹ שֶׁרָכְבוּ עַל גַּבֵּי בְהֵמָה, אַף עַל פִּי שֶׁאֵין בִּגְדֵיהֶם נוֹגְעִים, הֲרֵי אֵלּוּ טְמֵאִים מִדְרָס. יָשְׁבוּ עַל הַנֶּסֶר, עַל הַסַּפְסָל, עַל הַגָּשִׁישׁ שֶׁל מִטָּה וְעַל הָאַכְלוֹנָס, בִּזְמַן שֶׁהֵן מַחְגִּירִין, עָלוּ בְאִילָן שֶׁכֹּחוֹ רַע, בְּסוֹכָה שֶׁכֹּחָהּ רַע, בְּאִילָן יָפֶה, בְּסֻלָּם מִצְרִי בִּזְמַן שֶׁאֵינוֹ קָבוּעַ בְּמַסְמֵר, עַל הַכֶּבֶשׁ וְעַל הַקּוֹרָה וְעַל הַדֶּלֶת בִּזְמַן שֶׁאֵין עֲשׂוּיִין בְּטִיט, טְמֵאִים. רַבִּי יְהוּדָה מְטַהֵר:

유출병자와 정결한 자가 배나 뗏목에 앉거나 가축 등 위에 타고 있을 때, 그들의 옷이 서로 접촉하지 않았다 할지라도, 그들은 얹기 부정 때문에 부정해진다. 그들이 고정되지 않은 널빤지 위에, 긴 의자 위에, 침대 틀 위에, 나무 기둥 위에 앉았을 때, 또는 그들이 미약한 나무에, 든든한 나무의 약한 가지에,[4] 못으로 고정시키지 않은 이집트풍의 사다리에 올라갔을 때, 그들이 회를 〔발라〕 고정시키지 않은 받침대 위와 서까래 위와 문 위에 〔앉았다면〕 그들은 부정해진다. 예후다 랍비는 정결하다고 했다.

- 유출병자가 정결한 자와 배나 뗏목이나 가축을 타면 그들의 옷이 직접 접촉하지 않더라도 얹기 부정에 의해 부정이 전이된다. 이런 것

4) 이 낱말(סוכה)을 '가지'로 번역한 것은 사사기 9:48 용례를 따른 것이다.

들은 흔들리고 있으므로 본인들도 모르는 사이에 유출병자가 정결한 자의 옷을 밟았을 수도 있고, 그러면 '유출병자의 얹기 부정'(미드라쓰 핫자브)에 감염되어 부정의 아버지가 된다(「토호롯」 5, 8).

- 그다음에 열거한 모든 물건들은 고정되어 있지 않아서, 유출병자가 의도하지 않았지만 정결한 자를 움직이게 만들 수 있어서 들리기를 통해 부정이 전이될 수 있다. 부정이 전이되면 제1차 감염자가 된다.

### 3, 2

유출병자와 정결한 자가 어떤 행동에 연루되었는데 판단이 달라질 수 있는 상황을 설명한다.

---

מְגִיפִין אוֹ פוֹתְחִין. וַחֲכָמִים אוֹמְרִים, עַד שֶׁיְּהֵא זֶה מֵגִיף וְזֶה פוֹתֵחַ. מַעֲלִין זֶה אֶת זֶה מִן הַבּוֹר. רַבִּי יְהוּדָה אוֹמֵר, עַד שֶׁיְּהֵא הַטָּהוֹר מַעֲלֶה אֶת הַטָּמֵא. מַפְשִׁילִין בַּחֲבָלִין. וַחֲכָמִים אוֹמְרִים, עַד שֶׁיִּהְיֶה זֶה מוֹשֵׁךְ הֵילָךְ וְזֶה מוֹשֵׁךְ הֵילָךְ. אוֹרְגִים, בֵּין בְּעוֹמְדִין בֵּין בְּיוֹשְׁבִין אוֹ טוֹחֲנִין. רַבִּי שִׁמְעוֹן מְטַהֵר בְּכֻלָּן, חוּץ מִן הַטּוֹחֲנִין בְּרֵחַיִם שֶׁל יָד. פּוֹרְקִין מִן הַחֲמוֹר אוֹ טוֹעֲנִין, בִּזְמַן שֶׁמַּשָּׂאָם כָּבֵד, טְמֵאִין. בִּזְמַן שֶׁמַּשָּׂאָם קַל, טְהוֹרִין. וְכֻלָּן טְהוֹרִין לִבְנֵי הַכְּנֶסֶת וּטְמֵאִין לַתְּרוּמָה:

---

그들이 〔문을〕 닫거나 열 때다. 그러나 현인들은 한 사람이 닫고 〔다른〕 한 사람이 열 때까지는 〔아니라고〕 말한다. 그들이 서로 구덩이에서 끌어올릴 때다. 예후다 랍비는 정결한 자가 부정한 자를 끌어올릴 때까지는 〔아니라고〕 말한다. 그들이 밧줄을 꼴 때다. 그러나 현인들은 한 사람이 이쪽으로 당기고 〔다른〕 한 사람이 저쪽으로 당길 때까지는 〔아니라고〕 말한다. 그들이 서거나 앉아서 〔옷감을〕 짜고 있을 때 또는 〔곡식을〕 갈 때다. 쉼온 랍비는 그들이 손 맷돌로 〔곡식을〕 갈 때가 아니면 전부 정결하다고 했다. 그들이 나귀에서 〔짐을〕 내리거나 실을 때니, 그들의 짐이 무거울 때는 부정해진다. 그들의 짐

이 가벼울 때는 정결하다. 그러나 그들이 회당 사람들에게는 정결하며, 거제를 〔먹기에는〕 부정하다.

- 유출병자와 정결한 자가 함께 문을 열고 닫으면 정결한 자와 그의 옷이 들리기 부정을 통해 부정해지며, 제1차 감염자가 되어 거제를 먹을 수 없다. 현인들은 서로가 하는 행동이 다른 사람을 방해하는 상황이어서 들리기 부정에 더 확실하게 맞는 경우에만 정결한 자에게 부정이 전이된다고 주장한다.
- 그들이 서로 도와 구덩이에서 끌어올릴 때도 그러하다. 예후다 랍비는 정결한 자가 부정한 자를 끌어올려서 부정한 자가 정결한 자에게 의지할 때(들리기)만 부정이 전이된다고 주장한다.
- 그들이 서로 도와 밧줄을 꼬는 경우에도 그러하다고 했으나, 현인들은 그들이 각자 다른 방향으로 당기면서 한 사람이 다른 사람을 움직이게 할 때만 그렇다고 주장한다.
- 그들이 서 있거나 앉아서 옷감을 짜거나 곡식을 갈 때도 그러하다고 했으나, 쉼온 랍비는 특별히 손 맷돌을 사용해서 곡식을 갈 때에만 그렇다고 말한다.
- 나귀에 무거운 짐을 싣거나 내릴 때 유출병자가 정결한 자에게 기댈 수 있기 때문에 부정해진다.
- 위에서 언급한 일을 한 사람이라도 회당에 나가며 정결한 상태에서 속된 음식을 먹는 사람들과 함께 앉아서 식사할 수 있다. 왜냐하면 위의 규정은 들리기 부정이 의심스러운 상태이기 때문이다. 그럼에도 불구하고 거제는 먹을 수 없다.

## 3, 3

첫째 미쉬나의 반대 경우를 언급한다.

---

הַזָּב וְהַטָּהוֹר שֶׁיָּשְׁבוּ בִסְפִינָה גְדוֹלָה, אֵיזוֹ הִיא סְפִינָה גְדוֹלָה. רַבִּי יְהוּדָה אוֹמֵר, כֹּל שֶׁאֵינָהּ יְכוֹלָה לְהָמִיט בָּאָדָם. יָשְׁבוּ עַל הַנֶּסֶר, עַל הַסַּפְסָל, עַל הַגָּשִׁישׁ שֶׁל מִטָּה וְעַל הָאַכְלוֹנָס בִּזְמַן שֶׁאֵינָן מַחְגִּירִין, עָלוּ בְאִילָן שֶׁכֹּחוֹ יָפֶה, בְּסוֹכָה שֶׁכֹּחָהּ יָפֶה, וּבְסֻלָּם צוֹרִי אוֹ מִצְרִי בִּזְמַן שֶׁהוּא קָבוּעַ בְּמַסְמֵר, עַל הַכֶּבֶשׁ, עַל הַקּוֹרָה וְעַל הַדֶּלֶת בִּזְמַן שֶׁהֵן עֲשׂוּיִין בְּטִיט אֲפִלּוּ מִצַּד אֶחָד, טְהוֹרִין. הַטָּהוֹר מַכֶּה אֶת הַטָּמֵא, טָהוֹר. הַטָּמֵא מַכֶּה אֶת הַטָּהוֹר, טָמֵא, שֶׁאִם יִמָּשֵׁךְ הַטָּהוֹר, הֲרֵי הַטָּמֵא נוֹפֵל:

---

유출병자와 정결한 자가 큰 배에 앉아 있을 때 〔부정이 전이되지 않는다〕. 어떤 것이 큰 배인가? 예후다 랍비는 사람의 〔무게로〕 흔들 수 없는 〔배라고〕 말한다. 그들이 고정시킨 널빤지 위에, 긴 의자 위에, 침대틀 위에, 나무 기둥 위에 앉았을 때, 또는 그들이 든든한 나무에, 든든한 가지에, 쪼르풍의 사다리 또는 못으로 고정시킨 이집트풍의 사다리에 올라갔을 때, 그들이 한쪽만이라도 회를 〔발라〕 고정시킨 받침대 위와 서까래 위와 문 위에 〔앉았다면〕, 그들은 정결하다.

정결한 자가 부정한 자를 때렸을 때, 그는 정결하다. 부정한 자가 정결한 자를 때렸을 때, 그는 부정해지니, 정결한 자가 〔뒤로〕 물러서면 부정한 자가 쓰러질 것이기 때문이다.

- 유출병자와 정결한 자가 같이 앉아 있어도 그자리가 든든히 고정되어 흔들리지 않으면 들리기 부정을 통해 부정이 전이되지 않는다. 유출병자가 실수로 움직이다가 정결한 자의 옷을 밟거나 정결한 자가 유출병자를 움직이게 할 가능성이 없기 때문이다.
- 정결한 자가 유출병자를 때리면, 정결한 자가 유출병자에게 기댈 가능성이 있지만 부정해지지는 않으며, 들리기 부정을 의심하는 상황

이 될 뿐이다. 그러나 부정한 자가 정결한 자를 때리면, 정결한 자가 피할 때 부정한 자가 쓰러지고 기댈 수 있으며 정결한 자가 부정해진다.

## 제4장

유출병자가 침대에 누웠을 때, 배에 탔을 때, 발코니나 들보나 창문틀 등을 두드려서 흔들었을 때 부정이 전이되는지 설명한다. 또 유출병자가 의자나 전대 위에 누웠을 때, 쌓아놓은 외투들 위나 저울접시 위에 눕거나 앉았을 때 부정을 전이하는 과정에 관해 논의한다. 이런 모든 상황들을 고려하면 유출병자와 관련된 부정이 시체와 관련된 부정보다 더 엄격하게 적용되는 측면이 있다.

### 4, 1

רַבִּי יְהוֹשֻׁעַ אוֹמֵר, נִדָּה שֶׁיָּשְׁבָה עִם הַטְּהוֹרָה בְּמִטָּה, כִּפָּה שֶׁבְּרֹאשָׁהּ טָמֵא מִדְרָס. יָשְׁבָה בִסְפִינָה, כֵּלִים שֶׁבְּרֹאשׁ הַנֵּס שֶׁבַּסְּפִינָה טְמֵאִין מִדְרָס. נוֹטֶלֶת עֲרֵבָה מְלֵאָה בְגָדִים, בִּזְמַן שֶׁמַּשָּׂאָן כָּבֵד, טְמֵאִין. בִּזְמַן שֶׁמַּשָּׂאָן קַל, טְהוֹרִין. זָב שֶׁהִקִּישׁ עַל כְּצוֹצְרָא, וְנָפַל כִּכָּר שֶׁל תְּרוּמָה, טָהוֹר:

예호슈아 랍비는 월경하는 여인이 정결한 여인과 함께 침대 위에 앉았다면 그녀의 머리에 〔쓴〕 모자[5]가 얹기 부정 때문에 부정해진다고 말한다. 그녀가 배 위에 앉았다면 그 배의 돛대 꼭대기에 있던 그릇들도 얹기 부정 때문에 부정해진다. 〔그 배 위에〕 옷이 가득 찬 통을 놓았을 때, 그 무게가 무거우면 그것들이 부정해진다. 그 무게가 가벼

5) 이 낱말(כיפה, 킵파)은 아치형 구조물이나 방 등을 가리키는데, 여기서는 머리에 딱 붙는 양모 모자를 의미한다(야스트로 635).

우면 그것들이 정결하다. 유출병자가 발코니를 두드려서 거제인 빵 덩이가 떨어졌다면, 그것은 정결하다.

- 유출병자와 같은 방법으로 부정을 전이하는 월경하는 여인이 정결한 여인과 함께 침대 위에 앉았다면, 직접 접촉하거나 앉거나 밟는 일이 없더라도 얹기 부정 때문에 부정이 전이된다(「자빔」 3, 1). 월경하는 여자가 탄 작은 배의 돛대 꼭대기에 그릇들이 있었다면, 같은 이유로 그것들이 부정해진다.
- 그 배 위에 옷이 가득 찬 통이 있었는데, 그 무게가 무거워서 월경하는 여자를 움직이게 할 정도라면 역시 얹기 부정 때문에 부정이 전이된다. 그러나 가벼우면 정결하다.
- 유출병자가 발코니를 두들겨서 그 위에 놓아둔 거제인 빵 덩이가 떨어졌어도 정결하니, 이것은 유출병자가 직접 떨어뜨리지 않고 바닥이 흔들려서 떨어졌기 때문이다.

## 4, 2

הִקִּישׁ עַל הַמָּרִישׁ, עַל הַמַּלְבֵּן, עַל הַצִּנּוֹר, וְעַל הַדַּף, אַף עַל פִּי שֶׁהוּא עָשׂוּי בַּחֲבָלִים, עַל הַתַּנּוּר, וְעַל הַיָּם, וְעַל אִצְטְרֻבָּל, וְעַל חֲמוֹר שֶׁל רֵחַיִם שֶׁל יָד, וְעַל סְאָה שֶׁל רֵחַיִם שֶׁל זֵיתִים, רַבִּי יוֹסֵי אוֹמֵר, אַף עַל קוֹרַת הַבַּלָּנִין, טָהוֹר:

그가 굵은 들보를, 창문틀을, 배수관을, 선반[6]을, 밧줄로 만든 〔선반을〕, 화덕을, 〔밀가루〕 용기를, 맷돌 밑짝을, 손 맷돌 틀[7]을, 1쎄아가 들어가는 올리브 맷돌을 두드려도 〔정결하다〕. 요쎄 랍비는 목욕

6) 선반에는 제빵사들이 설치하여 쓰는 선반(「켈림」 15, 2)이나 비둘기집 앞에 달린 선반(바벨 탈무드 「베짜」 10b) 등이 있다.

7) 이 낱말(חמור)은 원래 나귀라는 뜻이지만, 여기서는 손 맷돌 밑에 대는 나무틀을 가리킨다(야스트로 476).

탕 직원[8]이 〔앉는〕 기둥을 〔두드려도〕 정결하다고 말한다.

- 이 미쉬나에 열거한 물건들을 유출병자가 두드렸고, 그 위에 있던 거제인 빵 덩이가 떨어져도 그것은 정결하다. 이런 것들은 대개 든든히 고정되어 있어서, 유출병자가 움직이게 했다고 보지 않는다.

## 4, 3

הַקִּישׁ עַל הַדֶּלֶת, עַל הַנֶּגֶר, עַל הַמַּנְעוּל, עַל הַמְּשׁוֹט, וְעַל הַקֶּלֶת, וְעַל אִילָן שֶׁכֹּחוֹ רַע, וְעַל סוֹכָה שֶׁכֹּחָהּ רַע, עַל אִילָן יָפֶה, עַל סֻלָּם מִצְרִי בִּזְמַן שֶׁאֵינוֹ קָבוּעַ בְּמַסְמֵר, עַל הַכֶּבֶשׁ, עַל הַקּוֹרָה וְעַל הַדֶּלֶת בִּזְמַן שֶׁאֵינָן עֲשׂוּיִין בְּטִיט, טְמֵאִין. עַל הַשִּׁדָּה, עַל הַתֵּבָה וְעַל הַמִּגְדָּל, טְמֵאִין. רַבִּי נְחֶמְיָה וְרַבִּי שִׁמְעוֹן מְטַהֲרִין בְּאֵלּוּ:

그가 문을, 빗장을, 자물쇠를, 노를, 맷돌 바구니[9]를, 미약한 나무를, 든든한 나무의 약한 가지를, 못으로 고정하지 않은 이집트풍 사다리를, 받침대를, 회를 〔발라〕 고정시키지 않은 서까래와 문을 〔두드렸다면〕 그것이 부정해진다. 그가 궤짝을, 상자를, 찬장을 〔두드렸다면〕 그것이 부정해진다. 네헤미야 랍비와 쉼온 랍비는 이것들을 〔두드려도〕 정결하다고 주장했다.

- 이 미쉬나에 열거한 물건들을 유출병자가 두드렸고, 그 위에 있던 거제인 빵 덩이가 떨어지면 그것은 부정하다. 이런 것들은 든든하게 고정시키지 않아서, 유출병자가 무게를 실어 기대면 움직이게 할 수 있기 때문이다.

---

8) 이 낱말(בלנין)은 목욕탕 주인이나 직원을 가리킨다(야스트로 174).

9) 이 낱말(קלת)은 맷돌에서 갈려 나오는 곡식을 담는 용기나 바구니를 가리킨다(야스트로 1383).

## 4, 4

유출병자가 여러 개의 물품들 위에 누워 있는 상황에 관해 논의한다.

---

זָב שֶׁהָיָה מֻטָּל עַל חֲמִשָּׁה סַפְסָלִים אוֹ עַל חָמֵשׁ פֻּנְדְּיוֹת, לְאָרְכָּן, טְמֵאִין. לְרָחְבָּן, טְהוֹרִין. יָשֵׁן, סָפֵק שֶׁנִּתְהַפֵּךְ עֲלֵיהֶן, טְמֵאִין. הָיָה מֻטָּל עַל שִׁשָּׁה כִסְיוֹת, שְׁתֵּי יָדָיו עַל שְׁנַיִם, שְׁתֵּי רַגְלָיו עַל שְׁנַיִם, רֹאשׁוֹ עַל אֶחָד, גּוּפוֹ עַל אֶחָד, אֵין טָמֵא אֶלָּא זֶה שֶׁתַּחַת הַגּוּף. עוֹמֵד עַל שְׁנֵי כִסְאוֹת, רַבִּי שִׁמְעוֹן אוֹמֵר, אִם רְחוֹקִין זֶה מִזֶּה, טְהוֹרִין:

---

유출병자가 긴 의자 다섯 개 또는 전대 다섯 개 위에 누워 있을 때, 그가 세로로 〔누웠다면〕 그것들이 부정해진다. 그가 가로로 〔누웠다면〕 그것들이 정결하다. 그가 〔그 위에서〕 잠을 잤다면, 그가 그 위에서 몸을 뒤집었는지 의심이 생기기 때문에, 그것들이 부정해진다.

그가 의자 여섯 개 위에 누웠고, 그의 손을 〔의자〕 두 개 위에, 두 발을 〔의자〕 두 개 위에, 그의 머리를 〔의자〕 하나 위에, 그의 몸을 〔의자〕 하나 위에 〔놓았다면〕, 몸 밑에 있는 것을 제외하고는 부정해지지 않는다. 그가 의자 여섯 개 위에 서 있는 〔경우에 관해〕, 쉼온 랍비는 그것들이 서로 멀리 떨어져 있다면 그것들이 정결하다고 말한다.

- 유출병자가 긴 의자 다섯 개 또는 전대 다섯 개를 나란히 늘어놓고 그 위에 세로로 누웠다면, 그가 누워서 몸을 움직일 때마다 의자나 전대가 그의 몸 대부분을 지탱하게 되며, 결과적으로 전부 부정해진다. 그러나 가로로 누웠다면 어떤 의자나 전대도 그의 몸 대부분을 지탱하지 않기 때문에 얹기 부정과 관련이 없다. 접촉 때문에 부정해지기는 하며 제1차 감염자가 된다. 그 위에서 잠이 들었다면 무의식적으로 몸을 뒤집어 세로로 누웠을 가능성이 있기 때문에 부정하다고 간주한다.
- 그가 의자 여섯 개 위에 누웠다면, 그의 몸을 지탱하고 있는 의자만

그의 몸 대부분을 지탱하고 있다고 보고, 그것만 얹기 부정 때문에 부정하게 된다. 나머지 의자들은 얹기 부정과 관련이 없고, 접촉 때문에 부정해져서 제1 차 감염자가 된다.

- 쉼온 랍비는 그가 좀 떨어져 있는 의자 여섯 개 위에 서 있는 유출병자는 어느 곳에도 그의 몸무게 대부분을 싣지 않는다고 보고, 얹기 부정 때문에 부정해지지 않는다고 생각했다. 의자들이 가까이에 있으면 몸무게를 지탱하는 의자 최소한 두 개는 얹기 부정 때문에 부정해진다.

## 4, 5

עֶשֶׂר טַלִּיּוֹת זוֹ עַל גַּב זוֹ, יָשֵׁן עַל גַּבֵּי הָעֶלְיוֹנָה, כֻּלָּן טְמֵאוֹת. הַזָּב בְּכַף מֹאזְנַיִם וּמִשְׁכָּב וּמוֹשָׁב כְּנֶגְדּוֹ, כָּרַע הַזָּב, טְהוֹרִין. כָּרְעוּ הֵן, טְמֵאִין. רַבִּי שִׁמְעוֹן אוֹמֵר, בְּיָחִידִי, טָמֵא. וּבִמְרֻבִּין, טָהוֹר, שֶׁאֵין אֶחָד נוֹשֵׂא אֶת רֻבּוֹ:

외투 열 벌을 차곡차곡 〔쌓아놓았을〕 때, 그가 제일 위에서 잠을 잤다면[10], 모든 것이 부정해진다.

유출병자가 저울접시 〔하나〕 위에 있고 눕는 자리나 앉는 자리가 그 반대편에 있을 때, 유출병자가 내려가면 그것들은 정결하다. 그것들이 내려가면 그것들은 부정해진다. 쉼온 랍비는 물건 하나가 있었을 때는 그것이 부정해진다고 말한다. 그러나 물건이 여러 개 있었다면 정결하니, 물건 하나가 그의 〔무게〕 대부분을 들어올리지 않았기 때문이다.

- 유출병자가 눕는 자리는 그 밑에 옷이나 이불 몇 겹을 깔든지 모두 부정해진다.

10) 어떤 사본에는 앉았다고 기록했다.

- 저울의 한쪽 접시 위에 유출병자가 있고 반대쪽 접시에 눕는 자리나 앉는 자리가 있을 때, 유출병자가 내려가면 유출병자가 그 물건들을 들어올리는 셈이니, 그 물건들은 얹기 부정으로부터 정결하다(그러나 옮기기 부정 때문에 제1차 감염자가 된다). 반대로 그 물건들이 내려가면 유출병자를 움직이게 했으므로 얹기 부정 때문에 부정해진다(「자빔」 2, 4).
- 쉼온 랍비는 넷째 미쉬나와 같이 어떤 자리 하나가 유출병자를 움직이게 했을 때 얹기 부정이 적용되지만, 여러 물건이 유출병자를 움직이게 했을 때는 적용되지 않는다고 주장한다. 어떤 물건도 그의 몸무게 대부분을 움직이게 하지 않았다는 것이다(일곱째 미쉬나).

## 4, 6

הַזָּב בְּכַף מֹאזְנַיִם וְאֳכָלִין וּמַשְׁקִין בְּכַף שְׁנִיָּה, טְמֵאִין. וּבַמֵּת, הַכֹּל טָהוֹר, חוּץ מִן הָאָדָם. זֶה חֹמֶר בַּזָּב מִבַּמֵּת. חֹמֶר בַּמֵּת מִבַּזָּב, שֶׁהַזָּב עוֹשֶׂה מִשְׁכָּב וּמוֹשָׁב מִתַּחְתָּיו לְטַמֵּא אָדָם וּלְטַמֵּא בְגָדִים, וְעַל גַּבָּיו מַדָּף לְטַמֵּא אֳכָלִין וּמַשְׁקִין, מַה שֶּׁאֵין הַמֵּת מְטַמֵּא. חֹמֶר בַּמֵּת, שֶׁהַמֵּת מְטַמֵּא בְאֹהֶל וּמְטַמֵּא טֻמְאַת שִׁבְעָה, מַה שֶּׁאֵין הַזָּב מְטַמֵּא:

유출병자가 저울접시 〔하나〕 위에 있고 음식과 음료수가 다른 접시 위에 있다면, 그것들은 부정해진다. 시체와 관련해서, 모든 것이 정결하며 사람만 제외된다. 이것은 시체보다 유출병자를 더 엄격하게 〔다루는 예〕다. 유출병자보다 시체를 더 엄격하게 다룰 때도 있다. 유출병자는 자기 밑으로 눕는 자리와 앉는 자리에 〔부정을 전이하여〕 사람과 옷들을 부정하게 만들고, 자기 위로는 간접적 부정으로 〔부정을 전이하여〕 음식과 음료수를 부정하게 만드니, 이것은 시체가 부정하게 만들지 않는 〔경우〕다.

시체를 더 엄격하게 다룰 때는, 시체가 덮기 부정을 통해 부정을 전이하고 이것이 이레 동안 부정하게 만드니, 이것은 유출병자가 부정하게 만들지 않는 〔경우〕다.

- 저울에 유출병자와 음식 또는 음료수가 놓여 있었다면, 유출병자가 그 음식과 음료수를 들게 되어, 옮기기 부정을 통해 부정이 전이된다(제1차 감염자). 심지어 이것들이 유출병자를 들어도 그러하니, 음식이나 음료수는 눕거나 앉는 자리가 될 수 없으므로 얹기 부정과는 관련이 없기 때문이다. 만약 저울에 시체가 있었다면, 반대쪽에 눕거나 앉는 자리, 음식, 음료수가 있었다 해도 모두 정결하다. 이것들은 시체와 접촉하지 않고 천막 밑에 덮이지도 않았으며, 들리기와 무관하기 때문이다(「자빔」 5, 3). 그러나 사람이 시체를 움직이게 하면 들리기 부정을 통해서 부정이 전이되며, 이것은 죽은 채 발견된 것과 같은 경우다(5, 3). 유출병자 관련법이 시체 관련법보다 더 엄격한 경우다.
- 그런데 유출병 관련법이 더 엄격할 경우도 있고 시체 관련법이 더 엄격할 경우도 있다. 유출병자는 밑으로 눕거나 앉는 자리는 물론 위로 음식과 음료수를 '간접적 부정'(맛답)으로 부정하게 만든다(「자빔」 5, 2). 시체는 천막 지붕 위에 있는 사람이나 물건을 부정하게 만들지 않으며, 접촉이 있어야 한다(「에두욧」 6, 2). 그러므로 유출병자가 더 엄격한 법의 제재를 받는다.
- 그러나 시체는 덮기를 통해 부정을 전이하며 이레 동안 부정하게 만든다(「켈림」 1, 4). 그러므로 이 경우에는 시체가 더 엄격한 법의 제재를 받는 것이다.

## 4, 7

הָיָה יוֹשֵׁב עַל גַּבֵּי הַמִּטָּה וְאַרְבַּע טַלִּיּוֹת תַּחַת אַרְבַּע רַגְלֵי הַמִּטָּה, טְמֵאוֹת, מִפְּנֵי שֶׁאֵינָהּ יְכוֹלָה לַעֲמֹד עַל שָׁלֹשׁ. רַבִּי שִׁמְעוֹן מְטַהֵר. הָיָה רוֹכֵב עַל גַּבֵּי בְהֵמָה וְאַרְבַּע טַלִּיּוֹת תַּחַת אַרְבַּע רַגְלֵי בְהֵמָה, טְהוֹרוֹת, מִפְּנֵי שֶׁהִיא יְכוֹלָה לַעֲמֹד עַל שְׁלֹשָׁה. הָיְתָה טַלִּית אַחַת תַּחַת שְׁנֵי יָדַיִם, תַּחַת שְׁנֵי רַגְלַיִם, תַּחַת יָד וָרֶגֶל, טְמֵאָה. רַבִּי יוֹסֵי אוֹמֵר, הַסּוּס מְטַמֵּא בְרַגְלָיו וְהַחֲמוֹר בְּיָדָיו, שֶׁמִּשְׁעֶנֶת הַסּוּס עַל רַגְלָיו וּמִשְׁעֶנֶת הַחֲמוֹר עַל יָדָיו. יָשַׁב עַל קוֹרַת בֵּית הַבַּד, כֵּלִים שֶׁבָּעֲקָל טְמֵאִין. עַל הַמַּכְבֵּשׁ שֶׁל כּוֹבֵס, כֵּלִים שֶׁתַּחְתָּיו, טְהוֹרִין. רַבִּי נְחֶמְיָה מְטַמֵּא:

만약 그가 침대 위에 앉아 있고 외투 네 벌을 침대 다리 네 개 밑에 놓았다면, 그것들은 부정하니, 그 〔침대는 다리〕 세 개로 서 있을 수 없기 때문이다. 쉼온 랍비는 정결하다고 했다.

그가 가축 위에 타고 있으며 외투 네 벌을 가축의 다리 네 개 밑에 놓았다면, 그것들은 정결하니, 그 〔가축은 다리〕 세 개로 서 있을 수 있기 때문이다. 외투 한 벌이 두 앞다리 밑에, 두 뒷다리 밑에, 앞다리 〔하나와〕 뒷다리 〔하나〕 밑에 있었다면, 그것은 부정해진다. 요쎄 랍비는 말은 그 뒷다리로 부정하게 만들고 나귀는 그 앞다리로 〔부정하게 만든다고〕 말하니, 말은 그 뒷다리에 〔몸무게를〕 싣고 나귀는 그 앞다리에 〔몸무게를〕 싣기 때문이다.

그가 기름틀 가로대에 앉았다면 그 기름통 안에 〔든〕 그릇들은 부정해진다. 빨래하는 자의 틀 위에 〔앉았다면〕, 그 밑에 있는 그릇들은 정결하다. 네헤미야 랍비는 부정하다고 했다.

- 유출병자가 침대 위에 앉아 있고 외투 네 벌을 각각 침대 다리 네 개 밑에 깔아놓았다면, 그 외투들은 부정해진다. 침대는 다리 세 개로 설 수 없기 때문에, 다리 하나가 각각 유출병자의 몸무게의 대부분을 지탱하고 있다고 본 것이다. 쉼온 랍비는 이 주장에 반대한다(다

섯째 미쉬나; 「샤밧」 10, 5). 가축은 반대로 다리 세 개로 설 수 있기 때문에 어떤 다리이든 없어도 되는 넷째 다리로 볼 수 있으며, 결국 그 밑에 깐 외투는 정결하다.

- 만약 외투 한 벌이 두 앞다리 밑에, 두 뒷다리 밑에, 앞다리 하나와 뒷다리 하나 밑에 있었다면, 외투를 밟지 않은 나머지 두 다리를 들고 설 수 없으므로, 그 외투가 부정해진다. 요쎄 랍비는 말과 나귀가 습성이 다르다고 주장하면서, 말은 뒷다리로 나귀는 앞다리로 부정하게 만들지만, 다른 경우는 정결하다고 말한다.
- 유출병자가 기름을 짜는 틀의 가로대에 앉았다면, 그가 기름틀 안에 있는 모든 것들 위에 무게를 실었기 때문에 그 안에 있는 그릇도 부정해진다. 빨래하는 자들은 널빤지 두 개 사이에 빨래를 넣고 눌러서 빨래를 바로 펴거나 접는데, 유출병자가 그 위에 앉았다면, 그 판자 밑에 있는 그릇들은 직접 몸무게를 싣지 않았다. 그러므로 정결하다. 네헤미야 랍비는 반대했다.

## 제5장

유출병자와 접촉한 상태에서 다른 그릇이나 음식을 접촉하는 경우, 유출병자보다 위에 있는 것과 밑에 있는 것이 다른 이유, 그 외에 유출병 환자와 관련된 다양한 상황들을 설명한다.

### 5, 1

הַנּוֹגֵעַ בַּזָּב אוֹ שֶׁהַזָּב נוֹגֵעַ בּוֹ, הַמַּסִּיט אֶת הַזָּב אוֹ שֶׁהַזָּב מַסִּיטוֹ, מְטַמֵּא אֳכָלִים וּמַשְׁקִים וּכְלֵי שֶׁטֶף בְּמַגָּע, אֲבָל לֹא בְמַשָּׂא. כְּלָל אָמַר רַבִּי יְהוֹשֻׁעַ, כָּל הַמְטַמֵּא בְגָדִים בִּשְׁעַת מַגָּעוֹ, מְטַמֵּא אֳכָלִים וּמַשְׁקִין לִהְיוֹת תְּחִלָּה, וְהַיָּדַיִם לִהְיוֹת שְׁנִיּוֹת, וְאֵינוֹ מְטַמֵּא לֹא אָדָם וְלֹא כְלֵי חֶרֶס. לְאַחַר פְּרִישָׁתוֹ

מִמְּטַמְּאָיו, מְטַמֵּא מַשְׁקִין לִהְיוֹת תְּחִלָּה, וְהָאֳכָלִין וְהַיָּדַיִם לִהְיוֹת שְׁנִיּוֹת, וְאֵינוֹ מְטַמֵּא בְגָדִים:

〔어떤 사람이〕 유출병자를 접촉하거나 유출병자가 그를 접촉했을 때, 그가 유출병자를 움직이게 하거나 유출병자가 그를 움직이게 했을 때, 그는 음식과 음료수와 씻는 그릇[11]을 접촉을 통해 부정하게 만들지만, 옮기기를 통해서는 〔부정하게 만들지〕 않는다.

예호슈아 랍비는 〔부정의 요인과〕 접촉하는 순간에 옷을 부정하게 만드는 사람은 음식과 음료수를 부정하게 하여 제1차 감염자로 만들고 손을 〔부정하게 하여〕 제2차 감염자로 만들지만 사람과 점토 그릇은 부정하게 만들지 않는 것이 원칙이라고 말했다. 그가 〔부정의 요인으로부터〕 떨어진 다음에는 음료수를 부정하게 하여 제1차 감염자로 만들고 음식과 손을 〔부정하게 만들어〕 제2차 감염자로 만들지만 옷은 부정하게 만들지 않는다.

- 유출병자와 접촉이나 들리기 부정을 통해 부정해진 사람(제1차 감염자)은 아직 부정의 요인과 연결되어 있는 상태에서 음식이나 음료수나 씻을 수 있는 그릇과 접촉하면 부정하게 만든다. 그러나 접촉을 끊고 옮기면 부정을 전이하지 않는다.
- 예호슈아 랍비가 좀 더 정확하게 이 규정을 재확인한다. 부정해져서 그 옷을 빨아야 하는 사람, 즉 유출병자나 그가 누웠던 자리나 월경하는 여인과 접촉한 사람(레 15:5-11, 21-22, 27)이 부정의 요인과 아직 접촉하고 있을 때 음식과 음료수를 접촉하면 부정하게 하며 제1차 감염자로 만든다. 원래 제2차 감염자가 되어야 옳지만, 아직 부

11) 그릇 중에는 씻어서 정결하게 만들 수 있는 그릇이 있고 그렇지 못한 그릇이 있는데, 점토 그릇은 씻을 수 없고 다른 재료로 만든 그릇은 씻을 수 있다(레 6:21, 15:12).

정의 요인과 연결되어 있는 상태라는 조건 때문에 이렇게 결정한 것이다. 그가 다른 사람의 손과 접촉하면 그 손을 부정하게 하여 제2차 감염자로 만든다(「야다임」 3, 1). 그는 제1차 감염자이므로 사람이나 그릇은 부정하게 만들지 않는다. 그가 부정의 요인과 더 이상 접촉하지 않고 떨어진 상태라면 음식이나 손과 접촉할 때 제2차 감염자로 만든다. 거제를 부정하게 만들 수 있는 모든 존재는 음료수를 부정하게 만들 때 제1차 감염자로 만들며(「파라」 8, 7), 이것은 좀 예외적인 경우다. 그는 제1차 감염자이므로 옷이나 그릇은 부정하게 만들지 않는다.

### 5, 2

유출병자가 직접 접촉하지 않아도 부정을 전이하는 일을 설명한다.

---

וְעוֹד כְּלָל אַחֵר אָמְרוּ. כֹּל הַנִּשָּׂא עַל גַּבֵּי הַזָּב, טָמֵא. וְכֹל שֶׁהַזָּב נִשָּׂא עָלָיו, טָהוֹר, חוּץ מִן הָרָאוּי לְמִשְׁכָּב וּלְמוֹשָׁב וְהָאָדָם. כֵּיצַד. אֶצְבָּעוֹ שֶׁל זָב תַּחַת הַנִּדְבָּךְ, הַטָּהוֹר מִלְמַעְלָן, מְטַמֵּא שְׁנַיִם וּפוֹסֵל אֶחָד. פֵּרַשׁ, מְטַמֵּא אֶחָד וּפוֹסֵל אֶחָד. הַטָּמֵא מִלְמַעְלָן וְהַטָּהוֹר מִלְּמַטָּן, מְטַמֵּא שְׁנַיִם וּפוֹסֵל אֶחָד. פֵּרַשׁ, מְטַמֵּא אֶחָד וּפוֹסֵל אֶחָד. הָאֳכָלִין וְהַמַּשְׁקִין, הַמִּשְׁכָּב, וְהַמּוֹשָׁב וְהַמַּדָּף מִלְמַעְלָן, מְטַמְּאִין שְׁנַיִם וּפוֹסְלִין אֶחָד. פֵּרְשׁוּ, מְטַמְּאִין אֶחָד וּפוֹסְלִין אֶחָד. וְהַמִּשְׁכָּב וְהַמּוֹשָׁב מִלְּמַטָּן, מְטַמְּאִין שְׁנַיִם וּפוֹסְלִין אֶחָד. פֵּרְשׁוּ, מְטַמְּאִין שְׁנַיִם וּפוֹסְלִין אֶחָד. הָאֳכָלִין וְהַמַּשְׁקִין וְהַמַּדָּף מִלְּמַטָּן, טְהוֹרִין:

---

그들이 다른 원칙도 말했다. 유출병자 위에 들린 것은 모두 부정하다. 그러나 유출병자를 위로 드는 것은 모두 정결하지만, 눕는 자리와 앉는 자리와 사람은 당연히 제외된다. 어떻게 〔그렇게 되는가〕? 유출병자의 손가락이 〔다진〕 벽돌[12] 밑에 있고 그 위에 정결한 자가 있을

12) 이 낱말(נדבך)은 흙이나 돌을 다져 넣은 벽, 벽돌, 거푸집 등을 가리킨다(야스트로 877; 에스라 6:4).

때, 그는 둘을 부정하게 만들고 하나를 무효로 만든다. 그가 〔손가락을〕 떼면, 하나를 부정하게 만들고 하나를 무효로 만든다. 부정한 자가 위에 있고 정결한 자가 밑에 있었다면, 그가 둘을 부정하게 만들고 하나를 무효로 만든다. 그가 〔부정의 요인에서〕 떨어지면, 하나를 부정하게 만들고 하나를 무효로 만든다.

음식과 음료수, 눕는 자리와 앉는 자리와 선반이 위에 있다면, 그것들이 둘을 부정하게 만들고 하나를 무효로 만든다. 그것들이 〔부정의 요인에서〕 떨어지면, 하나를 부정하게 만들고 하나를 무효로 만든다. 그리고 눕는 자리와 앉는 자리가 밑에 있으면, 둘을 부정하게 만들고 하나를 무효로 만든다.[13] 그것들이 〔부정의 요인에서〕 떨어지면, 둘을 부정하게 만들고 하나를 무효로 만든다. 음식과 음료수와 선반이 밑에 있으면, 그것들은 정결하다.

- 첫째 미쉬나에 이어 둘째 원칙을 언급한다. 유출병자 위에 어떤 사람이나 물건이 있으면 직접 접촉하지 않아도 부정해지지만, 밑에 있는 것은 그렇지 않다. 그러나 밑에 눕거나 앉는 자리는 부정해지고, 밑에 다른 사람이 있어도 부정해진다(옮기기).
- 유출병자의 손가락 위에 흙이나 돌을 다져 넣은 벽돌이 있고 그 위에 정결한 자가 있으면, 유출병자가 그것들을 옮기는 셈이니(들리기), 그는 부정의 아버지이고, 접촉한 것을 제1차 감염자로 부정하게 만들며, 1차 감염자가 다음 것을 2차 감염자로 부정하게 만들고, 2차 감염자가 음식과 접촉하면 거제로 드릴 수 없도록 무효로 만든다. 유출병자가 손가락을 떼거나 정결한 자가 일어나서 연결이 해체

13) 다른 사본에 '하나를 부정하게 만들고 하나를 무효로 만든다'고 기록되어 있다(알벡 450).

되면, 그 사람은 1차 감염자이므로, 다른 물건을 2차 감염자로 부정하게 만들고, 그 2차 감염자가 거제를 무효로 만들 수 있다.

- 이것은 유출병자가 벽돌 위에 있고 정결한 자의 손가락이 밑에 있어도 마찬가지로 성립한다(「켈림」 19, 4).
- 유출병자의 손가락 위에 흙이나 돌을 다져 넣은 벽돌이 있고 그 위에 음식이나 음료수, 눕거나 앉는 자리가 있을 때, 알벡의 설명에 따르면, 그 벽돌이 1차 감염자가 된다. 벽돌은 다음 것을 2차 감염자로 만들고, 그 2차 감염자는 거제를 무효로 만든다(「자빔」 4, 6). 이 경우에 부정의 요인과 떨어져도 결과가 달라지지 않는다.
- 유출병자가 벽돌 위에 있고 음식과 음료수와 선반이 밑에 있으면, 그것들은 옮기기 부정과 관련이 없다.

## 5, 3
직접 접촉을 하지 않아도 부정이 되는 경우 세 가지를 설명한다.

---

מִפְּנֵי שֶׁאָמְרוּ, כֹּל הַנּוֹשֵׂא וְנִשָּׂא עַל גַּבֵּי מִשְׁכָּב, טָהוֹר, חוּץ מִן הָאָדָם. כֹּל הַנּוֹשֵׂא וְנִשָּׂא עַל גַּבֵּי הַנְּבֵלָה, טָהוֹר, חוּץ מִן הַמַּסִּיט. רַבִּי אֱלִיעֶזֶר אוֹמֵר, אַף הַנּוֹשֵׂא. כֹּל הַנּוֹשֵׂא וְנִשָּׂא עַל גַּבֵּי הַמֵּת, טָהוֹר, חוּץ מִן הַמַּאֲהִיל, וְאָדָם בִּזְמַן שֶׁהוּא מַסִּיט:

---

눕는 자리를 들거나 그 위에 들린 것이 모두 정결하지만 사람은 예외다.[14)]

죽은 채 발견된 것을 들거나 그 위에 들린 것은 모두 정결하지만 〔그것을〕 움직이게 하는 것은 예외다. 엘리에제르 랍비는 그것을 드

---

14) 본문에 '그들이 말했기 때문에'(מפני שאמרו)라는 말이 포함되어 있는데, 문맥에 전혀 어울리지 않는다. 알벡은 둘째 미쉬나와 관련이 있음으로 표시하려다 실수로 들어간 말로 본다(알벡 450).

는 자도 〔예외라고〕 말한다. 시체를 들거나 그 위에 들린 것은 모두 정결하지만, 덮는 것과 움직이게 하는 사람은 예외다.

- 유출병자가 누웠던 자리를 직접 접촉하지 않고 들거나 들리는 사람은 부정해지지만, 물건은 정결을 유지한다.
- 죽은 채 발견된 것을 직접 접촉하지 않고 들거나 들리는 사람이나 물건이 모두 정결하지만, 이것을 움직이게 하면(들리기) 부정해진다. 엘리에제르 랍비는 죽은 채 발견된 것을 드는 사람도 부정해진다고 주장한다(「켈림」 1, 2).
- 시체와 직접 접촉하지 않고 들거나 들리는 것이 모두 정결하지만, 시체 위에서 천막처럼 덮는 경우(덮기)와 움직이게 하는 경우(들리기) 부정해진다.

## 5, 4

---

מִקְצָת טָמֵא עַל הַטָּהוֹר וּמִקְצָת טָהוֹר עַל הַטָּמֵא, חִבּוּרֵי טָמֵא עַל הַטָּהוֹר וְחִבּוּרֵי טָהוֹר עַל הַטָּמֵא, טָמֵא. רַבִּי שִׁמְעוֹן אוֹמֵר, מִקְצָת טָמֵא עַל הַטָּהוֹר, טָמֵא. וּמִקְצָת טָהוֹר עַל הַטָּמֵא, טָהוֹר:

---

부정한 자의 일부가 정결한 자 위에 그리고 정결한 자의 일부가 부정한 자 위에 〔기댔을 때〕, 부정한 자와 연결된 어떤 것이 정결한 자 위에 그리고 정결한 자와 연결된 어떤 것이 부정한 자 위에 〔놓였을 때〕 그는 부정해진다. 쉼온 랍비는 부정한 자의 일부가 정결한 자 위에 〔기대면〕 부정해지지만, 정결한 자의 일부가 부정한 자 위에 〔기대면〕 정결하다고 말한다.

- 유출병자의 손가락처럼 부정한 자의 일부를 정결한 자 위에 놓았거나 그 반대일 때, 정결한 자가 부정해진다. 유출병자의 머리털이나

손톱, 이 등 부정한 자와 연결된 것을 정결한 자 위에 놓았거나 그 반대일 때, 정결한 자가 부정해진다.

- 쉼온 랍비는 정결한 자의 일부가 부정한 자 위에 기대면 정결하다고 했는데, 정결한 자의 몸무게 대부분을 기댔을 때만 부정해진다는 생각이다.

## 5, 5

הַטָּמֵא עַל מִקְצָת הַמִּשְׁכָּב וְהַטָּהוֹר עַל מִקְצָת הַמִּשְׁכָּב, טָמֵא. מִקְצָת טָמֵא עַל הַמִּשְׁכָּב וּמִקְצָת טָהוֹר עַל הַמִּשְׁכָּב, טָהוֹר. נִמְצֵאת טֻמְאָה נִכְנֶסֶת לוֹ וְיוֹצֵאת מִמֶּנּוּ בְּמִעוּטוֹ. וְכֵן כִּכָּר שֶׁל תְּרוּמָה שֶׁהוּא נָתוּן עַל גַּבֵּי מִשְׁכָּב וְהַנְּיָר בֵּינְתַיִם, בֵּין מִלְמַעְלָן בֵּין מִלְּמַטָּן, טָהוֹר. וְכֵן בְּאֶבֶן הַמְנֻגַּעַת, טָהוֹר. רַבִּי שִׁמְעוֹן מְטַמֵּא בָזוֹ:

부정한 자가 눕는 자리 일부 위에 그리고 정결한 자가 눕는 자리 일부 위에 〔있으면〕 그것은 부정해진다. 부정한 자의 일부가 눕는 자리 위에 그리고 정결한 자의 일부가 눕는 자리 위에 〔있으면〕 그것은 정결하다. 〔그러니까〕 부정은 그 〔자리의〕 일부를 통해 그 〔자리로〕 들어오고 그로부터 나가는 것을 알 수 있다. 그리고 마찬가지로 눕는 자리 위에 종이를 〔깔고〕 올려놓은 거제인 빵 덩이는 그것이 위에 있든지 밑에 있든지 정결하다. 그리고 마찬가지로 피부병이 발견된 돌과 관련해서도 그것이 정결하다. 쉼온 랍비는 그것이 부정하다고 했다.

- 유출병자의 몸무게 대부분이 정결한 자리 일부 위에 그리고 정결한 자의 대부분이 유출병자의 자리 일부 위에 있다면, 정결한 자리나 정결한 사람이 부정해진다. 누운 부분이 자리의 일부에 불과하여도 부정이 전이되는 데 방해가 되지 않는다.
- 유출병자의 일부가 정결한 자리 전체 위에 그리고 정결한 자의 일부

가 유출병자의 자리에 누우면, 정결한 자리와 정결한 자는 정결한 상태를 유지한다. 유출병자의 몸무게 대부분이 누워야 자리가 부정해지며(「자빔」 4, 4), 정결한 자의 대부분이 부정한 자리 위에 누워야 부정이 전이된다.

- 그러므로 부정함은 사람의 대부분과 자리의 일부분을 통해 들어가고 또 나간다.
- 유출병자가 눕는 자리 위에 종이를 깔고 그 위에 거세인 빵 덩이를 올려서 빵이 직접 자리와 접촉하지 않았을 때, 또는 빵 위에 종이 그리고 그 위에 자리가 있었을 때, 부정이 전이되지 않는다(셋째 미쉬나). 마찬가지로 피부병이 발견된 돌과 빵 사이에 종이가 있는 경우에도 부정이 전이되지 않는다(접촉이나 들리기). 쉼온 랍비는 부정해진다고 했는데, 이것은 덮기 부정을 의미한다.

## 5, 6

הַנּוֹגֵעַ בְּזָב, וּבְזָבָה, וּבְנִדָּה, וּבְיוֹלֶדֶת, וּבִמְצֹרָע, בְּמִשְׁכָּב, וּמוֹשָׁב, מְטַמֵּא שְׁנַיִם וּפוֹסֵל אֶחָד. פֵּרַשׁ, מְטַמֵּא אֶחָד וּפוֹסֵל אֶחָד, אֶחָד הַנּוֹגֵעַ וְאֶחָד הַמֵּסִיט וְאֶחָד הַנּוֹשֵׂא וְאֶחָד הַנִּשָּׂא:

〔어떤 사람이〕 유출병자 남자와 여자와 월경하는 여인과 산모와 악성피부병자와 눕는 자리와 앉는 자리와 접촉하면, 그는 둘을 부정하게 만들고 하나를 무효로 만든다. 그가 〔부정의 요인과〕 떨어지면, 하나를 부정하게 만들고 하나를 무효로 만드니, 접촉하거나 움직이게 하거나 들거나 들리는 〔경우에 그러하다〕.

- 어떤 사람이 남자나 여자 유출병자나 월경하는 여인이나 산모나 악성피부병자와 접촉하거나 이런 사람들이 눕거나 앉는 자리에 접촉하면, 이때 옷까지 부정해지므로 그 사람은 부정의 아버지가 되는

격이며(첫째와 둘째 미쉬나), 차례로 제1차 감염자와 2차 감염자를 만들고 그것이 거제와 접촉하면 무효로 만든다.

- 부정의 요인에게서 떨어지면, 그는 제1차 감염자가 되며, 차례로 제2차 감염자를 만들고, 그것이 거제와 접촉하면 무효가 된다.
- 이때 부정은 접촉이나 들리기를 통해 그리고 들거나 들리지 않는 경우와 얹기이지만 접촉이나 들리기가 아닌 경우에 모두 전이된다(셋째 미쉬나).

## 5, 7

הַנּוֹגֵעַ בְּזוֹבוֹ שֶׁל זָב, וּבְרֻקּוֹ, בְּשִׁכְבַת זַרְעוֹ, בְּמֵימֵי רַגְלָיו, וּבְדַם הַנִּדָּה, מְטַמֵּא שְׁנַיִם וּפוֹסֵל אֶחָד. פֵּרַשׁ, מְטַמֵּא אֶחָד וּפוֹסֵל אֶחָד, אֶחָד הַנּוֹגֵעַ וְאֶחָד הַמַּסִּיט. רַבִּי אֱלִיעֶזֶר אוֹמֵר, אַף הַנּוֹשֵׂא:

〔어떤 사람이〕 유출병자의 분비물, 그의 침, 그의 정액, 그의 오줌, 월경하는 여인의 피와 접촉하면, 둘을 부정하게 만들고 하나를 무효로 만든다. 그가 〔부정의 요인에서〕 떨어지면, 하나를 부정하게 만들고 하나를 무효로 만든다. 접촉하거나 움직이게 하는 〔경우에 그러하다〕. 엘리에제르 랍비는 드는 경우도 〔그렇다고〕 말한다.

- 여섯째 미쉬나와 마찬가지로 여기서 언급한 대상과 접촉하는 사람은 부정의 아버지가 되는 격이며, 제1차와 제2차 감염자까지 부정하게 만들고, 제2차 감염자가 거제와 접촉하면 무효로 만든다. 부정의 요인에서 떨어지면 제1차 감염자가 되며, 속된 음식을 제2차 감염자로 부정하게 만들고, 그것은 거제를 제3차 감염자인 무효로 만든다.
- 이때 부정은 접촉하는 경우, 움직이게 하지만 들지 않는 경우에 모두 전이된다. 엘리에제르 랍비는 드는 경우에도 전이된다고 말한다(셋째 미쉬나).

## 5, 8

הַנּוֹשֵׂא אֶת הַמֶּרְכָּב וְהַנִּשָּׂא עָלָיו וְהַמַּסִּיטוֹ, מְטַמֵּא שְׁנַיִם וּפוֹסֵל אֶחָד. פֵּרַשׁ, מְטַמֵּא אֶחָד וּפוֹסֵל אֶחָד. הַנּוֹשֵׂא אֶת הַנְּבֵלָה, וְאֶת מֵי חַטָּאת שֶׁיֵּשׁ בָּהֶם כְּדֵי הַזָּיָה, מְטַמֵּא שְׁנַיִם וּפוֹסֵל אֶחָד. פֵּרַשׁ, מְטַמֵּא אֶחָד וּפוֹסֵל אֶחָד:

〔어떤 사람이〕 타는 것을 들거나 그 위에 들리거나 그것을 움직이게 하면, 둘을 부정하게 만들고 하나를 무효로 만든다. 그가 〔부정의 요인에서〕 떨어지면, 하나를 부정하게 만들고, 하나를 무효로 만든다. 〔어떤 사람이〕 죽은 채 발견된 것이나 뿌릴 만큼 〔그 양이〕 충분한 속죄의 물을 들면, 둘을 부정하게 만들고 하나를 무효로 만든다. 그가 〔부정의 요인에서〕 떨어지면 하나를 부정하게 만들고 하나를 무효로 만든다.

- 어떤 사람이 유출병자의 타는 것을 들면 그의 옷이 부정해지고(레 15:10) 부정의 아버지가 되는데, 접촉만 해서는 부정이 전이되지 않으니(「켈림」 1, 3) 제1차 감염자와 같다(열째 미쉬나). 관련 법규정은 위와 같다.
- 어떤 사람이 죽은 채 발견된 것을 들거나 움직이게 하면 그의 옷이 부정해진다(셋째 미쉬나). 속죄의 물에 관해서는 파라를 참조하라(「파라」 12, 5).

## 5, 9

정결한 새가 죽은 채 발견된 것을 먹는 경우를 설명한다.

הָאוֹכֵל מִנִּבְלַת עוֹף טָהוֹר וְהִיא בְּבֵית הַבְּלִיעָה, מְטַמֵּא שְׁנַיִם וּפוֹסֵל אֶחָד. הִכְנִיס רֹאשׁוֹ לַאֲוִיר הַתַּנּוּר, טָהוֹר, וְטָהוֹר הַתַּנּוּר. הֱקִיאָהּ אוֹ בְלָעָהּ, מְטַמֵּא אֶחָד וּפוֹסֵל אֶחָד. וּכְשֶׁהִיא בְתוֹךְ פִּיו, עַד שֶׁיִּבְלָעֶנָּה, טָהוֹר:

〔어떤 사람이〕 정결한 새가 죽은 채 발견된 것을 먹었고 그것이 목구멍에 있을 때, 그는 둘을 부정하게 만들고 하나를 무효로 만든다. 그가 자기 머리를 화덕 안에 밀어 넣으면, 그 화덕은 정결하다.[15] 그가 그것을 토해내거나 삼키면, 하나를 부정하게 만들고 하나를 무효로 만든다. 그러나 그것이 그의 입 속에 있다면, 그가 삼킬 때까지 그가 정결하다.

- 죽은 채 발견된 것을 최소한 올리브 열매 크기만큼 또는 그 이상 먹었고 그것을 삼키기 전에 목구멍 앞에 있는 상태라면, 그는 부정의 아버지이며 자기가 입은 옷까지 부정해진다(「토호롯」 1, 1). 그러므로 차례로 제1차와 제2차 감염자를 만들고, 제2차 감염자가 거제와 만나면 무효가 된다.
- 그 사람이 머리를 점토로 만든 화덕 안으로 밀어 넣었다. 그는 자기 옷을 부정하게 만들지만 점토 그릇은 부정하게 만들지 않으며, 정결한 새가 죽은 채 발견된 것은 목구멍을 부정하게 만들지 않고 그 사람을 부정하게 만든다. 그러므로 화덕이 공기를 통해 부정해지지 않고 정결을 유지한다.
- 그가 그것을 토해내거나 삼키면, 그가 부정의 요인과 떨어진 것과 같은 상황으로 간주하며, 그는 제1차 감염자가 된다. 그러므로 차례로 속된 음식을 제2차 감염자로 부정하게 만들고, 거제를 제3차 감염자 즉 무효로 만든다.
- 죽은 채 발견된 것을 입에 물고 있지만 목구멍에 들어가지 않은 상태라면 그는 정결하다.

---

15) 이 부분에서 미쉬나 본문은 '정결하다'는 말을 두 번 썼는데(טהור וטהור התנור הכניס ראשו לאויר התנור), 실수로 불필요한 낱말을 하나 더 넣은 것으로 보인다.

## 5, 10

הַנּוֹגֵעַ בְּשֶׁרֶץ וּבְשִׁכְבַת זֶרַע, וּבִטְמֵא מֵת, וּבִמְצֹרָע בִּימֵי סָפְרוֹ, וּבְמֵי חַטָּאת שֶׁאֵין בָּהֶם כְּדֵי הַזָּיָה, וּבִנְבֵלָה, וּבְמֶרְכָּב, מְטַמֵּא אֶחָד וּפוֹסֵל אֶחָד. זֶה הַכְּלָל, כֹּל הַנּוֹגֵעַ בְּאַחַד מִכָּל אֲבוֹת הַטֻּמְאוֹת שֶׁבַּתּוֹרָה, מְטַמֵּא אֶחָד וּפוֹסֵל אֶחָד, חוּץ מִן הָאָדָם. פֵּרַשׁ, מְטַמֵּא אֶחָד וּפוֹסֵל אֶחָד:

〔어떤 사람이〕 기는 것과 정액과 시체 때문에 부정해진 사람과 〔깨끗한 날을〕 세고 있는 피부병자와 뿌리기에 〔그 양이〕 충분하지 않은 속죄의 물과 죽은 채 발견된 것과 타는 것을 접촉했다면, 그는 하나를 부정하게 만들고 하나를 무효로 만든다.

이것이 원칙이다. 토라에서 부정의 아버지로 〔규정한〕 것 중 하나와 접촉한 모든 것은 하나를 부정하게 만들고 하나를 무효로 만드는데, 사람은 예외다. 그가 〔부정의 요인과〕 떨어지면 하나를 부정하게 만들고 하나를 무효로 만든다.

- 이 미쉬나에 언급된 목록은 접촉으로 부정을 전이하지만 옮기기는 해당되지 않는 것들이며, 접촉으로 부정해진 사람의 옷은 부정해지지 않는다(「켈림」 1, 1). 죽은 채 발견된 것과 유출병자가 타는 것은 옷을 부정하게 만들지 않고 옮기기로 부정이 전이된다(여덟째 미쉬나). 어쨌든 이들은 모두 부정을 전이하지만 제1차 감염자를 만든다.
- 그릇이나 음식이 토라에서 규정한 부정의 아버지와 접촉하면 제1차 감염자가 되지만, 사람이 부정의 아버지와 접촉하면 부정의 요인과 연결되어 있는 동안 부정의 아버지가 되고 떨어지면 제1차 감염자가 된다(위의 첫째, 여섯째, 일곱째 미쉬나).

## 5, 11

בַּעַל קֶרִי, כְּמַגַּע שֶׁרֶץ. וּבוֹעֵל נִדָּה, כְּטְמֵא מֵת, אֶלָּא שֶׁחָמוּר מִמֶּנּוּ בּוֹעֵל נִדָּה, שֶׁהוּא מְטַמֵּא מִשְׁכָּב וּמוֹשָׁב טֻמְאָה קַלָּה לְטַמֵּא אֳכָלִין וּמַשְׁקִין:

설정한 자는 기는 것과 접촉한 자와 같다.

월경하는 여자와 성관계를 한 자는 시체 때문에 부정해진 자와 같지만, 월경하는 여자와 성관계를 한 자에게 더 엄격한 〔규정을 적용하니〕, 그는 가벼운 부정을 눕거나 앉는 자리에 전이하고 음식과 음료수도 부정하게 만든다.

- 설정한 자와 기는 것과 접촉한 자는 제1차 감염자가 된다.
- 월경하는 여자와 성관계를 한 자와 시체 때문에 부정해진 자는 부정의 아버지다. 그렇지만 월경하는 여자와 성관계를 한 자가 눕거나 앉았던 자리가 음식이나 음료수와 접촉하면 부정하게 만든다는 점에서 좀 더 엄격한 규정이 적용되는 셈이다.

## 5, 12

마지막 미쉬나는 거제와 관련된 규정을 언급한다.

אֵלּוּ פּוֹסְלִים אֶת הַתְּרוּמָה. הָאוֹכֵל אֹכֶל רִאשׁוֹן, וְהָאוֹכֵל אֹכֶל שֵׁנִי, וְהַשּׁוֹתֶה מַשְׁקִין טְמֵאִין, וְהַבָּא רֹאשׁוֹ וְרֻבּוֹ בְּמַיִם שְׁאוּבִין, וְטָהוֹר שֶׁנָּפְלוּ עַל רֹאשׁוֹ וְעַל רֻבּוֹ שְׁלֹשָׁה לֻגִּין מַיִם שְׁאוּבִין, וְהַסֵּפֶר, וְהַיָּדַיִם, וּטְבוּל יוֹם, וְהָאֳכָלִים וְהַכֵּלִים שֶׁנִּטְמְאוּ בְּמַשְׁקִים:

이러한 것들은 거제를 무효로 만든다. 제1차 감염자인 음식을 먹은 자, 제2차 감염자인 음식을 먹은 자, 부정한 음료수를 마신 자, 길어온 물에 자기 머리와 〔몸의〕 대부분을 담근 자, 길어온 물 3로그를 그의 머리와 〔몸의〕 대부분에 부은 정결한 사람, 그 문서, 손, 낮에 씻은 사람, 그리고 음료수 때문에 부정해진 음식이나 그릇이다.

- 토라의 규정에 따르면 제1차나 제2차 감염자인 음식을 먹어도 사람이 부정해지지는 않는다. 그러나 랍비들은 이런 사람도 제2차 감염자라고 규정하며, 거제를 만지면 무효로 만든다고 주장한다. 그 뒤에 열거한 사람들도 마찬가지다(길어온 물과 관련해서는 「토호롯」 4, 11). 그 '문서'는 성서 두루마리를 가리키며, 거제와 접촉하면 무효로 만든다. 사람의 두 손도 일단 제2차 감염자로 간주한다. 낮에 정결례를 행하고 몸을 씻었지만 아직 해 질 때가 되지 않은 사람이 거제를 만지면 무효가 된다(레 22:7; 「켈림」 1, 5). 부정한 음료수 때문에 부정해진 음식이나 그릇은 다른 음식이나 그릇을 부정하게 만들고, 거제를 무효로 만든다.

# טבול יום

10

# 테불 욤

## 낮에 씻은 사람

음료수가 가득 들어 있는 넓은 냄비를 낮에 씻은 자가 만졌을 때, 만약 그 음료수가 거제였다면 그 음료수는 무효가 되고 그 냄비는 정결하다. 그러나 만약 그 음료수가 속된 것이었다면, 모든 것이 정결하다. 그러나 만약 그의 손이 더러웠다면, 모든 것이 부정하다. 이것은 손에 관한 규정이 낮에 씻은 자에 관한 규정보다 더 엄격한 경우다. _「테불 욤」 2, 2

# 개요

마쎄켓 「테불 욤」(טבול יום)의 제목은 '낮에 〔물웅덩이에 몸을〕 담근 자'라는 뜻이며, 어떤 사람이 낮 시간에 정결례를 시행했지만 아직 저녁을 맞지 못한 상태를 가리킨다. 정결례를 시행했어도 해질녘이 되어야 온전히 정결해지기 때문에, 이 사람은 중간적인 지위에 있다.

### 낮에 씻은 자의 지위

일반적인 부정의 정도와 전이에 관한 원칙들은 다음과 같다.

(1) 유대 법전통에 따르면 부정함은 정도의 차이가 있으며, 이것을 '부정의 아버지' 또는 '부정의 자식'이라는 용어로 구별하여 부른다. 부정의 자식은 모두 네 가지로 하위집단을 나눈다.

(2) 부정은 전이될 수 있는데, 전이되면서 그 부정의 정도가 한 단계씩 낮아진다.

(3) 사람과 물건은 부정의 아버지를 통해서만 부정해져서 제1차 감염자가 된다(제1차 감염자는 사람이나 물건을 부정하게 만들 수 없다).

(4) 속된 음식과 음료수는 부정의 아버지와 제1차 감염자를 통해서 부정해져서 제2차 감염자까지 내려갈 수 있다(제2차 감염자와 접촉해

서 제3차 감염자가 되어도 정결하다고 간주한다).

(5) 거제로 바친 음식은 제2차 감염자를 통해서 부정해져서 제3차 감염자가 될 수 있고, 이 상태에서 거제로 드릴 수 없는 무효가 된다.

(6) 성물로 바친 음식은 제3차 감염자를 통해서 부정해질 수 있는 유일한 대상이며, 제4차 감염자가 된다.

낮에 씻은 자는 원칙적으로 제2차 감염자다. 그러므로 원칙적으로 사람과 물건과 속된 음식에 부정을 전이하지 않는다. 그가 제사장일 경우 둘째 십일조를 먹을 수 있으며, 이것을 부정하게 만들지 않는다. 또 낮에 씻은 자는 거제와 성물을 접촉하면 부정하게 만들기 때문에 그것을 먹을 수 없으며, 성전에 출입할 수 없다. 이런 제한 조건은 해가 진 후에 사라진다(레 22:7). 후대에는 사람뿐만 아니라 그릇도 낮에 씻은 자와 같은 상태에 처할 수 있다고 주장했다(바벨 탈무드「예바못」 74b-75a).

### 누가 낮에 씻은 자가 되는가?

(1) 유출병자나 시체와 접촉하여 부정의 아버지가 된 사람.

(2) 기는 것이나 죽은 채 발견된 것과 접촉하여 제1차 감염자가 된 사람.

(3) 부정이 지속되는 기간에 따라 부정해진 당일 또는 이레가 되는 날에 정결례를 시행하며, 물웅덩이에 들어가거나 속죄의 물을 뿌려서 정결하게 하고, 해가 질 때까지 제2차 감염자가 된 사람.

랍비들의 전통에 따르면 그릇이나 도구도 같은 과정을 거친다(「테불 욤」 4, 3). 그릇을 씻어서 정결하게 만들었을 때 속된 음식이나 둘째 십일조는 담을 수 있지만, 거제나 성물은 담을 수 없다. 이 그릇을 성전 안으로 가지고 들어올 수도 없다.

### 낮에 씻은 자와 접촉한 거제와 성물

낮에 씻은 자가 거제나 성물과 접촉하면 제3차 감염자로 만들고, 이렇게 부정해진 음식이 다시 성물과 접촉하면 그것을 제4차 감염자로 만든다(「파라」 11, 4).

랍비들 사이에 다른 의견을 개진하는 측도 있다. 위에서 밝힌 원칙은 메이르 랍비의 의견인데, 그 외에도 더 엄격한 규정을 주장하는 압바 샤울과 상대적으로 관대한 규정을 주장하는 다른 현인들의 의견도 있다(토쎕타 「토호롯」 1, 3; 바벨 탈무드 「메일라」 8a, b).

### 부정이 유지되는 기간

낮에 씻은 자는 해가 지면 완전히 정결해지며(레 22:7) 제사장은 그때부터 거제와 성물을 먹을 수 있다.

부정한 사람이 정해진 부정한 기간의 마지막 날 낮에 몸을 씻고 해가 질 때까지 기다리는 방법이 허용되기 때문에, 가장 빠른 시간 안에 정결한 상태로 돌아가기 위해서는 이 방법을 사용할 수 있다. 만약 부정한 기간이 완전히 끝나고 해가 진 이후에 정결례를 시행하면, 다음 날 해가 질 때까지 기다려야 한다.

완전히 밤이 되기 전 '초저녁'(בין השמשות, 벤 핫쉬숏)은 그 법적 지위가 불분명하다. 그러므로 부정한 사람은 초저녁이 되기 전에 정결례를 시행해야 하며, 밤이 내리면 완전히 정결해진다(완전히 밤이 내린 시점은 중간 크기의 별 세 개가 보일 때라고 람밤이 규정한 바 있다).

### 낮에 씻은 자 규정의 확대 적용

산모가 아들을 낳으면 이레 동안, 딸을 낳으면 두 이레 동안 부정하며, 그녀는 월경하는 여자와 같은 상태로 간주한다(레 12:2, 5). 이 기간이 끝나면 아들을 낳은 산모는 여드레 되는 날, 딸을 낳은 산모는 열닷새 되는 날에 정결례를 시행하는데, 이들은 깨끗한 피 위에 앉아 있는 날 30일 또는 66일이 지나서 성전에 제물을 드릴 때까지 낮에 씻은 자와 같은 상태라고 본다. 이런 여인을 오랫동안 '낮에 씻은 여자'(טבולת יום ארוך, 테불랏 욤 아록)라고 부르기도 한다.

이런 상태에 있는 여인이 낮에 씻은 자와 동일한 지위 즉 제2차 감염자라는 것이 일반적인 생각이지만, 산모는 훨씬 더 긴 기간 이런 상태에 있기 때문에 더 엄격한 규정을 적용해야 한다는 주장도 있다.

### 속죄가 부족한 자

부정한 사람이 정결례를 시행하고 낮에 씻은 자로 저녁까지 기다렸지만 완전히 정결해질 수 없는 경우도 있으니, 특정한 경우에는 성전에 제물을 바칠 의무가 있기 때문이다. 모두 네 가지 경우에 이런 상태가 된다. 유출병자인 남자(레 15:14), 유출병자인 여자(15:29), 산모(12:6), 확정된 악성피부병자(14:10).

정결례를 시행하고 저녁이 되었지만 아직 제물을 바치지 않은 자를 '속죄가 부족한 자'(מחוסר כפורים, 메후싸르 킵푸림)라고 부른다. 이들은 거제와 둘째 십일조를 먹을 정도로 정결하지만, 완전히 정결한 것은 아니다. 이 사람은 성물을 먹지 못하며(「켈림」 1, 5; 「네가임」 14, 3), 성물과 접촉하면 제4차 감염자로 만들어 무효가 된다. 그는 성전의 뜰(עזרה, 아자라)에 들어갈 수 없다.

### 낮에 씻은 자에게 적용하는 관대한 규정들

랍비들의 전통을 따르면 제1차 또는 제2차 감염자가 어떤 음료수와 접촉하면 그 음료수는 정결법의 원칙과 상관없이 제1차 감염자가 된다. 그러나 낮에 씻은 자는 제2차 감염자이지만 이런 규정에서 제외된다(「파라」 8, 7).

거제로 바친 물품의 상태에 따라 여러 개가 붙어 있어도 연결된 것이 있고 연결되지 않은 것이 있다. 낮에 씻은 자가 연결된 거제 중 하나와 접촉하면, 붙어 있는 거제 전체가 무효가 된다. 그러나 연결되지 않은 거제라면, 낮에 씻은 자가 접촉한 것만 무효가 된다.

어떤 식재료가 대개 사람들이 먹지 않거나, 이것만 따로 먹지 않거나, 다른 음식의 맛을 향상시킬 때만 먹는다면, 독립적인 음식으로 인정하지 않고 음식의 부정과 관련이 없다고 보기도 한다. 그러나 후대 랍비들은 이런 전통에 반대하여 모두 음식의 부정을 적용하는 입장인데, 낮에 씻은 자와 관련해서는 이것들이 음식이 아니라고 인정한다.

낮에 씻은 자는 거제를 무효로 만들지만 속된 음식에는 아무런 영향을 미치지 않는다. 그런데 거제와 속된 음식이 섞였을 경우, 거제와 속된 음식이 1:100 비율로 섞이기 전에는 거제의 지위가 박탈되지 않는다는 것이 랍비들의 의견이다. 속된 음식이 100배에 미치지 못하는 경우를 '섞인 것'(דימוע, 디무아)라고 부르는데, 낮에 씻은 자가 이 음식을 만져도 무효가 되지 않는다(「테불 욤」 3, 4). 이것은 이 음식의 대부분이 속된 음식이라는 이유 때문인데, 거제가 섞여 있다는 사실을 관대하게 판단한 결과이다.

• **관련 성경구절 | 레위기 11:32, 22:6-7**

## 제1장

정결례를 위해 낮에 씻었는데 아직 저녁을 맞지 않은 자가 서로 붙어버린 빵 반죽이나 여러 가지 빵과 접촉할 때와 껍질을 까지 않은 곡식 알갱이나 다른 채소를 섞은 빵과 접촉했을 때 부정해지는지 논의한다.

### 1, 1

낮에 씻은 자가 접촉하는 물건들이 헐겁게 연결되는 경우 부정이 전이되는지 여부를 논의한다.

---

הַמְכַנֵּס חַלּוֹת עַל מְנָת לְהַפְרִישׁ, וְנָשְׁכוּ, בֵּית שַׁמַּאי אוֹמְרִים, חִבּוּר בִּטְבוּל יוֹם. וּבֵית הִלֵּל אוֹמְרִים, אֵינוֹ חִבּוּר. מִקְרָצוֹת נוֹשְׁכוֹת זוֹ בָזוֹ, וְכִכָּרוֹת נוֹשְׁכוֹת זוֹ בָזוֹ, הָאוֹפֶה חֲמִיטָה עַל גַּבֵּי חֲמִיטָה עַד שֶׁלֹּא קָרְמוּ בַתַּנּוּר, וְקוֹלִית שֶׁל מַיִם הַמְחַלְחֶלֶת, וּרְתִיחַת גְּרִיסִין שֶׁל פּוֹל רִאשׁוֹנָה, וּרְתִיחַת יַיִן חָדָשׁ, רַבִּי יְהוּדָה אוֹמֵר, אַף שֶׁל אֹרֶז, בֵּית שַׁמַּאי אוֹמְרִים, חִבּוּר בִּטְבוּל יוֹם. בֵּית הִלֵּל אוֹמְרִים, אֵינוֹ חִבּוּר. וּמוֹדִים בִּשְׁאָר כָּל הַטֻּמְאוֹת, בֵּין קַלּוֹת בֵּין חֲמוּרוֹת:

---

〔어떤 사람이〕 할라-빵을 나중에 따로 떼려고 모아놓았는데 그것들이 붙어버렸을 때, 삼마이 학파는 그것이 낮에 씻은 자에 〔관련하여〕 연결되었다고 말한다. 힐렐 학파는 연결되지 않았다고 말한다.

서로 붙어버린 〔거제인〕 반죽 조각들, 서로 붙어버린 빵 덩이들, 겉껍질이 생기기 전에 하미타-빵 위에 하미타-빵을 올려 화덕에서 구운 자, 부글거리는 물의 거품, 〔거칠게〕 빻은 콩가루가 처음으로 끓어오른 찌꺼기, 새 포도주 〔위에 뜬〕 찌꺼기, 그리고 예후다 랍비에 따르면 쌀을 〔끓인 찌꺼기에〕 관하여, 삼마이 학파는 낮에 씻은 자에 〔관련하여〕 연결되었다고 말한다. 힐렐 학파는 연결되지 않았다고 말한다. 그러나 그들도 다른 부정한 것이 가볍든지 무겁든지 〔이러한 것들과 접촉하면 연결되었다고 보는 데〕 동의한다.

- 어떤 제사장이 성전으로 가져온 할라-빵들을 따로 처리할 계획이었지만 일단 한곳에 모아놓았는데, 서로 붙어서 뗄 때 빵을 찢는 상황이 되었다. 샴마이 학파는 제2차 감염자인 낮에 씻은 자가 그중 하나를 만지면 이 할라-빵들은 서로 연결되어 있으므로 거제와 같은 지위를 가진 모든 할라-빵들이 무효가 된다고 주장한다(「자빔」 5, 12). 그러나 힐렐 학파는 이 빵들이 원래부터 하나로 붙어 있는 것이 아니며 그 제사장도 따로 처리하려고 했으므로 연결되지 않았다고 보며, 낮에 씻은 자가 직접 만진 빵만 무효가 된다고 주장한다.
- 그 외에도 거제로 바친 반죽 조각들이나 빵 덩이들(「토호롯」 1, 7)에 관해서도 두 학파는 서로 다른 의견을 개진한다. 거제로 바친 두께가 과자처럼 얇은 하미타-빵(「테불 욤」 2, 4)은 모양을 예쁘게 잡기 위해서 겉껍질이 생기기 전에 따로 떼어놓는 것이 관례인데, 그렇지 않은 경우에도 그러하다. 어떤 식재료를 물에 넣고 끓여서 거품이 올라오는데, 그 물이 걸쭉하지 않고 맑아서 거품이 식재료와 직접 연결되어 있다고 볼 수 없을 때도 그러하다. 거제로 바친 콩을 거칠게 빻아서 물에 넣고 끓일 때 처음으로 올라오는 찌꺼기도 그렇고, 새 포도주 위로 떠오르는 찌꺼기도 그러하며, 예후다 랍비에 따르면 쌀을 끓일 때도 마찬가지라고 한다. 낮에 씻은 자가 이것들 중 하나를 만지거나 물 위에 뜬 거품을 만지면 그 모든 것이 다 무효가 된다는 것이 샴마이 학파의 입장이다. 힐렐 학파는 그에 반대한다.
- 그러나 샴마이 학파와 힐렐 학파가 모두 랍비들의 전통에 의거한 가벼운 부정함이나 토라에서 규정한 심한 부정에 노출된 사람이나 물건이 위에서 열거한 것들과 접촉했다면, 이런 것들이 연결된 상태로

보아야 한다는 데 동의했다(「미크바옷」 2, 2). 힐렐 학파의 관대한 태도는 낮에 씻은 자에게만 적용된다.

## 1, 2

첫째 미쉬나와 반대되는 상황을 설명한다.

---

הַמְכַנֵּס חַלּוֹת עַל מְנָת שֶׁלֹּא לְהַפְרִישׁ, הָאוֹפֶה חֲמִיטָה עַל גַּבֵּי חֲמִיטָה מִשֶּׁקָּרְמוּ בַתַּנּוּר, וְקוֹלִית שֶׁל מַיִם שֶׁאֵינָהּ מְחֻלְחֶלֶת, וּרְתִיחַת גְּרִיסִין שֶׁל פּוֹל שְׁנִיָּה, וּרְתִיחַת יַיִן יָשָׁן, וְשֶׁל שֶׁמֶן לְעוֹלָם, וְשֶׁל עֲדָשִׁים, רַבִּי יְהוּדָה אוֹמֵר, אַף שֶׁל טֹפַח, טְמֵאִים בִּטְבוּל יוֹם, וְאֵין צָרִיךְ לוֹמַר בְּכָל הַטֻּמְאוֹת:

---

〔어떤 사람이〕 할라-빵을 따로 떼어놓을 생각 없이 모아놓았을 때, 겉껍질이 생긴 후에 하미타-빵 위에 하미타-빵을 올려 화덕에서 구웠을 때, 부글거리지 않는 물의 거품, 〔거칠게〕 빻은 콩가루가 두 번째로 끓어오른 찌꺼기, 오래된 포도주 〔위에 뜬〕 찌꺼기와 어떤 기름이든지[1] 〔그것을 끓여서 뜨는 찌꺼기〕 그리고 편두 〔끓인 물 위에 뜬 찌꺼기〕, 그리고 예후다 랍비에 따르면 콩을 〔끓인 찌꺼기는〕 낮에 씻은 자가 〔접촉하면〕 부정해지며, 다른 모든 부정한 것들에 관해 말할 필요가 없다.

- 이 미쉬나에서 열거한 상황에서 낮에 씻은 자와 접촉이 일어나면, 모든 것이 연결된 것으로 보고 부정이 전이된다.

---

1) 이 표현(שמן לעולם)은 어떤 종류의 기름을 가리키고 있는데, 직역하면 '기름은 영원히'가 된다. 그래서 영어 번역본에서 '모든 종류의 기름'(Sefaria) 또는 '새 기름'(알벡 460)으로 풀었다. 그러나 '레올람'이라는 말은 '어떤 경우에든지, 아직도' 등의 뜻이 있기 때문에(야스트로 1052) '어떤 기름이든지'라고 번역했다.

## 1, 3

מַסְמֵר שֶׁאַחַר הַכִּכָּר, וְגַרְגֵּר מֶלַח קָטָן, וְחַרְחוּר פָּחוּת מִכְּאֶצְבַּע, רַבִּי יוֹסֵי אוֹמֵר, כָּל שֶׁהוּא נֶאֱכָל עָלָיו, טְמֵאִים בִּטְבוּל יוֹם, וְאֵין צָרִיךְ לוֹמַר בְּכָל הַטֻּמְאוֹת:

빵 덩어리 뒤에 못처럼 〔생긴 꼭지, 빵 위에 뿌린〕 작은 소금 알갱이, 손가락보다 작은 〔탄 빵의〕 겉껍질에 관하여, 요쎄 랍비는 〔빵과 함께〕 먹는 것들은 낮에 씻은 자가 〔접촉했을 때〕 모두 부정해지며, 다른 모든 부정한 것들에 관해 말할 필요가 없다고 말한다.

- 위에 열거한 것들을 낮에 씻은 자가 만지면 모든 것이 부정해진다.

## 1, 4

빵에 붙어 있지만 연결된 부분으로 보지 않는 것들을 설명한다.

הַצְּרוֹר שֶׁבַּכִּכָּר, וְגַרְגֵּר מֶלַח גָּדוֹל, וְהַתֻּרְמוֹס, וְהַחַרְחוּר יָתֵר מִכְּאֶצְבַּע, רַבִּי יוֹסֵי אוֹמֵר, כֹּל שֶׁאֵינוֹ נֶאֱכָל עִמּוֹ, טְהוֹרִים בְּאַב הַטֻּמְאָה, וְאֵין צָרִיךְ לוֹמַר בִּטְבוּל יוֹם:

빵 덩어리 안에 있는 돌멩이와 〔빵 위에 뿌린〕 큰 소금 알갱이와 루핀과 손가락보다 큰 〔탄 빵의〕 겉껍질에 관하여, 요쎄 랍비는 〔빵과 함께〕 먹지 않는 것들을 부정의 아버지가 〔접촉했을 때도〕 모두 정결하니, 낮에 씻은 자에 관해 말할 필요가 없다고 말한다.

- 이 미쉬나에서 열거한 것들은 빵에 붙어 있으면 꼭 떼고 먹기 때문에 부정의 아버지와 접촉해도 그 빵이 정결을 유지한다. 그러므로 낮에 씻은 자가 만져도 정결하다.

## 1, 5

הַשְּׂעֹרָה וְהַכֻּסֶּמֶת בִּזְמַן שֶׁאֵינָן קְלוּפִים, הַתִּיאָה וְהַחִלְתִּית וְהָאֲלוּם, רַבִּי יְהוּדָה אוֹמֵר, אַף אֲפוּנִים שְׁחוֹרִים, טְהוֹרִים בְּאַב הַטֻּמְאָה, וְאֵין צָרִיךְ לוֹמַר בִּטְבוּל יוֹם, דִּבְרֵי רַבִּי מֵאִיר. וַחֲכָמִים אוֹמְרִים, טְהוֹרִים בִּטְבוּל יוֹם, וּטְמֵאִים בְּכָל הַטֻּמְאוֹת. הַשְּׂעֹרָה וְהַכֻּסֶּמֶת בִּזְמַן שֶׁהֵן קְלוּפִים, וְהַחִטָּה בֵּין שֶׁהִיא קְלוּפָה בֵּין שֶׁאֵינָהּ קְלוּפָה, הַקֶּצַח, וְהַשֻּׁמְשׁוֹם, וְהַפִּלְפֵּל, רַבִּי יְהוּדָה אוֹמֵר, אַף אֲפוּנִים לְבָנִים, טְמֵאִים בִּטְבוּל יוֹם, וְאֵין צָרִיךְ לוֹמַר בְּכָל הַטֻּמְאוֹת:

껍질을 까지 않은 보리와 메밀,[2] 미나리아재비 뿌리,[3] 아위,[4] 알룸-풀,[5] 예후다 랍비에 따르면 검은 콩도 부정의 아버지가 〔접촉했을 때〕 정결하니, 낮에 씻은 자에 관해 말할 필요가 없다는 것이 메이르 랍비의 말이다. 그러나 현인들은 낮에 씻은 자가 〔접촉하면〕 정결하지만 〔다른〕 모든 부정한 것과 〔접촉하면〕 부정하다고 말한다.

껍질을 깐 보리와 메밀, 껍질을 까거나 까지 않은 밀, 흑쿠민,[6] 깨와 후추, 예후다 랍비에 따르면 하얀 콩도 낮에 씻은 자가 〔접촉하면〕 부정해지며, 〔다른〕 모든 부정한 것에 관하여 말할 필요가 없다고 말한다.

- 거제로 바친 빵 덩이에 껍질을 까지 않은 보리와 메밀 등 다른 재료가 들어 있다면, 부정의 아버지와 접촉을 해도 그 빵이 정결하다. 낮에 씻은 자는 말할 필요도 없다. 그러나 현인들은 낮에 씻은 자가 만

---

2) 이 낱말(כסמת)은 메밀이나 스펠트밀을 가리킨다(야스트로 623).

3) 이 낱말(תיאה)은 미나리아재비 뿌리를 가리킨다(야스트로 1663).

4) 이 낱말(חלתית)은 산형 화서(傘形花序)로 꽃이 피는 아위를 가리킨다(야스트로 457).

5) 이 낱말(אלום)은 점액질의 미나리과 식물로 실피움(silphium)일 것으로 추정한다(야스트로 67).

6) 이 낱말(קצח)은 검은색 흑쿠민을 가리키며(야스트로 1405), 히브리 성서에도 나온다(사 28:25).

지면 정결하지만 다른 부정한 것과 접촉하면 부정하다고 주장한다.

- 빵 덩이에 껍질을 깐 보리와 메밀 등 다른 재료가 들어 있다면, 낮에 씻은 자는 물론 다른 부정의 요인과 접촉했을 때 부정해진다.

## 제2장

낮에 씻은 자의 몸에서 나온 체액에 관해, 그리고 그가 접촉한 음료수나 음료수가 든 그릇, 속된 음식, 거제가 섞인 죽, 빵 등에 관해 논의한다.

### 2, 1

---

מַשְׁקֵה טְבוּל יוֹם, כְּמַשְׁקִין שֶׁהוּא נוֹגֵעַ בָּהֶן. אֵלוּ וָאֵלוּ, אֵינָן מְטַמְּאִין. וּשְׁאָר כָּל הַטְּמֵאִין, בֵּין קַלִּין בֵּין חֲמוּרִין, הַמַּשְׁקִין הַיּוֹצְאִים מֵהֶן, כַּמַּשְׁקִין שֶׁהוּא נוֹגֵעַ בָּהֶן. אֵלוּ וָאֵלוּ תְּחִלָּה, חוּץ מִן הַמַּשְׁקֶה שֶׁהוּא אַב הַטֻּמְאָה:

---

낮에 씻은 자로부터 〔나온〕 액체는 그가 접촉한 음료수와 같다. 이런 것들이나 저런 것들이 〔모두〕 부정하게 만들지 않는다. 그리고 다른 모든 부정들도 그것이 가볍든지 무겁든지 〔상관없이〕 그로부터 나오는 액체는 그가 접촉한 음료수와 같다. 이런 것이든지 저런 것이든지 〔모두〕 제1차 감염자가 되지만, 부정의 아버지인 음료수는 예외다.

- 낮에 씻은 자로부터 나온 액체는 그의 침이나 오줌을 가리키는데, 그의 몸에서 나온 액체나 그가 접촉한 음료수가 같은 지위이며, 양자가 모두 부정을 전이시키지 않는다(「파라」 8, 7). 이런 액체는 제3차 감염자이며, 속된 음식이라면 정결하다고 말할 수 있다(「닛다」 10, 7).
- 이것은 다른 부정함과 관련해서도 동일하게 적용할 수 있으며, 그것

이 랍비들의 전통에 의거한 가벼운 부정이든 부정의 아버지와 같은 무거운 부정이든 상관없다. 부정의 요인과 접촉한 음료수는 제1차 감염자가 되며, 다른 음식이나 음료수를 만나면 제2차 감염자로 만들고 그것이 거제와 만나면 제3차 감염자 즉 무효로 만든다.

- 물론 유출병자의 침이나 오줌처럼 부정의 아버지인 음료수는 이런 규정에 해당하지 않는다.

## 2, 2

קְדֵרָה שֶׁהִיא מְלֵאָה מַשְׁקִים וְנָגַע בָּהּ טְבוּל יוֹם, אִם הָיָה מַשְׁקֵה תְרוּמָה, הַמַּשְׁקִין פְּסוּלִין וְהַקְּדֵרָה טְהוֹרָה. וְאִם הָיָה מַשְׁקֵה חֻלִּין, הַכֹּל טָהוֹר. וְאִם הָיוּ יָדָיו מְסֹאָבוֹת, הַכֹּל טָמֵא. זֶה חֹמֶר בַּיָּדַיִם מִבִּטְבוּל יוֹם. וְחֹמֶר בִּטְבוּל יוֹם מִבַּיָּדַיִם, שֶׁסְּפֵק טְבוּל יוֹם פּוֹסֵל אֶת הַתְּרוּמָה, וְהַיָּדַיִם סְפֵקָן טָהוֹר:

음료수가 가득 들어 있는 〔넓은〕 냄비를 낮에 씻은 자가 만졌을 때, 만약 그 음료수가 거제였다면 그 음료수는 무효가 되고 그 냄비는 정결하다. 그러나 만약 그 음료수가 속된 것이었다면, 모든 것이 정결하다. 그러나 만약 그의 손이 더러웠다면,[7] 모든 것이 부정하다. 이것은 손에 관한 〔규정이〕 낮에 씻은 자에 관한 〔규정보다〕 더 엄격한 〔경우〕다.

낮에 씻은 자에 관한 〔규정이〕 손에 관한 〔규정〕보다 더 엄격한 〔경우도〕 있으니, 낮에 씻은 자로 의심받는 자는 거제를 무효로 만들지만, 손에 관하여 의심이 들어도 이것은 정결하다.

- 낮에 씻은 자는 제2차 감염자이기 때문에 그가 냄비 안에 들어 있는 액체를 만지면 제3차 감염자가 된다. 그러므로 그것이 거제였다면

7) 이 낱말(מסואבת)은 '더럽다, 부정하다' 또는 '(그 외양 때문에) 제물로 바치기에 부적절하다'는 뜻이다(야스트로 947).

무효가 되고, 속된 음식이었다면 정결하다고 간주한다.

- 부정한 손이 접촉한 음료수는 제1차 감염자가 되며, 이 음료수는 냄비에 부정을 전이한다. 그러므로 모든 것이 부정해진다. 이것은 손에 관한 규정이 낮에 씻은 자에 관한 부정보다 더 엄격한 경우다.
- 반대 경우도 있으니, 낮에 씻은 자가 거제를 만졌는지 만지지 않았는지 의심스러울 때는 거제가 무효가 되지만, 손이 부정한지 의심스러울 때는 정결을 유지한다(「야다임」 2, 4).

## 2, 3

הַמִּקְפָּה שֶׁל תְּרוּמָה וְהַשּׁוּם וְהַשֶּׁמֶן שֶׁל חֻלִּין, שֶׁנָּגַע טְבוּל יוֹם בְּמִקְצָתָן, פָּסַל אֶת כֻּלָּם. הַמִּקְפָּה שֶׁל חֻלִּין וְהַשּׁוּם וְהַשֶּׁמֶן שֶׁל תְּרוּמָה, שֶׁנָּגַע טְבוּל יוֹם בְּמִקְצָתָן, לֹא פָסַל אֶלָּא מְקוֹם מַגָּעוֹ. וְאִם הָיָה הַשּׁוּם מְרֻבֶּה, הוֹלְכִין אַחַר הָרֹב. אָמַר רַבִּי יְהוּדָה, אֵימָתַי, בִּזְמַן שֶׁהֵן גּוּשׁ בַּקְּעָרָה. אֲבָל אִם הָיָה מְפֻזָּר בַּמְּדוֹכָה, טָהוֹר, מִפְּנֵי שֶׁהוּא רוֹצֶה בְּפִזּוּרוֹ. וּשְׁאָר כָּל הַנִּדּוֹכִין שֶׁדָּכָן בְּמַשְׁקִין. אֲבָל אֶת שֶׁדַּרְכָּן לָדוּךְ בְּמַשְׁקִים וְדָכָן שֶׁלֹּא בְמַשְׁקִין וְהֵן גּוּשׁ בַּקְּעָרָה, הֲרֵי אֵלּוּ כְעִגּוּל שֶׁל דְּבֵלָה:

거제인 빽빽한 죽에 마늘과 속된 기름이 〔들어 있는데〕 그 일부를 낮에 씻은 자가 접촉하면, 그 전체가 무효가 된다. 속된 빽빽한 죽에 마늘과 거제인 기름이 〔들어 있는데〕 그 일부를 낮에 씻은 자가 접촉하면, 그가 접촉한 부분 이외에는 무효가 되지 않는다. 그러나 만약 마늘이 〔매우〕 많이 들었다면, 많은 것을 따라 간다. 예후다 랍비가 어떤 경우에 〔그렇게 되는지〕 물었고, 그것이 대접 안에 덩어리로 〔뭉쳐〕 있을 때 〔그러하다고〕 말했다. 그러나 이것이 절구에 흩어져 있었다면 정결하니, 그가 이것이 흩어지기를 원했기 때문이다.

그리고 그 외 음료수와 함께 으깨어놓은 모든 음식도 〔그러하다〕. 그러나 음료수와 함께 으깨는 음식이지만 음료수가 없이 으깨어 대접에 덩어리로 〔담겨〕 있다면, 그것은 누른 무화과 과자와 같다.[8)]

- 곡식과 마늘과 기름을 넣어 끓인 빽빽한 죽이 있을 때, 곡식이 주요 식재료이며 마늘과 기름은 부재료에 속한다. 곡식은 거제였고 기름은 속된 음식이었을 때 낮에 씻은 자가 이 죽의 일부, 즉 마늘이나 기름만 접촉해도 그 전체가 무효가 되니, 전체가 하나의 음식이며 거제와 같은 지위라고 보았기 때문이다.
- 곡식은 속된 음식이고 마늘과 기름이 거제였을 때는 그 부재료가 전체와 하나로 연결되지 않는 경우이며, 속된 음식이기 때문에 무효가 될 수 없다. 그가 기름을 만졌다면 그 기름만 무효가 된다.
- 만약 마늘이 기름보다 더 많이 들어갔는데 그가 마늘을 만졌다면, 기름은 마늘보다 낮은 지위를 가진 부재료이기 때문에 역시 무효가 된다.
- 예후다 랍비는 어떤 경우에 더 양이 많은 쪽을 따라가는지 물었고, 마늘을 으깨지 않은 상태에서 기름과 하나로 연결되어 있는 경우에 그렇다고 대답한다. 그러나 마늘을 으깨서 작은 조각으로 흩어져 있었다면, 마늘 조각들은 전체에 연결되지 않으며, 낮에 씻은 자가 접촉하는 조각만 부정해지고 나머지는 정결을 유지한다.
- 마지막 부분은 두 가지로 읽을 수 있다. 첫째, 사람들이 대개 음료수 없이 으깨는 음식이지만 음료수와 함께 으깬 경우, 또는 대개 음료수와 함께 으깨는 음식이지만 음료수 없이 으깬 경우, 이것이 한 덩어리로 대접 안에 있다고 하여도, 누른 무화과 과자와 같다. 즉 그가 만진 부분만 부정해진다(「트루못」 2, 1). 둘째, 음료수와 함께 으깬 음식은 마늘을 기름과 함께 으깬 것과 같다. 만약 한 덩어리로 뭉쳐지면 그것은 서로 연결된 것으로 간주한다. 그러나 대개 음료수와 함

8) 이 미쉬나 마지막 부분은 두 가지 전통을 섞어서 썼기 때문에 구분해서 읽어야 한다는 것이 주석자들의 의견이다(알벡 462).

께 으깨는 음식이지만 음료수 없이 으깬 경우에는, 그것이 한 덩어리로 뭉쳐져 있어도 서로 연결된 것으로 간주하지 않는다.

## 2, 4

הַמִּקְפָּה וְהַחֲמִיטָה שֶׁל חֻלִּין וְהַשֶּׁמֶן שֶׁל תְּרוּמָה צָף עַל גַּבֵּיהֶן, וְנָגַע טְבוּל יוֹם בַּשֶּׁמֶן, לֹא פָסַל אֶלָּא הַשֶּׁמֶן. וְאִם חִבֵּץ, כָּל מָקוֹם שֶׁהוֹלֵךְ הַשֶּׁמֶן, פָּסָל:

빽빽한 죽과 하미타-빵이 속된 음식인데 거제인 기름이 그 위에 있을 때, 낮에 씻은 자가 그 기름과 접촉하면, 그 기름 외에는 무효로 만들지 않는다. 그러나 만약 그가 그것을 저었다면, 그 기름이 섞인 곳은 모두 무효가 된다.

- 셋째 미쉬나에서 언급한 바와 같이 주요리인 죽이나 빵이 속된 음식이라면 거제인 기름을 위에 뿌려도 서로 연결되지 않은 것으로 간주한다. 낮에 씻은 자가 기름을 만지면 기름만 무효가 된다. 섞으면 섞인 부분만 무효가 된다.

## 2, 5

בְּשַׂר הַקֹּדֶשׁ שֶׁקָּרַם עָלָיו הַקִּפָּה, נָגַע טְבוּל יוֹם בַּקִּפָּה, חֲתִיכוֹת מֻתָּרוֹת. נָגַע בַּחֲתִיכָה, חֲתִיכָה וְכָל הָעוֹלִים עִמָּהּ, חִבּוּר זֶה לָזֶה. רַבִּי יוֹחָנָן בֶּן נוּרִי אוֹמֵר, שְׁנֵיהֶם חִבּוּר זֶה לָזֶה. וְכֵן בְּקִטְנִיּוֹת שֶׁקָּרְמוּ עַל גַּבֵּי פְרוּסוֹת. מַעֲשֶׂה קְדֵרָה בַקִּטְנִיּוֹת, בִּזְמַן שֶׁהֵן פְּרוּדִים, אֵינָן חִבּוּר. בִּזְמַן שֶׁהֵן גּוּשׁ, חִבּוּר. אִם הָיוּ גוֹשִׁין הַרְבֵּה, הֲרֵי אֵלּוּ יִמָּנוּ. שֶׁמֶן שֶׁהוּא צָף עַל גַּבֵּי הַיַּיִן וְנָגַע טְבוּל יוֹם בַּשֶּׁמֶן, לֹא פָסַל אֶלָּא הַשֶּׁמֶן. רַבִּי יוֹחָנָן בֶּן נוּרִי אוֹמֵר, שְׁנֵיהֶם חִבּוּר זֶה לָזֶה:

성물인 고기 위에 말라붙은 것이 생겼을 때, 낮에 씻은 자가 그 말라붙은 것을 접촉하면, 〔고기〕 조각은 허용된다. 그가 〔고기〕 조각 하나를 접촉하면, 그 조각과 함께 올라오는 모든 것이 서로 연결된 것으로 〔간주한다〕. 요하난 벤 누리 랍비는 그것들 둘이 서로 연결된다고 말한다. 그리고 빵 조각들 위에 있는 콩들도 마찬가지다.

콩들을 솥에서 〔요리했는데〕 그것들이 분리되어 있을 때는 연결된 것이 아니다. 그것들이 한 덩어리일 때는 연결된 것이다. 만약 덩어리들이 여러 개가 있었다면, 그것들을 세어야 한다.

포도주 위에 기름이 떠 있을 때, 낮에 씻은 자가 그 기름과 접촉하면, 그 기름 외에는 무효가 되지 않는다. 요하난 벤 누리 랍비는 그것들 둘이 서로 연결된다고 말한다.

- 성물인 고기를 끓이면서 나온 불순물이 위에 말라붙어서 피막처럼 형성되었고, 낮에 씻은 자가 그것과 접촉했다. 고기는 그 말라붙은 것과 서로 연결되었다고 보지 않으며, 고기를 성물로 사용해도 좋다. 그러나 그가 고기와 접촉했다면, 서로 떨어지지 않고 붙어서 올라온 모든 고기 조각들이 연결되었다고 보고, 전부 무효가 된다.
- 요하난 벤 누리 랍비는 낮에 씻은 자가 어느 부분을 만지건 상관없이 고기와 말라붙은 것은 연결되었다고 주장한다.
- 거제인 빵을 콩과 함께 끓였을 때도 같은 기준을 적용한다.
- 냄비에서 콩을 끓일 때(「네다림」 6, 1-2), 서로 떨어져 있으면 연결된 것이 아니고, 덩어리가 되면 연결된 것이다. 덩어리가 여러 개 생겼다면, 낮에 씻은 자가 만진 것과 그 옆에 붙어 있던 것들의 순서를 세어 부정의 정도를 계산해야 한다.
- 포도주 위에 뜬 기름은 고기 위에 말라붙은 것과 같은 원칙을 적용하는데, 요하난 랍비는 역시 반대한다.

## 2, 6

חָבִית שֶׁשְּׁקָעָהּ לְתוֹךְ בּוֹר שֶׁל יַיִן וְנָגַע בּוֹ טְבוּל יוֹם, מִשָּׂפָה וְלִפְנִים, חִבּוּר. מִן הַשָּׂפָה וְלַחוּץ, אֵינוֹ חִבּוּר. רַבִּי יוֹחָנָן בֶּן נוּרִי אוֹמֵר, אֲפִלּוּ עַל גַּבָּהּ רוּם קוֹמָה וְנָגַע כְּנֶגֶד פִּיהָ, חִבּוּר:

어떤 병을 포도주 웅덩이 속에 담가놓았고 낮에 씻은 자가 그것과 접촉했을 때, [그가] 테두리부터 안쪽으로 [접촉했다면], 그것은 연결된 것이다. [그가] 테두리부터 바깥쪽으로 [접촉했나면], 그것은 연결된 것이 아니다. 요하난 벤 누리 랍비는 [포도주가] 그 [병] 위로 사람 키만큼 높이 차 있었고 그가 그 [병의] 입구 맞은편을 접촉했다 하더라도 그것은 연결된 것이라고 말한다.

- 거제로 드린 포도주를 담은 병을 속된 음식인 포도주를 보관하는 웅덩이 안에 담가놓았고 그 병이 열려 있을 때, 낮에 씻은 자가 병 안에 있는 포도주와 접촉했다. 그가 병 테두리부터 안쪽으로 접촉하면 바깥에 있는 포도주와 안에 있는 포도주가 연결되며, 모두 무효가 된다. 그러나 그가 테두리부터 바깥으로 접촉하면 바깥에 있는 포도주와 안에 있는 포도주가 연결되지 않으며, 모두 정결하다.
- 요하난 벤 누리 랍비는 거제로 드린 포도주 병이 웅덩이 밑에 가라앉아서 그 위로 일반 포도주가 사람 키만큼 고여 있을 때, 낮에 씻은 자가 그 병 입구 맞은편에서 일반 포도주를 접촉했다 하더라도 모두 무효가 된다고 주장했다.

## 2, 7

חָבִית שֶׁנִּקְּבָה בֵּין מִפִּיהָ בֵּין מִשּׁוּלֶיהָ בֵּין מִצְּדֶּיהָ וְנָגַע בּוֹ טְבוּל יוֹם, טְמֵאָה. רַבִּי יְהוּדָה אוֹמֵר, מִפִּיהָ וּמִשּׁוּלֶיהָ, טְמֵאָה. מִן הַצְּדָדִין, מִכָּאן וּמִכָּאן, טְהוֹרָה. הַמְעָרֶה מִכְּלִי לִכְלִי וְנָגַע טְבוּל יוֹם בַּקִּלּוּחַ, אִם יֵשׁ בּוֹ, יַעֲלֶה בְאַחַת וּמֵאָה:

어떤 병의 주둥이나 바닥이나 옆면에 구멍이 났고 낮에 씻은 자가 그것과 접촉했다면, 그 〔병은〕 부정해진다. 예후다 랍비는 주둥이와 바닥에 〔구멍이 났으면〕 부정해진다고 말한다. 옆면에 이쪽이든 저쪽이든 〔구멍이 났다면〕 정결하다.

〔어떤 사람이〕 그릇 하나에서 〔다른〕 그릇으로 〔액체를〕 부었고, 낮에 씻은 자가 그 물줄기에 접촉했을 때, 만약 그 〔그릇〕 안에 〔100이〕 있었다면, 100 중의 1 〔비율로 계산한다〕.

- 거제로 드린 포도주를 담아 봉한 병에 구멍이 있고 낮에 씻은 자가 그 병에 접촉했다면, 구멍에 묻은 포도주와 그 내용물은 연결되어 있고, 거제인 포도주는 모두 무효가 된다. 예후다 랍비는 주둥이와 바닥에 난 구멍을 만지면 포도주가 전부 부정해지는데, 이것은 액체가 위에서 아래로 영향을 받기 때문이라고 생각한 것이다. 그러나 옆에 난 구멍을 만지면 접촉한 부분만 무효가 되고 나머지는 정결하다고 주장한다. 이때 무효가 되는 포도주의 비율은 다음에 밝히는 바와 같이 1/100이다.
- 한 그릇에서 다른 그릇으로 액체를 부을 때 낮에 씻은 자가 그 물줄기와 접촉하면, 그가 만진 부분만 무효가 된다. 그리고 액체를 담은 그릇의 1/100이 그가 접촉한 부분이라고 본다(「트루못」 5, 4).

## 2, 8

בִּעְבּוּעַ שֶׁבֶּחָבִית שֶׁנִּקַּב בֵּין מִבִּפְנִים בֵּין מִבַּחוּץ וּבֵין מִלְמַעְלָן בֵּין מִלְּמַטָּן, זֶה כְּנֶגֶד זֶה, טָמֵא בְּאַב הַטֻּמְאָה וְטָמֵא בְאֹהֶל הַמֵּת. הַפְּנִימִי מִלְּמַטָּה וְהַחִיצוֹן מִלְמַעְלָן, טָמֵא בְּאַב הַטֻּמְאָה וְטָמֵא בְאֹהֶל הַמֵּת. הַפְּנִימִי מִלְמַעְלָן וְהַחִיצוֹן מִלְּמַטָּן, טָהוֹר בְּאַב הַטֻּמְאָה וְטָמֵא בְאֹהֶל הַמֵּת:

어떤 병에 거품의 〔흔적이〕 있고 안쪽이나 바깥쪽에 그리고 위나 아래에 구멍이 났을 때, 어떤 〔구멍이〕 다른 것의 맞은편에 있다면, 부정의 아버지 때문에 부정해지고 시체가 있는 천막 안에서 부정해진다.

안쪽에 있는 〔구멍이〕 아래에 바깥쪽은 위에 있다면, 부정의 아버지 때문에 부정해지고 시체가 있는 천막 안에서 부정해진다. 안쪽에 있는 〔구멍이〕 위에 바깥쪽은 아래에 있다면, 부정의 아버지와 〔접촉해도〕 정결하지만 시체가 있는 천막 안에서 부정해진다.

- 어떤 병의 벽에 구우면서 생긴 거품 때문에 움푹하게 파인 곳이 있을 때, 같은 벽의 안쪽과 바깥쪽에 서로 마주 보고 있어서 구멍이 난 것과 같다면, 부정의 아버지가 구멍을 만졌을 때 포도주와 병이 모두 부정해진다. 낮에 씻은 자가 거제로 드린 포도주가 든 병의 구멍을 만진 경우라면 포도주는 무효가 되지만 병은 정결하다(둘째 미쉬나). 시체가 있는 천막 안에 이 병을 두었다면, 꼭 맞는 뚜껑을 덮었다고 하더라도 구멍 때문에 모두 부정해진다.
- 병 안쪽에는 아래가 파였고 바깥쪽은 위가 파였어도 마찬가지다. 부정의 아버지가 바깥에서 만진 구멍이 위에 있으므로 그 포도주가 아래까지 흘러내리기 때문이다.
- 병 안쪽에는 위가 파였고 바깥쪽은 아래가 파였다면, 안에 든 포도주가 정결을 유지한다. 그러나 덮기 부정은 막을 수 없다고 간주한다.

## 제3장

낮에 씻은 자가 음식에 손을 댔는데 이와 연결되는 부분이 무엇인지 다양한 예를 들어 설명한다.

## 3, 1

כָּל יְדוֹת הָאֳכָלִים שֶׁהֵם חִבּוּר בְּאַב הַטֻּמְאָה, חִבּוּר בִּטְבוּל יוֹם. אֹכֶל שֶׁנִּפְרַס וּמְעֹרֶה מִקְצָת, רַבִּי מֵאִיר אוֹמֵר, אִם אוֹחֵז בַּגָּדוֹל וְהַקָּטָן עוֹלֶה עִמּוֹ, הֲרֵי הוּא כָמוֹהוּ. רַבִּי יְהוּדָה אוֹמֵר, אִם אוֹחֵז בַּקָּטָן וְהַגָּדוֹל עוֹלֶה עִמּוֹ, הֲרֵי הוּא כָמוֹהוּ. רַבִּי נְחֶמְיָה אוֹמֵר, בַּטָּהוֹר. וַחֲכָמִים אוֹמְרִים, בַּטָּמֵא. וּשְׁאָר כָּל הָאֳכָלִים, אֶת שֶׁדַּרְכּוֹ לֶאֱחֹז בֶּעָלֶה, אוֹחֵז אוֹתוֹ בֶּעָלֶה. וּבַקֶּלַח, אוֹחֲזִין אוֹתוֹ בַּקֶּלַח:

부정의 아버지가 〔접촉할 때〕 연결된 것으로 〔간주하는〕 음식의 일부는 낮에 씻은 자와 관련해서도 연결된 것이다.

나누어 놓았지만 조금만 붙어 있는 음식에 관해서, 메이르 랍비는 만약 〔어떤 사람이〕 큰 것을 잡았는데 작은 것도 그것과 함께 올라온다면, 그 〔작은〕 것이 그 〔큰〕 것과 같다고 말한다. 예후다 랍비는 만약 〔어떤 사람이〕 작은 것을 잡았는데 큰 것도 그것과 함께 올라온다면, 그 〔큰〕 것이 그 〔작은〕 것과 같다고 말한다. 네헤미야 랍비는 그가 정결한 음식을 〔잡았을〕 때라고 말한다. 그러나 현인들은 그가 부정한 음식을 〔잡았을〕 때라고 말한다. 그러나 다른 모든 음식들에 관해서는, 대개 잎을 잡는 음식은 잎을 잡는다. 〔대개〕 줄기를 〔잡는 음식은〕 줄기를 잡는다.

- 어떤 음식을 먹을 때 잡고 먹게 되는 부분이 있는데, 만약 부정의 아버지가 그 부분을 잡았을 때 음식 전체에 부정이 전이된다고 간주한다면(「우크찜」 1, 3), 낮에 씻은 자가 잡아도 마찬가지로 판단한다. 그 음식이 거제였다면 전체가 무효가 된다.
- 어떤 음식을 둘로 나누어놓았지만, 큰 부분을 집어 들었을 때 작은 부분이 달려 올라온다면 아직 연결된 것으로 보아야 한다는 규정은 위의 규정을 좀 더 정확하게 설명하고 있다. 메이르 랍비보다 예후다 랍비가 훨씬 관대한 입장을 취하고 있다(바벨 탈무드 「훌린」 128a).

- 네헤미야 랍비는 새로운 기준을 제안하는데, 어떤 사람이 정결한 음식을 잡았는데 낮에 씻은 자가 접촉한 부정한 음식이 달려 올라온다면 서로 연결된 것으로 보아야 한다고 주장했고, 현인들은 반대로 부정한 음식을 잡았을 때 정결한 음식이 달려 올라온다면 서로 연결된 것으로 보아야 한다고 주장했다.
- 다른 음식 특히 채소에 관해서는 잎이나 줄기를 잡았을 때 전체가 달려 올라오면 연결된 것이다.

## 3, 2

---

יָרָק שֶׁל תְּרוּמָה וּבֵיצָה טְרוּפָה נְתוּנָה עַל גַּבָּיו, וְנָגַע טְבוּל יוֹם בַּבֵּיצָה, לֹא פָסַל אֶלָּא הַקֶּלַח שֶׁכְּנֶגְדוֹ. רַבִּי יוֹסֵי אוֹמֵר, כָּל הַסֵּדֶר הָעֶלְיוֹן. אִם הָיָה כְמִין כּוֹבַע, אֵינָהּ חִבּוּר:

---

거제인 채소 위에 풀어놓은 달걀을 덮었는데 낮에 씻은 자가 그 달걀과 접촉했을 때, 그 〔달걀과〕 맞은편에 있는 줄기를 제외하고는 무효가 되지 않는다. 요쎄 랍비는 〔제일〕 위에 있는 층이 모두 〔무효가 된다고〕 말한다. 만약 그것이 어떤 모자 〔모양〕이었다면, 그것은 연결된 것이 아니다.

- 거제인 채소 위에 속된 음식인 달걀을 풀어서 덮었는데 낮에 씻은 자가 그 달걀을 만졌다면, 그 달걀은 아무런 영향을 받지 않는다. 채소에 관해서 말하면, 그 달걀과 접촉한 것들만 무효가 된다(「에두욧」 2, 4). 요쎄 랍비는 조금 더 엄격한 기준을 내세우며, 맨 위에 있는 채소는 모두 무효가 된다고 주장한다.
- 만약 달걀이 원형으로 부풀어 올라 모자 모양이 되었다면 달걀과 채소 사이에 공간이 있다는 것이니 연결된 것이 아니며, 채소가 무효가 되지 않는다.

## 3, 3

חוּט שֶׁל בֵּיצָה שֶׁקָּרַם עַל דָּפְנוֹת שֶׁל לְפָס, וְנָגַע בּוֹ טְבוּל יוֹם, מִן הַשָּׂפָה וְלִפְנִים, חִבּוּר. מִן הַשָּׂפָה וְלַחוּץ, אֵינוֹ חִבּוּר. רַבִּי יוֹסֵי אוֹמֵר, חוּט וְכָל שֶׁנִּקְלָף עִמּוֹ. וְכֵן בִּקְטָנִיּוֹת שֶׁקָּרְמוּ עַל שְׂפָתָהּ שֶׁל קְדֵרָה:

달걀이 줄 〔모양으로〕 냄비 벽에 붙어 굳었고 낮에 씻은 자가 그것과 접촉했을 때, 그것이 테두리에서 안쪽으로 〔있었다면〕 이것은 연결된 것이다. 그것이 테두리에서 바깥쪽으로 〔있었다면〕 이것은 연결되지 않은 것이다. 요쎄 랍비는 그 줄 〔모양의 달걀과〕 그것과 함께 떨어지는 모든 것이 〔연결된 것이라고〕 말한다. 그리고 〔넓은〕 냄비 테두리에 붙어서 굳은 콩도 마찬가지다.

- 거제가 들어 있는 뚜껑 달린 냄비에 속된 음식인 달걀을 덮었는데, 줄 모양으로 냄비 벽에 붙어 굳었고 낮에 씻은 자가 그것을 만졌다. 달걀이 냄비 테두리부터 안쪽으로 붙어 있을 때 만졌다면, 이것은 음식과 연결된 것이며, 거제인 음식은 무효가 된다. 그러나 바깥쪽으로 이어졌다면 그것은 연결되지 않은 것이다.
- 요쎄 랍비는 달걀이 안쪽으로 붙어 있었어도 그 달걀에 붙어서 함께 떨어지는 음식만 연결된 것이며, 그렇지 않은 부분은 정결하다고 말한다.
- 넓은 냄비 테두리에 붙어서 굳은 콩도 마찬가지 법칙을 따른다.

## 3, 4

עִסָּה שֶׁנִּדְמְעָה אוֹ שֶׁנִּתְחַמְּצָה בִשְׂאֹר שֶׁל תְּרוּמָה, אֵינָהּ נִפְסֶלֶת בִּטְבוּל יוֹם. רַבִּי יוֹסֵי וְרַבִּי שִׁמְעוֹן פּוֹסְלִין. עִסָּה שֶׁהֻכְשְׁרָה בְמַשְׁקֶה וְנִלּוֹשָׁה בְמֵי פֵרוֹת וְנָגַע בָּהֶן טְבוּל יוֹם, רַבִּי אֶלְעָזָר בֶּן יְהוּדָה אִישׁ בַּרְתּוֹתָא אוֹמֵר מִשּׁוּם רַבִּי יְהוֹשֻׁעַ, פָּסַל אֶת כֻּלָּהּ. רַבִּי עֲקִיבָא אוֹמֵר מִשְּׁמוֹ, לֹא פָסַל אֶלָּא מְקוֹם מַגָּעוֹ:

〔거제와〕 섞이거나 거제인 보리로 발효된 반죽은 낮에 씻은 자 때문에 무효가 되지 않는다. 요쎄 랍비와 쉼온 랍비는 무효라고 주장한다.

음료수로 준비가 되었으나 과일즙으로 주무른 반죽을 낮에 씻은 자가 접촉했을 때, 바르토타[9] 출신 엘아자르 벤 예후다 랍비는 예호슈아 랍비의 이름으로 〔반죽〕 모두를 무효라고 말한다. 아키바 랍비는 그의 이름으로 그가 접촉한 곳을 제외하고는 무효가 되지 않는다고 말한다.

- 거제가 일부 섞이거나 거제로 발효된 반죽은 낮에 씻은 자와 관련해서는 속된 음식과 같은 경우로 간주하며 무효가 되지 않는다. 낮에 씻은 자에 관한 관대한 전통이 드러나는 미쉬나다. 요쎄와 쉼온 랍비는 반대한다.
- 랍비들이 인정한 음료수로 부정이 전이될 준비가 되었지만 음료수에 속하지 않아 음식을 준비시킬 수 없는 과일즙을 넣어 주무른 반죽은 두 가지 액체가 들어갔지만 모두 연결된 것으로 보아야 하며(「마크쉬린」 6, 4), 낮에 씻은 자가 접촉하면 무효가 된다는 것이 엘아자르 랍비의 의견이다. 아키바 랍비는 그가 접촉한 곳만 무효가 된다고 좀 더 관대한 의견을 개진한다. 두 랍비가 스승인 예호슈아 랍비의 가르침을 반대로 기억하고 있다.

## 3, 5

יָרָק שֶׁל חֻלִּין שֶׁבִּשְּׁלוֹ בְשֶׁמֶן שֶׁל תְּרוּמָה, וְנָגַע בּוֹ טְבוּל יוֹם, רַבִּי אֶלְעָזָר בֶּן יְהוּדָה אִישׁ בַּרְתּוֹתָא אוֹמֵר מִשּׁוּם רַבִּי יְהוֹשֻׁעַ, פָּסַל כֻּלָּהּ. רַבִּי עֲקִיבָא אוֹמֵר מִשְּׁמוֹ, לֹא פָסַל אֶלָּא מְקוֹם מַגָּעוֹ:

9) 바르토타(ברתותא)는 갈릴리에 있는 마을로 추정하지만, 본문에 따라 철자법이 다르게 남아 있어서 확실한 지명을 알기는 어렵다.

속된 음식인 채소를 거제인 기름으로 요리했는데 낮에 씻은 자가 그것과 접촉했을 때, 바르토타 출신 엘아자르 벤 예후다 랍비는 예호슈아 랍비의 이름으로 전체가 무효라고 말한다. 아키바 랍비는 그의 이름으로 그가 접촉한 곳을 제외하고는 무효가 되지 않는다고 말한다.

- 속된 음식인 채소를 거제인 기름으로 요리하면, 기름이 요리 전체로 퍼지므로(「테불 욤」 2, 4) 전체가 무효가 된다는 것이 엘아자르 랍비의 의견이다. 아키바 랍비는 접촉한 곳만 무효가 된다고 반대 의견을 제시하는데, 역시 스승인 예호슈아 랍비의 가르침을 반대로 기억하고 있다.

### 3, 6

입에서 씹던 음식이 떨어져 나와 다른 음식에 접촉한 경우를 설명한다.

---

טָהוֹר שֶׁנָּגַס מִן הָאֹכֶל וְנָפַל עַל בְּגָדָיו וְעַל כִּכָּר שֶׁל תְּרוּמָה, טָהוֹר. הָיָה אוֹכֵל זֵיתִים פְּצוּעִים וּתְמָרִים רְטֻבּוֹת, כֹּל שֶׁהוּא רוֹצֶה לָמֹץ אֶת גַּרְעִינָתוֹ וְנָפַל עַל בְּגָדָיו וְעַל כִּכָּר שֶׁל תְּרוּמָה, טָמֵא. הָיָה אוֹכֵל זֵיתִים נְגוּבִין וּתְמָרִים יְבֵשׁוֹת, כֹּל שֶׁאֵינוֹ רוֹצֶה לָמֹץ אֶת גַּרְעִינָתוֹ וְנָפַל עַל בְּגָדָיו וְעַל כִּכָּר שֶׁל תְּרוּמָה, טָהוֹר. אֶחָד טָהוֹר וְאֶחָד טְבוּל יוֹם, כָּאֵלּוּ. רַבִּי מֵאִיר אוֹמֵר, אֵלּוּ וָאֵלּוּ טְמֵאִין בִּטְבוּל יוֹם, שֶׁמַּשְׁקִין שֶׁל טָמֵא מַכְשִׁירִין לִרְצוֹנוֹ וְשֶׁלֹּא לִרְצוֹנוֹ. וַחֲכָמִים אוֹמְרִים, אֵין טְבוּל יוֹם טָמֵא:

---

정결한 자가 음식을 씹다가 〔그 음식이〕 그의 옷 위에 그리고 〔그 후에〕 거제인 빵 덩이 위에 떨어졌다면, 그것은 정결하다. 그 음식이 찧은 올리브이거나 젖은 대추야자 열매였고 그가 그 씨만 제거하려고 했는데, 그것이 그의 옷 위에 그리고 〔그 후에〕 거제인 빵 덩이 위

에 떨어졌다면, 그것은 부정해진다. 그 음식이 말린 올리브이거나 말린 대추야자 열매였고 그가 그 씨를 제거하려 하지 않았는데, 그것이 그의 옷 위에 그리고 〔그 후에〕 거제인 빵 덩이 위에 떨어졌다면, 그것은 정결하다.

정결한 자의 〔경우나〕 낮에 씻은 자의 〔경우가〕 이러하다. 메이르 랍비는 낮에 씻은 자에 관련해서 이런 경우나 저런 경우가 〔모두〕 부정하니, 부정한 자의 음료수는 그가 원하든 원하지 않든 준비를 시키기 때문이라고 말한다. 그러나 현인들은 낮에 씻은 자에 관련해서 부정해지지 않는다고 말한다.

- 정결한 자가 음식을 씹어 먹다가 그 음식이 그의 침과 함께 입에서 튀어나와서 먼저 옷 위에 그리고 그 후에 거제인 빵 덩이 위에 떨어졌다. 빵 덩이는 인간의 침으로 준비될 수 없으므로 정결하고(「마크쉬린」 6, 5), 또한 음식이 떨어진 것은 그 사람이 의도한 바가 아니고 그에게 이익이 되는 것도 아니기 때문에 준비될 수 없다(1, 1).
- 사실 음식을 준비시키는 과정과 관련해서 속된 음식과 거제 사이에 다른 점이 없지만, 앞에서부터 거제인 음식에 관해 논의하고 있기 때문에 이 미쉬나에서도 거제인 빵 덩이라고 기록한 것으로 보인다.
- 먹던 음식이 찧은 올리브나 젖은 대추야자 열매였고, 그가 씨를 제거하려는 의도가 있었다면, 그 씨가 그의 침과 함께 떨어졌을 때, 거제인 빵 덩이를 부정이 전이될 수 있도록 준비시킨다. 그의 행위에 의지가 개입되었기 때문이다. 반대로 마른 올리브와 대추야자 열매에서 씨를 제거할 의도가 없었다면, 입에서 떨어진 침이 빵 덩이를 준비시키지 않는다. 그의 의도가 관련되지 않았기 때문이다.
- 지금까지 정결한 자의 경우에 관해 말했는데, 낮에 씻은 자는 부정하지 않으므로 같은 경우로 간주한다. 메이르 랍비는 여기서 언급한

모든 경우에 사람의 침이 빵 덩이를 준비시킨다고 주장한다. 부정한 액체는 의도와 상관없이 음식을 준비시키기 때문이다(「마크쉬린」 1, 1). 그러나 현인들은 낮에 씻은 자는 부정하다고 부를 수 없다고 하면서, 그의 침이 음식을 준비시키지 않는다고 주장한다.

## 제4장

낮에 씻은 자가 거제나 성물을 바치는 과정을 설명한다. 그 외에 암하아레쯔의 곡식에서 둘째 십일조 떼기, 집을 떠나는 남편이 이혼증서를 써서 아내에게 주기, 나무로 만든 도구들이 부정해지는 경우 등 정결법과 관련된 다양한 규정들도 소개한다.

### 4, 1

낮에 씻은 자가 접촉한 음식이 속된 음식이라면 정결하다는 원칙을 설명한다.

---

אֹכֶל מַעֲשֵׂר שֶׁהֻכְשַׁר בְּמַשְׁקֶה, וְנָגַע בּוֹ טְבוּל יוֹם אוֹ יָדַיִם מְסֹאָבוֹת,
מַפְרִישִׁין מִמֶּנּוּ תְרוּמַת מַעֲשֵׂר בְּטָהֳרָה, מִפְּנֵי שֶׁהוּא שְׁלִישִׁי, וְהַשְּׁלִישִׁי
טָהוֹר לְחֻלִּין:

---

십일조인 음식이 음료수로 준비가 되었는데, 낮에 씻은 자가 또는 더러운 손으로 그것을 접촉했다면, 그 십일조에서 거제를 정결하게 뗄 수 있다. 왜냐하면 그것은 제3차 감염자이며, 제3차 감염자는 속된 음식일 때 정결하기 때문이다.

- 십일조로 바친 음식에 음료수가 묻어서 부정이 전이될 준비가 된 상

태인데, 제2차 감염자인 낮에 씻은 자가 만지거나 무조건 제2차 감염자로 취급하는 정결한 자의 씻지 않은 손과 접촉했고, 그 음식은 제3차 감염자가 되었다. 십일조는 속된 음식으로 분류하기 때문에 이것은 정결하다고 볼 수 있으며(민 18:30-31; 씨프레), 그 음식에서 정상적으로 거제를 뗄 수 있다. 다시 말하면 부정이 전이되던 당시에는 속된 음식이었기 때문에 미래에 뗄 거제에 아무런 영향을 미치지 않는다는 것이다.

## 4, 2

הָאִשָּׁה שֶׁהִיא טְבוּלַת יוֹם, לָשָׁה אֶת הָעִסָּה, וְקוֹצָה לָהּ חַלָּה וּמַפְרַשְׁתָּהּ, וּמַנַּחְתָּהּ בִּכְפִישָׁה מִצְרִית אוֹ בִנְחוּתָא, וּמַקֶּפֶת וְקוֹרָא לָהּ שֵׁם, מִפְּנֵי שֶׁהִיא שְׁלִישִׁי, וְהַשְּׁלִישִׁי טָהוֹר לְחֻלִּין:

낮에 씻은 자인 여자가 반죽을 하고 그 〔일부를〕 떼어 할라 빵을 만들어 따로 둘 때, 그것을 이집트 바구니[10] 또는 쟁반 위에 두었다가, 가까이 두고 〔할라라는〕 이름을 부른다. 이것은 제3차 감염자이기 때문에 제3차 감염자는 속된 음식일 때 정결하다.

- 낮에 씻은 여자가 반죽을 했으니, 그 반죽은 제3차 감염자가 된다. 이 반죽에서 일부를 떼어 제사장에게 바치는 할라 빵을 만들어야 하는데, 제3차 감염자는 거제나 성물을 무효로 만들기 때문에 다른 방법이 필요하다.
- 이때 이 여자는 반죽에서 일부를 떼어 갈대로 만든 이집트 바구니나 나무로 만든 쟁반처럼 부정이 전이되지 않는 그릇 위에 두고, 그것을

10) 이집트 바구니(כפישה מצרית)는 안쪽이 두 구역으로 구분된 바구니를 말한다(야스트로 659). 매우 비슷하지만 철자법이 다른 낱말이 「켈림」 26, 1에 나온다.

원래 반죽에 가깝게 모아 놓은 뒤, 그 순간부터 이 반죽들이 '할라'라고 그 이름을 부른다(「할라」 1, 9). 그렇다면 반죽이었던 시점에서는 속된 음식이었던 것이 이름을 부르는 순간 거제나 성물이 된다. 그러므로 이것은 정결하다.

## 4, 3

사람이 아닌 물건이 낮에 씻은 자와 같은 지위인 경우를 설명한다.

---

עֲרֵבָה שֶׁהִיא טְבוּלַת יוֹם, לָשִׁין בָּהּ אֶת הָעִסָּה וְקוֹצִין מִמֶּנָּה חַלָּה, וּמַקֶּפֶת וְקוֹרִין לָהּ שֵׁם, מִפְּנֵי שֶׁהִיא שְׁלִישִׁי, וְהַשְּׁלִישִׁי טָהוֹר לְחֻלִּין:

---

낮에 씻은 자와 〔같은 상태인〕 통 안에서 반죽을 했고 그 〔일부를〕 떼어 할라-빵을 만들었으며 그것을 가까이 두고 이름을 불렀다면, 이것은 제3차 감염자이기 때문에 제3차 감염자는 속된 음식일 때 정결하다.

- 반죽하는 통이 부정해져서 물웅덩이에 담갔는데 아직 해가 지지 않아서 낮에 씻은 자와 같은 상태다. 정결한 사람이 그 통에서 정결한 반죽을 했다면, 이 통은 사람과 반죽에 아무런 영향을 미치지 않는다. 이 사람은 따로 부정이 전이되지 않는 곳에 반죽을 옮길 필요가 없으며, 일부를 떼어 반죽 가까이에 놓고 '할라'라고 이름을 부르면 된다.

## 4, 4

---

לָגִין שֶׁהוּא טְבוּל יוֹם, וּמִלְאָהוּ מִן הֶחָבִית מַעֲשֵׂר טֶבֶל, אִם אָמַר, הֲרֵי זוֹ תְּרוּמַת מַעֲשֵׂר מִשֶּׁתֶּחְשָׁךְ, הֲרֵי זוֹ תְּרוּמַת מַעֲשֵׂר. אִם אָמַר, הֲרֵי זֶה עֵרוּב, לֹא אָמַר כְּלוּם. נִשְׁבְּרָה הֶחָבִית, הַלָּגִין בְּטִבְלוֹ. נִשְׁבַּר הַלָּגִין, הֶחָבִית בְּטִבְלָהּ:

---

낮에 씻은 자인 라긴-병에 아직 거제를 떼지 않은 십일조를 〔큰〕 병에서 〔옮겨〕 가득 채웠을 때, 만약 그가 이것은 어두워질 때 십일조에서 〔떼는〕 거제가 된다고 말했다면, 그것은 십일조에서 〔뗀〕 거제가 된다. 만약 그가 이것은 에루브 음식이라고 말했다면, 그는 아무것도 말하지 않은 것이다.

그 〔큰〕 병이 부서졌다면, 그 라긴-병의 〔내용물은 아직 거제를〕 떼지 않은 〔십일조가〕 된다. 그 라긴-병이 부서졌다면, 그 〔큰〕 병의 〔내용물은 아직 거제를〕 떼지 않은 〔십일조가〕 된다.

- 아직 거제를 떼지 않은 십일조를 큰 병에 보관하고 있는데, 그것을 낮에 씻은 자와 같은 상태인 라긴-병에 가득 옮겨 담았다. 이 상태에서 부정이 전이되지 않도록 거제를 떼려면, 그 병에 든 내용물 중 일부가 날이 어두워진 다음에 십일조에서 떼는 거제가 된다고 말해야 하며, 그 시점에는 그 라긴-병이 정결해지기 때문에 거제를 떼어도 정결하다.
- 그 병에 든 내용물을 안식일에 마당을 공유하기 위한 에루브 음식으로 사용한다고 말하면, 그것은 불가능하다. 에루브 음식은 해가 지기 전에 내어놓아야 하고, 거제를 떼어 낸 후에만 에루브 음식으로 사용할 수 있기 때문이다(「에루빈」 3, 2).
- 만약 그 큰 병이 저녁이 되기 전에 부서져서 내용물이 흘러나왔다면, 라긴-병에 든 내용물 중 일부가 해가 진 다음에 거제가 된다는 말을 시행할 수 없게 되며, 그 내용물은 거제를 떼지 않은 십일조 그대로 남게 된다. 그 반대의 경우도 마찬가지다.

## 4, 5

넷째 미쉬나 문맥을 이어가며 십일조에 관해 논의한다.

---

בָּרִאשׁוֹנָה הָיוּ אוֹמְרִים, מְחַלְּלִין עַל פֵּרוֹת עַם הָאָרֶץ. חָזְרוּ לוֹמַר, אַף עַל מְעוֹתָיו. בָּרִאשׁוֹנָה הָיוּ אוֹמְרִים, הַיּוֹצֵא בַקּוֹלָר וְאָמַר, כִּתְבוּ גֵט לְאִשְׁתִּי, הֲרֵי אֵלּוּ יִכְתְּבוּ וְיִתְּנוּ. חָזְרוּ לוֹמַר, אַף הַמְפָרֵשׁ וְהַיּוֹצֵא בְשְׁיָרָא. רַבִּי שִׁמְעוֹן שְׁזוּרִי אוֹמֵר, אַף הַמְסֻכָּן:

---

처음에 그들은 암 하아레쯔의 열매에 관하여 〔둘째 십일조를〕 무를 수 있다고 말했다. 그들이 또 그들의 돈에 관해서도 〔그러하다고〕 말했다.

처음에 그들은 〔어떤 사람이 목에〕 사슬이 〔묶여〕 나가면서 내 아내를 위해 이혼증서를 쓰라고 말했다면, 그들이 그것을 써서 주어도 좋다고 말했다. 그들이 또 항해를 떠나는 자와 대상을 〔따라〕 떠나는 자도 〔그러하다고〕 말했다. 쉼온 쉐주리 랍비는 〔병이 들어〕 위험한 자도 〔그러하다고〕 말한다.

- 유대 법규정을 잘 모르거나 지키지 않는 암 하아레쯔가 잘 지키는 동료에게 어떤 농산물을 주었다. 원칙대로라면 수확한 농산물에서 둘째 십일조를 떼거나 동일한 양을 돈으로 무르고, 예루살렘으로 가져가서 소비해야 한다. 그런데 그가 받은 농산물 전체가 십일조라면 거기서 둘째 십일조를 다시 뗄 수 없다. 랍비들은 이런 의심스러운 상황에서 암 하아레츠가 주는 농산물이 십일조일 가능성을 걱정하지 않고 둘째 십일조를 무를 수 있다고 규정한다. 암 하아레쯔가 농산물이 아니라 돈으로 준다고 해도 같은 원칙을 적용한다고 덧붙인다(토쎕타 「마아쎄르 쉐니」 4, 8-9).
- 남편은 아내에게 이혼증서를 쓰라고 말할 수 있고 그 증서를 아내에게 주라고 말할 수 있으니, 이것은 서로 다른 법적 행위다. 그러나

남편이 곧 죽음을 맞을 것이 확실하다면, 남편이 이혼증서를 쓰라고 말했어도 그 증서를 써서 아내에게 줄 수 있다. 그런 경우에 해당하는 사람은 사슬에 묶여서 형장으로 끌려가는 자, 바다로 항해를 떠나는 자, 대상을 따라 장사하러 떠나는 자가 있다. 죽을 병에 걸린 자도 마찬가지다(「기틴」 6, 5).

### 4, 6

이 미쉬나는 마쎄켓 「켈림」(13, 7)에도 나온다.

---

הַכַּדּוּמִין הָאַשְׁקְלוֹנִים שֶׁנִּשְׁבְּרוּ וְאֻנְקְלִי שֶׁלָּהֶם קַיֶּמֶת, הֲרֵי אֵלּוּ טְמֵאִין. הַמַּעְבֵּר וְהַמַּזְרֵה וְהַמַּגּוֹב וְכֵן מַסְרֵק שֶׁל רֹאשׁ שֶׁנִּטְּלָה אַחַת מִשִּׁנֶּיהָ וַעֲשָׂאָן שֶׁל מַתָּכוֹת, הֲרֵי אֵלּוּ טְמֵאִין. וְעַל כֻּלָּן אָמַר רַבִּי יְהוֹשֻׁעַ, דָּבָר חָדָשׁ חִדְּשׁוּ הַסּוֹפְרִים וְאֵין לִי מַה לְּהָשִׁיב:

---

아쉬켈론 〔식의 갈고리가 여럿 달린〕 닻이 부서졌으나 갈고리들이 남아 있다면 그것들은 부정해질 수 있다. 쇠스랑, 풍구, 갈퀴, 그리고 머리빗의 이가 하나 부러졌고 금속으로 만들어 넣었다면 그것들은 부정해질 수 있다. 이 모든 것들에 대해 예호슈아 랍비는 서기들이 새로운 내용을 참가했으니 본인은 대답할 말이 없다고 말했다.

- 닻에서 주요 기능을 하는 부분은 갈고리이므로 그 부분이 남아 있다면 부정해질 수 있다.
- 쇠스랑, 풍구, 갈퀴, 머리빗은 모두 나무로 만든 도구들이다.
- 예호슈아 랍비(약 기원후 80-100)는 이런 논의가 정결함과 부정함을 결정하는 원칙을 넘어선다고 본다. 이 미쉬나가 논의의 대상으로 삼은 도구들은 나무로 만들었고 내용물을 담을 오목한 공간도 없기 때문에 부정해질 수 없으나, 도구의 일부분만 금속으로 만들었다고 해도 전체가 부정해질 수 있다고 한다면 이것은 새로운 주장이라고

지적하고 있다.

### 4, 7

낮에 씻은 자가 웅덩이에서 거제를 떼는 상황을 설명한다.

---

הַתּוֹרֵם אֶת הַבּוֹר וְאָמַר, הֲרֵי זוֹ תְרוּמָה עַל מְנָת שֶׁתַּעֲלֶה שָׁלוֹם, שָׁלוֹם
מִן הַשֶּׁבֶר וּמִן הַשְּׁפִיכָה, אֲבָל לֹא מִן הַטֻּמְאָה. רַבִּי שִׁמְעוֹן אוֹמֵר, אַף
מִן הַטֻּמְאָה. נִשְׁבְּרָה, אֵינָהּ מְדַמַּעַת. עַד הֵיכָן תִּשָּׁבֵר וְלֹא תְדַמֵּעַ. כְּדֵי
שֶׁתִּתְגַּלְגֵּל וְתַגִּיעַ לַבּוֹר. רַבִּי יוֹסֵי אוֹמֵר, אַף מִי שֶׁהָיָה בוֹ דַעַת לְהַתְנוֹת וְלֹא
הִתְנָה, נִשְׁבְּרָה, אֵינָהּ מְדַמַּעַת, מִפְּנֵי שֶׁהוּא תְנַאי בֵּית דִּין:

---

〔어떤 사람이〕 웅덩이에서 〔거제를〕 떼며, 이것이 안전하게 올라오면 거제라고 말했다면, 그는 부서졌을 때나 쏟아졌을 때는 안전하지만, 부정에 대해서는 그렇지 않다고 〔말한 것이다〕. 쉼온 랍비는 부정에 대해서도 〔그러하다고〕 말한다. 그것이 부서지면 〔거제와〕 섞인 상태가 되지 않는다. 어디에서 부서졌을 때 섞인 상태가 되지 않는가? 이것을 굴려서 웅덩이까지 도달할 수 있는 상태다.

요쎄 랍비는 어떤 사람이 조건을 밝히려고 하다가 밝히지 못했는데, 그것이 부서졌다면, 이것은 섞인 상태가 되지 않으니, 이것은 재판소에서 정한 조건이기 때문이라고 말했다.

- 낮에 씻은 자가 포도주가 들어 있는 웅덩이에서 포도주 한 통을 퍼서 거제로 떼며(예루살렘 탈무드 「트루못」 2, 1), "이것이 안전하게 올라오면 거제다"라고 말했다. 그는 이 말을 통해 병이 부서지거나 쏟아졌을 경우에 관해 조건을 설정한 것이며, 부서지거나 쏟아지면 그것이 거제가 아니므로 웅덩이 안에 있는 포도주와 섞여도 아무런 문제가 발생하지 않는다. 그러나 그의 말은 부정이 전이되는 경우에 해당되지 않으며, 퍼 올리는 동안에 부정해지면 거제물은 무효가 된다.

- 쉼온 랍비는 그의 말이 부정이 전이되는 경우에도 적용된다고 주장한다. 그가 낮에 씻은 자이므로 거제인 포도주를 무효로 만들 수 있는데, 그가 길어낸 포도주에 접촉하면 그것은 거제가 아니고 속된 음식이므로 부정이 전이되지 않는다고 주장한다. 포도주를 퍼내는 통이 부서져도 그 내용물이 거제가 아니므로, 웅덩이에 있는 포도주가 거제와 섞인 상태가 되지 않는다.
- 포도주를 길어 올린 통이 굴려서 웅덩이에 닿을 만큼 가까운 곳에서 깨졌다면 위에서 언급한 규정을 적용하지만, 먼 곳에서 깨졌다면 일단 안전하게 올라왔고 옮기는 과정에서 깨졌다고 보아야 한다.
- 요쎄 랍비는 어떤 사람이 안전하게 올라오는 조건을 밝힐 의도가 있었는데 그렇게 하지 못했어도 마치 조건을 말한 것으로 간주한다고 주장한다. 그러므로 그 포도주를 길어 올리다가 부서져도 다른 포도주가 거제와 섞인 상태가 되지 않는다. 이것은 당시 재판소에서 정한 관례적인 조건이다(「제바힘」4, 6).

ידיים

# 11

# 야다임

## 손

모든 거룩한 기록들은 손을 부정하게 만들며, 아가와 전도서도 손을 부정하게 만든다. 예후다 랍비는 아가는 손을 부정하게 만들지만 전도서에 관해서는 의견이 갈린다고 말한다. 요쎄 랍비는 전도서는 손을 부정하게 만들지 않지만 아가에 관해서는 의견이 갈린다고 말한다. …이스라엘 사람이라면 아가가 손을 부정하게 만들지 않는다는 데 이견을 제기하지 않는다. 온 세상을 다 합쳐도 아가를 이스라엘에게 주신 그날만큼 귀하지 않으며, 모든 기록들이 다 거룩하지만 아가는 거룩하고 거룩하다. _「야다임」 3, 5

# 개요

마쎄켓 「야다임」(ידים, 두 손)은 랍비들이 사람의 손이 어떤 특정한 상황에서 부정해진다고 선포했던 법규정들을 자세히 다룬다. 그러므로 사람의 손이 부정해지는 이유와 상황을 설명하는 내용과 부정해진 손을 정결하게 만드는 방법이 주요 논제가 된다. 물론 다른 주제를 논의한 미쉬나도 포함되어 있다.

## 1. 손의 부정

손의 부정(טומאת ידים, 툼앗 야다임)은 히브리 성서가 아니라 랍비들의 전통에 속한다.

히브리 성서의 원칙에 따르면, 사람과 물건은 부정의 아버지를 통해서만 부정해져서 제1차 감염자가 된다(제1차 감염자는 사람이나 물건을 부정하게 만들 수 없다). 속된 음식과 음료수는 부정의 아버지와 제1차 감염자를 통해서 부정해져서 제2차 감염자까지 내려갈 수 있다(제2차 감염자와 접촉을 해서 제3차 감염자가 되어도 정결하다고 간주한다). 거제로 바친 음식은 제2차 감염자를 통해서 부정해져서 제3차 감염자가 될 수 있고, 이 상태에서 거제로 드릴 수 없는 무효가 된다. 성물로 바친 음식은 제3차 감염자를 통해서 부정해질 수 있는 유일한 대상이며, 제4차 감염자가 된다.

이 원칙을 따르면 사람이 부정의 아버지와 접촉하면 부정해져서 제1차 감염자가 될 때 그의 몸 전체가 부정해지고, 그의 손만 따로 부정해지는 경우는 없다. 또한 사람은 부정의 아버지를 통해서만 부정해지기 때문에 제2차 감염자가 될 수 없다. 그러나 랍비들은 특별한 상황에서 어떤 사람의 몸이 정결하지만 손만 부정해질 수 있으며, 이때 부정해진 손은 제2차 감염자라고 규정한다. 손이 부정해지는 경우는 다음과 같다.

### 보통 손

'보통 손'(סתם ידים, 스탐 야다임)은 특정한 방법에 따라 손 씻기(נטילת ידים, 네틸랏 야다임)를 시행하지 않은 손을 가리킨다. 사람의 손은 하루 종일 매우 바쁘게 움직이기 때문에 그 주인이 의식하지 못하는 사이에 많은 것들과 접촉할 가능성이 있으며, 예를 들면 몸에서 땀이 많이 나는 더러운 부분을 만졌을 수도 있다. 그래서 보통 손은 제2차 감염자이며 거제와 성물을 무효로 만든다고 간주한다. 이런 제물을 다룰 때는 꼭 손을 씻고 만져야 한다.

적절한 방법으로 손 씻기를 시행했지만 충분히 주의를 기울이지 않고(היסח הדעת, 헤싹 핫다앗) 무엇을 만졌는지 기억할 수 없다면, 다시 보통 손이 된다고 간주한다. 이런 경우에는 다시 손 씻기를 시행해야 한다.

후대 랍비들은 솔로몬 왕이 이 규정을 처음 확립했고, 샴마이 학파와 힐렐 학파가 더 엄격하게 강화했다고 설명한다(바벨 탈무드 「샤밧」 14b-15b).

### 부정의 요인과 접촉한 손

어떤 사람이 보통 손과 관련된 상황에 노출되지 않았는데 그의 손으로 부정의 요인과 접촉했을 때, 그것이 사람에게 부정을 전이할 수 없는 낮은 단계의 부정함이라 하더라도 그의 손은 부정해진다. 예를 들어 어떤 사람이 제1차 감염자와 접촉하면 그의 몸은 정결하지만, 접촉한 손은 제2차 감염자가 된다는 것이다(접촉하지 않은 다른 손은 정결하다). 그러므로 그 손으로 거제나 성물과 접촉하면 무효로 만든다.

### 토라 두루마리와 접촉한 손

랍비들은 어떤 사람이 토라 두루마리를 만지면 그의 손이 부정해진다고 간주한다. 원래 파르낙 랍비는 손이 부정할지도 모르기 때문에 맨손으로 토라 두루마리를 만지지 못하도록 금지한 일이 있었는데(바벨 탈무드 「샤밧」 14a), 랍비들은 이런 상황을 막기 위해서 누구든지 맨손으로 토라 두루마리를 만지면 그의 손이 제2차 감염자로 부정해진다는 규정을 만든 것이다.

연대적으로 토라 두루마리와 접촉한 손에 관련된 규정은 '보통 손'에 관한 규정보다 앞선 것으로 추정할 수 있다. 모든 손이 제2차 감염자라는 규정이 있었다면 토라 두루마리를 접촉할 때 제2차 감염자가 된다는 규정을 만들 필요가 없을 것이기 때문이다.

### 거룩한 기록들과 접촉한 손

랍비들은 토라 이외의 다른 성서 두루마리와 접촉한 자의 손도 부정해진다고 간주한다(「야다임」 3, 5). 이것은 거룩한 기록들이 부정하다는 규정에서 파생된 주장인데, 랍비들이 제정한 '규칙 열여덟 개'에 속한다(바벨 탈무드 「샤밧」 14a).

원래 거룩한 기록과 거룩한 제물은 모두 성전 안에 있는 같은 방에 보관했는데, 음식 때문에 몰려든 쥐들이 성서 두루마리까지 손상시켰다고 한다. 그래서 랍비들이 거룩한 문서가 부정하다는 규정을 만들어냈고, 제물과 다른 방에 보관하게 되었다는 이야기도 전한다. 같은 이유로 거룩한 기록들과 접촉한 손이 부정해진다는 규정이 생겼을 것으로 추정한다.

손의 부정은 제2차 감염자이기 때문에 거제와 성물에만 영향을 미치고 속된 음식은 아무런 영향을 받지 않는다. 그러나 음료수는 예외이며, 손의 부정 때문에 부정해지는 것은 물론, 제1차 감염자가 된다(「야다임」 3, 1).

## 2. 손 씻기

손 씻기(נטילת ידים, 네틸랏 야다임)란 제의적인 목적으로 손을 씻는 행위를 가리킨다. 손 씻기 제의가 효력을 발휘하려면 물을 정해진 양 이상으로 사용해야 하고(「야다임」 1, 1), 그 물을 그릇에 담아서 써야 하며(1, 2), 사람이 이 물을 손 전체에 다 뿌릴 수 있도록 부어야 한다(1, 5). 이 물은 맑고 신선해야 하며, 이미 다른 용도로 썼던 물은 사용할 수 없다(1, 3).

### 거제를 위한 손 씻기

어떤 사람이 거제를 만질 때는 먼저 손을 씻어야 하니, 씻지 않은 보통 손은 거제를 무효로 만들기 때문이다.

제사장이 거제를 손으로 직접 만지지 않고 도구를 사용해서 먹거나 제삼자가 먹여준다고 해도, 먼저 손을 씻어야 한다. 무의식 중에 거제와 접촉할 수도 있기 때문이다

### 속된 음식을 위한 손 씻기

속된 음식은 보통 손 때문에 부정해지지 않는 것이 원칙이지만, 후대에 이 규정이 확장되어 속된 음식을 먹을 때도 손을 씻어야 한다는 전통이 생겼다. 이렇게 모든 사람이 식사하기 전에 손을 씻는 관습을 지키면, 제사장들이 거제를 먹기 전에도 당연히 손을 씻을 것이기 때문이다.

속된 음식을 위한 손 씻기는 빵과 같은 주식을 먹을 때만 요구되며, 그 외의 음식을 먹을 때는 적용하지 않는다.

후대의 랍비들은 이 관습이 청결과 위생을 위해 좋다는 이유로 권장했다.

### 음료수에 담근 음식(דבר שטבולו במשקה)

속된 음식이지만 물이나 다른 음료수(포도주, 올리브기름, 우유, 이슬, 피, 꿀)에 담근 형태라면, 이 음식을 먹기 전에 손을 씻어야 한다. 보통 손은 속된 음식인 음료수를 제1차 감염자로 만들고, 음료수가 속된 음식을 부정하게 만들 수 있기 때문이다. 보통 손 자체는 속된 음식을 부정하게 만들지 않지만, 젖은 음식에는 간접적으로 영향을 미친다는 것이다.

### 첫째 물(מים ראשונים)과 둘째 물(מים שניים)

적절한 방법으로 손 씻기 제의를 시행하면 손이 정결해지지만, 손에 남아 있는 물은 제2차 감염자와 접촉했으므로 제1차 감염자가 되었다. 그러므로 다시 한 번 물을 부어서 남은 물을 씻어내야 손이 온전히 정결해진다.

후대 랍비들 중에 둘째 물이 거제를 먹을 때만 필요하다고 주장하는 사람도 있고(람밤; 라쉬), 속된 음식을 먹을 때도 필요하다는 사람도 있다(많은 랍비들). 현대에는 제사장들이 거제를 위해 손을 씻는 상황이 없기 때문에 이 규정을 적용하지 않지만, 속된 음식을 먹기 전에 손을 씻는 관행은 여전히 지키고 있다.

## 제1장

정결법에 따라 유효하게 손을 씻기 위해서 필요한 물의 양이 얼마인지, 어떤 그릇을 사용해야 하는지, 어떤 물을 사용해야 하는지 논의한다.

### 1, 1

첫째 미쉬나는 손을 씻기 위해서 물이 얼마나 필요한지 설명한다.

---

מֵי רְבִיעִית נוֹתְנִין לַיָּדַיִם, לְאֶחָד, אַף לִשְׁנַיִם. מַחֲצִית לֹג, לִשְׁלשָׁה אוֹ לְאַרְבָּעָה. מִלֹּג, לַחֲמִשָּׁה וְלַעֲשָׂרָה וּלְמֵאָה. רַבִּי יוֹסֵי אוֹמֵר, וּבִלְבַד שֶׁלֹּא יִפְחֹת לָאַחֲרוֹן שֶׁבָּהֶם מֵרְבִיעִית. מוֹסִיפִין עַל הַשְּׁנִיִּים וְאֵין מוֹסִיפִין עַל הָרִאשׁוֹנִים:

---

물 1/4〔로그를〕 손에 부어야 하는데,[1)] 한 사람에게나 두 사람에게 〔그렇게 한다〕. 1/2로그[2)]는 세 사람이나 네 사람에게 〔부을 때 필요하다〕. 〔1〕로그 이상은 다섯 명에게 그리고 열 명에게 그리고 백 명에게 〔부을 때 필요하다〕.

요쎄 랍비는 마지막 사람을 위해 1/4〔로그보다〕 적게 남기지 않도록 해야 한다고 말한다. 두 번째 〔물에는〕 더 첨가해도 되지만 첫 번째 〔물에는〕 첨가하지 않는다.

- 손 씻기 제의를 위한 물의 최소량은 1/4 로그이며, 이 물로 두 사람이 손을 씻을 수 있다. 산술적으로 둘째 사람은 최소 분량보다 적은 양

---

1) 이 표현(נותנין לידים)을 직역하면 '물을 손에 주다'가 되는데, 하인이나 누군가가 물을 부어주면 손을 씻는 상황을 전제하고 있다(왕하 3:11).

2) 1로그(לוג)는 달걀 6개 부피라고 알려져 있으며, 전통에 따라 345-597밀리리터 정도라고 한다.

으로 손을 씻게 되겠지만, 랍비들은 두 사람을 한 집단으로 묶어서 계산한 것으로 보인다. 손 씻기를 시작할 때 1/4로그가 있으면 두 사람까지는 그 제의가 유효하다고 설명하기도 한다. 어떤 경우이든지 위생적인 이유가 아니라 제의적인 이유로 손을 씻는다는 점을 확인할 수 있다. 네 사람이 차례로 손을 씻어야 한다면 1/2로그의 물이 필요하다. 그러나 다섯 명 이상이면 백 사람이 차례로 손을 씻는다 해도 1로그면 충분하다고 주장한다.

- 요쎄 랍비는 위의 규정에 반대하며 마지막 사람이 손을 씻을 때 최소량의 물이 남아 있어야 한다고 주장했고, 그의 주장은 한 사람이 1/4로그를 사용해야 한다는 원칙을 고수한다.
- 손 씻기 제의는 양손에 각각 물을 부어야 하기 때문에 첫 번째 물 붓기와 두 번째 물 붓기로 구분할 수 있다. 만약 첫 번째 물 붓기가 관절까지 이르지 못하면 그 시점에서 물을 더 부어 씻을 수 없으며, 손 씻기 행위 자체가 무효가 된다(「야다임」 2, 3). 그러나 두 번째 물 붓기가 충분하지 못했을 때는 그 시점에서 물을 더 부어서 규정된 지점까지 씻으면 된다.

### 1, 2

어떤 그릇으로 손 씻기 제의를 시행할 수 있는지 설명한다.

---

בְּכָל הַכֵּלִים נוֹתְנִין לַיָּדַיִם, אֲפִלּוּ בִכְלֵי גְלָלִים, בִּכְלֵי אֲבָנִים, בִּכְלֵי אֲדָמָה. אֵין נוֹתְנִין לַיָּדַיִם, לֹא בְדָפְנוֹת הַכֵּלִים, וְלֹא בְשׁוּלֵי הַמַּחַץ, וְלֹא בִמְגוּפַת הֶחָבִית. וְלֹא יִתֵּן לַחֲבֵרוֹ בְחָפְנָיו, מִפְּנֵי שֶׁאֵין מְמַלְּאִין וְאֵין מְקַדְּשִׁין וְאֵין מַזִּין מֵי חַטָּאת וְאֵין נוֹתְנִים לַיָּדַיִם אֶלָּא בִכְלִי. וְאֵין מַצִּילִין בְּצָמִיד פָּתִיל אֶלָּא כֵלִים, שֶׁאֵין מַצִּילִין מִיַּד כְּלִי חֶרֶשׂ אֶלָּא כֵלִים:

---

어떤 그릇이든지 손에 〔물을〕 부을 수 있으니, 심지어 똥으로 만든 그릇, 돌로 만든 그릇, 흙으로 만든 그릇도 〔사용할 수 있다〕. 손에 〔물

을〕 부을 수 없는 〔경우는 깨진〕 그릇의 옆면으로, 그리고 〔부서진〕 국자의 테두리 면으로, 항아리의 마개로 〔물을 부을 수 없다〕. 그리고 자기 동료에게 자기 손으로 〔물을〕 부을 수 없다. 왜냐하면 속죄의 물을 채우거나 거룩하게 만들거나 뿌릴 때 그리고 손에 〔물을〕 부을 때 그릇 이외에 〔다른 것을 사용할 수〕 없기 때문이다. 그리고 그릇 이외에는 꼭 맞는 뚜껑이 〔부정으로부터〕 보호하지 않고, 그릇 이외에는 점토 그릇이 〔부정으로부터〕 보호하지 않는다.[3)]

- 손 씻기 제의를 시행할 때 가축의 똥이나 돌로 만들어서 부정해지지 않는 그릇이나 점토로 빚어서 부정해지는 그릇 중 어떤 것을 사용해도 무방하다(「켈림」 10, 1). 그러나 깨진 토기 조각이나 국자의 바닥이나 병마개는 '그릇'으로 간주하지 않으므로 사용할 수 없다(「켈림」 9, 1). 손을 모아서 물을 받은 것도 '그릇'이 아니므로 손 씻기 제의를 적절하게 시행할 수 없다.
- 첨가된 문장은 역시 '그릇'을 사용해야 유효한 제의들이다. 붉은 암소를 태워서 속죄의 물을 만들거나 사용할 때와 손 씻기 제의가 여기 해당한다(「파라」 5, 5). 또 시체가 있는 천막 안에서 꼭 맞는 뚜껑이 달린 '그릇'이 덮기 부정으로부터 내용물을 보호하며(「켈림」 10, 1), 기는 것과 같은 부정의 요인이 바깥면에서 접촉해도 '그릇' 안에 든 내용물은 부정으로부터 보호를 받는다(「켈림」 8, 3).

3) 마지막 문장은 '쉐엔'(שאין)이라는 말로 시작하지만, 문맥에 따르면 '베엔'(ואין)이 되어야 한다.

## 1, 3

셋째 미쉬나부터 손 씻기 제의에 사용하는 물에 관해 논의한다.

---

הַמַּיִם שֶׁנִּפְסְלוּ מִשְּׁתִיַּת הַבְּהֵמָה, בִּכְלִים, פְּסוּלִים. וּבְקַרְקָעוֹת, כְּשֵׁרִים. נָפַל לְתוֹכָן דְּיוֹ, קוֹמוֹס, וְקַנְקַנְתּוֹם וְנִשְׁתַּנּוּ מַרְאֵיהֶן, פְּסוּלִין. עָשָׂה בָהֶם מְלָאכָה אוֹ שֶׁשָּׁרָה בָהֶן פִּתּוֹ, פְּסוּלִין. שִׁמְעוֹן הַתִּמְנִי אוֹמֵר, אֲפִלּוּ נִתְכַּוֵּן לִשְׁרוֹת בָּזֶה וְנָפַל לַשֵּׁנִי, כְּשֵׁרִים:

---

어떤 물이 무효가 되어 가축이 마시기에도 〔적당하지 않을 때〕 그릇에 들어 있어도 〔손 씻기에〕 무효가 된다. 그러나 땅 위에 〔고여 있다면 손 씻기에〕 유효하다. 그 안에 안료, 수지, 또는 구리의 황산염이 떨어졌고 그 색깔이 변했다면 그것은 무효가 된다. 〔어떤 사람이〕 그 〔물로 어떤〕 일을 했거나 그 안에 자기 빵을 담갔다면 그것은 무효가 된다. 테만 출신 쉼온 랍비는 그가 어떤 물에 빵을 담그려 했으나 다른 물에 떨어졌다 할지라도 그것이 유효하다고 말한다.

- 가축이 마시기에도 너무 더러운 물이라면 그 물이 그릇에 들어 있어도 손 씻기 제의에 쓰기에 적당하지 않다. 그러나 땅 위에 고여 있다면 이것은 '물웅덩이'이므로 손을 담가 정결례를 시행할 수 있다.
- 어떤 약품이나 염료가 섞여서 물 색깔이 변한 경우에는 손 씻기 제의와 관련해서 무효가 된다(「미크바옷」 7, 3).
- 다른 용도로 사용했던 물은 손 씻기 제의를 위해서 사용할 수 없다. 그러나 쉼온 랍비는 의도적인 작업이 아니라 실수로 물에 무엇인가 떨어졌다면 그것은 유효하다고 말한다.

## 1, 4

---

הֵדִיחַ בָּהֶם אֶת הַכֵּלִים אוֹ שֶׁמִּחָה בָהֶם אֶת הַמִּדּוֹת, פְּסוּלִים. הֵדִיחַ בָּהֶם כֵּלִים מוּדָחִים אוֹ חֲדָשִׁים, כְּשֵׁרִים. רַבִּי יוֹסֵי פוֹסֵל בַּחֲדָשִׁים:

---

〔어떤 사람이〕 그 〔물로〕 그릇들을 닦았거나 측량기를 문질렀다면 그것은 무효가 된다. 그 안에서 〔이미〕 닦은 그릇이나 새 그릇을 닦았다면 그것은 유효하다. 요쎄 랍비는 새 〔그릇들을 닦았어도〕 무효라고 했다.

- 역시 다른 용도로 사용한 물은 손 씻기 제의를 위해서 사용할 수 없다.
- 그런데 이미 닦아서 깨끗하거나 새 그릇을 행군 물이라면 유효하다. 요쎄 랍비는 새 그릇을 씻은 물은 무효라고 했으니, 새 그릇을 쓰기 전에 씻는 것도 관례적인 일이기 때문이다.

## 1, 5

---

הַמַּיִם שֶׁהַנַּחְתּוֹם מַטְבִּיל בָּהֶם אֶת הַגְּלֻסְקִין, פְּסוּלִים. וּכְשֶׁהוּא מֵדִיחַ אֶת יָדָיו בָּהֶן, כְּשֵׁרִים. הַכֹּל כְּשֵׁרִים לִתֵּן לַיָּדַיִם, אֲפִלּוּ חֵרֵשׁ שׁוֹטֶה וְקָטָן. מַנִּיחַ חָבִית בֵּין בִּרְכָּיו וְנוֹטֵל. מַטֶּה חָבִית עַל צִדָּהּ וְנוֹטֵל. וְהַקּוֹף נוֹטֵל לַיָּדַיִם. רַבִּי יוֹסֵי פּוֹסֵל בִּשְׁנֵי אֵלּוּ:

---

제빵사가 글루스킨-빵을 담근 물은 무효가 된다. 그러나 그가 자기 손을 그 안에서 씻으면, 그것은 유효하다.

모든 사람이 손에 〔물을〕 붓는 〔일에〕 유효하니, 심지어 귀머거리, 정박아, 그리고 미성년자도 〔그러하다〕. 〔어떤 사람이〕 병을 자기 허벅지 사이에 끼고 〔물을〕 부어도, 병을 옆으로 기울여서 〔물을〕 부어도, 그리고 원숭이가 손에 〔물을〕 부어도 〔유효하다〕. 요쎄 랍비는 마지막 두 경우는 무효라고 하였다.

- 제빵사가 특별한 밀가루로 만든 빵을 물에 담갔다가 꺼낸 물은 무효가 되니, 이 빵은 물의 상태를 변화시키는 것으로 짐작할 수 있다. 그러나 그가 손을 씻고 그 물을 빵 반죽 위에 뿌리려는 경우라면, 그릇

에 남은 물이 유효하다.

- 손 씻기 제의에서 물을 붓는 사람은 누구이건 상관없고, 본인이 해도 좋으며, 심지어 원숭이가 해도 유효하다. 요쎄 랍비는 반대의견을 제시하며, 물은 사람이 부어야 한다고 주장하고 있다.

## 제2장

손을 씻고 난 물이 부정해지는지, 두 번에 걸쳐서 손을 씻는 방법, 그리고 손을 씻을 물이 유효한지 의심이 들 때에 관해 논의한다.

### 2, 1

---

נָטַל לְיָדוֹ אַחַת מִשְּׁטִיפָה אַחַת, יָדוֹ טְהוֹרָה. לִשְׁתֵּי יָדָיו מִשְּׁטִיפָה אַחַת, רַבִּי מֵאִיר מְטַמֵּא, עַד שֶׁיִּטֹּל מֵרְבִיעִית. נָפַל כִּכָּר שֶׁל תְּרוּמָה, טָהוֹר. רַבִּי יוֹסֵי מְטַמֵּא:

---

그가 그의 [한]손에 [물을] 한 번에 부었으면, 그의 손은 정결하다. 그의 두 손에 [물을] 한 번에 부었다면, 메이르 랍비는 그가 1/4[로그를] 부을 때까지는 부정하다고 했다.

거제인 빵 덩이가 [물에] 떨어졌다면, 그것은 정결하다. 요쎄 랍비는 부정하다고 했다.

- 어떤 사람이 자기의 손 하나만 씻으려고 물을 한 번만 부어서 손 씻기 제의를 행하면, 그 물의 1/4로그에 미치지 못해도 그의 손은 정결하다고 인정한다. 손 씻기 제의를 행하려고 준비할 때 그릇에 물 1/4로그가 있으면 된다(「야다임」 1, 1). 그러나 두 손을 모두 씻으려고 했다면, 정해진 양을 부어야 손 씻기 제의를 시행했다고 간주한다.

• 거제인 빵 덩이가 손을 씻은 물에 떨어졌어도, 손과 마찬가지로 물이 정결하며, 빵도 정결하다. 그러나 요쎄 랍비는 손을 씻은 물은 부정하다고 주장한다.

## 2, 2

נָטַל אֶת הָרִאשׁוֹנִים לְמָקוֹם אֶחָד, וְאֶת הַשְּׁנִיִּים לְמָקוֹם אַחֵר, וְנָפַל כִּכָּר שֶׁל תְּרוּמָה עַל הָרִאשׁוֹנִים, טָמֵא, וְעַל הַשְּׁנִיִּים, טָהוֹר. נָטַל אֶת הָרִאשׁוֹנִים וְאֶת הַשְּׁנִיִּים לְמָקוֹם אֶחָד, וְנָפַל כִּכָּר שֶׁל תְּרוּמָה, טָמֵא. נָטַל אֶת הָרִאשׁוֹנִים וְנִמְצָא עַל יָדָיו קֵיסָם אוֹ צְרוֹר, יָדָיו טְמֵאוֹת, שֶׁאֵין הַמַּיִם הָאַחֲרוֹנִים מְטַהֲרִים אֶלָּא הַמַּיִם שֶׁעַל גַּבֵּי הַיָּד. רַבָּן שִׁמְעוֹן בֶּן גַּמְלִיאֵל אוֹמֵר, כֹּל שֶׁהוּא מִבְּרִיַּת הַמַּיִם, טָהוֹר:

그가 첫째 〔물을〕 한 장소에서 붓고 둘째 〔물을〕 다른 장소에서 〔부었는데〕 거제인 빵 덩이가 첫째 〔물에〕 떨어졌다면 그것은 부정하지만, 둘째 〔물에 떨어졌다면〕 그것은 정결하다. 그가 첫째와 둘째 〔물을〕 한 장소에서 부었고 거제인 빵 덩이가 〔그 물에〕 떨어졌다면, 그것은 부정하다.

그가 첫째 〔물을〕 자기 손에 부었는데 나무 조각이나 자갈이 발견되었다면 그의 손은 부정하니 마지막 물은 손 위에 있는 물만 정결하게 만들기 때문이다. 쉼온 벤 감리엘 라반은 수중생물 중 어떤 것이 〔발견되었다면〕 그것은 정결하다고 말한다.

• 손 씻기 제의를 시행한 첫째 물과 손에 남은 물을 다시 씻은 둘째 물이 다른 장소에 떨어졌을 때, 거제인 빵 덩이가 첫째 물에 떨어지면 부정하니, 첫째 물이 분명히 그 빵을 부정하게 만들기 때문이다. 둘째 물에 떨어지면 정결하니, 정결한 물이 부정한 물을 정화시키기 때문이다.

- 첫째 물과 둘째 물이 한 장소에 떨어졌고, 그 물에 빵이 떨어졌다면 부정하니, 둘째 물은 손 위에 있는 물만 정결하게 만들지 땅에 쏟아진 물을 정결하게 만들지 못한다.
- 그가 첫째 물을 손 위에 부었는데 나무 조각이나 자갈이 발견되었다면, 그 상태에서 둘째 물을 부어도 그의 손들이 부정하다. 둘째 물은 손 위에 있는 물만 정결하게 만들고 나무나 돌 위에 있는 물을 정결하게 만들지 않으며, 이 물이 손으로 돌아가 손을 다시 부정하게 만든다고 본다. 그러나 원래 물 속에서 사는 생물이나 곤충이 발견된다면 그것은 정결하다고 본다(「미크바옷」 6, 7).

## 2, 3

הַיָּדַיִם מִטַּמְּאוֹת וּמִטַּהֲרוֹת עַד הַפֶּרֶק. כֵּיצַד. נָטַל אֶת הָרִאשׁוֹנִים עַד הַפֶּרֶק, וְאֶת הַשְּׁנִיִּים חוּץ לַפֶּרֶק, וְחָזְרוּ לַיָּד, טְהוֹרָה. נָטַל אֶת הָרִאשׁוֹנִים וְאֶת הַשְּׁנִיִּים חוּץ לַפֶּרֶק וְחָזְרוּ לַיָּד, טְמֵאָה. נָטַל אֶת הָרִאשׁוֹנִים לְיָדוֹ אַחַת וְנִמְלַךְ וְנָטַל אֶת הַשְּׁנִיִּים לִשְׁתֵּי יָדָיו, טְמֵאוֹת. נָטַל אֶת הָרִאשׁוֹנִים לִשְׁתֵּי יָדָיו וְנִמְלַךְ וְנָטַל אֶת הַשְּׁנִיִּים לְיָדוֹ אַחַת, יָדוֹ טְהוֹרָה. נָטַל לְיָדוֹ אַחַת וְשִׁפְשְׁפָהּ בַּחֲבֶרְתָּהּ, טְמֵאָה. בְּרֹאשׁוֹ אוֹ בַכֹּתֶל, טְהוֹרָה. נוֹטְלִין אַרְבָּעָה וַחֲמִשָּׁה זֶה בְצַד זֶה אוֹ זֶה עַל גַּבֵּי זֶה, וּבִלְבַד שֶׁיְּרַפּוּ שֶׁיָּבֹאוּ בָהֶם הַמָּיִם:

손들은 관절까지 부정해지고 〔또〕 정결해진다. 어떤 〔경우에 그러한가〕? 그가 첫째 〔물을〕 관절까지 부었고, 둘째 〔물을〕 관절보다 〔더〕 위로 〔부었는데, 물이〕 손으로 다시 돌아왔다면, 그것은 정결하다. 그가 첫째와 둘째 〔물을〕 관절보다 〔더〕 위로 부었고 〔물이〕 손으로 다시 돌아왔다면, 그것은 부정하다.

그가 첫째 〔물을〕 그의 한 손에 부었는데 마음이 바뀌었고 둘째 〔물을〕 그의 두 손에 부었다면, 그것은 부정하다. 그가 첫째 〔물을〕 그의 두 손에 부었는데 마음이 바뀌었고 둘째 〔물을〕 그의 한 손에 부었다면 그의 〔한〕 손이 정결해진다.

그가 그의 한 손에 〔물을〕 붓고 두 손을 비볐다면, 그것은 부정하다. 그가 자기 머리나 벽에 〔비볐다면〕, 그것은 정결하다. 네 명이나 다섯 명이 서로 옆에 〔붙여서〕 또는 아래위로 〔모아서 물을〕 부을 수 있으니, 〔손들 사이를〕 떨어뜨려서 그 사이로 물이 지나갈 수 있게 해야 한다.

- 손의 부정이 전이되거나 정결해지는 것은 '관절'까지를 경계로 삼는데, 혹자는 손가락 가운데 관절이라고 하고(「브코롯」 7, 6) 혹자는 손가락이 손바닥과 연결되는 관절이라고 설명한다.
- 물을 붓는 자리가 달라지는 경우로 (1) 첫째 물을 관절까지 부었고 둘째 물을 관절보다 더 위로 부었는데, 그 둘째 물이 관절 밑의 손으로 돌아왔을 때이다. 관절을 넘는 부분은 손의 부정과 관련이 없으므로 둘째 물이 그 너머 부분과 접촉하고 돌아와도 부정해지지 않기 때문이다. (2) 첫째와 둘째 물을 모두 관절 너머까지 부었고 모두 다시 돌아왔다면, 부정한 첫째 물이 둘째 물로 완전히 씻겨 나가지 않고 나중에 돌아왔을 가능성이 있기 때문이다.
- (3) 첫째 물로 한 손만 씻었는데 마음이 바뀌어 둘째 물로 두 손에 부었다면, 둘째 손은 물을 한 번만 부은 상태이고 그 손 위에 있는 물은 부정하다. 그러므로 그 손은 다시 손의 부정을 전이한다. (4) 첫째 물을 두 손에 부었는데 마음이 바뀌었고 둘째 물을 한 손에만 부었다면, 그 한 손만 정결해진다.
- (5) 한 손만 물로 씻은 상태에서 아직 씻지 않은 손과 비볐다면, 그 물이 부정해지고 씻은 손도 부정해진다. (6) 한 손만 물로 씻고 그것을 머리나 벽에 비볐다면, 특별한 이유가 없는 한 그 물과 손이 정결을 유지한다. (7) 손 씻기 제의는 여러 명이 한꺼번에 시행해도 무방하며, 손을 적당히 떼어서 물이 지나갈 공간만 확보하면 된다.

## 2, 4

손의 부정과 관련해서 의심스러운 상황들을 논의한다.

---

סָפֵק נַעֲשָׂה בָהֶם מְלָאכָה סָפֵק לֹא נַעֲשָׂה בָהֶם מְלָאכָה, סָפֵק יֵשׁ בָּהֶם כַּשִּׁעוּר סָפֵק שֶׁאֵין בָּהֶם כַּשִּׁעוּר, סָפֵק טְמֵאִים סָפֵק טְהוֹרִין, סְפֵקָן טָהוֹר, מִפְּנֵי שֶׁאָמְרוּ, סְפֵק הַיָּדַיִם לִטָּמֵא וּלְטַמֵּא וְלִטָּהֵר, טָהוֹר. רַבִּי יוֹסֵי אוֹמֵר, לִטָּהֵר, טָמֵא. כֵּיצַד. הָיוּ יָדָיו טְהוֹרוֹת וּלְפָנָיו שְׁנֵי כִכָּרִים טְמֵאִים, סָפֵק נָגַע סָפֵק לֹא נָגַע, הָיוּ יָדָיו טְמֵאוֹת וּלְפָנָיו שְׁנֵי כִכָּרִים טְהוֹרִים, סָפֵק נָגַע סָפֵק לֹא נָגַע. הָיוּ יָדָיו אַחַת טְמֵאָה וְאַחַת טְהוֹרָה וּלְפָנָיו שְׁנֵי כִכָּרִים טְהוֹרִים, נָגַע בְּאַחַד מֵהֶם, סָפֵק בַּטְּמֵאָה נָגַע סָפֵק בַּטְּהוֹרָה נָגַע. הָיוּ יָדָיו טְהוֹרוֹת וּלְפָנָיו שְׁנֵי כִכָּרִים, אֶחָד טָמֵא וְאֶחָד טָהוֹר, נָגַע בְּאַחַד מֵהֶן, סָפֵק בַּטָּמֵא נָגַע סָפֵק בַּטָּהוֹר נָגַע. הָיוּ יָדָיו אַחַת טְמֵאָה וְאַחַת טְהוֹרָה וּלְפָנָיו שְׁנֵי כִכָּרִים אֶחָד טָמֵא וְאֶחָד טָהוֹר, נָגַע בִּשְׁתֵּיהֶן, סָפֵק טְמֵאָה בַטָּמֵא וּטְהוֹרָה בַטָּהוֹר, אוֹ טְהוֹרָה בַטָּמֵא וּטְמֵאָה בַטָּהוֹר, הַיָּדַיִם כְּמוֹ שֶׁהָיוּ וְהַכִּכָּרִים כְּמוֹת שֶׁהָיוּ:

---

그 〔물로〕 일을 했는지 일을 하지 않았는지 의심스러울 때, 그 〔물이 적절한〕 양이 있는지 없는지 의심스러울 때, 그것이 부정한지 정결한지 의심스러울 때 〔등〕 의심이 드는 상황에서 〔그 물은〕 정결하다. 왜냐하면 그들은 손이 부정해지거나 부정하게 만들거나 정결해지는지 의심스러울 때 그것이 정결하다고 말했기 때문이다.

요쎄 랍비는 정결해지는지 〔의심스러운 경우에는〕 부정하다고 말한다. 어떤 〔경우에 그러한가〕? 그의 손들이 정결하고 그 앞에 부정한 빵 두 덩이가 있는데 그가 접촉했는지 접촉하지 않았는지 의심스러울 때, 그의 손들이 부정하고 그 앞에 정결한 빵 두 덩이가 있는데 그가 접촉했는지 접촉하지 않았는지 의심스러울 때, 그의 손 하나는 부정하고 〔다른〕 하나는 정결하며 그 앞에 정결한 빵 두 덩이가 있는데 그가 그중 하나를 접촉했고 부정한 손으로 접촉했는지 정결한 손으로 접촉했는지 의심스러울 때, 그의 손이 정결하고 그 앞에 빵 두 덩이가 있는데 하나는 부정하고 하나는 정결하며 그가 그중 하나를 접촉했는데 부정한 것을 접촉했는지 정결한 것을 접촉했는지 의심스러울 때, 그의 손 하나는 부정하고 〔다른〕 하나는 정결하며 그 앞에 빵 두 덩어리가 있고 하나는 부정하고 하나는 정결하며 빵 두 덩이를 그가 접촉했는데 부정한 손으로 부정한 빵을 접촉했는지 정결한 손으로 정결한 빵을 접촉했는지, 또는 부정한 손으로 정결한 빵을 정결한 손으로 부정한 빵을 접촉했는지 의심스러울 때, 손들은 그 전의 〔상태와〕 같고 그 빵 덩이들도 그 전의 〔상태와〕 같다.

- 손 씻는 물은 다른 용도로 사용한 물이나(「야다임」 1, 3) 1/4로그보다 적거나(1, 1) 부정할 때 무효가 된다. 그런데 이런 기준에 맞는지 여부가 의심스럽다면, 그 물은 정결하다고 간주한다. 고대 랍비들이 그렇게 가르쳤기 때문이다(「토호롯」 4, 7; 4, 11).
- 요쎄 랍비는 이 주장에 반대하며 손은 그 이전상태가 부정하다고 간주하기 때문에(「미크바옷」 2, 2) 정결해졌는지 여부가 의심스러울 때는 부정하다고 주장한다. 그 후로 요쎄 랍비의 주장에 걸맞은 예로 손과 거제인 빵 덩이 사이의 관계를 다섯 가지로 나누어 설명하는데, 전부 그 이전상태에 따라 판단하면 된다고 설명한다.

## 제3장

손만 부정해진다는 논리와 제2차 감염자와 접촉한 손이 제2차 감염자가 되는 것이 타당한지 논의한다. 그리고 성구함과 거룩한 성서 두루마리가 손을 부정하게 만들고, 특히 전도서와 아가 두루마리도 손을 부정하게 만든다고 결정한다.

## 3, 1

הַמַּכְנִיס יָדָיו לְבֵית הַמְנֻגָּע, יָדָיו תְּחִלּוֹת, דִּבְרֵי רַבִּי עֲקִיבָא. וַחֲכָמִים אוֹמְרִים, יָדָיו שְׁנִיּוֹת. כֹּל הַמְטַמֵּא בְגָדִים בִּשְׁעַת מַגָּעוֹ, מְטַמֵּא אֶת הַיָּדַיִם לִהְיוֹת תְּחִלּוֹת, דִּבְרֵי רַבִּי עֲקִיבָא. וַחֲכָמִים אוֹמְרִים, לִהְיוֹת שְׁנִיּוֹת. אָמְרוּ לוֹ לְרַבִּי עֲקִיבָא, הֵיכָן מָצִינוּ שֶׁהַיָּדַיִם תְּחִלָּה בְּכָל מָקוֹם. אָמַר לָהֶם, וְכִי הֵיאַךְ אֶפְשָׁר לָהֶן לִהְיוֹת תְּחִלָּה אֶלָּא אִם כֵּן נִטְמָא גוּפוֹ, חוּץ מִזֶּה. הָאֳכָלִין וְהַכֵּלִים שֶׁנִּטְמְאוּ בְמַשְׁקִין, מְטַמְּאִין אֶת הַיָּדַיִם לִהְיוֹת שְׁנִיּוֹת, דִּבְרֵי רַבִּי יְהוֹשֻׁעַ. וַחֲכָמִים אוֹמְרִים, אֶת שֶׁנִּטְמָא בְּאַב הַטֻּמְאָה, מְטַמֵּא אֶת הַיָּדַיִם. בִּוְלַד הַטֻּמְאָה, אֵינוֹ מְטַמֵּא אֶת הַיָּדַיִם. אָמַר רַבָּן שִׁמְעוֹן בֶּן גַּמְלִיאֵל, מַעֲשֶׂה בְאִשָּׁה אַחַת שֶׁבָּאָת לִפְנֵי אַבָּא, אָמְרָה לוֹ, נִכְנְסוּ יָדַי לַאֲוִיר כְּלִי חֶרֶשׂ. אָמַר לָהּ, בִּתִּי, וּבַמֶּה הָיְתָה טֻמְאָתָהּ, וְלֹא שָׁמַעְתִּי מָה אָמְרָה לוֹ. אָמְרוּ חֲכָמִים, מְבֹאָר הַדָּבָר. אֶת שֶׁנִּטְמָא בְּאַב הַטֻּמְאָה, מְטַמֵּא אֶת הַיָּדַיִם. בִּוְלַד הַטֻּמְאָה, אֵינוֹ מְטַמֵּא אֶת הַיָּדָיִם:

〔어떤 사람이〕 자기 손을 피부병 〔얼룩이 나타난〕 집에 넣으면, 그의 손은 제1차 감염자가 된다는 것이 아키바 랍비의 말이다. 그러나 현인들은 제2차 감염자가 된다고 말한다. 옷을 부정하게 만드는 모든 것과 〔관련하여〕 그가 접촉하면 손을 부정하게 하고 제1차 감염자로 만든다는 것이 아키바 랍비의 말이다. 그러나 현인들은 제2차 감염자가 된다고 말한다. 그들이 아키바 랍비에게 우리가 손만 제1차 감염자가 된다는 사실을 어디서 찾을 수 있냐고 물었다. 그는 그들에게 자기 몸이 부정해져야 그 〔손들이〕 제1차 감염자가 될 수 있겠지만, 이런 〔경우들은〕 예외라고 말했다.

음료수 때문에 부정해진 음식과 그릇은 손을 부정하게 하여 제2차 감염자로 만든다는 것이 예호슈아 랍비의 말이다. 그러나 현인들은 부정의 아버지 때문에 부정해진 것은 손을 부정하게 만들지만, 부정의 자식들 때문에 〔부정해진 것은〕 손을 부정하게 만들지 않는다고 말한다.

쉼온 벤 감리엘 라반[4]은 어떤 여인이 〔내〕 아버지 앞에 나왔던 일이 있었다고 말했다. 그녀는 그에게 내 손이 점토 그릇의 공간 안으로 들어갔다고 말했다. 그는 그녀에게 내 딸아 그 〔그릇이〕 무엇 때문에 부정해졌느냐고 말했다. 그러나 나는 그녀가 그에게 대답한 것을 듣지 못했다. 현인들은 이 문제가 설명되었다고 말했다. 부정의 아버지 때문에 부정해진 것은 손을 부정하게 만들지만, 부정의 자식들 때문에 〔부정해진 것은〕 손을 부정하게 만들지 않는다.

- 아키바 랍비와 현인들이 서로 동의하지 않는 경우 두 가지가 소개되어 있다. 첫째, 아키바 랍비는 손이 피부병 얼룩 때문에 부정한 집의 공기 중에 노출되면 그의 손이 제1차 감염자가 된다고 했고, 현인들은 제2차 감염자가 된다고 했다. 유출병자, 그가 눕는 자리, 월경하는 여인에 접촉하는 자는 옷을 빨아야 하는데(레 15:5-11, 21-22, 27), 아키바 랍비는 이런 부정의 요인과 접촉한 손이 제1차 감염자가 된다고 했고(「자빔」 5, 1), 현인들은 제2차 감염자가 된다고 했다.
- 현인들은 손만 제1차 감염자가 된다는 원리를 어디서 찾을 수 있느냐고 물으면서 아키바 랍비와 논쟁을 시작한다. 아키바 랍비는 원래 손으로 부정의 아버지와 접촉하면 온몸이 제1차 감염자가 되며 손만 부정해지지는 않는다고 인정한다. 그러나 위에서 언급한 두 가지 경우는 예외에 속한다. 피부병 얼룩이 나타나 부정한 집에 들어가지 않고 손만 집어넣었다면 몸은 정결하고 손만 부정해지기 때문이고(「네가임」 13, 10), 옷을 부정하게 만들 수 있는 부정의 아버지와 접촉하면 부정해지지만 사람을 부정하게 만들 수 없다고 했기 때문이다(「자빔」 5, 1). 결국 이런 경우에 몸은 정결하고 손만 제1차 감염자가 된다고 주장한다.

---

4) 사본에 따라 '감리엘 라반'이라고만 기록된 것도 있다.

- 유사한 논쟁으로 예호슈아 랍비는 부정한 음료수 때문에 부정해진 음식이나 그릇과 손의 경우를 언급한다. 부정한 음료수는 제1차 감염자이므로 그로 인해 부정해진 음식과 그릇은 제2차 감염자다(「자빔」 5, 12). 이런 음식이나 그릇을 만지면 손도 제2차 감염자가 된다는 것이 예호슈아 랍비의 주장이다. 그러나 현인들은 부정의 아버지와 접촉한 것은 제1차 감염자가 되어 손을 부정하게 하고 제2차 감염자로 만들 수 있지만, 부정의 자식과 접촉한 제2차 감염자는 손에 아무런 영향을 미치지 못한다고 주장한다.
- 쉼온 벤 감리엘 라반은 자기 부친과 관련된 사례를 소개한다. 부정한 점토 그릇의 내부 공기에 노출된 손이 부정해지는 경우인데, 결정적으로 부정의 요인이 무엇인지 듣지 못했다고 한다. 그럼에도 불구하고 현인들은 이 불분명한 이야기가 위에서 논의한 미쉬나를 설명해준다고 주장한다. 만약 그 그릇이 부정의 아버지 때문에 부정해졌다면 손이 부정해지고, 부정의 자식 때문에 부정해졌다면 손이 부정해지지 않기 때문에, 감리엘 라반이 부정의 요인이 무엇인지 물었다는 것이다.

### 3, 2

손이 제2차 감염자에 접촉하면 부정해져서 제2차 감염자가 된다는 규정이 정당한지에 관해 논의한다.

---

כֹּל הַפּוֹסֵל אֶת הַתְּרוּמָה, מְטַמֵּא אֶת הַיָּדַיִם לִהְיוֹת שְׁנִיּוֹת. הַיָּד מְטַמְּאָה אֶת חֲבֶרְתָּהּ, דִּבְרֵי רַבִּי יְהוֹשֻׁעַ. וַחֲכָמִים אוֹמְרִים, אֵין שֵׁנִי עוֹשֶׂה שֵׁנִי. אָמַר לָהֶם, וַהֲלֹא כִתְבֵי הַקֹּדֶשׁ שְׁנִיִּים מְטַמְּאִין אֶת הַיָּדַיִם. אָמְרוּ לוֹ, אֵין דָּנִין דִּבְרֵי תוֹרָה מִדִּבְרֵי סוֹפְרִים, וְלֹא דִבְרֵי סוֹפְרִים מִדִּבְרֵי תוֹרָה, וְלֹא דִבְרֵי סוֹפְרִים מִדִּבְרֵי סוֹפְרִים:

---

거제를 무효로 만드는 모든 것은 손을 부정하게 하고 제2차 감염자

로 만들며, 한 손이 〔다른〕 한 손을 부정하게 만든다는 것이 예호슈아 랍비의 말이다. 그러나 현인들은 제2차 감염자가 제2차 감염자를 만들 수는 없다고 말한다. 그는 그들에게 제2차 감염자인 거룩한 기록들이 손을 부정하게 만들지 않느냐고 말했다. 그들은 그에게 토라의 말은 서기들의 말로 논의하지 않으며, 서기들의 말은 토라의 말로 〔논의하지〕 않으며, 〔한〕 서기의 말은 〔다른〕 서기의 말로 〔논의하지〕 않는다고 말했다.

- 예호슈아 랍비는 거제가 제2차 감염자와 접촉하면 무효가 되는데(「자빔」 5, 12), 손도 제2차 감염자와 접촉하면 부정해지면서 제2차 감염자가 되고(첫째 미쉬나), 자기 두 손이 접촉하면서 부정을 전이한다고 주장한다.
- 현인들은 부정이 전이되면서 한 단계씩 그 위험성이 줄어드는 원칙을 전제하고 제2차 감염자가 제2차 감염자를 만들 수는 없다고 반대한다.
- 예호슈아 랍비는 거룩한 성서 두루마리는 제2차 감염자이며 이것과 접촉한 손이 부정해져서 제2차 감염자가 되지 않느냐고 반문한다(「자빔」 5, 12; 다섯째 미쉬나).
- 현인들은 유대법 전통 안에 있는 서로 다른 범주에 속한 규정들을 섞어서 이해하면 안 된다고 하면서, 예호슈아 랍비는 손의 부정에 관한 서기의 규정을 성서 두루마리에 관한 또 다른 서기의 규정과 연관시키는 실수를 범하고 있다고 지적한다.

## 3, 3

---

רְצוּעוֹת תְּפִלִּין עִם הַתְּפִלִּין, מְטַמְּאוֹת אֶת הַיָּדַיִם. רַבִּי שִׁמְעוֹן אוֹמֵר, רְצוּעוֹת תְּפִלִּין אֵינָן מְטַמְּאוֹת אֶת הַיָּדַיִם:

---

성구함이 달린 성구함 끈은 손을 부정하게 만든다. 쉼온 랍비는 성구함 끈은 손을 부정하게 만들지 않는다고 말한다.

- 성구함(테필린)은 토라 구절을 기록한 양피지를 넣은 상자로 기도할 때 머리와 팔에 두른다. 그러므로 거룩한 성서 두루마리가 들어 있는 것과 마찬가지이며, 손을 부정하게 만든다. 쉼온 랍비는 이 규정에 반대한다.

## 3, 4

גִּלָּיוֹן שֶׁבַּסֵּפֶר, שֶׁמִּלְמַעְלָן וְשֶׁמִּלְמַטָּן שֶׁבַּתְּחִלָּה וְשֶׁבַּסּוֹף, מְטַמְּאִין אֶת הַיָּדַיִם.
רַבִּי יְהוּדָה אוֹמֵר, שֶׁבַּסּוֹף אֵינוֹ מְטַמֵּא, עַד שֶׁיַּעֲשֶׂה לוֹ עַמּוּד:

그 문서의 여백 윗부분과 아랫부분, 시작부분과 끝부분이 손을 부정하게 만든다. 예후다 랍비는 그가 자루를 만들 때까지는 끝부분으로 부정하게 만들지 않는다고 말한다.

- 거룩한 성서 두루마리의 위나 아래 그리고 시작과 끝부분에는 아무런 글자가 기록되지 않았지만, 여전히 이곳에 접촉한 손을 부정하게 만든다.
- 예후다 랍비는 두루마리의 끝부분은 언제든지 잘라낼 수 있으므로 성서의 일부가 아니라고 보았다. 그러나 나무 기둥을 깎아서 두루마리를 감을 자루를 만들어 달면 끝부분도 더 이상 잘라낼 수 없으므로 성서의 일부가 되고, 손을 부정하게 만든다고 설명한다.

## 3, 5

이 미쉬나는 전도서와 아가 두루마리도 손을 부정하게 만드는지를 논의하고 있는데, 이 두 문서가 정경에 포함되는지 여부를 논의하고 있는 셈이다.

---

סֵפֶר שֶׁנִּמְחַק וְנִשְׁתַּיֵּר בּוֹ שְׁמוֹנִים וְחָמֵשׁ אוֹתִיּוֹת, כְּפָרָשַׁת וַיְהִי בִּנְסֹעַ הָאָרֹן, מְטַמֵּא אֶת הַיָּדַיִם. מְגִלָּה שֶׁכָּתוּב בָּהּ שְׁמוֹנִים וְחָמֵשׁ אוֹתִיּוֹת כְּפָרָשַׁת וַיְהִי בִּנְסֹעַ הָאָרֹן, מְטַמָּא אֶת הַיָּדַיִם. כָּל כִּתְבֵי הַקֹּדֶשׁ מְטַמְּאִין אֶת הַיָּדַיִם. שִׁיר הַשִּׁירִים וְקֹהֶלֶת מְטַמְּאִין אֶת הַיָּדַיִם. רַבִּי יְהוּדָה אוֹמֵר, שִׁיר הַשִּׁירִים מְטַמֵּא אֶת הַיָּדַיִם, וְקֹהֶלֶת מַחֲלֹקֶת. רַבִּי יוֹסֵי אוֹמֵר, קֹהֶלֶת אֵינוֹ מְטַמֵּא אֶת הַיָּדַיִם וְשִׁיר הַשִּׁירִים מַחֲלֹקֶת. רַבִּי שִׁמְעוֹן אוֹמֵר, קֹהֶלֶת מִקֻּלֵּי בֵית שַׁמַּאי וּמֵחֻמְרֵי בֵית הִלֵּל. אָמַר רַבִּי שִׁמְעוֹן בֶּן עַזַּאי, מְקֻבָּל אֲנִי מִפִּי שִׁבְעִים וּשְׁנַיִם זָקֵן, בַּיּוֹם שֶׁהוֹשִׁיבוּ אֶת רַבִּי אֶלְעָזָר בֶּן עֲזַרְיָה בַּיְשִׁיבָה, שֶׁשִּׁיר הַשִּׁירִים וְקֹהֶלֶת מְטַמְּאִים אֶת הַיָּדַיִם. אָמַר רַבִּי עֲקִיבָא, חַס וְשָׁלוֹם, לֹא נֶחֱלַק אָדָם מִיִּשְׂרָאֵל עַל שִׁיר הַשִּׁירִים שֶׁלֹּא תְטַמֵּא אֶת הַיָּדַיִם, שֶׁאֵין כָּל הָעוֹלָם כֻּלּוֹ כְדַאי כַּיּוֹם שֶׁנִּתַּן בּוֹ שִׁיר הַשִּׁירִים לְיִשְׂרָאֵל, שֶׁכָּל הַכְּתוּבִים קֹדֶשׁ, וְשִׁיר הַשִּׁירִים קֹדֶשׁ קָדָשִׁים. וְאִם נֶחְלְקוּ, לֹא נֶחְלְקוּ אֶלָּא עַל קֹהֶלֶת. אָמַר רַבִּי יוֹחָנָן בֶּן יְהוֹשֻׁעַ בֶּן חָמִיו שֶׁל רַבִּי עֲקִיבָא, כְּדִבְרֵי בֶן עַזַּאי, כָּךְ נֶחְלְקוּ וְכָךְ גָּמְרוּ:

---

글씨가 지워지고 "그리고 궤가 떠날 때에는"이라는 문단[5]처럼 85자가 남은 문서는 손을 부정하게 만든다. "그리고 궤가 떠날 때에는"이라는 문단처럼 85자를 쓴 두루마리도 손을 부정하게 만든다.

모든 거룩한 기록들은 손을 부정하게 만들며, 아가와 전도서도 손을 부정하게 만든다. 예후다 랍비는 아가는 손을 부정하게 만들지만 전도서에 〔관해서는 의견이〕 갈린다고 말한다. 요쎄 랍비는 전도서는 손을 부정하게 만들지 않지만 아가에 〔관해서는 의견이〕 갈린다고 말한다. 쉼온 랍비는 전도서는 샴마이 학파가 가볍게 결정한 〔경우들〕

---

5) 이 낱말(פרשה)은 토라를 적절한 분량으로 나누어서 1-3년 동안 한 번 읽을 수 있도록 만든 성서 일과에서 한 문단을 부르는 말이다. 인용하고 있는 민수기 10:35-36은 고대 자료에서 가장 짧은 토라 문단으로 알려져 있다(씨프레, 민수기 10:35; 바벨 탈무드「샤밧」116a; 아봇 데랍비 나탄, 34장).

중에 속하며 힐렐 학파가 엄정하게 결정한 〔경우들〕 중에 속한다고 말한다. 쉼온 벤 아자이 랍비는 내가 엘아자르 벤 아자르야 랍비를 위원회에 앉혔던 장로 칠십이 인의 말을 받았는데, 아가와 전도서는 손을 부정하게 만든다고 말했다. 아키바 랍비는 절대 그렇지 않다고 말했다. 이스라엘 사람이라면 아가가 손을 부정하게 만들지 않는다는데 이견을 제기하지 않는다. 온 세상을 다 〔합쳐도〕 아가를 이스라엘에게 주신 그날만큼 귀하지 않으며, 모든 기록들이 다 거룩하지만 아가는 거룩하고 거룩하다. 만약 〔의견이〕 갈린다면, 다름 아닌 전도서에 관해 갈린다. 아키바 랍비의 장인의 아들인 요하난 벤 예호슈아 랍비가 벤 웃자이의 말이라며, 그들의 〔의견이〕 갈라졌지만, 그들이 그렇게 결정했다고 했다.

- 그것이 문서이든 두루마리이든 거룩한 기록이 손을 부정하게 만들기 위해서 최소한 85자의 본문이 기록되어 있어야 한다. 이때 예로 든 성서 본문은 민수기 10:35-36이며, 어떤 전통에 따르면 토라 일과 중에서 가장 짧은 문단이라고 한다.
- 거룩한 성서 두루마리는 성전 마당에 보관한 것을 제외하고 손을 부정하게 만든다(「켈림」 15, 6; 「야다임」 4, 6). 그런데 과연 아가와 전도서도 성서의 일부로 인정하고 손을 부정하게 만드는지 여부에 관해서 랍비들 사이에 이견이 있었고, 그 논쟁의 일부가 본문에 남아 있다.
- 예후다 랍비는 아가는 문제가 없지만 전도서가 성서의 일부인지 이견이 있다고 말한다.
- 요쎄 랍비는 한 걸음 더 나가서 전도서는 아예 성서의 일부가 아니고,[6] 아가에 관해서 이견이 있다고 주장한다.
- 쉼온 랍비는 샴마이 학파가 이 두 문서가 손을 부정하게 만들지 않는

다고 가볍게 결정했고, 반대로 힐렐 학파는 손을 부정하게 만든다고 엄정하게 판단했다고 전한다(「에두욧」 5, 3).

- 쉼온 벤 아자이 랍비는 장로 72인이 야브네 학파의 수장으로 엘아자르 벤 아자르야 랍비를 임명하던 사건을 언급하면서(바벨 탈무드 「브라홋」 27b), 그들의 권위로 이 두 문서가 성서의 일부라고 주장했다.
- 아키바 랍비는 아가는 성서의 일부이지만, 전도서에 관해서는 이견이 있다고 말한다.
- 논쟁의 결과 이견이 좁혀지지 않았지만 이 두 문서가 모두 성서에 포함되는 쪽으로 결정되었다.

## 제4장

장로 72인이 엘아자르 벤 아자르야 랍비를 야브네 학파의 수장으로 임명했던 날에 결정했던 법규정들을 설명한다. 그리고 손을 부정하게 만드는 성서 두루마리를 정의하고 이 규정에 관한 논쟁들도 기록하고 있다.

### 4, 1

이 미쉬나는 발 씻는 통에 관해 논의하고 있는데, 제3장 다섯째 미쉬나에서 언급된 '그날'에 결정한 규정이라고 말한다.

---

6) 이와 관련해서 토셉타는 아가는 성령(רוח הקדש)을 따라 기록했지만 전도서는 솔로몬의 지혜를 따라 기록했기 때문이라고 설명한다(「야다임」 2, 6).

בּוֹ בַּיּוֹם נִמְנוּ וְגָמְרוּ עַל עֲרֵבַת הָרַגְלַיִם, שֶׁהִיא מִשְּׁנֵי לֻגִּין וְעַד תִּשְׁעָה קַבִּין שֶׁנִּסְדְּקָה, שֶׁהִיא טְמֵאָה מִדְרָס. שֶׁרַבִּי עֲקִיבָא אוֹמֵר, עֲרֵבַת הָרַגְלַיִם כִּשְׁמָהּ:

바로 그날 그들이 수를 세었고 발을 〔씻는〕 통에 관하여 결정했으니, 이것이 2로그부터 9카브[7]까지이고 금이 갔을 때 이것이 얹기 부정 때문에 부정해진다. 아키바 랍비는 발을 〔씻는〕 통은 그 이름에 〔근거하여 결정한다고〕 말한다.

- 장로 72인이 엘아자르 벤 아자르야 랍비를 야브네 학파의 수장으로 임명했던 그날에(「야다임」 3, 5; 「쏘타」 5, 2-5) 랍비들은 논쟁을 벌이다가 서로 합의에 이르지 못해 투표를 했고, 다수의 의견에 따라 법규정을 결정했다. 발을 씻는 통이 2로그에서 9카브 정도의 크기이고 금이 가서 물을 담을 수 없는 상황이지만 얹기 부정 때문에 부정해질 수 있다는 것이 결정사항이다. 유출병자가 기대거나 앉을 수 있기 때문이다(「켈림」 20, 2). 아키바 랍비는 이 통이 정해진 크기를 넘는다 할지라도 일단 '발 씻는 통'이라는 이름으로 불렀다면 그것은 앉을 수 있는 것이므로 같은 규정을 적용한다고 주장한다.

## 4, 2

역시 '그날'에 결정된 미쉬나이며, 희생제물을 다른 이름으로 드린 경우를 설명한다.

בּוֹ בַּיּוֹם אָמְרוּ, כָּל הַזְּבָחִים שֶׁנִּזְבְּחוּ שֶׁלֹּא לִשְׁמָן, כְּשֵׁרִים, אֶלָּא שֶׁלֹּא עָלוּ לַבְּעָלִים לְשׁוּם חוֹבָה, חוּץ מִן הַפֶּסַח וּמִן הַחַטָּאת. הַפֶּסַח בִּזְמַנּוֹ, וְהַחַטָּאת בְּכָל זְמַן. רַבִּי אֱלִיעֶזֶר אוֹמֵר, אַף הָאָשָׁם. הַפֶּסַח בִּזְמַנּוֹ, וְהַחַטָּאת וְהָאָשָׁם בְּכָל זְמַן. אָמַר רַבִּי שִׁמְעוֹן בֶּן עַזַּאי, מְקֻבְּלַנִי מִפִּי שִׁבְעִים וּשְׁנַיִם זָקֵן, בַּיּוֹם

7) 1카브는 4로그다.

שֶׁהוֹשִׁיבוּ אֶת רַבִּי אֶלְעָזָר בֶּן עֲזַרְיָה בַּיְשִׁיבָה, שֶׁכָּל הַזְּבָחִים הַנֶּאֱכָלִין שֶׁנִּזְבְּחוּ שֶׁלֹּא לִשְׁמָן, כְּשֵׁרִים, אֶלָּא שֶׁלֹּא עָלוּ לַבְּעָלִים לְשֵׁם חוֹבָה, חוּץ מִן הַפֶּסַח וּמִן הַחַטָּאת. לֹא הוֹסִיף בֶּן עַזַּאי אֶלָּא הָעוֹלָה, וְלֹא הוֹדוּ לוֹ חֲכָמִים:

---

바로 그날 그들이 자기 이름과 다르게 희생된 희생제물은 모두 유효하지만, 그 주인들은 자기 책임을 〔완수한 것으로〕 인정하지 않는다고 말했다. 다만 유월절과 속죄제와 〔관련해서는〕 예외다. 유월절 〔제물은〕 그 〔정해진〕 시기에, 그리고 속죄제는 언제든지 〔그러하다〕. 엘리에제르 랍비는 속건제도 역시 〔그렇다고〕 말한다. 유월절 〔제물은〕 그 〔정해진〕 시기에 그리고 속죄제와 속건제는 언제든지 〔그러하다〕.

쉼온 벤 아자이 랍비는 내가 엘아자르 벤 아자르야 랍비를 위원회에 앉혔던 장로 72인의 말을 받았는데, 자기 이름과 다르게 희생되었고 〔이미〕 먹어버린 희생제물은 모두 유효하지만, 그 주인들은 자기 책임을 〔완수한 것으로〕 인정하지 않는다고 말했다. 유월절 〔제물과〕 속죄제는 예외다. 벤 아자이는 번제 이외에는 〔다른 제사를〕 첨가하지 않았지만, 현인들은 그에게 동의하지 않았다.

- 이 미쉬나는 「제바힘」 1, 1에 기록되어 있다. 이곳에 다시 기록한 이유는 '그날'에 결정된 법규정들을 한곳에 모으려는 의도 때문이다. 그날 결정되었다고 전해지는 법규정의 내용은 희생제물을 실수로 원래 제사가 아닌 다른 제사로 드렸다고 해도, 그 제물의 피를 제단 주위에 쏟고 적절한 부위를 제물로 태우고 또 적절한 부위를 먹을 수 있으며, 제사장들이 부정해지지 않는다. 다만 어떤 제의적 의무 때문에 그 제물을 바친 자는 자기 의무를 완수한 것으로 볼 수 없으며, 다른 제물을 바쳐야 한다. 그러나 유월절과 속죄제 제물을 다른 이름으로 드렸다면, 유월절 제물은 니싼월 14일에 그리고 속죄제는

언제든 그 제물을 드렸을 때 그것이 무효가 된다. 엘리에제르 랍비는 속건제도 그러하다고 의견을 제시한다.

- 쉼온 벤 아자이 랍비가 같은 원리를 야브네의 장로들의 이름으로 말한 미쉬나는 「제바힘」 1, 3에 기록되어 있다. 벤 아자이는 번제도 다른 이름으로 드리면 무효가 된다고 첨언했지만, 다른 현인들은 그의 의견에 동의하지 않았다.

4, 3

이 미쉬나도 '그날'에 결정되었으며, 안식년에 암몬과 모압 땅에서 거둔 곡식에서 십일조를 드려야 하는지 논의한다.

---

בּוֹ בַיּוֹם אָמְרוּ, עַמּוֹן וּמוֹאָב, מַה הֵן בַּשְּׁבִיעִית. גָּזַר רַבִּי טַרְפוֹן, מַעְשַׂר עָנִי. וְגָזַר רַבִּי אֶלְעָזָר בֶּן עֲזַרְיָה, מַעֲשֵׂר שֵׁנִי. אָמַר רַבִּי יִשְׁמָעֵאל, אֶלְעָזָר בֶּן עֲזַרְיָה, עָלֶיךָ רְאָיָה לְלַמֵּד, שֶׁאַתָּה מַחְמִיר, שֶׁכָּל הַמַּחְמִיר, עָלָיו רְאָיָה לְלַמֵּד. אָמַר לוֹ רַבִּי אֶלְעָזָר בֶּן עֲזַרְיָה, יִשְׁמָעֵאל אָחִי, אֲנִי לֹא שִׁנֵּיתִי מִסֵּדֶר הַשָּׁנִים, טַרְפוֹן אָחִי שִׁנָּה, וְעָלָיו רְאָיָה לְלַמֵּד. הֵשִׁיב רַבִּי טַרְפוֹן, מִצְרַיִם חוּץ לָאָרֶץ, עַמּוֹן וּמוֹאָב חוּץ לָאָרֶץ, מַה מִּצְרַיִם מַעְשַׂר עָנִי בַּשְּׁבִיעִית, אַף עַמּוֹן וּמוֹאָב מַעְשַׂר עָנִי בַּשְּׁבִיעִית. הֵשִׁיב רַבִּי אֶלְעָזָר בֶּן עֲזַרְיָה, בָּבֶל חוּץ לָאָרֶץ, עַמּוֹן וּמוֹאָב חוּץ לָאָרֶץ, מַה בָּבֶל מַעֲשֵׂר שֵׁנִי בַּשְּׁבִיעִית, אַף עַמּוֹן וּמוֹאָב מַעֲשֵׂר שֵׁנִי בַּשְּׁבִיעִית. אָמַר רַבִּי טַרְפוֹן, מִצְרַיִם שֶׁהִיא קְרוֹבָה, עֲשָׂאוּהָ מַעְשַׂר עָנִי, שֶׁיִּהְיוּ עֲנִיֵּי יִשְׂרָאֵל נִסְמָכִים עָלֶיהָ בַּשְּׁבִיעִית, אַף עַמּוֹן וּמוֹאָב, שֶׁהֵם קְרוֹבִים, נַעֲשִׂים מַעְשַׂר עָנִי, שֶׁיִּהְיוּ עֲנִיֵּי יִשְׂרָאֵל נִסְמָכִים עֲלֵיהֶם בַּשְּׁבִיעִית. אָמַר לוֹ רַבִּי אֶלְעָזָר בֶּן עֲזַרְיָה, הֲרֵי אַתָּה כִמְהַנָּן מָמוֹן, וְאֵין אַתָּה אֶלָּא כְמַפְסִיד נְפָשׁוֹת. קוֹבֵעַ אַתָּה אֶת הַשָּׁמַיִם מִלְּהוֹרִיד טַל וּמָטָר, שֶׁנֶּאֱמַר, הֲיִקְבַּע אָדָם אֱלֹהִים כִּי אַתֶּם קֹבְעִים אֹתִי וַאֲמַרְתֶּם בַּמֶּה קְבַעֲנוּךָ הַמַּעֲשֵׂר וְהַתְּרוּמָה. אָמַר רַבִּי יְהוֹשֻׁעַ, הֲרֵינִי כְמֵשִׁיב עַל טַרְפוֹן אָחִי, אֲבָל לֹא לְעִנְיַן דְּבָרָיו. מִצְרַיִם מַעֲשֶׂה חָדָשׁ, וּבָבֶל מַעֲשֶׂה יָשָׁן, וְהַנִּדּוֹן שֶׁלְּפָנֵינוּ מַעֲשֶׂה חָדָשׁ. יִדּוֹן מַעֲשֶׂה חָדָשׁ מִמַּעֲשֶׂה חָדָשׁ, וְאַל יִדּוֹן מַעֲשֶׂה חָדָשׁ מִמַּעֲשֶׂה יָשָׁן. מִצְרַיִם מַעֲשֵׂה זְקֵנִים, וּבָבֶל מַעֲשֵׂה נְבִיאִים, וְהַנִּדּוֹן שֶׁלְּפָנֵינוּ מַעֲשֵׂה זְקֵנִים. יִדּוֹן מַעֲשֵׂה זְקֵנִים מִמַּעֲשֵׂה זְקֵנִים, וְאַל יִדּוֹן מַעֲשֵׂה זְקֵנִים מִמַּעֲשֵׂה

נְבִיאִים. נִמְנוּ וְגָמְרוּ, עַמּוֹן וּמוֹאָב מְעַשְּׂרִין מַעְשַׂר עָנִי בַּשְּׁבִיעִית. וּכְשֶׁבָּא רַבִּי יוֹסֵי בֶּן דֻּרְמַסְקִית אֵצֶל רַבִּי אֱלִיעֶזֶר בְּלוֹד, אָמַר לוֹ, מַה חִדּוּשׁ הָיָה לָכֶם בְּבֵית הַמִּדְרָשׁ הַיּוֹם. אָמַר לוֹ, נִמְנוּ וְגָמְרוּ, עַמּוֹן וּמוֹאָב מְעַשְּׂרִים מַעְשַׂר עָנִי בַּשְּׁבִיעִית. בָּכָה רַבִּי אֱלִיעֶזֶר וְאָמַר, סוֹד ה' לִירֵאָיו וּבְרִיתוֹ לְהוֹדִיעָם. צֵא וֶאֱמֹר לָהֶם, אַל תָּחוּשׁוּ לְמִנְיַנְכֶם. מְקֻבָּל אֲנִי מֵרַבָּן יוֹחָנָן בֶּן זַכַּאי, שֶׁשָּׁמַע מֵרַבּוֹ, וְרַבּוֹ מֵרַבּוֹ עַד הֲלָכָה לְמשֶׁה מִסִּינַי, שֶׁעַמּוֹן וּמוֹאָב מְעַשְּׂרִין מַעְשַׂר עָנִי בַּשְּׁבִיעִית:

---

바로 그날 그들이 암몬과 모압 땅에서 일곱째 해에 〔적용할 규정이〕 무엇이냐고 말했다. 타르폰 랍비는 가난한 자를 위한 십일조라고 선포했고, 엘아자르 벤 아자르야 랍비는 둘째 십일조라고 선포했다.

이쉬마엘 랍비가 말했다. 엘아자르 벤 아자르야, 당신이 〔더〕 엄정하게 결정했으니 증거를 제시해야 한다. 언제나 엄정하게 결정하는 자가 증거를 제시해야 하기 때문이다. 엘아자르 벤 아자르야 랍비가 그에게 말했다. 나의 형제 이쉬마엘, 나는 해들의 순서를 바꾸지 않았으며, 내 형제 타르폰이 바꾸었으니, 그가 증거를 제시해야 한다. 타르폰 랍비가 대답했다. 이집트는 〔이스라엘〕 땅 바깥에 있고, 암몬과 모압도 이 땅 바깥에 있다. 이집트가 일곱째 해에 가난한 자를 위한 십일조를 〔바쳐야〕 하는 것처럼, 암몬과 모압도 일곱째 해에 가난한 자를 위한 십일조를 〔바쳐야〕 한다. 엘아자르 벤 아자르야 랍비가 대답했다. 바벨은 〔이스라엘〕 땅 바깥에 있고, 암몬과 모압도 이 땅 바깥에 있다. 바벨이 일곱째 해에 둘째 십일조를 〔바쳐야〕 하는 것처럼, 암몬과 모압도 일곱째 해에 둘째 십일조를 〔바쳐야〕 한다. 타르폰 랍비가 말했다. 이집트는 가깝기 때문에 그들이 가난한 자를 위한 십일조를 부과했으니, 이스라엘의 가난한 자들이 일곱째 해에 그곳에 의지하기 위해서다. 암몬과 모압도 가깝기 때문에 가난한 자를 위한 십일조를 내게 되었고, 이스라엘의 가난한 자들이 일곱째 해에 그들에게 의지하기 위해서다. 엘아자르 벤 아자르야 랍비가 그에게 말했다. 당신은

〔가난한 자들의〕 이득을 기뻐하는 자 같지만, 당신은 〔그들의〕 목숨을 잃게 만드는 자에 불과하다. 당신은 하늘이 이슬과 비를 내리지 못하도록 막기 때문이니, "사람이 신을 막겠는가? 너희는 나를 막으면서 우리가 무엇으로 당신을 막았느냐고 말한다. 십일조와 거제가 그것이다"라고 기록했다. 예호슈아 랍비가 말했다. 나는 내 형제 타르폰을 위해서 대답하는 자 같지만, 그가 한 말에 관해 〔말하려는 것은〕 아니다. 이집트에 〔관한 규정은〕 새로운 규정이고, 바벨에 〔관한 규정은〕 오래된 규정이며, 우리가 다루는 것은 새로운 규정이다. 〔누구든지〕 새로운 규정을 논할 때는 새로운 규정으로 해야 하며, 새로운 규정을 오래된 규정으로 논하면 안 된다. 이집트에 〔관한 규정은〕 장로들의 규정이고, 바벨에 〔관한 규정은〕 예언자들의 규정이며, 우리가 다루는 것은 장로들의 규정이다. 〔누구든지〕 장로들의 규정을 논할 때는 장로들의 규정으로 해야 하며, 장로들의 규정을 예언자들의 규정으로 논하면 안 된다. 그들이 수를 세었고 암몬과 모압은 일곱째 해에 가난한 자를 위한 십일조를 부과하기로 결정했다.

그런데 요쎄 벤 두르마스킷 랍비가 엘리에제르 랍비가 사는 로드에 찾아왔을 때 그에게 말했다. 당신들은 오늘 학교에서 무슨 새로운 〔결정을〕 했는가? 그가 그에게 우리가 수를 세었고 암몬과 모압은 일곱째 해에 가난한 자를 위한 십일조를 부과하기로 결정했다고 말했다. 엘리에제르 랍비가 울면서 말했다. "주님의 모임은 그를 두려워하는 자들과 함께 있고 그의 계약을 그들에게 알려주신다"고 〔기록했으니〕 가서 그들에게 말하라. 당신들이 수를 센 것을 걱정하지 마라. 나는 요하난 벤 자카이 라반으로부터 〔이 말을〕 받았고, 그는 자기 선생에게 들었으며, 그의 선생은 그의 선생으로부터 시내산에 〔올랐던〕 모세까지 올라가니, 암몬과 모압은 일곱째 해에 가난한 자를 위한 십일조를 부과해야 한다.

- 이 미쉬나는 같은 날에(「야다임」 3, 5) 타르폰 랍비와 엘아자르 벤 아자르야 랍비가 벌인 논쟁과 그들이 결정한 내용을 자세히 전하고 있다. 논쟁의 주제는 일곱째 해에 암몬과 모압 족속들의 땅에서 어떤 십일조를 거두느냐 하는 문제였다.
- 사실 십일조는 이스라엘 땅에 부과하며, 첫째 십일조는 해마다 떼어서 레위인들에게 준다. 둘째 십일조는 예루살렘에 가지고 가서 주인과 이웃이 함께 먹으며, 제1, 2, 4, 5년에 뗀다. 가난한 자를 위한 십일조는 말 그대로 가난한 이웃에게 주며, 제3, 6년에 뗀다. 그러나 일곱째 해에 자연스럽게 자란 곡식이나 열매는 주인이 없기 때문에 십일조를 떼지 않는다. 그런데 랍비들은 암몬과 모압 족속들의 땅이 이스라엘 땅 바깥이지만 이스라엘과 매우 가깝기 때문에 안식년법을 적용할 수 없다 하더라도 적절한 거제와 십일조를 떼어야 한다고 주장한다(「마아쎄르 쉐니」). 그리고 이 미쉬나에서 일곱째 해에는 어떤 십일조를 부과해야 하는지를 놓고 논쟁을 벌이는 것이다.
- 타르폰 랍비는 가난한 자를 위한 십일조를, 엘아자르 랍비는 둘째 십일조를 즉 주인이 자원해서 이웃과 나누는 제물을 부과해야 한다고 주장한다.
- 사회자 역할을 맡은 이쉬마엘 랍비는 가난한 자를 위한 십일조는 일반 제물이며, 둘째 십일조는 성물이기 때문에 더 엄정한 규칙을 주장하는 엘아자르 랍비가 주장을 증명할 의무가 있다고 말한다.
- 엘아자르 랍비는 둘째 십일조를 두 번 부과하고 가난한 자를 위한 십일조를 한 번 부과하는 것이 안식년 주기의 규칙이고, 여섯째 해에 가난한 자를 위한 십일조를 부과했기 때문에 일곱째 해에는 둘째 십일조를 부과하는 것이 옳다고 주장한다. 본인은 안식년 주기를 따랐을 뿐이고 타르폰 랍비가 주기를 바꾸려 하기 때문에 그가 자기 주장을 증명해야 한다고 의무를 떠넘긴다.

- 타르폰 랍비는 암몬과 모압을 이집트에 비교하며, 고대 랍비들이 일곱째 해에 이집트는 가난한 자를 위한 십일조를 내게 했다면서 암몬과 모압도 같은 예를 따라야 한다고 주장했다. 그 당시 이집트에 거주하는 유대인들이 많기 때문에 이런 결정을 내렸을 것으로 추정할 수 있다.
- 엘아자르 랍비는 바벨은 일곱째 해에 둘째 십일조를 낸다며, 암몬과 모압을 외국 땅과 비교한다면 바벨의 예를 따라야 한다고 반박한다.
- 타르폰 랍비는 이집트와 암몬과 모압은 모두 이스라엘 땅에서 가깝기 때문에 이스라엘의 가난한 자들이 도움을 받을 수 있다고 주장한다. 이 말에서 고대 랍비들의 결정은 가난한 자들을 도우려고 법규정을 수정하는 일을 무릅쓰고 있음을 드러낸다.
- 엘아자르 랍비는 가난한 자를 위한 십일조를 거두 것이 그들에게 이득이 되는 것 같지만, 사실은 그들의 목숨을 앗아가는 행위라고 심각한 고발을 한다. 그는 말라기 3:8-10을 인용하면서, 인위적으로 가난한 자들을 도우려고 안식일 주기를 어기면 신께서 이슬과 비를 주시지 않을 것이며, 결국 더 큰 재앙이 될 것이라고 주장한다(바벨 탈무드 「샤밧」 32b).
- 타르폰 랍비가 답을 하지 못하고 대신 예호슈아 랍비가 나서서 그를 돕는데, 새로운 논리를 제시한다. 이집트에 가난한 자를 위한 십일조를 부과한 것은 제2 성전 시대 장로들이 결정한 사항이라 새로운 규정이지만, 바벨에 둘째 십일조를 부과한 것은 예언자들이 결정한 오래된 규정이다. 암몬과 모압에 관련된 규정은 이제 새롭게 결정하는 일이니 새로운 규정을 따라야 한다는 것이다.
- 결국 랍비들은 합의에 이르지 못하여 다수의 의견을 따르기로 했고, 타르폰 랍비와 예호슈아 랍비의 주장에 따라 가난한 자를 위한 십일조를 부과하기로 했다.

- 그 후 이 모임에 참석했던 요쎄 랍비가 엘리에제르 랍비를 만나러 갔다가 이 소식을 전한다. 그리고 엘리에제르 랍비는 시편 25:14을 인용하면서 랍비들이 다수결로 정한 규정이 옳다면서, 사실 이 규정이 토라에 기록되어 있지 않지만 시내산에 모세가 전수받은 구전 토라에는 들어 있었고 그 후에 스승에서 제자로 전해져 내려온 것이라고 말해준다.

### 4, 4

'그날'에 결정된 사항으로 암몬 사람 개종자에 관해 설명한다.

---

בּוֹ בַיּוֹם בָּא יְהוּדָה, גֵּר עַמּוֹנִי, וְעָמַד לִפְנֵיהֶן בְּבֵית הַמִּדְרָשׁ. אָמַר לָהֶם, מָה אֲנִי לָבֹא בַקָּהָל. אָמַר לוֹ רַבָּן גַּמְלִיאֵל, אָסוּר אָתָּה. אָמַר לוֹ רַבִּי יְהוֹשֻׁעַ, מֻתָּר אָתָּה. אָמַר לוֹ רַבָּן גַּמְלִיאֵל, הַכָּתוּב אוֹמֵר, לֹא יָבֹא עַמּוֹנִי וּמוֹאָבִי בִּקְהַל ה' גַּם דּוֹר עֲשִׂירִי וְגוֹ'. אָמַר לוֹ רַבִּי יְהוֹשֻׁעַ, וְכִי עַמּוֹנִים וּמוֹאָבִים בִּמְקוֹמָן הֵן. כְּבָר עָלָה סַנְחֵרִיב מֶלֶךְ אַשּׁוּר וּבִלְבֵּל אֶת כָּל הָאֻמּוֹת, שֶׁנֶּאֱמַר, וְאָסִיר גְּבוּלֹת עַמִּים וַעֲתוּדוֹתֵיהֶם שׁוֹשֵׂתִי וְאוֹרִיד כַּאבִּיר יוֹשְׁבִים. אָמַר לוֹ רַבָּן גַּמְלִיאֵל, הַכָּתוּב אוֹמֵר וְאַחֲרֵי כֵן אָשִׁיב אֶת שְׁבוּת בְּנֵי עַמּוֹן, וּכְבָר חָזְרוּ. אָמַר לוֹ רַבִּי יְהוֹשֻׁעַ, הַכָּתוּב אוֹמֵר, וְשַׁבְתִּי אֶת שְׁבוּת עַמִּי יִשְׂרָאֵל וִיהוּדָה, וַעֲדַיִן לֹא שָׁבוּ. הִתִּירוּהוּ לָבֹא בַקָּהָל:

---

바로 그날에 암몬인 체류자가 유다에 왔고, 성전에서 그들 앞에 섰다. 그는 그들에게 내가 〔이스라엘〕 회중에 들어가려면 무엇을 〔해야 하겠느냐고〕 말했다. 감리엘 라반이 그에게 당신은 〔회중에 드는 것이〕 금지되어 있다고 말했다. 예호슈아 랍비는 그에게 당신은 〔회중에 드는 것이〕 허락되어 있다고 말했다. 감리엘 라반은 기록된 〔성서가〕 "암몬인과 모압인은 주님의 회중에 들지 못하리니 십대가 〔지나도 그러하다〕" 했다고 말한다. 예호슈아 랍비는 그에게 암몬인들과 모압인들이 그들의 자리에 〔거주하고〕 있느냐고 물었다. 이미 앗슈르 왕 싼헤립이 올라왔고 모든 민족들을 섞어버렸으니, 이것은 "내가 민

족들의 경계선을 걷어치웠고 그들의 재물을 약탈했으며 또 용감한 자처럼 위에 안주한 자들을 낮추었으며"라 한 것과 같다고 말했다. 감리엘 라반이 그에게 기록된 〔성서가〕 "그 후에 내가 암몬 자손들 중 잡혀간 자들을 돌아오게 하리라"라고 말하고 있으니, 그들이 이미 돌아온 것이라고 말했다. 예호슈아 랍비는 그에게 기록된 〔성서가〕 "내가 내 백성 이스라엘과 유다의 잡혀간 자들을 돌아오게 하겠다"고 말하지만, 아직 그들이 돌아오지 않았다고 말했다. 그들이 그가 회중에 들도록 허락했다.

- 이 미쉬나의 주제는 암몬 사람이 개종을 하면 이스라엘 회중에 들어올 수 있는지 여부다. 감리엘 라반은 부정적으로 예호슈아 랍비는 긍정적으로 대답하는데, 이 두 랍비 사이에 논쟁이 벌어진다.
- 감리엘 라반은 신명기 23:4을 인용하면서, 암몬 사람은 이스라엘 공동체의 일원이 될 수 없다고 주장한다. 그러나 예호슈아 랍비는 이사야 10:13을 인용하면서, 이미 암몬이나 모압의 경계가 허물어졌고 그 지역 거주자라고 부를 수 있는 사람들은 없다고 주장한다. 감리엘 라반은 다시 예레미야 49:6의 예언을 인용하면서 그들이 다시 돌아와서 고향에 정착했다고 주장한다. 그러나 예호슈아 랍비는 아모스 9:14의 예언이 이스라엘과 유다의 귀환을 내다보았지만 그들이 돌아오지 않았다면서, 성취되지 않은 예언임을 지적한다. 결국 암몬인 개종자를 받아들였다는 사실은 예호슈아 랍비의 논증이 지지를 얻었다는 말인데, 랍비들이 에스라와 느헤미야 시대 이후에도 이스라엘과 유다 백성이 귀환하지 않았다고 간주했음을 알 수 있다.

**4, 5**

다시 거룩한 성서 두루마리와 관련된 주제로 돌아간다.

תַּרְגּוּם שֶׁבְּעֶזְרָא וְשֶׁבְּדָנִיֵּאל, מְטַמֵּא אֶת הַיָּדַיִם. תַּרְגּוּם שֶׁכְּתָבוֹ עִבְרִית
וְעִבְרִית שֶׁכְּתָבוֹ תַּרְגּוּם, וּכְתָב עִבְרִי, אֵינוֹ מְטַמֵּא אֶת הַיָּדַיִם. לְעוֹלָם אֵינוֹ
מְטַמֵּא, עַד שֶׁיִּכְתְּבֶנּוּ אַשּׁוּרִית, עַל הָעוֹר, וּבִדְיוֹ:

에스라서와 다니엘서 안에 있는 〔아람어〕 번역은 손을 부정하게 만든다. 〔아람어〕 번역을 히브리어 자체로 쓰거나, 히브리어를 〔아람어〕 번역 자체로 쓰거나, 〔고대〕 히브리어 자체로 썼다면, 그것은 손을 부정하게 만들지 않는다. 앗슈르 자체로 양피지 위에 잉크로 쓰기까지는 전혀 부정하게 만들지 않는다.

- 에스라서와 다니엘서 안에는 아람어로 기록된 부분이 있는데(에스라 4:7-6:18; 7:12-26; 다니엘 2:1-7:28), 아람어로 썼어도 다른 부분과 마찬가지로 손을 부정하게 만든다. 그러나 아람어 본문을 히브리어 자체로 쓰거나, 히브리어 본문을 아람어 자체로 쓰거나, 고대 히브리어 자체로 썼다면, 그것은 손을 부정하게 만들지 않는다.
- 전통에 따르면 성경은 에스라가 아람어를 주로 기록하는 앗슈르 자체로 옮겨 썼는데(바벨 탈무드 「산헤드린」 21b), 이런 앗슈르 자체로 양피지 위에 잉크로 쓰는 경우에만 손을 부정하게 만든다.

### 4, 6
사두개인과 바리새인 사이의 논쟁에 관해 논의한다.[8)]

אוֹמְרִים צְדוֹקִים, קוֹבְלִין אָנוּ עֲלֵיכֶם, פְּרוּשִׁים, שֶׁאַתֶּם אוֹמְרִים, כִּתְבֵי
הַקֹּדֶשׁ מְטַמְּאִין אֶת הַיָּדַיִם, וְסִפְרֵי הוֹמֵרִיס אֵינוֹ מְטַמֵּא אֶת הַיָּדַיִם. אָמַר
רַבָּן יוֹחָנָן בֶּן זַכַּאי, וְכִי אֵין לָנוּ עַל הַפְּרוּשִׁים אֶלָּא זוֹ בִּלְבָד. הֲרֵי הֵם אוֹמְרִים,

8) 쿰란에서 발견된 법문서(The Halakhic Letter)와 유사한 내용이 있어서 주목을 받고 있다.

עַצְמוֹת חֲמוֹר טְהוֹרִים וְעַצְמוֹת יוֹחָנָן כֹּהֵן גָּדוֹל טְמֵאִים. אָמְרוּ לוֹ, לְפִי חִבָּתָן הִיא טֻמְאָתָן, שֶׁלֹּא יַעֲשֶׂה אָדָם עַצְמוֹת אָבִיו וְאִמּוֹ תַּרְוָדוֹת. אָמַר לָהֶם, אַף כִּתְבֵי הַקֹּדֶשׁ לְפִי חִבָּתָן הִיא טֻמְאָתָן, וְסִפְרֵי הוֹמֵרִיס, שֶׁאֵינָן חֲבִיבִין, אֵינָן מְטַמְּאִין אֶת הַיָּדָיִם:

---

사두개인들이 우리는 당신들 바리새인들에게 〔강력하게〕 항의한다고 말한다. 왜냐하면 당신들은 거룩한 〔성서〕 기록이 손을 부정하게 만들지만 호메로스의 책들은 손을 부정하게 만들지 않는다고 말하기 때문이다.

요하난 벤 자카이 라반은, 우리가 바리새인들에 대해 〔지적할 것이〕 이것 말고는 없냐고 말했다. 사실 그들은 당나귀[9] 뼈들은 정결하지만 요하난 대제사장의 뼈는 부정하다고 말한다. 그들이 그에게, 그것을 〔향한〕 애정이 그 부정과 〔관련되니〕, 사람이 자기 아버지나 어머니의 뼈로 숟가락을 만들지 않아야 한다고 말했다. 그가 그들에게, 거룩한 〔성서〕 기록들도 그것을 〔향한〕 애정이 그 부정과 〔관련되며〕, 호메로스의 책들은 사랑을 받지 않으므로 손을 부정하게 만들지 않는다고 말했다.

- 이 미쉬나는 성서 두루마리가 손을 부정하게 만든다는 원칙(「야다임」 3, 5)에 관해 반대하는 사두개인들이 강력하게 항의했던 사실을 기록하고 있다.
- 요하난 벤 자카이 라반은 설명을 하기 위해서 죽은 채 발견된 동물의 살은 부정하지만 뼈는 부정하지 않다는 규정을 언급한다(「토호롯」 1, 4). 반대로 사람의 뼈는 그가 생전에 누구였다 할지라도 부정하다 (민 19:16).

---

9) 당나귀는 히브리어로 '하모르'(חמור)이기 때문에 호메로스와 비슷하게 들린다.

- 사두개인들도 이런 내용은 토라의 법규정이었기 때문에 인정하면서, 그 규정은 아무도 부모의 뼈를 훼손하지 못하게 만드는 효과가 있다고 대답한다(「켈림」 17, 12). 그리고 그 대상을 향한 애정이 정결법의 부정과 관련이 있다고 설명한다.
- 요하난 랍비는 이 말을 받아서 성서 두루마리도 마찬가지라고 대답한다. 우리는 성서를 향해서 애정을 품고 있어서 손의 부정을 말하지만, 호메로스의 책들은 그렇지 않기 때문에 손을 부정하게 만들지 않는다는 것이다.

## 4, 7

אוֹמְרִים צְדוֹקִין, קוֹבְלִין אָנוּ עֲלֵיכֶם, פְּרוּשִׁים, שֶׁאַתֶּם מְטַהֲרִים אֶת הַנִּצּוֹק.
אוֹמְרִים הַפְּרוּשִׁים, קוֹבְלִין אָנוּ עֲלֵיכֶם, צְדוֹקִים, שֶׁאַתֶּם מְטַהֲרִים אֶת אַמַּת
הַמַּיִם הַבָּאָה מִבֵּית הַקְּבָרוֹת. אוֹמְרִים צְדוֹקִין, קוֹבְלִין אָנוּ עֲלֵיכֶם, פְּרוּשִׁים,
שֶׁאַתֶּם אוֹמְרִים, שׁוֹרִי וַחֲמוֹרִי שֶׁהִזִּיקוּ, חַיָּבִין. וְעַבְדִּי וַאֲמָתִי שֶׁהִזִּיקוּ,
פְּטוּרִין. מָה אִם שׁוֹרִי וַחֲמוֹרִי, שֶׁאֵינִי חַיָּב בָּהֶם מִצְוֹת, הֲרֵי אֲנִי חַיָּב בְּנִזְקָן.
עַבְדִּי וַאֲמָתִי, שֶׁאֲנִי חַיָּב בָּהֶן מִצְוֹת, אֵינוֹ דִין שֶׁאֱהֵא חַיָּב בְּנִזְקָן. אָמְרוּ לָהֶם,
לֹא. אִם אֲמַרְתֶּם בְּשׁוֹרִי וַחֲמוֹרִי, שֶׁאֵין בָּהֶם דַּעַת, תֹּאמְרוּ בְעַבְדִּי וּבַאֲמָתִי,
שֶׁיֵּשׁ בָּהֶם דָּעַת. שֶׁאִם אַקְנִיטֵם, יֵלֵךְ וְיַדְלִיק גְּדִישׁוֹ שֶׁל אַחֵר וֶאֱהֵא חַיָּב
לְשַׁלֵּם:

사두개인들이 우리는 당신들 바리새인들에게 〔강력하게〕 항의한다고 말한다. 왜냐하면 당신들은 〔끊어지지 않도록〕 붓는 물이 정결하다고 하기 때문이다. 바리새인들이 우리는 당신들 사두개인들에게 〔강력하게〕 항의한다고 말한다. 왜냐하면 당신들도 묘지에서 나오는 수로가 정결하다고 하기 때문이다.

사두개인들이 우리는 당신들 바리새인들에게 〔강력히〕 항의한다고 말한다. 왜냐하면 당신들은 내 소와 내 당나귀가 손해를 입혔으면 책임이 있지만, 내 남종과 내 여종이 손해를 입혔으면 〔책임이〕 면제된다고 말하기 때문이다. 만약 내 소와 내 당나귀에 〔대하여〕 내가 〔그 가축들이〕 계명을 〔따르게 할〕 책임이 없는데 내가 그들이 〔초래한〕 손해를 책임져야 한다면, 내 남종과 내 여종에 〔대하여〕 내가 그들이 계명을 〔따르게 할〕 책임이 있는데 내가 그들이 〔초래한〕 손해에 책임이 있는 것이 〔정당한〕 규정이 아니겠냐고 말한다.

그들이 그들에게, 그렇지 않으며 당신들이 사고력이 없는 내 소와 내 당나귀에 관해 말한 다음 사고력이 있는 내 남종과 내 여종에 관해 〔같은〕 말을 할 것이냐고 말했다. 만약 내가 그들에게 화를 냈는데 그들이 가서 다른 사람의 낟가리에 불을 질렀다면, 내가 배상할 책임이 있느냐고 〔물었다〕.

- 사두개인들은 정결한 그릇에서 부정한 그릇으로 끊어지지 않고 붓는 물은 위에 있는 그릇에 속하여 정결하다는(「마크쉬린」 5, 9) 랍비들의 전통에 반대한다. 바리새인들은 역시 사두개인들도 인정하는 다른 예를 들어서 반박하는데, 묘지를 관통하는 수로가 있어도 흐르는 물이 샘과 연결되어 있다면 정결하다고 한다. 그러므로 끊어지지 않고 붓는 물도 정결하다는 것이다.
- 사두개인들은 또 가축과 관련된 배상과 종과 관련된 배상 규정이 균형을 이루지 않는다고 지적한다. 가축이 손해를 입혔으면 그 가축의 주인이 배상할 책임이 있는데(출 21:35) 종이 입힌 손해에 관해서는 배상 책임이 없다는 규정은(「바바 캄마」 8, 4) 서로 상충한다는 것이다. 심지어 주인은 자기 가축들과 함께 계명을 지킬 필요가 없지만 종들과 관련해서는 지킬 계명들이 있다고(할례, 창 17:12; 유월절, 출 12:44) 지적하며 바리새인들이 틀렸다고 공격한다.
- 바리새인들은 사고력이 없는 가축에 관한 논리를 사고력이 있는 종에게 적용할 수는 없다고 말하며, 예를 들어서 사두개인들의 논리에

오류가 있다고 지적한다.

### 4, 8

갈릴리 출신 사두개인 또는 이단자가[10] 등장해서 바리새인들과 논쟁을 계속한다.

---

אָמַר צְדוֹקִי גְלִילִי, קוֹבֵל אֲנִי עֲלֵיכֶם, פְּרוּשִׁים, שֶׁאַתֶּם כּוֹתְבִין אֶת הַמּוֹשֵׁל עִם מֹשֶׁה בַּגֵּט. אוֹמְרִים פְּרוּשִׁים, קוֹבְלִין אָנוּ עָלֶיךָ, צְדוֹקִי גְלִילִי, שֶׁאַתֶּם כּוֹתְבִים אֶת הַמּוֹשֵׁל עִם הַשֵּׁם בַּדַּף, וְלֹא עוֹד, אֶלָּא שֶׁאַתֶּם כּוֹתְבִין אֶת הַמּוֹשֵׁל מִלְמַעְלָן וְאֶת הַשֵּׁם מִלְּמַטָּן, שֶׁנֶּאֱמַר וַיֹּאמֶר פַּרְעֹה מִי ה' אֲשֶׁר אֶשְׁמַע בְּקֹלוֹ לְשַׁלַּח אֶת יִשְׂרָאֵל. וּכְשֶׁלָּקָה מַהוּ אוֹמֵר (שם ט), ה' הַצַּדִּיק:

---

갈릴리 출신 사두개인이 나는 당신들 바리새인들에게 〔강력히〕 항의한다고 말했다. 왜냐하면 당신들은 이혼증서에 지도자의 〔이름과〕 모세의 〔이름을〕 쓰기 때문이다. 바리새인들은 우리가 당신 갈릴리 출신 사두개인에게 〔강력히〕 항의한다고 말한다. 왜냐하면 당신들은 〔성서 두루마리〕 한 장 위에 지도자의 〔이름과〕 그 이름을 쓰기 때문이다. 그뿐만이 아니라, 당신들은 지배자의 〔이름은〕 위에 그 이름은 밑에 쓰니, "파라오가 주님이 누구이기에 내가 그의 목소리를 듣고 이스라엘을 보내겠냐고 말했다"고 기록했다. 그러나 그가 두드려 맞았을 때는 무엇이라고 말했는가? "주님이 의로우시다"고 〔했다〕.

- 갈릴리 출신 사두개인 또는 이단자가 바리새인들에게 이혼증서 작성법에 관해 이의를 제기했다. 이혼증서에는 당시에 다스리던 왕의

---

10) 인쇄본에는 '갈릴리 출신 사두개인'(צדוקי גלילי)으로 나오지만 필사본에는 '갈릴리 출신 이단자'(מין גלילי)라고 등장한다(예를 들어 카우프만 사본을 보라). 기독교 세계에 살던 유대인들이 미쉬나를 인쇄할 때 기독교인 지배자들이 오해할 수 있는 낱말을 감추기 위해서 본문을 수정한 것이다.

즉위년을 기준으로 날짜를 적고(「기틴」 8, 5) 마지막에 "모세와 이스라엘의 법에 따라"라고 적는데, 이방인 지배자의 이름과 모세의 이름을 같은 증서에 적는 것이 부적절하다고 공격한 것이다.

- 바리새인들은 반박하면서 토라 두루마리를 보면 한 장에 외국인 왕의 이름과 이스라엘의 신명을 함께 쓰기도 한다고 지적한다. 심지어 출애굽기를 보면 이집트 파라오의 이름을 위에 적고 밑에 이스라엘의 신명을 적었다고 말하는데, 인용한 구절이 출애굽기 5:2과 나중에 나오는 9:27을 예로 들어서 순서에 따라 파라오의 이름이 먼저 나올 수밖에 없는 상황을 설명했다.

# עוקצים

## 12

# 우크찜

## 열매·줄기

준비가 필요하지만 생각이 필요 없는 것이 있고, 생각과 준비가 모두 필요한 것이 있으며, 생각은 필요하지만 준비가 필요 없는 것이 있고, 준비가 필요 없고 생각도 필요 없는 것이 있다. 사람에게 줄 음식은 모두 준비가 필요하며 생각은 필요하지 않다. _「우크찜」 3, 1

# 개요

마쎄켓 「우크찜」(עוקצים, 열매 · 줄기)의 이름은 열매와 같은 식재료에 붙어 있는 '가시, 꼬리, 줄기'를 가리키는 '우카쯔/우크짜'라는 명사의 복수형에서 나왔다. 그러므로 기본적으로 음식이 어떤 부정의 요인에 노출된 상황을 다루고 있으며, 구체적으로 식재료에 달린 먹을 수 없는 부분('손잡이')에 관련된 법규정과 식재료를 보호하고 보존하는 역할을 하는 부분('보호')에 관련된 법규정을 다룬다.

미쉬나 안에서 마쎄켓 「우크찜」이 맨 뒤에 배치된 것에 관해 이견이 있다. 람밤은 「우크찜」에 나오는 미쉬나들이 다른 부분과 논리적으로 연결되어 있고 성서 구절과 직접적인 관련이 없다는 이유로 현재 위치가 올바르다고 주장했다(람밤). 이에 반해 라쉬는 쎄데르 『토호롯』 안에 다섯 번째 마쎄켓으로 언급했으며, 어떤 미쉬나 사본에는 「우크찜」이 아예 빠져 있는 경우도 있다.

### 음식의 부정에 관련되는 대상들

음식의 부정은 일반적으로 사람들이 먹을 수 있는 것들을 대상으로 삼으며, 누군가가 보통 사람이 먹지 않는 것을 먹는다고 해도 그것은 음식의 부정과 관련이 없다.

먹을 수는 있는데 보통 사람들이 먹지 않는 것은, 누군가가 분명히 그것을 먹겠다고 마음을 먹는 순간부터 '음식'으로 간주하며 부정에 노출될 수 있다. 음식법에 저촉되어 유대인들은 먹지 않지만 외국인들은 먹는 것이라면 역시 '음식'으로 간주하며 부정에 노출될 수 있다.

### 음식을 준비시키기

음식으로 사용하는 식재료는 정해진 음료수 일곱 가지에 젖었을 때부터 음식의 부정에 노출될 수 있으며(레 11:34, 38; 「마크쉬린」 6, 4), 이 과정을 '준비'(הכשר, 헤크쉐르)라고 부른다. 음식법과 관련된 음료수 일곱 가지는 물, 이슬, 포도주, 기름, 피, 우유와 꿀이다. 이 규정은 자연계에서 자란 식재료가 인간의 음식이 되는 순간을 상징하며, 그릇이나 도구가 완성되는 순간부터 부정해질 수 있다는 원칙과 일맥상통한다(「켈림」 12, 6).

랍비들의 전통에 따르면 위의 규칙은 기본적으로 정결한 음식의 경우에 적용하며, 기본적으로 부정한 음식은 따로 준비를 시키지 않아도 음식의 부정과 관련된다고 가르친다(「우크찜」 3, 3; 3, 9).

### 음식의 부정이 전이되기 위한 최소 크기 규정

부정한 음식이 부정을 전이하기 위해서 최소한 달걀 크기가 되어야 하지만(「토호롯」 1, 1), 부정해질 때는 크기와 상관없이 가장 작은 양이라 하더라도 부정에 노출된다.

### 손잡이와 보호하는 것

음식에 붙어 있어서 음식을 붙잡는 데 쓰는 '손잡이'와 음식을 감싸고 음식을 보존하거나 보호하는 것은 음식에 연결되어 음식 때문에 부정해지거나 음식을 부정하게 만든다. 그리고 경우에 따라 음식이 최소 크기 규정, 즉 달걀 크기에 미치지 못할 때 손잡이나 보호하는 것과 합쳐지면 부정을 전이하기도 한다.

## 제1장

식재료의 손잡이 역할을 하거나 보호한다면 그것은 그 식재료의 일부로 연결되어 부정을 전이한다.

**1, 1**
음식과 음식에 붙어 있는 물건의 상관관계를 이론적으로 설명한다.

---

כֹּל שֶׁהוּא יָד וְלֹא שׁוֹמֵר, מִטַּמֵּא וּמְטַמֵּא וְלֹא מִצְטָרֵף. שׁוֹמֵר, אַף עַל פִּי שֶׁאֵינוֹ יָד, מִטַּמֵּא וּמְטַמֵּא וּמִצְטָרֵף. לֹא שׁוֹמֵר וְלֹא יָד, לֹא מִטַּמֵּא וְלֹא מְטַמֵּא:

---

손잡이이지만 〔음식을〕 보호하지 못하는 모든 것은 부정해지고 부정하게 만들지만 연결되지는 않는다. 그것이 보호하면, 손잡이가 아니라 하더라도, 부정해지고 부정하게 만들며 연결된다. 보호하지도 못하고 손잡이도 아니라면, 부정해지지 않고 부정하게 만들지도 않는다.

- 열매와 같은 어떤 음식을 잡을 때 쓰는 손잡이이지만(셋째 미쉬나) 그 음식이 상하지 않도록 보호하지 못하는 물건은 음식과 연결되어 있는 것으로 간주하며, 음식이 부정할 때 그 물건도 부정해지고 반대로 음식을 부정하게 만들기도 한다. 그러나 음식이 달걀 크기보다 작을 때 이 물건이 음식과 합쳐져서 최소 크기 규정을 만족시킬 수 없으며, 부정을 전이하지도 않는다(「토호롯」 2, 1). 이것이 음식을 보호하는 역할도 한다면(둘째 미쉬나) 음식과 연결되어 부정을 전이한다. 손잡이도 아니고 보호도 하지 않는다면 이 물건은 정결법과 관련해서 음식과 상관이 없다.

1, 2

어떤 식물의 열매와 여기에 연결되는 부분을 자세히 설명한다.

---

שָׁרְשֵׁי הַשּׁוּם וְהַבְּצָלִים וְהַקַּפְלוֹטוֹת בִּזְמַן שֶׁהֵן לַחִין, וְהַפִּטְמָא שֶׁלָּהֶן בֵּין לַחָה בֵּין יְבֵשָׁה, וְהָעַמּוּד שֶׁהוּא מְכֻוָּן כְּנֶגֶד הָאֹכֶל, שָׁרְשֵׁי הַחֲזָרִים וְהַצְּנוֹן וְהַנָּפוּס, דִּבְרֵי רַבִּי מֵאִיר. רַבִּי יְהוּדָה אוֹמֵר, שֹׁרֶשׁ צְנוֹן גָּדוֹל מִצְטָרֵף, וְהַסִּיב שֶׁלּוֹ, אֵינוֹ מִצְטָרֵף. שָׁרְשֵׁי הַמִּתְנָא וְהַפֵּיגָם וְיַרְקוֹת שָׂדֶה וְיַרְקוֹת גִּנָּה שֶׁעֲקָרָן לְשָׁתְלָן, וְהַשִּׁדְרָה שֶׁל שִׁבֹּלֶת וְהַלְּבוּשׁ שֶׁלָּהּ, רַבִּי אֶלְעָזָר אוֹמֵר, אַף הַסִּיג שֶׁל רְצָפוֹת, הֲרֵי אֵלּוּ מִטַּמְּאִין וּמְטַמְּאִים וּמִצְטָרְפִין:

---

마늘과 양파와 리크의 뿌리가 아직 젖어 있을 때, 그것들 〔위에 융기된〕 돌기가 젖거나 말라 있을 때, 그 줄기가 음식이 〔되는 부분〕 맞은편에 있을 때, 상추와 무와 순무의 뿌리들은 〔연결되었다는 것이〕 메이르 랍비의 말이다. 예후다 랍비는 무의 커다란 뿌리는 합쳐지지만 그 실뿌리는 합쳐지지 않는다고 말한다. 〔다른 곳에〕 심으려고 뽑은 박하[1]와 루타와 들에 〔난〕 채소와 정원에서 〔기른〕 채소의 뿌리, 곡식의 줄기와 겉껍질, 〔그리고〕 엘아자르 랍비에 따르면 바닥 〔흙이〕 달라붙은 것도 〔그러하니〕, 이것들은 부정해지고 부정하게 만들며 연결된다.

- 마늘 등의 뿌리나 돌기 부분, 그것을 말렸을 때 열매와 가깝게 붙어 있는 줄기, 상추나 무의 뿌리 등은 모두 식재료를 보호하는 역할을 한다고 본다. 다른 곳에 심으려고 뽑은 식물의 뿌리도 결국 그 열매를 보호하며, 곡식의 줄기와 겉껍질, 심지어는 그곳에 달라붙은 흙덩이도 같은 역할을 한다.

---

1) 이 낱말은 현재 '미트나'(מיתנא)라고 기록되어 있지만 '민타'(מינתא)를 잘못 적은 것으로 보고 '박하'라고 번역했다.

## 1, 3

열매의 일부이지만 합쳐서 부정을 전이하는 최소 크기 규정에 이르지 않는 경우를 열거한다.

---

אֵלּוּ מִטַּמְּאִין וּמְטַמְּאִין וְלֹא מִצְטָרְפִין. שָׁרְשֵׁי הַשּׁוּם וְהַבְּצָלִים וְהַקַּפְלוֹטוֹת בִּזְמַן שֶׁהֵם יְבֵשִׁים, וְהָעַמּוּד שֶׁאֵינוֹ מְכֻוָּן כְּנֶגֶד הָאֹכֶל, וְיַד הַפַּרְכִּיל טֶפַח מִכָּאן וְטֶפַח מִכָּאן, יַד הָאֶשְׁכּוֹל כָּל שֶׁהוּא, וְזָנָב שֶׁל אֶשְׁכּוֹל שֶׁרִקְנוֹ, וְיַד הַמַּכְבֵּד שֶׁל תְּמָרָה אַרְבָּעָה טְפָחִים, וְקָנֶה שֶׁל שִׁבֹּלֶת שְׁלֹשָׁה טְפָחִים, וְיַד כָּל הַנִּקְצָרִים שְׁלֹשָׁה, וְשֶׁאֵין דַּרְכָּן לִקָּצֵר יְדֵיהֶם וְשָׁרְשֵׁיהֶם כָּל שֶׁהֵן, וּמַלְעִין שֶׁל שִׁבֳּלִין, הֲרֵי אֵלּוּ מִטַּמְּאִים וּמְטַמְּאִין וְלֹא מִצְטָרְפִין:

---

이러한 것들은 부정해지고 부정하게 만들지만 연결되지는 않는다. 마늘과 양파와 리크의 뿌리가 말랐을 때와, 그 줄기가 음식이 〔되는 부분〕 맞은편에 있지 않을 때, 포도 넝쿨의 잔가지가 이쪽이나 저쪽으로 1테팍 정도일 때와, 포도송이의 잔가지는 〔길이와〕 상관없이 모두, 포도송이에서 〔포도알이〕 달리지 않은 꼬리와, 대추야자의 꽃받침의 잔가지가 4테팍까지, 곡식 줄기가 3테팍까지, 〔이미〕 자른 〔줄기의〕 잔가지는 3〔테팍까지〕, 대개 그 잔가지나 뿌리를 자르지 않는 〔작물은 길이와〕 상관없이 모두, 그리고 곡식의 겉껍질에 〔난〕 털이 〔그러하니〕, 이것들은 부정해지고 부정하게 만들지만 연결되지는 않는다.

- 이 미쉬나가 열거하는 물품들은 손잡이가 될 수는 있지만 열매를 보호하지 않는 것들이다(「토호롯」 1, 2; 다섯째 미쉬나).

## 1, 4

열매의 일부이지만 먹을 수 없고 손잡이도 아닌 부분을 열거한다.

---

אֵלּוּ לֹא מְטַמְּאִין וְלֹא מְטַמְּאִין וְלֹא מִצְטָרְפִין. שָׁרְשֵׁי קוֹלְסֵי הַכְּרוּב, וְחֻלְפוֹת תְּרָדִים, וְהַלֶּפֶת, אֵת שֶׁדַּרְכָּם לָגֹז וְנֶעֱקְרוּ. רַבִּי יוֹסֵי מְטַמֵּא בְכֻלָּן וּמְטַהֵר בְּשָׁרְשֵׁי קוֹלְסֵי הַכְּרוּב וְהַלֶּפֶת:

---

이러한 것들은 부정해지지 않고 부정하게 만들지 않으며 연결되지도 않는다. 양배추 머리에 〔달린〕 뿌리들, 근대 새싹과 순무의 〔뿌리〕, 대개 그 〔뿌리를〕 자르는데[2] 〔뿌리째〕 뽑은 것들이 〔그러하다〕. 요쎄 랍비는 이 모든 것들이 부정하다고 하지만 양배추 머리에 〔달린〕 뿌리들과 순무는 정결하다고 했다.

- 양배추나 근대나 순무는 그 뿌리가 손잡이 역할을 하지 않으며, 주로 잘라버린다. 그러므로 음식이 부정해졌을 때 이런 채소의 뿌리는 부정해지지 않고, 반대로 뿌리가 부정해도 음식에 부정을 전이하지 않으며, 음식과 합쳐서 부정을 전이하지도 않는다. 요쎄 랍비는 이런 뿌리가 손잡이 역할을 한다고 보고 부정해진다고 주장한다.

## 1, 5

---

כָּל יְדוֹת הָאֳכָלִין שֶׁבְּסָסָן בַּגֹּרֶן, טְהוֹרִים. רַבִּי יוֹסֵי מְטַמֵּא. פְּסִיגָה שֶׁל אֶשְׁכּוֹל שֶׁרִקְנָהּ, טְהוֹרָה. שִׁיֵּר בָּהּ גַּרְגִּיר אֶחָד, טְמֵאָה. שַׁרְבִיט שֶׁל תְּמָרָה שֶׁרִקְנוֹ, טָהוֹר. שִׁיֵּר בּוֹ תְּמָרָה אַחַת, טָמֵא. וְכֵן בַּקִּטְנִיּוֹת, שַׁרְבִיט שֶׁרִקְנוֹ, טָהוֹר. שִׁיֵּר בּוֹ גַּרְגִּיר אֶחָד, טָמֵא. רַבִּי אֶלְעָזָר בֶּן עֲזַרְיָה מְטַהֵר בְּשֶׁל פּוֹל וּמְטַמֵּא בְּשֶׁל קִטְנִיּוֹת, מִפְּנֵי שֶׁהוּא רוֹצֶה בְּמִשְׁמוּשָׁן:

---

2) 히브리어 본문에는 이 부분에 접속사가 들어가서 독립된 문장 두 개처럼 기록했으나, 문맥상 서로 연결된 것으로 번역했다.

음식이 되는 〔식물의〕 손잡이를 추수마당에서 밟는다면 그런 것은 모두 정결하다. 요쎄 랍비는 부정하다고 주장한다. 포도송이의 잔가지에서 〔포도를〕 떨어냈다면 그것은 정결하다. 그곳에 〔포도〕 알 하나를 남겼다면 그것은 부정하다. 대추야자나무의 꼭대기에서 〔열매를〕 떨어냈다면 그것은 정결하다. 그곳에 대추야자 하나를 남겼다면 그것은 부정하다. 그리고 콩도 마찬가지이니, 꼭대기에서 〔열매를〕 떨어냈다면 그것은 정결하다. 그곳에 〔콩〕 하나를 남겼다면 그것은 부정하다. 엘아자르 벤 아자르야 랍비는 누에콩의 경우는 정결하다고 했고 〔다른〕 콩들의 경우는 부정하다고 했으니, 왜냐하면 그는 그것들을 사용하고 싶기 때문이다.

- 식용 채소를 수확한 후 추수마당에서 그 뿌리를 밟아 떼어내는 것이 관례라면, 이런 뿌리들은 손잡이가 아니며 음식으로 쓰는 부분이 부정해도 정결을 유지한다. 요쎄 랍비는 반대한다.
- 포도송이에서 자라나온 잔가지는, 포도 알이 없으면 손잡이가 아니므로 정결하다. 포도 알이 하나라도 있으면 손잡이가 될 수 있으므로, 포도가 부정하면 잔가지도 부정해진다. 대추야자나무나 콩도 마찬가지 원리를 적용할 수 있다.
- 엘아자르 랍비는 다른 의견을 제시하는데, 일반적으로 콩깍지를 수확할 때 이 부분을 사용하기 때문에 부정해질 수 있는데, 누에콩만 그렇지 않으므로 예외라는 것이다.

## 1, 6
식물의 줄기(עקצים, 우크찜)에 관해 설명한다.

---

עֻקְצֵי תְאֵנִים וּגְרוֹגָרוֹת וְהַכְּלוּסִים וְהֶחָרוּבִים, הֲרֵי אֵלּוּ מְטַמְּאִין וּמְטַמְּאִין
וּמִצְטָרְפִין. רַבִּי יוֹסֵי אוֹמֵר, אַף עֹקֶץ דִּלַּעַת. עֻקְצֵי הָאַגָּסִין וְהַקְּרֻסְטְמֵלִין

וְהַפְּרִישִׁין וְהָעֻזְרְדִין, עֹקֶץ דְּלַעַת טֶפַח, עֹקֶץ קוּנְרָס טֶפַח, רַבִּי אֶלְעָזָר בְּרַבִּי צָדוֹק אוֹמֵר, טְפָחַיִם, הֲרֵי אֵלּוּ מִטַּמְּאִין וּמְטַמְּאִין וְלֹא מִצְטָרְפִים. וּשְׁאָר כָּל הָעֳקָצִים, לֹא מִטַּמְּאִין וְלֹא מְטַמְּאִין:

---

무화과와 말린 무화과와 켈루쓰 열매와 캐럽에 〔달린〕 줄기는 부정해지고 부정하게 만들며 합쳐진다. 요쎄 랍비는 박의 줄기도 〔그렇다고〕 말한다.

배와 크루스투미나 배와 모과와 야생 능금 줄기, 박 줄기 1테팍, 아티초크 줄기 1테팍, 〔또는〕 짜독 랍비의 아들 엘아자르 랍비는 2테팍까지, 이런 것들은 부정해지고 부정하게 만들지만, 합쳐지지는 않는다. 그러나 그 외 모든 줄기들은 부정해지지 않고 부정하게 만들지 않는다.

- 역시 손잡이가 되는 줄기는 음식과 연결되어 부정해지고 부정하게 만들지만, 손잡이가 아닌 줄기는 연결되지 않아서 정결을 유지한다.

## 제2장

식재료와 연결되는 부분과 그렇지 않은 부분을 설명한다.

### 2, 1

---

זֵיתִים שֶׁכְּבָשָׁן בְּטַרְפֵיהֶן, טְהוֹרִים, לְפִי שֶׁלֹּא כְבָשָׁן אֶלָּא לְמַרְאֶה. כְּשׁוּת שֶׁל קִשּׁוּת וְהַנֵּץ שֶׁלָּהּ, טְהוֹרָה. רַבִּי יְהוּדָה אוֹמֵר, כָּל זְמַן שֶׁהִיא לִפְנֵי הַתַּגָּר, טְמֵאָה:

---

올리브 잎과 함께 절인 올리브들은 정결하니, 그것은 〔다만〕 겉모습 때문에 절인 것이기 때문이다. 오이의 섬유질 부분과 그것의 꽃 부분

은 정결하다. 예후다 랍비는 그것이 상인 앞에 있는 동안에는 언제나 부정하다고 말한다.

- 올리브 잎은 열매와 함께 식초나 포도주에 절였다 할지라도 먹을 수 없는 부분이며, 손잡이도 아니고 보호하는 기능 없이 겉모습 때문에 넣은 것이다(「테불 욤」 3, 1). 그러므로 이 부분은 음식의 부정과 무관하고 정결을 유지한다.
- 오이의 섬유질 부분과 꽃 부분도 마찬가지로 먹을 수 없으며 손잡이나 보호의 기능이 없으므로 정결을 유지한다. 그러나 상인이 팔 때는 자란 그대로 상품으로 팔기 때문에 오이와 연결된 것으로 본다.

## 2, 2

כָּל הַגַּלְעִינִין מְטַמְּאוֹת וּמְטַמְּאוֹת וְלֹא מִצְטָרְפוֹת. גַּלְעִינָה שֶׁל רֹטֶב, אַף עַל פִּי יוֹצְאָה, מִצְטָרֶפֶת. שֶׁל יְבֵשָׁה, אֵינָהּ מִצְטָרֶפֶת. לְפִיכָךְ, חוֹתָל שֶׁל יְבֵשָׁה, מִצְטָרֵף. וְשֶׁל רֹטֶב, אֵינוֹ מִצְטָרֵף. גַּלְעִינָה שֶׁמִּקְצָתָהּ יוֹצְאָה, שֶׁכְּנֶגֶד הָאֹכֶל, מִצְטָרֵף. עֶצֶם שֶׁיֵּשׁ עָלָיו בָּשָׂר, שֶׁכְּנֶגֶד הָאֹכֶל, מִצְטָרֵף. הָיָה עָלָיו מִצַּד אֶחָד, רַבִּי יִשְׁמָעֵאל אוֹמֵר, רוֹאִין אוֹתוֹ כְּאִלּוּ הוּא מַקִּיפוֹ בְטַבַּעַת. וַחֲכָמִים אוֹמְרִים, שֶׁכְּנֶגֶד הָאֹכֶל, מִצְטָרֵף, כְּגוֹן הַסִּיאָה וְהָאֵזוֹב וְהַקּוֹרָנִית:

모든 씨는 부정해지고 부정하게 만들지만 합쳐지지 않는다. 젖은 대추야자의 씨는 제거했을 때도 합쳐진다. 마른 〔대추야자의 씨는〕 합쳐지지 않는다. 이와 마찬가지로 마른 〔대추야자의〕 줄기는 합쳐지지만, 젖은 〔대추야자의〕 줄기[3]는 합쳐지지 않는다. 씨의 일부분이 노출된 경우 음식의 맞은편에 있는 〔부분만〕 합쳐진다.

3) 이 낱말(חותל)은 대추야자 열매를 싸는 '갈대로 만든 주머니'나 그 '덩어리'를 가리키는데(야스트로 441), 다른 사본에는 다른 낱말(חותם)로 기록되어 있다(이런 용례는 「토호롯」 10, 5).

살이 위에 붙어 있는 뼈는 그 음식의 맞은편에 있는 〔부분만〕 합쳐진다. 〔살이 그 뼈의〕 한쪽 위에만 붙어 있을 경우, 이쉬마엘 랍비는 그것이 마치 반지처럼 두르고 있는 것으로 본다고 말한다. 그러나 현인들은 음식의 맞은편에 있는 〔부분만〕 합쳐지니, 예를 들어 세이보리나 히솝이나 백리향과 같다.

- 열매의 씨 부분은 열매의 일부이며 음식과 함께 부정해지고 음식을 부정하게 만든다. 그러나 음식과 합쳐져서 부정을 전이하지는 않는다. 그러나 젖은 대추야자 열매의 씨는 합쳐지며 심지어 제거했을 때도 열매의 일부로 간주하니, 일반적으로 씨까지 빨아먹기 때문이다(「테불 욤」3, 6). 마른 대추야자 열매의 씨는 다른 씨들과 마찬가지 규정을 적용한다.
- 이와 함께 대추야자 열매에 달린 줄기는 말랐을 때 합쳐지고 젖었을 때 합쳐지지 않으니, 그 줄기가 마른 열매의 구멍을 막아서 씨가 빠지지 않도록 막으면서 열매를 보존하는 데 도움이 되기 때문이다.
- 대추야자 열매의 씨가 일부분 노출된 경우 열매와 가까운 부분은 열매와 연결되어 합쳐지지만 먼 부분은 합쳐지지 않는다.
- 같은 원리를 고기가 붙어 있는 뼈에도 적용하며, 고기가 붙어 있는 부분의 뼈만 합쳐진다. 그런데 고기가 뼈를 둘러싸지 않고 한쪽만 붙어 있는 경우, 이쉬마엘 랍비는 고기를 실과 같은 두께로 나눌 수 있는지 보고, 그것이 뼈를 반지처럼 두를 수 있다고 판단되면, 고기가 붙어 있지 않은 반대쪽도 마치 고기가 붙어 있는 것처럼 간주해야 한다고 주장한다(토쎕타 「우크찜」2, 5; 「켈림」1, 5). 그러나 현인들은 눈으로 보기에 고기가 붙어 있는 쪽만 합쳐진다고 주장했다. 이것은 마치 세이보리나 히숍 풀이나 백리향이 줄기가 얇지만 잎이 달린 한쪽 방향으로만 향기가 나는 것과 같다고 논쟁한다(토쎕타 「우

크찜」 2, 4).

## 2, 3

הָרִמּוֹן וְהָאֲבַטִּיחַ שֶׁנִּמּוֹק מִקְצָתוֹ, אֵינוֹ מִצְטָרֵף. שָׁלֵם מִכָּאן וּמִכָּאן וְנִמּוֹק מִן הָאֶמְצַע, אֵינוֹ מִצְטָרֵף. הַפִּטְמָא שֶׁל רִמּוֹן, מִצְטָרֶפֶת. וְהַנֵּץ שֶׁלּוֹ אֵינוֹ מִצְטָרֵף. רַבִּי אֱלִיעֶזֶר אוֹמֵר, אַף הַמַּסְרֵק טָהוֹר:

석류와 수박의 일부가 썩었다면, 그것은 연결되지 않는다. 한쪽과 〔다른〕 한쪽은 온전하고 가운데가 썩었다면, 그것은 연결되지 않는다. 석류의 돌기는 연결된다. 그 꽃 부분은 연결되지 않는다. 엘리에제르 랍비는 '빗' 부분도 정결하다고 말한다.

- 석류나 수박 같은 열매의 일부가 썩었다면, 그것은 손잡이도 아니고 보호하는 기능도 없으므로, 열매와 연결되지 않는다. 열매 가운데 부분만 썩었어도 마찬가지다(토쎕타 「우크찜」 2, 12). 석류의 돌기는 보호하는 기능이 있으므로 연결되지만(「우크찜」 1, 2), 꽃 부분은 그렇지 않다. 석류 꽃 밑에 딱딱하고 빗처럼 생긴 꽃받침이 있는데, 엘리에제르 랍비는 이 부분도 열매의 일부가 아니며 정결하다고 말한다.

## 2, 4

כָּל הַקְּלִפִּין מְטַמְּאוֹת וּמְטַמְּאוֹת וּמִצְטָרְפוֹת. רַבִּי יְהוּדָה אוֹמֵר, שְׁלֹשָׁה קְלִפִּין בַּבָּצָל. הַפְּנִימִית, בֵּין שְׁלֵמָה בֵּין קְדוּרָה, מִצְטָרֶפֶת. הָאֶמְצָעִית, שְׁלֵמָה מִצְטָרֶפֶת, וּקְדוּרָה אֵינָהּ מִצְטָרֶפֶת. וְהַחִיצוֹנָה, בֵּין כָּךְ וּבֵין כָּךְ, טְהוֹרָה:

〔열매의〕 껍질은 모두 부정해지고 부정하게 만들고 연결된다. 예후다 랍비는 양파에 세 가지 껍질이 있다고 말한다. 안 〔껍질은〕 온전하거나 구멍이 나도 연결된다. 가운데 〔껍질은〕 온전하면 연결되고 구멍이 났으면 연결되지 않는다. 그리고 바깥 〔껍질은〕 이렇든 저렇든

정결하다.

- 열매의 껍질은 보호하는 기능이 있으므로 모두 열매 때문에 부정해지고 열매를 부정하게 만들고 열매와 연결되어 부정을 전이한다. 예후다 랍비는 양파의 경우에 세 가지 껍질을 나누어서 생각해야 한다고 첨언한다.

## 2, 5

---

הַמְחַתֵּךְ לְבַשֵּׁל, אַף עַל פִּי שֶׁלֹּא מֵרַק, אֵינוֹ חִבּוּר. לִכְבֹּשׁ וְלִשְׁלֹק וּלְהַנִּיחַ עַל הַשֻּׁלְחָן, חִבּוּר. הִתְחִיל לְפָרֵק, אֹכֶל שֶׁהִתְחִיל בּוֹ, אֵינוֹ חִבּוּר. הָאֱגוֹזִים שֶׁאֲמָנָן, וְהַבְּצָלִים שֶׁחֲמָרָן, הֲרֵי אֵלּוּ חִבּוּר. הִתְחִיל לְפָרֵק בָּאֱגוֹזִים וּלְפַקֵּל בַּבְּצָלִים, אֵינוֹ חִבּוּר. הָאֱגוֹזִים וְהַשְּׁקֵדִים, חִבּוּר, עַד שֶׁיְּרַסֵּס:

---

〔어떤 사람이〕 요리를 하려고 〔열매를〕 잘랐다면, 그것이 완전히 잘리지 않았다 할지라도 연결된 것이 아니다. 절이거나 끓이거나 식탁 위에 내려고 〔잘랐다면〕 그것은 연결된 것이다. 그가 〔자른 열매를〕 나누기 시작했다면, 〔나누기〕 시작한 음식은 연결된 것이 아니다. 〔함께〕 꿰어놓은 견과류와 〔함께〕 쌓아놓은 양파들은 연결된 것이다. 그가 견과류를 나누거나 양파를 벗기기 시작했다면, 그것은 연결된 것이 아니다. 견과류와 아몬드의 〔껍질은〕 부술 때까지는 〔서로〕 연결된 것이다.

- 식재료를 요리하기 위해서 잘라놓았다면, 그것이 완전히 분리되지 않고 한쪽이 붙어 있어도, 서로 연결된 것이 아니다. 부정의 요인이 잘라놓은 조각 하나에 접촉해도 다른 조각들은 정결하다.
- 그러나 열매를 절이거나 무를 때까지 끓이거나 식탁 위에 내려고 잘랐다면, 그가 아직 열매를 하나로 보존하려는 의도가 있다고 보고

연결된 것으로 간주한다. 그가 자른 조각을 나누기 시작하면, 그가 떼어놓으려고 의도한 조각들부터 연결되지 않은 것으로 간주한다.

- 실이나 끈으로 견과류를 하나로 꿰어놓거나 양파를 모아서 묶어 놓았다면, 그것들은 서로 연결된 것으로 본다. 그러나 그가 견과류 묶음에서 겉껍질을 깨고 열매를 꺼내거나 양파의 두꺼운 겉껍질을 벗겨서 알맹이만 꺼낸다면, 그것은 연결된 것이 아니다. 견과류의 딱딱한 겉껍질은 열매와 연결된 것이고, 깨어 부수면 더 이상 연결된 것이 아니다.

## 2, 6

---

בֵּיצָה מְגֻלְגֶּלֶת, עַד שֶׁיָּגוֹס. וּשְׁלוּקָה, עַד שֶׁיְּרַסֵּס. עֶצֶם שֶׁיֶּשׁ בּוֹ מֹחַ, חִבּוּר, עַד שֶׁיְּרַסֵּס. הָרִמּוֹן שֶׁפְּרָדוֹ, חִבּוּר עַד שֶׁיַּקִּישׁ עָלָיו בְּקָנֶה. כַּיּוֹצֵא בוֹ, שְׁלַל הַכּוֹבְסִין וְהַבֶּגֶד שֶׁהוּא תָפוּר בְּכִלְאַיִם, חִבּוּר, עַד שֶׁיַּתְחִיל לְהַתִּיר:

---

구운 달걀의 〔껍질은〕 금이 갈 때까지, 삶은 〔달걀의 껍질은〕 부서질 때까지 〔연결된 것으로 간주한다〕. 골수가 들어 있는 뼈는 부서질 때까지는 연결된 것이다. 나누어놓은 석류는 막대기로 때릴 때까지는 연결된 것이다. 이와 마찬가지로 세탁자가 〔임시로〕 꿰맨 것과 킬아임 〔실로〕 꿰맨 옷들은 그것을 풀기 시작할 때까지는 연결된 것이다.

- 살짝 구워서 반숙이 된 달걀의 껍질은 금이 가서 숟가락으로 퍼낼 수 있을 정도가 될 때까지는 그 내용물과 연결된 것으로 간주한다. 물에 삶은 달걀은 껍질을 완전히 부서질 때까지 연결되었다고 본다. 이 시점이 지나면 더 이상 껍질이 달걀을 보호할 수 없다.
- 어떤 뼈 안에 골수가 들어 있을 때도 뼈가 부서질 때까지는 뼈와 골수가 연결된 것으로 본다.
- 석류는 잘라서 나누어놓아도 껍질이 내용물과 단단히 붙어 있으므

로, 막대기로 때려서 내용물을 떨어낼 때까지는 연결된 것으로 본다.

- 세탁자들이 옷들을 임시로 꿰매어 흩어지지 않게 만들거나 옷을 다른 재료로 만든 실로 꿰매어 놓았을 때(「파라」 12, 9), 이것들을 풀기 시작했고 아직 다 풀지 않았다면 연결된 것으로 본다(다섯째 미쉬나).

## 2, 7

עֲלֵי יְרָקוֹת יְרֻקִּים, מִצְטָרְפִין. וּלְבָנִים, אֵינָן מִצְטָרְפִין. רַבִּי אֱלְעָזָר בַּר צָדוֹק אוֹמֵר, הַלְּבָנִים מִצְטָרְפִים בַּכְּרוּב, מִפְּנֵי שֶׁהֵן אֹכֶל. וּבַחֲזָרִים, מִפְּנֵי שֶׁהֵן מְשַׁמְּרִין אֶת הָאֹכֶל:

채소의 녹색 잎들은 〔서로〕 연결된다. 그러나 하얀색 〔잎들은〕 연결되지 않는다. 엘아자르 바르 짜독 랍비는 양배추의 하얀색 〔잎들은〕 연결되니, 그것들은 음식이기 때문이라고 말한다. 그리고 상추의 〔경우도 그러하니〕, 그것들이 음식을 보호하기 때문이다.

- 채소의 녹색 잎들은 다른 부분과 함께 음식으로 사용하지만, 하얀색으로 변하면 음식으로 사용하기에 적절하지 않다. 그러므로 녹색 잎들만 연결되어 부정을 전이할 수 있다. 엘아자르 랍비는 양배추의 하얀색 잎들은 먹을 수 있기 때문에 연결되고, 상추의 하얀색 잎들은 음식으로 사용하는 부분을 보호하기 때문에 연결된다고 예외규정을 첨가한다.

## 2, 8

가운데 빈 공간이 있는 음식에 관해 논의한다.

עֲלֵי בְצָלִים וּבְנֵי בְצָלִים, אִם יֵשׁ בָּהֶן רִיר, מִשְׁתַּעֲרִין בְּכְמוֹת שֶׁהֵן. אִם יֵשׁ בָּהֶן חָלָל, מְמַעֵךְ אֶת חֲלָלָן. פַּת סְפוֹגְנִית, מִשְׁתַּעֶרֶת בִּכְמוֹת שֶׁהִיא. אִם יֶשׁ

בָּהּ חָלָל, מְמַעֵךְ אֶת חֲלָלָהּ. בְּשַׂר הָעֵגֶל שֶׁנִּתְפַּח וּבְשַׂר זְקֵנָה שֶׁנִּתְמַעֵט, מִשְׁתַּעֲרִין בִּכְמוֹת שֶׁהֵן:

양파의 잎들과 양파 새싹의 〔경우〕 그 안에 즙이 차 있으면, 그대로 크기를 잰다. 만약 그 안에 공간이 있으면, 그 공간을 꽉 짜고 나서 〔잰다〕. 부드러운 빵[4]은 그대로 크기를 잰다. 만약 그 안에 공간이 있으면, 그 공간을 꽉 짜고 나서 〔잰다〕. 송아지 고기가 부어 오르거나 늙은 〔소의〕 고기가 줄어들더라도 그대로 잰다.

- 음식의 부정은 최소한 달걀 크기 이상이 되어야 전이될 수 있기 때문에, 이 미쉬나는 음식의 크기를 재는 문제, 특히 중간에 빈 공간이 있는 경우를 설명하고 있다. 양파는 여러 겹의 과육들 사이에 즙이 차 있으면 그대로 재고, 빈 공간이 있으면 꽉 짜서 잰다. 부드러운 빵도 마찬가지다.
- 고기를 조리했는데 부어 오르거나 줄어드는 경우에는 그대로 잰다 (「토호롯」 3, 4).

## 2, 9

קִשּׁוּת שֶׁנְּטָעָהּ בְּעָצִיץ וְהִגְדִּילָה וְיָצְאָה חוּץ לֶעָצִיץ, טְהוֹרָה. אָמַר רַבִּי שִׁמְעוֹן, מַה טִּיבָהּ לִטָּהֵר. אֶלָּא הַטָּמֵא בְּטֻמְאָתוֹ, וְהַטָּהוֹר יֵאָכֵל:

오이를 화분에 심었고 이것이 자라서 화분 바깥으로 뻗어 나갔다면, 이것은 정결하다. 쉼온 랍비는 이것을 정결하게 만드는 성격이 무엇이냐고 물었다. 부정한 것은 그 부정함 속에 있고, 정결한 것만 먹어야 한다.

4) 이 낱말(ספוגנית)은 '스폰지와 같은' 빵을 가리킨다(야스트로 1012; 「켈림」 5, 1).

- 당시의 화분은 바닥에 구멍을 뚫지 않아서 그릇이며, 오이를 이런 화분에 심었다면, 그 식물은 땅에서 분리된 상태로 부정해질 수 있다. 그러나 가지가 자라서 화분 바깥쪽 땅에 접촉했다면, 그 식물은 땅과 연결된 것으로 간주하며, 부정해지지 않는다.
- 쉼온 랍비는 이 의견에 반대하면서 부정한 식물이 갑자기 정결해질 수는 없고 부정한 그대로 남는다고 주장했다. 다만 땅과 접촉한 부분만 정결해지며 그것을 먹을 수 있다고 말한다.

## 2, 10

כְּלֵי גְלָלִים וּכְלֵי אֲדָמָה, שֶׁהַשָּׁרָשִׁים יְכוֹלִין לָצֵאת בָּהֶן, אֵינָם מַכְשִׁירִים אֶת הַזְּרָעִים. עָצִיץ נָקוּב אֵינוֹ מַכְשִׁיר אֶת הַזְּרָעִים. וְשֶׁאֵינוֹ נָקוּב, מַכְשִׁיר אֶת הַזְּרָעִים. כַּמָּה הוּא שִׁעוּרוֹ שֶׁל נֶקֶב, כְּדֵי שֶׁיֵּצֵא בוֹ שֹׁרֶשׁ קָטָן. מִלְאָהוּ עָפָר עַד שְׂפָתוֹ, הֲרֵי הוּא כְטַבְלָא שֶׁאֵין לָהּ לִזְבֵּז:

똥으로 〔만든〕 그릇과 흙으로 〔빚은〕 그릇에서 뿌리가 뚫고 나올 수 있다면, 그것은 씨앗을 준비시키지 않는다. 구멍을 뚫은 화분은 씨앗을 준비시키지 않는다. 구멍을 뚫지 않은 〔화분은〕 씨앗을 준비시킬 수 있다. 구멍의 크기나 얼마나 되어야 하는가? 작은 뿌리가 나올 수 있는 〔크기다〕. 흙을 윗부분까지 가득 채우면, 그것은 테두리가 없는 판자와 같다.

- 가축의 똥이나 흙으로 만들었고 식물의 뿌리가 나올 수 있을 만큼 가장자리에 구멍을 뚫은 그릇은 정결법에 따른 '그릇'으로 볼 수 없고 땅에 연결된 것으로 보기 때문에, 그 안에 씨앗이 들었고 빗물에 젖어도 음식으로 쓸 준비가 되었다고 볼 수 없다. 구멍을 뚫은 화분도 마찬가지다. 다만 구멍이 없는 화분은 땅과 분리된 '그릇'이므로, 그 안에서 씨앗이 빗물에 젖으면 준비되었다고 간주한다.

- 이런 규정을 적용할 때 구멍의 크기는 작은 뿌리가 나올 수 있는 정도면 충분하다.
- 구멍이 없는 화분의 윗부분까지 흙을 가득 채우면 테두리가 없는 판자나 쟁반, 즉 다른 물건을 담을 공간이 없는 상태가 되어 '그릇'이 아니다(「켈림」 2, 3). 그러므로 씨앗과 물이 그 안에 들어 있어도 준비되지 않는다.

## 제3장

음식을 준비시키는 과정과 사람의 의도에 관해 다양한 상황을 예로 들어 설명한다. 그리고 거제로 바쳤던 음식이 요리 후에 그 성격이 변하는 과정, 십일조로 향료를 구매해도 되는지 여부, 설익거나 오래되어 딱딱한 열매가 음식으로 부정해질 수 있는지 여부, 물고기나 가축의 비계 등에 관해 논의한다.

### 3, 1

음식을 준비시키는 과정과 관련해서 서로 다른 네 가지 종류가 있다고 말하고, 첫째 음식에 관해 설명한다.

---

יֵשׁ צְרִיכִין הֶכְשֵׁר וְאֵינָן צְרִיכִים מַחֲשָׁבָה, מַחֲשָׁבָה וְהֶכְשֵׁר, מַחֲשָׁבָה וְלֹא הֶכְשֵׁר, לֹא הֶכְשֵׁר וְלֹא מַחֲשָׁבָה. כָּל הָאֳכָלִים הַמְיֻחָדִים לָאָדָם צְרִיכִין הֶכְשֵׁר וְאֵינָן צְרִיכִים מַחֲשָׁבָה:

---

준비가 필요하지만 생각이 필요 없는 것이 있고, 생각과 준비가 〔모두 필요한 것이〕 있으며, 생각은 〔필요하지만〕 준비가 〔필요〕 없는 것이 있고, 준비가 〔필요〕 없고 생각도 〔필요〕 없는 것이 있다.

사람에게 줄 음식은 모두 준비가 필요하며 생각은 필요하지 않다.

- 음식의 부정과 관련해서 준비 행위와 주인의 의도라는 두 가지 기준을 가지고 네 가지 서로 다른 음식을 구분할 수 있다. 첫째, 음료수에 젖어서 준비가 되면 부정해질 수 있으며 주인이 음식으로 쓰려고 의도했는지 여부가 중요하지 않은 음식, 둘째, 주인의 의도와 준비행위가 모두 필요한 음식, 셋째, 의도가 필요하고 준비는 필요 없는 음식, 그리고 넷째, 준비와 생각이 모두 필요 없는 음식이 있다.
- 미쉬나의 마지막 문장은 첫째 음식에 대한 설명이다. 사람들이 대개 음식으로 먹는 식재료라면 준비되면 부정해질 수 있고 따로 음식으로 쓸 계획을 세우지 않아도 상관없다.

### 3, 2

일반적으로 사람의 음식이 아닌 둘째 음식을 설명한다.

---

הַחוֹתֵךְ מִן הָאָדָם, וּמִן הַבְּהֵמָה, וּמִן הַחַיָּה, וּמִן הָעוֹפוֹת, מִנִּבְלַת הָעוֹף הַטָּמֵא, וְהַחֵלֶב בַּכְּפָרִים, וּשְׁאָר כָּל יַרְקוֹת שָׂדֶה חוּץ מִשְּׁמַרְקָעִים וּפִטְרִיּוֹת. רַבִּי יְהוּדָה אוֹמֵר, חוּץ מִכְּרֵשֵׁי שָׂדֶה וְהָרְגִילָה וְנֵץ הֶחָלָב. רַבִּי שִׁמְעוֹן אוֹמֵר, חוּץ מִן הָעַכָּבִיּוֹת. רַבִּי יוֹסֵי אוֹמֵר, חוּץ מִן הַכְּלוּסִין, הֲרֵי אֵלּוּ צְרִיכִין מַחֲשָׁבָה וְהֶכְשֵׁר:

---

〔어떤 사람이〕 사람이나 가축이나 짐승이나 새나 부정한 새가 죽은 채 발견된 것의 〔일부를〕 잘랐거나, 마을에 있는 〔가축의〕 비계나 그 외 송로와 버섯들을 제외한 들의 모든 채소들이 〔그 다음에 속한다〕. 예후다 랍비는 들에서 〔나는〕 리크와 쇠비름과 네쯔-헤할라브[5]도

---

5) 이 낱말(נץ החלב)이 어떤 식물을 가리키는지 불분명한데, 오니소갈룸(Ornithogalum)이라고 옮기기도 한다(Sefaria).

예외라고 말한다. 쉼온 랍비는 아키비옷[6]도 예외라고 말한다. 요쎄 랍비는 클루씬[7]도 예외이며, 이런 것들은 생각과 준비가 〔모두〕 필요하다고 말한다.

- 둘째 음식들은 일반적으로 사람이 음식으로 먹지 않는 재료들이다. 이런 것들이 음식의 부정을 전이 받기 위해서는 음식으로 사용하려는 의도가 확실해야 하고 음료수로 적셔서 준비시켜야 한다. 살아 있는 사람이나 가축이나 짐승이나 새의 살, 부정한 새가 죽은 채 발견된 것의 일부(「토호롯」 1, 3), 마을에서 기르는 가축의 비계 부분, 들에서 자라지만 일반적으로 음식으로 사용하지 않는 채소들(「네다림」 6, 9)이 그러하다.
- 랍비들은 이 부류에 속하지 않는 채소들도 나열한다.

## 3, 3

נִבְלַת בְּהֵמָה טְמֵאָה בְּכָל מָקוֹם וְנִבְלַת הָעוֹף הַטָּהוֹר בַּכְּפָרִים, צְרִיכִין מַחֲשָׁבָה וְאֵינָן צְרִיכִין הֶכְשֵׁר. נִבְלַת בְּהֵמָה טְהוֹרָה בְּכָל מָקוֹם, וְנִבְלַת הָעוֹף הַטָּהוֹר וְהַחֵלֶב בַּשְּׁוָקִים, אֵינָן צְרִיכִין מַחֲשָׁבָה וְלֹא הֶכְשֵׁר. רַבִּי שִׁמְעוֹן אוֹמֵר, אַף הַגָּמָל וְהָאַרְנֶבֶת וְהַשָּׁפָן וְהַחֲזִיר:

부정한 가축이 어디서든지 죽은 채 발견되었을 때 그리고 정결한 새가 마을 안에서 죽은 채 발견되었을 때 생각이 필요하지만 준비 과정은 필요하지 않다.

정결한 가축이 어디서든지 죽은 채 발견되었을 때와 정결한 새가

---

6) 이 낱말(עכביות)은 키나라 시리아카(cynara syriaca)를 가리키는 것으로 보이며, 엉겅퀴처럼 생긴 다년생 풀로 보인다.

7) 이 낱말(כלוסין)은 다른 사본에 다른 철자법(בלבסין)으로 등장하기도 하며, 아마도 무스카리 코모숨(muscari comosum)을 가리키는 것으로 보인다.

죽은 채 발견된 것과 비계 부분이 시장에 있을 때는 생각도 준비 과정도 필요하지 않다. 쉼온 랍비는 낙타와 토끼와 산토끼와 돼지도 〔그러하다고〕 말한다.

- 셋째 집단에 속하는 것들이 음식의 부정 때문에 부정해지려면, 일반적으로 식용으로 쓰지 않기 때문에 주인이 음식으로 쓰겠다는 의도가 있어야 하지만, 이미 부정하기 때문에 따로 준비 과정은 필요하지 않다. 부정한 가축이 죽은 채 발견되면 토라의 법규정에 따라 '죽은 채 발견된 것의 부정'을 전이시키며, 장소와 상관없이 이 집단에 속하게 된다.[8] 정결한 새의 죽은 것은 마을에서 발견했을 때만 이 집단에 속한다(정결한 새가 죽은 채 발견되면 부정의 요인이 되지 않으나 누군가 먹어서 목에 넘어가면 부정의 요인이 된다는 규정은 「토호롯」 1, 1).
- 넷째 음식은 부적절하지만 사람들이 많이 먹기 때문에 특별히 음식으로 쓰겠다는 의도가 없어도 되고 이미 부정하기 때문에 준비과정이 필요 없는 경우다. 정결한 가축이 죽은 채 발견되면 먹는 것이 금지되어 있는데, 넷째 음식에 들어 있는 것을 보면 사람들이 죽은 채 발견된 것도 많이 먹었던 것을 알 수 있다. 정결한 새가 죽은 채 발견된 것이나 비계를 다양한 사람들이 오고 가는 시장에 내다 팔고 있다면, 그것은 이미 식재료로 파는 것이므로 따로 생각이 필요 없고, 모두 금지된 음식이므로 준비 과정도 필요 없다.
- 쉼온 랍비는 이 목록에 낙타와 토끼와 산토끼와 돼지도 포함시켰고, 많은 사람들이 이런 고기를 먹었던 것으로 보인다.

---

8) 이 규정과 관련된 자세한 세칙은 탈무드를 보라(바벨 탈무드 「크리톳」 21a).

## 3, 4

거제로 바쳤던 음식의 성격이 변하는 과정을 논의한다.

---

הַשֶּׁבֶת, מִשֶּׁנָּתַן טַעְמוֹ בַּקְּדֵרָה, אֵין בּוֹ מִשּׁוּם תְּרוּמָה, וְאֵינוֹ מְטַמֵּא טֻמְאַת אֳכָלִים. לוּלְבֵי זְרָדִים וְשֶׁל עֲדָל וַעֲלֵי הַלּוּף הַשּׁוֹטֶה, אֵינָן מְטַמְּאִין טֻמְאַת אֳכָלִים עַד שֶׁיִּמְתְּקוּ. רַבִּי שִׁמְעוֹן אוֹמֵר, אַף שֶׁל פַּקּוּעוֹת כַּיּוֹצֵא בָהֶם:

---

소회향은 넓은 냄비에 〔든 음식에〕 맛을 낸 다음에는 더 이상 거제로 취급하지 않으며, 음식의 부정 때문에 부정해지지 않는다. 산사나무와 큰다닥냉이의 어린 가지들과 연령초 잎들은 달게 만들기 전에는 음식의 부정 때문에 부정해지지 않는다. 쉼온 랍비는 파쿠아[9] 풀의 〔잎들도〕 그와 마찬가지라고 말한다.

- 요리를 하는 넓은 냄비에 소회향을 넣었다가 맛을 낸 후 건져냈다면, 소회향이 원래 거제였다 하더라도 더 이상 거제로 취급하지 않고 음식의 부정도 전이되지 않고 정결하다고 간주한다.
- 산사나무와 큰다닥냉이의 어린 가지들, 연령초 잎들은 쓴맛을 빼고 달게 만들기 전에는 음식에 사용할 수 없으므로, 그 시점 이후에만 음식의 부정에 노출된다. 쉼온 랍비는 파쿠아 풀의 잎도 그렇다고 첨언한다.

## 3, 5

---

הַקֹּשְׁטְ, וְהַחֶמֶס, וְרָאשֵׁי בְשָׂמִים, הַתִּיאָה, וְהַחִלְתִּית, וְהַפִּלְפְּלִין, וְחַלּוֹת חָרִיעַ, נִלְקָחִים בְּכֶסֶף מַעֲשֵׂר וְאֵינָן מְטַמְּאִין טֻמְאַת אֳכָלִין, דִּבְרֵי רַבִּי עֲקִיבָא. אָמַר לוֹ רַבִּי יוֹחָנָן בֶּן נוּרִי, אִם נִלְקָחִים בְּכֶסֶף מַעֲשֵׂר, מִפְּנֵי מָה אֵינָן מְטַמְּאִין טֻמְאַת אֳכָלִין. וְאִם אֵינָן מְטַמְּאִין טֻמְאַת אֳכָלִים, אַף הֵם לֹא יִלָּקְחוּ

---

9) 이 낱말(פקועות)은 아마도 콜로신스(colocynth) 풀을 가리키는 것으로 보인다.

코슈트[10]와 축사[11]와 주요 향료들, 미나리아재비 뿌리[12]와 아위[13]와 후추와 잇꽃으로 〔구운〕 빵들은 〔둘째〕 십일조로 〔쓸〕 돈으로 살 수 있지만 음식의 부정 때문에 부정해지지 않는다는 것이 아키바 랍비의 말이다. 요하난 벤 누리 랍비는 만약 십일조로 〔쓸〕 돈으로 산다면 왜 음식의 부정 때문에 부정해지지 않느냐고 그에게 물었다. 그리고 만약 음식의 부정 때문에 부정해지지 않는다면, 십일조로 〔쓸〕 돈으로 사면 안 된다고 했다.

- 아키바 랍비에 따르면 이 미쉬나에서 열거한 향료들과 향료로 만든 식재료는 다른 음식을 조리할 때 필요하기 때문에 둘째 십일조로 쓸 돈으로 살 수 있다. 둘째 십일조는 예루살렘에 가져와서 원하는 음식이나 음료수를 사는 데 쓸 수 있기 때문에(신 14:26), 향료도 음식으로 본 것이다. 그러나 이런 향료들만 먹을 수는 없으며 다른 음식의 향기와 맛만 내기 때문에 완전한 음식이 아니므로, 음식의 부정 때문에 부정해지지 않는다고 설명한다.
- 요하난 랍비는 아키바 랍비의 주장이 모순된다고 생각한다. 십일조로 살 수 있다면 음식이므로 음식의 부정 때문에 부정해져야 옳고, 십일조로 살 수 없다면 음식이 아니므로 음식의 부정 때문에 부정해지지 않아야 한다는 것이다.

---

10) 이 낱말(קשט)은 향료의 일종인 코스터스(costus)를 가리키는 것으로 보인다.
11) 이 낱말(חמם)은 향료의 일종인 '축사'(amomum)를 가리킨다(야스트로 478).
12) 이 낱말(תיאה)은 미나리아재비 뿌리를 가리킨다(야스트로 1663).
13) 이 낱말(חלתית)은 산형 화서로 꽃이 피는 아위를 가리킨다(야스트로 457).

3, 6

הַפַּגִּין וְהַבֹּסֶר, רַבִּי עֲקִיבָא מְטַמֵּא טֻמְאַת אֳכָלִין. רַבִּי יוֹחָנָן בֶּן נוּרִי אוֹמֵר, מִשֶּׁיָּבֹאוּ לְעוֹנַת הַמַּעַשְׂרוֹת. פְּרִיצֵי זֵיתִים וַעֲנָבִים, בֵּית שַׁמַּאי מְטַמְּאִין וּבֵית הִלֵּל מְטַהֲרִין. הַקֶּצַח, בֵּית שַׁמַּאי מְטַהֲרִין, וּבֵית הִלֵּל מְטַמְּאִין. וְכֵן לַמַּעַשְׂרוֹת:

익지 않은 무화과와 포도에 관해 아키바 랍비는 음식의 부정을 전이시킨다고 한다. 요하난 벤 누리 랍비는 십일조를 〔낼〕 시기가 되었을 때만 〔그러하다고〕 말한다. 딱딱한 올리브와 포도에 관해 샴마이 학파는 부정해진다고 했지만 힐렐 학파는 정결하다고 했다. 검은 쿠민에 관해 샴마이 학파는 정결하다고 했지만 힐렐 학파는 부정해진다고 했다. 그리고 십일조에 관해서도 〔그들은 동의하지 않았다〕.

- 아키바 랍비는 무화과와 포도가 아직 익지 않았어도 음식이며 부정해질 수 있다고 주장하지만, 요하난 랍비는 최소한 십일조로 바칠 수 있는 정도는 익은 후에 부정해질 수 있다고 주장한다(「슈비잇」 4, 7-8; 「닛다」 6, 5).
- 샴마이 학파는 이미 딱딱해져서 기름이나 즙을 짤 수 없는 올리브와 포도 열매도 음식이며 부정해질 수 있다고 했고, 힐렐 학파는 그렇지 않다고 했다.
- 샴마이 학파는 검은 쿠민이 음식으로 조리하지 않고 빵을 구울 때 넣는 향료이므로 음식이 아니고 정결하다고 했고, 힐렐 학파는 결국 먹기 때문에 음식이며 부정해질 수 있다고 했다.
- 이들은 십일조에 관해서도 논쟁을 했는데, 샴마이 학파는 음식이 아니므로 거제와 십일조를 뗄 필요가 없다고 했고, 힐렐 학파는 음식이므로 떼야 한다고 했다(「에두욧」 5, 3).

## 3, 7

הַקּוֹר, הֲרֵי הוּא כְעֵץ לְכָל דָּבָר, אֶלָּא שֶׁהוּא נִלְקָח בְּכֶסֶף מַעֲשֵׂר. כַּפְנִיּוֹת, אֲכָלִין, וּפְטוּרוֹת מִן הַמַּעַשְׂרוֹת:

대추야자나무 줄기는 모든 면에서 나무와 같지만 〔둘째〕 십일조로 〔쓸〕 돈으로 살 수 있다. 꽃이 핀 대추야자 열매는 음식이지만, 십일조를 〔뗄 의무에서〕 면제된다.

- 대추야자나무 줄기의 가운데 부분은 음식이 아니기 때문에 음식의 부정과 관련이 없다. 그러나 아직 나무가 어릴 때는 이 부분을 먹을 수도 있기 때문에 둘째 십일조로 쓸 돈으로 살 수 있다고 허락한다 (다섯째 미쉬나). 꽃이 지지 않아서 아직 익지 않은 대추야자 열매는 먹을 수 없는 상태이지만(「오를라」 1, 9) 앞으로 음식이 될 것이므로 음식의 부정 때문에 부정해질 수 있으나, 어떤 사람이 그것을 익기 전에 먹는다면 십일조를 뗄 의무는 면제시켜준다.

## 3, 8

דָּגִים מֵאֵימָתַי מְקַבְּלִין טֻמְאָה, בֵּית שַׁמַּאי אוֹמְרִים, מִשֶּׁיִּצֹּדוּ. וּבֵית הִלֵּל אוֹמְרִים, מִשֶּׁיָּמוּתוּ. רַבִּי עֲקִיבָא אוֹמֵר, אִם יְכוֹלִין לִחְיוֹת. יִחוּר שֶׁל תְּאֵנָה שֶׁנִּפְשַׁח וּמְעֹרֶה בַקְּלִפָּה, רַבִּי יְהוּדָה מְטַהֵר. וַחֲכָמִים אוֹמְרִים, אִם יָכוֹל לִחְיוֹת. תְּבוּאָה שֶׁנֶּעֶקְרָה וּמְעֹרָה אֲפִלּוּ בְשֹׁרֶשׁ קָטָן, טְהוֹרָה:

물고기는 언제부터 부정해지는가? 삼마이 학파는 그것을 잡았을 때부터라고 말한다. 그러나 힐렐 학파는 그것이 죽었을 때부터라고 말한다. 아키바 랍비는 만약 그것이 살 수 있다면 〔정결하다고〕 말한다.

무화과나무의 여린 가지가 부러졌지만 아직 나무껍질에 붙어 있을 때, 예후다 랍비는 정결하다고 한다. 그러나 현인들은 만약 그것이 살 수 있다면 〔정결하다고〕 말한다. 곡식을 뽑았지만 아직 〔아주〕 작은 뿌리라도 〔땅에〕 붙어 있다면, 그것은 정결하다.

- 물고기는 잡은 후 특별한 요리를 하지 않아도 먹을 수 있기 때문에 삼마이 학파는 잡았을 때부터 음식의 부정 때문에 부정해질 수 있다고 주장한다. 그러나 힐렐 학파는 먹는 시점은 물고기가 죽은 이후라고 보고, 그것이 죽었을 때부터 부정해진다고 말한다. 아키바 랍비는 중간 입장인데, 물고기를 잡았다가 다시 놓아주어 살 수 있다면 정결하지만, 다시 놓아주어도 살 수 없는 지경이라면 부정해질 수 있다고 주장한다.
- 무화과 열매는 나무에 달려 있을 때는 정결하고 따서 나무에서 분리하면 부정해질 수 있다. 무화과 열매가 달린 가지가 부러졌는데 아직 나무껍질에 붙어 있을 때 예후다 랍비는 나무에 연결되었다고 보고 정결하다고 한다. 그러나 현인들은 만약 그 가지가 그 상태 그대로 살 수 있어야 아직 분리된 것이 아니며 정결하다고 주장한다.
- 곡식은 땅에서 완전히 분리되는 순간부터 음식의 부정 때문에 부정해질 수 있다. 그러므로 뿌리가 땅에 연결된 상태라면 정결하다.

3, 9
음식을 준비시키는 행위와 사람의 의도라는 주제로 돌아간다.

---

חֵלֶב בְּהֵמָה טְהוֹרָה, אֵינוֹ מְטַמֵּא טֻמְאַת נְבֵלוֹת, לְפִיכָךְ הוּא צָרִיךְ הֶכְשֵׁר. חֵלֶב בְּהֵמָה טְמֵאָה, מְטַמֵּא טֻמְאַת נְבֵלוֹת, לְפִיכָךְ אֵינוֹ צָרִיךְ הֶכְשֵׁר. דָּגִים טְמֵאִים וַחֲגָבִים טְמֵאִים, צְרִיכִין מַחֲשָׁבָה בַּכְּפָרִים:

---

정결한 가축의 비계 〔부분은〕 죽은 채 발견된 것의 부정 때문에 부정해지지 않으며, 그러므로 준비 과정이 필요하다. 부정한 가축의 비계 〔부분은〕 죽은 채 발견된 것의 부정 때문에 부정해지며, 그러므로

준비 과정이 필요하지 않다. 부정한 물고기와 부정한 메뚜기는 마을에 있을 때 생각이 필요하다.

- 소나 양이나 염소처럼 정결한 가축을 부적절한 방법으로 도살했다 하더라도 죽은 채 발견된 것의 부정을 적용하지 않는다. 그러므로 먼저 음료수를 적셔서 준비과정을 거쳐야 이런 가축의 비계 부분에 음식의 부정이 전이될 수 있다(둘째와 셋째 미쉬나). 물론 이 부분을 먹는 것은 금지되어 있으므로 합법적인 음식이 될 수는 없으나, 그것은 다른 문제다. 낙타나 토끼나 돼지처럼 부정한 가축은 그 비계 부분도 죽은 채 발견된 것의 부정 때문에 부정하며(셋째 미쉬나), 그러므로 따로 준비과정이 필요하지 않다. 부정한 물고기와 뛰는 곤충들은 유대인들이 모여 사는 마을에서 음식으로 사용하지 않는 것이 관행이므로, 이런 것이 음식의 부정 때문에 부정해지려면 어떤 사람이 이것을 먹을 구체적인 의지를 가지고 있어야 한다. 그리고 준비과정을 거치면 부정해질 수 있다.

### 3, 10
벌통에 관해 논의한다.

---

כַּוֶּרֶת דְּבוֹרִים, רַבִּי אֱלִיעֶזֶר אוֹמֵר, הֲרֵי הִיא כְקַרְקַע, וְכוֹתְבִין עָלֶיהָ פְּרוֹזְבּוּל,
וְאֵינָהּ מְקַבֶּלֶת טֻמְאָה בִמְקוֹמָהּ, וְהָרוֹדֶה מִמֶּנָּה בְּשַׁבָּת חַיָּב חַטָּאת.
וַחֲכָמִים אוֹמְרִים, אֵינָהּ כְּקַרְקַע, וְאֵין כּוֹתְבִים עָלֶיהָ פְּרוֹזְבּוּל, וּמְקַבֶּלֶת
טֻמְאָה בִמְקוֹמָהּ, וְהָרוֹדֶה מִמֶּנָּה בְּשַׁבָּת פָּטוּר:

---

벌통에 관하여 엘리에제르 랍비는 이것이 대지와 같으며, 이것을 대상으로 프로즈불을 쓸 수 있고, 자기 자리에 〔고정되어〕 있는 한 부정해지지 않으며, 안식일에 〔꿀을〕 긁어낸 사람은 속죄제를 〔드릴〕 의

무가 있다고 말한다. 그러나 현인들은 이것이 대지와 같지 않으며, 이것을 대상으로 프로즈불을 쓸 수 없고, 자기 자리에 〔고정되어〕 있어도 부정해질 수 있으며, 안식일에 〔꿀을〕 긁어내도 〔속죄제를 드릴 의무에서〕 면제된다고 말한다.

- 엘리에제르 랍비에 따르면 땅에 고정한 벌통은 대지와 같다. 이와 관련된 법규정으로, 첫째, 채무자가 벌통을 소유하고 있다면 이것을 대상으로 안식년 제도를 적용하지 않는다는 프로즈불(채무이행각서)을 쓸 수 있다. 원래 프로즈불은 토지 소유자만 쓰게 되는데(「슈비잇」 10, 6-7), 벌통이 대지와 같다고 간주하기 때문에 프로즈불도 쓸 수 있다는 것이다. 둘째, 벌통이 자기 자리 즉 땅에 고정되어 있는 한 부정해지지 않으며, 벌통이 나무나 집 옆에 고정되어 있어도 마찬가지다. 그러나 자리를 옮기면 부정해질 수 있다. 셋째, 벌통이 대지와 같으므로 벌통에서 꿀을 긁어내면 땅에서 음식물을 채취하는 것과 같다. 그러므로 그는 속죄제를 드릴 의무가 있다.
- 현인들은 벌통이 대지와 같지 않다고 본다. 그러므로 위에서 말한 세 가지 규정을 모두 반대로 설명한다. 단 벌통을 회로 땅에 고정시킨 경우에는 모두가 대지와 같다고 동의했다(토셉타 「오홀롯」 9, 13).

### 3, 11
꿀이 음료수로 간주되는 순간에 관해 설명한다.

---

חַלּוֹת דְּבַשׁ, מֵאֵימָתַי מְטַמְּאוֹת מִשּׁוּם מַשְׁקֶה. בֵּית שַׁמַּאי אוֹמְרִים, מִשֶּׁיְּחַרְחֵר. בֵּית הִלֵּל אוֹמְרִים, מִשֶּׁיְּרַסֵּק:

---

벌집은 언제부터 음료수의 〔자격으로〕 부정해지는가? 샴마이 학파는 〔벌통에〕 연기를 뿜을 때부터라고 말한다. 힐렐 학파는 〔벌집을〕

부숟 때부터라고 말한다.

- 꿀은 유대법에서 인정하는 일곱 가지 음료수 중 하나다(「마크쉬린」 6, 4). 그런데 액체는 발생한 연원에 연결되어 있는 동안에는 그 연원의 일부이므로 음료수가 아니고 부정해지지 않으며, 꿀도 벌집에 들어 있는 동안에는 음료수라고 볼 수 없다. 그렇다면 언제부터 음료수가 되어 부정해질 수 있는가? 샴마이 학파는 꿀을 채취하기 위해 벌집을 데우거나 벌을 쫓기 위해서 벌통에 연기를 주입하는 순간부터라고 주장한다. 그러나 힐렐 학파는 벌집을 부수고 꿀이 흘러나올 때부터라고 주장한다.

### 3, 12

마쎄켓 「우크찜」에 속한 법규정은 아니며, 미쉬나 전체를 마무리하는 '평화'의 말이다.

---

אָמַר רַבִּי יְהוֹשֻׁעַ בֶּן לֵוִי, עָתִיד הַקָּדוֹשׁ בָּרוּךְ הוּא לְהַנְחִיל לְכָל צַדִּיק וְצַדִּיק שְׁלֹשׁ מֵאוֹת וַעֲשָׂרָה עוֹלָמוֹת, שֶׁנֶּאֱמַר, לְהַנְחִיל אֹהֲבַי יֵשׁ וְאֹצְרֹתֵיהֶם אֲמַלֵּא. אָמַר רַבִּי שִׁמְעוֹן בֶּן חֲלַפְתָּא, לֹא מָצָא הַקָּדוֹשׁ בָּרוּךְ הוּא כְּלִי מַחֲזִיק בְּרָכָה לְיִשְׂרָאֵל אֶלָּא הַשָּׁלוֹם, שֶׁנֶּאֱמַר, ה' עֹז לְעַמּוֹ יִתֵּן ה' יְבָרֵךְ אֶת עַמּוֹ בַשָּׁלוֹם:

---

예호슈아 벤 레비 랍비는 찬양받으실 거룩한 분께서 모든 의로운 자에게 310개의 세계를 물려주실 것이라고 말했으니, "나를 사랑하는 자는 '예쉬'를 상속할 것이며, 내가 그들의 보물들을 채우리라"고 말했다.

쉼온 벤 할라프타 랍비는 찬양받으실 거룩한 분께서 이스라엘에게 주실 복을 담을 그릇을 찾지 못하다가 평화를 〔찾으셨다고〕 말했으니, "주님께서 그의 백성에게 힘을 주시리니, 주님께서 그의 백성에게 평화로 복 주시리라"고 말했다.

- 미쉬나 전체를 마무리하는 말은 유대 법규정을 준수하는 의로운 자와 유대 민족이 복을 받게 된다는 약속인데, 아마도 후대에 편집하면서 삽입한 문장으로 보인다.
- 예호슈아 랍비는 의로운 자가 310개의 세계를 물려받는다고 말하는 이유는 잠언 8:21을 미드라쉬 해석법으로 읽었기 때문이다. 먼저 신을 사랑하는 자는 '예쉬'를 상속한다고 읽고, 이 낱말을 구성하는 '요드'와 '쉰'을 숫자로 읽어서(게마트리아) 310이라는 숫자에 도달한 것이다. 결국 의로운 자가 온 세상을 다스리게 될 것이라고 예언하는 셈이다.
- 쉼온 랍비는 이스라엘 백성에게 주실 복을 준비하셨고 그 복을 '평화'라는 그릇에 담아서 주신다고 주장한다. 이것은 시편 29:11을 인용한 것이다.

# 그날 나는 새로운 언어를 만났다

**• 옮긴이의 말**

유대학이나 랍비 유대교는 나에게 언젠가 꼭 가봐야 할 여행지처럼 여겨지는 분야였다. 히브리 성서와 히브리어를 공부하고 싶어서 예루살렘으로 유학을 갔고, 고대 이스라엘 역사를 시작으로 그 주변부로 관심이 넓어졌다. 그리고 고대 메소포타미아의 역사와 문화를 배우며 기원전 3000년경까지 거슬러 올라가다 보니 반대 방향인 중간기와 신약 시대도 알아야 큰 그림을 볼 수 있겠다 싶었다. 다행히 유대계 학교에서 대학원을 다녔기 때문에 기회가 있을 때마다 미드라쉬나 『탈무드』에 관한 수업을 들었는데, 매우 흥미로웠지만 갈증이 더 심해지는 느낌을 떨쳐낼 수 없었다.

귀국한 뒤 강사 생활에 지쳐갈 무렵 선배이신 고(故) 최창모 교수가 부르셨고 전재영 교수와 만나면서 『미쉬나』를 번역하고 주해하는 연구 사업에 관한 이야기를 들었다. 무척 반가운 소식이었다. 마치 나를 기다리던 오랜 친구를 드디어 만난 기분이었고, 히브리어에 어느 정도 자신이 있었기 때문에 연구도 충실히 해낼 수 있으리라 확신했다.

그러나 현실은 그렇게 녹록지 않았다. 번역문이 아니라 원문으로 처음 『미쉬나』를 만난 날이 지금도 생생히 기억난다. 분명히 문장을 읽었고 낱말 하나하나 그 뜻을 모두 알고 있는데, 무슨 의미인지 전혀 이해할 수 없었다. 지금 와서 돌이켜보면 그날 나는 새로운 언어를 만난 것이었다. 히브리어의 후대 방언이라 할 수 있는 '랍비 히브리어'는 분명히 기본적인 히브리어 문형과 문법을 사용하고 있지만 아람어와 헬라어 등 다른 문화권 언어의 영향을 받아 또 다른 얼굴로 태어난 말이었다. 게다가 랍비들은 『히브리 성서』와 그 본문에 관한 유대 주석 전통을 잘 알고 있는 독자들을 상상하며 『미쉬나』를 썼고, 다 아는 내용이라고 생각하면서 사고 과정을 자세히 기록하지 않고 결론만 언급하거나 열쇳말만 던지고 내용 설명을 과감히 생략하는 편을 택했다.

그뿐만이 아니었다. 『히브리 성서』에 기록된 내용을 주제로 삼고 있지만 논의하는 방법은 고대 이스라엘 사상을 벗어나 헬라철학의 영향으로 한층 다양해진 후대의 논리를 적용하고 있었다. 『히브리 성서』에서 정결하거나 부정할 뿐이었던 이 세계가 정도에 따라 열 단계로 세밀하게 구분되기 시작했다. 정결한 사람이 부정해지지 않도록 조심하고 또 부정해졌을 때 적절한 방법으로 정결례를 시행하면 되는 줄 알았는데, 서로 영향력이 다른 부정의 요인들이 정도에 따라 다른 부정을 전이하고, 부정해지는 대상도 사람인지 물건인지 음식인지에 따라 부정해지는 정도가 달라진다는 사상을 접하게 되었다.

언어적 어려움과 랍비 유대교의 독특한 사상이 안기는 다양한 문제들을 극복하고 원고를 완성한 뒤 출판에 이르기까지 많은 분들의 관심과 도움이 있었다. 최창모 교수님은 연구책임자로서 연구원들이 필요로 하는 참고서적을 구입하고, 또 작성한 원고를 검증할 수 있게 가능한 모든 도움을 아끼지 않으셨다. 동료 연구원들은 정기적으로 가진 강독회에서 내가 읽은 내용에 대해 날카롭고 깊이 있는 의견을 개진해주었다. 건국대학교 중동연구소라는 연구공동체를 통해 만난 여러 학자와 기자들, 각계의 다양한 분들도 이 사업에 많은 관심을 가져주었다. 무엇보다 대중성도 없는 이 방대한 책의 출판을 결정해준 한길사 김언호 사장님을 빼놓을 수는 없을 것이다. 『미쉬나』 출간을 처음 논의해준 백은숙 편집주간님, 이후 실무적인 편집 작업을 도맡아준 박희진 부장님의 노고와 애씀이 있었다.

『미쉬나』 출판은 절대 공부하는 사람 하나가 완성할 수 있는 작업이 아니었음을 다시 한 번 실감하며, 이 지면을 빌려 모든 분에게 감사의 마음을 전한다.

끝으로 여기까지 올 수 있었던 것은 히브리어에 대한 관심의 새싹을 처음부터 키워주신 부모님 윤용일 박용주 두 분의 덕이고, 또 공부를 위해 이스라엘과 미국을 떠돌며 열악한 기숙사에 살면서도 두 딸을 예쁘게 키워준 아내 김영화의 덕분이다. 가족들에게 깊은 사랑과 감사를 드린다.

2024년 5월

윤성덕